Constantin Brunner
Ausgewählte Briefe
1884-1937

Constantin Brunner
Ausgewählte Briefe
1884 – 1937

Herausgegeben von
Jürgen Stenzel und
Irene Aue-Ben-David

WALLSTEIN VERLAG

Inhalt

Vorwort

Constantin Brunner (1862-1937) wurde fast ein Jahrhundertlang gelesen und studiert, mit ihm hat man Briefe gewechselt, mit ihm hat man sich gestritten, ihn hat man verehrt. Yehudi Menuhin und André Breton, Albert Schweitzer oder auch Max Horkheimer zählen zu seinen Lesern, ja Bewunderern, Walther Rathenau und Gustav Landauer, Martin Buber, Lou Andreas-Salomé oder auch Rose Ausländer zu seinen Korrespondenzpartnern. Doch der so prominente Eintrag auf der intellektuellen Landkarte geriet ins Vergessen, und das hat mehrere Gründe.

Die Verfolgung und Vertreibung durch den Nationalsozialismus ist der eine Grund, denn nicht nur Brunner selber verlor 1933 seinen Wirkungsraum – seine Bücher wurden verbrannt und er selber musste von Berlin nach Den Haag fliehen –, sondern auch seine Leser und Briefpartner wurden verfolgt. Während andere »Kreise«, etwa der um Stefan George oder um Carl Schmitt, weil immer auch Teil des neuen Regimes, überlebten, wurde der Kreis um Brunner vertrieben, viele auch ermordet, und nur dem Mut von Magdalena Kasch ist es zuzurechnen, dass viele von Brunners Schriften und Briefen gerettet und in Den Haag ein kleines »Internationaal Constantin Brunner Instituut« gegründet werden konnte. Dem Instituut ist es zu verdanken, dass das Andenken Constantin Brunners gewahrt blieb. Ein zweiter Grund sind die unbequemen Ansichten Brunners, und das sind gleich mehrere. Brunner war ein scharfer Kritiker des Zionismus. Das war vor 1933 keine ungewöhnliche Position, aber nach 1945 kaum geeignet, Brunner Resonanz zu verschaffen. Er setzte vehement Spinoza gegen Kant und sah in dem ersteren einen Lehrer des Geistigen, das er als eine Substanz verstand, die die Welt beseelt und aus der heraus eine Erneuerung des Menschen möglich schien. Kants Philosophie zu kritisieren und eine ganzheitliche Vorstellung dagegen zu setzen, war im Umfeld der lebensphilosophischen Ansätze ebenfalls eine vieldiskutierte Position vor 1933, nach 1945 aber gerieten diese Positionen in Konkurrenz zu anderen Modellen, die sich als weniger weltanschaulich verstanden. Weiteres kam hinzu, etwa seine Kritik an den institutionalisierten Religionen, gleich ob Judentum oder Christentum. Auch das dürfte nach 1945 dazu beigetragen haben, Brunner an den Rand zu drängen. Schließlich hatte Brunner seit seinem Aufsatz »Zur Technik des künstlerischen Schaffens« von 1893 Philosophie, Ethik und Kunsterfahrung auf eine Weise verschränkt, die ihn in einen scharfen Gegensatz zu Ideen des Sozialismus wie des liberalen Individualismus und der bis heute so wirkungsmächtigen Kulturkritik eines Nietzsche gebracht hat. Was vor 1933 mit Nachdruck und kontrovers besprochene Positionen waren, wurde nach 1945 zur Außenseitermeinung, spannend für Künstler wie Menuhin oder Breton, lohnend für Biologen, Psychologen und Philosophen wie Israel Eisenstein, Walter Bernard oder Hendrik Matthes, aber doch zwischen den Stühlen. Dieser Denker Constantin Brunner ist wieder zu entdecken.

Mit dieser Briefausgabe erschließen Jürgen Stenzel und Irene Aue-Ben-David die Gedankenwelt Constantin Brunners neu. Die Ausgabe gibt uns den intellektuellen Reichtum wieder, der lange nur wenigen vertraut war, erschließt vergessene persönliche Konstellationen und öffnet ein Fenster in die Debatten, die das späte 19. und das frühe 20. Jahrhundert geprägt haben. Der Briefausgabe geht eine langjährige Arbeit am Nachlass Brunners voraus. Jürgen Stenzel hat zusammen mit Dorette Griem in vielen Jahren die Briefe Brunners und seiner Korrespondenzpartner gesammelt, erschlossen und transkribiert. Mit seiner Dissertation »Philosophie als Antimetaphysik« von 2002 und in weiteren Büchern und Aufsätzen hat Jürgen Stenzel Constantin Brunner wieder in die Ideengeschichte zurückgebracht. Schließlich hat das Niedersächsische Ministerium für Wissenschaft und Kultur sein Vorhaben einer Briefausgabe in die niedersächsisch-israelische Förderung aufgenommen, ein Vorhaben, das dann zusammen mit Steven Aschheim vom Jerusalemer Franz Rosenzweig Minerva Research Center in einer dreijährigen Arbeit angegangen werden konnte. Irene Aue-Ben-David in Jerusalem und Jürgen Stenzel in Göttingen, verstärkt durch Dorette Griem und die studentischen Hilfskräfte Rahel Rami und Matthias Springborn in Göttingen und Hanan Harif und Jenny Hestermann in Jerusalem, haben Schritt für Schritt die Tausende von Briefen Brunners und seiner Briefpartner gesichtet und chronologisch angeordnet, so dass sie als digitale Gesamtausgabe von der Niedersächsischen Staats- und Universitätsbibliothek Göttingen, hier besonders durch Martin Liebetruth, und zugleich von der Israelischen Nationalbibliothek in Jerusalem öffentlich zugänglich gemacht werden können (siehe den Link auf der Seite http://brunner.uni-goettingen.de/Die_Briefe.html). Für die vorliegende Druckausgabe wurden philosophisch und ideengeschichtlich, literarisch, kulturgeschichtlich sowie biographisch besonders aussagekräftige Briefe ausgewählt und kommentiert. Dem Engagement des Wallstein Verlags, seinem Verleger Thedel v. Wallmoden, und der großzügigen Förderung durch die Stiftung Irene Bollag-Herzheimer in Basel ist es zu danken, dass ein so schönes Buch nun die Briefe Constantin Brunners in die Welt hinausträgt.

Gerhard Lauer
Frühjahr 2012

Einleitung

I. Überlieferung und Forschungsstand

> »Es ist überhaupt nichts mit solch ein paar herausgegriffenen Briefen von einer Seite. Das gibt immer ein schiefes Bild. Der andere steht da wie ein armer Angeklagter mit Maulkorb, und der Briefschreiber hats leicht zu triumphieren.«[1]

Diesen Einwand Constantin Brunners haben wir ignoriert, denn in der Tat haben wir nur »ein paar Briefe« von ihm selber »herausgegriffen« – gut 200 sind es und damit nur ein Bruchteil der überlieferten 5.000 Briefe.

Es war nicht leicht, durch diese Auswahl kein »schiefes Bild« entstehen zu lassen, denn Brunner kann aus sehr verschiedenen Blickwinkeln betrachtet werden: Er war deutsch-jüdischer Philosoph und Gesellschaftskritiker, Verehrer von »Genies« wie Spinoza und Christus, Religionskritiker, Literaturvermittler und Antimodernist, Privatgelehrter und akademischer Außenseiter, Erforscher des Antisemitismus, an Deutschland leidender Deutschnationaler und Antizionist, Mittelpunkt eines Schülerkreises und markante, zuweilen stilisierte Persönlichkeit, die ihr Schicksal im Kontext ihrer Gegenwart und der Geschichte selber thematisierte und Leben und Werk als eine Einheit ansah.

»Schief« konnte das Bild auch werden durch das Lückenhafte und Fragmentarische der überlieferten Korrespondenz. Vieles ist infolge der nationalsozialistischen Judenverfolgung und in den Wirren des Zweiten Weltkrieges verloren gegangen. Zudem hat Brunner auch selber große Teile seiner Korrespondenz vernichtet bzw. vernichten lassen. Schon vor dem Ersten Weltkrieg verbrannte er ganze Briefsammlungen.[2] Wie schwer es war, ihn davon abzuhalten, belegt eine Notiz im Tagebuch seiner Stieftochter Lotte im Januar 1924, als Brunner nach dem Tod einer langjährigen Freundin, Frida Mond, seine Briefe an sie zurückerhielt:

> »Vater wollte die Briefe vernichten; ich habe ihn – im wörtlichen Sinne fußfällig – angefleht, sie am Leben zu lassen und ihm, so inbrünstig ich konnte, ihre Wichtigkeit nicht nur für seine Biographie (sie enthalten

1 Lotte Brunner, Tagebuch, 23. Dezember 1928 (zum vollständigen Titel dieses Manuskriptes siehe das Abkürzungsverzeichnis). Brunner kritisierte hier die von Martin Buber und Ina Britschgi-Schimmer herausgegebene Auswahl der Briefe Gustav Landauers (Sein Lebensgang in Briefen, Frankfurt a.M.: Rütten & Loening 1929), in denen er sich »schlecht weggekommen« fand (s. Brief 131/3).

2 Lotte Brunner, Tagebuch, 23. April 1918.

sehr viele Daten), sondern ihre objektive literarische Bedeutung zum Ausdruck gebracht. Er hat erst einmal eine Gnadenfrist gewährt, und wir haben vorläufig den Kompromiss geschlossen, eine Auswahl zu treffen.«[3]

Lotte Brunner ist es zu danken, dass Teile dieses Briefwechsels gerettet wurden – allerdings sind uns nur Briefe von Brunner selber überliefert, kein einziger Gegenbrief.

Diese Schräglage durchzieht fast die gesamte erhalten gebliebene Korrespondenz Brunners, und dahinter steckt durchaus Absicht. Brunner vernichtete systematisch die an ihn gerichteten Briefe, vor allem 1932, als ihm Erblindung drohte, und dann noch einmal 1933, als er nach der Machtübernahme der Nationalsozialisten seine Emigration in die Niederlande vorbereitete und einen »großen Scheiterhaufen« errichtete.[4] Offenbar ging es ihm zunächst darum, Informationen zum Entstehen seiner Bücher zu beseitigen, die er nach der Veröffentlichung als wertlos oder sogar hinderlich ansah für das Verständnis und die Wirkung der publizierten Texte.[5] Von den Briefen scheinen vor allem jene vernichtet worden zu sein, die Bezüge zu Brunners Werdegang, zur Entstehung seiner Konzeption und zur Einbettung in den Kontext seiner Gegenwart enthielten. Vor allem der Verlust der Gegenbriefe leistet dabei einer gewissen Selbststilisierung Brunners durchaus Vorschub.

Von Anfang an weihte Brunner seine Stieftochter Lotte in die geplante Vernichtung seiner Manuskripte und Briefe ein und bat sie um Unterstützung, so schon 1911, als er ihr für den Fall seines Todes auftrug:

»Veröffentliche nur, was dir bedeutend erscheint; Häßliches, Unvollkommenes vernichte.«[6]

In seinem Testament rechtfertigte Brunner die Vernichtung seines Nachlasses etwas kryptisch mit einer erhofften späteren Wirkung:

»Vernichtung des von mir bezeichneten Nachlasses gehört zu meinem Schicksal. Das übrigens keineswegs etwa tragisch von mir empfunden wird. Wohl kaum auch hat jemand ein Wort der Klage oder Erbitterung darüber aus meinem Munde gehört. Ich finde alles begreiflich aus dem Charakter der Zeit, in die mein Leben fiel […]; und von den ersten

3 Lotte Brunner, Tagebuch, 22. Januar 1924.

4 Lotte Brunner, Tagebuch, 26. Februar 1932 und Brief Lotte Brunners an Lothar Bickel vom 14. Oktober 1937 (LBI/JMB: III, 1, 4, 1; zu den Archivkürzeln siehe das Abkürzungsverzeichnis). Ob die Briefvernichtungen durchgeführt wurden, die er Margarete Bittlinger während seiner Exilierung 1933 auftrug (s. Brief 178), ist unklar.

5 Lotte Brunner, Tagebuch, 28. April 1917.

6 Lotte Brunner, Tagebuch, 11. Dezember 1911.

Stunden meiner Sichtung und Besinnung stand mir fest, als selbstverständliche Voraussetzung, wie es meinem Werk in dieser Zeit ergehen müsse. [...] Ich *schuf* und sterbe nun mit dem Lied: Mehr wie rausgeschmissen kann man doch nicht werden aus der Zeit! und in Voraussicht, in Zuversicht, daß dereinstmals von künftiger Zeit mein Werk wird hereingeholt werden, und bin weit davon, mein Leben zu beklagen.«[7]

Margarete Bittlinger gegenüber begründete Brunner die Vernichtung der Briefe mit ihrer Privatheit: »Sie tragen rein privaten Charakter, aber ich möchte nicht, daß sie aus dem persönlichen Raum kommen, für den sie gedacht waren« (Brief 178).

Nicht zur Vernichtung bestimmt hatte Brunner zwei Bücher und eine Reihe von Aufsätzen, die er seit 1932 geschrieben hatte, aber im Exil nicht mehr publizieren konnte. Darüber hinaus hatte er durchaus auch Korrespondenzen für die Veröffentlichung bewahrt, offenbar vor allem exemplarische Briefe, die in sein philosophisches Konzept passten. In welchem Umfang, ist nicht bekannt; explizit hebt er nur »zwei längere Briefe an Gustav Landauer« hervor.[8] In seinem Testament bat er seine Stieftochter, die Vernichtung des Übrigen, darunter alle an ihn gerichteten Briefe, »unbesehen« für ihn zu vollenden.[9] Diesen Wunsch setzte sie wohl schon bald nach Brunners Tod im August 1937 mit dem Argument um: »Ich weiß, daß dies Vaters Wille, ein tief wurzelnder, konstanter Wille war.«[10] Gleichzeitig transkribierte und kommentierte sie mit ihrer Mutter, Brunners Ehefrau Leoni, den schließlich verbliebenen Briefnachlass für eine spätere Veröffentlichung. Etwa ein Drittel der überlieferten Briefe liegt nur in diesen Abschriften vor; denn viele Originalbriefe wurden vernichtet[11] oder sind an die – häufig jüdischen – Adressaten zurückgegangen und während der Shoa verschollen.[12]

Auch Brunners Nachlass wäre beinahe vollständig verloren gegangen. Als die Deutschen im Mai 1940 die Niederlande besetzten und Lotte Brunner die Folgen einer möglichen Entdeckung der Dokumente in ihrem Haus fürchtete, begann sie, den Brunnernachlass systematisch zu verbrennen.

7 Constantin Brunner, Aus Constantin Brunners Testament, in: ders., Vermächtnis (siehe Abkürzungsverzeichnis oder Schriftenverzeichnis), S. 126f.

8 Ebd., S. 126.

9 Ebd.

10 Brief Lotte Brunners an Lothar Bickel vom 21. September 1937 (LBI/JMB: III, 1, 4, 1).

11 So beispielsweise Originalbriefe Brunners an Frida Mond (siehe Brief Lotte Brunners an Lothar Bickel vom 25. Mai 1939, LBI/JMB: III, 1, 4, 5).

12 Zum Beispiel die Briefe an Paul Neubauer, der 1945 in dem ungarischen Konzentrationslager Fonyód ums Leben kam, oder auch die Briefe an Jakob Gerzon, der in Auschwitz umkam.

Dass Teile gerettet wurden, ist Magdalena Kasch, die der Familie Brunner nahestand, zu danken: Sie vergrub Manuskripte und Briefe hinter Brunners Grab oder versteckte sie in ihrer Wohnung, wo sie bei Hausdurchsuchungen der Gestapo nicht entdeckt wurden.[13] Nach dem Krieg gründete sie das Internationaal Constantin Brunner Instituut in Den Haag, in dessen Archiv sie den geretteten Nachlass Brunners und damit auch die meisten der uns überlieferten Briefe bewahrte. Andere Briefe sind erhalten geblieben, weil sie von Lotte Brunner oder Magdalena Kasch in ihre tagebuchartigen Aufzeichnungen über Brunner aufgenommen wurden,[14] wieder andere, weil sie schon früh gedruckt worden sind.[15] Außerdem sind bis heute immer wieder einzelne Briefe Brunners oder ganze Briefkonvolute aufgetaucht.

Wichtige Teile der Korrespondenz wurden in den 1970er Jahren vom Internationaal Constantin Brunner Instituut an das New Yorker Leo Baeck Institute übergeben. 2008 wurden die Nachlassteile aus New York und Den Haag in der Dependance des Leo Baeck Instituts im Jüdischen Museum Berlin zusammengeführt, wo sich jetzt fast der gesamte Nachlass Brunners sowie umfangreiche Korrespondenzen und Manuskripte aus dem Brunner-Kreis befinden. Weitere Briefkonvolute sind in wenige andere Archive in New York, Berlin, Bern, Jerusalem, Amsterdam, Marbach, Göttingen und Koblenz gelangt.

Insgesamt sind zur Zeit etwas mehr als 4.000 Briefe von Brunner bekannt und etwa 1.000 an ihn. Der Umfang der vernichteten oder verlorenen Korrespondenz scheint erheblich zu sein. Zu den Verlusten zählen vor allem mehrere Tausend an Brunner gerichtete Briefe.[16] Von Brunners

13 Zu diesen Vorgängen siehe Magdalena Kasch, Bericht über die Rettung der Manuskripte (s. Brief 67/1).

14 Lotte Brunner, Constantin Brunner im Tagebuch von Lotte Brunner (Manuskript im LBI/JMB: I, 2, 4, 6 bis 5, 5); 1970 erschien davon eine Auswahl (s. Anm. 36). Magdalena Kasch, Meine letzten Jahre mit Constantin Brunner. Aufzeichnungen aus den Jahren 1935-37, mit einem Geleitwort von Jürgen Stenzel hrsg. vom ICBI, Den Haag: Roeland 1990. Es existieren darüber hinaus noch weitere umfangreiche Aufzeichnungen Kaschs im Manuskript (LBI/JMB: I, 6, 1, 2-8).

15 Siehe die im Schriftenverzeichnis unter »3. Briefe« genannten frühen Publikationen von Briefen.

16 Von den etwa 1.000 erhalten gebliebenen Briefen an Brunner sind die Hälfte Abschriften, die Selma van Leeuwen von ihren Briefen an Brunner gemacht hat. Überliefert sind auch 135 Briefe von Lotte Brunner, größere Briefkonvolute von Gustav Landauer und Walter Bernard sowie eine kleine Anzahl von Briefen jeweils von Leoni Brunner, Lothar Bickel, dem Central-Verein deutscher Staatsbürger jüdischen Glaubens, George Goetz, Walther Rathenau und Max Nordau. Es fehlen vermutlich zahlreiche bzw. alle Briefe von Lou Andreas-Salomé, Rose Ausländer, Moses Barasch, Leo Berg, Margarete Bittlinger, Abraham Buschke, Israel Eisenstein, Jacob Gerzon, Borromäus Herrligkoffer, Helga von Holtzendorff, Magdalena Kasch, Meyer Kesten, Martin Klein, Ar-

Seite fehlen fast alle Briefe aus seiner Jugendzeit und sehr viele aus seiner Studentenzeit sowie aus der Phase seiner Literaten- und Redakteurstätigkeit in Hamburg. Verloren sind zudem viele, zum Teil alle Briefe Brunners an Freunde und Zeitgenossen, die die Shoa nicht überlebten oder während der Verfolgung ihr Hab und Gut verloren haben.[17]

Vereinzelt wurden inzwischen Briefe Brunners – zum Beispiel an Martin Buber oder Walther Rathenau – publiziert.[18] Die in den 1960er Jahren vom Constantin Brunner-Kreis in Tel Aviv begonnene Veröffentlichung wichtiger Briefe Brunners konnte damals nicht abgeschlossen werden.[19] Brunners Korrespondenz blieb daher bislang weitgehend unveröffentlicht. Allerdings wurde soeben Brunners Nachlass über das Leo Baeck Institute im Internet online zugänglich gemacht.[20]

Parallel zur vorliegenden Briefauswahl publizieren wir Transkriptionen sämtlicher Briefe Brunners mit Hilfe des Göttinger Digitalisierungszentrums über die Niedersächsische Staats- und Universitätsbibliothek Göttingen sowie die National Library of Israel im Internet, so dass auf diesem Wege der gesamte Briefnachlass eingesehen werden kann.[21] Die Online-Edition ermöglicht ein Weiterlesen in der Brunner-Korrespondenz, wo wir in unserer Auswahl aus Raumgründen auf den Abdruck weiterer Dokumente verzichten mussten.

Der Leitgedanke für die vorliegende Auswahl der Briefe war, Brunner in seinen vielfältigen Kontakten und Beziehungen zu zeigen und die Bandbreite der Themen, für die er sich interessierte, sowie der zeitgenössischen

thur Liebert, Johanna Löwenthal, Peter Magnussen, Elise Mönch, Frida Mond, Werner Münsterberger, Ernst Ludwig Pinner, Hermione von Preuschen, Fritz Ritter, Ludwig Rost, Eli Rottner, Wilhelm Schwaner, Claire Sinnreich, Daniel Sinnreich, Ludwig Stein und Moscheh Sterian sowie eine Reihe von Briefen von Willy Aron, Aron Berman, Friedrich Kettner, Paul Neubauer.

17 Fast vollständig verloren gegangen sind die sicher zahlreich gewesenen Briefe an Fritz Blankenfeld, Eduard Bäumer, Otto Ernst, Inge von Holtzendorff, Eberhard König, Leo Sonntag, Georg Wienbrack sowie Brunners Eltern Moses und Rahel Wertheimer. Weitgehend verloren sind auch größere Teile der Korrespondenz mit Guiseppe Aquenza, Ignaz Ausländer, Bella Ball, Goby Eberhardt, Emil Grünfeld, Maximilian Harden, Gertrud Hertz, Siegfried Hessing, Gustav Falke, Paul Geisler, Walther König, Joseph Norden, Nathan Sinnreich, Piet Stigter, Abraham Suhl, Elias Zolkiewer und Leo Winz. Auch ein erheblicher Teil der Briefe an Gustav Landauer ist nicht überliefert.

18 Siehe die Liste der gedruckten Brunnerbriefe im Schriftenverzeichnis.

19 Von der auf fünf Einzelbände geplanten Ausgabe erschienen nur die ersten beiden: Constantin Brunner, Briefe (siehe Abkürzungs- oder Schriftenverzeichnis). In Bd. I, S. 5 ist davon die Rede, dass die Ausgabe eine etwa 1.000 Briefe umfassende Gesamtausgabe werden sollte.

20 Siehe den Link auf der Seite http://brunner.uni-goettingen.de/Die_Briefe.html.

21 Siehe Anm. 20.

Diskussionen, zu denen er sich äußerte, abzubilden. Zugleich sollen die Briefe den biographischen und gedanklichen Werdegang Brunners dokumentieren und damit nicht zuletzt sein philosophisches Anliegen in seinen praktischen Bezügen.

Da es nach wie vor kaum grundlegende Arbeiten zu Brunners Philosophie, Gesellschaftslehre und Biographie gibt und auch nur vereinzelte vergleichende Studien zu anderen Autoren und Strömungen, konnten wir uns hier nur auf wenige wissenschaftliche Publikationen stützen, die zudem, falls überhaupt gedruckt, nicht sehr verbreitet, sondern eher nur einem kleinen Kreis von Interessierten bekannt sind. In unserer Kommentierung mussten daher, nicht zuletzt durch die unzähligen Dokumente im Brunner-Archiv, viele Zusammenhänge erst erschlossen, Personen und Beziehungen identifiziert, kaum beachtete Literatur recherchiert und historische Kontexte erläutert werden.[22] Daher ist dieses Buch mehr als nur eine Briefedition: Es bietet zugleich eine Einführung in Brunners Werk und Biographie im Kontext des Zeitgeschehens. Zudem entsteht ein Bild von Brunners Umfeld, unter anderem auch die Kontur des Kreises, der sich um ihn gebildet hatte.

Brunner in dieser Vielfalt zu zeigen verfolgt das Ziel, eine Grundlage für eine neue Auseinandersetzung mit seiner Person und seinem Werk zu bieten und damit zum Teil erhebliche Barrieren der kontroversen Rezeption zu überwinden, für die die folgenden Äußerungen von Max Horkheimer (1972) und Gershom Scholem (1976) beispielhaft sind:

> »Wenngleich ich emeritierter Professor der Philosophie und Soziologie bin, wurde ich erst in den letzten Jahren mit einigen Schriften von und über Constantin Brunner bekannt. Da ich von dem, was ich da las, zutiefst berührt war, habe ich in mehreren Vorträgen darauf Bezug genommen.«[23]

> »Brunner [...], dessen meiste Schriften ich gelesen habe, gehört zu den mir widerwärtigsten Autoren der deutsch-jüdischen Sphäre. Seine Schriften sind mir unerträglich, seine Haltung als praeceptor mundi,

22 Am hilfreichsten waren hierbei die tagebuchartigen Aufzeichnungen von Lotte Brunner und Magdalena Kasch (s. Anm. 14) sowie eine Zusammenstellung biographischer Daten zu nicht weiter bekannt gewordenen Personen aus dem Brunner-Kreis, die Dorette Griem auf der Basis der biographischen Dokumente im Brunner-Archiv vorgenommen hat.

23 Brief Max Horkheimers an Magdalena Kasch vom 21. Februar 1972 (LBI/JMB: III, 1, 28, 7). In Horkheimers publizierten Vorträgen ließ sich kein Hinweis auf Brunner finden.

besonders praeceptor Judaeorum, lächerlich, wenn nicht geradezu abscheulich, und seine Stellung als Sektenhaupt (einer der manchen deutsch-jüdischen Sekten, die leugneten eine zu sein) mobilisierte seit je alle meine Anti-Stoffe!«[24]

Brunners Werk und Person haben von jeher polarisiert: Sie riefen schon bei Zeitgenossen großes Interesse, ja Verehrung hervor – zum Beispiel bei Walther Rathenau, Max Nordau und zeitweise bei Gustav Landauer und Lou Andreas-Salomé – oder führten zu schärfster Ablehnung – unter anderem bei Eva Reichmann oder Jakob Klatzkin –, selten einmal gab es – wie bei Martin Buber – ambivalente Rezeptionen. Was jedoch bemerkenswert ist und selbst an der späteren schroffen Kritik Scholems deutlich wird: Auch die Kritiker haben sich mit Brunner auseinandergesetzt, bevor sie zu ihrem Urteil kamen. Brunner wurde zu Lebzeiten in verschiedenen Kontexten, besonders jüdischen, wahrgenommen und diskutiert. Die Auseinandersetzung mit seinem Denken ist durch den Holocaust gewaltsam abgebrochen worden.

Nach 1945 passte Brunner nicht recht in die neuen Diskurse.[25] Einige seiner politischen Überzeugungen, beispielsweise sein Aufruf an die Juden zur Selbstemanzipation oder seine kritische Haltung zum Zionismus, erschienen infolge der Vertreibung und Vernichtung der europäischen Juden sowie der Gründung des Staates Israel obsolet.[26] Fragen geistigen Führer-

24 Brief Gershom Scholems an Siegfried Unseld, in: ders., Briefe, Bd. III: 1971-1982, hrsg. von Itta Shedletzky, München: C. H. Beck 1999, S. 137f.

25 Das gilt jedenfalls für Deutschland. In Frankreich entstanden nicht nur durch die Initiative Leo Sonntags eine ganze Reihe von Brunner-Übersetzungen, sondern es gab auch eine Diskussion, teilweise in führenden Fachzeitschriften, an der sich neben Leo Sonntag zum Beispiel Ferdinand Alquié, André Breton oder auch Albert Camus (s. Anm. 47) beteiligten. Viel beachtet wurde eine Themennummer der Zeitschrift »Cahiers du Sud«: Constantin Brunner, un philosophe hors les murs (1862-1937), 51me Année, No. 375, Tome LVII, Déc. 1963 – Janv. 1964. Hervorzuheben ist nicht zuletzt auch das Buch von Michaël Baraz, La Révolution inespérée. Constantin Brunner, [Paris]: Librairie José Corti 1986. Zur französischen Rezeption siehe auch: Leo Sonntag. Ein jüdisches Emigrantenschicksal, hrsg. von Jürgen Stenzel, d.i. Brunner im Gespräch, Band 1, Essen: Die Blaue Eule 1994.

26 Dementsprechend schien es nicht einmal opportun, seine Schriften zur Judenfrage neu zu publizieren, was zum Beispiel Hermann Levin Goldschmidt bemängelte (Behutsame Halbheit. Constantin Brunners »Judenbücher«, in: Allgemeine jüdische Wochenzeitung, 37. Jg., Nr. 39 (13. September 1974), S. 56). Sie erschienen entweder gekürzt (Memscheleth sadon, Aus meinem Tagebuch, Der entlarvte Mensch) oder in Privatdrucken (Der Judenhaß und die Juden, Höre Israel und Höre Nicht-Israel (Die Hexen), Der entlarvte Mensch (vollständige Fassung), Vermächtnis). Nicht neu aufgelegt wurden bisher die Bücher: »Vom Einsiedler Constantin Brunner« und »Von den Pflichten der Juden und von den Pflichten des Staates«; sie sind aber in der Erstauflage seit 1990 wieder im Buchhandel erhältlich.

tums, mit denen Brunner sich in seinem Werk wiederholt auseinandergesetzt hat, haben an Bedeutung verloren.[27] Brunner selber sperrte sich stets gegen einen akademischen Diskurs seiner Auffassungen und wurde in der Fachphilosophie schon von seinen Zeitgenossen kaum rezipiert.[28] Zwar wurden seine Schriften vom Internationaal Constantin Brunner Instituut in Den Haag neu herausgegeben,[29] aber Brunner blieb der Wissenschaft offenbar durch das Sperrige seiner Persönlichkeit und die starke Verehrung seiner Anhänger lange Zeit suspekt.[30]

Viele dieser Anhänger formulierten ihre Deutungen Brunners auch in Aufsätzen oder Büchern: Im Brunner-Archiv im Leo Baeck Institute in Berlin sind zahlreiche dieser Arbeiten im Manuskript überliefert; einige sind auch publiziert worden. Aber diese Darstellungen lösten nur selten weiterführende Diskussionen aus. Die zahlreichen Manuskripte von Magdalena Kasch sind fast alle ungedruckt geblieben.[31] Abraham Suhl verfasste schon in den fünfziger Jahren eine umfangreiche Brunnerbiographie, sie wurde aber erst 1991-93 veröffentlicht.[32] Phasenweise gab es Brunner-Zeitschriften[33] und Schriftenreihen.[34] Zu den wichtigsten Autoren zählen Lothar Bickel, Israel Eisenstein und Walter Bernard.[35] Später wurde vor allem die Herausgebertätigkeit von Heinz Stolte[36] bedeutsam sowie die

27 Brunners Unterscheidung von Geistigen und Volk wurde auch im Brunnerkreis kontrovers diskutiert. Dies hat jedoch nur marginal literarischen Niederschlag gefunden, zum Beispiel bei Hans Goetz, Leben ist Denken (s. Anm. 37), S. 119-140.

28 Zu nennen sind hier eigentlich nur Ludwig Stein (s. Brief 61/4) und Arthur Liebert (s. Brief 121/1). Bemerkenswert ist allerdings ein Eintrag zu Brunner im »Philosophen-Lexikon« von Rudolf Eisler (Berlin: Mittler 1912).

29 Siehe das Schriftenverzeichnis.

30 Siehe hierzu Jürgen Stenzel, »Ich habe einen Stachel zurückgelassen …« (s. Anm. 41), S. 14-21.

31 Siehe LBI/JMB: I, 6. Zu Publikationen von Kasch s. Brief 67/1.

32 Siehe Brief 205/1. Dort sind auch weitere Publikationen Suhls verzeichnet.

33 In Israel 1946-54 die interne Zeitschrift »Die Constantin Brunner-Gemeinschaft« und 1955-57 »Der Constantin Brunner Gedanke«, in den Niederlanden 1977-90 die wieder interne Zeitschrift »Philosophia sive Ethica« und in Deutschland 1990-94 die »Philosophia Activa. Zeitschrift der Constantin-Brunner-Forschung«.

34 Im Anton Hain-Verlag und später im Athenäum-Verlag wurden 1977-86 vier Bände von der Constantin-Brunner-Stiftung Hamburg im Zusammenwirken mit dem Internationaal Constantin Brunner Instituut Den Haag herausgegeben. Beide Stiftungen gaben 1994-2003 auch die 7 Bände der Reihe »Brunner im Gespräch« im Verlag Die Blaue Eule heraus.

35 Zu Bickels Schriften s. Brief 118/1, zu Eisensteins Schriften Brief 119/1, zu Bernards Schriften Brief 177/1.

36 Heinz Stolte gab die Schriftenreihe 1977-86 (s. Anm. 34) heraus, zusammen mit Leo Sonntag Auszüge aus Lotte Brunners Tagebüchern (»Es gibt kein Ende«, s. Abkürzungsverzeichnis) sowie Brunners Schriften »Memscheleth sadon«, »Rede der Juden« und die Aufsatzsammlung »Vom Geist und von der Torheit« (s. Schriftenverzeichnis).

Arbeiten von Hans Goetz.[37] In den 1990er Jahren publizierten unter anderem Johannes Peters,[38] Hendrik Matthes[39] und Jürgen Stenzel[40] mehrfach über Brunner.

Diese umfangreichen Bemühungen führten zu wenig Resonanz in akademischen Fachkreisen, die Brunners hochinteressante Hinterlassenschaft auch 75 Jahre nach seinem Tod nur ansatzweise zur Kenntnis genommen haben. Immerhin nimmt die akademische Beschäftigung mit Brunner seit einer Brunner-Tagung 1995 in Hamburg langsam zu.[41] Vor allem Historiker und Germanisten sind auf die Besonderheit und die Bedeutung des Werkes von Brunner im Kontext der Philosophie-, Literatur- und Kulturgeschichte des späten 19. und frühen 20. Jahrhunderts aufmerksam geworden. Inzwischen wurden hier und da Querverweise zwischen Brunner und seinen Zeitgenossen hergestellt bzw. spätere Brunnerrezeptionen

Sein wirkungsreicher Vortrag »Vom Feuer der Wahrheit. Der Philosoph Constantin Brunner« aus dem Jahre 1968 erschien in 3 Auflagen, zuletzt zusammen mit »Die Auseinandersetzung mit Schopenhauer in der Philosophie Constantin Brunners«, Husum: Hansa-Verlag 1990.

37 Hans Goetz, der Sohn des mit Brunner befreundeten George Goetz, publizierte zahlreiche Aufsätze und einige Bücher über Brunner: Leben ist Denken. Eine Schrift zur Renaissance der Philosophie des deutschen Denkers Constantin Brunner, mit einem Geleitwort hrsg. von Heinz Stolte, Frankfurt a.M.: Athenäum 1987. Ethischer Egoismus – Individuum, Gattung, Gesellschaft, Staat, d.i. Kleine Arbeiten zur Philosophie, hrsg. von W. L. Hohmann, Band 37, Essen: Die Blaue Eule 1993. Philosophie als Lebensqualität (Aufsätze und Vorträge), hrsg. von Jürgen Stenzel und Burkhard Scheepers, Münster: Edition Octopus 2006. Er gab auch eine bemerkenswerte Sammlung von Arbeiten seines Vaters heraus: George Goetz, Philosophie und Judentum. Vorträge und Aufsätze aus den Jahren 1924-1968, Husum: Hansa-Verlag 1991.

38 Johannes Peters publizierte unter anderem: Wer krank ist, der ist auch gesund. Arzneiliche Krankenbehandlung im Spiegel der Philosophie Constantin Brunners. Eine Studie zur Versachlichung des Dialogs zwischen konventioneller (klinischer) und ganzheitlich orientierter (homöopathischer) Medizin, Stuttgart: Johannes Sonntag-Verlag 1991. Er gab auch ein Buch über Yehudi Menuhins Brunnerrezeption heraus (s. Anm. 48).

39 Hendrik Matthes schrieb richtungsweisende Aufsätze über Brunners philosophische Konzeption in der Zeitschrift »Philosophia Activa« und gab eine Einführung in Brunners Philosophie heraus (s. Anm. 49).

40 Jürgen Stenzel gab Arbeiten von und über Brunner heraus und schrieb Aufsätze zu Brunner, unter anderem in der Zeitschrift »Philosophia Activa«. Er publizierte auch eine Darstellung der Philosophie Brunners (s. Anm. 49) sowie der Brunnerschen Spinozarezeption (s. Anm. 50).

41 Auseinandersetzungen unter anderem mit Brunners Ontologie, seinem Emanzipationsgedanken, seiner Rechtsphilosophie und Ästhetik sowie seiner Hamburger Redakteurstätigkeit finden sich in dem Sammelband: Jürgen Stenzel (Hrsg.), »Ich habe einen Stachel zurückgelassen …« Beiträge zum Constantin Brunner-Symposion, Hamburg 1995, d.i. Brunner im Gespräch, Band 4, Essen: Die Blaue Eule 1995.

diskutiert, zum Beispiel bei Leo Berg,[42] Arno Nadel,[43] Gustav Landauer,[44] Walther Rathenau,[45] Rose Ausländer,[46] Albert Camus[47] und Yehudi Menuhin.[48] Es erschienen auch Monographien zu seiner Philosophie,[49] zu seiner Spinozarezeption[50] und im Kontext einer europäischen Kulturge-

42 Peter Sprengel (Hrsg.), Im Netzwerk der Moderne: Leo Berg. Briefwechsel 1884-1891. Kritiken und Essays zum Naturalismus, Bielefeld: Aisthesis Verlag 2010; zu Brunner und Berg siehe S. 58-61.

43 Andreas B. Kilcher, Der Schrecken der Geschichte *sub specie aeternitatis*: Arno Nadels Deutung der historischen Katastrophe aus der Mitte ihrer Erfahrung, in: Kerstin Schoor (Hrsg.), Zwischen Rassenhass und Identitätssuche. Deutsch-jüdische literarische Kultur im nationalsozialistischen Deutschland, Göttingen: Wallstein Verlag 2010, S. 329-366; zu Brunner vor allem S. 351-354.

44 Thorsten Hinz, Mystik und Anarchie. Meister Eckhart und seine Bedeutung im Denken Gustav Landauers, Berlin: Karin Kramer Verlag 2000; darin verschiedentlich Bezüge zu Landauers Verhältnis zu Brunner.

45 Renate Stolte, Walther Rathenau und Constantin Brunner – Aspekte einer außergewöhnlichen Beziehung, in: Jürgen Stenzel (Hrsg.), »Ich habe einen Stachel zurückgelassen ...« (s. Anm. 41), S. 141-195. Der Brunner-Rathenau-Briefwechsel erschien 2006 in Band 5 der Rathenau-Gesamtausgabe (s. Schriftenverzeichnis). Erwähnung fand die Freundschaft der beiden jüngst auch bei Shulamit Volkov, Walther Rathenau. Weimar's Fallen Statesman, New Haven and London: Yale University Press 2012, S. 187f.

46 Texte und Gedichte Rose Ausländers mit Brunner-Bezug publizierte Helmut Braun in der von ihm herausgegebenen Rose Ausländer-Werkausgabe im Fischer-Verlag und besonders in: Rose Ausländer. Materialien zu Leben und Werk, Frankfurt a.M.: Fischer-Verlag 1992. In diesem Band erschien auch (S. 154-197) der Aufsatz von Gerhard Reiter, Das Eine und das Einzelne. Zur philosophischen Struktur der Lyrik Rose Ausländers, der vielfach Brunnerbezüge enthält. In Biographien zu Rose Ausländer wird Brunner regelmäßig genannt, zum Beispiel in: Cilly Helfrich, Rose Ausländer. Biographie, Zürich: Pendo 1998. Brunnerbezüge stellt auch her: Martin A. Hainz, »mehr [...] als äußere Form« – die Poesie Rose Ausländers und ihre philosophischen Einflüsse, in: Jacques Lajarrige und Marie-Hélène Quéval (Hrsg.): Lectures d'une œuvre – Gedichte de Rose Ausländer, Nantes: Éditions du temps 2005, S. 69-82.

47 Martin Rodan, Camus, Bickel, Brunner – Zufall oder Revolution?, in: Internationaal Constantin Brunner Instituut. Jahrbuch 2001, d.i. Brunner im Gespräch, Band 5, Essen: Verlag Die Blaue Eule 2001, S. 73-87.

48 Johannes Peters (Hrsg.), Musik im Dienste der Humanität. Zur Brunnerrezeption Yehudi Menuhins, d.i. Brunner im Gespräch, Band 6, Essen: Verlag Die Blaue Eule 2002.

49 Hendrik Matthes, Constantin Brunner. Eine Einführung, Düsseldorf: Parerga 2000; enthält auch eine Anthologie. Jürgen Stenzel, Die Philosophie Constantin Brunners, d.i. Brunner im Gespräch, Band 7, Essen: Verlag Die Blaue Eule 2003.

50 Brunners Spinozarezeption war schon immer das am häufigsten untersuchte Thema, unter anderem auch in Dissertationen. Eine neuere Arbeit mit umfangreicher Bibliographie der Schriften mit Brunner-Spinoza-Bezügen ist von Jürgen Stenzel, Philosophie als Antimetaphysik. Zum Spinozabild Constantin Brunners, d.i. Schriftenreihe der Spinoza-Gesellschaft, Band 10, hrsg. von Wolfgang Bartuschat, Klaus Hammacher und Manfred Walther, Würzburg: Königshausen & Neumann 2002. Weiterhin ist erschienen: Carsten Schapkow, »Die Freiheit zu philosophieren«. Jüdische Identität in der Moderne im Spiegel der Rezeption Baruch de Spinozas in der deutschsprachigen Lite-

schichte.[51] Seine Positionen zur Judenfrage wurden in den neueren Monographien zu jüdischen Verbänden im Kaiserreich und der Weimarer Republik wahrgenommen,[52] und in jüngster Zeit erschienen Brunners Werke zur »Judenfrage« in französischer Übersetzung.[53]

Trotz dieser zögerlich einsetzenden akademischen Beachtung bleibt Brunner ein bisher nur begrenzt wahrgenommener Intellektueller des frühen 20. Jahrhunderts.[54] An der zuweilen emotional aufgeladenen Rezeption war er durch die Betonung seiner eigenen Persönlichkeit und wohl auch durch die elitär wirkende Unterscheidung von Geistigen und Volk nicht ganz unschuldig. Alles in allem scheint die Auseinandersetzung mit ihm heute aber weniger kontrovers zu verlaufen als noch zu seinen Lebzeiten und im Nachkriegsdeutschland bis etwa 1990, als der Brunnerkreis noch aktiv war.

ratur, Bielefeld: Aisthesis Verlag 2001; über Brunner vor allem S. 184-190. Außerdem eine Einbettung von Brunners Spinozarezeption in den zeitgenössischen Kontext von David J. Wertheim, Salvation through Spinoza: A Study of Jewish Culture in Weimar Germany, Leiden u.a: Brill 2011.

51 Martin Rodan, Notre culture européenne, cette inconnue, Berne: Peter Lang 2009.

52 Avraham Barkai, »Wehr dich!« Der Centralverein deutscher Staatsbürger jüdischen Glaubens (C.V.) 1893-1938, München: C. H. Beck 2002; über Brunner S. 238-245. Matthias Hambrock, Die Etablierung der Außenseiter. Der Verband nationaldeutscher Juden 1921-1935, Köln: Böhlau Verlag 2003; über Brunner besonders S. 47f. und S. 420-422. Hervorzuheben ist hier auch eine ältere Arbeit zu dem Thema: Frederick Ritter, Constantin Brunner und seine Stellung zur Judenfrage, in: Bulletin des Leo Baeck Instituts, 1975, Neue Folge, 14. Jg., Nr. 51, hrsg. von Hans Tramer, Tel Aviv: Verlag Bitaon 1975, S. 40-79.

53 Constantin Brunner, Le malheur de notre peuple allemand et nos »Völkisch« (1924). Un philosophe allemand de l'antisémitisme, du nazisme et du sionisme, Éditions du centre d'études et de documentation – Mémoire d'Auschwitz, Bruxelles: Didier Dvillez Éditeur 2008 (d.i. Bulletin Trimestriel de la Fondation Auschwitz, No. spécial 98, Janvier-mars 2008). Ders., Des devoirs des Juifs et des devoirs de l'État, Bruxelles: Éditions Aden [2012]. Ders., Écoute Israël, Écoute aussi Non-Israël (Les Sorcières) et La nécessaire auto-émancipation des juifs allemands (1931), Bruxelles: Didier Dvillez Éditeur 2011.

54 Einen kurzen Überblick zu Brunners Biographie bietet die Zeittafel im Anhang. Ausführlicher sind Hendrik Matthes (s. Anm. 49), S. 9-18 sowie Jürgen Stenzel, Philosophie als Antimetaphysik (s. Anm. 50), S. 17-33. Eine umfangreiche, allerdings ältere Biographie liefert nur Suhl (s. Brief 205/1). Einführungen zu Leben, Werk und Wirkung Brunners, Bibliographien und Onlineressourcen finden sich auf der Internetseite http://www.constantinbrunner.net.

II. Constantin Brunner in seinen Briefen

Es sind nur wenige Briefe aus der Jugendzeit Brunners überliefert. Die offenbar umfangreiche Korrespondenz mit seinem Vater hat Brunner schon vor dem Ersten Weltkrieg vernichtet.[55] Nur in viel späteren Briefen erfahren wir etwas über die Familiengeschichte, zum Beispiel über Brunners berühmten Großvater, den Oberlandesrabbiner Akiba Wertheimer (Briefe 137, 138, 172). Dort fallen auch Schlaglichter auf Brunners Kindheit, wenn er Bildungserlebnisse schildert oder seine Verbundenheit mit der Synagoge in Altona hervorhebt (ebd. und Brief 49).[56]

Zu den ältesten bewahrten Briefen zählen jene an seine »mütterliche Freundin« Johanna Löwenthal. Brunner lernte sie 1881 nach dem Abbruch seiner Ausbildung am Jüdischen Lehrerseminar in Köln kennen. Die Briefe dokumentieren Brunners frühe Lektüre, spiegeln seine Studienzeit, seine Vorbehalte gegen die akademische Bildung und zeigen ihn als Kommentator der politischen Ereignisse (Briefe 1, 2, 3, 4, 6). Obwohl hier sichtbar wird, dass Brunner sich von seinem jüdisch-orthodoxen Glauben bereits distanziert hatte, erfahren wir, dass er noch Vorträge über den Talmud hielt. Zu dieser Zeit verfasste er auch die »Rede der Juden: Wir wollen ihn zurück!«, mit der er Jesus in das Judentum zurückholen wollte.[57]

Beruflich machte Brunner sich ab 1891 einen Namen im Literaturbetrieb: In Hamburg war er als Literaturagent (Brief 6) und Herausgeber der Zeitschrift »Der Zuschauer« tätig, die weithin Beachtung fand.[58] In dieser frühen Periode in der Hamburger Bohème zählten Otto Ernst, Leo Berg, Gustav Falke und Detlev von Liliencron zu seinen Freunden – Briefe sind allerdings nur in geringem Umfang überliefert. Bemerkenswert ist hier die Korrespondenz mit Leo Berg (Brief 7), einem der führenden Köpfe der Berliner Moderne: Es sind vor allem Arbeitsbriefe (Brief 9), die Einblick in Brunners redaktionelle Tätigkeit und den Literaturbetrieb dieser Jahre geben, darüber hinaus aber auch Dokumente einer Freundschaft (Brief 19), die bis zu Bergs Tod im Jahre 1908 anhielt.

Ein freundschaftliches, wenngleich nicht immer einfaches Verhältnis hatte Brunner auch zu Frida Mond, der Tochter Johanna Löwenthals und

55 Lotte Brunner, Tagebuch, 23. April 1918.

56 Biographische Angaben zu Personen und wichtige Briefinhalte sind über das Register erschließbar.

57 Der Text liegt uns nur in einer überarbeiteten späteren Fassung vor, die Brunner 1918 in »Der Judenhaß und die Juden« aufnahm; 1969 wurde die Schrift auch separat gedruckt (s. Schriftenverzeichnis).

58 Zu den Herausgebern sowie der Erscheinungsweise und -dauer des »Zuschauers« siehe Brief 14/4.

Frau eines Londoner Großindustriellen. Sie übernahm eine, später von ihrem Sohn Lord Melchett fortgeführte Mäzenatenrolle, so dass Brunner nur noch teilweise für seinen Lebensunterhalt aufkommen musste (um die Jahrhundertwende unterrichtete er zeitweise an einem Mädchenpensionat und arbeitete offenbar als literarischer Beirat in Verlagen). Allerdings zwang ihn dies auch zu Rechtfertigungen gegenüber der Geldgeberin (Brief 24). Brunner unterbreitete Frida Mond seine philosophischen Pläne, die von ihr jedoch immer weniger geschätzt wurden; insbesondere an seinem Schreibstil hatte sie später vehement etwas auszusetzen (Brief 47). Seine sehr umfangreichen Briefe dokumentieren Brunners Ringen um Selbstachtung und den Versuch der Emanzipation von seiner »unvergleichlich geliebten und verehrten Freundin« (Brief 60), die er schließlich zugleich als seinen »ärgsten Feind« betrachtete (Brief 63). Wertvoll sind diese Briefe vor allem auch, weil sie Einblicke in Brunners Konzeption seiner Philosophie erlauben – 13 Jahre arbeitete er an seinem ersten philosophischen Werk, der 1908 erschienenen »Lehre von den Geistigen und vom Volk«.

Seine Hinwendung zur Philosophie begann 1895, als Brunner seine poetischen Versuche, literarischen Kritiken und redaktionellen Tätigkeiten recht plötzlich einstellte. Er heiratete die geschiedene Rosalie (genannt Leoni) Auerbach, deren Persönlichkeit und Beziehung zu Brunner in den überlieferten Briefen und Postkarten nur in groben Konturen deutlich wird. Sie stellte sich ganz in den Dienst von Brunners Werk und brachte ihre beiden Töchter Elise Charlotte (genannt Lotte) und Gertrud mit in die Ehe; ihr Sohn Hans blieb bei seinem Vater, Brunners früherem Kompagnon Georg Müller. Während Gertrud 1911 heiratete und das Elternhaus verließ, blieb Lotte bis 1934 im Hause Brunners. Es entwickelte sich zwischen beiden eine sehr intensive Beziehung, die ihren Niederschlag in einer umfangreichen, zumeist auf Urlaubsreisen entstandenen Korrespondenz fand. Während Leoni vor allem mit der Fertigstellung und Duplizierung von Brunners Manuskripten beschäftigt war (Brief 35), diskutierte Lotte mit ihm seine philosophischen Gedanken und fungierte zeitweise als eine Art Sekretärin und auch als Sprachrohr in die Öffentlichkeit (Briefe 63, 122, 142, 152). Brunners Briefe an Lotte bringen nicht nur seine große Zuneigung zu seiner Stieftochter zum Ausdruck, sondern zeigen auch seine Bemühung, sie an sein Denken zu binden (Brief 34, 65). Aber Lotte hatte immer mehr das Gefühl, ein »Vogel im goldenen Käfig« zu sein (Brief 63), und versuchte sich punktuell abzugrenzen (Brief 147), was Brunner sichtlich Schwierigkeiten bereitete. Mit 51 Jahren heiratete Lotte 1934 den Niederländer Piet Stigter und verließ das elterliche Haus – eine Entscheidung, die Brunner im Exil vor allem auch in praktischer Hinsicht schwer traf (Brief 189).

Vierzig Jahre vorher, 1895, übersiedelte die Familie Brunner erst einmal von Hamburg an den Stadtrand von Berlin. Brunner wollte damit vor allem dem Literaturbetrieb entkommen. Wie die Briefe belegen, zog er sich fast völlig aus dem Kulturleben zurück: »Daß ich aus der dummen deutschen Litteratur wieder ganz heraus bin, ist mir keine geringe Freude« (Brief 19). An akademischen Auseinandersetzungen nahm er nicht teil, hielt – auch nach Aufforderung – keine Vorträge und ging kaum zu Veranstaltungen. Lediglich vereinzelte Theater- und Konzertbesuche sind noch nachweisbar sowie (später) eine Vorliebe für das Kino. Gegenwärtige Denkströmungen nahm er immer weniger zur Kenntnis, sondern beschäftigte sich vielmehr mit den alten Meistern: in der Musik vor allem mit Bach und Beethoven, in der Kunst mit Michelangelo und Rembrandt und in der Literatur mit Shakespeare und Goethe. Verächtlich sprach er über die literarische Moderne, die neue Musik und Kunst sowie über die zeitgenössische Philosophie, die er pauschal als scholastisch und nutzlos titulierte. Er empfand sich so gesehen als »Einsiedler« in der »Wüste« Berlin.[59]

Dieser Versuch, aus der Zeit zu fliehen, steht durchaus in Zusammenhang mit Brunners philosophischem Anliegen: Er wollte einen überzeitlichen Beitrag zur philosophia perennis leisten; denn die Wahrheit, so meint Brunner, ist schon immer dagewesen, wenn auch ihre konkreten Äußerungsformen zeitbedingt sind.[60]

Brunners Philosophie entstand offenbar aus der Auseinandersetzung mit religiösen Grundfragen. Sein Denken kulminierte schon früh (Brief 13) in einer ontologischen Deutung des jüdischen Glaubensbekenntnisses, des Jahwe echad: »Das Seiende ist Eines.« Darin erkannte er den »Geist des Judentums«, den er auch in philosophischen Äußerungsformen wiederfand, so zum Beispiel in Platons Ideenlehre, vor allem aber in Spinozas Gottesbegriff (Briefe 29, 66). Diesen Gedanken philosophisch auszugestalten war ihm – durch ein Kunsterlebnis 1895 in London angeregt, das er wie eine Offenbarung erlebte (Brief 49) – ein größeres Anliegen als die Literaturkritik, deren »moderne« Ausprägungen er mehr und mehr kritisierte (z.B. Briefe 28, 57), weil er darin die »geistige Wahrheit« zugunsten einer Überschätzung des Ich immer mehr in den Hintergrund gedrängt sah. Literarische Moderne und allgemeine Bildung, als deren Hauptverursacher er Nietzsche betrachtete, wurden für Brunner zum Feindbild.

Allerdings hat Brunner nicht von Anfang an eine Systemphilosophie entwickelt, wie die spätere Rückschau (in Brief 49) und überhaupt seine

59 Brunner, Zum fünfundfünfzigsten Geburtstage, S. 22. Der Titel seiner anderen autobiographischen Schrift lautet »Vom Einsiedler Constantin Brunner«.

60 Diese erstmals in der »Ankündigung« zur »Lehre« formulierte Auffassung (S. 9, 64) durchzieht Brunners gesamtes Werk.

apodiktischen Aussagen in seinen Schriften vermuten lassen; denn 1897 hob er noch hervor: »System zerstört die Persönlichkeit« (Brief 22). Alles, was über unsere Praxis hinausgeht, schreibt er dort, »scheint Phantastik zu sein«; ein »ganz helles Bewusstsein« werde nirgendwo angetroffen. 1908 legte Brunner dann aber mit seiner »Lehre von den Geistigen und vom Volk« doch ein ausgearbeitetes philosophisches System vor, mit einer ausgefeilten Methodik und Terminologie, die nicht nur die Praxis des Lebens philosophisch beschreibt (in dem Hauptabschnitt: »Der praktische Verstand«), sondern auch (in der »Ankündigung«) von der Wahrheit »des Einen« spricht, die im »geistigen« Denken erfassbar sei. Und von hier aus polemisiert er dann gegen Skeptiker wie Nietzsche oder Mauthner, die meinen, dass Wahrheit nicht erkennbar wäre (Brief 40).

Um die Eine Wahrheit zu ergreifen, fordert Brunner eine innerliche Umkehr, eine »Metanoia« (Brief 30). Dem Einen Sein, dem keine Attribute des Seienden, des Relativen, zugeschrieben werden dürfen, sich zuzuwenden, versteht er weniger als intellektuellen, sondern mehr als »mystischen« Vorgang. Von sich sagt Brunner zwar, er sei kein Mystiker, aber betont doch, durch mystische Erlebnisse zur Philosophie angeregt worden zu sein (Brief 49). 1921 arbeitete Brunner diesen Gedanken in seinem »eigentlichen Hauptwerk« (Brief 98/2) »Unser Christus oder das Wesen des Genies« weiter aus. Seine Überlegungen basieren auf der spätmittelalterlichen Mystik Meister Eckharts.

Zuvor, in der »Lehre«, analysierte Brunner das, was wir sind und leben. Den Lebensalltag versteht er hier als notwendige und gegenüber der geistigen Besinnung nicht etwa gering zu schätzende »Lebensfürsorge«. Dies ist das Ergebnis seiner Theorie des praktischen Verstandes, in der er Erkenntnis- und Wissenschaftstheorie, Psychologie und Ethik miteinander verbindet: Der Mensch ist ein Ding unter Dingen und das Dingliche ist nichts anderes als eine Bewegungserscheinung. Unser Denken ist (hier im praktischen Verstand) nichts anderes als das Erfassen dieser Vorgänge, also unseres Verwobenseins in das dingliche Geschehen, und es hat den praktischen Zweck, uns als das zu erhalten, was wir sind, d.h. wir müssen uns als Ding unter Dingen behaupten.

Diese Betrachtung ist durchaus materialistisch, gleichwohl versteht Brunner das Dingliche generell nur als Seiendes, Relatives, als eine spezifisch menschliche Auffassung, der das absolute und für den praktischen Verstand unergründliche geistige Sein zugrunde liegt. Die Materie könne daher nicht absolut gedacht werden, was nicht alle Rezipienten seiner »Lehre« auf Anhieb verstanden haben: »[...] meine Bewegungslehre fällt in die Relativität; was ich nicht deutlicher machen kann, als ich es zu machen versucht habe« (Brief 193, s. auch Brief 120). Eine Verabsolutierung dieses Relativen sei vor allem im (damals populären) materialistischen

Monismus zu beobachten; er sei die »moderne Satanswelt« (Brief 36). In seiner »Lehre« hebt Brunner hier insbesondere die Auffassung seines berühmten Zeitgenossen Ernst Haeckel hervor.

Für besonders fatal und exemplarisch bei ihm hält Brunner die Verbindung des materialistischen Monismus mit Darwins Entwicklungslehre (Brief 36); denn es entstehe dadurch eine scheinbar alles erklärende, aber auf unhaltbaren Behauptungen gegründete naturmetaphysische, »abergläubische« Spekulation, geradezu eine Pseudoreligion. Die Entwicklungslehre hielt Brunner für unwissenschaftlich, weil ein Übergang der Arten ineinander in der Natur nicht nachweisbar sei und eine wissenschaftliche Theorie, die dies annehme, nicht auf Erfahrung, sondern auf bloßer Phantasie beruhe. Wie damals nicht unüblich, kritisierte Brunner Darwin von Mendel aus (Brief 140). Hochbegeistert war er, als einer seiner Schüler, Israel Eisenstein, seine Auffassung von biologischer Seite aus zu manifestieren suchte (Brief 194). Für dessen Buch »Irrtum und Wahrheit der Biologie. Kritik der Abstammungslehre« sammelte Brunner im niederländischen Exil den Druckkostenzuschuss (Brief 203), obgleich er selber kaum Mittel zum Leben hatte und sicher auch seine eigenen Manuskripte gerne veröffentlicht hätte.

Brunners Auseinandersetzung mit der zeitgenössischen Wissenschaft blieb auf diese biologischen Aspekte beschränkt. In seiner »Lehre« rezipiert er zwar auch die Physik des 19. Jahrhunderts, und er diskutiert die aktuelle Atomdebatte, für die er eine originelle Lösung vorschlägt (s. Brief 57/19). Mit der neueren Physik beschäftigte er sich jedoch nicht mehr (über Einstein s. Brief 159). Ebenso nahm er die entstehende Soziologie und die psychologischen Diskussionen nur am Rande zur Kenntnis. Lediglich mit Freud, dessen Betrachtung des Erotischen er zu einseitig fand, setzte er sich marginal auseinander.[61]

Die Gegenwartsphilosophie wurde von Brunner überhaupt nicht registriert: Husserl, Heidegger, Wittgenstein, Mach und der Wiener Kreis werden nirgends genannt, auch wenn Brunner ähnliche Themen behandelte und teilweise auch zu ähnlichen Ergebnissen gekommen sein dürfte (was allerdings noch genauer untersucht werden müsste[62]). Lediglich den Neukantianismus nahm Brunner wahr, insbesondere Hermann Cohen, dessen Kant-Deutung er allerdings kaum diskutiert (Brief 157), sondern vor allem seine Spinozakritik zurückweist.[63] Auch begrüßt er Martin Bubers

61 Vor allem 1928 in dem Aufsatz »Keine Psychiatrie und die Psychoanalyse«.

62 Ansätze dazu gibt es bei Hans Goetz (Leben ist Denken (Anm. 37), S. 157-175 und Philosophie als Lebensqualität (Anm. 37), S. 294-343) sowie bei Jürgen Stenzel (Philosophie als Antimetaphysik (s. Anm. 50), S. 456-465).

63 Brunner, Von den Pflichten, S. 37-43.

Kritik an Cohen (Brief 81). Mit Kant hatte Brunner sich schon in seinem Studium gründlich beschäftigt; sein Lehrer war der Kantianer Alois Riehl, dessen Kant-Deutung Brunner aber nirgends erwähnt. In den Briefen beurteilt er Kant überraschenderweise nicht immer so abschätzig wie in seinen Werken. Er verteidigt ihn gegen Zurückweisungen von Freunden (Brief 135) und nennt sich selber gegenüber Kant – bezogen auf dessen spitzfindige Klugheit – ein »lächerliches Putt« (Brief 193). Mit dem Vorsitzenden der Kant-Gesellschaft und Mitherausgeber der Kant-Studien, Arthur Liebert, hatte Brunner einen freundlichen, wenn auch nicht freundschaftlichen Kontakt (Briefe 121, 122).

Auch Brunners Briefe an Spinozaforscher wie Stanislaus von Dunin-Borkowski, Carl Gebhardt oder Adolph S. Oko sind durchweg freundlich, obgleich er in seinen Werken eher abschätzig von den »unfughaft öden Philologen des Spinozerismus« spricht.[64] In der Praxis unterstützte er diese Philologen, die sich aufgrund seiner weitreichenden Spinozakenntnisse und seiner originellen Spinozadeutung an ihn wendeten, beteiligte sich an Editionen von Spinozabriefen, der Sammlung von Porträts und der Aufarbeitung der Wirkungsgeschichte Spinozas (siehe die Briefe an die Genannten sowie an Ernst Altkirch und Frida Mond). Kritisch war er allerdings bei Spinozainterpretationen, die von seiner eigenen abwichen, beispielsweise der von Leo Tamari (Brief 201/3), obgleich die Briefe bemerkenswerterweise zeigen, dass er selber mit seinem Verständnis Spinozas durchaus haderte und keineswegs, wie es die Werke nahelegen, der Auffassung war, dass seine Deutung historisch und systematisch einwandfrei sei. Er hielt es allerdings nicht für möglich, Spinozas Philosophie philologisch zu erschließen und rechtfertigte so sein Bemühen, Spinoza »von innen« zu erfassen, was für ihn hieß: von seiner eigenen Philosophie aus (Brief 203).

Die Auseinandersetzung mit Spinoza war seinerzeit insbesondere bei jüdischen Intellektuellen, die vielfach über Spinoza promovierten, ein häufig zu beobachtendes Phänomen. Für Brunner war Spinoza der Philosoph schlechthin. Allerdings vernachlässigte er dessen mathematisch-rationalistische Methode. Wichtiger war ihm Spinozas Einheitsauffassung, d.h. die Gründung der Attribute Denken und Ausdehnung in der unerkennbaren Einen Substanz (Briefe 29). Denken und Ausdehnung fasst Brunner dabei zu einem einzigen Vorgang des dinglichen Denkens zusammen. Und dieses dingliche Denken versteht er – so interpretiert er Spinozas Attributdefinition – als Gedachtes der Substanz, die Brunner daher idealistisch als »Denkendes« auffasst. Dieses Denkende könne nie selber Gegenstand des menschlichen Denkens werden, weil es dadurch verrelativiert würde. Es ist daher für Brunner der mystische Urgrund, dessen wir in den

64 Brunner, Spinoza gegen Kant, S. 70.

Augenblicken der geistigen Besinnung innewerden (Brief 99). Insofern endet Spinozas Philosophie für Brunner in Mystik (Brief 100).

Wie wir aus dem Briefwechsel erfahren, veranlasste ihn 1903 eine kleine Ausgabe mystischer Schriften Meister Eckharts die Nähe eines anderen Spinozisten, Gustav Landauer, zu suchen (Brief 29/3). Landauer seinerseits war von Brunners philosophischem Ansatz fasziniert. Er lektorierte die »Lehre« für den Berliner Karl Schnabel Verlag. Brunners Vertrauen zu ihm ging so weit, dass er ihn 1905 neben Eduard Bäumer zum Nachlassverwalter bestimmte (Brief 35). In den Begegnungen mit Landauer intensivierte sich offenbar Brunners Interesse für die Politik – er äußert sich zu politischen Entwicklungen in Asien und zu Fragen des Anarchismus (Brief 29, 32, 57). Landauer wiederum sah viele Parallelen zwischen Brunner und dem von ihm verehrten Sprachphilosophen und Spinozisten Fritz Mauthner. Brunner wies jedoch dessen Sprachskepsis zurück, weil er der Auffassung war, Mauthner negiere damit die Möglichkeit, dass eine Philosophie des Geistes darstellbar sei (Brief 40, 41).

Die in den Briefen geführten Diskussionen mit Landauer und indirekt auch mit Mauthner haben ebenso wenig einen direkten Niederschlag in Brunners Werken gefunden wie die mit Landauers Freund Martin Buber, mit dem Brunner gelegentlich korrespondierte. In diesen Briefen kritisiert Brunner Bubers Auffassung der Dualität in den Juden als eine anthropologisch bedenkliche Annahme (Brief 54). Zwar geht auch Brunner von einer Dualität im Menschen aus, aber sie ist für ihn gerade nicht auf Völker oder Rassen beschränkt, sondern in der menschlichen Natur grundlegend verankert.

In seinen ersten philosophischen Werken scheint Brunner nur rein »geistige« und rein »abergläubisch« denkende Menschen zu kennen.[65] Doch die Briefe zeigen, dass er dies polemisch überspitzt dargestellt hat, denn er hebt hier deutlich hervor, dass die Besinnung auf den Geist Einzelnen nur in besonderen, seltenen Augenblicken möglich ist (Brief 100). Er selber spricht lediglich von zwei eigenen derartigen Erlebnissen, einer besonderen Kunst- und einer besonderen Naturerfahrung (Brief 49) und betont auch persönliche Schwierigkeiten bei der Umsetzung seines »Geist trotz Welt« (Brief 190). Brunner hat größtes Verständnis für das Ringen anderer um die geistige Besinnung und ebenso für den Rückfall in das Alltäglich-Profane (Briefe 99, 100, 119, 204). Damit widerspricht er zwar nicht der Darstellung in seinen Werken, aber die Unterscheidung zwischen Geistigen und Volk wirkt so gesehen doch weit weniger brisant. In einem Brief an Landauer resümiert er: »Meine ganze Unterscheidung der beiden innerlichen Menschenrassen hat zunächst nur hermeneutischen Wert«

65 Insbesondere in der »Ankündigung« zur »Lehre« erscheint dies so.

(Brief 48). Offenbar wollte Brunner ein Idealbild schaffen, das Orientierung gibt auf dem Wege der »Selbstvervollkommnung« (Brief 204).

Auch mit einer »Gemeinschaft der Geistigen« als einer neuen sozialen Klasse, für die Brunner vor allem in der »Lehre« wirbt,[66] beschäftigt er sich in der Praxis kaum (Brief 89). Er weist im Gegenteil entsprechende Umsetzungsversuche von Anhängern seiner Lehre zurück: Das gilt sowohl für eine Spinozagesellschaft, die Ernst Altkirch in diesem Sinne gründen wollte (Brief 60/5), als auch für ein von Friedrich Kettner geleitetes »Ethisches Seminar« in Czernowitz, an dem Brunner vor allem das Interesse Heilige zu machen kritisiert: Darum gehe es ihm gerade nicht; es gehe vielmehr darum, »das Heilige« in sich selber emporkommen zu lassen (Brief 116).

Solch eine religiöse Metaphorik verwundert, denn Brunner verstand sich eher als Atheist (Brief 151). Religion bezeichnete er in seinen Werken pauschal als »Aberglaube«, denn hier werde Relatives verabsolutiert. Wenn Gott als eine transzendente Person begriffen werde, als Schöpfer und Erhalter der Welt und Inbegriff des Guten, so würden hier nur menschliche Eigenschaften und Wünsche hypostasiert. Dem absoluten Sein solche Eigenschaften beizulegen, entbehre jeglicher Grundlage – was im Alten Testament allerdings auch schon deutlich ausgesprochen sei (Brief 13). So kommt Brunner zu der erwähnten ontologischen Deutung des alttestamentarischen Gottesbegriffs: Ein solches »geistiges« Judentum sei zeitlos und wahr, habe allerdings nichts mit religiösen Zeremonien und mit Glaube zu tun (Brief 112/4).

Dennoch fällt in den Briefen eine verbreitete und keineswegs abwertend benutzte religiöse Metaphorik auf. Brunner stellt vielfach Bezüge nicht nur zum Alten, sondern gerade auch zum Neuen Testament her, ebenso zu Martin Luther (z.B. in Brief 36) oder auch den katholischen Heiligen (z.B. in Brief 105), er bezieht sich positiv auf das zentrale christliche Liebesanliegen, nennt sich selber einen Christen und das Christentum den Mittelpunkt unserer Geschichte (Brief 77). Dabei weist er die gewöhnliche christliche Gottesvorstellung zurück (Brief 98). Für Brunner ist Christus nicht der Sohn Gottes, wohl aber ein ethisch vorbildlicher Mensch (Brief 42). Er habe das Verhältnis von Sein und Seiendem, d.h. von Gott und Welt, richtig erfasst – d.h. so, wie Brunner den alttestamentarischen Satz versteht –, und er habe ihn in die Lebenspraxis umgesetzt. Insofern fordert Brunner Christus nachzueifern und die Bibel nicht abergläubisch-religiös zu missdeuten, sondern wegen ihrer einzigartigen Menschlichkeit als höchst wertvolles Buch anzuerkennen (Brief 192).

In der Praxis weist Brunner keineswegs alle gemeinhin »religiös« genannten Äußerungsformen zurück, sondern betrachtet differenziert, ob sie

66 Die Lehre, S. 94-96.

in seinem Sinne geistig oder abergläubisch gegründet sind. Er vermeidet daher ebenso wenig den Kontakt mit katholischen oder evangelischen Geistlichen (zum Beispiel Stanislaus von Dunin-Borkowski, Ernst Bittlinger) wie mit Rabbinern (Joseph Norden, Adolf Eckstein); auch seine Sicht Buddhas ist eher positiv. Entscheidend sind für Brunner hier nicht die kulturellen Formen, sondern das, was dabei gedacht und vor allem was gelebt werde (Brief 107). In allen Kulturformen gäbe es abergläubisches und geistiges Denken: Das Problem sei, dass in beiden Fällen in der Regel die gleichen Begriffe benutzt würden, weshalb eine genauere Betrachtung des jeweils Gedachten erforderlich sei (Brief 53/3).

Anders als in seinen Briefen wählte Brunner seine Termini in seinen Werken gerne überspitzt: Religion, Metaphysik und Moral sind ihm Aberglaube. Pathetisch wirbt er dagegen für die geistigen Äußerungsformen Kunst, Philosophie und Mystik (oder: mystische Liebe), wobei er hier keineswegs alle gewöhnlich darunter gefassten Äußerungsformen so benennen will: Wahre Kunst folge aus dem richtigen Fühlen des Geistigen, wahre Philosophie sei ein ontologisch richtiges, nicht-metaphysisches Wissen des Verhältnisses von Sein und Seiendem, wahres Wollen äußere sich in umfassender Liebe aus dem Einheitsgedanken heraus und nicht in einem »Egoismus mit Moralgeschwätz« (Brief 78).

Brunners terminologische und pathetische Überzeichnungen wurden nicht immer richtig verstanden, auch nicht von seinen Freunden. Anstößig – zum Beispiel für Frida Mond und Gustav Landauer (Briefe 47, 57) – war vor allem die Apodiktik, mit der Brunner seine Überzeugungen vortrug. Schon Ernst Altkirch hob Brunners Abraham a Sancta Clara-Ton hervor, allerdings positiv (Brief 25). Brunner liebte das Luther-Deutsch und versuchte in seiner Philosophie stets, eine kernige Sprache und deutsche Begriffe zu verwenden, was im Widerspruch zu den Vorwürfen des Sprachpuristen Eduard Engel steht (Brief 55).

Brunners Werke wirken sprachlich teilweise nicht wie philosophisch-analytische Auseinandersetzungen, sondern eher wie literarische Essays; er selber spricht von einem »mündlichen Stil« (Brief 24). Seine Bücher sind wie Reden, die er anderen hält, und sie unterscheiden sich fast nur dem Umfang nach von seinen Briefen. Folgerichtig nannte er seine Werke zuweilen auch »große Briefe«[67] und nahm sogar manche »kleinen« Briefe in sie auf.[68] Trotz dieses Stils und des Überredungscharakters bleiben seine Bücher philosophische Werke, denn er führt darin Problemanalysen durch

67 Zum Beispiel in den Briefen an Lothar Bickel vom 10. Oktober 1922 (LBI/JMB: II, 1, 14) und an Selma van Leeuwen vom 21. Dezember 1928 (LBI/JMB: II, 6, 3).

68 Beispielsweise Brief 49 an Max Nordau in: Zum fünfundfünfzigsten Geburtstage, S. 19-22.

und arbeitet philosophische Lösungen aus. Da diese von dem grundsätzlichen Anliegen der praktischen Veränderung des Lebensalltags im Sinne des geistigen Denkens geprägt sind, bezeichnete sich Brunner selber als »Mann Eines Buches«:[69] er arbeite immer nur an seinem »Einen großen Werke«, seinem »Lebenswerke« (Brief 57).

Dieses sein Anliegen mit Gleichgesinnten gemeinschaftlich in die Praxis umzusetzen, war indes nicht Brunners Absicht. In den Briefen sehen wir sehr deutlich, dass Brunner gemeinschaftliche Aktivitäten stets skeptisch beurteilte. Er weigerte sich strikt daran teilzunehmen – vielleicht auch, weil er von seiner charismatischen Wirkung wusste. Brunner vermied es rigoros, Schülergruppen um sich zu sammeln und mit ihnen Seminare oder vor ihnen Vorträge zu halten, auch wenn dies Einzelne vielleicht erwarteten (Brief 60/5). In einigen wenigen Fällen hat er lediglich ein paar Freunde zur Vorlesung aus einem neuen Werk eingeladen (Brief 57/3).

Als besonders schwierig empfand Brunner es offenbar, öffentlich aufzutreten. Seit seiner Wende zur Philosophie hat er keinen einzigen öffentlichen Vortrag gehalten und wohl auch kaum einmal einen besucht. An Gelegenheiten hat es nicht gefehlt, wie die Briefe zeigen, aber Brunner fürchtete das Missverstehen. »Bei Diskussion über Bedeutendes kommt nie Gutes heraus«, meint er (Brief 209). Alle Vortragsangebote – zum Beispiel von der Kant- oder der Spinozagesellschaft oder auch vom Central-Verein deutscher Staatsbürger jüdischen Glaubens – wies er zurück (Briefe 121, 141, 152/2). Dass er besonders der akademischen Philosophie dabei skeptisch gegenüberstand, liegt daran, dass er der Auffassung war, dass Wahrheit sich im Diskurs gerade nicht fassen lasse, sondern sich dadurch eher entziehe. Wahrheit könne man nicht »haben«, sondern nur »sein«[70] (siehe dazu auch Brief 100).

Auch in den Briefen ließ er sich kaum auf Diskussionen seiner Philosophie ein (zur Begründung siehe Brief 209). Wir sehen ihn meist nur seine Auffassungen wiederholen oder präzisieren. Und er verweist an solchen Stellen dann häufig auf seine »großen Briefe«, seine Werke, in denen er doch alles schon geschrieben habe (z.B. Brief 133). Brunner war ein durch und durch monologischer Denker. Allerdings hatte er, da Wahrheitserkenntnis für ihn nicht von akademischer Bildung abhing, ja durch zu große, »scholastische« Spitzfindigkeit geradezu verhindert werden könne, große Sympathie für wenig gebildete, einfache Menschen, die unverdorben durch die moderne Bildung und den Ästhetizismus auf der Suche nach ursprünglichen Erfahrungen sind (Brief 196). Für solche war Brunner

69 Brunner, Zum fünfundfünfzigsten Geburtstage, S. 9.
70 Brunner, Unser Christus, S. 45.

jederzeit offen. Schwierig wurde es für ihn allerdings dort, wo das Denken seiner Schüler in der mystischen Begeisterung steckenblieb. Bei diesen – zum Beispiel Fritz Heyn (Brief 84/3) und Friedrich Kettner (Brief 117) –, forderte er Arbeit am Konkreten. Auch hierdurch bereichern die Briefe Brunners philosophische Darstellung – in diesem Fall die in »Unser Christus« dargelegte Mystik-Theorie, denn die Ausführungen in den Briefen werfen ein Licht auf die von Brunner intendierten Möglichkeiten der praktischen Umsetzung der geistigen Besinnung. Brunner versuchte eine Stufenleiter zur Erkenntnis zu gestalten, die nicht nur das Hinaufsteigen in das Geistige, sondern auch das Hinabsteigen in eine bereicherte alltägliche Lebenswelt ermöglicht und damit die Lebensfürsorge verbessert.[71] Manche seiner Briefe erfüllen die Funktion der Erinnerung an das Ewige, mit dem – wie früher im Gebet – immer wieder Kontakt zu halten sei, um den Lebensalltag nicht zu verabsolutieren und das Geistige nicht zu vergessen (Brief 119).

Von hier aus erklärt sich, dass Brunner mit dem akademischen philosophischen Ansatz nicht viel anfangen konnte.[72] Ohne aktive Bemühung der Veränderung des eigenen Lebens im Hinblick auf geistige Besinnungen sei die Philosophie wertlos. Hierdurch wird die kritische Beurteilung des Philosophieprofessors Paul Deussen, dem Lotte Brunner in Rom begegnete (Brief 65), aber auch die Zurückhaltung gegenüber anderen Philosophieprofessoren wie Arthur Liebert (Brief 121, 122) und Ludwig Stein (Brief 61/4) verständlich. Dagegen wandte Brunner sich gern und teilweise überschwänglich denen zu, die seine Nähe suchten und sich in seinem Sinne den intendierten Lebensänderungen stellen wollten.

Erste Anhänger fanden sich schon um die Jahrhundertwende, aber die Beziehungen waren problematisch und nicht von Dauer. An Eberhard König zum Beispiel nahm Brunner versteckte antisemitische Äußerungen wahr, was schließlich zum Bruch der Freundschaft führte (Brief 197/2). Über das Verhältnis zu dem sehr geschätzten Eduard Bäumer ist wenig bekannt; klar ist aber, dass Bäumer sich 1913 von Brunner zurückzog (Brief 30/1). Auch das Verhältnis zu Gustav Landauer war zwar intensiv und freundschaftlich, doch nicht ohne Spannungen (Brief 40, 41, 44, 45, 56). Die inhaltlichen Konflikte waren für Brunner dabei wohl nur vordergründig; den Bruch der Freundschaft im Jahre 1911 begründet er in dem vermutlich längsten Brief, den er in seinem Leben geschrieben hat, mit der kritischen und affektiven Einstellung Landauers gegen ihn (Brief 57).

71 Das ist auch eines der Hauptthemen in seinem letzten Buch »Unser Charakter«.

72 Siehe hierzu das Kapitel »Unsre scholastische Bildung« in »Vom Einsiedler Constantin Brunner«.

Auch das Verhältnis zu Ernst Altkirch, mit dem Brunner zahlreiche Briefe wechselte, war noch ambivalent. Altkirch war bereits Mitarbeiter in Brunners Litterarischem Vermittlungsbureau in Hamburg und blieb ihm zeitlebens eng verbunden. Er schätzte Brunners Philosophie, wurde aber kein glühender Anhänger. Die überlieferten Briefe zeigen vor allem, dass und wie Brunner Altkirch bei seinen literarischen und historischen Arbeiten – mehr und mehr widerwillig – behilflich war (Brief 107, 111). Die Anregung, über die Biographie und Wirkungsgeschichte Spinozas zu publizieren, nahm Altkirch auf; an seinen Veröffentlichungen (Brief 26/1) hatte Brunner großen Anteil (Brief 136). Überliefert sind auch eine Reihe von Briefen aus der Zeit des Ersten Weltkrieges, in denen Brunner eine eher seelsorgerische Rolle übernimmt, wenn er die Lektüre seiner »Lehre« als troststiftend in schweren Zeiten empfiehlt (Brief 79). Mit seinem 1910 initiierten Aufruf zur Gründung einer Spinoza-Gesellschaft war Altkirch der erste, der einen Kreis von Brunner-Anhängern zusammenbringen wollte (Brief 60/5). Dass das Verhältnis zu Altkirch nicht immer auf Augenhöhe war, wird besonders in einem Brief deutlich, den Brunner 1926 an die Witwe Altkirchs schrieb (Brief 136): Seine Gesamteinschätzung Altkirchs ist hier sehr kritisch, und er spricht von sich als einem Vater, von Altkirch und seiner Frau als »Kindern«.

Ein ähnlicher Ton findet sich in vielen Briefen Brunners an seine jüngeren Anhänger, so beispielsweise an Alice Brandt, die zunächst eine Schülerin während seiner Unterrichtstätigkeit war und später eine schwärmende Anhängerin wurde (Brief 59), an Magdalena Kasch (Brief 67, 69), die 1912 als begeistertes junges Mädchen die Nähe Brunners suchte, und auch an Margarete Bittlinger, die ihn 1926 kennenlernte (Brief 162). Brunners Briefe haben oft einen fast naiven Klang, er nennt die jungen Frauen wiederholt Kinder und gibt Ratschläge in verschiedensten Lebensfragen. 1933 half Margarete Bittlinger Brunner bei der Exilierung (Brief 178) und folgte ihm schließlich nach Den Haag, wo Magdalena Kasch ab 1935, nach Lottes Heirat, den Haushalt des Ehepaars Brunner führte (siehe dazu den überschwänglichen Brief 196).

Ähnlich gelagert sind Korrespondenzen mit einer größeren Zahl von ostjüdischen Anhängern aus Czernowitz, wo Friedrich Kettner nach dem Ersten Weltkrieg das »Ethische Seminar« gegründet hatte, in dem sich die Teilnehmer mit Spinoza, Brunner und der Bibel auseinandersetzten (Brief 113/5). Kettner gehörte zu den frühen, schwärmerischen Verehrern Brunners. Er verfasste Gedichte und auch philosophisch-mystische Texte, die Brunner nicht sehr gelungen fand. Allerdings musste er anerkennen, dass unter Kettners Leitung ernsthaft an philosophischen Fragen mit der Absicht gearbeitet wurde, die Lebenspraxis zu verbessern (113/4). Als das Seminar Ende 1922 aufgelöst wurde, traten nach und nach viele der Seminaristen, die sich von Kettner distanzierten, direkt mit Brunner in Kontakt – unter anderem Eli Rottner (Brief 117/5), Lothar Bickel (Brief 118), Israel Eisenstein (Brief 119), Claire Sinnreich (Brief 146), Walter Bernard (Brief 177), Meyer Kesten (Brief 190), Leo Sonntag (Brief 201) und auch Rose Ausländer (Briefe 139, 143), die Gedichte zur Bewertung schickte, Brunner besuchte und später auch an der Gründung des New Yorker Brunner-Kreises beteiligt war. Sie alle hatten den gewünschten direkten Zugang zu Brunners Denken und folgten ihm als ihrem »Meister« bedingungslos. Brunner trat als Seelsorger auf, nahm eine Vaterrolle ein, gab Denkanstöße und Lektürehinweise, erteilte Verhaltensmaßregeln und Lebensratschläge. Fast alle diese Seminaristen blieben ihr Leben lang dem Brunnerschen Denken verhaftet und förderten es mit vereinten Kräften – ganz so, wie Brunner es Lothar Bickel, den er 1935 zum Repräsentanten dieser Gruppe erklärte, nahegelegt hatte: »Mein Werk ist euch mit aufgetragen, daß es lebe; euer Leben ist verknüpft mit dem Schicksal und mit der Mission dieses Werkes in der Zukunft der Welt« (Brief 198).

Ähnlich emotional war der Kontakt zu Lou Andreas-Salomé (Briefe 52, 53). Sie besuchte Brunner 1910, nachdem sie mehrfach seine »Lehre« gelesen hatte und fasziniert von dieser Gedankenwelt war. Brunner wiederum war begeistert von der intensiven Begegnung mit ihr und beeindruckt, dass sie »nur noch« für seine Gedanken leben wolle. Aber offenbar ließen unterschiedliche Erwartungen und nicht ausgeräumte Missverständnisse eine anhaltende Freundschaft nicht zu.

Auch die länger bestehende, sehr herzliche Freundschaft zum deutschen Außenminister Walther Rathenau, der 1919 Brunners Buch »Der Judenhaß und die Juden« gelesen hatte und dort vor allem Brunners Rückführungsversuch Jesu in das Judentum begrüßte (Brief 89), war begrenzt. Rathenau versuchte vergebens, Brunner in die Öffentlichkeit zu ziehen. Sie tauschten ihre Schriften aus, besuchten sich, berichteten von Leseeindrücken und diskutierten Drohbriefe, die Rathenau erhalten hatte (Brief 96). Aber das Verhältnis wurde schließlich überschattet von Brunners negativen Äußerungen über Rathenaus philosophische Schriften (Brief 101/5).

Eine unverwüstlich scheinende, intensive Freundschaft verband Brunner mit dem Sanitätsrat Borromäus Herrligkoffer aus Bayern (Brief 51), der nach der Lektüre der »Lehre« 1910 Brunners Nähe suchte. In den zahlreichen überlieferten Briefen an ihn erscheint Brunner besonders gelöst und humorvoll. Herrligkoffer besuchte ihn regelmäßig in Potsdam und an seinen Urlaubsorten. Er unterstützte ihn wiederholt finanziell und mit Naturalien; so auch noch zu Beginn des Exils in den Niederlanden (Brief 179). Wichtig ist dieser Briefwechsel auch wegen Brunners Kommentierung der politischen Ereignisse während des Ersten Weltkrieges

(Brief 70, 73, 77, 78, 85), der Revolution 1919 (Brief 88, 94) und der Ruhrgebietsbesetzung (Brief 115). Es wird deutlich, dass Brunner eine deutschnationale Haltung besaß, sich jedoch klar von alldeutschen und völkischen Positionen abgrenzte. Auch Herrligkoffer wandte sich mit Bezug auf Brunner öffentlich gegen den Antisemitismus. 1936 vertrat er in seinen Lebenserinnerungen dann aber rassistische Positionen, was Brunner sehr schmerzte und zum Abbruch der Freundschaft bewog (Brief 211).

Die umfangreichste und auch mit unzähligen Gegenbriefen überlieferte Korrespondenz hatte Brunner mit der in Rotterdam lebenden Geschäftsfrau Selma van Leeuwen, die er Ende 1922 kennenlernte (Brief 142). Sie finanzierte zum Teil die Herausgabe von Werken Brunners und ermöglichte ihm und seiner Familie 1933, in die Niederlande zu emigrieren (Brief 180). Die Briefe enthalten nicht nur Mitteilungen über persönlich-private Geschehnisse, sondern auch über kulturelle und politische Ereignisse, neu erschienene Literatur, Vorträge, Kinofilme und Rezensionen von Brunners Philosophie in Zeitungen und Zeitschriften.

Zu erwähnen ist auch noch eine ganze Gruppe von Korrespondenzpartnern aus Brunners direktem Umfeld: 1925 hatte sich in Berlin förmlich eine Constantin Brunner-Gemeinschaft gegründet, die durch Vorträge und Publikationen immer mehr auf sich aufmerksam machte. Initiatoren waren die Rechtsanwaltskollegen Ernst Ludwig Pinner und Fritz Blankenfeld sowie Ernst Levy und Lotte Brunner (Brief 124). Mit Pinner stand Brunner seit 1919 in Kontakt. In den Briefen diskutierten sie unter anderem Brunners Spinozainterpretation, nationalistische und zionistische Fragen (Briefe 124, 125, 153, 195). Ebenso wie Blankenfeld, dessen Korrespondenz mit Brunner bei seiner Emigration 1940 nach Uruguay verloren gegangen ist, und Emil Grünfeld, der Brunner 1934 in die Niederlande folgte und 1942 im Lager Westerbork starb (Briefe 133, 210, 215), hatte Pinner infolge seiner Auseinandersetzung mit Brunner dem Zionismus den Rücken gekehrt. Erst 1939 verließ er Deutschland – und emigrierte schließlich doch nach Palästina, wo er im dortigen Brunner-Kreis eine führende Rolle einnahm.

Vermutlich hat Brunner auch mit dem Neurologen Ernst Levy intensiv korrespondiert; sein Nachlass ist bei seiner Deportation nach Theresienstadt verlorengegangen, wo Levy offenbar 1942 ums Leben kam. Freundschaftlich war Brunners Verhältnis auch zu George Goetz (Briefe 132, 134), der versuchte, Brunners Philosophie mit reformjüdischen Glaubensvorstellungen in Einklang zu bringen. Auch Fritz Ritter, ein Schauspieler und angehender Schriftsteller, trat mit Brunner in Kontakt: Brunner begeisterte sich außerordentlich für seine Romane und gab ihm Hinweise für deren Konzeption (Brief 186). Ähnlich war das Verhältnis zu anderen Künstlern: dem Bildhauer Georg Wienbrack zum Beispiel, soweit sich das rekonstruieren lässt (die Briefe an ihn sind verschollen), dem Komponisten Fritz Ringler, der Brunners Geduld auf harte Proben stellte (Briefe 103, 109), der Schriftstellerin Inge von Holtzendorff (auch der Briefwechsel mit ihr ist verloren), deren Dramen Brunner aufs Höchste pries und mit einer Empfehlung Rathenaus im Fischer-Verlag publizieren wollte (Brief 93), oder auch dem Geiger Paul Neubauer, der zusammen mit Brunner ein Buch über Jacques Offenbach verfassen wollte (Briefe 192, 200).

Brunner schrieb diesen allen meist in sehr warmen Tönen, aber auch entschieden kritisch und in Grenzen weisend. Er versuchte stets, enge Verbindungen herzustellen und klagte sie bei denen, die nicht schnell genug antworteten, wiederholt ein, insbesondere in Krisenzeiten, so während des Ersten Weltkrieges und im Exil (z.B. Brief 180). Diese rege Kommunikation sowie die zahlreichen Besuche, die er stets empfing, stellen in gewisser Hinsicht die sehr soziale Kehrseite des »Einsiedlers« dar. Wiederholt liest man von seiner großen Freude, wenn es zu Begegnungen mit neuen Interessierten an seinem Werk kam. Entsprechend herbe war oft die Enttäuschung, wenn der gewünschte Gleichklang und ein Weiterbestehen des intensiven Austauschs nicht möglich schien (wie beispielsweise bei Lou Andreas-Salomé und Gustav Landauer).

Brunners Anliegen war allerdings keineswegs auf die persönliche Sinnsuche und Freundschaft beschränkt, sondern hatte auch handfeste politische Aspekte, die er mit der anwachsenden Gefahr des Nationalsozialismus umso deutlicher formulierte.

Brunners praktische Philosophie folgt zunächst einmal aus dem in der Theorie des praktischen Verstandes bestimmten Begriff der Lebensfürsorge (Brief 127). Die so beschriebene Selbsterhaltung mag egoistisch sein, aber das ist für Brunner noch nicht negativ. Problematisch werde es erst, wenn wir unsere Relativität nicht erkennen, sondern uns selber zu einem Absoluten hochstilisieren. Auch solch eine Verabsolutierung von Relativem bezeichnet Brunner als »Aberglaube«, da darin etwas Fiktiv-Absolutes erdacht wird, das real nicht existiert. Aus diesem weit verbreiteten Hochmut – Brunner nennt sein letztes Buch geradezu »Unser Charakter oder Ich bin der Richtige!« – folgen für Brunner die fatalen gesellschaftlichen und politischen Verwicklungen (Briefe 106, 151, 194, 209).

Das abergläubische Denken äußert sich daher, so meint Brunner, gerade auch in der Lebenspraxis verheerend; die Geschichte zeige dies zur Genüge. In seiner Gegenwart erkennt Brunner es nicht zuletzt in der Verfolgung der Juden, von denen sich die Antisemiten ein fiktives, mit der Wirklichkeit nicht übereinstimmendes Bild machen, wie Brunner 1920 in »Memscheleth sadon [Die Herrschaft des Hochmuts]. Letztes Wort über den Judenhaß und die Juden« minutiös zeigt. Die überhebliche Selbsteinschätzung der Antisemiten und deutschen Nationalisten brandmarkt Brunner immer wieder, zum Beispiel auch, wenn er in seinen Briefen selbst mit früheren Freunden wie Otto Ernst hart ins Gericht geht (Brief 80) oder überhaupt – zum Beispiel angesichts der Urteile seiner geliebten Freundin Frida Mond über sein Werk – Hochmut mit Antisemitismus vergleicht (Brief 64).

Aus Brunners Ansatz folgt eine politische Theorie, in der Ausgrenzungen keine rechtliche Basis gewinnen können. Den in der Gesellschaft immer wieder vorkommenden Diffamierungen einzelner oder ganzer Gruppen von Bürgern als »die Anderen« – womöglich noch durch demagogische Reklame wie die der Nationalsozialisten unterstützt – müsse der Rechtsstaat Einhalt gebieten. Dazu benötige er Rechtsgrundsätze, die nicht auf rassischen oder völkischen Gesichtspunkten gründen, sondern von gleichberechtigten Staatsbürgern, egal welcher Rasse, Religion oder Herkunft, ausgehen und ihre Gleichberechtigung sichern.[73]

Die Sensibilisierung für politische Fragen begann schon während der Studentenzeit in Berlin, wo Brunner antisemitische Kampagnen gegen jüdische Politiker erlebte (Brief 3) und sich mit Ritualmordvorwürfen an die Juden auseinandersetzte (Brief 8). Später kritisierte er antisemitische Tendenzen bei Eugen Dühring (Brief 44, 45), Housten Stewart Chamberlain (Brief 47), Otto Ernst (Brief 80), Oswald Spengler (Brief 128) und Eberhard König (Brief 197). Brunners Position war hier scharf und eindeutig, zum einen, weil er schon 1918 (in »Der Judenhaß und die Juden«) gründlich gezeigt hatte, dass die Rassentheorie absurd ist, zum anderen, weil aus seiner Staatslehre unmissverständlich folgt, dass das Zusammenleben der Menschen nur sicher sein kann, wenn es auf unbedingt durchzusetzenden Rechtsgrundsätzen beruht, die für alle gelten. Es gebe daher keine »Judenfrage«, sondern nur eine »Antisemitenfrage«.[74]

Andererseits hatte Brunner auch Sympathie für nationale Tendenzen. Ein Staat funktioniert seiner Auffassung nach nur dann, wenn seine Bürger einen hinreichenden Patriotismus entwickeln. Brunner hatte eine ausgeprägte Vaterlandsliebe; sie war jedoch nicht ungebrochen. Wiederholt schrieb er von seinem Leiden am Vaterland. Vor allem im Ersten Weltkrieg hat sein Patriotismus Modifikationen erfahren. Während aus Brunners Briefen zu Kriegsbeginn die allgemeine Begeisterung spricht (Brief 70, 72, 73), findet sich schnell eine gewisse Verhaltenheit. Brunner publizierte nichts, da er fürchtete zum »Vaterlandsverräter« abgestempelt zu werden (Brief 74). Die Fortsetzung des Krieges aufgrund der Alldeutschen

73 Das ist die Grundidee von Brunners »Judenbüchern«, vor allem von »Der Judenhaß und die Juden« und »Von den Pflichten der Juden und von den Pflichten des Staates«.

74 Brunner, Der Judenhaß und die Juden, S. 3-18.

kritisiert er aufs Schärfste (Brief 85) und zeigt schließlich sogar Verständnis für die Ruhrbesetzung durch die französische Armee (Brief 115). Die grundlegende Bedeutung, die er dem Patriotismus beimisst, erklärt auch, warum Brunner sich später wenigstens am Rande auf kurze Briefkontakte mit Nationalisten wie Wilhelm Schwaner (Brief 149) oder auch Nationalsozialisten wie Friedrich Meyer-Schönbrunn (Briefe 155, 156) einließ. Auch Max Naumann, mit dem er allerdings nicht korrespondierte, stand Brunner nahe (Brief 161).

Von hier aus musste Brunner auch zionistische Bestrebungen als problematisch ansehen, denn sie führten für ihn zu einer Zersetzung des Patriotismus und damit der Grundlage des Zusammenlebens im Staat. Das Bestreben, in Palästina einen jüdischen Staat zu errichten, konnte für Brunner nur bedeuten, dass die Zionisten nicht mehr Staatsbürger Deutschlands sein wollten. Damit, so war seine Auffassung, würden sie das schwächen, was der moderne Staat seit der Französischen Revolution erstrebe: die Emanzipation der Juden zu gleichberechtigten Bürgern eines Landes. Hier erkennt Brunner eine Mitschuld der Juden an ihrer Ausgrenzung und Verfolgung (Brief 133, 144, 150, 151). Er forderte eine Assimilation der Juden, die es den Nicht-Juden gar nicht mehr möglich mache, sie als Juden zu erkennen, zum Beispiel dadurch, dass sie ihre jüdisch-klingenden Namen ablegen (wie er selber den Namen Leo Wertheimer), ihren Kindern deutsche Namen geben und statt Chanukka das Weihnachtsfest feiern (Brief 124). Dass das im Umkehrschluss dazu führen müsste, dass die jüdische Religionsausübung zu vermeiden sei, hat Brunner so deutlich nicht ausgesprochen; er wolle die Synagogen nicht einreißen, sagt er einmal (Brief 145). Klar ist aber, dass eine so radikale Assimilationsforderung dies eigentlich verlangen würde. Mit dem Central-Verein deutscher Staatsbürger jüdischen Glaubens, der reformerisch und nicht-zionistisch gerichtet war, sympathisierte Brunner daher zwar, bemängelte aber rabbinische Hintergründe und überhaupt auch die Betonung des Glaubens (Brief 170/2). Auch der Central-Verein, besonders Ludwig Holländer zeigte seinerseits zunächst großes Interesse an Brunners Analysen des Judenhasses (Briefe 112, 160). In der Zeitung des Central-Vereins wurde wiederholt von oder über Brunner publiziert. Allerdings war vielen, zum Beispiel Eva Reichmann (Brief 166), die bis zur völligen Aufgabe ihrer Identität gehende Assimilationsforderung an die Juden zu weitgehend.

Trotz seiner grundsätzlichen Ablehnung des Zionismus zeigt Brunner sich in seinen Briefen bestens informiert über Entwicklungen und Krisen im damaligen Palästina (Brief 146). Die zum Teil heftigen Diskussionen mit Befürwortern des Zionismus sowie mit assimilatorisch Gesinnten ebbten auch nach Brunners Emigration in die Niederlande nicht ab. Brunner selber geriet hier in ein unlösbares Dilemma: Überzeugt von der philosophischen Richtigkeit seiner Rechtsstaatslehre musste er doch erkennen, dass Deutschland mit Hitler einen anderen Weg zu gehen begann, so dass der Zionismus nun für viele der einzige Ausweg aus der bedrohlichen Lage war (Brief 215).

In seiner Korrespondenz fanden diese politischen Themen natürlich vielfach Niederschlag. So hatte er durchaus mit einigen Zionisten Kontakt, unter ihnen Max Nordau, den er verehrte (Brief 49), Martin Buber, dessen Zionismus er weder öffentlich noch privat angriff (Brief 54), oder auch Jakob Klatzkin, den er in seinem 1930 erschienenen Buch »Von den Pflichten der Juden und von den Pflichten des Staates« geradezu beleidigte, in einem Brief aber erklärte, er habe nicht ihn persönlich gemeint, sondern nur als Typus für das zionistische Falschdenken genommen (Brief 151).

Auch hier wieder schreibt Brunner in seinen Werken schärfer als in seinen Briefen. Während er beispielsweise 1924 in seinem Buch »Vom Einsiedler Constantin Brunner« polemisch überzogen äußerte, dass er auf Seiten der Araber kämpfen würde, wollten die Juden diesen das Land in Palästina wegnehmen,[75] sehen wir ihn in der Praxis fast das Gegenteil tun: Er unterstützt diejenigen, die sich zur Übersiedlung entschlossen haben und versucht sie mit anderen Freunden in Palästina zusammenzubringen (Brief 207). In diesen Dingen dachte Brunner offenbar durchaus pragmatisch.

Anders verhielt es sich, wo es um die politischen Ideen selber ging. Weil das geistige Denken im Gegensatz zum Aberglauben nicht weit verbreitet sei, hielt Brunner den Menschen nicht von Natur aus für gut, sondern eher, wie Hobbes und Spinoza, für unverbesserlich egoistisch und gegen andere gerichtet (Brief 194). Dementsprechend negativ betrachtete er die Aussichten für anarchistische und kommunistische Bestrebungen, die besonders Gustav Landauer (Brief 57) und Walter Bernard (Brief 209) ihm gegenüber vertraten. Anarchismus, Sozialismus und Kommunismus, so meint Brunner, stehen auf einer falschen Anthropologie, berauben uns – ähnlich wie der Nationalsozialismus – der Freiheit und töten so die Lebensfürsorge (Brief 187). Der Kommunismus sei despotisch und daher ein »Bruder« des Faschismus (Brief 214). Da aber die Lebensfürsorge diese Unterdrückung der Freiheit nicht unbegrenzt zulasse, hätten diese Systeme auf Dauer keinen Bestand. Brunner war der festen Überzeugung, dass nach der Nazi-Diktatur die Demokratie wiedererstehen werde (Brief 209).

Die Frage, welche Aussichten das richtige, geistige Denken denn angesichts des so weit verbreiteten Falschdenkens und überhaupt des von Brunner vertretenen Determinismus' habe, beschäftigte ihn bis zuletzt. Zwischen der Bemühung, sein Anliegen in die lebenspraktische Wirklichkeit umzusetzen, und seiner Auffassung, dass die Menschen nicht änder-

75 Constantin Brunner, Vom Einsiedler, S. 134f.

bar sind, besteht ein Widerspruch, wie Brunner wusste – aber er hielt mit einem überschwänglichen Trotzdem an seinen pädagogischen Bemühungen fest (Brief 209, 211).

Unabhängig von diesen politischen Aspekten bleibt Brunners Briefwechsel im Kern persönlich und emotional. Er führte keinen Gelehrtenbriefwechsel, sondern korrespondierte regelmäßig und ausführlich vor allem mit den ihm nahestehenden Menschen, bemerkenswerterweise vielfach mit Frauen. Dabei entstehen nicht zuletzt auch recht deutliche Konturen der Persönlichkeit Brunners und seiner Verflochtenheit in den Alltag: Wir begegnen ihm nicht nur als Ratgeber, sondern auch als Bittsteller für den Lebensunterhalt für sich und seine Familie (unter anderem bei Borromäus Herrligkoffer und Walter Bernard) oder auch für Druckkostenzuschüsse für Werke seiner Anhänger (zum Beispiel das Buch von Israel Eisenstein). Wir begegnen Brunner als Arbeitskollegen (in den Briefen an Leo Berg), als Kommentator und Korrektor philosophischer und literarischer Texte (von Ernst Altkirch, Israel Eisenstein, Inge von Holtzendorff oder Fritz Ritter). Wir erfahren etwas über die Wohnbedingungen Brunners und die Bedeutung der räumlichen Umgebung für sein Arbeiten (Brief 95). Wir begegnen ihm als Stiefvater (z.B. Brief 21) und Ehemann (Brief 84) sowie als einen um Freundschaft Ringenden (zum Beispiel in den Briefen an Frida Mond und Gustav Landauer). Wir erfahren etwas über seine Vorliebe für den Stummfilm (Brief 111) und seine Abneigung gegen Photographien – besonders eigene Porträts: Schonungslos berichtet er, dass er seinen eigenen Körper als hässlich empfindet (Brief 11). Immer wieder hören wir auch von großen gesundheitlichen Problemen, die ihm sein »Bruder Esel« – so nannte er seinen Körper – bereitete (z.B. Briefe 95, 154). Aber wir erleben auch den Genießer, für den selbst im Augenblick der Emigration die Mitnahme von Wein und Zigarren wichtig ist (Brief 178). Und wir hören von seinen Reisen, die er manchmal allein, meist aber mit der Familie unternahm: am liebsten an die See oder über das Meer in die Landschaft Norwegens, die ihn so nachhaltig bewegte (Briefe 32).

III. Edition

Die hier ausgewählten Briefe werden nach den Originalhandschriften wiedergegeben, falls diese noch überliefert und greifbar waren. Die vorhandene bzw. gewählte Textgrundlage ist im Verzeichnis der Briefe nachgewiesen. Fast alle Briefe befinden sich in der Constantin Brunner Collection des Leo Baeck Institute Archiv im Jüdischen Museum Berlin (LBI/JMB), einige wenige im Leo Baeck Institute in New York (LBI/NY), in der National Library of Israel (NLI), in der Columbia University in New York, der Staatsbibliothek zu Berlin und im Lou Andreas-Salomé-Archiv in Göttingen. Zurückgegriffen wurde auch auf einzig in Lotte Brunners Tagebuch überlieferte Briefe Brunners sowie auf die Briefabschriften von Lotte und Leoni Brunner, die sich im Internationaal Constantin Brunner Instituut in Den Haag (ICBI) befinden.

Nicht selten sind von den ausgewählten Briefen die handschriftlichen Originale verlorengegangen und nur Abschriften, teilweise in verschiedenen Fassungen überliefert. Hier wurde diejenige Abschrift zugrunde gelegt, die am authentischsten erschien: Kriterien waren Vollständigkeit und der geringste Grad der Modernisierung des Brieftextes. Wo Vergleiche möglich waren, erwiesen sich als am zuverlässigsten die Abschriften von Lotte Brunner, auch die in ihrem Tagebuch; daher wurde ihnen in der Regel der Vorzug gegeben. Wichen (in wenigen Fällen) Abschriften auch inhaltlich von der zur Textgrundlage bestimmten Abschrift ab, wurden sie als Variante vermerkt und Unterschiede verzeichnet. Sind Briefe schon einmal gedruckt worden, so wurden die Druckorte nachgewiesen.

Brunners Briefe sind fast durchweg gut lesbar und fehlerfrei geschrieben; sie werden weitgehend diplomatisch und in jedem Fall vollständig wiedergegeben. Nicht übernommen wurden die (wenigen) Durchstreichungen Brunners von Wörtern oder Textpassagen. Unterstreichungen, auch Mehrfachunterstreichungen erscheinen kursiv. Schreibungen in lateinischen Lettern, die Brunner für Fremdworte benutzte, sind hier in einer anderen Schriftart wiedergegeben. Einrückungen und Absatzabstände wurden gelegentlich angepasst, da Brunner sie fast durchweg auf die gleiche Weise vornimmt. Ist kein Originalbrief, sondern nur eine Abschrift überliefert, so haben wir Brunners Schreibgewohnheiten übertragen: Einrückungen und Absatzabstände wurden angepasst, gelegentlich fehlende ß-Schreibungen stillschweigend korrigiert, wo dies nicht schon handschriftlich auf den Typoskripten geschehen ist, und Daten, die auf den Briefabschriften nicht immer eingeklammert sind, weggelassen, weil sie mit größter Wahrscheinlichkeit Zusätze der Abschreiber sind. In den seltenen Fällen, in denen Brunner (besonders in frühen Briefen) auf einem vorgedruckten Briefpapier schrieb, wurden die Briefköpfe im Verzeichnis der Briefe vermerkt. Fußnoten Brunners wurden in den Text integriert, wenn dies syntaktisch möglich war, ansonsten aber als Fußnoten gesetzt.

Die Datierungen der Briefe sind sehr häufig problematisch. Brunner hat, mit wenigen Ausnahmen besonders in frühen Briefen, seine Briefe nicht datiert, und wo er dies tat, hat er sich gelegentlich in der Datumsangabe geirrt. Beinahe alle der hier abgedruckten Briefe tragen im Original kein Datum. Häufig sind allerdings von fremder Hand Daten oder jedenfalls Jahresangaben auf dem Originalbrief vermerkt worden, zum Teil von den Briefempfängern, zum Teil von verschiedenen Bearbeitern des Briefnachlasses. Bei diesen Daten dürfte es sich in der Regel um Angaben des Poststempels handeln, manchmal sind Empfangsdaten vermerkt, wobei es aber gelegentlich zu Verwechslungen der (weitgehend verlorenen) Briefumschläge gekommen sein muss. Die von uns in dieser Edition angegebenen Briefdaten sind daher nur näherungsweise gültig. Wenn nichts dagegen sprach, ist das auf dem Originalbrief verzeichnete Datum von fremder Hand übernommen worden. Generell wird die jeweilige Herkunft oder Erschließung des verzeichneten Datums im Verzeichnis der Briefe nachgewiesen und begründet. Ist nichts weiter angegeben, sprach für uns nichts dagegen, den Brief nach dem Datum auf der vorliegenden Textgrundlage zu datieren.

Sind auf den überlieferten Briefen Ortsangaben vermerkt, könnten diese den Poststempeln entnommen sein oder aber Vermutungen darstellen, wo Brunner sich aufgehalten hat. Da auch diese Angaben insgesamt sehr spekulativ sind und selbst bei den Poststempelangaben nicht hinreichend aussagekräftig – denn Briefe wurden teilweise von Familienmitgliedern mitgenommen und anderswo versandt –, sind Ortsangaben generell nicht mit in den Briefkopf aufgenommen worden, beim Nachweis der Datierung aber vermerkt. Sind Briefkuverts überliefert oder handelt es sich um Postkarten, so sind Adresse und Absender im Verzeichnis der Briefe vermerkt worden.

Für die Namen der Briefpartner sowie der in der Kommentierung genannten Personen wurde die gängige Schreibung übernommen. So erscheint Brunners Stieftochter Lotte unter dem Namen Lotte Brunner und nicht unter ihrem Geburtsnamen Elise Charlotte Müller bzw. ihrem späteren Namen Lotte Brunner-Stigter; ebenso erscheint zum Beispiel Lothar Bickel nicht unter seinem eigentlichen Namen Eliezer Bickel und Friedrich Kettner nicht unter seinem früheren Namen Friedrich Katz oder seinem späteren Frederick Kettner. Solche Abweichungen sind in den Kurzbiographien kenntlich gemacht, die in der Regel bei der Erstnennung einer Person im Fußnotenkommentar stehen (aufzufinden auch über die fettgedruckte Seitenzahl im Register).

Die Briefköpfe enthalten neben der Briefnummer den (ggf. vereinheitlichten) Namen des Korrespondenzpartners sowie die im Verzeichnis der Briefe nachgewiesene Datierung. Die Kommentierung in den Fußnoten enthält Nachweise der ermittelten Namen und Lebensdaten der genannten Personen, Angaben zu Tätigkeiten und ggf. wichtigen Publikationen. Nachgewiesen wurden auch die in den Briefen genannten Schriften. Außerdem wurden im Kommentar für ein besseres Verständnis der Briefe historische, politische, philosophische, kulturgeschichtliche und biographische Hintergründe erläutert. Die verwendeten Abkürzungen sind im Abkürzungsverzeichnis aufgeschlüsselt.

Das Register enthält eine Auflistung aller in den Briefen und im Kommentar genannten Personen sowie die für Brunners Philosophie, Biographie und Korrespondenz wichtigen Begriffe, Orte und Themen. Die Korrespondenzpartner Brunners sind im Register fett hervorgehoben und die betreffenden Briefnummern aufgelistet, so dass sich hierdurch ein alphabetisches Briefverzeichnis ergibt.

Die vorliegende Edition stützt sich auf umfangreiche Vorarbeiten, die mit der Sammlung und Transkription der Briefe durch Lotte und Leoni Brunner vor dem Zweiten Weltkrieg begann und von Magdalena Kasch im Rahmen ihrer Betreuung des Archivs des Internationaal Constantin Brunner Instituut in Den Haag fortgeführt wurde. In den 1990er Jahren recherchierte Jürgen Stenzel noch einmal systematisch nach Briefen; zahlreiche Institutionen und Privatpersonen, insbesondere aus dem damals noch aktiven Brunnerkreis, waren behilflich, die Briefsammlungen zu vervollständigen. Vor allem Dorette Griem aus Hemmingen ist es zu danken, dass sämtliche Briefe transkribiert, kollationiert und mit ersten Kommentaren versehen vorlagen, bevor sich Gerhard Lauer (Göttingen) und Steven Aschheim (Jerusalem) für den Abschluss der Edition einsetzten. Durch die Förderung des niedersächsischen Ministeriums für Wissenschaft und Kultur konnte die vorliegende Briefausgabe als niedersächsisch-israelisches Gemeinschaftsprojekt vom Seminar für Deutsche Philologie der Universität Göttingen und dem Franz Rosenzweig Minerva Zentrum in Jerusalem realisiert werden.

Vielfältige Auskünfte verdanken wir den Mitarbeiterinnen und Mitarbeitern zahlreicher Archive und Bibliotheken, vor allem der Staats- und Universitätsbibliothek in Göttingen sowie in Jerusalem der National Library of Israel, dem Central Zionist Archive und dem Central Archive of the History of the Jewish People. Insbesondere danken wir für ihre grenzenlose Hilfsbereitschaft Aubrey Pomerance und Jörg Waßmer von der Dependance des Leo Baeck Institute Archiv im Jüdischen Museum Berlin sowie auch dem Leo Baeck Institute New York für die entgegenkommende Zusammenarbeit.

Einen ganz besonderen Dank schulden wir Dorette Griem, ohne deren umfangreiche Vorarbeiten und erneutes Korrekturlesen der Manuskripte dieses Projekt in der uns zur Verfügung stehenden Zeit nicht hätte durchgeführt werden können. Gleiches gilt für unsere studentischen Hilfskräfte Hanan Harif, Jenny Hestermann, Rahel Rami und Matthias Springborn, die uns bei kniffeligsten Personen-, Sach- und Literaturrecherchen schier unermüdlich zur Seite standen. Förderliche Hinweise verdanken wir auch Studenten eines Brunner-Seminars in Göttingen, insbesondere Maximilian Gold, Johanna Klages, Nikola Müller und Lina-Sophie Jacobs. Nicht zuletzt gilt unser Dank Steven Aschheim in Jerusalem für seine bereitwillige Unterstützung des Projektes und ganz besonders Gerhard Lauer, der für hervorragende Arbeitsbedingungen sorgte und stets mit förderlichen Hinweisen zur Seite stand.

Unser Dank gilt auch dem Internationaal Constantin Brunner Instituut in Den Haag und der Constantin Brunner Stiftung in Hamburg, die diese Edition in vielfacher Hinsicht unterstützt haben. Ohne die freundliche Förderung seitens der Irene Bollag-Herzheimer Stiftung in Basel hätte die Drucklegung nicht realisiert werden können. Und schließlich danken wir dem Wallstein Verlag und hier insbesondere Thedel v. Wallmoden und Diane Coleman Brandt für ihre kritischen Anmerkungen und die sorgfältige Umsetzung unseres Manuskriptes.

Jürgen Stenzel und Irene Aue-Ben-David
Göttingen/Jerusalem, Juni 2012

Briefe

1. An Johanna Löwenthal,[1] 2. Januar 1884

Altona. 2. 1. 1884.

Meine liebe treue u. fühlende Freundin!

Nicht Jedem u. Keinem gleichmäßig ist die hohe Kraft des tiefinnersten Ausdruckes verliehen, der in seiner Einfachheit u. Wahrheit den Leser ergreift u. gleichgestimmt macht: aber wer von uns schwachen, gebrechlichen Menschen hat nicht oft das Herzensbedürfniß empfunden sich mitzutheilen, sich auszusprechen! Auszusprechen, was auf dem Grunde der Seele ruht *herauszusprechen* vor einem Ohre, das gerne hört u. die Mittheilung den Weg zur Freundesbrust führt; auszusprechen, was keine äußerliche Miene widerspiegelt u. kein fremder Scharfsinn verräth; auszusprechen, was doch dem eigentlichen Wesen nach unaussprechlich ist.

Das ist die hohe göttliche Kraft, die wir an den großen Dichtern rühmen, daß sie es vermögen die heiligsten u. zartesten Gefühle auf ihren Saiten wieder erklingen zu lassen, die Empfindung zu gestalten; das erfüllt uns mit Bewunderung u. reißt uns zu begeistertem Nachempfinden hin, wenn wir hier das Dunkle u. geheimnißvoll Schöne in uns, das uns in unbegriffenem Walten an das Göttliche mahnt, so rein, so klar u. wahr *ausgesprochen* finden. Darum graben sich die hohen Dichtersprüche in die Tafel unserer Erinnerung u. werden uns zu Citaten: nicht treffender, schöner u. kürzer können wir *diese* Empfindung wiedergeben, als immer wieder mit diesen selben wie von einer höheren Ueberschau des Lebens gesprochenen Worten!

Das Citat am Schluße Ihres l. Briefes habe ich gar wohl verstanden u. *was* es mir besagt, ist mir bei Ihnen nicht fremd. Ich kenne ja Ihr Naturel u. würde mich glücklich schätzen, wenn ich noch einmal durch stete Gegenwart u. günstigere Constellation seinen Einfluß mildern könnte. Al-

1 Johanna Löwenthal (1807-1895), geb. Levinsohn (s. Abb. 2). Sie war die Tochter des Kasseler Seiden- und Damasthändlers und Lieferanten des Kasseler Hoftheaters Aaron Levinsohn (1771-1841). Brunner lernte Johanna Löwenthal, die er bald als seine »mütterliche Freundin« bezeichnete, Ende 1881 in Köln kennen, war häufig bei ihr zu Gast und besuchte sie auch mehrmals längere Zeit während ihrer Sommeraufenthalte in Wiesbaden. Er beabsichtigte zunächst, Lehrer zu werden, brach aber schon nach etwa einem Jahr sein Studium am orthodoxen Jüdischen Lehrerseminar in Köln, für das er ein Stipendium erhielt, ab, weil er seinen Glauben verloren hatte. Obgleich er ein Günstling des von ihm sehr geschätzten Seminarleiters Hirsch Plato (1822-1910) war, der ihm auch Privatunterricht in Religionsphilosophie erteilte, ging er wochenlang nicht in die Synagoge, in der er zuvor als Vorbeter glänzte, und brach die Speiseverbote. Aber auch die im Seminar geübten Formen der Bildung waren Brunner schon damals zuwider. Er lebte ärmlich und sehr zurückgezogen; 1884 wohnte er wieder bei seinen Eltern in der Bellealliancestraße in Altona.

les, was ich Ihnen darauf entgegnen kann, um in gleicher Weise zu reden, ist jener hübsche Ausspruch Valentins im »Correggio«:

»Denn bin ich gleich ein Räuber u. ein Mörder:
Ich habe deshalb nimmer aufgehört,
Ein guter Christ zu sein.«[2]

Mein, vielleicht falscher Stolz, läßt mir nicht die Annalyse zu, wieso ich mich hier einen Räuber u. Mörder nenne – der Talmud lehrt seine Sünden vor den Menschen verbergen – aber ich habe gewis niemals aufgehört, und entdecke auch in mir keinen Keim dies je zu thun: für Sie die reinste Zuneigung u. Freundschaft zu empfinden, deren Werth ich durch die blose Nennung in Wahrheit herabzustimmen u. zu mindern meine. Nur der einzelne Pfennig in der Büchse klappert u. prahlt mit seinem Dasein: die gefüllte verräth nicht ihren Werth.

In der That, ich hatte Ihnen nichts besonderes zu schreiben und war wiederum durch Stimmungen, die für mich allein peinlich; wozu durch einen Brief für uns beide unerfreulich waren, nicht aufgelegt zum Schreiben. Sorgen, die es sein u. nicht sein sollten; die, wenn ich das Leben wie Andere gewöhnlich auffasse, drücken, sie in glücklicheren Stunden verlache: zerstreuten meine Gedanken in mannichfache Bahnen – aber sie können meinen eigentlichen Menschen nie erkälten, u. wahrhaftig, wenn ich nur einmal geahnt hätte, daß Sie sich in melancholischen Stunden einsamen u. trüben Gefühlen hingeben, ich hätte Ihnen grade zu diesen Augenblicken schon einen lustigen Brief geschickt. – Gewis, werfen Sie nur diese Journale von sich, deren Scribenten Voltaire so schön die Canaillen der Literatur[3] nannte u. holen lieber die guten Alten wieder hervor; ihre Züge sprechen immer zum Herzen u. übersättigen nie – u. solcher Nahrung bedürfen wir, deren Appetit ein gesunder ist. Und wenn Niemand anders mehr Ihre Abneigung vor diesen laffen Produkten begreiflich findet, dann wollen wir beide wieder mit einander plaudern, die wir mit der Kern-Kost der Hiobs- und Shakespeare-Poesie u. den Lapidarstil eines Tacitus u. Müller[4] genährt sind. Wissen Sie noch wie manche schön genossene Stunde wir verlebten und von den Zeiten sprachen, da noch Größe Größe war, u. Poesie ihren Namen mit Recht führte. Auch für uns haben wahrlich jene großen Geister nicht umsonst gelebt – waren sie doch zunächst das Binde-

2 Adam Oehlenschläger, Correggio. Trauerspiel in fünf Aufzügen, Berlin: A. Hofmann & Co. [1862], S. 111.

3 Nach Voltaire, Candide ou l'optimisme, Kapitel 21: »Je connus la canaille écrivante, la canaille cabalante et la canaille convulsionnaire.«

4 Möglicherweise ist der Tacitus-Herausgeber Carl Friedrich Wilhelm Müller (1830-1903) gemeint.

mittel, welches mir eine mütterliche Freundin wies u. mir recht eigentlich den Weg zu ihrem Herzen bahnte. Wohl Keiner der menschlich Großen entging während unseres Zusammenseins einem ehrenden Gedanken – und der Name eines L..... ward nur genannt um seinen Abstand von Jenen zu bezeichnen. Da kamen sie alle wieder herauf aus jenen großen Tagen, die unserem Geiste u. äußerlichen Leben neuen Halt u. nationales Bewußtsein gegeben, und in so ganz anderer Weise, wie die heutigen Parnassusfrösche sich rühmend quacken – Da glänzten die großen Dichter-Heroen voran u. das reiche Gefolge der anderen kräftigen Genien, die ihre Bedeutung für das höhere Verständniß der Folgenden geopfert – da ward alles mit Liebe gedacht – dem biederen großen Klinger[5] sein Platz ohne Neid eingeräumt, den ja die Frau Löwenthal von damals her noch so gut kannte – und dann »stürmten u. drängten« die Anderen nur so nach, die hier aufzuzählen ja zwecklos u. unmöglich – da flochten wir Stückchen Nachwelt sogar den »Mimen noch Kränze«,[6] die ja beinah alle »zu uns« ins Haus kamen – da wußte Herr Löwenthal[7] gar noch seinen Bürger[8] auswendig, mit dem er schon in seiner Jugendzeit in Erstaunen gesetzt – – kein Wunder, die kraftlosen Brühen unseres heutigen endlosen Literatur-Menü's, in denen die wenigen marklosen Knochen der armseligen Tagesideen wieder u. wieder geschmacklos verwässert werden, müssen uns anekeln. Gut für die bedauernswerthen Schwächlinge, deren Magen nur solche Kost verträgt.

Lassen Sie sich nicht damit den Kopf verwirren – befriedigt werden Sie sich doch nie davon finden. –

Wenn ich am Anfang meines heutigen Briefes davon sprach, wie sehr es mein Wunsch einmal recht wieder von Herzen mit Ihnen zu reden, ohne daß mir dies wohl gelingen würde, so muß ich jetzt sagen, daß es mehr der Fall war als ich hoffen konnte, denn es kam mir vor als saß ich wieder Ihnen zur Seite beim Thee in der alten traulichen Stube. Schade, daß ich Ihnen nicht den bequemeren Stuhl bringen kann – die Illusion wäre voll. –

Und so nehmen Sie denn dies heute, ohne daß ich die Worte zu meinem Sinne von einem Fremden borge – als mein eigenstes, bei dem Sie sich weit mehr denken mögen, als so in dem Ausdruck eines Wortes liegen kann, u. seien Sie wieder von Neuem überzeugt, wie sehr ich Sie liebe u. schätze – wie kann es denn auch anders sein. Und nun leben Sie wohl u. antworten Sie mir recht bald u. ausführlich: von mir wird direct ein Glei-

5 Friedrich Maximilian von Klinger (1752-1831), Dichter und Dramatiker des Sturm und Drang.

6 Nach Friedrich Schiller, Wallenstein. Ein dramatisches Gedicht, Prolog: »Dem Mimen flicht die Nachwelt keine Kränze«.

7 Johanna Löwenthals Ehemann, Adolf Mayer Löwenthal (1812-1893).

8 Gottfried August Bürger (1747-1794), Dichter des Sturm und Drang.

ches geschehen u. hiemit muß ich schließen – Sie wissen, welch ein Schwätzer ich bin, dem alles Ende schwerer fällt als anderen Menschen aller Anfang. Viele Grüße für Ihren l. Mann u. sein Sie selbst tausendmal gegrüßt von Ihrem Sie innigst liebenden u. ehrenden alten

Leo Wertheimer

NB. Den zweiten Vortrag[9] halte ich erst wieder ca. 15-20 Januar. Bis dahin ist hier kein Publicum dafür, welches von Weihnacht u. Sylvester u. Bilancen etc. absorbiert wird. D. O

2. An Johanna Löwenthal, 30. Oktober 1884

Berlin 30. 10. 84.

Meine verehrte Freundin!

Also wieder in Berlin angelangt & in den nächsten Tagen wird auf der Universität die geregelte Arbeit des Wintersemesters beginnen.[1]

Es ist ein Tag nach den Wahlen[2] & Aristoteles nennt den Menschen ein »politisches Thier«. Ich hab's gemerkt, daß er Recht hat, ich sah so Manchen seinen Charakter als solches nicht verleugnen. Es war sehr unruhig hier & wohl nur die Flut, die unaufhörlich vom Himmel strömte, dämpfte einigermaßen die Flammen, und auch so noch züngelten sie hoch genug empor. Auf den Straßen war's lebhaft, wild, u. einer großen Spannung folgte eine größere Enttäuschung. Nun ist alles wieder ruhig, aber nur auf der Oberfläche, denn im Stillen arbeitet man geschäftig fort & alle Kräfte rüsten sich zum entscheidenden Schlage.

Sie kennen jedenfalls schon das Ergebniß der hiesigen Wahlen: in sechs Wahlkreisen vier Stichwahlen, worunter ein Virchow gegen Stöcker & Rich-

9 Brunner hielt um die Jahreswende 1883/84 in Hamburg oder Altona zwei Vorträge über den Talmud.

1 Brunner studierte ab dem Sommersemester 1884 – vermutlich als Gasthörer, da sich eine Immatrikulation nicht nachweisen lässt – in Berlin. Lotte Brunner zufolge (Tagebuch, 27. November 1903 und 20. April 1929) hörte er Vorlesungen bei dem Ethnologen Adolf Bastian (1826-1905), dem Historiker und Indologen Paul Deussen (1845-1919), dem Philosophen und Psychologen Wilhelm Dilthey (1833-1911), dem Psychologen Hermann Ebbinghaus (1850-1909), dem Philosophen Eduard Zeller (1814-1908), dem Germanisten Wilhelm Scherer (1841-1886), dem Philosophen und Soziologen Georg Simmel (1858-1918) sowie dem Historiker Heinrich von Treitschke (1834-1896).

2 Am 28. Oktober 1884 fanden Wahlen zum sechsten Deutschen Reichstag statt.

Abb. 1: Constantin Brunner als Student

ter gegen Cremer; 2 Candidaten sind direct gewählt, 2 Juden: Löwe, & Singer (Socialist).[3]

Die Liberalen waren nach dem Resultat vor 3 Jahren ihres Sieges sicher; sie haben kaum agitirt; sie haben vorher gejubelt und nun macht sich die drückende Stille um so ängstlicher. Selbst der Mond guckt mit einem so tristen Gesicht zu mir hinein in's Zimmer, so gelb, so fahl. Er erinnert mich so lebhaft an Goethe's westöstlichen Diwan:

»Perser nennen's bidamag buden,
Deutsche nennens Katzenjammer.«[4]

Lachen Sie nicht, wenn Sie mich, dem die Politik bisher so fremd lag, so ernsthaft über die augenblicklichen Tagesbegebenheiten reden hören. Weis ich doch wohl, was für uns alle bei diesen Wahlen auf dem Spiele steht, um es nicht mit äußerster Spannung, mit banger Besorgniß zu verfolgen.[5] Und es ist nur zu wahr, es ist nur ein Spiel, das mit uns getrieben wird, eine Komödie, – hohe Herren sind die Regisseure & das Volk die Marionetten, die sie am Drathe halten – aber wir sind auch zugleich Zuschauer unserer eigenen Narrheit – & wer weis es nicht, daß dem Narren nicht immer wohl bei seinen Possen? Es stehen für uns die Rechte der Menschheit auf dem Spiele – die Rechte der Menschheit. Das ist eine Phrase, aber die Rechte, die unsere Berechtigung in der Gesellschaft bedingen, man will uns den Boden unter den Füßen in unerhörter Weise entziehen, es sind empörende Waffen, die man gegen uns schwingt; Waffen, gegen die uns

3 Bei den Wahlen blieb das Zentrum die stärkste Kraft. Die größten Gewinne erlangte die Deutschkonservative Partei, die Sozialdemokraten verdoppelten ihre Mandatszahl, die Linksliberalen mussten eine herbe Niederlage einstecken. In den Berliner Stichwahlen gewannen u.a. Rudolf Virchow (1821-1902, Arzt, Deutsche Freisinnige Partei) gegen Adolf Stoecker (1835-1909, Hof- und Domprediger, Deutschkonservative Partei) und Eugen Richter (1838-1906, Publizist, Deutsche Freisinnige Partei) gegen Christoph Joseph Cremer (1840-1989, Journalist und Politiker, der für das antisemitische Conservative Central Comité kandidierte). Direkt gewählt wurden Ludwig Loewe (1837-1886, Großindustrieller, Deutsche Freisinnige Partei) und Paul Singer (1844-1911, Fabrikant, Sozialdemokratische Arbeiterpartei).

4 Goethe, Westöstlicher Diwan: Saki Nahmeh. Das Schenkenbuch.

5 Brunner spielt offenbar auf die Gefahr des infolge der Wirtschaftskrise der 1870er Jahre und der konservativen Wende wachsenden Antisemitismus an (s. Brief 3). Adolf Stoecker gründete 1878 die antisemitische Christlich-Soziale Arbeiterpartei, die ein Ende der Emanzipation der Juden anstrebte, 1879 provozierte Heinrich von Treitschke in den von ihm herausgegebenen »Preußischen Jahrbüchern« den Berliner Antisemitismusstreit, 1882 wurde ein internationaler antijüdischer Kongress nach Dresden einberufen, und Theodor Fritsch errichtete 1884 die Deutsche Antisemitische Vereinigung. Im Reichstagswahlkampf 1884 gab es Agitationen gegen die Juden, insbesondere gegen den Sozialdemokraten Paul Singer.

der bloße Kampf entehrt, der Sieg keinen Ruhm bringen kann, Waffen, die es mich bitter & wie einen Fluch empfinden lassen, daß ich ein Deutscher Unterthan bin.

Ich habe mein Deutschland lieb. Ich kenne seine Entwickelung & jeder Zoll seiner wachsenden Größe erfüllt mich mit Stolz, mit Begeisterung – aber ich beweine, was mein Vaterland so schmählig schändet & seiner Größe ein ewiger Schandflecken bleiben wird u. mit mir werden das tausende Gutgesinnte & Edeldenkende betrauern! O möchte ich doch *einen* öffentlich vernünftig, blos vernünftig, ohne Zorn & Eifer, blos vernünftig über diese Sache reden hören. Es wäre mir ein Labsal in diesen Tagen, da ich die Schmach so lebhaft empfinde & fühle: es gibt keine entsetzlichere Qual als ein Menschenherz, das in tiefer Kränkung heimlich blutet, indeß das Unrecht mit erhobenem Haupte durch die Welt schreitet, Frechheit & Gemeinheit vor sich her und im Gefolge das Hohngelächter von Schurken. –

Verzeihen Sie, wenn ich in Eifer gerathen bin bei einer Sache, in der mir mehr Mäßigung zur Schande gereichte; doch bin ich ja Ihrer Zustimmung versichert & habe mich daher unnöthig hinreißen lassen.

Mit meinen Augen ist es nicht besser geworden & ich werde mich wohl oder übel zu einer Brille bequemen müssen. Mein Magen ist wieder in besserem Zustande, auch hat er noch nie eine ernstlichere Störung gehabt, und so lange das nicht der Fall ist, sind ja auch all die anderen Glieder, der ganze Mensch, nach der bekannten Fabel des Menenius[6] nicht in Gefahr.

Was ich mit meinem Cousin[7] vorhabe? Nun, was Besonderes ist es schließlich nicht. Wir werden einige Stoffe des Alterthums in humoristischer Weise behandeln & haben damit bereits einen vielleicht nicht übel gelungenen Anfang gemacht. Alexander & dann Alcibiades.

Sehen Sie, liebe Freundin, wenn man von einem Stoffe ganz voll ist, der eigentlich für die Gegenwart längst abgethan ist & nur noch historischen Werth hat, wenn uns z.B. Personen des Alterthums in ganz völlig klarem Lichte erscheinen, uns, die wir doch immerhin trotz aller alten Folianten

6 Menenius Agrippa (um 500 v. Chr.) hat angeblich bei den Standeskämpfen in Rom 494 v. Chr. mit der Fabel von den Gliedern, die dem Magen den Dienst verweigern, versucht, die aufständischen Plebejer zu beruhigen, indem er behauptete, die Bürger Roms bildeten einen Körper, und es sei deshalb unsinnig, wenn die Plebejer gegen die Patrizier kämpften. Am bekanntesten ist die Version dieser Fabel von Titus Livius (in: Ab urbe condita, 32, 8-12), sie wurde auch von William Shakespeare in seinem Drama »Coriolanus« aufgegriffen.

7 Ernst Müller-Holm (1861-1927), Schriftsteller, Philologe und Oberlehrer in Hamburg. Brunner verfasste mit ihm zusammen häufiger humoristische Texte (s. Brunner, Vom Einsiedler, S. 27f.). Müller-Holm war später auch verantwortlicher Redakteur der von Brunner mit Leo Berg herausgegebenen Zeitschrift »Der Zuschauer«.

in einer modernen, so gänzlich veränderten Zeit leben – dann überkommt uns wohl ein merkwürdiges Gefühl. Nachdem die Alten 3 Tragödien aufgeführt hatten, wurde stets noch ein Satyrspiel gegeben – gleichsam um zu zeigen, wie die Satire, der Spott in der menschlichen Natur liegt u. nach dem Ernsten auch das Komische in dieser zwiefachen Natur sich zeigen müsse. Daher ist uns eine solche kleine Unternehmung, die diesen Namen wohl kaum verdient, nicht zu verwehren. Man entladet sich damit gewissermaßen einer Bürde – es übt & unterhält wohl auch. Der alte Pericles, er war gewis ein ernster Mann & nahm es genau mit jedem Worte – aber wie oft hat er nicht schon den Lachern herhalten müssen. Diese Art der Betrachtung erinnert mich an unsere Kleider. Wenn sie neu & noch brauchbar sind – wie halten wir sie nicht in Ehren & preisen sie – aber wer spricht nicht mal ich möchte fast sagen – verächtlich & spottet selbst gutmüthig über denselben Rock, wenn er schäbig & abgelegt worden. Aber seiner Glanztage erinnern wir uns doch noch – & Pericles bleibt der große Pericles.

Mein Cousin studirte früher ebenfalls Orientalia, hat sich aber seit 1½ Jahren ganz der classischen Philologie (d.i. lat. & griech. Sprache) zugewendet. Er besitzt guten Verstand & bedeutende Kenntnisse, da er sehr großen Fleiß hat. –

Von einer Hochzeit meiner Schwester[8] ist noch nichts bestimmt. Mein Schwager wohnt jetzt für immer in Hamburg. Er muß sich erst dort in's Geschäft hinein arbeiten; er hat dort gute Agenturen.

Und nun, liebe Freundin, antworten Sie mir auch bald, denn ich bin jedesmal so erfreut, wenn ein Brief, ein Liebeszeichen von Ihnen eintrifft. Wo man uns draußen in der Welt so lieblos begegnet, da wollen wir, die wir uns in herzlicher Liebe zugethan sind, uns dieselbe doch wenigstens bethätigen & uns freuen, daß es auch noch Gute, noch Bessere gibt. Indem ich dieses bei meinem Briefe an Sie so lebhaft empfinde & wünsche, daß ich & wir alle an diesem Bewußtsein nie irre werden möge, zeichne ich wie immer in hochachtungsvoller Ergebenheit u. Liebe

Ihr Leo Wertheimer

8 Flora Wertheimer (1853-1940); sie heiratete den Kaufmann und späteren Agenten Bernhard Menken (1844-1917).

3. An Johanna Löwenthal, 11. November 1884

Berlin 11.11.84

Meine verehrte Freundin!

Sie fragen mich ob ich mit meinen Klageliedern[1] uns Juden meine? Allerdings zunächst uns deutsche Juden und wenn Sie mir weiter sagen, daß Sie sich über diese traurigen Verhältnisse nicht so betrüben können, so begreife ich das, da Sie über den Fortgang & die wachsende Gefahr nicht so unterrichtet sein können. *Ich* wohne hier am Heerde dieser Agitationen und ich muß die traurige Ueberzeugung aussprechen, daß dieselben vielleicht sehr bald sehr schlimme Ausschreitungen im Gefolge haben müssen. Ich sehe das täglich mehr ein, ich erfahre es in meiner nächsten Umgebung und soeben erst las ich eine Zuschrift, die der für den Reichstag hier gewählte Socialist Singer (ein Jude) erhalten, mit deren empörendem & gemeinem Inhalte ich ihr Auge nicht beleidigen will.[2] Sie gibt wiederum den Beweis nicht von Haß & fanatischer Wuth *Einzelner* – an solchen hat es zu keiner Zeit gefehlt – sondern einer vollkommen organisirten *Partei*, deren gewaltiger Uebermacht wir über kurz oder lang erliegen werden.[3] Sie werden begreifen, verehrte Freundin, daß ich bei dieser Ueberzeugung sogar noch ein anderes Gefühl hegen muß als das: mich zu betrüben.

Aber genug & zuviel schon von so finsteren Aussichten: es ist das große Gesetz in der weiten Welt, daß Eines dem Anderen den Platz streitig macht in dem allgemeinen Kampf um's Dasein. Stets siegt die Gewalt. So ist es und so muß es sein: aber schlimm ist es doch, sich selbst unterliegen zu sehen. –

Mein Freund[4] hat allerdings umgesattelt, nachdem er sich zuerst den orientalischen Sprachen gewidmet hatte, aber, liebe Freundin, das hat man

1 Brunners politische Ausführungen zur Reichstagswahl 1884 und zum Antisemitismus in Brief 2.

2 Paul Singer wurde trotz antisemitischer Kampagnen bei der Reichstagswahl 1884 zum Berliner Stadtverordneten gewählt. Er gehörte neben August Bebel (1840-1913) und Wilhelm Liebknecht (1826-1900) zu den wichtigsten Führern der Sozialdemokraten. Bei der genannten Zuschrift könnte es sich um einen anonymen Brief handeln, den Singer am 31. Oktober erhielt und der am 5. November 1884 im Berliner Volksblatt Nr. 183 abgedruckt wurde: »Todesurteil für den Juden Singer! Du stirbst verfluchter Itzig, wenn die Sozialdemokraten bei der Stichwahl nicht für Stöcker stimmen. Das Messer ist schon geschliffen [...].«

3 Brunner spielt hier vermutlich auf die 1876 gegründete Deutschkonservative Partei an, die im Reichstagswahlkampf 1881 durch ihre starke antisemitische Propaganda aufgefallen war. Dem antisemitischen Flügel der Partei gehörte auch Adolf Stoecker an.

4 Ernst Müller-Holm.

oft, daß junge Leute sich erst später von einem Fache wieder abwenden, welches sie vorher für ihre Bestimmung hielten. Bei mir brauchen Sie das nicht mehr zu befürchten. Ich weis nur so lange nicht, was ich will, als ich nicht weis, was ich soll.

Daß Ihnen meine »Purimgeschichte«,[5] wie Sie sie nennen, nicht gefiel, das weis ich ja. Ich erlaube mir nur dagegen zu erinnern, daß diese Farce ganz genau in die Kreise hineingepaßt hat, für welche sie eben geschrieben war, und das Stückchen dort bei der Aufführung reichen Beifall gefunden. Und für andere Kreise, welche diesem ganzen Wesen ferner liegen, war es ja auch durchaus nicht berechnet. Und mehr kann ich ja schließlich nicht verlangen? Wenn Ihnen vielleicht diese Vertheidigung ein wenig eitel erscheinen sollte, so erinnern Sie sich, liebe Freundin, an die alte Erfahrung, daß Autoren gerade ihre schwächsten Erzeugnisse, die am meisten angegriffen werden, am wärmsten vertheidigen & lieben, sowie Eltern auf die schwächsten Kinder am meisten Zärtlichkeit verwenden.

Zum Schluß Ihres Briefes erwähnen Sie auch noch etwas von Cumberland.[6] Wer einigermaßen belesen ist, für den bietet eine solche Taschenspielerei nichts Neues – ich könnte Ihnen 100 analoge Fälle von früher aufzählen. Aber klug ist der Mann. Er ist ja ein *feiner* Taschenspieler: er wäre auch ein *feiner* Spiritist geworden – aber als solcher, wie beschränkt & auf *was für* Kreise wäre nicht sein Wirken geblieben? – halt, da kommt ihm die große Idee – er wird *Anti*spiritist – und er producirt sich heute vor Kaiser und König! Ja, der schlaue Cumberland wird der berühmte Cumberland. –

Betreffs des in Altona Empfangenen sage ich Ihnen meinen herzlichsten Dank, ich weiß daß Sie mir mehr Worte darüber gern ersparen.

Ich bin Ihr Sie verehrender & liebender

Leo Wertheimer

Herzliche Grüße für Ihren l. Mann.

5 Brunner hatte während seines Studiums im Kölner Lehrerseminar ein scherzhaftes Purimspiel in Versen verfasst und mit seinen Studienkollegen vor einem großen Teil der jüdischen Gemeinde aufgeführt: Ahasverus, große Fastnachtsposse in zwei Aufzügen (das Manuskript wurde auf Wunsch Brunners vernichtet).

6 Stuart Cumberland (eigentlich Charles Garner, 1857-1922), bezeichnete sich als Antispiritist und gab öffentliche Schaustellungen über das Gedankenlesen in fast allen Großstädten des Kontinents, wodurch er die Aufmerksamkeit der Gebildeten sowie das Interesse der Physiologen und Philosophen erregte. Stuart C. Cumberland, Mr. Stuart Cumberland, der antispiritistische Taschenspieler und sein Gedankenlesen, Leipzig: Schloemp 1884.

Abb. 2: Johanna Löwenthal

4. An Johanna Löwenthal, Frühjahr 1885

Theuerste Freundin!

Wenn es auch nur flüchtige Zeilen sein werden, so sollen Sie doch möglichst umgehend Antwort haben. Sie wissen, daß es mir weder an freudigem Dank fehlt für Ihr herzliches Bezeigen, noch auch an einer tiefschmerzlichen Empfindung über die beregte Angelegenheit. Aber andererseits vermag ich den Augenblick Nichts zur Einrenkung des Schiefen zu thun und muß meine Rechtfertigung der Zeit überlassen, die mich schon in das rechte Licht rücken wird. Schwer kann das um so weniger fallen, da ich bei einem Manne von größerer Gesinnung und Umfangsweite des Blickes auf die Dauer einer ferneren Verneinung gewis nicht begegnen werde. Hindurch muß ich mich erst ringen. Es ist wohl traurig darum, aber es ist einmal so: der ganze Schwerpunkt meines kleinen Lebens fällt bei mir in die Entwickelung meiner Fähigkeiten und inneren Kräfte, und Alles sonst erscheint mir traumhaft wie Nichts, und ich kann es mit dem besten Willen nicht zu Etwas machen. Wer es nicht weiß, daß eine wirkliche Natur unbeugsam ist, wird mir einen Vorwurf aus der meinigen machen, und um so mehr, als er bisher keinen Grund sieht, die Berechtigung derselben anzuerkennen. Beste Freundin, sehen Sie ein, daß ich nicht anders kann, da ich bin wie ich nun einmal bin; da ich weiß, daß meine Art sich an mir selbst am empfindlichsten rächt. Ich bin ein Weib im Fühlen und ein Kind im Handeln, und manneskräftig allein, wenn es zu dulden gilt. Was Sie mir schreiben, war mir auch so schon ein großer Schmerz, allein ich muß ihm thatlos gegenüberstehen, denn was mir That sein könnte, ist allein in meinem Innern, und ist noch nicht. Daß es *werde* ist all mein einziger Wille und mein Leben. Das muß Andern als Thorheit und schlimmer erscheinen – mir selbst dünkt eine Natur von anderer Art weit besser und würdiger zu sein – aber ich kann nicht anders, vor mir sind *alle Conflicte des Tages klein*, und im letzten Grunde habe ich doch die Ueberzeugung: ein großes Ziel zu verfolgen, in welches alle Guten einstimmen werden und vor welchem alle die Kleinlichkeiten verstummen müßten. Ob das Erstere wahr ist, kann ich nicht wissen vor dem Ende – vielleicht bin ich einem Wahne verfallen; dann habe ich ihm viel geopfert, denn ihm danke ich, daß das Zweite mir auf Schritt und Tritt das Leben verstört.

Und doch soll ich auch *nun* wieder Alles niederschweigen und von mir schütteln, – das ganze bedrückte Gemüth! Ich darf's nicht haben. – Die Alten haben Nießwurz genommen: ich aber hole meine rothe Mütze und zweifle nicht, denn sie hält mich doch warm und ist mir doch ein Zeichen von Liebe. Frei muß meine Seele sein für weitschauende Entwürfe. – Den letzten Vortrag[1] habe ich für den Anfang der nächstfolgenden Woche hinausschieben lassen, bis dahin denke ich wieder ganz kräftig zu sein zu einem Schluß, der nur das verheißende Ende eines Anfangs sein soll. Die Abschnitte schicke ich bald, ich muß sie erst beschaffen. Ich komme nun erst spät zu Ihnen, da ich doch bis Mitte Mai hier bleiben müßte. Werden Sie durch Nichts irre: Ihnen, meinen geliebten Freunden, bin ich treu wie meiner Sache.

Leo W.

5. An Julius Fackenheim,[1] Juni 1887

Ich habe mein Leben ernsten Dingen gewidmet, und wenn es auch wahr ist, daß man nicht wohl auf dem Wege der Vernunft wandeln kann, ohne von Zeit zu Zeit einen kleinen Abstecher in das Gebiet der Thorheit zu unternehmen, so bin ich doch jetzt um so weniger zu einer solchen Excursion geneigt, als mich augenblicklich Dinge ganz anderer Natur und jedenfalls weit wichtigerer Art beschäftigen.

Wäre ich von anderen Gesinnungen erfüllt, wäre ich ein Student in jenem beklagenswerthen Sinne des Wortes, der eine einmal begangene Thorheit, statt sie einzugestehen, durch eine noch größere wieder gut zu machen sucht, indem er mit kindischer Unreife den pathologischen Zustand widerlicher Nervenreizbarkeit durch eine Uebung auf dem Pauk[2] zur Ehre umzustempeln meint, wäre ich ein Solcher –: so würde jedenfalls irgend

1 Brunner hielt vermutlich Vorträge über jüdische Themen. Es könnte sich, wie Lotte Brunner auf dem Originalbrief anmerkt, um Vorträge über den Talmud handeln. Talmudvorträge hielt Brunner 1883/84 und wieder im Sommer 1885. Die Vortragsmanuskripte sind nicht überliefert. Der zweite Zyklus ist offenbar einer Auseinandersetzung mit Adolf Eckstein und einem Berliner jüdischen Verein entsprungen (s. Brief 145). Themen der eher psychologischen Vorträge waren: A. Der Talmud im Allgemeinen, B. Die Sittenlehre, C. Die Wissenschaft des Talmud. Die Vorträge wurden begeistert aufgenommen, sowohl von Brunners Vater, Moses Wertheimer (1807-1887), der nicht nur Kaufmann, sondern auch ein guter Talmudkenner war und die Manuskripte las, als auch vom Publikum (s. Brief an Johanna Löwenthal vom 25. Juli 1885, LBI/JMB: II, 9, 2 und Lotte Brunner, Tagebuch, 26. März 1920).

1 Der Medizinstudent Julius Fackenheim (1863-1942) schrieb seinem Kommilitonen Brunner, er habe »von zuverlässiger Seite« erfahren, dass Brunner der anonyme Verfasser eines Artikels in der Lokalzeitung »Freiburger Pfennigblatt« sei, in dem Fackenheim die »Gesellschaft« bei einer Frau Zivi nachgesagt wurde. Fackenheim forderte Brunner auf, eine Erklärung darüber abzugeben und hob hervor, dass er diese Sache als »Ehrensache« betrachte (s. Briefwechsel Brunners mit Fackenheim, LBI/JMB: II, 4, 5).

2 Auf dem Fechtplatz.

eine kleine Verunstaltung meines Gesichtes hinreichen, jeden dunklen Flecken der Verunglimpfg & Mißachtung Fremder von meiner Seele zu waschen. Verzeihung, mein Herr, daß ich für diese erhabene Wechselwirkung von Schmarre[3] u. Seele so wenig Sinn habe – es ist nicht zu läugnen: es ist eine allerliebste Ausgabe von Ehre in Duodez.[4]

Aber im Ernste gesprochen: ich will Ihnen sagen, wie ich die Sache betrachte. Sie haben auf irgend eine obscure Angabe hin, mir ohne jegliche weitere Prüfung einen groben Brief ins Haus geschickt. Das war ad I gelinde ausgedrückt zum mindesten eine Uebereilung. Es wäre wenigstens Ihre Pflicht gewesen sich wegen dieser zu entschuldigen, nachdem Sie das Nichtige jener Aussage erkannt hatten. Sie verweigern das. Das ist ad II – gelinde ausgedrückt – Eigensinn. Sie haben gegen mich übereilt gehandelt u. dann eigensinnig. Nach meiner Auffassg nun von menschlichen Angelegenheiten sind Beides entsetzlich große Kleinigkeiten[.] Beides sind Schwächen, die wir uns häufig zu Schulden kommen lassen, und nur indem wir mit Bewußtsein darin verharren, werden sie zu Fehlern unserer Natur. Ich liebe es gewis nicht, daß Streitigkeiten solcher Art einen bitteren Bodensatz hinterlassen und würde mich daher freuen, wenn ich auch jetzt noch auf ein entschuldigendes Wort von Ihnen hin die ganze Sache vergessen könnte. Wenn Sie gerecht sein wollen, werden Sie mir Dieses nicht wohl verweigern können. Beharren Sie aber auf Ihrer Meinung, so haben Sie sich die weiteren Folgen selbst zuzuschreiben, – so wird mir nichts anderes übrig bleiben, als Ihnen Ihren Fehler zu verzeihen, ohne daß Sie mich darum baten. Ihr eigenes Gewissen möge dann entscheiden, auf welcher Seite hier das größere Recht war.

Zu fernerer Corresspondenz aber in dieser Art habe ich keine Zeit.

Leo Wertheimer

6. An Johanna Löwenthal, 7. August 1891

7. Aug. 1891

Theuerste Freundin!

In Beantwortung Ihrer freundl. Zeilen, welche mich als liebes Zeichen von Ihrer Hand sehr erfreut haben, erwidere ich Ihnen zunächst, daß Ihre Befürchtungen durchaus ungerechtfertigt sind. Ich halte mich aller-

3 Landsch.: Hiebwunde, Narbe.
4 Lat.: Lächerlichkeit.

dings hier im Büreau in den Vormittagsstunden (von 9 – 1 Uhr) auf, und diese Zeit widme ich ganz der Arbeit für unser Unternehmen;[1] in diesen Wochen der Einrichtung allerdings geht mir der ganze Tag auf in der Beschäftigung mit den neuen Angelegenheiten: später aber bleibt mir der ganze übrige Theil des Tages für meine eigene Muße. Daß ich in der Arbeit für Fremde nicht so ganz versinken & aufgehen werde – liebe Freundin, befürchten Sie es im Ernste für mich? – – Warum aber sollte ich nicht ein Unternehmen willkommen heißen, das mir nach einiger Zeit (vielleicht schon nach einem Viertel- oder halben Jahre) alle schweren materiellen Sorgen abzunehmen verspricht und dabei solcher Art ist, daß es in engster Weise mit meinem eigentl. Berufe zusammenhängt, mir die Bekanntschaft der für denselben gewichtigsten und maßgebenden Persönlichkeiten ungezwungen vermittelt und somit meine eigenen Angelegenheiten fördert. Ich zweifle kaum daran, daß ich nun auch mit meinen eigenen großen Arbeiten[2] schneller durchdringen werde, da ich ein großes Organ geschaffen habe, welches für mich arbeiten wird so gut wie für Fremde.

1 Brunner fungierte als Literaturagent. Am 1. August 1891 eröffnete er in Hamburg ein »Litterarisches Vermittlungsbureau«. Im Prospekt vom Januar 1892 (Litterarisches Vermittlungs-Bureau, Hamburg, Colonnaden No. 54, Hamburg: Verlagsanstalt und Druckerei Actien-Gesellschaft vormals J. F. Richter) werden die Ziele umrissen: Die »Hebung aller literarischen Verhältnisse«, die Verbesserung der literarischen »Verkehrswege«, die Unterstützung der Schriftsteller mit Rat und Tat, einerseits bezogen auf ihre schriftstellerische Technik, andererseits auch bei der Vermittlung eines wirksamen Rechtsbeistandes, die Verbesserung der Erwerbsbedingungen und der wirtschaftlichen Lage des Schriftstellers insgesamt. Die bestmögliche Verwertung der Produktionen wurde durch Vervielfältigung des Originals und gleichzeitiges Anbieten an verschiedenen Orten beschleunigt, andererseits wurden Verlage und Redaktionen entlastet, indem sie nur »durchaus geeignete« Arbeiten angeboten bekamen. Die Einrichtung erregte in der Schriftstellerwelt offenbar großes Aufsehen. Geschäftsführer war bis Oktober 1894 Georg Müller (1855-1919), ein reicher Hamburger Zigarrenfabrikant und Großneffe Brunners. Brunners spätere Ehefrau Leoni war in erster Ehe mit Müller verheiratet. Sie schildert die Arbeit des Büros so: »Das Büro rentierte anfangs brillant, es fand großen Zuspruch und versprach sich glänzend zu erweitern. Wir waren alle [...] mit Leib und Seele dabei und hätten sicherlich auch reiche Früchte davon eingeerntet, wenn nicht in der geschäftlichen Leitung der bekannte Schlendrian eingerissen wäre.« Müller habe sich kaum um die Geschäfte gekümmert, während Brunner »buchstäblich Tag und Nacht arbeitete, um allem und allen gerecht zu werden. Leider nützte sein Fleiß nicht, um den Ruin aufzuhalten.« (LBI/JMB: I, X, 3, 10). Zuletzt fungierte das Litterarische Vermittlungsbureau unter der Leitung von Robert Grosser (1858-?), Generalagent und Kaufmann, noch als Verlag, in dem Brunner Anfang 1895 das Wochenblatt »Der Belletrist. Wöchentlich 900 bis 1000 Zeilen Manuskript für Zeitungen« herausgab.

2 Vermutlich meint Brunner seine zunächst als Dissertation geplante Geschichtsphilosophie, die zu verfassen er damals als seine Lebensaufgabe ansah (s. Brief 19/7 und Brief 49).

Wir sind, trotzdem wir erst 6 Tage des Bestehens zählen können, bereits so im vollen Gange, als wenn das Institut schon seit langen Jahren existirte. Eine größere und mehrere kleinere Arbeiten habe ich bereits (durch meine persönlichen guten Beziehungen bei Redaktionen, mit denen ich selbst arbeite[3]) angebracht, andere sind unterwegs, andere in Händen unsrer Commission,[4] eines wird von einem tüchtigen Manne umgearbeitet. Nebenbei trifft das einen höchst interessanten Fall. Ein glücklicher Zufall hat mir gleich in diesen ersten Tagen das Werk eines Mannes in die Hände gespielt, welches dem ersten Anblick nach durchaus corrupt und geradezu halb wahnsinnig erschien. Und dennoch habe ich hier sofort unter allem Schutt die köstlichen Perlen herausgefunden. Es liegt in diesem wilden Manne ein urwüchsiges, grandios revolutionäres Talent vor, von einer erschütternden, ächt dramatischen Kraft und einer großen, Shakespearschen Ironie. An solchen Leuten wird sich der Segen unseres Instituts beweisen: welcher Verleger will die herausfinden.

Verzeihen Sie, beste Freundin, wenn ich abbreche, ohne übrigens von Anderm als gewissermaßen von mir selbst geschrieben zu haben. Vielleicht haben Sie die Güte einen der beifolgenden Prospecte[5] und den Zeitungsausschnitt Ihrer Frau Tochter[6] zu schicken: ich weiß die Adr. nicht.

NB. Haben Sie die redaktionelle Notiz über uns in der »Köln. Ztg«[7] gelesen. Unser Institut erregt großes Aufsehen. Alle Blätter brachten ähnliche günstige Hinweise. Zuschriften aus dem gesammten Auslande, selbst Türkei & Rußland liegen uns bereits vor.

Mit bestem Gruße für Ihren l. Mann
herzlichst Ihr getreuer

L.

NB. Selbstverständlich war es mit der Empfehlung durch den Herrn Löwenthal in Privatkreisen durchaus scherzhaft gemeint: wie mochten Sie das nur misverstehen?

3 Brunner schrieb 1892/93 für den »Hamburgischen Correspondenten«, die »Berliner Zeitung« und das »Berliner Tageblatt«.

4 Neben Georg Müller gehörten auch der Professor und Redakteur des »Alten Tageblattes« Ludwig Gustav Weisse (1824-1894), der Schriftsteller Hans von Langen-Allenstein (1865-1895/6?), Ernst Müller-Holm und Leo Berg (s. Brief 7/1) zur Prüfungskommission des Litterarischen Vermittlungsbureaus.

5 Siehe Anm. 1.

6 Frida Mond (s. Brief 12/1).

7 In der Kölnischen Zeitung Nr. 626 vom 1. August 1891 wurde auf S. 4 eine Anzeige des Litterarischen Vermittlungsbureaus abgedruckt.

7. An Leo Berg,[1] Februar/März 1892

Werter Herr Berg!

Beifolgend geht Ihnen leider der »Komus« mit einer Kritik voll arger Bosheit zurück! Was gut darunter ist, können Sie ja selbst noch für uns heraussuchen.

Des Ferneren frage ich Sie heute: wäre es Ihnen recht, zunächst allerdings mit einem geringen Fixum (125 Mark im Monat) zu uns zu kommen?[2] Es bleibt Ihnen ja Zeit genug für Ihre Arbeiten etc. etc. Sie wissen, daß wir in jeder Hinsicht billig denken (nicht bloß hinsichtlich des Honorars!) und mit dem Wachsen unseres Institutes, das ja in jeder Hinsicht erfreulich voran schreitet, werden sich die Bedingungen auch für Sie günstiger gestalten.

Haben Sie Lust, dann richten Sie es ein etwa zum ersten April. Die Kuggel und der Schalet[3] ist hier in Hambg. vortrefflich, einen kleinen Anhalt haben Sie ja schließlich auch an meiner Wenigkeit, und wenn Sie am Ende heiraten wollen – ein Weib zu schnöder Lust und frevelndem Gebahren findet sich auch hier. Das sublunarische[4] Dasein ist schließlich überall gleich.

Grüßen Sie Herrn Lilienthal[5] und sagen Sie ihm bitte: er solle als Kritiker mindestens so arglistig sein wie ich. –

Mit bestem Gruß

Ihr Leo W.

1 Leo Berg (1862-1908), Schriftsteller, Kritiker, Redakteur (s. Abb. 3), war einer der Vorkämpfer der literarischen Moderne in Berlin. Er war Mitbegründer der bis 1887 bestehenden »Freien litterarischen Vereinigung ›Durch!‹«, Schriftleiter der »Deutschen Academischen Zeitschrift« sowie seit 1887 verantwortlicher Redakteur der »Allgemeinen Deutschen Universitäts-Zeitung«. 1890 unterstützte er den Aufbau der Freien Volksbühne in Berlin. Seit Anfang 1892 arbeiteten Berg und Brunner immer enger zusammen und blieben auch nach Brunners Hinwendung zur Philosophie im Jahre 1895 befreundet.

2 Brunner wollte Leo Berg, der in Berlin wohnte, im Litterarischen Vermittlungsbureau fest anstellen. Berg sagte zu, übersiedelte im Frühsommer nach Hamburg, wich jedoch schon bald vor der Cholera nach Bad Oldesloe aus und zog im Laufe des Jahres 1893 wieder zurück nach Berlin.

3 Traditionelle Sabbatspeisen.

4 Lat.: irdisch.

5 Wilhelm Lilienthal (eigentlich Wilhelm Thal, 1867-1906), Schriftsteller, Übersetzer und Dramatiker. In dem von ihm mit Leo Berg herausgegebenen Sammelband »Moderne Lyrik. Eine Sammlung zeitgenössischer Dichtungen« (Berlin: Waldau 1892) erschienen auch zwei Gedichte Brunners: »Der thörichte Knabe« und »Indianerweisheit« (S. 35 f.).

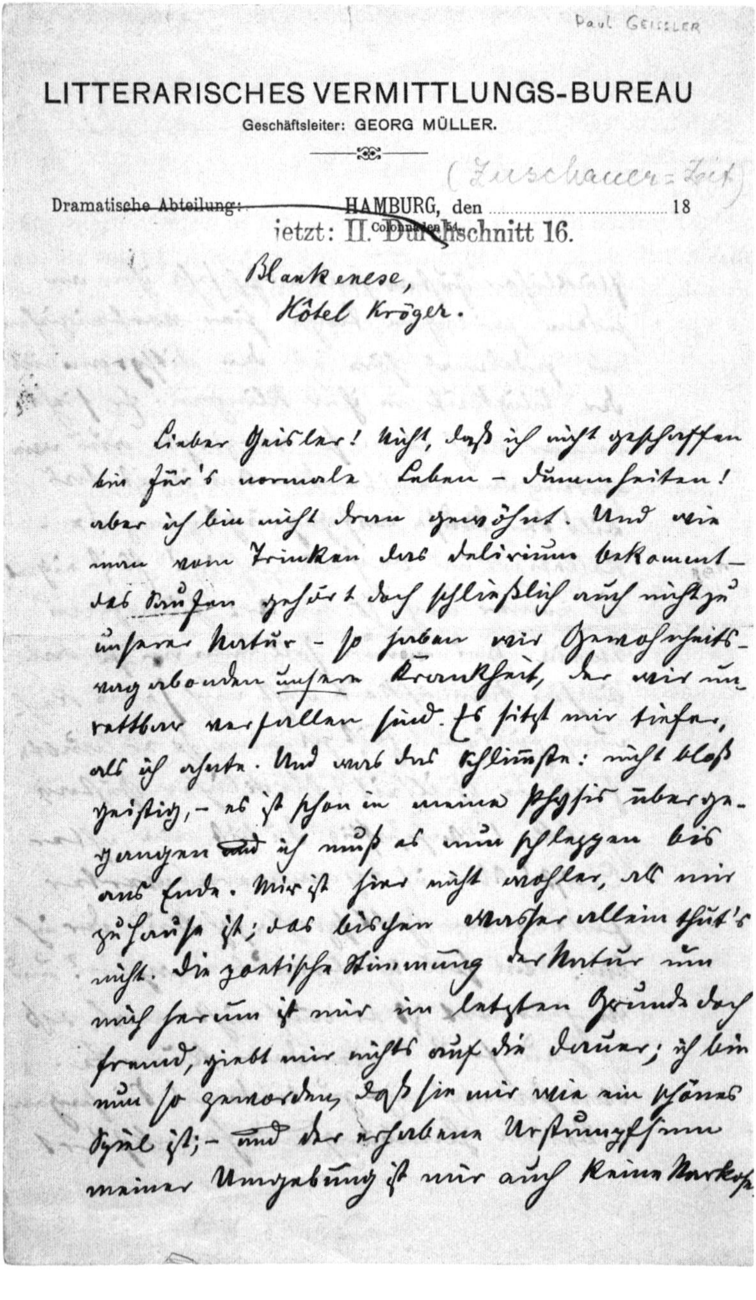

Paul Geisler

LITTERARISCHES VERMITTLUNGS-BUREAU

Geschäftsleiter: GEORG MÜLLER.

(Zuschauer-Zeit)

~~Dramatische Abteilung:~~ ~~HAMBURG~~, den 18

jetzt: II. ~~Colonnaden 64.~~ ~~Durchschnitt 16.~~

Blankenese,
Hôtel Kröger.

Lieber Geisler! Nicht, daß ich nicht geschaffen bin für's normale Leben – Dummheiten! aber ich bin nicht dran gewöhnt. Und wie man vom Trinken das Delirium bekommt – das Saufen gehört doch schließlich auch nicht zu unserer Natur – so haben wir Gewohnheits-[illegible] unsere Krankheit, der wir unrettbar verfallen sind. Es sitzt mir tiefer, als ich dachte. Und was das schlimmste: nicht bloß geistig, – es ist schon in meine Physis übergegangen ~~und~~ ich muß es nun schleppen bis ans Ende. Mir ist hier nicht wohler, als mir zuhause ist; das bischen Wasser allein thut's nicht. Die zarteste Stimmung der Natur um mich herum ist mir im letzten Grunde doch fremd, giebt mir nichts auf die Dauer; ich bin nun so geworden, daß sie mir wie ein schönes Bild ist; – ~~und~~ der erhabene Urstimmungston meiner Umgebung ist mir auch keine Narkose.

Brief an Paul Geisler, 1892

Glücklicher Gustav Falke! Ich sehe ihn an jedem heiligen Tage hier vorbeiziehen, und jedesmal höre ich den Dithyrambus der Seligkeit in ihm klingen. Er sieht immer noch eben so verzückt aus wie ehedem, dem leuchtenden Antlitz ist das Bild der Muse aufgedrückt, ganz dekolletiert und doch so züchtig! Sie ist eigentlich immer noch so 'ne Art Jungfrau Maria. Und warum soll denn er an ihr das bischen Sinnlichkeit nicht nach seiner Rechnung finden? Ist's ja eine so erlaubte fromme Geilheit! Glücklicher Gustav Falke! Wahrhaftig, du bist ein echter Christ! Aber ich bejammernswerter Jude: mein Gott spricht: Ich bin, der ich bin! Was soll ich daraus machen? Und verheiratet ist er auch nicht mal, daß ich Hausfreund werden könnte. Was habe ich nicht zu leiden! Sie sagen, in Berlin, Hamburg und Frankfurt

flüchte ich die Menschen aus und im Garten
werde ich Kinder, – und wenn ich mich begeistere, das ist wahr, habe ich nur unheilige Ideale: ich habe keine Ruhe
nicht in dieser und nicht in jener Welt.

Die neue Art Religion liegt doch für
mich in einer gewissen Musik, auch in
der Spielart. Da ist noch Heidentum, das
ich möchte, und das andere, das noch
eine Station weiter hinauf liegt,
das wilde Dämonische, das Beziehungslos-freie, das rein Menschentierische,
das Natürliche. In jedem ist noch ein
Rest davon. Im Übrigen sind wir
verflacht zur Cultur. Ich wollte, ich kön-
te zurück ins Paradies vor der Ära
des Feigenblattes. Aber freilich dürfte
dort kein Baum der Erkenntnis
gewachsen sein. – In der Musik und
überhaupt in der Poesie ist unsere
Religion, so weit man noch mit dem
Verstande so gar dumm vor ihr steht.
Wenn man von der Erkenntnis-frucht
ißt, am denselbigen Tage stirbt man
den Tod oder doch beginnt man
merklich zu sterben, wird man

krank. Wir haben zu viel genossen, daher sind wir viel krank. Nur vor der Person fürchten wir uns noch, die ist uns noch groß und stark, weil wir sie noch nicht erkannt haben. Wir reißen aber Tag für Tag mehr von ihrem keusch-en Geheimniß herunter, und wenn unsere Gier auch nach dieser Frucht ge-stillt ist, wenn alles entblößt ist, dann ist der furchtbare Fluch erfüllt, die Scham ist das Leben

Schweigt die Stunde des stürmenden Blutes,
Die dich zur That trieb frevlen Mutes
büßest du schwer deine Schuld und hasse
Mit der brennenden Qual in der Seele.
Wohin der flüchtige Fuß dich mag tragen –
hinter dir wird die Reue jagen.
Ring mit dir selbst – bis sei dir beschieden
Frieden, Frieden.

8. An Paul Geisler,[1] 1892

Blankenese,
Hôtel Kröger.

Lieber Geisler! Nicht, daß ich nicht geschaffen bin für's normale Leben – Dummheiten! aber ich bin nicht dran gewöhnt. Und wie man vom Trinken das Delirium bekommt – das *Saufen* gehört doch schließlich auch nicht zu unserer Natur – so haben wir Gewohnheitsvagabonden *unsere* Krankheit, der wir unrettbar verfallen sind. Es sitzt mir tiefer, als ich ahnte. Und was das Schlimmste: nicht bloß geistig, – es ist schon in meine Physis übergegangen und ich muß es nun schleppen bis ans Ende. Mir ist hier nicht wohler, als mir zu Hause[2] ist; das bischen Wasser allein thut's nicht. Die poetische Stimmung der Natur um mich herum ist mir im letzten Grunde doch fremd, giebt mir nichts auf die Dauer; ich bin nun so geworden, daß sie mir wie ein schönes Spiel ist; – und der erhabene Urstumpfsinn meiner Umgebung ist mir auch keine Narkose. Glücklicher Gustav Falke![3] Ich sehe ihn an jedem heiligen Tage hier vorbeiziehen, und jedes-

1 Paul Geisler (1856-1919) war Dirigent, Komponist und Musikkritiker. Geisler stammte aus Stolp in Pommern, war Theaterdirigent in Leipzig und Bremen und wohnte zeitweise in Hamburg. 1899 errichtete er ein Konservatorium in Posen. In Hamburg bildeten Geisler und Brunner den Mittelpunkt der offenbar auf Brunners Initiative hin Anfang der 90er Jahre gegründeten grotesk-komischen Vereinigung Atta-Troll (benannt nach dem unvollendeten Versepos Heinrich Heines »Atta Troll. Ein Sommernachtstraum«). Zu den Mitgliedern gehörten auch der Violinvirtuose und spätere Musikprofessor Goby (eigentlich Johann Jakob) Eberhardt (1852-1926), die Journalistin Emmy Rossi (1852-1895), die Schriftsteller Detlev von Liliencron (1844-1909), Gustav Falke (s. Anm. 3), Otto Ernst (s. Brief 14/3) und zeitweise Leo Berg. Die Zusammenkünfte beschreibt Goby Eberhardt so: »Neue Arbeiten wurden vorgelesen und scharfe Kritik darüber geübt. Aber zumeist ging es über die Hypothesendenker, Autoritäten und Philologen her. Brunner und Geisler waren geistvolle Debatter, so daß selbst dem klugen Otto Ernst oft die Puste ausging. Liliencron schwieg zumeist, und Falkes geistiger Fond reichte überhaupt nicht aus, um folgen zu können. Oft kamen auch Gäste aus Berlin, wie Bernard, zu uns. Auch die originelle Journalistin Rossi, die damals in Hamburg tätig war, war häufig da. Die immer noch schöne Frau hatte den Mund auf dem rechten Fleck [...]. Aber für Brunner und Ernst war das größte Gaudium, sie zum besten zu haben. Sowie Rossi das Lokal verlassen hatte, ging es mit Witzeleien in Prosa und Versen los. Zum Brüllen komisch, wie einer den anderen zu übertreffen suchte.« (Erinnerungen an bedeutende Männer unserer Epoche, Lübeck: Quitzow 1926, S. 191).

2 Brunner lebte in Hamburg.

3 Der Schriftsteller Gustav Falke (1853-1916) gehörte zur Vereinigung Atta Troll (über die er in seiner Autobiographie berichtete: Die Stadt mit den goldenen Türmen, Berlin: G. Grote 1912) und war später auch Mitarbeiter von Brunners Zeitschrift »Der Zuschauer«.

mal höre ich den Dithyrambus der Seligkeit in ihm klingen. Er sieht immer noch eben so verzirpt aus wie ehedem, dem leuchtenden Antlitz ist das Bild der Muse aufgeprägt, ganz dekolletiert und doch wie züchtig! Es ist eigentlich immer noch so 'ne Art Jungfrau Maria. Und warum soll denn an ihr das bischen Sinnlichkeit nicht auch seine Rechnung finden? Es ist ja eine so erlaubte fromme Geilheit! Glücklicher Gustav Falke! Wahrhaftig, du bist ein echter Christ! Aber ich bejammernswerter Jude: mein Gott spricht »Ich bin, der ich bin!«[4] Was soll ich daraus machen? und verheiratet ist er auch nicht mal, daß ich Hausfreund werden könnte. Was habe ich nicht zu leiden! Sie sagen, in Berlin, Hamburg und Frankfurt schächte ich die Menschen aus und in Xanten morde ich Kinder,[5] – und wenn ich mich begeistere, das ist wahr, habe ich nur unheilige Ideale: ich habe keine Ruhe nicht in dieser und nicht in jener Welt!

So 'ne Art Religion liegt doch für mich in einer gewissen Musik, auch in der Geislers. Da ist noch Heidentum, das ich möchte, und das andere, das noch eine Station weiter hinauf liegt, das wilde Dämonische, das beziehungslos-freie, das rein Menschenthierische, das Natürliche. In jedem ist noch ein Rest davon. Im Uebrigen sind wir verflucht zur Cultur. Ich wollte, ich könnte zurück ins Paradies *vor* der Aera des Feigenblattes. Aber freilich, es dürfte dort kein Baum der Erkenntniß gewachsen sein. – In der Musik und überhaupt in der Poesie ist unsere Religion, soweit man noch mit dem Verstande so gar dumm vor ihr steht. Wenn man von der Erkenntniß-Frucht ißt, an demselbigen Tage stirbt man des Todes oder doch beginnt man merklich zu sterben, wird man krank. Wir haben zu viel genossen, daher sind wir viel krank. Nur vor der Poesie fürchten wir uns noch. Die ist uns noch groß und stark, weil wir sie noch nicht erkannt haben. Wir reißen aber Tag für Tag mehr von ihrem keuschen Geheimniß herunter, und wenn unsere Gier auch nach dieser Frucht gestillt ist, wenn Alles entblößt ist, dann ist der furchtbare Fluch erfüllt. Die Scham ist das Leben

4 Wörtliche Übersetzung der Bibelstelle im Alten Testament (Ex 3,14), u.a. in der Elberfelder Bibel, die den Gottesnamen JHWH ausdeutet.

5 Brunner spielt hier auf den Ritualmordvorwurf an, der 1891 gegen den Metzger und Schächter der Jüdischen Gemeinde in Xanten, Adolf Buschhoff, erhoben wurde, nachdem man am 29. Juni 1891 die Leiche eines Kindes gefunden hatte. Dem Gerücht folgten Pogrome gegen die ortsansässigen Juden sowie eine antisemitische Pressepropaganda. Buschhoff wurde wegen Mordes angeklagt, am 14. Juli 1892 jedoch freigesprochen. Der Fall fand einen großen Widerhall in der Presse, und es gab in der Folge zahlreiche weitere Ritualmordvorwürfe.

Schweigt die Stimme des stürmenden Blutes,
Die dich zur That trieb frevlen Mutes
Büßest du schwer deine Schuld und Fehle
Mit der brennenden Qual in der Seele.
Wohin der flüchtige Fuß dich mag tragen –
Hinter dir wird die Reue jagen.
Ring mit dir selbst – spät sei dir beschieden
Frieden, Frieden.[6]

9. An Leo Berg, 15. Mai 1893

Liebster kleiner Berg! Sie sind ja ein ganz kluger Mensch sonst, aber das scheinen Sie doch noch nicht zu wissen, daß ich seit acht oder vierzehn Tagen – vielleicht ist's auch schon länger her – im Uhlenhorster Fährhaus wohne.[1] In meinem Tusculum[2] stürmt es zwar – heute Nacht selbst in dem Bett, in dem ich schlief – und es ist äußerlich ungemütlich & unwohnlich, aber gerade das krause Gesicht des Alstersees und die finsteren, zerrissenen Wolken thun mir herzlich wohl zusamt der Einsamkeit hier.

Ich hab mich nicht zurückgezogen um mich zu erholen – wovon? von diesem meinem vorirdischen Dasein? – sondern um zu arbeiten, dennoch fühle ich aber auch meinen innerlichen Menschen wieder geschmeidiger werden, mehr in der Tiefe getröstet, – unbewußter, d.h. gesünder. Ich lege hier die letzte Hand, d.h. ich schreibe die ersten Zeilen für meine Technik, deren erster Teil, die Dichtung im Allgemeinen behandelnd in die nächste Nummer des Zuschauers soll.[3] Ich denke dann mit noch einem andern Teile dazu den Gegenstand, wenigstens so weit dies Aufgabe einer Einleitung sein kann, genügend umrissen zu haben. Die Arbeit fällt mir,

6 Das Schlusswort dieses Gedichtes, »Frieden«, wurde (sehr wahrscheinlich) von Geisler vertont (siehe das Notenblatt in: LBI/JMB: II, 4, 6).

1 Im Frühjahr 1893 zog sich Brunner in das Uhlenhorster Fährhaus, einem Hotel an der Hamburger Außenalster, zurück, um ungestört arbeiten zu können.

2 Ort mit wohlhabenden Bürgern. In der Antike war Tusculum eine Stadt südöstlich von Rom in den Albaner Bergen, in deren Umgebung reiche Römer wohnten.

3 Brunners großer Essay »Die Technik des künstlerischen Schaffens. Einleitung« erschien zwischen 15. Mai und 15. August 1893 in der von Brunner mit Leo Berg zusammen herausgegebenen Zeitschrift »Der Zuschauer«: 1, Nr. 4 (15. Mai 1893), S. 110-115; Nr. 5 (15. Juni 1893), S. 135-140; Nr. 6 (15. Juli 1893), S. 169-175; Nr. 7 (15. August 1893), S. 212-220.

da ich völlig invita Minerva[4] bin, bei der mir ohnehin eigenen Schwerfälligkeit des Ausdrucks, doppelt schwer. Ich kann nicht deutlich sein und ich muß mich quälen wie ein Genie, bis ich meine par Philistereien herausgebracht habe. Wenn es allgemeine indizierende Anzeichen geben würde, dann wäre das ein schlechtes Zeichen. Aber ich glaube doch es giebt nur Individuen und Fleiß.

Müller zuschauert[5] inzwischen in glücklicher Gemächlichkeit weiter. Ich höre und sehe nichts von ihm: Die Redaktion schrumpft immer mehr zusammen.

Warum schreiben Sie mir nicht, wie es in Berlin um Ihre Unternehmungen und Aussichten steht? Wie um Sie oder doch um einzelne Ihrer Iche? Jedenfalls antworten Sie mir so bald als möglich und schicken Sie mir eine rechte Trösteinsamkeit.

Gruß

Leo W.

Also Adresse nach dem
Uhlenhorster Fährhaus
Hamburg

10. An Leo Berg, 17. Juli 1893

Liebster! Sie haben wohl vom Richtigen Etwas gesagt. Was Sie die rein poetische Lebensbeziehung nennen, möchte ich nur noch näher als die gradezu lyrische bezeichnen, und zwar scheint es mir, als wenn das Manko, daß sich in unserer, besonders in meiner Anlage zeigt und ihr zum vollen Abschluß des menschlich-Harmonischen fehlt, – als wenn wir das in unsern Personen für einander zu retten suchen, in einander finden wollen. Sie wissen wohl, was ich meine: das Fließende zwischen all den harten Konkretionen, die Sauce, in der die Dinge schwimmen und die sie auch selbst durchdringt, sie erst verkocht und verdaulich gemacht hat. Das ist ja das Schlimme, daß man, nachdem Religion und Wissenschaft sich nicht als geeignet erwiesen, vereinsamt mit allem bleibt, auch mit sich selbst, ganz verständnißlos, ohne Konsonanz, meinetwegen ohne Liebe, die uns allen ein heißes Desiderat ist. Mir ist oft als müßt' ich mich in einen unendlich gähnenden Abgrund stürzen, aber ich habe nicht Furcht dabei,

4 Lat.: gegen den Willen der Minerva, d.h. ohne Fähigkeit oder Lust.

5 Ernst Müller-Holm war von Februar 1893 bis Mai 1894 verantwortlicher Redakteur des »Zuschauer«.

denn im Fluge werden sich weiche Arme strecken, mich umfangen, mich sanft und doch innig pressen, und der weite Raum, in den ich verfließe und doch bewußt bleibe, da ich alle Erscheinung vergesse und doch Alles wunderbar weiß, wird von mir empfunden nur noch als eine milde, sanft hin und her wallende, träumende Wärme, die im Zittern leise klingt. Das ist wohl die Weltsauce, die ich meine, aus der das Feste sich verdichtet – denn es ist Alles im Grunde fließender Lyrismus. Sie sehen, ich bin völliger Dilettant davor, förmlich »aufbrütesam«.[1] Davon haben Sie auch, und wo das den Grund des Wesens durchdringt, leuchtet es nach außen durch, auch wenn mans nicht weiß mit dem dummen Verstande, und die Affinitäten ziehen sich an. Bei mir ist es vielleicht etwas bewußter, weil ich öfter dieses oder ähnliche Empfindungsbilder durchlebe, z.B. zuweilen zarte Erscheinungen, die die Züge eines edlen Weibes tragen, mit dem ich die innigste lyrische Gemeinschaft habe und der wohl auch die Arme gehören, die sich mir aus dem Wesenlosen entgegenregen, die frei von aller Sinnlichkeit, aber mit unendlichem Mitleid und unausschöpfbarer Liebe mich einhüllen, mich ganz umranken, einschlingen in eine selige Halbschlafwollust, in unaussprechliches Glücksempfinden. Ich werde eben unterbrochen, und das will bei Etwas, wo's keine Teile giebt, was heißen ....

Ich bin im Grunde keine feminine Natur. Im Gegenteil, ich wünsche die Liebe des Mannes für mich mindestens in gleichem Maße: wie die des Weibes. Unendlich viel mehr gilt sie mir wie die Geschlechtsneigung. Es ist schwer sie zu erlangen, weil die Verschiedenheit der Naturen, aller Individuen die ersehnte Konsonanz ausschließt und auch nur einigermaßen

1 Brunner benutzt diesen Franz Held (1862-1908) entlehnten Begriff in seiner ersten Publikation im »Zuschauer« (Unsere Lyrik und die »Aufbrütesamen«, in: Der Zuschauer 1, Nr. 1 (15. Februar 1893), S. 9-16) abschätzig für einen Typus wenig origineller junger Literaten wie z.B. Peter Hille (1854-1904) und Max Dauthendey (1867-1918). Es sei »ein hochgesteigertes Wollen in ihnen, dem keine Kraft entspricht; [...] ein Wollen durch äußerlichen Antrieb, durch Reflexion, durch fremdes Beispiel, es ist ein krankhaftes Wollen, es ist der Neid des *Verstandes* und die Verwechselung der rein receptiv angeregten Empfindung mit der echten, unmittelbar treibenden Schöpferkraft.« Diese Dichter seien maßlos, lächerlich, dilettantisch und eigentlich ein Fall für den Psychiater. Das Aufbrütesame sei »ein bedenkliches Symptom in der Psychose unserer Zeit«. 1928 findet Brunner dieses Phänomen noch gesteigert. Die »aufbrütesamen« Dichter seien »fürchterlich mit der ganzen exzentrischen Vornehmheit der zugleich skeptischen und am eignen Übermenschentum religiös kranken Bänkelsängerei; alle Klimperer sind kleine Nietzsches geworden [...]. Die Musen haben sich offenbar ziehen lassen von dem Zug der Zeit – die Masse soll es bringen; so haben sie es in die Masse gebracht und den Einen unsrer Zeit zugedachten Dichter und Künstler aufgelöst in die tausend Dichterlinge und Künstlerlinge. Schwer finden wir uns niedergehalten durch das Ästhetische. Mit ihm ist in der modernen Zeit *die Eitelkeit* hinzugetreten, die Bewußtheit; die Momente werden betrachtet, isoliert und das Leben erstarrt.« (Aus meinem Tagebuch, S. 202f.).

auf die Dauer erträgliche Verwandtschaft selten statt hat. Zwischen Mann und Weib ist die Täuschung durch die Geschlechtsbenebelung häufiger. Die wahre, auch nur leidliche Gemeinschaft ist hier natürlich eben so selten, ja einem tieferen Gesetz folgend, kann das Zusammenleben sogar, muß es oft in Feindschaft und Tücke ausarten. Ich gebe mich Weibern nur darum eher hin, weil ich die Täuschung liebe, wo mir der wirkliche Besitz versagt bleibt, und weil ich im Allgemeinen an das Weib keine Anforderung stelle und schon zufrieden bin, wenn ich mich in sie hineinreden kann, statt mich aus ihr herauszuhören.

Wieweit wir etwa für einander brauchbare verwandte Seiten haben, brauchen wir nicht grüblerisch auszuklügeln. Das zeigt sich und wird sich zeigen im Verlauf unserer Geschichte. Ich glaube, viel Ruhe wird uns beiden eine gründliche Beschäftigung mit dem Spinozismus bringen. In ihm liegt der ideal mögliche Ruhepunkt für den Chaoszustand, in dem wir zur Zeit mit hin und hergewürfelt werden. Wir haben uns durch den Kritizismus wieder allzusehr von ihm entfernt. Das ist auch der tiefere Grund, weshalb ich Kant nicht als Genie gelten lassen kann, was ich gelegentlich einmal zu zeigen suchen will, und z.B. Schelling, Hegel über ihn stelle. Sie stehen auch Spinoza, und damit uns und der Zukunft weit näher. Spinoza ist der einzige Mann des Abendlandes, der *original Positives* produziert hat. Die schwachen Seiten seines Systems anführen zu wollen ist natürlich Sache der Thoren, die auch von den Weisen nur die Thorheit sehen.

Die Nummer 6 kommt erst eben verspätet um zwei Tage an.[2] Ich schicke mit. Desgleichen Anderes. Wollen Sie bitte Menkes das Ms. zurückgeben und ihn fragen, ob er mit 10 Mark für »Russ. L.«[3] einverstanden ist?

Was die 80 Mark betrifft, so kann ich Sie vielleicht auf diese Weise auch für jetzt der Sorge entheben: nehmen Sie sich 80 oder 100 Mark von Jemandem auf meine Rechnung. Ich verpflichte mich hiemit, sie Jedem, den Sie mir nennen (oder wenn Sie das nicht wollen: durch Sie) am 1. September d.J. zurückzuzahlen.

Leo Wertheimer

als eigenhändige Unterschrift dafür, und mit bestem Gruß für Sie.

2 Das auf den 15. Juli 1893 datierte sechste Heft des »Zuschauer«.

3 Hermann Menkes, Die neue russische Litteratur, erschien im Oktober in: Der Zuschauer 1, Nr. 9 (15. Oktober 1893), S. 268 f.

11. An Leo Berg, Sommer 1893

Lieber Freund!

Wie häßlich, daß Sie mir fast gar nicht schreiben! Das soll sicherlich keinerlei Racheakt von Ihnen sein, aber es wirkt doch wie eine Strafe für mich. Uebrigens will ich nun mit dem Schreiben auch bis morgen warten, – vielleicht trifft bis dahin Etwas von Ihnen ein.

Meine Epistel über Poesie[1] etc. wird Sie doch nicht erschreckt haben. Lassen Sie es sonst einfach bei Seite und verbrennen sich nicht dran, da es doch schließlich 'was vom Afrika meines Inneren ist. Neulich wollte ich Ihnen richtig das Conterfei meines Aeußeren schicken, konnte mich aber doch nicht dazu entschließen es machen zu lassen. Sie wissen, ich hasse alle meine Photographien, von denen doch noch gar keine existirt – gleichsam pränumerando, eigentlich aus maaßloser Eitelkeit und Aerger über meine Häßlichkeit. Wenn ich mir es auch nicht recht eingestehe: wie gern möchte ich hübsch sein! Ich hätte mich dann sicherlich längst photographiren lassen! So aber da ich in einen so greulichen Kasten geweht ward – was soll ich die ärgerliche Verdoppelung vor Augen haben. O, wenn man sich so ganz sieht, – das ist furchtbar! Im Spiegel sieht man sich aus Gewohnheit weit angenehmer wie (zuerst) auf einer Photographie. Uebrigens werde ich von Tag zu Tag häßlicher, denn abgesehen von den nur stiefmütterlichen Gaben, welche ich vornherein von der Natur mit auf den Weg bekam, wird mir selbst davon noch das halbwegs Brauchbare abgezwackt und verhäßlicht. Mein Riechorgan war von jeher nicht das Dünnste: ich glaube aber, es muß noch ein mächtiger Fonds von Zellen dafür disponibel gewesen sein; ich sollte gewis ursprünglich eine viel längere und geistigere Nase haben; nun aber ist Alles in die Breite geschlagen. Mein Oberkopf geräth gar in einen bösen Zustand; ganze Haarheerschaaren wandern täglich freiwillig aus. Denken Sie, was kann man wohl auf einen philosophisch sein wollenden Menschen, der mit so mangelhafter »Behauptung« einherwandelt, geben; welches Vertrauen setzen in die Producte einer Werkstelle, die von einem so üblen Dache beschützt wird! Dennoch muß ich erwähnen, daß meine Schwester[2] neulich zu meiner Ehre zu Jemandem sagte: »Mein Bruder hat sich seine Haare alle ausgedacht!« Von meiner lächerlichen Art zu gehen, die Ihnen noch bekannt sein wird, will ich gar nichts erwähnen: aber ich biete auch im Stehen einen jammervollen Anblick von wegen der Unsymmetrie meiner Architektonik, da bei mir (durch das viele Schreiben) die linke Schulter viel niedriger steht als die rechte. Hätte ich einen Höcker oder eine dergl. große Ungerechtigkt der Natur, dann würde ich

1 Brief 10.
2 Flora Menken, geb. Wertheimer.

lange nicht so Thersitesmäßig[3] wirken, weil man den Blick darauf vorzüglich richten würde, während ich so im Ganzen einfach komisch erscheine. Und das soll sich photographiren lassen! Nein, ich thue es so leicht nicht. Ja, vielleicht später,[4] wenn ich noch unglücklicher aussehe. Das paralysirt dann die Komik. So aber habe ich einen Zug von Weltironie im Gesichte, den die platten Zumenschen für Humor halten u. den sie mir bei meiner so wenig furchterweckenden Erscheinung aus Mitleid lassen. Die Kerls wissen nicht, daß ich in Wahrheit der Einzige bin, der über mich lachen kann.

12. An Frida Mond,[1] November 1893

Hochverehrte Frau Mond!

Darf ich Sie bitten, – womit ich Ihre Frau Mama[2] nicht beunruhigen mag – mir genau den Geburts- und Sterbetag und wenn möglich, auch den hebräischen Namen Ihres Vaters[3] angeben zu wollen. Es handelt sich um einen Denkstein für ihn, auf den eine hebräische Inschrift kommen soll.

Ich hoffe, daß um Ihre Gesundheit Alles zum Besten steht und daß das Gleichgewicht Ihres zarten Lebens durch keinerlei Erschütterungen mehr gestört werde. Hoffentlich sind Sie auch mit äußerlichem und innerlichem

3 Brunner schrieb bei einigen Publikationen im »Zuschauer« unter dem Pseudonym Thersites. Nach Homer nahm Thersites im griechischen Heer am Trojanischen Krieg teil. Er war ein hässlicher, schmähsüchtiger und daher von den Helden verachteter, allgemein verhasster und erfolgloser Demagoge. Seine Körpergestalt und Gesinnung erschienen gleichermaßen abstoßend.

4 Brunner ließ sich auch später nur ungern und selten fotografieren (frühe Fotografien s. Abb. 1, 4, 6).

1 Frederike (genannt Frida) Mond (1847-1923), Kunstliebhaberin und Mäzenin (s. Abb. 6), war die einzige Tochter von Johanna Löwenthal. 1866 heiratete sie ihren aus Kassel stammenden Cousin Ludwig Mond (1839-1909), der maßgeblich am Aufbau der chemischen Industrie Großbritanniens beteiligt war. 1873 war er Mitbegründer der Ammoniaksodafabrik »Brunner-Mond Comp.« in Winnington Hall. Ihre Söhne Alfred und Robert wurden in England einflussreiche Industrielle und Politiker. Die Familie Mond unterstützte Brunner vermutlich schon während seines Studiums in Berlin und Freiburg finanziell, sicher aber ab 1895 und über den Tod von Frida Mond hinaus. Brunners Verhältnis zu Frida Mond war zwiespältig. Einerseits offenbarte er ihr in sehr langen Briefen sein philosophisches und persönliches Ringen und schätzte dabei ihre Freundschaft über alle Maßen, andererseits litt er unter ihrer geringen Anerkennung und offenen Kritik an seinen Werken, was zu immer größeren Konflikten führte.

2 Gemeint ist Johanna Löwenthal.

3 Adolf Mayer Löwenthal.

Befinden der Ihrigen zufrieden. Ich habe Lord Alfred[4] neulich zu seinem Geburtstag geschrieben. Ich möchte eine Zeit und einen Ort haben, sein Inneres philosophisch zu wenden. Da er ein Trefflicher ist, warum ist er kein Spinozist?! Wer das aber werden will, der muß es bei Zeiten sein.

Philosophie! Meine innere Anforderung wird immer unabweisbarer. Geschichte, Wissenschaft und der frühe Verzicht aufs Leben drängen mich dahin. Daher mein stiller Widerspruch, mein Ekel gegen das glatte Philisterium. Ich kann es schlecht verbergen, und wenn ich noch so absonderlich erscheine, – ich habe genug an mich zu halten, daß ich nicht in dämonischer Wut losbreche. Bei mir ist alles Sache starker physischer Empfindung. Ich leide Unsägliches unter dem, was ich mit anhören muß. Welch ein Ernst in dieser Canaille! Sie ist so gut gedrillt. Welch eine belehrende Kunstkannegießerei, oder hier, das hohe sittliche Ideal! Und neuerdings hat mans gar los, Alles aus dem Handgelenk physisch zu erklären. Alles natürlich, wie sämtliche Lehren des Abendlandes, diktiert von der Einsicht der Pubertät. Und mit dem letzten trüben Widerschein von solchem Lichte wollen Einen die Lumpigsten noch belehren und bekehren und lächeln über jeden, der nach dem bischen Freiheit für sein Leben dürstet. Das ist auch eine Art von Todesart. Ob man um der Religion willen oder mit der neuen Weltanschauung gefoltert wird. Mir ist es eine Marter im Ohr. Es ist das moderne Kreuz.

Ich habe wenig Lust am Hängen und Zappeln, ich habe auch wenig Lust daran, meine Mätzchen und Aufsätzchen[5] weiter mit Banalitäten zu füllen, lediglich damit das verehrte Publikum es auch einnimmt. Es hat schon mal ein Epiktet[6] Sklavendienste verrichtet, und es hat schon mal ein Brutus[7] gelebt. Aber ich bin ungeduldig auf die That und Freiheit. Ich fürchte

4 Brunner bezeichnete Alfred Mond (1868-1930, Geburtstag am 23. Oktober), den Sohn von Frida und Ludwig Mond, schon in jungen Jahren als Lord (»der Lord steckt in ihm«; undatierter Brief an Frida Mond, LBI/JMB: II, 9, 6). Alfred Mond war zunächst Industrieller. 1906 begann er als Abgeordneter der Liberalen im Unterhaus eine politische Karriere. 1927/28 initiierte er die Gründung eines Nationalen Industrierates. Für seine Verdienste wurde er 1910 zum Baronet, 1928 zum Baron (Lord Melchett) ernannt. 1921 wurde er begeisterter Zionist, dann Präsident der British Zionist Foundation. Er war der Namensgeber für den World Controller Mustapha Mond in Aldous Huxleys »Brave New World«.

5 Brunner publizierte seit seiner Gründung am 15. Februar 1893 viele kleine Artikel, Rezensionen und Berichte im »Zuschauer« und zum Teil auch in anderen Zeitungen (z.B. im »Hamburger Correspondent«).

6 Epiktet (ca. 50-125 n. Chr.), der einflussreiche Vertreter der späten Stoa, kam als Sklave nach Rom, bevor er eine eigene Philosophenschule gründete.

7 Vermutlich spielt Brunner auf den philosophisch gebildeten, überzeugten Republikaner Marcus Iunius Brutus (85-42 v. Chr.) an, der an der Ermordung Caesars beteiligt war, aber statt geehrt zu werden bei der Verfolgung durch die Caesarianer Marcus Antonius und Octavian ums Leben kam.

auch, wenns so weiter geht, werde ich in Wirklichkeit immer dümmer. Ich fühle es und bin darum elend. Ich möchte folgen, wohin es mich treibt, ich weiß wohl selbst nicht wohin. Aber ich weiß, daß ich dunkel geleitet bin und daß ich doch einst werde folgen müssen. Wenn ich die Erscheinung immer so klar vor Augen hätte wie in jenen seltnen Stunden eines erhöhten Lebens und wunderbaren Genusses, so wäre ich ja getröstet über Alles. Aber wenn sie nicht bei mir ist, dann bin ich in desto größerer Finsterniß. Eben darum bin ich einsam und elend, weil ich das Glück kenne. Und ich habe eine Furcht und ein Grauen, daß ich es einmal ganz verloren habe. Aber vielleicht ist es gut, wenn ich noch eine Zeit lang so hinlebe. Ich kann nicht sagen, daß der Tag für mich ganz ohne Gewinn bleibt, ein jeder stärkt meine Anschauung, und da das, was ich sagen möchte, ja keine *Lehre* ist, so treibt mich eigentlich nichts es zu sagen als das Gefühl der Kraft daß es in mir lebt. Nur, wie gesagt, ich habe die Angst, daß ich es verliere. Denn so seltsam es klingt: das was mir von früh auf mit so klarer Erkenntniß vor Augen gestanden hat, worauf ich auf tausend verschiedenen Wegen als zum einzigen Endpunkte zurückkomme, was ich allein sehe als Ein und Alles, was ich denke, fühle, handle, wenn ich überhaupt denke, fühle und handle, das ist was ich längst in sehr einfache Formeln gebracht habe, die mir schon hätten mechanisch werden müssen, – das ist seltsamer Weise zuweilen so aus mir verschwunden, daß ich nur ganz dumpf davon weiß, daß mir etwas entschwunden ist und daß ich dann nach etwas suche, was ich in dem Augenblick gar nicht kenne. Auf keinerlei künstliche Weise kann ich es zurückbringen, ich *fühle* immer nur eine *leere* Stelle, nur wenn ich es aufgeschrieben sehe, fällt es mir wieder ein und ich erkenne mein selbst errungenes Eigentum darin wieder. Daß ich mich selbst so gänzlich vergessen kann, selbst in dem was den innersten Kern meines Wesens trifft, würde mir ein erstaunliches Rätsel bleiben, wenn es sich nicht gerade durch meine Philosophie genügend erklären ließe. Was ich nun aber fürchte, das ist daß eines Tages das Feuer in mir für immer erlöschen könnte, daß es mir dann nicht mehr gelingen würde, meinen Aufzeichnungen Kraft und Leben einzuhauchen. Raten Sie mir, Verehrteste, soll ich doch lieber jetzt gleich Alles verlassen und versuchen, was ich in der Einsamkeit fertigbringe? Oder meinen Sie, daß das Alles nichts schadet. Sagen Sie mir noch, geht es Ihnen ebenso, daß eine wirkliche *Erkenntniß* und Einsicht, die Sie ein für alle Mal fest gewonnen haben, daß die Ihnen ploetzlich so ohne alle Spur abhanden kommt?

Da ich Ihrer Güte sicher bin, schreibe ich das Alles so durcheinander, wie es sich herdrängt. Sie wissen, daß Sie mancher sorgenvoller Gedanken halber nichts um mein Gemüt zu befürchten brauchen so wenig wie die verwilderte Art in meinen Briefen eine Konfusion meines Hirns bedeutet. Alles so heraus, – was nicht dasteht, das sehen Sie hinzu. Es ist mir schon eine Beruhigung, zu Ihnen von dem Wichtigsten reden zu können, was mich bewegt und in dem Widerspruch äußerlicher und innerlicher Verhältnisse, die mich halten und treiben, Ihr Wort zu hören. Ich sage Ihnen, was mich quält in den Stunden einer tieferen seelischen Zwiesprache mit mir selbst. Ich weiß, daß ich mein eigentliches Leben nicht lebe, es ist, als wenn meine bessere Seele aus mir flieht und ich kann dazu thun, sie zu halten.

Das Gute ist, daß ich für meine Tagesthätigkeit ganz frei bin von diesen Gedanken, die verrichte ich mit einem ganz andern Menschen und ich habe jedesmal die Stimmung meines Geschäfts. Ich erwähne das ganz besonders, verehrte Frau Mond, damit Sie sehen, daß im Grunde ein großer Fonds von Gesundheit in mir liegt und daß meine Unbefriedigung nicht auf eine Gebrochenheit des ganzen Menschen oder auf unfruchtbare Mystik zeigt, sondern daß sie in Wirklichkeit nur die Einsicht in die Unbedeutendheit meiner augenblicklichen Leistungen ist und hoffentlich echtes zurückgehaltenes Kraftgefühl. Ich betone darum auch die andere Seite, damit Ihnen das Vorhergehende keinen üblen Eindruck macht und Sie beschwert, was bei Ihrem spinozistischen Herzen zu befürchten ist.

Was auch Sie von meinen Angelegenheiten am meisten interessieren dürfte, die Sache des »Zusch.«s[8] ist in steigendem Fortschritt. Unverdienter Weise, denn das Blatt ist kahl geworden. Aber zum Glück nur während einer notwendigen Uebergangszeit. Ich habe mir inzwischen viel Mühe gegeben und es ist mir gelungen, für treffliche passende Arbeiten zu sorgen. Schon von den beiden Dezembernummern[9] an, noch mehr aber vom Januar nächsten Jahres an dürften Sie es merken. Apropos, ich habe einen starken Mann entdeckt. Er wird bei uns unter dem Namen *Hanns Weber*[10] schreiben. Es sollte mich besonders freuen, wenn Sie meine Meinung über ihn teilen.

Mit meinen »Brüdern«[11] habe ich eine traurige Erfahrung gemacht, die ich allerdings einigermaßen vorhersah. Ich hatte das Gedicht Franzos für die »Deutsche Dichtung« eingeschickt.[12] Abgelehnt aus einem mir un-

8 Seit dem 15. Februar 1893 gab Brunner die Zeitschrift »Der Zuschauer. Monatsschrift für Kunst, Litteratur, Kritik und Antikritik« zusammen mit Leo Berg heraus.

9 Am 15. Dezember 1893 erschienen die Nummern 11 und 12 des »Zuschauer« in einem Doppelheft.

10 Der aus Galizien stammende Hanns Pokorny (1861-1931), Richter in Wien und Salzburg, verfasste unter dem Pseudonym Hanns Weber(-Lutkow) Erzählungen und Gedichte. Im »Zuschauer« finden sich ab Frühjahr 1894 vor allem Gedichte von ihm.

11 Das erzählende Gedicht »Die Brüder«, das nicht gedruckt und später von Brunner vernichtet wurde, war eine der biblischen Josephsepisode nachempfundene Geschichte von Anepo und Bitau nach altägyptischer Überlieferung (s. auch Brief 13/1).

12 Der Schriftsteller und Publizist Karl Emil Franzos (1848-1904) gab seit 1886 die angesehene Zeitschrift »Deutsche Dichtung« heraus.

verständlichen Grunde, verständlich nur als Ausrede. Ich schicke Ihnen in dem beigeschlossenen Couvert den Brief mit ein, da er ja gleichzeitig als Autogr. dienen kann. Desgleichen noch einen Brief von Fitger.[13] Das Gedicht aber werde ich zu meinem andern Nachlaß legen.

Und richtig, »Elwine«,[14] – ich gebe sie sofort zum Abschreiben! Wie ist es nur möglich, ich habe doch an das Monstrum et portentum[15] seitdem auch nicht mit einem einzigen Gedanken wieder gedacht!

Nach Köln[16] werde ich nun wohl leider vor dem Januar nicht kommen können, zumal weil ich genötigt bin, ein oder zwei Mal nach Berlin[17] zu fahren. Ich kann Ihnen die erfreuliche Mitteilung machen, daß die alte Berliner Angelegenheit, die Ihnen vor Jahren so große Sorgen gemacht hat, sich nun in der einfachsten und bequemsten Weise für mich abwickeln wird.[18] Für die angekündigten Sendungen über Anekdote u.s.w. wäre ich Ihnen sehr verpflichtet. So sicher aber auch im Allgemeinen unsere Post ist, dürfte es doch geraten sein, wichtigere Sachen eingeschrieben zu schicken. Auch mit dem Korrespondenten dort wäre es eine schöne Sache, – aber wie soll ich das nur anstellen, Ihnen für alle diese aufopfernden Bemühungen zu danken?! ..... Leider kann ich Ihnen nicht mal einen ordentlichen Brief schreiben, ich bin selbst bei diesen Zeilen 36 Mal unterbrochen worden und so muß ichs nun fortgeben. Ich füge zum Schluß noch meinen »guten Willen« hinzu und beste Grüße für die Ihrigen, besonders für L. Alfred,[19] dem ich mein Ceterum censeo[20] sagen lasse: Spinoza ist der vernünftigste Mensch,

womit ich verbleibe, gnädigste Frau, mit verehrungsvollem Gruße

Ihr treuergebener

Wertheimer

13 Arthur Fitger (1840-1909), Maler, Dichter, Dramatiker und Herausgeber der 1892 erschienenen »Neuen Bremer Beiträge. Dichtungen und Übersetzungen aus der litterarischen Gesellschaft des Künstlervereins« (Bremen: Carl Schünemann).

14 Das in der Freiburger Studentenzeit verfasste Lustspiel »Elwine« geht auf Eindrücke von der Familie Borchardt zurück, bei der Brunner häufig zu Gast war: »Die eine Tochter, jung und hübsch aber geistig nicht lebendig, hat seiner ›Elwine‹ den Namen gegeben; die ältere, sehr unglückliche Regine«, in die Brunner wohl verliebt gewesen ist, »von ihrem Witz und Naturell.« (Lotte Brunner, Tagebuch, 11. Mai 1904). 1893 bezeichnete Brunner das Stück als »unreifes Zeug« (Brief an Frida Mond, LBI/JMB: II, 9, 4). Andererseits gestand er Frida Mond, die sich offenbar positiv über das Stück geäußert hatte, dass er auf dem Gebiet der Dramatik »etwas leisten könnte« (ebd., Brief aus dem Jahr 1894).

15 Lat.: Ungeheuer und Mißgeburt.

16 Brunner besuchte gelegentlich Johanna Löwenthal, Frida Monds Mutter, in Köln.

17 Brunner plante einen Besuch bei Leo Berg in Berlin.

18 Auf dem Originalbrief ist von Lotte Brunner vermerkt: »Vielleicht die Angelegenheit des Doktortitels.« Siehe auch Brief 19/7.

19 Alfred Mond, den Brunner »Lord Alfred« nannte (s. Anm. 4).

20 Lat.: das, worauf ich immer wieder zurückkomme.

13. An Frida Mond, 4. bis 8. Dezember 1893

4. XII. 93.

Versuchen wir es also wieder einmal. Allzu oft werde ich ja nicht dazu kommen, und wenn: dann ohne Sammlung. Das ist es auch, was an meiner Vergeßlichkeit und partiellen Gehirnverfinsterung die Schuld tragen mag: daß ich mein Interesse nicht genügend konzentrieren kann. Tag für Tag strömt die Unmasse der verschiedensten Eindrücke in mich: mein Hirn ist wie ein Spiegel: so lang was hineinsieht, ist ein Bild da; nachher ist es ohne Spur verschwunden und zeigt wieder ein neues. Kein Wunder, wenn auch die alten Erinnerungen verblassen. Vielleicht würde ich wieder normal, wenn ich einmal von der Bilderhetze auf eine Zeit lang ganz verschont bliebe und ausgeruht wäre. Dieser ewige Karusseltanz der Vorstellungen kann zu keinem guten Ende führen.

5.

Es ist die ungünstigste Zeit für mich zum Briefeschreiben. Es ist die arbeitvollste, die ich jemals durchgemacht habe. Dazu wimmelt es hier allerorten herum von tausend Büchern, Zeitungen, und zehntausend Skripturen. Ich habe zu thun gehabt, um nur diesen Wisch wiederzufinden. Und nun will ich fein nach der Ordnung gehen, es wird nett langweilig werden, da ich ja doch nur von mir und nicht von Ihnen werde reden können.

Da ist zuerst das ägyptische Gedicht. Ich mache damit Erfahrungen, die ich früher nie gemacht habe: nämlich abgewiesen zu werden.[1] Aber gerade das reizt mich. Es giebt etwa drei Stellen in Deutschland, wohin ich mich damit wenden kann, das will ich thun, die Absagen will ich für Sie sammeln. Eine habe ich inzwischen schon wieder versetzt bekommen, die lege ich hier bei, damit sie auch hübsch erhalten bleibt. Die Geschichte macht mir wirklich Spaß, der Ton nämlich und die Verlogenheit. *Ich* weise den berühmtesten Leuten Sachen zurück mit der größten Offenheit und sehe ein, daß die Wahrheit nützlicher ist als die Lüge. Ich schreibe: »Ich mache gar kein Hehl aus dem Grund der Ablehnung. Nach meiner Ansicht ist das Ding zu schlecht. Gott helfe Ihnen, ich kann nicht anders!«

1 Brunners erzählendes Gedicht »Die Brüder« wurde von Arthur Fitger abgelehnt (s. Brief 12). Brunner hat das Gedicht auch zur größten Begeisterung Detlev von Liliencrons in der Vereinigung Atta Troll vorgetragen. Als Liliencron am folgenden Tag mit einem Kritiker bei Brunner erschien und dieser das Gedicht noch einmal vorlesen musste, seien alle Anwesenden äußerst enttäuscht gewesen. Brunner sah sich daraufhin von der Selbsteinschätzung geheilt, er sei ein Dichter (siehe Brunners Darstellung in: Liliencron und alle seine unsterblichen Dichter, in: Vom Geist und von der Torheit, S. 94).

Womit ich augenblicklich so sehr überlastet bin, das ist mein Redakteurgeschäft und die, für die Kürze der Zeit die mir gelassen ist, besonders schwierige Neueinrichtung des Blattes.[2] Nun Sie werden ja sehen, wie es damit wird. Die Ideen, die ich dafür hatte, verwirkliche ich, denn ich halte sie für gut und praktisch. Alles was ich bisher eingerichtet habe, war überhaupt eminent praktisch. Und so lang ich Alles persönlich geleitet habe, ist Alles gut gegangen. Da es aber niemals meine Absicht gewesen ist, auf die Dauer den Sklavenaufseher zu machen, so trete ich schließlich zurück, und die ganze Organisation von so großer Kompliziertheit kommt ins Stocken. Haben Sie schon mal einen Mann der Praxis gesehen, der aus unerklärlicher Bequemlichkeit und Wohltägigkeit seine allernächstliegenden Interessen und die allereinfachsten Maßnahmen vernachlässigt? Ich hatte das Rad so schön ins Rollen gebracht, aber die Andern sind zu faul, es darin zu erhalten. Das Schönste ist, sie sehen es selbst ein. Ich habe nun – und ich habe dabei gesagt, daß es das letzte Mal ist – der Sache einen neuen Schwung gegeben. Vier Wochen lang habe ich Alles selbst beaufsichtigt, und auf einmal ist wieder stramme Zucht und Ordnung drin und eine schnell sichtbar gewordene günstige Constellation vorhanden. Und dann wieder?

Das Einzige, was ich von Anfang an – aus Angst vor ähnlicher schlimmer Erfahrung – ganz allein in Händen behalten habe, das war das Unternehmen »Zuschauer«. Vom Plan und vom Namen des Blattes bis zur Korrektur des Büchertisches und der Expedition habe ich stets Alles allein besorgt, und der Zuschauer hat nach der ersten Nummer seine Kosten gedeckt. Jetzt werde ich sehen, ob es mir gelingt, ihn in weitere Kreise hineinzutragen und ihn zu einer größeren Einnahmequelle zu machen. Den werde ich allein behalten, bis er über jede Erschütterung hinaus ist. Sollte er im Laufe des nächsten Jahres nicht besonders gut entwickelt sein, so geb ich ihn auf. Meine praktische Laufbahn ist dann wohl für immer beendet. Ich habe eine mühevolle Zeit hinter mir, und wenn ich dann meiner Theorie lebe, werde ich vielleicht sagen: eine wunderliche.

8.

Meiner Theorie? Als wenn es eine ist! Ich will mich nur retten. Und ich, der ich lehren will, daß Jeder sich retten kann, warum soll ich es nicht zuerst an mir versuchen? – *Sie* haben gar keinen Glauben daran, daß ich Etwas zu sagen habe. Das weiß ich längst, und es ist mir auch sehr erklärlich. Mir merkt es Keiner an, auch die nicht, die mich genau zu kennen meinen, und die nachher doch überrascht sein werden. Ich bin ganz an-

2 Brunner leitete noch das Litterarische Vermittlungsbureau sowie die Zeitschrift »Der Zuschauer«, die zum 1. Januar 1894 als Halbmonatsschrift erscheinen sollte.

ders wie irgend Jemand meint, daß ich bin. Ich bin naiv, und so sehe ich die Welt und den Menschen. Ich habe gar kein Genie, aber Vernunft genug um einzusehen, wie verderblich uns die Genies gewesen sind. Ihr Werk ist Idealismus und Materialismus. Unklar in beidem und unbefriedigt, sehnt sich der Mensch nach jener Mitte, die Logik und Mystik vereinigt und der er doch thatsächlich, aller genialen Einseitigkeit zum Trotz, und im Ganzen nur wenig verwirrt von ihr, als seinem Lebensinstinkte folgt. Ich gehe mit dem Wesen des Menschen, ich habe nichts zu lehren, ich beschreibe ihn statt ihn erziehen zu wollen, mein Wort ist illusionsfeindlich und ich habe eine Menschenlehre, die – sagen wir: wissenschaftlich zu nennen ist. Dahin geht der Mensch, so ist er (wahrlich auch ohne mich). Ich weiß nicht zu sagen, was ihn weiser, besser, glücklicher macht, als er ist, – nur Einzelnen werde ich in dieser finstern Zeit nehmen können, was ihren Sinn trübt, indem ich ihnen ihr wahres Bedürfniß zeige und sie davor bewahre, unglücklicher zu werden, als sie es durch Natur und Gesellschaft sein müssen. Ich gehe auf dem Wege, dessen Richtung bezeichnet wird durch Moses und Spinoza.

Ist es nicht merkwürdig, daß all die Jahrtausende hindurch kein Mensch vor mir des Moses großes Wort Schemah Iisraël! auch nur richtig dem Wortsinne nach aufgefaßt und übersetzt hat, und daß ich erst durch Spinoza darauf verfallen bin, der es selbst noch nicht gewußt hat?![3] Und doch ist das was ihn erfüllt nichts anderes als dieses Eine Wort. Aber alle diese dunklen Andeutungen dürfen Sie mir nicht verübeln oder gar als Unhöflichkeit auffassen. Sie zu erklären müßte ich eben ein Werk schreiben. Hier aber spreche ich nun als wäre es allein vor mir selbst, und da ist es natürlich, daß auch einmal Etwas von dem rauskommt, worin ich eigentlich lebe. Das Alles aber so wie für mich, die allein *mir* verständlichen Merkzeichen und Stichworte. Die Schriftstellerei, die Mitteilungsgabe ist mir so sekundär, daß ich mich dazu immer extra in Positur werfen muß.

3 Das Schma Jisrael (hebr.: Höre Israel!) steht für einen zentralen Vers der Tora (Dtn 6,4). Meist wird er übersetzt mit: »Höre, Israel, der Herr ist unser Gott, der Herr ist einzig.« 1921 übersetzte Brunner dagegen: »Höre Israel, das *Seiende* ist unser Gott, *das Seiende ist Eines* [Jahve echad]!« Die gewöhnliche Übersetzung bezeichnet Brunner als »Aberglaube«, denn entsprechend dem mosaischen Bilderverbot dürfe Gott nicht »wie die Dinge« gedacht werden, worauf die gewöhnliche Übersetzung aber hindeute. Stattdessen müsse Jahve als »das völlig abstrakt Geistige« aufgefasst werden: »es liegt darin gar keine Beziehung auf die relative Welt«. Von hier aus identifiziert Brunner das Schma Jisrael mit Spinozas Auffassung der einen Substanz mit unendlichen Attributen: »Jahve Zebaoth, *Jahve der unendlichen Mächte* ist nichts andres als der mystische Ausdruck für das Gleiche, was wir im *Ens constans infinitis attributis* [diese Formulierung (das Eine, bestehend aus unendlichen Attributen) findet sich in Spinozas Definition Gottes: Die Ethik, I. Teil, Def. 6] philosophisch ausgedrückt finden.« (Unser Christus, S. 226f.).

Und das ist auch der Grund, warum Sie nichts Rechtes von mir halten. Sie denken wohl, von Zeit zu Zeit nimmt er den Mund voll, aber es ist nichts dahinter, bald wird er die Löwenhaut fallen lassen.

Genau genommen denken Sie: es fehlt ihm doch an der rechten Disziplin. Denn trotzdem Sie grundgescheidt sind, gehören Sie doch eigentlich zu den Leuten, die mit gewissen Schlagworten, die an sich einmal sehr Treffendes bezeichnet haben mögen, Allerlei erklärt zu haben meinen. Dann aber haben Sie doch wieder einen zu braven Instinkt und sagen: nein, ich mag ihn doch nicht fallen lassen! und so kommt es, daß ich Ihnen so freche Briefe schreiben darf wie diesen, in dem ich Ihnen sage: es thut mir leid, – so schmeichelhaft es für mich ist –: daß Sie Ihr Interesse an mir lediglich – Ihrem und meinem guten Charakter zuschreiben. Ueberdies halte ich das, ganz ehrlich zu sein, für einen Irrtum Ihrerseits, darum thut es mir aber nicht weniger leid, weil es schöner und nützlicher wäre, wenns anders wär. – Schließlich ist doch auch mein ganzer Kummer darüber wohl nichts anderes wie der Schatten von viel Licht, denn im Grunde bin ich sehr glücklich darüber, daß wir beide uns verstehen. Die Differenzen sind Sache der verschiedenen Conventionen. Ich für mich sehe täglich mehr ein, wie abhängig man davon ist, von den fremden wie den selbstgeschaffenen und werde immer toleranter gegen Andere und gegen mich.

Sie sind es schon im höchstem Grade gegen alle, die geistig und herzlich so tief unter Ihnen stehen. Sie geben dadurch viel ab von Ihrer schönsten Individualität, es bekommen so viele Menschen Rechte auf Sie. Die Nivellierung hat aber mit der Toleranz gar nichts zu thun. Ich glaube, durch mich würden Sie viel davon ablegen. Es ist ein Jammer, daß ich nicht in Ihrer Nähe leben darf. Sie würden stets empfinden, daß Sie ein Ideal sind und um Vieles glücklicher sein. Sie würden gar nicht an so viele Menschen denken.

14. An Leo Berg, 29. Dezember 1893

Liebster Berg!

Ich muß Ihnen einen Brief schreiben, den ich ungern schreibe. Aber Sie werden verstehen und einverstanden sein, daß so etwas selbstverständlich zwischen uns ist, ist selbstverständlich.

Ich bin sehr verzweifelt, ich habe Niemanden zur Hülfe, bei ungeheurer Last,[1] stets bis 4, 5 Uhr morgens. Ich habe stets Rückenschmerzen.

1 Brunners Tätigkeit für den »Zuschauer«.

Ernst Müller[2] ist gänzlich tot für uns. Ich habe mir keine andere Hülfe gewußt in meiner Wut und Ohnmacht, als mich an Otto Ernst[3] zu wenden. Der ist wenigstens zuverlässig u. eine starke Arbeitskraft. Außerdem brauche ich ihn auch fest um mich wegen seiner politischen Einsicht. Ich muß aber nun mit ihm *herausgeben.*[4] Sind Sie einverstanden? Natürlich nur einstweilen, u. daß zwischen uns auch redaktionell das alte Verhältnis bleibt, ist natürlich. Bitte umgehend Antwort.

Leo

NB. Sie haben dieses Mal gar nichts über Berliner Theater gebracht, was ein großes Manko ist.

Ihr Brief wird morgen beantwortet. Gleichzeitig das Geld abgeschickt.

15. An Leo Berg, 6. Januar 1894

Sie verfluchter Esel

danken es allein dem Umstande, daß ich mit Absicht ein par Stunden verstreichen ließ, ehe ich Ihnen mit höflicherer Anrede einen saugröberen Brief schreibe. Sagen Sie mal Berg, liebster alter Berg, sind Sie meschugge geworden?

Ich glaube gar, Sie meinen am Ende, ich hätte in Berlin[1] bei Ihnen schon von dieser eingreifenden Aenderung[2] etwas geahnt und es Ihnen aus Tücke verschwiegen oder aus Feigheit oder was Sie sonst meinen. Das ist mir übrigens Einerlei: es muß Ihnen genügen, wenn ich Ihnen als ehrlicher

2 Ernst Müller-Holm.

3 Der Volksschullehrer und Schriftsteller Otto Ernst (eigentlich Otto Ernst Schmidt, 1862-1926) war Mitglied der Vereinigung Atta Troll und gehörte zu den engeren Mitarbeitern des »Zuschauer«. Er stand der Kunsterziehungsbewegung nahe und erregte Aufsehen, als er 1890 die Abschaffung des Religionsunterrichts in Volksschulen sowie die Einführung von Literatur- und Kunstunterricht forderte. Ernst war kein Unbekannter im Hamburger literarischen Leben. 1891 hatte er die »Litterarische Gesellschaft zu Hamburg« gegründet, deren Erster Vorsitzender er bis 1898 blieb. Er stand der Sozialdemokratie nahe und schrieb in Zeitungen der Arbeiterbewegung. Seit dem Ersten Weltkrieg vertrat er jedoch völkisch-antisemitische Positionen. 1916 überwarf sich Brunner mit ihm (s. Brief 80).

4 Seit dem 15. Februar 1893 gab Brunner die Zeitschrift »Der Zuschauer. Monatsschrift für Kunst, Litteratur, Kritik und Antikritik« zusammen mit Leo Berg heraus. Ab 1. Januar 1894 erschien sie, herausgegeben von Brunner und Otto Ernst, im Rhythmus von zwei Wochen unter dem Titel »Der Zuschauer. Halbmonatsschrift für Kunst, Litteratur und öffentliches Leben«.

1 Wahrscheinlich war Brunner am 12. Dezember 1893 bei Berg in Berlin.

2 Ab 1894 gab Brunner den »Zuschauer« zusammen mit Otto Ernst heraus.

Abb. 3: Leo Berg

Mann sage: so ist es gewesen, urplötzlich, wie mir die Sache so haarsträubend über den Kopf wuchs, war mein Entschluß da und fertig. Daß man nun bei der Herausgabe eines Blattes an der Jahreswende nicht auch noch lange Zeit hat, besonders aber nicht: auf Antworten zu lauern, die 4, 5 Tage zu spät eintreffen, ist selbstverständlich. Es geht einfach nicht anders. Auch das muß Ihnen genügen, wenn ichs Ihnen einfach sage. Genauer will ichs Ihnen in Berlin sagen, wo ich Ende Januar sein werde.

Und jetzt setzen Sie sich sofort und widerrufen Sie Ihren böswilligen Brief an mich. In den letzten acht Tagen ist in großen und kleinen Blättern die Canaille wider mich los: wenn ich nun auch noch von Ihnen Unangenehmes haben soll und Mißverständnis, wird mirs doch zu bunt.

Sollten Sie wider Ihren Charakter mir noch einen zweiten unartigen Brief schreiben, so hilft es Ihnen wieder nichts. Aber ich antworte nicht mehr drauf.

In jedem Falle rechne ich aber mit Sicherheit drauf, daß Sie mich nicht im Stich lassen und mir bis spätestens zum achten des Monats einen Berliner Theaterbrief schicken.[3]

Ihr Mensch

Leo

Zu Ihrem Amüsement schicke ich Ihnen eine reizende, eigentlich an mich persönlich gerichtete Quittung des J. S.[4] mit. Selbstverständlich mit keiner Zeile entgegnen!

16. An Frida Mond, 1. März 1894

1. III. 94.

Ob ich es jemals zu der gesicherten äußeren Lage und jener Ruhe und dem gleichmäßigen Fluß der Tagesgeschäfte bringen werde, die für mich zur Arbeit erforderlich sind? Ich zweifle daran, und mein Leben wird hingehen, ohne daß ich ein noch so vorübergehendes Glück ergriffen habe und ohne daß ich Etwas voranbringe, was mich darüber hinwegtrösten und mich mit dem wirklichen unerschütterlichen Bewußtsein einer leben-

3 Leo Berg arbeitete weiter am »Zuschauer« mit, unter anderem durch die Rezension von Dramen. Bergs Rubrik »Berliner Theater« wurde am 1. Mai eingeführt.

4 Es könnte sich um eine Rechnung von Johannes Schürmann (1866-?) handeln, der das Gedicht »Hymnus an Satanas« von Giosuè Carducci aus dem Italienischen übersetzt hat (in: Der Zuschauer 1, Nr. 11-12 (15. Dezember 1893), S. 335 f.).

Abb. 4: Constantin Brunner

digen Kraft und Leistung erfüllen wird. Um uns steht es schlimm. Wer nicht schlau genug – und ebenso oft paßt es zu sagen: wer nicht beschränkt genug ist (denn es gehört ein blindes sich-schieben-lassen und viel niedriger Knechtssinn dazu), in einen der großen Heuchel-Kasten hineinzudrängen, die sich mit einem Anschein von größter Wichtigkeit und Würde zu umgeben verstanden und unter diesem Deckmantel eine unverhältnißmäßige Ausbeutung ruhig ausüben, – ich meine Professoren, Theologen, Aerzte, Juristen u.s.w., und wer nicht hier im Wettgedränge zu bestehen weiß, der ist zu einem unsicheren Nomadenleben verdammt und findet alle schöneren Stätten besetzt. Und dabei schaffen noch jene Gesetz, Moral und Konvention, nach denen sich auch die Freieren und Edleren einrichten müssen. Um jeder besseren Regung willen wird man geschunden und sucht sie lange wie das Schlechtere und Unstatthafte selbst zu bändigen und zu vertuschen, bis die wahrhaftige Natur doch wieder herausbricht und uns die Einsicht und der Mut kommt, zu *fordern,* daß wir genommen werden, wie wir sind, – dann ist es aber zu spät. Darüber ist unsere Kraft zerbrochen, das Leben unserer Natur gemäß einzurichten und man wird ein verbitterter Sonderling in der Gesellschaft. Darum muß man die Kraft haben, sie zu fliehen.

17. An Leoni Brunner,[1] 1894

Mein heiliges Herz!

Gewiß hast Du Recht, wenn Du meinst verstummen zu müssen vor dem, was wir miteinander durchlebt haben, denn ein so lauteres Glücksgefühl in so göttlicher Stille empfunden und in so unkörperlicher Seligkeit, so gleichsam ohne Leib und ohne Organe, das muß uns ein Paradies erscheinen. Es ist mir, als seien unsere Seelen nun ganz ineinander einge-

1 Rosalie (genannt Leoni) Auerbach (1861-1943) stammte aus Küstrin, wo ihr Vater, Meyer Auerbach, die im Getreidehandel tätige Firma »Auerbach und Bredt« betrieb. Rosalie Auerbach wurde 1879 gegen ihren Willen mit dem reichen Hamburger Zigarrenfabrikanten und Großneffen Brunners Georg Müller verheiratet. Sie gebar drei Kinder: Lotte (eigentlich Elise Charlotte), Gertrud und Hans. Die Ehe war nicht glücklich: Sie verließ mit Lotte und Gertrud ihren Mann und bezog eine Wohnung in Bergedorf. Brunner lernte sie bei der Pflege ihres Schwiegervaters, eines gemeinsamen Verwandten kennen und lieben (siehe Leoni Brunners Darstellung: LBI/JMB: I, X, 13, 4). Nach ihrer Heirat im August 1895 zog Leoni mit ihren Töchtern und Brunner nach Berlin. Den Namen Brunner übernahm sie und zeichnete zumeist mit Leoni Brunner. 1933 emigrierte die Familie in die Niederlande; 1943 starb Leoni Brunner im Vernichtungslager Sobibor.

gangen. Wir haben gestern Hochzeit gefeiert.[2] Ich aber habe nur das Eine Empfinden, daß ich nun auf der Staffel einer himmlischen Liebe, die sich endlos in eine jubelblaue Seligkeit emporstreckt, eine Sprosse weiter hinaufgerückt bin, und daß mein hohes Kind, auf dessen reinen Flügeln ich gehoben werde, mir nun noch heiliger und englischer geworden ist. Der Weg, den wir miteinander machen, ist eine Bahn der Verklärung. Ob *wir* es wohl empfinden, daß eine reine Liebe veredelt und größer macht?! Wer kann es noch unterscheiden, was Du giebst und was ich gebe; wir aber werden einander immer ähnlicher, indem ein Drittes, Besseres als wir Beide sind, in uns ein schönes Leben gewinnt. Welche Einstimmung in allen Gedanken und Gefühlen! Das Wunderbare ist mir nicht mehr wunderbar! Dieselbe Vorstellung, von der Du heute sprichst, die hatte ich gestern, noch ehe ich wußte, wohin uns eine glückliche Stunde führt: als du gestern Abend nach dem Essen wieder hineintratest, da wollte ich Dich hernehmen und Dich patschen und patschen, glühend patschen und dabei zu Dir sprechen: »Warum hast *Du* Dich mit einem Solchen abgegeben?« Ich weiß nicht mehr, wieso ich wieder davon abgeleitet wurde. Nun aber kommst Du und forderst von mir das Gleiche, denn wir durchleben Alles miteinander in der gleichen Empfindung, – welche wunderbare Seligkeit! Und ein Weg ist das, der nur ein Voran! kennt, – zu welchen immer höheren Wonnen werden wir noch geführt werden, Du mein heiliges Herz!

Auf gestern wird uns ein einsamer Spaziergang wohl thun, – ich – ich muß nur gleich zu Dir fahren. Ich komme.

18. An Leo Berg, 16. Februar 1895

Lieber Berg!

Ich kann Ihnen gar nicht so unrecht geben, wenn Sie mir einmal ernstlich böse sind und mich nicht mehr mit meiner luderlichen Individualität entschuldigen. Schließlich hat die doch auch eine Grenze, und wenn auch da bei mir noch lange nicht die Rücksichtslosigkeit anfängt, so sieht es doch so sehr danach aus, und selbst ein freier Mensch wie Sie stellt sich zu Zeiten auf den würdigen Standpunkt des Spießers und redet sich das kalte Fieber lädierter Gesellschaftsehre in den Leib. Ich weiß es ja eigentlich nicht, ob Sie wirklich böse sind oder nicht. Sind Sie's, so hat es ja auch auf die Dauer zwischen uns nichts zu sagen. Sie kommen doch wieder zu mir, sobald Sie mich ansehen, oder – sobald Sie die Andern ansehen.

2 Im übertragenen Sinne gemeint. Die eigentliche Hochzeit fand im August 1895 statt.

Grund genug, mich in mich selbst zurückzuziehen hatte ich aber wahrlich. Nicht daß ich mich vor Ihnen verstecke! Wie gut haben wir Beide stets Alles aus einander herausreden und hören können! Aber Sie waren ja nicht um mich, und schreiben – du lieber Himmel! was für ein dilettantischer Behelf für einen, der kein Schriftsteller ist und sich seine Gefühle nicht von einem Tag auf den andern präpariert und konserviert. Mutlos und klein war ich alle die Zeit her. Meine Kölner mütterliche Freundin ist hingegangen.[1] Wenn ich auch einen Ersatz[2] habe, wohin ich meine Blicke richten kann, so ist doch mein äußerliches Heim verloren, und wenn es mir auch an Liebe nicht fehlt, so kann ich doch auch diese Liebe nicht entbehren. Dazu kommt, daß die äußerliche Öde um mich herum mir immer unerträglicher wird. Ich kann nicht arbeiten und nicht leben. Manchmal nagt es an mir, daß ich Wahnsinn fürchte. Ich muß etwas um mich herum sehen, wo ich hineingehöre. Ich habe gar keine Heimat. – Auch mit dem Zuschauer steht es schlecht.[3] Ich verspare mir das aufs mündliche, denn ich denke nächste Woche nach Berlin zu kommen. Richten Sie sich, wenn ich schreibe, auf einen Abend oder auch auf eine ganze Nacht: wir sehen uns so selten und ich habe viel herunterzuwälzen und Sie, Liebster, haben gewiß auch Ihr Teil. Immer wenn wir uns wiedersahen, sind wir ernster gewesen als das Mal vorher. Ich fürchte, es wird auch dieses Mal so sein. Wir wollen uns aber doch nicht unterkriegen lassen.

Leo.

19. An Leo Berg, Juli 1895

Mein theurer Freund, es ist also doch wahr, Sie bekommen einen Brief von mir und Ihre Manuskripte endlich zurück. Tausend mal hatte ich die aufrichtigsten Vorsätze, die mir tausend mal vereitelt worden sind –: entschuldigen thue ich mich vor Ihnen so wenig wie vor meinem eignen Gewissen. Und nun schnell, da ich ja überhaupt schwach bin in allem, was meinen historischen Menschen betrifft, zu einer nötigen Mitteilung in meiner Biographie, die ich Ihnen ebenfalls schon lang habe machen wollen: Ich werde meinen weiblichen Schützling heiraten,[1] in einigen Wochen

1 Johanna Löwenthal.

2 Wahrscheinlich meint Brunner hier seine Beziehung zu Rosalie Müller, geb. Auerbach, seiner späteren Ehefrau.

3 Der »Zuschauer« erschien 1895 als Wochenschrift; die letzte Ausgabe am 3. Februar 1895.

1 Brunner heiratete Rosalie Müller, geb. Auerbach Mitte August 1895.

schon. Ich hoffe auch für mich Ruhe und Frieden aus dieser Verbindung. Wenn über die vergangenen Angelegenheiten[2] andere anders sprechen, so wird es Ihnen genügen, wenn ich Ihnen sage, daß ich mit meiner Handlungsweise darin zufrieden war. Und ich sage mit Alexander: das ist das Schicksal der Könige, daß sie üble Nachrede erfahren.[3] – Und selbst, die die Popolanen hinterher vergöttern, die haben sie verfolgt bei ihrem Leben und in den Tod getrieben. Socrates und Christus haben sich mit ihren Lehren blamiert vor den Zeitgenossen, und ich habe von ihnen gelernt und darum schweige ich auch über mein Werk. Die Schriftstellerei ist eine Schande, bis sie eine Ehre geworden ist. Vor Ihnen freilich, der Sie wissen, daß ich arbeiten kann und will, könnt ich schon reden, aber warum in einem Briefe über Etwas, was man nicht zeigen kann, ehe es geworden ist? Ungefähr wissen Sie schon von sich selbst, welchen Sinnes ich bin. Meine Art wird ungefähr sein wie Ihre in Ihrem Naturalismus:[4] vorurteilslos sprechen über meinen Gegenstand, nicht hier und nicht dort zünftig – nur daß ich das ganze Gebiet und den ganzen Menschen ergreifen will. Ich möchte zu den vier Büchern ein neues machen. Die Bibel, Platon und Homer zeigen, wie Vernunft und Herz unter uns sein sollten, – es sind Produkte von Idealisten und willkommene Nahrung für Idealisten. Bei Swift[5] sehen wir, wie die Gesellschaft in Wahrheit ist. Ein Buch das zeigt, wie der idealere Mensch stehen soll unter dem Liliput seiner Umgebung, den Brobdingnagianern der Gewalt, den Hanswürsten der laputischen Gelehrsamkeit und unter den stinkenden Yähus; damit er sich nicht gar zu schlecht steht, ohne sich allzuviel von seiner Würde und Freiheit zu vergeben, ist noch nicht geschrieben. Ich wills versuchen, vielleicht nur als ein erster. Erreiche ich auch nur Klarheit über unseren Standpunkt, so ist schon etwas gewonnen. Denn die Bildung wächst uns schon über den Kopf, und schon ist für die Gebildeten ein besonderes Buch und ein besonderer Erlöser notwendig geworden. Bis mein Buch fertig geworden ist, halte ich mich ans

2 Brunner kannte Rosalie Müller schon vor ihrer Trennung von Georg Müllller und hat ihr im Scheidungsprozess zur Seite gestanden, was offenbar zu übler Nachrede geführt hat. Georg Müller strengte in den folgenden Jahren erfolglos insgesamt elf Prozesse gegen Brunner an.

3 »Das ist königlich, dass man Böses über sich sagen lässt von einem, dem man Gutes getan.« Alexander der Große, überliefert bei Plutarch, Königs- und Feldherrensprüche.

4 Leo Berg, Der Naturalismus. Zur Psychologie der modernen Kunst, München: Poessl 1892.

5 Jonathan Swift, Gullivers Reisen. (Siehe hierzu auch Brunners 1936 geschriebenen Aufsatz: Jonathan Swift. Ein Brief an Ernst Ludwig Pinner, in: Vom Geist und von der Torheit, S. 340-345).

Kommersbuch.[6] An meinem Werke[7] aber will ich jetzt mutig zu arbeiten suchen. Bin ich erst mit allen meinen äußerlichen Angelegenheiten im Reinen, wird es mir eine große Freude sein, Sie hier bei mir zum Besuch zu haben.

Leben Sie wohl, schreiben Sie bald und schicken Sie mir was Sie ordentliches schaffen. Daß ich aus der dummen deutschen Litteratur wieder ganz heraus bin, ist mir keine geringe Freude.[8] Grüßen Sie mir, was Ihnen lieb ist

Leo.

20. An Leo Berg, 22. September 1895

Vortrefflich.[1]

Im Kern der Kritik erfaßt. Der Uebermensch ist mystischer, religiöser Gedanke. Waren wir uns nicht darin einig von Anfang an.

Er ist Trotz des Individuums gegen die Abstraktion »Gattung«, in seiner einseitigen logischen Konsequenz selbst eine leere Abstraktion. Er ist die Hülflosigkeit und der Trostbetrug des Individuums.

6 Liederbuch der Studentenverbindungen, in dem Studenten- und Volkslieder gesammelt sind. Am bekanntesten war das »Allgemeine Deutsche Kommersbuch« (Lahr: Schauenburg 1858).

7 Vermutlich arbeitete Brunner immer noch an seiner Geschichtsphilosophie. Lotte Brunner berichtet, dass diese als Dissertation geplante Arbeit Brunner viel Unannehmlichkeit und Aufregung bereitete: »Schon damals war es ihm ganz unmöglich, erzählt er, einen besonderen Gegenstand außerhalb eines großen gedanklichen Zusammenhanges zu behandeln. Er hatte sich wohl hundert Themen überlegt, ehe er zur Einsicht in diese Unmöglichkeit gelangte. Nun lag ihm sehr am Herzen seine Philosophie der Geschichte, an der er seit Jahren, mindestens seit seinem zwanzigsten Jahre, ernst gearbeitet hatte. Nach vielen Kämpfen erhielt er die Erlaubnis, einen Teil aus dieser Philosophie der Geschichte als Doktor-Dissertation vorzulegen, aber nur unter der Bedingung, dass er den Rest nachliefern würde. Da er dieses Versprechen nicht hielt, nicht halten konnte, so wurde ihm noch lange Zeit von der Universität aus keine Ruhe gelassen.« (Lotte Brunner, Tagebuch, 5. Januar 1912).

8 Am 3. Februar 1895 erschien die letzte Ausgabe des »Zuschauer«. Auch das Litterarische Vermittlungsbureau, dessen Geschäftsführer nach dem Ausscheiden von Georg Müller im Oktober 1894 Robert Grosser war, hatte Brunner 1895 aufgegeben.

1 Berg hatte Brunner vermutlich das Manuskript seines zwei Jahre später gedruckten Buches »Der Übermensch in der Litteratur. Ein Kapitel zur Geistesgeschichte des 19. Jahrhunderts« (Paris – Leipzig – München: Verlag von Albert Langen 1897) geschickt.

Natürlich sieht die lebendig in *mir* erzeugte Religion anders aus wie die spät und empfindungslos nachgebetete der Menge: »Ich bin besonders würdig der Seligkeit – ich und noch wenige meinesgleichen – ihr Andern seid nur unsre Affen. Punktum.« Einverstanden.

Selbst gefühlt mit Stolz und mit Ekel. Aber ohne mich über die eigne Ohnmacht hinwegzubetrügen. Denn ich hab mich selbst und hab mich doch auch nicht, mein eigen Ich wie zwischen Verlust und Besitz. Mein Körper ist nicht mein und mein Wille ist nicht mein und meine Rede ist Quatsch mit Wut. Selig sind die Dummen, die da nicht wissen wie ordinär die Natur ist.

Wahr bleibt daran der Widerstreit zwischen den Geistern und dem Affen-Pöbel.

Unser Glück und Frieden aber ist aussichtslos.

Wollen wir einen Abend festsetzen, so wollen wir uns sprechen über das Buch.

Was haben Sie übrigens gegen Widmungen an mein Liebchen Marie Dähnhard[2] oder an Wolters?[3] Haben Sie meine Marie gekannt? Wissen Sie was ihr Mund gesprochen oder ihr Leib gesprochen hat zu mir? Müssen *Sie* auch bei dem Namen immer gleich an eine heilige Jungfrau denken?

21. An Lotte Brunner,[1] Herbst 1895

Liebes Lieschen!

Daß Du bei Deiner Schulfreundin in Gesellschaft gehen wirst, freut mich. Daß die Decke für Frau Eberhard so schön wird, freut mich ebenfalls. Daß Du gern von den sieben Weltwundern hörst, freut mich zum

2 Anspielung Brunners auf Max Stirners 1845 erschienenes Buch »Der Einzige und sein Eigentum«. Stirner hatte es damals »Meinem Liebchen Marie Dähnhardt« gewidmet. Stirner und Dähnhardt hatten 1843 geheiratet, trennten sich aber 1846 wieder.

3 Berg ließ schließlich drucken: »Meinem lieben Freunde Otto Wolters in Frankfurt a.M. gewidmet.«

1 Lotte (eigentlich Elise Charlotte) Brunner (1883-1943), geb. Müller, war die Tochter von Rosalie und Georg Müller. Als Brunner Rosalie Müller heiratete, übernahm Lotte den Nachnamen Wertheimer. Später übernahm sie auch das von ihrem Stiefvater als bürgerlichen Namen eingetragene Pseudonym Brunner und unterzeichnete mit Lotte Brunner. Brunner widmete sich sehr intensiv der Erziehung Lottes; es entstand ein beiderseitiges inniges Verhältnis. Lotte blieb bis 1934, mit nur kleinen Unterbrechungen, im Brunnerhaus. Von 1903 bis 1932 verfasste sie ein Tagebuch, in dem sie Gespräche und Begegnungen Brunners festhielt (Auszüge wurden von Leo Sonntag und Heinz Stolte 1970 im Hansa-

dritten. Daß Du Dich auf das Dominospiel freust, zum vierten. Daß Du aber lauter so kurze Sätze schreibst, wie ich bisher heute auch, wo die armen Gedanken unter der allzu kleinen Wortdecke die frierenden Füße zum Erbarmen hervorstrecken, – das betrübt mich auf das Tiefste.

Erinnerst Du Dich nicht mehr, mein kleines geliebtes Dickköpfchen, was ich euch mal über die schöne Abwechselung gesagt habe, die beim guten Stil in der Anordnung der Sätze herrschen soll? Ein kleiner erst, sodann ein größerer, und dann wohl wieder ein kleiner – wenn man's liest, muß es Einem angenehm ins Ohr klingen. Dein Brief aber macht gerade den Eindruck, als wärest Du vorher ein bischen unartig gewesen und hättest dann widerwillig mit rabenfinsterm Gesicht etwas hingeklackt: so, damit nur was dasteht! Das hat aber ein Kind wie Du, das sonst so hübsch und mit so viel Phantasie plaudern kann, nicht nötig, einen Stil zu schreiben wie ein Hackbrett: Bumbumbum Punkt, bumbumbum Punkt, bumbumbum Punkt!

Sooooo – das ist weiter nicht böse gemeint, – ich wollte Dir nur aussprechen, was ich beim Lesen Deines Briefes gedacht habe. Wer etwas kann, von dem verlangt man auch was. Die arme Gertrud,[2] deren reizender Brief wirklich auch eine Antwort verdient hätte, kommt nun heute zu kurz, denn meine Zeit für euch ist jetzt um. Adieu, mein klein liebes Kind, ich komme wahrscheinlich morgen –: wenn von Hamburg nach Bergedorf[3] ein so kurzer Satz hinüber wäre wie in Deinem Briefe, dann würde ich öfter kommen.

Grüß herzlichst Mama und Gertrud und Dich selbst
von

Leo

Verlag in Hamburg herausgegeben: »Es gibt kein Ende. Die Tagebücher«). Sie publizierte (zum Teil unter dem Pseudonym E. C. Werthenau) verschiedene Artikel zu Brunner. 1933 emigrierte sie mit ihrer Mutter und Brunner in die Niederlande, wo sie 1934 Piet Stigter heiratete (sie zeichnete nun mit Stigter-Brunner und publizierte unter Charlotte bzw. Lotte Stigter). 1940 starb Piet Stigter. 1943 wurde Lotte mit ihrer Mutter nach Sobibor deportiert und ermordet. Zur Biographie Lotte Brunners siehe Renate Stolte-Batta: ›... dass ich zur Menschheit gehöre‹. Lotte Brunner (1883-1943). Eine Biographie, Norderstedt: BoD 2012.

2 Gertrud Herz (1884-1953), die zweite Tochter von Rosalie und Georg Müller, die im Gegensatz zu ihrer Schwester Lotte das Brunnerhaus schon früh verlassen hat. Nach einer Ausbildung zur Krankenschwester und Tätigkeit als Hausdame heiratete sie 1911 Fritz Herz (1860-1951), mit dem sie in Berlin lebte. Beide emigrierten 1940 nach Buenos Aires.

3 Lotte wohnte mit ihrer Mutter und ihrer Schwester Gertrud noch in Hamburg-Bergedorf.

22. An Frida Mond, September 1897

An Hermann Lotze[1] haben Sie sich wahrlich nicht den schlechtesten herausgesucht.

Er hat einen Reichtum an exakten Kenntnissen, einen mustergültigen formalen Verstand, methodischen Vortrag und Geist vor jeder Einzelheit von neuem.

Aber da haben Sie auch die Reihenfolge seiner Vorzüge, derenwegen er endlich doch nur als Mittelkopf und geistiger Hybride, als ein Affe Größerer, und Alles in Allem: als gemeiner Theologe, Metaphysiker, Mystiker und Wortemacher einzuordnen ist; denn wo es zuletzt wirklich darauf ankommt, daß man etwas wisse oder seine Unwissenheit eingestehe, da schwärmt er und schwätzt er.

Was ist es nütze, wenn das an mir das Beste ist, was ich gelernt habe? Meine Kenntnisse sind das, was Andre besser gewußt haben als ich.

Was nützt es, wenn ich zur Kombination nichts als den scharfen formalen, kritischen Verstand habe? Der Geist fehlt, der seine Voraussetzung aus sich selber nimmt, der einheitliche, eigensinnige.

Methode und System? Betrug und Selbstbetrug! Narren haben ein System. Nachher sprechen wir uns noch darüber.

Endlich um Geistreiches über die Einzelheiten zu finden, dazu gehe ich nicht zum Philosophen, von dem ich immer ein originales Prinzip oder doch seine originale Begründung verlange. Die aber kommt nicht heraus aus dem Gelernten noch aus dem bloßen Scharfsinn noch aus der Systematik noch aus dem brillanten Vortrage sondern lediglich aus dem Tiefsinn der originalen Persönlichkeit, die den Zusammenhang der Erscheinungen auf eine noch nicht dagewesene, einfache und großartige Weise betrachtet.

Darin ist Lotze nicht der rechte. Er ist Schüler und kein Lehrer. – *Da*rin ist seine Begabung glänzend, daß er zu fragen weiß, und insofern regt er zum Denken an. Aber es giebt noch ein Höheres auf diesem Felde: nämlich eine Begriffskritik, welche die Einsicht zur Folge hat, daß viele der üblichen Fragen gar keinen wirklichen vernünftigen Inhalt haben, nicht gedacht und also auch nicht gefragt werden können. Woher aber kommen sie in uns hinein? Sie sind Verwechslungen relativer Begriffe mit absoluten. Eine solche Begriffskritik, die Unterscheidung der vernünfti-

1 Rudolf Hermann Lotze (1817-1881), Mediziner und Philosoph, war eine der zentralen Figuren der akademischen Philosophie des 19. Jahrhunderts. Er verkörperte in hohem Maße naturwissenschaftliche und philosophische Kompetenz und entwickelte im Anschluss an Leibniz und Kant und ausgehend vom mechanistischen Denken seiner Zeit eine systematische wissenschaftliche Philosophie.

gen, unvernünftigen und verworrenen Begriffe in uns ist die Grundlage meines Philosophierens, wovon ich hier natürlich nicht weiter reden kann. Durch die Erhebung auf diesen Standpunkt ist die einzige Möglichkeit gegeben, die Widersprüche im Denken zu überwinden, die sonst unvermeidlich sind und die selbst bei Männern, die für große Denker gelten, nur darum vermieden scheinen, weil sie auf die äußerste Subtilität gebracht sind. Bei Lotze ist es nicht allzuschwer, den unversöhnlichen Dualismus seiner naturphilosophischen und seiner ganz unwissenschaftlichen psychologischen Anschauung aufzudecken, und – warten Sie nur: werden Sie nur erst wieder ein wenig von ihm weg sein, so werden Sie finden, daß Ihnen nicht der geringste Eindruck zurückgeblieben ist. Angeregt sind Sie nur durch die Einzelheiten, durch die Fülle interessanter Probleme und Fragen, durch das Objektive, was der Philosophie und Wissenschaft gemeinschaftlich ist in allen Forschern, durch das sich gleichbleibende Material zur Bewältigung, das man allerdings bei Einem Denker so gut wie beim Andern kennen lernt. Einer wie der Andre muß damit beginnen, jeder der sein Teil zulegen will, muß die früheren Leistungen recht aufgenommen haben, nur die Dilettanten kennen das Gute nicht, und eine ganz neue Philosophie ist ebenso lächerlich wie eine ganz neue Chemie. Philosophie ist Wissenschaft, gemeinschaftliche Arbeit Vieler. Sie unterscheidet sich aber von jeder Einzelwissenschaft dadurch daß sie in jedem ihrer großen Repräsentanten: Kunst ist, und zwar: letzte und edelste Kunst. Daher kann sie auch nicht gelehrt werden: die Menge der Gebildeten bringt es hinsichtlich ihrer zu einem äußerlich äffischen Geschwätz wie in jeder andern Kunst: wirklich lebendig ergriffen wird sie nur von den Selbstdenkern. Auf diese allein vermögen auch andre Selbstdenker zu wirken und ohne Zweifel um so nachhaltiger und tiefer, je mehr sie originale und einheitliche Persönlichkeiten sind. Anregend ist nun allerdings schon an und für sich jede Zusammmenstellung der Probleme und Schwierigkeiten (keine ist dienlicher als die vom alten nüchternen Christian Wolff,[2] eben wegen der Nüchternheit): für den aber, der nicht mehr ganz Anfänger ist, kommt die rechte Förderung nur von den ganz großen Menschen, die an sich selbst groß sind und sich nicht aufs Überreden zu legen brauchen, die sich allerdings niemals dogmatisch entscheiden, eben dadurch aber uns ehrlich vor die Schwierigkeiten hinstellen und uns dann wahrhaftig selbst denken machen. Zu diesem Zweck allein ist alle Lektüre und alles Studium:

2 Christian Wolff (1679-1754), Philosoph, Jurist, Mathematiker, ordnete die verstreuten Gedanken von Leibniz und aller Wissensgebiete nach der mathematisch-deduktiven Methode. Die Leibniz-Wolff'sche Schulphilosophie dominierte im 18. Jahrhundert die deutschen Universitäten.

Mittel. Weg mit dem Buche, sobald man zu denken beginnt. Ich will doch nicht und kann nicht wollen den fremden Autor, und wenn's der größte wäre: sondern mich will ich. Eine große Individualität aber macht, daß ich mich finde und durch mich selber fortlerne.

Gern hätte ich mir zu Ihnen noch Einiges gegen die systematische Form vom Herzen geredet, das würde aber in die Breite geraten. Sie verstehen aber auch mit einer Andeutung was ich meine, zumal Sie im Grunde ebenso denken, wie ich aus früheren Gesprächen weiß: Gedanken können nur aphoristisch sein, das logische Bewußtsein ist nur Stückwerk von unserm Inhalt, der Verstand nur erst unser halber Verstand. Aller echte Gedankenausdruck ist aphoristisch. Sehen sie sich daraufhin des Aristoteles oder Spinozas Vortrag an: trotz des äußerlichen Zusammenhanges (der sich als ein solcher der feinsten und kunstvollsten Ideenassoziation erweist) löst sich Alles auf in besondere kleine Abschnitte. So waren die Gedanken in ihnen, so kommen sie herauf und heraus; wir wiederholen den Prozeß des Werdens an uns selber. Lichtenberg[3] war ein zu echter Denker und hat zu viel, immer von neuem, gedacht: so daß er überhaupt nicht dazu kam, sein Rohmaterial aneinanderzufügen. Göthe mit seinem beinah mehr als menschlichen Verstande und der vollendetste Philosoph in Allem, worin uns sein Philosophieren vorliegt. Er ist Aphorist im Denken und so sehr, daß seine Gedanken durch den Zwang der späteren künstlichen Einordnung in einen Zusammenhang häufig verlieren – für den, der fremden Zusammenhang sucht und nicht selber denkt. Dafür aber auch in seinen Aphorismen, in den Gesprächen mit Eckermann[4] – welcher Reichtum, welche Anregung, wo mans aufschlägt! Da ist kein Anfang noch Ende und keine Mitte. In Wirklichkeit ist es auch bei Spinoza und bei Aristoteles nicht anders. Das System ist Selbstbetrug, Aberglaube und für die Andern Hemmung und Verwirrung. Die wahre Einheitlichkeit ist die ihrer Natur und Persönlichkeit, deren Integrität wahrlich durch die Fiktion verbindender Metaphysik nicht hergestellt wird. Trotz derselben und bei allen Lücken in der Darstellung dringt ein verwandter Geist zu ihr hindurch.

System zerstört die Persönlichkeit, außer der wir nichts Geistiges kennen. Auch in der größten ist nur erst ein halbes Bewußtsein, und wir haben keinen Anlaß zu meinen, daß irgendwo ein ganz helles Bewußtsein angetroffen werde. Alles was über unsre Praxis hinausgeht, scheint Phantastik

3 Georg Christoph Lichtenberg (1742-1799), Mathematiker, Physiker und Philosoph, Begründer des deutschsprachigen Aphorismus.

4 Mündliche Äußerungen Goethes in: Johann Peter Eckermann, Gespräche mit Goethe in den letzten Jahren seines Lebens, Leipzig: Brockhaus 1836.

zu sein; Alles was nicht unmittelbar aus der innersten Persönlichkeit herfließt, wird nicht nachhaltig wirken. Wir wollen Lebendige oder solche, die es immer bleiben.

Mir ist es unendlich wohlthuend zu wissen, daß Sie sich ernstlich mit meinem geistigen Menschen beschäftigen wollen. Auch wenn das an sich selbst nicht lohnend ist, wird es Ihnen doch immerhin von Wichtigkeit sein wegen der Wichtigkeit, die Sie meinem Leben zugestanden haben und zugestehen in Ihren Gedanken. Trotzdem aber mein Leben vor mir selber dunkel ist, so sehr, daß es mir nicht allein schwer fällt, mich darzustellen sondern auch nur seine Hauptgedanken vor mir selber heraufzubringen, bedarf es dennoch keiner Vorbereitung, um mich zu lesen, am wenigsten für Sie. Auch sage ich nichts als das was ich wirklich gezwungen habe, hervorzutreten und was ich klar und einfach sagen kann. Selbst zu denken, und daß ich es ergänzend sage: selbst zu fühlen haben Sie von Natur einen ausgeprägten und allezeit regen Antrieb. Derart, daß Sie selbstherrlich und ganz unbeugsam erscheinen würden, wenn nicht eine weiche Poesie dagegen wirkten, eine Liebe und Gütigkeit ohne gleichen, an die ich so lange Zeit kaum glauben konnte, und im Verein damit jene Selbstaufopferung und Mütterlichkeit gegen alle Menschen und gegen die ganze Natur. Sehe ich hier ab von den seelischen Leiden, denen Sie dadurch unterliegen, so muß ich die Mischung in Ihren Anlagen glücklich preisen. Denn die Helligkeit realer Vorstellungen bewahrt Sie vor den Gefahren mystischer und ästhetischer Verweichlichung, ohne Ihnen darum die feine Empfindlichkeit für die außerlogischen Beziehungen der Dinge und Verhältnisse zu nehmen, und Ihr empfänglicher Sinn für das Andre hat verhindert, daß sich in Ihnen jene Schroffheit der Individualität entwickeln konnte, die sonst die Folge eines ungewöhnlichen und starken Geistes zu sein pflegt. Die wichtigste Vorbedingung für das wirkliche Selbstdenken – außer den nötigen Fähigkeiten des Geistes im engeren Sinne, und nur wo diese vorhanden sind, kann auch jene hinzukommen – die allerwichtigste Vorbedingung des Denkens findet sich damit erfüllt in Ihnen: Sie besitzen die philosophische klassische Voraussetzungslosigkeit, Sie sind weder eingeschränkt durch Ihre Subjektivität noch durch den Aberglauben der Zeit oder der Menge, Sie sind theoretisch und moralisch konfessionslos. Subjektivisch ist das Tier: die wirkliche Humanität ist transsubjektivisch. So wäre auch Bildung zu definieren: als die Fähigkeit, sich in fremde Standpunkte zu versetzen. Dadurch erst gewinnt unser Denken jene Naivetät gegenüber den Erscheinungen, die es zum wirklichen Denken macht, zum Organ der Vernunft und nicht wie gewöhnlich: der Borniertheit und Gemeinheit.

Wenn ich aber uferlos so weiter schwätze sage ich Alles eher wie das was ich sagen wollte: daß nämlich Sie keiner Vorbereitung zum Philosophieren bedürfen, sondern daß Sie von Haus aus dazu angelegt sind. Was ist denn Philosophieren anders als vor dem Andern, dem Fremden, dem Unverständlichen: nicht beschränkt-dummklug und lieblos werden? Wären Sie das je gewesen: wie wäre es mit Ihnen und mir geworden? Ja ich weiß gewis, daß Sie es nur mit Ihrem halben Verstande gesagt haben, das von dem Unverschuldeten oder dem *Selbst*verschuldeten in meinem Geschick ...... Prüfe doch ein Jeder bei seiner »Schuld«, was er davon selbstverschuldet hat?! Nein, Sie wissens weit besser und tiefer, wie es sich verhält mit uns Kindern einer dunklen Notwendigkeit.

Und was fehlt denn meinem Schicksal, um es angenehmer zu machen? Die Sicherheit von etwas Geld. Sonst wüßte ich außer dem thörichten Wunsche: mehr Genie zu besitzen und eine größere Leichtigkeit es herauszuarbeiten, meiner Paradiesphantasie – sonst wüßte ich nicht ein Einziges was ich anders wünschte als es ist. Im Herzen meiner Freunde und Schüler bin ich warm und wohl gebettet; es ist mir beschieden gewesen einem schmählichen Unrecht an unschuldigen und edlen Seelen zu wehren. Daß der Verüber Böses von mir spricht und daß es alle nachsprechen, die auf ihn hören, das ist doch natürlich.[5] Die Luft wird auf mancherlei Weise bewegt. Auch nur der Gedanke einer Verteidigung ist mir schon eine Selbsterniedrigung. Ich habe mich niemals durch intime Auseinandersetzungen mit der Menge verunreinigt. Ich kenne sie zu gut; das Schicksal, das sie jederzeit: meines gleichen bereitet hat, steigt in mir herauf, wo Einige aus ihr beisammen sind und ihr geistig-sittlicher Charakter zu Tage kommt. Verbitterung und Verzweiflung faßt mich unter ihnen, eine unsägliche Trauer kommt über mich, ein innerliches Weinen, daß mir das Herz zerspringen möchte, und alle Gedanken sind in mir ausgelöscht. Wenn ich noch etwas vor mir sehe, so ist es Christus am Kreuze, und die vor mir sitzen, sind seine Mörder. Wenn ich nun auch nicht ein so großer Verbrecher bin – aber ein kleiner Spitzbube bin ich doch auch, und wenn ich auch nur der letzte in der Reihe bin, so gehöre ich doch dazu und trage in Freudigkeit und Liebe mein Martyrium.

Mein Verhältnis zur »Gesellschaft« kann kein anderes sein als das welches es ist – welches es von jeher gewesen ist, auch früher schon: da ich noch glaubte, daß diese Gesellschaft der Menschen in Allem vortrefflicher sei als ich und mit blödem Ungeschick ihren Zeremonien nachzueifern versuchte. Mein Schmerz dabei ist, daß auch meine äußerliche Beziehung zu Ihnen gelitten hat. Mir steht auch diese so hoch und teuer und ich empfinde den Mangel als einen Raub und grausamen Eingriff in meine Rechte.

5 Weil er Leoni bei ihrer Scheidung unterstützte, sah sich Brunner übler Nachrede durch Georg Müller ausgesetzt (s. Brief 19/2).

Aber wie es liegt und liegen geblieben ist und bei der Starrheit meines *Wesens* kann es nicht anders sein. Sonst hätte ich keines gehabt und es wäre so gewesen, daß auch ich aus Rücksicht auf Andres und nicht aus mir bestanden hätte. Und was hätten Sie dann an mir gehabt? was würden Sie an mir entbehren? Nun haben Sie mich wie zwischen Verlust und Besitz, eher freilich mit Gram und Schmerzen denn mit Freuden. Aber – wie haben wir uns denn selber?

Ich hoffe von der Zukunft auch für das Äußerliche – trotz Allem und Allem. Denn Alles und Alles ist Nichts und Wind, und ich kenne nur unsre geistig-seelische Konjugation.

Wir haben zu meinem Geburtstage[6] die gleichen Gedanken gehabt.

Ihr Brief kam einen Tag danach und ist mir wie eine milde Liebkosung gewesen und seitdem immer bei mir geblieben.

Um so beruhigender war er, da er so gute Nachrichten über Ihr Befinden enthielt. Denn darin gipfelt mein Wunsch für Sie, und Sie haben Recht: was ist ein Wunsch? – Ein Wunsch ist eine Sorge, ein Leiden. –

Wie Kraut und Rüben geht es durcheinander und so komme ich zu einem Punkte, den ich noch aus früherer Korrespondenz beantworten will. Sie hatten geschrieben »Sehen Sie wohl, daß es nun so gekommen ist wie ich Ihnen vorhergesagt habe?« Gewis, Sie haben ganz recht gehabt, nicht aber mit dem Grunde, den Sie mir angaben und angeben. Es ist mit meiner äußerlichen Lage noch eben so wie es *gewesen* ist. Die Veränderung[7] hat daran nichts geändert. Es ist übrigens: als wenn ich noch allein wäre; so wie ich Ihnen damals die Lage der Dinge beschrieben habe ist es noch. Wollt ichs angeben, so müßt ich mich von Wort zu Wort wiederholen. – Daß ich das erwähne hat nicht die Absicht, eine Sachlage als gehörig hinzustellen, die besser wäre, wenn sie anders und besser wäre. Ich will mich nur verwahren, daß Sie nicht Unschuldiges verantwortlich machen und mir nicht länger das Handeln verübeln wo es mir von der innerlichsten Notwendigkeit aufgenötigt ward, von meinem Pflichtgefühl, und ebenso sehr von meinem Egoismus, der ein Stück Heimat um sich herum wollte, ein Vergessen einmal für Mancherlei, einen festen Boden zum Stehen und Wurzeln. Denn immer schwerer und ängstlicher war es mir auf die Gedanken gefallen, daß ich ein Weniges doch von meinem Leben mir retten müßt so lang es noch Zeit war. Gewis, weit weit waren meine Gedanken dabei entfernt von denen, die gewöhnlich gehegt werden bei der Zurüstung zum Leben – so weit ab wie unsre Gedanken liegen von dem Rätsel unsres Lebens und Schicksals. Die Gedanken aber sind meine Realität: Nein,

6 Am 27. August.
7 Das Zusammenleben mit Leoni und den Kindern seit August 1895.

nicht die Gedanken: das Denken. Das innerliche für mich hin. Die Ereignisse, die Erscheinungen fliehen und verblassen. In allen wichtigen Stunden ist mein Leben von solcher Art, auch in den Momenten einer seelisch überaus peinigenden, qualvollen Situation. Alle gewesene und gegenwärtige Wirklichkeit fällt zurück in eine tiefe Ferne, ich bezweifle sie und sie gehen mich nichts an, die Sinneseindrücke nehme ich auf und sind mir doch nicht im Bewußtsein. Wie soll ichs Ihnen schildern, wenn Sies nicht selber kennen? Wo habe ich Ähnliches gefunden? Doch. Bei Menschen vor einer großen Gefahr. So war es in der Seele Nachtigals, als er in der Wüste den Qualen des Verdurstens beinah erlag;[8] so war es Dostojewski in den Augenblicken vor seiner Hinrichtung, als er glaubte, daß sie an ihm vollstreckt werden würde wie an seinen Gefährten.[9]

Auf solchem Grunde steht mein Leben und Meinen, wenn es ans letzte kommt. Wiederum aber, im gewöhnlichen bleibenden Bewußtsein klammere ich mich an die Menschenwirklichkeit, ja ich bedarf ihrer mehr als ein Andrer, der ganz aufgeht in ihrer Vernunft. Im Handeln für sie influiert wohl stark jene Grundstimmung meines Wesens. Als ich aber damals gehandelt hatte, war ich im Innerlichsten verwundert zu finden, daß Sie nicht die gleiche Notwendigkeit fühlten. Keinen Augenblick war mir vorher ein Zweifel gekommen, daß ich nicht nach Ihrem Wunsch und Fühlen so that. Ich verstand Sie nicht, ich verstehe Sie noch nicht, wenn Sie noch anders denken als ich. Es steht nicht im Einklang mit dem was Sie zu mir gesprochen haben, nicht mit unserm Einklang. Sie sind klug gewesen über mich, und ich bin es gewesen über Sie. Habe ich mich geirrt? Wär mir auch nur ein Zweifel gewesen –: es ist heilig und gewis, daß die Gedanken und daß die Verhältnisse in eine andre Richtung gegangen wären. Oder haben Sie sich geirrt? weil Sie nicht anders glauben konnten als daß ich mißgegriffen. Wahrhaftig nein. Ich habe mich nicht mit Menschen

8 Gustav Nachtigal (1834-1885), Afrikaforscher. Nachtigal veröffentlichte zahlreiche Beschreibungen seiner Reisen in Afrika. Dabei schilderte er u.a. eine Wüstendurchquerung, bei der das Trinkwasser zur Neige ging. Gustav Nachtigal, Sahărâ und Sûdân. Ergebnisse sechsjähriger Reisen in Afrika, 3 Bände (1879-1889), Leipzig: Brockhaus-Verlag 1927, S. 50-63, vor allem S. 60.

9 Fjodor M. Dostojewski (1821-1881) trat 1847 dem revolutionären Zirkel der Petraschewzen bei und wurde nach einer Denunzierung zum Tode verurteilt. Am 22. Dezember 1849 sollte er hingerichtet werden. Erst auf dem Richtplatz wurde er von Zar Nikolaus I. zu vier Jahren Verbannung und Zwangsarbeit in Sibirien begnadigt. Dostojewski berichtet von den Ereignissen in einem Brief, den er noch am selben Tag an seinen Bruder schrieb. Fjodor M. Dostojewski, Briefe, Bd. I, Leipzig: Insel-Verlag 1984, S. 89-94. Ferner verarbeitete er diese Erfahrungen in dem Roman »Der Idiot« (übers. von August Scholz, Berlin: Bruno und Paul Cassirer 1889), in dem der Protagonist Fürst Myschkin von den seelischen Qualen beim Warten auf die Vollstreckung eines Todesurteils berichtet.

verbunden, die Ihrer oder meiner unwürdig sind. In nichts bin ich enttäuscht, nichts neues ist mir erschienen.

Inzwischen ist Ihr neuer Brief gekommen und Ihre Depesche mit der Adresse. Wie ich mich damit gefreut habe! Thun Sie doch immer so. Es ist etwas unnatürliches, daß ich nicht weiß, wo Sie sind.

Da ich nun aber nur eine so kurze Zeit zum Schreiben habe, so will ich die Beantwortung aller Ihrer Fragen verschieben bis Ihre neue Adresse eingetroffen ist. Nur Eines: In Ihrem Briefe steht der Satz: »Gesund in der wahren Bedeutung des Wortes werde ich wohl in diesem Leben nicht mehr werden, glücklicherweise dort (soll natürlich heißen: »dauert«) es ja aber nicht mehr lange und da wird sichs schon ertragen lassen[.]« Ich bin beim Lesen in die schmerzlichste Unruhe versetzt worden. Mein erster Gedanke war, auf dem Wege Ihrer Hauptadresse[10] Sie sofort um Aufklärung zu bitten. Bei immer wiederholtem Lesen aber schien mir die Stelle doch auch wiederum einer harmloseren und ganz allgemeinen Auslegung fähig. Und dann auch wieder nicht. Bitte, klären Sie mich auf.

Wo Sie an Ihrem Geburtstage[11] sein werden, weiß ich nicht. So muß nun die Erinnerung daran schon heute kommen. Denken Sie an mich. Geschrieben haben wir uns dazu schon zu *mei*nem Geburtstage. So schön ist es seit lange nicht gewesen. Es war der zweite Gang ins Weite wie jener erste, so voneinander, so miteinander. Welch inniges sich Fühlen im Grenzenlosen. Furchtlos war immer meine Hoffnung: wir haben uns nicht verloren, und es wird schöner werden als es war. Liebe, theure Freundin!

23. An Frida Mond, 1900

Meine verehrte und geliebte Freundin,

Sie haben wieder geschafft, daß ich mit drei Danksagungen muß angerückt kommen,

zuerst für das Telegramm, das mich wenigstens aus der gröbsten Sorge wegen Ihrer Gesundheit gerissen und mir Ihren Brief »morgen« ankündigte[.]

Statt Ihres Briefes kam der des Spinoza an,[1] womit Sie mir in der That eine große Freude bereitet haben. Mir ist alles, auch das an sich Unbedeu-

10 Frida Mond lebte in London. Die Familie wohnte seit 1884 in der Avenue Road 20, Regent's Park.

11 Frida Mond ist am 5. Oktober 1847 geboren.

1 Eine kleine Publikation des niederländischen Spinozaforschers und -herausgebers Willem Meijer (1842-1926): Vervielfältigung eines eigenhändigen Briefes des Benedictus

tende bedeutend, wenn es den Einzigen Mann angeht, für dessen Eminenz und Heiligkeit keine Grenzen der Bewunderung zu finden sind. Ich habe in meinem Werke viel von seiner Größe zu reden[2] und muß dabei eingestehen, daß ich mich nicht würdig fühle, es zu thun. Ich setze ihn noch weit über Christus und zwar nicht etwa deswegen weil er der einzige Mensch ist der gedacht hat, sondern auch dann wenn ich und ebendeswegen weil ich auf das Ganze des Geistes sehe was in ihm erscheint und auf die Größe des Beispiels, das er gelebt hat. Auch ist mir sein Verhältnis zum Volke ebenso typisch wie das des Christus. Wenn er nicht, gleich diesem, alle Stufen des Märtyrertums bis auf die letzte durchgemacht hat, so lag das nicht etwa nur an der veränderten Zeit und Umgebung und wahrhaftig nicht am Mangel des persönlichen Mutes, sondern großen Teils an seiner höheren Weisheit und Geduld – die Geduld ist mit einem schönen und tiefen Worte der zweite Mut genannt worden. Aber ich will mich nicht verlieren, wo man sich nur schwer zurückzufinden vermag, da ich doch nur kam zu sagen, wie sehr mich das Facsimile erfreut hat.

Und nun kam auch noch der prächtige Japanese an![3] Glauben Sie nur, ich verstehe seine Schönheit und Tugend zu würdigen. So weich, so leicht und doch überall anschmiegend mit zarter Diskretion, übergießt er den Leib und durchdringt ihn mit Wärme wunderbar, und giebt ein unvergleichliches Gefühl von höherer Animalität. Welch ein raffinierter Viehstand, diese Menschen!

Und gar die Wenigen, die in die Tiefe reichen und nicht in die menschliche Oberfläche der Existenz verloren sind. Wie bin ich glücklich, mein geliebter Freund, des festen Bandes, das uns auf dem ewig Einen Grunde miteinander verknüpft! Sie haben so viel Göttliches. Das ist nun auch heut mein Trost, da ich noch einige Tage mit dem Schreiben gewartet, – ob nicht doch inzwischen Ihr »Morgen« in absehbarer Endlichkeit sich erfüllt. Aber Sie messen Ihre Tage nicht mit menschlichem Maße. So unendlich gütig und weise; nur an der Macht gebricht es manchmal, einen Brief zu schreiben ...... Mir ist ja längst das Geheimnis der Geistigen[4] offenbar geworden –: sie sind Götter voll unendlicher Weisheit und Liebe, die nur hinieden ihre Allmacht nicht bei sich haben. –

Despinoza an Joh. Georg. Graevius, aufbewahrt in der Königlichen Bibliothek zu Kopenhagen, [Berlin: M. Harrwitz 1900] (s. auch Brief 24). Brunner und Frida Mond unterstützten Meijers drei Jahre später erschienene Faksimile-Ausgabe von Spinozabriefen: Willem Meijer (Hrsg.), Nachbildung der im Jahre 1902 noch erhaltenen eigenhändigen Briefe des Benedictus Despinoza, Den Haag: Mouton & Co. 1903.

2 Brunner bezieht sich in seinen Schriften an unzähligen Stellen auf Spinoza.

3 Frida Mond schenkte Brunner einen japanischen Schlafrock.

4 »Geistige« ist die Bezeichnung Brunners für Menschen, deren Leben und Denken im absoluten Geist gründet und daher die reine Wirklichkeit und Wahrheit erfasst, im

24. An Frida Mond, Mai 1901

Geliebter Freund,

zuerst will ich Sie beruhigen über meinen Zustand, der wieder recht leidlich ist, bis auf einige nervöse Überbleibsel, die auch dem Frühlinge noch nicht haben weichen wollen. Geradezu komisch ist der heftige Hunger, den ich mehrmals des Tages zu ganz unerlaubten Zeiten auszustehen habe; weit härter allerdings ist mir der Mangel des rechten Schlafes – ich kann ihn so schlecht entbehren.

Für meine Arbeit[1] sind mir trotzdem wieder die Kräfte gewachsen und wieder bin ich daran mit der alten Zähigkeit, frisch, freudig, wütig, liebend, je nachdem es fällt, meine ganze Welt darin lebend, und, wie es mich auch führt, in jedem Falle ganz darein verkrochen und mit mir selber mich herumarbeitend im verborgensten Innern, bis es herausgebracht ist als äußerlich Gemachtes, fest und breit an seinen Ort gestellt, wo es nötig ist für das Ganze.

Ob Sie das was ich zur Einführung, zur allgemeinen Orientierung über Gehalt und Gestalt des Ganzen geschrieben habe und was bis auf die allerletzte stilistische Ausfeilung und einige Kleinigkeiten z.B. bis auf das Hinzufügen des neuen von mir erfundenen Interpunktionszeichens, *Interduktes*[2] (welches zur Erläuterung meiner vielfach an den mündlichen Stil streifenden Vortragsweise und auch sonst wohl allgemein zur leichteren Übersicht der Satzgliederung nützlich sein dürfte), was also als Ganzes in Anordnung und Vortrag wesentlich bleiben soll wie es ist, und wovon ich nur noch nicht entschlossen bin, ob ich nicht vor der Veröffentlichung das letzte Ende abhake – auch der Titel des Ganzen ist ziemlich festgestellt: wie gefällt er Ihnen? oder wissen Sie einen prägnanteren? – – ob Sie also die »Einführung«[3] Herrn Mond[4] zeigen wollen oder noch

Gegensatz zum Denken der »Abergläubischen«, die Brunner auch »Volk« nennt, dem fiktive absolute Prinzipien zugrunde liegen, wodurch das Denken des Wirklichen mit dem Denken des Unwirklichen durchsetzt ist (Die Lehre, S. 5 f.; s. auch Brief 37/3 und 48/2).

1 Brunner arbeitete seit 1895 an der 1908 publizierten »Lehre von den Geistigen und vom Volke«.

2 Die Einführung eines neuen Interpunktionszeichens hat Brunner später verworfen.

3 Die in den Briefen an Frida Mond häufig erwähnte und diskutierte Einleitung oder Vorrede oder Einführung, die ursprünglich den Titel »Die allgemeine Bildung« hatte, hieß schließlich »Ankündigung« und bildete den ersten längeren Abschnitt der 1908 erschienenen »Lehre von den Geistigen und vom Volke«. Der in zwei Auflagen auch separat erschienene Text (Die Lehre von den Geistigen und vom Volke. Sonderdruck der Ankündigung, Berlin: Karl Schnabel 1908 sowie noch einmal 1909) war nicht nur zwischen Brunner und Frida Mond umstritten (s. Brief 25 an Mond und Brief 57 an Landauer).

4 Frida Monds Ehemann Ludwig Mond.

nicht, darüber zu entscheiden muß ich der Weisheit meiner lieben Fraue[5] überlassen.

Mit meiner Arbeit steht es so, daß ich, wenn mir nicht Krankheit oder sonstiges Mißgeschick dawider sind, noch vor Ablauf des Jahres den ersten Teil, welcher selbständiger Veröffentlichung fähig wäre, vollkommen druckreif zum Abschluß bringen werde. Dieser erste Teil enthält alles wissenschaftlich Prinzipielle, behandelt den Verstand und den gestörten Verstand, die Sprache, den Staat, mit einem Worte Alles was Äußerung und Leistung des Verstandes ist, aus seinem Prinzip heraus, nämlich aus dem Prinzip der Lebensfürsorge, welche durchaus zusammenfällt mit dem Verstande selbst und wonach sich auch alles Theoretische, wonach sich die gesamte Weltanschauung richtet. Der erste Teil enthält diese ganze Weltanschauung, wie ich sie vorzutragen vermag, die also bei mir in das Wissen des praktischen Verstandes hineinfällt. Weltanschauung ist nicht Philosophie. Wenn man will, mag man solche letzte wissenschaftlich-prinzipielle Betrachtung der Weltdinge *erste Philosophie* nennen, um sie zu unterscheiden von der eigentlichen Philosophie (des Geistes) oder *Philosophie der Dinge*; damit wäre zugleich die Stellung angedeutet, welche die Prinzipienlehre einnimmt: in der Mitte nämlich zwischen der *Philosophie* (des Geistes) und den einzelnen Wissenschaften von den *Dingen* steht sie, daher bildet sie den Übergang und die Propädeutik zur Philosophie. Von meiner Philosophie findet sich in diesem ersten Teile *nichts,* sondern eben nur die wissenschaftliche Weltanschauung wird darin angetroffen, aber auf eine solche Weise dargestellt, daß sie zwar als das für den praktischen Verstand Unumgängliche, gesetzmäßig Notwendige und auch als schön und herrlich überaus, für seine Sphäre, anerkannt wird, dabei aber doch so daß man überall diesen Verstand (soweit er, über seine Praxis hinaussteigend, ins Denken gerät) als in sich selbst hinfällig und nichtig gezeigt bekommt. Seine Fundamente erweisen sich als ebenso viele Löcher, durch welche endlich sein ganzes Denken und Sein hindurchfällt und Alles, Alles zerrinnt und zergeht ins Nichts. Ja nicht aber giebt es deswegen etwas zu greinen von wegen der »Beschränktheit« oder »Endlichkeit« des menschlichen Verstandes – als steckte irgendwo ein unbeschränkter und unendlicher Verstand. Solch Gefasel wird nicht gemacht. Denn das ist selbstverständlich, daß wir nichts weiter wissen von dem was wir Dinge heißen und von dieser Dinge *Wesen: da ist nichts weiter zu wissen, und die Dinge haben kein Wesen oder An-sich.* Und so also wird es aufgezeigt, daß der Verstand durch seinen absoluten Widerspruch in sich selbst (den er vor dem Denken zeigt) sich selber aufhebt, so daß keine ernsthafte Seele über

5 Nach dem mittelhochdeutschen »vrouwe«: Herrin, Gebieterin, Frau von Stand.

vierzig Jahre alt, bei ihm und bei der wissenschaftlichen Weltanschauung als dem Letzten stehen bleiben kann, vielmehr von dieser versteht (wovon ich hier nichts andeuten kann), daß sie, daß der ganze praktische Verstand hinausweist in die allein wirkliche Realität des Geistes. Von *der* allein giebt es ein Wissen, und ein Wissen unerschütterlich und unfehlbar, und dieses Wissen habe ich und es ist mir sicherer als mein und Ihr Tod und sicherer als unser Leben ..... Aber ich fange an, die Wut des Schreibens zu spüren, und die hab ich anderswohin zu bringen und höre auch dann sobald nicht wieder auf – hier habe ich nur sagen gewollt dieses: daß also in dem ersten Teile nichts steht von meiner eigentlichen Philosophie, aber zusammengepackt meine ganze Propädeutik und Wissenschaftslehre aus dem Einen Prinzip des praktischen Verstandes entwickelt und mit den nötigen Durchgucklöchern in die künftige Herrlichkeit hinein.[6]

Halten Sie es nun für richtiger, den Abschluß dieses für sich selbständigen Teiles abzuwarten und nicht schon vorher Herrn M. die Einführung zu zeigen? Sie müssen es wissen, lieber Freund, und können am besten die innerlichen und äußerlichen Umstände abwägen.

Sollte es sein, daß Sie vorziehen, die Einleitung noch zurückzuhalten, so sagen Sie aber doch bitte gelegentlich Herrn Mond ein gutes, kluges Wort über mich, erzählen Sie ihm von meiner wahren Art und Gesinnung und verhehlen Sie ihm nicht wie es um mich steht: daß ich von jenen Arbeitern einer bin, von den auf besondere Weise Schweres und Ungewöhnliches Arbeitenden; was ich auf mich genommen habe nicht durch Entschluß und von heut und gestern, sondern von Natur und von immer her getragen habe und nun in einem langen Akte des Gebährens, nach Art solcher Schöpfungen, hervorbringe; und, – wenn es so mit ihrer eignen Meinung steht – daß auch Sie nicht glauben, es werde nichts als ein gewaltiges Windei sein, was herauskommt; *mein* Glaube jedenfalls an das Gelingen sei stark und fest, wobei mich stets der Gedanke begleite, daß es auch ihm selber etwas Rechtes und Echtes bedeuten werde, wenn ich es ihm hintrage, und daß es ihm die Augen über mich öffnen und ihm zeigen werde, ich sei es wert, daß ihm dies über mich geschehe.

6 Der hier skizzierte Inhalt entspricht in etwa den Ausführungen zum »praktischen Verstand« in Brunners »Lehre von den Geistigen und vom Volke« (S. 119-1088). Allerdings fehlen dort noch die genannten Abschnitte über den gestörten Verstand und den Staat, während andererseits psychologische Erörterungen einen breiten Raum einnehmen. Brunners Systematik entsprechend sollte die »Lehre von den Geistigen und vom Volk« drei Bücher – über den praktischen Verstand, über den Geist und über den Aberglauben – umfassen. Brunner hatte es jedoch vorgezogen, die Themen der geplanten Bände 2 und 3 in Veröffentlichungen mit anderen Schwerpunkten zu erörtern.

Sollten Sie Herrn M. das Manuskript nicht zeigen, so geben Sie es vielleicht inzwischen dem Lord Alfred[7] und bitten dann diesen, Schweigen darüber zu bewahren. Ich hätte gern, daß es von ihm gelesen wird und daß er mich nicht vergißt, so wie ich ihn nicht vergessen habe.

Auch Robert Mond,[8] (für dessen Kindlein ich die besten Wünsche schicke), dürfte besonders an späteren Ausführungen in meinem Werke, die Spinoza betreffen, ein Interesse nehmen können. Ich kann mich gewissermaßen als den ersten Apostel Spinozas betrachten, der ihn in einem unweit größeren Lichte zeigt als worin er gewöhnlich gesehen wird. Das macht Alles das unheilige Volk, das es nun wieder mit der Form des Pantheismus oder Monismus heraus hat.[9] Ach nein – so einfach dumm ist es denn doch nicht mit der Welt bewandt, und so hat es Spinoza nicht gemeint. In einem Briefe läßt sich darüber nichts Rechtes sagen.

Briefe und Spinoza – auch danach fragen Sie, lieber Freund. Übrigens hatte ich Ihnen schon gedankt für die Übersendung jenes Facsimile[10] und Ihnen gesagt, daß es mich natürlich ganz besonders erfreut; wie mich denn überhaupt Alles auf das lebhafteste in Anspruch nimmt, was irgendwie mit diesem wunderbaren Phänomene zusammenhängt. Schade, daß das Deutsch bei der Veröffentlichung des Herrn Mejer so gar elend ist. Übrigens – da Sie mich ohnehin nach Lektüre fragten – die meisten und wichtigsten Briefe Spinozas samt den an ihn gerichteten Briefen sind in der Kirchmannschen »Philosophischen Bibliothek« *deutsch* erschienen: Band 46, »Spinozas Briefwechsel«.[11] Sie können also das Buch leicht ha-

7 Alfred Mond, Sohn Frida Monds.

8 Robert Ludwig Mond (1867-1938), der Sohn von Frida und Ludwig Mond, war Chemiker, Industrieller (er leitete zeitweise das väterliche Unternehmen Brunner-Mond Comp.), Ägyptologe und Sammler. 1932 wurde er geadelt.

9 In der »Lehre von den Geistigen und vom Volk« wendet sich Brunner energisch gegen materialistische Monisten, die die Relativität des Dinglichen nicht erfassen, sondern es verabsolutieren. Insbesondere den Zoologen und Philosophen Ernst Haeckel (1834-1919), dessen 1899 erschienenes populärwissenschaftliches Buch »Die Welträthsel. Gemeinverständliche Studien über Monistische Philosophie« (Bonn: Strauß 1899) in kürzester Zeit eine Auflage von mehreren hunderttausend Exemplaren erreichte, greift Brunner hier scharf an, unter anderem wegen Haeckels Spinozainterpretation. Haeckels Philosophie sei »rohester Materialismus«, er sei ein »allerfinsterster Entwicklungsorthodoxer«, der nicht philosophieren könne, aber »wie ein Gnu an der Spitze daherrast in dem wütenden Heere der Gebildeten«. Brunner hält ihn für eine vorübergehende Zeitberühmtheit (Die Lehre, S. 541-547).

10 Willem Meijers Veröffentlichung eines Spinoza-Briefes an Graevius (s. Brief 23/1).

11 Julius Hermann von Kirchmann (Hrsg.), Die Briefe mehrerer Gelehrten an Benedict von Spinoza und dessen Antworten soweit beide zum besseren Verständnis seiner Schriften dienen, Berlin: L. Heimann 1871 (Philosophische Bibliothek, Bd. 46).

ben und bequem lesen. Ich rate Ihnen sehr dazu. Man sieht – soweit bei der Herausgabe nicht noch obendrein vertuscht worden ist, was man ebenfalls sehen kann – wie trauriger Art das Verständnis war, welches Spinoza auch bei seinen klügsten Freunden gefunden hatte und wie viel Schuld daran die allgemeine Verkennung des Mannes trug. Man bewundert aber auch, wie wenig der Mann berührt worden ist von Verkennung und Mißverständnis, mit welcher Felsenfestigkeit er in sich selber ruhte; und alles was man sonst noch von ihm erfährt ist schön und groß und stimmt zum Bilde dieses Heiligen, der einzig und allein unter allen Menschen diesen Namen verdient. Und ferner das Merkwürdige: *Kein Wort, keine Andeutung in diesen seinen Briefen, die irgendwie Befangenheit in irgendwelchem Aberglauben verrät, keine Anfechtung, keinen Zweifel.* Auch das will ich nicht unterlassen, Sie noch vor den Kirchmannschen Erläuterungen zu warnen, die Sie wahrscheinlich mitbekommen werden, wenn Sie das Buch beziehen.[12] Das ist eine böse Zugabe, wenigstens soweit Spinozas Meinungen »erläutert« werden. Herr Jesus! Herr Spinoza! sind das Erläuterungen! So wie Dünzer Göthe *erläutert*[13] oder wie der Aff den Menschen erläutert.

Von Büchern will ich Ihnen noch empfehlen – wenn das nicht schon früher einmal geschehen ist –: Heinrich *Alt*, »Die Heiligenbilder oder die bildende Kunst und die theologische Wissenschaft« (Berlin 1845).[14] Sie finden darin, worüber Sie so oft Aufschluß suchen, Vieles über die symbolischen Zeichen und über Heiligen-Attribute, und zwar systematisch gruppiert und mit der Beigabe einer ausführlichen Inhaltsangabe, wodurch das Werk zum Nachschlagen für den Einzelfall tauglich wird. Bei den Heiligen fällt mir auch noch grade die vortreffliche Erzählung der »Legenden« von Kosegarten ein, die ich Ihnen aber vielleicht ebenfalls schon früher gerühmt habe.[15]

12 Julius Hermann von Kirchmann, Erläuterungen zu Benedict von Spinoza's Briefwechsel, Berlin: L. Heimann 1872 (Philosophische Bibliothek, Bd. 47).

13 Heinrich Düntzer (1813-1901), Altphilologe und Literaturhistoriker, der bekannt geworden ist durch seine zahlreichen Einführungen in Goethes Leben und Werke.

14 Heinrich Alt, Die Heiligenbilder oder die bildende Kunst und die theologische Wissenschaft in ihrem gegenseitigen Verhältniß historisch dargestellt, Berlin: Plahn 1845.

15 Ludwig Gotthard Kosegarten (1758-1818), ev. Theologe und Dichter, veröffentlichte 1804 »Legenden« in zwei Bänden (Berlin: Vossische Buchhandlung), ein dritter Band erschien 1812 in Greifswald bei J. H. Eckhardt. Die Geschichten basieren auf der im 13. Jahrhundert erschienenen »Legenda Aurea«, einer verbreiteten Sammlung von Heiligengeschichten.

Und es nimmt ja gar kein Ende, was einem nicht noch Alles einfällt, ohne daß man sich schämt, schon auf dem vierten Briefbogen zu schreiben. Der Hunger wird nur vermehrt und ist nicht gestillt, wenn man endlich doch aufhören muß. Was möchte ich nicht noch Alles vor Ihnen beschwätzen, und wenn ich dann Ihr Antworten gleich lebendig gegenwärtig hätte! statt dieses unsres ewigen unsinnigen monologischen Extratreibens auf getrennten Bühnen. Wann sehe ich Sie wieder zu ruhigem Genießen und Leben?! Ich müßte ja der dümmste aller meiner Esel[16] sein, so dummquadrateselig wie ja ein lebendiger Esel gar nicht existiert, wenn ich Sie geliebten köstlichen Freund so bald wieder losließe. Ach, nun ist man so klug und doch so dumm!! Doch eigentlich ganz bedeutend viel dümmer als klug; und närrisch, daß einem alle Haare zu Berge stehen müßten.

Was ist denn nun noch nach vom Wichtigsten? Vor allem noch der Krankheitsfall der Pariser Freundin.[17] Vielleicht sind Sie so gut, mir über den Stand der Sache zu berichten. Meine Teilnahme daran ist weit lebhafter wie ich mir eigentlich selbst erklären kann. Wohl durch Ihre Jugendfreundschaft und fortdauernde Beziehung und vor Allem wohl, weil für die Mama[18] »*die* Julie« immer wie eine Art von Kind dazugehörig geblieben war.

Von meiner Influenza-Überwindung habe ich schon geschrieben. Nachtragen kann ich noch, daß meine sämtlichen Hausgenossen einen Anfall durchzumachen hatten, leichter als der meinige war, und daß sie allesamt bereits wieder so ziemlich hinübergerettet sind.

Sie fragen auch noch nach dem Stande meiner Finanzen?[19] Nun Sie wissen, liebe Fragerin, daß Sie selber meine Pax, meine Eirene sind, deren Bild ich auf meinen Münzen erblicke, und zurückgefragt werden Sie selber nach dem göttlichen Segen, ob Sie das Jahr hindurch weiter, so wie bisher, seinen Frieden mir bereiten wollen? Vielleicht antworten Sie mir darauf in nicht allzuferner Zeit.

16 Brunner hatte große Sympathie für Esel, die er als »Juden unter den Tieren« bezeichnete (Die Lehre, S. 841); er besaß eine umfangreiche Sammlung von Eselsbildern und eine große Eselspuppe, die er als »Der Professor« titulierte.

17 Julie Caruette, geb. Strobel (1848-1908?). Sie besuchte gemeinsam mit Frida Mond ein Mädchenpensionat und lebte zwei Jahre bei Familie Löwenthal. Strobel studierte am Kölner Konservatorium Komposition und hatte offenbar großen Anteil an Frida Monds musikalischer Bildung. Die beiden Frauen blieben in Kontakt, auch als Frida Mond nach England gegangen war und Julie den Franzosen Henri Caruette heiratete und zu ihm nach Paris zog.

18 Frida Monds Mutter Johanna Löwenthal.

19 Die Familie Mond unterstützte Brunner finanziell.

Das Schreiben und das Antworten! dieses schwere Einatmen und Ausatmen der Freundschaft getrennter Freunde – schwer, unregelmäßig und qualvoll und doch hängt das ganze Leben daran. Wann höre ich wieder wenigstens über Ihr Befinden? Aber halt, für dieses Mal hab ichs. Ich schicke diesen Brief, damit er nicht in die Pfingst-turba hineingerät, eingeschrieben und bitte nun meinerseits einmal Sie um Empfangsanzeige. Bitte umgehend, lieber Freund, hübsch hingesetzt und nicht gethan als müßten Sie mit jedem Tropfen Tinte geizen. Nur Empfangsanzeige will ich und einen ordentlichen zärtlichen Gruß, so wie ich es auch machen muß und mache. Und so lassen Sie auch einmal die Süßigkeit der Rache schmecken

Ihren ganz grausamen alten
Freundmenschen hier.

25. An Frida Mond, Anfang 1903

Verehrte Freundin,

haben Sie vielen Dank für Ihren Brief, dessen Nachrichten mich sehr erfreut haben. Immer nach längerer Zeit der Verunruhigung und der Sorge um Sie kommt endlich doch die Beruhigung – Sie können sich gar nicht vorstellen, wie ich inzwischen gequält bin! Hätte ich nicht doch letzten Grundes so stark die Herrschaft über mich: ich hätte längst einmal einen dummen Streich gemacht. Sie denken nicht daran, welch ein Temperament Ihr Freund besitzt oder wollen es nicht gelten lassen. Da es doch einmal da ist – was wollen Sie? was soll ich dagegen? Sie sind gut und schlecht mit mir; den Unterschied macht nur, daß Sie gut sind aus Güte, schlecht dagegen gar nicht aus Schlechtigkeit, zum Teil sogar ebenfalls aus Güte – glauben Sie nur daß ich das verstehe! Und so bleiben Sie denn freilich, als Gute und Schlimme, doch die Allerbeste. Aber schlimm sind Sie doch auch.

Na.

Und mit Ihrem Schreiben über die Einleitung.[1] Mir wäre es gewis unvergleichlich lieb, wenn Sie das einmal ernsthaft thun wollten. Da Sie aber selber sagen, wie ich ohnehin gründlich weiß, daß Ihnen das schwer ankommt, so eilen Sie nicht damit. Vielleicht warten Sie gar, bis Sie sie vor

1 Brunners später »Ankündigung« betitelter erster Abschnitt der »Lehre von den Geistigen und vom Volke«.

dem Werke erblicken. Dann aber frisch und rücksichtslos aufs Ganze; damit ich auch sehe, was *Sie* verstanden haben. Ist Ihre Kritik schlecht, will ichs Ihnen schon heimzahlen, der Kritiker ist auch ein Autor, der kritisiert werden kann. Vielleicht also warten Sie mit Ihren Bemerkungen. Ich hatte Sie schon damals daran erinnert, daß eine Einleitung eigentlich das Letzte ist, was man vom Werke schreibt. Nur weil mir das Ganze meiner Sache schon damals so fest und in seiner natürlichen einfachen Gliederung vorstand, konnte ich das Wesentliche der Einführung vorherschreiben. Alles Wesentliche ist geblieben. Im Einzelnen aber werden Sie Manches anders finden, – Manches so anders wie es mit Ihrer Meinung besser bestehen wird. Z.B. sagten Sie mir damals gleich, als ichs Ihnen vorlas: Schluß besser weglassen! Ich antwortete Ihnen: vielleicht richtig bemerkt, ich kanns erst wissen, wenn der Bau vollendet ist. In diesem Punkte hatten Sie Recht; der Schluß *ist* jetzt weggelassen.

Aber die Schreibart? – *Einen* wird es immer geben, der mit meiner Art zu schreiben nicht zufrieden ist. Der heißt Leo. Sehen Sie, das ist noch ganz was anderes als wenn *Sie* nicht zufrieden sind, nicht wahr? Aber so herzlich gut wir es Beide mit meinen Schmieralien meinen: gegen meine Schreibart sind wir machtlos. Die ist – gerade wie Sie gegen mich sind: gut und schlecht. Oder vielleicht schlecht und gut. So ist sie aber wohl bei allen Denjenigen, die einen eignen Denkinhalt mitzuteilen kommen. Das ringt sich aus dem ersten Kopf und Herzen, in die es kam, niemals glatt hervor – doch aber stark, so daß es wirkt und Diejenigen schüttelt, die geschüttelt werden sollen. Auch ist bei mir Anfang des Neuen darin. Ich suche der philosophischen Sprache das Leben zu geben, ich will sie *deutsch* reden machen, diese halb unsinnig gewordene Sprache. Dafür besitze ich einige Naturmitgabe. Mit dem liebendsten Herzen voll Bewunderung und Glück über das Markige, Wuchtige des Deutschen verbindet sich in mir das jüdische Temperament. Die Mischung ist nicht übel. *Was* unter unsren Barbarenvölkern wird, das wird ja durch Mischung mit Griechischem oder Jüdischem; wir haben nichts als Renaissance des griechischen oder jüdischen Geistes. Die ganze Macht und Pracht unsrer deutschen Sprache, entzündet am Wesen des jüdischen Geistes, hat sich ein einziges Mal gezeigt: in Luther. Die Entwicklung unsrer Sprache ist nicht seinen Weg gegangen, sondern in Göthe den Weg der griechischen Renaissance. Aber jener andre Weg ist auch ein Weg, von meinem Standorte aus gradlinig ins Zentrum. Mein Judendeutsch läuft diesen andern Weg; am Ziele angelangt, sind wir Alle gleich in dem Einen, Gleichen: ich so gut wie meine schönen Brüder und Schwestern vom Griechendeutsch. Wie unendlich ich sie liebe, diese Verschiedenen, Gleichen!

Übrigens, was weiß ich? Dieses Eine weiß ich, daß man sich bei einem Auftreten, wie meines ist, um Lob und Tadel nicht bekümmert. Ob ich

Anhänger finden werde? fragen Sie. Ich habe schon welche, die genug verrücktes Gerühme von mir machen.[2] Es wäre mir ein Leichtes, sie zu einer Gemeinde zusammenzurufen. Ich mag das nicht, – vielleicht geschieht es später. Ich erwähne es nur deswegen, um Ihnen zu sagen wie ich denke. *Da*bei bleibe ich totkalt, wenn es einem Andern noch so warm bei mir wird. Von Eitelkeit bin ich frei. Dazu ist die Sache zu groß, dazu bin ich zu sicher, daß ich mit der Wirklichkeit gehe. Nach Lob und Tadel richte ich mich nicht, – für mich gilt: mit all meinem Fleiß und Leben es thun und dann in die Wirklichkeit entlassen. Wenn es dann nicht von der Wirklichkeit und Wahrheit ist, so wird es zerfliegen ins Nichts, und ich werde zufrieden sein; ob ich dann auch erfahren haben werde, daß ich mit diesem Leben bis in diesen Tod ein Erznarr an Gedanken und an Kraft und Wille ein Topflappen gewesen bin und sein werde – was thuts? Da es ja auch derlei giebt, und dieser und jener muß es sein. Warum ein Andrer eher als ich? Wenn ichs bin, weiß ich mich drein zu schicken. Ich müßte ja ein miserabler Philosophierer sein, wenn ich nicht die Einsicht ertragen gelernt hätte, daß ich keiner bin! – Noch denke ich aber nicht an derartiges. Noch bin ich gewis: gegen alle die unnützen und scheußlichen Phantasien der Menschen die Eine und einzige Wirklichkeit ergriffen zu haben und ihren Einen schöpferischen Gedanken, den ich *mein* Stückchen voranzubringen gedenke; und ich glaube nicht, daß mir jemals (durch was es sei) das Herz klein werden wird deswegen: weil ich that wie ich mußte, weil ich meine Liebe zu den Menschen in dieser Form bethätigte, die allen im Zeitglauben Verblendeten hart und spitz, frivol, unsinnig und verworren erscheinen muß. Sie sehen, ich weiß, was ich thue und was die Folge sein wird. Was kann mich, den Solches Erwartenden, kränken? Mein innerlicher Frieden und mein Glück ist höher als alles Glück und aller Friede der Menschen, kann mir durch sie nicht gegeben und nicht genommen werden. Wenn ich aber so von der Wahrheit spreche, hat diese ganze unheilige Zeit keinen Begriff davon, was ich meine, und keinen Begriff von dem Glücke, das ich meine. Ich liebe aber die Menschen und will mit mir in das Glück und die Wahrheit haben, wen ich vermag, und ich kenne die Menschen. Wer sie so liebt wie ich, der beleidigt sie so wie ich. Anders geht es nicht, und so kommt es uns von selbst, und wenn sie uns drum kreuzigen, so können sie nicht anders und wir können nicht anders. Wir

2 Zu den frühen Anhängern der Philosophie Brunners gehörten Ernst Altkirch (s. Brief 26/1), Eduard Bäumer (s. Brief 30/1), die Brüder Eberhard und Walther König (s. Brief 197/1) sowie Gustav Landauer (s. Brief 29/3, 38, 39), dem Brunner Ende November 1903 die »Ankündigung« vorgelesen hatte; Landauer »war begeistert« (s. Lotte Brunner, Tagebuch, 23. und 24. November 1903).

leiden für sie, und bleiben doch auch in der Gegenwart dieses Leidens die allein wahrhaft Glücklichen.

Wie mein Hase laufen wird – davon Einiges werden wir ja erleben. Das Werk wird jetzt noch einmal abgeschrieben, da ich nicht das einzige brauchbare Exemplar aus Händen geben mag, ohne noch ein anderes zu haben. Hoffentlich kann ich Ihnen über Verlag recht bald etwas Günstiges mitteilen. Ich selbst ordne inzwischen meine Manuskripte, was keine kleine Arbeit ist, suche schon heraus, was von meiner Sache ich dem ersten Werke folgen lassen will – Alles von meiner Einen Sache; ich finde in der That nicht eine Zeile, die von Anderem handelt, bin kein Schriftsteller: der schreibt von Diesem und von Jenem. Zwischendurch auch schreibe ich was an meinen biographischen Aufzeichnungen – natürlich für eine späte Zeit und ebenfalls nur unter dem Gesichtspunkte meiner Einen Idee.[3]

Zum Schreiben komme ich z.Z. wenig: ich habe mehr als sonst in der Stadt zu thun. Außer dem einen Pensionat, das mir seit meinen ersten Berliner Tagen treu geblieben ist, habe ich seit zwei Jahren noch ein zweites dazu.[4] Besonders in Anspruch aber nimmt mich in dieser Zeit eine vornehme und geistvolle Dame[5] (das erste Mal, daß ich diese drei Wörter, auch das Wort »Dame« auf Jemanden, außer auf Sie, anwenden kann), die sich von mir was vortragen läßt, und obwohl sie bereits in älteren Jahren steht und durchaus gefestigt in Gedanken, dennoch usw. Ich heiße in Ihrem Hause »der Darum« (weil sie mich das Darum auf all ihr Warum nennt), sie möchte mal mit mir nach Italien, woran ich natürlich entfernt nicht denke, etc. etc. Näheres über diesen jedenfalls ungewöhnlichen Schüler kann ich Ihnen noch nicht schreiben; dazu kenne ich sie noch nicht gründlich genug. Jedenfalls ist sie sehr liebenswürdig gegen mich, vielleicht bleibt sie's. –

3 Erschienen sind später zwei größere autobiographische Skizzen: »Zum fünfundfünfzigsten Geburtstage« (1917) und »Vom Einsiedler Constantin Brunner« (1924).

4 Über Brunners Tätigkeiten seit 1895 ist nicht viel bekannt. 1898 schrieb er an Frida Mond: »Was ich irgend an Zeit erübrigen kann, wird durch meine Studien und meine Arbeit gefordert. Nur als Kritiker bin ich thätig oder als ›litterarischer Beirat‹, wie man das nennt, für einige Verlagsfirmen und ein dramaturgisches Institut (welch letztes übrigens ganz nach meinem Plane des ›Litterar. Büreaus‹ eingerichtet worden ist) und erteile Unterricht. Seit dem Herbst des vorigen Jahres auch an einem Höheren-Töchter-Pensionat«, in dem er Literatur- und Kunstgeschichte unterrichtete (LBI/JMB: II, 9, 5). Zu seinen Zuhörerinnen gehörte hier 1903/04 auch Alice Brandt (s. Brief 59/1), deren Aufzeichnungen von den Stunden erhalten geblieben sind (LBI/JMB: I, X, 3, 9).

5 Cécile Mutzenbecher (s. Brief 37/1).

Praktisches? – Mein zweites Pensionat bezahlt besser als mein erstes, das Warum bezahlt besser als das zweite Pensionat, also ich verdiene mehr als sonst. Dazu kommt noch Lottes Beihülfe,[6] – sie hat einen ganz netten Anfang gemacht ....

Werden Sie noch lange an Ihrem schönen Wohnorte bleiben?[7] der ja wohl auch ein Stückchen von jenem Stücke Paradies zu sein scheint, das Satan bei seinem Sturze vom Himmel mit herunterriß. Werden Sie von dort nach London zurückgehen, werden Sie dies, werden Sie das? – – –

Eben bekomme ich eine hocherfreuliche Nachricht, die auch Sie liebe Freundin interessieren wird: Sie fragen immer so liebevoll nach meinen Freunden. Ich lege Ihnen die Karte bei von Paul Geisler, der, wie ich Ihnen wohl geschrieben hatte, seit einigen Jahren in Posen wohnt. Es handelt sich um seine Oper »Ilse«, die Ihnen wohlbekannte Prinzessin vom Ilsenstein.[8] – Noch etwas wollte ich Ihnen immer schon zum Lesen schicken: eine kleine Burleske, die Ihnen einigen Spaß machen dürfte. Ein jüngerer Freund hat sie mir zu Weihnachten gemacht. Anlaß gab, glaube ich, der Umstand, daß der Verfasser meine Gespräche mit ihm zu Hause aufzeichnete. Durch einen Zufall hatte ich das erfahren: als er nun das nächste Mal wiederkam, setzte ich ihm klaren, enormen Wahnsinn vor, solch einen, der sich selbst und den Hörer mit verschlingt. Ich schicke Ihnen also das Büchelchen mit, *eingeschrieben*, und bitte Sie, es mir ebenso gelegentlich wieder zu schicken. Es eilt nicht damit. Vorwort und Nachwort enthält natürlich Anspielungen, die Ihnen unverständlich sein werden, die aber nicht zur Sache selbst kommen.

Und nun, da ich doch endlich mit meinem Briefe aufhören muß, möchte ich eigentlich fragen, wo ich anfangen soll? Ich hätte noch tausendundein Dinge zu schreiben – vom Siebengebirge bis zum Estérelgebirge.[9] Aber der Brief muß geschlossen sein. Mit den innigsten Grüßen und Wünschen.

6 Lotte Brunner hat Ende 1902 ihr Examen am Lehrerinnen-Seminar bestanden und unterrichtete anschließend Seminaristinnen. Schon ab 1900 verdiente sie bei der Ordnung der Seminarbibliothek Geld.

7 Über Sylvester und bis zum 18. Januar 1903 war die Familie Mond in Cannes.

8 Paul Geislers Oper »Prinzessin Ilse«, die 1903 in Posen uraufgeführt wurde. Die Oper ist der Schwester Heinrich Heines, Charlotte Embden (1802-1898), gewidmet. In das Werk ist nicht nur die gleichnamige Dichtung Heines (Die Ilse; in der »Harzreise«) aufgenommen, sondern es wurden auch Gedanken aus Heines »Elementargeistern« verarbeitet. Paul Geisler, Ilse. Oper in einem Aufzuge. Den Bühnen gegenüber Manuscript, Berlin: G. Berg [1903].

9 Brunner war zwischen 1881 und 1884 häufig mit Frida Monds Mutter, Johanna Löwenthal, im Siebengebirge und wohnte zeitweise in Ober-Dollendorf, nahe Bonn. Frida Mond hielt sich gerade in Cannes auf. Das Estérelgebirge befindet sich zwischen Cannes und Saint-Raphaël an der Côte d'Azur.

Am Sonnabend war es zu spät geworden, gestern Sonntag war Sonntag, und so heißt es heute Montag, wo der Brief abgeht. Da ich doch Beilagen gemacht habe, thue ich noch einen soeben eingetroffenen Brief meines Neffen dazu, des Gärtners.[10] Sie ersehen daraus, daß er sein Studium an der kgl. Lehranstalt in Geisenheim mit gutem Erfolge abgeschlossen hat, was Sie freuen wird. Ferner lege ich noch bei eine kleine Schrift über ein Buch »Jörn Uhl«,[11] auf das ich Sic aufmcrksam machen möchte. Es gehört zu den wenigen modernen Werken, denen ich Geschmack abgewinnen kann und ist mir lieb wegen seiner deutschen Sprache. Ich komme hier darauf es Ihnen zu empfehlen, weil ich Ihnen doch von Luther als den Deutschsprecher etwas gesagt hatte. Wo in einem Buche deutsch gesprochen wird, hat wenigstens dieses Deutsch meine Sympathie. Das ist der Grund, weswegen ich den Abraham a Santa Clara[12] liebe: er spricht deutsch. Löwenbergs kleines Broschürchen ist warm und liebenswürdig geschrieben – ganz so wie sein Verfasser ist, einer der prächtigsten Menschen, edeldenkend, Kinderfreund (er ist Direktor einer Schule) – und wird hoffentlich geeignet sein, Sie für den Jörn Uhl zu interessieren, der hier übrigens einen großen Erfolg gehabt hat.

Nochmals tausend Grüße!

10 Der aus Hamburg stammende Sohn von Brunners Schwester Elli, Eduard Jacobsen (genannt Edu), hatte 1901-02 an der königlichen Lehranstalt in Geisenheim Obst- und Weinbau studiert.

11 Jakob Loewenberg, Gustav Frenssen. Von der Sandgräfin bis zum Jörn Uhl, Hamburg: M. Glogau 1903. Der Bauernroman »Jörn Uhl« (Berlin: G. Grote 1901) des Pastors Gustav Frenssen (1863-1945) erzählt, teilweise in plattdeutscher Sprache, die wechselvolle Geschichte eines Bauernjungen aus Holstein. Mit seinen Beschreibungen der holsteinischen Landschaft und seinem moralischen Anspruch war der Roman seinerzeit ein großer Erfolg. Der als Vertreter der literarischen Antimoderne geltende Frenssen war während des Kaiserreichs nationalkonservativ gesinnt, später wurde er Anhänger und Unterstützer der Nationalsozialisten.

12 Der katholische Geistliche und Schriftsteller Abraham a Sancta Clara (1644-1709) wurde durch seine volkstümlichen, satirisch-drastischen und für die Entwicklung der deutschen Schriftsprache wirkungsreichen Predigten bekannt. Ernst Altkirch erwähnt, dass Brunner Teile von Sancta Claras Hauptwerk »Judas der Ertz-Schelm« (erschien in 4 Teilen 1686-1695) als Beilage zum »Zuschauer« veröffentlicht hat (nicht nachweisbar). Altkirch schreibt: »Zwar blieb diese Arbeit ein Torso, und auch die dazu angekündigte Einleitung ist nicht erschienen, aber die gründliche Beschäftigung gerade mit a Sancta Clara, diesem glänzendsten Sprecher, ist in hohem Masse bezeichnend für Brunner, der schon damals das blasse Schriftstellerdeutsch unserer Tage nicht liebte und sich nicht nur mit Entzücken der unverwelklichen Frische des derben, unerschöpflichen und in seiner nie ersattenden Lebhaftigkeit wirklich genialen Schwätzers hingab, sondern ihn auch mit originaler Kraft und Einfallsfreude nachahmte, wo sich die Gelegenheit bot.« (Ernst Altkirch, Constantin Brunner in meinem Leben, undatiertes Manuskript [1909-1910], LBI/JMB: I, X, 1, 2, S. 4f.).

Soeben nochmals die ganze Geschichte von unsrer schönen Postanstalt zurückbekommen: man versteht nicht mal eine Sendung ins Ausland zu besorgen. Ich warne Sie vor unsrer Post. Brief und Beilagen schicke ich morgen aus der Stadt.

26. An Ernst Altkirch,[1] 8. Juli 1903

Mein lieber Freund,

der großen Reden voll Liebenswürdigkeit, obwohl sie gewis gradaus vom Herzen kommen, bedarf es doch wohl zwischen uns nicht? da ich denke, daß unser Verhältnis ein *direkt* herzliches ist, *mit direktem Verkehr*, ohne jedes Zwischen einer Vermittlung oder Brimborium, Verbeugungen, Fratzen-Gesten-Mimik der Gesellschaftsleute, die sich fein nennen, weil sie solchen Affenkram gegeneinander produzieren, sondern ich denke, wir geberden uns in jedem Falle so tierisch-menschlich-einfach miteinander, wie wir es nur eben noch vermögen. Ich weiß, Sie denken über derlei ebenso wie ich, der ich mir immer denke: je höher der Affe steigt, desto besser sieht man den Hintern. Ein unumwickelt Ja und Nein in allen Dingen steht uns wohl an; und überdies wüßte ich auch gar nicht, woher Sie die Phantasie beziehen wollen, daß Sie mit Ihrer Anfrage etwas mir Ungeheuerliches anfragen. Es ist selbstverständlich, daß ich Sie sehr gern einige Tage bei uns hätte, die wir dann natürlich auch benützen könnten, uns einmal aus dem Fundamente über Ihre Arbeit zu unterhalten.[2] Ungeheuerlich kann uns allerdings die Frage nach dem Wann denn aber? werden –: die Philosophen in ihren Abstraktionen haben gut die Zeit leugnen! In unsrer Sphäre des Praktischen ist Alles: Zeit, Zeit, bringt die Zeit

1 Ernst Altkirch (eigentlich Ernst Theodor Anton Knopf aus Altkirch im Elsaß, 1873-1926), lebte als Kaufmann und freier Schriftsteller in Dresden, 1912-14 in Berlin, dann in Graz und seit 1922 schließlich in Elbing. Er verfasste Novellen und Erzählungen, die er teilweise Brunners Litterarischem Vermittlungsbureau einsandte und von denen die kleine Erzählung »Susanna im Bade« 1893 im »Zuschauer« erschien (1, Nr. 11-12 (15. Dezember 1893), S. 352f.). Altkirch war auch zeitweise Mitarbeiter des Litterarischen Vermittlungsbureaus und des »Zuschauer«. Brunner freundete sich mit ihm an, und es entspann sich ein umfangreicher Briefwechsel. 1903 regte Brunner die Beschäftigung mit Spinoza an, über den Altkirch in der Folge mehrfach publizierte, u.a.: Spinoza im Porträt, Jena: Eugen Diederichs 1913 (von Frida Mond gefördert) sowie: Maledictus und Benedictus. Spinoza im Urteil des Volkes und der Geistigen bis auf Constantin Brunner, Leipzig: Felix Meiner 1924.

2 Ernst Altkirch arbeitete an einem Roman, der aber offenbar nicht veröffentlicht wurde.

Alles, hat Alles seine Zeit – nur die alten Weiber bekanntlich nicht und wir manchmal nicht zum Wichtigsten und Liebsten, und dann müssen wir Zeit einzuklemmem suchen in die Zeit, und so gehts dann doch gewöhnlich. Wie? Kurz und gut: ich sehe (aus vielen Gründen, von denen mündlich) von meiner Seite aus und nach meinem Interesse gesprochen, nur Einen geeigneten Zeitpunkt: wenn Sie nämlich am kommenden Montag bei uns angerutscht kämen (so früh Sie wollen) und wieder abrutschen würden am Sonnabend darauf (so spät Sie können).

Paßt es? oder läßt es sich einklemmen?

Herzlichst

Leo.

27. An Ernst Altkirch, 30. November 1903

Mein Lieber,

ich will heute zuerst ein Ihnen vielleicht weniger Angenehmes erledigen. Nämlich eine Bitte oder vielmehr erst einmal Anfrage, ob Sie in der Lage wären, mir fünfhundert Mark zu leihen, im Januar rückzahlbar. Ich bin wieder einmal in eine kleine Kluft geraten und kann ohne Ihre Beihülfe mit der vertrackten Kaminsteigerei nicht fertig werden. Wenn Sie bejahen, so gilt das Folgende: Sie brauchen, da Sie gewis ein derartiges Stück Rothschild[1] nicht im Hause flüssig haben, mir zunächst nur zu schicken, was Sie gerade entbehren können, und den Rest, sobald es angeht. Bitte nur gleich Antwort deswegen mit Angabe eines Termins *und auf jeden Fall*: Vergütung der Ihnen etwa entstehenden kleinen Unkosten und Ausfälle. Wenn Sie darauf nicht eingehen, nehme ich unter keiner Bedingung die Gefälligkeit an. Und das also war Dieses.

Zum zweiten bitte ich Sie, in Ihrem eignen Interesse, sich so schnell wie möglich zu verschaffen: Gustav Landauer, »Macht und Mächte« Novellen (Verlag Egon Fleischel, Berlin) und die *erste* Novelle »Arnold Himmelheber« zu lesen.[2] Es wäre mir lieb, wenn Sie mir nach der Lektur sofort darüber berichten wollten. Ich denke, das ist was für Sie, und nachdem Sie's zu sich genommen haben, werde ich Ihnen mehr sagen können, von Interesse.

1 Anspielung auf das Bankhaus Rothschild.

2 Gustav Landauer, Macht und Mächte. Novellen, Berlin: Egon Fleischel & Co. 1903. Darin die Novelle »Arnold Himmelheber« (S. 1-134).

Über den sonstigen Inhalt Ihres letzten Briefes wollen wir mündlich reden. Nur dieses Eine schriftlich, daß wir in puncto der Ehe wohl weit bessere Einstimmigkeit unter uns finden dürften als Sie nach meinen ganz unbedeutenden Dummheiten im alten Zuschauer erwarten dürften.[3] Ich gebrauche zu Allem, wie auch beim Mündlichen, eines Präludierens, ich muß immer im Nach und Nach vorgehen, vom Gewöhnlichen aus ins Neue meiner Inwendigkeit und eigentlichen Gedanken. Hinsichtlich der Ehe finden Sie da nichs als das Präludium: was ich zu sagen wüßte, liegt in Zetteln unter meinen Skripturen. Ich will sehen, es herauszusuchen und werde es Ihnen zeigen. Es ist ein ganz anderes Lied, das ich aber im »Zusch.« auch gar nicht hätte anstimmen dürfen. Wir hatten freilich auch ohnehin das liebe gute Kind bald als Leiche vor uns,[4] – nun es ist wenigstens in aller Reinheit und Unschuld dahingegangen. Ich denke noch immer daran, einmal ein anderes von ähnlicher Art, das aber nicht lebensschwach sein wird, in die Welt zu setzen. Ich muß zu solchem Zwecke nur erst meine feste Stellung mir geschaffen haben, wozu ich zu kommen hoffe. Ich weiß auch Einen in Dresden,[5] der sich freuen würde, wenn der neue Zuschauer gleich als ausgewachsener Zuhauer erstehen wird, mitzuhauen – aber kräftig, daß die Lappen fliegen. Ich fühle, daß ich sozusagen immer jünger werde, und Ihre Angst, vor der Zeit alt zu werden –? wie kommen Sie auf solche Untiefen? Wegen jener doch so ganz natürlichen Erfahrung? die Ihnen vielmehr beweisen sollte, daß Sie erst recht beginnen, jung zu werden für das rechte Leben. Wer das ergreift, hat ewige Jugend ergriffen, wovor freilich das Andere nicht als Jugend und nicht als Leben erscheint. Man muß es hinter sich werfen, sonst bleibt es wahr, daß wir Alle Menschen sind bis ans Knie – da fängt das Luder an. Und wenn Sie nun bei mir wären, wollten wir uns mit einer schönen und herzigen Rede mitten hineinschlagen ins rechte Leben und seine Gewalt und Freudigkeit in uns spüren und meinetwegen eins saufen – aber kräftig. Es wird manchmal so schön vom Saufen, weil die Flüssigkeit und das wahrhaft Geistige was hinter ihr hervorwirkt den *ganzen* Leib durchdringt und ihn aufregt mitsamt dem Geistigen hinter ihm, und aus ihm heraus muß dann alles Schlimme der Welt, und die Tante wäscht es auf mit Sand. So hat gewis der Uralte dorten einmal im Suff diese ganze Welt von sich gegeben.

3 Brunner, Über die Ehe, in: Der Zuschauer 2, Nr. 11 (1. Juni 1894), S. 514f.; Nr. 12 (15. Juni 1894), S. 544-550; Nr. 13 (1. Juli 1894), S. 19-29; eine angekündigte Fortsetzung fehlt. Seine revidierte, konservativere Ehe-Auffassung stellte Brunner 1924 in »Liebe, Ehe, Mann und Weib« dar (S. 145-244).

4 Die Zeitschrift »Der Zuschauer« erschien nur 1893 bis 1895.

5 Gemeint ist der in Dresden wohnende Altkirch selber, der von Oktober 1894 bis Februar 1895 als Redakteur für den »Zuschauer« tätig war.

Es ist meine feste Überzeugung. Jede andere Weltentstehungstheorie ist unsinnig, nur diese erklärt Alles.

Entschuldigen Sie meinen, vom Spinozismus in manchen Punkten abweichenden Brief, – man hat manchmal noch religiöse Anwandlungen. Der Gott mags selber bessern, – aber wie sagt mein lieber Fitger, schnadahüpfelnd:

Den Pöbel zu bessern wahrhaftig thut not,
Aber nötiger die Großen, am nötigsten Gott.[6]

28. An Ernst Altkirch, 28. Dezember 1903

Mein Lieber

und doch ganz schlimmer Mann, daß Sie nun doch die Phänom.[1] sich ausgerupft und mir mit solcher hinterlistigen Liebe versetzt haben. Nein, ich hatte sie nicht inzwischen angeschafft, da ich nach einer ganz bestimmten Ausgabe suche, und besaß in der That kein Exemplar. Woher wußte man das? Und so freue ich mich denn in der That herzlich und doppelt, da ich doch gerade die Lektüre des Buches wiederholen wollte. Und schimpfen schimpfe ich gar nicht. Nur ganz hökerweibig darüber, daß Sie das Buch weggaben aus Ihrer eignen Bucharei! So was thut man doch nur, wenn der letzte Heiland und Paraklet[2] kommt, oder verspricht es, wenn man seekrank ist oder wenn – – – –, oder wenn Ihre Besorgnis über die Kalamität verdunstet sein wird, was ich von ganzem Herzen erhoffe und erwünsche, – dann schmeißt man ein Opfer in den Strom und hört es plumpsen und »siehst du, Malchen?«[3]

6 Das Zitat ist nicht in Arthur Fitgers Schriften nachweisbar. Es beschreibt aber ein wiederkehrendes Thema in Fitgers Stücken, in denen er seine religionsskeptische Haltung wiederholt zum Ausdruck brachte.

1 Georg Wilhelm Friedrich Hegel, Phänomenologie des Geistes, Erstausgabe Bamberg-Würzburg: Goebhardt 1807; zweite Ausgabe Berlin: Duncker und Humblot 1832 (2. Auflage 1841).

2 Griech.: Tröster, Beistand, Fürsprecher. Im Neuen Testament Bezeichnung für Christus (1 Joh 2) bzw. für den »Heiligen Geist« (Joh 14,16 u.a.).

3 Dies Zitat ist wahrscheinlich einem Drama August von Kotzebues entnommen, dessen Werke Brunner schon als Kind gelesen und deklamiert hat (s. Lotte Brunner, Tagebuch, 11. Mai 1904). August von Kotzebue, Das Kind der Liebe. Ein Schauspiel in fünf Akten. Leipzig: P. G. Kummer 1791: »Siehst du, Malchen! es kommt alles darauf an, ob du den Menschen lieben kannst. Ist das nicht so – so schicken wir ihn mit Protest wieder zurück.« (S. 51).

Siehst du, Ernst Knopf-Altkirch?[4]

Also, da siehst du's.

Dank für den kleinen Bericht über das Neumann'sche Rembrandt-Buch.[5] Ich will nicht verfehlen, es mir anzueignen. Ich kannte es schon flüchtig nach seiner Art und Tendenz, bin Ihnen aber immer sehr verbunden für jede Nachricht über moderne Erscheinungen, da ich selber so wenig Aufmerksamkeit darauf wenden kann und das Experimentieren so viel Zeit wegnimmt. Ohnehin sind wir ja nicht darauf angewiesen, aus dem Modernen uns unsre Sicherheit zu holen, wir die wir wissen, daß sie allein aus unsrer letzten und tiefsten Besinnung auf unser wahres Selbst uns kommen kann und daß die großen Offenbarungen der Wahrheit mit den Wahrheiten der Zeiten nichts zu schaffen haben sondern, wie außer aller Zeit, erfolgt sind u.s.w. u.s.w. Gerade diese unsre Zeit scheint mir besonders abgekehrt von aller echten Geistigkeit, auf der schiefen Ebene der Karrikatur zum Geistigen zu laufen. Das zeigen mir alle Schmeckproben. Auch wieder Hoffmannsthals Elektra,[6] die ich eben gelesen habe. Ebenso stellenweis talentvoll, wie andrerseits talentlos, im Ganzen roh, barbarische Nachahmung, und affiziert von allen modernen Ungezogenheiten. Und dies Geschrei davon, als müßte man umlernen und die alte Reihenfolge der Dramatiker künftig so aufsagen: Aeschylus, v. Hoffmannsthal und Euripides. Meinetwegen denn.

Ich muß schließen – wann kommen Sie besuchen? Fliegen immer noch die Raben um den Berg?[7] Sie fliegen noch, kommen Sie trotzdem. Widrigenfalls.

L.

4 Altkirchs Geburtsname war Ernst Theodor Anton Knopf.

5 Carl Neumann, Rembrandt, Berlin: Spemann 1902. Neumann (1860-1934) setzte die Kunst des 17. Jahrhunderts antithetisch der Renaissancekultur entgegen und forderte ein Rembrandt-Erlebnis.

6 Die Uraufführung des Dramas »Elektra. Tragödie in einem Aufzug. Frei nach Sophokles« von Hugo von Hofmannsthal (1874-1929) fand am 30. Oktober 1903 im Kleinen Theater in Berlin unter der Regie von Max Reinhardt statt. Der auf 1904 datierte Erstdruck (Berlin: Fischer) lag Brunner offenbar schon vor.

7 Altkirch hatte geschäftliche Sorgen bei der Leitung des (nahe Dresden gelegenen) Löbtauer Hartgußwerkes; Ende 1905 kündigte er seine Stellung schließlich.

Abb. 5: Constantin Brunner, ca. 1902

29. An Frida Mond, 21. Februar 1904

Die im Ganzen so günstig lautenden Nachrichten über Sie selbst, Freund und Freundin! und über Ihre Familienangehörigen haben mir doch wieder zu einiger Festigkeit des anschaulichen Vorstellens verholfen und geben Züge zu dem Bilde, in das meine Phantasie Sie hineinstellen kann. Versäumen Sie doch bitte nicht, mir s.Z. Mitteilung zu machen über den Ausgang jener Wahlen, von denen Sie schreiben, und mit denen der Politiker Alfred zu thun hat.[1] Ich bin auf das Lebhafteste interessiert für seinen Entwicklungsgang und für Alles was ihn betrifft.

Überhaupt Politik in Ihrem Briefe?

Gewis beschäftigt auch mich die jetzige Lage gar sehr, und ich glaube sogar, daß, was da im Osten sich abspielt,[2] nicht allein als der Beginn jener großen Auseinandersetzung zwischen Europa und Asien anzusehen ist, – ich glaube auch an die Möglichkeit, daß, bei ungünstigem Ausgange für Rußland, sich dorten in Rußland große Dinge zutragen könnten, die auch für unsre allernächste Zukunft auf die Lage unsrer Angelegenheiten einen unmittelbar bestimmenden Einfluß äußern könnten. Mir werden lebendige und sehr intime Schilderungen gemacht von Dem, was in Rußland auf den Ausbruch lauert, durch den Landauer,[3] dessen ich Ihnen gegenüber schon mehrmals Erwähnung that. L. ist sehr gut unterrichtet, er ist, wie Sie vielleicht wissen, Anarchist, gilt als der hervorragendste Vertreter des Anarchismus in Deutschland. Nun, für Deutschland spielt der Anarchismus direkt keine Rolle (hier herrscht die Sozialdemokratie, die sein

1 Frida Monds Sohn Alfred war 1900 Kandidat der Liberalen Partei. 1903 trat er der National League of Young Liberals bei und zog 1906 in das Britische Unterhaus ein.

2 Russlands ostasiatische Expansionspolitik geriet zunehmend in Konflikt mit den japanischen imperialen Bestrebungen um eine Vormachtstellung in China, Korea und auf dem Gebiet der Mandschurei. Am 8. Februar 1904 kam es zum Ausbruch des Russisch-Japanischen Krieges mit einem Angriff Japans auf den strategisch wichtigen Hafen Port Arthur am Gelben Meer, der seit 1897 in der Hand Russlands war, das hier einen eisfreien Marine-Stützpunkt aufbaute. Der Krieg endete am 5. September 1905 mit einem Sieg Japans.

3 Der Schriftsteller, Kritiker und Anarchist Gustav Landauer (1870-1919) korrespondierte unter anderem mit dem russischen Anarchisten und Revolutionär Pjotr Alexejewitsch Kropotkin (1842-1921). 1919 war Landauer an prominenter Stelle an der Münchener Räterepublik beteiligt und wurde nach deren Niederschlagung ermordert. Der Anarchismus war ein zentraler Streitpunkt zwischen Brunner und Landauer, die sich 1903 befreundeten, nachdem Brunner Landauers Vorwort zu »Meister Eckharts Mystische Schriften« (Berlin: Karl Schnabel (Axel Junckers Buchhandlung) 1903) gelesen und ihm geschrieben hatte. Landauer war begeistert von dem Manuskript der »Lehre« Brunners und vermittelte den Kontakt zum Karl Schnabel Verlag, in dem er die Herausgabe als Lektor betreute. Kleine inhaltliche Differenzen führten zu Konflikten, die schließlich 1911 nicht mehr ausgeräumt werden konnten.

Abb. 6: Frida Mond in Rom

ärgster Feind ist) – aber für Rußland und ebendadurch auch für das übrige Europa bedeutet er die große Gefahr und bedeutet die Spitze alles Dessen, was gefährlich ist. Der eigentliche theoretische Anarchismus in so edlen Naturen wie Landauer, Krapotkin ist nicht an sich selbst gefährlich, verdient gar nicht den Namen Anarchismus, da er in seinem eigentlichen praktischen Kerne den Zusammenschluß zu Korporationen zum Ziele hat, – gefährlich ist die Unklarheit seines Prinzips und das verworren Ideologische seiner Predigt, er ruht nicht auf dem Grunde der Erkenntnis von der wirklichen Natur des Menschen, nicht auf dem Grunde der einzig möglichen Realpolitik und des Realsozialismus, hetzt nur das Schlimme der Unterdrückten gegen das Schlimme der Herrschenden, so daß nur ein Wechsel der Herrschenden herauskommen könnte, wobei die Herrschaft des Schlimmen bestehen bliebe. Das Edle der Predigt bleibt in den Predigern, in den Naturen, die edel sind und an sich selbst, ohne äußerlichen Zwang, das Maß und die Haltung bewahren: in der Praxis der handelnden Menge aber, die nicht das Gesetz in sich trägt, führt der theoretische Anarchismus zum Terrorismus und zur äußersten Verwirrung aller Art. – Sie fragen mich auch, ob der ausgebrochene Krieg[4] dem Geschäftsleben hier Störungen bereite? Ganz gewis bedeutende und folgenschwere. Ich weiß z.B. von Altkirch, der mich am vergangenen Sonntage besucht hat, daß das Hartgußwerk Dresden-Löbtau, dessen Leitung z.Z. ganz in seinen Händen liegt, nichts mehr nach Rußland liefert. Und daran haben wir doch sicherlich nur einen Fall von vielen.

Genug, genug davon – Politik ist immer noch ein garstig Lied.

Übrigens ist heute des größten Politikers Todestag, des großen Realpolitikers Spinoza.[5] – Wissen Sie übrigens, daß unser großer praktischer Realpolitiker Bismark eine starke Einwirkung von Spinoza erfahren hat und bekennt, von ihm auf den rechten Weg gewiesen zu sein?[6] – Ihre Nachricht, daß das Buch von Meinsma nächstens herauskommen wird in deutscher Übersetzung, war mir wie ein allerschönstes Geschenk, dessen Eintreffen ich mit der spannungsvollsten Unruhe erwarte.[7] Teilen Sie mir

4 Der Russisch-Japanische Krieg (s. Anm. 2).

5 Benedictus de Spinoza starb am 21. Februar 1677.

6 Zu Bismarcks Spinozarezeption erschien eine kleine Schrift von Adolf Rauschenplat, Bismarck und Spinoza: Charakterskizze, Hamburg: Hartmann 1893. Siehe auch Ernst Altkirch, Maledictus und Benedictus. Spinoza im Urteil des Volkes und der Geistigen bis auf Constantin Brunner, Leipzig: Felix Meiner 1924, S. 159 f.

7 Koenraad Oege Meinsma, Spinoza en zijn kring: Historisch-kritische studiën over Hollandsche vrijgeesten, 's-Gravenhage: Martinus Nijhoff 1896 wurde von Frida Monds Freundin Lina Schneider ins Deutsche übersetzt. Das Buch erschien aber erst 1909 (K. O. Meinsma, Spinoza und sein Kreis. Historisch-kritische Studien über holländische Freigeister, Berlin: Karl Schnabel Verlag), nachdem Brunner die Übersetzung auf Wunsch

bitte den Verlag mit, sobald er gesichert ist, damit ich mir direkt von dorther ein Exemplar besorgen kann, auf dem allerschnellsten Wege eines derjenigen Desiderate zur Ruhe zu bringen, welche in mir am ungeberdigsten sind seit lange.

Wegen der Zusammenstellung betreffend Tristan und Isolde habe ich an einen geeigneten Mann geschrieben und hoffe, Ihnen bald nach Wunsch dienen zu können. Was ferner die Übersetzung jenes Dramas[8] anbelangt, so weiß *ich* nur Einen, der *da*für der geeignete Mann wäre, der sowohl den Feinheiten der englischen Sprache gerecht zu werden vermöchte wie auch die erforderliche Gewalt und Freiheit über den deutschen dichterischen Ausdruck selbst besitzt. Das ist Karl Bleibtreu.[9] Teilen Sie mir bitte das Nähere mit, so werde ich ihn fragen, ob er die Aufgabe übernehmen will. Wenn er es thut, so ist Ihr Mann in guten Händen.

Was fragen Sie noch? Sie fragen noch nach meinen Vorträgen bei der alten Dame?[10] Davon war leider den ganzen Winter nicht die Rede, ich hoffe aber, daß sie zum Frühjahre wieder beginnen werden. Der leidende Zustand meiner Schülerin verbot ihr jegliche geistige Anstrengung. Übrigens aber bin ich ihr immer noch »das Darum« für alle ihre Warums und bin es ihr sogar für das große Warum ihres Lebens und Schicksals geworden. Sie hat viel, viel gelitten; als sie mir ihre Geschichte erzählte und ihr ganzes Inneres mir öffnete, war ich bewegt wie selten in meinem Leben und lange Zeit selber auf das Tiefste gequält. Ein Frauenschicksal. Aber meine Lehre giebt Verständnis und wirkliche Wahrheit, und wirkliche Wahrheit giebt lebendigen Trost und mehr als das: giebt Frieden. Sie begreift von meiner Lehre so viel wie sie kann – sie ist ein Frauenzimmer, das bei aller ästhetischen Bildung und bei allem Ernste und aller Strenge einer tüchtigen Natur nicht den Ernst und die Strenge des Denkens hinter sich hat und nicht das Alles hinter sich hat, was man hinter sich haben muß, um mit dem Blicke, ungetrübt vom Aberglauben der Zeit, das Antlitz der Wahrheit zu erkennen, wenn man die Wahrheit vor sich hat. Sie begreift auf ihre Art, und das ist mir und ihr genug, da es ihr zum Segen gereicht und da es mir zum Segen gereicht, daß ein Mensch, der so jammer-

Frida Monds mühevoll überarbeitet und ihr seine polemische Streitschrift »Spinoza gegen Kant und die Sache der geistigen Wahrheit« vorangesetzt hatte (S. 1-83).

8 Das Drama »Tristan and Iseult« von Arthur William Symons (1865-1945) ist erst 1917 englisch erschienen (London: Heinemann). Eine deutsche Übersetzung, die offenbar die Schriftstellerin und Übersetzerin Hedwig Lachmann (1865-1918), die Ehefrau Gustav Landauers, unternehmen wollte, ist nicht veröffentlicht worden.

9 Brunner kannte den in Berlin lebenden egozentrischen Schriftsteller und Kritiker Karl Bleibtreu (1859-1928), der die Entstehung des Naturalismus mitprägte, aus seiner »Zuschauer«-Zeit.

10 Cécile Mutzenbecher (s. Brief 37/1).

tief gelitten hat und doch immer gegen die Welt stand so kräftig und so stolz, nun durch mich die letzte innerliche Beruhigung im innersten Selbst erfahren hat über die *Berechtigung* seiner Natur. Sie fühlt sich erlöst; sie hatte es so tief nötig erlöst zu werden und in den Frieden zu kommen, daß sie vom ersten Strahl der Wahrheit getroffen werden mußte so wie sie es ward. –

Was mir einen Segen und ein Glück bedeutet, wenn ich in so lebendiger Unmittelbarkeit einem Menschen zu nützen vermag, das geht natürlich nur mein praktisches Leben an und hat natürlich nicht den geringsten Einfluß auf die Meinung, die ich von der unmittelbaren Wirkung meiner Lehre hege, ich meine: von ihrer unmittelbaren Wirkung auf das Allgemeine. Auch daß tüchtige Männer,[11] die wirklich alles Das hinter sich haben, wovon ich eben sprach und die sich zu mir fanden, mir sagen: Das ist es, das ist es, was wir nötig haben; du hast es gefunden, was *wir* Alle suchen! – auch das bringt mich nicht zu einer Erwartung von einem wunderbaren Erfolge, sobald ich nur etwa erst draußen sprechen würde. *Ich denke überhaupt mit keinem Gedanken an den Erfolg*, – so gewis und so selbstverständlich ist er mir; so gewis wie ich weiß, daß nach der Nacht die Sonne kommt und so gewis, wie ich dich und deinen Standpunkt mir gegenüber verstehe und so gewis wie du mich nicht verstehst und also mißverstehst – denn kein Nichtverstehen läßt den Platz des Verstehens leer, sondern ist immer ein Mißverstehen. Oder glaubst du etwa, mein geliebter, geliebter Freund, mein herrlicher, prachttreuer Mensch du, – denn ich verstehe nicht allein, sondern empfinde, *fühle* mit dankbarem Herzen all das Gute, Schöne, alle die Sorge und Verzweiflung und all das, was für dich selber auf dem Grunde deiner Seele sich bewegt bei all diesen Warnungen – aber glaubst du denn, du einziger Herzfreund, daß die mir nötig sind und daß ich denke: mein Werk nur herausgebracht und dann sind auch die Männer schon da, die auf seinem Grunde bauen werden, und die Wirkung ist da?! Ich denke gar nicht an die Wirkung, sage ich nochmal, aber ich kenne sie sehr wohl, ich kenne die Nichtwirkung, und wenn ich deine Stimme höre und auf das höre, was du mir sagst und was du mir verschweigst, so höre ich nicht deine Stimme daraus, sondern die Stimme der Koryphäen unsrer Wissenschaft und unsrer Zeit, und wenn du mir sagst: die werden gar nicht erst von ihrem Stuhle heruntersteigen und werden nicht einmal lachen, so sehe ich, daß es so sein wird und sehe sie sitzen und thun nach ihrer Erhabenheit – Männer voll Tüchtigkeit im ihrigen und aller Ehren wert und über die Wahrheit erhaben, so wie sie zu allen Zeiten gewesen sind. Das weiß ich tausendmal, wenn du es einmal weißt, – hör auf, hör auf mit dem ABC. Ich denke an Nichts als lediglich daran,

11 Vermutlich sind dieselben wie in Brief 25/2 gemeint.

meine Sache zu thun, ich werde auch nicht fragen bei Denen, die mich zu verstehen glauben, ob sie bedeutend genug sind – so wenig wie bei Denen, die mich nicht verstehen werden, ob die bedeutend genug sind. Die Kraft, die in mich gelegt ist, wird wirken in dieser Wirklichkeit der Menschen, die ich allesamt liebe: die von ihnen, die in der Wahrheit stehen und die Andern, die in der Verworrenheit und im Aberglauben sind und die mich für zu klein halten werden, weil ihnen meine Wahrheit zu groß ist. Wie sollte ich nicht alle Menschen lieben? da mich so Viele lieben und so Viele, Viele lieben werden um Dessen willen was meine Liebe ist: die Liebe zu der Einen Wirklichkeit, die wir leben als die relative Wirklichkeit und die wir *sind* als die absolute Wirklichkeit; zur besseren Ergreifung von beidem an meinem Teil hinzuzuthun ist meine Bestimmung. Dazu kann mir die Kraft von Menschen nicht gegeben und nicht genommen werden, und ihr Lob macht mich nicht besser, ihr Tadel nicht schlechter. Beides ist mir ein Nichts vor dem, was ich schaffe, denn das entstammt einer Region, wohin dieses Beides nicht reicht, hochhin über Eitelkeit und Kleinmut. Lob und Tadel geht mich nichts an; das was es angeht an mir, das kann Beides tragen. Das Bischen Antizipation von Beidem, was ich schon erfahren habe und was ich von Beidem noch erfahren werde: das Bischen Für-die-Verworrenheit-selber-erklärt werden oder für die Klarheit selber, das Bischen verflucht und gesegnet werden, das Bischen Gehenktsein und Gottsein – Das kann ich noch aushalten, Das *habe* ich längst hinter mir – – Viktoria! –

Schnell auch noch zu Ihrer Anfrage: was ich nun thue und ob es mir nicht leer sei ohne meine Arbeit? Aber, liebster Freund, ich bin niemals ohne meine Arbeit, keinen Seelenatem thue ich ohne bei meiner Arbeit zu sein, und auch äußerlich: wenn ich auch an diesem Einen Werke nun nichts mehr thue, so bin ich längst daran, das zweite für die Veröffentlichung fertig zu machen, und das ist ein Arbeiten an dem Gleichen; denn ich habe nur dieses Eine.[12] Wie viel, viel bleibt mir noch zu thun, bis ich es so weit habe, daß Andere werden thun können, was ich nicht kann. Was ich kann, will ich thun, und ich hoffe, daß mir meine Kraft und Freudigkeit dazu erhalten bleiben. Ich bin ja noch so gar jung, als – nun sagen wir: als Philosoph bin ich ja erst anderthalb Jahre alt. Ich zähle von meinem vierzigsten. Was jetzt hinaus soll, ist nur erst das Grundlegende, entwickelt das System, zeigt die Anwendbarkeit in der Kritik unsrer Bildungszustände, gegenüber der Erstarrung des Denkens in diesen: das Inwendige, das tief Lebendige des Denkens. Nun, Sie werdens sehen. Wenn ich nicht bald einen Verleger finde – es geht das Werk in diesen Tagen in zwei Exemplaren an zwei

12 1908 erschien der erste (Doppel-)Band der Lehre von den Geistigen und vom Volk. Die geplanten Bände 2 und 3 sind in anderer Form erschienen (s. Brief 24/6).

Adressen – so werde ich, was ich allerdings nicht gern thue, doch thun müssen, nämlich Gebrauch machen von der Hülfe, die mir jetzt von mehreren Seiten auf die annehmbarste Weise angeboten worden ist, so liebenswürdig, daß die Anbietenden dabei nur von ihrem Egoismus sprechen. –

Nun habe ich so viel Buchstaben hingemalt, und doch steht von dem eigentlichen Briefe, den ich *gedacht* habe als ich den Ihrigen empfing, kein Wörtchen da. Sie denken auch gewis Briefe an mich, die niemals geschrieben werden, auch wenn Sie mir schreiben. Wir haben, nach den Briefen zu schließen, eine ganz andere Beziehung zu einander als wir eigentlich haben. Die Briefe zeigen ein Verhältnis neben dem Verhältnis. Ich habe schreiben wollen nur von Ihnen, und habe, glaube ich, geschrieben nur von mir. Das ginge ja noch an, wenn ich nur noch eine wirkliche Hauptsache in Ihrem Leben bin. Meine Hauptsache für mein innerliches Erleben sind Sie, und es ist lauter Merkwürdiges dabei, so daß es mich keinen Augenblick losläßt. Es sitzt mir in der letzten Tiefe, von der mir in Alles hineinfließt, was ich denke. Ich habe so viel Liebe für Sie wie Sie Ärger und Kummer um mich haben, und habe ebensoviel Ärger und Kummer um Sie wie Sie um mich haben. Dabei ist mir nicht das Geringste mehr dunkel weder an Ihrem noch an meinem Ärger und Kummer; ich verstehe beide und liebe Das, womit Sie mich ärgern nicht weniger wie das Andere an Ihnen. Im Hebräischen giebt es ein Wort jadah, das hat die zwei Bedeutungen: Erkennen und Lieben.[13] Es liegt darin übrigens noch mehr und Größeres als in dem bekannten Worte, daß Alles Verstehen Lieben heiße: auch wo sich nicht Alles mit dem Verstande verstehen läßt, läßt sich mehr als verstehen und lieben. Nur *Etwas Wesentliches* verstehen und dann tritt die Liebe zum Ganzen hinzu, und wird Erkennen *und* Lieben Ein Begriff. Vielleicht wird Ihnen dadurch der große Sinn in Spinozas »intellektueller Liebe zu Gott« deutlich.[14] Darin ist auch Erkennen und Lieben enthalten. Was wir aber erkennen sind nur die zwei Attribute der Ausdehnung und des Denkens, während doch die Substanz der Gottheit aus zahllosen Attributen besteht? Nun – aus dem erkannten Wesenhaften der zwei Attribute steigen wir auf zur Liebe der ganzen Substanz mit ihren zahllosen

13 Im Alten Testament wird das Wort »jadah« vielfach benutzt. Es bezeichnet den Erkenntnisvorgang und den Wissensgewinn, allerdings nicht bloß im intellektuellen Sinne, sondern zugleich auch als ein existentielles Verhalten. So ist die Gotteserkenntnis letztlich nur bei einer Anerkennung und Liebe Gottes möglich: »Du sollst Jahwe, deinen Gott, lieben mit deinem ganzen Herzen und mit deiner ganzen Seele und mit all deiner Kraft« (Dtn 6,5).

14 »Amor Dei intellectualis« ist ein zentraler Begriff, in dem Spinozas »Ethik« kulminiert (V. Teil, Lehrs. 33-37). Die intellektuelle Liebe zu Gott folgt aus der dritten Gattung der Erkenntnis, der »intuitio«. In ihr wird die Identität der Liebe des Geistes zu Gott und der Liebe Gottes zu den Menschen erfasst.

Attributen, von denen wir wissen, ohne zu erkennen, *was* sie sind, *daß* sie sind, und daß sie ebenso ewiges Wesen ausdrücken wie ein jedes der beiden von uns erkannten Attribute. Ich könnte Ihnen das noch viel deutlicher und sonnenklar machen, wenn ich nur erst in meiner Ausdrucksweise zu Ihnen reden könnte.[15] Daß ich Dies nicht kann, das hindert mich am meisten, Ihnen »den großen Brief« zu schreiben; denn ich kann nun einmal nicht anders schreiben als ich schreiben kann; daher ist mein Schreiben Nichtschreiben. Und Sie schreiben mir auch nicht *Ihren* Brief und schreiben gewöhnlich nicht einmal Ihr Nichtschreiben. Das Mündliche, das Mündliche! Werden wir uns diesen Sommer sehen? aber ordentlich, ich meine nicht so auf den absurden Raub hin, sondern nach dem »Sprich, damit ich dich sehe!«[16] uns sehen, damit wir sprechen. Ich habe manchmal eine wunderbare Sehnsucht nach Ihrer überzeugungsvollen Gegenwart! Sie dürfen mich auch dann für so dumm halten wie Sie wollen und müssen. Sein Sie nicht böse über das letzte Wort, – Sie könnten es nicht sein, wenn Sie sehen würden was ich fühle: nämlich das reizende Gesicht, womit es mir aus der Feder floß, dasselbe, welches jetzt nur noch inniger wird, indem ich Ihnen die Hände küsse und mit verehrungsvollem Gruße von Ihnen scheide.

30. An Eduard Bäumer,[1] 21. April 1904

Es war sehr hübsch gestern bei euch, – ein Fluchtort, auch für mich, vor dem Feinde und Verfolger Berlin! Dank Brief, den ich vorgefunden habe – wie eine Fortsetzung des Besuches. Und Sie schreiben über diese

15 »Substanz« definiert Spinoza in seiner »Ethik« als etwas, was in sich ist und durch sich selber begriffen wird (I. Teil, Def. 3). »Attribute« sind das an der Substanz, was der Verstand als zu ihrem Wesen gehörig erkennt (I. Teil, Def. 4), wobei Brunner später übersetzt: »... was ein Verstand von der Substanz wahrnimmt, als ob es ihr Wesen ausmache« (Materialismus und Idealismus, S. 132). »Gott« schließlich ist für Spinoza »das absolut unendliche Seiende, d.h. die Substanz, die aus unendlichen Attributen besteht, von denen jedes ewiges und unendliches Wesen ausdrückt« (I. Teil, Def. 6). Die genaue Bestimmung der Begriffe Substanz, Attribut, Gott und ihr Verhältnis zueinander interpretiert Brunner an vielen Stellen seines Werkes, insbesondere 1928 in »Materialismus und Idealismus« (S. 126-193). Siehe auch Brief 13/3.

16 Der Ausspruch ist sinngemäß einer Rede des Sokrates entnommen. In Platons Dialog »Charmides« (154d-155a) begegnet Sokrates dem schönen Jüngling Charmides, den er nicht über sein Äußeres, sondern im Gespräch seine Seele kennenlernen möchte.

1 Der Dermatologe Eduard Bäumer hatte Brunner über seinen Jugendfreund Eberhard König (s. Brief 197/2) kennen gelernt. Zwischen 1903 und 1913 bestand ein herzliches Freundschaftsverhältnis zwischen Bäumer und Brunner, der der Meinung war, dass von

Lehre,[2] als wär sie ein Fluchtort aus dem verwirrenden und betäubenden Groß-Berlin des Lebens und gemeinen Wissens und eine Sicherung gegen die Gefahr, daß wir mit unsrem wahren Selbst darin verloren gehen. »Gut, Gut!«[3] – das soll sie sein. So ist es nötig, da es nun mit uns auf einen Punkt gekommen, daß mit dem alten Aberglauben, weil er nicht die Wahrheit gewesen, an der Wahrheit überhaupt gezweifelt wird, als gäbe es keine, worüber sie unversehens in den neuen Aberglauben fallen müssen. Denn das Denken des Menschen reicht in allen bis auf einen letzten Grund, worauf die Relativität des Leben-Denkens ruht als auf ihrem Absolutum, und dieser Grund ist entweder der der Wahrheit des Wirklichen, oder der des Aberglaubens. – Kein Mensch kann sein ohne das eine oder das andere. Und wird die Wahrheit des Wirklichen ergriffen, so wird ja eben darum die Wahrheit *unsrer* Wirklichkeit ergriffen und damit der Friede errungen, den wir suchen. Das meint Ihr Wort, wenn Sie sagen, daß nun der tiefste Grund ihres Seins berührt wurde. Und Sie werden ganz gewiß weiterkommen darin und ganz sicher werden und glücklich: denn jene wunderbare μετάνοια,[4] jene Rückkehr im innerlichsten Wesen zu uns selbst vollzieht sich ganz oder gar nicht, kann nicht stehenbleiben auf dem Wege, weil sie keinen Weg durchläuft, nicht als Prozeß in der Zeit sich vollzieht wie das Denken des Verstandes. Nur weil sie *mit* diesem und damit in der Zeit sich bewegt, darum braucht's Zeit, bis wir mit dem vollen Bewußtsein, welches immer nur in den Formen des praktischen Verstandes vor sich gehen kann, von ihr Besitz haben, was dann vollendet ist, wenn alle Gedanken des Verstandes von ihr durchdrungen und verklärt sind und wir verstehen, daß alle Entzweiung des Denkens nur in unsrem Verstande ist, in uns Verstand ist aber die Relativität und Negation des Denkens, die Ver-

seinen Freunden Bäumer seine Philosophie am besten verstehe. Auch »für die Klärung gewisser Gedanken« sei er ihm sehr viel schuldig (Brief an Altkirch vom 28. Dezember 1907, LBI/JMB: II, 1, 3). Aus Bäumers Beschäftigung mit Brunners »Lehre« erwuchs die Schrift: Constantin Brunner über die Prinzipien der Naturwissenschaft und der Aberglaube in der modernen Medizin, München: Verlag der ärztlichen Rundschau Otto Gmelin 1911.

2 Brunner, Die Lehre.

3 Eine stehende Redensart Bäumers, die im Hause Brunners häufig im Scherz zitiert wurde.

4 Der neutestamentliche Begriff μετάνοια (so wurde der alttestamentliche Begriff sub in der Septuaginta übersetzt) bezeichnet eine grundsätzliche Sinnesänderung des Menschen, ursprünglich eine ganzheitliche Umkehr und Hinwendung zu Gott; im Deutschen wurde er später mit »Buße« übersetzt, Luther spricht von »Umsinnung«. Brunner versteht unter dem für ihn wichtigen Begriff ein »Umdenken«, d.h. »die tiefgreifende Umwandlung des ganzen Bewußtseins«, »jene ungeheuere inwendige Tat der Wiederherstellung des Bewußtseins in seiner Identität mit dem Sein, daß dein Bewußtsein sei wahrhaftes Bewußt-Sein dessen, was du wahrhaft bist«, und das bezeichnet er als »das absolute Denken der Wirklichkeit« (Die Lehre, S. 87f.).

hüllung der Wahrheit, wonach der Verstand in der Einheit des Geistes wohnt.

Wenn Schopenhauer nicht mehr Ihr Venerabile[5] ist, weil Sie erkennen, daß sein Prinzip und damit sein ganzes Philosophieren im relativen Denken des Verstandes steht und damit nicht auf die Totalität des Lebens und dessen geht, was mehr ist als unser Leben, – so werden Sie doch deswegen nicht zu einer ungebührlichen Verachtung dieses wahrhaft glänzenden Mannes kommen? Er ist für vieles ein unvergleichlicher Lehrer, wovon einmal mündlich. Es ist da, so wenig wie sonst irgendwo, von einem Urteile in Bausch und Bogen die Rede, wir stehen uns selbst am besten, wenn wir einen jeden nach seiner Art gelten lassen, damit auch sein Wert für uns unverloren bleibe. Ach, wenn wir Egoisten, die wir doch im Grunde auch in den andern nur uns selber wollen, unsrer Kritik gegen die andern den Lauf lassen, so bleibt bald kein einziger mehr, mit dem wir leben könnten und keiner der andern Egoisten wird mit uns leben wollen. Darum gilt es immer nur in Hinblick auf das Ganze eines Menschen, ob wir *dazu* ja oder nein sagen können, und *wenn* ja, – besonders wo es sich um ein wirkliches direktes Miteinanderleben handelt – dann auch ein volles Ja und alle Kritik nach Möglichkeit zurückgedrängt und gemildert, und so *können* wir, wenn nur jenes Ja, das wir zum Ganzen jenes Menschen gesagt, ein echtes Ja gewesen ist, – denn dann wars Liebe. Das nur immer gegenwärtig halten und danach handeln, sonst fressen die kleinen kritischen Neins unser großes Ja mitsamt dem zu uns gesagten Ja des andern; denn alle Kritik bringt Antikritik (wenn auch zunächst nur solche der Kritik), das ist Streit wer Recht hat, das ist eine Ehe, – vor der sich Eheleute am meisten zu hüten haben. Liebt euch! – das ist nichts gesagt und nichts gewünscht. Das tut ihr oder ihr tut's nicht. Aber vergeßt nie jenes Ja der Liebe und laßt niemals ein Nein so laut klingen, daß jenes Ja nicht mehr gehört wird, und vergeßt niemals, was ihr euch, wie es auch komme, für ewig und unter allen Umständen dadurch schuldig geworden seid, daß ihr euch geliebt habt und hütet euch vor der Ehe als vor dem Tode der Liebe – – das wär ein Thema zu einer Predigt, – die ihr euch selber als Gardinenpredigt halten könnt.

Mutter, ich bin dumm,[6] und ich habe dummes Zeug geschrieben, vernichten Sie diesen Brief, wenn Sie das nicht schon mit Ihrem Zorn getan haben. Und dabei immer noch keine Antwort auf Ihre Anfrage.[7] Bestim-

5 Lat.: das Verehrungswürdige, Hochwürdige. In der katholischen Kirche die geweihte Hostie, die in der Monstranz zur öffentlichen Anbetung ausgestellt wird.

6 Lotte Brunner bemerkt zu dieser Formulierung: »Vater stellte sich vor, Nietzsche hätte im Zustande der Apathie diese Worte häufig gesprochen. Unbewusst hat Vater dies erfunden; er fand es sehr rührend.« (Tagebuch, 21. April 1904).

7 Bezieht sich auf Bäumers Anfrage, wann Brunner Zeit für ein Treffen habe.

men Sie doch selber: Ich bin zu dumm. Überhaupt, ich wollte, ich hätte in meinem Leben nichts mehr zu bestimmen in solchen praktischen Dingen: dazu gehört ja eine ungeheure Konzentration und Pfiffigkeit. Ich muß da immer nur hineinstarren in die totschwarze Indifferenzmitte zwischen den Möglichkeiten. Ich werde immer dümmer – mir wird übel und Fleischmann[8] – ich bin ein Millionär an dummen Gedanken.

31. An Ernst Altkirch, 2. Mai 1904

Mein Lieber,

Lotte erzählt mir von einem Briefe, den sie von Ihnen erhalten hat, erzählt aber nur von dem Ende, der Ihre Beschäftigung mit Göthe betrifft. Sollte der Anfang und Mitte etwa das Spinozabild angehen – denn das liebe Kind ist immer darauf aus, mir auf irgendeine Art Freude zu schaffen, – so bitte ich Sie sehr, sich da nicht in Konspirationen einzulassen und gutherzige Heimlichkeiten. Denn ganz abgesehen davon, daß ich mit Geschenken überhaupt nicht viel im Sinn habe, wird in diesem Falle mir wohl jene Photographie nichts Neues geben, da Sie selber schreiben: es handle sich um das Porträt an meinem großen Bücherregal. Sollte aber Neues an Ihrem reproduzierten Exemplar sich finden, dann allerdings würde ich Sie bitten, mir dies gütigst mitteilen und eine neue Aufnahme für mich bestellen zu wollen.[1]

Die Nachricht, daß Sie nun so Großes durch Göthe gewinnen macht mich sehr glücklich. Wenn Sie sich an Göthe halten und an Spinoza, an den sich Göthe hielt, so werden sie auch gewis den letzten Rest von Verbildung durch das miserabel Moderne los werden.[2] Mir war es schon damals als wir mal miteinander in jener naturalistisch-impressionistischen Ausstellung waren als hätten Sie ein tüchtiges Quantum Modernes von sich gegeben. Sie werden unzweifelhaft immer mehr zu der Einsicht kommen, daß der Naturalismus keine Kunst ist sondern ein Irrtum Solcher welche Kunst nicht können, daß aber der Impressionismus – eine Frechheit ist. Ich meinerseits hoffe, ein wenig, Ihnen nützen zu können zur Erfassung dessen, was der eigentliche Kern ist in aller Geistigkeit, mithin auch in der Kunst – daß es hier das Gleiche sei wie in der Philosophie, das

8 Eine kleine Nichte Bäumers bezeichnete Leibschmerzen als »Fleischmann«.

1 Brunner besaß eine beachtliche Sammlung zum Teil seltener Spinoza-Porträts.

2 Brunner verehrte Goethe in hohem Maße und hob gelegentlich dessen Spinozismus hervor, z.B. in dem Artikel: Goethes Verhältniß zu Spinoza, in: Die Zukunft 21, Nr. 12 (21. Dezember 1912), S. 386-389.

gedenke ich mit Klarheit und auf eindringliche Art zu erweisen, so wie denn dies den tiefsten Punkt meiner Aufgabe bildet, diesen Erweis zu führen, damit Alles was geistig philosophisch denkt und geistig künstlerisch schafft und anschaut sich in dem eigentlichen gemeinsamen idealen Mittelpunkte einige gegenüber all den Andern, die, wenigstens in ihrem Verhalten gegen die Geistigen, einig genug sind.[3] Es ist Zeit in der Welt, daß begonnen werde mit einer frommen und kräftigen That – wenn es auch auf ein par Jahre nicht ankommt für diesen Beginn. Es kommt schon noch zurecht, lassen Sie nur Ihr Herz nicht klein werden und fürchten Sie nichts.

Wann kommen Sie denn nun?[4] Denn mit dem was man mit dem Leben zu leben hat muß man anders und knauseriger rechnen als mit dem idealen Wirken, das uns überleben soll. Ich denke, Sie waren lange nicht bei uns?

Leben Sie wohl und schonen Sie wenigstens nicht die Tinte an mir.

32. An Frida Mond, Oktober 1904

Verehrte Freundin und
theuerster Freund,

nun weiß ich Sie also wieder in der festen Wohnung,[1] und meine Gedanken über Sie sind lokalisiert und stehen einigermaßen auf dem Boden der Anschaulichkeit. Hier bin ich, dort sind Sie. Ich kenne doch Etwas von diesem Dort.[2] Hoffentlich steht es mit Ihrer Gesundheit gut und mit der Ihres Patienten[3] besser als es stand. Mir geht es, in Anbetracht der Zumutungen, die zur Zeit an mich gemacht werden, sehr befriedigend. Ich bin innerlich und äußerlich, mit Manometer auf 99, bis auf die letzte Kraft der Denk- und Arbeitsenergie angespannt. Um mich ist Unruhe und Geschäftigkeit. Wir ziehen um. Die neue Adresse, die ich Ihnen z.Z. mitteile, gilt aber erst vom 1. November.[4]

Ich kann Ihnen, im Vergleich zu dem Riesenbrief, den ich, an Sie gerichtet, in mir zu denken habe, nur ein Zwergelchen schicken. Es geht gar

3 Für Brunner sind Kunst, Philosophie und Mystik (oder Liebe) gleichberechtigte Ausdrucksformen des einen, immer gleichen geistigen Denkens. Siehe hierzu z.B. den Aufsatz »Künstler und Philosophen« in: Die Zukunft 24, Nr. 45 (12. August 1916), S. 161-169.

4 Ein Besuch Altkirchs ist für Mitte Oktober 1904 belegt.

1 Frida Mond war den Sommer über in Lausanne und ab 1. Oktober zurück in London.

2 Brunner war Pfingsten 1895 bei Frida Mond in London.

3 Frida Monds Ehemann Ludwig Mond.

4 Brunner zog von dem Berliner Vorort Waidmannslust nach Berlin-Tempelhof, Dorfstraße 41, um, wo er bis 1913 wohnte.

zu wild mit mir her. Dabei aber, wie gesagt, mit der Gesundheit ganz brav. Die Reise hat mir wohlgethan.[5] Ich war tüchtig auf dem Meere und in Norwegen, – das sagt für mich Alles. Eine Schilderung erwarten Sie von mir ohnehin nicht: ich bin kein Bädecker und kein Poet. Aber auf meine Art fühle ich mächtig und fast leidenschaftlich die Wunder dieser nordischen Erde, worauf gleich über dem Meeresspiegel das Hochgebirge beginnt und wo die großartig bedeutenden Bilder der weitesten Ferne uns in eine greifbare Nähe gerückt erscheinen durch die klarste Luft, die wie ein Fernglas wirkt. Welch ein reiches und doch auch welch ein trostlos armes Land! als wäre es gar nicht geschaffen für Bewohner, sondern nur für Wanderer, die dorten Schönheit und erhabene Gedanken suchen. Den Höhepunkt bedeutete mir Stahlheim.[6] Ich hatte nicht geahnt, daß Dessengleichen *in der Natur* anzutreffen sei. Ich stand dorten überwältigt und im heiligsten letzten Inneren gerührt, so wie ich einst in jener für mich so folgenreichen Stunde neben Ihnen vor den Parthenon-Bildnissen gestanden habe. Und Sie standen wieder neben mir.[7]

Das war wieder einer der Höhepunkte des innerlichsten Lebens oder richtiger ein Hinabtauchen in eine Tiefe, woraus ich Kraft schöpfe, die mir unerschöpflich zu sein scheint. Nach meiner Zurückkunft kam alsbald, wie ich denke, der frische Segen meiner Arbeit zugute. Ich bin an der Ausarbeitung des zweiten und letzten Bandes vom Hauptwerke.[8]

Der erste Band, der die Grundlage und gleichsam den psychologischen Vorspann für das Ganze enthält, wird nun, wie ich hoffen darf, recht bald erscheinen. Es hat sich merkwürdig genug damit so gefügt, daß Alles hinsichtlich des Verlages so wird wie ich es nur wünschen kann. Gustav Landauer tritt als Teilhaber in einen Verlag ein, er wird mein Verleger.[9] Er hofft viel auch von dem äußerlichen Erfolge des Werkes, er glaubt nicht, daß dieser Erfolg länger als zwei, drei Jahre auf sich warten lassen wird. Er meint, es läge heute denn doch anders wie früher und es sei unmöglich,

5 Im August 1904 war Brunner mit seiner Stieftochter Lotte in Norwegen.

6 Das besondere Erlebnis, das er beim Blick von der Stahlheimskleiva, einer kleinen, sehr steilen Bergstraße, ins Nærøytal hatte, hebt er auch in seinem Brief an Max Nordau hervor (Brief 49), den er 1917 seiner autobiographischen Skizze »Zum fünfundfüngzigsten Geburtstage« eingefügt hat. 1925 reiste Brunner erneut nach Stahlheim (s. Abb. 31).

7 Der Anblick der sogenannten »Tauschwestern«, einer Skulpturengruppe vom Parthenongiebel, die er zusammen mit Frida Mond im Londoner Britischen Museum gesehen hatte (wahrscheinlich Pfingsten 1895), war für Brunner von nachhaltiger Wirkung (s. Brief 49). Wie das Naturerlebnis in Norwegen war dies ein Beispiel für die in der »geistigen Besinnung« beschriebenen besonderen Erlebnisse.

8 Von der »Lehre« ist im engeren Sinne nur der erste Band erschienen (s. Brief 24/6).

9 Landauer wurde Lektor beim Karl Schnabel Verlag in Berlin, in dem die »Lehre« 1908 erschien.

daß ein solches Werk längere Zeit unwirksam bleiben könne; es würden genug Federn mir willig sein. Ob er Recht behalten wird? das muß sich zeigen. Ich habe nichts zu thun als das meinige und thue damit Alles, was ich für die Andern thun kann, mögen die nun früher oder später das ihrige thun, und was geschehen mag, – ich gehe meinen Weg voran und werde nicht hinter mich sehen auf dem Wege. Von der Wirkungskraft meiner Gedanken, wie sie die Lebens-Anschauung und -Einrichtung fremder Menschen umzugestalten vermögen, habe ich Beispiel genug; und was ihre Verkennung und Mißdeutung betrifft, so wird es mir nicht an so viel Kunde davon fehlen wie ich nötig haben werde, um meine Überzeugung von ihrer Wahrheit immer aufs neue bestätigt zu finden und so lang ich athme, meine äußersten Kräfte anzustrengen, um diese Gedanken der Wahrheit immer weiter auszubauen und sie fest und unverwüstlich zu machen.

Es bleibt mir nun doch der Bericht über die Übersetzungsangelegenheit[10] und das andere Geschäftliche, worüber ich auf getrenntem Papier schreibe. Übigens muß ich für dieses Mal Schluß machen. Um Ihre großen Briefe wage ich Sie nicht zu bitten, – wenn Sie mir nur einen kleinen Brief schreiben. Und ja noch dies: was sagen Sie zu Japan und Rußland?! Die große Angelegenheit hat mich zum eifrigsten Politiker gemacht. Wenn ich auch mehr wie je einsehe, daß ein politisch Lied ein garstig Lied ist, so muß ich doch diesmal mit und bin zum wahren Zeitungsmarder geworden. Gönnen Sie's *auch* den *Japanern*?[11] Haben Sie gehört, was neulich ein japanischer Mann gesagt hat: »So lang man in Europa von uns nur wußte, daß wir große Künstler haben, hielt man uns für Barbaren; nun da man erfährt, daß wir uns auch aufs Töten verstehen, beginnt man uns für eine zivilisierte Nation zu halten.« Das ist vortrefflich geredet und erfreut das uralte, junge asiatische Herz

Ihres zivilisierten Barbaren.

10 Bezieht sich auf die deutsche Übersetzung des Tristan und Isolde-Dramas von Arthur William Symons durch Hedwig Lachmann (s. Brief 29/8).

11 Der Russisch-Japanische Krieg (s. Brief 29/2) endete am 5. September 1905 mit einem Sieg der Japaner. Damit war erstmals in der neueren Geschichte eine europäische Großmacht von einem asiatischen Land besiegt worden. Japan blieb bis zum Ende des Zweiten Weltkrieges die vorherrschende Militärmacht in Ostasien.

33. An Ernst Altkirch, 29. Dezember 1904

Vielen herzlichen Dank für Ihre Photographie.[1] Ich hab oft und tüchtig hineingesehen. Neues habe ich nicht gefunden. Und das ist ja ein gutes Zeichen: die Photographie ist sehr gut. Ihr Eigensinn und Ihre Sammetjacke ist vortrefflich. Alles ist vortrefflich. Man sieht schwerlich welche, die noch viel besser sind.

Dennoch – nun, Sie wissen, was ich gegen die Photographie habe und was bei aller Vervollkommnung dagegen stehen bleibt. Das wird nicht vervollkommnet mit dem Photographieren, das wird auch nicht unvollkommen mitphotographiert, kann daher nicht vervollkommnet werden, – das was ich meine ist dieses Eine, was die *Sonne* nicht an den Tag bringt. Das bringt nur Kunst heraus. Daher gibt es wunderbar wirksame und dauernd wirksame Photographien von Kunstwerken z.B. von gemalten Porträts: aber Photographien unmittelbar vom Lebendigen genommen – nein, niemals. Die Sonne ist ein *Ding*, und was sie an den Tag bringt, ist Alles nur dinglich, und nun muß man sich nicht täuschen lassen: wenn sie das ihrige nun immer besser und immer mehr davon bringt, so muß man deswegen nicht glauben, das sei nun Alles und darf darüber die andere Sphäre nicht vergessen, zu der sie überhaupt nicht hinreicht. Na, es wäre ja viel darüber zu schreiben – für mich also, ach! du heiliger Strohsack! wenn Sie wüßten! Ich habe nette Weihnachten gehabt. Ich bin durch eine teuflische Art von Erkältung mit Zahnweh, Freßbeschwerden kurzum nun gar um den Rest meines Lebens gekommen. Na, sollte es wieder werden, geht Ihnen die Geburtsanzeige zu ......

34. An Lotte Brunner, Juli 1905

Meine liebe Lotte,

es soll dir heut an einem guten Gruße nicht fehlen, obwohl ich Besonderes nicht zu schreiben weiß; wenn nicht schon, meiner Lotte in der Ferne einen Gruß auszurichten, Besonderheit genug ist.[1] Nun ja, nun bist du also dorten irgendwo, und ich bin hier in der gewohnten Umgebung und Art,[2] und das Neue ist mir nur, da wir auch sonst wohl schon getrennt waren, daß ich zum ersten Male dich nicht in Kombination setzen

1 Siehe Abb. 7.

1 Lotte Brunner hielt sich für drei Wochen im Thüringer Wald, bei Frau Konsul Klostermann (geb. Eckhard) in Haubinda, auf.

2 Die Familie Brunner wohnte seit November 1904 in Berlin-Tempelhof.

Abb. 7: Ernst Altkirch

kann mit deinem Lebensorte und Thun, da ich keine Vorstellung davon besitze. Insofern bedaure ich, daß du nicht mehr Dies und Das von Einzelheiten schreibst, als mir dadurch das allgemeine Bild fehlt, in das ich dein mir so deutliches wie innig liebes Bild hineinsetzen kann, wodurch du wie entrückt und ich möchte fast sagen ein wenig unirdisch und geisterhaft mir vorschwebst. Und doch auch vielleicht gerade, weil also isoliert, nach deinem innerlichen Wesen angeschaut, nur desto sichtbarlicher und verständlicher und meiner Seele so vertraut. Und was dein äußerliches Thun und Treiben dorten betrifft, so denk ich, du wirst schon beim Nachhausekommen erzählen und allmählich alle die Züge zum Gemälde, zur nachträglichen Anschauung, zusammenbringen. Damit solls auch gut sein, und mir ging nichts vom Deinigen verloren.

Ich schaue zum Fenster hinaus auf meine Bäume. Sie lassen deinen Wald grüßen, mit ein wenig Verlangen.

Du Lotte in deinem Walde, laß mir nur nicht alle deine Liebe in deinem stillen grünen Walde zurück und behalt mir auch noch einen Segen für das blaue, rollende, unendliche Meer. Vergiß nicht, nach Vergangenheit und Zukunft, das Meer: was es dir bedeutet hat und bedeuten wird, so wie es mir bedeutet.[3] Vergiß nicht, da du mein Kind bist, und komm mir zurück, befestigt in dem bedeutenden Vorsatze: daß du dich um meinetwillen und deinetwillen weit und weiter aufschließen willst der Liebe zu dem, was ich liebe. Es ist in solcher Einigung desto mehr Vereinigung, und ist ja nichts Geringes, was ich liebe; und wenn ich dir in Diesem und Dem auch Gutes nicht zu achten scheine, so ist es ja immer nur um des Besseren willen, das mehr Großheit in sich hat und von Dem in sich hat, das endlos fort und fort uns die Gedanken erhöht, bis sie an die letzte Pforte der Welt reichen und uns die Heimat erschließen, die ewiger ist und seliger als Wald und Meer. Und nun, Kind, grüß und küsse ich dich, wie von meinem Meere her, dich in deinem Walde. Ich bin in diesem Augenblicke am unendlichen, rollenden, blauen Meere, wo nichts den Blick beschränkt als nur die Schranke, die dem Blicke selber von Natur gesetzt ward und darüber hinaus der ewige Geist mir frei wird, den keine Schranke bindet.

Sei fröhlich in deinem Walde, aber vergiß mir auch das Meer nicht, so wie du mich nicht vergessen wirst, und allen goldnen Segen auf mein Kind!

3 Die gemeinsame Schiffsreise nach Norwegen im August 1904 (s. Brief 32).

35. An Leoni Brunner, 1905

Mein Kind, sollte mir widerfahren, was wir Tod nennen, so bitte ich hiermit Bäumer und Landauer, für meine Arbeit, das Hauptwerk und die übrigen Schriften zu sorgen.[1] Du schick dann sofort »Eingeschrieben« den beigeschlossenen Brief an seine Adresse, – es ist deiner Zukunft wegen, die dadurch gesichert ist.

Dir weiß ich nichts als Dank zu sagen, du Treue: du hast mich niemals, in keinem Punkte enttäuscht. Hab Dank meine stille, innige schöne Seele.

Du wirst gern bei jeglicher Ordnung und Lesbarmachung der Manuskripte dabei sein. Du weißt ja am besten Bescheid damit.[2] Es handelt sich hauptsächlich um: in die richtige Reihenfolge bringen, was natürlich L. u. B. besorgen werden. Heil! und glaub mir, daß du glücklicher bist als du glaubst.

36. An die Familie, 29. September 1905

Meine Lieben, meine lieben lieben Meinen, ich hätt euch doch lieber bei mir gehabt als ihr euch werdet ausphantasieren können. Nach einem köstlichen Waldaufstieg[1] bei sauersüßem, also doch auch süßem, widerwillig wohlwollendem Gesicht der Madame Witterung bin ich denn nun zur gerechtesten Berühmtheit hin angekommen. Ich fand mich in Nichts betrogen; ich will erzählen, sobald ich wieder bei euch bin; ich werde es nicht vergessen; es wird sich mir in der Erinnerung noch verherrlichen, wenn nicht mehr das landschaftliche Bild so zwingend im Vordergrunde steht. Welch ein grundliebenswürdiger Thüringer Wald! Und aus dieser liebenswürdigen, gütigen Umgebung heraus diese Saugrobheit! Ich möchte ordentlich wie die gebildetsten Affen und Gänse die nun hier fällige Bildung aufsagen: »Jetzt erst verstehe ich Luther!« – Aber begegnet ist er mir doch wirklich, und den Augenblick wenigstens ist es mir als hätte ich nun erst recht ins Herz die rechte Fröhlichkeit gewonnen zur enormsten Grobheit gegen diese feine moderne Satanswelt und werde ein Tintenfaß nach dem andern ihr ins Gesicht schmeißen.[2] Donnerwetter, Entwicklungslehre und

1 Eduard Bäumer und Gustav Landauer.

2 Leoni Brunner war an der Ausarbeitung von Brunners Schriften als seine »Abschriftstellerin« unermüdlich beteiligt (s. Abb. 20).

1 Zur Eisenacher Wartburg.

2 Luther soll sich nach einer Legende gegen die nächtlichen Anfeindungen des Teufels mit einem Wurf seines Tintenfässchens gewehrt haben. Seine Aussage, er habe »den Teufel mit Tinte vertrieben« wird aber vor allem auf seine Bibelübersetzung bezogen.

Monismus! – das ist mein Fluch: denn so, in dieser Gestalt erscheint heute der böse Feind.[3]

Na na – ich muß übrigens schnell enden, denn es geht weiter – na, weint übrigens nicht: ihr seid auch unter Umständen eine feine Madame Grobiana und Mademoiselle Grobiana, übrigens aber doch meine liebenswerte und herzgütige Umgebung; weswegen ich denn auch bin und bleibe euer

Euer.

37. An Cécilie Mutzenbecher,[1] 1905

O Warum mein – in der Mystik finden wir nicht unser Darum![2]

Verinnerlichung – ein schlechtes Wort: *Innerlichkeit* heißt unser Wort. Wem die von der Natur gegeben, der mag sie in sich großbilden und stärken und des glücklich sein. Nicht Verinnerlichung, nicht Prozeß, Selbstvergewaltigung und quälerisches Größermachen der armen Seele – das ist wie Aufreißen der Augen: schmerzt, aber macht nicht besser sehen. Zweierlei Menschen unterscheiden – darin liegts.[3] Die Einen, die es haben,

3 Brunner betrachtet in seiner »Lehre« Darwins Evolutionstheorie und den materialistischen Monismus (besonders Ernst Haeckel hebt er hervor; s. Brief 24/9) als die »abergläubischen« Hauptübel des Denkens seiner Gegenwart: »Früher waren die allgemein Gebildeten die religiös Denkenden, die mit allen ihren Gedanken in dem Gotte, heute sind es die naturmetaphysisch Denkenden, die mit allen ihren Gedanken in dem auf Entwicklungslehre gegründeten Monismus enden, den sie in gänzlicher Verkennung der Natur und Bedeutung des Verstandes und seiner Wissenschaft aus der wissenschaftlichen Betrachtung folgern zu müssen sich einbilden, in Wahrheit aber gar nicht daraus folgern sondern damit nur offenbaren, daß ihr Verstandesdenken und auch ihre Wissenschaft inwendig eine abergläubische Seele habe.« (Die Lehre, S. 26).

1 Cécile Mutzenbecher (1849-1907), geb. Gorrissen, früh verheiratet und geschieden, lebte mit ihrer Gesellschafterin Auguste Voigt in Berlin-Charlottenburg. Brunner lernte sie 1903 kennen und hielt ihr Vorträge. Er bewog sie, den Erlös der Versteigerung ihrer kostbaren Einrichtung der Pensionsanstalt deutscher Schriftsteller zu vererben. Brunner war Testamentsvollstrecker; er verstreute ihre Asche, auf ihren Wunsch, ins Meer.

2 Cécilie Mutzenbecher nannte Brunner ihr »Darum« auf alle ihre Warum-Fragen.

3 Brunner unterscheidet in seiner »Lehre« zweierlei Menschen von verschiedener Natur und Art: die »Geistigen« (nicht zu verwechseln mit den Intellektuellen oder Gebildeten) und das »Volk« (nicht zu verwechseln mit einer Volksgemeinschaft oder Nation) (s. Brief 23/4). Brunner hielt geistiges und abergläubisches Denken für unüberschreitbare anthropologische Gegebenheiten: »Das Volk ist und bleibt ungeistig, d.h. seine Grundlage des Denkens ist eine andere als die der Geistigen. Wie sollte es über seine natürliche Schranke hinweg und auf die höhere Stufe treten können? Gehe immerhin das ungeistige Volksindividuum

und die Andern, die es ewig nicht erlangen; die sich auch nicht dahin zerren lassen. Zerr sie nur: es wird ein Zerrbild draus. »Das Wort fasset nicht jedermann, sondern denen es gegeben ist«[4] – darin liegts, dabei bleibts.

Laß die in die Mystik des Gefühls fliehen, denen das klare Wissen des Geistes nicht erringbar ist. Wo Verworrenheit ist, ist nicht Wahrheit. Wahrheit ist Klarheit, oder es ist keine Wahrheit. Die Verworrenheit ist ganz gewis keine Wahrheit.

Maeterlinck[5] der Dichter: Ja! Maeterlinck der Philosoph: dreimal und ewig Nein! Das bringt nicht Licht, das bringt Finsternis. Und wir haben doch das Licht, das sich selbst *und* die Finsternis offenbart,[6] – auch diese Finsternis.

Er hat aber außer der Mystik auch noch Verstandesdenken? O das ist aber doch toll! Eines widerspricht dem andern und jedes obendrein sich selbst. Nur Eins daran ist klar: die Verworrenheit.

O was für Denker kommen auf, und werden von dieser Zeit als Denker abgenommen: solche Aphorismen- und Fetzenmetaphysiker mit ihren entsprungenen Dichtergefühlen wie Nietzsche und Maeterlinck! Danach sieht es aus im Herzen dieser Zeit, nach dem, was sie ihre Philosophie nennt.

38. An Gustav Landauer und Hedwig Lachmann,[1] 28. November 1907

Laßt mich euch in der schnellsten Eile, wenigstens mit dem Worte *Dank*, für so viele Güte und Liebe danken, aber nehmt es mir nicht übel auf und seid mir nicht bös darum sondern gut, wenn ich nicht usw.[2]

den Weg der geistigen Bildung: es wird ihm doch nicht anschlagen gleich denen, die als Geistige aus den Händen der Natur hervorgegangen sind« (Die Lehre, S. 50f.). Die unter seinen Anhängern viel diskutierte Unterscheidung von Geistigen und Volk liegt auch Brunners Christusauffassung in »Unser Christus oder das Wesen des Genies« (1921) zugrunde. 1928 betont Brunner, dass Geistige und Volk Ideale seien, die in der wirklichen Erfahrung des Lebens nicht vorkämen (Aus meinem Tagebuch, S. 143-145). Siehe auch Brief 48/2.

4 Brunner besaß ein übergroßes Banner mit diesem Bibelvers (Mt 19,11 in der Übersetzung Luthers) in seinem Arbeitszimmer.

5 Maurice Maeterlinck (1862-1949), französisch-belgischer Schriftsteller und Dramatiker, einer der bedeutendsten Vertreter des Symbolismus. 1911 erhielt er den Literaturnobelpreis.

6 Anspielung auf Spinoza, Die Ethik, II. Teil, Lehrs. 43, Anm.: »Wie das Licht selbst und die Finsternis sich offenbart, so ist die Wahrheit die Norm ihrer selbst und des Falschen.«

1 Siehe Brief 29/3 und 8.

Nichts, was nach einer Feier aussieht; *ich verstehe wirklich nicht*, wie ich dazu kommen sollt? Das hat dann mit einer Art Ehrung was gleich, und ich habe doch genau so viel Ehre wie ich gebrauche, *und mehr verstehe ich gar nicht*. Mir wäre es scheußlich; es paßt nicht, und darum wäre es mir scheußlich. Ich fühle gewis diese Sache – aber unpersönlich.

Besonders Sie, lieber Landauer sind, gleich mir, ein hitziger homo, dem es darum um so besser gegeben ist, zu verstehn. Sie verstehen, daß ich, wie von Andern, die Ähnliches wollten, so auch sogar von Ihnen Derlei nicht mag. Mir ist es größte Feier, wenn Sie, weiter hörend – trotz Differenz oder zunächst noch scheinender Differenz – mehr und mehr diese Sache als die wahrhaft Ihrige erkennen werden. Sie sollen nun bald bekommen, um nach der Reihe zu lesen bis ans Ende (der Schluß ist auch gar nicht verständlich ohne das Frühere), und das wäre herrlich, wenn Sie dann sagen würden: Ja, es ist wirklich weiter gekommen, und daraus weiß ich nun, daß wirklich Alles wird.

Sagen Sie das Nötige sich und Ihrem edlen Weibe, nehmt nochmal gerührten Dank von Herzen und schreibt zum Zeichen des Friedens, wann Ihr den langversprochenen Besuch bei uns besuchen werdet. Wir bitten alle darum: Bald! ein solches Bald, das besteht und doppelt lieb ist!

NB. Carolus Rostrum[3] hält sich als ein wahrhaft klassischer Pomponius Atticus:[4] da ich ihm vom endlichen Ende mitteilte, gab er einen echten Seufzer der Erleichterung von sich und lüftete den Deckel von einer fluchenden Epistel der Druckerei,[5] von der er mir nichts verraten hätte, »um mich nicht zu drängen«.

2 Gustav Landauer und seine Frau Hedwig Lachmann hatten Constantin, Leoni und Lotte Brunner sowie Eduard Bäumer anlässlich der (vorläufig) abgeschlossenen Niederschrift der »Lehre«, die sich bereits im Druck im Karl Schnabel Verlag befand, zu einer kleinen Feier am 30. November zu sich eingeladen.

3 Brunners Verleger Karl Schnabel, scherzhaft latinisiert.

4 Titus Pomponius Atticus (110-32 v. Chr.), römischer Ritter und – trotz unterschiedlicher philosophischer Ansichten – enger, epikuräischer Freund Ciceros.

5 Brunner hatte bei der Drucklegung der »Lehre« immer wieder umfangreiche Zusätze gemacht (siehe die überlieferten Druckfahnen von Breitkopf & Härtel in der Staatsbibliothek zu Berlin – Preußischer Kulturbesitz, Nachl. Constantin Brunner, Ka 1 und 2).

39. An Gustav Landauer, 10. Dezember 1907

Ich danke Ihnen für den Dorian Gray.[1] Ich freue mich, daß Sie mir dieses Buch übersetzt, und daß Sie es nicht geschrieben haben. Ich begreife völlig, warum Sie es übersetzt haben. Ich bin im Herzen unsäglich erschüttert von dem Unglück, von der Hölle dieses Wilde. Ich glaube ihm jedes Wort; denn er spricht so gut wie es nur möglich ist dem, der vom Schlechtesten spricht. Ich habe keinen Augenblick Ekel empfunden sondern nur mit ihm seine Qual; und wenn etwas geeignet wäre, mich in dem, was ich fühle, weiß, will, fester und beherzter und tapferer zu machen, es wäre das Schauen von Solcherlei. Ich bin glücklich, daß Sie, mein geliebter Freund, nicht aus der Hölle schreiben, nur aus ihr übersetzen. Sie muß sein; wir können sie nicht aufheben, und sind doch glücklich. Wir wissen, warum doch.

Glauben Sie wirklich, daß ich mich *nicht* freue Ihrer Freude über unsren Anfang?[2] O, glauben Sie vielmehr, daß ich mich doppelt freue. Denn er wird auch der Anfang unsrer Freundschaft sein. Glauben Sie mir das, wenn Sie es nicht schon glauben. Ich bin von Denen, denen man glauben muß, auch wenn man nicht kann. Ich bin ein Versprechen, das immer erfüllt wird. Ich bin auch niemals roh und häßlich – *versuchen Sie doch, sich niemals durch mich gekränkt zu fühlen*! Es macht mich das so traurig, wenn Sie es sind. Ich halte es ja mit Ihnen ebenso: ich bin niemals gekränkt durch Sie, und Sie sind doch genau so verschieden von mir wie ich von Ihnen. Können wir denn dafür, *daß hier die Verschiedenheit ist*? und was geht es uns an? und darf es uns hindern, die Einheit zu erkennen? Ich habe eine Predigt in mir, die ich Ihnen nicht zu halten brauche; doch werde ich sie halten, und Sie werden sich ihrer Glut und ihres Sieges freuen. Sie klingt aus in unsrem ewigen Hymnus: Höre Israel, das Wesen ist unser Gott, das Wesen ist Eines![3]

Wie steht es mit Ihrer Sorge um Ihre Lotte?[4] was kann geschehen? – Ich war am vergangnen Montag mit meiner Lotte unterwegs zu Ihnen hin, es wurde mir aber unterwegs die Reise abgeschnitten. Von da an war große äußerliche Unruhe für mich, die bis morgen, Mittwoch abends dauern wird. Kommen Sie nicht vor Donnerstag, wenn Sie kommen wollen, kön-

1 Das 1909 im Insel-Verlag in Leipzig publizierte Manuskript des von Hedwig Lachmann und Gustav Landauer übersetzten Skandalromans von Oscar Wilde »Das Bildnis des Dorian Gray« (das englische Original erschien 1890).

2 Brunners, von Landauer lektorierte »Lehre«.

3 Siehe zu dieser von Brunner viel zitierten Bibelstelle (Dtn 6,4) Brief 13/3.

4 Charlotte Clara Landauer (1894-1927), Gustav Landauers Tochter aus erster Ehe.

nen. Wie ich mich darauf freue, wissen Sie. Wenn Sie es wünschen sollten, will ich Ihnen dann auch den Beschluß vorlesen, obwohl es besser wäre, Sie hörten vorher Alles was vorher ist.[5]

40. An Gustav Landauer, 14. Dezember 1907

Sie sollen Antwort haben, die sich beschränkt hält auf die Tatsachen, einen Brief ohne Temperament. Daß ich aber die Tatsachen nach meinem besten Wissen und Gewissen herzähle, beschwöre ich:

Ich habe keine Kritik Mauthners[1] *geschrieben*, allerdings bei dem, was Sie so nennen, *auch* an Mauthner gedacht und hatte mir *(nachdem die Sache geschrieben war)* einige Stellen aus seinem Werke vorlesen lassen, aber nicht in andern Gedanken und in andrer Absicht als ausschließlich in den Gedanken und in der Absicht, wovon ich Ihnen schon mündlich gesprochen habe.[2]

5 Brunner las Landauer den Schluss der »Lehre«, in dem er sich vor allem zur Sprachkritik äußert, am 12. Dezember vor. Daraufhin entspann sich ein erster heftiger Disput zwischen Landauer und Brunner, von dem die folgenden Briefe zeugen.

1 Fritz Mauthner (1849-1923), Philosoph und Schriftsteller, bekannt geworden durch seine Sprachkritik (Beiträge zu einer Kritik der Sprache, 3 Bände, Stuttgart: J. G. Cotta'sche Buchhandlung 1901-02). Mauthner und Landauer waren eng befreundet. Brunner hat die Sprachkritik Mauthners und Landauers daran anschließende Arbeiten (vor allem: Skepsis und Mystik. Versuche im Anschluß an Mauthners Sprachkritik, Berlin: Egon Fleischel & Co. 1903), von Anfang an kritisch beurteilt: Schon kurz nach der ersten Begegnung mit Landauer im Herbst 1903 sprach Brunner mit seiner Stieftochter Lotte darüber: »›Daß Mauthner vor der ›Armseligkeit der Sprache‹ erstarrt und jammernd stehenbleibt, das‹, sagte ich, ›begreife ich nicht ganz.‹ ›Ja‹, sagte Vater; ›Mauthner hat sich hingesetzt und geheult, und da hat den Landauer das Mitleid gefaßt, und er hat sein Taschentuch gezogen und mitgeflennt. Das ist Mauthners Sprachkritik und Landauers Skepsis und Mystik.‹« (Lotte Brunner, Tagebuch, 29. Oktober 1903).

2 Brunner wandte sich in dem Kapitel »Schluß« der »Lehre«, ohne Mauthner zu nennen, gegen »die moderne Rede« einer »Identität des Sprechens und Denkens und das Gejammere über die versagte Erkenntnis *darum*, weil all unser Denken doch nur Sprechen sei – es ist die Wahrheit, daß mir diese Reden Unsinn erscheinen und ganz konfus und jämmerlich die sie Sagenden und Klagenden. Die Sprache ist keineswegs identisch mit dem Denken, obwohl die Wichtigkeit der Sprache für das Denken nicht groß genug eingeschätzt werden kann« (S. 1004). Sprache ist für Brunner ein natürliches Erzeugnis, eine »Konstruktion des praktischen Verstandes«. Wörter seien Ausdrucks- und Erinnerungszeichen für das anschaulich Gedachte, aber nicht unmittelbar Anschauungen des Wirklichen selber. Zwar liefen Vorstellungen und Wörter einander parallel, aber das bedeute nicht, dass wir in Wörtern denken. Damit wandte sich Brunner gegen den Sprachnominalismus: Die Sprachskeptiker seien mit den Vernunftskeptikern eine »Bruderschaft der Verworrenheit« eingegangen. »Die wahrhaft ärgste Scholastik ist nun erst geworden in diesen Sprachscholastikern, den wahrhaft vollendeten Erznominalisten.« (S. 1010).

Ich habe während des Schreibens an Mauthner am wenigsten gedacht und an Niemanden, der von ihm abstammt; ich habe niemals eine Zeile zu Gesicht bekommen von irgend Jemandem, der von Mauthners Ausführungen über das Identifizieren von Denken und Sprechen und von seiner Anklage der Sprache abstammt. Hingegen kann ich Ihnen zeigen viele Hunderte, wenn nicht eher Tausende von Blättern (angefangen noch vor meiner Studentenzeit und beendigt lang ehe M.s Werk heraus war) mit Exzerpten, von denen wohl Mauthners Identifizieren und Anklagen abstammt, und mit Bemerkungen, die Ihnen beweisen werden, daß ich akkurat geschrieben hätte wie ich hab, auch wenn M. nie gewesen wäre.

Was gegen die Sprache gesagt wird, ist ganz widerrechtlich und widersinnig. Ich preise die Sprache als so vollendet wie den Verstand und als wundergroß, da sie solcher Modifikation fähig ist, daß sie das Machtmittel wird, uns in die geistige Besinnung hineinzuversetzen. Die großen und heiligen Männer, die Sie anrufen, die widerlegen Sie und, wo es denn danach steht, die eigne Verkennung der Sprache.[3] Da haben Sie schlecht angerufen. Wodurch denn bringen sie uns in die Erschütterung der Seele und in das Ungeheure jenes Schweigens? Schweigen sie denn etwa mit Stillschweigen jenes ewige Schweigen –? *nein, aber mit dem Wunder der Worte*. Versündigen Sie sich nicht an den Sprechern und nicht an der Sprache – sonst versündigen Sie sich auch an der Wahrheit; und übrigens warten Sie ab, ehe Sie mich anklagen, ob und wie es mir verliehen sein kann, mit jenen andern Worten zu schweigen.[4] Es werden wohl auch nur wenige sein, aber genug. *Anders, anders.* Sie wissen es doch – warum schreiben Sie mir heut fast Andres als wie Sie wissen?! – – – hier ist nichts mit Beweisen zu überzeugen, aber die Überzeugung wird beweisen.

Weit höher als herzlich,
Sie *innig* liebend

Brunner.

3 Landauer verteidigte Mauthner mit Bezug auf Meister Eckhart, Vico und Goethe, vor allem aber auch Jesus und Spinoza: »wie armselig sind die paar Worte, die uns Jesus oder Spinoza von der Wahrheit sagen, sogar gegen unsre bloße Sinnenwelt, wenn wir nicht von den Worten weggehen in ihren Abgrund und ihr Schweigen« (Brief vom 13. Dezember 1907, in: Landauer, Lebensgang I, S. 176-180).

4 Seinen mystischen Zugang zum Geistigen hat Brunner nicht wie geplant in einem zweiten Band der Lehre von den Geistigen und vom Volk, sondern 1921 in »Unser Christus oder das Wesen des Genies« sowie 1928 in »Materialismus und Idealismus« dargestellt, wo er u.a. über das Geistige schreibt: »Die deutlichste Rede wäre: es läßt sich darüber nicht reden.« (S. 9).

41. An Gustav Landauer, 16. Dezember 1907

Mein lieber, lieber Landauer,

es wird ganz gewis auch das was ich Ihnen heute schreiben will, platt und matt herauskommen, das weiß und fühle ich selber: denn ich schreibe in dieser Sache ohne alle Inspiration, als ein erbärmliches Menschlein, tief gequält im Herzen; und wenn nicht, was ich dennoch *hoffe*, auch mit zu meinen Gedanken gehörte, so würde ich gar nicht schreiben.

Ich habe Sie wohl so lieb, Landauer, wie Sie Mauthner haben, und wenn der sich Ihnen auf einmal entmummen wollte, in dem was Sie sein Schönstes in ihm und das Schöne in ihm hielten, als ein ganz Andrer, so könnte Sie das nicht tiefer stechen als das, was ich seit Ihrem vorletzten Briefe gefürchtet habe und nun seit diesem letzten wissen soll, die Seele zersticht und zerhackt, die mit Entzücken auf der Ihrigen geruht hat.

Aber ich glaube Ihnen nicht,

und wenn die Zeit kommen sollte, wo ich doch würde glauben müssen, die noch lang hin ist, – mögen Sie heut schon wissen, daß ich Ihnen ein tötlich unversöhnbarer Widersacher sein werde. Ich bin kein Dichter und ich bin kein mystisch Gläubiger: *ich bin ein Wissender,* und worin ich das bin, das ist in dem Einzigen, was gewußt werden kann. Und nun hören Sie wohl zu, um was ich Sie bitten muß; denn es ist tausendmal besser Heut als Morgen, und ich bin so, daß ich Alles von dieser Art sogleich auf die Spitze treiben muß und will. Ich bitte Sie – es ist dies taktlos in einer Sphäre, in der wir uns jetzt nicht befinden – mir zu beantworten (ich verstehe jede Einkleidung dieser Antwort), ob Sie glauben, daß Mauthner Dasselbe und nicht weniger sagt als ich.[1] Glauben Sie so, dann brauchen Sie mich nicht zum Schreiber, und ich brauche Sie nicht zum Leser, und wir wollen uns wieder trennen auf die schöne Art, wie es uns zukommt. Ich werde dann für immer ganz allein bleiben, ich bin fest entschlossen; und die Haare meiner Kraft werden mir schon wieder wachsen. –

1 Am 15. Dezember schrieb Landauer an Brunner, Mauthner habe »von einer andern Weltstimmung aus den selben Gedanken anders« gefaßt als Brunner (LBI/JMB: II, 5, 12). Schon am 13. Dezember hatte Landauer an Brunner geschrieben, Mauthner »berührt sich mit dem Wertvollsten Ihres ersten Bandes überaus oft«. Er führt weiter aus: »Was Sie vom Denken ohne Sprache, vom Denken der Tiere in Begriffen sagen, sagt F. M. [Fritz Mauthner] an entscheidenden Stellen seines Buches. Alle Ihre Ausführungen über Erinnerung und Gedächtnis finden sich unübertrefflich und ins Einzelne verfolgt in Mauthners Sprachkritik. Was Sie von der Relativität und Negativität des praktischen Verstandes sagen, das ist in ganz andrer Terminologie die Rede und der Kampf Mauthners.« (Landauer, Lebensgang I, S. 177).

Aus Ihrem Briefe hätten Sie nicht nötig gehabt, irgend ein Wort zu kommentieren: ich nehme Ihnen keine Ihrer wirklich gemeinten Anschuldigungen[2] übel auf, ich gebe mich Ihnen preis zu noch weit härteren, zu den allerhärtesten will ich Ihnen verhelfen; nicht durch mich, dem Sie das Nachfolgende wohl so wenig glauben werden wie Sie mir glauben, daß ich keine Kritik Mauthners geschrieben habe, aber durch das Zeugnis meines Weibes und meiner Lotte, die Beide noch niemals eine Lüge über die reinen Lippen gebracht haben, so daß Sie also Denen glauben dürfen, wodurch ich in Ihren Augen zu Allem hinzu auch noch zum unbegreiflichen Heuchler werden muß. Ich hatte nämlich vor längerer Zeit durch irgend einen Zufall in einem meiner Bücher eine alte Postkarte an eine Tochter Mauthners gefunden, und ich hatte die ganze Zeit her die Absicht, ihm die Karte einzuschicken und dies zur Anknüpfung zu benützen für einen Brief an ihn. Was das nun, unter so bewandten Umständen, für eine Handlungsweise von mir gewesen wäre, das mögen Sie sich selber sagen und daraus entnehmen, daß es wohl auch in mir etwas gibt, was Sie bis heute noch nicht verstanden hatten.

Ich füge noch hinzu, daß ich, in Folge Ihres letzten Briefes, das Wort *Sprachkritik* aus meinem Texte streichen werde,[3] und ferner erinnre ich Sie an das, was ich vor der Vorlesung[4] sagte: *daß ich nicht Alles lese*. Ich schreibe nämlich stets erst den Zusammenhang, lasse Einzelheiten unausgeführt *und diese nicht mit abschreiben*. Unter dem, was in meinem Ms. noch gestrichen steht, ist nichts, wovon ich mir nach der nun gewonnenen Belehrung, träumen lassen könnte, daß Sie es auf M. beziehen: vielleicht lassen Sie es sich ebenfalls nicht träumen, sobald Sie es lesen, und wachen mit mir zusammen etwas Andres. Vielleicht auch sehen Sie ein, wieso diese Stelle gegen die Sprachpessimisten organisch in meinen Zusammenhang hineingehört, nachdem Sie gelesen haben werden, was einige Bogen vorher über den Kantischen Skeptizismus steht,[5] – man soll wahrhaftig auch

2 Landauer warf Brunner im Brief vom 15. Dezember unter anderem vor, er habe trotz gegenteiliger Beteuerungen gewollt, dass seine Leser bei seinen Ausführungen an Mauthner denken.

3 Das Wort Sprachkritik kommt in der gedruckten Fassung nur an einer Stelle vor: »Genug, die Sprachkritik geriet mit der Vernunftkritik und die Sprache mit der Vernunft ins Ineinander, von da an begann Parallelentwicklung des Vernunft- und Sprachskeptizismus, und sind nun zwei Reihen von Skeptikern, die über die Erkenntnislosigkeit durcheinanderheulen und sich gegenseitig Hülfe leisten, die Menschheit um ihr Höchstes, nämlich um das Denken zu betrügen.« (Die Lehre, S. 1018).

4 Die Vorlesung des Schlusses von Brunners »Lehre« am 12. Dezember 1907.

5 Brunner kritisiert Kant immer wieder scharf und polemisch; am Schluss der »Lehre« vor allem ausgehend von sprachphilosophischen Überlegungen. Man könne von den Wörtern der Sprache, da sie nichts anderes als praktisch Dingliches ausdrücken, keine absolute

keinem Klugen keine halbe Arbeit zeigen. Und halb oder vielmehr ganz richtig nur ein Drittel* bleibt meine Arbeit über die Sprache immer noch, auch wenn dieser Band fertig vorliegt. Sie kluger Gustav Landauer aber, Sie wahrhafte Rarität auf Erden, den ich als den wunderhaft sachlichsten Mann verehren muß, sie sind – o, ich begreife es tausend Mal – in diesem Falle so persönlich und so blind für die Sache, daß Ihnen Verstand und Instinkt versagt und Ihre leidenschaftlichste Sehnsucht schweigt und Sie blicken hinunter, wo freilich denn nichts zu sehen ist –: *blicken Sie in die Höhe*! Wenn wir in irgend einer Sache zu sprechen haben, so ist es in dieser; und wenn es sehr schmerzlich ist: um so besser. Ich bin nicht frivol, ich bin nur grausam – wie sollt ich denn sonst nach der Fülle meiner Liebe können? und sind Sie denn so sicher, daß Sie anders gegen mich sind? So müssen wir denn sehen, wer stärker ist. *Die Sprache ist nicht das, was Sie und alle die Andern sagen.* Si omnes patres sic, at ego non sic![7] Die Sprache allein bringt uns zum *Wissen*! Und wenn Sie das nicht verstehen werden und Niemand das verstehen wird, so bin ich allein auf der Welt, der das versteht, und ich will es denen sagen, die nach uns auf der Welt sein werden und das Gespenst totschlagen, das ihnen ihr Glück vereitelt.[8]

* Denn es bleibt noch zu sagen, was die Sprache in den Fakultäten Geist und Analogon (= Aberglaube) bedeutet.[6]

Erkenntnis erwarten; das Denken des praktischen Verstandes sei relativ. Diese skeptische Einsicht bedeute allerdings nicht, dass überhaupt keine absolute Erkenntnis möglich sei. In der »Fakultät« des Geistes (s. Anm. 8) werde das Absolute erfasst in einem absoluten oder »geistigen« Denken, das mit der Kantischen »Endabsicht, auf dem zugrundegerichteten menschlichen Wissen die Fahne des Glaubens wehen zu lassen« nichts zu tun habe (Die Lehre, S. 1016). Siehe auch Brief 65/3 und 4.

6 Brunner unterscheidet drei »Fakultäten« (d.i. Weisen oder Sphären) des Denkens: den praktischen Verstand (d.i. das relative Denken der Dinge), den Geist (d.i. das Denken des Absoluten) und das Analogon oder den Aberglauben (d.i. das Denken eines Fiktiv-Absoluten als wäre es das Absolute). Entsprechend den Fakultäten des Denkens gibt es seiner Auffassung nach auch »drei Weisen des Sprechens« (Die Lehre, S. 1088).

7 Der Ausspruch wird Peter Abaelard (1079-1142) zugeschrieben: »Auch wenn alle Kirchenväter diese Auffassung vertreten, vertrete ich eine entgegengesetzte.« Petri Abaelardi, Sic et Non, primum integrum, ed. Ernestus Ludov. Theod. Henke et Georgius Steph. Lindenkohl, Marburgi Cattorum: Elwert 1851.

8 Brunner hat sich an verschiedenen Stellen seines Werkes gelegentlich zur Sprachphilosophie geäußert. Am 20. Dezember 1907 notierte Lotte Brunner in ihrem Tagebuch: »Im Anschluss an den Briefwechsel mit Landauer: ›Wenn ich jetzt meiner Neigung folgte, so würde ich mich ein paar Wochen hinsetzen und ein Werk über die Sprache schreiben. Aber ich tue es nicht, weil es nichts taugt, einen Gegenstand isoliert, außer Zusammenhang zu behandeln.‹«

42. An Lotte Brunner, 19. April 1908

Eben definitiv die letzte Zeile getan,[1] Ostermorgen 1908 an diesem Teile, in dem ich zeigte, daß ich keines von den Mirakeln des Volksgötzen glaube, und ich habe ihren Schein zerstört für jeden Denkenden, alle die Mirakel ihrer Somatologie und ihrer Psychologie.[2] Doch glaube ich und bekenne laut meinen Glauben an die wahrhaften Wunder! Ich glaube an die Wunder Christi, auch an das Wunder seines *Königtums*, denn er war ein König, wie noch keiner vor ihm gewesen und hat seine Herrschaft ausgebreitet wie kein andrer – durch das Wunder des Geistes, *des Logos, der in ihm war Fleisch geworden*; und damit glaube ich auch an seine *Auferstehung von den Toten*, denn tagtäglich, überall und ewig steht er auf von den Toten und inmitten der Toten als ein übermächtig Lebendiger. Und ich glaube an die drei Wunder Spinozas, von denen ich geredet habe; und dieser wird noch ein gewaltigerer König sein und regieren durch den ganzen Orient und Okzident in alle Ewigkeit *unser* Reich.[3]

Zur Erinnerung an den 19 April 1908
– meiner Lotte!

1 Es handelt sich noch um den Abschluss der im Druck befindlichen »Lehre«.

2 Brunners immer wieder formuliertes Anliegen ist es, die Vorstellung eines transmundanen Gottes sowie seinen Einfluss auf die Welt als abergläubische Wundervorstellung des »Volkes« (zu dem auch Kant gehöre, weil er Gott, Freiheit und Unsterblichkeit annehme) zu entlarven und zurückzuweisen. Neben der Vernunft- könne keine Glaubenswahrheit existieren (siehe den Abschnitt »Zwischenspiel von der Immanuel Kantischen Kosmogonie«, in: Die Lehre, S. 364-423). Ebenso abergläubisch ist für Brunner die Verabsolutierung des Körperlichen (soma = Körper), denn Dinge seien nur das Gedachte unseres Denkens, oder auch die des Psychischen, das zu einer Erkenntnis des absoluten Seins nicht in der Lage sei. Der praktische Verstand (alles Körperliche und Psychische) sei nur unsere menschliche relative oder dingliche Auffassung des Absoluten (siehe z.B. Die Lehre, S. 521 f. und S. 969-975).

3 Brunner benutzt den Wunderbegriff auf zweierlei Weise, zum einen negativ, entsprechend der abergläubischen Vorstellung als absolute »Mirakel-Ursache«, zum anderen positiv für das Erstaunliche eines geistig modifizierten Wissens, das er Philosophie nennt, Fühlens, das er Kunst nennt, und Wollens, das er Liebe nennt (Unser Christus, S. 489), und so spricht er vom »Wunder der geistigen absoluten Wahrheit in Kunst und Liebe und Philosophie« (Die Lehre, S. 1013). Größte Beispiele sind ihm Spinoza, seine Haltung gegenüber seiner Verfolgung und seiner Krankheit sowie sein »grandioser Wunderbau der Gedanken« (S. 823), und Christus, dessen Liebe, Treue und Geduld sowie seine »Fülle und Festigkeit des Selbstbewußtseins, das mit seinen Tiefen hineinragt in das Ewige«, Brunner als »Wunder« bezeichnet (Unser Christus, S. 399 und 433). Den gewöhnlichen christlichen Wunderbegriff hält Brunner für abergläubisch, denn es könne kein Zweifel bestehen, dass Christus die Naturgesetze nicht habe durchbrechen können (S. 295-299).

43. An Gustav Landauer, 19. Juli 1908

Reicher Mann,

ich muß sehr bewundern, was du vermagst: eine solche Reise tun, und vorher noch .... Doppelten Dank!

Ich weiß nichts Schönes heut zu schreiben als daß ich denke, lebe und liebe. Mir ist der Tod jenes Leo Berg[1] in ganz dummer, mir beinah unverständlicher Weise ans Herz gegangen, und hat mir von neuem furios zu denken gegeben über das, was man ist und in sich hat und davon weiß – oder nicht weiß; und läge ich nicht gefesselt durch »die große Wut«[2] (die kleinste hat inzwischen nachgelassen, die mittlere hoffe ich noch bis zum Schluß dieses Monats zu besiegen), so könnte ich wohl Gedanken folgen und Ausdruck geben, die dessen nicht unwert sein dürften. Aber ich muß nun den ganzen Sommer lang alle eigentliche Produktion unterdrücken, was nicht ohne einige Qual geschehen kann; doch wird sie gemildert durch die Vorstellung der Freuden, die zum Ausgleich erstehen werden.

Ich hab so viel Jammer und Sorge jetzt um beste Freunde! Nur allein von denen du weißt –: Paul Geisler,[3] nachdem er eben auf so schreckliche Weise seine treue Gefährtin verloren, ist schwer augenkrank; Bäumers[4] Rheumatismus ist auch bedenklich geworden, so daß er nach Oeynhausen mußte; und noch Andres Andrer aus nächstem Kreise, von denen du nicht weißt. Übrigens das mit A.s Frau ist zu Stande gekommen, sie erhält monatlich 100 Mark; und ich hab einige Hoffnung, auch für A. selber noch einen Unterschlupf zu finden, muß nur bis September warten.[5] Und wie geht es dir, ihr, euch? Nun, wie du mir nicht schreibst, so gut – hoffe ich innigst.

Warum schreibst du mir nicht? warum schreibst du mir nie? Wir sind wenig zusammen, und auch wenn wir zusammen sind, nicht immer:

1 Brunners Freund Leo Berg starb am 12. Juni 1908 an einem Schlaganfall.

2 Brunners Arbeit an Lina Schneiders Meinsma-Übersetzung (s. Brief 29/7). Die Arbeiten zogen sich bis Ende 1909 hin und waren für Brunner zunehmend ärgerlicher; zeitweilig halfen Landauer und der mit diesem befreundete Julius Bab (1880-1955) bei der Fertigstellung. Im Brief vom 29. Juli 1908 klagt Brunner Landauer: »Könntest du mich hören, wie ich fluche, in allen Tonarten der Hölle, über diese Meinsma-›Übersetzung‹, und weiß wirklich noch nicht, ob für solchen Augiasstall ich Herakles genug bin. So eine Strafe hab ich noch nie durchgemacht.« (LBI/NY: Gustav Landauer Collection, II, 1, 6).

3 Brunner hatte offenbar zu dieser Zeit noch regen Kontakt mit Paul Geisler; Briefe aus dieser Zeit sind nicht überliefert. Vom 60. Geburtstag Geislers im August 1916 erfährt Brunner nur noch aus der Zeitung (s. Lotte Brunner, Tagebuch, 14. August 1916).

4 Eduard Bäumer gehörte zu dieser Zeit zu den besten Freunden Brunners, bis er sich 1913 zurückzog, weil er sich durch Leoni Brunner gekränkt fühlte.

5 Vermutlich sind Ernst Altkirch und seine Frau Elisabeth gemeint. 1911 zogen Altkirchs nach Berlin, wo Ernst Altkirch (bis 1914) bei der AEG arbeitete.

warum schreibst du mir niemals über unser wahres Zusammen? denn eigentlich schreibst du mir nur von Solchem, worüber wir – in winzigen Sachen – auseinander sind. Du sagst nun du zu mir: um so eher muß ich aussprechen, wie nötig mir Austausch des Letzten zwischen uns, und nicht allein bei dieser und jener Gelegenheit, erscheint, und ihn fordern. Wir haben nicht, so gut wie kein Erleben des Äußerlichen gemeinsam gehabt, was von selber den tiefsten Kern der Charaktere enthüllt und fest bindet. Das fehlt uns, und wir müssen's ersetzen. Nun, wir sind noch jung, und schön und lieb. – Aber es ist wahr: Briefschreiben ist mit Recht ein verrufenes Mittel. Dennoch schreib mir, irgend welche Buchstaben, – junge litteras![6]

Ich denke dein und eurer sehr herzlich.

NB. die Lehre wird immer noch ziemlich brav aus dem Schnabel geholt,[7] auch werden viele Rezensionsexemplare verlangt, und ich höre, daß Dieses und Jenes Feder bereits knistert.[8] Ich bin aber nicht neugierig; denn ich weiß so gut wie ein Andrer, was ich geschrieben habe.

44. An Gustav Landauer, Anfang Juli 1909

Dank für den Dank, und folgende nähere Erklärung:

Ich habe fast Alles gelesen, was Dühring geschrieben hat; was dir zum Beweise dienen mag, daß ich ihn schätze.[1] Zum Beweise dafür, daß meine Behauptung nicht lautete: »Dühring verdiene wenig gekannt zu werden«, magst du meine Bemerkung auf der Karte an deine Lotte (auf der leider nur wenig Platz war) noch einmal lesen.

Ich habe gesagt: Dühring sei *aber reichlich* so bekannt wie er es verdiene, und dabei muß ich bleiben: D. hat sehr viele Bücher geschrieben, die zum Teil in mehreren Auflagen erschienen sind, und von denen jedes Exemplar, das irgendwo antiquarisch auftaucht, sofort weggegriffen und

6 Lat.: Füge die Buchstaben zusammen!

7 Brunners »Lehre« ist im Karl Schnabel Verlag erschienen.

8 Es erschienen Rezensionen in der Kölnischen Zeitung Nr. 1174 (8. November 1908), S. 2, in der New Yorker Staatszeitung (20. November 1908), von Rudolf Bilke in der Breslauer Morgen-Zeitung Nr. 569 (4. Dezember 1908), von Emil Lucka in der Zeit (Wien) Nr. 2339 (28. März 1909), S. 21 f. sowie von Otto Nieten in der Rheinisch-Westfälischen Zeitung Nr. 378 (7. April 1909).

1 Karl Eugen Dühring (1833-1921), Philosoph, Nationalökonom und einflussreicher Antisemit. Brunner hatte sich offenbar auf einer (verlorenen) Postkarte an Landauers Tochter Charlotte negativ über Dühring geäußert.

teuer bezahlt wird; auch sind eine große Anzahl Bücher über ihn im Umlauf, und alle Augenblick wird von ihm behauptet, daß er nicht bekannt sei, *weil* er es eben ist; und wenn mal einer nicht weiß, daß er noch nicht gestorben ist, so weiß er doch, daß er gelebt hat, worauf es hier allein ankommt. Dühring ist sehr reichlich so bekannt wie er es verdient als temperamentvoller Gelehrter in mehreren Fächern mit ebensoviel Wahrheitssinn wie Hintertreppenromanphantasie; ja, er erfreut sich sogar einer Popularität in gewissen Schichten der Bevölkerung wegen seines Radauantisemitismus, wegen seines bis zur richtigen Verrücktheit (denn wenn nicht dies, so bis zur raffiniertest hinterlistigen Schurkerei) gehenden Antisemitismus. Ich bitte dich ernstlich, bevor du dich näher einläßt und den antisemitischen Litteraten Dühring gegen jüdische Litteraten ausspielst, von Anfang bis Ende Dührings Schrift *»Die Überschätzung Lessings«*[2] von neuem zu lesen oder zum ersten Male zu lesen. (Ich schicke sie dir mit; die Striche nicht von mir) Ich zweifle nicht, daß wir über die Schändlichkeit eines derartigen Treibens einig sein werden, und daß du bei der Lektüre Ekel empfinden wirst.

Herzlichen Gruß – wann sehen wir uns?

45. An Gustav Landauer, 6. Juli 1909

Mein lieber Landauer,

gut, daß du von feindseliger Stimmung gegen mich wieder herunter bist.[1] Woher war die? Vielleicht weil auf der Karte nicht mehr Platz gewesen als zur ganz nackten Äußerg meiner Meinung –? Du hast mir aber einmal versprochen, mir nie wieder böse zu werden. *Mir* – das gilt, so lang ich nicht mich ändre, ein Andrer werde. Bis dahin darfst auch du nicht gegen mich ein Andrer werden.

2 Eugen Dühring, Die Überschätzung Lessing's und dessen Anwaltschaft für die Juden, Karlsruhe-Leipzig: K. Reuther 1881.

1 Landauer nahm seine falsche Auffassung von Brunners Äußerung über Dühring zurück und lud Brunner zu sich ein (undatierter Brief, Lebensgang I, S. 261-263). Die Lessingschrift Dührings schickte er ungelesen zurück (»Ich habe es keineswegs nötig, sie zu lesen und habe sie nie gelesen.«) und legte eine Notiz über Dühring bei, die er soeben in seiner Zeitschrift »Der Sozialist« veröffentlicht hatte (Eine sozialistische Bank. Feststellung einer Tatsache, in: Der Sozialist 1, Nr. 9 (15. Juni 1909), S. 72). Dort hob Landauer hervor, Dühring sei »lebendig als ein charaktervoller, unabhängiger und in die Tiefe und den Zusammenhang der Dinge sehender Denker«, über den mehr und öfter die Rede sein solle und werde.

Eugen Dühring wird uns gewis nicht auseinanderbringen. Auch ist nicht einmal wahr, daß du ihn höher stellst als ich tue. Ich schätze Dühring mehr als viele Andere, die ich immer noch schätze. Nicht einmal nehme ich ihm übel, daß er Antisemit ist: ohne Antisemiten gäbe es keine Juden mehr; auch ist Antisemitismus nicht schlimmer als viel anderes Schlimme. Aber ein *Denker* ist nicht, wer Antisemit ist, unmöglich, und Dührings Beispiel – trotz sonstiger großer Vorzüge Dührings – widerlegt das nicht; und, meinem sittlichen Gefühle nach, von dem mir gewis ist, daß du es teilst, sollte man niemals Dühring im Gegensatze zu jüdischem Litteratentume nennen (wo man von diesem in verächtlichem Sinne spricht), ohne Dührings Antisemitismus (in verächtlichem Sinne) mit hervorzuheben. Litteratentum kann sehr schlecht sein, und viele jüdische Litteraten sind sehr schlecht, weil viele Juden Litteraten *sind*: aber Dührings antijüdisches Litteratentum ist demgegenüber nicht das Bessere. Übrigens als Gegengeschenk für deinen jungen Studenten und Dührings Nichtwirken:[2] daß neulich ein sehr gebildeter, promovierter Herr von 40 Jahren mich ganz erstaunt gefragt hat, ob denn nicht Lessing ein Jude gewesen sei, – ein Beweis von Dührings Wirken.[3] Darum habe ich etwas gegen das Hervorheben Dührings im Gegensatz zu jüdischen Litteraten, nichts gegen das Hervorheben von Dührings Vorzügen, obwohl ich nicht finden kann, daß sein Vorzügliches unbekannt und unwirksam geblieben ist.

Die Schrift (ich schickte dir absichtlich nicht seine Judenfrage[4] sondern seine Lessingschrift, damit du etwas von ihm, von seinem Charakter kennen lernst, was du noch nicht kennst – der Charakter gehört auch nach Dühring zum Schriftsteller, also auch zum Schriftsteller Dühring, und auch nach mir und dir gehört die Kenntnis dieses Charakters zur Kenntnis desjenigen, der, wie deine Absicht ist, über den charaktervollen Schriftsteller Dühring schreiben will) – die Schrift schicke ich wieder mit *und*

2 Landauer bemerkte in dem genannten Artikel, Dühring würde seit fast einem halben Jahrhundert totgeschwiegen. Er zitiert einen jungen Studenten, der sich wundere, dass Dühring noch lebe.

3 Gotthold Ephraim Lessing war Protestant. Gleichwohl hat Dühring in seinem Buch Lessing als »judenhaft« charakterisiert (S. 41): Lessing sei eher »Jude« als »Deutscher«; es könne nicht ausgeschlossen werden, dass Lessing »Racejude« gewesen sei (S. 80f.).

4 Eugen Dühring, Die Judenfrage als Racen-, Sitten- und Culturfrage. Mit einer weltgeschichtlichen Antwort, Karlsruhe-Leipzig: K. Reuther 1881. Möglicherweise lag Brunner die fünfte, umgearbeitete Auflage vor: Die Judenfrage als Frage des Racencharakters und seiner Schädlichkeiten für Völkerexistenz, Sitte und Cultur. Mit einer denkerisch freiheitlichen und praktisch abschliessenden Antwort, Nowawes-Neuendorf b. Berlin: Dühring 1901.

bitte dich jetzt sehr dringend, sie zu lesen.[5] – Wenn ich mich irgend wohl genug fühle, komme ich Freitag mit hinaus.

Herzlichen Gruß!

46. An Gustav Landauer, 22. Oktober 1909

Mein Lieber,

seit länger als acht Tagen steht dein lieber Freund auf dem Sprunge zu dir hinaus und würde höchstwahrscheinlich am kommenden Sonntg mit zu dir gekommen sein, wenn sich nicht heut eine fremde Frau angemeldet hätte, die sehr stürmisch von mir Unterricht in der Philosophie begehrt; mit dem ich es gern bei ihr versuchen will, 1) wenn sie philosophabel ist, und 2) wenn du mir *möglichst umgehend* angeben willst, was einer, der nicht so hoch verlangen will wie die Sophisten und nicht so nichts verlangen *kann* wie die Philosophen, was solch ein Zwischener verlangen dürfte?

Für den Sozialisten[1] (den wir übrigens dieses Mal noch nicht bekommen haben, weswegen auch schon eine Anfrage ergangen ist) wüßte ich wahrhaftig nichts zu schreiben: schon weil der Winter oder Sommer noch nicht da ist, worin ich genügend volkswirtschaftlich Bescheid weiß, was doch die Voraussetzung solchen Schreibens wäre. Mir ist es bei meinen früheren Anläufen nationalökonomisch greulich ergangen; ich finde die ganze Nationalökonomie scheußlich, in der wirklich *Alles* kontrovers geblieben ist; der theoretische Pauperismus[2] in der Nationalökonomie ist so groß wie der draußen, dem sie abhelfen möchte und sie vermehrt ihn noch. Ich kann die Nationalökonomie nur der Medizin vergleichen: es ist nichts Sicheres in ihr, sie ist keine Wissenschaft, und indem man auf ihren Hypothesen und falschen Grundsätzen läuft, stiftet man Schaden. Nationalökonomie ist wie die Medizin nicht Wissenschaft, sondern *Praxis!* – Übrigens mache ich mich jetzt ernsthaft an Proudhon;[3] habe mir auch seine Gerechtigkeit angeschafft, dtsch. von dem gar nicht häßlichen

5 Dührings Buch »Die Überschätzung Lessing's« sandte Landauer erneut ungelesen zurück.

1 Die von Landauer herausgegebene Zeitschrift »Der Sozialist. Organ des Sozialistischen Bundes«, die von 1909-15 erschien.

2 Von lat. pauper: arm.

3 Pierre-Joseph Proudhon (1809-1865), französischer Ökonom, Soziologe und Vordenker des Anarchismus.

Pfau.[4] So also steht es mit mir, und deswegen allein schon wäre ich außer Stande, irgend etwas für den Sozialisten zu schreiben; wozu dann noch: daß ich ja überhaupt kein Extemporenzler[5] bin und, was ich sagen könnte, immer nur in großem Zusammenhange sagen kann. Weißt du irgend etwas vom Meinigen, was dir zum Abdruck geeignet scheint, so ist es ja selbstverständlich, daß du es abdrucken läßt – vielleicht das über die politischen Abstraktionen und Lassalle*; woran sich ja immerhin eine Bemerkung über die Notwendigkeit des theoretischen Klar- und Festwerdens knüpfen ließe, die du dann bitte, etwa mit dem Hinweis auf den Zusammenhang besorgen wolltest? Ich weiß aber nicht, ob das nicht schon über den Rahmen der Zeitschrift hinausgehen würde?[6] Alles Andre aber täte das noch mehr.

Und alles wundervoll – aber wenn du nur nicht deine Kräfte zu sehr anspannst! Du kennst doch das tiefe Wort:

Raste nie, doch haste nie;
sonst hast de die
Neurasthenie. –[7]

Lotte geht es noch gar nicht nach Wunsch, aber es scheint doch in die Höhe. Laß bitte deine Lotte das nächste Mal noch aussetzen.[8] Ich, vielleicht wir alle kommen bald, nach euch zu sehen, vielleicht am übernächsten Sonntag *über Nachmittag*? Inzwischen herzlichste Grüße.

* Lehre, S. 643-646.[9]

4 Proudhon, Die Gerechtigkeit in der Revolution und in der Kirche. Neue Principien praktischer Philosophie, übersetzt von Ludwig Pfau, 2 Bände, Hamburg: Otto Meißner und Zürich: Meyer & Zeller 1858-60.

5 Von lat. extempore: aus dem Moment, improvisiert.

6 Der von Brunner vorgeschlagene Auszug wurde nicht im »Sozialist« abgedruckt.

7 Der viel zitierte Vers wird Otto Erich Hartleben (1864-1905) zugeschrieben. Neurasthenie (griech.: Nervenschwäche) ist ein um 1900 häufig diagnostiziertes, durch Erschöpfung, Ermüdung, Konzentrationsschwierigkeiten, Muskel- und Kopfschmerzen gekennzeichnetes Nervenleiden.

8 Lotte Brunner gab Charlotte Landauer Unterricht.

9 Die Lehre, S. 605-607. Brunner betont hier im Sinne Hegels, aber unter Zurückweisung von dessen Geschichtsphilosophie, dass die sozialpolitische Wirklichkeit von der Umsetzung der philosophischen Abstraktionen abhängt: »Die ganze moderne Völkergeschichte ist Errichtung der neuen Gesellschaft auf dem Grunde der Abstraktion.« Nicht das empirisch Geltende sei relevant, sondern es seien die Denker, die den Gang der Geschichte bestimmen. So schreibt Brunner mit Bezug auf Ferdinand Lassalle und die Organisation der Arbeiterpartei, wodurch Hegels abstrakte Gedanken in die politische Praxis umgesetzt würden: »An ihm besitzen wir eines der deutlichsten Beispiele, wie nicht die Geschichte die Männer macht, sondern wie Männer die Geschichte machen, nachdem der klare Gedanke Männer gemacht hat.«

47. An Frida Mond, November 1909

Mein geliebter Freund –
ebenfalls trotz alledem!

Mir ist es mit Ihrem Briefe gegangen wie Ihnen mit dem meinigen: ich habe nötig gehabt, mich davon zu erholen, habe das sehr nötig gehabt. Daß es uns Beiden nach Empfang unsrer Briefe so ergeht, ist schlimm für uns Beide. Aber bei Allem, was wahr und was Tatsache ist: *diese* Schuld liegt an Ihnen, die Sie mich durch Ihr Verhalten zu Briefen peinigen wie mein voriger gewesen sein mag, und die Sie dann auf solchen Brief aus Ihrer Schuld keine andre Antwort finden, als dieser Ihr Brief da vor mir enthält. Haben Sie nicht auch noch einen Verrufnamen bereit, weil ich mich namenlos gequält fühle durch dieses Ihr Briefverhalten, womit Sie mich so quälen?

Sie haben ja einen hübschen Verrufnamen gefunden für mich als Schreiber, indem Sie mich einen Pamphletisten nennen. Früher war es immer nur die Mangelhaftigkeit meiner (an sich überhaupt überflüssigen) Explikation und mein miserabler Stil, der Sie prophezeien machte, daß ich nie einen Verleger finden würde, und als er gefunden war (übrigens ohne daß *ich* gesucht hatte), daß es nie einen Leser für mich geben könne. Sie hätten inzwischen, mein hitziger Freund, Vorsicht lernen können, ehe Sie von neuem noch weiter gehen und mit Wörtern um sich werfen, deren Bedeutung Sie so wenig zu kennen scheinen wie mein Lebenswerk. Welches übrigens ein einziges, ganz einheitliches ist – die kleine Arbeit »Spinoza gegen Kant«[1] ist nicht blos Hinweis auf mein großes Werk[2] sondern auch Ergänzung desselben in Einem, wenn auch unbedeutenderen Punkte, und ich will Ihnen nur erzählen, daß, was Sie in der kleinen Arbeit als Pamphlet auf Kant bezeichnen, nur ein Kinderspiel ist gegen das, was von der gleichen Art in dem bisher Vorliegenden und in dem Folgenden des großen Werkes sich findet. Der Pamphletist oder der Mann dieses großen Lebenswerkes hofft aber, daß es weiter gehen wird wie bisher: daß das Ethos seines Werkes, »der heilige Ernst«, wie Ihr Landsmann in der Zeitg. Ihrer Vaterstadt sagte,[3] von immer Mehreren erkannt werden und daß es ge-

1 Brunners polemische Streitschrift »Spinoza gegen Kant und die Sache der geistigen Wahrheit« erschien, bevor sie als Separatdruck im Karl Schnabel Verlag (Berlin 1910) herauskam, schon als Vorspann zu Meinsmas »Spinoza und sein Kreis« (s. Brief 29/7).

2 Brunners »Lehre«, in der ebenso häufig von Kant als »abergläubischem« Vordenker des »Volkes« die Rede ist wie von Spinoza als Vordenker der »Geistigen«.

3 Am 8. November 1908 war eine Rezension von Brunners »Lehre« in der Kölnischen Zeitung (Nr. 1174, S. 2) erschienen. Darin heißt es: »Wir haben es hier mit einem Manne zu tun, dem es eine heilige Sache darum ist, denen, die ihn hören wollen und können, die Wahrheit zu verkünden, so wie er sie in seiner philosophischen Lebensarbeit erkannt hat.«

lesen werden möge von immer Mehreren so wie bereits heute von Manchem, deren einer ihm schrieb, daß er es lese »immer und immer wieder wie seine neue Bibel«; und daß immer Mehrere denken mögen, wie ein Andrer ihm geschrieben hat, der ihn seinen »edlen Freund und Retter« nennt; und daß durch ihn Viele, Viele dem wahren Denken wieder zugeführt werden mögen, gleich jenem Einen, der schrieb: »Fünfziger, mache ich seit Jahren einen weiten Bogen um Philosophie (ich meine Metaphysik in Ihrem Sinne) und bin nun tief dankbar für diese Ihre Leistung, auf der ich, allem Anschein nach, werde ausruhen können«; und immer mehr Männer werden, wie bereits mit einigen der Fall war, von Kant hinweg zu ihm sich finden und damit auch zu Spinoza, dem Einzigen – man kann nicht Brunnerianer sein, ohne zugleich Spinozist zu sein oder zu werden. Der Pamphletist hofft dieses Alles, ja er kann heute bereits sagen, er weiß dieses Alles, denn er sieht es kommen und wachsen; und auch was sein Leben betrifft, wenn es denn auch freilich weit abstehen wird von dem Leben jenes Spinoza, – so fehlt es doch nicht an Solchen, die es wahrhaft kennen und die nachdrücklich werden bezeugen können, daß auch dieses sein Leben des Gedankens nicht unwürdig geführt worden ist.

Was das da von mir[4] vor jener Übersetzung für einen Sinn habe? O liebster Freund, Ihnen darauf in allen Einzelheiten die Antwort zu geben, daß es in Sie eingehe wie es in Andere eingegangen ist, deren Worte ich hier nicht wiederholen mag und nicht darf, ohne daß Sie sie für wahnwitzig erklären würden, – aber Ihnen darauf im Einzelnen zu antworten, das würde eine größere Macht über die menschliche Sprache erfordern, als dem Constantin Brunner zugeschrieben wird, oder ganz neue Zaubermittel der Gedankenübertragung. Meine Redekunst ist an Ihnen verloren, und Sie wissen, mein über allen menschenmöglichen Ausdruck geliebter Freund, welch ein Seelenschmerz mir das ist darum, weil ich denn nun außer Stande bin, Ihnen zu geben, wonach Sie rasend Blinde im Grunde so sehnsüchtig heiß verlangen. Sie wissen auch, wie schmerzlich mir Ihre Urteile über meine Leistungen sind, aber – ich habe Ihnen immer so geschrieben – nicht meinetwegen sondern Ihretwegen! Überhaupt doch, lassen Sie uns einen Pakt schließen – – wir wollen über Alles miteinander reden; mit Niemandem auf der Welt rede ich lieber als mit Ihnen, und es bleibt ja so viel Schönes und Wunderbares, was Sie mir aus Ihrer reichen und tiefen Seele zu geben vermögen – über Alles sollen Sie zu mir reden und über Alles wollen wir uns unterhalten, nur nicht über Philosophie und Wissenschaft und nicht darüber, wie man's da machen müßte! Seit wann und woher kam Ihnen davon das Wissen? Seit wann wissen Sie mit Kant

4 Brunners Schrift »Spinoza gegen Kant«.

Bescheid und wie man über ihn zu sprechen habe? Oder haben Sie auch gehört, was Andere von ihm sagen und sagen nur nach von dem Tone, in dem Andere von ihm sprechen? Wer hat Sie zum Lehrmeister der Philosophen gemacht? Der einzige Philosoph, der Sie kennt, der kennt Sie – trotz Ihres seltenen Wertes in allem Übrigen, den auch Niemand kennt und anerkennt so wie er – aber er kennt Sie in Dingen der Philosophie als eine unfähige und anmaßende Schülerin, die sich herausnimmt über das zu urteilen, was sie nicht gelernt hat und nicht lernen konnte, und die sich noch obendrein über die fähigen Schüler gesetzt wissen will, – von denen sie mir sagte, die seien unreif und ich weiß nicht was, und sie sagten mir nicht die Wahrheit! (Ei warum wohl so viele Menschen mir nicht allein nicht die Wahrheit sagen, sondern noch obendrein mich so belügen!) – Glauben Sie nicht, mein lieber Mensch, das habe als wirkliches Urteil von Wert irgend etwas gegen einen Mann wie ich bin zu bedeuten, wenn Sie an mir auszusetzen finden, was es auch sei, und wenn es Ihnen und Andern auch noch so scheußlich vorkommt und wenn Sie auch schon beinah so ahnungslos sprechen als wären Sie der größte Gelehrte: überwinden Sie sich einmal und lesen Sie in dem Pamphlet von Seite 79, wo der neue Absatz beginnt, bis ans Ende, und dann werden Sie aber ganz still und ein wenig ernster geworden sein.[5]

Ich kann auf jene Ihre Frage Ihnen nicht im Einzelnen antworten, wohl aber kann ich Ihnen im Allgemeinen sagen, weswegen ich diese Arbeit vor das Buch des Meinsma gestellt habe? – Damit auch dieses Buch *Ihres* Interesses,[6] d.h. woran Sie ein so starkes Interesse bezeigt haben und das Ihnen gewidmet ist, damit auch dieses Buch lang lebe; so wie jene Arbeit leben wird. Sie sehen, meine Absicht war gut; ich tat es Ihretwegen,

5 Spinoza gegen Kant, S. 74-77. Brunner betont hier die positive geistige Wirkung, die von Meinsmas Lebensbild Spinozas ausgehe, insbesondere angesichts des Kampfes eines »Geistigen«, den Spinoza gegen das »Volk« auszustehen gehabt habe. Der Leser solle sich die Verstoßung Spinozas aus der jüdischen Gemeinde und seine Verfluchung durch die zeitgenössischen Theologen und Philosophen vor Augen führen – Brunner bringt lange Zitate dieser Flüche –, aber auch, dass dies letztlich vergeblich gewesen sei: »[...] all diese Schande ward zu Schanden; aber kein wahres Wort ist vergeblich!« Brunner beendet diesen Abschnitt und damit die ganze Schrift mit dem Ausruf: »So mögt immerhin auch ihr besudelt werden bei eurem Leben, nach eurem Leben, mögt hundert Jahre liegen wie die toten Hunde, alle Stürme und Fluten des Geschickes sollen hinweggehen über euren Namen, und dann werden eure Feinde kommen und müssen eure Wahrheit erwecken, daß sie lebe, und von da an unvergänglich lebe!«

6 Frida Mond interessierte sich für den Menschen Spinoza; sie förderte nicht nur Willem Meijers Sammlung der Briefe Spinozas (s. Brief 23/1) und Ernst Altkirchs Veröffentlichung von Spinozaporträts (s. Brief 60), sondern auch die Übersetzung und Publikation des Meinsma-Buches, das neue Einblicke in Spinozas Biographie im Kontext seiner Zeit gibt.

denn ich pflege sonst über Bücher wie das Meinsmas nicht zu schreiben. Hätte ich ahnen können, wie die Ausführung auf Sie wirkt, so hätte ich Schnabel[7] gebeten, seine kontraktliche Bedingung einer Vorarbeit von mir wieder fallen zu lassen. Übrigens können Sie sicher sein, daß das Buch an Lesern gewinnt: es wird ganz gewis von vielen *meiner* Leser meinetwegen gekauft werden. Und ich fürchte nicht, daß es wie ein Pamphlet wirken wird. Ich habe wohl schon an die zwanzig Briefurteile darüber empfangen (und mit Verlaub: in keinem wird Meinsma beklagt, wohl aber in den meisten – wie auf Verabredung – von einem Glück gesprochen, das ihm wiederfahren sei), davon ich Ihnen ein Wort Landauers abschreibe, weil Sie diesen doch schon kennen: »Ich habe wieder und wieder das Vorwort zu M. getrunken. Welch ein edler, starker Wein!«[8] Und sogar von dem Holländer Meijer, den wir ja Beide ebenfalls kennen,[9] ist mir zu meiner Verwunderung ein Brief zugegangen: (wörtlich in seiner Orthographie, Durchstrichenes von ihm:) »Die Ubersetzing Meinsma' ist mit Ihrer Einleiting um ein philosophisches Document ~~verreicht~~ verschönert, das die wirkliche Antithese unsrer jetzigen Kultur formuliert. Ich hoffe, das es Ihnen gelingen möge noch mal die Chamberlains völlig zu besiegen.«[10] Auch von Meinsma,[11] der

7 Karl Schnabel, der Verleger des Buches.

8 Brief Landauers an Brunner vom 20. Oktober 1909: »Lieber Freund, ich bin viel bei Dir und habe im Drang vieler Arbeiten, die mir kaum Zeit zur Hingabe an einen tüchtigen Katharrh lassen, noch einmal Dein Vorwort zu Meinsma getrunken. Ein edler, starker Wein!« (IISG: 84/47).

9 Siehe Brief 23/1 und 24.

10 In seinem viel gelesenen Standardwerk »Die Grundlagen des neunzehnten Jahrhunderts« (München: Bruckmann 1899), mit dem er unter anderem Alfred Rosenberg und Adolf Hitler beeinflusste, machte Housten Stewart Chamberlain (1855-1927) den Rassenantisemitismus in breiten Teilen der Bevölkerung, besonders auch bei den Gebildeten, populär. Auf breiter philosophischer Grundlage und nicht zuletzt mit Bezug auf Kant beschwört er darin die »Heiligkeit« der Reinrassigkeit, stellt eine Verbindung von Rasse und Nation her und bezeichnet die Germanen als die wertvollste Rasse. Spinoza sei »durch und durch Jude und Antiarier« (S. 408). Seine »Alleins«-Lehre sei »ungermanisch« (S. 902), seine Ethik verwerflich (S. 171). Überhaupt fehle den Semiten der »moralische Untergrund«. Die Wahrung menschlicher Rechte, etwa der Freiheit, spiele bei ihnen, auch bei den Juden, keine Rolle, weshalb sie keine Rechtsinstitutionen entwickelt hätten (S. 170). Spinoza, als der größte jüdische Denker, beweise diese moralische Minderwertigkeit, wenn er behaupte: »Ein Jeder hat soviel Recht, als er Macht besitzt« (Tractatus politicus II, 4 und 8, zitiert nach Chamberlain, S. 170). Dass Brunner diese Interpretation Spinozas für eine Fehldeutung hielt, ging wohl für Meijer schon aus »Spinoza gegen Kant« hervor. Die Absurditäten der Rassentheorie und eine Chamberlain widersprechende Bewertung der jüdischen und germanischen Kulturleistungen stellte Brunner 1918 in »Der Judenhaß und die Juden« ausführlich dar.

11 Koenraad Oege Meinsma (1865-1929), niederländischer Literaturwissenschaftler und Lehrer.

hier noch näher in Betracht kommt, habe ich einen Brief erhalten; er kann nicht so gut deutsch wie Meijer und das Spekulative liegt ihm noch weniger als diesem, aber seine »großen Freude über Ihre Aufsatz gegen Kant« steht doch richtig auf dem Papier. Ja, was die verstorbene Freundin[12] betrifft, so darf ich auch von dieser mit ziemlicher Gewisheit annehmen, daß sie an der Arbeit keinen Anstoß genommen hätte, da, wie schon gesagt, das darin gegen Kant Vorgebrachte ein Kinderspiel ist gegen das im großen Werke,[13] von welchem sie mir in ihrem letzten Briefe schrieb: wenn sie auch noch so spät und müde abends nach Hause komme, lese sie immer noch ein Wort darin; das sei ihr alltägliches Nachtgebet. – Doch mißverstehen Sie mich nur nicht wegen dieser und der früheren Anführungen, als bedürfte ich ihrer zur Stärkung, und als hätte ich ev. aus Rücksicht auf Andere irgend etwas anders gemacht. Ich habe mein Gewissen anderswo als in fremden Menschen, und mir kommt, was ich schreibe, tiefer her; darum auch, ist es einmal gekommen, steht es für immer. Für jedes seiner Worte wollte der Pamphletist sterben! und von ihm glauben Sie, daß er selber das von ihm geschaffene Leben morden und verstümmeln könnte?! Sie konnten Ihrer Verkehrtheit über mich keinen naiveren Ausdruck geben, als indem Sie schrieben: »Wenn das Buch englisch erscheint, müßte die Vorrede sehr gekürzt erscheinen.« Kein Wort weiter, Frau: in einer englischen Ausgabe werden Sie meine Arbeit weglassen. Was sie zur Vermehrung und Stärkung des Guten und der Freiheit in der Welt beitragen kann, wird darum nicht verloren sein, und sie wird auch noch englisch erscheinen.

Daß Sie die moralische Beschimpfung, die Sie gegen mich ausgesprochen haben, widerrufen, das verlange ich nicht. Ich glaube sicher, daß Sie es bereuen, sie ausgesprochen zu haben. Sie hätten das in der Tat nicht dürfen, hätten derlei meinen Gegnern überlassen sollen, die sich derlei nicht entgehen lassen werden. Von denen fände ich es natürlich, und freuen wollt ich mich dessen; denn ich weiß, daß meine Sache durch Solches hindurchmuß, und je eher und je ärger, desto besser. Hoffentlich trägt auch die kleine Schrift »Spinoza gegen Kant« ihr Teilchen dazu bei, das, was doch kommen muß, zu beschleunigen. Ich verlange also nicht, daß Sie Ihre Beschimpfung widerrufen, obwohl es gerecht wäre; tun Sie auch in diesem Punkte, was Ihnen gut dünkt, und nun genug davon für immer. Mir tut das wahrlich Alles nicht gut – schlecht; und nachher erst, die Folgen oft durch Wochen – und mir ist es ja so tief verwunderlich, daß nicht alles, was mir von Ihnen kommt, mir so gut ist! daß ich in Wahrheit gar

12 Lina Schneider, geb. Weller, Pseud. Wilhelm Berg (1831-1909), Pädagogin und Übersetzerin, Mitbegründerin und seit 1885 Vorsteherin des Viktoria-Lyzeums in Köln.

13 Brunner, Die Lehre.

nicht glauben kann diese böse Veruneinigung mit Ihnen oder irgend welche jemals.

Ich weiß nun heute nicht mehr, was ich Ihnen gestern für eine Auseinandersetzung geschrieben habe und wage nicht, sie noch einmal durchzulesen. Ich weiß nur, daß es gegen Ihren moralischen Vorwurf ging, den Sie am wenigsten gegen einen Mann richten dürften, der auch im heißesten Kampfe gegen Niemanden eine moralische Kritik kennt, und ich weiß nur, daß meine Auseinandersetzung so nutzlos war wie jede andre – und doch so notwendig für mich und für Sie, und daß es nun herunter ist und nicht von neuem heraufkommen soll. – Ich muß Ihnen noch wegen der Rechnung von Schnabel[14] sagen, zuerst: daß sie stimmt. Ich habe alle die einzelnen Rechnungen vorgelegt bekommen: die Summe stimmt; und von dem Gewinn erhält Schn. nur 15 %. Auch Sie werden verstehen, daß das von einem Geschäftsmanne sehr kulant ist. Ebenso war es kulant, daß Schn. alle die einzelnen Beträge längst bezahlt hatte und Ihnen die Gesamtrechnung erst zugehen ließ, nachdem das Buch fertig gestellt war. Und wenn Sie nun noch hinzu bedenken, daß der Mann von Ihnen gar keine verpflichtende Zusage in Händen hatte und Sie überhaupt nicht kennt, die ganze Sache nur eingegangen war auf mein Wort hin, und Sie nicht einmal nach Übersendung des fertigen Exemplars irgend etwas von sich hatten hören lassen – wenn Sie das Alles erwägen, werden Sie nicht mehr unbegreiflich finden, weswegen ich endlich die Rechnung bezahlt habe. Herzlichen Dank nun für den eingesandten Betrag, es ist Alles damit in der Ordnung und mir eine große Erleichterung des Herzens, dem so bald etwas besonders schwer wird. Es geht mir damit hin und her, und ich hoffe nach wie vor auf völlige Besserung und Wiedererlangung aller Kräfte. Auch was Sie von Ihrem Zustande schreiben, teuerste Freundin, könnte besser klingen: so wünsche und hoffe ich denn, daß Ihnen Rom Stärkung bringen werde. Ich denke zu Ihnen hin Liebes und Leides, fast immer nun Beides im Ineinander, aber immer denke ich zu Ihnen hin; und wenn auch der Oktober des letzten Jahres[15] nicht wiederkommen wird, so denke ich doch, daß gleich Schönes und Schöneres kommen wird. Lassen Sie mich schließen, damit der Brief wegkomme; ich schreibe Ihnen wohl in wenig Tagen noch einmal; ich fühle, daß ich so muß. Sein Sie gesegnet!

14 Betrifft den Druckkostenzuschuss von Frida Mond für die Herausgabe der Meinsma-Übersetzung.

15 Brunner und Frida Mond haben sich während Brunners Kur im Oktober 1908 in Wiesbaden getroffen.

48. An Gustav Landauer, 15. Januar 1910

Mein Lieber,

wir kommen, sobald es irgend angeht, zu euch hinaus. Auf deinen früheren Brief wüßte ich nichts zu erwidern als Danke und höchstens noch persönlich, daß du dich sehr täuschest mit der Annahme, ich wollte meine Praxis derer, die ich geistige Menschen heiße, gegen deine Praxis setzen.[1] Meine ganze Unterscheidung der beiden innerlichen Menschenrassen hat zunächst nur hermeneutischen Wert, und ich tue zunächst nichts andres als an Klärung der Gedanken arbeiten; die klareren Gedanken schaffen dann schon von selber das freiere und schönere Leben.[2]

Herzlichst

B.

1 Landauer hatte sich am 2. Januar 1910 über die Frage ausgelassen, ob er und Brunner eine ähnliche gesellschaftliche Praxis anstrebten. Was er von Brunners diesbezüglicher Auffassung wisse, stimme ihn bedenklich über ihre »Gemeinschaft in *diesen* Dingen«. Insbesondere sei er gegen Brunners Position einer Gemeinschaft der Geistigen »vorerst rebellisch gestimmt« und »dichte« stattdessen an seinem »Volk«, worunter er aber weder das verstehe, was Brunner die »Gemeinschaft der Geistigen« nenne, noch was gewöhnlich als »Volk« bezeichnet werde (Landauer, Lebensgang I, S. 282-285). Brunner hatte in der »Lehre« ausgeführt, dass das in der geistigen Besinnung gewonnene Ideal der Gemeinschaft in der gesellschaftlichen Praxis nur begrenzt verwirklicht werden könne, da der Aberglaube des »Volkes« letztlich unveränderlich sei. Da die äußeren Lebensbedingungen vom »Volk« eingerichtet seien und die »Geistigen« in diesen ihnen fremden Verhältnissen zur Absonderung und in die Einsamkeit getrieben würden, dränge die Geschichte auf eine Loslösung der »Geistigen« vom »Volk«. Es werde sich eine »Gemeinschaft der Geistigen« als neue soziale Klasse etablieren, über die das »Volk« keine Herrschaft besitzen werde (S. 94-96).

2 Brunner betont, der Unterschied zwischen »Geistigen« und »Volksmenschen« sei angeboren (Die Lehre, S. 11) und nur körperlich (S. 792), also anthropologisch; es handele sich hier um eine Hypothese, die anhand der Erfahrung verifiziert oder falsifiziert werden könne (Unser Christus, S. 459). Gleichwohl seien diese zwei »Grundgestalten der menschlichen Seele« nur »Ideale«, an denen die Individuen mehr oder weniger teilhätten: »*Der* Geistige, *der* Volksmäßige kommt in der Erfahrung des Lebens sowenig vor wie *der* Mensch.« (Aus meinem Tagebuch, S. 143). Siehe auch Brief 37/3.

Abb. 8: Constantin Brunner
mit Leoni und Lotte Brunner, Tempelhof 1910

49. An Max Nordau,[1] 8. März 1910

Mein sehr Lieber und Verehrter, wie klingt in Ihren Zeilen ein so warmer Ton des Herzens, und Ihre »aufdringliche Frage« ist gar lieb. Doch läßt sich so in der Kürze über meinen Lebensgang nicht sprechen wie über einen andern. Was soll's auch Ihnen, einem von Denen, die lesen können? Ich bitte, lesen Sie. Sind Sie bis ans Ende mit dem, was Sie da jetzt in Händen halten,[2] so wissen Sie mehr über mich als biographische Daten Ihnen vertraut machen könnten. Oder muß ich doch? Soll ich – soll ich nicht?[3] Ist Ihnen damit gedient, mit der Erzählung, daß ich von früher Jugend an (43 Jahre war ich übrigens *1906*, als jene »Ankündigung« in Druck ging, die ja auch eine Art Visitenkarte), – daß ich von früh an das heißeste Verlangen in mir trug, mich aus dem Sumpfe zu erheben? – Das Wort im weitesten und ärgsten Sinne. – Daß ich ein Jüngling gewesen, der es wohl recht ungewöhnlich ernst mit der Religion nahm; bis zur letzten, äußerlichsten Zeremonie, bis zu den störendsten und quälendsten Übungen, für deren lächerlichste ich mich hätte schlachten lassen. Meine Religion war die jüdische, doch lernte ich verhältnismäßig früh, daß auch noch andere Religionen waren, sie beachten, achten, und begann,[4] wie ich es für Ge-

1 Max Nordau (eigentlich Maximilian Simon Südfeld, 1849-1923) aus Pest, zumeist wohnhaft in Paris, Arzt, Schriftsteller und Politiker (s. Abb. 9). Nordau war politischer Zionist. Er war der Auffassung, dass nur durch die Errichtung eines Judenstaates die Verfolgung insbesondere der osteuropäischen Juden verhindert werden könne. Als engster Mitstreiter Theodor Herzls (1860-1904) war er Mitbegründer der Zionistischen Weltorganisation und hielt prominente Reden auf den ersten Zionistenkongressen. Nordau schrieb für die führenden Zeitungen Europas. Seine Schriften wurden viel gelesen und in zahlreiche Sprachen übersetzt. Nach der Lektüre von Brunners Vorwort zur Meinsma-Übersetzung seiner Freundin Lina Schneider nahm Nordau am 16. Januar 1910 Kontakt mit Brunner auf: »Ihre Tapferkeit hat mich mächtig erbaut. Sie sind ein Selbstdenker und ein unerschrockener Bekenner. Sie lassen sich auch von Kant und den Kantianern nicht bange machen. In Ihrer Stellungnahme gegen Kant sind Sie nicht mehr so vereinzelt, wie Sie etwa noch vor vierzig Jahren gewesen wären. Aber kein Deutscher hat noch gewagt, so klar und offen zu sagen und so überzeugend zu begründen, was er von der Königsberger Neoscholastik denkt.« Nordaus Interesse an Brunner bestand fort. Am 11. April 1912 schrieb er: »Ich lese Sie immer wieder (manches zum drittenmale! Sie würden sich wundern, was ich für Brunnerologe geworden bin!) [...] Ich bewundere und verehre Sie und beklage immer, daß wir so weit auseinander leben.« (LBI/JMB: II, 10, 1).

2 Brunners »Lehre«.

3 In der Druckfassung des Briefes (Zum 55. Geburstag, in: Unser Charakter) ergänzte Brunner: »Ich weiß ja aber gar keine Biographie, höchstens eine Ideographie!« (S. 19).

4 In der Druckfassung: »doch lernte ich früh (im ungestörtesten und herzlichsten Verkehr mit Andersgläubigen), daß auch noch andere Religionen waren, sie achten, beachten, und begann verhältnismäßig früh,« (S. 19).

rechtigkeit und Pflicht hielt, mit Vergleichung der Religionen, in der Absicht »die wahre Religion« anzunehmen, sei es auch die der Feuerländer oder wenn es eine wäre, die vor zehntausend Jahren in Geltung gewesen, und dieser wahren Religion des Einen Gottes sollte mein Leben geweiht sein; denn dem Einen Gotte gehörte ich (so weit ich meine Kindertage zurückdenken kann, habe ich so gedacht; wozu wohl der Bericht[5] meiner Mutter[6] beitrug von meiner schweren Krankheit mit 1¼ Jahren,[7] wo ich von zwei Ärzten aufgegeben war, und in der schreckensvollen Nacht der Entscheidung sie selber in die Apotheke lief; unterwegs, vor Schwäche und Verzweiflung fiel sie auf die Steine und lag und schluchzte und gelobte Gott, er *müsse* mich retten und ich sollte Geistlicher werden) – ich gehörte Gott und wollte ihm *helfen* sein Wort verkünden und suchte »was Vielen frommt, daß sie selig werden«.[8] Ohne Geschichte und Philosophie kam ich nicht aus, und darum studierte ich – an und trotz Universitäten – Geschichte und Philosophie,[9] immer dabei auf die Religionen und die Religion gerichtet; und je mehr ich nun einsah, daß mit meiner ursprünglichen Absicht nichts würde, desto klarer stieg es vor mir auf, wie nun meine Lebensaufgabe in nichts andrem bestehen könne als darin, eine Geschichtsphilosophie zu leisten. Es muß dem Verfasser des Sinnes der Geschichte[10] doppelt interessant sein, Dies nun zu gewahren, wie das Ganze der »Lehre« hervorgegangen ist aus einer Geschichtsphilosophie, die bereits in meinen

5 In der Druckfassung geändert in: »die oft angehörte, sehr lebendige Erzählung« (S. 20).

6 Rachel (genannt Rike) Wertheimer, geb. Levy (1822-1900), lebte mit Brunners Vater Moses Wertheimer in Altona.

7 In der Druckfassung geändert in: »anderthalb Jahren« (S. 20).

8 1 Kor 10,33 nach der Luther-Übersetzung (1545): »Seid nicht ergerlich weder den Jüden / noch den Griechen / noch der gemeine Gottes. / Gleich wie ich auch jederman in allerley mich gefellig mache / vnd süche nicht was mir / sondern was vielen fromet / das sie selig werden.«

9 Brunner war Gasthörer an der Universität Berlin (s. Brief 2/1) und vom 10. November 1885 bis 30. Oktober 1889 an der Philosophischen Fakultät der Universität Freiburg immatrikuliert. Nachweisbar ist, dass er dort philosophische, historische und literaturwissenschaftliche Veranstaltungen belegte. Besonders beeindruckt hat ihn der Kantianer Alois Riehl (1844-1924), der Evolutionsbiologe August Weismann (1834-1914) und der Historiker Hermann Eduard von Holst (1841-1904). Lotte Brunner berichtet: »Von den Philosophieprofessoren hat ihm Riehl am besten gefallen, er schien ihm der freieste, und er sagt, dass auch er dem Riehl, ganz besonders sogar, gefallen habe. Der ausgezeichnetste Redner, den er je gehört, sei ein Historiker, von Holst mit Namen, gewesen, dessen Kolleg über die Französische Revolution Vater (in Freiburg) stark fesselte.« (Tagebuch, 20. April 1929, zu Weismann siehe 7. April 1915). Brunner beendete sein Studium nicht (s. dazu Brief 19/7).

10 Das geschichtsphilosophische Buch Nordaus »Der Sinn der Geschichte«, Berlin: C. Duncker 1909.

ersten Studentenjahren in ihren Grundzügen da war,[11] und gleich von vorn an war auch da, im Gegensatz zu einseitiger Konstruktion in die Tiefe der Vergangenheit und Zukunft, das auf die Breite der realen Gegenwärtigkeit und vor allem das dabei auf den innerlichen Gedanken, auf das Erkenntnistheoretische und Psychologische Gestellte,[12] und sofort war da, als Tatsache wie andere Tatsachen, die Zweiung, das Zwiefachsein der Menschen.[13] Freilich Alles dunkel, und ich eilte nicht mit Lichthineinbringen; ich hatte, in langen Jahren noch, das Vertrauen wie auf meinen alten Gott – ein Vertrauen auf meinen Stern: ohne daß ich um Zeit mich kümmerte, die Zeit würde schon kommen. Ich fühlte nämlich ganz wohl, daß es noch nicht genug klar in mir sei und Alles noch äußerlich, und ich lebte auch, ohne Gewissensbisse und Reue, äußerlich – schrieb auch schließlich für die Öffentlichkeit Dies und Das, was nicht allzuviel Wert hat – dabei aber stets für mich in endlos neuen Umgießungen meine Geschichtsphilosophie, wovon ich niemandem zeigte und auch niemandem sprach: es war wirklich keine Regung von litterarischem Ehrgeiz dabei, doch spielte auch eine Art von Aberglauben mit hinein (in der Heimlichkeit und Zartheit, wie es ein Jeder sich gestattet), aber die Hauptsache war doch, daß ich im Grunde, mit selbstverständlicher, fester Zuversicht, immer nur an das Künftige dachte. Was ich da schrieb, nun ich schrieb es so hin, ohne es selber als eigentlich Geschriebenes zu betrachten oder gar an Veröffentlichung zu denken; ich wußte, *das war es noch nicht* und was da stand, das tauge nichts, es waren nicht einmal Versuche für mich, kaum Vorübungen. Alles dies, ohne daß es mir damals so, wie ich es hier schreibe, klar im Gedanken gewesen wär – ich dachte eigentlich gar nicht darüber nach, wüßte aber auch nicht, daß ich mich ungeduldig gefühlt hätte oder verunruhigt über meinen Zustand und über das, was denn endlich werden sollte. Da fügte es der Zufall, daß ich – es mag Ende des Jahres 1894 gewesen sein – in London war, zum Besuche einer ausgezeichneten und mir über Alles teuren Freundin, und mit ihr durch das Britische Museum ging. Aber ich ging nur mit den Füßen hindurch; denn damals war ich noch ein vollkommener Kunstbarbar. Plötzlich fand ich mich vor den »Tauschwestern«[14] – ja, hier fand ich mich, im eigentlichsten und tiefsten Sinne des

11 Siehe Brief 19/7.

12 In der Druckfassung: »auf das durch alle Zeiten sich gleichbleibende Erkenntnistheoretische und Psychologische der menschlichen Naturen Gestellte« (S. 20).

13 Brunners Unterscheidung von »Geistigen« und »Volk« (s. Brief 37/3 und Brief 48/2).

14 Eine Reise nach London lässt sich für Ende 1894 nicht nachweisen und scheint nach den Briefen an Frida Mond auch unwahrscheinlich zu sein. Brunner war über Pfingsten 1895 bei Frida Mond in London und mit ihr im Britischen Museum, wo er die »Tauschwestern«, eine Skulpturengruppe vom Parthenongiebel sah (s. Brief 32/7).

Wortes *fand ich* mich im innerlichen Erleben eines ganz erschütternden Momentes, worin ich alle verborgene Wahrheit wunderbar zu schauen vermeinte. Dies war der Beginn meiner innerlichen Umkehrung, meiner Umkehr ins Innerliche; ich war ein anderer, ein innerlich lebender Mensch geworden. Die Seelenbewegung, die ich damals erfuhr (nur noch ein einziges Mal auf die gleiche Art etwa sechs sieben Jahre später beim Blicke von der Stalheimsklef ins Närötal[15]), war von ganz anderer Art als jede frühere, ihr ähnliche. Denn freilich war Ähnliches, und jedesmal überaus gewaltig und unwiderstehlich, auch schon früher, schon in meiner allerersten Jugendzeit, mehrere Mal auch im Theater, über mich gekommen, hatte aber stets religiöses Gepräge gehabt. Was mich aber damals auf den letzten Grund erschütterte war davon grundverschieden wie Himmel von Hölle oder – in meiner jetzigen Terminologie zu reden – wie Geist von Aberglauben.[16] Auch war damit nun etwas von nachhaltiger Wirkung in mir erstanden, und zwar so, daß mein Wille entflammt war. Ohne aber, daß ich wußte: wozu? Denn es ging nicht auf Bestimmtes und Einzelheiten,[17] obwohl Wille, Riesenwille war, der Alles sich untertänig machte, alle Kräfte des Lebens auf das Eine richtend. Ohne ein Weiteres wäre mir aber das Alles nichts gewesen; denn ich bin nichts weniger als ein Mystiker. Jedoch bedurfte es wohl der so ungeheuren Gemütserschütterung und Hingebung ganz in mich hinein, damit es in die Gedanken könnte. Nach ungefähr einem halben Jahre kam mir plötzlich wie etwas fertig in mir Vorhandenes, die Konzeption meiner Lehre von den drei Fakultäten des Denkens,[18] und damit stand sogleich, bis ins Einzelne ausgeführt, der ganze Bau.[19] Von damals erst fing auch an, eine Wirkung von mir auszugehen auf Andre, die für tiefere Regung empfänglich sind, während ich bis dahin doch eigentlich nur als »ein geistreicher Mensch« gegolten hatte und obwohl ich mich damals in meine Wüste zurückzog, in die Wüste Berlin, fanden sich doch (ich suchte nicht, stieß eher von mir) einige hinzu.[20] Ehe

15 Die entsprechende Norwegenreise mit dem Erlebnis an der Stahlheimskleiva fand im August 1904 statt (s. Brief 32/6).

16 In der Druckfassung ergänzt: »war klares Schauen in die Tiefe ohne Aberglauben *und ohne Mystik.*« (S. 21).

17 In der Druckfassung ergänzt: »und ich glich dem aus Blindheit eben sehend Gewordenen, der nur erst Licht und Farben, noch nicht Formen unterscheidet ... und damit war zum ersten Mal Unruhe in meinem Leben, tief irgendwo eine Sorge in meinem Bewußtsein wie um etwas, was ich aus der Erinnerung verloren hatte und suchen mußte.« (S. 21).

18 Die Systematik von praktischem Verstand, Geist und Analogon (Aberglaube) (s. Brief 41/6).

19 In der Druckfassung ergänzt: »(danach ich wieder in meine Ruhe gelangte)« (S. 22).

20 In der Druckfassung ergänzt: »besonders in der letzten Zeit vor der Veröffentlichung« (S. 22). – Zu Brunners frühen Anhängern siehe Brief 25/2.

1908, nach vierzehn Jahren Wüste, jene zwei Bände herausgingen, hatte ich eine sehr kleine Gemeinde, die sich – nun, Sie wissen, daß es nicht so ist, daß gleich bei der Geburt die Könige kommen uns anzubeten – die sich seitdem etwas vergrößert hat: von Zeit zu Zeit ein Zeichen, ein Brief der Ergriffenheit und Liebe (auf einmal von Ungelehrten; die größte Freude machten und machen mir die sehr merkwürdigen Briefe eines Uhrmachers aus Roßleben![21]) – einige Besprechungen (die bis April 1909 erschienenen), von meinem Verleger in einem Heftchen gesammelt,[22] folgen bei – von eigentlicher Wirkung im Ganzen natürlich noch so wie Nichts. Ob ich Ihnen nun etwas zur Beantwortung Ihrer Fragen gesagt habe? Sie mögen ganz andres erwartet haben, ich hab auch selber andres sagen gewollt, bin fast ein wenig beschämt über das Gesagte – aber ich meine, vor Ihnen brauchte ich mich jener Nacktheit nicht zu schämen. *Mein* Verhältnis zu Ihnen ist ja gar nicht so ganz neu. Ich hatte – allerdings noch in meiner Vorzeit – von Ihnen die *Konv. Lügen* und die Paradoxa gelesen,[23] weiter nichts bisher (werde aber alles Versäumte nachholen – womit soll ich beginnen?) ich hatte ganz gewis Manches vom Ihrigen in meine Gedanken versponnen und von Ihnen, als von einem der ausnahmsweise Wenigen den Eindruck zurückbehalten. Um so herzlicher freue ich mich jetzt dessen, was ward und wird zwischen uns, – nicht weniger auch als Sie selber, und aus den gleichen Gründen, unsrer Übereinstimmung in Kerngedanken der Gesinnung. Mit einem Worte: ich freue mich dessen und ich sage Ihnen Dank dafür, daß Sie existieren. Das ist schön von Ihnen, und wunderschön wäre: wenn wir uns, sobald Sie einmal nach Berlin kommen (was gewis in nicht allzuferner Zeit der Fall, während ich schwerlich nach Paris[24] kommen werde), wenn wir uns dann auch im Fleische und in der Wahrheit sehen könnten! Da ist dann Lebensanschauung noch mehr als Lebensbeschreibung – und beschrieben hab ich Ihnen übrigens heute wohl mehr als genug? Ich beschreibe Ihnen denn nur noch, so am Ende wie am Anfang dieser Zeilen: daß ich Sie lieb habe und verehre.

Friede sei mit Ihnen!

Constantin Brunner.

21 Hugo Hartung (s. Brief 64/3).

22 Hinweis durch Urteile der Presse auf Constantin Brunner, Die Lehre von den Geistigen und Volke, Berlin: Karl Schnabel Verlag [1909] (s. auch Brief 57/13).

23 Max Nordau, Die conventionellen Lügen der Kulturmenschheit, Leipzig: B. Elischer 1883. Das in zahlreiche Sprachen übersetzte und 1927 in 71. Auflage erschienene Buch löste wegen seiner Kritik der Gesellschaft, der Religion und des aristokratischen und monarchischen Systems jahrzehntelange Kontroversen aus. Auch die philosophischere Fortsetzung des Buches: Paradoxe (Leipzig: B. Elischer 1885), in dem Nordau sich zu Leidenschaften, Vorurteilen und sozialem Druck äußert, blieb kontrovers; es erlebte bis 1927 insgesamt 29 Auflagen.

24 Nordau lebte in Paris.

Abb. 9: Max Nordau in seinem Arbeitszimmer, 1897

50. An Stanislaus von Dunin-Borkowski,[1] 19. März 1910

Nun sollen Sie aber auch auf der Stelle, mein sehr geehrter Herr, nachdem ich mit der Lesung Ihres Werkes[2] zu Ende bin, nun sollen Sie noch einmal Dank und größeren Dank haben als den früheren.[3] Ich fühle mich Ihnen verpflichtet: ich habe Genuß gehabt und gelernt.

Werden Sie mich nach Ihren Prinzipien deswegen tadeln? Aber ich kann nicht anders als nach meinen Prinzipien, und muß Sie *loben*. Ins Gesicht hinein – Sie werden dem Briefe stillhalten – so wie ich Sie gegen Andere gelobt habe. Ich halte Ihr Buch für das bedeutendste der neueren Spinoza-Litteratur: wegen der schönen Verbindung von philologischer Gründlichkeit mit spekulativer Begabung, welche letzte den Spinoza-Philologen so jämmerlich gänzlich abzugehen pflegt; und die Kunst, mit welcher Sie auf Grund eines prächtig zurechtgelegten, reichhaltigen, zum Teil neu beschafften Materials den Entwicklungsgang des jungen Spinoza konstruieren, muß ich glänzend nennen.

Aber von den Resultaten in dieser Ihrer Konstruktion glaube ich kaum ein einziges Wort; was nicht allein mit der Verschiedenheit unsrer Auffassung Spinozas zusammenhängt (Sie schreiben mir selber, daß Sie wissen, wie weit unsre Auffassungen auseinandergehen), auch keineswegs erklärt ist wenn man noch hinzunimmt mein eignes Urteil über das Verhältnis Spinozas zu dem, was er von Anderen und Früheren in sich aufgenommen – nein, das Hauptsächlichste und Entscheidenste ist mir, was ich überhaupt über den Hergang bei der Bildung selbständiger Gedanken und eines Gedankensystems zu wissen glaube. Es muß mir hier gestattet sein, auf eigne Erfahrung zu exemplifizieren, ohne natürlich, daß ich im Stande wäre, so im Handumdrehen davon zu reden. Doch kann ich Ihnen so viel erzählen, daß ich an meiner Selbstbiographie schreibe,[4] in welcher ausführlich alle meine Quellen aufgedeckt werden und alle die Gedankenelemente, die früh sich mir in die Seele senkten und mir bedeutend und

1 Stanislaus von Dunin-Borkowski (1864-1934), Jesuit, Priester, Gymnasiallehrer, Kirchen-, Religions- und Philosophiehistoriker. Bahnbrechend waren seine umfangreichen Arbeiten über Leben und Werk Spinozas in ihren historischen Kontexten: Der junge De Spinoza. Leben und Werdegang im Lichte der Weltphilosophie, Münster: Aschendorff 1910, sowie: Aus den Tagen Spinozas (Teil 1: Das Entscheidungsjahr 1657, Teil 2: Das neue Leben, Teil 3: Das Lebenswerk), Münster: Aschendorff 1933.

2 Dem 1910 erschienenen ersten Band »Der junge De Spinoza«.

3 Brunner bemerkt auf der Abschrift des Briefes: »Ich hatte vorher, für Übersendung seines Buches, auf einer Karte gedankt.«

4 Der vorangehende Brief an Max Nordau (Brief 49) ist ein Beispiel dafür. Autobiographische Aufzeichnungen hat Brunner 1917 (Zum fünfundfünfzigsten Geburtstage) und 1924 (Vom Einsiedler Constantin Brunner) publiziert.

immer bedeutender wurden, – und dennoch war alles dies sekundär, während das wahrhaft Bestimmende, wie ich es überzeugend dartun kann, ganz wo anders herkam: aus dem innerlichsten, eigensten Erleben und Schicksal. Und anders als eben so ist es bei Niemandem, und kann anders auch bei Spinoza nicht gewesen sein.

Ich kannte einen gewissen Albrecht, einen Hamburger Arzt, der sein Leben hingebracht hat mit Durchsuchung der Schriften des achtzehnten und siebzehnten Jahrhunderts, um endlich den Nachweis führen zu können, daß in Lessings Werken auch nicht eine einzige Zeile original sei.[5] Ich halte nun freilich auch nicht so viel von Lessing, wie es unter uns gewöhnlich ist, und gar für einen Dichter kann ich ihn schon gar nicht ansehn, – aber so viel ist mir gewis, daß dieser Albrecht dem Lessing denn doch keineswegs gerecht wird. Nun bin ich weit entfernt, Ihre Arbeit mit seiner (gänzlich unfruchtbaren!) auf eine Linie zu setzen, noch verwechsle ich Sie mit einem Ulpian in den Deipnosophisten,[6] der den Beinamen κειτουκειτος[7] führt, weil er bei jeder Speise fragt, ob sie bei einem Alten schon vorkomme, κειται ἢ οὐ κειται[8] –: vielmehr schätze ich Ihre Leistung, wie Ihnen der Anfang dieser Zeilen bewiesen haben wird. Was aber Ihre Resultate betrifft, so muß ich doch von diesen sagen, daß sie ganz außer Verhältnis bleiben zur Bedeutung unsres Mannes, von dem Sie offenbar eine allzu geringe Meinung hegen, sie auch deutlich formulieren, indem Sie sagen, daß, wo ihm die Analogien versagen, auch seine Metaphysik versagt. – Was Sie im Grunde, bei solcher Auffassung Spinozas, gezogen haben kann, sich dennoch so ernsthaft schöne Mühe um ihn zu machen, darüber wage ich, auch nicht im Geheimsten der Seele, keine Vermutung.

Sie werden mir entgegnen: Ja, du hast eben eine andre Auffassung von Spinoza wie ich, du bist ein ganz Andrer wie ich und magst dein Urteil gleich in den Eingangsworten meines Werkes dir holen: *ich* bin ein wis-

5 Paul Albrecht (1851-1894), Mediziner und Philologe. Neben medizinischen Publikationen arbeitete er vor allem in seinen letzten Jahren an dem unvollendet gebliebenen Werk »Leszing's Plagiate«, von dem 1890 und 1891 sechs Bände erschienen (Hamburg – Leipzig: Paul Albrecht's Selbstverlag).

6 Bei den »Deipnosophistai« (Das Gelehrtenmahl) handelt es sich um das Hauptwerk des griechischen Rhetors Athenaios (2./3. Jht. n. Chr.): Athenaei Naucratitae dipnosophistarum libri XV, 3 Bände, hrsg. von Georg Kaibel, Leipzig: Teubner, 1887-1890. Das Buch handelt von Tischgesprächen, die der Gastgeber Pontifex Larensius mit seinen Gästen führt. Einer dieser Gäste ist der Attizist Ulpian, der vor allem aufgrund seiner ablehnenden Haltung gegenüber der römischen Sprache und Kultur auffällt und der nicht bereit ist, von den vorgelegten Speisen zu essen, wenn deren Name nicht klassisch (griechisch) belegt ist.

7 Griech.: einer, der fragt, ob es belegt ist.

8 Griech.: Ist es belegt oder nicht?

senschaftlicher Forscher, der nichts von Heroenkult weiß; ich stelle und beantworte die gehörigen Fragen ohne eine Spur von Zuneigung oder Widerwillen, ich bewundere nicht und verdamme nicht, *mein Standpunkt ist der rein wissenschaftliche, gänzlich voraussetzungslose.*[9] Aber – verzeihen Sie und nehmen Sie es als Beweis meines Vertrauens, wenn ich mit aller Offenheit zu Ihnen so spreche, wie ich in mir über Sie denken muß – ist das wirklich Ihr Standpunkt? Ohne hier weiter das Recht dieses Standpunktes, den Sie und Viele mit Ihnen als den ausschließlich wissenschaftlichen bezeichnen, und ohne hier weiter die Möglichkeit dieses Standpunktes anzweifeln zu wollen – ich finde, daß Sie mit Selbstverleugnung bemüht sind, ihn einzunehmen und zu behaupten, aber ich finde nicht, daß Ihnen das gelingt. Ihnen gelingt nur, Spinoza nicht zu bewundern, hingegen zeigen Sie, wie schon gesagt, eine allzu geringe Meinung über ihn, über den Jüngling (den Judenjüngling, wie Sie manchmal sagen[10]) wie über den Mann, über sein Leben wie über sein Gedankensystem. Sie urteilen über dieses sehr absprechend, wobei der maßvoll gehaltene Ausdruck gar nichts ändert, nichts mildert – ob man leise oder laut spricht, das ist Sache des Organs, der Gewöhnung, der Umstände, der Absicht, aber in Bezug auf den Inhalt der Rede einerlei.

Und noch aus andrem Grunde hat mich von Anfang gleich Wunder genommen, daß gerade Sie in jenen Philologengesang von der wissenschaftlichen Objektivität und Haltung u.s.w. einstimmen, da wir doch bessere Lieder wissen. Wir Beide, die wir tatsächlich Beide hinausgehen über jenen Standpunkt. Verzeihen Sie, wenn ich auch hier mit der äußersten Offenheit schreibe – wozu sollte ich Ihnen denn sonst schreiben, wenn nicht so? Denn sehen Sie doch, wie wir Beide tatsächlich im gleichen Falle sind und uns gar nicht prinzipiell, sondern nur uns dadurch unterscheiden, daß *Sie* einem *andern* Juden die höchste Stelle einräumen, oder genauer: bei mir sind es zwei, denen die Eminenz zukommt, während Sie nur einen kennen, dem es so gebührt. Die Haltung, die wissenschaftliche Haltung, welche Sie als diejenige bezeichnen, die man in jedem Falle ein-

9 Dunin-Borkowski schreibt in der Einleitung zu seinem Buch: »Kurz, man setzt die Berühmtheit des Gefeierten nicht bloß nicht voraus, man sieht von ihr ab. Das ist der rein wissenschaftlich selbständige, durchaus voraussetzungslose Standpunkt. Ich nehme ihn ein und versuche ihn zu behaupten, soweit es menschlicher Schwäche vergönnt ist. Voraussetzungslos ist nur jene Forschung, bei welcher das Endergebnis am Anfang der Untersuchung in keiner Weise feststeht.« (S. XXI).

10 Dunin-Borkowski schreibt zum Beispiel: »Die jüdische Mystik vereinigt zwei sich scheinbar widersprechende Elemente, und der Geist, der diese Elemente schuf, deckt sich vollkommen mit dem Geist und dem Streben des zweifelnden und ringenden Judenjünglings an der Amstel« (S. 176f.).

nehmen muß – ja, wenn sie bei Spinoza zu Ihren Resultaten führt, so noch viel eher bei Jesus, von dem die Überlieferung weit unsicherer und schlechter ist und der gar nichts selber überliefert hat. Sie wissen, daß man, ganz wie bei Spinoza, auch Jesus Originalität stark in Zweifel gezogen hat, indem man auf Zeitgenossen und Progonen[11] verwies; und wenn sie Hunderte von Männern aufzuführen wüßten, die besser gelebt haben als Spinoza, so ließe sich das Gleiche gegen Jesus vorbringen (ich denke da wohl zum Teil an dieselben Männer wie Sie!), und endlich kommen gar welche, die uns sagen: euer Jesus hat überhaupt nicht gelebt! Nun, uns ist damit nichts gesagt, uns kommt auf die Äußerlichkeiten gar nichts an ....[12] Hier nun aber will ich, ohne selbst die Konsequenzen aus dem Gesagten zu ziehen, hier nun will ich abbrechen – so wie ich auch auf diesen Punkt keinerlei Antwort von Ihnen erwarte. Vielleicht habe ich mich doch zu weit verstiegen – vergessen Sie nicht, wenn ich Briefe schreibe, daß ich dann ein Soldat in Friedenszeiten bin. Aber warum sollte man denn auch nicht in Briefen sagen können, was man doch in Besprechungen sagt? Noch einmal: nehmen Sie es als Zeichen des Vertrauens und der aufrichtigen Hochschätzung, welche mir durch die Lesung Ihres Werkes vor Ihnen eingeflößt worden. Möchten Sie mich nicht mißverstehen, sondern verstehen, das wünsche ich von Herzen.

Friede sei mit Ihnen!

Brunner.

NB. zu De Tribus Impostoribus scheint Ihnen entgangen: *Subiroth Sopim* (Anagramm: Tribus imposto) Joh. Andr. Chr. Lietzo – Rom, bei der Wittwe Bona Spes, 5770.[13] Ich besitze es und wäre gern bereit, es Ihnen zu leihen.

11 Gegenbegriff zu Epigonen: Vorläufer.

12 Brunner setzte sich später mit der historisch-kritischen Jesusforschung auseinander. Das Kapitel »Anhang über ›Die Kritik‹« (in: Unser Christus, S. 487-571) steht unter dem Motto: »Christus hat am meisten von den Gelehrten zu leiden«.

13 Die anonym erschienene Schrift »Spinoza II oder Subiroth Sopim«, Rom: Wittwe Bona Spes 5770 [d.i. Berlin: Vieweg 1788], eine deutsche Übersetzung des ebenfalls anonym kursierenden Traktates »De tribus impostoribus«. Der Zusammenhang mit dem genannten Johann Andreas Christoph Lietzo (1756-1811), der 1803-11 Rektor des Francisceums in Zerbst war, ist unklar.

51. An Borromäus Herrligkoffer,[1] Herbst 1910

Ihr letzter, frischer Brief, mein Lieber, hat mich um so mehr erfreut, als er Beweis dafür ist, wie ihnen all die große Anstrengung und Hetzerei nichts anzuhaben vermag und Sie sich weder innerlich noch außen unterkriegen lassen. Aber ohne Sorge um Sie bin ich doch nicht; die ackumulative[2] Wirkung solchen Lebens ist mir nur allzu wohl bekannt. Treibt das denn nun noch lange so weiter mit Ihnen, und können Sie sich nicht durch einen Entschluß herausretten oder doch Inseln des Friedens schaffen?

Sie schütten mir Ihr Herz aus, das mit Unmut und Grimm beladen ist wegen der theologischen Wirtschaft in Ihrem Lande? Ja Bester, wir leben auf einem Planeten des Lichts und der Finsternis, der Freiheit und des Aberglaubens – mit beiden Mächten müssen wir uns abfinden; unser Leben ist zwischen beide gestellt, und werden Sie doch nur ja nicht ungerecht gegen die Andern vom Aberglauben. Was ist der einzelne Mensch gegenüber dem Prinzip des Denkens, welches von ihm Besitz nimmt und ihn treibt! Es gibt ja so *liebenswürdige* Gefäße des Aberglaubens (Ihr Pfarrer[3] scheint so eines zu sein; und ich bin in der Tat begierig zu hören, wie Ihr

1 Carl Borromäus Herrligkoffer (1874-1952), Sanitätsrat in Ichenhausen (bayerisches Schwaben) (s. Abb. 34). Herrligkoffer war ursprünglich dem Katholizismus stark zugeneigt, wurde dann Materialist und schließlich, angeregt durch Chamberlain, Kantianer. Im September 1909 lernte er während einer Reserveübung Otto Strasmann (1881-1973, Rechtsanwalt und Leutnant der Reserve aus Barmen) kennen, der mit Brunners Lehre Herrligkoffers Kantianismus ad absurdum führte. Daraufhin begann Herrligkoffer mit dem Studium Brunners. 1910 wandte er sich persönlich an Brunner, und es entwickelte sich ein herzliches Freundschaftsverhältnis, das 1936 zerbrach (s. Brief 211).

2 Lat.: angehäufte.

3 Offenbar der Lauinger Kaplan Konstantin Joseph Wilhelm Wieland (1877-1937), der sich wie sein Bruder Franz Sales Wieland (1872-1957) weigerte, den am 1. September 1910 vom Vatikan geforderten Antimodernisteneid (s. Brief 57/45) abzulegen. Sie waren beteiligt an der seit 1901 in Ravensburg erscheinenden Wochenzeitschrift »Freie Deutsche Blätter«, die später unter dem Titel »Das Neue Jahrhundert« als ein Organ der deutschen Modernisten in der katholischen Kirche bekannt wurde. Franz Wieland war mit seinem 1906 erschienenen Buch »Mensa und Confessio. Studien über den Altar der altchristlichen Liturgie« (München: Lentner) ins Schussfeld des Jesuiten Emil Dorsch geraten, der Wieland als Modernisten und Gesinnungsgenossen Luthers diffamierte. Nach der Nichtablegung des Eides wurden Franz Wielands Schriften auf den Index gesetzt und er seines Amts als Subregens in Dillingen und als Seelsorger enthoben. Konstantin Wieland begründete seine Nichtablegung des Eides in der Weihnachtsausgabe 1910 der Zeitschrift »Das Neue Jahrhundert« (2, Nr. 12 (1910), S. 614f.). Er wurde daraufhin all seiner Ämter enthoben und exkommuniziert. Im Januar 1911 veröffentlichte er eine scharfe Kritik am Vorgehen Roms in dem Buch »Eine deutsche Abrechnung mit Rom« (München: Rieger 1911).

kleines simsonisches Experiment[4] mit ihm ausläuft), und freilich gibt es da auch böse Brüder und Sünder, die man fett und alt werden sieht, – Gott will nicht den Tod des Sünders; und wir ganz gewiß wollen ihn auch nicht. Wir sind Kämpfer im Kriege der Gedanken gegeneinander; genug, wenn wir nur das sind und dabei gute, treue Waffenbrüder untereinander.

Auf die Schrift Ihres Freundes Wieland freue ich mich, und wäre Ihnen noch weiter dankbar, wollten Sie mir einige nähere Mitteilungen über ihn machen, und wie es nun mit ihm werden mag? Da es einmal so weit ist, wäre ihm wohl die Kraft und Konsequenz zu wünschen, daß er in eine ganz neue Lebenssphäre tritt; es sei denn, daß er riesenmäßig geartet ist, den Kampf mit Rom, als ein immer furchtbarer werdender Feind, weiter zu führen.[5] Von so geringem Anfang war es auch mit Luther, und freilich – – aber da kämen wir ja in ein langes Thema, wie es uns für unsre Brieflein versagt ist:

schon ist es Zeit für den epistolischen Segen,[6] den ich hiemit liebevoll feierlich Ihnen und den Ihrigen[7] erteile, indem ich Sie zugleich bitte, lieber Freund, beim nächsten Antworten auch alles Dessen Erwähnung zu tun, »wovon Sie gern noch geschrieben hätten.«

Tausendmal alles Gute, Schöne, Wahre!

Constantin Brunner.

4 Der biblische Simson (auch Samson oder Schimschon genannt) war bekannt für seine zerstörerischen, auch selbstzerstörerischen Wutausbrüche und außergewöhnliche Stärke, mit der er gegen die übermächtigen Philister kämpfte, die ihn nur mit einem Trick überwältigen konnten (Buch der Richter 13,1-16,31).

5 Brunner las später Wielands »Eine deutsche Abrechnung mit Rom« und berichtete Herrligkoffer darüber: »Wunder nehmen muß der oppositionelle, ja ich möchte fast sagen antireligiöse Ton bei einem Manne, der doch immerhin von der Religion so viel noch übrig läßt. Er hat Empfindlichkeit gegen Absurdität und Widerspruch, und das ist schön bei einem Manne und trägt hoch. Vielleicht, wenn er *naiv* sich gehen läßt und nicht von einem Lager des Unsinns in ein andres gerät und nicht die Autoritäten nur wechselt, – vielleicht, daß er noch höher kommt? *Uns* hat er nichts zu sagen; weder jetzt noch später.« (Undatierter Brief, LBI/JMB: II, 4, 13.) Siehe auch Brief 58.

6 In Anlehnung an den katholischen Segen scherzhaft für die Grußformel am Ende des Briefes (epistel, lat. Brief).

7 Herrligkoffers Frau Emma und die Kinder Siegfried, Elvira, Emma und Brunhilde.

52. An Lou Andreas-Salomé,[1] 23. Oktober 1910

Den Klex, Lou, den hab ich oft und lang gelesen und endlich ausradiert. Nun hindert nichts, du liebe, verehrte, hohe Freundin – – so muß ich dich nennen, nachdem du so dich mir enthüllt hast als der Mensch, alle

1 Lotte Brunner berichtet in ihrem Tagebuch am 11. Oktober 1910 von den ersten Begegnungen zwischen Brunner und der Schriftstellerin und späteren Psychoanalytikerin Lou Andreas-Salomé (1861-1937) (s. Abb.10), die kurz mit Friedrich Nietzsche und lange mit Rainer Maria Rilke befreundet war und schließlich eine der engsten Mitarbeiterinnen Sigmund Freuds wurde: »Vor ein paar Jahren, als ich eine Woche in Hermsdorf einsam in Landauers leerer Wohnung verbrachte (sie waren in Süddeutschland), fiel mir, am vorletzten Tage, das Buch der Lou Andreas-Salomé über Nietzsche in die Hände [Friedrich Nietzsche in seinen Werken, Wien: Carl Konegen 1894]. Ich las mit ungeheurem Anteil darin und versuchte seitdem oft, Vater auch zu der Lektüre zu bestimmen. Rein zufällig, oder doch, weil Vater so gar wenig liest, unterblieb das, bis vor wenigen Tagen, auch ganz zufällig, ich in einem Gespräch – über Nietzsche, glaube ich – dringender wurde, so dass Vater schließlich sagte: ›Nun, so lass Landauer das Buch einmal herschicken.‹ Landauer schrieb zu der Sendung, wir könnten nun etwas noch Besseres haben als das Buch, nämlich die Schreiberin selbst, die gerade hier sei, und erbot sich, uns mit ihr zusammenzuführen. Vater griff das nicht auf. Doch am Freitag, als er eben in dem Nietzsche-Buche las und an einer besonders schönen Stelle hielt, wie er später sagte, klingelte es. Ein Telegramm: ›Eine Frau, die Ihnen danken möchte, bittet um die Erlaubnis, Sie morgen um vier Uhr kurz zu sprechen. Lou Andreas-Salomé.‹ – Darauf ein liebenswürdiges Ja von Vater. Doch obwohl auch er aus dem Buche den Eindruck starker Tüchtigkeit gewonnen hatte, erwartete er gar nichts von Bedeutung für sich. Gehört hatten wir von der Lou nur wie von vielen andern zeitgenössischen Schriftstellerinnen auch, ziemlich schattenhaft; Vater kannte kaum ihren Namen; ich freilich hatte in meinen Seminarjahren einmal den Roman ›Ruth‹ [Stuttgart: Cotta 1895] gelesen. Seltsam war uns nur, dass das Schicksal solch einen lebendigen Faden spinnen wollte zwischen Nietzsche und Brunner. Also nichts von Vorgedanken. ›Ich werde ja sehen, ob sie mir gefällt; nun, ich werde nicht gleich meine liebe Lou zu ihr sagen‹, warf Vater beifäufig und halb scherzend hin. Und nun sagt er doch ›meine liebe Lou‹ und hat sie erst zweimal gesprochen. Die Lou hat seit dem Juni nichts getan, als in der ›Lehre‹ gelesen. Wenn sie zu Ende ist, fängt sie wieder von vorn an. Die Schrift ›Spinoza gegen Kant‹ hat sie sich in das große Werk einbinden lassen, zwischen Ankündigung und Prolegomena. Da gehörte sie hin. Den stärksten Eindruck ihres Lebens nennt sie die Lehre. Alles in ihr ist ganz neu davon geworden, alles Alte umgeworfen, und ihr ganzes Leben soll nun im Dienste der Lehre stehn – in welcher Art und Form, das weiß sie noch nicht. Schreiben ist ihr vorläufig unmöglich, sie will überhaupt nichts mehr schreiben, nur noch lesen, die Lehre lesen. Sie blieb ein paar Nachmittagsstunden bei Vater in seinem Zimmer. Dann musste sie weg, und Montag müsste sie zurück nach Göttingen. Drei Wochen war sie schon in Berlin gewesen und hatte sich aus Schüchternheit nicht entschließen können, Vater aufzusuchen. Bei Landauers aber, so erzählte später Hedwig [Lachmann], hatte sie von nichts und von niemand als von Vater gesprochen und gefragt und gefragt! Das Telegramm schickte sie, um sich möglichst rasch zu dem zu zwingen, was ihr so schwer wurde und doch so notwendig war. Am Montag kam ein Messengerboy mit der Botschaft: Lou würde mit dem Nachtzuge fahren, wenn sie noch einmal kommen dürfte. Und dieses zweite Kommen war wohl gerade entscheidend. Er möchte doch alle Konventionen zwischen ihnen fallen lassen

Abb. 10: Lou Andreas-Salomé, ca. 1897

jene Gedanken denkend, wie ich sie denke, sie alle denkend mit allen ihren Herzensgründen – nun hindert nichts, daß wir über unsre große Sache miteinander reden, und daß du mir davon schreibst. Es ist *unsre* Sache; sie gehört mir nicht mehr an als dir. So wird und soll es sich erweisen – wie für uns, so vor aller Welt.

Du kamst mir zu danken, aber ich komme dir zu danken und segne dich, die du der Segen selber bist.

53. An Lou Andreas-Salomé, 15.-18. November 1910

Dienstag, 16 Nov.
abends.

Ob du meinen Reisesegen (den größten, den ich habe), morgen früh am Zuge richtig erhalten wirst?[1] Ob du mir auch nur schreiben wirst: Ja ich erhielt ihn? Was du überhaupt mir schreiben wirst und wie das –? Ob der ganze Schrank wieder mit abfährt, oder wieviel davon hier in die Rappuse[2] gegangen; und ob du nun wieder, ganz wie vordem, in unsren Gedanken leben und das Hier oder Dort dir einerlei sein wird? – – Reise mir glücklich und sei, wo du seist, glücklich, wie du es sein magst. Nur sag mir immer alles heraus, Lou, *was von nah oder von fern her uns und unsre Gedanken angeht,* – darüber sag mir immer alles heraus; ohne gefragt zu werden, auf das leiseste Kommen und Gehen des dunkleren Gedankens, der sich dir selber noch verbirgt. Du mußt das alles gleich auf der Stelle vor mich bringen, darfst damit nicht einen Tag, nicht eine Nacht allein bleiben. Du bist gegen Alle aufrichtig: gegen mich mußt du es übereifrig, überängstlich aufrichtig sein. Es hängt so viel daran: die wunderbar große

und Du zu ihr sagen. Sie sprachen lange miteinander. Mutter war in der Stadt, ich saß hinten in meiner Stube und nähte. Inzwischen kam Vater einmal zu mir, küsste mich sehr und sagte, alles wäre sehr merkwürdig bei Lou, und nachher würde er mir erzählen. Um halb acht Uhr aßen wir dann zusammen, darauf brachte Vater Lou in ihre Wohnung zurück, und von halb zehn bis halb zwölf Uhr saßen Vater, Mutter und ich noch miteinander im Weinrestaurant von Kniese am Belleallianceplatz über Austern und Beefsteak, und Vater erzählte uns, was sie besprochen hätten und wie stark in der Lou das neue Leben wäre.«

1 Einen Monat nach den ersten Begegnungen war Lou Andreas-Salomé wieder in Berlin. Zu ihrer Abreise über Eisenach, Bebra und Frankfurt nach Genua schickte Brunner ihr ein Telegramm: »den großen Reisesegen dir die ich also in allen drei Fakultäten« (Telegramm vom 15. November 1910, Lou Andreas-Salomé-Archiv (Dorothee Pfeiffer), Göttingen).

2 Tschech. Rapuse: verloren gehen, preisgeben.

Freundschaft, die wir auf so wunderbare Weise miteinander eingegangen sind und die uns Verpflichtung ohne gleichen auferlegt, daß Alles darin (und, wenn sein muß, was nicht sein wird, darüber hinaus) so wunderbar *ganz schön* sei wie vielleicht niemals noch Verhältnis zwischen zwei Menschen gewesen, so heilig – wie du bist, Lou;

und ich brauchte dir dies nicht zu sagen und sagte es wohl mir, um dir zu sagen, daß ich ebenso es halten würde, damit dieses wunderbar Schöne ganz schön sei und bleibe in unsrer Welt; denn du tust gewis so; du bist heilig, Lou.

Nichts gegen sagen, nie wieder, wenn ich zu dir spreche: du, meine heilige Lou! Du mißkennst noch den Sinn, dir mischt sich hinein die Vorstellung von den Heiligen des Aberglaubens: ich aber denke dich als die Heilige der Wahrheit, die du bist mit Allem, was du bist.[3]

Solche Heilige brauchen wir, Lou; und ich nun werde niemals wieder sein ohne meine heilige Lou. Wieviel glücklickseliger noch ist mir dieses Leben nun geworden. Aber schreib mir auch, ob du mich hörst?

Mittwoch, zwischen Eisenach und Bebra.[4]

Dank für dein »Leb wohl« – ja, leb du auch wohl!

Da ratterst du nun das Deutschland hinunter und bist lieb mit deinem Leibmedico und dem neuen Menschen (der wohl sehr lebhaft ist?) und nun kommt gleich die Zeit, da du im Speisewagen wenig essen wirst von der Zittermahlzeit, während ich hier am langen schwarzen Tisch in der bunten Stube sitze, über die Lou Seiten aufgeschrieben hat;[5] aber alle ihre Eselchen sperren sich und stotzen, daß sie auch kein Wörtchen davon verrät. Wenn du ein Herz hast, du ungezogenes Kind, so schreibst du mir jetzt reumütig Alles her. Aber du hast kein Herz, sondern ein kleines Geläch-

3 Eine »Heilige der Wahrheit« war für Brunner jemand, der aus der Besinnung auf den Geist heraus lebt; in diesem Sinne war auch Christus für Brunner ein »Heiliger«. Diese Auffassung werde vom »Volk« verkehrt, wenn es die Heiligen anbete und sie als Wundertätige betrachte. Brunner bezeichnet das Problem gleichlautender Begriffe in den Fakultäten Geist und Analogon als sehr hinderlich für die Erfassung der Wahrheit: »[...] durchweg ist es so im Allerwichtigsten: daß nur ein einziges Wort existiert für einen geistigen Begriff und für den diesem geistigen Begriffe analogischen des Volksdenkens, für das Heilige und für das Gemeine; es liegt in dieser Homonymie eines der größten Hindernisse der Wahrheit, welches hinwegzuräumen zu unsren künftigen Hauptaufgaben gehören wird.« (Die Lehre, S. 962).

4 Bezieht sich auf die aktuelle Bahnreise Lou Andreas-Salomés.

5 In einem Tagebucheintrag vom November 1910, betitelt »Br.s Stube«, spekuliert Lou Andreas-Salomé sehr ambivalent über das Verhältnis von Brunners »Geistesgewalt« und »Genie« zu seinem persönlichen Auftreten und seiner Wohnumgebung (Lou Andreas-Salomé-Archiv (Dorothee Pfeiffer) Göttingen).

ter, zu kleinen Fäustchen – das sind, die Fäustchen sind summarisch alle die Eselhüfchen. O Platon und Spinoza – bin ich noch würdig euch anzurufen? – dahin ist es gekommen, ihr jammernde Väter, mit eurem stolzen Sohne, der nun eine Eselherde für heilig hält! O, nichts von euch begreife ich so völlig und überflüssig klar als wie die reichlichen Prügel, die Lou als Kind bekommen hat .... Ich hab in diesem Falle immer noch kein Recht zu meinem Rechte, dir zu befehlen, *du sollst:* aber ich schwöre Strafe und Rache; und wenn ich dieses Mal nicht zufrieden bin mit deinem Antworten, dann geht es Patsch! Patsch! auf edle Wangen!

Ach, meine arme, ahnungslose Lou, ohne Ahnung von all meinem Grimm und Grämen ratterst hin: Ēi-sĕ-năch-Bē-bĕ-rā, Ēisĕnăch-Bēbĕrā-Ēsĕlchēn-Fäūstchēn – – komm, mach auseinander die Fäustchen, daß ich sie als die Hände küsse, die so wundergut in meine fassen und passen.

Ich rattere mit, den ganzen Tag – nun dunkelt es, der Thau fällt, du bist in Frankfurt – – Segen auf dich, geliebter köstlicher Freund Lou! Alle meine Gedanken wackeln mir von deiner Reise, aber fest und besiegelt ist und bleibt mein Bund mit dir. Schreib mir, wie in dir? und dann laß uns leben und schauen, was eine Freundschaft wie die unsrige für uns und für die Menschheit hervorbringen wird?!

War ich am Ende doch zu hart, vorhin auf der Strecke zwischen Eisenach und Bebra, als ich schwor, dich zu strafen, sobald du nicht zur Zufriedenheit mir schreiben und antworten würdest? Denn wahrhaftig, du bist ein Mädchen, die Welt kennt kein schüchterneres! Aber es ist beschworen und also gut und Entweder – Oder: mir oder dir, was recht ist; es ist in allen Dingen Ausgleich, und soll und muß so auch in unsren Dingen sein. *Pschschsch – Rrrrrm!!! Eben hält mein Zug in Basel.* Alle aussteigen – auch meine Lou mit ihrem dicken Medico und dem lebhaften Neuen; und von Tempelhof weht es geisterhaft zu dir herüber: Gute Nacht, Lou!

Donnerstag früh.

Liebe, liebe, große, kleine, beste und böseste, allerheiligste und überzeugt allerallerste Lou, wo magst du sein? in Basel, und ich bin in Babel: solch ein Schnupfen rumort mir im Kopfe, und ich bin in einem Denkzustande, als wär ich die ganze Begriffstreppe heruntergefallen. Aber dazu langt es doch noch gerade, um dir für deine Notiz diejenige (wie ich meine und bitte: mein du ebenso) deiner und der Prägnanz des Ausdrucks würdigere Fassung aufzuschreiben, die mir gleich nach dem Weggehen von dir neulich Abend noch eingefallen war:

»Nicht willens mich auseinanderzusetzen, weder mit dem anderen Nietzsche des inzwischen veröffentlichten Nachlasses noch mit den Anderen über Nietzsche, lasse ich diese Schrift zum zweiten Male unverändert, in anastatischem Neudrucke, herausgehen.

Lou Andreas-Salomé.«

Wenn du mit dieser Fassung einverstanden bist, schick sie dem Wiener Verleger und besteh darauf, daß du *da*von die Korrektur machst; es ist hier jedes Wort wichtig.[6] Versäum bitte nicht, mir darüber zu schreiben. Mich beunruhigt diese Sache, bis ich weiß, daß sie ganz wie gehörig strengstens in der Ordnung ist; man darf derlei am wenigsten einer fremden Seele überlassen.

Wo du nun sein magst? Heute schreibst du mir gewis, und was? Ob unser Beisammengewesensein umgestaltende Klarheit gebracht hat? Denn die muß bald sein; da wir doch so mit den Seelen zueinander gekommen sind, muß auch Großes, Größtes werden. Aber für mich ist es schon, indem *wir* miteinander verbunden sind wie unsre Gedanken. Ist dir dies noch Geheimnis? wie denkst du, Lou? Ich frage dich, hörst du mich? und du mußt mir antworten; wir dürfen Klarsein und Einzigkeit darin nicht allzu lang verschieben. Daß wir uns so verbunden haben, bedeutet mehr als unser Verbundensein in der Freundschaft: unsre Freundschaft fordert von uns gewaltig mehr als Freundschaft für einander; oder vielmehr jenes »Gewaltig mehr« ist in unsrer Freundschaft mit drin. – Sei mir nicht bös, meine Lou, meine Lou, mein Herzwunder Lou, über nichts, was ich schreibe und worauf ich deute; und auf das Letzte brauchst du gar nicht im Brief zu antworten, wenn du nicht ohnehin gerade willst oder mußt. Aber schreib mir doch mit geliebter Hand so viel du kannst und magst, wie du gesinnt bist, und laß mich deinem Herzen immer nahe sein. Und dieses Einzige muß ich mit Worten von dir hören: ob auch nach unsrer Begegnung noch, wie vorher, die Sache, die ich ganz zur meinen hab machen müssen, die deine, die unsrige ist; ob »ich« dich nicht gestört habe, daß du dir zu schaffen machst mir »mir« und dich aufhältst auf dem Wege, den *du* gehen wolltest? Wenn das wäre, Lou, – so weißt du wie ich, wies wir dann tun oder vielmehr lassen müßten. Das *mußt* du, Herz auf Herz, mir beantworten.

Eben, Freitag mittags, deine Adresse Genua. Dahin denn gleich mit allen meinen Louetten; und ich schreibe nun erst wieder nach Brief von dir, nach Antwort von dir auf meine Tinte. Schreib mir[7]

6 In der Neuauflage ihres Buches »Friedrich Nietzsche in seinen Werken« (Wien: Carl Konegen ²1911) erschien Brunners Vorschlag (leicht verändert) auf der Titelrückseite: »Nicht Willens mich auseinanderzusetzen, weder mit dem inzwischen veröffentlichten Nachlaß Nietzsches, noch mit Anderen über Nietzsche, lasse ich diese Schrift in unverändertem (anastatischem) Druck neu auflegen.«

7 Der Gruß ist vom Originalbrief abgeschnitten. – Das weitere Verhältnis zwischen den Briefpartnern gestaltete sich schwierig. In den im Lou Andreas-Salomé-Archiv über-

54. An Martin Buber,[1] Dezember 1910

Mein Lieber,

herzlichen Dank für Sendung, und Ihr Vortrag[2] wundervoll; nur wenn ich wollen könnt, dann wollt ich und tät ich, daß Sie das mit dem »Grundproblem des Judentums«, das mit der Dualität in den Juden los würden.[3]

lieferten 33 undatierten Briefen (zwischen 1910 und 1916) betont Brunner: »Ich will mit *dir* unsre Gedanken *reden*«, bemängelt aber schon bald einen »Abfall des Tones« gegen ihn und meint: »Dazu sind wir nicht zusammengekommen. Und *so* will ich es nicht!« Er möchte, dass sie sich ihm mehr öffnet, leidet unter ihrer Zurückhaltung beim Schreiben und ihrer geringen Bereitschaft, offenbar aufgekommene Missverständnisse zu beseitigen. Lou Andreas-Salomé betont noch 1917 eine »Gleichheit der sachlichen Stellung«, weswegen sie die Begegnung mit Brunner für sich als ebenso bedeutend einschätzte wie die mit Freud. Aber das Verhältnis sei an Brunners »persönlicher Einstellung« zu ihr zerbrochen (Tagebuchaufzeichnung von 1917, Lou Andreas-Salomé-Archiv (Dorothee Pfeiffer), Göttingen). Auch Brunner betont, dass er sich »persönlich« mit ihr eingelassen habe. Er habe ihre »dunklen Andeutungen« nicht gleich richtig verstanden (Lotte Brunner, Tagebuch, 24. September 1917). Dann aber habe sie »Persönlichstes der schlimmsten Art« von ihm gewollt (ebd., 27. April 1915) und die Begeisterung für Brunners Philosophie »in ihrer unsinnigen Leidenschaft hingeschmissen, weil sie ihre Liebesachttage oder -nächte oder eine Stunde der Nacht oder was sie eigentlich wollte, nicht von mir bekam« (ebd., 24. September 1917). 1937 äußert Brunner rückblickend: »Ich lud sie mehrere Male zu mir ein, und dann kehrte sie das hervor, was sie bei Nietzsche gezeigt hat: das Weib, die Katze. Aber bei mir gibt's das nicht ... Dann wollte sie nach Jahren doch noch die Position retten und bat mich um eine Zusammenkunft in Köln. Seit damals war's aus.« (Lothar Bickel, Constantin Brunners letzte Stunden, in: Die Constantin Brunner Gemeinschaft. Interne Zeitschrift, im Auftrag der palästinensischen Gruppe hrsg. von Aron Berman und Rozka Pinner 5, Nr. 15 (Dezember 1950), S. 31f.). In einem (offenbar späten) Brief schreibt Brunner, sie habe ihn missverstanden, denn er habe immer nur »vom Einen und ganz nur Schönen« gesprochen.

1 Martin Buber (1878-1965), Religionsphilosoph und Zionist (s. Abb. 32), seit 1919 Lehrtätigkeit am Freien jüdischen Lehrhaus Frankfurt, von 1916 bis 1924 Herausgeber der Monatsschrift »Der Jude«, von 1924 bis 1933 zuerst Lehrbeauftragter, dann Honorarprofessor für Jüdische Religionslehre und Ethik an der Universität Frankfurt, 1938 Emigration nach Palästina. Brunner und Buber kannten sich über Gustav Landauer (s. Brief 56/1); zwischen 1910 und 1927 kam es zu gelegentlichen Briefkontakten, 1911 besuchte Buber Brunner. Buber hat wiederholt betont, er sei von Brunners Persönlichkeit stark beeindruckt gewesen, widersprach aber Brunners Lehre von den Geistigen und vom Volk. Er resümiert 1960 gegenüber Hermann Levin Goldschmidt, der sich wunderte, dass Buber einen Aufruf zum Wiederabdruck von Brunners Werken unterzeichnet hat: »Meine ablehnende Haltung zu Constantin Brunners Philosophie hat sich nicht geändert. Er war ein ernster und leidenschaftlicher Denker, das ist mir nach wie vor bewusst. Aber seine Lehre, die sich auf einer Zweiteilung des Menschengeschlechts in ›Geistige‹ und ›Volk‹ gründet, erscheint mir nach wie vor als irrig und irreführend. Ich möchte, nebenbei gesagt, keinen Zweifel dran lassen, dass ich, wenn es wirklich zwei solchermassen wesensmässig getrennte Menschengattungen gäbe – wie es sie, dem Schöpfer sei Dank dafür, nicht gibt –, ich es vorziehen

Diese Dualität (in den Juden, als in den lebhaftesten Menschen, vielleicht am deutlichsten erkennbar) ist ja doch in aller Menschheit, ja in aller Welt; und ist doch kein Problem sondern ihr Wesen, wie es von der Welt der Relativität gar nicht anders gedacht werden kann usw. usw. usw.

Sehr herzlich erfreut auch war ich von der Arbeit des Rappeport.[4] Welche entschiedene Begabung in einem so jugendlichen Menschen, welche

würde, unter dem ›Volk‹ mit seinem armseligen ›Aberglauben‹ zu leben als unter den ›Geistigen‹ mit ihrer stolzen ›Vernunft‹.« (Richtigstellung, in: Mitteilungsblatt 21 (20. Mai 1960), S. 3). Siehe auch Brief 62, aus dem hervorgeht, dass Brunner vor allem Bubers Arbeiten zur jüdischen chassidischen Mystik schätzte. Weniger beeindruckt war er später von Bubers Messiasauffassung: »Buber hat gesagt und drucken lassen: Der Messias sei noch nicht gekommen, ›am Ende der Tage‹ werde er erscheinen.« Brunner betrachtete dies als »Unwahrheit«, wie Lotte Brunner berichtet: »Ein Mensch, der durch moderne Bildung und Naturwissenschaft gegangen ist, kann solchen Unsinn vom ›Ende der Tage‹ nicht glauben und sollte ihn auch andern nicht aufbinden.« (Tagebuch, 16. September 1926). Auch Bubers gemeinsame Übersetzung der Bibel mit Franz Rosenzweig (Die Schrift, Berlin: Lambert Schneider 1926-1938) kritisierte Brunner: »Nein, lass uns gar nicht darüber sprechen, aber glaub mir, darauf versteh ich mich und kann merken, ob es richtig ist oder nicht. Und das konnte Moses machen, und Luther konnte es machen, aber Buber nicht, das ist von vornherein unmöglich, und wenn er noch so herzlich die Bibel empfindet.« (ebd., 2. September 1927).

2 Buber hatte einen Sonderabzug seiner zweiten Rede über das Judentum geschickt, die 1910 unter dem Titel »Der Jude und sein Werk« erschien (in: Jüdischer Almanach 5670, Wien: Vereinigung Bar Kochba 1910, S. 9-15). Sie weicht textlich stark ab von der 1911 unter dem Titel »Das Judentum und die Menschheit« publizierten zweiten Rede in den »Drei Reden über das Judentum«, Frankfurt a.M.: Rütten & Loening. Siehe auch Brief 62.

3 Buber beschrieb die Dualität des jüdischen Wesens, die in ihrer Extremität in keiner anderen Gemeinschaft bekannt sei, als das Grundproblem des Judentums: »Kein anderes Volk hat so niederträchtige Spieler, Kuppler und Verräter, kein anderes Volk so erhabene Märtyrer, Propheten und Erlöser hervorgebracht.« (S. 9). Buber geht nur am Rande auf den Ursprung dieser Dualität ein, die er im »Mythos vom Sündenfall« verortet; damals seien »die Elemente Gut und Böse« gesetzt worden (S. 10). Auf dieser Wesensdualität der Juden basiere auch ihr Streben nach Einheit: »Denn wie die Idee der inneren Zweiheit, so ist auch die Idee der Erlösung von ihr eine jüdische.« (S. 11). In diesem Streben nach Einheit sieht Buber die stärkste Energie für das schöpferische Potential der Juden: »Am Streben nach Einheit entzünden sich im Juden die schöpferischen Kräfte; im Einswerden der Seele wurzelt seine schöpferische Tat. Die schöpferischen Juden sind die Siege über die Dualität, ihre positiven Überwindungen, das Ja über dem Nein, das Schaffen über der Verzweiflung, der Triumph der Sehnsucht.« (S. 12). Buber spricht von der »Urzweiheit« und dem »Urprozeß«, dem Streben nach Einheit, die beide das »innerste Leben des Urjudentums« kennzeichneten (S. 13).

4 Ernst Elijahu Rappeport (1889-1952), ungarischer Dichter, Schriftsteller und Publizist. Rappeport hatte Buber bei einer Veranstaltung des »Bar Kochba« in Wien kennengelernt und ihn auf Brunner angesprochen. Grete Schaeder zufolge war er seinerzeit »eine Art zweiter Sohn« für Buber (Martin Buber, Briefwechsel aus sieben Jahrzehnten, hrsg. und eingeleitet von Grete Schaeder, Band I: 1897-1918, Heidelberg 1972, S. 60). Bei der ge-

Gabe deutlicher Mitteilung! Da kann man hoffen. Erstaunt war ich eigentlich, daß R., der mich also gelesen hatte, so gar nichts von mir gehabt hat; erstaunt bin ich über das Gleiche übrigens auch gegenüber Martin Buber und Anderen.[5] Doch bitte ich sehr, wegen dieser letzten, mir aus der Feder gefallenen Bemerkung, die denn nun stehen bleiben mag, mir nicht zu antworten, auch nicht künftighin beim Wiedersehen, worauf ich mich freue, mit mir darüber reden zu wollen; mich trieb nicht Eitelkeit zu dieser Bemerkung.

Und also Glückliche Reise und auf Wiedersehen!

Friede sei mit Ihnen.

Constantin Brunner.

55. An Eduard Engel,[1] 18. März 1911

Und ich soll also den reuigen Sünder machen? Und Sie sind der Gerechte!

Ob Sie das bis zur nächsten Antwort noch sein werden? Ich halte Sie für gerecht genug, es nicht länger sein zu wollen, nachdem Sie meinen Brief werden gelesen haben.

Denn nun muß ich Ihnen einen Brief schreiben und mit Ihnen zusammen das Karnickel, »die imitatorisch darstellende Konstruktion« recht betrachten.[2] Ich habe das bisher nicht getan, ging darauf nicht ein, weil ich

nannten Arbeit könnte es sich um Vorarbeiten für Rappeports Dissertation über Spinoza handeln (Über die Substanzdefinition in Spinoza's Ethik, Diss. Basel, Wien 1914) oder aber um eine Arbeit über Jeschua (d.i. Jesus), dessen Lehren er jenseits der christlichen Interpretationen für das Judentum neu erschließen wollte (Elijahu Rappeport, Jeschualegenden, in: Vom Judentum. Ein Sammelbuch, hrsg. vom Verein jüdischer Hochschüler Bar Kochba, Prag – Leipzig: Kurt Wolff Verlag 1914, S. 44-48).

5 Über diese Bemerkung debattierten Brunner und Buber später noch (s. Brief 62).

1 Eduard Engel (1851-1938), Sprach- und Literaturwissenschaftler, arbeitete an seiner 1911 erschienenen »Deutschen Stilkunst«, in der er sich für ein Deutsch ohne Fremdwörter einsetzte. Die Veröffentlichung erreichte allein in diesem Jahr 11 Auflagen (Wien: F. Tempsky und Leipzig: G. Freytag; bis 1932 erschien sie in 31 Auflagen). Engel schrieb Brunner offenbar einen (nicht überlieferten) Brief und kritisierte ihn für seinen Gebrauch von Fremdwörtern in der »Lehre«. In seiner »Deutschen Stilkunst« ging er auf diese Auseinandersetzung ein und bezeichnete Brunner als »Fremdwörtler«. Siehe auch Brief 64/6.

2 »Konstruktion« ist für Brunner ein terminologischer Begriff zur Kennzeichnung von Denkgebilden, in denen keine realen Anschauungsinhalte gedacht werden, sondern Fiktionen, die aber dem Denken nützlich sind (Die Lehre, S. 225-229). Dazu gehört Brunner zufolge auch die gesamte Sprache, in der Anschauungsinhalte in fiktiven Wörtern wieder-

in der Freude über den guten Kampf, in dem Sie stehen, kein Wesens machen wollte wegen des kleinen Puffs der Ungerechtigkeit, den ich dabei abbekam, der ich eher Ihr Waffenbruder als Ihr Gegner bin. Nun Sie aber weiter zustoßen und stochern und mir gar mit Ihrer Ungerechtigkeit als mit einer Gerechtigkeit so wütig auf den Leib rücken, Sie blinder Berserker, da geb ich Ihnen aber einen gehörigen Puff zurück, daß Sie zur Besinnung kommen. Wenn *Sie* gerecht sein wollen, mein Lieber, wer ist dann ungerecht? und da können wir lieber gleich den ganzen Himmel mit seiner Freude aufstecken, von dem Sie so groß reden, und keiner als der Satan wird noch Freude haben.

Und nun halten Sie mir einmal stille, mein höchst ungerechter Gerechter. Sie dünken sich also Wunder was, indem Sie mir die »imitatorisch darstellende Konstruktion« aufdrücken und triumphierend fragen, weswegen ich denn nicht »Nachahmungslaute« geschrieben hätte? Ja sind Sie denn unter allen meinen Korrespondenten, die aus irgend welchem Anlaß über mein Hauptwerk mir Briefe schreiben, – sind Sie denn, den ich als einen gewissenhaften und ernsten Mann kenne, in Hinsicht auf mein Werk ein ganz leichtfertiger Mann, Leser und Briefschreiber? Denn es ist mit meinem Werke nicht so, daß Sie sich da Blüten der Fremdwörterei pflücken können, wo es Ihnen beliebt, wie wohl bei vielen Andern angängig sein könnte; sondern Sie sollten wissen, daß, wo ich einen fremden Ausdruck gebraucht habe, ich auch gedacht habe, und so müßten Sie nun ebenfalls denken und vor allem wirklich lesen, und lesen, das heißt den Zusammenhang erfassen. Und ehe Sie das nicht getan haben, dürfen Sie auch nicht über das Einzelne urteilen; von hier und von dort etwas herauspolken und Geschrei machen, das ist hier nicht; der Urteiler muß so ernst sein wie der Schreiber oder soll sich davon lassen. Und hätten Sie auch nur flüchtig gelesen, so hätte Ihnen nicht entgehen können, wie in meinem Gedankenzusammenhange das Wort Konstruktion einen stehenden Terminus bedeutet, eine Säule, die das Ganze mithält. Es werden damit die Begriffe geklärt, und es wird der Begriffsverwirrung vorgebeugt, mit der Einsicht in die *fiktiven Konstruktionen* des Denkens, die neben dem wirklichen Denken (tatsächlich vorhandener Anschauungsbilder) anzuerkennen sind. Derartig fiktive Konstruktionen sind die Atome, das Chaos, die geometrischen Figuren usw., und auch die Sprache ist derartige Konstruktion. Sie brauchen mein Werk nicht zu lesen; aber Sie müssen es gelesen haben und müssen verstanden haben, was ich mit meiner »Konstruktion« geleistet habe, bevor Sie über dieses Wort an irgend einer Stelle herfallen. Nur

gegeben werden. Imitatorisch ist diese Wiedergabe, wo das Wort selber lebendige Anschauung besitzt, wie z.B. bei dem Wort »Wau-Wau« (S. 1005).

weil Sie als ein insektenfängerischer Purist darüber her sich machten, der in meiner Welt nichts sieht als Insekten und Klaps! weg damit, mit Insekten und mit dem, was er dafür hält, – lediglich deswegen konnten Sie mir so kommen und gar mit Ihrer Übersetzung »Nachahmungslaute«; womit Sie mir nach Ihrer Meinung, ich will sagen: nach Ihrer früheren Meinung, die Sprache rein fegen, nach meiner Meinung aber und wohl auch nach Ihrer jetzigen Meinung den Begriff rein wegfegen. In dieser Sache sind Sie kein Gerechter, mein Lieber, sondern ein ganz Flüchtiger, ein Sünder, der *mir* mit seiner Reue Freude bereiten wird,– ja *wird*: da Sie übrigens ein Gerechter sind, so sehe ich Ihre Reue mit der nächsten Briefbestellung ankommen.

Nun blieben noch die Wörter »Imitatorisch« und »Konstruktion« selber. Da die ganze Stelle (die ich übrigens nur mit Mühe auffand) eine nebensächliche ist, so mußte der Ausdruck so kurz wie möglich sein, eine stelzerne Umschreibung wollte ich nicht wählen, und wie hätte ich das Wort »imitatorisch« übersetzen sollen? Etwa mit »nachahmerisch«? Das hat den Beigeschmack des Verächtlichen. Dann lieber solch ein Fremdwort als Zweideutigkeit. Immerhin stehe ich nicht auf diesem »imitatorisch« – es ließe sich vielleicht durch deutsche Ausdrücke ersetzen. Was aber das Wort »Konstruktion« betrifft – nun kurz, ich fordere Sie auf, mir dafür, aber für meinen Sinn, den ich mit diesem Worte verbinde, einen deutschen Ausdruck zu sagen, so will ich den in der zweiten Auflage meines Werkes anwenden und sagen, daß ich meine Freude darüber Ihnen danke.

Friede sei mit Ihnen! und auch zwischen uns – wir sind nicht Feinde. Möchten meine Zeilen von heute zur Klärung darüber beitragen.

In aufrichtiger Verehrung

Brunner.

56. An Gustav Landauer, 29. März 1911

In England hat es früher mächtig viele Straßenräuber gegeben, und es existierte oder existiert noch ein Gesetz, danach einer, der mit ungeladenem Pistol ertappt wurde, milder davon kam. Ein Reisender, als er einstens in der Nacht einen Lauf auf sich gerichtet sah und die Worte hörte: »Dein Geld oder ich schieße!« hats riskiert und gesagt: »Schieß!« worauf der Räuber einen Augenblick starr da stand, dann aber, nach einer Verbeugung zur Seite tretend, rief: »Glückliche Reise!«

Mein lieber Landauer, – nein, nein. Auch nicht, wenn dein Pistol geladen ist.

O, in vielen und ganz bedeutenden Dingen halte ich dich mir weit überlegen und bewundere dich deswegen: aber Ebenbürtigkeit deines Sozialismus und der Sache, der ich diene – in welch einem Traum und Verblendung bist du![1] Das muß ich dir sagen, weil es mir Pflicht ist, dir zu sagen, wie *ich* über deine Sache denke; so wie deine Pflicht ist mir zu sagen, wie du über mein Wirken denkst. *Dir* sage ich das, und übrigens tat ich und tu weiter, was ich kann, dir zuzuführen, wen ich irgend für deine Sache geeignet halte, und trete da also mit meinem eignen Urteile gänzlich ab. Denn ich bin nur ein Mensch und dein Bruder, und es könnte sein, daß ich irre: es wäre möglich, daß meine Gedanken verkehrt sind und deine auf die Eine Wirklichkeit gehen; dann sollen deine Gedanken werden und meine zu Grunde gehen. Aber eines von Beiden kann nur wirklich sein: zwei Möglichkeiten gibt es nur in den Gedanken, nicht da, wo es überhaupt nichts Mögliches sondern nur Wirkliches gibt und wofür wir wollen mit unsren Gedanken; ich mit meinen in so fester Überzeugung von ihrer Richtigkeit, daß ich wahrlich nicht ihr gerades Gegenteil für ebenbürtig halten kann, sondern eben für ihr Gegenteil, für gänzlich verkehrt halten muß, für so verkehrt, daß ich keinen Anlaß finde, sie zu bestreiten: weil ich glaube, die bestreiten sich selbst. Aber Raum muß Allem gegeben sein, sich zu versuchen, und noch einmal, es wäre *möglich,* daß ich mich irre und dein Gedanke einer ist (denn auch Gedanken werden blind geboren wie die Hündlein), und wenn ich viel Geld übrig hätte, würd ich es dir geben zu einem Versuch und nur die einzige Bedingung stellen: daß ein sehr sorgfältiger Geschichtschreiber mit wäre und seine Pflicht täte für die Zukunft, immer wieder ein neuer Geschichtschreiber – denn ich würde so viel Geld zur Verfügung stellen, daß mans tausend Jahre versuchen könnt, damit die Menschen hineinkommen sollten, und das Geld natürlich nur

1 Landauer schrieb seit 1908 an einem »Aufruf zum Sozialismus. Ein Vortrag« (Berlin: Verlag des Sozialistischen Bundes 1911). Das Manuskript stellte er im Februar 1911 vorerst fertig und las daraus (möglicherweise am 16. Februar) Brunner und Martin Buber vor. Offenbar hat sich Brunner mit Rücksicht auf die Anwesenheit Bubers mit kritischen Äußerungen zurückgehalten (s. Brief 57/3). Seine grundsätzliche Kritik an Landauers Sozialismus, den er aus seinen Schriften »Skepsis und Mystik. Versuche im Anschluß an Mauthners Sprachkritik« (Berlin: Egon Fleischel & Co. 1903), »Die Revolution« (Frankfurt a.M.: Rütten & Loening 1907) und Vorarbeiten zum »Aufruf zum Sozialismus« kannte, hatte er schon in einem zur Jahreswende 1909/10 verfassten (verlorengegangenen) Brief formuliert. Brunner hielt einen anarchistischen Sozialismus, wie Landauer ihn forderte, aus anthropologischen Gründen für nicht realisierbar. Eine Wesensverwandlung des Menschen, so dass er bereit sei, sich freiwillig in solidarischen Gemeinschaften zusammenzuschließen, erschien Brunner als illusorische Vorstellung. Im Gegensatz zu Landauer forderte er später einen starken Staat, der die Rechte des Individuums durch Macht und mit Gewalt sichere. Dies ist eines der zentralen Themen in Brunners Büchern zur »Judenfrage«. Siehe hierzu auch die Briefe 187, 209 und 214 an Walter Bernard.

um die Schwierigkeiten wegzuräumen usw. Und nun wirst du lachen und sagen: ich hätte bei solchem Vorschlage keine Ahnung von dem, was du meinst. –

Völlig verblendet auch bist du, mir vorzuwerfen, daß ich dich nicht auf gleichen Fuß mit mir behandelte. Es existiert kein Mensch, den ich *nicht* so behandelte. Ach sei doch nicht derart dumm über mich: als wenn ich Menschen als Menschen, als von einander verschiedene Menschen ansähe. Ich sehe da ja gar nicht, mit meinem Denken und mit meinem Herzen nicht, *ich sehe da ja gar keine Menschen, sondern in Wahrheit andres.* Und der Freund, den du mir wünschest, »der neben mir steht und nicht ein bischen zu mir aufsieht,«[2] den habe ich, und er ist mir mein wundervollster und geliebtester Freund. Ich will dir das heute verraten, daß mein wundervollster und geliebtester Freund mein ärgster und unversöhnlichster Gegner ist, der nichts, *gar nichts, auch nicht das geringste Talent* an mir gelten läßt.[3] Ach, mein lieber Landauer, wenn ich davon reden sollt, wie wenig mir an Lob oder Tadel über mein Wirken liegt, das klingt ja immer gleich wie die dümmste Eitelkeit. Und du gar meinst ja, ich bin einer, der gleich sagt: »Und willst du nicht mein Bruder sein, so schlag ich dir den Schädel ein.«[4] Ach, ach, du könntest noch so viel an mir auszusetzen finden, und nichts als wirkliche Fehler an mir, – bin ich denn verpflichtet, ohne Fehler zu sein? Und was du als die Hauptsache ansiehst bei meinem Wirken und was du davon wünschest und nicht wünschest – ja, das ist vielleicht dein Fehler und geht mich so wenig an wie meine Fehler dich angehen (nur meine Tugenden sollten dich angehen); denn du bist es ja nicht, der mein Wirken besorgt. Aber sagen mußt und darfst du mir all deine Kritik – auch will ich von allen Andern alles anhören und alles treulichst erwägen, ob ich mich bessern kann; denn darauf bin ich immer bedacht gewesen, keiner wohl müht sich fleißiger und ist unzufriedener mit sich selbst, muß aber zuletzt doch bei meiner Art und meinem Sinne bleiben, deren ihr alle mich müßt walten lassen.

Deine Vorstellungen und dein Tadel sollten gewis nicht hindern, daß wir Freunde werden könnten; denn freilich sind wir es immer noch nicht. Trotzdem ich mir große Mühe darum gegeben habe, und ich kann Freund sein, – und du wohl ebenso Beides.

Von deinem Briefe[5] ist mir berichtet worden durch Jemanden, der den besten, herzlich reinsten Willen zu dir und die schönste Liebe hat, – durch

2 Landauer im Brief vom 28. März 1911 (IISG: 114).

3 Vermutlich ist Frida Mond und ihre heftige Kritik an Brunners Werk gemeint.

4 Der Ausspruch stammt aus dem Revolutionsjahr 1848 und ist angelehnt an ein Motto der Französischen Revolution: »La fraternité ou la mort!«

5 Landauers Brief vom 22. März 1911 (IISG: 114), der den Bruch der Freundschaft einleitete.

Abb. 11: Gustav Landauer
mit Hedwig Lachmann und den Kindern, 1910

meine Leoni. Sie hat ihn geöffnet, während ich verreist war. Das war nicht recht. Aber nun ist es mal gekommen, daß nun eben so es sich spielt, und ich habe nun Scheu, ihn zu lesen, obwohl es ja meine Pflicht ist – ich werde ihn lesen. Tu mir denn den Gefallen und laß mir Zeit bis ich ihn lese und steck derweilen dein Pistol ein. Auch du hast nicht solchen Überfluß an Liebe in der Welt, daß du eine Aussicht auf Freundschaft leichtsinnig aufs Spiel setzen dürftest.

Ich hätte Sehnsucht nach Hedwig,[6] daß sie mich besuchen käme. Wir alle haben Sehnsucht, daß sie und damit von euch etwas ganz herzlich bei uns sei. Wenn sie kommt, wird natürlich nichts von unsrer dummen Korrespondenz gesprochen und kein Wörtlein von der dummen Sache und nichts gesündigt.

Einer der nicht anders ist als er war, aber auch nicht anders sein kann noch will als er ist, und dir unverändert und treu gesinnt

Brunner.

57. An Gustav Landauer, 22. April 1911

Mein lieber, bester Landauer;

denn an den wende ich mich. Ich habe nun deinen Brief vom 22. III. 1911 gelesen und finde, daß er ein neues Urteil über mein Werk enthält.

Du zwar behauptest und verschwörst dich hoch, es sei kein neues Urteil, und du wärst in jeder Hinsicht dir treu geblieben. Mir aber will es ganz mächtig so scheinen, als widersprächest du mit einem neuen Urteile deinem alten, und in dem neuen Urteile scheint mir ein Gefühlston zu sein derart, als ob du nicht allein nur gegen mein Werk sondern auch gegen mich dich wendest, und ich frage mich nun: »Woher dieser Umschwung des Urteils und der Gesinnung?«

und weiß keine Antwort als die folgende historische: danach sich der Wechsel in dir vollzogen hat, seitdem du mit deinem Sozialismus begannst. Denn dein Sozialismus gründet sich auf eine Auffassung von den Menschen, die nicht meine ist, und du wußtest von Anfang an, daß ich da nicht mitmache, und ich habe, damit auch keinem letzten Zweifel Raum gelassen sei, dir dies deutlich in einem herzlichen und liebevollen Briefe geschrieben, worin ich zum Schluß nichts von dir erbat als ein Ja oder Nein auf meine Frage, ob du bei deinem Sozialismus bleiben würdest? und dir für

6 Hedwig Lachmann, Landauers Frau, mit der Brunner auch persönlich korrespondierte.

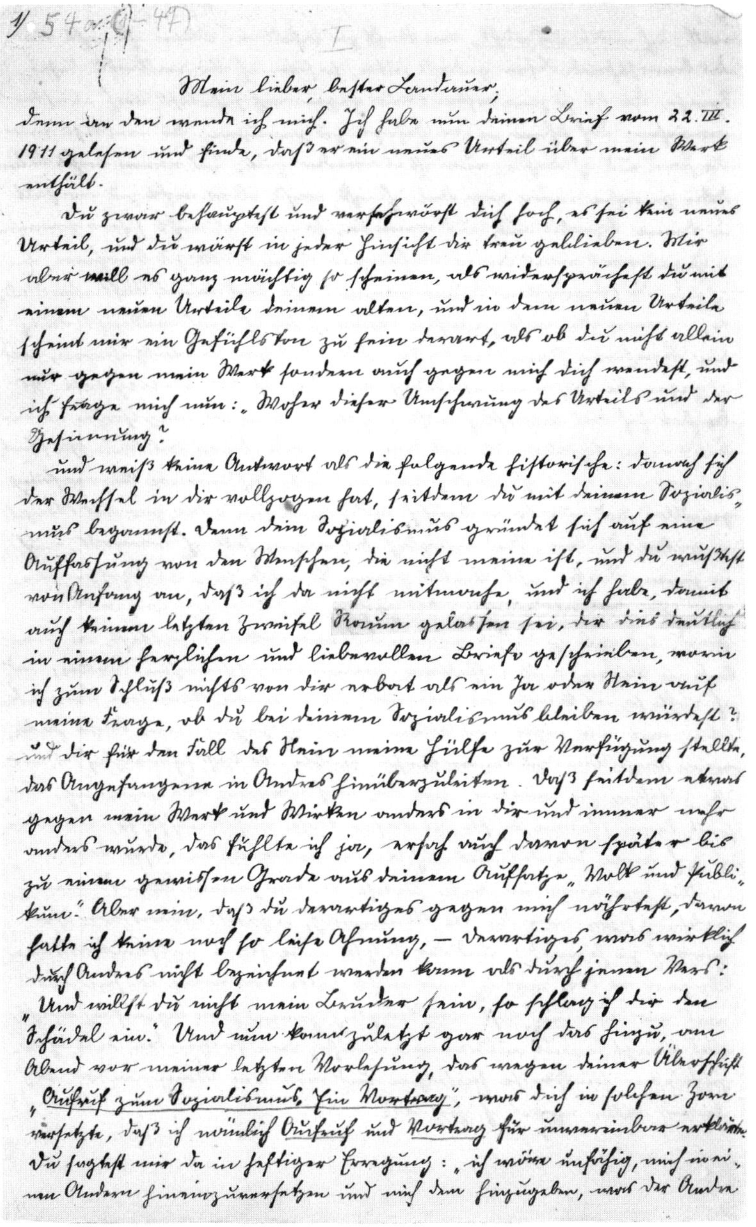

1/54 a (1–47) I

Mein lieber, bester Landauer,
denn an den wende ich mich. Ich habe nun deinen Brief vom 22. III.
1911 gelesen und finde, daß er ein neues Urteil über mein Werk
enthält.

Du zwar behauptest und verschwörst dich hoch, es sei kein neues
Urteil, und du wärst in jeder Hinsicht dir treu geblieben. Mir
aber will es ganz mächtig so scheinen, als widersprächest du mit
einem neuen Urteile deinem alten, und in dem neuen Urteile
scheint mir ein Gefühlston zu sein derart, als ob du nicht allein
dich gegen mein Werk sondern auch gegen mich dich wendest, und
ich frage mich nun: „Woher dieser Umschwung des Urteils und der
Gesinnung?"

und weiß keine Antwort als die folgende historische: daß sich
der Wechsel in dir vollzogen hat, seitdem du mit deinem Sozialismus begannst. Denn dein Sozialismus gründet sich auf eine
Auffassung von den Menschen, die nicht meine ist, und du wußtest
von Anfang an, daß ich da nicht mitmache, und ich habe, damit
auch keinem letzten Zweifel Raum gelassen sei, dir dies deutlich
in einem herzlichen und liebevollen Briefe geschrieben, worin
ich zum Schluß nichts von dir erbat als ein Ja oder Nein auf
meine Frage, ob du bei deinem Sozialismus bleiben würdest?
und dir für den Fall des Nein meine Hilfe zur Verfügung stellte,
das Angefangene in Andres hinüberzuleiten. Daß seitdem etwas
gegen mein Werk und Wirken anders in dir und immer mehr
anders wurde, das fühlte ich ja, ersah auch davon später bis
zu einem gewissen Grade aus deinem Aufsatze „Welt und Publikum". Aber nun, daß du derartiges gegen mich vorhattest, davon
hatte ich keine noch so leise Ahnung, — derartiges, was wirklich
durch Anderes nicht bezeichnet werden kann als durch jenes Wort:
„Und willst du nicht mein Bruder sein, so schlag ich dir den
Schädel ein." Und nun kommt zuletzt gar noch das hinzu, am
Abend vor meiner letzten Vorlesung, das wegen deiner Überschrift
„Aufruf zum Sozialismus. Ein Vortrag", was dich in solchen Zorn
versetzte, daß ich nämlich Aufruf und Vortrag für unvereinbar erkläre.
Du sagtest mir da in heftiger Erregung: „ich wäre unfähig, mich in ei-
nen Andern hineinzuversetzen und mich dem hinzugeben, was der Andre

Brief an Gustav Landauer, 22. April 1911 (Auszug)

2)

will; ich wollte das nicht, um Recht zu behalten." Wenn ich nicht an das bevorstehende Lesen gedacht hätte, so hätte ich dir vielleicht diese Sprache, die du so zum ersten Male gegen mich führtest, noch ernster verwiesen, doch schien ja das Gesagte zu genügen; du reichtest mir die Hand, und ich dachte, nun ist es wieder gut; und wenn nicht Luber Dolzo gewesen wäre, von dem ich nicht weiß, ob er nicht zu dir hält in deinem Sozialismus, und wenn ja, so wär es nicht schön gewesen, in Gegenwart eines deiner Anhänger einen Punkt zu berühren, den ich für den schwächsten deiner ganzen Sache und deines Auftretens halte, — wenn das nicht gewesen wäre, hätte ich mich vielleicht durch dein Benehmen hinreißen lassen, dir das Letzte herauszusagen, was ich gegen die Zusammenstellung von Aufruf und Vortrag habe. Es berührt sich dies tatsächlich aufs Engste mit einer Hauptsache meiner Kritik deines Sozialismus, mit dem, was mir daran das Künstliche scheint, das Totkranke — — glaub doch nur ja nicht, daß meine Verwerfung grundlos und nur so in Bausch und Bogen sei, oder gar aus Mangel an gutem Willen. Und lediglich deswegen habe ich niemals, auch in jenem Briefe nicht, Kritik gegen Einzelheiten ausgesprochen, weil mir das, als einem, der gegen das Prinzip war, nicht zustand, und weil ich dich, nachdem du mir erklärt hattest, bei deiner Sache zu bleiben, nicht aufhalten, verwirren, schwächen wollte; und ich durfte so, es konnte bei meinem allgemeinen Nein kein Bedenken haben, weil mir nichts von Allem, was ich gegen deine Sache hatte, mein Verhältnis zu deiner Person trübte. So tief schmerzlich es mir ist, zusehen zu müssen, wie du, nach meiner Überzeugung, umsonst deine schönen Kräfte bei dieser Sache aufbrauchst, so bewundere ich doch deinen Idealismus auch bei deiner Arbeit an dieser Sache. —

Mit Zorn nun im Leibe hörtest du an jenem Abend meine Vorlesung (ja, war das die Stimmung, irgend etwas von ihr wirklich zu hören?), und der letzte neue Zorn mitsamt all dem Übrigen in dir, was ich mir nicht hätte träumen lassen, und was mir nun auch erst nachträglich jenen Zorn begreiflich macht, Alles klingt heraus aus deinem Briefe, dem folgenden, den ich abgeschrieben stückweise hersetzen und mit dem Kommentar begleiten will, womit ich ihn las:

Hermsdorf b/Berlin, 22. 3. 11.

Lieber Brunner, nicht eigentlich hin und her habe ich in all der Zeit überlegt; zu überlegen gab es nichts. Aber ich wollte ruhig werden; und wollte schweigen und zusehen und warten. Aber schliesslich muss doch geredet sein, da die Zeit, wie es natürlich ist, nichts ändert und zu dem was ist, nichts zutun oder fortnehmen kann.

In der Einleitung zu Meinsma, in dem Brief, der die Einleitung zu dem neuen Buch sein soll, und in dem grossen Stück dieses Buches, das Du jüngst vorgelesen hast, treibst Du im grossen ganzen Dinge, die mich nichts angehen, und, wenn sie sich an mich richten sollten, von mir nicht angenommen werden.

Du fängst richtig mit dem an, was dir die Hauptsache ist. Du glaubst, das sei auf dich gemünzt, was ich in der Einleitung zu „Du und die Andern" und in dem vorgelesenen Stücke daraus über die Utopisten und Schwärmer sage, die den Menschen nicht kennen und statt dessen mit ihrer Phantasie von unwirklichen Menschen hantieren, und das von der „Gleichheit" Gesagte? Du irrst aber gewaltig, und es könnte gerade so gut Wilhelm Förster mit seiner „Gemeinsamen Verwaltung der Erde" und Viktor Hueber mit seiner „Organisation der Intelligenz" (übrigens Förster und Hueber beide prachtvolle Kerle — kennst du denn eigentlich den Hueber schon? Du mußt seine „Organisation der Intelligenz" lesen!) oder der Berner Orden für ethische Kultur oder das Haager Schiedsgericht und tausend Andere könnten kommen und jeder sagen: ich hätte das aus Feindseligkeit gegen sie geschrieben. Ich habe aber an keinen von diesen allen im Besonderen gedacht, sondern sehr wenig an alle zusammen, als an Zeiterscheinungen, hauptsächlich an die große Menge, die für die Gleichheit kämpft auf Grund von Gedanken, die mit dem Kommunismus einsetzen. Und das muß mir gestattet sein, davon und dagegen und überhaupt all das Meinige zu denken und zu schreiben. Wollt ich von dem was ich denke, nur schreiben, was mir Dieser und Jener gerade übrig lässt, der Einzelnen Lieblingsvorurteile und Neigungen schonen und Jedermanns Knecht machen, so könnt ich nur auf der Stelle all das Meinige mir ausbrechen und alles Wahrheitsgefühl in mir ersticken. Das will ich nicht, auch nicht, wenn du dich mitgetroffen fühlst; denn gegenüber dem Freunde hört nicht die Gesinnung auf, eher höre der Freund auf, und „Schweig Herz, rede Mund", mag man von Andern hören, nicht von mir. Ich kann übrigens nicht mehr sagen, als dass wohl jedes Wort ebenso stehen würde, auch wenn Gustav Landauer gar nicht stehen würde und weder so noch so. Ich habe gedacht und geschrieben wie ich denke, eh ich Dich kannte, habe doch nicht deinetwegen anders geschrieben und nicht dir zum Trotz mir die Unkenntnis der Menschen zugelegt, aus der heraus ich nun von der Menschenunkenntnis dann spreche, auf deren Seite du stehst.

Und richtig noch: bei der Einleitung zu Meinekes Regiments. Gegen diese hattest du mir bereits vor einiger Zeit etwas geschrieben, was in der Richtung deines neuen Urteils sich bewegt; was, als ich erhielt, mir verwunderlich vorkam. Denn es erschien mir ein Widerspruch zu der ersten Aufnahme dieses Schriftchens. Als du es zum ersten Mal hörtest, zeigtest du dich sehr eingenommen davon, und du hattest mir auch noch nach der Drucklegung geschrieben von dem „Entzücken, womit du den edlen, starken Wein wieder getrunken" hättest. –

„Hast Du schon die, zu denen Deine Rede, Deine Gedankengänge eigentlich gehen sollten, in dem ersten ~~Buch~~ Bande Deiner Lehre von den Geistigen und vom Volke durch zahllose Wiederholungen, durch Aufrufe und Beschwörungen ermüdet und aufgehalten, und haben Deine besten Leser, deren manche ich kenne, gestöhnt über diese Breite und über diese Behandlung, die sie nicht verdienten und nicht brauchten, haben einige, die Deine allerbesten Leser hätten werden können, sich unwillig von dem Buche abgewandt, so war doch so viel Sachliches und Wertvollstes darin, zeigte sich eine so vehemente Persönlichkeit, dass man das alles hinnehmen konnte. Bedenklich war schon der Propagandaton, der sich nur dadurch rechtfertigen konnte, dass zu einem Tun, nicht etwa bloss zu einem Denken, aufgefordert werden sollte. Und gerade da war es Pflicht zu schweigen und zu warten,: was die geistige Wahrheit, die Du lehrst, ist, hast Du mit Deinen Worten noch nicht gesagt, was die Geistigen tun sollten zu ihrer Vereinigung, und ob sie schon wirklich mit all ihrer herzbrechenden Liebe nur für sich leben sollten, das alles sollten wir erst hören. Wir haben aber, meine ich, nach so gewaltiger und gewalttätiger Ankündigung ein Recht, es zu hören, und – wir – haben die Ankündigung genug gehört. Was aber geschieht? Als ob Du schon ausgeredet hättest, während Du nur das Instrument angesetzt und schreckende Probetöne von Dir gegeben hast. –"

ich frage dich, bester Landauer, ob dies und so Manches vom Folgenden, weint du auch mich gänzlich Ahnungslosen so vom heitern Himmel herniederfährst, ob dies der Ton eines Freundes ist, oder ob nicht gar der Freundschaft und Liebe Entgegengesetztes aus diesem Tone spricht?

Sag, was gehen auch einmal die Leser dich an, die ich ermüde, ~~die bei~~ mir stöhnen, und die sich unwillig abwenden? Und dabei klingt es gar nicht, als ob du großen Kummer dabei trügest, daß es einigen Lesern so geht. Einigen? Schon sagst du, ich hätte die (also alle) Leser ermüdet und zum Stöhnen gebracht, auch die besten. Aber mir ist, als hätten wir beide sonst Leser gekannt, von solchen, die du sonst als die besten zu bezeichnen pflegtest, und die wirklich gar nicht ermüdet waren und nicht stöhnten. Von einem wenigstens müßtest du zweifellos wissen, wenigstens von einem genauen Leser.

Ich hatte einmal einen Leser, der mir auch persönlich bekannt ist, und der hat sogar über Solches bei mir, was oberflächlichen Lesern, und Lesern, die mit Andrem besetzt sind, und selbst auch wirklichsten Lesern, als Breite und Wiederholung erscheinen mag (besonders wenn sie mir erst so hineinsehen und mir bei der Ankündigung bleiben und mir das nicht gewähren wollen, was ich mir da von meinen Lesern erbitte, und wenn sie nicht geneigt sind, mir, der in besonderer Art schreibt, auch die besonderen Bedingungen ~~dieses~~ [dieses Schaffens] Schreibens zuzugestehen) – aber der Leser, den ich einmal hatte, der sprach sogar über das, was Leichtfertigkeit und Übelwollen bei mir Breite und Wiederholung nennen mag, als über etwas besonders Schönes, sprach es mündlich, schrieb es in Briefen und ließ sogar es drucken, z. B. das Folgende:

Variatio delectat: Das gilt für alle Musikanten, Sprecher und Lehrer. Der Baustil der griechischen und der christlichen Zeit, die Brandung des Meeres und der Vogelsang, die Perioden der Bibel und des Demosthenes, von Bach und Beethoven gar nicht zu reden, was wären sie ohne Wiederholung und Variation?

und ließ drucken:

Der Lernende: Ich glaube, wenn dir oder sonst so einem Kurzatmigen unserer Zeit ein hoher und holder Abgesandter eine Leiter zum Himmel brächte, ihr würdet mit ihm rechten, es seien doch gar zu viele Sprossen und es müsse auch bequemere Wege geben oder gar eine Automobilstraße.

Und ein ermüdeter und stöhnender Leser scheint es auch nicht gewesen zu sein, der das Folgende drucken ließ:

Der Lernende: Nein, das ist kein Buch, das man gelesen hat. Ich lese es. Ich lese es immer wieder und lese es auch, wenn ich nicht die Augen darauf habe. Und seit ich es lese, ist neu.

usw.

(anders umsetzen!)

den Fall des Nein meine Hülfe zur Verfügung stellte, das Angefangene in Andres hinüberzuleiten. Daß seitdem etwas gegen mein Werk und Wirken anders in dir und immer mehr anders wurde, das fühlte ich ja, ersah auch davon später bis zu einem gewissen Grade aus deinem Aufsatze »Volk und Publikum«.[1] Aber nein, daß du derartiges gegen mich nährtest, davon hatte ich keine noch so leise Ahnung, – Derartiges, was wirklich durch Andres nicht bezeichnet werden kann als durch jenen Vers: »Und willst du nicht mein Bruder sein, so schlag ich dir den Schädel ein.«[2] Und nun kam zuletzt gar noch das hinzu, am Abend vor meiner letzten Vorlesung,[3] das wegen deiner Überschrift *»Aufruf zum Sozialismus. Ein Vortrag«*, was dich in solchen Zorn versetzte, daß ich nämlich *Aufruf* und *Vortrag* für unvereinbar erklärte. Du sagtest mir da in heftiger Erregung: »ich wäre unfähig, mich in einen Andern hineinzuversetzen und mich dem hinzugeben, was der Andre will; *ich wollte das nicht*, um Recht zu behalten.« Wenn ich nicht an das bevorstehende Lesen gedacht hätte, so hätte ich dir vielleicht diese Sprache, die du so zum ersten Mal gegen mich führtest, noch ernster verwiesen, doch schien ja das Gesagte zu genügen, du reichtest mir die Hand, und ich dachte, nun ist es wieder gut; und wenn nicht Buber dabei gewesen wäre, von dem ich nicht weiß, ob er nicht zu dir hält in deinem Sozialismus, und wenn ja, so wär es nicht schön gewesen, in Gegenwart eines deiner Anhänger einen Punkt zu berühren, den ich für den schwächsten deiner ganzen Sache und deines Auftretens halte, – wenn das nicht gewesen wäre, hätte ich mich vielleicht durch dein Benehmen hinreißen lassen, dir das Letzte herauszusagen, was ich gegen die Zusammenstellung von Aufruf und Vortrag habe. Es berührt sich dies tatsächlich aufs Engste mit einer Hauptsache meiner Kritik deines Sozialismus, mit dem, was mir daran das Kränkste scheint, das Totkranke – – glaub doch nur ja nicht, daß meine Verwerfung gründelos und nur so in Bausch und Bogen sei, oder gar aus Mangel an gutem Willen. Und lediglich deswegen hab ich niemals, auch in jenem Briefe nicht, Kritik gegen Einzelheiten ausgesprochen, weil mir das, als einem, der gegen das Prinzip war,

1 Gustav Landauer, Volk und Publikum, in: Das literarische Echo. Halbmonatsschrift für Literaturfreunde 12, Heft 17 (1. Juni 1910), Sp. 1205-1210.

2 Siehe Brief 56/4.

3 Etwa Ende Februar las Brunner Landauer und einigen anderen, darunter Martin Buber und vermutlich auch Otto Ernst, aus dem (inzwischen verlorenen) Manuskript seines nie veröffentlichten Buches »Du und die Andern« vor, an dem er seit Sommer 1909 arbeitete. Es handelte sich um ein sehr umfangreiches Aphorismenbuch, von dem Brunner sich »eine starke unmittelbare Wirkung auf die junge Generation« versprach (Lotte Brunner, Tagebuch, 5. Juni 1914). Die Vorlesung missfiel Landauer. Nach längerem Schweigen schrieb er Brunner am 22. März einen sehr kritischen, langen Brief, den Brunner hier im Folgenden zitiert und kommentiert.

nicht zustand, und weil ich dich, nachdem du mir erklärt hattest, bei deiner Sache zu bleiben, nicht aufhalten, verwirren, schwächen wollte; und ich durfte so, es konnte bei meinem allgemeinen Nein sein Bewenden haben, weil mir nichts von Allem, was ich gegen deine Sache hatte, mein Verhältnis zu deiner Person trübte. So tief schmerzlich es mir ist, zusehen zu müssen, wie du, nach meiner Überzeugung, umsonst deine schönen Kräfte bei dieser Sache aufbrauchst, so bewundere ich doch deinen Idealismus auch bei deiner Arbeit an dieser Sache. –

Mit Zorn nun im Leibe hörtest du an jenem Abend meine Vorlesung (ja, war das die Stimmung, irgend etwas von ihr wirklich zu hören?), und der letzte neue Zorn mitsamt all dem Übrigen in dir, was ich mir nicht hätte träumen lassen, und was mir nun auch erst nachträglich jenen Zorn begreiflich macht, Alles klingt heraus aus deinem Briefe, dem folgenden, den ich abgeschrieben stückweise hersetzen und mit dem Kommentar begleiten will, womit ich ihn las:

»Hermsdorf b/ Berlin, 22. 3. 11.

Lieber Brunner, nicht eigentlich hin und her habe ich in all der Zeit überlegt; zu überlegen gab es nichts. Aber ich wollte ruhig werden; und wollte schweigen und zusehen und warten. Aber schliesslich muss doch geredet sein, da die Zeit, wie es natürlich ist, nichts ändert und zu dem was ist, nichts zutun oder fortnehmen kann.

In der Einleitung zu Meinsma,[4] in dem Brief, der die Einleitung zu dem neuen Buch sein soll, und in dem grossen Stück dieses Buches, das Du jüngst vorgelesen hast,[5] *treibst Du im grossen ganzen Dinge,* die mich nichts angehen, und, *wenn sie sich an mich richten sollten,* von mir nicht angenommen werden.«

Du fängst richtig mit dem an, was dir die Hauptsache ist. Du glaubst, das sei auf dich gemünzt, was ich in der Einleitung zu »Du und die Andern« und in dem vorgelesenen Stücke daraus über die Utopisten und Schwärmer sage, die den Menschen nicht kennen und statt dessen mit ihrer Phantasie von unwirklichen Menschen hantieren, und das von der »Gleichheit« Gesagte? Du irrst aber gewaltig, und da könnte gerade so gut Wilhelm Förster mit seiner »Gemeinsamen Verwaltung der Erde«[6] und Viktor

4 Brunner, Spinoza gegen Kant (s. Brief 47/1).

5 Dem Manuskript des Aphorismenbuches »Du und die Andern« war ein umfangreicher, fiktiver Brief vorangestellt.

6 Wilhelm Foerster, Die gemeinsame Verwaltung der Erde. Eine Vision, in: Ethische Kultur. Halbmonatsschrift für ethisch-soziale Reformen 17, Nr. 22 (15. November 1909), S. 169f. Der Astronom Foerster (1832-1921), der Mitglied der Deutschen Gesellschaft für ethische Kultur sowie der Deutschen Friedensgesellschaft war, fordert hier die großen Interessen der Menschheit gemeinsam zu diskutieren, wie mit dem Haager Schiedsgericht schon begonnen worden sei.

Hueber mit seiner »Organisation der Intelligenz«[7] (übrigens Förster und Hueber beide prachtvolle Kerle – kennst du denn eigentlich den Hueber schon? Du mußt seine »Organisation der Intelligenz« lesen!) oder der Berner Orden für ethische Kultur[8] oder das Haager Schiedsgericht[9] und tausend Sekten könnten kommen und jeder sagen: ich hätte das aus Feindseligkeit gegen sie geschrieben. Ich habe aber an keinen von diesen allen im Besonderen gedacht, sondern sehr wenig an alle zusammen, als an Freischärler, hauptsächlich an die große Armee, die für die Gleichheit kämpft auf Grund von Gedanken, die mit dem Humanismus einsetzen. Und das muß mir gestattet sein, daran und dagegen und überhaupt all das Meinige zu denken und zu schreiben. Wollt ich von dem was ich denke, nur schreiben, was mir Dieses und Jenes Gnade übrig läßt, der Einzelnen Lieblingsvorurteile und Neigungen schonen und Jedermanns Knecht machen, so könnt ich nur auf der Stelle all das Meinige mir ausraufen und alles Wahrheitsgefühl in mir ersticken. Das will ich nicht, auch nicht, wenn du dich mitgetroffen fühlst; denn gegenüber dem Freunde hört nicht die Gesinnung auf, eher höre der Freund auf, und »Schweig Herz, rede Maul«,[10] mag man von Andern hören, nicht von mir. Ich kann übrigens nicht mehr sagen, als daß wohl jedes Wort ebenso stehen würde, auch wenn Gustav Landauer gar nicht stehen würde und weder so noch so. Ich habe gedacht und geschrieben wie ich denke, eh ich dich kannte, hab doch nicht deinetwegen anders geschrieben und nicht dir zum Tort[11] mir die Unkenntnis der Menschen zugelegt, aus der heraus ich nun von der Menschenunkenntnis Derer spreche, auf deren Seite du stehst.

7 Viktor Hueber, Die Organisierung der Intelligenz, mit einer Einführung von Ernst Mach, Leipzig: Barth ³1910. Der österreichische Hauptmann Hueber forderte darin einen Zusammenschluss der Intelligenz, um der Bedrohung des Imperialismus entgegenzuwirken. Intelligenz versteht er nicht im Sinne einer akademischen Bildung, sondern als Erfassen des verstandes- und gefühlsmäßigen Gesamtzusammenhangs.

8 1908 wurde in Bern der »Internationale Orden für Ethik und Kultur« gegründet. Der geistige Begründer war der Psychiater, Hirnforscher und Sozialreformer Auguste Forel (1848-1931). Der Orden hatte es sich zur Aufgabe gemacht, eine antimetaphysische, fortschrittliche »soziale Religion« als Ersatz für die traditionellen Religionen zu schaffen. Ziele waren u.a. die Gleichstellung der Frau und die Bekämpfung der Staatskirchen und des Kapitalismus. Die Programmatik des Ordens umfasste neben der Forderung nach Bildungs-, Sozial- und Sexualreformen auch die Einführung von »Rassenhygiene« und Eugenik.

9 Der Ständige Schiedshof ging aus den Haager Friedenskonferenzen in den Jahren 1899 und 1907 hervor, auf denen man sich auf Normen für eine friedliche Beilegung von internationalen Konflikten zu verständigen suchte. Der Schiedshof befindet sich seit 1900 in Den Haag.

10 Altes deutsches Sprichwort.

11 Frz.: Schaden.

Und richtig noch: bei der Einleitung zu Meinsma beginnts. Gegen diese hattest du mir bereits vor einiger Zeit etwas geschrieben, was in der Richtung deines neuen Urteils sich bewegt; was, als ichs erhielt, mir verwunderlich vorkam. Denn es erschien mir im Widerspruch zu der ersten Aufnahme dieses Schriftchens. Als du es zum ersten Mal hörtest, zeigtest du dich sehr eingenommen davon, und du hattest mir auch noch nach der Drucklegung geschrieben von dem »Entzücken, womit du den edlen, starken Wein wieder getrunken« hättest.[12] –

»Hast Du schon *die*, zu denen Deine Rede, Deine Gedankengänge eigentlich gehen *sollten*, in dem ersten Bande Deiner Lehre von den Geistigen und vom Volke *durch zahllose Wiederholungen, durch Aufrufe und Beschwörungen ermüdet und aufgehalten, und haben Deine besten Leser, deren ich manche kenne, gestöhnt über diese Breite und über diese Behandlung, die sie nicht verdienten und nicht brauchten, haben einige, die Deine allerbesten Leser hätten werden können, sich unwillig von dem Buche abgewandt*, so war doch so viel Sachliches und Wertvollstes darin, zeigte sich eine so vehemente Persönlichkeit, *dass man das alles hinnehmen konnte. Bedenklich war schon der Propagandaton*, der sich nur dadurch rechtfertigen konnte, dass zu einem Tun, nicht etwa bloss zu einem Denken, aufgefordert werden sollte. Und gerade da war es Pflicht zu schweigen und zu warten; *was die geistige Wahrheit, die Du lehrst, ist, hast Du mit Deinen Worten noch nicht gesagt*, was die Geistigen tun sollten zu ihrer Vereinigung, *und ob sie schon wirklich mit all ihrer herzbrechenden Liebe nur für sich leben sollten*, das alles sollten wir erst hören. Wir haben aber, meine ich, nach so gewaltiger und *gewalttätiger* Ankündigung ein Recht, es zu hören, und – wir – haben die Ankündigung genug gehört. Was aber geschieht? Als ob Du schon ausgeredet hättest, *während Du nur das Instrument angesetzt und schreckende Probetöne von Dir gegeben hast*, –«

ich frage dich, bester Landauer, ob dies und so Manches vom Folgenden, womit du auf mich gänzlich Ahnungslosen so vom heiteren Himmel herniederfährst, ob dies der Ton eines Freundes ist, oder ob nicht gar der Freundschaft und Liebe Entgegengesetztes aus diesem Tone spricht?

Sag, was gehen auf einmal die Leser dich an, die ich ermüde, die bei mir stöhnen, und die sich unwillig abwenden? Und dabei klingt es gar nicht, als ob du großen Kummer deswegen trügest, daß es einigen Lesern so geht. Einigen? Schon sagst du, ich hätte *die* (also alle) Leser ermüdet und zum Stöhnen gebracht, auch die besten. Aber mir ist, als hätten wir Beide sonst Leser gekannt, von solchen, die du sonst als die besten zu bezeichnen pflegtest, und die wirklich gar nicht ermüdet waren und nicht stöhnten. Von *einem* wenigstens müßtest du zweifellos wissen, wenigstens von einem gewesenen Leser.

12 Siehe Brief 47/8.

Ich hatte einmal einen Leser, der mir auch persönlich bekannt ist, und der hat sogar über Solches bei mir, was oberflächlichen Lesern, und Lesern, die mit Andrem besetzt sind, und selbst auch wirklich besten Lesern, als Breite und Wiederholung erscheinen mag (besonders wenn sie nur erst so hineinsehen und nur bei der Ankündigung bleiben und mir das nicht gewähren wollen, was ich mir da von meinem Leser erbitte, und wenn sie nicht geneigt sind, mir, der in besonderer Art schreibt, auch die besonderen Bedingungen dieser Art des Schreibens zuzugestehn) – aber der Leser, den ich einmal hatte, der sprach sogar über das, was Leichtfertigkeit und Übelwollen bei mir Breite und Wiederholung nennen mag, als über etwas besonders Schönes, sprach so mündlich, schrieb so in Briefen und ließ sogar so drucken, z.B. das Folgende:[13]

> »Variatio delectat: Das gilt für alle Musikanten, Sprecher und Lehrer. Der Baustil der griechischen und der christlichen Zeit, die Brandung des Meeres und der Vogelsang, die Perioden der Bibel und des Demosthenes, von Bach und Beethoven gar nicht zu reden, was wären sie ohne Wiederholung und Variation?«

und ließ drucken:

> »*Der Lernende:* Ich glaube, wenn dir oder sonst so einem Kurzatmigen unserer Zeit ein hoher und holder Abgesandter eine Leiter zum Himmel brächte, ihr würdet mit ihm rechten, es seien doch gar zu viele Sprossen und es müsse auch bequemere Wege geben oder gar eine Automobilstraße.«

Und ein ermüdeter und stöhnender Leser scheint es auch nicht gewesen zu sein, der das Folgende drucken ließ:

> »*Der Lernende:* Nein, das ist kein Buch, das man gelesen hat. Ich lese es. Ich lese es immer wieder und lese es auch, wenn ich nicht die Augen darauf habe. Und seit ich es lese, ist« usw.

Oder hat er vielleicht, wo er sagt:

> »wie bis zum Leiden gespannt ich bin, sein weiteres zu hören.«

13 Brunner zitiert im Folgenden aus einem Prospekt des Karl Schnabel Verlags (Hinweis durch Urteile der Presse auf Constantin Brunner, Die Lehre von den Geistigen und Volke, Berlin: Karl Schnabel Verlag [1909]). Die dort abgedruckten Texte Landauers sind (S. 3-5) dem »Literarischen Jahresbericht« der Zeitschrift »Nord und Süd« entnommen sowie (S. 8-16) einem Artikel in der »Zukunft« (Die Lehre von den Geistigen und vom Volke. Ein Gespräch zwischen einem Gebildeten und einem Lernenden, in: Die Zukunft 18, Nr. 3 (16. Januar 1909), S. 98-106). Alle in diesem Brief zitierten gedruckten Landauertexte entstammen dieser Werbeschrift und sind hier durch Einrückung und Anführungszeichen gekennzeichnet.

hat er mit diesem Leiden vielleicht auf seine Ermüdung und sein Stöhnen hingedeutet? Ja, damals scheint dieser Leser gar nicht an andre Leser solcher Art gedacht zu haben, die ermüden könnten und stöhnen, wenigstens scheint mir das nicht seine Meinung zu sein, wenn er zu dem Leser spricht, den er werben will für mein Werk, und sagt nicht dabei: der Autor dieses Werkes wird dich ermüden und stöhnen machen, sondern:

> »prachtvoll ist, wie er es sagt .... Vielleicht wirst du das zunächst so meinen. Denn dazu kommst du bestimmt: daß du entzückt wirst von dem Feuer, der ganz großen Predigt, dem wilden Prophetenton des Mannes. Aber es bleibt nicht dabei. Mählich, wenn du« usw.

und wenn er sagt:

> »Dieses alles nun, und viel mehr, als hier der Raum zu sagen gestattet, hören wir in einer überaus lebendigen, farbenreichen, oft leidenschaftlichen wilden Sprache der persönlichsten Beteiligung und Ergriffenheit; und oft steigert sich diese stets gesprochene Rede zu einer großen, einer gewaltigen Predigt. Keiner lebt, dem es nicht gut, nicht not täte, sich von dieser Predigt erschüttern, von dieser zugreifenden Energie durchschütteln zu lassen. Und dazwischen kommen wieder Episoden, wie seine große Abrechnung mit Immanuel Kant, sein überaus feines, zartes und doch fast lustiges Kapitel von den Weibern, die im Rahmen des Ganzen notwendig an ihrer Stelle stehen, auch kaum losgetrennt werden könnten, aber doch wie ein erquickendes Intermezzo wirken. Wie eben Brunner überhaupt die große Kunst versteht, das Tempo zu wechseln, auf ein Lento ein Presto, auf ein Andante das Scherzo folgen zu lassen.
>
> So kann man sagen, da ist ein Buch, ein erster Band von 1168 Seiten: und der Leser, auch der, der sonst einen weiten Bogen um die Erzeugnisse der sogenannten Philosophie macht, kommt sofort in eine Spannung hinein, die sich oft bis zur Atemlosigkeit steigert, und wird festgehalten und hingenommen von Anfang bis zu Ende.«

Damals gingen wohl in der Tat den, der Solches geschrieben hat, die Leser noch nichts an, die ermüdet werden und stöhnen und sich unwillig abwenden. Denn daß es solche Leser gibt, wußte er sicherlich schon damals; und ich habe ein Recht auf solche Leser, wie jeder andere Schreiber es hat, und ich habe ein Recht auf Unvollkommenheiten und solche Fehler, dadurch sogar beste Leser, besonders so lang meine Art noch so jung ist in der Welt, dazu gebracht werden könnten, unwillig sich abzuwenden. Das ist das Recht der besten Leser. Und es haben wohl auch beste Leser, selbst solche, wie mir Gustav Landauer einer gewesen, das Recht, sich wieder von mir abzuwenden, selbst nachdem sie derartiges wie Gustav Landauer über mich haben drucken lassen. Auch Gustav Landauer hat das

Recht, sich wieder von mir abzuwenden und in den entgegengesetzten Ton über mich zu verfallen – das hat er mit sich selber auszumachen, das ist seine Sache. Aber kein Mensch, und also auch Gustav Landauer nicht, hat ein Recht gegen die Gesetze der Logik. Und nach den Gesetzen der Logik scheint mir wenigstens einzuleuchten, mein lieber Landauer, daß dein früheres Urteil und dein früherer Ton widersprechen deinem jetzigen Urteil, Ton und Klagen über Ermüdung und Stöhnen, und daß mans immerhin (was du doch offenbar in Erinnerung an früher Gedachtes und Gesagtes für nötig hältst einzuschieben) wegen des dabei mit abfallenden Sachlichen und Wertvollsten hinnehmen konnte; womit du also nun tust, als hättest du deswegen die Leiden des Lesens auf dich genommen. Ist so beschaffen das Gedächtnis eines Freundes? und soll ich das Treue der Erinnerung nennen eines Freundes, wenn er solcherart und in solchen Tönen sich besinnt auf die doch unableugbar vorhanden gewesene Wärme und Begeisterung? Und gibt noch eins drauf, indem er spricht von Propagandaton, der ihm freilich immer bedenklich gewesen sei, und endlich gar hinzufügt: was die eigentliche Hauptsache betrifft, da hätte ich nur erst das Instrument angesetzt und schreckende Probetöne von mir gegeben.

Was ist denn das nur, daß du mir auf einmal das Recht bestreitest, des Geistes und der Geistigen Erwähnung zu tun, als wäre unverständlich, was mit diesen Worten gemeint sei? Ja, was soll ich nun dazu sagen? Kann ich glauben, daß ein so kluger Mann wie du dem elenden Sophisma könne verfallen sein: »Einen Gedanken noch nicht ganz ausgeführt und in alle seine Anwendungen verfolgt haben« müsse gleichbedeutend gelten mit »ihn noch gar nicht vertraut gemacht haben«? Und ich habe doch diesen Gedanken schon vertraut gemacht – entschuldige meine Kühnheit, vor dir noch zu sprechen von diesem Gedanken, wo du nur noch von einer Karikatur sprichst: aber ich wende mich ja gar nicht an den Landauer deines Briefes sondern an den andern Landauer, der diesen Gedanken einen Gedanken und sogar einen gewaltigen Gedanken genannt hat, und der hat auch gesagt:

> »In großen allgemeinen Umrissen wird nun dieser gewaltige Gedanke in der Einführung, den Schlußbetrachtungen dieses Buches und in vielen Hinweisen und Ausführungen, die über das Buch zerstreut sind, vertrauter gemacht. Ihn ganz auszuführen und in all seine Anwendungen zu verfolgen, scheint die Aufgabe der Fortführung des groß angelegten Werkes,«

und von den Geistigen sagt er:

> »Und jeder, der's ist, fühlt, wenn er Brunners Worte liest: Ich bins!«

und weiß, was unter Geist zu verstehen sei, selber so gut, daß er sagt:

> »Denn gestehe ichs nur: während ich so zu dir spreche, wirds in mir lichter und mir ist, als rissen die Nebel und ich könnte fast schon das sprechen, was ein Anderer anders sprechen wird als ich.«

Und dann weiterhin heißt es:

> »er bringt die alte Wahrheit, von der er selbst sagt, daß sie Platons und Jesus und Spinozas Wahrheit gewesen sei, die Wahrheit, von der in unseren Zeiten nur Wenige stammelten oder sangen, und bringt sie in tief heraufgeholter und hoch hinaufgebrachter Rede.«

also er bringt sie schon, nicht daß er nur erst schreckende Töne von sich gibt. Was soll ich dazu sagen, daß du auch hier sprichst im Widerspruch zu deinem früheren Urteile, als wär es nie gewesen, ganz gewis aber im Widerspruch zum Tone der Freundschaft und Liebe. Und was soll ich dazu sagen, daß du sprichst, als wäre »Du und die Andern« nichts als Wiederholung der Ankündigung? Es ist ja nicht einmal das kleine Resümé, was ich im Anfang gebe und doch wohl geben darf und muß für die neuen Leser, die mein Hauptwerk noch nicht kennen, – nicht einmal dieses kurze Resümé ist wirklich nur Resümé sondern enthält, wie ich wenigstens meine, Neues und das Ganze Weiterbringendes. Ganz in der Weise wie, nach dem, was du früher mit Anderen meintest, meine übrigen »Wiederholungen« auch. Und solcher Art Wiederholungen gehören zu meiner Art, die das Besondere hat, um denn nun von dem Besonderen meiner Art ein Wort zu sagen: mit Allem und Jeglichem der so umfangreichen Darstellungen immer nur an dem Einen zu schaffen: die Wiederholungen besorgen den Zusammenhang und Zusammenhalt zur Einheit – soviel will ich immerhin gern von meiner Poetik verraten für Andere, die gleichfalls an das Schaffen großer Werke denken wollen; wenn sies dann nur einigermaßen getroffen haben, wird es sie nicht kränken, daß ihnen von den gleichen Lesern, die ihnen Spannung bis zur Atemlosigkeit und bis zum Leiden vorwerfen, Breite und Wiederholung bis zur Ermüdung und bis zum Stöhnen nachgerühmt wird. – Selbst jenes Resümé enthält Neues und u.A. gerade das, was du gegen dich im Besonderen geschrieben wähnst, und was dich offenbar so gereizt hat, daß du weiter zuzuhören außer Stande gerietst und gar nicht gemerkt hast, daß das neu Vorgelesene einen wesentlichen Teil dessen bringt, was ich nach dem in meiner Ankündigung vorgelegten Plane zu leisten versprochen habe. Oder ist es miserabel ausgefallen und gänzlich mißlungen? Das könnte sein, das kann jedem Schreiber widerfahren, – aber du hättest dann doch wohl zum mindesten erwähnt, daß es mißlungen sei und was mißlungen sei. Du hast am Ende wirklich gar nicht zugehört. Hast du aber zugehört und sagst dennoch, daß mein neues Werk nichts sei als Wiederholung des bereits Ausgeführten, so scheinst du mir weniger etwas vom Inhalte des Gehörten wiederzugeben als vielmehr höchst ungerechterweise Böses gegen mich sagen zu wollen.

Du fährst fort,[14] – ich mußte dirs mitten im Satz abschneiden und muß dich nun ebenso wieder anfangen lassen:

»wird für die Lehre und für das Buch *Propaganda, Propaganda, Propaganda gemacht.* Ich rede nicht von den schnell fertigen Broschürenschreibern, *ich rede von dir, der Du auch unter die Broschürenschreiber gegangen bist.*«

Das versteh ich nicht, wie du das meinst, da ich noch nie eine einzige Broschüre geschrieben habe, sondern immer nur an meinem Einen großen Werke bin, meinem Lebenswerke. Um so eher muß ich leider glauben, daß ich es recht verstehe, wenn ich verstehe, daß du auch damit etwas Böses auf mich sagen willst. Und ebenso mit der Propaganda, die du mir vorwirfst. Was ist denn das nur Alles. Und selbst wenn ich Propaganda für meine Lehre machte – hättest du denn Anlaß, dich darüber zu grämen? Das Wort im guten Sinne genommen ist ja doch jede Lehre zugleich Propaganda, und bisher war doch und ist noch meine Propaganda für meine Lehre völlig eins mit ihrem Ausbau? Was ist denn das nur Alles, und aus welchen Gründen möchtest du mir auf einmal verbieten und gebieten, was und wie ich das Meinige schaffen soll? Steckt hinter dem Allen nichts dahinter als dein früheres Interesse an der Lehre?

»Du nimmst die Menschen, nein, Du packst sie und schüttelst sie und beutelst sie und zerbleust sie und schüttelst sie wieder.

Es muss Dir ganz unbenommen sein, an wen Du Dich wendest, Du wendest Dich, wie Du nun deutlich gesagt hast, an die Geistigen, die noch im Volksdenken stecken. Ich drücke mich zunächst so aus, als ob ich Deine vereinfachende Registratur, *Deine Karrikatur der Menschen* anerkennte. *Nun denn, wende Dich an wen Du willst; aber lass Dir sagen, dass Du Dich an mich mit diesen Kapuzinerausbrüchen nicht wenden kannst; dass Du mir mit all dieser Rede nichts zu sagen hast, was mich angeht.*«

Ist das nun wohl anderer Ton als solcher persönlicher ärgster Gereiztheit und Wut, und wird es nicht sonnenklar, daß Alles darum ist, weil du meinst, ich wendete mich im Besonderen gegen dich? Aber meine Auffassung und meine Gedanken sind doch die gleichen geblieben, und kann ich dafür? daß deine sich geändert haben, aus welchem Grunde es denn nun sei. Es ist aber nicht anders, als: du meinst, ich sei gegen dich angegangen, woran ich nie gedacht habe und nie denken werde. Du fühlst dich durch mich verwundet, darum schreist du so.

14 Im Brief vom 22. März.

Was ist das für ein Ton, ich solle mich mit meinen Kapuzinerausbrüchen wenden, an wen ich wolle, nur nicht an dich! Ja – ich hatte schon nach der vorletzten Vorlesung[15] ein wenig Lunte gerochen, und es war nicht meine Absicht gewesen, dich zu dieser neuen zu bitten. Aber Müller[16] hatte dir offenbar in den Weihnachtstagen Gutes von diesem Teil meines neuen Werkes erzählt und nun hattest du mich ja gedrängt; so dachte ich, es sei doch wohl irrig gewesen mit meinen Vermutungen und wurde endlich wieder ganz naiv. Und nun enthüllst du dich als einer, der so zu mir spricht und fordert und droht! Du hast mir einmal früher über Mauthners Sprachkritik gesagt, sie sei dir so nahe, weil eigentlich du selber dieses Werk hättest machen wollen; und du hast, in der oben angeführten Stelle, drucken lassen: du meintest fast selber über den Geist sagen zu können, was ich darüber sagen würde?[17] Beide Aussprüche sind wunderschön; denn sie geben Zeugnis von der Innigkeit, womit du dich in das von Andern Gesagte hineinversetzen kannst. Aber das geht denn doch wohl gar zu weit, wenn du nun aus deinem dich Hineinversetzen heraus (gar auch noch, nachdem dein Dichhineinversetzen ein so anderes geworden) mir in meiner Sache den Tyrannen machen willst und vorschreiben, was, wie und in welcher Reihenfolge ich schaffen müsse? Du hast mich überschätzt, mein lieber, bester Landauer, aber du überschätzest auch dich. Und wenn ich auch ganz gewis sehr viel kleiner bin als der, wofür du mich gehalten hast, so mußt du trotzdem dieses Eine, woran ich schaffe, mich schaffen lassen, und was, wie und in welcher Reihenfolge ich herausbringe und auf welche Art ich den großen Zusammenhang zusammenhalte, damit er auch Zusammenhang sei und Eines bleibe, das Alles muß mir überlassen werden, der es schafft und von dem auch du selber bisher gesagt hast, daß er es versteht, und ich kann mich nicht richten nach einem, der es nicht schafft und bisher durch nichts bewiesen hat, daß er die Arbeit an einem großen

15 Den ersten Teil von »Du und die Anderen« hatte Brunner Landauer schon 1910 vorgelesen.

16 Landauer hatte ein Manuskript von Brunners Freund Ernst Müller-Holm über den Nationalcharakter gelesen und diesen daraufhin zu sich eingeladen. Möglicherweise handelte es sich dabei um Vorarbeiten zu dem Buch »Der englische Gedanke in Deutschland. Zur Abwehr des Imperialismus« (München: Reinhardt 1915). Darin zeigt Müller-Holm die zerstörende Wirkung des Kolonialismus am Beispiel Englands auf und warnt vor dem englischen Einfluss auf Deutschland. Rassentheorien, die Vorstellung, dass es naturbedingte Nationalcharaktere gibt, lehnt er ab; Nationaleigenschaften hätten historische Ursachen (S. 99).

17 Im »Gespräch« schrieb Landauer: »Denn gestehe ichs nur: während ich so zu dir spreche, wirds in mir lichter und mir ist, als rissen die Nebel und ich könnte fast schon das sprechen, was ein Anderer anders sprechen wird als ich. Ich will schweigen und abwarten. Das scheint mein Beruf: bei großen Dingen so dringend dabei zu sein, daß ich mein eigenes nicht von mir bringe.« (S. 13).

Zusammenhange versteht, ob er auch hinterher (sei es aus noch so schönem Grunde, nämlich seines Sichhineinversetzens) in die Täuschung fiel, er verstünde es und könnte es wohl selber schaffen. Ich darf nicht deswegen meine Sache liegen lassen und darf nicht deinetwegen, mein bester Landauer, nur an dich mich wenden. Und wenn ich »Dinge treibe«, die dich nichts angehen – wenigstens jetzt dich nichts angehen, wo du mir nur noch die Erlaubnis gibst, das über den Geist zu schreiben, – und daß dir dies die Hauptsache ist und immer war, das macht dich mir besonders wert, denn es ist auch für mich die Hauptsache. Aber zur Hauptsache, damit sie es sein könne, gehört viel Andres, wovon jegliches an seinem Orte eine Hauptsache ist und mir eminent wichtig. Auch du hast manches davon nicht verachtet, früher, wo du drucken ließest von dem, was »klassisch« bei mir sei: meine Untersuchung von Raum und Zeit;[18] und meine Bewegungslehre sei »grandios« und ebenso großartig die Selbstauflösung dieses Weltbildes der Bewegungslehre (nämlich als Materialismus der Weltanschauung),[19] und daß man bei mir »überall auf lauter entscheidende Dienste« stoße, die ich dem Denken und Wissen leistete – aber wenn ich nun auch plötzlich für dich derartig herunter bin, daß du gar nichts Beachtenswertes mehr in meinem neu Geschriebenen findest und ich nur noch Dinge treibe, die dich nichts angehen, so gehen sie vielleicht Andere an, und du solltest deswegen nicht böse werden. Es haben tatsächlich Andere von mir verlangt, ich solle Anderes zuerst ausführen, aber sie haben es nicht in solchem bösen Tone verlangt wie du. Ich habe mich nicht auf dich, als meinen einzigen Leser verpflichtet; das wäre nicht angegan-

18 Wörtlich schrieb Landauer: »*Der Gebildete:* [...] Diese Unendlichkeit, von der du sprichst, ist sie nicht eben die ewige Bewegung der Dinge in Raum und Zeit? – *Der Lernende:* Nicht in Raum und Zeit. Denn Brunner, der so manches Große fast wie nebenbei verrichtet, hat uns nun für immer von dieser gedankenlosen Sprechweise befreit. Raum und Zeit sind Worte für Etwas an den Dingen (denn es gibt nur bewegte Dinge), aber nichts für sich, keine subjektiven Formen und keine objektiven Säcke.« (Gespräch, S. 13).

19 Brunner betont in der »Lehre«, dass alle Dinge und dinglichen Vorgänge in Bewegung auflösbar seien. Da am Ende keine Substanz mehr existiere, die sich bewegt, müsse die Wissenschaft mit »freien fiktiven Konstruktionen« von Atomen arbeiten. Es zeige sich daran die Relativität der Dinge, deren Wesen nicht die Materie sei. Der ganze praktische Verstand hebe sich zuletzt selber auf und dränge zum geistigen Denken, dem Denken des Absoluten hin (Die Lehre, S. 301-304). Landauer hatte das im »Gespräch« so paraphrasiert: »All diese Grenzfragen werden mit großem Besenwurf aus Wissenschaft und Philosophie hinausgefegt. Denn unser ganzer praktischer Verstand dient nur dem Leben und dient ihm gut und ist gegenüber dem Geist nur die unterste Stufe; und all dieser Materialismus und all dieser Skeptizismus, wenn du es so nennen willst, wird wieder ganz und gar aufgehoben. [...] So gibt es freilich keinen absoluten Sinn der Welt und kein absolutes Verstehen. Aber es ist ja gar nicht wahr, daß wir ein Ding sind! Das gilt ja nur relativ für unsere Praxis. Es ist ja doch die sicherste, die nüchternste Wahrheit, daß wir Alles in Allem sind und daß dies Alles ein Ganzes ist.« (S. 14).

gen, meine Sache fordert mehr Leser. Und wenn ich es getan hätte, so hätte ich Bedenkliches getan. Zur Zeit wenigstens stünde meine Sache bei dir nicht so fest wie bei Andern.

Du hast dein Urteil über sie geändert wie deinen Ton gegen mich. Du hast Beides geändert auch in Hinsicht auf die Weise meines Vortrages. Einiges von deinem früheren Urteil und früheren Ton über das Nämliche, worüber du nun heute nichts als zu schelten weißt, ist in dem oben bereits Zitierten mitenthalten, z.B. in der einen Stelle, wo du sprichst von meiner »großen Abrechnung mit Kant« und sie ein erquickendes Intermezzo nennst, und wo du von der »leidenschaftlichen, wilden Sprache der persönlichsten Beteiligung und Ergriffenheit« sprichst, und an anderer, wo du es »Feuer, ganz große Predigt, wilden Prophetenton« nennst. An andrer Stelle *rühmst* du es als »grimmigen Hohn«; du vergleichst mich mit Herakles, der nicht gen Himmel fahren konnte ohne vorher die Ställe des Augias ausgemistet zu haben, und sprichst selber ganz wild von »eurem Mist«, was du dir dann mit Recht von deinem Unterredungspartner verweisen läßt; denn solche Ausdrücke sind, wenn sie nicht von eminenter Sachlichkeit überwältigender Kritik und sehr bedeutender positiver Aufschlüsse ihr Recht erhalten, ganz unerträglich. Du hast auch drucken lassen:

> »In diesem ersten Bande, der so umfangreich ist, daß er auseinandergesprengt worden und in zwei ansehnliche halbe Bände zerfallen ist, lebt ein unbändiges Temperament, brausen Flammen und Glut, stürmt Wut und Enthusiasmus.«

Das Alles ist nicht dasselbe, als wenn du nun sprichst vom Stöhnen der Leser über die Behandlung, von ihrem Geschüttelt-, Gebeutelt-, Zerbleut- und Wiedergeschütteltwerden und von den Kapuzinerausbrüchen oder, wie es weiterhin heißt, von meiner »blindwütigen Berserkerart« und von meinem »Herunterreißen« Großer, und daß es geradezu als Kriterium gelten könne, daß etwas an einem dran sei, wenn Brunner ihn »schimpflich behandle«. O mein lieber Landauer, besinnst du dich noch, als du mir zum ersten Male davon sprachst, daß du über die Lehre schreiben würdest, da sprachst du auch von dem, worüber wir jetzt sprechen, und als du damals sagtest: »O ich weiß es wohl, in welchem Tone ich darüber zu sprechen habe,« meintest du damit schwerlich deinen Ton von heute, sondern wohl den andern Ton, in dem du ja auch darüber geschrieben hast, und – – es tut mir weh, ich mag dir keine harten Worte sagen – aber die Sache ist hart, ist sehr hart für dich: besinn dich und komm zurück von der fast unbegreiflichen Ungerechtigkeit und von dem, was noch mehr ist als dies, – besinn dich darauf, wie du die heute so geschmähte Redeweise studiert hast und gerade als du mit deinem Sozialismus hervortreten wolltest, und als du vor zwei Jahren die erste Hälfte deines »Aufrufs« zu Papier brachtest, mir in einem Briefe schriebst: »Ich mag niemanden mehr, als die Männer des großen Zorns, wie ein gewisser ist« – und heute nun, in diesen selben Tagen, da dein Aufruf hinausgeht,[20] von dem dir doch wohl nicht unverborgen ist, daß du darin gar Manches in meiner Weise sprichst, was denn nun auch Anderen nicht unverborgen bleiben wird: in diesen selben Tagen bist du gegen mich wegen dieser Weise der Mann eines, nicht großen, Zornes. O besinn dich, liebster, bester Landauer.

[21]»Indessen: allerlei hast Du doch gesagt. Die Art, wie Du die Menschen katalogisierst, ist jetzt klarer geworden. Von folgenden *vier* Menschenschlägen hast Du bisher gesprochen:

I. Geistige. – II. Volk. – III. Hybriden, d.h. »Mischnaturen aus Geistigem und Volksmässigem«. – IV. Geistige, die noch im Volksdenken stecken. Du wendest vielleicht ein, diese No. IV brauche keine besondere Abteilung zu bilden, dazu gehörten fast Alle No. I, wenigstens in einer gewissen Zeit ihres Lebens, und die ganz vom Aberglauben Freien, seien wunderselten. Nun immerhin, lass mich nur diese Abteilung besonders aufführen. An diese No. IV wendest Du Dich nämlich deinem Willen nach, und zwar an die, die nicht bis zu den Knöcheln und nicht bis zum Knie, sondern bis zum Hals und beinahe zum Mund im Volk versunken und erstickt sind. Deinem Willen nach. *An wen Du Dich aber in Wahrheit wendest, und welche Menschenart Du in Mengen und in immer steigender Zahl an Dich ziehst, der Du auf dem besten Wege bist, ein höchst populärer Mann und ein Religionsstifter zu werden*, das will ich Dir sagen: Das ist die No. V, die bisher in Deiner Rubrizierung noch nicht vorgekommen ist: Volk, das sich geistig erbaut: Jünger und Meistersager.«

Überlaß du ruhig, allzu eifriger Freund, überlaß du ruhig, worum ich schon oben dich bat, meine Einteilung und alle sonstige Ausführung meines Werkes, mir. Und deine Befürchtung wegen der Menschenart, die zu mir sich finden würde, – spricht das so Freundschaft und Liebe zu mir? 1. Cor. 13: die Liebe heißt von allen das Beste hoffen.[22] Du aber weissagst mir das Schlimmste, ja du weissagst es nicht mehr – schon ist es eingetroffen, und erregt nicht einmal deine Verwunderung? Das wundert mich. Denn daß »die Menschenart«, die ich »in Mengen und in immer steigender Zahl an mich ziehe« und »an die ich ja auch in Wahrheit mich wende«, daß diese Menschenart von mir angezogen wird, kann doch nur die Folge meiner bisherigen Veröffentlichungen sein (da die Mengen von der jetzt

20 Landauers »Aufruf zum Sozialismus« wurde 1911 in Berlin gedruckt.

21 Das Folgende wieder aus dem Brief Landauers vom 22. März.

22 Brunner gibt hier den Inhalt des Hoheliedes der Liebe, 1 Kor 13,4-7 sehr frei wieder: »Die Liebe ist langmütig, die Liebe ist gütig. Sie ereifert sich nicht, sie prahlt nicht, sie bläht sich nicht auf. Sie handelt nicht ungehörig, sucht nicht ihren Vorteil, läßt sich nicht zum Zorn reizen, trägt das Böse nicht nach. Sie freut sich nicht über das Unrecht, sondern freut sich an der Wahrheit. Sie erträgt alles, glaubt alles, hofft alles, hält allem stand.«

geplanten Veröffentlichung[23] ja unmöglich schon konnten angezogen werden) – und wär es da nicht deine Pflicht gewesen, die Leser zu warnen und ihnen zu sagen, an welch eine Menschenart ich in Wahrheit mich wende? Du hast das nicht getan, du hast, soviel nur möglich, davon das Gegenteil getan; da könnt ich dir gleich alles hersetzen, was du geschrieben hast. Ich glaube auch nicht, daß deine Befürchtung alt ist, wohl aber muß ich glauben, daß du jetzt die Absicht hast, mir Böses zu sagen, und da es nicht anders geht, tust du es auch auf Kosten der Logik und der Identität mit dir selbst.

Deine Befürchtung fürchte ich nicht mit, und was du da aussprichst mitsamt Allem, was in dem von dir da Ausgesprochenen liegt, wird schwerlich noch von Jemandem geglaubt werden, der mich kennt. Sollte es mir aber trotzdem zum Vorwurf gemacht werden, nun, so ist derlei eben nach der Welt Art, wobei ich so ruhig und glücklich bleiben werde, wie ich auf noch Aergeres gefaßt war und bin; denn die Welt hab ich überwunden,[24] auch ohne daß ich ein Religionsstifter bin. Was hat das doch, such doch in dir, für eine Beziehung, daß du das schreibst? und so sag mir doch, wer hat denn wohl zuerst mich mit Buddha und Christus in einem Atem genannt, von denen dir nicht unbekannt sein kann, daß sie von Manchen für Religionsstifter gehalten werden. Eben fällt mir ein, daß es sich hier wohl um den Ausdruck deiner Teilnahme an der Schrift des Möbius[25] handeln wird, die im Titel und zum Schluß etwas von Religion spricht. Aber fürchte nichts: das ist eben in der Meinung gesagt, in der du es selber geschrieben haben könntest, ja hast. Weißt du übrigens, was zu einem Religionsstifter – nein, diesen Satz will ich nicht vollenden.

Du vollendest Sätze, von denen ich nicht weiß, was das ist mit ihnen und mit dir. Du hattest mich oft ersucht, ich sollte dir doch empfangene Briefe zeigen, was ich noch nicht tat; aber neulich, an jenem ominösen Abend zeigte ich dir einen Brief[26] (wegen der Sache mit dem P. Wieland[27] darin, hauptsächlich aber, um über die Stimmung nach dem Streit hinwegzubringen), worin das Wort »Meister«[28] steht, und nun sprichst du zu mir

23 Die geplante Veröffentlichung von »Du und die Andern«, zu der es aber nicht kam.

24 Nach Brunner kann der praktische Verstand nicht absolut gedacht werden. Durch die Selbstaufhebung des praktischen Verstandes (s. Anm. 19) hält Brunner die Welt für überwunden (siehe auch Brief 120).

25 A. Mœbius, Constantin Brunners Lehre, das Evangelium für die Gemeinschaft der geistig Lebendigen. Eine Studie, Berlin: Verlag Neues Leben [vermutlich 1911].

26 Nicht überlieferter Brief Borromäus Herrligkoffers (vermutlich der Gegenbrief zu Brief 51).

27 Pfarrer Wieland (s. Brief 51/3).

28 Herrligkoffer war offenbar einer der ersten, die Brunner als »Meister« titulierten. Später kam dies sehr häufig vor, insbesondere im Kreis seiner aus Czernowitz stammenden jüdischen Anhängerinnen und Anhänger.

in dieser Art von »Jüngern und Meistersagern«? Und warst du denn übrigens kein Meistersager? wenn du auch das jetzt so vielfach gemißbrauchte Wort nicht gerade sprachst: du hattest dafür andere Wörter; und ich habe die feinste Weise, in der du es sprachst, entschieden und mit aller Deutlichkeit des peinlichen Empfindens abgelehnt, und du am wenigsten solltest mir so plötzlich vergessen, daß meine ganze Lebensführung nach wie vor zeigt, wie wenig ich denke auf eitelmütiges Leben – aber gerade du kommst mir nun mit dem »dummsten Tüch«.[29] Und wie sprichst du denn nur in dem nächsten Abschnitte von meinem »Gefolge«, und erzählst mir, daß Nietzsche und Tolstoi weit über dem stünden? Du weißt offenbar garnicht mehr, was du sagst in deiner Wut; denn ich habe dir doch wohl zu derlei Aussprüchen keinen Anlaß gegeben. Diejenigen, gegen welche du dich hier richtest, verdienen wahrlich deine Verachtung nicht – aber ich muß ja am Ende auf den Gedanken kommen, daß du mir heimzahlen willst, was ich damals in jenem Briefe, deinen Sozialismus betreffend, über Leute sagte, mit denen du dabei zu tun hättest; ohne aber, daß ich auch nur das geringste Verächtliche damit von diesen Leuten gesagt hätte. Was ist das nur Alles? und willst du mir auch noch vorschreiben, wer bei mir zuhören dürfe? und müssen denn nun auf einmal, seit du dein Urteil geändert hast, alle die Leser, die nicht stöhnen bei mir, von niedriger Menschenart sein? Das ist zum mindesten leichtfertig, zu behaupten, daß mit dir der einzige würdige Leser gehe; denn du kennst ja doch nicht alle Leser, – so wie es auch leichtfertig von dir war, als Leser überhaupt zu kommen, da das Werk deiner nicht würdig ist, und ich ja in Wahrheit an ganz andere Leser mich wende.

»Zu dieser Art Menschen, zu ziemlich leeren Mitdenkern und Nichtdenkern redest Du in Wut und Gift und Galle, schäumend und eifernd von denen, die sein mögen, wie sie wollen, oder sogar wie Du willst, aber die doch himmelhoch über Deinem Publikum stehen. Du magst – um beliebige Beispiele zu nennen – noch so sehr durch die blosse Art, wie Du die Namen Nietzsche und Tolstoi zwischen Zunge und Zähnen zischen lässt, zeigen, wie äusserst Du sie verachtest: dass diese adligen Menschen an Liebe, Philosophie und Kunst unerreichbar weit über Deinem Gefolge stehen, das vor Vergnügen losplatzt wenn Du's Deinen Karrikaturen einmal wieder tüchtig gegeben hast, ist sicher.

Über die Art, wie Du über Nietzsches Leben, Krankheit und Tod geschrieben hast, komme ich nicht hinweg. Nicht meinen vierzig Jahren, nicht Deinem Befinden und gewiss nicht dem Kreis der andächtigen Zuhörer ist es zuzuschreiben, dass ich nicht sofort aufstand und wegging, sondern nur dem Anblick Deiner und meiner Frau.

29 Plattdt.: dümmsten Zeug.

So gross bist du nicht, so gross ist keiner, dass er sich so *Unedles* und dazu noch auf Grund so mangelhafter Sachkenntniss gestatten darf.«

Du magst mich für groß gehalten haben oder halten – ich habe mich nie keinen einzigen Augenblick für groß gehalten, sondern immer ganz naiv meine Sache betrieben, wie ein Anderer seine Sache betreibt. Nicht, daß ich nun darum nicht über meine Natur und die Stellung, die ich etwa einnähme, nachgedacht hätte. Aber niemals habe ich mich für groß gehalten, ja nicht einmal für einen von den »Geistigen« – verzeih, daß ich das dir nun so verhaßte Wort gebrauchen muß – sondern, wie ich dir früher einmal sagte, und wie ich immer gesagt habe, wo die Rede auf ein so heikles Thema kam: für einen in glücklicher Mitte zwischen Geistigen und Volk, – so daß ich wohl von Beiden Einiges zu sehen in der Lage bin. Und indem ich mich nun so ansah, war ich immer bemüht, aus den Niederungen des allgemeinen Denkens und des allgemeinen Tuns mich emporzuarbeiten – wärst du neulich in der Stimmung gewesen, das Vorgelesene zu hören, so hättest du davon etwas gehört und von meinem nicht leichten Kampfe. Ich habe mir harte Selbstzucht auferlegt. Ich hatte und habe jeden Schritt voran abzuringen einer recht mäßigen Naturanlage, einem schwerfälligen Gedächtnis und einem, immer erst nach ganz ungeheuren Anstrengungen und Aufwand von geradezu lächerlicher Strategik mir einigermaßen willigen sprachlichen Ausdruck – was ich etwa geleistet habe, kam nur, weil es keinen Augenblick gab, wo nicht die höchste Anforderung an mich ergangen wäre (in jedem war mir das Bewußtsein meiner Aufgabe lebendig, für die Wahrheitserkenntnis ein Kämpfer zu sein, und in jedem Augenblicke hatte ich das Ganze des verkehrten und abergläubischen Denkens *als meinen Feind* vor Augen) und weil kein Getanes, so lang ich nur die Möglichkeit hatte es noch zu verbessern, mich ruhen ließ; und nicht weniger hab ich auf mein Tun geachtet, welches mir immer der eigentliche Ausdruck und die Probe meines Denkens gewesen, und auch hierin gesucht, immer nur dem Besten zu folgen, dem ich denn freilich – dem, was ich für das Beste erkennen mußte – immer gefolgt bin, auch da, wo es mir von Andern für das Schlimmste ausgelegt wurde. Das Tun meines Denkens in dem, was ich schreibe, ist meine Gesinnung. Unedle Gesinnung mit irgend einem Worte gegen Nietzsche geäußert zu haben, dessen war ich mir natürlich nicht bewußt, doch hab ich nun die Stelle noch mehrere Male der schärfsten Prüfung unterzogen, deren mein Gewissen fähig ist, und ich kann und kann und kann in dieser Stelle nur meinen ganzen Ernst und nichts Schlechtes entdecken,[30] – so wenig wie du früher in den dreizehn

30 Offenbar hat sich Brunner in »Du und die Anderen« über Nietzsches Krankheit geäußert. 1928 schrieb er in dem Abschnitt »Stirner und Nietzsche« in »Aus meinem Tage-

Stellen der Lehre über Nietzsche, die doch allesamt von der gleichen Gesinnung und vom gleichen Tone sind, Schlechtes entdeckt zu haben scheinst, worin auch wohl nichts Schlechtes ist, da sie nicht einmal einen Freund Nietzsches, der ihm persönlich sehr nahe gestanden, zurückgehalten haben, zu mir zu kommen;[31] gar aber über Nietzsches Leben, Krankheit und Tod kann ich überhaupt nichts entdecken (außer einer Beziehung zwischen seinem Kranksein und seinen Gedanken; da ich eben nur über seine Gedanken geschrieben habe) – es mag das eine Erfindung meiner Broschüren sein. Und wenn ich jetzt von dir höre, du kämest darüber nicht hinweg, so tröste ich mich denn nun mit meinem allgemeinen Schmerze: daß du jetzt über Manches nicht hinwegkommst, was früher nichts derart dir gewesen, daß es des Hinwegkommens darüber bedurft hätte, und ich lasse stehen, was stand, und brauche mich nicht zu schämen noch zu fragen, ob ich groß genug bin, daß ich dürfte.

buch«, Nietzsche habe den »allgemeinen hochmütigen Skeptiker geschaffen, den vornehmen Bildungsesel mit dem Löwenfell«, den »Typ des modernen ranzigen Bildungsphilisters und diese Masse, dieses Pack, in der ein jeder über die Masse und über das Pack sich erhebt«. Nietzsche sei »ein Leichtsinniger; so schaurig schwer er sich seinen Leichtsinn gemacht hat, so herzzerreißend manchmal zu gewahren, wie schwer es ihm fällt und als wär das alles Ton und Charakter des furchtbaren Traumes von Freiheit im Fieberwahn eines Unglücklichen, der in seiner Vernunft alle Hoffnung aufgegeben hat; aber in den Fieberdelirien reizt ihn wieder und wieder die ungeheuer inadäquate Last, sie zu heben. Was uns doch aber hier nicht angeht, nicht angehen darf. Das hat keinen Ernst. Das hat eine übertriebene und in sich verfließende Vorstellung vom Menschen, das hat eine Unsolidität, das hat eine fanatische Unrast, das hat eine wütende Moral – aus der einzigen wirklichen Tiefe in ihm, die zugleich den Punkt seiner Krankheit zeigt, wo er, hautlos, eine ewige Wunde gewesen: aus der unergründlichen Tiefe seiner Eitelkeit, die, unbefriedigt geblieben, nicht ruht, als bis er, der in ihren geheimsten Herzenswinkeln herumspionierende Moralist, seine Freunde und alle hohen Geister der Welt zu Betrügern und Falschmünzern gemacht hat und ganz allein mit seinem Wahnsinn übrig bleibt. Das war verrückter, da er noch vernünftig gewesen, als in den Tagen seiner Verrücktheit.« (Aus meinem Tagebuch, S. 45-49, s. auch S. 312 f.) 1935 machte Brunner den »kranken« Nietzsche indirekt mitverantwortlich für die Herrschaft des Nationalsozialismus: Nietzsche habe besungen, »was wir denn jetzt haben: den heroischen Realismus und die Übermenschen, und der nicht ahnte, daß in derartiger Maulart wiederholt werden und mit solcher Macht der Verlogenheit für das wirkliche Leben kommen würde, was er, als feiner Kranker, so fein besungen hat. Nietzsche, an sich selbst frei von aller Verlogenheit, außer der ihm selbst unbewußt bleibenden des Sängers in Widersprüchen und in Phantasien der Krankheit, die ihm, an Stelle seiner eingeborenen Schwäche und subtilen Verwirrung, seine Heldenmacht und Herrlichkeit vorgaukelten, – Nietzsche ahnte nichts von seiner Rolle, Hauptmitarbeiter zu sein am geschichtlichen Werk der Sophistik, der Lüge und souveränen Ungerechtigkeit, und daß er für den sophistischen Staat an Stelle des Rechtsstaates die sakramentalen Worte hergeben würde« (Nachwort zu meinem Testament, in: Vermächtnis, S. 203 f.).

31 Lou Andreas-Salomé (s. Brief 52/1).

Ich frage aber dich: seit wann bist du so klein, mein lieber Landauer, um dies zu verkennen, daß es ohne die Antastung der hohen Häupter nicht abgeht? und das ist mir ja überaus verwunderlich, daß nun Gustav Landauer, der Anarchist, das nicht wissen, das A.B.C. der Aufklärung nicht kennen und mit seiner Rede zum Genossen der ganz Ahnungslosen werden soll, – so wie es mir überhaupt noch gar nicht so recht einwill, daß er mir plötzlich in fast allen Punkten die Kritik gegen mich aus der »Zeit«[32] und den Aufsatz »Constantin Brunner« aus den »Grenzboten«[33] aufsagt. Und was Nietzsche im Besonderen anlangt – ja wozu hören wir denn mit den Ohren, bevor sie uns abfallen, wenn das bei mir nicht gehört und verstanden werden soll, daß ich nichts gegen den »unglücklichen Kranken« habe, der mir in die Seele hinein ein Mitleid und Schmerz ist, und mich vielleicht so viel, vielleicht mehr bewegt hat als dich. Aber das ist meine Privatsache, während meine öffentliche Pflicht ist: der Kampf gegen das Verderben, das von dem geistreichen Kranken, dem kranken Geiste ausging, gegen das Sich Brüsten und Protzen mit dem Bankerott des Denkens und mit der Seelenfäulnis. Da hörte ich noch gestern von einem im Grunde prächtigen jungen Manne, der einen bösen Nietzschesatz geäußert hatte, und als ihm eine kluge und feine Frau sagte: »Nun, ich denke, Sie werden diese Ansicht noch einmal aufgeben«, war seine Antwort: »Ich hoffe niemals eine Ansicht zu haben, die ich nicht wieder aufgeben

32 Emil Lucka hatte in einer Rezension der »Lehre« geschrieben: »Der Autor [...] tritt, in den Mantel des Propheten gehüllt, vor die Menschheit hin und hebt an, in üppiger Rede zu predigen, von sich und von der Wahrheit (was beinahe dasselbe zu sein scheint). [...] Hier wird alles Wissen durch einen geradezu krankhaften Größenwahn zur Unfruchtbarkeit verdammt. Brunner vergleicht jeden, der seine Weisheit nicht hören will, dem, der sich weigerte durch Galileis Teleskop zu sehen.« Die Lehre von den Geistigen und vom Volke. Von Konstantin Brunner ..., in: Die Zeit (Wien) Nr. 2339 (28. März 1909), S. 21 f.

33 Bernhard Münz, Constantin Brunner, in: Die Grenzboten 69 (4. Vierteljahr 1910), S. 393-398. Münz eröffnet seinen Aufsatz mit der Bemerkung: »Höret und staunet! Habemus papam. Stimmen klingen an unser Ohr, daß die Deutschen wieder einen großen Philosophen besitzen, der zugleich ein großer Schriftsteller ist, ein Fechter mit haarscharfer Klinge, ein Dialektiker von unvergleichlicher Art, ein Revolutionär im edelsten Sinne, dem die freieren Geister zujubeln und über den alle Obskuranten in maßlosen Zorn geraten.« Im Weiteren kritisiert Münz Brunners Schrift »Spinoza gegen Kant«, als ein »unqualifiziertes, bodenloses Pamphlet auf Kant« (S. 393). Brunners Rückbezug auf Spinoza sei historisch problematisch: Alle Philosophen seien sich darin einig, »daß es nach Kant nicht mehr möglich ist, beim Dogmatismus stehen zu bleiben. [...] Es geht nicht an, die Entwicklung der Philosophie gewaltsam zurückzuschrauben, und darum wird und muß es ein verfehlter Versuch bleiben, den Mann, der das unsterbliche Verdienst hat, diese aus ihrem dogmatischen Schlummer wachgeküßt zu haben, an den Pranger zu stellen, zu den Toten zu werfen und den heiligen Spinoza als den alleinseligmachenden Philosophen zu verkünden.« (S. 398).

werde!«[34] Das tut weh, mein lieber Landauer, das tut sehr weh, zu hören, mit welchem Mute Ansichten wieder aufgegeben werden. Ich aber gedenke, wie von immer her so auch weiter, Zeit meines Lebens bei meinen Ansichten, soweit sie die Eine feste Wahrheit angehen, fest zu bleiben und also auch fest zu stehen im Kampfe gegen Alles, was ihr so feindlich und verderberisch widerstreitet, wozu nicht zuletzt gehört die Weltanschauung der Modernen, von der, wie ich einst annahm, du dich gänzlich losgesagt hättest: die schauderhafte Konfusion der Entwicklungsmetaphysik mit dem neuromantischen Aesthetentume und dem was sie mit einem an sich nicht üblen Worte *Skepsis* bezeichnen, und sage mit Luther, der noch ganz anders harte Sprache geführt hat und sich deswegen gegen Feind und Freund verteidigte: »Ärgernis hin, Ärgernis her, Not bricht Eisen, und hat kein Ärgernis. Ich soll der Schwachen Gewissen schonen, sofern es ohne Fahr meiner Seelen geschehen mag; wo nicht, so soll ich meiner Seelen raten, es ärgere sich daran die ganze Welt oder die halbe. Nun liegt hier der Seelen Fahr in allen Stücken, darum soll niemand von uns begehren, daß wir ihn nicht ärgern, sondern wir sollen begehren, daß sie unser Ding billigen und sich nicht ärgern. Das fordert die Liebe.«[35] Bis auf das Eine, daß ich *nicht* begehre, sie müßten unser Ding billigen, ist mir das nach meinem Herzen; und weil ich mäßiger bin als Luther, niemals auch, wo ich gegen Männer angehe, auf Andres schlage als auf die Gedanken, nie auf Persönliches und in keinem Falle moralische Kritik übe, darum ist es auch so sehr nach dem Herzen meiner Freunde, die auch Freunde des Gedankens sind, so daß *ich* gegen diese keiner Verteidigung bedarf. So lang du mein Freund bist, wirst du keinen Anlaß finden, an mir Ärgernis zu nehmen, und ich erinnere an deine Worte von mir:

»Manche Welle wird sich an ihm stoßen, vielleicht an ihm brechen«

[36]»Dir fehlt Hingebung, und Du hast Dir eine Konstruktion von Menschen und Dingen gemacht, die ehern feststeht, ehe Du Menschen und Dinge kennen gelernt hast. Du hast nicht die Geduld und die selbstsichere und eben darum rückhaltlos sich für eine Weile aufgebende Verwandlungsfähigkeit, die man Verständnis nennt und die nötig ist, um andern Lebendigen innig in ihr Leben und ihr Geschick und ihre Bewegtheit zu folgen. Daher kommst Du auf Darstellungen, die so masslos falsch sind, dass sie objektiv nichts andres als *Entstellungen* sind. Das

34 Der Selbstwiderspruch des Denkens ist zentral für Nietzsches Philosophie, weswegen er es für redlich hielt, ihn immer wieder zu provozieren.

35 Martin Luther, Ursache und Antwort, dass Jungfrauen Klöster göttlich verlassen dürfen (1523), in: Weimarer Ausgabe, Abt. Schriften/Werke, Bd. 11, Weimar: Böhlau 1900, S. 400.

36 Das Folgende wieder aus Landauers Brief vom 22. März.

ist schlimm, wenn Du Personen angreifst; aber viel schlimmer wird es, wenn Du ins Allgemeine und Unbestimmte hin wütest. Da werden ganzen Richtungen Ungeheuerlichkeiten zugeschrieben, an die nie einer gedacht hat. Du nimmst ein Wort, »Gleichheit« zum Beispiel,[37] siehst nicht und *willst gar nicht sehen*, dass dies Wort in einem bestimmten Zeitpunkt in einem ganz spezifischen historisch erwachsenen Sinn genommen worden ist, und bekämpfst nun etwas mit wildester Masslosigkeit, was von all den Repräsentanten der Richtung, die Du ganz im allgemeinen totschlägst, keiner als Ziel gehabt hat. Bei dieser Methode hört Dir jedes Verständnis, hört mit Dir jede Verständigung auf. Und wenn man Dir dann der Reihe nach die Repräsentanten der Richtung, die Du derart behandelst, nennt, dann wirst Du diese Einzelnen alle achten und ganz besonders schätzen, oder aber, je nach dem Gebiet und nach der Nähe an die ›moderne‹ Zeit, keinen Schimmer von ihnen haben.«

Du hast wohl z.B. an Proudhon gedacht, den ich in der Tat als Persönlichkeit sehr, sehr hoch stelle, aber darum wahrlich nicht als Politiker und Nationalökonomen.[38] Daß du mir objektive Entstellungen gewisser Richtungen zuschreibst, auch zur Ergänzung hinzufügst, daß ich Manches *gar nicht sehen wolle* und von einigen modernen Repräsentanten einer gewissen Richtung keinen Schimmer besäße (du schreibst ja auch in deinem letzten Briefe:[39] ich hätte keine Ahnung von deinem Sozialismus) – nun, das ist nicht unbegreiflich: denn du bist Sozialist und Anarchist, ich aber stehe durchaus auf dem Staate und liebe ihn; denn der Staat ist mein Egoismus, meine Lebensfürsorge, der Staat ist der allgemeine praktische Verstand oder die allgemeine Lebensfürsorge, ohne welche die Lebensfürsorge des Einzelnen mir ganz unmöglich erscheint. Der Staat gehört zur menschlichen Natur. Nun, alles was da sachlich in Betracht kommt, das, hoffe ich, wird mein Werk besorgen.[40]

Du sprichst hier zu mir beinah mit den gleichen Worten wie an jenem Abend, wo du mir sagtest, ich könne mich in dich und deine Sache nicht hineinversetzen, könne nicht und wolle auch nicht mich hingeben deinem Gedanken, um Recht zu behalten. Du verallgemeinerst das nur, indem du sagst, mir fehle Hingebung usw. Was du nun aber so vom Sich-Hineinversetzen und von Hingebung sprichst – mein lieber, bester Landauer, ich meine, wenn du dich besinnst, so weißt du das Alles besser

37 Vermutlich bezieht sich Landauer auf Brunners Auffassung, dass der »materiale Denkinhalt« nicht bei allen Menschen gleich ist (Die Lehre, S. 12), weshalb Brunner »Geistige« und »Volk« unterscheidet und daher die Auffassung von der Gleichheit der Menschen absurd findet (S. 73-79).

38 Zu Brunners Proudhon-Lektüre siehe Brief 46.

39 Brief Landauers an Brunner vom 1. April 1911 (IISG: 114).

40 Brunner begann kurze Zeit später mit der Ausarbeitung seines ersten staatsphilosophischen Werkes »Der Judenhaß und die Juden«.

und tiefer. Es gibt zweierlei Sich-Hineinversetzen in Menschen, in zweierlei Menschen.

Hineinversetzen ganz und gar müssen wir uns in solche Menschen, die über uns sind, und von denen wir Wahrheit empfangen. Denen werden wir uns hingeben mit Hingebung ohne Aufhören, mit Treue, und die werden wir innigst lieben lernen, – ja, wir müssen das, schon weil wir Egoisten sind; und weil es, nach Goethes trefflichem Worte, gegen Überlegenheit kein Rettungsmittel gibt als Liebe.[41]

Von ganz anderer Art ist das Sich-Hineinversetzen in andre Menschen, deren Gedanken wir als verkehrt und als verderblich erkennen, die wir aber dennoch, weil sie Menschen sind gleich uns und wegen des Egoismus der Allgemeinheit, in dem auch unser besonderer Egoismus erst seinen Bestand hat, die wir dennoch lieben, und denen wir, so vielen wie möglich und so viel wie möglich Nutzen schaffen und Hülfe bringen wollen. Gegen die erfüllen wir nicht unsre Pflicht, wenn wir nichts als uns hineinversetzen in sie. Jawohl, wir müssen zuerst ganz uns hineinversetzen in sie, d.i. in ihre Verkehrtheit; dann aber müssen wir uns wieder herausversetzen aus der Verkehrtheit und auf der Stelle hinein wieder in die Wahrheit, um nun, – innigst vertraut mit Beidem – auch diese, denen wir helfen wollen, noch besser vertraut zu machen mit dem Verkehrten, das sie noch gar nicht als verkehrt kannten, zugleich aber auch mit dem Wahren, das sie überhaupt noch nicht kannten, und vor ihnen *in uns* und damit gleichsam in ihnen selber den Kampf der Wahrheit gegen die Verkehrtheit sehen zu lassen, unser eignes Herz zum Kampfplatz machend (oder vielmehr zeigend den wirklichen Kampf, wie er in unsrem eignen Herzen dereinst vor sich gegangen ist), und damit auch ihre Herzen zu gleichem Kampfe auf der Seite der Wahrheit mit entzündend. Derartiges, mein bester Landauer, hab ich den Menschen darzubieten versucht, der ich tief bewegt gewesen war durch einen, der so hoch über mir ist wie ich ihn reines Herzens liebe;[42] und wahrlich nicht minder war ich tief bewegt von der Verkehrtheit in Anderen, und daß die Verkehrtheit auch den Besten, gar vielen von den Modernen,[43] entgegenstand, ohne doch, daß sie selber imstande gewesen wären, sie hinwegzuräumen, und ihre Sehnsucht nach dem Glück und Frieden der Wahrheit und ihre Unrast und ihre Verzweiflung hat mir ins Herz gebrannt ....

41 Nach Johann Wolfgang von Goethe, Die Wahlverwandtschaften II, 5: »Gegen große Vorzüge eines andern gibt es kein Rettungsmittel als die Liebe.«

42 Spinoza, dessen Foto Brunner seiner »Lehre« vorangesetzt hat und der an zahlreichen Stellen seines Werkes positiv hervorgehoben wird.

43 Brunners Hauptkritik richtet sich gegen Kant, an vielen Stellen kritisiert er aber auch Nietzsche, den er gelegentlich mit Kant in einem Atemzug nennt.

Was ist das, das zu mir spricht: »Dir fehlt Hingebung, du kannst nicht andren in ihre Bewegtheit folgen«, daß so zu mir spricht derselbe, der einst von mir sprach:[44]

> »hier redet ein Mann, der anders bewegt ist, als wir Alle es in all diesen Zeiten waren. Wir waren von Vielem, was geschehen ist und noch zwischen uns geschieht, gedrückt und beladen und haben uns oft verführen lassen« usw.

und:

> »Es reißt mich hin und es zerreißt mich. Und manchmal ist mir, als sehe ich vor Augen und spüre es, wie auch der Verfasser sich vor mir zerreißt, um mir sein Herz und in ihm die Wahrheit zu zeigen.«

und ich kann es logisch nicht fassen, daß er mir sagt von Diesem wie von all dem Uebrigen, womit er mich überschüttet: »Mein Heutiges ist dasselbe wie mein Früheres, und seine Fortsetzung.« Nein, sein Heutiges ist gegen meine Sache und gegen mich, und der versuchte Totschlag ist so wenig wie der wirkliche Totschlag die Fortsetzung des Liebhabens; und es ist auch völlig am Tage, woher der Wandel. Der Einfluß des Affekts auf die Überzeugung und weil du zur Zeit glaubst, dein wahres Interesse (das Interesse an deinem Sozialismus, mit dem in der Tat ja die Grundlage der Lehre unvereinbar) fordere es so, das erklärt den Umschwung. Du mußtest dich von mir lossagen aus den gleichen Gründen, weswegen in diesen Tagen fast alle katholischen Geistlichen den Eid geleistet haben, der durch den Papst von ihnen verlangt wurde, und weswegen ihn einige, sehr wenige, verweigert haben.[45] Beide Teile meinten mit Beidem ihrem wahren, höchsten Interesse zu folgen.

»Es ist mir in diesen Wochen seltsam ergangen, und ich will es Dir, damit Du siehst, wie diese *blindwütige Berserkerart* auf mich hat wirken müssen, berichten. Ich habe fortwährend revidiert. Da sind so einige, gegen die ich viel oder wenigstens recht Ernsthaftes auf dem Herzen habe: Kant, Schiller und auch einige Neuere. Alle habe ich vorgenommen, die Du, man kann es nicht anders nennen, *heruntergerissen* hast, und gegen alle bin ich milder geworden und, glaube ich, gerechter.

44 Das Folgende wieder aus dem »Gespräch«.

45 Am 1. September 1910 führte Papst Pius X. den sogenannten Antimodernisteneid ein, mit dem katholische Geistliche Reformbestrebungen abschwören sollten, die katholische Lehren mit moderner Wissenschaft und Philosophie in Einklang bringen wollten, so beispielsweise durch die Anwendung der historisch-kritischen Exegese auf die Bibelauslegung. Verweigerer mussten ihr Amt niederlegen und wurden in einzelnen Fällen auch exkommuniziert, so beispielsweise der Pfarrer Konstantin Wieland (s. Brief 51).

Ein neues Kriterium, an dessen Möglichkeit ich nie im Traume gedacht habe: *es muss etwas an einem dran sein, wenn Brunner ihn schimpflich behandelt.*«

Du tust, was du kannst, Grund und Stand gegen mich zu gewinnen: revidierst Alte und Moderne und wirst wieder modern. Wir wollen einmal »Schiller und einige Neuere« bei Seite lassen, denn die spielen doch schließlich bei mir bis jetzt eine untergeordnete Rolle – warum denn übrigens hattest du bis jetzt »Ernsthaftes gegen sie auf dem Herzen«? Und welches Glück, daß du nun plötzlich gegen sie milder und gerechter geworden bist, d.h. wohl ungefähr bei dem gleichen Urteil über sie wieder angelangt wie vor der Bekanntschaft mit mir. Ja, es ist ganz deutlich: du wirst wieder »modern«,[46] wie du gewesen warst. In deinem Briefe hältst du dich noch zurück, aber in deinem Blatte bist du es bereits ganz wieder, bezeichnest in der letzten Nummer[47] als »das Wertvollste und Wichtigste

46 Brunner hat sich sehr nachdrücklich gegen die Moderne gewandt. Er hielt schon den Ausdruck für unsinnig, da es nicht altes und modernes Denken gebe, sondern nur richtiges und falsches (Die Lehre, S. 78-85). In der Moderne werde dieser Gegensatz aber aufgeweicht und, seit Kant, Widersprüchliches anerkannt (S. 778). Der moderne Mensch wisse gar nichts von Festem und Bleibendem, sondern glaube, daß stets alles neu werde (S. 342). Dadurch werde das Denken aber zermürbt: Die »auf das Nichtige gespannte Seele« der »jungen Leute des Modernismus« führe sie zu »unfruchtbaren Anfechtungen und Selbstquälerei«. Als »Sklaven des abgeschmackt Bedeutungslosen« hätten sie den Sinn für die Freiheit verloren. Sie seien »Übermenschen und Kraftwortweichlinge [...], die endlich ihr schweres Gebrechen mit Nietzsches jämmerlicher Parade, daß der Mensch an sich selbst Wert besitze, auch ohne zu wirken, decken wollen« und sich selber »glorifizieren« (S. 1033 f.).

47 Brunner bezieht sich hier auf die Vorstellung des von dem Theologen und Sozialisten Carl Vogl (1866-1944) verfassten Buches »Der moderne Mensch in Luther« (Jena: Eugen Diederichs 1908), die im »Sozialist« (3, Nr. 8 (15. April 1911), S. 62-64) erschienen ist. In der Einleitung zu einigen Auszügen aus dem Buch wird konstatiert: »In klarer mutiger Sprache bietet uns ein rastloser Sucher seine Ergebnisse, Luther, der erwachte, kritische Geist, der Revolutionär gegen die alten Kirchendogmen wird uns in unmittelbare Nähe gerückt, ohne daß der Verfasser die menschlichen Irrtümer und Fehlbarkeiten Luthers zu verschweigen braucht. Der geschichtliche Stoff und seine Behandlung lehrt uns viel. Das für uns Wertvollste und Wichtigste ist die tiefe Erkenntnis des Fließens und Wandelns aller Werte und Begriffe; das Evangelium des Lebens.« (S. 62). Brunners folgende Zitate beziehen sich auf Vogls Charakterisierung des modernen Menschen: »Der moderne Mensch anerkennt keine Sitte und Gepflogenheiten, keine Konvenienz und Höflichkeitsbezeugung als von vornherein zu Recht bestehend; sie muß ihr Recht erst erweisen vor dem Forum seines eigenen Gutachtens. Eben darum hat er auch Verständnis für Regungen fremder Eigenart. Er befürwortet das weiteste Gewährenlassen der fremden Sonderart und ist feind allem Zwange; er fordert Selbstbestimmung als unveräußerliches Lebenselement. [...] Die Unsicherheit, die innere Zerrissenheit, ja oft auch Schwäche und Verzagtheit der Menschen von heute sind gewiß ein Symptom ihrer Charakterart. Im Vordergrund scheint zu stehen der Genuß des Augenblicks, und Wichtiges wird übersehen! – Allein der moderne Mensch, der die ›Naturgeschichte‹ der Ideen kennt, der sich klar ist über das, was ihm spezifisch

die tiefe Erkenntnis des Fließens und Wandelns aller Werte und Begriffe: das Evangelium des Lebens« (was von dem gleichen Manne hergeholt scheint, dessen du in deinem Zukunftartikel als eines »witzigen Strudelkopfes« gedenkst, der mit »Taschenspielerkunststücken« »zwischen Aberglauben, Wahrheit und logisierendem Schwindel Fangball spielt«[48]), und du bringst da mit großer Befriedigung ein Stück aus einem Werke über den modernen Menschen zum Abdruck, worin genau so gesprochen wird wie von den modernen Menschen, auch z.B. von ihrer Hingebung und ihrem Sichhineinversetzenkönnen in Andere, von dem »Verständnis für Regungen fremder Eigenart«,* und worin sogar »die Unsicherheit, die innere Zerrissenheit, ja oft auch Schwäche und Verzagtheit der Menschen von heute« ihnen sehr zum Guten ausgelegt wird. Möcht es ihnen was Gutes

* Darüber, daß wir nicht unsre Pflicht erfüllen, wenn wirs genug sein lassen mit dem Sichhineinversetzen in Andere, haben wir nun schon gesprochen, wobei es hier unerörtert bleiben kann, ob das Verständnis der Modernen für alle mögliche Eigenart wirkliches Verständnis oder nicht vielmehr ein Zeichen ihres völligen Mangels an Eigenart und der synkretistischen Konfusion unsrer humanistischen Bildung sei (worüber du etwas hättest hören können an jenem Abend, an dem du nichts hörtest), – und daß du dich nun, wenn du dich wieder zu den Modernen begiebst, damit ganz gewis keineswegs an diejenigen dich hältst, »die was davon erkannt«,[49] daß von den Modernen, deren es zu allen Zeiten gab, noch zu keiner Zeit Förderung der Erkenntnis gekommen – nun, vielleicht siehst du das auch noch einmal wieder ein; und wenn es wieder so weit ist und du dann definitiv den Mann der wirklichen Wahrheitserkenntnis finden solltest, für den du mich irriger Weise gehalten hattest, dann – so rate ich dir, benütze nicht deinen Brief an mich sondern den Zukunftartikel über mich, um die Modernen auf diesen Mann hinzuweisen mit der großen Energie, womit dies dort geschehen; denn es ist so wie du dort sagst, daß sie von ihm lernen können, nicht aber, daß umgekehrt sie ihm als Muster vorgehalten werden müßten.

eignet, muß sich eben erst zurecht finden in der neuen Lage, die ihm Ziele steckt, ohne sie als für alle Zeit gültige zu bekunden. Er weiß, daß er sucht – nicht um zu finden, sondern um zu leben, zu erleben, zu arbeiten, zu schaffen […]. Der Mensch ein Suchender!« (S. 64).

48 Der im »Gespräch« genannte »witzige Strudelkopf« ist Julius Hart (1859-1930) (s. Brief Landauers an Brunner vom 25. April 1911, IISG: 114).

49 Johann Wolfgang von Goethe, Faust. Eine Tragödie: »Ja, was man so erkennen heißt! / Wer darf das Kind beim Namen nennen? / Die wenigen, die was davon erkannt, / Die thöricht g'nug ihr volles Herz nicht wahrten, / Dem Pöbel ihr Gefühl, ihr Schauen offenbarten, / Hat man von je gekreuzigt und verbrannt.« (V. 588-593).

sein, o möchtest auch du darunter nicht leiden, wenn du wieder ein Moderner geworden bist, wieder geworden bist: Denn z.B. in deinem Zukunftartikel bist du es nicht, da sagst du nicht mit Stolz »Wir Modernen«, sondern mit dem schroffsten Ton der Verachtung »Ihr Modernen«! Und freust dich gegenüber dem Modernen, der »allerlei Lieder von euch« und daß »am dicksten von eurem Mist die Rede«.[50] Zum Teil, muß ich glauben, dankst du deine wiedererlangte Modernität und Gerechtigkeit mir, der Stimmung nämlich, worin du z.Z. gegen mich dich befindest und der Revision, die du vergessen hast, mit aufzuzählen: die du nämlich bei dieser Gelegenheit mit mir vornahmst, wohl ohne mich dabei von neuem zu lesen.

Du hättest aber, weder in Betreff der Genannten noch was den Hauptmann, was Kant betrifft, bis jetzt warten sollen, ja es wäre deine Pflicht gewesen, vorher zu revidieren, ehe du mit so großer Entschiedenheit, ich darf wohl sagen mit so rückhaltloser Begeisterung für mich öffentlich eingetreten wärest (welches Letzte ich hier heute mit dir zusammen revidiert und dir damit deinen Brief selber wohl um etwas lesbarer gemacht habe). Daß du es nicht tatest, daran bin ich nicht schuld. Weißt du noch, mit welcher Energie ich dich in den ersten Zeiten unsrer Bekanntschaft und Freundschaft immer wieder gedrängt habe, Kant zu revidieren? Du hast es damals auch wohl getan und sagtest mir, daß du ihn kennst; und freilich mußt du ihn gut kennen, wenn du während einiger Wochen bei deinem Überbeschäftigtsein neben Schiller und einigen Neueren auch noch zugleich diesen mächtigen und schwierigen Mann revidieren kannst. Und weißt du noch, als du in späterer Zeit mich einmal besuchtest, (damals, vor gut zwei Jahren, als ich, immer noch ziemlich leidend, eben aus dem Engadin zurück war und du eben mit deinem Sozialismus begannst oder beginnen wolltest[51])? Da trafst du mich über dem Kant (den ich immer neu

50 Landauer schrieb: »*Der Gebildete:* [...] Wir Modernen lieben die Kondensation; das Dunkle selbst ziehen wir dem Breiten vor. – *Der Lernende:* Und meint, alles Dunkle sei tief, und hinter jedem verschlossenen Toren müsse ein Geheimnis stecken. So habt ihr aus der Philosophie etwas gemacht, das im besten Fall Lyrik ist, im schlechtesten die Sorte Zeitungs- und Abreißkalenderaphorismen von sich gibt, die uns schließlich nur noch mit Angst selbst zu der Wohnungszeitung greifen läßt. Ihr Modernen! In dem Buch [Brunners »Lehre«] kannst Du allerlei Lieder von euch hören. [...] Ich glaube, wenn dir oder sonst so einem Kurzatmigen unserer Zeit ein hoher und holder Abgesandter eine Leiter zum Himmel brächte, ihr würdet mit ihm rechten, es seien doch gar zu viele Sprossen und es müsse auch bequemere Wege geben oder gar eine Automobilstraße. Glaubst du, Herakles konnte gen Himmel fahren, ohne vorher die Ställe des Augias ausgemistet zu haben? In diesem dicken Band zuckt nur ab und zu ein Fleckchen lichter Himmel auf; am dicksten ist von eurem Mist die Rede.« (Gespräch, S. 9).

51 Brunner war auf einer langen Erholungsreise von September 1908 bis Januar 1909 unter anderem in St. Moritz. Landauer arbeitete bereits seit dem Frühjahr 1908 an seinem »Aufruf zum Sozialismus«.

revidiere, seit nun 30 Jahren), und ich las dir viele, kleine und große Stellen aus ihm vor, und als du erstaunt und empört warst, da sagte ich dir wieder und drängte dich wieder, du müßtest ihn neu im Zusammenhange revidieren, denn da erst träte Alles recht hervor, worauf du antwortetest: »Das habe ich nicht mehr nötig, und das Revidieren besorgst du für uns.« Du hattest es also doch noch nötig; und wenn du es rechtzeitig besorgt gehabt hättest, so brauchtest du heute nicht mit den Gefühlen auf von dir Gedrucktes zu sehen, wie du nun tust.

Daß übrigens an denen etwas sei, die, wie du es ausdrückst, schimpflich von mir behandelt werden, nehme ich als ein Kompliment. Ich bin vorsichtiger in der Wahl meiner Feinde als meiner Freunde. Niemals zog ich gegen einen Schwächling zu Felde, sondern immer nur gegen die ganz Mächtigen, die Verwirrung und Aberglauben verbreiten und das größte Gefolge der Menschen hinter sich haben.

»Ich brauche jetzt auf diesen Gebieten der Menschenregistratur nichts mehr abzuwarten. Ich habe aus diesen Proben gelernt. Ich weiss jetzt, was ich immer vermutete: *richtig und ein überaus wertvolles Kriterium für unsre Welterkenntnis ist an deiner Lehre nur all das, was in Spinoza steht;** die Anwendung und der Schritt darüber hinaus, Deine ganze schematische Einteilung der Menschen als Individuen, als für sich isoliert stehende Dinge, *ist falsch und verderblich, ist eine Konstruktion zugleich des unpraktischen Verstandes und des Aberglaubens und nicht zuletzt der ›Moral‹.«*

Bist du dir nun aber auch über die Konsequenz für dich klar, die aus dem Allen sich ergibt? Denn wenn du jetzt überzeugt bist (und du bist überzeugt, da du es sagst; ich glaube dir jedes Wort und jede Miene) und urteilst: daß ich ein Schreiber sei, der seine besten Leser durch Breite, Wiederholungen, blindwütige Berserkerart, Kapuzinerausbrüche ermüdet und zum Stöhnen bringt und zu unwilligem Sichabwenden; der sich auch in Wahrheit gar nicht an beste Leser wendet, sondern an die schlechteste Menschenart, Jünger und Meistersager, die »losplatzen bei den Karrika-

* »Richtig und ein überaus wertvolles Kriterium für unsre Welterkenntnis ist an deiner Lehre nur all das, was in Spinoza steht« – ja, ja, das sind Laute, wie sie selbst aus einem sonst so trefflichen Sänger hervorkommen, wenn er zwischen Tür und Angel geklemmt sich findet, ich meine hier: zwischen der früher geäußerten Ansicht und der jetzigen, ihr entgegengesetzten. Doch verstehe ich wohl, daß dies nun ganz gewis ein Kompliment und Lob sein soll. Aber warte nur, wenn du nun in den nächsten Wochen Spinoza revidierst, wer weiß, ob dann nicht mein Unglück voll wird?!

turen«, die durch »den Meister« entworfen werden von den adeligsten Menschen, gegen die er auch sonst Unedles sich gestatte und die er auf alle Art herunterreiße – ja, er ist ein solcher, daß, wenn er einen beschimpft, man daran geradezu ein neues Kriterum besitzt, daß an dem etwas sei; der Propaganda, Propaganda, Propaganda macht für etwas, wofür er nur erst das Instrument angesetzt hat und dabei schreckende Probetöne von sich gab; bei dem nichts wertvoll ist wie das »was in Spinoza steht«, aber das steht eben in Spinoza, und die Anwendung davon durch unsern Schreiber und sein Schritt darüber hinaus ist falsch und verderblich, ist eine Konstruktion zugleich des unpraktischen Verstandes und des Aberglaubens und nicht zuletzt »der Moral« (– ja, dieser Mann ist derartig greuelvoll, verstockt und unverbesserlich, daß er sogar in diesem Augenblicke nicht allein von neuem in die ihm doch nun wohl genügend ernstlich verwiesene Sünde der Wiederholung fällt, sondern damit zugleich in den größten Teil der übrigen ihm vorgerückten Sünden – aber freilich wiederholt er dieses Mal nicht sich selbst) – – wenn du also in dieser Weise jetzt über mich denkst, so bist du verpflichtet, Landauer, davon öffentlich Kenntnis zu geben; denn du hast öffentlich über mich von Andrem Kenntnis gegeben. Das willst du doch wohl nicht länger bestreiten, daß es Andres war, daß dein Urteil und dein Ton sich geändert haben? Du warst nicht verpflichtet, das Frühere über mich zu schreiben; aber nachdem du es einmal geschrieben hast, bist du nun verpflichtet, dich zu berichtigen – selbstverständlich weiß ich, daß du ja auch noch, zur Zeit ganz gewis noch das Eine und Andre an mir wirst gelten lassen (trotzdem du in deinen Briefen schon manchmal so sprichst, als tätest du das nicht), aber das hat nichts zu tun mit dem, womit wir hier zu tun haben: die Schrecklichkeiten meiner Darstellung, die Bezeichnung des Publikums, für welches mein Werk gehört, mein unedles Verhalten gegen die adeligsten Menschen, mein »Moralisches«, mein Aberglaube und die von mir ausgehende verderbliche Wirkung (hab ich am Ende dich verdorben?) das Alles ist doch wohl nichts Nebensächliches und Kleines, und das Alles war in deinem Früheren nicht mitgesagt, sondern sein Gegenteil war gesagt.

Daß ich dir aber von deiner Pflicht spreche, zu widerrufen und öffentlich anders zu schreiben, das geschieht nicht etwa, um dir eine Vorschrift zu machen, sondern damit zu sagen: daß du nicht etwa mich schonen müssest. Dessen bedarf ich nicht; ich fühle mich stark und werde davon nicht umfallen. Und würde es schätzen an dir, wenn du es tätest; zumal du es ja auch nicht tun kannst, ohne schonungslos gegen dich selbst zu verfahren, da du widerrufen müßtest. Denn du *kannst* nicht behaupten, daß dein neues Urteil das gleiche sei wie das alte oder auf irgend welche Art in ihm enthalten oder mit ihm vereinbar. Es mag richtiger sein als das alte und als das Anderer, das deinem alten Urteile gleicht – da du es für richtiger hältst, so sag ich dir: von mir aus bist du frei, und so tu du nach deiner Pflicht und nach deinem Gewissen; das ehrt dich, und für mich gibt es keinen Fall noch so allernächster Beteiligung, in dem ich dir das verübeln würde. Die äußerste Freiheit und offene Entschiedenheit muß dir selber lieber sein als die Halbheit, mit der du in manchem jüngst Gedruckten über mich schriebst,[52] oder die Verstecktheit der Opposition wie im letzten Teil deines »Aufrufs«, von dem du mir selber sagtest, du hättest darin absichtlich meine Termini gebraucht und mit deinem Inhalte gefüllt, Klarheit über dein Verhältnis zu mir in dir wie nach außen muß dir je eher desto lieber sein.[53]

»Was Du mit Spinoza unterscheidest, die drei oder zwei Stadien der Erkenntnis oder wie Du sie nennen willst,[54] die gibt es – da wir hier ganz im Reiche des Relativen bleiben, – in der mannigfaltigsten Mischung und in den verschiedensten Graden der Ausbildung und Uebung *in jeglichem Menschenkinde, und ich wüsste auch nicht, wie es anders sein könnte, da alles in allem ist. Deine eigene Widerlegung steht auch bei Dir*: Können denn Deine drei Fakultäten etwas andres sein als ein vorläufiges Registrierungsprinzip in der Welt der individualisierten Dinge, Dingmenschen oder Menschendinge, und muss man es nicht sofort modifizieren und ins Bildliche nehmen, wenn man nicht etwa in die Welt der geistigen Wahrheit, sondern blos in die Welt der Bewegung hinüberkommt? Simplifizieren ist gut, um mit dem Reden beginnen zu können; aber wer dann nicht seine eignen Brücken abbricht und seine Ausgangspunkte selbst von dem neugewonnenen Standpunkte kritisiert, wer dann nicht das provisorisch Vereinfachte kompliziert, der tut sich und der Welt und den Menschen Unrecht.«

52 Brunner dürfte Landauers Leserbrief »Herr Johannes Gaulke hat es für nötig gehalten …« (in: Das literarische Echo. Halbmonatsschrift für Literaturfreunde 13, Heft 14 (15. April 1911), Sp. 1066f.) meinen.

53 Landauer antwortet: »Es ist nicht wahr, daß ich im letzten Teil oder irgendwo im ›Aufruf‹ versteckte (u. nicht offen, gar keine) Opposition gegen Dich treibe. Wahr ist nur, daß meine Auffassung eine andere ist als Deine. Es ist nicht wahr, daß ich Dir gesagt hätte, ich hätte darin absichtlich Deine Termini gebraucht u. sie mit meinem Inhalt gefüllt. Wahr ist, daß ich gesagt habe, ich hätte es absichtlich nicht vermieden, meine (längst feststehenden) Termini zu brauchen, obwohl Du die selben Worte in anderm Sinne nimmst.« (Brief vom 25. April 1911, IISG: 114). Im Schlusskapitel des »Aufrufs« (Kap. 7) gibt es vereinzelt Anklänge an die Terminologie Brunners: Landauer spricht von einer »Umwandlung des Geistes«, von der »dinglichen Wirklichkeit«, einem »Nichts, das wie eine Sache gedacht wird«, von »Geistigen« und von »Aberglaube«; meist sind diese Begriffe jedoch anders belegt als bei Brunner.

54 Spinoza spricht von drei Gattungen der Erkenntnis: imaginatio, ratio und intuitio. Brunner fasst die imaginatio und die ratio zum praktischen Verstand zusammen und vergleicht die intuitio mit dem geistigen Denken (Die Lehre, S. 916). Er führt dies in einem Aufsatz im Archiv für systematische Philosophie (s. Brief 61/3) weiter aus (Kurze Rechenschaft, S. 221f.).

Hier sprichst du nun zum ersten Male von einer positiven Einzelheit, und zwar von einer positiven Hauptsache bei mir, nämlich von meiner Lehre der drei Fakultäten, worauf das ganze System meines Denkens ruht – was dir offenbar jetzt derartig widerwärtig ist, daß du nicht einmal das Wort »Fakultäten« aus der Feder bringen magst und sprichst von »Stadien (?) der Erkenntnis oder wie du sie nennen willst« – genug, du sprichst hier zum ersten Male von einer positiven Einzelheit, worüber in deinem früheren gedruckten Urteile noch keine Äußerung vorliegt. Du warst überhaupt noch auf keine Einzelheit eingegangen. Das wolltest du erst in den Fortsetzungen deines Zukunftartikels. Dieser war von dir geschrieben worden im Herbst oder Ende des Sommers 1908. Als ich im Februar 1909 von meiner Reise zurückkam, warst du bereits mit deinem Sozialismus beschäftigt (die erste Nummer des »Sozialist« erschien am 15ten Januar 1909), jene Forsetzungen sind nicht erschienen. Ich dachte, wenn ich daran dachte, du bist zu sehr in Anspruch genommen, aber ich dachte fast nie daran, und selbstverständlich hab ich nie danach gefragt. Aber ich frage: Hättest du damals, in jenen Fortsetzungen, wenn du sie damals, noch vor deiner Sozialistenzeit, geschrieben hättest, – ebenso von diesem systematischen Grunde meiner Lehre, von der Fakultätenlehre, geurteilt? Nach dem, wie du übrigens davon gesprochen, und nach den Andeutungen in dem Allgemeinen deines Gedruckten schwerlich ebenso. Da jubelst du, daß endlich wieder einer da sei, »der die Arme weit über die Welt streckt und ein System schafft«, und wo und was wäre mein System ohne die Fakultätenlehre? Aber du denkst wohl heute, und das nicht inkonsequent: da du mir inzwischen das System gekündigt hast, wozu bedarf ich länger der Grundlage und des Bindenden eines Systems?

Wenn mir noch ein Wort über meine drei Fakultäten und über dich, mein lieber, bester Landauer, zusteht, so sage ich, daß was du mir da jetzt geschrieben, das flachste Mißverständnis ist, daß du höchstwahrscheinlich in damaliger Zeit anders geschrieben hättest, und daß du jedenfalls einer weit weit tieferen Auffassung fähig bist, ihrer nur wohl jetzt nicht fähig bist – wegen des Zusammenhanges zwischen Affekt und Urteil. Ich will versuchen, dir etwas anzudeuten, weil du es bist, von dem ich hoffe, daß jener Zusammenhang nicht immer mächtig bleibt in ihm; während ich sonst zu derlei schweige. Die eigentliche Widerlegung jeder Pseudokritik besorgt das Werk; und wenn es sie nicht besorgt, ist sie erst gar unnötig.

Du aber meinst mich schon widerlegt durch mich selber, indem du gegen meine auf die drei Fakultäten des Denkens gegründete Zweiteilung der Denkenden, der Menschen, dich berufst auf den Satz, den ich ja ebenfalls zugäbe, daß Alles in Allem, also auch in Jeglichem, also auch alles Denken, und gewis *das* menschliche Denken in jeglichem Menschen sei? Ganz gewis ist der Satz wahr, daß Alles in Allem ist, aber es ist darum doch nicht jegliches Denken in jeglichem denkenden Wesen. Denn alle Wesen sind verschieden, was du zugeben wirst mit mir, wie ich mit dir jenen andern Satz »Alles in Allem« zugebe; *und das Denken ist* (wie du früher herrlich verstanden hattest) *gar nichts von dem Allen und Einen* sondern das All und Eine selber im Innersten oder die Weise oder noch besser: es sind die Weisen, wie das Ein und Alles von den denkenden Wesen aufgefaßt wird. Weil alle denkenden Wesen verschieden sind, darum ist auch ihre Auffassung des Ein und Alles in Jedem verschieden, ähnlich aber nach Gattungen und Arten. Und nun hör erst von meiner Fakultätenlehre. Bisher unterschied man in der Philosophie, das Denken der Menschengattung anlangend, das Relative und das Absolute oder die eine Weise, das Ein und Alles als relativ wirklich oder, wie ich wohl auch sage, als Welt der dinglichen Bewegung, und die andere Weise, es als absolut wirklich aufzufassen. Mir nun erschien diese Grundeinteilung nicht ausreichend, weil ich sah, daß tatsächlich noch eine dritte Weise des Auffassens existiert, ohne doch, daß man sie bisher in die Grundeinteilung mithineingenommen hatte, – nämlich die Weise, das Ein und Alles abergläubisch aufzufassen. Die Auffassung des Aberglaubens fällt nicht zusammen mit der der Relativität, und fällt nicht zusammen mit der des Absoluten: ihre Auffassung ist die der verabsolutierten Relativität oder des fiktiv Absoluten (am deutlichsten im materialistischen Monismus). Und das nun ist die Bedeutung der Fakultätenlehre, daß durch sie die Grundeinteilung vollkommen geworden ist, indem ich zu den zwei Weisen, das Ein und Alles relativ und absolut aufzufassen, hinzu noch die dritte Weise, die Auffassung des Aberglaubens, hineinnahm. Da ist Ernst des Denkens, mein guter Landauer, und nicht »zurechtgemachte leere Formulierung«, mein böser Landauer; denn diese dritte Weise des Auffassens ist vorhanden und immer vorhanden gewesen. Sie läßt sich so wenig wegstreiten, sie läßt sich so wenig wegdenken wie die der Relativität und des Absoluten; daher kann gegen ihre Hinzufügung, gegen ihre Einfügung in das Schema der letzten Simplifikation, in welchem nun erst das totum divisum[55] wirklich umfaßt und eingeteilt wird, mit Recht nichts eingewendet werden, und damit ist die Fakultätenlehre gerechtfertigt. Und wenn die Zeit kommt, die jetzt nicht da ist, wo man wieder mit ernsten Gedanken sich beschäftigt und wieder die Bedeutung einer Formulierung versteht, über die kein ernster Mensch spotten oder gering denken sollte, trotz dem vielleicht noch so großen Nietzsche nicht, dann wird man, statt sie totzuschweigen, die Fakultätenlehre aufnehmen und nicht sich halten an das, was Unverstand und Mißverstand ihr nachsagten, sondern an das, was sie wahrhaft ist, und was

55 Lat.: das Einzuteilende.

immer weiter von ihr zu entwickeln zunächst noch meine Aufgabe in meiner Vereinsamung ist, und sie wird dann ihre Wichtigkeit und Tragweite zeigen und ihren Segen wirken. Es braucht dazu wohl noch ein bischen Zeit, und ich muß am Ende erst ein bischen tot sein; damit, wenn wieder einmal einer sich für sie erwärmt und vorhat, anderen Menschen von ihr zu erzählen, ich das nicht abermals verpurre dadurch, daß ich meinerseits nicht mich erwärmen kann für das Seinige, was ich ja eben als bereits Toter überhaupt nicht mehr kann; und dann ist die Fakultätenlehre nicht mehr so ganz vogelfrei, daß man nach Belieben sie streicheln mag oder totschlagen. Die Menschen sind seltsam; aber wenn man erst gestorben ist, erlauben sie einem doch, daß man ihnen nütze (sie habens dann leichter, der Lernende kann dann treuer der Liebende sein, was nun einmal zum Lernen wie zum Lehren hinzugehört), und das ist auch mein Trost, und ich schmiere guten Mutes meine Broschüren weiter für die Mengen. Dies wird wirklich eine, die ich dir, alter, bester Landauer, zum Geschenk mache – verzeih mir, wenn ich zwischendurch mal ein wenig hart werde. Ich wollte es ja nicht, aber nun schreib ich schon alle die Tage, und ich unterdrücke keine Stimmung, und will mich über keine vor dir mit Feinheit des Geschreibs hinüberfüchseln; und es mag sein, daß manchmal in und aus mir nichts spricht als die Logik, die grausame Bestie, und dann gewinnts den Anschein, als spräche ich hart gegen dich, wie ichs doch im Grunde gar nicht meine, gar nicht. Doch ist dir auch damit ein Dienst erwiesen: es wirds dir erleichtern, später einmal, das Denken an deinen Brief und an den, gegen den du ihn gerichtet hast. –

Von leerer Formulierung und von bloß vorläufigem Registrierungsprinzip ist, woran ich dich nun zu erinnern versucht habe, bei der Fakultätenlehre nicht die Rede, vielmehr sind darin die drei Auffassungsweisen des Ein und Alles bezeichnet, wie sie in den Menschen tatsächlich sich finden, und wie sie tatsächlich *nicht in allen Menschen* sich finden, – und damit komme ich, von meinem vervollständigten Einteilungsschema der Weisen des Denkens aus, zum Sturze der bisherigen Annahme von der Einheit des Denkens der Menschengattung und zu meiner Annahme und Einteilung der zweierlei Menschen, zu meiner Teilung der Gattung in zwei Arten. Ist denn im Grunde so gar Ungeheuerliches an zwei innerlich verschiedenen Menschenarten? Haben nicht auch die Dachshunde doch nicht etwa nur krumme Beine, wie andre Hunde nicht haben, sondern auch Fähigkeiten, die den übrigen Hunden abgehen? Und wie ich das ausgeführt habe,[56] daß von den drei Fakultäten des Denkens, die in unsrer Gattung

56 Brunner bezieht sich auf die »Ankündigung« (in: Die Lehre, S. 1-118; insbesondere S. 6f. und S. 110f.). Er führt das Thema systematisch und in Anlehnung an Formulierungen in diesem Brief kurze Zeit später in der »Kurzen Rechenschaft« aus (s. Brief 61/3).

angetroffen werden, zweierlei Mischungen zustande kommen zu zwei Menschenarten, je nachdem sich zu der allen Individuen der Menschengattung gemeinsamen Relativität entweder die Auffassung des absoluten oder die des abergläubischen Denkens geworfen findet – ja, so gut ich nun über die Notwendigkeit der Wiederholung, sogar der Wiederholung ohne Weiterführung, wie ich solche bisher noch nicht angewandt hatte, durch deinen Fall belehrt worden bin, so kann ich doch hier, obwohl es mir an Geduld selbst gegen den Übelwollenden nicht fehlen würde, ich kann hier unmöglich wiederholen, was als die Arbeit aller meiner Tage und Nächte vor dir lag, als eine Lebensarbeit, worin Ernst des Denkens zu einem Ergebnis führt, das nun von dir plötzlich mit schnellfertigem Urteil als eine Karrikatur der Menschen bezeichnet wird.

Als eine Karrikatur der Menschen, die ich mir zurechtgemacht hätte – was hatte ich auch weiter zu denken und zu treiben, ich leichtfertiger Mensch? Ich Fauler! Denn ich hatte ja gar nicht nötig, mir das selber zurechtzumachen. Das war ja längst von Anderen zurechtgemacht. Wie konnte dir das nur entgehen. Du hast dich doch viel mit Philosophie beschäftigt und, wie du mir erzähltest, Vorträge über die Geschichte der Philosophie, bis Brunner inclusive, gehalten. Bist du da auch auf »die Weisen« der Stoa zu sprechen gekommen oder auf des Konfuzius »Heilige, Weise und Edle«, und hast du am Ende eine Parallele gezogen mit den »Frommen« oder »Gerechten« und bist bei diesen gar auf die »Gnadenwahl« eingegangen?* In dem Allen ist gar nichts Anderes zurechtgemacht wie in meinen Geistigen – ich habe es immer gesagt und drucken lassen und früher hast du es auch gesagt und ebenfalls drucken lassen, daß ich nichts »Originales« bringe.[57] Ich bringe aber auch nicht, wenigstens mit

* Diese letzte ist völlig das, was ich das Analogische zur Wahrheit von den Geistigen nennen würde; es gibt von aller Wahrheit das konsequent analogische Gegenstück.

57 Schon zu Anfang der »Lehre« hat Brunner betont, dass er keine neue Wahrheit bringe, sondern dass er »auf dem Grunde jener alten, ewigen Einen Wahrheit« stehe: »Sie wird nur dieser Zeit neu erscheinen. Einer jeden Zeit erscheint die Wahrheit neu, trotzdem sie so alt ist wie die ganze Zeit, aber sie erscheint ihr neu: weil eine jede Zeit die Unwahrheit ist (die Zeit, d.h. die von dem Volksdenken eingerichtete und beherrschte Gemeinschaft); und darum erscheint sie einer jeden Zeit widerwärtig: weil sie ihre Unwahrheit aufdeckt« (S. 7). In der »Kurzen Rechenschaft« benennt Brunner Vorläufer seiner Lehre von den Geistigen und vom Volk: »Die Καλοι και ἀγαθοι [Schönen und Guten] Platons, die σοφοι [Weisen] der Stoa und Epikurs, La-u-tses heilige Menschen und Philosophen und Kung-futses Heilige, Weise und Edle […] – mit all dem ist Andres nicht bezeichnet als unser Unterschied und Gegensatz zwischen den Geistigen und dem Volk. Nicht zuletzt auch muß hier der Hebräer gedacht werden. Sie sprechen in ihren Büchern ganz wie die Lehrer der Stoa

meiner Behauptung von den geistigen Menschen, bringe ich auch nichts Zurechtgemachtes; und auch jene Andern, die ähnlich oder ebenso dachten wie ich, haben sich nichts zurechtgemacht. Das glaubst du auch vielleicht von jenen Andern keineswegs – ich weiß es ja nicht, ob du in deinen Vorträgen gegen jene so losgezogen bist wie gegen mich oder das für mich aufgespart hast, – vielleicht aus dem Grunde, weil bei mir zum ersten Male wissenschaftlich bestimmt geredet und das ergreiflich gemacht wird, was bei jenen nur in der Unbestimmtheit sich fand und dunkel herauskam? Aber zurechtgemacht haben auch jene sich nichts, sondern es gibt die zweierlei Menschen, so wie es die dreierlei Auffassungsweisen des Ein und Alles gibt, und es ist tatsächlich so der Fall, daß Menschen sind, *die ohne den Aberglauben auskommen*. Ich nenne Spinoza. Wenn du mir in seiner Ethik[58] (welche du wohl als System des Denkens wirst gelten lassen ob auch gleich darin über manches Wichtigste, z.B. über das dir Wichtigste Omnia animata[59] entfernt nicht in der Ausführlichkeit gesprochen wird wie z.B. bei mir über das, was unter Geist und Geistigen zu verstehen sei) – wenn du mir in diesem Denksysteme durch Spinoza ein Wort von abergläubischem Inhalt aufzeigen kannst – – nun, vielleicht meinst du es zu können, bei einer Revision vielleicht, – es könnte dir am Ende auch Spinoza noch ein unangenehmer Name werden. Unangenehm kann den Menschen Alles werden, was mit einem unangenehmen Erlebnis zum Unangenehmen dieses Erlebnisses und was mit einem unangenehmen Menschen in einer wesentlichen Beziehung steht. Z.B. wer einem Schreiber übel gesinnt ist, der kann auch seine Freunde nicht leiden und die Schriften nicht, die zu seinen Gunsten erschienen sind, und von seinen Lesern wird er sagen, sie seien von niedriger Art, hingegen wird er mit Befriedigung an die Leser und auch Nichtleser denken, die bei ihm stöhnen, sich unwillig abwenden usw.[60] – Solltest du aber auch leugnen, daß Spinoza einer sei,

von Weisen und Narren«. Brunner hebt hier noch Christus und »weitaus am tiefsten« Paulus mit seiner Auffassung der Gnadenwahl hervor (S. 234-236).

58 Benedictus de Spinoza, Ethica, ordine geometrico demonstrata (1677).

59 Lat.: alles ist beseelt. Brunner teilt Spinozas Auffassung, dass »alle Individuen, wenn auch in verschiedenen Graden, dennoch beseelt sind (omnia, quamvis diversis gradibus, animata)« (Die Ethik, V. Teil, Lehrs. 13, Zusatz, Anmerkung). Er erläutert sein Verständnis dieses Satzes im Abschnitt »Pneumatologie auf Grund der Bewegungslehre« in der »Lehre« (S. 888-897) sowie an vielen Stellen in »Materialismus und Idealismus« (zusammenfassend S. 181-187). Siehe auch Brief 213.

60 Anspielung auf die Affektenlehre Spinozas (Die Ethik, III. Teil), besonders den von Brunner mehrfach zitierten Lehrsatz 24: »Wenn wir uns vorstellen, daß jemand einen Gegenstand, den wir hassen, mit Lust affiziert, so werden wir auch gegen ihn von Haß affiziert werden. Stellen wir uns dagegen vor, daß er diesen Gegenstand mit Unlust affiziert, so werden wir von Liebe zu ihm affiziert werden.«

der ohne Aberglauben auskam, weil es derlei nicht geben könne, du auch nicht wüßtest, wie es möglich sei, weil eben jegliches Menschenkind die gleiche Mischung der Gedanken habe, und solltest du fortfahren, die Gleichheit der Menschen zu behaupten, so entläufst du mir darum immer noch nicht, mein Landauer, sondern dir selber entläufst du damit.

»*Das alles habe ich schon immer gewusst, aber ich habe geschwiegen* und aufs Weitere gewartet. Ich weiss nun genug vom Weiteren, um das, was ich hier sage, sagen zu müssen. *Auf die echte Weiterführung Deines Gedankens bin ich in unverändertem Respekt begierig.* Aber inzwischen weiss ich, dass Volk um Dich ist, dem Du mit grossem Bemühen Geist einflössen willst, und dass auch in Dir, wenn Du ausser Dich kommst, das Eingang hält, was Du ›Volk‹ nennst.«

Einen Augenblick – dann sollst du es vor Augen bekommen, wie dein Landauer sich selber entläuft. Vorher muß ich dir sagen, was du von mir wissen solltest: daß ich auf etwas wie persönliche Ausstellungen, dergleichen doch wohl in deinen letzten Worten enthalten sein sollen, niemals antworte, niemals *mich* verteidige. Derlei ist mir nicht wichtig. Ich rege mich nur, wo meine Sache in Betracht kommt und z.B. hier, wo ich einem Freunde zu zeigen habe, daß er aufhört es zu sein, da er selber darum noch nicht weiß. Freundschaft und Ausdruck der Freude darüber, daß sich infolge deiner und Anderer Artikel nun wirklich einige Leser gefunden haben, scheint mir auch aus dem Satze, daß »Volk« um mich sei, so wenig zu sprechen wie aus ähnlichen Sätzen oben in deinem Briefe – oder meinst du mit dem »Volk um mich« wieder B. und A., die du so sehr verachtest?[61] Die sind wahrlich nicht Volk in deinem Sinne, so wenig wie in meinem; und niemals ist es *mir* in den Sinn gekommen, irgend einen mir bekannten Menschen praktisch nach meiner allgemeinen Einteilung zu klassifizieren, so wenig wie ich es für eine Schande halte, zum »Volke« zu gehören (ich hab es nur immer für eine Schande für mich gehalten, nicht glücklich zu sein durch Denken). Was aber die Auswahl derjenigen betrifft, die etwa von mir zu einer Vorlesung hinzugezogen werden, so hab ich darin einen ziemlichen Instinkt, dein Rat ist nicht nötig, und du solltest dich keiner Sorge hingeben, es könnte einer doch ungeeignet sein, mich enttäuschen und mir einmal übel kommen.

Und nun zur Hauptsache, die uns jetzt die Hauptsache ist: daß du meine Zweiteilung der Menschen derart verurteilst, daß du sie eine Karrikatur nennst und davon sagst: »Das alles habe ich schon immer gewußt und nur geschwiegen«. Du magst es schon immer gewußt haben, – aber dann hast du gar manches Mal nicht gewußt, was du redetest. Denn du hast gar nicht

61 Brunners Freunde und Anhänger Eduard Bäumer und Ernst Altkirch.

geschwiegen, sondern geredet, und zwar das genaue Gegenteil von dem geredet, was du nun heute redest, und hast dieses genaue Gegenteil davon auch geschrieben, und hast es auch drucken lassen.

Niemals hast du gegen mich geschwiegen über Solches, worin du von mir abwichst. Du wichst in Einzelheiten von mir ab, die im Verhältnis zum Ganzen höchst unbedeutend sind, und darüber hast du offen mit mir gesprochen und mir darüber geschrieben, wobei du schriebst, es sei wohl selbstverständlich, daß du mir ehrlich Alles heraussagtest, worüber du anderer Meinung seiest; wie denn das auch selbstverständlich selbstverständlich war. Die Einzelheiten aber, in denen du abweichender Meinung warst, betrafen 1) Mauthners Sprachkritik,[62] weil du glaubtest, mit meinem Kampfe gegen die Identifizierung von Sprechen und Denken sei niemand anders gemeint als Mauthner; da hattest du mir deswegen einen großen Brief geschrieben, worin du deinen Freund verteidigst, hast auch, für ihn verständlich genug, am Schluß deines Zukunftartikels eine Bemerkung gegen mich gemacht, die einzige einschränkende Bemerkung in deinen gedruckten Urteilen.[63] 2) das Mittelalter,[64] und 3) einige Neuere, d.h. einige Poeten, von denen ich nicht viel wissen wollte,[65] und Nietzsche, an dem du manches schön fandest, mir übrigens ausdrücklich zugestandst, daß ich in Hinsicht auf die Nietzscheaner ohne jeglichen Abzug Recht hätte. Deine Stellung zu den Neueren, oder vielmehr, daß dir für einige von ihnen noch etwas übrig geblieben war (ich mag ja auch Einige oder doch Einiges von Einigen leiden) und deine Auffassung des Mittelalters nach der Weise der Romantiker war mir nicht weiter verwunderlich, da du eben selber einer von den Neueren warst, oder doch herkommst von ihnen und mit ihnen von der Romantik.

Nicht das Geringste mehr als die drei genannten Punkte, über die du auf der Stelle rückhaltlos mit mir sprachst und mir schriebst, hattest du

62 Siehe Briefe 40 und 41.

63 Am Schluss des »Gesprächs« betont Landauer, dass Brunner keine neue Wahrheit bringe, sondern die alte Wahrheit Platons, Jesu und Spinozas, und fügt hinzu: »Mag er dabei Den oder Jenen verkennen, der auf anderen Pfaden, obwohl es ganz anders aussieht und klingt, die ähnlichen Wege der Kritik geht und von der Wahrheit vielleicht lieber schweigt als in Worten redet: was liegt daran! Was liegt an Wunden, wo es um Größe geht. Hören wir zu; seien wir Willige; seien wir gespannt auf das, was weiter kommt.« (S. 16).

64 Landauer hatte Brunner in einem Brief vorgeworfen, das Mittelalter zu Unrecht als eine unwissenschaftliche, abergläubische Zeit abgewertet und die Leistungen des Mittelalters, z.B. in den Klöstern sowie in den Handwerkszünften, nicht anerkannt zu haben (s. Lebensgang I, S. 335 f.).

65 Brunner wurde durch Landauer im Laufe der Jahre auf Dichtungen folgender neuerer Autoren hingewiesen: Alfred Mombert (1872-1942), Bruno Wille (1860-1928), Oscar Wilde (1854-1900), Edgar Allan Poe (1809-1849), Walt Whitman (1819-1892), Algernon Swinburne (1837-1909), Emanuel von Bodman (1874-1946), Erich Gutkind (1877-1965).

gegen mich auf dem Herzen, und gar keine andere kritische Meinung über gar nichts Andres bei mir hegtest du (bis auf die Zeit nicht, wo du mit deinem Sozialismus begannst; da begannst du etwas zu verschweigen, was ich denn freilich nicht neu, sondern nun eben erst alt erfahren habe). Denn wie so oft hatte ich dich gebeten um schonungsloseste Kritik, und du solltest wissen, ob mir das ernst war. Du wirst nicht ein einziges Mal gehört haben, und den sollst du mir bringen, der je von mir gehört hat, daß ich mit von mir Geschriebenem zufrieden war, sondern jeder hat von mir in allen Fällen das Gegenteil gehört; und dich hatte ich immer von neuem beschworen, mir Alles und Jegliches, Kleines wie Großes, in sachlicher wie in formaler Hinsicht strengstens anzumerken, und hatte dir stets Bleistift und Papier dazu, beim Vorlesen, hingelegt; aber jedesmal sagtest du: »Ich finde nichts, nichts, nichts,«* und ich schwöre, daß du immer ehrlich warst und *bist.* Nur der Schmerz über die Kränkung, die ich dir soll zugefügt haben, und die Wut ist es, die heute dich verwirren derart, daß du, wie ich sagte, dir selber entläufst mit deiner Behauptung: Du hättest immer gewußt, was du nun heute weißt, und nur geschwiegen. Ich sage aber, was ich jetzt zeigen will, nein, du hast geredet, und das polare Gegenteil von dem, was du nun heute weißt, und hast genug davon drucken lassen. Es ist genug, wenn ichs nur von dem Gedruckten aufzeige.

Du hast drucken lassen:

> »Das ist die Lehre von den Geistigen und vom Volke: zweierlei Menschen gibt es, die einen, wenigen, die ohne Aberglauben auskommen, die andern, vielen, die sich immer in schweren Kämpfen von einem Aberglauben befreien, aber nur, um in einen neuen zu verfallen.
>
> In großen allgemeinen Umrissen wird nun dieser gewaltige Gedanke« usw.

Hast du es nun immer gewußt und nur geschwiegen, daß unmöglich Menschen ohne Aberglauben auskommen könnten, und hieltest du immer dafür, daß meine Einteilung der Menschen eine Karrikatur aus ihnen schafft, daß mein Schema zurechtgemacht, falsch und verderblich sei? Wenn du das hast ausdrücken wollen, da du meine Einteilung einen erhabenen Gedanken nanntest – o, ich sehe nur zu gut, wie du selbst meine Geschenke verachtest: wozu hab ich dir vor langen Jahren schon das herrliche alte Synonymlexikon gegeben?!

Du ließest ferner drucken (was nebenbei auch die Anerkennung der Fakultätenlehre einschließt):

* Hier bittet mich meine Leoni, dich daran zu erinnern, wie du ihr immer gesagt hättest: »Jede Zeile, jedes Wort, das er schreibt –«

> »*Der Lernende:* Es gibt eine Stufe, die allen Menschen gemein ist. Das ist die Stufe des praktischen Verstandes.«

und das müßte nun doch mit dem Teufel zugehen, da es etwas gibt, was allen Menschen gemeinsam ist, wenn es dann nicht auch gibt, was ihnen nicht gemeinsam ist, und es geht oder ging früher nicht mit dem Teufel zu, denn an einer andern Stelle ist richtig die Rede, ganz in meinem Sinne:

> »von dem, was allen Menschen gemein ist, worauf sich sowohl der Turm der Geister wie das Labyrinth des Aberglaubens erhebt.«

Du sprichst auch, wenigstens nach meinem Verstand von Wörtern und Gefühl für Synonyme, geradezu positiv von demselben Unterschiede zwischen Volk und Geistigen, den ich mache, indem du den Aberglauben das Surrogat nennst, das das Volk an Stelle des Geistes besitzt, und sprichst da auch von den Männern des Geistes in meinem Sinne:

> »Aber immer wieder müssen die Männer des Geistes dasselbe sagen und es anders sprechen; denn der Aberglaube, das Surrogat, das das Volk für den Geist hat, *der* entwickelt sich und hat kein Bleiben, weil er unstet und ruhelos ist wie alles, was auf nichts steht, und dieses Gestrüpp muß immer von neuem gemäht werden. So, glaube ich, spricht Brunner das Uralte aus unserer Zeit heraus, wie der Prophet in der Wüste spricht. Die Männer des Geistes waren immer in der Zeit und im Volk und immer in der Wüste.«

Ja, sollte am Ende unser Synonymenlexikon nicht gut sondern schlecht sein und so viel Wichtiges gar nicht drinstehen? Denn höre: wenn das *nicht* der Fall ist, und du nicht etwa einem mir und Andren völlig unbekannten Gebrauch der Wörter folgst – du siehst: auch dein Unterredungspartner, der Gebildete, versteht dich so als sagtest du: »es gebe zweierlei Menschen von ganz verschiedener Organisation« (hättest du nur damals im Gespräch gleich widersprochen) – ja, dann rechnest du dich gar selber zu den Geistigen! I, das wäre aber! Zu diesen, die es gar nicht gibt? und machst dich selber zur Karrikatur? Ja, wahrhaftig, du tust es, und wahrlich aus sehr voller Brust! So findet sichs, mein ärmster Landauer, in der Fortsetzung jener schon oben angeführten Stelle, wo du, der Lernende, sprichst von »eurem Mist« – du mußt des öfteren wiederholen, mein lieber Lernender, sonst vergißt du – also du sprichst dort von »eurem Mist«:

> »*Der Gebildete:* Von eurem? Von unserem? Seit wann bist du denn gar so anders als ich? Als wir alle?
>
> *Der Lernende:* Entschuldige. Du triffst mich und weißt nicht wie sehr. Das ist eine meiner Wonnen und Schmerzen, die aus diesem Buch kommen. Ein wilder Geist des Hochmuts weht mich aus ihm an. Was

du da von Aristokratie sagtest, ist ein niedriges, viel zu alltäglichpolitisches Wort dafür. Das Wort ›Von den Geistigen und vom Volk‹ scheidet die Genialen von aller übrigen Menschheit. Nicht die Klassiker und Helden. Ihrer viele werden ins Volk gestoßen, ins gebildete Volk. Und nicht nur die Produktiven« usw.

»Mir ist himmelangst vor meiner Freude und vor diesem heimlichen Einverständnis und Wissen.«

(Ich will dir hier etwas erzählen: Jemand,[66] den du ganz besonders hoch schätzest, und der dich ebenso hoch schätzt, ein bester Leser, der immer wieder von vorn anfängt, nachdem er eben aufgehört hat, hatte mir geschrieben: »Gekommen bin ich zuerst auf Sie durch Gustav Landauers Artikel in der Zukunft. Daß ich mich nicht eher an das Werk machte, kam hauptsächlich daher, weil zweierlei in diesem Artikel mich abgestoßen hatte: Hochmut und die Konfusion des Mystischen, was ich damals beides Ihrem Werke zuschrieb, in dem aber freilich von beidem nicht die Spur zu finden ist.«)

Du sprichst weiter von den Genialen, wie du die Geistigen nennst (ich würde so sie nicht nennen):

»Die genialen Naturen oder die Geistigen: Das sind Die mit dem guten Weltgedächtnis; den Produktiven wird es durch das Weltstück, in dem sie ihr Individualleben führen, von selbst erweckt; in den Rezeptiven schlummert es tiefer und wird nur wach an den Werken der großen Schöpfer, die sie verstehen wie etwas Urvergessenes, das ihnen wieder heraufkommt, oder an der großen Liebe, wo ihnen Einer wird wie Alles und Alle wie sie selbst.

Der Gebildete: Wenn das wahr wäre, wenn es nur wahr sein könnte, wenn ich sie glauben müßte, diese ungeheure Umkehrung aller Behauptungen der Wissenschaft unserer Zeit …

Der Lernende: Nun?

Der Gebildete: Wenn das wahr wäre, wäre ich zum ersten Mal in meinem Leben ganz glücklich.

Der Lernende: Und nun, mein lieber Rezeptiver, der du in diesem Augenblick auf deine Weise und an deinem Punkt vom Geiste erfaßt wurdest, habe ich genug gesagt:«

Und doch scheinst du mir gar nicht genug gesagt zu haben; wer nicht deutlich gesagt hat, was er sagen will, hat nie genug gesagt. Wer, so wie du hier, gesagt hat: daß meine Einteilung in geistige Naturen und Volksindividuen ein gewaltiger Gedanke sei; daß die Volksindividuen von den geistigen Naturen durch ein spezifisch anderes Denken unterschieden seien, indem

66 Lou Andreas-Salomé (s. Brief 52/1).

nämlich im Volke Aberglaube an Stelle des Geistes gedacht werde; daß der geistigen Männer immer nur wenige seien, und daß sie im Volke seien wie in der Wüste; wem himmelangst vor Freude ist, wer sich mit Wonnen und Schmerzen und Hochmut im Bewußtsein seiner Geistigkeit gegenüber den Andern mit ihrem Miste fühlt; wer durch mein Werk so tiefbewegt und beseligt worden, daß er den Wunsch nach der gleichen Besinnung und Erkenntnis und nach dem gleichen höchsten Glücke durch mein Werk auch im Andern rege zu machen so heiß bemüht ist – der hat mit dem Allen noch lange nicht deutlich genug gesagt, was seine eigentliche Absicht war zu sagen: daß ich mir mit meiner Menschenregistratur Karrikaturen zurechtgemacht hätte; daß dafür die Widerlegung bei mir selber zu finden sei; daß diese ganze schematische Einteilung eine Konstruktion sei zugleich des unpraktischen Verstandes und des Aberglaubens und nicht zuletzt der »Moral«; daß sie falsch und daß sie verderblich sei; welches Alles zu erklären übrigens nur deinem ganz besonderen guten Willen zuzuschreiben: denn eigentlich ist man ja noch gänzlich außer Stande, von Geist und Geistigen nach dem Sinne meines Werkes zu reden, da ich dafür nur erst das Instrument angesetzt und schreckende Probetöne von mir gegeben habe, daher es mir selber auch strengstens zu verweisen ist, wenn ich mir beikommen lasse, davon zu reden, wie du mir das verwiesen hast. Du aber redest nun davon, eben aus überschüssigem guten Willen und – nun – weil du ja doch im Grunde ganz anders mit meiner Sache Bescheid weißt als ich.

Daher ist es auch ganz gewis nur liebenswürdiger Scherz von dir oder schonende Form erster Benachrichtigung, wenn du fortfährst, wie es in dem zweiten, von mir unterstrichenen Satze deines jetzt besprochenen Briefteils heißt: »Auf die echte Weiterführung deines Gedankens bin ich in unverändertem Respekt begierig.« Diese echte Weiterführung wirst du nun selber besorgen müssen, trotz dem unveränderten Respekt, den wir uns heute besehen haben, den Respekt in deinem »Zukunft«- und »Nord und Süd«-Artikeln,[67] das Unveränderte in deinem Briefe. Von Weiterführung durch mich kann nicht mehr die Rede sein. Wenn schon mein gedruckt vorliegendes Werk ganz von selber, trotz deinem unveränderten Respekt, derartig sich verändert hat, daß es so ziemlich in allen Hauptsachen plumps das Gegenteil geworden ist von dem, was doch Breitkopf und

67 Landauers Publikation des »Gesprächs« in der »Zukunft« sowie seine Rezension der »Lehre« im »Litterarischen Jahresbericht« der Zeitschrift »Nord und Süd« (s. Anm. 13), von der Landauer allerdings im Brief vom 25. April 1911 meint, es habe sich dabei aus Gefälligkeit für den Verleger der »Lehre«, Karl Schnabel, nur um eine Anzeige gehandelt: »Ich schrieb in der Rolle des Verlegers, so wie ich vorher den Prospekt entworfen hatte. Ich lehne es daher ab, diese Arbeit daraufhin anzusehen, ob ich sie vertreten kann. Wahrscheinlich kann ich sie vertreten, aber ich will nicht.« (IISG: 114).

Härtel so ehrlich und sauber gesetzt und gedruckt hatten[68] – na, *die* Weiterführung, die mir jetzt überlassen bliebe, die könnte nett werden! Nein, Landauer, nach dem, was jetzt in meinem Werke und was jetzt in mir ist und in mich Eingang findet, und bei der Menschenart, an die ich jetzt in Wahrheit mich wende, hast du schwerlich je eine Weiterführung meiner Gedanken von mir zu erwarten; und verändere nur auch deinen Respekt. Brauchst du denn noch zu erwarten? Erwartest du denn wirklich noch? Hast du nicht gesehen bereits und gerichtet? Ich Narr und Übernarr, der sich da abgeschuftet hat mit dieser Einleitung zu »Du und die Andern«, zwei Stunden zum Vorlesen, und mit dem ersten Teil dieses Werkes, drei Stunden zum Vorlesen, und der da gewähnt hat, es werde mit diesem über die Vereinigung der Künstler und Denker im Ersten und mit dem von der Kritik unserer Bildungszustände im Andern mein Werk weitergeführt (denn freilich steht von Beidem in der Ankündigung meines Werkes, daß davon, von Beidem, als von Hauptsachen, noch viel ausgeführt werden solle) – kein Gedanke! Nicht allein, daß in den vorgelesenen Teilen gar nichts steht von dem, was ich vorgelesen habe, denn es steht darin nur Propaganda für meine früheren schreckenden Töne, – sondern offenbar ist in den erwähnten Punkten die Ankündigung meines Planes im Hauptwerke von vornherein schon verkehrt oder doch inzwischen durch die Satansveränderung, die nun mal mit den Exemplaren vorgegangen, verkehrt geworden. Mit dem, was ich da über die Vereinigung der Künstler und Denker bringe, und was ich zur Kritik unsrer Bildungszustände sage, damit mag ich deswegen mich wenden an wen ich will, nur zum Donnerwetter nicht an meinen einzigen, echten Leser, der mir unmißverstehbar gesagt hat, nicht allein ja wie, sondern auch was ich zu schreiben hätte, und was er nicht zu hören wünscht. Die Dinge, die ich da treibe, sind keine Weiterführung meines Werkes; gehören nicht dazu, gelten nicht, sind unechte Weiterführung, sind überhaupt nicht Weiterführung und Fortsetzung, sondern Wiederholung – und ach, du lieber Himmel, von was! Was davon schon in meinem Hauptwerke vorkommt, nun, der echte Leser, wie er darüber denkt, und immer gedacht und nur bisher geschwiegen hat, das hat er jetzt gesagt.

Jedes Wort glaube ich dir, mein lieber Landauer, denn du bist der ehrlichsten Menschen einer, und so glaube ich dir denn auch, daß du glaubst, das jetzt von dir Gesagte schon immer gedacht zu haben, und daß dein Urteil über mein Werk wie deine Gesinnung gegen mich unverändert geblieben seien: aber der Letzte an Dummheit unter den Dümmsten sämtlicher Menschen aller Zeiten würde dir das nicht glauben; weil er dich nicht

68 Karl Schnabel ließ »Die Lehre« bei Breitkopf & Härtel in Leipzig setzen und drucken.

zu kennen vermöchte wie ich dich kenne, und wenn er nicht, gleich mir, auf die Frage nach dem Woher dieses Umschwungs in deinem Urteil und in deiner Gesinnung die Antwort besäße. Und weil ich diese Antwort besitze, glaube ich auch nicht mehr, daß du ein echter Leser bist, wo ich der Schreiber war – mein Leser müßte, so denk ich, hinzutun was mir fehlt, und verbessern, was ich habe, nicht aber mir nehmen, was da ist, und nicht mir Alles ins Schlimme deuten. Das ist gewesen, daß du mein Leser sein konntest.

Es gibt keine andre Antwort auf die Frage nach dem Warum nicht mehr? und nach der Tatsache, daß du anders denkst als du dachtest, als die Antwort, die ich gegeben habe. Denn es ist ja nicht etwa, daß du damals im Taumel blinder Augenblicke so hinkritisiert hättest: du hast Jahre hindurch im Tone jener gedruckten Urteilsäußerungen zu Andern wie zu mir gesprochen und mir wie Andern Briefe in ihrem Tone geschrieben; du hast jedes Stück meines Werkes, wie es entstanden war, meist häufiger als einmal, vorlesen gehört und selber gelesen; du hast während der Drucklegung, die zwei Jahre in Anspruch nahm, jede der vielen Korrekturen und jede Revision gelesen und dann immer wieder gelesen; und nach dem Allen erst hast du jene beiden Urteilsäußerungen für die Öffentlichkeit niedergeschrieben, deren Abfassung mindestens ein Vierteljahr auseinanderliegt. Du hast also nicht etwa, wie es auch ganz und gar nicht deine Art ist, so hinkritisiert, und ich habe keinen Anlaß, dich für einen von jenen frivolen Modernen zu halten, die, wie du damals drucken ließest, sich wohl »in alles ein bischen einfühlen«. Ich kann leider auch deinen jetzigen Ton nicht etwa der Erregung an einem Irrtume zuschreiben und für bald vorübergehende Gemütswallung nehmen: du hast Wochen hindurch gewartet, wie du mir selber schreibst, »um ruhig zu werden« – wie mag es nun erst vor dem Ende dieser Wochen, wie mag es an jenem Abend in dir ausgesehen haben, wie mußt *du* an jenem Abend der Vorlesung ausgesehen haben! Ich hatte dich nicht sehen können, aber du, der so gut und schön aussehen kann, du kannst an jenem Abend nicht gut ausgesehen haben. Einer der Zuhörer (dieser eine Zuhörer sind dieselben, »die bei mir vor Vergnügen losplatzen, wenn usw.«; denn er ist der einzige, der an jenem Abend ein einziges Mal gelacht hat, und zwar, wie ich genau weiß, bei einer Stelle ganz allgemeiner Natur, die vielleicht auch Lachen hervorruft und hervorrufen soll, nicht etwa bei einer Stelle über Nietzsche, wie du anzunehmen scheinst – dieser Mann ist einer der begeistertsten Nietzscheverehrer, trotzdem er da in meinem »Gefolge« saß) – einer der Zuhörer hat einige Tage später meine Lotte getroffen und gefragt: »Wer ist dieser Landauer? Der meint es nicht gut mit Ihrem Vater.« Du hast es nicht gut mit mir gemeint, und ich habe dir nichts getan. Nur daß ich nicht mitkann mit den Ideen deines Sozialismus, und daß du nun einige, für mein Ganzes durchaus nebensächliche Bemerkungen auf dich bezogen wähntest (wie konnt ich das ahnen? und noch einmal: wenn ichs so gemeint hätte, bin ich denn derart naiv oder boshaft, daß ich dann dich zum Hören gerufen hätt?) und freilich weiß ich nun, daß du's schon lange gegen mich hast, besonders seit jenem Briefe,[69] von dem doch aber nichts gewisser als daß er in dem herzlich zartesten und liebevollsten Ton geschrieben war, und du hast ihn dennoch, wie du mir jetzt in deinem Briefe vom 30. März 1911 selber eingestehst, du hast ihn übel aufgenommen.[70] So bring mich in den Besitz des glücklichen Geheimnisses von jener Form, die angenehm ist, einem, dem die mitgeteilte Sache peinvoll ist; den Boten des Unglücks geht es immer noch schlecht wie in den Zeiten, die wir barbarisch nennen. Du hast es nicht gut mit mir gemeint, und wenn ich denn nun endlich, wie die Sache schlimm aussieht, danach den schlimmen Namen geben muß: es sieht aus nach Haß und nach Rache – Rache nicht für Böses, was ich dir getan habe, mein lieber Landauer.

Und das fühlst du selber und machst einen Schluß, der nicht wohl zum Briefe paßt und nicht zu der Gesinnung, wie sie dich jetzt meistens gegen mich zu beherrschen scheint; die beiden Briefe, die du mir nach diesem hier noch geschrieben hast, sind aus einem Tone, der sich mit dem Schluß dieses Briefes noch weniger verträgt als dieser Brief:[71]

»Ich habe vorhin gesagt, ich käme über etwas, was ich nannte, nicht hinweg. Das ist nicht richtig, und ich muss es zurücknehmen und tue es gern. Ich könnte nicht darüber hinwegkommen, wenn ich mich diesen Teilen deiner Lehre anschlösse oder wenn ich zu diesen Dingen schwiege. Ich habe gesprochen und sage Dir jetzt:

Ich kenne an Dir viele, reiche Züge des liebevollsten, des gütigsten Menschen; und bis zu einer gewissen zeitlichen und modalen Grenze auch ein grosses und schönes Verstehen. Dann kommt diese Grenze, wo Du – nach meiner Art zu verstehen – jedes Verständnis, jedes Mass, jede Gerechtigkeit und jede Liebe verlierst, wo Du Deiner Neigung, mit selbstgemachten Konstruktionen zu leben, Dich schrankenlos hingibst.« (Wie z.B. gegenüber deinem Sozialismus).

»So kenne ich Dich, so stehen wir zueinander und so können wir weiter Freunde sein, – wenn noch genug des Gemeinsamen übrig bleibt, wenn nicht zu viel da ist, wo wir entweder einander fortwährend ›die Wahrheit sagen‹ müssen, oder wo wir behutsam und zurückhaltend sein müssen. Diese Frage wäre gar nicht aufzuwerfen,

69 Der (verlorene) Brief über den Sozialismus, den Brunner an der Jahreswende 1909/10 schrieb.

70 Landauer an Brunner, 30. März 1911 (IISG: 114).

71 Überliefert sind noch Abschriften von Briefen vom 28. März, 30. März und 1. April 1911 (IISG: 114). Im Folgenden zitiert Brunner noch einmal Landauers Brief vom 22. März.

wenn wir Jugendfreunde wären, wenn uns gemeinsames Leben, geradezu sinnliche Freude und Gewohnheit aneinander bänden. Wir haben uns aber spät und um geistiger Uebereinstimmungen und Sympathien willen einander genähert, und die Frage ist, ob ich Dir und Du mir zu viel genommen hast, als dass noch genug des Bindenden übrig bliebe. Diese Frage müssen wir beide beantworten; ich aber will den Anfang machen. Mir ist genug geblieben; ich habe nichts von all Deiner überströmenden Herzlichkeit, von Deiner Teilnahme, von Deiner Geduld, mit einem Worte zu sagen: von Deiner Liebe zu mir vergessen. Und ich weiss auch, dass ich, der ich schwerer schmelze, Dich mit allem, wie Du bist, herzlich lieb habe. Mir ist genug geblieben, und ich brauche gar nicht um unsres Verhältnisses willen noch dazulegen, was überdies ist: die herzliche Freundschaft und Verehrung, die ich für Deine Frau und Deine Tochter, die meine Frau und diese beiden untereinander haben, die Du zu meiner Frau hast. Ich antworte aber von mir aus auf die Frage: ja, es kann weiter gehen, und von mir aus besser, nachdem diese Last, die schon sehr lange angefangen hat, immer schwerer zu werden, von mir genommen ist. Ich wollte von ganzem Herzen, es gäbe einen andern Ort, wo ich sie hinlegen könnte als bei Dir! Nimm sie mit dem Ernst und mit der Freundschaft auf, mit der sie gegeben wird, und dann lege sie weg. Wie Du von Dir aus auf die Frage antwortest, erwarte ich zu hören. Wie auch immer, ich denke herzlich zu Dir hin und grüsse Dich!

Dein

Gustav Landauer.«

Du bist nun inzwischen in deinen beiden Briefen vom 30. März 1911 und vom 1. April 1911, die ich eben wieder durchlas, statt umzukehren, vorangegangen, und hast über die gleichen Züge in meinem Wesen, die du hier als gut hervorhebst, sehr Häßliches gesagt, z.B. *je mehr du umdunkelt wärst, je mehr Niedriges du in dir hättest, desto lieber würde ich dich haben.* Wie sehr Häßliches hast du da gesagt! und ich habe dich niemals weder niedriger noch höher gewünscht als du bist, aber jetzt wünsche ich innigst tatsächlich dich höher, damit so Häßliches nicht länger eine Stätte in dir finde. Du hast dich in diesen beiden Briefen noch weiter vergessen als in dem hier, hast dich auch bereits wieder zu diesem hier in argen Widerspruch gesetzt, und, ohne daß du es ahnst, alles noch um sehr Vieles deutlicher gemacht mit eignen neuen Worten. Wenn du schreibst: »...... wenn ich schon messen würde, dann wäre ich schon so, daß ich meinen Teil (das ist wie du vorher deutlich sagst, dein Sozialismus) an Deinem Teil (d.i. die Lehre) und mein Ganzes an Deinem Ganzen messen würde« – so wirft mir dies ein Licht auf die Wurzel in der letzten Tiefe. Auf zwei Punkte nur will ich noch eingehen; denn es muß einmal ein Ende haben. Ich könnt mich ja sonst aus der Welt hinausschreiben, und würde der Welt und uns nicht nützen. Dir? – bist du in der Aufgelegtheit, mich zu hören? Ich kann dir nicht einmal noch ein herzliches Wort sagen – ich wage nicht mehr, es zu sagen: du hast mir ja in diesen beiden letzten Briefen auf all meine Herzlichkeit und auf Alles, was ich dir schrieb – ja dafür gibt es nur ein einziges, sehr derbes Wort: du hast mir in Allem den Arsch auf den Kopf geantwortet. Und doch hab ich dir nie Böses getan, ich kann es eigentlich kaum fassen, und dir nie ein böses Wort gesagt – außer in deinen jetzigen Deutungen. Da ich denn nun mit Sprache nicht mehr zu dir sprechen kann, am wenigsten mit Sprache der Herzlichkeit, weil dein Herz nicht auf mich hört, so trete ich ganz ab und will warten. Ach, du machst es mir schwer, dir zu glauben, daß du mich noch liebst (und war das je der Fall, wenn heute nicht mehr?, aber ich glaube es; und vielleicht kommst du zurück von den Empfindungen, die nun jetzt in deine Liebe zu mir hineinschlugen. Wenn das sein wird, so eile, es mir zu sagen. Du sagst es einem, der dir nicht böse, der dir gut ist, mein lieber, bester Landauer; ja ich will es trotz allem und allem noch einmal wiederholen: der dich jetzt noch lieber hat. Denn ich sehe, woher dir alles kommt und wie du gequält bist – von deiner Sache gegen mich und gegen dich –: weil sie nicht gut ist; von einer guten Sache wird man nicht gequält. Und solltest dus können, so bitt ich dich, schreib mir nur ein einziges Wort jetzt, keines je wieder in der Art deiner letzten Briefe (ich würde darauf doch nie wieder antworten) – schreib mir das einzige Wort: »Jawohl, ich urteile anders jetzt über dein Werk, und ich bin anders jetzt gesinnt gegen dich als damals.« Schreib mir das, sobald du kannst (in deinen zwei letzten Briefen bestreitest du es noch so entschieden) – es ist mir der Logik wegen.[72] Alles Übrige hab ich rein überwunden, und es ist mir wie das Erlebnis eines Andern. Daß darin aber nicht etwa Verachtung deiner liegt (denn die wirfst du mir ja wiederholt vor, und deutest mir ja jetzt Alles aufs Schlimmste und wirst noch finden, daß ich die Hölle entzündet hab) – das könntest du schon daraus sehen, daß ich mich, viel bewegt und gedrängt zur Zeit von Mancherlei, dieser Arbeit des gar langen Geschreibes an dich unterzogen und meinen Ekel überwunden habe, Loberei auf mich selber herzusetzen.

Und zweierlei also noch will ich hinzufügen, damit nichts bleibt, wovon du meinen dürftest: Aha, darüber sagt er kein Wort; zweierlei noch soll aus deinen beiden letzten Briefen beantwortet werden:

Du verweisest mich zurück auf jenen Brief, den du mir z.Z. (es war am 2. Jan. 1910)[73] als Antwort auf meinen Brief über deinen Sozialismus ge-

72 Landauer antwortete am 25. April in einem sehr langen Schreiben, in dem er sich von Brunner verabschiedete: »Du hast in Deinem Briefe Dich bis auf Weiteres von uns verabschiedet; ich folge Deinem Beispiel und sage, so kurz es geht, meine Motive. Kurz, weil mir vor dem Ort, an den Du mich gestellt hast, ekelt.« (IISG: 114).

73 Siehe Brief 48/1.

schrieben hast: ich hätte vergessen oder gleich nicht verstanden, was darin *über diesen Sozialismus und deine Natur* erklärt stünde. Ja, liebster Landauer; der Andre versteht bei dir immer nicht oder gar: will nicht verstehen,* und hast du schon mal von der Frau gehört, die da sagte: »Ich weiß gar nicht, woher das kommt, daß ich immer Recht habe«? Wenn du eine Ahnung hättest, wieviel Mühe ich mir gegeben habe, deine Sache zu verstehen, auch deine Erklärungen über deine Natur dabei. Aber ich mußt es aufgeben, und konnte nicht anders als dich warnen, und das allerdings tat ich, wie du mir jetzt unter höhnenden Vorwürfen zitierst: »mit schmerz-

* so etwas sollte man doch so leicht nicht bei einem Menschen annehmen; und warum sprichst du denn jetzt bei dem armen Gaulke im L. E. von Vorstellungen, die er *angeblich* habe und wirfst ihm Verleumdung vor, und sagst, er habe dich angegriffen, nachdem du doch wirklich ihn arg mitgenommen hattest, und er sich doch nur verwahrt hatte gegen die Mißdeutung, die aus deinen Worten gelesen werden könnte? Er war damals bei mir, zeigte mir deine Kritik, und ich hab ihm sofort gesagt, *es sei gänzlich ausgeschlossen, daß du diesen bösen Sinn gegen mich gemeint haben könntest.* Daß aber die Stelle von den »Lyrifaxen, die gute Menschen seien«, (ich hab sie nicht zur Hand, aber sie lautete wohl so) mißdeutet werden könnte, das wirst du zugeben.[74]

74 Der Schriftsteller, Kunst- und Literaturwissenschaftler Johannes Gaulke (1869-1938?) war seit etwa 1910 mit Brunner in persönlichem Kontakt; später publizierte er Artikel zu Brunners Auffassung der Geistigen (Constantin Brunner und die Geistigen, in: Nord und Süd 39, Bd. 152, Nr. 486 (März 1915), S. 345-348; Geistige und Volk, in: Die Gegenwart 46, Nr. 35/36 (4. Oktober 1917), S. 373-375). Sein Buch »Der gefesselte Faust. Der Menschheitskomödie letzter Schluß« (Berlin: Freier Literarischer Verlag 1910) wurde von Landauer negativ rezensiert (in: Das literarische Echo. Halbmonatsschrift für Literaturfreunde 13, Heft 11 (1. März 1911), Sp. 835-837). Landauer bemerkt dort: »Zum Schluß darf ich, obwohl ich es lieber verschwiege, die Mitteilung nicht unterdrücken, daß der Verlag einen Brief Constantin Brunners dem Buche beilegt, in dem zu lesen steht, das Buch sei nach Plan und Anlage wahrhaft genial, und aus dem weiter hervorgeht, daß Brunner das Werk als eine repräsentative Schilderung unserer Zeit nimmt. Ich verehre Constantin Brunner als einen der stärksten Denker, die ich kenne, und ich kenne nicht nur lebende Denker. Aber diesmal erinnert er mich an Liliencron, der ein prächtiger Lyriker war, was ihn nicht abhielt, zu ungezählten Malen das Publikum mit Lobhymnen auf Lyrifaxe heißzumachen, die ganz gewiß gute Menschen waren. Ich bezweifle nicht, daß Johannes Gaulke ein guter und ehrlicher Mensch ist. Sein Buch aber ist nach Form und Inhalt repräsentativ nur für die Gabe einer großen Zahl unberufener Zeitgenossen, wenn sie die Feder zur Hand nehmen, in ihrem Denken, Gestalten und Gestimmtsein völlig unoriginell und dilettantisch zu sein.« Gaulke verwahrte sich in einem Leserbrief (Entgegnung: Gustav Landauer hat zum Schluß seiner Kritik über mein Buch ..., in: ebd., Heft 13 (1. April 1911), Sp. 995 f.) gegen den Verdacht, sein Buch sei eine »bestellte Arbeit« gewe-

licher Sorge um dich«.[75] Ich war ganz traurig, sehr lange Zeit, bis ich mich gewöhnt hatte an die Tatsache, von der ich ja damals erst zum ersten Male erfuhr, daß zu all dem Herrlichen und Hellen in deiner Natur auch noch ein dazu gar nicht Passendes vorhanden sei, das doch ebenso tiefe Wurzel in dir habe und woran du hieltest mit Fanatismus. Ich war traurig und unglücklich wegen der Erklärung, die du mir in jenem Briefe über deinen Sozialismus und deine Natur gegeben hattest; denn sie lautet: »Ich arbeite aus meiner Einsamkeit heraus an meinen Sachen. Ich gebrauche absichtlich diese Form der Mehrzahl. Meinen Sachen will ich helfen; nicht den oder jenen Menschen, gleichviel, ob es Millionen von Menschen wären. Da ist ein grundlegender Unterschied; und wer sich nicht auf meinen Boden begibt, soll zwar mit mir reden, weil er mein Freund ist und es innig gut meint; aber er kann dann leider nicht mit mir reden, weil er das Anfänglichste nicht versteht. Er redet zu mir, als ob ich ein Philantrop wäre; und er müßte zu mir als zu einem Dichter reden! *Ich dichte, lieber Freund, ich dichte an meinem Volke*«.[76] Ich aber habe mir an den Kopf gegriffen und habe mich verzweifelnd gefragt: Ist das Landauer? ist das derselbe Landauer, der des allerernstesten und allertiefsten Eingehens auf wirkliche Gedanken fähig ist und der bewunderungswürdigsten, der verehrungswürdigsten Sachlichkeit?! Und der sagt diese Worte. Als die letzte Erklärung für seinen Sozialismus, zu dem er doch aufruft als zu einer Praxis, zu einer neuen Lebenspraxis, sagt er: er dichte damit an seinem Volke. Ich will nicht fragen, ob das Cäsarenwahnsinn ist, und ob wohl dein Volk, wenn du es hättest, sich dieses An-ihm-Dichten gefallen lassen würde –

sen. Brunner habe lediglich die Korrekturbögen durchgesehen, sich im Übrigen positiv über die literarische Qualität geäußert, aber gegen Gaulkes Weltanschauung »entschieden« Stellung genommen. Brunner mit Detlev von Liliencron zu vergleichen, sei unpassend: »Wenn man weiß, wie manche von Liliencrons ›Frühstücks‹-Kritiken zustande gekommen sind, muß man hier eine versteckte Verhöhnung und Beleidigung herausfühlen. Wer Brunner kennt, weiß, daß er sich durch persönliche Beziehungen zu einem Schriftsteller in seinem Urteil über dessen Werk nicht beeinflussen läßt.« Landauer wiederum antwortete (Herr Johannes Gaulke hat es für nötig befunden …, in: ebd., Heft 14 (15. April 1911), Sp. 1066f.): »Ich weiß nur, daß Liliencron sich schnell begeistert hat und daß ebenso wie seinen unbedeutenden Lyrikern auch Herrn Gaulke das Malheur passiert ist, von einem bedeutenden Mann überschätzt zu werden.« Brunner habe »starke Gedanken« und sei ein »bedeutender Mann«, den er »sehr hoch« stelle. – Über Liliencrons Urteile äußerte sich auch Brunner kurze Zeit später in seinem Aufsatz: Liliencron und alle seine unsterblichen Dichter (in: Nord und Süd. Eine deutsche Halbmonatsschrift 36, Bd. 140, Nr. 446 (Erstes Februarheft 1912), S. 323-332).

75 Im Brief vom 1. April schreibt Landauer: »Dein Sozialismusbrief war liebevoll, liebevoll bis zur ›scherzlichen Sorge um mich.‹« (IISG: 114; in dieser einzig überlieferten Abschrift steht »scherzlichen«, vermutlich ein Abschreibefehler).

76 Aus dem schon zitierten Brief vom 2. Januar 1910 (s. Brief 48/1).

ich brauche gar nichts zu fragen, ich muß zu meinem Schmerze sagen: das sind Worte, Worte, schreckliche Worte, und es fehlt dabei (wahrlich nicht dir überhaupt, wie ich soeben schon anerkannte, und wahrlich auch in diesem Falle nicht etwa deiner gewis wundervollen Absicht nach) der sachliche Ernst, wie denn das auch ganz gewis keine ernste Antwort war auf meinen sehr ernsten Brief – genau so wie (abermals mit der gleichen eben gemachten Einschränkung) deinen letzten Briefen an mich der Ernst fehlt, und sie ein bloßes Geworte und Zänkerei sind, dessengleichen ich kaum anzugeben wüßte. Denn versteh endlich, worauf es ankommt: Wenn du immer so gedacht hättest, wie du in diesen Briefen angibst, das wäre mir begreiflich und gleichgültig gewesen; und wenn du dein Denken geändert hättest, das wäre mir (so wie es mir nun ist) begreiflich und hauptsächlich deinetwegen nicht gleichgültig gewesen; daß aber dein geändertes und dein früheres Denken dasselbe sein sollen – nun, das ist auch nicht unbegreiflich und nicht gleichgültig, und ist nach allem, was und wie es vorliegt, eine ungeheuerlich kindische Versicherung, die ja doch nicht einen einzigen Augenblick sich halten läßt. Und die willst du halten und schreibst mir noch in deinem letzten Brief: es wäre alles, was du mir geschrieben hättest »von Anfang bis zu Ende deine ganz unerbittliche Sachlichkeit«,[77] während es doch nicht etwa Vorwand ist, den du suchst: nein, die neue Sachlichkeit, die deine persönliche Verstimmtheit und Gereiztheit sich von selber sucht, die dein Affekt und dein verändertes Interesse sich suchen. Nein, Landauer, du bist der wahren Sachlichkeit fähig wie kaum ein Mensch – aber auch des Persönlichen wie kaum ein Mensch. Ich bleibe in der Bewunderung deiner großen Sachlichkeit, wie ich deine alles Maß überschreitende persönliche Gereiztheit beklage.

Und nun zum zweiten Punkte, womit auch endlich dieser Zachariasbrief sein Punktum finden wird. Ja, als ich das las in deinem Briefe vom 30. März 1911, da hab ich denn doch lächeln müssen. Als ich las: daß es mit Allem, was du mir da jetzt geschrieben hättest, lediglich um »die Bedingung des Verkehrs« zu tun sei, und daß ich dich »nicht auf gleichen Fuß« behandelte, da mußt ich lächeln, so wenig mir vorher danach zu Mute war, und ich habe wohl eine lange halbe seltsame Minute hindurch langsam den Kopf schütteln müssen. Wahr, wahr, es ist da manchmal bei unsrem Verkehr nicht Alles in der Ordnung gewesen, und von Behandlung auf gleichem Fuße war manchmal nichts zu merken. Aber du eigentümlicher Landauer! Warst denn nicht du es, der mich manchmal so gar nicht auf gleichen Fuß behandelt hatte? und damit schieße ich nicht etwa deinen Pfeil auf dich zurück.

77 Aus dem Brief vom 1. April.

Landauer, ist das dir denn wirklich noch durch keine Situation, durch keine Erfahrung und durch Niemanden nahe gebracht worden?! Du bist gewis in politischer Hinsicht ein gar feiner Edelanarchist, aber im Verkehr bist du ein Terrorist. Du kannst es sein, so liebenswürdig du für gewöhnlich bist: aber unvermutet wirst du im persönlichen Umgang ein rechter Terrorist, und wer nicht ganz fest ist, wer seine Haut nicht ganz festzuhalten versteht, der zittert vor dir, der zittert immer, es könnte der Augenblick kommen, wo du über ihn, den Ahnungslosen, wegen irgend einer äußersten Kleinigkeit, mitten in seine heiterste Naivetät und seinen schönsten Willen zu dir hinein, wo du plötzlich wegen irgend einer Deutung, die du einem Wort, einer Miene, einem Schweigen gibst, über ihn fällst mit einer unendlich kränkenden, herzabstoßenden Rede, in einem Tyrannenton, in einem schranzenden Hohne, der wie durch Vereisung den ganzen Körper starr macht, mit einem Gesichte – mein lieber Landauer, du kannst so schön aussehen mit deinem feinen Gesicht auf dem langlangen Leibe, daß man dich könnt, wie du manchmal aussiehst, so ohne weiteres ganz glaubhaft als einen Christus in eine gothische Kirche unter einen Pfeiler stellen – – aber wenn der Terror dein Gesicht entstellt!!! Auch gegen mich hast du ihn geübt und versucht zu üben; vielleicht grade gegen mich; so ziemlich mindestens einmal während unsres jedesmaligen, fast jedesmal langen, wenn auch seltenen Beisammenseins. Eine Antwort hatt ich darauf niemals, ich glaube, es gibt für keinen Menschen eine dagegen: ich war dann nur eine Zeit lang verstimmt, vielleicht auch einmal gereizt. Aber übel aufgenommen *so* hab ichs nie, daß ichs im Herzen als Groll gegen dich beherbergt hätte; keinen Augenblick so. Denn ich sah, daß und wie es zu deiner Natur gehört, als die ungewöhnliche Kehrseite deiner ungewöhnlichen Vorzüge, als die Empfindlichkeit und die Krankheit deiner Feinheit, als dein eignes Leiden an ihr. Aber es ist in dir; Terror ist in dir. Auch deine letzten Briefe an mich sind Terror. Dieser unvermutete Überfall mit einem in jeder Hinsicht so ganz neuen, dem alten schnurstracks entgegengesetzten maßlosen Urteil; diese höchst überhebliche Verwechselung deines Geschmacks und deiner Wünsche, deines unerwartet neuen Geschmacks und deiner unerwartet neuen Wünsche, mit den allein berechtigten Wünschen und dem ausschließlich gültigen Geschmack; diese unerhörte Sprache und drohende Haltung und Forderung der unbedingten Unterwerfung unter deine Vorschriften – es ist Terror in jeder Hinsicht, *nicht zuletzt Terror mitten in die Freundschaft hinein.* Denn ich beteure es noch einmal aus dem Grunde meines Herzens: ich habe dir nichts Böses getan, ich habe gegen dich nichts Böses gesagt, ich habe gegen dich nichts Böses gedacht.

Ob du dich besinnen, ob du umkehren wirst? Oder ob du weiter gehst, wie bisher? Denn du bist nun immer weiter gegangen; und was du noch an Maß gezeigt hast, das war durch deine Erinnerung an das Frühere. Wirst du nun noch den letzten Rest in die Luft sprengen?

Tu, was du mußt. Ich habe überwunden auch Alles was kommen kann, und ich bin dir nicht böse. Ich rate dir noch einmal zum Guten: Besinne dich, mein lieber, bester Landauer, besinne dich. Geh – nicht bei mir dieses Mal, wie du wohl früher getan – geh bei Anderen in die großen Gedanken, aus denen der Friede kommt und die Gütigkeit des Herzens gegen Gutes und auch gegen Böses.[78]

58. An Borromäus Herrligkoffer, 2. Mai 1911

Mein Lieber, Herzlicher, Frischer –

der mir nur Sorge macht wegen dieses ewigen, vertrackten Gehetztseins! Umso schöner, wenn Sie nun erst wieder den heiligen Faulenzius feiern können – der soll uns nicht aus dem Kalender; ist der besten Heiligen einer und der einzige, der, so wir ihm dienen, uns heilig macht, wie er selber ist. Schreiben Sie mir doch bitte, in welche Zeit hinein Ihre diesjährige Freiheit fallen soll? Dann kann ich wegen einer Zusammenkunft und wegen des Zusammenseins, worauf ich mich sehr herzlich freue, einen Vorschlag tun. Ich werde aber wohl an die Ostsee fahren, und wahrscheinlich schon bald.[1]

78 In seiner Antwort vom 25. April (IISG: 114) betont Landauer, er sei Brunner gegenüber »öfters sehr herzenshöflich und keines wegs immer ganz offen gewesen«; auch gesteht er einen gewissen Jähzorn ein. Doch er sei zu einem persönlichen Gespräch bereit, wenn Brunner ihm die Erklärung gäbe, dass er überzeugt sei, daß Landauer nicht »Haß, Groll, Rancüne, Persönliches« geleitet hätten bei seiner Kritik, sondern abweichende Anschauungen und ein anderes Naturell. Brunner antwortete am 27. April, er fühle sich »ins Absurde gezogen«. Er verlangt Genugtuung: Landauer solle mit Bestimmtheit sagen, was er meint, und widerrufen, was er nicht gemeint hat (LBI/NY: Gustav Landauer Collection, II, 1, 7). Im Brief vom 28. April (ebd.) setzt Brunner hinzu, für Landauer sei alles umgekehrt, als hätte Brunner ihn angegriffen und beleidigt und müsse ihm eine Ehrenerklärung abgeben. Damit brach Brunner die Verbindung ab. Landauer verabschiedete sich am 2. Mai mit einem langen Schreiben (IISG: 114): Brunner wolle ihn einfach nicht verstehen, sondern sei selber im Affekt gegen ihn. Er gab aber auch zu, dass er die von Brunner in seinen Schriften gepflegte »Kampfesart« hasse und Brunner darin schädigen wolle. Sein Anliegen und seine Briefe wolle Brunner einfach missverstehen. – In Lotte Brunners Tagebuch ist weiterhin gelegentlich von Landauer die Rede. Brunner hielt es für möglich, dass die Freundschaft noch einmal auflebt. Aber dazu ist es nicht gekommen. (Siehe auch Brunners Äußerungen anlässlich Landauers Ermordung während der Münchener Räterepublik, Brief 94/2.)

1 Herrligkoffer besuchte Brunner im Sommer 1911 an dessen Urlaubsort Misdroy an der Ostsee.

Was Sie mir über den Wieland sagen, interessiert mich sehr, wie ihn aus seiner Schrift kennen zu lernen mich gefreut hat.[2] Er ist wahrlich von denen keiner, bei denen es heißt: »Schweig, Herz, rede Maul«[3] – obwohl ich damit nichts gesagt haben will gegen die andern, die jenen vom Papste geforderten Eid geleistet haben.[4] Bei sehr vielen, vielleicht bei den meisten von diesen ist so viel Überzeugung wie bei denen, die ihn verweigerten: man muß den ganzen ungeheuren Einfluß des Affekts und des *Interesses* auf das Urteil jedem anders Denkenden gegenüber voll in Anschlag bringen, und wir, die wir die gerechteste Praxis suchen, sollten schon deswegen uns jeglichen Affekts gegen Personen enthalten; immer nur auf die Gedanken in ihnen schlagen. Ich habe da in den letzten Wochen mit einem, der sehr heiß der Lehre anhing, ein Erlebnis gehabt, das praktische Probe meines Denkens von mir verlangte.[5]

Antworten Sie bald, lieber Freund – es ist nicht ausgeschlossen, daß ich schon bald fahre – schonen, schonen Sie sich möglichst *und ein wenig mehr*, bleiben Sie mit allen den lieben Ihrigen gesund, lieb und im Frieden!

Mächtiges Amüsement haben Sie mir da gemacht mit dem klugen Dackerl, Autodidackerl, Autodiwackerl mit seinem Schwanze, und mein Ponto[6] findet ihn rrwau.

59. An Alice Brandt,[1] 14. Juli 1911

Mein liebes Kind, du legst mir von jenen Fragen eine vor, die man sich schließlich doch nur selber beantworten kann; und wie sollt ich dir wohl dazu raten, dich »taufen« zu lassen?! Wenn du aber dafür hältst, daß es *so* nötig ist, so rate ich dir, damit zu warten, bis es *wirklich nötig* ist. Wer weiß, was kommt, und es ist *nicht* nötig –? Der christliche so gut wie der jüdische liebe Gott ist mit den Vorsichtigen.

2 Konstantin Wieland, Eine deutsche Abrechnung mit Rom (s. Brief 51).
3 Altes deutsches Sprichwort.
4 Den Antimodernisteneid (s. Brief 57/45).
5 Brunners Auseinandersetzung mit Gustav Landauer (s. vor allem Brief 57).
6 Brunners Königspudel.
1 Erna Alice Cohn (1886-1925). Seit 1911 nannte sie sich wiederholt Brandt, ohne jedoch ihren eigentlichen Familiennamen Cohn offiziell abgelegt zu haben. Brandt gehörte zu einem der beiden Mädchen-Zirkel, die von Brunner 1903-04 in Kultur- und Literaturgeschichte unterrichtet wurden (s. Brief 25/4). Sie war häufig zu Gast bei Brunner und wurde auch eine schwärmerische Anhängerin seiner Philosophie. Zeitweise lebte sie in Berlin, betreute 1908-11 in Frankfurt a.M. mutterlose Kinder, war von 1911-14 Sprach-

Alle Götter mögen dich segnen und es so herzlich gut mit dir meinen wie die Unmenschen;[2] dann kann es dir unter den Menschen nicht fehlen.

Sei gegrüßt, liebe Alice, und schreib auch mal aus andrem Anlaß als wenn der Cohn weit vom Stamm fallen will[3] – er fällt doch nicht weit davon.

60. An Frida Mond, Sommer 1911

Freund, Freundin unvergleichliche und unvergleichlich geliebte und verehrte –

ja, ich bin ordentlich froh, daß Ihnen der Beethoven[1] etwas sagte und zusagte (statt jenes Lichtes auf der Stirne steht ihm Andres darauf: *Sammlung* des Gedankens über Welt und Ewigkeit, *Macht* des Gedankens, der Produktivität; was vielleicht in der Seitenansicht noch mehr hervortritt). Da ist doch nun wieder einmal eine Einzelheit der Übereinstimmung zwischen uns, *woran ich Sie fassen kann,* während übrigens unser ganzes Verhältnis *wegen der absoluten Übereinstimmung unsrer Naturen* ganz ausschließlich nur aufgebaut scheint auf der letzten Tiefe und Einheit des Wesens und oben, in der Lebensexistenz fast nichts als Divergenzen zeigt, so daß ich gar nicht weiß, wie und womit ich Ihnen denn eigentlich die Übermächtigkeit meines Liebens zeigen soll, – und wie Sie es mit mir machen und anstellen ist mir gar ein vollendetes Geheimnis, aber ein um so viel anziehenderes und desto herrlicher waltendes. – Ist es Ihnen recht so? darf ich zu Ihrem Geburtstage[2] Ihnen einen Abguß der Beethovenbüste schicken? Leider kann ich sie nur in Gips schicken, aber Sie haben doch schließlich kein Vorurteil gegen Gips. Der Künstler soll es Ihnen auch mit besonderer Liebe, mit Leben tönen. Vielleicht sehen Sie sich durch den

und Gymnastiklehrerin an der Odenwald-Schule, machte eine Ausbildung zur Krankenschwester und war Sprach- und Turnlehrerin in einem Sanatorium in Königstein/Taunus. 1919 eröffnete sie schließlich mit Magdalena Kasch zusammen eine Pension in Bad Harzburg, bevor sie 1925 plötzlich starb.

2 Gemeint sind Brunner und sein Pudel Ponto, mit dem er sich im Strandkorb in Misdroy an der Ostsee fotografieren ließ (s. Abb. 15).

3 Anspielung darauf, dass Alice Brandt, die eigentlich Cohn hieß, sich von ihrer jüdischen Herkunft distanzieren wollte.

1 Fotografie einer Beethovenbüste (im Besitz des ICBI, Den Haag), die der mit Brunner befreundete Bildhauer Georg Wienbrack (1877-1953) geschaffen hat (s. Abb. 12).

2 Frida Mond ist am 5. Oktober 1847 in Köln geboren.

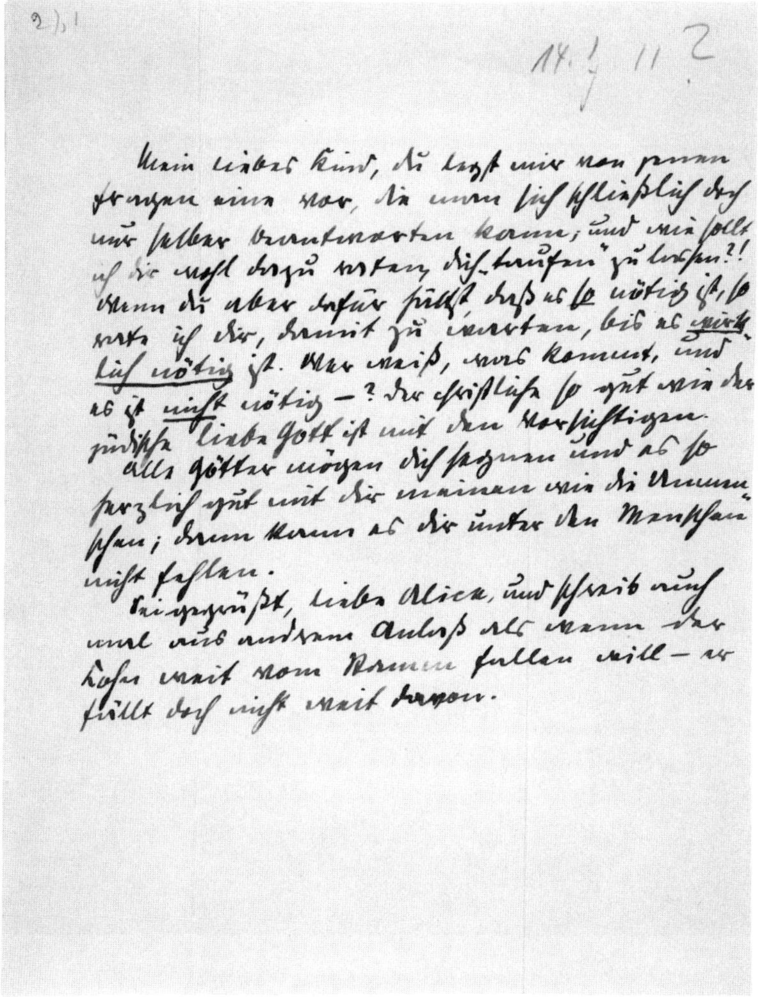
27,1

14. 7. 11?

Mein liebes Kind, Du legst mir von neuem Fragen eine vor, die man sich schließlich doch nur selber beantworten kann; und wie sollte ich dir nicht dazu raten, dich trauen zu lassen?! Wenn du aber dafür fühlst daß es so nötig ist, so rate ich dir, damit zu warten, bis es wirklich nötig ist. Wer weiß, was kommt, und es ist nicht nötig – ? Der christliche so gut wie der jüdische liebe Gott ist mit den Vorsichtigen.

Alle Götter mögen dich segnen und es so herzlich gut mit dir meinen wie die [illegible]; dann kann es dir unter den Menschen nicht fehlen.

Sei gegrüßt, liebe Alice, und schreib auch mal aus anderem Anlaß als wenn der Hafer weit vom Stamm fallen will – er fällt doch nicht weit davon.

Brief an Alice Brandt, 14. Juli 1911

Abb. 12: Beethoven, Büste von Georg Wienbrack, ca. 1911

Abb. 13: Spinoza, Büste von Georg Wienbrack, 1911

Beethoven dann auch noch in den Spinoza[3] hinein, der auch ein ernstes Werk einer ernsten und keuschen Künstlerseele ist. Das Letzte mögen Sie ersehen aus einem Briefe, den ich miteinschicke. Er bedarf für Sie keines Kommentars. – Bitte den Brief mit zurückschicken.

Aus dem Briefe ersehen Sie auch, daß das ganze Werk aus einem Worte meiner Einleitung zur Meinsma-Übersetzung[4] entstanden ist, von deren Wirkung ich manche erfreuliche Zeichen der verschiedensten Art erfahre. Übrigens handelt es sich mir gar nicht etwa, wie Sie meinen, um eine Verteidigung Spinozas, sondern darum, daß die ungeheure Gedankenmacht in ihm, mit der sich bisher nur so ein par Vogelscheuchen an Universitäten und Philologen andrer Art, manchmal schlimmster Art, (der Abfall der Niederlande und Deutschlands) in der Stille zu schaffen machten, – daß die unerschöpfliche Kraft Spinozas eine lebendige Lebensmacht werde. Darum ist es zu tun, und das wird getan werden; es tut sich schon. Es laufen allerlei Fäden des herzerfreuenden Beginns in meinen Händen hier zusammen,[5] und ich bin des glücklichen Ausgangs gewis. –

Sie haben das Bild der beiden Unmenschen Ponto und Constantin Brunner[6] mit vieler Liebe betrachtet – von dem letztgenannten Unmen-

3 Brunner hatte Frida Mond die Fotografie des Entwurfes einer Spinozabüste geschickt, die Georg Wienbrack während Brunners Sommeraufenthalt in Misdroy geschaffen hat (s. Abb. 13).

4 Brunner, Spinoza gegen Kant (s. Brief 47/1).

5 Ernst Altkirch hatte mit Bezug auf Brunner zur Gründung einer Spinoza-Gesellschaft aufgerufen (Benedictus Spinoza. III, in: Ost und West. Illustrierte Monatsschrift für das gesamte Judentum 10, Heft 2 (Februar 1910), S. 79-100): »Von deutschen Spinozafreunden wird seit langem der Wunsch genährt, eine *Deutsche Spinozagesellschaft* zu gründen. In England ist schon etliche Jahre eine Spinozagesellschaft vorhanden. Es ist an der Zeit, dass auch wir uns besinnen, besonders wo unter uns eine dem Spinoza kongeniale Natur, Constantin Brunner lebt, von dem erst eine kleine Gemeinde weiss, und von dem in dieser Zeitschrift noch ausführlich die Rede sein soll, ein Philosoph, der mit feuriger Zunge und einer heiligen Begeisterung uns Spinoza, den Einzigen, vor die Seele stellt, wie es noch keiner zu tun vermocht hat.« (S. 91). Brunner wies das Anliegen zurück, bestätigte aber in seiner Replik (Eine Spinoza-Gesellschaft?, in: ebd., Heft 3 (März 1910), S. 167-170): »In einem Kreise von Männern, die mir nahe und mit mir auf dem Boden der Lehre von den Geistigen und vom Volke stehen, ist seit längerer Zeit von einer Spinoza-Gesellschaft die Rede.« Wie Brunner weiter ausführt, sollte damit keine »Amüsiergelegenheit für Philosophie-Philologen« geschaffen werden, sondern ein Mittelpunkt »für diejenigen, die auf der einen, ewigen Wahrheit von dem ewig Einen stehen und zu stehen vermöchten«. Zweitens gehe es darum, dass die Wahrheit »lebendig werde *im Leben* der sie Denkenden, daß sie *in* ihnen sich verpersönliche – *bis dies nicht geschieht, so lange bleibt die Wahrheit, so lange bleiben alle die vorhandenen Geisteswerke [...] ohne ihren eigentlichen Sinn.*« Unter dem Namen Spinozas solle sich eine solche Gesellschaft gründen, allerdings hielt Brunner die Zeit hierfür noch nicht für gekommen. Auch später wurde von Brunner keine Spinoza-Gesellschaft gegründet; er blieb gegenüber solchen Gemeinschaften stets skeptisch.

schen verlangen jetzt allerlei Menschen, töricht wie sie sind, Bilder zu sehen; einige kommen, ihn selber zu besehen und scheuen selbst weite Reisen nicht. Ein (übrigens sehr liebenswürdiger) Gewaltsmensch hat sich hier gar acht Tage aufgehalten und mir nicht Ruhe gelassen, bis ich mich mit ihm zusammen photographieren ließ (wo ich denn auch genug gezwungen und blöd verängstigt herauskam, trotzdem ich mit meinem alten Wiesbadener Lieblings-Frida-Stock bewaffnet war!) und dann mußt ich noch mal mit Weib und Kind Lotte heran. Ich schicke Ihnen auch diese beiden Photographien, zur Vervollständigung der Anschauung – von meiner Schwäche.[7]

Lieb, lieb von Ihnen, daß auch Sie, geliebte Freundin, mir so viele Karten schicken, die meiner Phantasie ermöglichen, Sie in Ihre jetzige Umgebung und die Natur um Sie herum hineinzuplacieren. Es muß ja wunderbar dorten sein, im Großen und im Kleinen, die Welt der Berge und der Blumen. Und Sie, Einzige – ach, trotz Allem, was Ihnen nun auferlegt ist, spricht so schöne, edle Heiterkeit aus allen Ihren Worten. Ich küsse Ihnen, glücklich darüber, die Hand, die Hände, immer wieder, und hoffe so zuversichtlich, daß es auch mit dem geliebten Ohre sich wieder bessern wird! Diese vertrackte Nervosität ist und bleibt ja doch ein Schauspieler nur, der, ob er noch so täuschend die Rolle aller Krankheiten zu spielen weiß, doch keine von ihnen wirklich ist und endlich wieder aufhören muß und in sein Nichts zurück. – Eben kommt Ihre Karte mit dem Hofnarren. Ei, der gefällt mir, sieht fein und bedeutend aus und wie die gemalte Bekräftigung der alten Wahrheit, daß man gar sehr weise sein muß, um den Narren zu spielen.

Grüßen Sie mir die lieben Kinder Frida und Irene[8] von einem, der da überzeugt ist, daß sie die beste Großmama von der Welt besitzen, und der das gegen die ganze Welt verfechten will

und wird.

NB. Ja wüßt ich nur humoristische Lektüre für Sie. Meine liebste ist auch immer noch Jean Paul, trotz seiner Formlosigkeit und überhängenden Gelehrsamkeit und trotz seiner blauest leeren Romantik: er ist so bedeutend und vor allem so *gut* und innig. Auch in der Liebe zu ihm begegnen wir uns; er ist mir wie ein teurer Verwandter, wie ein Vetter etwa

6 Brunner hatte sich mit seinem Pudel Ponto in einem Standkorb fotografieren lassen (s. Abb. 15).

7 Brunner verbrachte des Öfteren und unter anderem 1909 bis 1912 seinen Sommerurlaub im Ostseebad Misdroy. Borrmomäus Herrligkoffer hatte ihn dort besucht (s. Abb. 14).

8 Ihre Enkelinnen Frida Helen und Irene Henrietta, die Töchter Robert Monds und seiner ersten Frau Edith Helen Levis.

Abb. 14: Constantin Brunner mit Borromäus Herrligkoffer, Leoni und Lotte Brunner, Misdroy 1911

Abb. 15: Constantin Brunner mit seinem Pudel Ponto, Misdroy 1911

– meine Eltern sind Spinoza und die Tauschwestern.[9] – Ich schicke Ihnen zur Lektüre eine kleine Sache von Buber, die ich hierher bekam;[10] nach Andrem will ich mich in Berlin umtun und hören: ich selber lese, meiner Augen wegen, nur, was der Egoismus meines Werkes unbedingt verlangt. Lektüre des Genusses und der Erholung wegen kenne ich seit lange fast gar nicht mehr. Daß ich das Buch von Aldenhoven aber mit aller Liebe aufnehmen werde, desgleichen auch an geeignete Leser verteilen, dürfen Sie glauben.[11] Ebenso will ichs mit dem von Oswald.[12] Über die andern Bücher oder Nichtbücher (denn es ist da bei Überfluß des Gedruckten Mangel an Wünschenswertem) wird Ihnen Lotte schreiben.

Soeben noch ein Brief von Altkirch, weswegen ich Ihnen noch das Folgende mitteilen, bez. anfragen muß. In der Sache »Spinoza im Porträt« ist nun so weit mit dem Verleger Eugen Diederichs in Jena Alles in der Ordnung; das Werk wird in schöner Ausstattung und guter Ausführung der (ich glaube 35) Reproduktionen herauskommen.[13] Diedrichs möchte, daß die M.1000 bei der *Bank für Thüringen, vormals B. M. Struppin Jena* deponiert werden. (Ich habe diesen Modus in Vorschlag gebracht, da die Summe erst nach erfolgter Fertigstellung von der Firma abgehoben wer-

9 Skulpturengruppe vom Parthenongiebel (s. Brief 32/7).

10 Brunner schätzte Martin Bubers Herausgabe jüdisch-mystischer Schriften (s. Brief 62), aber vermutlich handelt es sich um eine aktuellere Publikation. 1911 erschienen »Chinesische Geister- und Liebesgeschichten« sowie »Drei Reden über das Judentum« (beide bei Rütten & Leoning in Frankfurt a.M.). Über die »Reden« äußerte sich Brunner gelegentlich (s. Brief 54 und 62).

11 Frida Monds Freund Carl Aldenhoven (1842-1907) war Kunsthistoriker und Direktor des Kölner Wallraff-Richartz-Museums. Mond hatte sich nach seinem Tod um die Auflösung seiner Bibliothek gekümmert. Bei dem genannten Buch handelt es sich vermutlich um: Aldenhoven, Gesammelte Aufsätze, hrsg. von Arthur Lindner, Leipzig: Klinkhardt und Biermann [1911].

12 Gemeint sein könnte Wilhelm Ostwald (1853-1932), der 1909 den Nobelpreis für Chemie erhielt und zusammen mit Ernst Haeckel einer der führenden Vertreter des Deutschen Monistenbundes war, der sich für ein wissenschaftlich begründetes Weltbild einsetzte. Ostwald vertrat die Auffassung, dass Energie die Primärsubstanz sei, von der alle besonderen Erscheinungsformen abgeleitet werden müssten (Die Energie, Leipzig: Barth 1908). Auf welches Buch Brunner im Brief anspielt, ist unklar. 1911 erschienen von Ostwald (in der Leipziger Akademischen Verlagsgesellschaft): Monistische Sonntagspredigten (Bd. 1), Forderungen des Tages (2. Aufl.), Grosse Männer. Studien zur Biologie des Geistes (2. Aufl.), Sprache und Verkehr, Die Wissenschaft. Vortrag gehalten auf dem Ersten Monisten-Kongresse zu Hamburg am 10. September 1911 sowie eine Übersetzung des Buches von Alphonse de Candolle: Zur Geschichte der Wissenschaften und der Gelehrten seit zwei Jahrhunderten nebst anderen Studien über wissenschaftliche Gegenstände insbesondere über Vererbung und Selektion beim Menschen.

13 Ernst Altkirchs »Spinoza im Porträt« erschien, Brunner gewidmet, 1913 im Verlag Eugen Diederichs in Jena.

den soll). Soll ich das nun so besorgen? Ferner bitte ich um die Angabe (da das in den Vertrag aufgenommen werden muß), wieviel Exemplare Sie wünschen? –

Mit Gruß und Segen.

61. An Frida Mond, August 1911

Innigsten Dank für Nachricht; ich hatte inzwischen nach London[1] geschrieben, und Sie haben die Zeilen wohl erhalten. Die neue Nachricht über den schlimmen Zustand mit dem Gehör macht mich so traurig, geliebte Freundin, einzig verehrte; und ich kann doch nur dumm: wünschen, wünschen. Wenn ich doch bald Besseres zu hören bekäme!!

Ich gedenke, hier an der See sitzen zu bleiben[2] – ich fühle schon Besserung in dem Gedanken daran und im Anblick der weiten Wasserfläche und des freien Himmels. Ich habe hier, trotz unglücklicher Bedingungen besonders durch die Augen, eine kleine Arbeit zu Ende gebracht, mit der ich einen Spaß vorhatte. Es ist eine Abhandlung über meine eigne Philosophie oder vielmehr über meine Systematik, wobei ich mir auch selber meine geschichtliche Stellung anzuweisen suche;[3] und nun wollt ich mir den Spaß machen, das nacheinander sämtlichen Fachzeitschriften einzusenden und hätte dann bei der Veröffentlichung durch mich drunter gesetzt: »Von sämtlichen Fachzeitschriften abgelehnt.« Aber nichts ist mehr zuverlässig, nicht mal mehr ein Philosophieprofessor, und ich verstehe die Welt nicht mehr, und mit meinem Spaß ist es vorbei. Denn vorgestern schickte ichs, als an die erste Adresse, an das Archiv für systematische Philosophie, und eben jetzt kriege ich von dem Leiter (Ludwig Stein[4]) einen sehr schmeichelhaften Brief: »Ich lasse alle andern Arbeiten liegen und räume der Ihrigen den Vorrang ein« usw. Ganz im Ernste: ich bin ver-

1 Frida Mond wohnte in London, war aber offensichtlich in die Alpen verreist.

2 Brunner war noch im Ostseebad Misdroy.

3 »Die Lehre von den Geistigen und vom Volke« (der Titel wurde von Brunner später geändert in: Kurze Rechenschaft über die Lehre von den Geistigen und vom Volke) erschien in der von Ludwig Stein herausgegebenen philosophischen Fachzeitschrift Archiv für Philosophie. II. Abteilung. Archiv für systematische Philosophie 17, Heft 3 (22. August 1911), S. 282-301.

4 Ludwig Stein (1859-1930), zunächst Rabbiner, lehrte seit 1881 in Zürich und Bern Philosophie und war seit 1909 politischer Journalist in Berlin. Er gab das »Archiv für Philosophie« heraus und seit 1912 auch die Zeitschrift »Nord und Süd. Eine deutsche Monatsschrift«. Lotte Brunner berichtet am 2. Februar 1912, dass Stein »lebhaftes Interesse« an

drießlich, daß es nun so kommen muß; denn der Stein ist gewiß nur Regel bestätigende Ausnahme …

62. An Martin Buber, 10. April 1912

Mein Lieber,

mich drängts Ihnen zu sagen: bei der Lektüre Ihrer Reden[1] ist mir kein Gedanke gekommen an Abhängigkeit von »meinen« Ideen und Formulierungen. Daß aber nicht blos A. M. anders denkt,[2] beweist mir die Zuschrift eines Mannes, der A. M. gar nicht kennt. Da ist eine Überzeugung, verkehrt, aber ehrlich, wovon Ihre Ausführungen den A. M. hoffentlich

Brunner bekundete. Er lud Brunner so dringend zu sich ein, »dass Vater anständigerweise sich nicht entziehen konnte, obwohl er mit leisem Widerstreben ging, denn er hätte lieber den Stein zuerst in unsrer Wohnung gesehen«. Nach dem Besuch äußerte Brunner: »Was der Mann eigentlich mit mir will, verstehe ich nicht […], denn er ist doch, trotz gewisser Freiheiten, der richtige gelehrte Professor. […] Was er nicht historisch einordnen kann, das existiert ihm nicht, oder es beunruhigt ihn. ›Für mich sind Sie ein Neospinozist‹, schoss er gleich auf mich los. ›Das ist Ihre Privatsache‹, erwiderte ich. Ferner gestand er mir, dass solange er mein Werk kennt (er hat übrigens vier Monate gebraucht, um mich zu lesen), dass ihn seitdem Gedanken über die Analyse der Genesis meiner Konzeption von den drei Fakultäten (sic) beschäftigten. ›Nicht wahr‹, fragte er, ›Spinozas drei Stufen der ratio haben bei Ihrer Konzeption mitgewirkt.‹ ›Aber nicht die Spur!‹ war meine ruhige Antwort. Aber so einem etwas von dem wahren Wesen einer Konzeption zu erklären, ist ja ganz unmöglich […].« Brunner war dieser Kontakt »sichtlich unbehaglich«, urteilte seine Stieftochter. Als er kurz darauf von Stein aufgefordert wurde, an einer »Konferenz über Konservierung jüdischer Altertümer« teilzunehmen, zu der nur Autoritäten wie zum Beispiel Max Liebermann eingeladen seien, lehnte Brunner trotz »Herz für die Angelegenheit« ab, wie Lotte Brunner in ihrem Tagebuch notierte (2. Februar 1912). Zwei Wochen später war Stein wieder bei Brunner, der ihm seinen Brief über Wienbracks Spinozabüste (»Ein Idealporträt Spinozas«) vorlas. Stein zeigte »Freude und Bewunderung«, befand den Essay allerdings als zu fein für seine Zeitschrift »Nord und Süd«, publizierte ihn dann aber doch (37, Bd. 144, Nr. 460 (Januar 1913), S. 27-43), wie – zwischen 1912 und 1920 – noch neun weitere Aufsätze von und über Brunner.

1 Martin Buber, Drei Reden über das Judentum, Frankfurt a.M.: Rütten & Loening 1911.

2 Es dürfte A. Mœbius gewesen sein (s. Brief 57/25), der in dem anonym (A. M.) erschienenen Artikel »Constantin Brunner und Martin Buber« (in: Ost und West. Illustrierte Monatsschrift für das gesamte Judentum 12, 4 (April 1912), Sp. 329-334) an Bubers »Drei Reden über das Judentum« kritisierte, dass Brunner nicht ein einziges Mal genannt werde, obgleich das Buch auf fundamentalen Ideen Brunners aufbaue. Die Bedeutung, die Buber den Begriffen »absolut« und »relativ« gäbe, sein Begriff des »Geistigen«, die Bezeichnung der Juden als »geistiges Volk« und nicht zuletzt der Einheitsgedanke seien ohne Brunners »Lehre« gar nicht verständlich. Bubers »Reden« seien ein Beispiel dafür, »wie schon heute

herunterbringen – οἷοι νυν βροτοι εἰσιν:[3] ihn vielleicht besser heruntergebracht hätten, wenn Sie nicht gleich so gegen ihn angegangen wären! Das verdient er nicht: seine Gedanken sind ernst, seine Absichten die lautersten.

Verkehrt aufgefaßt zu werden, Verkehrtes untergeschoben zu bekommen, das bleibt keinem Schreiber erspart. Ich habe noch ganz viel ungerechtere Vorwürfe bekommen, habe sie mir machen lassen ohne mich zu regen, will es auch weiter so halten. Ich bin entschlossen zu meiner Sache und will darum auf nichts Persönliches mich einlassen. Jeder hat das Recht mich mißzuverstehen, auch Sie natürlich haben es – denn Sie können doch wohl nicht so ganz sicher sein, daß Sie mich recht und gerecht auffassen? Hab ich doch auch Sie selber, Ihre eignen Worte, verkehrt aufgefaßt; denn ich meinte aus dem, was Sie mir bei Ihrem Besuche sagten,[4] Andres heraushören zu müssen wie das, was ich nun höre: daß Sie *nichts* von mir gehabt haben.[5] Übrigens habe ich von Ihnen sehr viel gehabt, nämlich von Ihren

Keime aus Brunners Saat aufgehn und spriessen«. Buber wies die Vorwürfe im selben Heft (A. M. und Constantin Brunner, Sp. 333-338) scharf zurück: »Es gehört zur Artung von Apostelnaturen zweiten Grades, dass sie alle Weisheit und alle Wahrheit der Welt im Meister offenbart und beschlossen finden; jeden guten Gedanken der Zeit muss er vorgedacht, jedes echte Wort der Zeit muss er vorgesprochen haben. Daraus erklärt sich das eigentümliche Gewebe dieser Leute: wie es Ketzerriecher gab, so sind sie Jüngerriecher; sie schnüffeln nach verkappten Jüngern. Die ganze geistige Schöpfung der Zeit erscheint ihnen als *ein* grosses Plagiat, und dieses Plagiat wollen sie aufdecken, Stück für Stück.« Formulierungen, die Mœbius als Plagiate ansah, habe er schon vor Erscheinen von Brunners »Lehre« benutzt. Auch sei im entscheidenden Punkt gar keine Übereinstimmung, sondern ein Gegensatz zu Brunner vorhanden: »Ich stehe der Brunnerschen Lehre von den Geistigen und vom Volke, unbeschadet meiner Schätzung der Persönlichkeit ihres Urhebers, in den wichtigsten Punkten ablehnend gegenüber, am entschiedensten in dem Punkt, auf den sich der Apostel beruft. Ich halte die Scheidung des Menschengeschlechts in zwei prinzipiell gesonderte Kategorien mit verschiedenartigem Denken für einen fundamentalen Irrtum, dem meine Anschauung einer polaren Dualität im einzelnen Dasein gegensätzlich fernsteht. Brunners Absolutes ist ein Privilegium der ›Geistigen‹, mein Absolutes ist die Aufgabe, die jedem Einzelnen und jeder Gemeinschaft gestellt ist. […] Darum konnte ich fordern, was aus Brunners Gedankengang nie gefordert werden könnte: ›dass der Kampf um die Erfüllung *das ganze Volk* erfasse‹.« Siehe dazu auch Brief 54.

3 Griech.: welche heutige Erdenbewohner sind (Homer, Ilias, A 272).

4 Buber hatte Ende Februar 1911 einer Vorlesung Brunners aus seinem Manuskript »Du und die Andern« beigewohnt (s. Brief 57/3).

5 In Brief 54 wunderte sich Brunner, dass Buber so gar nichts von ihm gehabt habe. In seinem Artikel gegen Mœbius greift Buber diesen Brief auf und erläutert: »Constantin Brunner hat es richtig gesehen: *ich habe nichts von ihm gehabt*, nichts als den Eindruck seiner Persönlichkeit.« In einem undatierten Brief, offenbar die Antwort auf den vorliegenden Brief, präzisiert Buber: »Sie fassen meine Worte ›ich habe nichts von ihm gehabt‹ falsch auf. Die schliessen sich an Ihre gleichlautenden an und meinen, dass ich Nichts von Ihnen ›übernommen‹ habe; verdeutlicht wird das durch die Folgenden, die da annehmen, was man von einem andern ›haben‹ kann ohne es zu ›übernehmen‹: Eindruck seiner Persönlichkeit. Und damit meine ich natürlich nicht die paar Stunden persönlichen Verstehens,

Büchern aus der jüdischen Mystik,[6] höchstbedeutsamen Veröffentlichungen, die nach meiner festen Überzeugung einen wundervollen Zustrom bilden können und werden zur allgemeinen Litteratur und dem allgemeinen Bewußtsein, der allgemeinen Seele gut tun müssen. Nicht so stehe ich zu Ihren Reden. Ich finde darin ebenfalls viel Gutes, aber nicht was den Juden, im Besonderen den jüdischen Deutschen not ist: Klarheit, Festigkeit, Kraft und Mut.

Friede sei mit Ihnen!

Constantin Brunner.

63. An Lotte Brunner, 17. April 1912

Da das nun tatsächlich in jedem Briefe wiederkehrt,[1] so muß ich dir einmal antworten:

Mein herzgeliebtes Töchterchen in Rom, wo ist dort der Gesegnete, der dir ein Par gesegnete Erweckungspatschen gäbe? Denn wenn du das dort nicht geistreicher zu betrachten weißt als daß du allen Ernstes immer und immer wieder das Lied des Vogels im goldnen Käfig singst – mein geliebtes, sonst so kluges Leben, weißt du, daß das einer der schwersten von den Fällen ist, in denen du völlig blind vor dem Wesentlichen standest und auf Narrheiten Gewicht legtest – bis du aufwachtest?

Du mußt aber jetzt dir selber sagen, daß ich Alles, was du für *diesen* Fall hier anführen könntest, wahrlich weiß, und wenn ich dennoch sage, was ich sage, so mußt du bitte, liebes Herz, auf den Wegen meiner Gedanken nachzudenken suchen.

Ich rechne überhaupt darauf, z.B. daß du dort jederzeit mit Bedacht sprichst. Man spricht und erzählt nicht Alles – es paßt nicht Alles für Je-

sondern die ganze Subjektivität Ihres Werkes: nicht seine ›Wahrheit‹ sondern seine Wirklichkeit. Eine Fülle von Einzelbemerkungen hat mich angeregt, wie mich Musik anregt – nicht durch ein Was; aber mächtig wichtig und merkwürdig war und ist mir die ganze Personalität« (NLI: Martin Buber Collection, ARC. Ms. Var. 141.25). Bemerkenswert ist, dass Buber später in »Ich und Du« (Leipzig: Insel-Verlag 1923) Brunners zuvor in »Unser Christus« (1921) formuliertes Begriffspaar »Denkendes« und »Gedachtes« diskutiert, allerdings ohne Brunner dabei zu erwähnen.

6 Martin Buber, Die Geschichten des Rabbi Nachman, Frankfurt a.M.: Rütten & Loening 1906 und Die Legende des Baalschem, Frankfurt a.M.: Rütten & Loening 1908.

1 Lotte Brunner befand sich auf einer Italienreise und klagte in ihren Briefen (der umfangreiche Briefwechsel ist erhalten geblieben, LBI/JMB: II, 3, 1-11) darüber, dass sie so viele Verpflichtungen habe. Seit 13. April wohnte sie bei Frida Mond im Palazzo Zuccari in Rom.

Abb. 16: Constantin und Lotte Brunner, Tempelhof 1912

den, und wenns wie hier der Beste und Liebendste ist. Jemand wie du, der einen komplizierten Menschen wie mich zu vertreten hat, bei dem von außen die anscheinend gar nicht zusammenzubringenden Gegensätze hervortreten; der solchen Mann zu vertreten hat gegenüber seiner besten Freundin, die doch zugleich in einem wesentlichen Lebenspunkte sein ärgster Feind ist[2] – bei so ungewöhnlich schwieriger und wichtiger Aufgabe muß man sich in jedem Augenblick der ganzen Verantwortung bewußt sein und von jeder Mitteilung und jedem Worte, gerad bevor man sie herausschickt, auch fühlen, wie sie drüben wirken und in dem so ganz anders geordneten Zusammehange eingelagert werden. Genug Andeutung für dich; denn du mußt Alles auf deine Weise in dich hineinnehmen und auf deine Art tun, was du kannst; besser Manches, was dir nützlich scheint, nicht, als Solches von ungewissem Erfolge.

Noch auch will ich dich bitten, wenn Frl. H. kommt,[3] besonders vorsichtig zu sein, ihr mit besonderem Nachdruck (wenn du mit ihr allein bist) Grüße von mir zu bestellen und zu erzählen, daß ich warme Verehrung für sie empfände. (Es ist doppelt nötig, weil ich in letzten Briefen an sie nicht anders konnte als sie ein wenig, vielleicht ein wenig viel verschnupfen; wovon sie natürlich nichts reden wird). *Im geeigneten Moment* darfst du ihr sagen, daß ich hier ein Exemplar meines Werkes[4] stehen habe, das ihr zugedacht ist und das ich ihr schicken möchte nicht eher als bis sie es *will*. Ich denke daran seit vier Jahren. Wovon du jedem gegenüber immer ganz rückhaltlos reden kannst, das ist natürlich dein Bekenntnis zu meinem Lebenswerke – hier gelten keine Lebensinteressen, auch wenn sie auf dem Spiele stünden; hiefür ist deine Kraft, wie meine, die ganz naiv rückhaltlose. Nur, wie schon früher gesagt, mit Frida laß dich über den Punkt nicht ein; du bist stärker als sie an philosophischer Begabung, philosophischem Wissen und Kenntnis meiner, kannst aber dennoch nie mit ihr in den Kampf kommen, so wie denn auch mit ihr zu kämpfen nicht deine Aufgabe sein kann; und ich möchte weder daß du noch daß Frida, Keiner

2 Frida Mond, die Brunners philosophische Tätigkeit stets gefördert hatte, seine Werke jedoch kritisierte.

3 Henriette (gen. Harry) Hertz (1846-1913), Kunstsammlerin und Mäzenin, Kölner Jugendfreundin von Frida Mond, kam am 25. April von einer Reise aus Athen nach Rom zurück. Da sie Ludwig Mond mit dem Einsatz ihres Vermögens den Aufbau einer Ammoniaksodafabrik in England ermöglichte, schenkte dieser ihr 1904 den von ihm erworbenen Palazzo Zuccari in Rom, in dem eine bedeutende Privatbibliothek (später: »Bibliotheca Hertziana«) zur Kunstgeschichte Roms und Italiens sowie eine beachtliche Bildersammlung italienischer Meister zusammengetragen wurden. Henriette Hertz vererbte den Palast 1913 der Kaiser-Wilhelm-Gesellschaft (heute Max-Planck-Gesellschaft).

4 Brunner, Die Lehre.

von euch soll gegen den Andern unterliegen. Also außer mit Frida kannst du kämpfen mit wem du willst und streiten für mich (wobei du nie versäumen darfst, als junges Mädchen und mein Kind, dich auf Andre zu berufen; womöglich ohne Nennung Einzelner, da es dann Taktik ist, die Einzelnen abzulehnen – du kannst dich ja schon auf Viele berufen und auf Wunder) – ich bin ein Mann, über den man sich streiten muß. Und daß du dich für mich streitest, ist mir ganz angenehm, desto lebendiger kommst du hinein in das, was du doch nun einmal wissen mußt für später. Was du da bisher mit mir erlebt hast, ist Anfang des sogenannten Ruhmes. Ruhm ist, wenn uns Leute schätzen und verachten, die wir gar nicht kennen, und wenn die besten Freunde auf uns böse werden und die produktiven darunter: neidisch.

So, Prachtlotte, du weißt, wie ich Alles meinte, und wenn du nicht nach diesem Briefe fröhlich und stärker bist und mich küssest, wie je nur, so hast du mich nicht recht lieb, und ich habe dich nicht recht lieb gehabt, und wir sind die dümmsten Philister mit mangelhaftem Charakter beide. Fliege danach Kind, mir ein liebes Wort zu schreiben: mir ist so lieb, wenn deine Briefe außer den mir unendlich willkommenen Schilderungen auch noch Persönliches enthalten von unsrem lebendigsten Leben, was mehr ist als alles Schauen und Reisen und immer fortbestehen, *immer* fortwirken soll.

Amen, Liebe.

64. An Lotte Brunner, 21. April 1912

Also doch immer noch diese Kämpfe mit Frida[1] – Lolle-Kind, was solls?!

Wer so wie Frida mir geschrieben hat, ich hätte keinen Drang mich mitzuteilen (mir dies, dessen Arbeitsgewissenhaftigkeit du kennst und dessen ganzes früheres Leben Vorbereitung und Schulung aufs Mitteilen gewesen!) – wer gleich Frida mir geschrieben hat, ich könnte nicht definieren und nichts explizieren und es wäre nichts klar (ich glaube sagen zu dürfen, daß es keinen unklaren Satz bei mir gibt, auch nicht von der schwierigsten Materie) – wer gleich Frida, nachdem ich Ihr die Einleitung meines Hauptwerkes[2] geschickt hatte, mündlich, mit einem nicht zu beschreibenden, für mich aber immer noch hörbaren Tone der eisigsten Verachtung (ja in je-

1 Lotte Brunner war noch bei Frida Mond in Rom.

2 Die »Ankündigung« in der »Lehre«.

nem Augenblicke: des Hasses) zu mir *sagen* konnte: »Also weiter haben Sie nichts zu bringen als Dies?« – wer mir bald darauf schreiben konnte, mußte, nach der Überzeugung: »Nun, ich will Ihnen ja nicht sagen, daß Sie Ihr Werk nicht weiter arbeiten sollen« – wer sich hoch und heilig verschwören konnte, ich würde niemals auch nur einen einzigen Leser finden – wer an meinem Manuskript derartige blamable Verbesserungen meines »Deutsch« anzubringen die Naivetät besaß, wie du sie kennst (ich habe sie dir gezeigt) – wer so über mich urteilt wie ich es hier angeführt habe, von welcher Art Urteilen ich noch viele anführen könnte, und wer *nur* solche Urteile über mich hat und immer und ewig und immer neu nur die Schrecken meiner Glatze zu malen weiß und kein einzig Härchen des Lebens sieht (niemals, ich schwöre, was du liest: *niemals*, in ihrer aufgelegtesten und leichtfertigsten Laune nicht hat sie mir ein gutes Har gelassen) – – – – – nun, der steht zu mir als Schaffendem in einem Verhältnis, das ich nur zu vergleichen weiß mit dem des Antisemiten zum Juden. Da ist Urteil, das anderswo herkommt als von den Fehlern und Vorzügen des Beurteilten; da kommt aus andrer Tiefe das »Tut nichts, der Jude wird verbrannt!«

Es ist Antisemitismus nicht mit Bosheit, sondern aus dem »jüdischsten Herzen« – nun ich brauche dir so wenig zu schildern, wer Frida ist, noch was sie mir ist in ihrer wunderbaren Einzigkeit; die wohl niemand in der Welt wie ich so *fühlt*, so ehrt, so liebt. Und über jegliche Verstimmung bin ich lang längst hinweg so sehr, daß ich vielmehr das Trotzdem ihres Verhältnisses zu mir als das gewaltigste Glück meines Glückes mit ihr empfinde; weil ja so tief die Wurzel unsres Miteinander hinunterreicht. Die Wunden, die ich da bekommen hatte, sind längst vernarbt, und ich bin auch durch dieses einzigartige Verhältnis mit der Einzigen stärker geworden. Zumal ich es verstehe und es mich miterzogen und gefördert hat: durch Widerspruch und als Stimulans und indem es mich lebendig viel lehrte über Realien gegen Idealien und allgemein über meine Zeit.

Sie aber ist nicht stark darin; denn ihre Lage ist verzweifelt, daß ich es nur offen sage. Ihr Urteil über mein Schaffen und ihre Prophezeiungen über die Aufnahme meines Schaffens durch Andere, denen nun die Wirklichkeit des Gekommenen und des Kommenden nicht entsprechen will, müssen ihr fatal sein; schon hat sie sich dazu finden müssen, in Diesem in Jenem ganz anders jetzt zu sprechen als sie früher sprach – und kurz und gut: sie bedarf der Schonung durch mich und auch durch dich. Meine Freundschaft, meine Liebe, die ich ihr so wenig sonst betätigen kann, verlangt das. Ich möchte, wenn es nur irgend anginge, ganz ausschalten, was ich doch niemals ohne Unzartheit berühren kann. Es ist mir schwer, du kannst nicht glauben wie schwer, mein Kind, das zu tun, was ich nun schon alle die Jahre so schlecht freilich nur tue; was mir schon von selber kommt, es zu tun – sobald ich mit Frida zusammentreffe, löscht aus meine Persönlichkeit. Ich leide darunter um so furchtbarer als ich gerade ihr am liebsten mich mit der Seele hingeben möchte, ihr zeigen möchte, wie ich ihr hingegeben bin. Genug – es tut mir leid, daß ich dir das besonders schreiben muß, du sollst die unfruchtbaren, aufregenden Streitereien vermeiden: ohne mich könnte das reinste Verhältnis des Friedens zwischen euch sein – aber freilich wär ohne mich gar keines; was kann ich tun? Es gehört Alles mit dazu.

Der arme Hartung schreibt mir auch, schön und rührend treu, von seinen Kämpfen – der ganze Ort ist ihm feind meinetwegen.[3]

Daß du so verliebt bist in deinen Hl. Georg[4] – er wird dich noch verschlingen, Mädchen, wie der Lindwurm jenes Mädchen verschlingen wollte, das er gerettet hat: wer rettet dich?

Denk an – das muß ich dir noch mitteilen – Kurt[5] ist als Lehrling in Gersons Geschäft gekommen, als gewöhnlicher Lehrling, ohne Einjährigen; das ist das Ende. Da haben wir Beide viel Mühe umsonst gehabt; man soll mit Närrischen nichts Vernünftiges versuchen. Ich bin froh, daß wir seinen Vater los sind und ich nicht mehr in den hineinrede; der Esel, der doch am meisten Ohr ist, hört am wenigsten. Wie gut für den Jungen und seine Eltern wäre die Sache in Hannover gewesen.

Interessieren wird dich auch, daß Engel in seiner »Stilistik«,[6] die schon zehn Auflagen erlebt hat, mich als Fremdwörtler denunziert mit Sätzen:

3 Hugo Hartung, Uhrmacher in Roßleben an der Unstruth. Brunner bezeichnet diesen »Handwerker« in seiner ersten autobiographischen Skizze als »edlen und tiefsinnigen Mann« und setzt hinzu: »Die Schriftgelehrten seines Örtchens haben ihm um meinetwillen das Leben und die Todesstunde verbittert.« (Zum 55. Geburtstag, in: Unser Charakter, S. 41).

4 Lotte Brunner hatte sich auf einem Trödelmarkt in Rom eine kleine Figur des heiligen Georg gekauft, »sehr fein gearbeitet, ein richtiges Ordenszeichen, ich bin ganz verliebt darin« (Brief an Brunner vom 18. April 1912, LBI/JMB: II, 3, 8). Nach einer Legende soll Georg (3. Jht.) eine als Opfer dargebrachte jungfräuliche Prinzessin vor einem Drachen gerettet haben, indem er diesen tötete.

5 Kurt Auerbach, ein Vetter von Lotte.

6 Gemeint ist Eduard Engels »Deutsche Stilkunst« (Wien: F. Tempsky 1911), in der er sich auf Brunner und seinen Brief vom 18. März 1911 (s. Brief 55) bezog und Brunner als »Fremdwörtler« kritisierte: »In seinem bedeutsamen Werke ›Die Lehre von den Geistigen und dem Volke‹ schreibt der unter uns lebende, von manchen, auch von mir, geschätzte Philosoph Konstantin Brunner: ›Ich, was mich betrifft, ich wollte wie gern! alle die paar (!) Wörter aus fremden Sprachen hingeben für einen einzigen (!) besseren und echten Ausdruck in meinem geliebten, gesegneten, meinem wonnigen, mächtigen, meinem wundertätigen Deutsch, das würdig genannt werden darf neben jenen großen Sprachen des Altertums, und das, ein furchtlos starker Adler, so hoch fliegt wie jene, sich emporzuschwingen vermag bis unmittelbar vor den Thron der Wahrheit! – – Mit Jubel wollte ich die paar (!)

wenn ich die geschrieben habe, dann will ich auf der Stelle solch ein Sprachfeger werden wie er ist. Er erwähnt auch, daß er sich an mich gewandt hätte, und ich hätte mich mit Zähnen und Nägeln zur Wehr gesetzt.[7] Daß er nun sauersüß über mich schreibt und sich selber Zitate von mir schreibt für seine Leser, das hätte ich nicht gedacht – aber es gehört auch nicht zu dem, was ich denken will, und ich lasse ihn denn machen. Auch Buber übrigens sucht mich, redend und drucken lassend, hervorzulocken, immer dabei mit Verbeugungen gegen mich:[8] ich komme nicht; ich bin entschlossen zur Sache und will in nichts Persönliches mich einlassen. Oder da müßte schon noch ein Stärkerer auf den Plan treten als B. Ganz herrlich ja sind die Legenden und mystischen Reden, die er veröffentlicht hat; darauf will ich selber gelegentlich hinweisen.[9] Aber was er aus Eigenem bringt, ist doch auch nur das zeitschlimme ästhetische Gepiepe. – Iß gut, schlaf gut, mein Herz; dann wirst du schon von selber gut wachen und leben dort in deiner schönen Welt.

Brocken und Leichen des Fremden hinschleudern für ein einziges Wort meiner Muttersprache, wodurch ich den Wert des Gedankens, den ich mitteilen soll, würdiger könnt' an den Tag bringen und ihm in den Gemütern Festigkeit und Dauer verursachen.‹ [Die Lehre, S. 1002] Und nach diesem berauschten und berauschenden Lobgesang auf die geliebte, gesegnete, wonnige, mächtige, wundertätige Muttersprache setzt der Sänger sich beruhigt hin und schreibt Sätze wie diesen: Wenn Kant zu dem Resultate gelangt (Da, wo er zu diesem Resultate gelangt), daß kein Gedanke wirklich denkbar ist, so liegt darin das Tiefe der Wahrheit von der Relativität des Verstandesdenkens [Die Lehre, S. 407]. Zur Rede gestellt, wie es ihm von mir brieflich geschah, kämpft er, wie jeder Fremdwörtler – und Brunner ist bei weitem nicht der schlimmste – um jeden seiner Brocken und Leichenteile des Fremden mit Nägeln und Zähnen wie um ein unersetzlich kostbares Heiligtum.« (S. 151).

7 Mit Brief 55.

8 Martin Buber hatte den Plagiatsvorwurf eines Brunneranhängers zurückgewiesen (s. Brief 62).

9 Brunner erwähnte in seinem folgenden Werk die Arbeiten Bubers zur jüdischen chassidischen Mystik: »Wie Nüchterne unter Trunkenen stehen die Hebräer mit allem, auch mit ihrer Literatur unter den Orientalen; sie kannten nicht einmal Mystik – welche erst in den Zeiten ihrer Zerstreuung Wurzel schlug, als immerhin erfreuliche Reaktion gegen die unter ihnen erstarrende Theologie; Schönes und Tiefsinniges aus der *neueren* jüdischen Mystik findet sich in den überaus verdienstvollen Veröffentlichungen Martin Bubers: ›Die Legende des Baal-Schem‹ und ›Die Geschichten des Rabbi Nachman‹ (Frankfurt: Rütten und Löning).« (Der Judenhaß und die Juden, S. 71). Siehe allerdings Brunners Kritik am Chassidismus in Brief 116.

65. An Lotte Brunner, 5. Mai 1912

Gott will es, mein Kind; und so schicke ich dir denn, was ich heute im B. T. finde, damit niemand je sagen könne, ich hätte dich nur genährt mit meiner Milch oder Speise, dir aber die Aussprüche der wahrhaft bedeutenden Männer vorenthalten.[1]

Übrigens läßt mir Mutter keine Ruh, ich solle dich bitten, (ich *sollte* absolut schon gestern, inzwischen aber hat sie mich erweicht), du möchtest doch das Gespräch mit D. aufschreiben. Sie ist derart neugierig darauf, daß du schon willfahren mußt.[2] Du scheinst ja in diesem Gespräch gut abgeschnitten zu haben, und das erwartete ich nicht anders. Übrigens ist D. ein gelehrter und gescheidter Mann, aber ein Philosophieprofessor. Soviel ich weiß, ist er Schopenhaurianer, so magst du also bei Schopenhauer über ihn nachlesen. Denn was Schopenhauer über ihn sagt, ist wertvoller wie das was er *jetzt* über Schopenhauer sagt; damals, gestern hat D. über Schopenhauer gesprochen wie heute über mich und wie er morgen (denn die D. leben zwar nicht sehr lange, aber sie kommen ewig in Masse wieder) – wie er morgen *für* mich gegen den Morgigen sprechen wird.

1 Paul Deussen, König und Professor. Eine Erinnerung an den Orientalistenkongreß in Athen, in: Berliner Tageblatt und Handels-Zeitung 41, Nr. 228 (5. Mai 1912), S. 2. Deussen hebt hier die große Bedeutung von Kongressen für die Verständigung von Wissenschaftlern hervor, gibt aber dann vor allem eine Plauderei mit dem griechischen König in wörtlicher Rede wieder: dass er aus Kiel stamme, dort Philosophieprofessor sei, schon zum vierten Mal in Griechenland weile, seinem geistigen Vaterland, usw. Der Artikel endet mit der Bemerkung: »Fröhlich wandte ich mich nun weiter, von einer Gruppe zur andern; hier einem Gespräch zweier Aegyptologen über die neuesten Ausgrabungen zuhörend, dort nach bestem Wissen auf die Frage antwortend, inwieweit ich einen Einfluß der indischen Philosophie auf den Neuplatonismus zuzugestehen geneigt sei.«

2 Der Kieler Philosophieprofessor Paul Deussen (1845-1919), Philosophiehistoriker und Indologe, Gründer der Schopenhauer-Gesellschaft und Freund Nietzsches, war bei Henriette Hertz zu Gast. Brunner hatte während seiner Studentenzeit Vorlesungen bei ihm gehört, die er »ganz dumpf instinktmäßig« bewunderte, hatte sich dabei aber offenbar gelangweilt (Lotte Brunner, Tagebuch, 17. Oktober 1913). Lotte Brunner berichtete in einem Brief vom 8. Mai 1912 (LBI/JMB: II, 3, 8) von dem Gespräch zwischen Deussen, Henriette Hertz und ihr am 1. Mai. Sie habe die Philosophie ihres Vaters gegen die Angriffe (»naive Frechheit«) von Henriette Hertz und den »sehr naiven« Deussen verteidigt. Deussen habe Brunners Wertschätzung der griechischen Philosophie gelobt – »Das ist brav vom Papa, die Griechen hochzustellen« –, im Übrigen aber bedauert, dass Brunner nicht da sei: »Wir würden uns gewiß verständigen«. Lotte Brunner habe erwidert: »Mein Vater ist kein Schuljunge, den man hier lobt und da tadelt [...]. Gewiß würde ich mich für Sie freuen, lieber Herr Professor, wenn Sie einmal meinen Vater sprechen zu hören Gelegenheit hätten, denn ich zweifle nicht, daß es ein einzigartiger Genuß für Sie wäre«, allerdings sei die Frage, ob ihr Vater zu sprechen willens und aufgelegt wäre. Deussen solle sich doch an das halten, was geschrieben stünde: die »Lehre«.

Bei der Gelegenheit schicke ich dir übrigens noch etwas aus dem B. T. mit ein, *was ich aber zurückerbitte*: »Ein Besuch bei Kant«.[3] Ist das nicht ein neuer Beleg für das, was ich vom Jeisepeter sage? dem man auch durchaus glauben muß, weil durchaus Übereinstimmung mit all dem Übrigen herrscht. Das war sein Letztes. Darüber schweigen sie muckstill über das, was er da sagt: wenn ich aber sage, was er sagt, dann ist es *meine* Gemeinheit.[4]

Du hast Recht, wenn du da aufmuckst; es wäre unsittlich, dazu stille zu sein. Du bist mit in meinem Krieg wie in meinem Frieden.

Ich segne dich mit meiner Constantinshand.

66. An Henriette Hertz,[1] 31. Mai 1912

Die Leidenschaftlichkeit, die Raserei, die Mordgier, womit Sie gegen mich herausfahren, hat mir das Herz erquickt; denn ich ersehe daraus, wie Sie *mit Ihrem ganzen Leben* Gewisheit und Wahrheit suchen, Harry;

wenn aber nicht in Ihrer Natur auch *das ganz Andere ist,* die Klarheit, wodurch jenes Erste gebändigt und verklärt wird, so können Sie mit all Ihrem Suchen niemals Wahrheit und Gewisheit finden, Harry, – so wird die Grausamkeit des Gedankens Sie quälen, aber der Gedanke und sein Glück bleibt Ihnen versagt. Ich leide Schmerz um Sie – aber der Gedanke hilft mir. Ich bin glücklich im Gedanken. Der mutet mich seltsam an, Ihr Rat: »Nehmen Sie das Leben leicht.« Das wäre schlimm, wenn ich es schwer, das wäre schlimmer, wenn ich es leicht nehmen würde –: ich lebe von Herrlichkeit zu Herrlichkeit die wunderbaren Gedanken von der *Bewegung der Welt* und – von der *Ewigkeit.*

Dabei kann und *will* ich Ihnen gleich Ihre Frage beantworten: was ich systematische Philosophie nenne? – Die begriffliche Entwicklung des Bewußtseins von der Welt der Dinge als von der *Bewegung* oder der Relativität, d.i. dem Nichtwahrhaftseienden *auf dem Grunde des Bewußtseins*

3 Kurt Joachim Grau, Ein Besuch bei Kant, in: Der Zeitgeist. Beiblatt zum Berliner Tageblatt Nr. 16 (15. April 1912), S. 1. Grau referiert ein Gespräch Nikolaj Michajlowitsch Karamsins (1766-1826) mit Kant (aus dessen Buch: »Briefe eines russischen Weltreisenden«), in dem Kant seinen Glauben an ein Leben nach dem Tod bekräftigt habe: »Ich freue mich, daß ich schon über 60 Jahre alt bin, und daß nun bald das Ende meines Lebens herankommen muß; denn ich hoffe, in ein zweites, besseres zu treten.« An dieses ewige Leben lasse uns die Vernunft glauben.

4 Brunner spricht in der »Lehre« vom Jeisepeter (er übersetzt dort mit »Jesuspeter«) Immanuel Kant. Kant sei ein Götzendiener, der sich »in Gemeinschaft [...] mit dem jämmerlichsten Volksaberglauben« befinde (S. 381).

1 Siehe Brief 63/3.

Abb. 17: Constantin Brunner, 1912 (Foto von Rudolf Dührkoop)

vom absoluten Geiste oder dem Wahrhaftseienden (mit andern Worten die Erkenntnis der Identität des Absoluten und des Relativen oder daß wir vom Standpunkte unsrer relativen Existenz das Absolute als relativ erfassen) – *das* systematisch entwickelt heißt mir System der Philosophie. (Dasselbe was Platon Nichtsein und Sein nennt, dasselbe was Spinoza Substanz und Attribute nennt).[2]

Unter Produktion von Philosophie oder Kunst verstehe ich Produktion von Philosophie oder Kunst; unter Reproduktion die Teilnahme an der Produktion, d.h. die echte Teilnahme an den echten Werken der Philosophie und Kunst, wodurch die Reproduzierenden dahin gelangen, woher diese Werke kommen: in das absolute Bewußtsein.[3]

Ich beantworte Ihnen diese Fragen, obwohl ich mich wundere, daß Sie überhaupt welche stellen an einen schlechten und frivolen Mann? Daß Sie aber dafür mich halten, nehme ich Ihnen keinen Augenblick übel auf; und zumal Sie mich dafür halten, ohne mein Werk in sich aufgenommen zu haben, weiß ich um so eher, daß Sie nicht wissen, was Sie tun, – und Sie dürfen mir schon etwas tun wollen, Sie Nichtglückliche mir, dem Glücklichen. Sie tun *mir* nichts damit. Da es nun aber, zu meinem Schmerze, so ist, daß ich *Sie* nicht glücklicher machen kann, Sie auch Ihrerseits schwerlich die Hoffnung hegen mich zu bessern, so bitte ich Sie, derartige Tribunalbriefe mir nicht mehr zu schreiben, in denen ich als Angeklagter fungiere für eine Schuld, die ich nicht begangen habe, und Sie als Richter nach einem Kodex sprechen, der – – – – Vergessen Sie nicht, daß Derlei, im größten Stile sogar, schon öfter gewesen, und die Gerechtigkeit war nicht immer auf Seiten der Richter.[4] Sie reichten nicht aus, sie wußten nicht was sie taten; und was sie taten, war bedeutungslos gegenüber den ernsthaften und mächtigen Gedanken, deren Wirkung dadurch nicht aufgehalten wurde. Wenn das so leicht und einfach wäre, die Gedanken des *Lebens* wirklich zu reproduzieren, wie der Versuch einfach und leicht erscheint, einen neu auftretenden Produktiven zu erschlagen mit den mittlerweile berühmt gewordenen Produktiven, gegen die mans auf die gleiche Art mit den Früheren versucht hatte, – ja, dann wären mehr glücklich durch die Gedanken als nun sind. Es bleibt schon bei dem, was mein berühmter

2 Platons »Idee der Ideen« und Spinozas »Substanz« identifiziert Brunner mit seinem Begriff des Absoluten (Materialismus und Idealismus, S. 9); seit 1921 benutzt er dafür den Terminus »das Denkende« (Unser Christus, S. 23 u.a.). Platons »Nichtseiendes« und Spinozas »Attribute« ist für Brunner die Relativität, das relative Denken der Dinge. Die Parallelen seiner Ontologie zu Platon und Spinoza hat Brunner vor allem 1928 in seinem Werk »Materialismus und Idealismus« ausführlich dargelegt.

3 Brunner hat es als einerlei angesehen, ob man am Geistigen produzierend oder reproduzierend teilhat (Die Lehre, S. 100f.).

4 Anspielung auf die Verurteilungen von Sokrates, Jesus und Spinoza.

Lehrer Spinoza gesagt hat: Alles Vorzügliche ist eben so schwer wie selten.[5] – –

Auch Sie, Verehrteste, sind mir lebendiger geworden (wie Sie von mir schreiben, daß ich es Ihnen geworden sei), und mein Interesse an Ihnen ist nun noch größer und inniger. Das hat mit Ihrem Urteil über meine Produktion so wenig zu tun wie ich mit aller Bestimmtheit darauf rechne, daß diese Produktion und überhaupt das Philosophische fortan auch von fernher nicht weiter zwischen uns berührt werde. Ich verkenne keinen Augenblick das Lebendige und Starke in Ihnen, ich schätze und liebe Sie, und was ich Ihnen schrieb und schreibe, ist davon ein Zeichen; so sollen Sie es nehmen.[6]

Friede sei mit Ihnen!

Constantin Brunner,
der, wenn Sie Vertrauen zu ihm hätten,
Ihnen einen Rat geben würde.

67. An Magdalena Kasch,[1] 12. Februar 1914

Ich danke dir herzlich für deinen lieben, guten und schönen Brief, – aber kann ich noch hoffen, daß eine Andre als eine Mißtrauische oder eine, die es morgen wieder sein wird, die folgende Versicherung hört: daß ich dir noch ganz so gegenüberstehe wie damals, als du zuerst kamst, und daß ich dir immer der gleiche bleiben werde?

5 Der berühmte Schlusssatz der »Ethik« Spinozas. In der Übersetzung von Stern lautet er: »Alle Herrlichkeit (praeclara) ist ebenso schwierig wie selten.« (Spinoza, Die Ethik, S. 701).

6 In einem weiteren, undatierten Brief (LBI/JMB: II, 5, 1) schlägt Brunner geradezu einen Vertrag vor, wonach sie bei einer geplanten Zusammenkunft Ende September »der Philosophie mit keinem Worte Erwähnung tun« sollten. Brunner begründet: »*Wir* haben nicht nötig, uns in der oberen Etage vor einander zu blamieren, die wir uns doch mit Anstand auch in den unteren Räumen zu bewegen verstehn; und sind wir neugierig, nun, man merkts in dem hellhörigen Gebäude ja doch ein wenig hindurch, was oben wohnt.«

1 Magdalena Kasch (1885-1981) aus Niendorf an der Ostsee (s. Abb. 18) las mit großer Begeisterung Brunners »Lehre« und suchte 1912 auch die Nähe Brunners in Berlin (siehe: Kasch, Wie ich zu Constantin Brunner kam, in: Die Constantin Brunner Gemeinschaft. Interne Zeitschrift, hrsg. im Auftrag der Gruppe des Staates Israel von Aron Berman und Israel Eisenstein 9, Nr. 1-2 (August-Dezember 1954), S. 22-39; auch als Sonderdruck, hrsg. vom ICBI, Den Haag [o.J.]). Sie arbeitete, meist von Brunner vermittelt, in verschiedenen Haushalten. 1919 bis 1925 betrieb sie zusammen mit Alice Brandt eine Pension in Bad Harzburg (s. Abb. 24), in der Brunner öfter zu Gast war. 1934 betreute sie die

Daß du nun nicht blind hineintappst (was so sehr gut möglich: weil die Welt der Relativität, die physische, *dieselbe* ist wie das Absolute!) – darüber bin ich nun beruhigt, ebenso wie ich keine Sekunde im Zweifel darüber mich befand, daß alles bei dir aus dem Reinsten des Sinnes und Willens herkam. Aber wie magst du denn nur solchen Vorstellungen folgen, als wären bei den »geistigen Menschen« (um diesen Terminus Constantin Brunners zu gebrauchen) zum Einanderliebhaben die Wahlanziehung und die übrigen Gesetze aufgehoben und ließe sich so schnippschnapp der eine mit dem andern vertauschen und man brauchte nur zu kommen: Da bin ich! – Derlei findet sich: suchen kann mans überhaupt nicht. Und Glück, daß mans erringe: nur indem man in sich geht. Halte du dich doch an deine Arbeit: das ist dein Innen *und* dein Außen.

Und noch einmal das Eine: ich mußte dir die Warnung schicken. Auch noch einmal das Andre: Ich bin dir immer noch der gleiche, in derselben Herzlichkeit, Treue und Schätzung deiner, der dir heute sagt wie am Anfang: *Mehr aber kann nicht sein!* und wäre viel weniger. Möchtest du dies erkennen, und daß *Dieses* viel ist.

Du kommst ganz gewiß noch in den Frieden, sage ich

B.

Kinder von Ernst Ludwig Pinner, bevor sie nach Lotte Brunners Heirat im Februar 1935 Brunner nach Den Haag folgte und ihn bis zu seinem Tod umsorgte (siehe: Kasch, Meine letzten Jahre mit Constantin Brunner. Aufzeichnungen aus den Jahren 1935-1937, hrsg. vom ICBI, Den Haag: Roeland 1990). Unter großem persönlichen Einsatz rettete sie große Teile des Brunnernachlasses über den Zweiten Weltkrieg (siehe: Kasch, Bericht über die Rettung der Manuskripte, in: Die Constantin Brunner Gemeinschaft. Interne Zeitschrift, im Auftrag der palästinensischen Gruppe hrsg. von Aron Berman und Ernst Ludwig Pinner 1, Nr. 3 (Mai 1947), S. 24-29; auch als Sonderdruck, hrsg. vom ICBI, Den Haag [o.J.]) und gründete, angeregt durch Ernst Ludwig Pinner und mit George Goetz, Lothar Bickel und anderen, 1947 das Internationaal Constantin Brunner Instituut in Den Haag, deren Sekretärin sie bis 1981 blieb. Brunner bewunderte Kaschs Einfachheit und Ernsthaftigkeit. Er verglich ihren Zugang zur »Lehre« mit dem von Lou Andreas-Salomé: »Wie ganz anders hat mein Werk auf sie beide gewirkt als auf Männer! Männer sind davon erschüttert, auf die Dauer; einige haben es zu ihrem Grund-Buche gemacht, darin sie täglich lesen. Aber Lou und Magdalena kamen zu mir: hypnotisiert, starr. Ernst und Stärke der Konzentration sind bei der Magdalena so, dass sie nichts andres sehen und hören will, kann als dies eine.« (Lotte Brunner, Tagebuch, 16. Oktober 1912). An anderer Stelle (28. Januar 1913) berichtet Lotte Brunner, Magdalena Kasch glaube, »erlöst würde sie nur dann, wenn sie fertigbrächte, mit Vater von der geistigen Wahrheit zu reden und von ihrem Verhältnis zu ihm – denn dies beides wäre unzertrennlich«. Brunner begegne ihr zwar geduldig und gütig, langweile sich aber letztlich mit ihr; Lotte Brunner resümiert: »Ein Mensch, der ewig in Ekstase durch die Welt läuft – das reizt ein wenig.«

Abb. 18: Magdalena Kasch, um 1915/16

68. An Adolph S. Oko,[1] 25. März 1914

Mein Lieber,

so werde ich Ihnen denn die betreffenden Aufsätze besorgen und schikken lassen;[2] auch sollen Sie eine Aufzählung der im Bärschen Kataloge nicht enthaltenen Nummern meiner Spinoza-Sammlung erhalten[3] – doch müssen Sie sich damit natürlich noch eine Zeit gedulden, bis die Abschrift fertig ist. Gern auch schicke ich Ihnen Bücher aus der Sammlung, die einzusehen Ihnen von Nutzen sein könnte. Machen Sie davon, ich bitte, keine großen Worte; wollte man das wegen der kleinen Freundlichkeiten, die Menschen einander erweisen: was bliebe dann angesichts der Kälte, Lieblosigkeit und ungeheuren Scheußlichkeiten in der Menschenwelt?! Ich nehme auch meinerseits gern Ihre Gefälligkeiten entgegen, bitte Sie um weitere Hinweise (Altkirch,[4] der mich am vergangenen Sonntag besucht hat, wird Ihnen selber schreiben) und auch um freundliche Zusendung des Neumark, Crescas und Spinoza.[5] Sie sehen, ich tue das ganz ohne alle Weiterungen – so auch tun Sie mit mir. Das ist nur ein Geringes von dem, was uns gebührte nach Möglichkeit zu leben: unser Gleichsein »vor Gott«.

Viel könnte ich Ihnen dagegen sagen, daß Sie ein Porträt von mir für sich oder für Ihre Bibliothek wünschen – übrigens finden Sie eines in einem

1 Adolph S. Oko (1883-1944), war Leiter der Hebrew Union College Library in Cincinnati, in der er die umfangreichste Spinozabibliothek der USA etablierte. Auch arbeitete er an der ersten großen Spinozabibliographie, die postum erschien (Adolph S. Oko, The Spinoza bibliography, Boston: Hall 1964).

2 Drei kleine Spinozaaufsätze, die Brunner verfasst hatte: Goethes Verhältniß zu Spinoza (in: Die Zukunft 21, Nr. 12 (21. Dezember 1912), S. 386-389), Ein Idealporträt Spinozas (in: Nord und Süd. Eine deutsche Monatsschrift 37, Bd. 144, Nr. 460 (Januar 1913), S. 27-43) und Das Lamm Benedikt Spinoza (in: Die Zukunft 21, Nr. 52 (27. September 1913), S. 414-425).

3 Frida Mond hatte, Adolph S. Oko zuvorkommend, Brunner 1912 die umfangreiche Spinozabibliothek des verstorbenen Breslauer Gelehrten und Spinozisten Jacob Freudenthal (1839-1907) geschenkt. Der Antiquariatskatalog (Spinoza. Katalog einer Sammlung seiner Werke, der Schriften seiner Anhänger und Schüler und der Literatur über ihn, enthaltend u.a. die Spinoza-Bibliothek des † Herrn Geheimrat Jacob Freudenthal, Frankfurt: Joseph Baer & Co. [o.J.]) weist 647 Titel aus, so dass Brunner, der auch selber schon eine beachtliche Sammlung an Spinozana besaß, wohl über die damals größte Spinozabibliothek verfügte. 1923, in der Wirtschaftskrise, verkaufte Brunner die Bibliothek aus Geldnot. Sie kam an die Universitätsbibliothek Leuven, wo sie bei einem Brand im Mai 1940 den Flammen zum Opfer fiel.

4 Ernst Altkirch.

5 David Neumark, Crescas and Spinoza, in: Year Book. Central Conference of American Rabbis: Annual Convention 17, Philadelphia: Jacobs 1908, pp. 227-348.

der früheren Jahrgänge von »Ost und West«.[6] Ein besseres als das im »Corpus imaginum« erschienene; welches ich Ihnen denn ebenfalls zuschicken lassen werde.[7] (Der Kuriosität wegen teile ich Ihnen mit, daß mir kürzlich Jemand schrieb, er hätte in Wien in einer Kunsthandlung dieses Porträt von mir neben dem Häckels[8] ausgestellt gesehen).

All Ihre herzliche Gesinnung erwidere ich herzlich; und zu wissen, daß wir im Ernsten der Seele übereinstimmend denken, ist mir reine Freude.

Friede sei mit Ihnen!

Constantin Brunner.

NB. Ich muß aus Verschiedenem schließen, daß Sie gut deutsch verstehen. Würden Sie mir nicht Deutsch schreiben mögen? Auf etwaige Fehler käme es nicht an. Für Fehler der Sprache weiß ich (und nun gar erst in Ihrem Falle!) sämtliche Ausreden; nur für die des Denkens lasse ich wenige gelten. –

69. An Magdalena Kasch, Juli 1914

Kind, ob du diese Zeilen bekommen wirst: wenn, so such hauptsächlich die arme Frau Lindau aufzurichten, – denn du wirst dich durch die auszustehenden Abnormitäten nicht erschüttern lassen.[1] Wie viele müssen jetzt so unweit Schwereres tragen! Unser Vaterland steht in großer Gefahr, ganz Europa in Aufruhr, der Menschheit droht ein Krieg, wie er seit Menschengedenken nicht gewesen, der wahrhafte Krieg aller gegen alle.[2] Ich hoffe immer noch, daß dieses Allerschwerste abgewendet wird und unser Land keinen zu argen Schaden erfährt und wenn denn Schlimmes kommt: daß es gut ausgehe! Wenn du kannst, schreibst du; das weiß ich. –

6 Ernst Altkirch, Constantin Brunner, in: Ost und West. Illustrierte Monatsschrift für das gesamte Judentum 10, Heft 5 (Mai 1910), Sp. 279-284; die Abbildung Sp. 281-282.

7 Ende 1912 entstand eine Aufnahme von Rudolf Dührkoop (1848-1918), die im »Corpus imaginum« der Photographischen Gesellschaft Berlin öffentlich zugänglich war (vermutlich Abb. 17).

8 Ernst Haeckel (s. Brief 24/9).

1 Seit Oktober 1912 arbeitete Magdalena Kasch als Gesellschafterin und Haushälterin für Berta Lindau, die mit dem Major Gustav Lindau (?-1912) verheiratet war und in Berlin-Tempelhof lebte. Im Sommer 1914, bis zum Ausbruch des Ersten Weltkrieges, war Kasch mit ihr zusammen auf der Nordseeinsel Norderney.

2 Anspielung auf die Auffassung von Thomas Hobbes, dass sich die Menschen im Naturzustand in einem Krieg aller gegen alle befinden würden.

70. An Borromäus Herrligkoffer, 3. August 1914

Mein Guter,

ich bin fast außer Stande, zu schreiben. An irgend welches Tun mich zu halten bin ich außer Stande. Des Reiches ganze Herrlichkeit steht auf dem Spiel.[1] Mir persönlich ist zu Mute, als drängte *mich* Frankreich zur Linken, Rußland zur Rechten. Daß wir gegen Beide mannhaft stehen werden, ist mir gewiß –: aber schwer wird mir, wenn ich mir immer und immer wieder vorstellen muß, daß auch noch England sich gegen uns kehren könnte. Es hat ein Interesse daran, uns sowohl zu erhalten wie auch zu schwächen ..... ich mag da nicht weiter denken, wohin es wieder mit uns kommen kann!!! Mein Daimonion[2] schweigt gänzlich: es regt sich nur bei Freiheit des Gemüts, nicht unter dieser Sorge, die mich – wenigstens so lang die Situation ungeklärt und in der Schwebe erscheint und die Mächtegruppierung unsicher ist – ganz ins Dumpfe herunterbringt. Horche ich tief hinein, so ist mir allerdings, als vernähme ich eine leise feste Stimme, die spricht: das Schlimme wird gut.

Ich weiß dir weiter nichts auf deine Anfrage zu sagen. Bekommst du diese Zeilen, dann bitte gleich Antwort auch über dein persönliches Tun und Bleiben. Es muß nun Jeder, was er irgend kann, um die Realität des Staates als des Vaterlandes zu betätigen; das Vaterland *ist ein Jeder* – o möchte es jetzt und nimmer keinem von uns allen am Vaterlande fehlen!

71. An Magdalena Kasch, 10. August 1914

Mein Gutes,

es wird nicht gehen, daß du deinen Lebensunterhalt als Pflegerin verdienst: den finden nur die ausgebildeten Schwestern und Hülfsschwestern. Und ginge es, ich würde dir abraten. Du könntest aber einen 3-4 wöchentlichen Kursus mitmachen, um Helferin beim Roten Kreuz zu werden (wie Lotte auch tut[1]). Frau Lindau wird sich gewiß damit einverstanden erklären; auch, daß du später zur Praxis entweder vormittags oder

1 Beginn des Ersten Weltkrieges: Am 1. August 1914 hat Deutschland Russland, am 3. August Frankreich den Krieg erklärt. Die Kriegserklärung Englands folgte am 5. August.

2 Griech.: göttliches Wesen, Schicksalsmacht, innere Stimme. In den Platonischen Dialogen spricht Sokrates von einer ihn warnenden inneren Stimme.

1 Lotte Brunner besuchte einen Kursus, um Helferin beim Roten Kreuz zu werden. Sie arbeitete während des Krieges in einem Lazarett.

nachmittags dich zur Verfügung stellst. Will sie aber durchaus nicht, so bleibt dir Hemdennähen oder Strümpfestricken. Auch damit tut man Gutes, Notwendiges. *Was* einer tut, darauf kommt nicht an, wenn nur jeder tut; es gibt da eigentlich kein Größer und Kleiner des Tuns.

Auf jeden Fall rate ich dir, bei Frau L. zu bleiben; denn die Zeit ist schwer, fast alle Existenzen sind vernichtet, untergraben, bedroht. Und dir bleibt auch eine nicht schlechte Aufgabe bei der aufgeregten alten Frau L. zu erfüllen.

Was wird, weiß niemand: ich meine eine leise aber feste Stimme in mir zu vernehmen, die spricht, das Schlimme wird gut. Könnte nur auch ich irgend etwas dazu tun!!

Herzlichst

B.

72. An Ernst Altkirch, 19. August 1914

Mein Lieber,

wenn Sie noch mitkönnen, glücklich werden Sie sein.[1] Ich wollte, ich könnts auch. Nichts Andres brennt mir jetzt im Herzen als Vaterland und Krieg; und ganz nur wie in letzter, blasser Ferne liegt mir der Friede selbst meines ewigen Bewußtseins in dem bombensicheren Teil der Seele. Geben Sie mir öfter Nachricht jetzt; man ist glücklich jeder ungestörten Zusammengehörigkeit. Was wird, wer kanns wissen? Ich meine eine leise Stimme zu vernehmen, die spricht: Noch Größeres wird für unser Vaterland, als gewesen! Die allgemeine Erhebung ist wunderbar; wunderbarer wie die von 70 und selbst die von 13.[2] *Ein* entscheidend Gutes für uns, und das Gewissen (d.i. Vorteil und Angst) wird rege in den noch unschlüssigen Freunden, und die Lage klärt sich und bessert sich. Mir scheint: ist der erste Sieg unser, so ist damit der letzte und der glückliche Ausgang verbürgt. Möcht es werden, möcht es so werden, Amen, und dann Selah[3] zu unsrer Friedensarbeit!

1 Offenbar beabsichtigte Ernst Altkirch, der seit Mai 1914 in Graz in Österreich lebte, sich zu einem freiwilligen Kriegseinsatz zu melden.

2 Der Deutsch-Französische Krieg 1870/71 und der Freiheitskrieg gegen Napoleon 1813.

3 Hebr.: Hängen, Wiegen. Das Wort kommt fast nur in den Psalmen des Alten Testaments vor und scheint dort eine Pause zu bezeichnen, ein Innehalten, um die Bedeutung der vorausgegangenen Äußerungen auf sich wirken zu lassen.

73. An Borromäus Herrligkoffer, August 1914

Mein Lieber,

hab Dank für deine tätige Bereitwilligkeit – weiter sage ich darüber kein Wort.[1] Ich schicke einen Schein gleich über die M. 2000* – ich hoffe, sie dir lange vor dem letzten Termin zurückgeben zu können. Und sollte dir die Beschaffung des Übrigen im Geringsten Schwierigkeiten bereiten, so laß es bitte damit; ich kann mir dann schon so helfen.

Von meinem Glücksgefühl, von meinen ständigen Glückeserschütterungen kann ich dir kein Bild machen.[2] Also tatsächlich Deutschland, Deutschland über Alles – auch wenn Alles, Alles über Deutschland!! Ich kann es so wenig noch recht fassen – wie ich das Andre hätte fassen können. Aber das Andre hätten wir nicht leben können, und dies werden wir *leben*! Wie gern hätt ich dich jetzt bei mir ... es kommt noch Schweres, auch Widriges, aber alles Schlimme wird endlich gut ..... vor glühenden Lebensgedanken kann man kaum leben. –

Unserm lieben Herlikow und seinem Hause einen Friedensgruß.

Herzlichst

Brunner
und die Seinen.

* – erst 1000 erhalten – bitte auch Bestätigung des Scheinempfanges.

74. An Ernst Altkirch, 8. Oktober 1914

Mein Lieber,

Dank sollen Sie haben für die M. 20, die gute Verwendung fanden und einem sehr Notleidenden Trost gebracht haben. Es ist gar zu viel mehr Not als Trost!

Das Werk ist fertig abgesetzt,[1] ich bringe es trotzdem weiter mehr und

1 Wegen des Krieges hatte Brunner keine Geldsendungen mehr von Frida Mond aus London erhalten. Herrligkoffer lieh ihm, in zwei Raten, 2.000 Mark.

2 Vermutlich meint Brunner die erfolgreichen deutschen Feldzüge gegen Frankreich und Russland im ersten Kriegsmonat.

1 Brunners erstes staatsphilosophisches Werk »Der Judenhaß und die Juden«, an dem er seit 1911 arbeitete, war offenbar schon gesetzt; es erschien jedoch erst 1918.

mehr auf Kriegsstärke, aber *dieser* Krieg setzt natürlich erst wieder ein nach dem Frieden. Inter arma[2] ist daran nicht zu denken.

Ich auch selber hätte heißgern mich geäußert in diesen großen Tagen. Aber da kann ich nicht mit. Der Ton der Presse ist roher als der des Krieges draußen; und wer nicht mitjohlt, Deutschland ist die Tugend und die andern Länder sind die Verbrecher, der gilt als ein Vaterlandverräter. Das treibt mich zurück ins Schweigen, und so mögen alle die kleinen Fichtes reden.[3]

Wir stehen immer noch vor der großen Entscheidung – ich denke aber, sie fällt nun schnell und uns zum Segen.

In aller Herzlichkeit

B.

75. An Magdalena Kasch, 29. Oktober 1914

Mein liebes Kind,

ich bin weit entfernt, dich zu schelten, wenn du außer Stande bist zu einer Empfindung dich aufzureißen, die dir nicht natürlich kommt. Überdies gehört er mit zum Unterschied zwischen Mann und Weib, dieser Unterschied zwischen unsrer Vaterlands- und Kriegsgesinnung und eurer – so gänzlich andren Gesinnung dabei.[1] Dabei seid ihr deswegen doch, und ganz recht auch so und fühlt auch schon auf eure Art, wie das Bedeutende der Kunst und der Gedanken, so auch, wenn das Leben bedeutend wird. Es wird dir Manches davon neu aufgehen durch mein neues Werk – vorläufig schicke ich alte Stücklein, Anfangsstücklein: du mußt sie, wie besprochen, sorgsam verwahren.[2]

Sei herzlichst begrüßt und noch einmal, glaub ja nicht, du *müßtest* patriotisch sein; das wäre noch schöner, wenn du dich verpflichtet hiel-

2 Lat.: während der bewaffneten Auseinandersetzung.

3 Brunner spielt auf Fichtes deutschnationales Pathos an, das er ausführlich in »Der Judenhaß und die Juden« diskutiert (siehe u.a. S. 137-140).

1 Zum Thema Frauen und Frieden siehe auch Brief 86/5.

2 Es handelt sich um Stücke aus »Der Judenhaß und die Juden«. Das Vorwort »Unter dem Krieg« wurde erst ab Ende 1916 geschrieben. Bei den genannten Stücken dürfte es sich daher entweder um das ursprüngliche Vorwort oder um den eigentlichen Anfang des Buches handeln, also womöglich um die Kapitel 1 (Die Antisemitenfrage), 2 (Rassentheorie und Rassen), 3 (Die angesteckten Juden) oder vielleicht auch Kapitel 4 (Der Staat und die politischen Parteien), in dem Brunner sehr positiv von der Vaterlandsliebe spricht.

test, außer dem Kreise deiner Gefühle noch Gefühle zu hegen – wie wollte man das anstellen außer durch verworrenes oder heuchlerisches Gemüt? und Beides ist dir fern. Laß sein, was ist, und kommen, was sich in dir entwickelt. Es könnte sein, daß es doch noch in dich fährt; dann Willkommen!

76. An Ernst Altkirch 19. November 1914

Mein guter Ernst,

das war nicht gut von dir, mich so lange in Unruhe zu lassen. Sehr in Unruhe war ich nachgerade gekommen. So ein wenig hab ich das Gefühl einer Glucke, die bei Gefahr alle ihre Küchlein unter die Flügel nimmt. Eine Art Küchlein bist du mir ja doch, mein Ernst .... und überhaupt jetzt; wer mir jetzt nicht Nähe und Liebe beweist, von dem ist mir gewiß, daß ihn Andres zu mir brachte als wirklich sein Herz. Wer kann diese Zeit anders erleben als im Gefühl des Einsseins mit den wahrhaft Seinen!

Es *liegt* Gefahr in der Zeit – nicht nur für unsre lieben Krieger draußen. Aus der Luft der Zeit können wir eine Wunde empfangen und krank werden. Die Kranken werden kränker, und die Gesündesten werden krank; ich weiß viele Beispiele, habe sie um mich her und höre davon durch Briefe. Der ganze große Menschheitskörper ist krank, der Arzt Geschichte vollzieht an ihm eine blutige Operation; wir alle sind die Leidenden.

Das ist es, was Sie spüren, mein lieber Ernst; und nun, um Alles, geben Sie sich nicht hin. Reichen Sie mir die Hand, die ich fest drücke, und zuversichtlich sage ich Ihnen: all das Schlimme ist zum Guten, und es wird sehr gut. Die Kraft unsres Vaterlandes hält aus – wir siegen. Ob es auch lange dort im Westen in der Schwebe bleibt[1] – ich habe so meine eignen Gedanken bekommen über das neue Wie und Was der Entscheidung in modernen Schlachten, auch überhaupt über den modernen Krieg, der vielleicht entgenialisiert und völlig philologisiert worden ist! Und gewiß, es dauert lang und erscheint seltsam: an das Kinderspielzeug erinnert es, an die zwei Holzathleten auf einem Brett, die mit den Armen sich gepackt halten, und biegt der eine den andern nach rechts hinüber und telegraphiert nach Hause: Fortschritt, Sieg! dann der andre den einen nach links, und nun telegraphiert ganz gewiß dieser: Fortschritt, Sieg! und so immer hin und her und bleiben doch auf dem gleichen Fleck. Aber wie ich Ihnen,

1 Die Marneschlacht brachte im September 1914 den deutschen Vormarsch im Westen zum Stehen.

glaube so, schon schrieb: wie ich zu jedem Ungeduldigen sage: Geh du, und machs geschwinder! Es geht nicht geschwinder; und auf einmal ist es entschieden durch etwas, was im Augenblick der Sieger selbst gar nicht als entscheidend erkennen mag. Und der Sieger sind wir, das ist mir gewiß, und Sie werden erleben, welch eine Überraschung Calais bringt.[2] Ich glaube zuverlässig an den Sieg über alle unsre Feinde; und ja, hätten wir nicht gleich im Anfang so stark gestanden gegen Westen und Osten, dann wären ihrer noch sehr viel mehr gekommen, dann wären von Norden die Dänen und von Süden die Italiener und Portugiesen gegen uns gezogen und vom Himmel herunter hätte uns der liebe Gott auf die Köpfe getrampelt.

Denn verhaßt sind wir Deutsche wie die Juden. Das gibt furios zu denken. Ohne Zweifel auch: der psychologisch tiefe Erklärungsgrund für das Buch »Der Judenhaß und die Juden« ist derselbe wie der wäre für das Buch »Der Deutschenhaß und die Deutschen« .... Und nun denken Sie vorläufig für sich selber weiter. So sehr gern ichs täte: ich kann aus äußerlichen Gründen Ihnen die Lektüre nicht vorher verschaffen.[3]

Allen Segen zu dem Male-benedictus;[4] spannen Sie ihn aber nicht zu sehr ins Weite! Eine gewisse Beschränkung dürfte die Wirksamkeit erhöhen. Sehen Sie doch möglichst bald abzuschließen, daß er zum Frieden fertig vorliegt.

Leoni[5] hat sich wieder besser heraus gemacht, nachdem es ihr eine Zeit lang mit Abmagerung ohne organisch erkennbaren Grund seltsam erging und sie unten hing – Lotte läßt gegen fragen, ob Sie *ihren* Brief bekommen haben? eine Antwort darauf empfing sie nicht – Elisabeth[6] soll herz-

2 Nachdem die deutschen Truppen im Oktober die Städte Lille, Gent, Brügge und Ostende einnehmen konnten, bemühten sie sich, den englischen Nachschub über Dünkirchen und Calais zu unterbrechen. In der Ersten Flandernschlacht (vom 20. Oktober bis 18. November 1914) erlitten sie allerdings bei Langemarck und Ypern verheerende Verluste. Die gesamte Westfront erstarrte daraufhin zu einem Stellungskrieg.

3 Brunners Buch »Der Judenhaß und die Juden« erschien erst 1918. In den Anfang des Vorwortes übernahm er den 1917 in »Nord und Süd« (41, Bd. 160, Nr. 508 (Januar 1917), S. 46-65) erschienenen Aufsatz »Deutschenhaß, Judenhaß und die Ursache des Krieges«. 1919 kamen die beiden Vorworte aus »Der Judenhaß und die Juden« (»Unter dem Krieg« und »Unter dem Frieden«) auch als Sonderdruck unter dem Titel »Deutschenhaß, Judenhaß und Judenhaß der Deutschen« in zwei Auflagen bei Oesterheld & Co. in Berlin heraus.

4 Altkirch sammelte positive und negative Äußerungen über Spinoza, die er 1924 in dem Buch »Maledictus und Benedictus. Spinoza im Urteil des Volkes und der Geistigen bis auf Constantin Brunner« bei Felix Meiner in Leipzig veröffentlichte.

5 Brunners Ehefrau.

6 Altkirchs Ehefrau Elisabeth.

lich gegrüßt sein, und Sie schreiben mir gewiß bald wieder einen starken Brief!

NB Oko schrieb mir einige Nummern für Ihr Spinoza im Porträt, die ich nächstens mitschicke. –[7]

77. An Borromäus Herrligkoffer, 1. Dezember 1914

Liebe Seele,

was könnt ich dir sagen?

Du hast Furcht vor einem *Worte*! Vor dem Wort eines Mannes,[1] der ganz gewiß ein guter Mann ist, wohl der einzige selbständige unter unsern Politikern, den nicht umsonst Bismarck sich ausgesucht hatte, – und doch nur *ein* Mann, und sein Wort nichts als ein Wort.

Dazu noch: Du hast es mißverstanden. In seinem Zusammenhange hat es einen ganz andren Sinn; wie du aus allen den späteren Äußerungen desselben Mannes wissen mußt.

Aber das ist nicht die Ursache, das ist nur die Gelegenheitsursache deines Fürchtens gewesen. Du bist Arzt, ich brauchte dir darin weiter nichts zu sagen. Du bist ein Winziges, ganz oben nur auf der Oberfläche, krank. Krank an der Krankheit, wogegen der Wille viel, Alles vermag; krank an der Krankheit, deren du ein wenig dich schämen müßtest: Wir haben hier an dieser Krankheit fast nicht einen einzigen Patienten.[2]

Dies und andres Ähnliches könnt ich dir als Patienten sagen, der du zugleich Arzt bist. Aber ich sage dir Andres, *ich* als Arzt; und wenn du Vertrauen hast zu mir und mir folgst, so wirst du schnell gesund und bleibst es:

7 Vermutlich handelte es sich um Adolph S. Okos Liste von Spinozaporträts (Brief Okos an Brunner vom 9. März 1914, LBI/JMB: II, 10, 1), die in Altkirchs Sammlung (s. Brief 60/13) fehlen.

1 Es könnte sich um Äußerungen Maximilian Hardens in der »Zukunft« handeln. Harden (eigentlich Felix Ernst Witkowski, 1861-1927), Kritiker, Journalist und Herausgeber der Zeitschrift »Die Zukunft«, war ein großer Verehrer Bismarcks, der ihn ebenfalls sehr schätzte. Zu Anfang des Ersten Weltkrieges dachte Harden national und erhoffte einen Siegfrieden, relativierte aber allmählich seine Position und wurde immer mehr zu einem Gegner der Kriegspolitik. Brunner publizierte zwischen 1912 und 1920 in der »Zukunft«. Ausgehend von persönlichen Eindrücken schrieb Lotte Brunner 1931 unter dem Pseudonym Salomo Isaaksohn einen sehr positiven Nachruf auf Harden (Maximilian Harden, in: Jüdisch-liberale Zeitung 11, Nr. 44/45 (11. November 1931), S. 2f.).

2 Seit Ausbruch des Krieges litt Herrligkoffer, der als Arzt in einem Kriegslazarett arbeitete, unter einer sich steigernden Psychose, einer Art Kriegsneurose; er hatte Zwangsvorstellungen von der Niederlage Deutschlands.

Die Vaterlandsliebe ist unser Höchstes – aber nur im relativen Bewußtsein! Denk dir das erschöpfend durch, daß dir der Unterschied steht wie zwischen Mann und Weib und Nein und Ja. Und dann: lies *in einem Zuge* das Matthäus-Evangelium und versetz dich in den tiefen Sinn der höchsten Passion und in Alles Das hinein, *was uns zu Christen macht und was das Christentum zum wahrhaften Mittelpunkte unsrer Geschichte macht.* Mach dir alle äußerlichen Einzelheiten über Christus deutlich anschaulich bis zu solcher Lebendigkeit, daß du sie an und in dir erlebst; versenk dich hinein und laß nichts Andres in dein Bewußtsein kommen.[3] *Sprich mit Niemandem darüber und beschäftige dich mit nichts Andrem.* Immer wieder mit Demselben – du mußt in deinem Exemplar alle wesentlichen Züge anstreichen, daß du gleich auf sie stoßen kannst, und dazu die Briefe Pauli lesen.[4] Immer wieder und immer lebendiger hinein kommen und das *selber werden! während du dabei im Lazarett deine Liebesarbeit tust und aus den Zeitungen oder Zeitschriften nichts liest als unsre Generalstabsberichte.* Du kannst natürlich auch Gespräche führen mit Andren, aber denk dabei immer wieder an dein Wesentliches und komm für dich von dem Andern hinweg da hinein. Greif immer wieder zu deinem Evangelium, zu den letzten Hauptkapiteln, die dir bald Besonderes sein werden, und zu deinem Paulus.

Daß ich dich damit nicht zum Mystiker machen möchte, ist so gewiß, wie du es dadurch nicht werden wirst. Du wirst einen andern Erfolg sehen; worüber ich nicht zu schreiben brauche weder wenn du auf mich hörst noch wenn du nicht auf mich hörst.

Hör auf mich, und laß das eine Sache sein ganz zwischen dir und mir und zwischen unsren Seelen.

In Licht und Liebe!

78. An Borromäus Herrligkoffer, 3. Juni 1915

Freilich, Bester, hätte *das* nicht kommen dürfen:[1] nun es dennoch kam, müssen wir es tragen wie das Frühere und das Neue, was noch weiter über uns kommen kann. Es ist ein Krieg des Hasses gegen unser Vaterland, die Welt haßt uns – wir aber werden die Kraft haben, ihr zu trotzen; unser

3 Lotte Brunner merkt auf dem Briefmanuskript an: »Dies das Prinzip des Jesuitismus, das C. B. in seiner Jugend an sich erprobt hatte und lebenslänglich bewunderte.«

4 Briefe des Apostels Paulus im Neuen Testament.

1 Vermutlich der Kriegseintritt Italiens gegen die Mittelmächte (Deutsches Reich und Österreich-Ungarn) am 23. Mai 1915.

Deutschland wird nicht zerschlagen, es steigt höher, das ist mir heilig und gewiß.

Daß du aber über all dem Schweren nicht mit in die allgemeine Gedankenlosigkeit und die Anklagerei *gegen die Andern* verfällst – nun, das ist selbstverständlich, freut mich aber doch immer wieder neu. Was bleibt uns denn Andres als auch in dieser schreckenvollen Schule zu lernen, was wir freilich schon wissen: daß dem Menschen *Egoismus mit Moralgeschwätz* zugeteilt worden.[2] Was du siehst in der Welt, wenn du recht siehst, erklärt sich Alles aus dieser Erkenntnis – die Menschen, die diesen Krieg gemacht, sind dieselben Menschen im Frieden, in Wahrheit halten sie ja niemals Frieden, der Haß sitzt immer in den Hassenden, und es ist ein zänkisches Geschlecht. Wir aber wollen denken; dazu gehört mehr als zu dem Bischen Hassen, und sogar ein Bischen Lieben, wenigstens kommen wir dazu durch Denken; denn nur am Anfang des Denkens ist man erschreckt und abgestoßen durch *diese!* Natur der Menschen, danach liebt man sie erst recht wieder aus erschüttertem und größer gewordenem Herzen.

Schreib mir bald wieder ein Wort, du Lieber, und grüß mir alle die lieben, geliebten Verwundeten!

79. An Ernst Altkirch, 8. April 1916

Ärmster! Nun auch noch ohne Elisabeth (Geben Sie mir doch deren Adresse in Dresden![1]) Um so eher hätte ich schreiben sollen, längst schon. Aber auch Sie schreiben ja wenig und immer weniger; während man doch gerade im Kriege, in solchem Kriege, mehr zu einander kommen sollte.

Daß Sie *doch* zu mir, im besseren Sinne, jetzt kommen, indem Sie mit der Lehre[2] sich befassen, ist mir Beruhigung und Freude. Halten Sie sich nun aber auch in beständiger Fühlung mit dem Denken. Es ist ja das Einzige, was uns wirklich Halt gewährt und die Mühe reich belohnt. Die bloße Erweiterung des Wissens leistet *dagegen* nichts. Wer damit allein in die Höhe baut, gerät (durch das immer mehr sich häufende Disparate, da doch Vollkommenheit und Lückenlosigkeit nicht möglich) in eine immer

2 Die Selbstverkennung des Menschen und sein »Moralgeschwätz« dazu ist ein zentrales Thema, das Brunner vielfach in seiner praktischen Philosophie behandelt hat, besonders 1920 in »Memscheleth sadon. Letztes Wort über den Judenhaß und die Juden« und 1936/37 in »Unser Charakter oder Ich bin der Richtige!«.

1 Alkirchs Frau Elisabeth war offenbar nach Dresden verreist, wo die beiden bis 1911 gelebt hatten.

2 Brunner, Die Lehre.

babylonischere babylonische Verwirrung.[3] Die Gedanken aber sind die Sprossen der Jakobsleiter,[4] die auch ganz gewiß und wahrhaftig in den ewigen Himmel führen. Dahin mit dir, mein lieber Ernst! Auf jener Jakobsleiter, auf der du auch immer wieder zur Erde zurück kannst schreiten.

Von uns, von mir? So so so. Aus allen den Gründen, den allgemeinen und besonderen, die Sie kennen oder ungefähr sich denken können. Mit Arbeiten auch so so so. Dennoch geht ja immer was voran, da aber nichts ab (was soll, was mag man jetzt drucken lassen?) so wird man Manuskriptenbesitzer.[5]

Kommen Sie am Ende doch bald einmal her, so zeige ich Ihnen Dies und Das aus der Sammlung. Jedenfalls schreiben Sie baldigst nach Empfang dieser Zeilen einen ausführlichen Brief und überhaupt fleißiger als bisher. Sie wären mir ganz andre Briefe schuldig. Dem Schuldigen schaudert.

Herzlichst

B.

80. An Otto Ernst,[1] 9. Juli 1916

Juli 1916.

Mein lieber Freund Otto, die Art Deines Antwortens und dein Nichtantworten auf meinen Brief, verpflichtet mich tiefher, dir ausführlich zu schreiben, Dir rückhaltlos und rücksichtslos klaren Wein einzuschen-

3 »Babylonische Verwirrung« gilt als geflügeltes Wort. Es geht zurück auf die biblische Erzählung vom Turmbau zu Babel (Gen 11,1-9): Die Menschen versuchen, Gott gleichzukommen, aber wegen dieser Selbstüberhebung straft Gott die Völker, die zuvor eine gemeinsame Sprache hatten, mit Sprachverwirrung (Vielsprachigkeit und gegenseitige Verständnislosigkeit) und zerstreut sie über die ganze Erde.

4 Biblische Erzählung einer Himmelsleiter, die Jakob im Traum sah und auf der die Engel auf- und abstiegen (Gen 28,12).

5 Zwischen Mai 1914 und Januar 1917 konnte Brunner lediglich den Aufsatz »Künstler und Philosophen« publizieren (in: Die Zukunft 24, Nr. 45 (12. August 1916), S. 161-169).

1 Brunner kannte Otto Ernst (s. Abb. 19) aus seiner Hamburger Zeit; er gehörte schon der Vereinigung Atta Troll an und war später Mitherausgeber von Brunners »Zuschauer« (s. Brief 14/3). Ernst war als Schriftsteller seit der Jahrhundertwende sehr erfolgreich. Seine Werke erlebten Auflagen bis zu 150.000 Exemplaren. Brunner und Ernst hatten weiterhin Kontakt, lebten aber in einer gewissen Distanz zueinander. Im Dezember 1915 las Brunner Otto Ernsts Buch »Gewittersegen. Ein Kriegsbuch« (Leipzig: Staackmann 1915), das ihn empörte: »Roheit aller Feinheit und Tüchtigkeit gegenüber. Ach, und ich glaube: Es ist alles ehrlich gemeinte Roheit! Wie froh wäre ich gewesen, hätte ich mir sagen dürfen: Du hast

ken.[2] Das habe ich schon früher getan; danach wurde Dein Verhalten gegen mich derart, daß ich schweigen und mich mit Andeutungen begnügen mußte. Inzwischen aber ist Deine Lage immer bedenklicher und gefährlicher geworden; und darum schreibe ich nun, weil ich versuchen will, *Dir einen Rat zu geben*.

Wenn ich aber zunächst sehr hart gegen Dich reden muß, so vergiß nicht, keinen Augenblick, die Innigkeit der Beziehungen, wie sie zwischen uns bestanden hat. Du kennst mein Herz genug, so daß Du unmöglich glauben kannst, es will Hartes gegen Dich ausstoßen aus böser Endabsicht; auch weißt Du wohl, daß ich zu den Dir verhaßten Kritikern keine Beziehung unterhalte. Mein Urteil ist nicht beeinflußt durch sie, ist wie es war und wie Du es kennengelernt hast noch vor Deinen Theatererfolgen, als Dein Berliner Hotel noch bei mir war und bevor jene Kritiker gesprochen hatten. Von ihren Kritiken erfuhr ich wenig, nur ganz allgemein wie über Dich geredet und was »das Otto Ernst-Publikum« genannt wird.[3]

einen Schwindler zum Freund! Ich habe mich ernstlich gefragt: Ob ich nicht verpflichtet bin, ihm einen ehrlichen Absagebrief zu schreiben, worin ich ihm auch gesagt hätte, dass ich mich zu Nietzsche stelle, wenn er, der so viel Kleinere, mit so plumpen Hieben und Stößen auf ihn losgeht (wie ich ja auch damals aus seinem Nietzsche-Vortrag [Lotte Brunner berichtet in ihrem Tagebuch am 30. Oktober 1913 davon] einfach davongelaufen bin). Einen Absagebrief um der Weltgerechtigkeit willen; weil die eine Schale so voll ist von Ruhm und Geld, so glaubte ich mich einen Augenblick verpflichtet, etwas, das ganz Andre! in die andre Schale zu legen. Aber ich entschloss mich dann gleich, es zu unterlassen. Weil erstens es die Weltbewegung schon von selber besorgt und dann, weil ich ihn doch nicht dazu bringen könnte zu sagen: Ja, es ist wahr, lieber sollen hunderttausend andre Unanständige das Publikum verderben, ich will von jetzt ab schweigen! – Ich habe ihm ja alles gesagt damals, vor Jahren, als er noch auf der Kippe stand; von da ab datiert auch seine Feindseligkeit gegen mich. Und ganz früh schon hab ich ihn immer darauf gewiesen: Du musst Publikum werden; nur da ruht deine Begabung!« (Lotte Brunner, Tagebuch, 15. Dezember 1915).

2 Otto Ernst hatte Brunner am 21. Juni den letzten Band seiner autobiographischen Romantrilogie »Asmus Semper« geschickt: »Semper, der Mann. Eine Künstler- und Kämpfergeschichte« (Leipzig: Staackmann 1916). Brunner hielt es für »ein schreckliches Buch, ein Haufen ausgespiener Galle, garniert mit wirklich stinkendem Eigenlob; Reklame niedriger Art vom ersten bis zum letzten Buchstaben. Vater wollte ursprünglich gar nicht erwidern, schrieb aber dann auf mein Drängen ein kurzes Wort: dieser Art, das eigene Leben und die Lebensleistung zu betrachten, könne er nicht folgen; übrigens blieben seine persönlichen Empfindungen die alten liebevollen. ›Wenn Otto Ernst typischer wäre, würde ich ihn mir mal prinzipiell vornehmen, um allerhand mir Wichtiges an ihm zu erläutern. Aber er ist nicht typisch: Er ist kein Volksdichter wie Schiller, er ist der Pöbeldichter und sein Publikum das allerunfruchtbarste.‹« (Lotte Brunner, Tagebuch, 21. Juni 1916). In einem Brief vom 27. Juni schrieb Brunner ihm dennoch, dass er trotz seiner Kritik sein Freund sei und bleibe (ebd., 27. Juni 1916).

3 Otto Ernsts Theaterstücke waren beim bürgerlichen Publikum sehr beliebt, wurden von den Kritikern aber in der Regel negativ beurteilt. So hatte z.B. Rudolf Steiner schon

Abb. 19: Otto Ernst

Erst aus Deinem Buch, welches Du mir schicktest, hab ich recht erfahren, wie es steht und in welchem Verhältnis Du zur Kritik stehst, und was dadurch aus Dir geworden.

Wer hat Dich erschlagen, mein Otto, daß Du nun daliegst als ein solcher Semper der Mann! – Die Eitelkeit hat Dich erschlagen, der Größenwahn hat Dich zu einem *derartigen* Michael Kohlhaas gemacht. Du empfindest als ein Unrecht, daß man Dich nicht ein Genie nennen will; das bringt Dich in die wüste Fehde und treibt Dich über die Grenze dessen, was die Menschen am Menschen erträglich finden. Dein ganzes Buch ist unerträgliche Reklame; alles, alles, alles Reklame für Dein Geniesein, und Du legst es einem immer wieder in den Mund, wie man zu rufen und zu stöhnen hat: »Ach, dieser Heros! Ach, ach, dieser goldene Sonnenmensch!! Ja, das ist das echte naive Germanengenie!!!«[4] Dieses naive Germanengenie spricht aber in dem ganzen Buche kein naives und unberechnetes Wort, hat keine Liebe zu nichts außer sich, keine sachliche Hingabe an keinen Menschen, an keine Idee, an kein Ideal. Große Männer haben Ärgeres erduldet als Du, ohne Deine Vorteile im Leben zu gewinnen, aber in ihren Lebensbetrachtungen fanden sie trotzdem Gelegenheit, von andern und von anderem zu reden wie von ihrer Persönlichkeit, und freilich, wo sie von dem Persönlichen reden, da reden sie von dem Unpersönlichen, wodurch die Persönlichkeit groß wird; denn mit Wutgeheul über Kritiken und mit moralischer Klätscherei und Denunziationen der Kritiker zeigt sich Persönlichkeit nicht groß, sondern schlimmer als klein.

Eitelkeit und Größenwahnsinn haben Dich verblendet, mein geliebter Freund, und mir bleibt nur geringe Hoffnung, Deine Augen sehend zu machen. Dennoch muß ich alles so sagen und weiter sagen, als müßte es gelingen. Danach erst kann mein Rat kommen. Ich muß sprechen über Deine Begabung, wie sie denn also nicht nur mir erscheint –

1900 von einer Aufführung der Komödie »Jugend von Heute« im Königlichen Schauspielhaus Berlin geschrieben: »Otto Ernst ist der Stimmung des weitaus größten Teiles des Theaterpublikums in bedenklichster Weise entgegengekommen. Was könnte es auch für dieses Publikum Einleuchtenderes geben, als dass sein Denken, Empfinden und Wollen vortrefflich, einzig und allein gesellschafterhaltend sei und dass nur lächerliche, alberne Geistesgigerln an der soliden Gesinnung echten Bürgertums etwas tadelnswert finden können.« (In: Magazin für Literatur 69, Nr. 10 (1900), zitiert nach: Rudolf Steiner, Gesamtausgabe, Bd. 29, Dornach: Rudolf Steiner-Verlag, S. 369-371).

4 Lotte Brunner, die den Brief in ihrem Tagebuch (Juli 1916) zitiert, merkt zu dieser Stelle an: »Hier stand zuerst noch, wurde dann aber von Vater gestrichen: Die Rassentheoretiker müssen jubeln: Gott über die Welt, da ist es, das echte naive Germanengenie! und die jüdischen Käufer: bei Hermann dem Cherusker, der Deutscheste sieht uns als Deutsche an und rettet Israel!«

Wird einer einen Esel dich zu nennen wagen,
kümmere dich nicht drum;
wenn aber zwei es zu dir sagen,
so leg dir eine Halfter um.[5]

Wie diese Begabung dir selber erscheinen würde, wenn sie nicht zufällig gerade Deine wäre und wenn Du nicht beinah gänzlich Deine Unschuld verloren hättest. Unschuldig wärst Du geblieben, hätte die Welt ohne Widerspruch Dich als Genie anerkannt oder doch wenigstens die Widersprecher an den Galgen gehängt – nun, Du bist kein blutdürstiger Wüterich –: an den Galgen der Lächerlichkeit. Ich muß als Freund klipp und klar sprechen über Deine Begabung. Es wäre traurige Sache um die Freundschaft, die uns mit Blindheit und Taubheit schlagen müßte gegenüber Literatur und Kunst, darin wir die Wurzeln unsres Lebens haben, sobald es einem Freunde so in seinen Kram und Wahn paßt; wir können auch niemandem die Bestimmung zuerkennen, die Menschheit auf den Kopf zu stellen und den Unterschied zwischen dem Hohen und Niedrigen zu verwischen und zu verwirren:

Wenn Du nicht beinah gänzlich Deine Unschuld eingebüßt hättest – geblieben ist sie, wo Du wirkliche Begabung hast. Als Lyriker (in Gedichten, in Ortrun)[6] bist Du unschuldig und schön und im Paradies, mein Otto: der ganze übrige Otto Ernst (abgerechnet ein wenig Otto Lustig,[7] was aber nicht hoch genug, um hier in Betracht zu kommen) ist ein Sünder. Otto, Du hast keinen Ernst (außer also in der Lyrik) und nicht allein keine schöpferische Begabung für die größeren Produktionen des Ernstes, sondern auch nicht einmal Stimmung und Gesinnung dafür und bist unten am Berge geblieben: du beharrst bei Gesinnung, Stimmung, Geschmack, Anschauung und Psychologie der unteren Menschenkreise, die für all das Aufgezählte nicht in Betracht kommen, – Schatten können von keiner Sonne beschienen werden. Das ist es, was Übelwollen Dir nicht versteht und als geschäftsmäßiges Bauchrutschen vor dem Pöbel anrechnet. Mit

5 Diese Verse wiederholte Brunner in einem ähnlichen thematischen Zusammenhang in seinem letzten Werk »Unser Charakter« (S. 56), in dem er die menschliche Selbstgefälligkeit und Überheblichkeit ein letztes Mal zu bekämpfen suchte.

6 Die Gedichte Otto Ernsts erschienen, immer wieder vermehrt, in zahlreichen Auflagen: Gedichte (Norden: Fischer 1889), Neue Gedichte (Hamburg: Kloß 1892), Gedichte (Leipzig: Staackmann 1902), Siebzig Gedichte. Neue und alte Verse (Leipzig: Staackmann 1907) sowie in: Otto Ernst, Gesammelte Werke, Bd. 7 (Leipzig: Staackmann 1904-1912). Das Drama »Ortrun und Ilsebill. Eine Märchenkomödie in 5 Akten« erschien 1906 ebenfalls im Verlag Staackmann in Leipzig.

7 Anspielung auf die Hamburger Zeit Brunners (1891-1895), in der er mit Otto Ernst zusammen eine bestimmte Art des Blödsinnmachens kultivierte.

Deinen Theaterstücken (das Schöne in Ortrun ist Lyrik) bleibst Du außerhalb des eigentlich Dramatischen, außer Verhältnis dazu; gänzlich unzugehörig, bringst Du nichts in Bewegung, weil Du da nicht selber, in wirklich lebendiger Tiefe, bewegt warst. Ich will das nicht weiter ausführen und begründen; Du würdest auch schwerlich den Baum richtig und schön finden, an den ich – schmerzliches Geschäft für mich – an den ich Dich hier zu henken habe. Ich muß aber die Tatsachen aussprechen. Deine längeren Produktionen stehn in schiefem Verhältnis zu dem wirklichen Ernst solcher Produktionen. Darum auch mußte Deine Autobiographie so mißglücken. In dem ersten Teil[8] sind noch lyrisch schöne Episoden, aber als Lebensbetrachter o nein, bist Du auch da kein Betrachter; und das Ganze macht, die dich liebhaben, traurig und quält durch die vergnügte und mißvergnügte Ideenlosigkeit, unterbrochen nur von Philisterplattheiten und Philistersentimentalitäten (das Wort Philister in dem argen Sinne, der sich in guten nicht verwandeln läßt) und endlich den krankhaften Anspruch in diesem Otto Ernstschen Ecce homo![9] So äußert sich kein Genie und so verlangt es nicht von Menschen: es ruht in viel Größerem in sich selber, als ihm Menschen geben können. – Zu jeder rechten Betrachtung gehört ein rechter Betrachter. Der bist Du nicht. Es ist ja alles, alles klein und schief. Und so will man auch nicht angesehn haben, was groß und schief ist. Darum müssen auch solche, denen Nietzsche widerwärtig ist und unheilvoll dünkt, bei Deinem Angriff auf Nietzsche für ihn sehr gegen Dich empfinden. Mit jedem Worte über Ernstes richtest Du Dich hinaus aus dem Ernste, jedes Wort des Ernstes gebrauchst Du verkehrt und seellos; *Du kannst da gar nicht sprechen.*

Und so schufst Du selber dieses, daß die Kritik bei Dir nicht gegen Einzelheiten geht, vielmehr das Ganze Deines Produzierens und Deines Existierens ungehörig und ungeziemend nennt und sich außerhalb des Standpunktes der Kritik auf den Standpunkt der Abweisung, der Hinausweisung stellt.

Damit tut sie Dir recht, und damit tut sie Dir unrecht, weil sie mit Deinem Schlechten auch Dein Gutes verwirft.

Dies zu bessern und dich vor weiterem Unglück zu bewahren, mußt Du Versöhnung suchen mit dem Gewissen der Welt, welches in diesem Falle auch Dein eigenes Gewissen werden muß. Du solltest das Gute und Schöne

8 Der erste Band von Otto Ernsts Romantrilogie »Asmus Semper«, betitelt »Asmus Sempers Jugendland. Der Roman einer Kindheit«, erschien 1905 in Leipzig (Staackmann); bis 1912 wurden 99.000 Exemplare gedruckt.

9 Lat.: Welch ein Mensch. Nach Joh 19,5, hier aber in Anspielung auf Nietzsches autobiographisches Spätwerk »Ecce homo. Wie man wird, was man ist« (Leipzig: Insel-Verlag 1908).

aus Deinem besten Urselbst, das Reine und ganz Ungetrübte aus der liebenswerten Innerlichkeit Deiner Unschuldswelt mußt Du wie ganz neu zusammenstellen und herausbringen und dazu sprechen: »Dieses allein ist das Meinige, alle die andern Werke habe ich in meinem Hause verbrannt und verleugne sie in jedem andern Hause; sie haben mit meiner wahrhaften Seele nichts gemein, sie sind nichtig und nichts. Es gibt davon kein Exemplar mehr zu kaufen!« Machst Du diese reinliche Scheidung, so wendest du Dein Schicksal, rettest Dich vor unglückgequälter Erkenntnis und Verlassenheit im Alter, und es kann nicht fehlen, daß Du alsdann auch ein größeres Publikum gewinnst, ein Publikum. Publikum ist allein das große Publikum, nämlich das große Publikum, welches besteht aus dem kleinen Publikum der Zeiten: das große Publikum der *einen* Zeit, wie Du es hinter Dir her hast, ist gar kein Publikum, ist nichtig in sich, hält nichts, vermag nichts weiterzugeben in die Tiefe der Zeiten hinunter; und eh Du es verlassen hast, verläßt es Dich.

Damit hab ich Dir meinen Rat gegeben, durch welche Tat ich meine, daß Du es wenden und abschneiden kannst, damit es nicht sich selber büßt; und mein Brief ist zu Ende. Mir war bitterschwer, ihn zu schreiben. Mir wäre das unmöglich gewesen, wenn ich Dich nicht sehr lieb hätte. Auch hab ich mich, bei meinen jetzt so geschwächten Augen, ganz blind und wirr geschrieben. Dennoch ist mir dies Schreiben keine Lebensvergeudung, *wie* Du es auch aufnehmen magst. Solltest Du es übel aufnehmen, so muß auch das getragen werden von mir – und von Dir.[10]

81. An Martin Buber, 7. Januar 1917

Aber sehr, mein Lieber, bitte ich Sie, mir Ihr Werk »Geist des Judentums« zu schicken.[1] Auch ich meinerseits lese Ihre Schriften mit besonderem Interesse. Wie ich auch mit Ihren Worten gegen Hermann Cohen

10 Lotte Brunner notierte noch eine Bemerkung Brunnes zu diesem Brief (Juli 1916): »Vater tat nachträglich ein wenig leid, den Brief so schnell abgesandt zu haben. ›Davon müsstet ihr mich in so wichtigen Angelegenheiten immer abzuhalten suchen; denn ich bin langsam. So ist mir erst, als es zu spät war, eingefallen, dass meine Bemerkung über Otto als Lyriker missverständlich sein könne in der Weise, als ob ich ihn für einen Lyriker von großer Bedeutung hielte. Aber ein Brief ist eben etwas zwischen zweien und hat zur Voraussetzung das ganze Verhältnis und alles Frühere. Und in diesem Falle kann Otto nicht anders als an das Viele denken, was ich ihm in früheren Gesprächen über Lyrik gesagt habe und über meine Meinung von den Nur-Lyrikern; ich sprach darüber besonders im Anschluss an Liliencron.‹«

1 Martin Buber, Vom Geist des Judentums. Reden und Geleitworte, Leipzig: Kurt Wolff 1916. Buber vereinigte hier drei Reden aus den Jahren 1912-14 sowie die Geleit-

tat.[2] Es ist gewiß gut, daß Sie gegen den kräftig auftraten – ich kenne ihn nur aus einigen seiner Darlegungen und Selbstbezeugungen von seiner philosophischen und logischen Unfähigkeit und aus dem damit übereinstimmenden Angehen gegen Spinoza und dessen Theologisch-Politischen Traktat. Spinoza gilt ihm nicht als Jude, ebenso wenig natürlich Christus. Na ja; das ist ja auch wunderhübsch, den Geheimrat Christus und Spinoza als Juden streichen, mit Reden über die Juden ohne diese Beiden auskommen; und Sie sehen, es gibt Leute, die nehmen dafür Herrn Cohen als Repräsentanten der Juden. Ich will demnächst auch vorschlagen, daß wir an Stelle von Berlin Krähwinkel zu unsrer Hauptstadt machen.[3]

Was nun die Sache mit dem Vordruck aus meinem Werke »Der Judenhaß und die Juden« betrifft, so steht darin Alles in einem Zusammenhang, und wüßte ich nichts herauszunehmen für Ihre Interessen, was *so lange vor Veröffentlichung des Ganzen* auf geeignetes Verständnis oder Mißverständnis rechnen könnte. Wohl aber habe ich bereits einige Partien bestimmt, die bei der Veröffentlichung des Werkes in einigen Blättern erscheinen sollen, und da findet sich dann auch sicherlich noch etwas, was

worte zu den Büchern »Die Geschichten des Rabbi Nachman« und »Die Legende des Baalschem«.

2 Der bedeutende Marburger Neukantianer Hermann Cohen (1842-1918), der seit seiner Emeritierung 1912 an der Hochschule für die Wissenschaft des Judentums in Berlin lehrte, verfasste 1916 den Artikel »Religion und Zionismus«, der in einem Sonderdruck (aus der 11. Kriegsausgabe der K. C. Blätter. Monatsschrift der im Kartell-Convent vereinigten Korporationen) im Juli 1916 in einer hohen Auflage erschien, um Cohens Positionierung gegenüber dem Zionismus einer breiten Leserschaft zu präsentieren. Buber hatte über Hermann Badt (1887-1946) von Cohens Absicht zu dieser Veröffentlichung erfahren und das Manuskript vor der Veröffentlichung einsehen können. Er nutzte die Gelegenheit für eine öffentlichkeitswirksame Konfrontation zionistischer Positionen mit den liberalen Auffassungen Cohens und schrieb einen Offenen Brief: Begriffe und Wirklichkeit. Brief an Herrn Geh. Regierungsrat Prof. Hermann Cohen, in: Der Jude 5 (1916), S. 281-289. – Brunners Zustimmung zu Buber bezieht sich nicht auf dessen zionistische Position, sondern auf seine generelle Zurückweisung Cohens, den Brunner wegen seines Kantianismus und seiner Spinozakritik bekämpfte.

3 Cohen äußerte sich an vielen Stellen seiner Werke zu Spinoza, besonders gegen seinen »pantheistischen« Gottesbegriff, seine »naturalistische« Ethik und seinen »Theologisch-politischen Traktat« (1670), am deutlichsten und schärfsten in: Spinoza über Staat und Religion, Judentum und Christentum (in: Jahrbuch für jüdische Geschichte und Literatur, hrsg. vom Verband der Vereine für jüdische Geschichte und Literatur in Deutschland 18. Bd., Berlin: M. Voppelauer 1915, S. 56-150). Möglicherweise bezieht sich Brunner hier aber auf ein älteres Werk Cohens, in dem er sich schon ausführlich mit Spinoza auseinandergesetzt hatte: Kants Begründung der Ethik (Berlin: Dümmler 1877); in der zweiten, erweiterten Auflage des Buches (Berlin: Cassirer 1910) hat Cohen seine Spinoza-Kritik noch verschärft. Letztendlich steht Spinoza für Cohen außerhalb des Judentums, weil er das Judentum historisiere und alles Religiöse zu überwinden versucht habe.

Sie für Ihre Zeitschrift[4] passend finden dürften. Wären Sie damit einverstanden, und sind Sie mir auch ganz gewiß wegen dieser Antwort nicht böse? NB – wenn Sie mögen, so lassen Sie doch aus meinem jüngst geschickten Aufsatz etwas abdrucken.[5] Ich stelle es Ihnen herzlich gern zur Verfügung; nur bitte dann vorher Nachricht, damit ich es dem Verlage mitteilen und der keine Schwierigkeiten machen kann.

Mit besten Wünschen für Ihre Arbeit, Sie und die Ihrigen! Frieden!!!

Brunner.

82. An Magdalena Kasch, 19. Oktober 1917

Gute, du hast wieder so Gutes geschickt (2 Kisten), wovon ich auch Andre konnt leben lassen, die es zur Zeit so viel nötiger haben. – Auch Magnussen ist z.Z. krank.[1] Willst du mir den Gefallen tun, ihm – auf meine Rechnung (aber bitte mir gleich mit anrechnen beim nächsten Mal!) einige Fische schicken, am besten Butt oder Schollen. Adr. *Parkstraße 1, Tempelhof, Ringbahnhof Tempelhof.* Diese letzte Angabe nicht vergessen; sonst kommts wieder nicht an wie so Vieles nicht in dieser Fluchzeit, wo die einen gemordet werden, die andern bewuchert, beschwindelt, bestohlen und alle chikaniert. Welch ein Vaterland, welch eine Welt! Und bis der Wahnsinn sich totgelaufen hat so; er muß sich selber tot laufen: nichts Andres ist stark, ihn zu töten. Was er kann, rennt er nieder ..... Ob wir stehen bleiben? Ich hoffe es und grüße dich von Herzen, mein Kind.

Anna bekommt in diesen Tagen den Eckhart. Sie soll so lesen, wie ich ihr sagte. Nicht ihn: sich. Wenig zur Zeit in ihm, dann immer gleich in sich selber. Das Buch ist geeignet, daß man Kurzes daraus nimmt.[2]

4 Die von Buber herausgegebene Zeitschrift »Der Jude«.

5 Möglicherweise handelte es sich um einen Auszug aus Brunners Vorwort zu »Der Judenhaß und die Juden« (S. 333-352), der unter dem Titel »Deutschenhaß, Judenhaß und die Ursache des Krieges« im Januar 1917 nicht im »Juden«, sondern in Ludwig Steins Zeitschrift »Nord und Süd« erschien (Nord und Süd. Eine deutsche Monatsschrift 41, Bd. 160, Nr. 508 (Januar 1917), S. 46-65). In Bubers Zeitschrift erschien einige Zeit später ein anderer Auszug aus Brunners Werk: Die jüdische Rasse (aus: Der Judenhaß und die Juden, S. 42-51, in: Der Jude 2, Nr. 5 (1917-18), S. 299-307).

1 Peter Magnussen (1859-1945), Arzt. In Tempelhof hatte Brunner die Wohnung über seiner Praxis bezogen. Seit ihrer ersten Begegnung 1908 entwickelte sich ein herzliches Freundschaftsverhältnis. Magnussens Frau, die Malerin Paula Schiff-Magnussen, porträtierte Brunner etwa 1913.

2 Der Ehemann von Anna Dorothea Drevsen, geb. Kasch (1883-1964), der Schwester von Magdalena Kasch, war gerade im Krieg gefallen. Brunner äußerte dazu: »Nun, ihren

83. An Ernst Altkirch, 23. Februar 1918

Herzlichen Dank, Bester, für die neue Bemühung und den guten Rat. Aber mir widerstrebt im Innersten die Bettelei vor den Behörden;[1] und, aufrichtig gestanden: wenn ich mit einem Werk fertig bin und zwischen mir und meinem Kinde die Nabelschnur zerschnitten ist, dann bin ich wirklich fertig damit, es hat sein Leben und Schicksal für sich und (hier hört der Vergleich mit dem Kind auf) es muß für sich selber sorgen oder andre müssens tun. Mir schlägt nun gar nicht das Herz darum, ob dieses Buch früher oder später heraus geht. Für unmittelbare breite Wirkung auf die Zeitgenossen ist mein Schaffen nicht eingerichtet, ist mein Leben nicht eingerichtet – es ist Alles angelegt *auf ein längeres Leben;* darum auch hat es für die Welt eine lange Geburtszeit. Übrigens ist jetzt wieder was im Gange mit Papier, so daß doch kommen kann, daß der Druck bald vor sich geht. Abwarten. –

Viel Gutes möcht ich Ihnen noch schreiben, aber vielerlei bedrängt mich, so daß nur noch ein herzlicher Gruß her kann.

B.

84. An Leoni Brunner, 17. Juli 1918

Geliebte Leoni, ich habe dieses Mal das Gefühl deines lauteren Beimirseins,[1] und Dies treibt unablässig meine Gedanken mit der vollen Schwere der Innigkeit zu dir hin, daß ich meine, sie müßten, noch ehe ich dies

Schmerz kann ich ihr gewiss nicht nehmen, der gehört ihr. Man kann nie trösten, immer nur ein Gegengewicht schaffen. Wie sie ihn trägt, gefällt mir gut.« (Lotte Brunner, Tagebuch, 1. Oktober 1917). Offenbar schickte er zum Trost eine Eckhart-Ausgabe. Dies könnte die von Brunner sehr geschätzte kleine Auswahl und Übertragung von Gustav Landauer gewesen sein: Meister Eckharts Mystische Schriften, Berlin: Karl Schnabel Verlag (Axel Junckers Buchhandlung) 1903. Die zweibändige Übersetzung von Hermann Büttner (Meister Eckeharts Schriften und Predigten, Leipzig: Diederichs 1903-1909) wird von Brunner nirgends genannt. In »Unser Christus« zitiert er aus der ersten modernen Übertragung von Franz Pfeiffer: Meister Eckhart (Deutsche Mystiker des vierzehnten Jahrhunderts, Bd. II), Leipzig: Göschen 1857.

1 Offenbar hatte Altkirch Vorschläge gemacht, wie Papier zum Druck des Werkes »Der Judenhaß und die Juden« zu beschaffen sei. Papier war meldepflichtig und mußte vom Kriegswirtschaftsamt bewilligt werden. Dass Papiernot der Grund für die Verzögerung der Drucklegung war, betont Brunner im Juni 1918 am Ende seines Vorwortes »Unter dem Krieg« (in: Der Judenhaß und die Juden, S. 359).

1 Brunner machte zusammen mit seiner Stieftochter Lotte eine Reise nach Altona, wo er Fritz Heyn und seine Frau Lulu, Auguste Voigt und Georg Wienbrack besuchte.

Abb. 20: Leoni Brunner, 1926

schreibe, bei dir sein und zu dir reden: Laß dir doch, daß dies so ist, das große Zeichen meiner Unveränderlichkeit sein und genug und Alles und das Einzige, so groß, daß dagegen das Übrige, was ist oder nicht ist, Nichts. Was kann denn ich Reicher – ja; der ich aber ebenso arm bin, ein Stammler, ärger als ein Stummer, wenn ich reden soll gegen dies, was so gar nicht ist von meinem Leben und von meiner Fahrt, – was habe ich denn Andres im Schatz als das einzige Wort: daß ich deine ewige Seele nicht verdunkelt sehen kann in der Zeit mit mir und nicht verlieren könnte aus meinen Notwendigkeiten ohne mein Unglück. Und ist nicht Dies dein Reichtum? der *muß* können dich hinwegbringen über alle die Schatten und über die Schatten der Schatten von dem was ist und was nicht ist; daß nichts mehr ist als Licht und Leben, so viel man nur leben kann. Ich meine, daß die Epoche des Kampfes zu Ende geht, und der Sieg kommt und das Alte neu. Laß uns Dies doch befestigen mit diesem Worte und es fortan ungestört leben. So schön wird es sein! Aus meinem Herzen Dies: Ich habe nichts Andres gegen dich. Und du sollst auch nichts Andres haben gegen mich hin als dein Herz. Ich will ja nichts Andres; ich kann nichts Andres gebrauchen; ich kann Andres nicht verstehen und nicht leiden. Eng ist meine Welt, und ich kann sie mit Andern teilen nur im Einen Punkte. –[2]

Hier ist es gut. H.[3] ist prachtvoll und im Besten großartig. Heute Nachmittag gehe ich zur Voigt,[4] wo nun Lotte schon ist. Hoffentlich hat sie eine Freude an uns und ein kurzes Licht, die arme. Es ist quälend, wie

2 Leoni Brunners Antwortbrief ist erhalten geblieben. Darin schreibt sie: »Nun bin ich Dir gegenüber wieder ganz frei, weiß vor allem, daß ich in dir ruhe, dich ganz habe, in Dir mein ganzes Sein finde und – bin so zufrieden und glücklich, daß Du es auch bist! Wie schön, wie ganz herrlich! Nun können wir, glaube ich, auch mal richtig sprechen; oder ists nicht mehr nötig?« (LBI/JMB: II, 2, 15).

3 Der in Othmarschen (damals Stadtteil von Altona) lebende Bauunternehmer Fritz Heyn (1870-?) begeisterte sich kurz vor dem Ersten Weltkrieg für Brunners »Lehre«, und es enstand eine freundschaftliche Beziehung. Brunner besuchte Heyn zwischen 1915 und 1918 jährlich; auch Heyn war regelmäßig in Potsdam zu Besuch. Zeitweise unterstützte er Brunner finanziell; dem mit Brunner befreundeten Bildhauer Georg Wienbrack stellte er in Othmarschen ein Atelier zur Verfügung. Brunner vermittelte in dem Ehekonflikt zwischen Heyn und seiner Frau Lulu. Brunners Freundschaft mit Heyn zerbrach schließlich an der Frage der praktischen Umsetzung des geistigen Denkens. Heyn warf Brunner vor, sich in seinem Werk »Unser Christus« mit der Welt eingelassen zu haben, statt im reinen Geist zu bleiben. Er selber verfasste 1919/20 die kleine Schrift »Ich – in dir«, von der Brunner entsetzt war und dies in einem Brief (25. März 1919, LBI/JMB: II, 5, 1) an den »unfolgsamen Schüler« zum Ausdruck brachte. Heyn solle seinen Hochmut abtun und stattdessen »lernen«, d.h. sich mit der »Verdeutlichung der *Einzelheiten!!*« beschäftigen.

4 Auguste Voigt, frühere Gesellschafterin von Cécile Mutzenbecher, lebte fast erblindet in Nienstedten bei Altona. Brunner bemühte sich ihr ein anderes Dienstmädchen zu beschaffen und las ihr aus Selma Lagerlöfs »Christuslegenden« (dt. von Henry Bock-Neumann, Berlin – Wien: Ullstein & Co. 1914) die Geschichte »Im Tempel« vor (S. 49-62).

man dem Andern so wenig sein kann. Laß mich dir viel sein – laß es mich. Bleib zu mir wie jetzt. Ich umarme dich und küsse dich.

85. An Borromäus Herrligkoffer, Sommer 1918

Mein lieber Freund,

du schreibst mir so wenig wie Nichts – ich fühle aber, wie der Druck auf dir lastet. Und in der Tat ... Wir hatten den Krieg gewonnen, schon nach dem Durchbruch bei Gorlice; wir hätten einen schönen Frieden haben können.[1] Aber wir haben die Alldeutschen und dadurch haben unsre Feinde *die Zeit*. Die Zeit will uns nicht wohl und die Welt will uns nicht wohl.

Dir mein Lieber wünsche ich wieder die äußerste Mäßigung in Lektüre der Zeitungen, womöglich Beschränkung auf die Berichte der Heeresleitung und, da man ihr doch nicht aus dem Wege bleiben kann, Stärkung gegen die Kannegießerei der Menschen, die ebenso verderblich ist, wenn sie Hochmut gießt als wenn Zerknirschtheit; und das eine oder das andre ist es immer. Dir ziemt der Standpunkt über Beidem, ohne darum die Augen zuzuschließen vor der Zeit, vor der Welt, vor den Menschen, wie sie in Wahrheit sind. Im Gegenteil, du mußt sie noch weiter auftun. Das geht aber nur, indem du auf das Allgemeine siehst, auf das, was immer war, ist und bleibt mit den Menschen, und auf den wirklichen Trost, der dir das Herz fest macht. Ich bitte dich, lies jetzt Senecas Briefe, die du in deutscher Übersetzung bei Reclam haben kannst;[2] sie eignen sich auch zum Lesen auf deinen Fahrten. Ich bin gewiß, daß sie dir gut tun; ich bin beruhigt, wenn ich weiß, daß du sie liest. Schreib es mir, daß du es tust.

Ich denke herzlich an dich

B.

1 Anfang Mai 1915 konnten die Mittelmächte bei Gorlice die russischen Truppen entscheidend zurückschlagen und daraufhin ganz Polen erobern. Brunner hielt es für einen entscheidenden Kriegsfehler, dass daraufhin kein Frieden geschlossen wurde: »Die lange Fortdauer des Krieges verdanken wir unsern eroberungslüsternen Alldeutschen, diesen inneren Feinden, die schlimmer sind als die äußeren. Nach dem Durchbruch von Gorlice hatten wir gesiegt und hätten damals und später noch bei andern Gelegenheiten einen schönen Frieden haben können. Nun haben sie nicht nur diese entsetzliche Verlängerung erreicht, sondern auch, dass wir viel schlechter stehen. Je länger es dauert, um so schlechter werden natürlich unsere Aussichten und um so besser die der Entente.« (Lotte Brunner, Tagebuch, 9. August 1918).

2 Lucius Annaeus Seneca, Fünfzig ausgewählte Briefe Seneca's an Lucilius, Reclam: Leipzig 1886.

86. An Arthur Kirchhoff,[1] 23. Oktober 1918

Ihr guter Aufruf trifft mir ins Herz, in die Tiefe seines Schmerzes und seiner Krankheit. Jawohl; das muß gesagt sein, und in all der Zeit kann ich mir ja kein andres Wort sagen als dieses verruchte Wort: *Es fehlt unsrem Vaterlande an der Vaterlandsliebe, an der Vaterlandsleidenschaft!* Darum geschieht ihm nun dies, was ihm sonst nimmer geschehen könnte – denn es würde weiterleben in seiner Kraft oder kämpfend untergehen – aber nein, es *würde* weiterleben in seiner Kraft! – Darum werden dem Wundervogel bei lebendigem Leibe die Flügel zu beiden Seiten abgeschlagen ...[2]

Jedes Wort Ihres Aufrufs ist mir aus dem Herzen, kein Punkt darin den nicht meine Abhandlungen über den Staat, die politischen Parteien und die geschichtliche Überlieferung in gleichem Sinn und Geist behandelt hätten.[3] Diese Abhandlungen sind ein Teil meines Werkes »Der Judenhaß und die Juden«, welches im Verlag von Österheld & Co. Berlin soeben herausging; und dieses Werk geht auf nichts andres als eben auf staatsbürgerliche Erziehung und auf Erweckung zur Idee. Ihre Aufforderung, mich zu äußern, kann ich nicht anders beantworten als durch den Hinweis, daß ich im genannten Werk in völliger Übereinstimmung mit Ihren Gedanken, mit Ihrer Gesinnung, mit Ihrer Absicht mich geäußert habe – ich muß fast annehmen, daß Ihre Aufforderung eine Folge dieser Äußerungen ist. Jetzt aber noch einmal in der Kürze mich auszulassen, ist mir leider nicht gegeben, da ich nicht anders schreiben kann als auf Grund und mit Entwicklung der Prinzipien.

Ich habe nach Maßgabe meiner Kräfte versucht, daran mitzuwirken, daß wir »zum Besseren uns emporrichten und Aufklärung schaffen in die Breite und Tiefe. Staatspädagogik und Nationalpädagogik, Erziehung der Erwachsenen zu dem, wozu die Unerwachsenen nicht schon erzogen werden können! Bewußtheit über den Staat und über den besonderen Staat der eigenen Zugehörigkeit – das Ideal wäre: ein in allen seinen Gliedern bewußt organischer Staat, d.h. eine von dem Bewußtsein und dem Geiste ihres Staates durch und durch erfüllte und ganz und gar der Arbeit für ihn

1 Arthur Kirchhoff (1871-1921?), Schriftsteller und Publizist, setzte sich für die Rechte und Studienmöglichkeiten von Frauen ein und gründete die »Deutsche Gesellschaft für staatsbürgerliche Erziehung«, die sich in Aufrufen offenbar dafür einsetzte, ein schnelles Kriegsende herbeizuführen und in den bevorstehenden Friedensverhandlungen Deutschland »gerecht« zu behandeln (s. Anm. 5).

2 Anspielung auf die drohenden deutschen Gebietsverluste im Osten und Westen.

3 Die politischen Parteien und der Patriotismus, in: Die Zukunft 23, Nr. 34 (23. Mai 1914), S. 257-262; Deutschenhaß, Judenhaß und die Ursache des Krieges, in: Nord und Süd. Eine deutsche Monatsschrift 41, Bd. 160, Nr. 508 (Januar 1917), S. 46-65.

lebende Nation.«[4] Sollten Sie für nützlich halten, geeignete Stücke des Werkes als Broschüre zu verbreiten, so kann ich vielleicht durch meinen Verlag oder sonstwie veranlassen, daß Ihnen das für Ihre Gesellschaft kostenlos ermöglicht wird. Was ich sonst im Interesse der Gesellschaft vermag, soll geschehen. Ich bitte, mir zur Zeit eventuell Drucksachen zur Verfügung zu stellen, damit ich bei meinen Anhängern und durch diese besser wirken kann. O, unser Unglück vermindert sich ja schon um ein weniges, wenn wir nicht nur niederliegen und uns schämen sondern tätig ihm entgegenwirken. Wer mag, wer kann noch leben, ohne dabei, an seinem Teil mitzumachen? *Deutschland wird heilig und gewiß leben! Aber es wird leben durch einen jeden von uns, durch unser Leben und Sterben!*[5]

In ausgezeichneter Hochschätzung

Constantin Brunner

Potsdam, N. Königstr. 38
23. Oktober 1918

4 Zitat aus: Brunner, Der Judenhaß und die Juden, S. 117.

5 Lotte Brunner notierte am 26. Oktober 1918: »Sofort nach Empfang von Vaters Brief telefonierte ein Herr Kirchhoff von der deutschen Gesellschaft für staatsbürgerliche Erziehung an, ob er Vater sprechen dürfe. Es konnte zunächst nur telefonisch geschehen. Unter all den Antworten, die infolge ihres Aufrufs eingelaufen, sei Vaters die einzige, worin wirklich Herz stecke, und darum erbäte er seine Mithilfe in einer wichtigen und dringenden Angelegenheit. Man habe vor, durch die Königin von Holland, die sich an den König von Schweden weiterwenden würde, eine Adresse an Wilson [Präsident der Vereinigten Staaten von Amerika] schicken zu lassen, worin alle Frauen der Erde sich an den Präsidenten wenden, um ihm in dieser entscheidenden Stunde die ungeheure Verantwortung seines Tuns – sie als Frauen! – mit allem Nachdruck ans Herz zu legen. Es handle sich nun um die sofortige und natürlich möglichst eindrucksvolle Abfassung eines solchen Schriftstücks. Vater gab durch das Telefon einige Richtlinien, und gestern besuchte er Kirchhoff und arbeitete mit ihm die Adresse vollends aus, drang besonders auf Kürze und Konzision.« Kirchhoff äußerte sich in einem Brief vom 26. Oktober 1918 an Conrad Haußmann (1857-1922) dazu: »In einer Unterredung mit dem Philosophen Constantin *Brunner*, die ich gestern Abend hatte, bin ich zu der Ueberzeugung gebracht worden, dass meine stärkste Idee die war, *an die Frauen* der Welt zu appellieren.« (Landesarchiv Baden-Württemberg, Nachlass Conrad Haußmann, Q 1/2, Bü 1). In dem achtseitigen Aufruf, der den Titel trägt: »An alle Mütter, an alle Frauen, an alle Töchter Europas und Amerikas« heißt es unter anderem: »Die zum verkörperten Wahnsinn gewordene Bestie Mensch zertritt täglich zehntausende blühender Menschenleiber. [...] Wenn die Männer im Felde im Wahnsinn rasen, wenn die Männer in der Heimat zu kraftlos und zu feige sind, um sich aufzuraffen, der weiteren Selbstvernichtung Europas ein Ende zu bereiten, dann müssen die Frauen Europas und Amerikas sich zusammenschließen. [...] Es ist zuviel des Leidens! Die Stunde der Frau ist gekommen! [...] Ihr Mütter, ihr Frauen, ihr Töchter, schliesst euch zu Reihen! Rettet Europa, rettet eine zweitausendjährige Kulturarbeit vor dem Untergang. Rettet die Seele der Männer vor dem Verderben! [...] Denn in einer der Vernichtung preisgegebenen Welt kann es auch für den Sieger keinen Reichtum, kein Glück, keine frohe

87. An Martin Klein,[1] 20. November 1918

Mein Lieber, Ihren Aufsatz über den demokratischen Gedanken[2] habe ich denn aus Breslau zurückschicken lassen – nein, der durfte jetzt nicht hinaus[3] – und freue mich auf die neuen Arbeiten über Spinoza und über den Monismus …[4]

Das Wort »freue mich« fiel mir aufs Herz, da ich es schrieb: nein, ich weiß von keiner Freude jetzt! Ich sehne mich nach dem alten reaktionären Deutschland, ich *liebe* das reaktionäre Deutschland – gegen diese Freiheit und Gerechtigkeit, die man nun unter uns aufrichten will, um diesen Preis![5]

Stunde mehr geben!« Es liege besonders in der Verantwortung des amerikanischen Präsidenten Wilson, den Krieg zu beenden und »den Frieden der Gerechtigkeit« herzustellen: »Sagt dem Präsidenten der Vereinigten Staaten, er müsse alle Kriegführenden Schweigen heissen über die Schuldfrage und über die Greueltaten, die ein Volk dem anderen vorwirft. Der ganze Krieg war eine einzige furchtbare Greueltat, an der alle Kriegführenden Anteil haben. Die Schuldfrage wird erst die Geschichte beantworten können.«

1 Martin Klein (1885-1981), Amtsgerichtsrat in Barmen, wandte sich 1914 an Brunner. Er verfasste zunächst kleinere, von Brunner geschätzte Arbeiten im Anschluss an die »Lehre«, die Brunner im Anhang zu »Der Judenhaß und die Juden« (erste Auflage 1918, S. 447) ankündigte; aber sie erschienen nicht. Klein entwickelte vielmehr zunehmend eine eigene Philosophie. 1919 beabsichtigte er geradezu, den zweiten Band von Brunners Lehre, die Lehre vom Geist, zu schreiben, wozu es aber ebenfalls nicht gekommen ist. Erschienen ist das Buch: Von der All-Einheit im Ich. Eine paradogmatische Philosophie (München: Ernst Reinhardt 1939), das 1960 noch einmal in einer stark überarbeiteten Fassung unter dem Titel »Der zerstückelte Gott (Dionysos Zagreus)« (München – Basel: Ernst Reinhardt) erschien. Zeitweilig beriet Klein Brunner bei Vertragsfragen mit Verlegern. Der Briefwechsel, in dem es häufig um die Arbeiten von Klein geht und dabei unter anderem auch um Plagiatsvorwürfe, reicht bis in das Jahr 1936.

2 Am 18. September schlug Brunner vor, diesen Aufsatz in der von Ludwig Stein herausgegebenen Zeitschrift »Nord und Süd«, die im Verlag der Schlesischen Buchdruckerei Breslau gedruckt wurde, herauszugeben.

3 Kleins Aufsatz ist damals nicht gedruckt worden. Politische Äußerungen publizierte er offenbar erst im zweiten Teil seines Buches »Von der All-Einheit im Ich«. Dort heißt es, »Demokratie« sei ein »Unwort«, denn: »Das Volk kann gar nichts, geschweige denn herrschen; nicht einmal Ja oder Nein sagen kann es.« (S. 159). Ob Klein schon 1918 diese Position vertrat, ist nicht bekannt. – Brunner stand der Demokratisierung Deutschlands zunächst skeptisch gegenüber (s. sein zweites Vorwort »Unter dem Frieden« in: »Der Judenhaß und die Juden«, S. 361-387, besonders S. 384). Dort nimmt er zudem auch allgemein Stellung zur Revolution (S. 368-372). Später hat sich Brunner eindeutig und sehr positiv zu einer »religionslosen Demokratie« bekannt (s. Brief 209).

4 Auch diese Arbeiten sind offenbar nicht publiziert worden.

5 Der US-amerikanische Präsident Wilson hatte die Demokratisierung Deutschlands zur Bedingung für Waffenstillstandsverhandlungen gemacht. Nachdem den Westmächten im August 1918 der Durchbruch an der Westfront gelang, forderte die deutsche Oberheeresleitung die Reichsregierung auf, den amerikanischen Wünschen zu entsprechen. Am

Mein Deutschland, will man dich so kappen im Westen und im Osten und womöglich auch an der Spitze im Norden, so sind dem Vogel die Flügel genommen und der Kopf; ja, dann kann er gebraten werden. Das hab ich längst gesagt und beklagt: Wehe uns wenn die Politik moralisch wird![6] Das gemeinste Mittel wendet man gegen uns an, uns zu vernichten: die moralische Kritik. Die Welt ist gegen uns moralisch geworden und richtet und bestraft uns. Nun bekommen wir die moralische Politik zu schmecken.[7]

Ich muß gestehen, daß es mir bitter schwer fällt, mich in das Reich des Gedankens zu retten, bin ganz verstört wie noch nie. Wie sollen wir weiter leben? Bitte die Aufsätze. Sie gehören zu meinem Trost und Vergessen. Ich grüße Sie herzlich.

B.

9. November wurde die Republik ausgerufen, Kaiser Wilhelm II. dankte ab und im französischen Compiège wurde ein Waffenstillstand beschlossen, der sehr harte Auflagen für Deutschland beinhaltete (Rückzug deutscher Truppen aus den besetzten Gebieten in Belgien, Frankreich, Luxemburg und Elsaß-Lothringen, Besetzung der linksrheinischen Gebiete sowie der Städte Mainz, Koblenz und Köln durch die französische Armee, Waffenabtretung und hohe Reparationsleistungen). In Teilen der deutschen Öffentlichkeit wurde die Annahme dieser als »Diktat« wahrgenommenen Forderungen scharf kritisiert, die daran beteiligten Politiker als »Novemberverbrecher« bezeichnet.

6 Brunner, Der Judenhaß und die Juden, S. 360. An dieser im Juni 1918 geschriebenen Stelle im letzten Abschnitt des Vorwortes »Unter dem Kriege« wiederholt Brunner die Grundauffassung seines Werkes, dass Politik nicht moralisch sein dürfe, sondern sich auf die unveränderliche Menschennatur stützen müsse: »Die Politik muß sein, was sie ist; und Kriege, die immer zur Politik gehören werden, müssen sein, was sie sind. Die Menschen sollten nie vergessen, was Kriege sind, – auch nicht nach dem Friedensschluß; auch nicht als Sieger. Ein altes Buch schildert ein Reich, in dessen Geschichte es an Kriegen nicht fehlt, aber: die vaterländischen Jahrbücher erwähnen von diesen Kriegen nicht allzuviel; sie beschränken sich hauptsächlich auf Erzählung von friedlichen Begebenheiten, Gesetzen, Einrichtungen und Erfindungen. Und die aus dem Kriege heimkehrenden Sieger werden nicht wie bei uns mit Illuminationen, Siegesgepränge, Freudengeschrei und Te Deums empfangen. Vielmehr verleben sie einige Zeit in tiefer Zurückgezogenheit und Stille, gleichsam als schämten sie sich ihres mit dem Blut ihrer Mitmenschen erkauften Sieges. Danach wird vom ganzen Lande ein Fest begangen mit ernsten Gedanken über das, was die Menschen zur Uneinigkeit und zum Streit bewegt und sie zu Ursachen des fremden und eignen Unglücks macht; und alle Parteien und alle Vertreter der verschiedenartigen Vaterlandsgenossen bekunden feierlich und nachdrücklich den entschiedensten Willen zum Frieden und zur Duldsamkeit untereinander.« (S. 360f.) 1920 führt Brunner in »Memscheleth sadon« weiter aus, dass Moral etwas Negatives sei: Ein übersteigertes Selbstwertgefühl führe zu Besserwisserei und Hochmut, und in der Verbindung mit moralischem Geschwätz entstünden fatale Fehlurteile über »die Anderen«, wie Brunner anhand der Urteile über die Juden nachweist.

7 Offenbar bezieht sich Brunner auf die aufgeladene Diskussion um die Frage der deutschen Kriegsschuld.

88. An Borromäus Herrligkoffer, 15. Januar 1919

Ich ahnte, ich wußte, mein Lieber, daß es sich um ein Kranksein bei euch handelte, habe das hier auch schon jeden Tag ausgesprochen und wollte schon telegraphieren und anfragen. Nun bin ich froh genug, zugleich von Genesung zu hören. Ich wünsche innigst eine vollkommene! Ach von der unsres Vaterlandes gibt es so bald keine. Die närrischen Erbärmlichkeiten hier in Berlin um die kurzsichtigsten und gefährlichsten Egoismen aller der Parteien, Parteichen und des Verbrechergesindels, das (eine groteske Ironie!) im Polizeigebäude jetzt seinen Hochsitz hat[1] – darüber kommen die meisten mit ihren Gedanken ganz ab von dem Elend und der Schmach, die für die Zukunft über uns verhängt werden .... Du hast Recht, wenn du jetzt vor der Politik ganz die Augen schließest. Du kannst ja den Blick ins Innere richten; ich wünsche dir Glück zu diesem Glück. Und vor Allem denn alles Gute den lieben Reconvaleszenten, Amen!

B.

NB. Altkirch hat mir einige Exemplare seines Aufsatzes[2] geschickt mit der Bitte, ihn bei geeigneten Lesern zirkulieren zu lassen: vielleicht tust du das mit dem einen in deinem Kreise? Und wenn du also deine rührende Absicht mit dem Reisegepäck[3] wahrmachen kannst, so schick es bitte gleich nach Potsdam: der Anhalter Bahnhof und überhaupt Berlin ist durch Schießerei gefährdet; und wenn es auch den Anschein gewinnt, als würde

1 Die Novemberrevolution endete mit dem sogenannten Spartakusaufstand, einem gegen die Regierung Friedrich Ebert gerichteten, von der KPD und USPD mitgetragenen Generalstreik, in dessen Folge es zwischen dem 5. und 12. Januar 1919 zu bewaffneten Kämpfen in Berlin kam. Der Auslöser war die Absetzung des Berliner Polizeipräsidenten Emil Eichhorn (USPD) durch den unter der Führung Eberts stehenden »Rat der Volksbeauftragen«. Daraufhin besetzten die Revolutionäre die Redaktion des sozialdemokratischen »Vorwärts« sowie das Berliner Polizeipräsidium am Alexanderplatz. Nach der Niederschlagung des Aufstandes wurden Karl Liebknecht und Rosa Luxemburg am 15. Januar 1919 von Soldaten der Freikorps ermordet, was zu weiteren schweren Unruhen im Deutschen Reich führte.

2 Ernst Altkirch schrieb seit 1916 an einem Aufsatz über die Begegnung Charles de Saint-Évremonds mit Spinoza. Wie immer bei Altkirchs Arbeiten, aber diesmal schon etwas widerwillig (weshalb er seine Stieftochter Lotte um Unterstützung bat), half Brunner beim Herstellen des Manuskriptes. Der weithin geschätzte Aufsatz erschien unter dem Titel »Evremond und Spinoza« in: Nord und Süd. Eine deutsche Monatsschrift 43, Bd. 168, Nr. 532 (Januar 1919), S. 88-96 und Nr. 533 (Februar 1919), S. 202-210 und Nr. 534 (März 1919), S. 313-319 und Bd. 169, Nr. 535 (April 1919), S. 92-98 und Nr. 536 (Mai 1919), S. 202-214.

3 Herrligkoffer wollte einen Koffer mit Lebensmitteln schicken. Auch in den folgenden schwierigen Nachkriegsjahren unterstützte er Brunner auf diese Weise.

jetzt »die Regierung« die Oberhand gewinnen, so bleibt doch Unsicherheit und niemand weiß, was da kommen mag, wo man für den Staat auf die Mittel des Zwanges verzichten will.

89. An Walther Rathenau,[1] Ende Januar 1919

Was sollte ich da tun, Verehrter, der ich aber gar kein Mann der Praxis bin, – was ich gegen den Starrsinn, Unverstand und Feigheit der Juden?[2] Ich habe getan an meinem Teil und wollte beitragen, sie tun zu machen: kommt die Stunde, so werden sie tun.

Für jetzt sind noch andre Stunden!! und wenn ich von so Unbedeutendem schreiben darf, so schreibe ichs: daß unter den Zuschriften über das Buch (die erste Auflage ist fast verkauft) keine anständige von einem Juden ist und daß die »jüdische« Presse sich nicht einmal unanständig benimmt, sondern derart gar nicht,[3] daß z.B. das Berliner Tageblatt selbst einen

1 Walther Rathenau (1867-1922), Industrieller, Schriftsteller und Politiker (s. Abb. 21), Sohn des AEG-Gründers Emil Rathenau, hatte eine führende Stellung in der deutschen Wirtschaft, war während des Krieges Leiter der Kriegsrohstoffabteilung, 1921 Wiederaufbauminister und 1922 Außenminister. Am 24. Juni 1922 wurde er von der rechtsradikalen Organisation Consul ermordet. 1919 las Rathenau Brunners »Der Judenhaß und die Juden« und nahm Kontakt mit ihm auf. Es entspann sich ein intensives, herzliches Verhältnis, über das Rathenaus Mutter Mathilde später urteilte: »Mit Rührung habe ich Walthers an Sie gerichtete Briefe gelesen, so hat er ja keinem Anderen geschrieben, so ganz Hingabe u. Liebe. Ich lese eben Ihren Christus [Brunner, Unser Christus], wissen Sie an wen er mich erinnert?« (Brief an Brunner, 28. Oktober 1922, LBI/JMB: II, 10, 4). Gegenüber Lothar Bickel äußerte Brunner später rückblickend: »Rathenau hatte ein zärtliches, frauenhaftes Verhältnis zu mir. So oft wir zusammen waren, war er für niemand zu sprechen und für nichts zu haben« (Lothar Bickel, Constantin Brunners letzte Stunden, in: Die Constantin Brunner Gemeinschaft. Interne Zeitschrift, im Auftrag der Gruppe des Staates Israel hrsg. von Aron Berman und Rozka Pinner 5, Nr. 15 (Dezember 1950), S. 31).

2 Rathenau hatte in der »Zukunft« Brunners Selbstanzeige des Buches »Der Judenhaß und die Juden« gelesen (in: Die Zukunft 27, Nr. 14 (11. Januar 1919), S. 39-43) und schrieb Brunner nach der Lektüre des Buches mit Bezug auf das Schlusskapitel, die schon etwa 1893 verfasste »Rede der Juden: Wir wollen ihn zurück!«, in der Brunner Christus als Juden bezeichnet und in das Judentum zurückholen möchte: »Es ist mir ein unwiderstehliches Bedürfnis, Ihnen für Ihr neues Werk zu danken. Mit Ihrer gewaltigen Kontroverspredigt haben Sie den Paganismus gezwungen, Christus heraus zu geben. Was gedenken Sie zu tun – wenn Sie mir die Frage gestatten wollen –, damit er nicht abermals und länger von den Juden verworfen werde?« (Rathenau, Briefe, S. 2093).

3 Nachweisbar sind nur die folgenden – späteren – Rezensionen von Brunners Buch: Judenhaß und Deutschenhaß, in: Mitteilungen aus dem Verein zur Abwehr des Antisemitismus 29, Nr. 9 (30. April 1919), S. 68; Siegfried Schmitz, Der Judenhaß und die Juden, in:

kurzen sachlichen Hinweis ablehnte – mir ist dieser durch den Schreiber eingeschickt worden nebst zwei (!) sehr diplomatischen Briefen der Redaktion. Starrsinn, Unverstand oder Feigheit? Ich erwähne das nur z.B., habe nichts im Besonderen gegen das B. T., das ich lese, seitdem Th. Wolf es redigiert.[4]

Ich kann da nichts mehr tun, höchstens noch die Rede im Sonderdruck heraus lassen.[5] Über Christus allerdings rede ich weiter; ich hoffe sehr bald das Werk beendigt, dessen Titel: »Unser Christus«.[6] Womit ich meine weder den der Christen noch den der Juden, sondern wirklich *unsern* Christus, den Ihrigen und den meinigen. Den Mystiker Christus, den weltfreien, der in solchem Verhältnis zur Welt stand, daß die Revolution der Welt an ihm hängt und die Welt. Ihn müssen wir den Krallen des Aberglaubens entreißen und die Gedankenlosigkeit über ihn aufheben, damit die Denkenden und Nichtabergläubischen, die Geistigen, sein Werk vollenden und *ihr* Leben finden anders als in der allgemeinen Lebenseinrichtung, gegen diese, mitten in ihr. Was ist Kunst, Philosophie, Liebe (Mystik)?[7] Geist trotz Welt![8] Ist aber Alles Dreck, wenn nicht die Geistigen auch geistig leben können trotz Welt und sich die Krone aufsetzen.

Ihres lieben Wortes freue ich mich und bewahre den Dank im Herzen.

Friede sei mit ihnen!

Constantin Brunner.

Esra 1, Nr. 4 (1919/1920), S. 122-125; F. G., Constantin Brunner, in: Im deutschen Reich. Zeitschrift des Central-Vereins deutscher Staatsbürger jüdischen Glaubens 27, Nr. 2 (1921), S. 72.

4 Theodor Wolff (1868-1943), der 1918 Mitbegründer der Deutschen Demokratischen Partei (DDP) war und forderte, den Versailler Vertrag nicht zu unterzeichnen, gab seit 1906 das renommierte und viel gelesene »Berliner Tageblatt« heraus, das von Deutschnationalen als »Judenblatt« diffamiert wurde; Wolffs Name erschien auf Mordlisten rechtsradikaler und völkischer Gruppen.

5 Ein Sonderdruck der »Rede der Juden. Wir wollen ihn zurück!« erschien erst 1969 (mit einem Geleitwort hrsg. vom ICBI, Stuttgart: Cotta Verlag).

6 Unser Christus oder das Wesen des Genies, Berlin: Oesterheld & Co. 1921.

7 Brunner benutzte diese Begriffe terminologisch: sie sind die grundsätzlichen Äußerungsformen des geistigen Denkens und stehen für ihn den Äußerungsformen des abergläubischen Denkens – Religion, Metaphysik, Moral – gegenüber.

8 Diese von Brunner öfter benutzte Formel bildet zugleich den Titel eines Kapitels seines Christusbuches: »Geist trotz Welt – Die Lehre von den Geistigen und vom Volk« (S. 423-486). (Siehe auch Brief 189/4).

90. An Walther Rathenau, 2. Februar 1919

Solche Unlogik muß ich nun einem Manne wie Sie schreiben: Sie haben Recht, aber ich habe Recht.[1]

Es müßte sein; und wär eine edle Waffe gegen die Feinde, würde sogar auch viele Juden vom Zionismus abziehen und ist überhaupt so wunderguter Same, daß niemand weiß, was für Segen alles davon aufgehen kann.

Aber *ich* bin und bin kein Mensch der Praxis und kann nicht zu schaffen haben mit keinerlei Praxis der Menschen und will nicht hinaus. Es war eigentlich mein fester und wirklicher Vorsatz, keine Zeile je bei meinem Leben heraus zu lassen. Dann mußte ich doch, gegen meinen Willen. Aber mehr als ich eben und eben muß, mehr muß und will ich nicht. Ich unterzeichne keinen Aufruf mit, rede in keiner Versammlung, gehe nie und ging nie in eine Versammlung oder Verein und habe die Ehre, keinen Journalisten zu kennen. Bin auch gar nicht drunter durch deswegen. Hab ich einmal Lust auf eine Geburtstagsgratulation, so schreib ich mir selber eine.[2] Ich *will* so drunter durch sein – ich will *drüber* durch sein!

Sie können mir einwerfen: So morde deine Eitelkeit! darauf steht keine Strafe auf Erden und der schimmerndste Lohn im Himmel. Ich könnte Ihnen viel antworten und natürlich auch, daß das bei mir keine Eitelkeit oder Erst-recht-Eitelkeit sei. Ich antworte Ihnen nur noch, daß ich auch gar nicht darf; denn – wie ich ja heraussagte – ich stehe gar nicht, wie doch solch ein Rufer stehen müßte – auf dem Boden dieses Juden-Christus für die Juden. Und bin kein Prophet und sträube mich nicht gegen den Ruf *meines* Gottes. Eben darum sträube ich mich gegen Dieses, was ich nicht kann und nicht darf.

Mit dem Herzen erwidere ich Ihren herzlichen Gruß, auf den ich stolz bin, und segne Sie. Friede sei mit Ihnen!

Brunner.

Ich erbreche noch einmal das Kuvert und lege jene Geburtstagsgratulation bei, die vielleicht etwas ersichtlich macht davon, daß ich nicht kann noch darf.

1 Rathenau hatte am 31. Januar geantwortet: »Moses hatte eine schwere Zunge, und die Propheten sträubten sich. Rufen Sie die Juden auf zum Christus-Bund der Juden. Es ist genug, wenn zehn Ihnen folgen. Im Geiste entscheidet nicht major pars [die Majorität], sondern sanior pars [der bessere Teil].« (Rathenau, Briefe, S. 2098).

2 Brunner veröffentlichte 1917 die autobiographische Skizze: Zum fünfundfünfzigsten Geburtstage, in: Nord und Süd. Eine deutsche Monatsschrift 41, Bd. 162, Nr. 515 (August 1917), S. 192-201 und Nr. 516 (September 1917), S. 265-280.

91. An Walther Rathenau, 20. Februar 1919

Ich habe an der Bahre dieses Ihres Vaters gestanden mit diesem seinem Sohn – ich danke Ihnen, daß Sie da sind![1]

Für die schöne Gabe finde ich nun keine Worte mehr (die ich doch wußte, als Sie davon schrieben und da ich sie bekam) und muß noch obendrein meine Scham überwinden und das Ordinäre des Wiedergebens – obwohl ich es so nicht empfinde, indem ich ein Werk[2] schicke, darum auch schicke. – Leider kann ich kein besseres Exemplar kriegen, auch kein gebundenes.[3] Wobei ich Sie nur beschwöre: Nehmen Sie das nicht als Aufforderung zum Lesen! Lesen Sie vielleicht – *einmal* (und wenn, so überschlagen Sie Manches in der Ankündigung, die zu breit geworden).

Ich lese nun auch fürs Erste nichts mehr. Nur die edlen Verse Ihres Festgesanges 1813 habe ich noch gelesen[4] – nun, weil Sie eben recht haben: daß man liest, wie man sich verliebt. Ein wenig liest man ja doch gleich beim ersten Sehen der Schönen, und das machts, daß man sich verliebt und dann das Viele lesen muß in ihr und das Alles. Ich kenne übrigens wirklich kein Lesen als solches mit unendlicher und zärtlicher Liebe zum Schreiber; da ich nur Menschen lese. Bücher lesen, das ist ja kein Lesen, sondern ein Ekel, eine Verfluchtheit, eine niederträchtige Ehe und keine Liebe – o weh wenn man doch muß, und man muß. – Bei dem genialsten Sprecher unter den Genies,[5] der am klarsten das Wesen des Genies ausgesprochen, indem er sein erstaunliches Selbstbewußtsein ausspricht, finden wir auch diese Wahrheit und Tatsächlichkeit am stärksten: Ich bin die Wahrheit, und die Liebe zu mir ist eure Wahrheit. Simon Johanna, hast du mich lieb? Wer mich nicht mehr liebt als Vater, Mutter, Weib und Kind, der ist meiner nicht wert usw.[6]

1 Rathenau hatte Brunners Aufsatz »Zum fünfundfünfzigsten Geburtstage« gelesen und ihm sein Buch »Eine Streitschrift vom Glauben« (Berlin: S. Fischer 1917) geschickt, die Brunner in seiner Antwort als »Friedensschrift« bezeichnete und um Auskunft bat, in welcher Reihenfolge er Rathenaus Schriften lesen solle. Rathenau schickte ihm seine 1918 in Berlin erschienenen »Gesammelten Schriften in fünf Bänden« und empfahl, zunächst die Gedächtnisrede auf seinen Vater, der am 20. Juni 1915 gestorben war, zu lesen (Gedächtnisrede für Emil Rathenau, in: Gesammelte Schriften, Bd. 5, Berlin: S. Fischer 1918, S. 9-21) sowie dann seine Schrift »Zur Mechanik des Geistes oder Vom Reich der Seele« (ebd., Bd. 2).

2 Brunner, Die Lehre.

3 »Die Lehre« war vergriffen. Die zweite Auflage erfolgte 1927.

4 Rathenau, 1813. Ein Festgesang zur Jahrhundertfeier, in: Gesammelte Schriften, Bd. 1, Berlin: S. Fischer 1918, S. 279-301.

5 Christus, über dessen Sprechen sich Brunner in »Unser Christus«, S. 80-91 äußert.

6 Aussprüche Christi nach Joh 14,6, Joh 21,15-17, Mt 10,37. Simon Johanna ist Petrus (der Sohn des Jona); siehe dazu auch »Unser Christus«, S. 91 f. Anm.

Abb. 21: Walther Rathenau

Ihre Verse also las ich noch und hab mich daran hoch erquickt; es sind wirkliche Verse. Ich freute mich auch Ihrer Widmung an Hauptmann[7] – der ist immer noch unser einziger Dichter. Und ich las Sie also und werde Sie lesen, und das heißt also: ich liebe Sie und werde Sie lieben.[8]

92. An Ernst Altkirch, 24. Februar 1919

Mein Lieber, ich lasse Ihnen da eine kleine Sache[1] zugehen aus dem Litterarischen Echo vom 15 Februar dieses Jahres, die mir die Freude gebracht hat und den Trost *in dieser Zeit!* daß es doch noch Rindvieh gibt.[2] Rindvieh, das seinen deutschen Stil hat; deutsches Rindvieh, das meinen deutschen Stil zurichtet wie nur jemals ein Oberlehrer einen deutschen Schüleraufsatz zugerichtet und zugeoberlehrert hat, und mit dem Instinkt der umgekehrten Genialität totsicher herzmittenheraus den Akzent einer Sache herauszustechen versteht. Mein Vater und meine Mutter sind tot, und ich kann sie nicht aus der Erde kratzen und von ihnen verlangen: Re-

7 In der seinem Werk »Kritik der Zeit« vorangestellten Widmung an Gerhart Hauptmann (1862-1946), in Bd. 1, S. 9 seiner »Gesammelten Schriften« (Berlin: S. Fischer 1918), schrieb Rathenau unter anderem: »Ich glaube, daß jeder klare Gedanke den Stempel der Wahrheit oder des Irrtums auf der Stirn trägt. Dir, Gerhart, habe ich stets geglaubt, ohne Beweis und Umschweif. Nimm dieses Buch als Zeichen der Dankbarkeit, die ich als Deutscher dem Dichter unsres Zeitalters schulde«.

8 Rathenau bedankte sich am 25. Februar für die Sendung der »Lehre«: »Nun liegt vor mir, von Ihrer lieben Hand gespendet, von ihr gezeichnet, der monumentale erste Doppelband Ihres berühmten Werkes. Ich blicke auf diesen Quaderstein des Geistes mit all meiner Bücherzärtlichkeit und berühre ihn nicht. Er wird auf meinem Tisch bleiben, bis im Sommer – sofern es mir noch einmal vergönnt ist – er mich in die Stille begleitet. Wie lang ist es her, daß ich zum letzten Mal einen Brief in der Hand hielt und las, und sann und wieder sann und las. Das ist mir also noch einmal geschehen, und sicher zum letzten Mal. Wieviel Güte und Liebe kann solch ein Blatt tragen! Es ist sonderbar, daß alles was Geist und alles was Feuer und was Liebe ist: immer nur strahlen und zuletzt leuchten muß. Haben Sie Dank für Wärme, Strahl und Licht; in tiefer Herzlichkeit drücke ich Ihre Hand.« (Rathenau, Briefe, S. 2123). Brunners »Lehre« lag offenbar ständig, auch noch bei seinem Tod auf Rathenaus Schreibtisch (ebd.).

1 Brunner, Hermione von Preuschen (in: Das literarische Echo. Halbmonatsschrift für Literaturfreunde 21, Heft 10 (15. Februar 1919), Sp. 595-600). Brunner lernte die Malerin und Dichterin Hermione von Preuschen (1854-1918), Mutter von Inge und Helga von Holtzendorff, 1911 auf einer Norwegenreise kennen. Sie porträtierte ihn; er regte ihre Autobiographie an, die mit Brunners Hilfe postum von ihrer Tochter Helga herausgegeben wurde (Hermione von Preuschen, Der Roman meines Lebens. Ein Frauenleben um die Jahrhundertwende, Berlin: K. F. Koehler 1926).

2 Der Herausgeber des Literarischen Echos, Ernst Heilborn (1867-1942), hatte den Aufsatz überarbeitet und verstümmelt abgedruckt.

petiert jene Nacht und zeugt mich um zu solchem Rindvieh mit solchem Stil. Ich muß bleiben wie ich bin und so wenig beoberlehrt, daß ich sogar die Entstellungen wieder wegbringen und das Ausgelassene wieder einbringen ließ. So sollen Sie es bekommen mit einem guten Gruß.

B.

93. An Walther Rathenau, Mitte März 1919

Sie sind lieb wie ein Mädchen, Sie Mann, und unermüdlich im Geben.[1] Mir aber schwebt Alexander und Darius vor; deren Wetteifer im Geben.[2] Ihre Marie v. Mendelssohn schreckt mich nicht: ich übersiege die mit meiner Inge v. Holtzendorff.[3] Marie eignet Ihnen zu den fremden Geist, Inge mir ihren eignen. Jawohl, von dem sollen durch mich Sie erfahren – es muß ja nun noch dauern, bis Sie auf die gewöhnliche Art davon hören könnten. Aber das geht nur, wenn Sie Vertrauen haben zu tun, um was ich sonst nicht bitten würde und worum ich schon deswegen jetzt nicht gern bitte,

1 Rathenau leitete Brunner am 7. März das von Marie von Mendelssohn, geb. Westphal (1867-1957) erhaltene Buch »Nationalismus« (dt. von Helene Meyer-Franck, Leipzig: Kurt Wolff 1918) von Rabindranath Tagore weiter, das Rathenau als »süß und bitter« bezeichnete. Tagore spricht darin vom guten »Geist des Westens«; er befürwortet die Technisierung und die Moderne. Aber er prangert auch den westlichen Nationalismus an. Die Gegensätze zwischen Ost und West müssten stattdessen in einer interkulturellen Synthese, einem humanistischen Universalismus aufgelöst und dadurch die Menschheit vervollkommnet werden.

2 Alexander der Große und der persische König Dareios III. beschenkten sich, bevor sie in die Schlacht gegeneinander eintraten, mit rätselhaften Gaben, die ihre Herrschaftsansprüche kundtun sollten.

3 Inge von Holtzendorff, später Westpfahl (1896-1974), Tochter von Hermione von Preuschen und Konrad Telmann (eigentlich Zitelmann), adoptiert von Henning und Margarethe von Holtzendorff (s. Abb. 22). Brunner lernte sie über Hermione von Preuschen 1915 kennen und unterrichtete sie in Griechisch. Er hielt Inge von Holtzendorff für eine geniale Dichterin, schätzte insbesondere ihr dramatisches Talent und half bei der Publikation der ihm gewidmeten Sammlung: Die Dramen. Luzifer, Maria, Die Dirne, Das Fest der Herzogin, Berlin: Oesterheld & Co. 1920. Bereits in der zweiten Auflage von »Der Judenhaß und die Juden« (1919) erwähnt er das Drama »Maria«: »Die wirkliche Mutter Jesu, im Geist der Evangelien, gibt es denn nun auch in der Kunst, und damit ist die Galerie der Marien vollständig geworden. Maria und ihre ungeheure Tragödie, die Tragödie der Frau, die das Große geboren hatte und hat es nicht erkannt, – in dem dramatischen Bilde ›Maria‹ der genialen Inge v. Holtzendorff lebt diese wirkliche Maria.« (S. 289). Auch in »Unser Christus« hebt Brunner dieses Drama hervor (S. 368 f.). Zudem publizierte er einen Artikel über die Dichterin (Inge von Holtzendorff, in: Die Zukunft 28, Nr. 22 (28. Februar 1920), S. 252-253). Später distanzierte sich Inge von Holtzendorff von ihren frühen Dramen und auch von Brunner.

weil ich (ich schäme mich, es zu sagen) ein wenig krank bin. Es geht nur, wenn Sie mich besuchen. Wollen Sie? Und wenn ja, können Sie z.B. am nächsten Sonntag?[4]

Lesen kann ich jetzt nicht. Mit Ihrer lieben Gabe haben Sie mich gezwungen, es zu tun; ich habe wenigstens den ersten Teil gelesen: Nationalismus im Westen.[5]

R. T.[6] ist, trotzdem er den Nobelpreis erhielt, ein edler Geist, und auf ihn findet das Wort keine Anwendung: »Je preiser einer gekrönt ist, desto durcher fällt er.«[7] Aber insofern scheint mir der Preis recht zu haben, als er ein urgroßer Dichter doch wohl nicht ist. Und schön redet er. Mich wollt es überkommen: Das fehlt uns, aus der Entfernung genommen unser Bild, ein reiner Spiegel. Ich erkannte auch unser Gesicht, aber das wandelte sich mehr und mehr und verzerrte sich und zuletzt sah mich *sein* Gesicht an, Gesicht eines edlen Unterdrückten, aber Schadenfreude darin über unser Unglück. Schön redet er, aber nicht so schön wie die Wirklichkeit und Wahrheit. Advokatenrede eines Dichters und Träumers, der zuletzt auf seiner Leier andres nicht weiß als das alte Lied vom Geist in

4 Lotte Brunner berichtet am 24. März 1919 in ihrem Tagebuch von Rathenaus erstem Besuch: »Rathenau war hier: Vater hatte ihn in Inges Interesse hergebeten, um ihm ›Maria‹ und ›Luzifer‹ vorzulesen. Rathenau steht in Beziehung zu Fischers Verlag, Vater hoffte, ihn für die Werke zu begeistern und praktisch dadurch etwas zu wirken. Das Erste ist ihm voll gelungen. ›Sie haben mir eine Last mitgegeben‹, sagte Rathenau, ›die fast schwerer ist, als ich tragen kann.‹ – Vater erzählt: ›Er kam zu mir herein gleich wie so ein Urfreund. Und so muss es auch sein bei mir: entweder gleich alles oder gar nichts. Wenn ich mich jetzt nicht gewaltsam zurückhielte, wär das Liebesverhältnis zu Rathenau schon da. Und über alles weiß er zu sprechen mit Geist, Tiefe und ungemeinen Kenntnissen.‹« Die Dramen Inge von Holtzendorffs sind 1920 ohne Mitwirkung Rathenaus bei Oesterheld & Co. erschienen.

5 In: Tagore, Nationalismus, S. 5-60.

6 Rabindranath Tagore (1861-1941), bengalischer Dichter, Philosoph, Maler, Komponist, Musiker, Sozial- und Bildunsgreformer, erhielt 1913 als erster Asiate den Nobelpreis für Literatur. Auf Vortragsreisen in Asien, Europa und Amerika sprach Tagore sich für eine Synthese der positiven Anteile des östlichen und westlichen Denkens aus. Im September 1926 lud Rathenaus Schwester Edith Andreae Brunner ein, an einem Frühstück teilzunehmen, das sie Rabindranath Tagore zu Ehren gab, der Männer kennenlernen wollte, die ihm das damalige Deutschland nahebringen können. Die übrigen Gäste sollten Albert Einstein, Max Reinhardt und Wichard von Moellendorff sein. Brunner sagte mit folgender, von Lotte Brunner überlieferten Begründung ab: »Vater hat natürlich (wenn man ihn kennt: natürlich!) abgelehnt – es sei ›wider sein Gelübde‹. Er ist dem Geringsten der Seinen offen und da, aber zu den Berühmten geht er nicht, es hat gar keinen Sinn für ihn. Auch fürchtet er, sich nicht halten zu können, irgendwie gereizt zu werden. Vielleicht käme es zu einem Ausbruch, ›dass ich zum Beispiel fragte: Na, ist die Indienschau bald zu Ende, und das wäre doch unangenehm. Und besonders wenn ich ein bisschen getrunken habe, könnte mir so etwas schon passieren.‹« (Tagebuch, 10. September 1926).

7 Sprichwort von Kurt Tucholsky.

Abb. 22: Inge von Holtzendorff

allen Menschen. Himmel und Erde, der Geist ist doch nur da, wo er ist! und es wäre ja schon ein Stück Himmel auf Erden, wenn er da auf Erden wirklich sein, wirklich im Leben Derer leben könnte, die geistig sind.

Die Göttinger Wurst?[8] Mißtrauen ist angebracht gegen jegliche Wurst. Die Italiener nennen die Wurst Götterspeise: weil nur die Götter wissen, was drin ist. Und warum lassen Sie nicht Ihren Säugling auch mir die Wände beschreien?[9] Bitte doch! Und noch einmal: Wollen Sie und können Sie wollen, um die Gegengabe zu hören?[10]

8 Anspielung auf den »Offenen Brief eines kleinen akademischen Kreises in Göttingen an die geistigen Führer aller Länder«, der von dem Professor für Römisches und Bürgerliches Recht Fritz Schulz (1879-1957) im Januar 1919 verfasst wurde. In dem Brief wurde zum Beitritt zu einer »geistig-revolutionären Bewegung« mit dem Ziel einer »geistigen Erneuerung« der »ganzen zivilisierten Welt« aufgerufen. Die Menschen seien sich ihrer »ursprünglichen Bedürfnisse« nicht mehr bewusst. Stattdessen gebe es »Surrogate« als Lebenszweck: Nationalismus, Materialismus, Körperkult, Suche nach Macht und gesellschaftlicher Anerkennung. Die »allgemeine Ratlosigkeit« infolge des Krieges müsse »zur Erweckung der Völker« genutzt werden. Religion, der Glaube an eine »überirdische Macht«, werde von den meisten nicht mehr geteilt. Mit dem Credo »das Leben ist das neue Evangelium« wolle man den »Instinkt der Lebensbejahung« und die »Erkenntnis der Allvergänglichkeit« zusammenbringen und »lebende Werte« schaffen: »Arbeit des Schaffens wegen, arbeiten an sich und für andere, lernend und genießend das Leben empfangen, mit allen Sinnen aufnehmen und mit allen Kräften das Aufgenommene gestalten und weitergeben – das ist der Inhalt unseres Daseins und der neue Glaube.« Dies sei kein »verstandesmäßiger Gedankengang«, sondern basiere auf »natürlichen Instinkten«, zu denen man die Menschheit zurückführen wolle. Brunner war von dem Brief »sehr entzückt«. Er fand ihn »prachtvoll, mit kluger Menschenkenntnis abgefasst [...] und gewissen praktischen Erfolg versprechend«. »Wenn ich so etwas sehe, dann kommt es über mich, dass ich mich mit Gewalt zurückhalten muss, da nun nicht auch praktisch mitzutun, was ich aber nicht darf. Ich habe die Leute auf Rathenau verwiesen, der ist ein Mann der Praxis.‹« (Lotte Brunner, Tagebuch, 24. Februar 1919). Rathenau zweifelte, ob er sich beteiligen solle: »[...] die Göttinger Wurst? lassen wir sie hängen?« (Rathenau, Briefe, S. 2132). Die Metapher »Göttinger Wurst« bezieht sich auf die seit dem 18. Jahrhundert hergestellte, auch überregional bekannte Göttinger »Stracke« oder »Feldkieker«, eine luftgetrocknete Mettwurst, die ihre Qualität erst durch die Dauer ihres Hängenlassens erhält.

9 Rathenau hatte im voraufgehenden Brief angedeutet, dass er beinahe eine eigene Schrift mitgeschickt hätte, vermutlich das im Februar 1919 in Berlin erschienene Buch »Nach der Flut« (Berlin: S. Fischer). Zu seinem Besuch wollte er Brunner dann noch einen »Zwilling« mitbringen, wahrscheinlich »Der Kaiser. Eine Betrachtung« (Berlin: S. Fischer 1919), aber das Buch war offenbar noch nicht erschienen: Brunner erhielt es erst im April und reagierte gleich sehr positiv darauf.

10 Die Vorlesung der Dramen Inge von Holtzendorffs.

94. An Borromäus Herrligkoffer, 19. April 1919

Mein lieber Bester, die Zeitungsnotiz von der Typhusepidemie in Potsdam ist so wenig wahr, wie daß ich krank sei![1] Das Bischen Fieber war wohl nur von einer etwas schwereren Erkältung, davon mir noch ein Rest in den Gliedern sitzt und noch manchmal zur Nase heraus musikt. Ich wollt, ich könnte damit, als mit einer Kugelspritze, euer gutes München exorzisieren und von dem tollen Spuk dieser anarchistischen Geister befreien![2] Und Alles, ganz im Winzigen, wie in der französischen Revolution – lies doch jetzt eine Geschichte dieser Revolution und sieh die Menschen! Zum Glück nur ganz im Winzigen, und möcht es nur nicht so lang dauern, das Naturereignis, das außermenschliche Gesetz, das mitten hindurchbricht durch unsre Ordnung und Gesetz, mitten hindurchgeht durch uns und uns so wehe tut .....

Ganz in der Eile Dies, mit allen herzlichen Gedanken. Wenn nur wenigstens die Welt erst wollte wieder grün sein; und im Sommer kommst du doch her?

1 Herrligkoffer lebte als Arzt im schwäbischen Ichenhausen, Brunner wohnte seit 1913 in Potsdam, Neue Königstraße 38. In den Jahren 1918/19 wütete im Regierungsbezirk Potsdam eine Fleckfieberepidemie. Die Krankheit wurde auch als »Kriegstyphus« bezeichnet.

2 Die USPD-Mitglieder des von den Münchner Arbeiter- und Soldatenräten eingesetzten Zentralrats riefen am 7. April die Münchener Räterepublik aus. Zum Schutz wurde eine Rote Armee aufgestellt, die sich am 13. April erfolgreich gegen die Republikanische Soldatenwehr der Regierung Hoffmann verteidigte. Daraufhin kam zunächst die Münchner Kommunistische Partei Deutschlands an die Macht, am 27. April gefolgt von dem gemäßigten USPD-Führer Ernst Toller. Nachdem am 30. April zehn rechtsstehende »Geiseln« brutal ermordet worden waren, schlugen am 1. Mai Freikorps-Truppen um Franz Ritter von Epp die Münchener Räterepublik nieder; bis zum 3. Mai fielen über 600 Menschen, darunter viele Zivilisten, den Kämpfen zum Opfer. Am 2. Mai wurde auch Gustav Landauer, der sich an prominenter Stelle an der Räteregierung beteiligt hatte, ermordet. Brunner kommentierte Landauers Tod so: »Heute die Zeitungsnachricht, dass Landauer in Pasing von der Menge getötet worden sei. Mutter und mir stürzten die Tränen. ›Da mögen unzurechnungsfähige Weiber weinen, mir ging es auch einen Augenblick nahe, aber ich ließe da kein Gefühl aufkommen und wenn es meine Allernächsten getroffen hätte. Landauer ist als ein mit unschuldigem Blut Befleckter aus der Welt gegangen. Auch wenn er nicht selber Mordtaten dekretiert hat. Wer nur Berührung hat mit dem kommunistischen Wahnsinn, ist schon ein Verbrecher und hat zu tun mit lauter Verbrechern, denn die Menge, die sich ihnen anschließt, ist aus lauter feigen Schuften zusammengesetzt. Daher können sie auch nicht kämpfen, sondern nur aus dem Hinterhalt schießen und davonrennen. Kämpfen können Menschen nur für wirkliche Ideale wie Staat und Vaterland, und ihnen vergisst die Menschheit ihr Tun und Heldenwerk nicht. Aber Hedwig Landauer ist keine Judith und Gustav Landauer kein Judas Makkabäus, sein Gedächtnis wird sofort erlöschen. Aber ich habe mir vorgenommen, für den Fall, dass sich sein Tod bestätigt, etwas zu seinem Andenken zu tun: Ich werde meinen letzten Briefwechsel mit ihm veröffent-

95. An Elisabeth Altkirch, 27. April 1919

So herzlich nah gehen mir deine Leiden, liebe Elisabeth.[1] Ich muß dir noch einmal schreiben, und zwar – Das soll ja ein Trost sein! – von meinen Leiden. Nur etwas davon.

Du glaubst wohl, und die Meisten glauben, denen ich wohl einmal eine Stütze sein kann: daß ich der absolut Starke sei, durch nichts umwerfbar, und um so fester aufrecht, weil ich Liebe von so vielen erfahre. Ach, ich erfahre nicht mehr Liebe, als ich gebe, so daß sich Ausgaben und Einnahmen decken, bei dem Geschäft nichts herauskommt – ich sage das absichtlich so hart und häßlich – nur gegen den verkehrten Schluß; und das, was bei mir nicht umzuwerfen und womit ich wohl einmal eine Wand sein kann für Schwache und Wankende, das ist etwas ganz andres, als worin ich leide.

Ich leide auch, viel, unsäglich viel mehr als sich sagen läßt aus dem Allertiefstinnern, wohin gar keine Worte mehr reichen, und als ich sagen möchte, wenn ichs könnt. Um innerliche Menschen und durch innerliche Menschen und auch durch andre Dinge. Durch mein Ding da hier, meinen Bruder Esel,[2] am physischen Herzen, Rücken und andern Teilen meines Esels, und auch durch Dinge und Verhältnisse draußen. Von diesem Letzten, von Einem nur aus dieser Art will ich dir zu erzählen versuchen, und du sollst sagen, ob das nicht schon für sich allein ein Leiden ist, geeignet, dich hineinzufühlen und dich zu segnen, daß du es nicht hast, Trost daraus zu schöpfen für dein eignes Leiden und deine Geduld und dein Bewußtsein zu stärken.

Ich wohne in dieser Wohnung nun sechs oder sieben Jahre lang.[3] Ich wohne in einer Sommerwohnung, die mir auch im Winter die schöne Aussicht zeigt, die du kennst. Was sie mir aber im Winter an sich selbst zeigt, sieben Monate lang, das kennst du nicht, das leide nur ich. O du Satan von Ofen in dem einzigen für mich möglichen Zimmer! Im Sommer wohne ich

lichen, worin ich meiner Stellung zum Sozialismus Ausdruck gegeben habe, da bleibt mir nichts hinzuzufügen, und zum Schluss werde ich über Landauers menschliche Eigenschaften sprechen, über sein Schönes, sein Gutes, seine Innigkeit und auch über das, was ich persönlich ihm verdanke. Sein Tod aber ist gerecht; ich persönlich würde gewiss nie, in keinem Falle, Todesstrafe erkennen, aber zum Aufbau unsrer Gesellschaft gehört es, dass Blut nur mit Blut gesühnt werden kann, und für Hochverrat ist Lynchjustiz die einzig richtige Strafe.‹« (Lotte Brunner, Tagebuch, 4. Mai 1919).

1 Elisabeth Altkirch (1876-?) und ihr Mann Ernst lebten bis 1922 in Graz. Brunner setzte sich bei Walther Rathenau vergeblich für eine neue Anstellung Ernst Altkirchs bei der AEG in Berlin ein.

2 Brunner bezeichnete seinen Körper als »Bruder Esel«.

3 Brunner wohnte vom 6. März 1913 bis zum 30. September 1930 in Potsdam, Neue Königstraße 38, mit Blick auf einen der Havelseen.

Abb. 23: Constantin Brunner im Arbeitszimmer in der Neuen Königstraße in Potsdam

in Potsdam, im Winter in Ofen-Pest. Der verfluchte Ofen, der mich verflucht hat! Und war nichts zu machen, trotz allem, was gemacht worden. Winter für Winter Kälte und Rauch, Rauch und Kälte in diesem Zimmer, das, wie du weißt, und ich besser weiß, nichts als Fenster hat zum See und für den boshaften Wind, der so recht ausholen kann gegen mich aus der Weite. Kälte und Rauch und Ofenumbauten und Schweinerei gemacht und wir zu Schweinen (der Satan war wörtlich in uns gefahren) und Volksversammlungen von Ofenlieferanten, Schornsteinfegern, Töpfern, *zwei* Hauswirten nebst ihren Weibern und Dienstmädchen, Geschrei, Gezank und Vorschläge und *Theorien* noch boshafter an Blödsinn als der Sturm, der Rauch, die Kälte. Immer wieder so; einen Winter nach dem andern. Und Korrespondenz mit meinen Wirten – o! Ich hab sie aufbewahrt.[4]

Vor diesem letzten Winter kam Leoni auf die glückliche Idee, ich müßte da einen Anthrazitofen setzen lassen, und nun war mein Unglück voll und sah ich erst, daß es schon noch Schlimmeres gibt als den Teufel; denn der Teufel ist die Bosheit, und die Bosheit ist dumm: das viel Boshaftere kam nun – *der geistreichen Schikane.* Der Anthrazitofen hielt keine Nacht durch. Also: Entweder – Oder. Entweder mußte ich jede Nacht aufstehen und ihn bedienen, oder ich saß am nächsten Tage in der Kälte; denn bis er, neu angezündet, wieder Wärme gab, o das dauerte lang und gelang oft nicht an einem Tage, ihn zum Brennen zu bewegen; nur zum Rauchen und Stinken. Dieses Nächtliche nun! Dieses Aufschrecken: Du mußt jetzt ... Nein, noch nicht! Dieses sich selber Herausreißen aus dem Schlaf, womit man sich das ganze Schlafen herausreißt. Nach der Bedienung konnte ich nur selten wieder einschlafen, hab mir schwere Erkältungen und Unterleibsunannehmlichkeiten zugezogen. Was ich da durchgemacht, die Verzweiflungen und die Gedanken, daß *dies* nun mein Los sei, die Gemütsgequältheit den langen Winter hindurch – das alles ist nicht zum Wenigsten mit Schuld an dem Zustand von Nervosität, in dem ich wieder liege. Heute, diese Zeilen, schreibe ich wieder in der Kälte (am 27ten April Eiseskälte, Nordsturm, Mordsturm). Denn vorgestern Nacht, da ich mich um vier Uhr aus dem Schlaf gerissen, den ich nicht wieder fand, kein Wink kam mir wieder in die Augen, – da hatte er mich mit glotzroten Backen ausgelacht: »Du Narr, stehst auf? Ich brenne durch, ohne daß du machst und purrst![5]« Da hatte ich nun gestern gemeint, es geht wirklich, hatte gestern Abend meine Müdigkeit zertrieben, war erst gegen ein Uhr ins Bett gegangen; je später ich ihn besorgte, desto eher würds durchhalten. Als ich heute um sieben Uhr früh kam, lachte er mit schwarzem Gesicht: »Du Narr, der mir glaubt! Das hab ich ja nur gesagt, dich zu peinigen. Sieh, du

4 Überliefert sind acht Briefe an den Hauswirt Louis aus dem Jahre 1914.

5 Landsch.: stocherst.

entgehst mir nicht. Ich fasse dich, so oder so. Ich mache dich wahnsinnig!« Noch bin ichs, glaub ich nicht, sondern nur erst nervös und rheumatisch usw. Aber der Ofen hat recht; ihm ist alle Macht gegeben im Himmel und auf Erden: er nimmt mir Erde und Himmel und läßt mich wieder im Kalten sitzen, bis ich doch vielleicht morgen oder übermorgen wieder einheize (was ich seit zwei Monaten selber muß, da wir seitdem kein Mädchen haben, die's versteht). Schön, so eingemummelt und dick – um diese Zeilen schreiben zu können, hab ich einige obere Decken abgeworfen und spüre schon die allmächtige Hand der Güte mich strafen, am Ziehen und Stechen. O – ich könnte schon mehr fertig haben, wenn ich andre Winter hätte; und es ist mir kein schöner Gedanke, daß ich nun zu *Diesem* da bin! Das ist nicht nur ein Wechsel meiner Bestimmung, sondern kostet Blut und Leben, meine Jugend und mein Alter; ich weiß nicht, ob ich diesen Mordversuchen dieser absurden Teufel entgehen werde. Ich habe mehr mit meinem Ofen zu tun, als mit meiner Arbeit, das ist wörtlich wahr, und vielleicht sind diese Zeilen an dich meine letzte Ofenbarung.[6] Sieh auf meine Leiden und tröste dich damit in deinen, für die ja Besserung so gewiß ist, wie ich sie von Herzen wünsche. Denk an den 10ten Mai; ich oder mein Schatten umschweben zur Stunde den Spiegel.

B.

96. An Walther Rathenau, 22. Juli 1919

[1]Geliebte Seele, du sollst gesegnet und behütet sein auch in dem neuen Heim wie in dem alten;[2] ich spreche aus aller Kraft und Tiefe über dir das יברכך[3] gegen das חורבן![4]

6 Seinen »Ofenkrieg« erwähnt Brunner auch in einem seiner Aufsätze zur Medizin: »Aberglaube an die Ärzte und an die Heilmittel« (in: Vom Geist und von der Torheit, S. 165), in dem er unter anderem die schwierige Umsetzung der praktischen Lebensfürsorge – Ernährung, Kleidung, Wohnung – amüsant diskutiert.

1 Rathenau hatte einen Drohbrief erhalten und Brunner diesen mit der Bitte weitergeleitet, ihn zu dechiffrieren. Der Drohbrief enthält drei Daten: »28.6.14«, daneben »28.6.19« und in der Mitte darunter »28.7.19«; darunter steht »F Churban 33°« (Rathenau, Briefe, S. 2224). Lotte Brunner hat die Überlegungen Brunners hierzu vermerkt: »Vater sagt, das Wort חורבן heiße Verwüstung, Chaos, Zerstörung, und er hält für möglich, dass dies ein bolschewistischer Drohbrief sei, zumal sich vor dem Wort ein paar Striche befänden, wie man etwa Türen zeichnet. Zuerst beabsichtigte Vater, Rathenau nicht die ganze Bedeutung des Wortes zu sagen; er wollte ihn nicht ängstigen, da er doch keine Vorsichtsmaßregeln treffen könnte und auch keine nötig seien, denn es liefe sicherlich nur auf eine leere Drohung hinaus. Ich bin aber sehr froh, dass Vater sich doch noch zur ungemilderten Über-

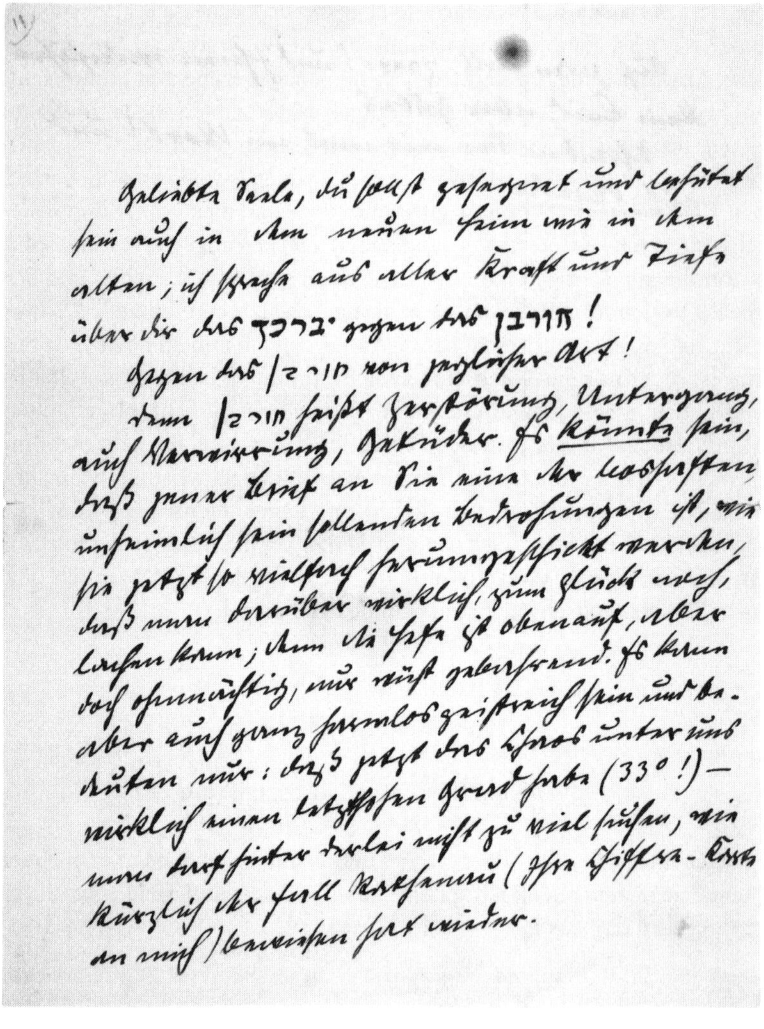

Brief an Walther Rathenau, 22. Juli 1919

Auf jeden Fall Prosit! und Ihnen widerfährt kein Leid, aber Gutes.

Schreiben Sie mir mal ein Wort? und auf Wieder!

Gegen das חורבן von jeglicher Art!

Denn חורבן heißt Zerstörung, Untergang, auch Verwirrung, Getüder.[5] Es *könnte* sein, daß jener Brief an Sie eine der boshaften, unheimlich sein sollenden Bedrohungen ist, wie sie jetzt so vielfach herumgeschickt werden, daß man darüber wirklich, zum Glück noch, lachen kann; denn die Hefe ist obenauf, aber doch ohnmächtig, nur wüst gebahrend. Es kann aber auch ganz harmlos geistreich sein und bedeuten nur: daß jetzt das Chaos unter uns wirklich einen letzthohen Grad habe (33°!) – man darf hinter Derlei nicht zu viel suchen, wie kürzlich der Fall Rathenau (Ihre Chiffre-Karte an mich) bewiesen hat wieder.[6]

Auf jeden Fall יברכך![7] und Ihnen widerfährt kein Leid, aber Gutes.

Schreiben Sie mir mal ein Wort? und *auf Wieder!*

97. An Walther Rathenau, August 1919

Nachdem Sie mir nun Ihre Kritik der Zeit gesagt haben, Walther Rathenau, weiß ich noch besser, weswegen ich Sie lieben muß.[1] Sie besitzen eine im wörtlichen Sinn einzige, wahrhaft ungeheuerliche Begabung, die menschlichen Verhältnisse – die bestehenden mitsamt den gewesenen, die Entwicklung und Gewordenheit der Verhältnisse zu überschlagen, mit erstaunlicher Energie und Einfachheit zu ordnen und sie zu überschlagen

setzung entschloss, gemildert nur durch seine hinzugefügten Worte der Liebe, des Segens, der Beruhigung, des Scherzes.« (Lotte Brunner, Tagebuch, 22. Juli 1919). An Adolph S. Oko schreibt Brunner ein paar Jahre später, die Zuschrift sei der Beginn der Drohbriefe an Rathenau gewesen, »die immer zahlreicher und immer satanischer wurden und ihr Ende fanden erst mit der Ermordung« (LBI/JMB: II, 10, 1).

2 Rathenau wohnte in der Königsallee in Grunewald bei Berlin. Er zog sich häufig auf seinen Landsitz, Schloss Freienwalde, nordöstlich von Berlin, zurück.

3 Hebr.: Du sollst gesegnet sein!

4 Hebr.: Zerstörung. Der Begriff zielt auf von Menschenhand verursachte Katastrophen ab, die Zerstörungen des Jerusalemer Tempels in den Jahren 586 v. und 70 n. Chr. und überhaupt auf die Auslöschung des Judentums.

5 Norddt. tüdern: in Unordnung bringen.

6 Nachdem Brunner, da er von Rathenau lange nichts gehört hatte, ihm ein züngelndes Fragezeichen geschickt hatte, antwortete dieser mit einer untereinander geschriebenen Zahlenfolge »1 3 5 7 9«. Brunner verstand nicht, dass Rathenau damit seinen Besuch bei ihm für den 13., 5 Uhr im 7. Monat des Jahres 9 ankündigen wollte (s. Lotte Brunner, Tagebuch, 14. Juli 1919).

7 Siehe Anm. 3.

1 Rathenau, Zur Kritik der Zeit, in: Gesammelte Schriften, Bd. 1, Berlin: S. Fischer 1918, S. 7-148.

nicht allein in der Bedeutung des Überschlag Machens, sondern auch für Ihre eigne Seele und ihre Betrachtung sie zu überschlagen: darin nicht, *in keinem Belang,* unterzusinken, außerhalb, über ihnen zu bleiben. Die Gabe, so zu betrachten, ist die Gabe der Wahrhaftigkeit des Betrachtens, und diese Wahrhaftigkeit kommt tiefher und großher aus der Liebe, die nicht sich verlieren kann in das Dies und Das der Welt: die groß und tief, tief und ganz bleibt auch *in* der Welt. Weil Sie, *so*, ungemein und liebend sind, muß ich, so, ungemein Sie lieben.

Sie sind Geschichtsphilosoph und klarer Geschichtsphilosoph und frei von Aberglauben. Soll ich zwei Winzigkeiten nennen, die mir persönlich winziges Unbehagen bereiten – mir persönlich, also weder mein Urteil noch meine Liebe angehen –: 1) Ihre zu große Achtung vor einem Germanentum, das ich nicht erblicken kann[2] und 2) daß Sie Ihren Begriff Seele nicht nah genug herangebracht haben an Ihren Begriff Gottheit;[3] hier fehlt mir eine dieses Letzte unterbauende spekulative Abstraktion von Sichtbarkeit – in Ihnen sehe ich die unsichtbare.

2 In seiner »Kritik der Zeit« geht Rathenau der Geschichte der Mechanisierung, ihren Ursachen und den tiefgreifenden Folgen für die Gesellschaft und ihrer Werte nach. Seine Schrift ist dabei durchgehend von seiner hohen Wertschätzung und bisweilen romantisierenden Darstellung des Germanentums geprägt. Dies kommt beispielsweise in dem Kapitel »Der Mensch im Zeitalter der Mechanisierung und Entgermanisierung. Das Blut« zum Ausdruck: »Denn die germanischen Herren des Abendlandes waren unfähig, diesen Prozeß [der Mechanisierung] herbeizuführen, unfähig selbst, ihn zu erleiden. Der Strenge und Schönheit nördlichen Waldlandes wo nicht entstammend, so doch durch Jahrtausende verbunden, von der Seligkeit des Kampfes mit Natur und Geschöpfen erfüllt, froh in der Kraft und Freiheit des Leibes, nichts verehrend als das Mutvolle, das Unberührte und Überirdische, ein Volk von heiterem Ernst, von kindlicher Männlichkeit, unschlauer Klugheit, träumender Wahrheitsliebe, der Tat geneigt, dem Tun abhold, so traten sie auf die Bühne der Welt, als Schicksal der Antike und als Herren einer neuen Zeit. Als Herren und Freie blieben sie Krieger und Landleute, und wo wir heute noch ihre Überlebenden erblicken, da sind sie ihrem alten Wesen treu geblieben, der Mechanisierung nicht oder widerstrebend gefolgt, nirgends ihre Förderer gewesen. Selbst da, wo sie unentrinnbar im neuzeitlichen Getriebe verstrickt wurden, haben sie den Mechanismus in eine stillere Sphäre eingeschlossen; ein holsteinischer Kramladen wird sachlicher, zweckfreier und ungeschäftlicher geleitet als eine amerikanische Kirche.« (S. 89f.). Zum »germanischen Körperideal« und »germanischen Idealbegriffen« siehe ferner S. 101 f.

3 Rathenau schreibt der Seele eine zentrale Bedeutung für die »tiefe Sehnsucht« seiner Zeit zu, »ihren Sinn« zu suchen: »Die Zeit sucht nicht ihren Sinn und ihren Gott, sie sucht ihre Seele, die im Gemenge des Blutes, im Gewühl des mechanistischen Denkens und Begehrens sich verdüstert hat.« (S. 138f.). In der Epoche der Mechanisierung sei es nicht darum gegangen, das »Seelenhafte im Menschen zu entfalten«, sondern »die Welt nutzbar und somit rationell« zu machen, »die Wundergrenze zu verschieben und das Jenseitige zu verdecken« (S. 139). Im Auffinden, Bewußtwerden und Wachsen der Seele sieht Rathenau

Ich grüße Sie in Liebe und Eile und frage: Wollen Sie mich und können Sie mich noch dort haben, so schreiben Sie mir, ob ich am Freitag, den 29ten, oder am Sonntag, den 31ten kommen soll?[4]

98. An Martin Beradt,[1] 1920

Mein Lieber und Verehrter,

da bin ich natürlich schon wieder.[2] Ich wußte vorher im deutlichsten Gefühl, daß es mit dem Insel-Verlag nichts werden könne. (Den Brief K.s[3] lege ich Ihnen bei). Eben so spricht mein Gefühl gegen Diederichs,[4] mit dem ich nichts versuchen möchte. Wollen aber Sie nun mit Rowohlt[5] sprechen?

ein Potential, den tiefgreifenden und umfassenden Folgen der Mechanisierung entgegenzutreten bzw. sich ihnen ein Stück weit zu entziehen (S. 142). Die Seele bestehe aus »drei Strahlungen«, der »Liebe zur Kreatur, zur Natur und zur Gottheit« (S. 139). Das Reich der Seele und der Liebe könne »das Reich Gottes« genannt werden, »weil es seinen Schwerpunkt vom geistig Individuellen in das seelisch Universelle verlegt« (S. 146).

4 Rathenau lud Brunner im Brief vom 22. Juli nach Freienwalde ein: »Am Liebsten, Lieber, Freitag *und* Sonntag *und* alle Tage!« (Rathenau, Briefe, S. 2249). Der Besuch fand am 4. September statt.

1 Martin Beradt (1881-1949), Schriftsteller und seit 1911 Rechtsanwalt in Berlin, Mitbegründer des Schutzverbandes deutscher Schriftsteller. Beradt beriet Brunner in Verlagsfragen. Brunner hatte auch Kontakt zu Beradts erblindeter Mutter.

2 Beradt und Brunner korrespondierten über die Frage, wo Brunner sein als »eigentliches Hauptwerk« bezeichnetes umfangreiches Manuskript »Unser Christus oder das Wesen des Genies« publizieren könne (undatierter Brief an Beradt, LBI/JMB: II, 1, 7). Mit dem Oesterheld-Verlag gab es Unstimmigkeiten bei der Neuauflage von »Der Judenhaß und die Juden«. Auch war Brunner mehr denn je auf Einnahmen aus Buchverkäufen angewiesen. Beradt hatte die eher wissenschaftlich orientierte Akademische Verlagsgesellschaft empfohlen sowie den Rowohlt-Verlag. Das Werk erschien Ende 1921 schließlich wieder im Verlag Oesterheld & Co. in Berlin. Seit 1924 publizierte Brunner dann im Gustav Kiepenheuer-Verlag.

3 Anton Kippenberg (1874-1950), der Leiter des Insel-Verlags in Leipzig, der den Anspruch hatte, einer »Weltliteratur im goetheschen Sinn« zu dienen.

4 Eugen Diederichs (1867-1930) verlegte in seinem Verlag in Jena zunächst religiösphilosophische, seit 1911 auch politisch-soziale Bücher. Er kämpfte gegen eine Verflachung des geistigen Lebens, verstand sich als Mentor der Jugendbewegung und propagierte ein neues nationales Bewusstsein. Eine Inverlagnahme der »Lehre« hatte Diederichs damaliger Lektor Arthur Liebert (s. Brief 121/1) seinerzeit abgelehnt.

5 Ernst Rowohlt (eigentlich Hermann Heinrich, 1887-1960) hatte 1919 in Berlin seinen Verlag neu gegründet. Er galt als unkonventioneller, der modernen Literatur zugewandter Verleger, ohne eindeutiges Konzept.

Er muß mir so ohne Weiteres glauben und vertrauen; er wird das auch geschäftlich nicht bereuen. Was kann ich Ihnen sonst noch sagen, was Sie ihm sagen könnten? Dieses: daß mein Werk aus lauterer Begeisterung, Tiefe des Gewissens und Liebe zu den Menschen emporgekommen. Wir haben Christus nötig, den wahrhaftigen Christus, von dem jede Überlage des Aberglaubens, auch des moralischen Aberglaubens, weggehoben ward. Den wirklichen Christus wieder erstehen zu lassen ist man aber außer Stande, wenn man nicht die nötigen Kenntnisse über die Zeitverhältnisse (auch aus den Quellen der talmudischen Litteratur) besitzt und wenn man nicht vor Allem durchdrungen ist vom Wesen der Mystik und vom Wesen des Genies. Ich glaube in mir die Bedingungen vereinigt, die in den Stand setzen, Christus von Neuem in einem lebendigen Bilde erscheinen zu lassen. Ich habe mein ganzes Herz und all meinen Fleiß in dieses Werk hineingegeben, das ich in der allernächsten Zeit abschließen werde. Es ist, trotz der wissenschaftlichen Grundlage, ein künstlerisch einheitliches Werk, klar gegliedert und in sich wachsend und im Leser, bis ans Ende. Umfang ungefähr 25 Bogen. Titel und Abschnittüberschriften beiliegend.

Sie begrüße ich herzlich und frage: Wann sollen bei mir die entscheidenden Schach-Partien geschlagen werden?[6]

Brunner

99. An Helga von Holtzendorff,[1] 20. April 1920

Wenn man das absolute Sein oder die Ewigkeit oder die Substanz Begriffe nennt, so geschieht Dies nur in uneigentlichem Sinne und man tut besser, so sie nicht zu nennen; denn sie sind keine Begriffe. Begriffe gibt

6 Brunner spielte zuweilen mit Martin Beradt Schach.

1 Zwischen Helga von Holtzendorff, der Schwester von Inge von Holtzendorff, Tochter von Hermione von Preuschen und Konrad Telmann (eigentlich Zitelmann), adoptiert von Henning und Margarethe von Holtzendorff, und Brunner bestand seit 1918 ein intensiver Kontakt, den Brunner nach Helga von Holtzendorffs Hochzeit im Januar 1921 abbrach. Lotte Brunner berichtet von ihr, sie sei »geistig stark duchglüht für Vater«, aber: »Der Weg war ihr schwer geworden, denn Vater hatte sie immer abgelehnt und ferngehalten wegen der vielen Fragen, womit sie sich quälte und die ihm ein Zeichen der Verkehrtheit schienen. Aber nun hat er sich davon überzeugt, dass sie all diese rationalen Wege gehn musste, um zum Geiste zu gelangen. Vater ist erstaunt über die Leidenschaft ihres Verhältnisses zur Philosophie, die er so bei einer Frau noch nie gefunden.« Später hob Brunner hervor, dass Helga von Holtzendorff »rational bis zur Abgeschmacktheit« sei; sie wisse nicht »dass Denken Mystik ist«: »Nun weiß sie es, und sie stellt zwar noch Fragen, aber nicht mehr ihre dummen von früher, und ein paarmal konnte ich richtig mit ihr flie-

es nur von relativen Dingen. Sie als Begriffe nehmen heißt das Absolute verrelativieren und sie auch nur als Begriffe im uneigentlichen Sinne gebrauchen heißt sie in die Gefahrzone bringen (der Verwechselung mit relativen Begriffen). Das absolute Sein Denken ist nicht das Denken eines Andern, eines Dinges, sondern gerade umgekehrt das Zurückgezogensein des Denkens aus allem Andern, Relativen und das Beisichselbstsein in der Besinnung auf das Absolut*sein*.[2] Du weißt das selber gut, wie deine Fragstellung zeigt. (»Unendlich« usw. sind rein negative, negierende Aussagen, vom Absoluten die Aussagen des Relativen abzuwehren; daher besagt Unendlich, Ewig usw. nicht etwa das der Zeit nach nicht Aufhörende, vielmehr das gar keine Zeit an sich Habende – Zeit und Ewigkeit sind Gegensätze!). Du findest darüber genug Bemerkungen in der Lehre[3] und im Christuswerk[4] und mußt übrigens dich halten an die Momente, in denen du selber absolut *warst* und kein Denken von Dingen hattest – es kann Dies immer nur in *Momenten* so sein, in denen das Leben zurückweicht und den Grund frei aufdeckt; in diesen Momenten sind wir gestorben vom Anschauen Gottes, wir können auch sagen: kamen wir in das Leben aus unsrem Totsein im Dingedenken. Diese Momente sind es, die uns heiligen; aus ihnen empfangen wir unsre Offenbarung und unsre Mission. Du auch ja bist gesegnet und geheiligt durch sie, teurer, edler Freund. Wir dürfen nur nicht die Schande machen, daß wir sagen müssen wie Faust: »Die uns *das Leben** gaben, herrliche Gefühle, erstarben in dem

* *Das Leben* ist Göthes Terminus für die geistig absolute Besinnung. –

gen dahin, wo dann das Denken aufhört und nur noch Sein ist. Und sie hat einen geradezu ungeheuren Anteil an meinem schaffenden Leben.« (Tagebuch, 29. Oktober 1919 und 2. April 1920).

2 Dass es im eigentlichen Sinne keine Begriffe vom Nichtrelativen geben kann, ist der zentrale Ausgangspunkt in Brunners Werk »Unser Christus«, weshalb er seine Philosophie des Geistes (im Anschluss an Meister Eckhart) »mystisch« nennt. In »Materialismus und Idealismus« führt Brunner aus, dass sein Terminus »Das Denkende« im Grunde »ein uneigentliches Wort« sei, »das Wort der alleruneigentlichsten Bedeutung; womit wir uns an das einzig und allein Positive unsrer letzten Besinnung, an unser absolut wirkliches Wesen, so nah als möglich heranzusprechen versuchen. Es gibt keine andern Botenläufer zwischen dem Geist und der Welt, uns bleibt kein Mittel als der Ausdruck in Worten; aber die Vorbedingung, die Voraussetzung beim Anhören der Worte über das Geistige ist die, daß kein Wort hier seinen Weltsinn hat«. Brunner resümiert: »Man muß Das *denken*, worauf dieses Wort hinzeigt; worauf es nur hinzeigen und was es selber nicht eigentlich *sagen* kann.« (S. 9).

3 Brunner, Die Lehre, z.B. im Kapitel über die Zeit, S. 173-190 (insbesondere S. 187f.), aber auch S. 355.

4 Brunner, Unser Christus, vor allem im Kapitel »Die Mystik«, S. 31, S. 47, S. 64f. Da das Buch erst Ende 1921 erschien, lag Helga von Holtzendorff wohl eine Manuskriptabschrift dieses Anfangsstücks vor.

irdischen Gewühle.«[5] Nun, du läßt dir »das Leben« nicht erschlagen von der Welt.[6]

Bleib immer gesegnet. Meinen Brief hast du wohl inzwischen bekommen.

100. An Helga von Holtzendorff, 27. Mai 1920

Meine allerteuerste Helga,

deinen Schrei hab ich wahrlich gehört, und antworte darauf mit einer ruhigen Rede:

Alle Menschen müssen das durchtragen, daß sie nicht, in jedem Augenblick ganz licht, Alles durchdringen. Das ist das Köstliche des Denkens, sich immer wieder zurecht zu bringen und in die Ordnung der Gedanken zu versetzen und damit in den Frieden. Mit Ungewißheit und Nichtverstehen bald in diesem bald in jenem Punkt haben *alle* zu rechnen, ja bei weitem die Meisten noch mit Mißverstehen, dem so viel Schlimmeren als Nichtverstehen, und der Umarmung einer Wolke an Stelle der Hera.[1] Nur du, Helga, willst immer Alles verstehen, ja sogar das, was gar nicht in die Sphäre des Verstehens fällt, das Geistige, das Ewige – denn Verstehen läßt sich nur das Praktische, die Welt der bewegten Dinglichkeit – und was zum Glück für die Gesundheit meines Denkens ich natürlich auch nicht verstehe und wovon ich dir genugsam auseinandergesetzt, in der Lehre wie mündlich, daß davon nur das Verstehen gilt, daß es kein Verstehen davon geben könne und daß da Verstehen*wollen* eben das Nichtverstehen des Grundunterschiedes zwischen dem praktischen Verstande und dem geistigen Denken sei und das Wollen eines Unsinns[2] –: aber Helga *will!* Helga

5 Goethe, Faust, Teil I: »Die uns das Leben gaben, herrliche Gefühle / Erstarren in dem irdischen Gewühle.« (V. 638 f.)

6 Die Bestimmung des Verhältnisses von »Geist« und »Welt« ist eine der Hauptanliegen Brunners in »Unser Christus« (s. die Kapitel: »Geist in der Welt – Die Kreuzigung«, S. 346-422 und »Geist trotz Welt – Die Lehre von den Geistigen und vom Volk«, S. 423-486; s. auch Brief 189/4).

1 Die Redensart »Eine Wolke statt der Juno umarmen« (die römische Göttin Juno wurde mit Hera identifiziert) gilt als Metapher für eine Täuschung: Zeus formte aus Wolken ein Abbild Heras, um sie vor dem verliebten und betrunkenen Ixion zu schützen.

2 Brunner leugnete in der »Lehre«, dass es eine objektive Erkenntnis von Dingen gibt (S. 829-844). Durch unseren Verstand verstünden wir zu leben, aber wir verstünden nicht das Leben, denn das menschliche Denken sei im praktischen Verstand keine »selbständige theoretische Fähigkeit von freier Natur«, die »der Praxis entgegengesetzt« ist, sondern nur »unser einheitliches Denken der Dinge um unsrer Dinglichkeit willen«, d.h. »das Gedachte

ist unbändig. Helga ist ganz so unbändig wie Andre auch sind; und sind es andre mit dem Häßlichen, so ist Helga es mit dem Schönen, und wenn sie nun nicht endlich abläßt, wird ihr der höchste Segen zum Fluch. Laß ab von dem Wahnverlangen, Alles mathematisch begreifen zu wollen und von der Blasphemie, den Geist zu rationalisieren und mach nicht Spinoza zum Wirrkopf länger. Sein mathematisch rationalistisches Begreifen[3] reicht nur so weit wie sein Denken der Welt, seine Weltanschauung: lies einmal sein fünftes Buch der Ethik und vertiefe dich in seine Sätze von den unendlichen Attributen und von der Liebe, womit Gott sich selber liebt.[4] Das ist reine Mystik und, am mathematischen Demonstrieren gemessen, Blödsinn. Mit solchem Denken in Gott und mit solchem Gottsein sind wir vollendete Narren vor der Welt.

Und das ist eben die Narrheit der Welt, daß sie den fundamentalen Unterschied zwischen dem geistigen Bewußtsein und dem weltlichen nicht packen und halten kann und immer wieder abfällt von dem Kern und Stern der Weisheit dieses Unterschiedes, immer wieder mit ihrer Narrenfrage gerannt kommt und mit ihrer Narrenantwort, mit ihrem Verrelativieren des Absoluten. Wer diese Nuß nicht durchbeißen kann, der bleibe doch beim Gott der Religion oder bei der Professorenphilosophie.

Du, Helga, mußt und kannst die Nuß knacken, auch wenns dir wehe tut, und *du* darfst nicht unbändig sein wie die Andern und hast zu tragen, was Alle tragen müssen und deinen Segen als Segen, nicht alle Augenblick dich selber damit verfluchend und rasend geworden, als wären Furien hinter dir.

Wie unaussprechlich gern hätte ich dich bei mir jetzt. Aber helfen würd es rein nichts. Wir würden mit Jahren des Unterrichts nicht weiter kommen: du nur selber kannst mit einem Sprung dich hineinversetzen in die Bereitschaft, in die Ergebenheit, in die Vernunft – aus deinem tollen Ungestüm und dem Mißbrauch deiner Leidenschaft. Gewiß, wenn du kämst jetzt: du würdest ruhig von mir gehen, – um wieder so wild zu werden. Wie du schon einmal ruhig von mir gingst und nun wieder so wild bist

unsres Denkens« (S. 973 f.). Das dieses Gedachte Denkende werde uns so gerade nicht bewusst, und wir können es, so meint Brunner, auch nicht in einer bloß theoretischen metaphysischen Theorie erfassen. Vielmehr müssten wir uns ihm in der unmittelbaren geistigen »Besinnung« überlassen: »Die Wahrheit *haben* hat einen Sinn nur von relativen Wahrheiten, die man im Gedachten des Wissens hat […]: die absolute Wahrheit läßt sich nicht haben, sondern nur sein.« (Unser Christus, S. 45).

3 Spinoza hat seine »Ethik« in geometrischer Methode dargestellt.

4 Spinoza ging davon aus, dass es unendlich viele Attribute gibt, nicht nur die uns bekannten Attribute Denken und Ausdehnung. Über Brunners Auffassung der Attribute Spinozas sowie seine Deutung des »Amor dei intellectualis« und des Gottesbegriffs bei Spinoza siehe die Briefe 13/3, 29/14, 29/15, 66/2 und 203.

geworden. Und immer wieder, ewig wieder so; das hätte kein Ende. Das hat ein Ende nur mit Einem Schlage des Willens in dir selbst.

Erkenne deine Unbändigkeit, die nicht geringer ist, weil sie, statt auf das Niedrigste, auf das Höchste will: desto ärger ebendarum. Sei, was du bist, das Beste davon. Dann bist du wahrlich gut und schön, wie ich dich liebe. Ich weiß nicht, ob Spinoza immer in der vollen Erkenntnis war. Wenn er es immer war, so war er immer glücklich: wenn er es nicht immer war, so war er nicht unglücklich deswegen und nicht toll. Das aber wär der Tollheit Tollstes, wenn einer ernstlich brüllen wollte: »Ich will aber sein wie Spinoza, wie Shakespeare, wie Schinderhannes,[5] wie Beethoven, wie Gustav Tielscher,[6] wie der liebe Gott, oder ich verspritze mein Hirn an der Wand da!« Damit kommt man ins Irrenhaus, nicht in die Philosophie. Laß die Besten dir Lehrer, laß sie dir mehr als Lehrer der Wahrheit: laß sie dir Beispiele der Wahrheit sein, und sei du selber ein Beispiel der Wahrheit mit deinem Leben, indem du das Beste bist, was du sein kannst. Das ist sehr Gutes, meine Helga; so Gutes, daß ich es lieben und bewundern muß. Aber zu deiner Unbändigkeit, die dich abbringt vom Besten deines Lebens und von deinem Leben, sage ich: Nein, die soll nicht sein, die darf nicht sein. Du bist dir und mir tiefher verpflichtet, sie für immer fahren zu lassen. So segne und küsse ich dich, daß du gesund wirst auf der Stelle. Schreib mir auf der Stelle, daß du es bist.

101. An Walther Rathenau, Anfang August 1920

Ja, nun ist alles wieder in der Ordnung, und ich freue mich![1] Aber nein, kommen kann ich nicht. Ich habe zu arbeiten und hab keine Ferien.[2] Aber Andere haben Ferien, und ich kann nicht arbeiten. Sie sind gekommen und

5 Eigentlich Johannes Bückler (1779/1783?-1803), ein als »Robin Hood vom Hunsrück« bekannter Räuber, der sich angeblich im Krieg gegen Reiche, Juden und Franzosen befunden habe, was heute widerlegt ist.

6 Möglicherweise meint Brunner den bekannten Berliner Schauspieler und Kabarettisten Guido Thielscher (1859-1941).

1 Brunner hatte, bei einem seiner Besuche (belegt sind noch der 4. September und der 30. November 1919) oder aber in einem verloren gegangenen Brief Rathenaus Philosophie kritisiert. 1937 äußerte er gegenüber Magdalena Kasch, Rathenaus Schriften seien »erstaunlich klar und richtig, wo sie Geschäftliches behandeln«, eine Zukunft würden sie jedoch nicht haben. Rathenau sei im Grunde ein »Industriephilosoph« gewesen: »Ich hatte nicht die Absicht, es ihm zu sagen – aber niemals, in keinem Falle, ist es mir gelungen, meine Meinung auf die Dauer zurückzuhalten; und wenn ich sie noch so gern verschweigen wollte, einmal platzte ich sie doch heraus.« (Kasch, Aufzeichnungen, S. 198). Gegenüber

kommen mich besuchen und wohnen mir im Haus, in Potsdamer Hôtels und Pensionen.[3] Geliebte, liebe und prächtige Menschen, mit denen ich mich freue und mich zerreiße. Ich bin kein Osiris, der in 38 Stücke sich zerreißen kann; und daran ist sogar Osiris gestorben …[4] Nein, ich kann nicht kommen, aber freue mich nun wieder Ihres Daseins ohne Schatten und wünsche Ihnen herzlichst Einsamkeit und mäßig Zweisamkeit. Vor allem Einsamkeit und ihren Segen für die Arbeit. Kommt bald wieder etwas heraus? – Sie auch mögen weder Vielsamkeit noch Mehrsamkeit; und wir wollen immer miteinander sein auch bei seltener Zweisamkeit miteinander.[5]

So herzlich grüße ich hin zu Ihnen!

Lothar Bickel betonte er: »Das hat ihn fast erschlagen, aber er hat es groß getragen. Unser Verhältnis blieb ungetrübt bis an sein Ende.« (Lothar Bickel, Constantin Brunners letzte Stunden, in: Die Constantin Brunner Gemeinschaft. Interne Zeitschrift, im Auftrag der Gruppe des Staates Israel hrsg. von Aron Berman und Rozka Pinner 5, Nr. 15 (Dezember 1950), S. 31). Die späteren der überlieferten Briefe lassen allerdings eine größere Distanz zwischen Brunner und Rathenau erkennen.

2 Brunner arbeitete schon seit längerem an dem umfangreichen Werk »Unser Christus«, das im Winter 1920/21 herauskommen sollte, dann aber doch erst Ende 1921 erschien. 1920 hatte er die Arbeit unterbrochen für die kleinere Schrift »Memscheleth sadon. Letztes Wort über den Judenhaß und die Juden«, einer psychologischen Fortsetzung seiner Antisemitismuskritik in »Der Judenhaß und die Juden«. Im Mai beendete er die Studie, im September 1920 erschien sie im Berliner Verlag Neues Vaterland, E. Berger & Co.

3 Anfang August 1920 empfing Brunner Besuche von Martin Klein aus Barmen, Friedrich Kettner aus Czernowitz, Borromäus Herrligkoffer aus Ichenhausen und Fritz Ringler aus Aufham. Am 7. August las er diesen das Kapitel über das Genie aus »Unser Christus« vor (S. 109-191).

4 Vermutlich Anspielung auf den Mythos, dass Seth seinen verhassten Bruder, den ägyptischen Gott Osiris, tötete, zerstückelte und die Teile des Leichnams in alle Welt zerstreute.

5 Abgesehen von zwei unbedeutenden Schreiben Rathenaus endet mit dem vorliegenden Brief die überlieferte Korrespondenz. Bemerkenswert ist ein Schreiben Rathenaus vom 17. Dezember 1921 an Paul Neubauer (s. Brief 192/1), der zu Brunners 60. Geburtstag eine Festschrift herausgeben wollte und um einen Beitrag von Rathenau bat. Rathenau antwortete: »Sie kennen meine Freundschaft und Verehrung für Constantin Brunner und wissen, daß mir nichts erwünschter sein kann, als diesen Gefühlen einen öffentlichen und feierlichen Ausdruck zu geben. Ob es mir aber möglich ist, eine seiner würdige Arbeit für das Festbuch zu liefern, scheint mir zweifelhaft.« Er beklagt seine Überlastung, fühlt sich aber auch nicht kompetent genug: »Mehrere seiner Arbeiten habe ich mit lebendigem inneren Anteil gelesen, aber ich kann nicht behaupten, daß ich so tief in sein Schaffen eingedrungen wäre, um ein klar objektiviertes Erlebnis entstehen zu lassen. Mein Verhältnis zu Constantin Brunner ist weit mehr ein rein menschliches, als ein philosophisches oder literarisches, aber wiederum den Menschen als Erlebnis einem anspruchsberechtigten Leser vorzuführen, darf ich heute noch nicht wagen, denn ein Mann von solcher Bedeutung erschließt sich nur ganz der vollendeten Kenntnis seines Lebens und seiner Werke.« (Rathenau, Briefe, S. 2626). In seiner »Kritik der dreifachen Revolution. Apologie« (Berlin: S. Fischer 1919,

102. An Frau von Hebra,[1] 16. August 1920

Liebe und Verehrte,

ich lasse alles stehen und liegen, um Ihnen zu schreiben, daß ich herzlich bei Ihnen bin! Weiter weiß ich fast nichts zu sagen … Ich hatte erst ganz kürzlich einen ähnlichen Fall in nächster Nähe,[2] aber was soll Ihnen das? Ich will Ihnen von Werner sagen, daß ich ihn lieb habe und seine Tat ehre (so schmerzlich ich sie beklage), weil ich ihn für einen ungewöhnlich edlen Jungen halte. Wer mit noch nicht siebzehn Jahren solche Sätze über Liebe zu schreiben vermag, der ist edel und hohen Geistes; und diese sonst verdammenswerte Tat ist, *von diesem Jungen getan*, der Ausfluß eines allerhöchsten Verantwortungsgefühls und Gewissens, *das sich gegenüber der absoluten Forderung, mit dem Leben abzufinden, verzweifelt!*[3] Lie-

S. 97) hatte Rathenau noch einmal Bezug genommen auf Brunners »Rede der Juden«, die ihn von Brunners Schriften (das bestätigt auch Brunner in: Vom Einsiedler, S. 128) am meisten bewegte: »Mit gewaltigen Worten hat Constantin Brunner, der Philosoph, von Kirchen, Konfessionen, Gemeinden und Völkern Christus zurückgefordert.« Brunner erwähnte Rathenau in fast allen seinen »Judenbüchern«. Vor allem die Ermordung im Juni 1922 wird immer wieder hervorgehoben. Brunner war davon schwer getroffen. Er glaubte und hoffte in seiner ersten Stellungnahme, dass dieser Tod »auf die gesamte politische Lage« klärend wirken könne, vor allem, dass sich »die Deutschnationalen, um wieder eine anständige und berechtigte konservative Partei zu werden, lossagen müssen von den Antisemiten«. Insgesamt hoffte er auf eine »Befestigung der Regierung durch Zurückdrängung der reaktionären Partei und damit: Kredit beim Ausland«. Über die Mörder Rathenaus spekulierte er: »Die es tun, sind nicht mehr als die Pistole, die losgeht; sie sind nicht die eigentlichen Mörder. Da sind Kreise – viele Kreise –, die untereinander gar keine merkbare Berührung haben – das ist, als wenn man einen Stein ins Wasser wirft – es gibt dünne Ringe – weiter, weiter, bis es irgendwo dick am Rande aufläuft. Soll ich dir sagen, wer der eigentliche Urheber ist? Ludendorff. Der nach dem Thron der Hohenzollern trachtet. […] Wenn ich jetzt in der Regierung wäre, würde ich beantragen, dass den Mördern nicht nur Todesstrafe zuerkannt würde, sondern vor der Hinrichtung zehn Jahre Zuchthaus in schärfster Form. Und das: um abzuschrecken!« (Lotte Brunner, Tagebuch, 26. und 30. Juni 1922). Adolph S. Oko schreibt er: »Der Schmerz um den Einzigen geht über in den Schmerz um Alle und in die Trauer um Deutschland. Unsrer Liebe zum Vaterlande brauchte ganz so wehe nicht zu sein, wenn er noch da wäre!« (LBI/JMB: II, 10, 1). Siehe auch Brief 149 an Wilhelm Schwaner.

1 Ein Herr von Hebra hatte Brunner gebeten, seiner Frau ein paar Trostworte zu schreiben, da sich ihr siebzehnjähriger Sohn aus erster Ehe, Werner, erschossen hatte.

2 Kurt, der dreiundzwanzigjährige Sohn von Brunners Hauswirt in Potsdam hatte sich erschossen. Niemand wusste die Gründe. Brunner tröstete die Eltern, indem er ihnen zur Pflicht machte, nicht nach den Gründen der Tat zu forschen und jedes Gespräch darüber zu vermeiden: »Wenn ein so reiner, kindlicher Mensch wie ihr Kurt von seiner sittlichen Höhe herab so heroisch einen solchen Entschluss ausführt, so haben Sie nichts zu tun, als diesen Heroismus anzuerkennen und zu bewundern.« (Lotte Brunner, Tagebuch, 16. Juni 1918).

3 Lotte Brunner merkt an (ebd.), dass Brunner auch Otto Weiningers (1880-1903), Philipp Mainländers (1841-1876) und Walter Calés (1881-1904) Selbstmord so beurteile.

bes Kind Sie und liebe Mutter, auch Sie müssen diese Tat ehren. Sie kommt aus der letzten Tiefe der Überzeugung, daß es Höheres gibt als das Leben, darin wir alle ruhen. Darin müssen auch Sie ruhen, auch mit Ihrer Erinnerung. Ehren Sie diese Tat – Werner verlangt das von Ihnen – ich ehre ihn mit Ihnen. Schicken Sie mir zur Einsicht sein Tagebuch, wenn Sie irgend mögen, und lassen Sie mich das Bild behalten, das liebe. Ich betrachtete mit Trauer die Züge des Jünglings; und dann mußte ich lächeln mit dem lächelnden Kindchen, mit Ihrem lächelnden Kindchen. So müssen Sie auch, Liebe. Sie haben dieses Kind und *diesen* Mann. Vergegenwärtigen Sie sich innigst und *mit lebendigem Vorsatz zur Tätigkeit*, wie viel das ist!

Ich begrüße Sie und Ihren Mann liebevoll von ganzem Herzen

Brunner.

103. An Fritz Ringler,[1] 1920

Mein sehr lieber Fritz,

ich danke dir für alle deine guten Worte und sehe dich so, daß, wenn ich recht dich sehe, du selber mit dir zufriedener sein könntest: immer, auch wenn es dich quält. Auch wenn es dich quält, bedenk das auf und ab, und gerade wenn du unglücklich dich fühlst, gerade dann sei glücklich, indem du dich freust auf das bald wieder Glück! Wie Eulenspiegel lacht beim Bergan über das kommende Bergab. Auch den großen Berg der Jugendunruhe wirst du gut nehmen. Dahin gehört sicherlich auch deine Schumannqual. Schumann ist das Immer zum Gedanken Wollen und nicht Können in der Musik; was uns, so lang wir jung sind, so bedeutend und geistreich an ihm erscheint. Später sehen wir, daß er mit dem eigentlich Letzten nicht fertig geworden. Bach und Beethoven sind immer in sich Eins, daher quälen sie deine liebe Jugend nicht: und in Worten hast du die Einheit von Musik und Gedanken an unsrem Jean Paul, den du darum so lieb hast und den ich darum mit dir so lieb habe. O Musik im Verhältnis

1 Fritz Ringler (1898-?), während des Ersten Weltkriegs Student der Medizin, später Lehrer in Aufham, leidenschaftlicher Musiker und Komponist, lernte 1919 Lotte Brunner im Hause seines Onkels Borromäus Herrligkoffer kennen. Im Sommer 1920 und im Winter 1922/23 besuchte er Brunner; danach brach die ohnehin brüchige Beziehung ab, lebte 1930 aber noch einmal auf. Brunners Verhältnis zu Ringler war ambivalent. Seine Kompositionen bewunderte er in höchstem Maße, hatte aber Schwierigkeiten mit Ringlers sprunghaftem Verhalten und persönlich-menschlichem Umgang.

zum Gedanken, darüber und über Musik überhaupt – darüber müßten wir und müssen wir dereinst miteinander musizieren, reden und schweigen.

Nun sei gegrüßt und gesegnet!

B.

104. An Frida Mond, Anfang Oktober 1920

Ich denke an den fünften Oktober und will schreiben.[1] Ich schreibe sonst nicht mehr; denn Sie ließen mir schreiben, ich solle es nicht tun. Ich fasse mir an den Kopf – immer wieder, seitdem ich das las, was Sie mir konnten schreiben lassen. Nach diesen Zeiten, *in* diesen Zeiten; denn ich bin wahrlich nun erst im Furchtbarsten und Abscheulichsten drin, und ist kein Heraus.[2] Aber heute schreibe ich Ihnen, will zum fünften Oktober bei Ihnen sein. – Wie mögen Sie leben?! Niemand antwortet auf meine Fragen. Ist dies ein Ende zwischen uns? Ich werde es nicht glauben, auch wenn ich es glauben muß; und Sie, geliebteste Freundin, sollen wissen, daß ich Dies niemals glauben kann, und wenn ich ewig kein Wort mehr von Ihnen noch über Sie hören werde, und Sie werden drum auch kein Wort mehr von mir hören, – aber mir lebt das Vergangene, so lang ich noch lebe; das allein werde ich glauben, das Gewesene: wie wir, vom ersten Tag unsrer Begegnung zur reinsten Freundschaft ineinanderschlugen, wie zwei Wassertropfen bei der ersten Berührung sich vereinigen.[3] Dieses Gewesene wird mir *sein*.

Wünsche zu Ihrem Geburtstag, welche sollte ich haben für Sie, von der ich nun kein Was und Wie mehr höre? Ich habe nur mein Denken an Sie; das sollen Sie wissen, daß ich damit bei Ihnen bin und mit einem großen Gruß, unsagbar traurig.

1 Frida Mond hatte am 5. Oktober Geburtstag. Sie war schwer erkrankt und beantwortete Brunners Briefe (abgesehen von einem Telegramm) nicht mehr. 1923 starb sie. Lotte Brunner bemerkt auf einer Abschrift des Briefes: »Das Schweigen bedeutete keine Gleichgültigkeit oder gar Abwendung, Frida lag in ihrer Todeskrankheit. Vielleicht auch hatte sie Gründe, keine Briefe aus Deutschland empfangen zu wollen.« (ICBI, Den Haag: BW-Abschr.).

2 Brunner hatte seit der abgebrochenen Förderung Frida Monds zu Beginn des Ersten Weltkrieges große Schwierigkeiten, sich und seine Familie zu finanzieren. Die Familie Mond nahm die Förderung nun aber offenbar wieder auf und führte sie auch über den Tod von Frida Mond (1923) hinaus fort.

3 Brunner hatte Frida Mond 1881 in ihrem Elternhaus in Köln kennengelernt.

105. An Borromäus Herrligkoffer, 1921

Lies du nur, mein Borro, dieses Leben deines Namensheiligen, von seinem Hausgenossen, das in der Kirche immer noch am höchsten gilt; laß es dich nicht empören und nicht langweilen, sondern nimm dir die Spitze des großartig Guten heraus.[1] Es ist ein ehrliches Buch von einem kirchlich absolut beschränkten, zuverlässig besessenen Mann; der nicht einen Augenblick hinausschauen kann in die doch immerhin irgendwo vorhandene Vernunft. Du wirst keinen Blitz der Freiheit finden, ja auch nicht ein einziges helles Wort, nicht einmal als Zitat. Durchhin nichts als Stumpfsinn und stillwahnsinnigen Fanatismus. Borromeo selbst ist ein Fanatiker gewesen; wie stark, das schaut noch gar nicht einmal aus diesem Buch heraus. Er war mindestens so fanatisch wie Loyola,[2] mit dem allein er verglichen werden kann auch nach der Wirkung, wenn auch nicht dem Grade nach, ganz gewiß aber in Angelegenheit und Richtung des Charakters. Er ist von den großen Verrückten einer; und das ist viel in unsrer Menschenwelt, wo doch Vernunft ohne Verrücktheit nicht existiert. Mir bleibt er ein bewunderungs-, ja ein wahrhaft verehrungswürdiger *heiliger* Mann. Tat er alles um der Verrücktheit willen, so tat er doch mit einem wunderbaren Herzen der ganzen Hingabe und gehört zu den Heiligen. Die haben ihre Wurzeln in der Verrücktheit und blühen hinaus in die höchste Vernunft und Liebe des Tuns. Dadurch sind die Heiligen die Besonderen.[3] Denn die andern Menschen haben ja ebenfalls die Vernunft mit der Verrücktheit; aber bei ihnen schlägt die Verrücktheit vor und treibt zur Härte und Böswilligkeit gegeneinander. Wir sehens ja in unsren Tagen wie von immerher und sehen den Unterschied, ob die Verrücktheit aus dem Boden des praktischen Verstandes erwächst oder aus der Religion. Unsre heutige Verrücktheit, aus dem praktischen Verstande, schafft nichts als Bos-

1 Herrligkoffer hieß Carl Borromäus mit Vornamen. Sein Namenspatron Karl Borromäus (1538-1584) war Kardinal, Erzbischof von Mailand und ein bedeutender Vertreter der Gegenreformation; 1610 wurde er heiliggesprochen. Brunner bezieht sich auch in einem anderen Brief an Herrligkoffer auf den hl. Borromäus: »Weißt du übrigens, daß ich deinen Borromäus immer sehr gern gehabt habe? Nur daß er ein solcher Wüterich gegen Protestanten und Hexen gewesen, das konnte ich an ihm nicht verstehen.« (Brief vom 28. Dezember 1920, LBI/JMB: II, 4, 14). Bei der Lebensbeschreibung dürfte es sich um die Schrift des Mitbegründers des Borromäus-Vereins, Franz Xaver Dieringer (1811-1876) handeln: Der heilige Karl Borromäus und die Kirchenverbesserung seiner Zeit, Köln: J. P. Bachem 1846.

2 Ignatius von Loyola (1491-1556), Mitbegründer und Gestalter der Societas Jesu (später als Jesuitenorden bezeichnet), 1622 heiliggesprochen.

3 Brunner widmete der Frage nach den Heiligen auch einen (postum erschienenen) Aufsatz: Die Heiligen. Ein kurzer Religionsunterricht, in: Vom Geist und von der Torheit, S. 274-312.

heit: die Religion, als Analogon des Geistes, konnte Heilige schaffen; in diese goß sich noch mit vom Geist. Wir haben die praktische Verstandes-Verrücktheit der Massen ohne Heilige. – Die Religion scheint gut gewesen wirklich nur für die Heiligen; und die waren gut für die Andern. Die Religion konnte in gewissen, hybridischen,[4] Naturen *praktisch* ausrichten wie die Vernunft in den wirklich höchsten Menschen, in den Wundertieren, die von der Verrücktheit unbesessen blieben. Darüber wäre viel zu schreiben. –[5]

Gib mir bitte nochmal, mit deutlich geschriebenem *Straßennamen*, die Adresse von Stelzners und schreib bitte, *wann sie heimkommen*.[6]

Dank für den neuen Krötzinger. Ach, die ärmste Frau, du mußt sie kräftig trösten und darfst mit ihr den Briefwechsel nicht unterbrechen![7]

Herzlichst

B.

106. An Lotte Brunner, 28. Mai 1921

Mein arm, lieb, lieb Kind,

ja. Das ist wieder von den Fällen einer, wo man sich nicht entschließen *mag*.[1] Rücksicht und Liebe gegen Andre – Rücksicht auf die eigne Würde, die man sich nicht will zertrampeln lassen. Ich bin überzeugt, daß du Alles

4 Brunner unterscheidet in seiner Lehre von den Geistigen und vom Volk nicht nur »Geistige« und »Volksmenschen«, sondern kennt auch Mischformen aus beiden, die er »Hybriden« nennt (siehe z.B. Die Lehre, S. 440 f. und Kurze Rechenschaft, S. 233).

5 Brunner hebt an vielen Stellen seines Werkes hervor, dass das »abergläubische« Denken eine »Verrücktheit« sei und dass nicht nur die sogenannten »Geisteskranken« verrückt seien, sondern auch viele, die gewöhnlich nicht so gelten. Dies zeige sich »wenn man die Menschen im ganzen betrachtet, nach der geschichtlichen Überlieferung und nach der Breite ihrer gegenwärtigen Erscheinung. Überall treffen wir eine Verrücktheit des Aberglaubens, die ebenso viel Verlust, Abwesenheit der Vernunft bedeutet, ein ungenügendes Mitwirken der Spezifikation des wissenden Denkens und Unbändigwerden des Fühlens und Wollens. Mit Einem Wort: die Menschheit ist niemals vernunftsinnig allein, sondern immer auch zugleich irrsinnig; und nun heißt es, die Irrsinnigkeiten, die für normal galten und gelten, psychologisch kennen.« (Keine Psychiatrie und die Psychoanalyse, in: Vom Geist und von der Torheit, S. 265).

6 Herrligkoffers jüngste Tochter Brunhilde (1909-1986) und ihr Mann, der Offizier Joachim Stelzer.

7 Eine Patientin Herrligkoffers, eine Bäuerin namens Krötzinger, richtete komische und angstvolle Briefe an ihn.

1 Lotte Brunner war bei ihrer Schulfreundin Anni von Möller, geb. Sattler (1882-1966)

so klug und energisch machst wie nur möglich, auf dem Weg zu bleiben. Wird dir aber die Last zu groß aufgeladen, so darfst du schließlich nicht weiter gehen. Die Last ist nicht dein, und es ist nicht dein Weg, und er berührt sich kaum mit unsren Wegen, und es ist kein guter Weg. Ja; kein Tier kann so schlimm sein, wie der Mensch durch Hochmut, die widerwärtigste Form des Verabsolutierens des Relativen; denn darin verabsolutiert der Mensch nicht wie in Religion und Metaphysik die Natur und ihre Kräfte und *den* Menschen, sondern in dem moralischen Hochmut verabsolutieren die Individuen ihren eignen Gestank. Darum ist der Hochmut die Sünde Satans, und darum stinkt Satan. Und darum stinkt heute, zu unser aller unklagbarem Jammer, kein Volk wie unser deutsches Volk. Daß wir das sagen müssen: wir sind das Hochmutsvolk. Zwischen der Knechtsseligkeit und dem Hochmut finden sich alle die köstlichen Eigenschaften und herrlichen Begabungen unsres Volkes so eingeengt und niedergehalten. Wir sind im Unglück, wenn wir uns nicht ganz totgefallen haben, noch hochmütiger als im Glück. Das begann mit unsrem Beginn als deutsches Volk, gewann Stimme zuerst in dem sonst so wundergesegneten Fichte,[2] und das Herz will sich einem im Leib herumdrehen bei der heutigen *Erziehung zum Hochmut*, wie du sie dort zu schmecken bekommst. Sieh zu – um Anni täte es mir *sehr* leid – aber schließlich hat ihr Haus eine Tür zum Hinaus, und du hast noch eine andre zum Hinein.

Daß du mir her schriebst,[3] war mir lieb; ich hatte deinen Brief entbehrt. Bleib mir gesund. Und kannst du es nicht anders und *mußt* es hinwerfen, – ach wegen dieses armen, armen und im Grunde doch auch gewiß lieben Seelchens –, so komm hierher!

107. An Ernst Altkirch, 30. Juni 1921

Du erhältst nun doch das Exemplar durch Frau W., an die ich deswegen geschrieben hab.[1] Alles Gute, mein Lieber, für deinen Gebirgsschnaufer. Ein wenig sehr ängstigt mich nur dein Plan einer Novelle auf dem Grunde

in Lemgo, um deren drei Kinder zu betreuen. Die älteste Tochter, Heidrun, vertrat rassistische Ansichten.

2 Siehe hierzu auch Brief 74/3.

3 Brunner war zu Gast in der Pension von Magdalena Kasch und Alice Brandt in Bad Harzburg.

1 Elisabeth Wittenstein, geb. Vollmöller (1887-1957), verheiratet mit dem Fabrikanten und Kunstsammler Oskar Jürgen Wittenstein (1879-1918), der im Ersten Weltkrieg als Leutnant der Luftwaffe bei einem Testflug tödlich verunglückte. Wittenstein hinter-

des buddhistischen Wesens.[2] Der Buddhismus ist ja eine abstrakt logische, gänzlich farb- und gestaltenlose Angelegenheit. Was und womit könnte man da malen? Nicht einmal zeichnen. Warte doch jedenfalls meinen Christus ab, der im Herbst heraus soll; der Satz hat schon begonnen. Da findest du mein Urteil über diese Seite des Buddhismus.[3] Nochmal alles Gute auf eure Fahrt; habt Salz und Frieden!

B.

ließ fragmentarische Aufzeichnungen im Anschluss an Brunners philosophische Konzeption und Spinozarezeption, die seine Frau Elisabeth herausgeben wollte, wofür sie Brunner um Mithilfe bat. Brunner, der Wittenstein nicht persönlich kennen gelernt hatte, hielt ihn für einen »rührend schönen« Mann, der aber noch nicht zur Reife gelangt sei, was seine Frau bestätigte. Da die Zustimmung des Verfassers fehlte, beschränkte Brunner sich auf Korrekturen von Flüchtigkeitsfehlern und die Berichtigung von Zitaten. Zudem fügte er mehrmals seinen eigenen Namen in Klammern ein, da Wittenstein zwar im ersten Teil auf Brunner hingewiesen hatte, im Weiteren aber Brunnersche Gedanken und Formulierungen brachte, ohne ihn zu zitieren (s. Lotte Brunner, Tagebuch, 17. November 1920). Das Buch erschien auf Brunners Empfehlung hin als Privatdruck in einer limitierten Auflage: O. J. Wittenstein, Von der Macht des Verstandes oder von der menschlichen Freiheit, Stuttgart: Strecker und Schröder 1921.

2 Altkirch wollte eine »Gautama-Legende« schreiben. Im November 1923 legte er Brunner das Manuskript vor, der den Fleiß lobte, aber die mangelnde poetische Gestaltungskraft Altkirchs kritisierte, die durch nichts zu ersetzen sei. Inhaltlich bemängelte er: »In deiner Erzählung kommen die schweren begrifflichen Mängel des Buddhismus nackt und hart an den Tag, der Buddha wird ein weinerlicher Klotzkopf, die Erziehung, die er genossen haben soll, unter Fernhaltung der Anblicke von Krankheit, Alter, Tod erscheint im Licht dieser rationalistischen Darstellung unglaubwürdig, unmöglich; genommen ist die Größe der mythisch epischen Substruktion [lat.: Unterbau], das Märchenhafte, bei dem man nicht fragt.« (Brief an Altkirch vom 30. November 1923, LBI/JMB: II, 1, 5).

3 »Unser Christus« erschien Ende 1921. Darin geht Brunner an einigen Stellen auch auf Buddha ein und vergleicht ihn mit Christus: »Die Legende vom Buddha ist schön und tief, aber Christus und seine Geschichte ist wahr. Christus lebt: dagegen steht das Bild vom Buddha steif, starr und steinern. Und wie alles um Christus herum Vorgehende den Stempel des wahrhaftigen Lebens trägt, des offenbaren und des geheimen lebendigen Lebens nach seiner organischen Gestaltung, und wie um Christus herum der Reichtum der Individualitäten seiner Jünger und Jüngerinnen lebt, in mimischer Lebendigkeit lebt, so ist um den Buddha her alles indisch starr und leblos [...]. Christus lebt und lehrt als ein Mensch: der Buddha – der wirkliche Buddha hat auch nur gesprochen, seine Lehre nicht niedergeschrieben –, der Buddha, der auf uns gekommen, ist ein schulmäßig konventionelles Lehrsystem, aus welchem der Mensch Buddha nicht nach Großartigkeit und Freiheit hervortritt.« (S. 500f.).

108. An Alice Brandt, 8. Juli 1921

Mein gutes Gelbes,

deine Erkältung würde mir so viel Sorge nicht machen – denn bei sothaner Witterung ist alle Welt erkältet, ich wars auch sehr, Lotte ist es noch sehr –, aber dein Magen! Und wenns ein wenig freier mit ihm, er aber doch nur noch erst zart von Kräften, spannst du ihn wieder an und ab, so daß er ja gar nicht in die rechte Festigkeit des Gesundseins kommen kann. Aus diesem Satz mußt du *die praktischen Konsequenzen ziehen, ganz gewissenhaft! Mußt Ruhe lassen, daß erst eine dickere Wand sich bilde, die nicht gleich wieder kann durchbrochen werden!!* Wenn man gerad eben erst wieder gesund ist, ist die Kur und Schonzeit noch nicht zu Ende!!!

Auf das Selbstanalysieren laß dich nur nicht weiter ein und wisse nur, daß es drinnen richtig ist, wenn du draußen gut bist gegen Magdalena,[1] gerade in den Augenblicken, wo der Zorn dich anders treiben will. Denn der treibt doch niemals richtig. Es ist viel besser, vom Allgemeinen aus für seine Seele sorgen; und du solltest ein wenig mehr auf dem Philosophenweg[2] spazieren gehn. Dieser wunderbare Weg ist wirklich der einzige ebene Weg in ganz Harzburg. Und so ist in Wahrheit der Weg der Philosophie der einzige ebene Weg, alle andern Wege sind uneben, und die Philosophie ist der einzige Weg ans Ziel. Die Mystik ist *das* Ziel, aber kein Weg, und die Kunst ist Klettern und Fallen. Weg ans Ziel ist nur die Philosophie,[3] auch wenn du denn manchmal noch zornig und unphilosophisch ihn gehst. Geh! Komm auf die Füße und geh ans Ziel, wo keine Zerrissenheit ist und keine Verlassenheit und wo du mich ganz triffst.

1 Magdalena Kasch, die zusammen mit Alice Brandt in Bad Harzburg eine Pension betrieb (s. Abb. 24).

2 Wanderweg in Bad Harzburg.

3 Für Brunner sind Kunst, Philosophie und (mystische) Liebe zwar gleichberechtigte Äußerungsformen des geistigen Denkens, aber in seinem Aufsatz »Künstler und Philosophen« hebt er hervor, dass die Philosophie am besten dazu geeignet sei, das geistige Denken nachhaltig zu bewahren: »Philosophie ist vergleichbar der Pyramide, deren Bau, bis zur Spitze hinauf, fest steht und ruht auf breiter, unerschütterlicher Grundlage; Kunst hingegen gleicht der Kugel, der immer beweglichen, nur auf einem Punkt ruhenden, jedesmal auf einem anderen. So mags gelten, die verschiedenartige Naturfarbe zu erläutern, das verschiedene Naturell der beiden, auf dem Grunde der absoluten Besinnung gleichen Charaktere, je nachdem sie modifiziert erscheinen entweder durch Philosophie oder durch Kunst, die Festigkeit und Sicherheit der einen, das Schwankende der anderen.« (In: Vom Geist und von der Torheit, S. 18f.).

Abb. 24: Magdalena Kasch und Alice Brandt in Bad Harzburg, 1921/22

109. An Fritz Ringler, Herbst 1921

Dann allerdings, mein lieber Fritz, muß ich dir noch einmal schreiben.[1] Zum letzten Mal – bis denn die Zeit da ist, wo ich dir und wo du dir wieder trauen können. Mir darfst du gern inzwischen schreiben; denn ich bleibe dir. Dies Bewußtsein sollst du nicht verlieren während der Zeit, wo du zu arbeiten hast, daß wir Beide dir wieder trauen können. Eher kann ich dir nicht zeigen, daß ich dir da bin.

Du findest für alle diese Dinge einen Freibrief in deiner *Jugend* und schreibst wieder einmal ganz munter dazu, du hättest deine »sämtlichen Freundschaften gelöst«:

Jugend ist ganz gewiß für manche Unreife eine Entschuldigung, aber ganz gewiß nicht für mangelhaften Charakter, Laune und Treulosigkeit. Und gerade die Freundschaft ist gerade der Jugend heilig. Jugendliche sind begeisterte Freunde: nur der Kampf für ein hohes Ideal vermag den Jugendlichen (und mit Erlaubnis zu sagen: auch den Älteren) nach schwerem Konflikt und Schmerzen zum Bruch mit dem Freunde zu bringen. Daß man aber dem gänzlich treuen und ahnungslosen Freunde so plötzlich die Freundschaft hin und ihm aus heiterem Himmel herunter Flegeleien auf den Buckel wirft und Beschuldigungen, die übrigens nicht gestogen noch geflogen sind[2] – nein, mein lieber Fritz, das gehört nicht zu den entschuldbaren Schwächen der Jugend, sondern beweist, daß noch gar keine Fähigkeit zur Freundschaft vorhanden, daß der Begriff und das Gefühl der Freundschaft noch gar nicht aufgegangen.

Noch weit, weit schlimmer – ich kann leider nicht sagen: am Schlimmsten – wenn man das in Bausch und Bogen mit seinen »sämtlichen Freunden« macht!

Und nun erst darf ich sagen: Am Schlimmsten, wenn man da mit den weiblichen Verhältnissen *hinterher wieder* eine Ausnahme macht, wie du dies jetzt tust und sogar mit Inge.[3] O, mein lieber Junge, das hat mit der

1 Ringler hatte sich im Juni 1921 von Brunner abgewandt, Anfang August jedoch wieder zugewandt, woraufhin Brunner ihn bat, ihm nicht mehr zu schreiben: »Du hast keine Vorstellung davon, wie du schreiben müßtest, weil dein Verhältnis nicht richtig. Du kommst nach kurzer Zeit mit Vorwürfen, und zwar immer neuen, ungeahnten. Das kommt eben daher, daß du von dir aus nicht recht im Verhältnis stehst – die bloße Logik und Unlogik ist willig zu allem, vor allem zur Anerkennung der Sünden Anderer an dir.« (Undatierter Brief, LBI/JMB: II, 10, 5). Ringler hat dann aber doch wieder geschrieben, woraufhin Brunner den vorliegenden Brief verfasste.

2 Die Redewendung gilt als Metapher für etwas, das nicht zutrifft. Sie geht auf eine Anekdote zurück, der zufolge ein Atheist bezweifelte, dass Moses den Berg Sinai hinaufgestiegen (jidd. gestogen: gestiegen) und Jesus in den Himmel gefahren (geflogen) sei.

3 Inge von Holtzendorff.

Freundschaft nichts zu tun sondern mit der Weiblichkeit. Und was im Besonderen dein Verhältnis zu Inge betrifft – *ich war glücklich darüber*: nachdem du nun aber bereits zweimal Inge weggeworfen hast und dann wieder gnadenvoll sie nehmen willst, als wäre sie »Perlicko Perlacko« dein Kasperle auf Kommen und Verschwinden[4] – – – nein, nein; damit entwürdigst du einen Menschen wie Inge. Dir ist auch das Auge für Menschenunterscheidung noch nicht aufgegangen; womit ich wahrlich nicht sagen will, daß du an irgend *einem* Menschen so handeln darfst, wie du an allen zu handeln dir herausnimmst, als wäre jedes Verhältnis nur deine Gnade und Laune und gäbe dir gar keine Pflichten und keinerlei wirkliche Liebe; denn bei wirklicher Liebe im Herzen kann man auch nicht so mir nichts dir nichts die Treue brechen – die Treue ist die Frucht am Baum der Liebe und ihm notwendig; jedes hat seine Frucht, der Rosenstrauch Rosen und nicht asa foetida.[5] Du mußt den wahrlich ungewöhnlichen Wert Inges kennen und wissen, daß du sie noch nicht wieder verdienst, und darfst auch nicht eher wieder in ihren Himmel wollen, als bis du ein wahrhaft reuiger Sünder bist, das heißt: einer, der nie wieder sündigen *kann*.

Daß du nicht wieder *willst*, weiß ich, aber noch nicht, daß du nicht wieder kannst. Im Gegenteil, ich erblicke dich mitten in den Blüten deiner Sünde. Und darum formuliere ich dir dich gewissermaßen, um dir zu helfen zur Besinnung auf das Bedenkliche deines Standes, deines Herzensstandes. Dies zu tun ist mir Bedürfnis und gleichzeitig, dir zu zeigen, daß du in deinen Freunden, ob ich sie auch nicht kenne, mich in die Seele hinein beleidigt hast. Dies darf ich dir um so eher sagen, als wir Beide ja doch wahrlich kein Freundschaftsverhältnis miteinander haben. Oder glaubst du wirklich, ich könnte mir einen Freund gewählt haben, der fähig ist, so mit der Freundschaft zu gebahren, wie du bis jetzt tust? Du bist eben noch weit unter jeglicher Vorstellung von Freundschaft. Unser Verhältnis ist wahrlich ein grundandres, auch hohes und allerhöchstes; worüber zu schreiben denn *dir* geziemt, sobald du soweit dich geläutert hast, daß du wirklich fest in solchem ungemeinen Verhältnis stehst.

Auch ein Mann wie dein Onkel Karl,[6] der nichts als Treue an dir getan, ist weder zu behandeln, wie du ihn behandelst, noch abgetan mit deinem jetzigen Urteil über ihn. Ehe du andre Menschen malst, sieh nur erst auf

4 Zu Lotte Brunners Geburtstag im Jahr 1913 hatte Brunner ein Kasparstück geschrieben, in dem mit »Perlicko« der Teufel herbeigerufen und mit »Perlacko« wieder weggeschickt wird (Lotte Brunner, Tagebuch, 2. Mai 1913).

5 Asa foetida ist ein aus »Teufelsdreck« (der Asant-Pflanze, die zur Familie der Doldenblütler gehört) hergestelltes homöopathisches Heilmittel gegen Blähungen und Magenschmerzen.

6 Carl Borromäus Herrligkoffer.

dich selbst, welch ein Maler du bist; sieh in den ehrlichen Spiegel dieses Briefes und mach um ihn den festen Rahmen deines guten, tiefen Willens, damit er nicht zerbricht, *und guck nicht nachts in diesen Spiegel, damit dir nicht der Teufel heraussieht*. Licht will ich dir bringen; dazu bin ich da, dazu bist du da, dazu ist das Licht da. Und zerbrich jetzt deinen Spiegel; sonst zerbrichst du, für uns alle, die dich lieb haben, und für dich selbst, *der nicht lieb haben kann*! Du bist jetzt der Letzte von uns allen, weil du das Liebhaben nicht verstehst. Der Dämischste von uns versteht es besser als du. Steh auf aus deiner Trunkenheit und Krankheit und lern dich gesund an der Lehre, daß Freundschaft und Liebe nichts ist, womit man so nach Beliebigkeit abbrechen kann und gestatte dir nicht, da den Weibern gegenüber eine Ausnahme zu machen. Wer so tut, der empfindet andres als Freundschaft und Liebe und soll sich nicht anhängen an Menschen, die wirklich verstehen Freund zu sein und zu lieben und ernst zu sein und zu bleiben.[7]

Ich grüße dich so von Herzen, wie ich wünsche und weiß, daß du zu deinem edlen Selbst kommen wirst. Und schreiben also darfst du mir. Wenn du mir aber *ein* Wort der Verteidigung und Beschönigung schreibst, öffne ich nie wieder einen Brief von dir. Du kannst eher einen Berg mit seiner Wurzel ausgraben, mit seiner Felsenwurzel, ehe es dir gelänge, vor mir dein jetziges Denken und Treiben zu einem Recht zu erkreischen.

110. An Martin Klein, 23. November 1921

Wenn ich das gewußt hätte, mein Lieber, daß es sich um so wenige Blätter handelt, so hätte ich Sie nicht gebeten, zu warten.[1] Dank denn für die Übersendung, und lassen Sie sich doch nur ja das nicht anfechten, daß Sie nicht immer praktisch, d.h. mit Ihrer täglichen Stimmung, auf der Höhe Ihrer theoretischen Überzeugung sich finden. Kein Mensch so, dafür ist er Mensch in der Welt der Bewegung, unter dem beständigen Druck der allgemeinen Bewegung. Und ich weiß wahrlich auch, wie verstimmend, schwächend und verkleinlichend die Beschränkungen der häuslichen Freiheit auf uns wirken. Dennoch, dennoch, immer nur dennoch. Allein mit dennoch gehts voran, und daß es uns nicht immer gefällt, was liegt daran? – Lassen Sie sich doch auch nur um Alles durch diesen Parmeni-

7 Das Verhältnis von Freundschaft, Liebe und Treue erörterte Brunner später in »Liebe, Ehe, Mann und Weib« (siehe z.B. S. 30-37, 58-65, 306-309).

1 Klein hatte das Manuskript einer neuen philosophischen Arbeit geschickt.

des vom Platon nicht abbringen.[2] Auf seine Person kommt es an, die nach ihren Höhepunkten zu bewerten. Sie werden auch Shakespeare nicht nach seinem Heinrich 6 und Göthe nicht nach seinem Bürgergeneral beurteilen.[3] Lassen Sie sichs nicht verdrießen, den ganzen Platon zu lesen und sich daraus Ihren großen Platon zu ziehen, mit dem zu leben für Sie von unschätzbarem Gewinn sein wird. Sie müssen auch *Ihren* Göthe, *Ihren* Shakespeare, *Ihre* Bibel haben usw. Das muß man in Jahren der Reife sich besorgen, damit mans dann fürs weitere Leben hat. Die Verpflichtung für erfahrene Förderung bringt schon hinweg über manche unbelohnte Mühe. Die gehört zur Bezahlung. Alles will zuletzt bezahlt sein.

Wenn Ihnen das socium habuisse[4] einen Trost bedeutet, so mögen Sie hören, daß auch ich dieses Jahr viel Verdruß und Widrigkeit erfahren hab. Hoffentlich kommts nun für uns Beide wieder mal freudendicker. Ich grüße Sie und Ihr liebes Weib von ganzem Herzen

B.

111. An Ernst Altkirch, 25. November 1921

Und doch, mein armer Lieber, bist du immer noch weniger einsam als viele, viele Andre, und bleibst ungequält von den Qualen der meisten Verbindungen; mit denen sie meistens zu endigen pflegen. Habt ihr dort kein rechtes Konzert und Theater, so haltet euch doch an ein Kino; wo ja das Rechte gar nicht so hoch recht zu sein braucht. Ich gehe seit langer, langer Zeit in kein Theater mehr, kaum noch in ein Konzert, aber von Zeit zu Zeit in ein Kino, wenn es einen nur einigermaßen erträglichen Film gibt, und habe davon. Schon daß nicht gesprochen und betont wird und die Phantasie sich die ganze Worte-Dichtung vollkommen selbst und selbst vollkommen macht! Dazu die Mimik und Bewegung, bei Spielern wie Asta Nielsen, Pola Negri und Bassermann[1] für das psychologische Inter-

2 Im Frühjahr hatte Brunner Klein empfohlen, alle Dialoge Platons zu lesen. Der dialektisch um die Frage nach Sein/Nichtsein und Einheit/Vielheit kreisende Dialog »Parmenides« gehört zu Platons umstrittensten Dialogen. Die Interpretationen reichen von der Auffassung, es handele sich um Platons Theologie bis zur Meinung, es sei lediglich eine Argumentationsübung ohne eigentliche philosophische Bedeutung.

3 Shakespeares Historiendrama »Heinrich VI.« und Goethes Lustspiel »Der Bürgergeneral«.

4 Lat.: einen Gefährten haben.

1 Die dänische Schauspielerin Asta Nielsen (1881-1972), die polnische Schauspielerin Pola Negri (eigentlich Barbara Apolonia Chałupiec, 1897-1987) und der deutsche Schauspieler Albert Bassermann (1867-1952) waren berühmte Stummfilmdarsteller.

esse weit bedeutsamer hergebend, als auf dem Theater möglich; und nicht zuletzt auch selbst bei schwächeren Vorführungen die Kinderfreude, die man immer wieder fühlt, daß dieser ganze Zauber eines Lebens gezaubert werden kann! Ich kann davor mich ganz lassen und komme manchmal ins Schönste.

Zu deinem Buddha[2] kann ich dir wirklich nicht helfen. Da du mich fragst: »Was muß ich aus ihm erwecken, daß er lebe? Wenn du es mir mit ein par Worten sagtest!« muß ich dir sagen, daß für mich überhaupt kaum der Buddha lebt; worüber mehr zu sagen unnötig, da du es bald in meinem Christuswerk lesen wirst.

Dieses wird in etwa vierzehn Tagen, denke ich, heraus sein; und ich bin gebeten worden, jemanden zu veranlassen, daß er darüber eine Notiz an die Zeitungen verschicke (was besser sei, als wenn der Verlag es tue), und so bitte ich dich. Aber bitte dich, ganz einfach, ohne Gerühme die Notiz: Von Constantin Brunner, dem Verfasser der »Lehre von den Geistigen und vom Volk« ist (im Verlag von Österheld & C°, Berlin) ein neues Werk erschienen: »Unser Christus oder das Wesen des Genies.« Du besitzest eine Schreibmaschine, die Auslagen werden dir selbstverständlich ersetzt, und du tätest gut, nicht nur an die ganz großen Zeitungen zu schicken, sondern auch an eine Anzahl der mittelgroßen. Willst du?

Ich grüße herzlich und bitte euch, macht den Versuch und geht einmal mit mir in Elbing[3] ins Kino!

112. An Ludwig Holländer,[1] Januar 1922

Mein Lieber und Verehrter,

so schicke ich Ihnen denn heute die gültige Abschrift der Schrift,[2] die ev. in Ihrem Verlag zu veröffentlichen ich keinen Anstand nehmen würde, obgleich ich sonst niemals in Reih und Glied, sondern immer nur als Einzelner kämpfe. Aber der Z. V.,[3] den ich bis vor Kurzem überhaupt nicht

2 Altkirch arbeitete an einer »Gautama-Legende« (s. Brief 107/2).

3 Seit Herbst 1921 lebten Altkirchs im ostpreußischen Elbing.

1 Ludwig Holländer (1877-1936), Jurist, Mitbegründer des Philo-Verlages und seit 1921 Direktor und geschäftsführendes Mitglied des sehr einflussreichen, 1893 in Berlin gegründeten Central-Vereins deutscher Staatsbürger jüdischen Glaubens, der die assimilierten bürgerlich-liberalen Juden in Deutschland repräsentierte, für ihre gesellschaftliche Gleichstellung eintrat, den Antisemitismus bekämpfte und Judentum und Deutschtum miteinander zu vereinbaren versuchte. Einen ersten Kontakt mit dem Central-Verein hatte Brunner am 5. Mai 1920, als Bertel Lehmann ihn besuchte. Hierüber liegt ein Bericht Lehmanns an ihre Kollegen Ludwig Holländer, Alfred Wiener (s. Brief 128/1) und Kurt Alexander

kannte, ist mir lieb geworden, besonders seitdem er zu den Zionisten in das klarere Verhältnis sich gesetzt hat. Und ich glaube, daß nicht nur unsrer gemeinsamen Herzens- und Lebenssache, sondern auch dem Z. V. im Besonderen gedient sein dürfte damit, daß er unter seinen Veröffentlichungen auch eine von dieser Art allgemeinerer Betrachtung bringt; wobei Sie es mir nicht mißverstehen werden, wenn ich hinzubemerke, daß es auch Judenhasser gibt, die »eine gewisse Achtung« mir nicht versagen. Selbstverständlich kommt nun darauf an, ob Sie gleichfalls Neigung zur Veröffentlichung der Arbeit haben und diese mit Ihrer Gesamtanschauung vereinbar halten. Wenn Sie nicht mögen, so bitte ich ausdrücklich um kein andres Wort als das kleine Nein. Ich würde es wahrlich nicht schief nehmen und zum Z. V. in dem gleichen herzlichen Verhältnis bleiben. Wie ich auch andrerseits bei Ja für natürlich und sogar für geboten erachten würde, wenn die Bemerkung voran käme, daß Sie gewissen Ausführungen nicht zustimmen; da Sie die Deutschen Staatsbürger *jüdischen Glaubens* vertreten.[4]

(1893-1962) vor. Lehmann nennt Brunner darin einen »sehr interessanten, alten Mann«, der »mit äußerster Vorsicht zu behandeln« sei. Brunner habe erklärt, »er sei überzeugter Jude und Antizionist. Er beklagte sich darüber, daß die Zionisten ihn öfters besuchten und ihn drängten, die antizionistischen Stellen seines Buches abzuändern. Durch ihr Benehmen gereizt, habe er sich veranlaßt gesehen, einen Nachtrag zu seinem Werke ›Der Judenhaß und die Juden‹ in Form einer Broschüre zu schreiben, die in den nächsten Tagen im Verlage Oesterheld erscheinen wird und in der er noch einmal gründlicher gegen die Zionisten Stellung genommen habe [»Memscheleth sadon. Letztes Wort über den Judenhaß und die Juden«]. Von der Existenz des Centralvereins wußte er nichts; ich überreichte ihm also unsere Satzungen, Flugblätter und Broschüren etc. in je einem Exemplar, wofür er sehr dankbar war. Er war nicht dazu zu bewegen, für uns einen Vortrag zu übernehmen, da er prinzipiell niemals persönlich an die Öffentlichkeit tritt. [...] Er scheint sehr gute Beziehungen zu hohen und höchsten Potsdamer Offiziers- und Beamtenkreisen zu haben und eine größere Anzahl Anhänger seiner Schriften [...]. Brunner lebt als Einsiedler in Potsdam, geht niemals aus und beschäftigt sich ausschließlich mit philosophischer Lektüre. Ich hatte den Eindruck, als wünsche er nicht, daß die Tatsache, daß er Jude sei, in den Kreisen seiner Freunde und Anhänger bekannt würde. Jedenfalls muß B. mit äußerster Vorsicht behandelt werden. Er stellt sich in liebenswürdiger Weise zur Verfügung, falls der Centralverein seine Tätigkeit für seine Zwecke wünsche.« (LBI/JMB: III, 1, 1, 3). In den Publikationsorganen des Central-Vereins erschienen verschiedentlich Aufsätze von oder über Brunner. Als erstes wurde ein Auszug aus »Memscheleth sadon« (S. 138-148) unter dem Titel: Emanzipation und Zionismus abgedruckt (in: Im deutschen Reich. Zeitschrift des Central-Vereins deutscher Staatsbürger jüdischen Glaubens 26, Nr. 9 (September 1920), S. 257-265).

2 Brunners Schrift »Der Judenhaß und das Denken«, eine knappe Zusammenfassung seiner Antisemitismuskritik, die er ausführlich in »Der Judenhaß und die Juden« und in »Memscheleth sadon. Letztes Wort über den Judenhaß und die Juden« dargelegt hatte.

3 Central-Verein deutscher Staatsbürger jüdischen Glaubens.

4 Brunner hebt in Abschnitt IV der Schrift seine Hochschätzung des Christentums hervor, das er als die größte Leistung des »geistigen« Judentums bezeichnet. Zugleich betont er,

Darf ich Sie noch bitten, mir freundlichst Ihren Bescheid tunlichst bald zugehen zu lassen, da ich die Veröffentlichung nicht zu lang hinzögern möchte.[5]

Friede sei mit Ihnen!

Brunner.

113. An Borromäus Herrligkoffer, 29. Oktober 1922

Mein lieber Herzlikow,

unsre liebe Elly[1] hat mir einen prächtigen Brief geschrieben, für den ich ihr von Herzen danke und wünsche, sie möchte öfter so meiner gedenken. Die Züge des Briefes in ihrer gewohnten lapidaren Klarheit, wovon dein Brief, mein Lieber, so durchaus das Gegenteil war, daß ich in immer wiederholten Anläufen erst mühsam dechiffrieren konnte. Dies der Grund für die Verzögerung meiner Antwort.

Daß du dich fortgesetzt, auch im Anschluß an Physiologie und Medizin, mit theoretischen Fragen beschäftigst, ist mir große Freude. Und gewiß, Kopf, Herz-Magen- und Genitalgegend sind Zentralsitze von Körperempfindung, wie dies jeder an sich selber wird feststellen können, und – noch weiter herunter die Fußsohlen, nicht wahr? Das liegt wohl an der Reibung infolge des beständigen Gebrauchs wie auch an der besonderen Temperaturempfindlichkeit. Alles erklärt sich aus dem Anatomisch-Physiologischen, aus dem Blutlauf und aus der Natur und Bedeutung unsres praktischen Bewußtseins, des spezifisch menschlich Inneren der menschlichen Blutbewegung, wie dein Freund Müller so richtig erkannt hat.[2] Es wäre sehr zu wünschen, daß darauf mit allen erdenklichen Einzelheiten eingegangen würde; wir müßten mal über solche Einzelheiten sprechen und Dies und Das miteinander festlegen.

Ich bin auch hinsichtlich der Physiologie der Liebe auf allerlei geraten, was vielleicht zu greifbar fruchtbaren Resultaten führt, traue mich aber

dass dieses eigentliche Judentum mit Religion und Zeremonialgesetz ebenso wenig zu tun habe wie mit nationaler Ausschließlichkeit oder einem Rassencharakter der Juden (S. 30).

5 Brunners Arbeit erschien als Broschüre unter dem Titel »Der Judenhaß und das Denken« im Verlag des Central-Vereins (Berlin: Philo Verlag und Buchhandlung 1922).

1 Elvira (von Brunner Elinor genannt) Herrligkoffer (1903-1983), Tochter von Borromäus Herrligkoffer, später verheiratete Haarmann.

2 Herrligkoffer arbeitete über den Physiologen Johannes Müller (1801-1858), den auch Brunner in der »Lehre« öfter positiv hervorhob.

nicht heraus damit, bevor ich mich nicht wieder intimer mit dem Physiologischen eingelassen habe.[3] Es winkt mir da ganz Kühnes in Bezug auf den fundamentalen Unterschied zwischen den Geschlechtsorganen und den übrigen Organen des menschlichen Leibes – Gattungsorgane und individuelle Organe! Genug mit dieser Andeutung schriftlich; es ist was fürs Mündliche.

Du fragst nach Kettner?[4] Das Seminar in Cz. ist aufgelöst, gerade jetzt, wo es in der denkbar höchsten Blüte stand.[5] Ein Mädchen hat sich erhenkt (wegen Kantgrübelei, wurde mir gesagt), K's Feinde haben das benützt, die Auflösung des Seminars und die Versetzung Kettners durch die rumänische Regierung erwirkt.[6] Natürlich wird dies Martyrium und die Verfolgung die Bewegung nur stärken und verbreitern.

3 In der »Lehre« spielen physiologische Betrachtungen eine große Rolle. Auch in seinem 1924 publizierten Buch »Liebe, Ehe, Mann und Weib« sind physiologische Aspekte zentral, z.B. hinsichtlich der im Folgenden genannten »Gattungsorgane«.

4 Friedrich Kettner (1884-1957), der eigentlich Schulem Katz hieß, sich 1910 in Friedrich Katz umbenannte, 1913 in Friedrich Kettner und 1923 schließlich in Frederick Kettner (s. Abb. 25). Seit 1919 war er Gymnasiallehrer in Czernowitz, 1922 in Roşiori de Vedo, 1923 übersiedelte er in die USA, nach New York. 1911 hatte sich Kettner an Brunner gewandt; es gab einen lockeren, vom Krieg unterbrochenen Kontakt. Kettners poetische und philosophische Arbeiten bewertete Brunner durchweg sehr kritisch, schätzte aber, insbesondere in Zusammenhang mit seinem Wirken im »Ethischen Seminar«, das pädagogische Talent Kettners. Lotte Brunner notierte: »Vater sucht Kettner von jedem Auftreten als Schriftsteller zurückzuhalten und weist ihn immer wieder darauf hin, dass seine Fähigkeiten lediglich auf dem Gebiet praktisch-pädagogischen Wirkens lägen. [...] Seinem Wirken zusehen, die Briefe seiner Schüler lesen – es ist einem dabei zumute, als würde man in die Zustände des Urchristentums versetzt.« Alles in allem hielt Brunner Kettner für einen »betrunkenen Laternenanzünder« (Lotte Brunner, Tagebuch, 3. September 1922).

5 Kettner hielt 1919 in Czernowitz (eigentlich Cernăuţi, Hauptstadt der Bukowina, die bis zum Ersten Weltkrieg zu Österreich-Ungarn gehörte, danach zu Rumänien) Vorträge zu Spinoza und Brunner. Daraus ist ein zwischen Sommer 1919 und Ende 1922 bestehendes »Ethisches Seminar« hervorgegangen, in dem sich vorwiegend Schüler und Studenten zu seinen Vorträgen, aber auch zunehmend in Studiengruppen zusammenfanden (Eli Rottner zählt insgesamt 178 Personen auf: Das Ethische Seminar, S. 101-106; s. auch Abb. 26). Es wurden vor allem Platon, die Bibel, Spinoza und Brunners »Lehre« studiert. Das Ethische Seminar bildete die Keimzelle des späteren Brunner-Kreises. Brunner wusste von diesen Aktivitäten zunächst nur aus den Berichten Kettners. Lotte Brunner urteilte darüber: »Kettners Wirken in Czernowitz ist wahrscheinlich von historischer Bedeutung: der erste Anfang einer wirklichen Gemeinde. Vorträge über Vaters und Spinozas Lehren, ernste Feiern [...], seminaristisches Arbeiten und Streben nach ethischer Förderung der Individuen durch Zusammenschluß.« (Tagebuch, 19. Oktober 1920).

6 Berta Hollinger hatte am 28. September 1922 Selbstmord begangen. Während Brunner zunächst der Auffassung war, Kettner träfe hierbei keine Schuld, wurde von anderen die Meinung vertreten, sie sei von Kettner schwanger gewesen und habe sich deshalb getötet.

Ich werde eben abgerufen durch einen Besuch, der Brief soll weg mit den besten Grüßen vom Herzen

B.

114. An Karl Semmel und die Czernowitzer,[1] 14. Januar 1923

Mein Lieber,

Du hast gut und treu geschrieben und zeigst dich auf dem Wege von Feuer und Besinnung, auf dem ich euch alle wünsche.[2] Du magst der Mund meiner Antwort sein auch an diejenigen, die mir nicht schrieben und mit Feuer ohne Besinnung einen törichten Brand stifteten; der aber doch zuletzt zum Heil gereichen, Unreines verzehren und neuen Suchenden leuchten wird. Möchte er auch die so lang schon Vereinten läutern und fester noch als zuvor zusammenschmelzen. Es soll keiner glauben, daß er reinen Herzens diese Sache wieder verlassen kann, daß er aus der Gemeinschaft *austreten* kann. Wer so denkt, der denkt nichtig und weil der Dämon des Hochmuts in ihn gefahren und er auf irgend welche Art *sich* sucht, nicht mehr die Sache. Um so schmerzlicher dies bei solchen, die unbestreitbare Verdienste um die Sache sich erworben. Schmerzlich nicht in betreff der Sache, sondern für sie. Die Sache bleibt, und ihre Verdienste bleiben der Sache, auch wenn sie nicht bleiben; sie haben der Sache genützt und nun schaden sie sich. Der Sache kann niemand schaden, und sie treten nicht aus: sie werden ausgetreten, sie haben selber ihr Feuer ausgetreten und werden ohne Feuer und ohne Besinnung und danach mit zu später Besinnung zurückbleiben. Ich denke aber, das ist unnötige Befürchtung und es

Kettner wurde zu dieser Zeit jedenfalls von der Schulbehörde in das entlegene südrumänische Roşiori de Vedo versetzt.

1 Karl Semmel gehörte zu den Teilnehmern am Ethischen Seminar in Czernowitz. Der vorliegende Brief, den offenbar Kettner, der Brunner gerade in Potsdam besuchte, nach Czernowitz mitnahm, hat Semmel und die Seminarteilnehmer nicht erreicht, daher übergab Brunner eine Abschrift des Briefes einem anderen Seminarteilnehmer, der ihn im April 1923 in Potsdam besuchte (s. Brief 116). Semmel wanderte später nach Israel aus, wo er als Kaufmann lebte.

2 Ende 1922, nach dem Selbstmord Berta Hollingers, wurde das Ethische Seminar aufgelöst. Viele Seminarteilnehmer waren irritiert, nicht zuletzt auch in Bezug auf die Rolle Kettners. Zolkiewer, sein engster Mitstreiter, distanzierte sich von ihm. Einige wandten sich daher brieflich direkt an Brunner bzw. suchten ihn in Potsdam auf. Auch Kettner besuchte Brunner (vom 31. Dezember 1922 bis 14. Januar 1923 war er in Potsdam), offenbar um sich zu verteidigen und die Gruppe um Zolkiewer zu diskreditieren, was ihm jedoch nicht gelang.

Abb. 25: Constantin Brunner mit Friedrich Kettner, Misdroy 1912

soll auch kein einziger unter euch erlöschen und versinken, und ihr alle werdet der Sache und damit wahrhaft euch selber bleiben.

Welches ist denn nun diese Sache? Du fragst mich danach als nach der Sache der geistigen Gemeinschaft. Ist das ganz richtig gefragt oder auch verkehrt dabei? Ich hörte zu meiner Freude durch Sonntag und Faktor,[3] die unsrer Sache so herzlich Getreuen (die in der vorigen Woche mich besuchten), daß bereits Zollkiewer[4] euch dasselbe deutlich gesagt hat, was ich Sonntag und Faktor sagte und nun im Folgenden euch andeutend zu sagen habe. Ihr dürft euch noch nicht als die geistige Gemeinschaft bezeichnen, noch sagen, daß, wie ihr steht oder fallt, mit euch auch die geistige Gemeinschaft stehe oder falle.[5] Ihr seid junge Seelen, zur geistigen Besinnung lebendig erregt und in einer schönen Gemeinschaft einer des andern Wand und Stütze. Aber *die* geistige Gemeinschaft ist das noch nicht. Doch ist es Mitarbeit daran. Und mehr kann es nicht sein. Oder wollt ihr gleich mit der Saat die Ernte? wollt ihr denn, kaum selber erst ergriffen von dem Gedanken, im Augenblick auch schon die Verwirklichung einer geschichtlichen Bewegung, die wohl Jahrhunderte gebraucht? Haltet euch nur an meine Worte; ich habe genug gesagt zur Warnung vor dem, wovor ihr euch nicht warnen ließet. Aber mehr. Warum legt ihr denn alles Gewicht allein auf die Verwirklichung der geistigen Gemeinschaft

3 Den Besuch von Leo Sonntag (s. Brief 201/1) und Faktor verzeichnete Lotte Brunner am 9. Januar 1923: »Zwei junge Czernowitzer waren hier, die Vater einen sehr tüchtigen Eindruck machten und viel deutlichere Anschauung von der Gestalt und Bedeutung der Bewegung vermitteln konnten als die immer sehr verwaschenen Berichte Kettners. Es handelt sich offenbar wirklich um eine starke geistige Bewegung, die sich über die ganze Bukowina und zum Teil auch schon über das weitere Rumänien verbreitet hat. Die Tüchtigeren unter den Jungen sind sich, unbeschadet ihrer Verehrung für Kettner, klar über die Grenze seiner Fähigkeiten (während die Mädchen besinnungslos anzubeten scheinen). Darum streben sie über ihn hinweg direkt zu Brunner (Lothar Bickel, Ewald Rottner).«

4 Elias Zolkiewer (auch Ringer genannt, 1891-?), Promotion in Prag, Gymnasiallehrer in Czernowitz, früherer engster Mitstreiter und Verehrer Kettners. Im Ethischen Seminar leitete er den Lektürekurs über Brunners »Lehre«. Nach dem Zerfall des Seminars distanzierte er sich von Kettner; Semmel und einige andere blieben Zolkiewer treu. Einige Zeit später wandte sich Zolkiewer auch von Brunner ab.

5 Brunner hatte in der »Lehre« die Entstehung einer »Gemeinschaft der wahrhaften Brüder und Schwestern des freien Geistes« gefordert (S. 104). Die Geistigen, nicht zu verwechseln mit den Gebildeten (S. 47), seien eine »Gemeinschaft der Zeitlosen«, die nicht an die sich verändernden Zeitwahrheiten glauben. Brunner forderte: »Nicht als einzelne, in ohnmächtiger Widersetzlichkeit, wie bisher der Fall gewesen, sondern als starke Gemeinschaft sollen sie ihr besonderes Leben haben.« Brunner wollte wegen der Besonderheit ihrer Naturen eine »neue und besondere Lebensordnung« für sie etablieren: *»Die höchste Klasse der Menschen hat es noch nicht zum Anfang eines festen Lebenssystems gebracht; die geistigen Menschen haben ein unsicheres und schmachvolles Dasein unter dem Volke, halb wie Verbrecher, halb wie Bettler.«* (S. 95).

und schreit: »Ja, wenn die nicht ist und wenn's unsere Gemeinschaft nicht ist, so ist nichts!« Hab ich denn sonst gar nichts dargebracht als nur den Gedanken dieser geistigen Gemeinschaft? und hab ich jemals die Sache bezeichnet nur als die Sache der geistigen Gemeinschaft? Wo ich sie eine Sache nannte, da hab ich sie genannt, wie ihr wohl wißt, *die Sache der geistigen Wahrheit*![6] Die Sache der geistigen Wahrheit ist erst zuletzt die Sache der geistigen Gemeinschaft: sie einzig und allein zu dieser machen und noch obendrein diese Gemeinschaft mit eurer Gemeinschaft des Strebens gleichzusetzen und, wenn ein Zank unter *euch* ausbricht, an der Verwirklichung der geistigen Gemeinschaft zweifeln und gleich auch die ganze Sache der geistigen Wahrheit hinwerfen wollen – das sind mehr Paralogismen[7] und Vergeßlichkeiten auf einen Schlag, als Satan nur wünschen könnte. – So seht doch was ist, und seid doch nicht gar so unbändige Seher und Sehenwoller. Ist denn das gar nichts, daß ihr nun geistig lebt und strebt und an das Ziel denkt? Ist das nicht das Erste, ist denn das nicht alles schon auch in Hinsicht auf die Verwirklichung der geistigen Gemeinschaft? Ist nicht gerade dies die Verwirklichung selber in euch, deren Macht ihr weiter tragen sollt auf andere? Ich könnte darüber noch viel sagen, auch über die Schwierigkeiten der Verwirklichung »unter solchen Menschen«, wie du so richtig schreibst. Wie auch ich schon schrieb in meinem Werk und weiter schreiben will im künftigen Teil des Werkes. Denn für einen flüchtigen Brief ist das nicht.

Daß Kettner gesagt habe: »Der seminaristische Gedanke sei die modifizierte Lehre (?!) und der zweite Band der Lehre werde nicht erscheinen; denn Brunner habe den Seminarismus anerkannt in Kettners Sinn« – das ist wohl ein Mißverständnis der Worte Kettners. Aber auch wenn es ihm so entfahren sein sollte; diejenigen stehen in keinem guten Stande gegen Kettner, die ihn an einem einzelnen Wort halten und morden wollen. Ihr müßt auf das Ganze von Kettners Sinn und Tun blicken. Sein Sinn ist lauter und sein Tun belebend; ihr alle dankt einzig und allein Kettner das Leben dieser Sache unter euch. Und was soll die Frage, wie ich zu Kettner stünde? Da ihr die Antwort vor Augen habt. Die Frage kann nur bedeuten: Wie ich mit der Sache der geistigen Wahrheit, der mein Blut und Leben gehört, wie ich mit meinem Teil an dieser Sache zu Kettner stehe, der durch mich erweckt wurde? Mein Teil an dieser Sache ist in meinen Werken deutlich

6 Der Titel der Streitschrift »Spinoza gegen Kant« lautet vollständig: »Spinoza gegen Kant und die Sache der geistigen Wahrheit«. Unter »geistiger Wahrheit« verstand Brunner schon in der »Lehre« ein Denken, das die (wahre) Wirklichkeit des Lebens erfasst und sich von ihr durchdrungen weiß: »*Denken ist Leben*, folgt nicht bloß der Wirklichkeit des Lebens nach und geht ihr voran, als Finder und Erfinder, sondern ist wahrhaft das, was das Leben selber lebt *und das was mehr ist und wahrer ist als das Leben*.« (S. 87).

7 Fehlschlüsse.

vor euch (ein Stück des zweiten Bandes der Lehre ist der Christus,[8] den ich nicht für euer Seminar geschrieben habe, aber wahrlich *auch* für euer Seminar – und ihr habt ihn erlebt und überall wird er erlebt und immer –, und die andern Stücke werden folgen); meine Sache ist vor euren Augen, und so seht denn mit euren Augen, wie meine Sache oder wie ich zu Kettner stehe. Ich stehe zu Kettner, weil sein Sinn rein und sein Tun belebend ist für die Sache; und so sollt auch ihr zu Kettner stehen und zu jedem, der zur Sache steht, weil ihr selber zur Sache steht. Und sollt mit Feuer und Besinnung zur Sache stehn und euer Feuer hüten, euer jugendliches Menschenfeuer, daß es euer Diener bleibe und nicht euer dämonischer Meister werde und nicht, ungleich dem andern Feuer, sich selber gefährlich werde, daß nicht unter euch das eine Feuer das andere Feuer fresse. Brennt zusammen zu Einer Glut der Liebe, aber verzehrt euch nicht untereinander im Streit und gebt nicht das Schauspiel der Welt, welches zu verlassen der große Sinn eures ganzen Lebens euch treibt. Liebt euch untereinander – es ist nichts, was euch reine Menschen daran hindern kann. Es gibt kein Wort so oder so, keine Miene so oder anders, keine Deutung und Auslegung und Phantasie von diesem oder jenem, die auch das geringste nur Geltung hätten gegenüber dem Willen zum Geist, der in euch allen lebendig ist. Ihr habt nicht gesündigt, keiner gegen den andern; ihr könnt trinken miteinander den Trunk des Einen – blast weg den Schaum des Vielen, den Schaum der Worte, Mienen, Deuteleien und Phantasiererei. Macht kurzen Prozeß mit tapferem Entschluß laßt jeden Streit, *jegliche Auseinandersetzung*; sonst werdet ihr nie fertig, und was ihr dem Gespenst unten abgeschnitten, das wächst ihm oben wieder an. Reicht euch nur die Hand und seht euch an, daß ihr gut seid; denn ihr seid es. So seid es denn, und seid nicht gegeneinander, was ihr nicht seid. Seid gut gegeneinander – Güte gewinnt Liebe, wo keine Sünde vorliegt und nichts Arges und macht auf eine Zeit auch gar den Argen gut. Tretet aus, Glückauf! aus der Gemeinschaft mit den Mißverständnissen und persönlichen Empfindlichkeiten, aber wollt nicht austreten aus der einzigen Gemeinschaft, der ihr dankt, daß der ewige Funke in eurer Seele entfacht ward, und deren Pflege und Vergrößerung euch anvertraut ist. Fragt nicht, was wird. Seid ihr nur die Werdenden und die für das Werden zu sorgen bereit sind. Sorgt nur für

8 Brunner beabsichtigte seine Lehre von den Geistigen und vom Volk in drei Bänden darzulegen. Der erste, 1908 erschienene Band desselben Titels enthält die Theorie der ersten Fakultät des Denkens, den praktischen Verstand. Band 2 sollte die Fakultät des Geistes behandeln, Band 3 die des Analogons oder Aberglaubens. Band 2 und 3 sind in dieser Form nicht erschienen; Brunner hat es vorgezogen, die Fakultäten in verschiedenen speziellen Kontexten (»Judenfrage«, Christus, Metaphysik, Medizin, Psychologie, Gesellschaft usw.) zu erörtern. (Zur Systematik der Fakultätenlehre s. Brief 41/6).

eure Gegenwart, so sorgt ihr für die Gestalt der Zukunft. Seid einig, das ist der Segen für euch und für die Menschheit. Lebt und tut – oder ihr fragt und sterbt; und laßt den Krieg, sonst kommt nach dem Krieg die Pest.

Ich habe deinen Brief umgehend beantwortet, mein lieber Karl Semel; im nächsten Augenblick wird Kettner zu mir kommen, Abschied zu nehmen. Er wird im Geist dieses Briefes zu euch kommen. Sorg du dafür und sorgt ihr alle dafür, daß er euch antrifft in diesem Geist. Reicht euch nur die Hand und blickt euch an aus der Tiefe der Besinnung, und Glückauf für das schönere und immer schönere Weiter, Weiter, Weiter! Ihr wollt die Liebe und das Bild des Einen in unsrer Menschheit verwirklichen – das könnt nur dieses Mal und jedes Mal, so könnt ihr es immer. Macht es wahr, Amen, macht es wahr, Amen; liebt euch untereinander und liebt mich, so wird es alles wahr,

Amen!

B.

115. An Borromäus Herrligkoffer, Anfang Februar 1923

Mein Lieber,

das brauche ich dir wohl nicht zu schildern, was ich bei der Besetzung unsres Ruhrgebietes empfinde.[1] Aber ich will ohne jegliche Einmischung von Empfindung sagen, daß dieser Einmarsch der Franzosen von ihrem Standpunkt aus der allergerechteste und selbstverständlichste Akt ist. Natürlich handelt es sich nicht um die Vorwände dabei, sondern um den Narrenkrieg, den unsre Deutschnationalen unsrer Jugend in den Kopf gesetzt haben; diesen Deutschnationalen haben wir diese Ruhrbesetzung zu danken, und das ist die größte Gefährdung unsrer deutschen Nation, die wir ihnen bisher zu danken haben.[2] Wenn ich früher von 50 und 100 Jah-

1 Einen geringfügigen Lieferrückstand deutscher Kriegsreparationen hatten Frankreich und Belgien als Vorwand genommen, seit dem 11. Januar 1923 das gesamte Ruhrgebiet zu besetzen.

2 Am 30. Januar 1923 erwähnt Brunner seiner Stieftochter gegenüber die nationalsozialistische Bewegung in Bayern; er nennt sie »verrückt« und »Hitler-Banden«. Die Franzosen seien »im Recht« bei der Besetzung des Ruhrgebietes, denn »sie hören es natürlich, dass Siegfried Herrligkoffer [der Sohn von Borromäus Herrligkoffer] sich mit seinen Kameraden nachts im Schießen mit Maschinengewehren übt.« Lotte Brunner setzt hinzu: »Vater ist sehr bekümmert, dass unser verblendetes Deutschland glaubt, jetzt einen Krieg führen zu können, zu dem es erst nach hundert Jahren reif sei. ›Jetzt ein Krieg – und wir wären für immer kaputt.‹« (Lotte Brunner, Tagebuch, 2. Februar 1923).

ren sprach, bis unser Krieg und Sieg kommt, so könnens jetzt 200 und 300 Jahre werden; denn jetzt geht das Zerreißen mit uns an. Die Franzosen aber konnten gar nicht anders handeln. Es blieb ihnen doch wahrlich nicht verborgen, was überall in unsren Landen gemunkelt und gedunkelt wird, und da sie schwerlich glauben können, daß wir *solche Narren* sind, die wirklich nur mit unsrer Erbsenkanone los wollen, so sind sie für alle Fälle eingezogen, damit wir dann den Krieg schön mitten im Lande haben und sie uns einige Verwüstung heimgeben können. Die Folgen sind auf alle Fälle unberechenbares Unglück. Wir schlecht und närrisch Gewordene stürzen uns selbst immer tiefer in Leid und Qual!!!

Dank Landarzt-Artikel, der nicht übel geschrieben ist,[3] und *Butter*![4] Warum das, warum? O bitte nicht! Elli ist ja übrigens bei Magnussens, wohin ich sie persönlich gebracht und gestern besucht habe.[5] Sie ist ein gar liebes Kind, aber, nachdem ich sie nun selber gesehen, bin ich überzeugt, daß *Dieses*, was sie da will, für sie durchaus nicht das Rechte ist, aber gar nicht. Sie besucht uns dieser Tage, ich werde mit ihr reden und hoffe, sie geht wieder nach Haus und siehts mit andern Augen an. Contraria contrariis curantur,[6] und in diesem Falle doch homöopathisch hoffentlich dabei, mit Wenigem. Was soll das feine Kind es sich unnötig so schwer machen! –

Herzlichst

B.

116. An die Czernowitzer,[1] 29. März 1923

Meine lieben jüdischen Freunde in Czernowitz, Bukarest, Jassy usw.,[2] besonders meine jungen Freunde, die ihr durch die Lehre, durch Unsern Christus und durch meine übrigen Werke zum Mitdenken und zur Mitarbeit ernstlich seid erweckt worden –

3 Vermutlich der unter dem Pseudonym C B Herr ey-Koffer erschienene Artikel »Faule Mystik« (in: Der Landarzt. Zeitschrift für die Interessen der Landärzte 4, Nr. 7 (1. Januar 1923), S. 50-52), in dem sich Herrligkoffer gegen Okkultismus, Spiritismus und Wahrsagerei wendet.

4 Herrligkoffer schickte schon im Krieg des Öfteren Lebensmittel, nicht zuletzt Butter.

5 Herrligkoffers Tochter Elvira arbeitete durch Brunners Vermittlung seit etwa Anfang Februar als Hausmädchen bei Familie Magnussen.

6 Lat.: Gegensätzliches wird mit Gegensätzlichem geheilt; seit Hippokrates der Grundsatz der allopathischen Medizin.

1 Schüler des 1919 von Friedrich Kettner gegründeten Ethischen Seminars im damals rumänischen Czernowitz (eigentlich Cernăuţi). Brunner las den folgenden Brief am

es hat nun eine Gefahr sich erhoben und Unklarheit und Herzensunruhe über euch gebracht.[3] Ich möchte bei euch sein, und ich bin bei euch. Die Gedanken anlangend bin ich in aller Wahrhaftigkeit bei euch, durch meine geschriebenen Werke, in denen das Herz und Blut meines Lebens geht wie in meinem Leben selber. Sollte nicht eigentlich durch die Gedanken und die Sache der bejammernswerte Zwist niedergehalten werden? Zwist zwischen Personen und um der Personen willen; da es ja keinem von uns, wahrlich auch jenen Personen nicht, um ihre Personen geht, sondern in Wahrheit allen um unser aller Eine Sache. Auch kam das Unheil gar nicht durch die einzelnen bestimmten Personen, denen unbestreitbar das größte Verdienst um unsre Sache zukommt: vielmehr ihr selber seid es, *ihr alle mitsamt jenen Personen*, etwas in euch Ruhendes hat sich aufgemacht und den Tumult erhoben. Laßt mich nun zu euren Herzen

31. März Leo Sonntag, Eli Rottner und Faktor vor, die ihn in Potsdam besuchten, um ihm belastendes Anklagematerial gegen Kettner vorzulegen (s. Lotte Brunner, Tagebuch, 31. März 1923).

2 Nach dem Zerfall des Ethischen Seminars bildeten sich neue Studiengruppen unabhängig von Kettner und Zolkiewer. Es waren zumeist die Teilnehmer des Czernowitzer Seminars selber, die studien- oder berufsbedingt, später auch aus politischen Gründen anderswo sesshaft wurden und dort Brunner-Kreise gründeten. In Czernowitz gab es auch nach dem Zerfall des Ethischen Seminars eine Studiengruppe; wirkungsreich wurde sie jedoch erst wieder unter der Leitung von Israel Eisenstein (s. Brief 119/1), der 1932 nach seinem Studium aus Deutschland zurückkehrte. Die Czernowitzer Gruppe existierte bis zum Zweiten Weltkrieg, als die Stadt besetzt wurde und schließlich an die Sowjetunion fiel. Die weitaus bedeutendste Studiengruppe entstand in der rumänischen Hauptstadt Bukarest. Dort studierte schon seit 1920 einer der begabtesten Kettnerschüler, Lothar Bickel (s. Brief 118/1). Unter seiner Leitung, unterbrochen von seiner Assistenzarzttätigkeit 1927-1933 in Deutschland, entwickelte sich eine Studiengruppe mit etwa 50 Teilnehmern, die bis in die 1970er Jahre hinein in Bukarest bestand. Die in Polen und Österreich gegründeten Studiengruppen nannten sich »Platonica«, offenbar nach der Platon-Studiengruppe während des Ethischen Seminars in Czernowitz, und wurden zum Teil offiziell als studentische Vereine eingetragen. Seit 1925 gab es eine solche, recht große Gruppe um Mosche Hilsenrad, gen. Monio (1904-1938) im polnischen Kolomea und später in Krakau. Am bekanntesten wurde jedoch die Platonica in Wien, die schon 1921 bestand und ursprünglich als Pflanzschule des Ethischen Seminars gedacht war. Kettner war gelegentlich zu Besuch. Auch nach der offiziellen Auflösung der Wiener Platonica im Jahre 1923, infolge des Zerfalls des Czernowitzer Seminars, bestand die Wiener Studiengruppe weiter fort; sie nannte sich nun »Ethische Gruppe«. Leiter der Wiener Gruppe war der später in den USA sehr erfolgreiche Verleger und Philosoph Dagobert David Runes (1902-1982). Mitglieder waren unter anderem Ludwig Rost (1895-1985) und Siegfried Butterklee (1904-2008), der sich nach seiner Emigration nach Palästina Siegfried (später auch Shalom) Miron nannte. Über eine Studiengruppe der in der Moldauregion im Nordosten Rumäniens gelegenen Universitätsstadt Jassy ist nichts bekannt.

3 Inhaltliche und persönliche Differenzen zwischen den Seminaristen, Friedrich Kettner und Elias Zolkiewer.

sprechen durch unsren lieben Leo Sonntag, auf dessen Geist und Sinn ich baue.[4] Hört auf ihn. Er wird zum Frieden und zur Ruhe sprechen, wie ich es möchte und wie ich es versucht hatte in einem Antwortschreiben an Karl Semel, das aber, wie es scheint, gar nicht an diesen und jedenfalls nicht zu eurer Kenntnis gelangt ist. Durch einen Zufall wurde hier eine Abschrift genommen, die nun durch Leo Sonntag an euch mitgeht.

Daß aber aus euch selber die Quelle der Gefahr hergeflossen – was ist damit gemeint? Darüber darf es an einer Andeutung nicht fehlen. Andeutung ist genug, wenn ihr selber ein wenig nur wollt geschichtlich zurückschauen, und in euch schauen:

In euch nistet noch vom Aberglauben des Chassidismus, Heilige zu machen.[5] Ihr hattet Heilige gemacht. Ihr sollt aber niemanden heilig sprechen. Laßt *das Heilige* in euch empor, und ihr mögt – begreiflich – die Männer ehren, die dazu euch verholfen. Aber kein Mensch ist heilig wegen des Heiligen in ihm, auch wenn davon sein Denken und sein Tun auf mancherlei Art durchheiligt ward. Und wo viel Heiliges im Menschen, wenn ihr denn Menschen mit viel davon heiligsprechen müßt, so tut, wie bislang die Menschen durchweg getan: wartet mit dem Heiligsprechen, bis diese Menschen tot sind. Aber die Lebenden heiligsprechen, es hat seine allergrößten Gefahren für die Lebenden, die ihr heiligsprecht, und für das

4 Zur Klärung der Geschehnisse reiste Leo Sonntag, der inzwischen nach Berlin übergesiedelt war, im April 1923 nach Czernowitz und überbrachte den vorliegenden Brief sowie eine Abschrift des früheren Briefes an Karl Semmel (Brief 114). Sonntag besuchte Brunner gelegentlich. Auch am 3. März hatte er wieder von den Konflikten in Czernowitz berichtet, zeigte Brunner leidenschaftliche Briefe seiner »Brüder« und betonte, dass das Ethische Seminar ruhig vergehen könne; die Wirkung auf den Einzelnen bliebe davon unberührt. Er sei sich allerdings genau wie Brunner darüber im Klaren, »dass Kettner mit seinem Wirken durchaus auf die Menschen seines Landes angewiesen sei und hier in unserer westlichen, formalen Kultur scheitern müsse. Dort, unter den vaterlandslosen Juden, strebt alles zur Gruppe, einer sucht Schutz und Halt, den er äußerlich nicht findet, in der Seele des andern«, während im Westen alles auf Individualisierung hinauslaufe (Lotte Brunner, Tagebuch, 3. März 1923).

5 Hebr. Chassidim: die Frommen. Der Chassidismus ist eine tiefreligiöse Bewegung innerhalb des Judentums, mit hohem moralischen Anspruch und einer besonderen Empfindung der Gottesnähe. Seit dem 18. Jahrhundert etablierte sich der neuere Chassidismus in Osteuropa, konträr zur Aufklärung um Moses Mendelssohn und angeregt durch Israel ben. Elieser, gen. Baal Schem Tov (ca. 1700-1760) und seinen Urenkel Rabbi Nachman (1772-1810). Mystische Einflüsse aus der Kabbala und das persönliche und gemeinschaftliche religiöse Erlebnis spielten eine besondere Rolle. Mittelpunkt der Gemeinde war der Rabbi, ein charismatischer Führer, der den geheimen Sinn der chassidischen Lehren, oft in Erzählungen und Gleichnissen, an seine Schüler weiterzugeben suchte und dafür sehr verehrt wurde. Brunner hatte offenbar ein ambivalentes Verhältnis zum Chassidismus: siehe im Gegensatz zu seiner hier negativen Einschätzung die positive Hervorhebung von Bubers Schriften zur chassidischen Mystik in Brief 64/9.

Abb. 26: Eine Gruppe von Teilnehmern am Ethischen Seminar in Czernowitz, 1920

Heilige in euch selbst. Es verwirrt den Heiliggesprochenen den Sinn, wenn sie – bei großer Trefflichkeit – schwache Menschen sind und nicht heilig und fest genug im Denken und Tun; und kaum, daß ihr ihre Schwäche entdeckt habt, und daß sie Menschen seien, wie ihr unfehlbar bald entdecken müßt, so macht ihr alsogleich aus dem Mehr als Mensch das Weniger als Mensch und verkennt von da an ihre sonnenklarsten Verdienste. Welche große Gefahr schon für eure Seelen. Aber auch wo nicht so, und solang ihr den Heiliggesprochenen folgt und auch danach noch, wenn ihr von ihnen euch gelöst habt, ist das Heilige in euch bedroht: wenn ihr nämlich nicht mehr hört auf des Heiligen Stimme in euch allein. Weil ihr jene heiliggesprochen, folgt ihr ihnen auch, da sie hinter die Schule gehen und selber Schule halten und folgt den Ausgeburten ihrer weder heiligen, noch auch nur schönen und richtigen Phantasie, die sich einmischen, und den vergröbernden, verwirrenden abziehenden Zutaten und fallt unversehens aus der Reinheit des Denkens und seiner Nachfolge wieder in Dogmatismus und Religion der Äußerlichkeiten und Zufälligkeiten, wo die Seele beim andern ist, nicht wahrhaft bei sich selbst, wo sie nicht ist die Seele in ihrer Innigkeit, die *Seele* in ihrer Seligkeit, *Seligkeit*, wie das wunderbare deutsche Wort lautet.[6] Das war die Gefahr des Chassidismus, – der nach der kurzen und nach der langen Elle zu messen: nach der kurzen Elle gemessen war er ein Segen, von lokaler und temporär schöner Bedeutung, aber nach der langen Elle gemessen zeigt er sich unzulänglich und macht euch nicht tauglich weder für die Welt noch für die Wahrheit. Und dies waren seine Gefahrpunkte: daß er tüchtige und zuletzt auch untüchtige Geister mehr scheinen machte, als sie waren, daß er jegliche Unterscheidung verlor zwischen Originalität und Nachahmung und bloßer Gebärde und Geschwätz, ja zwischen Echtheit und Weismachung. Ihr dürft nicht aus der Lehre, die einen weiteren Umfang hat und nicht nur die Lehre von der absoluten Geistigkeit ist, sondern auch die von der Relativität der Welt, ihr dürft nicht aus der Lehre[7] Chassidismus machen, und ihr braucht nicht, gleich den Chassdim kleine präsente Götter unter euch – es wohnt ihnen ja eine Raserei dahinter ... Schaut auf die Lehre, was sie euch gibt – Chassidismus nicht –, schaut um Euch auf die Gefahr, die das Gegebene euch wieder rauben will, schaut in euch und stellt euch auf euch selbst, wahrhaft auf das wahrhaft innerliche Selbst der Seele mit *ihrer* Seligkeit des Einen – und so voran! Helft einer dem andern voran in der Sachlichkeit und Wahrheit, verschmäht alle unwesentliche Nahrung der Schwärmerei und wo ihr einen gewahrt auf einem Steckenpferde, hebt ihn aus dem Sattel

6 Brunner kennzeichnet seinen Begriff der Mystik im Christusbuch mit: Gottlosigkeit, Weltfreiheit und Seligkeit (zum Begriff der Seligkeit siehe dort, S. 15f.).

7 Brunners Fakultätenlehre und Lehre von den Geistigen und vom Volk.

seines Steckenpferdes und setzt ihn um so fester auf das lebendige Roß, daß er wirklich reite.

Ich habe auf die Gefahr hingewiesen, woher sie über euch gekommen, die Reste des Chassidismus in euch, so heißt die Gefahr, von der ihr bedroht wart. Doch ist sie erkannt, bekämpft und ungefährlich geworden. Der Weg ist wieder frei. Geht ihn fortan im Frieden und unter dem Wunder der herzlichen Liebe zueinander, sei es im Seminar oder in besonderen Gruppen oder als einzelne, wie der Geist euch treibt. Doch kann das Wunder frei aufblühen unter euch nur in der Luft der Reinheit, und ihr müßt die Löcher verstopfen, aus denen die Dünste der moralischen Kritik aufsteigen. Dem Klatsch keinen Zutritt in eure Kreise; kein einziger sollte ein Ohr haben für Einflüsterungen, wodurch die frühere Verherrlichung hinuntergebogen wird in Verleumdung, für die Lügen mit den Daten und Wahrzeichen, die euch eure besten Männer in böse verwandeln wollen. Hochverdient sind Kettner wie Zolkiewer. Von den lautersten Mächten gedrängt, war Kettner unter euch gegangen, diese Bewegung zu entfachen, die ohne Zolkiewers selbstlose Hingabe nicht auf ihre Höhe hätte geführt werden können. Wie es nun auch sei und komme und was immer fallen mag (denn etwas wird fallen), beider Verdienst um euch bleibt stehen und müßte stehenbleiben auch dem, für den sie beide fallen; ihre Ehre bleibt ihre Ehre, und die sie ihnen antasten wollen, derer ist die Schande. Ehren ab und Schanden auf, das ist der Welt Lauf, die taub ist bis zur letzten Posaune, aber nicht unsrer. Wir verlören damit das Recht an unsre Sache; unsre Häßlichkeit verträgt sich nicht mit ihrer Schönheit, unsre Häßlichkeit des moralischen Richtens. Wir wollen keine Heiligen machen, noch weniger aber Sünder, am wenigsten aber solche zu Sündern, die wir selber vorher zu Heiligen gemacht hatten.

Und – da die Versuche sich mehren, so laßt mich noch sagen: versuche niemand länger, mit seinem Kritikakel mich aufzubringen, nicht gegen Kettner, nicht gegen Zolkiewer. Das ist umsonst; und wenn zehnmal wahr wäre, daß jeder von ihnen sich über mich zu setzen sucht und mich betrogen hat und nur zum Mittel benützen wollte. *Ich weiß von derlei nicht* und erfahre es nicht, auch wenn kommen, die es mir sagen und zeigen. Ich weiß nur, daß keiner sich setzen kann, als wo ihm der Sitz bereitet ist. Und wenn der Steher sich größer dünkt als der Setzer – er wird müde werden und merken.

Friede sei mit Euch!

Constantin Brunner

117. An Friedrich Kettner, 8. Mai 1923

Mein lieber Kettner,

immer kannst du, nach wie vor, persönlich auf mich rechnen (trotzdem du es mir jetzt ein wenig schwerer gemacht hast; wovon nachher ein Wort).[1] Aber du darfst doch um alles das nicht so ausdeuten, als hieße ich damit dich als großen schöpferischen Menschen willkommen. Du hast keinen Anlaß, dich für einen schöpferischen Geist zu halten, und daß ich dich dafür niemals gehalten habe, muß dir doch wohl klar sein. Von Anfang an, mündlich und schriftlich, unermüdlich immer von neuem, hab ich dich auf die ungeheuren Gefahren aufmerksam gemacht, die dir aus der wüsten Unbestimmtheit und dem phantastischen Schweifen drohten, und suchte dich immer, immer, immer zum Lernen und zur Beschäftigung mit dem Sachlichen zu bewegen. – Ich habe es wahrlich an Deutlichkeit nicht

1 Leo Sonntag (s. Brief 201/1) war mit Brunners »Hirtenbriefen« (Brief 114 und 116) nach Czernowitz gereist und hatte Brunner nach seiner Rückkehr am 7. Mai von der Aufnahme durch Kettner und die Seminarteilnehmer berichtet, wie Lotte Brunner überliefert: »Sonntag mit seiner milden Liebe, seiner ruhigen mit Beredsamkeit verbundenen Klugheit und psychologischen Einsicht, seiner restlosen Hingegebenheit an Vater war gewiss der geeignete Gesandte. Er sprach zuerst mit Kettner allein. Da war Kettner gerührt und machte vielerlei Zugeständnisse. Sonntag schilderte die Szene sehr lebendig, wie sie beide im Dunkeln gesessen und der Mond hereingeschienen und wie die Züge Kettners so fürchterlich gewesen wären. Dann berief Sonntag zunächst eine kleine Versammlung ein in die sogenannte Platonica. Kettner erschien, Zollkiewer trotz Aufforderung nicht. Kettner bot Sonntag den Präsidentenstuhl an, den dieser ablehnte; so blieb er zum ersten Mal leer. Zum ersten Mal auch reden die Jungen Kettner öffentlich mit ›Du‹ an. Sonntag verliest die beiden Hirtenbriefe, die tiefen Eindruck machen. Danach fordern die Jungen energisch Aufklärung der Geheimnisse von Kettner. Was ist ›Seminarismus‹? ›Integratio‹? ›Interpretatio‹? usw. Die verdeckten Schüsseln sollen geöffnet weden. […] Lothar Bickel leitet den Angriff (›Ich stieß ihn an, dass er reden sollte‹, erzählte Sonntag, ›denn hier bedurfte es der Posaune!‹). [Emil] Rosenkranz und [Emanuel] Essenfeld unterstützten ihn lebhaft. Sonntag erinnert an das, was sie alle Kettner auf immer schuldeten, sucht auf alle Weise diesem die Lage und das Bekenntnis, das auch er mit Entschiedenheit fordert, zu erleichtern. Kettner entzieht sich. Danach berief Sonntag noch zwei größere Versammlungen ein (sechzig bis siebzig Personen; mehr fasst der Raum der Platonica nicht, und außerdem sind in Rumänien zurzeit größere Versammlungen gefährlich). Kettner scheidet niedergebrochen, einsam, mit einem Wort der Liebe, das aber zugleich jene Überhebung enthält, die die Jungen soeben abgewehrt hatten. Papsttum und Kirche sind aufgehoben; statt des Seminars gibt es freie Arbeitsgemeinschaften; Klarheit und Friede herrscht bei den der Klarheit Fähigen, wie Lothar Bickel schreibt. Vater: ›Zollkiewer und Kettner haben einander verwirrt. Beide werden dafür gestraft, dass sie nicht groß genug sind im Verhältnis zu ihren Versprechungen. Kettner hat etwas Monomanisches neben seinem Schönen und Reinen. Nicht unmöglich, dass er, bei seinem schwachen Verstand, jetzt richtig irrsinnig wird.‹ ›Jeder Mensch wird durch seine Überhebung erniedrigt, mit Ausnahme des Genies und des Verrückten.‹« (Lotte Brunner, Tagebuch, 7. Mai 1923).

fehlen lassen, weder in bezug auf deine Gedichte und Dramen, noch deine neueren theoretischen Arbeiten anlangend.[2] War das etwa nicht deutlich genug, daß ich dir bei deinem letzten Aufenthalt hier,[3] als du nach Frankfurt wolltest, und mir freilich nicht sagtest weswegen, aber ich wußte doch, daß du deine Arbeiten vorlegen wolltest, – war das nicht deutlich genug, daß ich dir sagte: »Fahr nicht, du blamierst dich nur!«

Mir ist das schmerzlich, mein lieber, lieber Kettner, daß du bei so viel Gutem in dir und bei so viel Eifer für das Gute – als Narr zu Grunde gehen sollst. Denn dir droht, ernster als je, die Narrheit des Größenwahns. Dein Größenwahn ist gestiegen, und deine Arbeiten sind erheblich schlimmer geworden: Deine Gedichte und Dramen waren nur Dilettantismus der Unfähigkeit und einfach lächerlich: Deine theoretischen Produktionen aber bringen negativ deine völlige Unbegabung an den Tag, irgendeinem aufgenommenen Gedanken selbständig nachzugehn (dein Verhältnis zum Geistigen ist das des Mystikers; im ganzen hast du es tief und echt, weil du aber den Einzelheiten des Denkens nicht gewachsen bist, fällst du immer wieder in den mystischen Aberglauben, in Spiritismus) und sind positiv wahre Schandpossen. Sieh doch nur, mit welcher Geduld und Liebe deine Schüler, die des Denkens fähig sind, dir das zum Bewußtsein zu bringen und dich von dem gefährlichen Wege abzuführen suchen. Was bist du nur alles einem so ausgezeichneten Menschen wie Bickel jetzt schuldig geworden! Aber dein letzter Brief, in dem du die für dich, für deinen jetzigen Stand deinen Schülern gegenüber, erntestesten Worte mit Anführungsstrichen hinschreibst und Zitate aus einem Buch auf deine schöpferische Bedeutung beziehst, rauben mir beinahe die letzte Hoffnung. Macht denn übrigens dies dich nicht stutzig, daß alles, womit du deine Bedeutung

2 Aus dieser Zeit ist nur die Publikation »Über Constantin Brunners Werk ›Der Judenhaß und die Juden‹« (Wien – Berlin: R. Löwit 1922) nachweisbar. Überliefert sind zudem hektographierte Vorträge, die Kettner im Ethischen Seminar in Czernowitz hielt: Der Weg, das Hindernis und das Ziel; Die idealistisch-materialistische Biosophie; Constantin Brunner; Das Evangelium; Der Weg; Der Weg der Gerechten; Der reine Mensch; Das Brot des Lebens; Das Ziel; Die Renovation der ethischen Brüderlichkeit (LBI/JMB: I, X, 8, 1-2). In den USA entfaltete Kettner eine rege Publikationstätigkeit. Auf Deutsch erschien noch die Selbstverteidigung und scharfe Abrechnung mit Brunner: Die erste Spinoza-Gemeinschaft oder Der Anti-Egoist. Ein Ethisches Drama. Und ein Vor-Wort an Constantin Brunner (Wien: Artur Wolf 1929). In englischer Sprache publizierte Kettner nunmehr Gedichte (z.B.: Back to the Nameless One. Biosophical Poems, New York: The Poets Press 1939), philosophische Schriften (z.B.: Spinoza, the Biosopher, New York: Vantage Press 1932) sowie eine Zeitschrift (»The Spinoza Quarterly«, die später in »The Biosophical Review« umbenannt wurde, zwischen 1932 und 1957 in New York erschien und unter anderem Artikel von Romain Rolland, Frederick Pollock, Harry Austryn Wolfson, Thomas Mann, Arthur D. Schilpp, Walter Lippmann und Daisetz Teitaro Suzuki enthielt).

3 Zur Jahreswende 1922/23.

stützen willst, Zitate von Anderen sind? Auch mit den neuen Zitaten aus einem Buch des spiritistischen Aberglaubens wirst du schwerlich Wirkung tun.

Auf mich selbst setze ich für dich kaum noch Vertrauen, und damit komme ich auf mein Wort, daß du es mir schwerer gemacht hättest. Sieh, ich weiß nicht, *welchem* Kettner ich schreibe, und ob ich denn wirklich für den oder jenen und irgendeinen der Kettner das bin, was du mir immer so überschwenglich geschrieben, gesagt, gelacht und geweint hast. Denn andern hast du – wohl nicht aus Überschwang, anders über mich gesprochen – und was kann dir denn meine Persönlichkeit sein, wenn du zu Zolkiewer gesagt hast: »Nun ja, er kann schreiben, aber wenn man hinkommt und ihn sieht, ist er eben auch ein gewöhnlicher Mensch.« (Meinung wohl: außerstande, einen so ungewöhnlichen wie Kettner zu erfassen.) Wenn du dies und manches andere gesagt hast, so begreife ich durchaus, daß du auf meine Worte der Warnung nicht gabst und daß ich dir, den sämtlichen Kettnern in dir, wahrhaft erst etwas bedeuten würde, wenn ich deine Produktionen preisen würde und womöglich die neuen Ausgaben meiner Werke mit Interpretatio, Integratio und biosophischem Seminarismus durchschießen ließe.[4]

Was soll ich nun schreiben, *welchem* Kettner? *Dem guten und reinen* Kettner will ich schreiben *dieses*, daß ich ihn lieb habe und ihm helfen will, aber helfen nur kann, wenn er sich selber hilft, oder da er sich nicht allein helfen kann: wenn er sich helfen lassen will. Dann will ich ihm helfen, wie auch Rottner und Bickel ihm helfen wollten.[5] Die wollten auch nichts and-

4 Von Kettner zum Teil in Anlehnung an Spinozas drei Erkenntnisgattungen – imaginatio, ratio, intuitio – geprägte Begriffe. Kettner nannte seine auf eine praktische Charakterbildung ausgerichtete Philosophie »Biosophie«.

5 Eli Rottner (eigentlich Eduard Konstanty Rudnicki, 1898-1979) aus dem damals polnischen Stryj. Er studierte 1919-1923 in Czernowitz Philosophie, begann in Berlin ein Medizinstudium, das er krankheitsbedingt aufgeben musste, und war 1924 im Ruhrgebiet sowie ab 1926 in Berlin im Möbelhandel tätig. 1933 wurde er zwangsweise nach Polen abgeschoben, wo er die Judenverfolgung schwer verletzt überlebte. 1957 emigrierte er nach Israel; seit 1966 lebte er in Dortmund. Rottner gehörte zu den ersten Kritikern Kettners. Er sammelte umfangreiches Material gegen sein Wirken (s. LBI/JMB: I, X, 10, 7) und publizierte eine ausführliche Darstellung über das Czernowitzer Seminar (Das Ethische Seminar in Czernowitz. Die Wiege des internationalen Constantin-Brunner-Kreises, Dortmund: Gerhard Schippel 1973). Dort schreibt er, dass er im Juli 1922 Kettner in Wien getroffen habe, und dieser habe von »Seminarismus«, »Seminaristen« und seiner »Biosophie« gesprochen, die mehr sei als die Philosophie: »Ich sagte ihm, daß ich seinem ›Seminarismus‹ und seiner ›Biosophie‹ ablehnend gegenüberstehe. Ich sei ihm gefolgt, da er Spinoza seinen Meister genannt und sich als Schüler Constantin Brunners ausgegeben habe. Für den Fall, daß dies nicht mehr gelte und er auf eigene Hand als ›Genie‹ wirken wolle, könne er auf mein Verbleiben bei ihm und Mittun nicht mehr rechnen.« (S. 54). – Auch Bickel (s.

res als dem guten und reinen Kettner helfen, daß er wieder zu sich komme und jeglicher Verbindung mit dem zweideutigen und närrischen Kettner entsage. Die ziehen *unsren* Kettner auf dem Weg des Verderbens und unsäglicher Schmerzen. Schaden stiften für andere kann das ganze Bündel Kettner nur insofern, als denen, die es so gut mit ihm meinen, das Leid bereitet wird, ihn unaufhaltsam ins Verderben stürzen zu sehen; theoretischen Schaden, wie Rottner, Bickel und andere fürchten, wirst du niemals stiften; denn zur geringsten Wirkung auf theoretischem Wege ist noch eine ganz andere Mischung erforderlich als die von Zweideutigkeit und konfusen Worten. Aber dir selbst wirst du, auf dem betretenen unglücklichen Wege beharrend, unausdenkbares Seelenleid bereiten, das auch ich gar nicht ausdenken mag. O, möcht ich bewahrt bleiben, das an dir zu erleben, was du zu erleben nicht tragen könntest. Wie entsetzlich müßte dir schon allein dies sein, wenn Bickel und Rottner sich ganz von dir wendeten. Und glaub mir, es ist das unabwendbare Ende, wenn du nicht umkehrst; es kommt so bei ihrem besten Willen, bei meinem besten Willen. Rottner in seiner leidenschaftlichen Wahrhaftigkeit, fand sich jetzt schon außerstande, dir zu schreiben – er wird dir inzwischen geschrieben haben: Ich bat ihn darum, und er kann es, da er dich lieb hat, und darum konnte ich ihn bitten.[6] Aber ich bitte auch dich, anzusehen, was ist, und abzulassen von dem Hochmut deiner Konfusion auf die Klarheit herunter. Wie konntest du unter die Worte Bickels, die ausdrückten, wie meisterhaft dieser dir deine Unzulänglichkeit und Bedenklichkeit vorgehalten; – wie konntest *du* unter die Worte eines *Bickel* als dein Wort hinschreiben: von den guten Kindern, die schon noch die Imaginatio[7] überwinden würden! Ich rede hier nicht von dem Unsinn dieses Wortes an dieser Stelle, sondern von der empörend durchbrechenden Frechheit, womit du gegen den edlen Freund und gegen die Wahrheit schlägst.

Da bist du nicht du selbst, da bist du nicht mein guter, reiner Kettner. Verdirb dich nicht, verstock dich nicht im dich Verderben. Hilf mit, daß wir dir helfen können. Dring in dich hinunter tief bis zum ehrlichen Wort, dem man wirklich trauen kann, weil es das Wort ist, bei dem du, dein wirkliches Du, auch wirklich bleibst. Sprich nicht bloß mit den Lippen, die

Brief 118/1) hatte sich, etwas später als Rottner, von Kettner distanziert: »In den ersten Monaten des Jahres 1923 fanden noch – von *Bickel* geleitete – Besprechungen mit Kettner statt, die auf Beilegung der Gegensätze hinzielten, aber zu keinem Ergebnis führten.« (ebd., S. 59).

6 Es dürfte sich um den Brief Rottners an Kettner vom 7. Mai 1923 handeln (s. LBI/JMB: III, 1, 1, 5).

7 Spinozas erste Gattung der Erkennnis: eine auf sinnlichen Eindrücken beruhende Meinung, die nach Spinoza keine Wahrheit verbürgt, sondern Täuschung ist.

auch anders sprechen können, sondern mit der wahrhaftigen Rede deines wirklichen Lebens. Sprich, damit ich dich sehe,[8] und nicht, als hättest du zu verbergen, was noch nicht gesehen werden könnte: es wird doch gesehen und sieht nicht gut aus. Ich warte auf dein Wort, mit dem du wirklich Versöhnung suchst und auf der Stelle finden wirst bei allen, die dich lieb haben, das ist mit deinem Leben und mit deiner Welt.

118. An Lothar Bickel,[1] 17. Juli 1923

Mein teurer Bickel,

ich bin dir einen Brief schuldig, – schuldig mit dem Herzen, und will denn schreiben, soweit bei 30° mein gekochtes Leben es zuläßt.

Über K.[2] hast du mit jedem Worte recht, und K. hat gar kein Recht mehr; auch nicht zum Märtyrer: weil ihm keine Idee zum Siege leuchtet.

8 Ausspruch des Sokrates (s. Brief 29/16).

1 Lothar Bickel (eigentlich Lazar, gen. Eliezer, auf Brunners Drängen nannte er sich schließlich Lothar, 1902-1951) (s. Abb. 58), in Kisselew in der Ukraine geboren, kam im Herbst 1918 nach Czernowitz, wo er das deutsche Gymnasium besuchte und in die jüdische Jugendorganisation Hashomer Hatzair eintrat. Sein Medizinstudium absolvierte er in Bukarest. 1927 bis 1933 arbeitete er als Assistenzarzt an der Berliner Charité und anschließend als Gynäkologe im Krankenhaus in Prenzlau. 1933 kehrte er nach Bukarest zurück, wo er ein führender Gynäkologe und Chirurg am jüdischen Krankenhaus wurde. 1949 emigrierte er nach Kanada, wo er 1951 überraschend einer Herzattacke erlag. Bickel wurde im Ethischen Seminar schnell eine zentrale Figur unter den Teilnehmern. Er nahm an Kettners Hauptkurs »Ethikum« teil und leitete später selber Studiengruppen, insbesondere gründete er die bedeutende Bukarester Brunner-Gruppe. Brunner schätzte Bickel sehr und hätte sich über einen noch größeren persönlichen und brieflichen Kontakt gefreut. 1936 ernannte er ihn zu seinem Nachlassverwalter. Bickel (zu seiner Biographie siehe: Gedenkbuch in memoriam Lothar Bickel, hrsg. von Israel Eisenstein und Shalom Miron, Tel Aviv: Kwik-Kopy 1985, sowie: Shilo Eisenstein, Lothar Bickel 8 Mai 1902 – 23 April 1951, hrsg. vom Constantin Brunner-Kreis Jerusalem, [Jerusalem 1987]), der eine umfangreiche Korrespondenz mit Lotte Brunner unterhielt (s. LBI/JMB: III, 6, 1, 1-7), schrieb zahlreiche Aufsätze und mehrere Bücher, in denen er philosophisch teilweise über Brunner hinausging (unter anderem: Über Beziehungen zwischen der Psychoanalyse und einer dynamischen Psychologie, in: Zentralblatt für Psychotherapie und ihre Grenzgebiete 4, Nr. 4 (April 1931), S. 221-246; Zur Renaissance der Philosophie, hrsg. von der Constantin Brunner-Gemeinschaft Berlin, Berlin: Gustav Kiepenheuer Verlag 1931; Erkenntniskritik und Relativitätslehre bei Constantin Brunner. Zu seinem 70. Geburtstag am 28. August 1932, in: Kant-Studien 37, Nr. 3/4 (1932), S. 310-313; Probleme und Ziele des Denkens [Aufsätze], Zürich: Humanitas-Verlag 1939; Wirklichkeit und Wahrheit des Denkens, Zürich – Stuttgart: Diana Verlag 1953; Kultur, Zürich – Konstanz: Diana Verlag 1956; Aussen und Innen. Beitrag zur Lösung des Leib-Seele Problems, Zürich – Konstanz: Diana Verlag 1960; Aus den ersten Schriften: Zur Renaissance der Philosophie. Studien zu einigen

Er geht jetzt ganz im Dunkeln. Ich verglich ihn immer einem betrunkenen Laternenanzünder. Nun aber torkelt er, nichts als ein Besoffener, herum, ohne oben das Licht zu tragen. Kein Wunder, daß er gegen die Laternenpfähle und Mauern anrennt, sich stößt und zu Fall kommt. An Besserung ist nicht zu denken und die Hauptsorge: daß er keinen Schaden stiftet. Dafür sorgt prächtig ihr vom Ort, du, mit deinem Gewissen und deiner Kraft, an der Spitze.[3]

Ist nur dafür gesorgt, so liegt weiter gegen K. nichts vor, und alle Anklagen sind niederzuschlagen. Er kam zu mir als ein begeisterungsfähiger junger Mann, das Beste im Herzen, von innen her bedroht nur durch die Gefahr einer Dilettantenquatschsucht, die sich in ungewöhnlich lächerlichen »Gedichten« und »Dramen« aus ihm Luft machte.[4] Davon hatte ich ihn geheilt mit ebensoviel Liebe wie Härte. Aber nun ist es an andrer Stelle, als Dementia theoretica,[5] in unhemmbarer und, wie es scheint, unheilbarer Ideenflucht, richtiger: Quatschflucht wieder ausgebrochen und hat ihn – an der Stelle, zu der ihr ihn erhoben hattet – zum unschuldigen Schuldigen gemacht. Verantwortlich und zurechnungsfähig ist er nicht. Er ist angesiedelt an der Grenze zwischen närrischem Dilettantismus und pathologischer Narrheit, also durchaus zu exkulpieren.[6]

Wir aber dürfen keinen Augenblick die Wahrheit von seiner unschuldigen Schuld vergessen und nicht, daß wirklich das Beste in ihm ruht. Wir dürfen das nicht vergessen, so schwer uns das gemacht wird dadurch, daß er für keinen von uns weiter ein Herz hat. Seine Behauptungen, *doch*, sind nur Verstellung. Solche Kranke verstellen sich solcherart; die Verstellung gehört zur Krankheit. Also dürfen wir ihm auch nicht die Verstellung als etwas Böses anrechnen. Bös ist sein Herz gar nicht. Nicht mehr hochgesinnt, aber ebensowenig niedrig –: dunkel. Das Alles müssen wir Gesunde klar sehen, dürfen den Kranken nicht verlassen und müssen abwarten, wie die Krankheit verläuft. Deswegen, du so Lieber, nimms mir nicht

Dialogen Platons, Zürich: Diana Verlag 1975). Aus Brunners Nachlass gab er »Unser Charakter oder Ich bin der Richtige!« (Zürich: Verlag Die Liga 1939), die Aufsatzsammlung »Kunst Philosophie Mystik« (Zürich: Humanitas Verlag 1940) sowie eine von ihm gekürzte Fassung von »Der entlarvte Mensch« (Den Haag: Martinus Nijhoff 1951) heraus. Er war auch bis zu seinem frühen Tod Präsident des Internationaal Constantin Brunner Instituut.

2 Friedrich Kettner.

3 Die aus dem Ethischen Seminar hervorgegangenen Studiengruppen in Bukarest und Czernowitz, als deren zentrale Figur Bickel galt.

4 1910 sandte Kettner Gedichte zur Begutachtung an Brunner (s. Rottner, Das Ethische Seminar, S. 76). Die erste Begegnung fand 1912 während Brunners Sommerurlaub in Misdroy an der Ostsee statt.

5 Defizit oder Schwachsinn im Theoretischen.

6 Entschuldigen.

übel auf, daß ich gegen deinen Rat K. wieder geschrieben habe, da er mir wieder schrieb, einen jener Verstellungsbriefe.[7] Ich weiß ja Bescheid gleich dir; so darf ich auch bei ihm bleiben, wie du tust. Du brauchst nicht zu fürchten, daß ich von einem derartigen Patienten mich einwickeln lasse. Ich danke dir für die Absicht deiner Liebe, die auch hier sich zeigt.

Ist wahr, daß du nach Berlin kommen kannst? Dann ist auch wahr, daß ich mich freue, dich auch im Fleisch und in der Wahrheit zu sehen wie im Geist und in der Wahrheit.[8]

Dich grüßt

Constantin Brunner.

119. An Israel Eisenstein,[1] 27. Oktober 1923

Mein lieber E., dein Brief hat mir Freude gemacht, und ich wünsche von Herzen: mach du dir selber weiter Freude, die höchste Freude, indem du beibleibst bei der Erkenntnis und ihre Wurzeln in dir immer mehr in

7 Kettners Briefe an Brunner sind verloren gegangen. Seinen Brief vom 12. Juli 1923 beginnt Brunner mit den Zeilen: »Mein lieber Kettner, du fragst mich immer wieder um Rat über den Kurs deiner Fahrt, aber mir fehlt die klare Sicht; und du selber bist es, der mir immer wieder die Nebel vor die Augen zieht. […] du warst der betrunkene Laternenanzünder, der oben das Licht trug und weitergab. Jetzt gehst du ohne das Licht, nur mit deiner Betrunkenheit und die natürliche Folge ist, daß du überall anrennst und Beulen bekommst. – Auch nach Amerika zu gehen würde ich dir nicht raten –, es wäre dort sehr bald dasselbe wie hier. […] Du darfst dich nicht auf das tückische Meer der gänzlich irrealen Phantastik begeben. In dir ist das Beste, aber du gehörst zu den Menschen, denen das Beste gefährlich werden kann, und die niemals die Nutzen bringende Arbeit in der gewöhnlichen Gesellschaft, in der hergebrachten Arbeitsgemeinschaft und die Verbindung mit ihr aufgeben dürfen.« (Brunner an Kettner, 12. Juli 1923, LBI/JMB: II, 5, 10).

8 Bickel studierte in Bukarest Medizin und kam erst 1927 nach Berlin. Am 19. Oktober 1927 besuchte er Brunner zum ersten Mal (s. dazu Lotte Brunners Bericht in ihrem Tagebuch vom 20. Oktober 1927 sowie den Bericht Bickels: Erster Besuch bei C. Br. – 19. X. 1927, LBI/JMB: I, 3, 1, 1).

1 Israel Eisenstein (Pseud. Friedrich Andermann, 1903-1991) stammte aus dem galizischen Ort Zurawno, besuchte im Ersten Weltkrieg in Hamborn (Rheinland), später in Wien das Gymnasium. 1921 Abitur in Czernowitz und Teilnahme am Ethischen Seminar. Danach Studium der Medizin in Würzburg, 1932-1939 Arzt in Czernowitz (s. Abb. 36) und Leiter der dortigen Studiengruppe. Während des Zweiten Weltkrieges Aufenthalt in Bukarest und Internierung, 1947 Emigration nach Palästina, wo Eisenstein bis 1991 den Brunner-Kreis leitete. 1968 bis 1991 war er auch Vorsitzender des Internationaal Constantin Brunner Instituut Den Haag. Im März 1925 besuchte Eisenstein Brunner zum ersten Mal in Potsdam (s. Israel Eisenstein/Phöbus Grünberg, Auf den Pfaden der Philosophie Spinozas und Constantin Brunners, hrsg. von Leo Sonntag und Heinz Stolte, Königstein/

die Tiefe hinab senkst und befestigst. Willst du sichergehn für dein Leben, so würde ich dir raten, es dir zur Regel zu machen, daß kein Tag verstreiche, ohne daß du Berührung hältst mit dem Denken; wie früher mit dem täglichen Gebet. Sonst kommen unausbleiblich die Tage des Lebens, die dich wegreißen und vergessen machen und in die Lichtlosigkeit und den Unfrieden stürzen.

Mit herzlichem Wunsch und Gruß

Brunner

120. An Israel Eisenstein, November 1923

Mein Lieber, trotzdem ich vielfach überbeschäftigt und bei Herausgabe eines neuen Buches bin,[1] will ich doch ein Wort antworten. Es würde natürlich mehr werden, wenn ich mich überzeugen könnte, daß du Neues, von mir bisher noch nicht Bedachtes vorgebracht hättest. Da ich aber alle deine Zweifel bei mir, in meinem Werk, beantwortet finde, kann ich unmöglich versuchen – was mir auch nicht gelingen dürfte, – sie in einem Briefe niederzuschlagen, sondern sage dir, *von meinem Standpunkt aus*, zusammenfassend: Du hast dich verwirrt im Begriff des Relativen, du verlangst vom Relativen *eine absolute Erklärung!* und bist auch mit der »Bewegung« keineswegs in der Ordnung, verstehst offenbar ganz Andres darunter als ich.[2] Wenn du übrigens Andres, als Letztes der Relativität, an

Ts.: Anton Hain 1982, S. 116-119). Brunner schätzte Eisensteins theoretische Fähigkeiten außerordentlich und förderte die Herausgabe seines ersten Buches »Irrtum und Wahrheit der Biologie« (s. Brief 203/16 und 213). Später verfasste Eisenstein noch zahlreiche Aufsätze und Bücher (u.a.: Die Philosophie Constantin Brunners, in: Archiv für Geschichte der Philosophie 53, Nr. 2 (1971), S. 143-163; Spinozas Attributenlehre in der Interpretation Constantin Brunners, in: Spinoza in neuer Sicht, hrsg. von Leo Sonntag und Heinz Stolte, Meisenheim a. Glan: Anton Hain 1977, S. 72-121; Ein neuer Beitrag zum Verständnis Spinozas aufgrund der Lehre Constantin Brunners, hrsg. von Heinz Stolte, Frankfurt a.M.: Athenäum 1989; Constantin Brunners Philosophie in ihrem Verhältnis zu Spinoza, Kant und Hegel, hrsg. von Jürgen Stenzel und Hans Goetz, Essen: Die Blaue Eule 1995).

1 Brunner arbeitete an dem Buch »Liebe, Ehe, Mann und Weib«, das im Sommer 1924 im Potsdamer Gustav Kiepenheuer Verlag erschien.

2 Brunner vertrat die Auffassung, dass das Denken der Dinge in der Fakultät des praktischen Verstandes nicht »zu Ende« gedacht werden könne, da sich keine absolute Erklärung für die Dinge angeben lasse. Wegen dieses Mangels sei der praktische Verstand relativ und hebe sich zuletzt selber auf. Das Grundprinzip des praktischen Verstandes ist für Brunner die »Bewegung«, da sich alles Dingliche in Bewegung auflösen lasse. Aber die Bewegung sei dennoch kein absolutes Prinzip, weil das Gegenständliche nicht vollständig hin-

die Stelle der Bewegung zu setzen wüßtest – meinetwegen Zitronenlimonade, – so würde dies ja in Bezug auf Relativ und Absolut nichts ändern; an diesem Relativ und Absolut aber zu ändern wird dir kaum gelingen. Du dürftest niemals meinen, *nur eine*, nur die relativ-subjektive Auffassung zu haben: da du diese niemals als absolut nehmen kannst, behältst du jederzeit Relativ und Absolut in dir. Darüber dringt keine Skeptik hinaus und kein Knabbern. Dreierlei ist möglich: Entweder du hast dich lang nicht ernstlich beschäftigt mit meiner Darstellung, weißt sie nicht mehr *scharf* und hast dann leicht, deine Erinnerungsvorstellungen zu bezweifeln, besonders unter dem Ansturm andrer aufgenommener Äußerungen. Oder meine Darstellung ist ungenügend oder genügt doch dir nicht; in welchem Falle du selbstverständlich dich an einen Andern zu wenden hättest, der Bescheid weiß und gibt. Oder endlich Drittens: es ist überhaupt nichts mit der sogenannten Philosophie, sondern nur mit der Skeptik, mit der es ja erst recht nichts ist und die am Ende dich lehrt, im Nichts dich zu bescheiden.[3] Findest du einmal, daß sie dir doch schließlich *eine* Antwort schuldig bleibt, auf die du Anspruch hättest – auf irgend ein Etwas hättest du Anspruch schon durch deine Skeptik –, so schreib ihr einen Brief; vielleicht antwortet sie dir befriedigender als ich es kann. Aber von Herzen wünsche ich dir Entschiedenheit, und das heißt Entscheidung zwischen der Philosophie und der Skeptik, und Ruhe durch Ergreifen oder durch Verzicht.

Sei gegrüßt!

B.

weggedacht werden könne: es müsse etwas bleiben, das sich bewegt. Insofern bleibe die Bewegungslehre ein wissenschaftlich zwar tragfähiges, aber letztlich nur gedachtes Beschreibungsmodell unserer Erfahrung der Wirklichkeit von Dingen (s. Die Lehre, S. 303 f. und Brief 57/19 und 24).

3 »Philosophie« ist für Brunner das Denken der relativen Dinge auf dem Grunde des absoluten geistigen Seins, »Skeptik« dagegen die seiner Ansicht nach falsche Auffassung, dass Wahrheit nicht zu erkennen sei. Brunner wendet sich hier nicht nur gegen den Kantischen Skeptizismus, sondern auch gegen die modernere Form des Sprachskeptizismus (s. hierzu Brunners Diskussion mit Landauer über Mauthners Sprachskeptik, Brief 40 und 41).

121. An Arthur Liebert,[1] 21. Oktober 1924

Hochgeehrter Herr Professor,

daß Sie eventuell bereit wären, mich – bei jener meiner spezifischen Energie! – in Ihrer Kant-Gesellschaft reden zu lassen, muß ich als wahrhaft freie und großherzige Gesinnung anerkennen und rühmen. Ebenso hat es Herr Professor Buschke zweifellos besonders gut mit mir gemeint. Aber er kennt mich keineswegs persönlich, wie Sie annehmen; und ich kannte bis auf diese Tage nicht einmal seinen Namen. Er hat also mit jenem Vorschlag oder jener Bitte an Sie ganz aus sich gehandelt, in bester Absicht, aber ohne zu wissen, daß ich gar nicht Vorträge halten will, sondern der Einsiedler bleiben.

Dies zur Aufklärung mit meinem verbindlichen, meinem herzlichen Dank. Friede sei mit Ihnen!

Constantin Brunner

NB. Sehr bedaure ich, daß Sie mich so wüst gegen den guten Ton finden, und da nicht schmecken, woher *das* kommt und wie zusammenhängt. Ich bin zahm, liebe auch, wie einer, den guten Ton; aber wenn nicht für ernste Dinge auch einmal der bessere Ton in die Welt klänge, stünde es noch schlimmer in unsrer Welt!

1 Arthur Liebert (eigentlich Arthur Levy, 1878-1946), Philosoph (s. Abb. 27). Seit 1910 Lehrtätigkeit in Berlin (ab 1928 als Professor), früher Mitarbeiter, seit 1910 stellvertretender, seit 1927 alleiniger Geschäftsführer der von Hans Vaihinger (1852-1933) gegründeten Kant-Gesellschaft, die unter Lieberts Leitung zu einer der weltweit einflussreichsten philosophischen Gesellschaften wurde. Abraham Buschke (s. Brief 129) hatte Liebert auf Brunner hingewiesen und gebeten, ihn zu einem Vortrag in der Kant-Gesellschaft einzuladen. Liebert antwortete, wie Lotte Brunner festhält, »dass er Brunner zwar als geistvollen Denker kenne, dass auch die sachliche Gegnerschaft gegen Kant kein Hindernis bedeute, dass er aber, da er Vater nicht persönlich kenne, nicht sicher sei, ob Vater sich bei einem Vortrag in den Grenzen des bei ihnen herrschenden guten Tones halten würde« (Tagebuch, 21. Oktober 1924). Eine Abschrift dieser Antwort hatte Brunner erhalten. Lieberts Haltung zu Brunner änderte sich offenbar Ende 1924, wie Lotte Brunner berichtet: »Professor Liebert, der früher Lektor im Verlag von Diederichs war, hatte damals, als Altkirch ihm die ›Lehre‹ für seinen Verlag anbot, abgelehnt mit der Begründung: ›Sehr frisch – ja – aber philosophisch – – nein.‹ Später hat er in den ›Kantstudien‹ über Vater bemerkt, dass er den philosophischen Durchschnitt überrage, aber – die Angriffe gegen Kant fand er unverzeihlich. Vergangenen Sonntag brachte das Berliner Tageblatt von Liebert einen kleinen Aufsatz ›Spinozarenaissance‹ [s. Brief 122/7], worin Vater einigermaßen rühmlich besprochen wird. Und nun möchte er sogar mittelst der ›Kant-Gesellschaft‹, die er leitet, ›eine breitere Plattform schaffen‹, wie er mir sagte!« (Tagebuch, 11. Dezember 1924).

Abb. 27: Arthur Liebert

122. An Arthur Liebert, 9. November 1924

Hochgeehrter Herr Professor,

[1] Jede Güte, ja schon jede Ehrlichkeit hat – οἱοι νυν βροτοι εἰσιν[2] – etwas Ergreifendes; weil darin das Unpersönliche, das Sachliche, der Charakter der Allgemeinheit und der Wille der Allgemeinheit herausbricht. Ich sage Ihnen das zum Dank dafür, daß Sie nun noch immer weiter beharren und sich jetzt bereit erklären, einen meiner Anhänger über meine Gedanken sprechen zu lassen.[3] Damit beweisen Sie wahrlich einen ungewöhnlichen sachlichen Willen.

Halten Sie es nun nicht für Eigensinn, wenn ich schreibe: der mit meiner Philosophie Vertrauteste dürfte bedenklich werden, wenn er sie auf seine Art in den Zusammenhang *eines* Vortrags gießen sollte und würde vielleicht das Wichtigste defigurieren. Doch hab ich selber ein kurzes Referat der »Lehre« versucht, und zwar vorlängst schon, in einem älteren Heft des »Archivs für systematische Philosophie«;[4] es sind auch dazu noch einige Zusätze (für eine Ausgabe meiner gesammelten Aufsätze, zu deren Veröffentlichung ich noch nicht Zeit fand). Der Vorleser wäre auch nicht weit zu suchen: Meine Lotte ist dafür geeignet. Sollten Sie geneigt sein, das mit ihr zu erwägen, so schreiben sie Ja (das Glöcklein zum Eremiten ist leider seit einigen Jahren verstummt[5]); und sie wird Sie gern aufsuchen. Ich frage sie gleich, ehe der Brief abgeht.[6]

Sie aber begrüße ich herzlichst. Friede sei mit Ihnen!

Constantin Brunner

Dank für den Bürstenabzug.[7]

1 Lotte Brunner notiert in ihrem Tagebuch (9. November 1924), dass Brunner auf ihren Wunsch den ursprünglichen Anfang des Briefes: »meine Adresse ist Potsdam, Neue Königstr. 38; und Sie wohnen Kantstraße Ecke –« weggelassen habe.

2 Dieselbe homerische Wendung benutzt Brunner in Brief 62.

3 Liebert hatte über Buschke den Wunsch ausgesprochen, dass, da Brunner es nicht selbst wolle, ein anderer in der Kant-Gesellschaft einen Vortrag über ihn halten möge.

4 Brunners »Kurze Rechenschaft« (s. Brief 61/3).

5 Brunner hatte früher einmal einen Telefonanschluss.

6 Liebert stimmte Brunners Vorschlag zu. Der Vortrag in der Kant-Gesellschaft fand am 25. Februar 1925 statt. Lotte Brunner berichtet davon: »Gestern Abend habe ich in der Kant-Gesellschaft (Hörsaal 3 der alten Kgl. Bibliothek) Vaters Archivaufsatz verlesen und daran anschließend einen kleinen freien Vortrag vor etwa dreihundert Hörern gehalten. Die sich anschließende Diskussion war nicht sehr lebhaft. Der Vorsitzende, Prof. Liebert, eröffnete sie mit Worten warmer Anerkennung für Vaters Persönlichkeit, Tiefsinn, Gläubigkeit usw. Dann sprach er davon, dass wir bei jedem Schritt die Relativität verabsolutieren müssten, dass auch Brunner es in seiner Philosophie täte. Da ich in meinem Vortrag lebhaft auf Vaters Unabhängigkeit von Spinoza hingewiesen, bemerkte Liebert hierzu, dass

123. An Ernst Altkirch, 3. Januar 1925

Mein guter Ernst, nun muß ich dir neu danken für die erneute Mühe und eilige Liebe, womit du dem Peter Immanuel Beine und geschicktere Hände gemacht hast. Gestern sind, in die weichste Wollust verhohlen, unversehrte Kantianer angekommen, an deren Überwindung ich mich bald machen werde.[1] Lotte hatte geäußert, die Bewandtnis mit den ersten sei die gewesen, daß der Geist Kants mir da etwas über den leeren Raum beweisen wollte; denn ohne den leeren Raum bis an den Kistenrand wären sie nicht entblättert.[2] Aber ich kann dieser Meinung nicht beipflichten,

ihm dies wertvoll zu hören gewesen, aber nur als ›biographische Notiz‹. Ihm entgegnete [Fritz] Blankenfeld, der besonders betonte, dass sich bei Vater eine Kritik des Aberglaubens fände, wovon bei Spinoza nichts. Ich sprach auch noch einmal, dankte Prof. Liebert für seine Herzlichkeit, wobei ich mir aber bewusst wäre der Entfernung, aus der sie käme, wodurch sie etwas von milder Toleranz erhielte, dass dies aber nicht anders sein könnte, so lange Kritizismus und Dogmatismus als unvereinbare Gegensätze gälten. Ein alter Herr, aussehend wie eine wütige Karikatur von Kant, betrat das Podium und bellte (sic) etwas, was ich, ihm im Rücken sitzend, nicht verstand. Wie man mir nachher berichtete, soll er gesagt haben: ›Ein echter Kantianer wird eher zu einem Strick greifen als zu einem Buch von Constantin Brunner.‹ Ein paar Sätze von Blankenfeld gaben den Abschluss, hätte ich aber vorher Worte statt Wauwau verstanden, würde ich auch noch etwas gesprochen haben.« (Lotte Brunner, Tagebuch, 26. Februar 1925). Der Kontakt zwischen Liebert und Brunner brach offenbar ab. Allerdings publizierte Liebert in den von ihm herausgegebenen Zeitschriften Artikel über Brunner: Ernst Levy, Über Constantin Brunners Lehre (in: Kant-Studien 30, Nr. 3/4 (1925), S. 578-585); Lothar Bickel, Erkenntniskritik und Relativitätslehre bei Constantin Brunner. Zu seinem 70. Geburtstag am 28. August 1932 (in: Kant-Studien 37, Nr. 3/4 (1932), S. 310-313) sowie in seiner Belgrader Exilzeitschrift: Lothar Bickel, Constantin Brunner †. 1862-1937 (in: Philosophia 2 (Dezember 1937), S. 292-299) und einen nachgelassenen Aufsatz Brunners: Constantin Brunner †. Das Denken und das Gedachte (aus dem Nachlass) (in: Philosophia 3 (1938), S. 204-219).

7 Liebert hatte über Buschke eine Druckfahne seines Artikels »Spinoza-Renaissance« an Brunner gesandt, der später in: Berliner Tageblatt 53, Nr. 581 (7. Dezember 1924), S. 19 erschien. Dort begrüßte er die neuerlichen Bemühungen um Spinoza und hob insbesondere auch Brunner hervor: »Brunner ist gleich seinem Meister [Spinoza] ein einsamer, aber auch ein tiefgreifender Denker, in dem der platonische Eros in leidenschaftlichem Sturm rauscht. Er vertritt eine edle und grosse Sache, wenn auch nicht, wie er glaubt, die in der Welt der Philosophie einzig edle und grosse.« Seine Kantkritik sei unberechtigt und unsachlich, aber das täte der »Fülle von Ideen« Brunners keinen Abbruch. Neben der »Lehre« begrüßte Liebert auch »Unser Christus« als eine »wirkungsstarke Werbeschrift« für den Gedanken, »dass in Christus und im Judentum mystischer Geist lebt«.

1 Zigarren der Marke »Kant« aus Königsberg. Die erstgeschickten (zu Weihnachten 1924) waren, weil schlecht verpackt, nicht mehr rauchbar.

2 Brunner hatte in seiner »Lehre« Kants Theorie des leeren Raumes vehement angefochten. Da der Raum nichts neben den Dingen Vorhandenes sei, sondern die Ausgedehntheit eine Eigenschaft der Dinge, kann es nach Brunner keinen leeren Raum geben (s. den Abschnitt »Vom Nichts und von Raum und Zeit« in: Die Lehre, S. 161-212).

Abb. 28: Constantin und Lotte Brunner, Juni 1926

glaube vielmehr an eine gute Freundschaft zwischen Kant und mir im Geist- und Himmelreich und hoffe, dortselbst ihm auch meinerseits dereinst Brunnerzigarren präsentieren zu können, die ihm mehr machen sollen als nur blauen Dunst. Er wird recht einsehen, wie ich recht einsehen werde, wo wir alle recht eingesehen werden.

Wenn Zwei miteinander schon hier auf Erden, am Ort des Zanks und Krieges, recht einsehen, ist es um so schöner. Nach solchem Sinn hat mich dein Brief über die neue Schrift herzlich erwärmt.[3] Ich wußte, daß sie für dich sein wird und du ihr mit der rechten Seele nachgehst. Daß eigentlich der Geburtstagsbrief[4] vorangehört, ist richtig; ich wollt es auch erst so machen, konnte mich dann aber doch nicht dazu entschließen, da es mir die nun einmal ohne ihn gemachte Komposition gestört hätte.

Daß nun auch noch die arme Elisabeth[5] diese Bescherung hatte, ist mir so leid. Aber das ist ja nun schon seit Jahren das Malheur vieler: statt der Krippe die Grippe. Das sind die Druckfehler des lieben Gottes.

Er hat mir auch wieder einen ganz albernen in das Neue gesetzt. S. 79 Z. 2 v.u. mußt du natürlich aus Ohren: *Augen* machen.

Nochmal schönsten Dank also. Ich bekam auch sonst Gutes, unter Anderm auch (anonym) einen und den andern feinen Tropfen, so daß wir uns, wenn du herkommst, wohl versenken können. Ich muß jetzt auf nach Berlin hinein; was mir jetzt jedesmal ein Grauen und ein Greuel ist und eigentlich Todesangst sein sollte. Der Fußgänger hat keine Lebensberechtigung mehr, ist auch gänzlich im Ungewissen, welches Auto ihn zerknacken wird. Die Großstadt hat keine Berechtigung mehr. Die Technik, die so sehr viel mehr Unglück als Vorteil bringt, ist uns auch hier derart über den Kopf gekommen, daß vernunftgemäß jede Großstadt niedergerissen werden müßte, um neu für die Lebensmöglichkeit aufgerichtet zu werden mit dem unterirdischen Rummel, dann – gegen die demnächstigen Fliegerherunterfälle – mit platten bettengepolsterten Dächern, Drahtnetzen über die Straßen usw usw – i git, i git herzlichst

B.

3 Brunners autobiographische Schrift »Vom Einsiedler Constantin Brunner« war soeben im Gustav Kiepenheuer Verlag in Potsdam erschienen.

4 Brunners Aufsatz von 1917: Zum fünfundfünfzigsten Geburtstage (s. Brief 90/2).

5 Altkirchs Ehefrau.

124. An Ernst Ludwig Pinner,[1] Januar 1925

Mein sehr lieber Ernst,

es muß ein Irrtum sein, entweder des Hörens deinerseits oder von mir mit der Zunge, das mit L E M u W.,[2] davon ich das Ms gar nicht mehr besitze und nicht mehr besaß, als ich dir das vom Einsiedler[3] versprach – vielleicht also mich dabei versprach.

Und du schreibst mir: »Ich habe den Nationalismus abgelegt und bin nicht mehr Zionist.« So mußt du den Nationalismus anlegen; denn kein Mensch kann, ohne die schwere innere Krankheit und Zerrissenheit, der Zugehörigkeit zur Nation entraten. Du mußt deinen Nationalismus anlegen, deinen natürlichen deutschen, und alle Hingabe und allen Heroismus auf dieses wahrhaft Deine wenden und auf den Kampf darum, der dir auferlegt ist. Dein Herz muß sich wieder auftun für dein Volk; du darfst ihm deine Pflicht und deinen *Dank* nicht vorenthalten; du mußt die klare und feste Grundhaltung in dieser unendlich bedeutenden Sache erreichen.

1 Der Rechtsanwalt Ernst Ludwig Pinner (1889-1947) war einer der führenden Köpfe des Brunnerkreises (s. Abb. 29). Im Frühjahr 1914 durchwanderte Pinner mit dem Juristen Fritz Blankenfeld (s. Brief 157/5 und Abb. 30) und anderen jungen Zionisten Palästina; Blankenfeld, Pinners späterer Kanzleikollege, machte ihn dabei auf Brunner aufmerksam. Brunners »Der Judenhaß und die Juden« bewirkte bei Pinner ein allmähliches politisches Umdenken. Seit 1919 bestand ein persönlicher Kontakt zwischen Pinner und Brunner. 1925 löste er sich vom Zionismus und publizierte 1928 den antizionistischen Artikel »Meine Abkehr vom Zionismus« in der mit Blankenfeld und Kimchi (d.i. Emil Grünfeld) herausgegebenen programmatischen Schrift »Los vom Zionismus« (Frankfurt a.M.: Kaufmann 1928; Pinners Artikel: S. 9-37). Zusammen mit Blankenfeld, Ernst Levy und Lotte Brunner gründete er Anfang 1925 die Constantin Brunner-Gemeinschaft in Berlin. Er organisierte und hielt Vorträge über Brunner und verfasste u.a. den Brunner-Artikel im »Jüdischen Lexikon« (Brunner, Constantin, in: Jüdisches Lexikon. Ein enzyklopädisches Handbuch des jüdischen Wissens, hrsg. von Georg Herlitz und Bruno Kirschner, Bd. 1, Berlin: Jüdischer Verlag 1927, Sp. 1183 f.) und einen größeren Artikel »Was bedeutet Constantin Brunner für die Juden?« in den Mitteilungen der Jüdischen Reformgemeinde zu Berlin (3 (1. März 1930), S. 5-8 und 4 (1. Mai 1930), S. 1-4). Aufsehen erregte auch ein Radiovortrag anlässlich Brunners 70. Geburtstag, der am 20. September 1932 ausgestrahlt wurde. 1939 floh Pinner nach Palästina, wo er 1946 mit Aron Berman (s. Brief 202) zusammen eine »Interne Zeitschrift« begründete: »Die Constantin Brunner Gemeinschaft«. Dort publizierte er viele theoretische Arbeiten in Zusammenhang mit Brunner und schrieb auch noch einmal einen bemerkenswerten Artikel über die Frage des Zionismus (»Zum Thema: Emanzipation und Zionismus«, in: Die Constantin Brunner Gemeinschaft. Interne Zeitschrift 1, Heft 1 (August 1946), S. 8-16), in dem er die These aufstellte, Brunner hätte sich nach den historischen Ereignissen gewiss nicht gegen die Gründung des Staates Israel ausgesprochen.

2 Brunner, Liebe, Ehe, Mann und Weib.

3 Brunner, Vom Einsiedler.

Vielleicht kann ich dir und andern ein wenig dazu helfen – ich bin an der Arbeit dafür.[4]

Deine Kinder?[5] Entzieh nur nicht unsrem Vaterlande die Hälfte von ihnen, indem du sie teilst schon durch ihre Vornamen und ihnen dadurch den Kampf erschwerst. Mach sie klar und fest, dann sind sie es auch für den Kampf, den du ihnen *damit* erleichterst, so weit du kannst. Du entzündest vor ihnen die Chanukalichter »als Symbol der siegreichen Lebenskraft unsres Volkes«? und »ihnen einen Ersatz für die Weihnachtsfreude zu geben«?[6] Sie mögen wissen, daß sie von einem tapfern Volk stammen, das aber nun ein Nichtmehrvolk und nie wieder solche Siege wie jener Makkabäersieg erfechten kann; und du tätest wohl, ihnen die Weihnachtsfreude zu geben (diese schönste und größte Freude der Allgemeinheit, an die du ja doch mit deiner »Notgeburt« des Chanuka nicht reichst), damit die Kinder lernen, daß jenes alte Volk, von dem sie herstammen, denn doch noch einen unweit größeren Sieg errungen hat als den der Makkabäer und damit heute noch lebendig ist im schönsten Sinn und Geist unsres Lebens. Damit klärst du sie, damit stärkst du sie und machst sie ganz, statt sie zu spalten und zu zerreißen.

Laß uns mündlich weiter reden. Kommst du am kommenden Sonnabend oder Montag – vielleicht mit Isenstein?[7] Grüß den und Weib[8] und Kinder. Wie freu ich mich deiner Arbeitsgemeinschaft mit Blankenfeld![9]

Herzlichst

B.

4 Brunner arbeitete gerade intensiv an einem Vorwort (»Emanzipation, Zionismus und die geschichtliche Macht der Lüge«) zu Ernst Müller-Holms »Geschichte der deutschen Juden«, die jedoch nicht im Druck erschienen ist. Das Vorwort dürfte ein Ausgangspunkt für Brunners 1930 erschienenes Buch »Von den Pflichten der Juden und von den Pflichten des Staates« gewesen sein (Kapitel 3 ist betitelt: Die geschichtliche Macht der Lüge und die Judenemanzipation).

5 Hananja (1921-1993) und Stephan Pinner (1923-1990). Hananja wurde von Brunner Hans genannt. Beide Söhne emigrierten später nach Palästina.

6 Chanukka (hebr.: Weihung), achttägiges Lichterfest Mitte Dezember zur Erinnerung an die Makkabäerkämpfe und die Wiedereinweihung des Tempels in Jerusalem im Jahre 164 v. Chr.

7 Kurt-Harald Isenstein (1898-1980), Kunstpädagoge und Bildhauer, der u.a. eine Porträtbüste Albert Einsteins und eine Bronze für das Grab von Arno Holz schuf, bevor er 1933 nach Dänemark emigrierte. 1932 hatte er Brunner anlässlich seines 70. Geburtstages gezeichnet (s. Abb. 48, abgedruckt in: Deutsche Allgemeine Zeitung 41, Nr. 395 (24. August 1932), S. 1) – »als Idioten«, wie Brunner gegenüber seiner Stieftochter befand, obgleich Isenstein »wirklich viel kann« (Brief an Lotte Brunner vom 6. August 1932, LBI/JMB: II, 3, 4).

8 Frieda Pinner, geb. Bielschowsky.

9 Seit 1923 arbeitete Ernst Ludwig Pinner mit Fritz Blankenfeld in einem gemeinsamen Anwaltsbüro in Berlin, Potsdamer Straße.

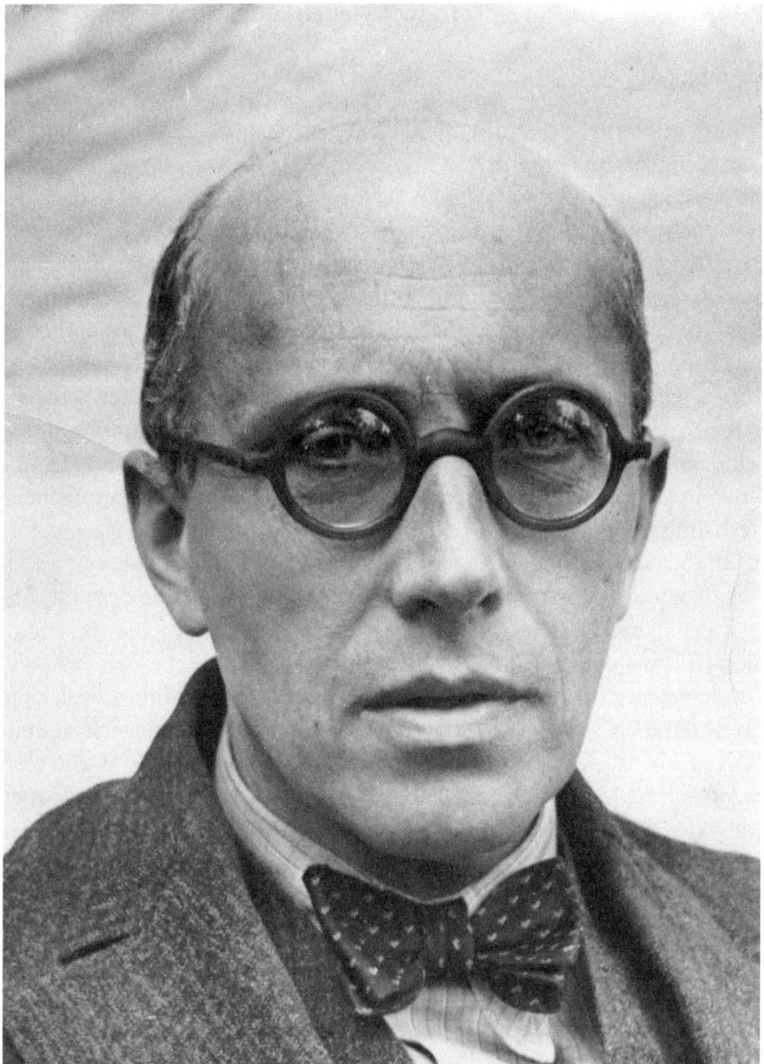

Abb. 29: Ernst Ludwig Pinner

125. An Ernst Ludwig Pinner, Januar 1925

Mein Lieber,

die Definition gibt vom Wesentlichen *das Ideal*; wo denn Staat und Nation völlig zusammenfallen. So zeigt es die Wirklichkeit nirgendwo; aber der Staat hat Fortbestand so lange, als die Concordia[1] der Nation resp. der Nationalitäten (so kann man sprechen, wenn man bestimmt und deutlich sprechen will, wie ich stets gerne tu –: nach früher üblichem Sprachgebrauch von *Nationalitäten* da, wo nicht nur *eine Nation* den Staat bildet) – so lange also, als die Concordia der Nation resp. der *Nationalitäten* die Discordia[2] überwiegt. Dann ist es immer noch *wie* Eine Nation (a fortiori[3]) in einem Staat oder Staatenverband. So in Belgien, in der Schweiz, in Rußland und England. Österreich fiel bereits auseinander infolge mangelnden national-einheitlichen Willens.[4] Du siehst, deine Frage erklärt sich aus dem Unterschied zwischen dem Ideal und den praktisch bestehenden Verhältnissen; und es kann in der Tat *keinen Staat geben ohne Nation*. Das heißt aber nicht: ohne die ideale Nation (es gibt in aller Welt keine Existenz nach dem abstrakten Idealbegriff), sondern ohne die dem Ideal so weit genäherte Nation, daß dabei der Staat noch leben kann. Belanglos bleiben dabei diejenigen Einwohner eines Staates, welche sich (wie z.B. vor dem Krieg unsre Polen) national zu einer Nation rechnen, welche in einem fremden Staate die ausschlaggebende ist. Und wie keinen Staat ohne Nation, ebenso wenig gibt es natürlich Nation ohne Staat *in irgend welchem Lande*. Und die von jeglicher Nationalität haben Rechtsanspruch entweder auf das Land und den Staat, in welchem sie leben, oder auf einen andern Staat in einem andern Lande. Aber eben deswegen kann von einer jüdischen Nationalität oder gar Nation keine Rede sein, weil es kein jüdisches Land und keinen jüdischen Staat gibt; und gäb es das, so wäre Sache der einzelnen Juden zu optieren, ob sie zu diesem gezählt werden und also aufhören wollen, Staatsbürger des Staates zu sein, in welchem sie wohnen. Erklären sich heute Juden für jüdisch national, so machen sie sich damit selber zu Fremdlingen in sämtlichen Staaten der Welt und zu politischen Utopisten, und ist nicht ihr Verdienst, daß man sie nicht aufs Prelltuch[5] und in die Luft setzt.

1 Lat.: Eintracht.

2 Lat.: Zwietracht.

3 Lat.: erst recht.

4 Infolge des Ersten Weltkrieges zerfiel Österreich-Ungarn in die Länder Österreich, Ungarn, Polen, Tschechoslowakei, Königreich der Serben, Kroaten und Slowenen (später Jugoslawien) und musste Gebiete an Italien und Rumänien abtreten.

5 Der Begriff geht zurück auf einen seit der Antike bekannten Brauch, Menschen

Abb. 30: Fritz Blankenfeld

Ist nicht alles aufgegangen, so laß uns darüber *sprechen*. Sprechen möcht ich dich auf jeden Fall baldigst ....

PS Von einer Hamburgischen Nation konnte nie die Rede sein; denn Hamburg war Freistaat im deutschen Staatenbunde und gehörte zur deutschen Nation. Seine Souveränität erstreckte sich nur auf die inneren Angelegenheiten, es konnte nicht Krieg erklären usw., war nichts weniger als für sich selbst ein Staat nach dem jus gentium.[6]

126. An Frieda Pinner,[1] 5. März 1925

Böse Frieda Pinner

hast mir wohl nur darum den Brief nicht durch einen Gerichtsvollzieher zustellen lassen, weil du dir sagtest: sein Ton macht das unnötig.

Ich leiste nun – gegen die Worte: »Schwere Zeiten sind über mich hingegangen, in denen ich oft an Sie dachte und Hülfe von Ihnen erwartete; aber Sie riefen mich nicht« – ich leiste den Offenbarungseid nach bestem Wissen und Gewissen: Ich besaß kein Wissen von diesen Dingen und Erwartungen, unter all meinen Ahnen kein Ahnen davon. Hätte ichs gewußt und daß du Vertrauen zu mir hast, ich hätte wohl herzgern mit dir geredet.

Und: »Ich bitte Sie sehr, mir diese Frage zu beantworten: Warum rufen Sie nie die Männer mit ihren Frauen zu sich heraus?« Ich weiß, ich habe viele Pflichten, die werden mir von vielen Seiten vorgeschwenkt; aber würde mir nicht vielleicht verstattet werden, gegen diesen zweiten Teil der Anklage submissest[2] vorzustellen, daß ich niemals, niemanden, weder Mann noch Weib, zu mir rufe, der nicht vorher ausdrücklich mich zu sich gerufen hätte. Der Auffassung der Klägerin von einer aus der standesamtlichen Trauung erwachsenden Verpflichtung dürfte in diesem Falle um so weniger beizupflichten sein, als Beklagter nicht allein niemals gehört hat, daß Klägerin ihn zu sich rief, sondern bisweilen im Gegenteil das Gegenteil eines Rufens; wofür Zeugen vorhanden. Und endlich möchte ich, der von mir selber aufrichtig Beklagte, noch mit Permission[3] anfragen, ob nicht vielleicht irgendwo bei meinen Pflichten in einem Winkel auch

oder Tiere auf einem gespannten Tuch in die Höhe zu schleudern und dann wieder aufzufangen – oder aber sie auf den Boden aufschlagen zu lassen.

6 Recht der Völker.

1 Frieda Pinner, geb. Bielschowsky (1892-1934), Ernst Ludwig Pinners erste Ehefrau.

2 Ehrerbietig.

3 Erlaubnis.

ein Recht sich findet, taktvoll zu sein? Der Gegenstand meiner letzten Vorlesung hätte dem Kläger nichts als Ärger geschafft, da er hart gegen den Zionismus geht.[4] Ich weiß doch, böse Frida Pinner, daß du Zionistin bist: sollte ich dich nun zum Ärger rufen? Das wäre sehr taktlos gewesen und häßlich; ich spreche niemals vor dem einzelnen Zionisten gegen den Zionismus. Ob ich diesen auch für einen Wahn halte, so weiß ich doch, daß viele, viele in einem Wahn sich so wohl fühlen wie in ihrem Bett. Und ist nicht das Bett das Schönste auf der Welt? Ich jage niemanden aus seinem Bett, obwohl ich glücklich bin, wenn die Leute rechtzeitig aufstehn und sich nicht zum Unnützen und zur Sünde verliegen.

Böse Frieda Pinner –
und nun bitte ich dich herzlich: komm bald und sei
meine liebe Frieda Pinner!

127. An Borromäus Herrligkoffer, 7. März 1925

M. l. B.

was wundert und wundert man sich denn ohne Aufhören immerwieder über die Instinkte durch welche die Tiere leben? Ist etwa weniger wunderbar der Verstand, durch den *wir* leben? Aber man hält eben unsern Verstand für einen richtig »verstehenden« und Weltverstehenden – in diesem Punkte scheinen die andern Tiere uns *über*, daß sie frei sind von solchem Aberglauben (wer mag wissen, was sie sonst für welchen haben!), und so kommt man nicht dahinter, da der andern Tiere *Bewußtsein oder Leben* (Beides ist ja wirklich Eines) ihre Art der Lebensfürsorge. Und so ist jegliches sich Verwundern über den Instinkt bei andern Tieren Eingeständnis des Aberglaubens an den menschlichen Verstand. Nicht einmal das Wort Instinkt gibt Anreiz zum Stolpern. Denn Instinkt (instingno, instinxi, instinctum) heißt Anreiz, Motiv, Bewegungsantrieb zum Bewegen durch Bewegtsein. Instinkthandlungen, deren ja übrigens auch wir haben, kommen so wenig wie unsere Verstandeshandlungen aus andern inneren Kräften der Natur als aus der Bewegung; der Instinkt bei Tieren und Pflanzen ohne Verstand und ohne Gehirn gibt so gut Dasein nach einem spezifischen Bewegungsgrad wie der Verstand durch ein Gehirn; und anorganisches Dasein ohne jeglichen Verstand oder Instinkt ist wieder andres Dasein. Das Anorganische jeglicher Art ist ebenso angepaßt »der Umwelt«

4 Brunner hatte in einem kleinen Kreis seinen Artikel »Emanzipation, Zionismus und die geschichtliche Macht der Lüge« (s. Brief 124/4) vorgelesen.

und hineingepaßt in das Ganze »der Welt« wie es das Organische ist durch sein Dasein mitsamt seinem Verhalten zum Dasein. Ganz durchdrungen hat man das erst, wenn man die Tiefe des Wortes *Leben = Lebensfürsorge* für den Einzelnen und die Art erfaßt hat und die Tiefe des damit gleichbedeutenden Wortes, daß der Verstand nichts zu schaffen hat mit *der* Welt (die ja gar nicht wirklich, die ja nur relativ ist!) sondern mit *unsrer* Welt. Unser Verstand ist unsre Welt, und unsre Welt ist unser Verstand; und so mit jeglichem Verstand- oder Instinkt- oder sonstigem Bewußtsein.[1]

128. An Alfred Wiener,[1] April 1925

Mein Lieber und Verehrter,

aus Ihren freundlichen Zeilen vom 30. III[2] muß ich schließen, daß sich bei Ihnen oder den anderen Herren von der Redaktion Bedenken wegen des Spengler-Aufsatzes erhoben haben.[3] Ich schreibe Ihnen darum: wenn

1 In der »Lehre« vergleicht Brunner die Menschen- und Tierpsychologie: Jedes Individuum benötige einen spezifischen praktischen Verstand, um das Ding sein zu können, das es ist (S. 907).

1 Alfred Wiener (1885-1965), Studium an der Berliner Hochschule für die Wissenschaft des Judentums, 1913 Promotion in arabischer Literatur an der Universität Heidelberg, anschließend Redakteur des »Israelitischen Familienblatts« in Hamburg. Nach dem Ersten Weltkrieg avancierte Wiener zu einer der Leitfiguren des Centralvereins deutscher Staatsbürger jüdischen Glaubens, war 1923-33 dessen stellvertretender Direktor und in der Redaktion der C.V.-Zeitung sowie im Philo-Verlag tätig. 1933 emigrierte er nach Amsterdam, wo er das »Jewish Central Information Office« gründete, das die nationalsozialistische Judenverfolgung dokumentierte. Die Sammlung konnte kurz vor Ausbruch des Zweiten Weltkrieges nach London gerettet werden, wo sie die Grundlage der 1940 eröffneten Wiener Library bildete. Über den Central-Verein deutscher Staatsbürger jüdischen Glaubens siehe Brief 112/1.

2 Wiener hatte Brunner lediglich geschrieben: »Wir bestätigen mit verbindlichstem und herzlichem Dank den Eingang Ihres Aufsatzes ›Zur Orientierung über Spenglers Untergang des Abendlandes‹. Gestatten Sie uns, Ihnen demnächst weiteres dazu mitzuteilen.« (Brief vom 30. März 1925, LBI/JMB: II, 4, 1).

3 Brunners Aufsatz »Zur Orientierung über Spenglers Untergang des Abendlandes« erschien im Januar 1927 unter dem Titel: Faustischer Geist und Untergang des Abendlandes. Eine Warnung für Christ und Jud, in: Jüdisch-liberale Zeitung 7, Nr. 3 (21. Januar 1927), S. 6f. Brunner kritisierte darin sehr scharf Oswald Spenglers »Der Untergang des Abendlandes. Umrisse einer Morphologie der Weltgeschichte« (Bd. I, Wien: Braumüller 1918; Bd. II, München: Beck 1922). Er hielt das Werk für unwissenschaftlich. Das »gebildete Publikum« sei auf Spengler hereingefallen, weil es historisch nicht gebildet sei. Zwar handele es sich hier nicht bloß um einen »Bildungs-›Bluff‹« wie bei Julius Langbehns »Rembrandt als Erzieher« (Leipzig: Hirschfeld 1890) oder Houston Stewart Chamberlains »Die

ich auch diesen Aufsatz für Sie geschrieben habe, so ist doch selbstverständlich, daß Sie den Druck ablehnen können, *und es bedarf für diesen Fall keines Wortes der Erklärung*![4]

Übrigens darf ich Sie wohl bitten, auch wenn Sie zum Abdruck sich entschlossen haben sollten, mir das Manuskript, möglichst gleich, noch einmal zurückzuschicken. Ich habe mich inzwischen noch eingehend über den Stand der Sache informiert und möchte demgemäß einige Ausdrücke noch verdeutlichen.

Friede mit Ihnen!

Brunner

129. An Abraham Buschke,[1] Juli 1925

Mein Lieber und Verehrter,

Sie sollen einen herzlichen Gruß haben aus Göhren,[2] wo es richtig schön ist an Meer und Wiek,[3] im Wald und im Hag,[4] und ich will Ihnen schreiben, wie es mir zu Sinn nach der wundersamen Fahrt in den Nor-

Grundlagen des neunzehnten Jahrhunderts« (s. Brief 47/10), wohl aber erkennt Brunner eine »Verwandtschaft mit den Konstruktionen der Judenhaßgelehrten«. In Bezug auf die Philosophie sei Spengler »von einer sagenhaften Dummheit, Unwissenheit und Verwirrung«. Seine Beurteilungen Spinozas und Goethes seien unhaltbar, und seine Philosophie sei letztlich krasser Materialismus und damit »Widerphilosophie«.

4 Der Central-Verein lehnte den Druck (veranlasst unter anderem durch eine Stellungnahme von Julius Goldstein vom 3. April 1925, LBI/JMB: III, 1, 1, 7) mit den Worten ab: »Zu unserem größten Bedauern können wir Ihren Artikel über Spengler in unserer ›C.V. Zeitung‹ nicht veröffentlichen. Spengler hat uns Juden durch seine Verurteilung der Juden natürlich außerordentlich geschadet, er hat aber andererseits auch sehr scharfe Worte gegen die Völkischen gefunden, und damit vielleicht etwas den Schaden wieder behoben, den er uns zugefügt hat. Unsere Leser sind im Durchschnitt nicht so geschult, daß sie zwischen der Bewertung des Philosophen Spengler und des Politikers Spengler unterscheiden könnten, so daß als Erfolg eine mehr oder weniger gelinde Verwirrung übrig bliebe.« (Brief von Margarete Edelheim an Brunner vom 8. April 1925, LBI/JMB: II, 4, 1)

1 Der Dermatologe Abraham Aaron Buschke (1868-1943), zunächst Assistent bei Rudolf Virchow und Robert Koch, seit 1908 Professor in Berlin, 1933 emeritiert; er starb in Theresienstadt. Buschke wandte sich Ende 1924 an Brunner, um einen Vortrag in der Kant-Gesellschaft zu vermitteln (s. Brief 121). Es entwickelte sich ein freundschaftliches Verhältnis. Buschke besuchte auch die Veranstaltungen der Constantin Brunner-Gemeinschaft. Auf Wunsch Brunners vermittelte er 1927 Lothar Bickel eine Assistenzarztstelle an der Universitäts-Frauenklinik der Charité. Mit Bickel zusammen publizierte er die Arbeit: Das Ich und die Gattung. Die Sexualtheorie Constantin Brunners (in: Archiv für Frauenkunde und Konstitutionsforschung 19, Heft 2/3 (1933), S. 123-145). Mit Friedrich Jacob-

den.[5] Rein egoistisch will ich berichten, eng egoistisch – nicht vom Schönen, nur von mir als Patienten, als der ich auf die Fahrt gegangen bin. Erquickt durch die Reise fühle ich mich nicht; kräftiger wohl, aber allgemein doch noch ganz im alten Leiden, und im Besonderen angestrengt. Für Naturen von meiner Art Konstitution ist jede Erholungs- und gar Vergnügungsreise (wie diese Nordfahrt im Grunde) zugleich eine Anstrengungsreise, zumal wenn sie – wie es hier gewesen – so konzentriert in wenigen Tagen durch so Vielerlei führt und über *solche* große und kleine Gewässer und Berge. Abgesehen natürlich noch vom Verdruß dabei, unnötigem Mühen und verkehrtem. Keiner ist klug auf Reisen und hat immer auch noch die Dummheiten, Irrtümer und leichtfertigen Auskünfte Anderer zu büßen. – Ob ich irgend welchen günstigen Erfolg (vielleicht noch durch den Nachaufenthalt hier) finde, noch kann ichs nicht sagen. Mein *Bewußtsein* auf der Fahrt wie auch bis jetzt hier noch war und ist allerdeutlichst das meines nervös kollämischen Zustandes.[6] Ein Traumzustand, mit dem ich mich vis-à-vis von mir selbst finde, manchmal richtig wie räumlich ausgedehnt über meinen Leib hinaus, getrennt jedenfalls durch einen Schleier von meinem klaren Wissens-Ich, jenseits von meinen Erinnerungen und von allem Gelernten, das ich nur mit Mühe und unsicher mir herauf produziere, *wenn* ich Dies tue und auch nur Dies kann; Dämmer, und die sonst geläufigsten Namen und Daten schwimmen und lassen sich nicht greifen, glatte alte Aale. Ich bin unfähig zu Unterhaltung und Umgang

son gab er das Buch »Geschlechtsleben und sexuelle Hygiene« (nebst einem juristischen Anhang von Fritz Blankenfeld, Berlin – Leipzig: Walter de Gruyter 1932) heraus, in dem des Öfteren auf Brunners Buch »Liebe, Ehe, Mann und Weib« Bezug genommen wird (in den Kapiteln: Die Pubertät, S. 50; Der Geschlechtstrieb des Weibes, S. 71; Abweichungen vom normalen Geschlechtsleben, S. 105; Vererbung, S. 199f.; Die monogame Ehe, S. 201 f., 204-206 und 211). Bei weitestgehender Zustimmung zu Brunners Thesen distanzierten sich Buschke und Jacobson jedoch von seiner sehr kritischen Haltung zur sexuellen Freiheit der Frau (siehe S. 71 und S. 204f.). Schon einige Jahre zuvor, 1925, hatte Buschke einen psychologischen Brief Brunners publiziert: Gegen den Aberglauben in der Betrachtung von Geisteskranken. Ein Brief Constantin Brunners (mitgeteilt von Abraham Buschke, in: Medizinische Klinik. Wochenschrift für praktische Ärzte 21, Nr. 8 (20. Februar 1925), S. 304-306).

2 Ab 1. Juli 1925 war Brunner im Sommerurlaub in Göhren auf Rügen.

3 Kleine Buchten an der Ostsee.

4 Von einer Hecke umgebenes Gelände.

5 Im Juni hatte Brunner mit seiner Stieftochter Lotte eine Reise nach Norwegen unternommen (s. Abb. 31).

6 Kollämie nannte man die erhöhte Viskosität (Zähflüssigkeit) des Blutes, durch die die Blutzirkulation verringert und die Lebensfunktion gehemmt wird, was sich in Schwächegefühl, Niedergeschlagenheit und Unlust äußert und Herzbeschwerden und Gicht verursachen kann. Nervosität versteht Brunner hier wohl, wie damals üblich, als Nervenschwäche (s. auch Brief 46/7).

Abb. 31: Constantin und Lotte Brunner (sitzend) in Stahlheim, Norwegen, Juni 1925

wenigstens mit Menschen, die nicht auf mich eingestellt sind; ich mag nicht der Fremden und niemand kann mein Gast sein.

Dies ist übrigens mein Zustand, durch den ich muß gewöhnlich (zumal des Sommers) auch beim Arbeiten; und nur wenn ich hindurch *bin* oder in den seltenen Fällen, wo ich, aus dem Innersten kommend, so im Nu durch alle Schleier und Decken durchschlage, hab ich Sicherheit und Schärfe in allen mir bereiten Erinnerungen und Gegenwärtigkeit der erlernten Stoffe, ja Heinzelmännchen zur Hülfe bei der Arbeit. Was ich da zu schildern versuche, ist das Gefühl meiner Krankheit und wie sie – in hellen Momenten – der Eigenmacht und Gesundheit weicht. Ich bin ein Kranker, nicht krank sich haltend, weil er immer im Denken und weil er lebt von den Augenblicken seiner Gesundheit, und der nur wegen Dessen, was er aus den Augenblicken des Lichts für Andere schöpft, von Diesen nicht für krank angesehen wird, und wohl gar für ausnehmend gesund. Ich bin aber mindestens so krank wie gesund und so tot wie lebend; das sage ich Ihnen, dem Arzt und Freunde, und nur ganz privatim und weiß eigentlich selber nicht, wie ich dazu komme, es so herauszusagen Dieses, was mich quält und dessen ich mich *schäme*. Es ist so ein Bischen Stöhnen; was ja zu den Heilmitteln gehört. –[7]

Ich bin ferner so egoistisch, auf das Allerherzlichste zu wünschen und zu hoffen, daß es Ihnen nebst den Ihrigen wohl ergeht, und daß Sie lieb behalten

Constantin Brunner,
der sich freuen würde, bald von Ihnen ein Wort zu hören in *Göhren* (Rügen), Villa Waldfrieden.

7 Lotte Brunner berichtet: »Trotz körperlicher Kräftigung litt Vater die erste Zeit in Göhren unter einer kleinen Depression. Er charakterisierte seinen Zustand, der ihn selber wissenschaftlich interessiert, in einem Brief an Professor Buschke und äußerte sich im Anschluss daran mündlich über ›die Misshelligkeit‹ in seinem Bewusstsein: ›In meiner Jugend habe ich lernen können, aber sehr bald ist alles weggewesen; ich habe die Daten vergessen oder bin unsicher in ihnen. Nur wenn ich arbeite, da kommt mir, was ich will, da helfen mir die Heinzelmännchen. Gewöhnlich bin ich abwesend von mir selbst – es ist im Grunde das Gleiche wie der Traumzustand meiner frühen Jahre. Mich könnte beinah locken, einmal ein richtiges pathologisches Bild von dieser Erscheinung zu machen.‹ Morgens fühlte sich Vater selbst nach gutem Schlaf abgeschlagen, so dass er sich gleich nach dem Kaffee wieder auf das Sofa legte; […] über Augenschmerzen klagend, und dass er nicht werde arbeiten können: ›So sitze ich nun vor dem großen Tag wie vor einem Pult.‹« (Tagebuch, 28. Juli 1925).

130. An Abraham Buschke, 15. Juli 1925

Mein Lieber und Verehrter,

das war sehr lieb von Ihnen, daß Sie mir gleich geantwortet haben. Aber nun muß auch ich gleich wieder schreiben, daß ich mich wohl sehr undeutlich ausgedrückt habe; denn Sie sind zu einer keineswegs zutreffenden Auffassung gekommen: Nicht ein Schatten von Schizophrenie, keinen Augenblick Schisma in meinem Bewußtsein, welches nie seine Einheitlichkeit und seinen hellen Punkt, seine Sonne, verliert; ich bin immer orientiert sowohl nach Seiten der geistigen Besinnung hin wie auch nach dem Relativen. Das Letzte bedeutet, daß ich mit meinem Einen Ich immer in der Ordnung bleibe, mit dem Ich meines Körpers. Nur wird dieser Körper in so vielerlei Bewegungen nach so vielen Richtungen der Welt gezogen, daß sein Ich damit unzufrieden ist und davon gestört wird und nun auch nicht ruhig zu Hause bleiben kann. Dieses Engagiertsein meines Körpers, seine »Empfindlichkeit« und die dadurch bedingte Störung des Ich in den Ichgeschäften, der schleichende (kollämische) Gang zur Arbeit, Trägheit, Unaufmerksamkeit, Vergeßlichkeit, Widerwilligkeit unter einem so fleißigen und gewissenhaften Aufseher, wie mein Ich im Grunde (abgesehen hier noch von einigen positiven Leiden), das ist meine Körperkrankheit, die aber, bis heute wenigstens noch keine Sekunde, eine Alteration[1] meines völlig einheitlich zentrierten Ichbewußtseins zur Folge gehabt hat. Dies zur Erklärung und zum Protest, damit ich nicht unter die Schizophrenen geschmissen werde, auch nicht unter die von überwiegend normaler Haltung; und ich weiß nicht, ob es für meine Miserabilität schon ein besonderes Schubfach gibt.

Alles Gute zur Stärkung Ihrer lieben Frau[2] und für Ihre kleinen Ausspannungen in der freilich auch schönen Mark;[3] und auf herzliches Wiedersehen!

Constantin Brunner

1 Veränderung.
2 Erna Buschke, geb. Fränkel (1877-1952).
3 Die Mark Brandenburg.

131. An Martin Buber, Juli 1925

Lieber und Verehrter,

wenn also kein Brief W Rs sich gefunden, bin ich bereit, einen geeigneten zu geben.[1]

An die Briefe G Ls[2] kann ich zur Zeit nicht heran, um nach Daten zu sehen. Wenn Sie mir die bezeichneten Briefe von *mir* schicken, so werde ich sehen, welche von G L dazu Anlaß und Antwort bilden. Ich vermute, es handelt sich um die Briefe, welche den von G L eingeleiteten Bruch mit mir zeigen?

Sie schrieben mir damals, bei der Aufforderung, die Briefe Ls zu schikken: ich brauchte ja *nicht alle* zu schicken. Ich nahm das für eine Zartheit von Ihnen, womit Sie mir hätten andeuten wollen: L's Konfliktbriefe an dich wollen wir von der Veröffentlichung ausschließen. Das war mir natürlich herzlich recht; denn ihre Veröffentlichung hätte die Veröffentlichung auch meiner Antworten zur Folge haben müssen, und mir wäre unsagbar schmerzlich gewesen, das dem Andenken eines Mannes antun zu müssen, der mir teuer und dessen schönes Bild für mich – *ohne die allergeringste Trübung durch seine Heftigkeit und Anspruch* – herrlich geblieben wie am ersten Tag.

Soviel ich weiß, besitze ich noch die sämtlichen in Betracht kommenden Briefe Ls, und sie stehen *Ihnen,* wenn Sie sie wollen, im Original zur Verfügung, auch natürlich Das, was Ihnen da in Abschriften nur unvollständig vorliegt. Aber ich setze dabei voraus und treffe damit wohl gewiß Ihre Herzensmeinung, daß von einer Veröffentlichung und daraus unfehlbar sich ergebendem Skandal (unter kleingesinnten Leuten von Ls und von meinem Anhang) Abstand genommen wird.[3]

1 Von Rathenaus Mutter Mathilde hatte Brunner erfahren, dass sich im Rathenaunachlass Briefe Landauers befänden. Brunner hatte Buber angeboten, ihm diese für die von ihm vorbereitete Edition der Briefe Gustav Landauers zu vermitteln.

2 Briefe Gustav Landauers an Brunner.

3 In der Ende 1928 erschienenen Publikation der Briefe Landauers (Gustav Landauer. Sein Lebensgang in Briefen, hrsg. von Martin Buber und Ina Britschgi-Schimmer, Frankfurt a.M.: Rütten & Loening 1929) fand Brunner sich »sehr schlecht weggekommen« und sah darin »durchaus Absicht des Herausgebers Martin Buber. Landauers eigentliches Verhältnis zu ihm, das der Schwärmerei, sei ganz unterdrückt. ›Es ist überhaupt nichts mit solch ein paar herausgegriffenen Briefen von einer Seite. Das gibt immer ein schiefes Bild. Der andere steht da wie ein armer Angeklagter mit Maulkorb, und der Briefschreiber hats leicht zu triumphieren. Wenigstens habe ich den Abdruck der letzten, entscheidenden Briefe ohne meine Antworten nicht erlaubt. Vielleicht kann dieser Briefwechsel später mal veröffentlicht werden. Das ist ein blutiges kleines Drama.‹« (Lotte Brunner, Tagebuch, 23. Dezember 1928).

Abb. 32: Martin Buber

Die Besprechung einer Schrift von mir dürfte dem »Juden«[4] nicht erwünscht sein. Mir schrieb jüngst jemand, er habe in diesem Blatt einen Aufsatz gehabt, der auf meinen Gedanken stehe und mit meinen Terminis spreche; es sei aber im Druck mein Name, wo er gestanden habe, überall verschwunden gewesen.[5] Wie deutlich die Beziehung auf mich, sei daraus ersichtlich, daß ein anderes jüdisches Blatt (dem Schreiber gänzlich unbekannt bis dahin, rein aus sich) diesen Aufsatz nachgedruckt und dazu gesetzt habe, er stütze sich auf mich.[6] Ich kann also nicht annehmen, daß dem Juden an Besprechung einer Schrift von mir gelegen; und mir liegt an nichts weniger als am Mich Aufdrängen. Darum möcht ich kein Rezensionsexemplar schicken lassen, schicke aber Ihnen persönlich ein Exemplar.[7]

NB darf ich an den ausgezeichneten Hebraiker in Ihnen die Frage richten: Was heißt auf Deutsch אינרציה? אפטית? !!?!!!מהאינרציה האפטית שבתוכנו?[8] Ich weiß אין ratio[9] und bin vielleicht ganz aphtis,[10] aber grüße Sie mit dem שבתוכנו.[11]

Brunner

4 Die von Martin Buber herausgegebene Zeitschrift »Der Jude«.

5 Ernst [Ludwig] Pinner, Der Dichter Ernst Toller, in: Der Jude 8, Heft 8 (1924), S. 483-487. Lotte Brunner berichtet, dass in dem auf Brunner fußenden Aufsatz alles auf Brunner Bezügliche von der Redaktion gestrichen worden sei (Tagebuch, 22. November 1924). An Pinner schreibt Brunner, dass dieser sich diese »kleine Ungerechtigkeit« nicht zu Herzen nehmen solle: »Du lebst doch in der Welt.« (Brief vom Sommer 1924, LBI/JMB: II, 10, 2). Pinners Schwester, die Soziologin und Sozialarbeiterin Margarete Turnowsky-Pinner (1884-1982), war mit dem Schriftsteller und Revolutionär Ernst Toller (1893-1939) befreundet.

6 Pinners Aufsatz über Toller wurde auch in den Leipziger Jüdischen Nachrichten (3, Nr. 35 (31. August 1924), S. 5 f.) abgedruckt, und zwar mit einer kurzen Einleitung von Abraham Suhl, dem Pinner zu unkritisch war.

7 Vermutlich ist nicht das schon im Sommer 1924 erschienene Buch »Liebe, Ehe, Mann und Weib«, sondern die Ende 1924 veröffentlichte autobiographische Schrift »Vom Einsiedler Constantin Brunner« gemeint, in der Brunner unter anderem wieder ausführlich auf jüdische Themen eingeht.

8 Hebr.: Was ist die apathische Trägheit der Masse in uns? Trägheit der Masse? Apathisch?

9 Hebr. (ein): es gibt nicht; lat. (ratio): Vernunft. Es gibt keine Vernunft.

10 Lat.: Mundfäule; hier im übertragenen Sinne gemeint.

11 Hebr.: was in uns ist.

132. An George Goetz,[1] 13. August 1925

Mein lieber Götz,

das tu ich nie, wenn über mich geschrieben oder gesprochen werden soll; und Sie werdens schon recht machen. Hab ich doch sogar zu Ihnen das ungewöhnliche Vertrauen, daß Sie können, was so Wenige können: *vorlesen.*[2] Beinah alle machen da gleich einen schaurigen Nachtwächter oder Pastor; wer aber, wie Sie hier bei mir zeigten, mit so vollendeter Kunst (und so schönen Organmitteln) einen Pastor *spielen* kann, der weiß ganz gewiß auch, daß Vorlesen Sache der Natürlichkeit, dahinein den Brüdern Pastor und Nachtwächter der Zutritt verboten. Ich verlange vom Vorleser nichts als wirkliche Natürlichkeit (selbstverständlich bei menschenwürdig geschulter reiner Kehle) nebst der Fähigkeit zu gleichfalls natürlichem Pathos, wobei er einstimmig mit sich selbst bleibt und nicht ins polyphone Krähen und sich Überbrüllen fällt.

1 George Goetz (1892-1968) (s. Abb. 33) wurde in Kopenhagen geboren, wuchs in Hamburg auf, war seit 1917 in Danzig als Kaufmann tätig und übersiedelte 1925 nach Berlin, wo er bis 1934 als Generalsekretär der »Vereinigung für das liberale Judentum in Deutschland« tätig war. Goetz war auch Mitglied im Centralverein deutscher Staatsbürger Jüdischen Glaubens. Von 1931 bis 1935 war er Schriftleiter der Jüdisch-liberalen Zeitung und von 1926 bis 1938 Prediger an den liberalen Hermann Falkenberg-Synagogen, von 1936 bis 1938 gleichzeitig auch in der Jüdischen Gemeinde zu Berlin. 1936 nahm er ein Rabbiner-Studium an der Hochschule für die Wissenschaft des Judentums auf, musste jedoch kurz vor Ablegung des Examens am 13. November 1938 aus Deutschland fliehen. Seitdem lebte er mit seiner Familie in Kopenhagen, unterbrochen von einer Flucht nach Stockholm (1943 bis 1945) und längeren Aufenthalten in Hamburg (1946) und Den Haag (1947 bis 1949). Er war nach dem Zweiten Weltkrieg der engste Mitarbeiter von Magdalena Kasch im Internationaal Constantin Brunner Instituut und maßgeblich an der Neuausgabe von Brunners Werken beteiligt. Nachdem Goetz in Danzig Brunners Werk kennengelernt hatte, suchte er zunächst brieflich, schließlich auch persönlich Brunners Nähe. Goetz war ein sehr geschätzter Sprecher und als solcher auch in der Berliner Brunner-Gemeinschaft aktiv. In seinen Artikeln bezog er sich häufig auf Brunner (z.B.: Die Lehre von den Geistigen und vom Volke, in: Jüdisch-liberale Zeitung 3, Nr. 32 (12. August 1927), S. 7f.; Neue Waffen in alten Kämpfen. Jüdische Literatur um Constantin Brunner, in: Jüdisch-liberale Zeitung 8, Nr. 43 (26. Oktober 1928), S. 2f.). Er vertrat eine liberal-religiöse Auffassung, die er mit der Philosophie Spinozas und der Brunners für vereinbar hielt (siehe vor allem: Spinoza und der Geist des Judentums, in: Jüdisch-liberale Zeitung 12, Nr. 15 (1. November 1932), S. 1f.). Seine Schriften wurden neu herausgegeben: Philosophie und Judentum. Vorträge und Aufsätze aus den Jahren 1924-1968, hrsg. von Hans Goetz, Husum: Hansa-Verlag 1991; Zur Geschichte der Atomistik. Verwechslung der Atome der Philosophie mit den Atomen der Physik. Ein wissenschaftlicher Essay (1948), hrsg. von Hans Goetz, Münster: Monsenstein und Vannerdat 2009.

2 Brunner widmete diesem Thema auch einen Abschnitt in »Aus meinem Tagebuch« (S. 51).

Machen Sie nur, wie Sie wollen und was; und ja: suchen Sie Ihren Hörern[3] zu zeigen, daß ich der leidenschaftlichste Pazifist *bin*, aber nicht denken kann, daß die Menschen es ebenfalls seien oder werden. (Wer nicht selber denken und mitdenken kann, dürfte geneigt sein, mich da sehr mißzuverstehen).

Alles, was Sie mir geschrieben vorlegen, werde ich stets gewissenhaft lesen und Ihnen ebenso darüber schreiben.

Von Steiner[4] weiß ich nichts, als daß manche seiner Anhänger zu mir kamen, weil sie seinen Spiritismus nicht ertrugen; und eben dieser ist es wohl, der so viele Anhänger um ihn versammelt hat.

Wenn Sie die Vorträge an der Hochschule halten,[5] so werden Sie darin ohne Zweifel auch ein Mittel finden, das eigne Wachstum zu beschleuni-

3 Es dürfte sich um den Vortrag handeln, den George Goetz am 17. August 1925 vor der Deutschen Liga für Menschenrechte hielt, einer pazifistischen Vereinigung, die eine internationale Gesetzgebung und internationale Gerichte forderte und zu deren führenden Mitgliedern Carl von Ossietzky, Albert Einstein und Kurt Tucholsky gehörten.

4 Rudolf Steiner (1861-1925), Esoteriker und Philosoph, Begründer der Anthroposophie.

5 Goetz beabsichtigte, im Winterhalbjahr 1925/26 an der von Karl Jellinek (1882-1971) geleiteten Freien Volkshochschule in Danzig ein Kolleg (6 Vorlesungen) über »Die Philosophie des Constantin Brunner« zu halten und hatte Brunner gefragt, ob er Anregungen oder Wünsche dazu äußern wolle. Die Ankündigung der Vorträge im Vorlesungsverzeichnis der Volkshochschule hatte den Mediziner und Publizisten Erwin Liek (1878-1935) veranlasst, eine kritische Bemerkung in seinem Buch »Der Arzt und seine Sendung« (München: Lehmann 1926) über Volksvorlesungen dieser Art zu machen: »Ich kann aber immer nur den Kopf schütteln über die Vorstellung, die man an Studiertischen vom ›Volke‹ hat. Gestern lese ich an einer Litfaßsäule drei Anschläge: Volkshochschule, Volksbühne, sozialhygienische Vorträge. Glauben die Veranstalter im Ernst, daß sie das ›Volk‹ auf diese Weise bilden können? Ich meine, das Volk hat heute ganz andere Sorgen, als die ›Philosophie des Konstantin Brunner‹ kennenzulernen (aus der Inhaltsangabe: ›Analogon, das fiktiv Absolute oder verabsolutierte Relative‹) oder das ›Buch Hiob und Goethes Faust‹. Und das alles in einer Zeit, wo viele fleißige Volksgenossen kein Dach über ihrem Haupte haben und nicht wissen, wie sie für Weib und Kind Brot schaffen sollen! Ich habe solche Vorträge oft besucht, habe mich unter den Zuhörern umgeschaut und alles mögliche gesehen, nur nicht das Volk; immer nur sah ich Menschen, denen alle Wege zur Weiterbildung offen stehen. Wieviel Selbsttäuschung und Eitelkeit steckt hinter all diesem Betrieb, und wie wenig an wirklichen Werten kommt dabei heraus!« (S. 114). Dies führte zu einem Briefwechsel zwischen Karl Borromäus Herrligkoffer und Liek. Liek las, von Herrligkoffer veranlasst, Brunners Werke und ergänzte die folgende Passage in der Neuauflage seines Buches (8. Auflage 1931, S. 183 f.): »Auch hier bin ich mißverstanden worden. Ein bayerischer Kollege wirft mir vor, ich mache mich über den besten deutschen Philosophen Constantin Brunner lustig; ich würde mich noch einmal schämen, über einen solchen Mann billige Witze gerissen zu haben. Welch' ein Irrtum auf Seiten des Kollegen. Ich kannte die Philosophie des Constantin Brunner bisher nicht und bin jetzt erst auf den Brief des Kollegen hin dabei, seine Werke mit innerer Erschütterung und fast restloser Zustimmung zu studieren. Die Inhaltsangabe ›Analogon, das fiktiv Absolute oder verabsolutierte Relative‹

Abb. 33: George Goetz, März 1927

gen; und je mehr man sich draußen objektiv verwurzelt, desto selbstsicherer und freudiger lebt das Subjekt. Ich wünsche Ihnen von ganzem Herzen alle Ausbreitung und alle Konzentration der Kräfte!

B.

133. An Emil Grünfeld,[1] 15. Oktober 1925

Mein Lieber,

herzlichen Dank sollen Sie gleich haben für Brief und Abschriften; welche letzten durchzusehen ich in den nächsten Tagen schwerlich die Zeit finden werde.[2] Aber ich kenne ja Fräulein Jacobi als ausgezeichnete Abschreiberin und dürfte an meinem Teil mehr Fehler gemacht haben als sie. Nur daß mir auch eben der soll widerfahren sein, mit dem Ihr Brief mir heiß machen will, – da bleibe ich noch kühl.

Die Frage hatte ich vorausgesehen, dennoch, mit vollem Bedacht, nicht anders auf sie geantwortet als mit jenem einzigen, von Ihnen im Brief angeführten, Satze; dem ich für den Druck nur noch eine Fußnote, mit Hinweis auf einige Stellen meiner Bücher beizugeben die Absicht hatte und noch habe. Weiter nichts als Dies.

stand auf den Anschlägen der Litfaßsäulen. Lustig mache ich mich nur über die Leute, die da meinen, das ›Volk‹ mit solchen Vorträgen an sich zu ziehen. Ich habe immer der Volkshochschule, wenigstens wie sie hier in Danzig aufgezogen wurde, eine ungünstige Voraussage gestellt. Nach dem, was ich jetzt von allen Seiten höre, habe ich recht behalten.« In seiner Zeitschrift »Hippokrates« gab er dann später Brunners zweiten Aufsatz über die Medizin heraus: Natura sanat, medicus curat (in: Hippokrates. Zeitschrift für Einheitsbestrebungen der Gegenwartsmedizin 1, Heft 6 (1928), S. 441-487).

1 Der im galizischen Tarnów geborene und in Berlin aufgewachsene Diplom-Kaufmann Emil Grünfeld (Pseud. Kimchi, 1889-1943) (s. Abb. 61) war zunächst in Eberswalde, später in Ilsenburg tätig. 1925 suchte Grünfeld, den vor allem jüdisch-politische Fragen beschäftigten, persönlichen Kontakt zu Brunner und engagierte sich in der Berliner Brunner-Gemeinschaft. Unter dem Pseudonym Kimchi publizierte er den antizionistischen Artikel »Was mir der Zionismus war und was er mir ist« in der zusammen mit Fritz Blankenfeld und Ernst Ludwig Pinner herausgegebenen Sammelschrift »Los vom Zionismus« (Frankfurt a.M.: Kaufmann 1928). 1934 emigrierte er in die Niederlande, wo er 1942 im Konzentrationslager Westerbork interniert wurde und dort 1943 an einem Herzschlag starb.

2 Brunner hatte Grünfeld das Manuskript seiner Abhandlung »Emanzipation, Zionismus und die geschichtliche Macht der Lüge« geschickt (s. Brief 124/4). Grünfeld ließ Abschriften herstellen, die er zusammen mit einer kritischen Stellungnahme an Brunner sandte (Brief vom 17. September 1925, LBI/JMB: II, 4, 11).

Die Intention Ihrer Aufforderung wird von mir keinen Atemzug mißkannt; und wie ich Ihnen für sie danke, so soll Ihnen geschrieben werden, warum ich ihr nicht folgen kann. Erstens, Zweitens, Hundertstens; aber geschrieben hier natürlich nur das Hauptsächliche:

Meine Abhandlung führt den Titel: »Emanzipation, Zionismus und die geschichtliche Macht der Lüge.« Ich halte mich an diesen Titel, der mir nicht die Aufgabe stellt, auch über das Wesen des Judentums mich zu verbreiten. Dennoch war ich, wie schon bemerkt, auf jenen Einwand vorbereitet. Die meisten Leser wollen ja nur das ihrige, und so werden viele Juden sagen: »Ja, wenn du uns das nicht auseinandersetzest, was das Wesen des Judentums und wodurch wir als Juden zusammengehalten werden, dann bedeutet uns deine Auseinandersetzung nichts und wir wenden uns ab.« Es können und werden wieder andre Leser, Nichtjuden und Juden, noch gar manches Andre fragen, sagen und sich abwenden, weil ich noch gar manches Andre nicht auseinandergesetzt habe oder verkehrt oder nach ihrer Meinung verkehrt. Dagegen ist kein Mittel; ich muß sie lassen, und sie müssen mich lassen. Ich halte mich eben an meine Aufgabe, die ich befriedigender nicht lösen kann, als ich kann.

Das ist nun eigentlich die volle Antwort auf Ihren Brief. Aber ich will sie voller machen. Ich will noch im Besonderen von jenen nach dem Wesen des Judentums Fragenden, – ich will zunächst meinerseits fragen nach den Fragern. Welche sind das, die so fragen werden? Solche, die das Wesen des Judentums kennen, oder solche, die es nicht kennen?

Solche Juden – Sie sprechen offenbar nur von Juden –, welche das Wesen des Judentums *nicht* kennen und denen es nichts bedeutet (denn wem es irgend bedeutet, der kennt es auch oder glaubt doch, es zu kennen), werden schwerlich eine schmerzliche Enttäuschung empfinden über fehlende Auseinandersetzung vom Wesen des Judentums in einer Schrift, die, soweit sie vom Judentum spricht, nur vom politischen Judentum spricht und für das völlige Eingehen derer von jüdischer Abstammung in die wirklich bestehenden Völker das Aufgeben der Fiktion von einem jüdischen Volke verlangt. Ich hege vielmehr den Verdacht, daß die Frager der bezeichneten Frage solche Enttäuschte sein werden, welche gar nicht wirklich nach dem Wesen des Judentums fragen, welches sie vielmehr zu kennen glauben und davon das Gefühl in sich tragen; wenden sich aber ab, weil sie dem zugewandt sich fühlen, wovon diese Schrift fordert, daß sie von ihm, als von Verkehrtem und Verderblichem, sich abwenden sollen. Sie sind nämlich zugewandt – und das allein suchen sie und wollen sie finden in jeder Schrift, oder sie wenden gleich sich ab – sie sind innerlich zugewandt einem politischen Judentum und fragen also gar nicht wirklich nach dem Wesen, d.i. nach dem geistigen Wesen des Judentums. Sie wissen vielleicht gar nicht, daß das Judentum Geist ist; denn sie nennen irgend welches doch noch immer national Jüdisches, also Politisches: das Wesen des Judentums. Sie wenden sich ab von dieser Schrift, die jeglicher jüdischen Politik das Urteil spricht.

Nicht etwa nur Zionisten tun so, und ich weiß, daß die Zionisten für Sie *nicht mehr* in Frage stehen; daß Sie nicht für die Diskussion mit Zionisten sich ausrüsten wollen. Sie denken an gewesene Zionisten, die keine mehr sind darum, weil ihnen die Aussichtslosigkeit des Zionismus aufgegangen; aber ihr Herz ist noch warm vom alten Traum und ganz kalt für den Anschluß an die Völker, die allerdings ihrem Leben so harte Schwierigkeiten bereiten. Das ist schlimmer Mittelstand; die in ihm sich finden, die sind noch nicht so weit, daß meine Schriften zu ihnen sprechen könnten Andres als Dies: Ihr kommt mit einem unberechtigten Verlangen, müßt noch warten, habt euch noch erst völliger eures Wahnes zu entledigen, damit ihr Verhältnis zu einem Vaterlande und dieses euer Verhältnis Gemüt und Fülle erlange. Es kommen hier ja wohl eigentlich nur die Ostjuden in Betracht, die in den Kulturländern Heimat suchen, nebst den wenigen von ihnen angesteckten Westjuden. Schon dies ist schlimm, hat man ihnen zu sagen, daß ihr so fragt, wie ihr da fragt; daß ihr gar nicht fragt: Was sollen wir tun, wir Entwurzelten, damit wir in unser neues Vaterland recht uns einwurzeln? sondern nichts als Dies fragt ihr: Was gibt man uns Jüdisches für den entgangenen jüdischen Zionismus? und wer zeigt uns das Wesen des Judentums, wodurch wir als Juden zusammengehalten werden?

Uns Deutsche geht, als Deutsche, auch im Geringsten nicht das Wesen des Judentums an und ist uns so gleichgültig, ob ein Deutscher ein guter Jude ist, wie etwa, ob ein Deutscher ein guter Protestant oder ein guter Katholik oder guter Buddhist oder guter Philosoph genannt werden kann, und ob die Protestanten, die Katholiken, die Buddhisten, die Philosophen und ob die Leiermänner je untereinander recht zusammenhalten. Als Deutsche fragen wir nach nichts als nach dem Deutschsein und geht uns also das Wesen des Judentums nichts an; sehr aber geht uns, als Deutsche, das Unwesen des Zionismus an. Wir wollen von keinem noch so verkappten Zionismus wissen und von nichts, was die Herzen, die unsrem deutschen Volk gehören, ihm entfremdet. So sind, als Deutsche, unsre Gedanken, unsre Worte im Bauch, wie die Polynesier sagen, und wollen heraus gegen jene Frager, die keine Zionisten mehr sind, aber wahrlich noch nicht Deutsche geworden.

Nun kann es neues Mißverständnis setzen und Der und Jener glauben, ich wollte von dem Judentum für die Juden nichts wissen. Wie aber sollte Das wohl bei mir sein, der ich von dem Judentum für die ganze Welt weiß und viel geredet habe von der geistigen Bedeutung des Judentums?! Selbst in dieser Schrift, wo nicht gehörig, davon zu reden, habe ich nicht gänzlich geschwiegen davon und doch nicht etwa verlangt, die Juden müßten das Judentum aufgeben: nur das politische Judentum, den Aberglauben des jüdisch Völkischen, der sie volklos und elend macht. Der Juden Aberglaube von ihrem Gottesvolkstum brachte gleich all ihre Unglücke mit auf die Welt, und daß an diesem Aberglauben von abnormer Beschaffenheit sie hielten, als sie kein Volk mehr waren, konnte sie unmöglich zu einem besonderen Volk unter den Völkern machen. Es hat sie *zu einer besonderen Gesellschaft* unter den Völkern gemacht; und das war das Unglück, welches den schwarzen Sud des Hasses auf sie heruntergoß. Von Diesem und von Andrem handelt meine Abhandlung, nicht vom Wesen des Judentums. Wer nun aber nach dem Wesen des Judentums wirklich ernst fragt und mich zu fragen gedenkt, der braucht nicht ohne Antwort durch mich zu bleiben. Dafür sind meine Bücher »Der Judenhaß und die Juden« und »Christus« und einige kleinere Werke.[3] Wie freilich die untereinander so sehr verschiedenen einzelnen Juden sich da zu verhalten haben mit jüdischer Religion, geschichtlichem Bewußtsein, Gefühl von ihrer Abstammung usw., – in diese empirischen Besonderheiten einzutreten konnte nicht meine Aufgabe sein. Es macht sich auch geschichtlich von selber; davon bin ich überzeugt. Die Geschichte macht uns schon, daß wir die Geschichte machen, auch gegen unsren Verstand und Willen. Glaubt doch nicht, daß die Juden wissen müssen um ihre geschichtliche Stellung und Rolle in der Zukunft und daß sie verstehen würden. Denkt nur an die Juden zur Zeit Christi – was haben die gewußt und verstanden, und haben sie etwa gewollt, was das Judentum für die Welt gewollt und getan hat durch Christus? – Ich bin – subjektiv – davon überzeugt, daß die Juden, in ihrer geistigen Besonderheit als Juden, noch sehr lange erhalten bleiben, so wie ich – mehr als subjektiv – von ihrer Bedeutung für unser Kulturleben überzeugt bin. Ganz gewiß hat die Natur Achtung vor ihnen; sie hätte sie sonst nicht hervorgebracht und nicht so lange im Leben aufbewahrt. Glaube auch nicht und kann nicht fürchten, daß ihr Schicksal für sie zu groß oder auch nur zu hart ausgefallen. Die Starken unter ihnen – und auf die allein kommt es an – werden auch stark genug sein, das Zusammengesetzte des Bewußtseins, wie es die augenblickliche Weltlage immer noch von ihnen fordert (zur Position ihrer eigentlichen Naturen die Negation durch den Menschenpöbel) zu tragen; sie werden dadurch zu einer noch größeren Tiefe der Lebenserfassung hinabdringen und empfinden, in welch hohem Grade es doch auch wunderbar ist, ein Jude zu sein.

3 Bis zu diesem Zeitpunkt hatte Brunner sich neben den genannten Werken auch in »Der Judenhaß und das Denken«, »Memscheleth sadon. Letztes Wort über den Judenhaß und die Juden« sowie im dritten Abschnitt des »Einsiedler« (betitelt: Vom Unglück unsres deutschen Volkes und unsre »Völkischen«) über jüdische Fragen geäußert.

Die Juden sind lange und schreckliche Zeiten hindurch jenseits von allen Gesetzen und Bedingungen des Lebens, fast ohne Lebenseinverstandenheit, am Leben geblieben und haben doch dereinst aus dem Zentrum ihres geistigen Wesens Großes und Größtes geschaffen. In ihnen ruht die Kraft, aus dem Schwierigsten und aus der Unersichtlichkeit das Äußerste hervorzuholen. Es konnte nicht und kann nicht ausbleiben, daß sie an ihrer Peripherie sich verirrten und verirren werden; die vielen verirren sich jederzeit. Aber den wenigen wird auch in der Zukunft die Fähigkeit nicht verloren gehn für das, was aus dem Zentrum herkommt, für das Wesen des Judentums.

Über das Alles hab ich geredet; an meinen Antworten, objektiv und subjektiv, hat es nicht gefehlt, – ja, mein Lieber, Sie, zu denen gehörend, die jede Zeile von mir kennen und jederzeit gegenwärtig haben: warum beantworteten Sie sich jene Frage nicht selbst, so wie Sie dieselbe Andern werden beantworten können? Ich schreibe diesen Brief nicht zu Ende. Sein Ende steht anderswo; und wenn Sie auch nur den Schluß von Memscheleth sadon[4] oder Judenbuch S. 471 ff der dritten Auflage über die kulturgeschichtliche Rasse (im Zusammenhang mit meiner Rassenbestimmung der Juden) vornehmen.[5] Freilich rede ich auch an dieser letztgenannten Stelle

4 Brunner kritisierte am Schluss von »Memscheleth sadon. Letztes Wort über den Judenhaß und die Juden« den Zionismus als eine Fiktion und einen Selbstbetrug. Die Juden, der »Geist des Judentums«, sei für die Welt bedeutsam: »Die Juden sind ein in das Weltmeer der Geschichte gestürzter Strom, dessen Wassertropfen, hierhin geworfen und dorthin, mit dem Meere vermischt, doch überall im Meere kenntlich bleiben, wie Öl im Wasser. Diese Tropfen nun sammeln und wieder zum Fluß zurück machen – ach, die Flüßchen-Blamage, die Zionismus zustande bringen könnte! Ach, die Blamage; ach, das Unglück! […] In die Welt wollten die Juden mit ihrem Judentum; daher die Juden, als sie noch ein Volk gewesen, das einzige Volk gewesen sind, welches an alle die übrigen Völker, an die Zukunft der Menschheit und an die Menschengattung dachte – kein Tier denkt an seine Gattung, und unter den Menschen haben zuerst die Juden an die Menschengattung gedacht. Zion war nur Vorbereitung für Juden und Judentum in der Welt.« (Der erste Teil dieses Zitats, in der Erstausgabe S. 109, wurde im Neudruck des Buches (1969, S. 159) ausgelassen.).

5 Offenbar hat Brunner sich verschrieben. Über die Juden als kulturgeschichtliche Rasse äußert er sich in »Der Judenhaß und die Juden« auf S. 421 f. (in der Neuausgabe, Berlin: Philo [5]2004, S. 265): »Für diese unsre Kulturepoche scheint mir die Erhaltung der Juden eine geschichtliche Gewißheit und Notwendigkeit, da der Gedanke dieser Kulturepoche […] von den Juden ist gebracht worden; und es scheint, daß er nicht ohne sie kann vollendet werden. Die Juden sind, was die ideale Kultur dieser Epoche betrifft, die kulturgeschichtliche Rasse – von ihren Leistungen zur materialen Kultur haben andre geredet und mögen andre reden: ich rede von ihrer Rassenenergie, womit sie den seelischen Nöten der Menschheit zu dienen suchten, und sage, daß sie die kulturgeschichtliche Rasse sind, vorhanden mehr für das Leben der Weltgeschichte als für ihr eignes Leben, und sage, daß

von Gewißheit und Notwendigkeit der Erhaltung der Juden mit einem »Mir scheint«, nur subjektiv, und kann Andres nicht geben; wer sich verbürgt, nimmt Schaden, warnen die Skeptiker. Vielleicht kommt es anders, und die Juden verschwinden unterschiedlos in die Völker hinein. Dies wäre auch vielleicht das einzige Mittel der Errettung von ihrem Unglück. Ich weiß Das nicht, und die Frage danach ist nicht in meinen Gedanken; und fragen Sie mich nicht, ob ich das wünschte, wenn denn wirklich kein andres Mittel wäre. Die Juden mögen *genug* Freiheit erringen, oder aller Judenhaß mag aufhören, weil die Juden untergegangen – dieses Eine weiß ich: das Judentum wird nicht untergehen und sein Leuchtschein diesem unsrem Äon der Menschheit erhalten bleiben.

Constantin Brunner

134. An George Goetz, 12. November 1925

Mein Lieber,

Ihre Briefe erfreuen uns alle, an wen von uns im Besonderen sie adressiert sein mögen. Den an Magdalena[1] hab ich natürlich gleich weitergegeben, und die Sache wird sicherlich in Ordnung gebracht.

Ich muß doch noch auf jene Äußerung des von Ihnen wissenschaftlich beschriebenen Harburger Ungeheuers kommen.[2] Sie selber scheinen, nach eignem Referat Ihrer Verteidigung, diese Äußerung für wahr zu halten. Sie beruht aber auf Erfindung. Ich bin *nicht* aus dem Judentum ausgetreten; was ich Sie gelegentlich zu erklären bitten möchte. Unter Austritt aus dem Judentum versteht man Austritt aus der jüdischen Religion und womöglich Eintritt in eine andre Religion, Taufe. Sie sollten wissen, wie weit ich von dem Allen bin. Doch konnte ich natürlich nicht hindern, daß die jüdische Religion aus mir ausgetreten. Aber ehrlich gesagt: nicht einmal Dies

sie die kulturgeschichtliche Rasse immer noch *sind*. Das letzte also kann sich recht erst zeigen im Fortgange ihrer Emanzipation, welche fortgehen wird zugleich mit der weiteren Emanzipation der Menschheit […]. Die Juden werden, bei ihrer nicht auf äußerliche Macht gestützten Besonderheit, in irgend welcher Hinsicht überall und jederzeit bedrückt bleiben – aber bleiben, so lange gegen die Übermacht von außen die innerliche Macht aus der tiefsten Grundlage ihres besonderen Wesens, so lang die Macht ihres Ideals sie erhält; welches kein andres als der von ihnen in die Welt getragene Kulturgedanke.«

1 Magdalena Kasch.

2 In einer Versammlung in Harburg hatte ein Diskussionsteilnehmer behauptet, Brunner habe sich taufen lassen, was Goetz dementierte, aber erklärte, Brunner sei aus der jüdischen Religionsgemeinschaft ausgetreten.

völlig. Mit ihrer gastrischen[3] Seite, mit Schalet,[4] Charimsel,[5] Butterkuchen, spricht sie noch melodisch zu mir. Es sind unter den Koscheren viele Sagen über meinen Geschmack im Umlauf; trotzdem ich mit Manchem bewiesen zu haben glaube, daß ich ein Mann bin, sollte mich gar nicht wundern, nächstens von mir als von einer Frau zu hören, die aus ihren leiblichen Kindern sich Mittagbrot bereitet.

Die Juden sind fürchterlich, und ihr Patriotismus ist fürchterlich; ihre Patria ist das Ghetto, nicht etwa nur noch im Osten zu finden. Da ist ein jüdischer junger Mann aus Hamburg zu mir gekommen, von den Hamburger Orthodoxen – ich war tief erschrocken über die allgemeine Ursache wie über die Wirkung im Besonderen. Wie ist das möglich, einen immerhin Hungrigen so von der Nahrung abzusperren, ihn nichts als Überflüssiges und Abgeschmacktheiten zu lehren! Er müßte – mit 21 Jahren – ganz von vor[n] anfangen zu lernen wie ein Kind und die Welt zu begucken wie ein Kind. Die Emanzipation ist – von Seiten der Juden auch – noch weit zurück.

Und wer so aus dem Ghetto raus strebt, fängt mit Spinoza an, entsetzlich! Von hundert Juden, die sich mit Spinoza herummachen, sind neunundneunzig radicitus[6] unfähig zu ihm. Sie tun es rein aus gebliebenem Ghetto-Patriotismus, – weil er ein berühmter Jude ist. Die bestimmt sind, in der Badewanne zu ertrinken, die wollen aufs Meer! Mir wird schlecht, ich muß abbrechen und grüßen

B.

135. An Borromäus Herrligkoffer, 23. April 1926

Mein teurer Borro,

wenn diesen Aufsätzen über Kant eine Bedeutung zukäme, so müßte man Kant gegen sie verteidigen, nicht aber ihn anklagen.[1] Kant ist ein sehr großer Mann, und diese Aufsätze wissen davon nichts. So ein deutschnationaler oder vielmehr deutschvölkischer *Philosoph* mit Pflichtgefühl,

3 Den Magen betreffend.

4 Jüdisches Sabbatgericht.

5 Schmalzgebäck aus Matzenmehl für das jüdische Pessachfest.

6 Lat.: von Grund auf.

1 Es dürfte sich um eine Schrift aus dem Umfeld der 1917/18 von Max Wundt (1879-1963) und Bruno Bauch (1877-1942) gegründeten Deutschen Gesellschaft für Philosophie handeln, in der schon früh versucht wurde, Kant in die deutschnationale und völkische Ideologie zu integrieren.

Abb. 34: Constantin Brunner mit Borromäus Herrligkoffer, August 1931

wie es eben nur einem Deutschen eignen kann, und natürlich liegt es auf der Hand, die pietistische Erziehung usw. usw. – das gehört wirklich nur in gewisse politische Volksversammlungen; wohin auch der Mißbrauch des Wortes von »Charakter haben und deutsch sein als gleichbedeutend« gehört. Indem damit den Nichtdeutschen der Charakter abgesprochen wird, kommt die unerträgliche Frechheit unreifer und charakterloser Menschen an den Tag, die mir als Deutschem noch tausendmal ekelhafter ist als dem Ausländer, mich aber noch dazu mit unsagbarer Trauer erfüllt; denn das ist mein Land, mein niedergeschlagenes Land, und all meine Hoffnung auf die Wiederkehr besserer Tage und ihr Andauern wird niedergeschlagen, wenn ich um mich blicke und gewahren muß, daß nirgendwo das *ideale* Paradeigma[2] lebendig ist, das uns doch allein zur *unvollkommenen* Wirklichkeit würdigen Lebens bringen kann, wohl aber fast überall die scheußliche Phrase regiert. Ich kann die Liebe zu meinem deutschen Volk nicht verlieren und sie kann sich nicht vermindern – denn ich kann nichts von mir denken ohne mein Volk; aber diese *Liebe* hat begonnen eine unglückliche zu werden, und mein *Glaube* und meine *Hoffnung* sind sehr zurückgegangen.[3] Klagen ist nicht meine Sache; doch hab ichs wohl in mir, wo ich ein getroffener Mensch bin, und wills denn in mir verschlossen halten …

Kant ist ein sehr, sehr, sehr großer Mann, den ich hoch bewundere, trotzdem ich – um des Gedankens willen – ihn bekämpfen muß;[4] und du, mein lieber Borro, tust mir weh am Herzen, wenn du wegwerfende Ausdrücke über Kant gebrauchst. Wie gewiß mir ist, daß das Alles aus dem Drang des Guten in dir und aus der Überzeugung kommt, die sich betätigen und Andre überzeugen will, so bitte ich dich mit meiner Liebe zu dir um deiner Liebe willen zu mir, daß du mich in diesem wichtigen Punkte nicht mißverstehst und dich zurückhältst. Laß dich da ganz davon. Du kannst auf andre Weise für unsre Gedanken wirken, auf diese nicht. Mir ist *so* leid um die große Arbeit und Mühe, die du aufgewendet hast, um über gänzlich bedeutungslose Vorträge einem Mann zu schreiben, von dem du selbst sagst, daß er von dem Gegenstand dieser Vorträge nichts versteht! Natürlich mußt du jetzt die Arbeit dem Adressaten geben; aber was soll das? Du hast damit noch nicht einmal dem Feind in seine

2 Bei Platon das ideale, bleibende und ermöglichende Urbild oder Muster der veränderlichen und vergänglichen Abbilder.

3 Glaube, Liebe und Hoffnung gelten als die wichtigsten christlichen Tugenden (1 Kor 13,13).

4 Brunner hatte sich vor allem in der »Lehre« und in »Spinoza gegen Kant« heftig und an zahlreichen Stellen gegen Kant als einen abergläubischen und scholastischen Philosophen gewandt.

Heringstonne gespuckt;[5] was ja auch wohl gar nicht deine Absicht gewesen sein kann. Wenn du wieder hier bist, mein herzlieber Borro, was hoffentlich bald der Fall, möchte ich noch einmal ganz ex mit dir reden über das Feld, auf dem du am Besten dich betätigen könntest. Für Siegfrieds[6] lieben Gruß mit seinem prächtigen Bild im vollen Kriegerschmuck meinen innigsten Dank. Das war mir besonders wert in diesen meinen Trauertagen. Ich hab an dem Ernst Altkirch ein Kind verloren; und mein Leben wird diesen Verlust immer spüren.[7] Er war mir ein treues Kind, dem ich nun im Tode allein die Treuschaft halten muß.

Lebe und sei gesund!

B.

136. An Elisabeth Altkirch, 5. August 1926

Mein liebes Kind,

du redest auch in deinem letzten Brief mich an »Mein gütiger Vater«, bist aber gar kein gutes Kind Elisabeth mehr. Wahrhaftig nicht aus Bosheit – nichts wohl liegt dir ferner –, aber töricht handelst du an Ernst[1] wie an mir. Und ja doch; Verstecktes ist auch dabei, rührt wohl her von irgendeinem dahinter versteckten Ratgeber (vor dem ganz gewiß du auch deinerseits wiederum, und dies mit Recht! verborgen hast, worum es eigentlich geht). Deine Art ist nicht, versteckt und unaufrichtig handeln, und wundert mich, daß du es zu deiner Art machst. Wie auch mit den Briefen: Sehr bald, nachdem es um Ernst geschehen war (im April, nicht wahr?) bat ich dich, meine Briefe zurückzuschicken. Damals antwortetest du, wohl noch ganz harmlos, ob ich dir gestatten würde, sie vorher zu lesen. Selbstverständlich so. Aber dann hieltest du hin und hin und heute, am 5. August, kommt, auf meine wiederholte Anfrage, die einfache glatte Verweigerung. Ist denn Ungeheures, daß ich meine Briefe an Ernst mir erbitte? Ich mußte schon mehrere, meinem Herzen teure Menschen verlieren, doch wurden meine Briefe von den sämtlichen Erben anstands-

5 Nach einem hamburgischen Witz: »Er spuckt mich immer in meine Heringstonne. Es macht nichts, aber was soll das?«

6 Herrligkoffers Sohn.

7 Altkirch starb unerwartet am 16. April 1926. Brunner war sehr bewegt von seinem Tod. Seine Stieftochter Lotte reiste zur Beisetzung nach Elbing und hielt die Grabrede, die in der Zeitschrift der Odd Fellows-Loge abgedruckt wurde, der Altkirch angehörte: Br. Dr. h.c. Ernst Altkirch †, in: Das Bruderwort 5 (1926), S. 81.

1 Der am 16. April verstorbene Ehemann Ernst Altkirch.

los, meist ohne meine Aufforderung, zurückgegeben; wo man Abschrift zu nehmen wünschte oder gern die Originale behalten und mir Abschrift geben wollte, Allem stimmte ich natürlich zu. Du aber willst einfach vorenthalten? Warum? Was steckt dahinter, daß du schreibst, »Diese Briefe, mit denen sich Ernst so überreich und glücklich schätzte, diese einmal so wertvollen Dokumente, die er der Nachwelt erhalten wissen wollllte«, wenn es mir zu meiner Beruhigung dienen könnte, würdest du sie versiegelt in ein Bankschließfach geben? Was Nachwelt; und wer weiß, ob Nachwelt ist! Bin ich denn aber Vorwelt und nicht mehr Welt? Habe ich nicht sogar ein *Recht* auf diese Briefe? Aber mißkenn mich nicht; ich will dieses Recht nicht etwa durchfechten und bitte auch nicht mehr; behalt du diese Briefe und leg sie meinetwegen in den Wind oder ins Feuer. Mir liegt nichts an diesen Briefen. Aber daß du so mir dienst, das hab ich weder um Ernst noch um dich verdient.

Doch dies kam nur so zuerst heraus, ohne daß ich es wollte. Ich wollte mich hinsetzen, dir die Hauptsache noch einmal klar zu machen. Was ich dir bereits früher schrieb, es werde doch wohl kommen, daß wir *darüber* miteinander reden müssen, das ist nun gekommen. Ich habe mir große Mühe gegeben, dich und mich zu schonen und wollt es aus der Welt sein lassen: du zerstörst meine Absicht – zu meinem großen Schmerz. So hab ich denn mit dir zu reden über das, was du weißt und tust doch, als wüßtest du nicht und als wär es nicht. Alles nur töricht, wovon ich wahrhaftig in dein Herz hinein nachfühle, daß es aus deiner Trauer und Treue kommt; aber deine Trauer und Treue ist derart, daß, was du kannst, du mit dem Kopf gegen die Wand rennst, worüber er dann nichts mehr weiß. Ob ich dich zur Besinnung rufen kann? Es soll an Deutlichkeit, Rücksichtslosigkeit und Ausführlichkeit nicht fehlen, ich will mir Mühe geben. Es ist das Letzte, was ich für meinen lieben, lieben Ernst wenigstens versuchen kann. Er – bis auf dieses Einzige, daß er gegen mein Urteil über seine Begabung an seinen literarischen Plänen hielt, hat er immer, im Kleinen wie im Großen, auf mich gehört, so müßtest du nun auch hören; denn du bist an seiner Stelle, und es ist nicht deine, sondern seine Sache, um die ich rede. –

Ernst gehört zu meinen geliebtesten Freunden, von dem ich noch kaum realisieren kann, daß er mir durch diesen plötzlichen, so gänzlich unerwarteten, man möchte sagen absurden Tod[2] nicht mehr da ist; aber – – – Hier muß ich nun förmlich eine allgemeine Bemerkung über meine Beziehungen voranschicken. Man hat sich nicht selten gewundert über manche von ihnen und über meine herzliche Nähe zu Diesem und Dem; noch gestern abend sagte Leoni: »Du stellst wirklich keinerlei Ansprüche; wenn einer nur *irgendwo* gut ist, kann er dein Freund sein!« – Ich habe Ernst lieb ge-

2 Ernst Altkirch starb an einer eitrigen Mandelentzündung.

habt; *aber doch nicht wegen seiner literarischen Begabung und Fähigkeit zur Darstellung?* Ach, ach, *das* liebte ich nicht, und von da kam mir jene seltsame Aufgabe, bei der ich mich nicht wohl fühlen und die ich nicht billigen konnte, – nun dies ist ja die Hauptsache für nachher. Ich habe Ernst lieb gehabt trotz seinem Literarischen, wie du weißt, und trotz manchem Andern, von dem du gleichfalls weißt und wovon wir, als von unumgänglich Hergehörigem, gleichfalls reden müssen, leider hin und leider her: Du weißt von den Schwierigkeiten seines Charakters, du weißt von den Streitigkeiten und Prozessen mit seiner Familie und mit Andern; du weißt, wie die Leute von der Pensionsanstalt,[3] nachher Winz[4] und Andre über ihn urteilten und daß ich zu tun hatte mit Verhüten und Beilegen. Menschen, die einander nicht kannten, sagten unabhängig von einander, er sei habsüchtig, hinterhältig, erpresserisch und gefährlich. – Ich sah ihn anders; wohl weil ich überhaupt nicht die Menschen aus dem Gesichtswinkel sehe, wie sie einer den andern sehen, nicht aus der Moral, und weil er ein Menschenleben war, das, wie es sich mir hingab, herzlich genommen sein wollte. Auch hatte er nichts auf der Welt als mich – du verstehst, wie das gemeint ist und damit, was du seinem Leben bedeutetest, nicht heruntergedrückt sein soll; du weißt, daß ich den Segen deiner Kameradschaft ihm zum Bewußtsein zu bringen verstand, und ich bin und bleibe dir dankbar, Kind, für alles was du dem andern Kinde gewesen bist. – Ich sah ihn anders. Ich sah die Beschränkung seiner Natur und eine Menschennot, sich zum Durchbruch zu bringen, das Mißverhältnis von Wollen und Können, das Tappen, das Irren und nicht Wissen, daß man in der Irre; ich sah das Schwere, das Wagliche des Lebens bei so großer egoistischer Dunkelheit des Lebensbewußtseins und sah *die andern Menschen.* Vor allem aber sah ich von den Wirkungen die Ursache: bei völligem Mangel an Psychologie eine Hintertreppenphantasie, die er anwandte auf alle Menschen und ihnen unterlegte, wahrlich auch solchen, die ihm gutwollend und fördernd sich erwiesen. Da war seine Wetterseite, aus der herauf bei ihm alle die Wetter zogen, das war *sein* Punkt; wie denn bei jedem Menschen die sämtlichen üblen Erfahrungen mit ihnen und aller Haupt-

3 Die 1893 in München gegründete Pensionsanstalt deutscher Journalisten und Schriftsteller wurde von Brunner geschätzt und unterstützt, aber er lehnte einen Posten im Aufsichtsrat, den er offenbar auf Initiative Altkirchs hin annehmen sollte, ab.

4 Brunner hatte Altkirch 1910 bewogen, eine wegen angeblicher Geschäftsschwierigkeiten angestrengte Klage gegen den Verleger und verantwortlichen Redakteur der Zeitschrift »Ost und West«, Leo Winz (1876-1952), mit dem Brunner auch persönlich verkehrte, zurückzunehmen. Altkirch hatte zwischen 1909 und 1911 eine Reihe von Artikeln über Spinoza in »Ost und West« publiziert. Sein dort mit Bezug auf Brunner formulierter Aufruf zur Gründung einer Spinoza-Gesellschaft wurde von Brunner öffentlich zurückgewiesen (s. Brief 60/5).

ärger (so weit er nicht durch uns verursacht ward) immer nur aus einem einzigen Punkte kommen, welcher der Punkt seiner Charakterschwäche und zugleich seiner ärgsten Unbändigkeit. In der ersten Zeit kehrte Ernst sich damit einmal auch gegen mich. (Wenn er nicht selber in den Aufzeichnungen[5] das gestreift hätte, ich würde es dir gegenüber nicht erwähnen, die es kaum glauben könnte bei Ernstens Meinung von mir, der schlagenden Einwirkung meines Denkens auf ihn und seinem treuen Versenktsein in meine Person, wie du es durch die Dauer von wohl dreißig Jahren vor Augen hattest, – doch war das nicht gleich im Anfang wie danach). Mich hat auch damals die persönliche, sehr häßliche Erfahrung nicht beirrt; mein Herz hat mir geraten, und ich sah ihn ins Ganze, daß er *gut* war. Er hatte *den Instinkt zum Guten und die Treue zum Guten und doch eine vornehme Seele*, daß ich ihn lieb haben mußte mit seiner Hülflosigkeit und seinen Hemmungen und wegen dieser Hülflosigkeit und Hemmungen und mit seiner Schwäche. Ich bedachte auch hier so Manches, was wohl andre nicht leicht zu bedenken pflegen, was aber gerade hier, wie mir scheint, nicht zuletzt bedacht sein wollte: daß nämlich in *jeglichem* Verhältnis von Gebendem und Nehmendem der Letzte auf einen Punkt hinstrebt und ihn gar nicht selten erreicht, wo er, der Nehmende, dem Gebenden (der inzwischen aus seinem Hauptinteresse an dem Nehmenden gekommen) eine Last wird, nicht immer abschüttelbar, und ein Zwang, dem sich zu entziehen sehr häufig Gründe der verschiedensten Art entgegenstehen. Das gilt allgemein menschlich; und Ernst war vielleicht von den Naturen, die es, als Nehmende, leicht auf jenen bezeichneten Punkt brachten. Ich habe auch wahrlich nicht versäumt, mit all meiner Deutlichkeit und Dringlichkeit ihm diese seine innerliche Gegend zu zeigen, wie sie beschaffen war, ihn sich selbst zu zeigen. Ach, das ist verzweifeltes Zeigen! Der Mensch ist kein Doppelgänger, daß er sich selber sehen kann; er erkennt sich nicht (und vielfach mit Recht nicht) in der Beleuchtung durch Fremde, und wo er sich selber an sich machen will, beleuchtet er meist ein eingebildetes, fremdes Wesen. Aber Ernst, ich muß sagen, daß ich hier zum Bewundern fand; denn er hat sich geläutert, allmählich (wahrhaftig durch Denken, das ihm wirklich eine spürbare Macht gewesen), ob auch zuweilen noch ein kleiner Rückfall kam, wie leider vor noch nicht allzu langer Zeit selbst gegenüber Lotte, der er – wieder auf Grund scheußlicher Hintertreppenpsychologie – gänzlich aus der Luft Gegriffenes aufheften wollte, als wenn Lotte mir bei meinen Freunden im Weg stünde!! Ich weiß nicht, ob er dir darüber meine Briefe gezeigt oder sie, ohne dies zu tun, vernichtet hat. Ich weiß, daß er dir nicht alle Briefe zeigte, und er spricht selber davon, daß

5 Altkirchs Fragment gebliebenes Manuskript »Constantin Brunner in meinem Leben« (LBI/JMB: I, X, 1, 2).

er einige vernichtet hat. Ich vermute: gar nicht so wenige und auch wohl alle, die auf sein Literarisches einen gewissen Bezug hatten.

Auf dieses nun zu kommen, muß ich beginnen mit dem Beginn meiner Beziehungen zu Ernst. Die Verbindung wurde eingegangen, trotzdem ich gewarnt worden war. Zum Teil von den gleichen Leuten, welche bei ihm die Verbindung mit mir verhindern wollten, erhielt ich Briefe, die ihn als ungeeignet und unreif hinstellten für die in Aussicht genommene Tätigkeit[6] – er sollte das Geschäftliche des Verlages leiten – und wo er überhaupt vernichtend abgeschildert war. Bei einem gelegentlichen Aufenthalt in Berlin aber,[7] wohin auch Ernst gekommen war, die Sache mit mir persönlich zu betreiben, wußte dieser mich zu beruhigen und gefiel mir wohl genug. Dann kam er nach Hamburg[8] und – ich habe vielleicht auf keinen andern Menschen selbst damals nicht, wo ich noch meine Kräfte jedem gab, der kam, solchen unermüdlichen Eifer gewandt, bis ich endlich doch ermüden mußte. Ich war ihm wahrhaftig ein Vater, gab ihm regelrechten systematischen Unterricht (selbstverständlich umsonst) – nun wozu das alles wieder aufrühren? Es war Alles umsonst, wahrlich auch der Unterricht; denn er kam dazu immer unregelmäßiger und endlich gar nicht mehr, so wie er auch die Verlagstätigkeit gleich von Anfang an vernachlässigte und nach einiger Zeit nur noch ein seltner Gast im Bureau erschien. Er hat selber über seine damalige Hamburger Lebensführung in den Aufzeichnungen einiges berührt, aber das Gravierendste nicht; ich hatte viel Sorge, Verzweiflung, Unmöglichkeit – denn sollte *ich* etwa für Geschäfte herstehen? Da weiß ich nicht Bescheid und weiß da nicht die Tür aufzumachen –, dazu Kummer um Ernst, den ich damals schon wirklich lieb gewonnen hatte, und sagte mir, er sei noch jung und gab ihn und die Hoffnung nicht auf; die mich denn auch nicht getäuscht hat. Was aber sein Schreiben betrifft, ich hatte ihm vorher schon etwas (wie z.B. »Das altertümliche Gasthaus«[9]) zurechtgemacht, – ja, so muß denn von seinem unglückseligen Schreiben gesprochen sein. Er gleicht aber darin einer Frau und kann wohl, bei erregtem Gefühl, einen Brief zustandebringen; aber weiter reichte nur sein Wille zum Schreiben und sein Ehrgeiz. In seinen Nicht-Briefen auch erscheint noch ungefähr angängig und flüssig, was gewissermaßen briefhaft ist und als Schilderung in Briefen stehen könnte. Übrigens war sein Dilettantismus des Produzierens so erschreckend wie in einer Hinsicht unbegreiflich; mußte einem gänzlich unvereinbar vor-

6 Im Oktober 1894 wurde Ernst Altkirch verantwortlicher Redakteur der von Brunner und Otto Ernst herausgegebenen Zeitschrift »Der Zuschauer«.

7 Das erste Treffen zwischen Altkirch und Brunner fand Ende April 1894 in Berlin statt.

8 Anfang Oktober 1894 zog Ernst Altkirch von Dresden nach Hamburg.

9 Altkirchs erste Erzählung »Das altertümliche Gasthaus«.

kommen mit seinem feinen und sicheren ästhetischen Sinn, Gefühl und Urteil – ja, was für Ehen alles sind möglich! Sein Dilettantismus erstreckte sich auf die Elementarien: er schrieb unlogisch in jedem Satz, sprachlich auf alle Weise unsicher, außerstande, das Gemeinte jemals fest zu ergreifen und immer in der Gefahr, andres und das Entgegengesetzte auszudrücken, eine Uhr, die nicht richtig schlägt und nicht richtig zeigt; er stand ohne jegliche psychologische Erahnung gegenüber der Wirklichkeit von Menschen und Verhältnissen, dafür aber voll von dem hölzernsten Hintertreppentum (ich darf es vor dir nicht anders benennen, als ich es ihm selber bezeichnen mußte), voll vom lächerlichst rohen Schauergeschichtentum (besinnst du dich vielleicht noch auf die mit jungen Hunden niedergekommene Lehrerin? – worauf ich ihm noch von irgend einer Reise her das Phänomen berichtete von der Hündin, die junge Lehrerinnen zur Welt gebracht hätte!), übrigens armselig, hohl, grundlos, dazu taktlos und geschmacklos und *schwerfällig*, von der Art, wie ers auch im Reden hatte – bei jedem Wort als wenn erst knarrend ein Anker heraufgewunden wurde. O du lieber Himmel, und ich Narr, der ich damals doch halb noch glaubte, so etwas, so vieles, ließe sich aberziehen, und ich Riesennarr: zu handeln, als wenn daran ich ganz glaubte! Wie viel Zeit habe ich verschüttet mit Analysieren von Verkehrt und Unsinnig, es als solches ihm eingängig zu machen, und mit Entwicklung von natürlichen Gesetzen des Schreibens und Stils (hätte er doch Einiges von solchem wohl manchmal lebendigen und nützlichen Belehren aufbehalten und wiedergeben können!), und später noch war ich *länger als ein Jahr* mit meiner ganzen freien Zeit, kann ich sagen, ein Sisyphos über einem *Roman*[10] von Ernst!! Elisabeth, du weißt, was Ernst unter dem verstand, daß ich seine Sachen »durchsehen« sollte, und du weißt (denn du hast ja alles abgeschrieben), wie eine Arbeit von Ernst aussah, ehe sie und nachdem sie bei mir gewesen: aber wie die Arbeit von mir aussah, die ich bei Ernstens Roman zu leisten hatte damals und wie ich dabei aussah und litt, kannst du dir doch, mit aller Phantasie und späteren Erfahrung, nicht vorstellen. Ich war ja damals auch noch jung, wenigstens für mein schwer Lernen und meinen schwerlötigen Eigensinn. Aber am Ende brachte ich es doch so weit und hatte gelernt, daß Ernst nicht lernen würde. Schreiben nicht. Er schrieb nachher wie vorher und so in das von mir Zurechterschwitzte hin und zerstörte damit alles. Nicht daß er auch nur ein Wort vom Meinigen weggebracht oder verändert hätte; aber durch sein Hineingemachtes hatte nun mein Gemachtes keinen Sinn und Stelle mehr. Ich ging immer wieder dran, ungezählt von Neuem; er war die auftrennende Penelope, ich sollte die wieder webende sein. Dazu kam, daß er schließlich auch mit dem Stoff-

10 1902/03 arbeitete Altkirch an einem Roman, der unpubliziert blieb.

lichen seines Romans hersaß, hatte sich verwickelt in seine Verwickelungen, wußte aber mit Entwickeln nicht aus noch ein und fand kein Weiter und kein Ende. Wenn ich nicht toll werden sollte, mußte ich sagen, daß er seine Tollheit lassen müsse; ich war noch zu vernünftig, auf die Dauer sie auszuhalten. Er nötigte mich, ihm endlich mit den härtesten, letztdeutlichen Worten zu sagen, was ich ihm wiederholt mit nicht minderer Deutlichkeit auf sanftere Art gesagt hatte: daß ich nicht mehr könne noch wolle, daß Produzieren für ihn gänzlich aussichtslos sei und dazu Phantasie, Psychologie, Ausdrucksfähigkeit und mit einem Wort all das von Natur und wachstümliche Kräfte gehörten, was durch kein Korrigieren sich ersetzen ließe. Wenn sie nicht vernichtet sind, mußt du auf mehrere scharfe Briefe solcher Art gestoßen sein; denn ich mußte leider auch späterhin ihm noch einige Male das Gleiche zu Gemüt führen. Ich beschwor ihn, keine Feder wieder anzurühren für Schöngeistiges und erklärte, ich würde nie wieder auch nur einen Strich an derlei tun; ich hielte das nicht mehr aus. Um ihm aber die Entsagung zu erleichtern und mehr zu tun als sonst wohl bei andern Dilettanten von wirklich innerlicher Schönheit, die ich zu verweisen pflege auf das hohe Glück des Reichtums, welches sie an der Fähigkeit zu echter Rezeption besitzen, und die ich warne, daß sie nur ja nicht durch ihr Produzierenwollen der Schönheit die Farben ausziehen und die Gestalt zerstören – statt dessen suchte ich ihn, wie das hier angebracht schien, einen andern, *nicht ganz unähnlichen* Weg zu führen und gab ihm die Idee zu seinem »Spinoza im Porträt« und später zu seinem »Maledictus und Benedictus«.[11] Dabei war fast nichts zu schreiben, wenigstens nicht selbständig, sondern nur zu sammeln und zu ordnen. Das wenige bei derlei zu Schreibende können ja leisten, die so hölzern schreiben, daß man meint, sie stammten vom trojanischen Pferd; und selbstverständlich würde ich bei den Notizen ihm helfen. Freilich müßte er Fleiß und Geduld haben und nicht gleich nach den ersten Schritten schon die Straße zu lang finden; bliebe er auf ihr, so gelangte er an ein Ziel und könnte, für eine beschränkte Aufgabe, Nutzen wirken. Ernst hat das eine, nach meinem Rat, getan, mir aber leider sein Versprechen wegen des andern, schöngeistige Produktion zu unterlassen, nicht gehalten. Zwar keinen Roman wieder, aber nach Verlauf eines größeren Zwischenraumes schickte er, als wäre gar nichts gewesen, eine Novelle,[12] und kurz und schlimm: ich zeigte mich schwach genug, das alte Spiel ging neu an, hin und her, bis ich endlich sagte: Jetzt bleibts aber in *dieser* Form, ich sehe es nicht mehr an; und schick mir nie

11 Altkirchs Arbeiten: Spinoza im Porträt, Jena: Eugen Diederichs 1913; Maledictus und Benedictus. Spinoza im Urteil des Volkes und der Geistigen bis auf Constantin Brunner, Leipzig: Felix Meiner 1924.

12 1919 und 1920 arbeitete Altkirch an Novellen.

wieder derartiges! Ich tats wieder, weil ich wußte, sein Herz hing dran; und es war doch schließlich nur von kleinem Umfang. Aber mein Ernst kam, wie du weißt, wieder und wieder mit Ähnlichem, das Letzte war die Gautama-Sache,[13] womit ich wieder das endlose Hin und Her und die pure Verzweiflung gehabt und zum Schluß ihm erklärte: Ich schreibe keine Novelle mehr! Mir war nicht wohl zu Sinn bei diesem Schreiben, wenn ich so es nennen darf, – es war kein Schreiben, aber auch kein Helfen dabei. Man hilft wohl hie und da einem *Schreiber*; aber einen ganzen Schreiber *machen*, der ohne uns überhaupt keiner sein könnte, und sich selber zu einer Art Schreiber machen, der man nicht wirklich ist und keineswegs sein will, gezwungen nicht von der Muse, – ich war empört, daß ich mich hergab und immer überwältigen ließ. Denn ich bin aus dem Grunde ein freier Mann; bei diesem aber wollte mich an ein Gefühl von Knechtschaft. Ich tat es aus Liebe zu Ernst. Es war aber ein gar zu hartes Literieren und Herummachen mit Dingen, die mir sehr unbedeutend und durchaus überflüssig erschienen. Stets auch betonte und unterstrich ich vor Ernst: Es kann auf diesem Grund nie Rechts durch mich werden; ich kann machen, daß es mit geht und wenigstens einigermaßen herauskommt, was du meinst, und vor allem das Mißgriffene heraus kommt, was du nicht meinst. Dies Letzte heraus zu bringen hält fast noch schwerer als das Erste, wenn ich irgend das Deinige und dich lassen soll, wie doch wahrlich meine Pflicht. Denn du mußt du und dein Niveau muß bleiben; darf nicht mehr Phantasie und selbständiger Ausdruck erscheinen, als in deinem geistigen Bereich angelegt. Auch wenn ich imstande wäre, da Bedeutenderes hineinzugeben, ich würde mich wohl hüten, es zu tun; das hieße einen Menschen fälschen. Schlimm genug schon, wenn ich von dir Maß nehme, von deinem Wollen, und danach ein Können fertige. – So hab ich's einigermaßen gefertigt, daß er es konnte drucken lassen, in Nord und Süd, in der Zukunft, in der Kölnischen Zeitung usw.[14]

So also stand es, wie du es alles weißt, mit Ernstens Novellen-, auch Aufsatzschreiben. Ich trug es aus Egoismus meiner Liebe zu Ernst, das weißt du auch: aus keinem andern Egoismus; ich habs mir doch wahrlich nicht bezahlen lassen noch von seinem Honorar verlangt, so wenig wie ich mir zahlen ließ für die Arbeit an seinem Spinoza und Benedictus, – ich war froh genug, daß für *diese* beiden Werke noch die Drucklegung mittelbar durch mich ermöglicht werden konnte. Du weißt auch, daß ich das Drückende und Peinliche dieses Schreibverhältnisses sauber getrennt zu halten vermochte von meinem übrigen so herzlichen Verhältnis zu Ernst.

13 Altkirch arbeitete seit 1921 an einer Buddha-Novelle (s. Brief 107 und 111).

14 Evremond und Spinoza, in: Nord und Süd (s. Brief 88/2); Die Geschichte vom Brunnen und vom Wiesel, in: Die Zukunft 27, Heft 4 (24. Oktober 1908), S. 152-158.

Alle die langen Jahre kam mir nicht die leiseste Trübung hindurch vom einen ins andre; ich sprach nur darüber, wo ich gegen ihn mußte, von der traurigen Schreibsache, und übrigens lebte sie nicht. Aber nun mein lieber Ernst tot, soll sie leben? Deinetwegen? Denn ich komme auf den eigentlichen Zweck, für den ich die lange Litanei hergeschrieben, auf die Aufzeichnungen über mich. Du weißt, was Ernst sich deswegen eingebildet, ja was er (o wie töricht!) von Andern dafür verlangen zu dürfen sich berechtigt glaubte![15] Du weißt aber auch, daß ich von diesen Aufzeichnungen nicht wissen wollte, aber gar nicht, daß aber Ernst mir dennoch, dennoch Stücke davon zur Durchsicht schickte, die ich denn jedesmal, ohne einziges Wort dazu, zurückgab. Ich hatte ihm gesagt, daß er nicht dürfe, weil nicht könne; er aber lächelte heimlich und bat, ich solle ihn gewähren lassen. Ich hatte ihm nie ein Ja gegeben, und als er vor noch nicht langer Zeit das Stückchen über »Die Niederschrift der Lehre« (!) oder wie er es nannte,[16] in einer Zeitschrift veröffentlicht, mir zugehen ließ, ich habe ihm kein Wort geantwortet, auch nicht, als er noch einmal darum schrieb; das war Antwort genug, und er konnte von mir keine andre erwarten. Du weißt das ja alles; ich kann ja nur immer wiederholen: du weißt es alles – warum weißt du es nicht? Für eine derartige Aufgabe war Ernst am wenigsten geeignet, der nie dahinter gucken konnte und nicht nur die Bühne für das Leben hielt, sondern oft genug den Vorhang für das Theater. Ihm fehlte materiale und formale Begabung, auch wäre hier am ehesten psychologische Erfassung nötig gewesen und wahrlich auch einige Gabe zum Wiedergeben; der Berichterstatter defiguriert meine Gedanken, und der Hörer schreit über meine Mißgestalt! Nun, von der Art sind allerdings nur wenige Fälle, wo er *daran* sich gemacht hat; durchweg ließ er sich davon und hielt sich an Äußerlichkeiten. Aber obgleich sie größtenteils *stilistisch* einigermaßen in Ordnung sich zeigen, da er den größten Teil stückweis mir geschickt, auch Lotte ihm einiges gemacht[17] und sogar nicht umhin gekonnt hatte, ihm einiges vom ihrigen zu schreiben, auch keineswegs unwahrscheinlich ist, daß er noch einen Andern zur Korrektur hinzugezogen, so bleibt doch auch noch stilistisch Blamables genug; inhaltlich aber sind *sehr* viele Angaben schief, verkehrt, irreführend, seine Taktlosigkeit, sobald er literarisch kommen will, und sein Unvermögen sich auszudrükken, spielen ihm die ärgsten Streiche und mir! Bei der wunderherzlichsten

15 Altkirch hatte, um sein Manuskript »Constantin Brunner in meinem Leben« fertigstellen zu können, über Adolph S. Oko die Leitung des »Menorah Journal« um eine regelmäßige finanzielle Unterstützung gebeten.

16 Constantin Brunner, in: Ost und West. Illustrierte Monatsschrift für das gesamte Judentum 10, Heft 5 (Mai 1910), Sp. 279-284.

17 Lotte Brunner hatte auch schon bei Altkirchs Manuskript »Evremond und Spinoza« geholfen.

Absicht, mich zu verherrlichen, setzt er unabsichtlich mich herab und stänkert förmlich. Mit einem Wort: war keine seiner bisherigen Veröffentlichungen möglich ohne mein Zutun, so ist es dies noch viel weniger; und ich müßte sie herstellen, daß sie dereinst einmal mit bestehen könnte und nicht ganz wegfiele unter den übrigen ähnlichen Aufzeichnungen, die vielleicht einmal nach meinem Tode, wenn dann noch Interesse an mir vorhanden, herausgebracht werden könnten. (Es sind drei oder vier, außer Ernst, die auch Aufzeichnungen gemacht haben, und vielleicht sind noch mehr, wovon ich nicht weiß).[18] Niemals ja auch hat Ernst selber anders gedacht als mir alles vorzulegen zu dem gleichen Zweck wie mit seinem Übrigen, wollte ja doch auch bei seinem für diesen Sommer geplanten Besuch mir alles, was er davon geschrieben, mitbringen; und nur daß er an seinen Hingang vor dem meinigen nicht gedacht hat, kann ihn an der ausdrücklichen Testamentsbestimmung gehindert haben, daß für diesen Fall ich auch *diese* seine Hinterlassenschaft durchsehen solle. Daß er an keine Veröffentlichung oder Hinterlegung ohne meine Durchsicht gedacht habe, hast du mir ja auch selbst geschrieben und das Vorhandene zu solchem Behuf mir zugestellt. Indem das aber doch nur Abschrift und du den gleichen Text in Händen behältst und damit, nach deinen Andeutungen, vorhast, womit du ebenso wie in Hinsicht auf meine Briefe hinter dem Berge hältst, wird ja meine ganze Sorge und Herrichtung mit den Aufzeichnungen illusorisch, da ich gewärtig sein kann, daß der Text so, wie du ihn dort hast, wenn auch nicht unmittelbar durch dich, so mittelbar, wer weiß durch wen, jetzt oder später einmal ans Licht gebracht wird. *Wie soll man sich dann das alles erklären, wenn man nicht die Erklärung hat, die wir haben?* Es wird dann mich nichts mehr angehen, aber es geht mich heute an, und ich gleiche nicht denen von Straßburg, die viel danach fragen, was die von Köln in den Rhein pissen. Ich habe dir genug darum geschrieben und heute nun zum letzten Mal darum in dieser großen Aus-

18 Brunner wusste, dass seine Stieftochter Lotte tagebuchartige Aufzeichnungen machte, und vielleicht war ihm auch bekannt, dass manche seiner Besucher ihre Eindrücke festhielten, so Lou Andreas-Salomé (s. Brief 53/5), Lothar Bickel (s. Brief 118/1), Israel Eisenstein (s. Brief 119/1), Selma van Leeuwen (Tagebücher, LBI/JMB: I, 7, 1-3), Hermann Kasack (in seinem Tagebuch; s. Heribert Besch, Dichtung zwischen Vision und Wirklichkeit – eine Analyse des Werkes von Hermann Kasack mit Tagebuchedition (1930-43), Diss. Saarbrücken 1991) und besonders ausführlich Magdalena Kasch (Aufzeichnungen; siehe auch die Aufzeichnungen 1912-1926, LBI/JMB: I, 6, 1, 2-8) und Margarete Bittlinger (in ihrem »Ein Gruß« betitelten Tagebuch, LBI/JMB: I, X, 2, 8-11 u. 3, 1-6). Brunner-Biographien wurden später verfasst von Magdalena Kasch (Constantin Brunner, sein Leben und Wirken. Aktive Philosophie, Den Haag: 1970) und Abraham Suhl (Constantin Brunner. Sein Leben und Werk, in: Philosophia Activa. Zeitschrift der Constantin-Brunner-Forschung 2, Heft 2 (1991), S. 73-127; Heft 3 (1991), S. 77-122; 3, Heft 1 (1992), S. 52-102; Heft 2 (1992), S. 58-102; Heft 3 (1992), S. 54-104; 4, Heft 1 (1993), S. 57-111).

führlichkeit alles was du weißt und doch offenbar nicht weißt und aus irgend welchen Gründen und Meinungen vielleicht glaubst nicht wissen und nicht beachten zu dürfen. Vielleicht kann ich dich noch bestimmen, Ernstens wahrem Willen zu folgen. Über ihn war ich genötigt, vieles zu sagen, was ich gern ungesagt gelassen hätte – ich darf alles über Ernst sagen, da ich ihn lieb habe und nur aus Liebe zu ihm nun auch in seinem Tode an ihm tun möchte wie in seinem Leben; ja – so von Herzen gern jetzt, wie früher gegen mein Herz. Es braucht niemand in der Welt je zu erfahren, wie das zwischen Ernst und mir mit jener Schriftstellerei gewesen; das war immer mein Wille so wie Ernstens. Du darfst es auch deinem Ratgeber dort nicht sagen; darum kann er dir aber auch hierin nicht raten, wo ich allein dein Ratgeber und Tatgeber sein kann. Laß mich Ernst im Tode die Treue halten, die sein Herz mir durch dreißig Jahre, mit immer gleicher Liebeskraft, bewährt hat. Er liebte mich und die Sache durch mich und was er versucht hat zu tun, war aus dem Allerschönsten, mehr meinet- als seinetwegen, wahrhaftig aus seiner Liebe zu mir und zur Sache. Wie empfinde ich das Unglück seines Wegganges; aber Unglück sei gepriesen, wenn du allein kommst! Willst du mir, Elisabeth, die auch du mir dreißig Jahre lang ein wahres Kind gewesen, willst du mir noch ein Unglück hinzuwerfen? Ernst und ich, und diese Schriftstellerei bleibe bis ans Ende unsere gemeinsame; machst du aber Ernst gegen seinen Willen zum selbständigen Schriftsteller, so tust du auch gegen meinen Willen, und ich protestiere in meinem und seinem Namen.

Wie ich dir von Herzen Einsicht wünsche, so grüße ich dich, über alles hinweg, von Herzen

Brunner

NB während ich an diesem Brief saß, brachte mir Lotte vom Ordnen ihrer Papiere einen Zettel, den sie für Ernst aufgeschrieben hatte und ihm bei seinem Besuch hier geben wollte. Er betrifft den Untertitel »Spinoza im Urteil der Geistigen und des Volkes«.[19] Ich hatte Ernst darauf aufmerksam gemacht, daß er damit sage, was er gar nicht meine: es ist doch damit der Unsinn gesagt, daß alle die Ja sagen zu Spinoza, geistig (!) seien, alle die Nein sagen, ungeistig! Aber er war derart verliebt in diesen Untertitel, daß er ihn drucken ließ. So bedürfte es doch wenigstens einer Erklärung im Vorwort, wie es gemeint ist. Lotte hat sie geschrieben, und ich schicke sie dir zur Benutzung für eine ev. zweite Auflage.[20]

19 Der Untertitel von Altkirchs »Maledictus und Benedictus« lautet im Druck: »Spinoza im Urteil des Volkes und der Geistigen bis auf Constantin Brunner«.

20 Nach Altkirchs Tod sind keine weiteren Schriften und keine Neuauflagen seiner Bücher erschienen. Auch »Constantin Brunner in meinem Leben« blieb ungedruckt (LBI/JMB: I, X, 1, 2).

137. An Louis Franck,[1] 3. November 1926

Sehr geehrter Herr –

Ihr Name war mir leider nicht entzifferbar. –

Mit Freuden höre ich von dem nachdrücklichen Interesse, welches von Ihnen dem Besitz der Manuskripte meines Großvaters entgegengebracht wird.[2] Das könnte mich veranlassen, meinen letzten Willen aufzuheben und einen früheren auszuführen, nämlich den jetzigen: Ihnen die Handschriften sofort zugehen zu lassen. Wärs Ihnen recht? Mir um so eher, als ich mir sage: von Ihnen aus dürften sie doch vielleicht diesem oder dem zugänglich gemacht werden können, noch bevor es dazu kommt, sie drucken zu lassen.

Die finanziell ungünstigen Verhältnisse der Gemeinde kann ich doppelt leider nur beklagen; eben weil ich sie nur beklagen und nichts zur Aufbesserung leisten kann. Wie für meine Vaterstadt Altona überhaupt, so fühle ich auch für die dortige jüdische Gemeinde eine herzliche Zuneigung. Von den Menschen, die für meine Kindheit bedeutend waren, hege ich – meinem Vater[3] zunächst – die allerwärmste und verehrungsvollste Erinnerung an Ihren früheren Rabbiner Loeb.[4] Ihm danke ich nicht etwa nur durch seinen Unterricht (Privatunterricht) viel für meine Kenntnis des Hebräischen, sondern auch, daß er mich *liebte* als einer der gütigsten und wahrhaft frömmsten Menschen. Es kann kein Mann liebegütiger, weiser und wunderbarer zu einem Kinde sein, als dieser Mann zu mir gewesen … Ich wollte mich nicht und will mich nicht noch weiter gehenlassen. Es kam so heraus; nehmen Sie's mit zu meinem Gruß an die Gemeinde.

Friede sei mit Ihnen!

Constantin Brunner

1 Louis Franck (1868-1951), Arzt und Vorstandsmitglied der jüdischen Gemeinde zu Altona.

2 Brunners Großvater Akiba Wertheimer (1778-1835) (s. Abb. 47) war zunächst Rabbiner von Lübeck, sodann Oberrabbiner von Altona und Schleswig-Holstein und Vorsitzender der israelitischen Gemeinde zu Altona. Die Bücher und die Handschriftenbibliothek Akiba Wertheimers gingen nach seinem Tod an die Bodleiana, die Universitätsbibliothek in Oxford. Brunner, dem nach Lotte Brunners Einschätzung »die ganze erlauchte Abkunft mitsamt Großvater gleichgültig« war, besaß noch »Responsen und andere Manuskripte« Akiba Wertheimers (Lotte Brunner, Tagebuch, 27. Juli 1924). Davon hatte er einiges schon an Willy Aron geschickt (s. Brief 172), der die Familiengeschichte Brunners und seines Großvaters erforschte (siehe dazu Willy Aron, Rabbi Akiba Wertheimer und sein neuentdecktes Schrifttum, in: Der Israelit 65, Nr. 47 (20. November 1924), S. 10).

3 Moses Wertheimer, einer der vier Söhne von Akiba Wertheimer.

4 Elieser Loeb (1837-1892), Vertreter der jüdischen Neuorthodoxie, seit 1873 Rabbiner in Altona. 1879 erwirkte Loeb für Brunner ein Stipendium am Lehrerseminar in Köln.

138. An Louis Franck, Mitte November 1926

Das ist freilich ungeahnt anderes, mein Lieber; da Sie Arzt sind, finde ich Ihre Schrift preiswert (ist ja auch in der Tat deutlich, nur die Namensunterzeichnung wars nicht). Ich habe einmal einem Kollegen von Ihnen die Antwort erteilt: »Ihren Brief habe ich in die Apotheke geschickt und Cyankalium erhalten.«

Nein, deutlich *und herzlich* haben Sie geschrieben; und sollte einmal wieder sein, daß ich nach Hamburg komme – ich wohne immer, aus Anhänglichkeit an meine Vaterstadt, in Altona –, so wird sich wohl für uns beide eine Stunde Muße erübrigen lassen. Sie sollen mir von Ihrem lieben Vater erzählen,[1] und ich werde versuchen jenen Neïhla-Kaddisch zu singen so, wie mein Vater mir ihn übergeben hat vom Großvater.[2] Wenn wir dann des teuren Schattens gedenken, so hören Sie vielleicht ein Weniges vom Klang der Stimme, wie Sie dereinst lebendig gewesen. Dieser Neïhla-Kaddisch gehört zu meinen Erbstücken. Machtvoller Geist der Frömmig-

Über Brunners Unterricht bei Loeb berichtet Lotte Brunner: »Das war für das Kind wunderschön, in dem geräumigen Hause, dem Hause seines Großvaters, in dessen mächtigem Bibliothekssaal mit dem lieben herzlichen Mann über den hebräischen Büchern zu sitzen. Der Rabbiner hielt sehr viel von dem Knaben, beschäftigte sich und spielte viel mit ihm, erzählte Geschichten und Anekdoten und wünschte sich ihn zum Nachfolger. Im Sommer erteilte er den Unterricht in der Laube seines Gärtchens, von dem ein kleiner Eingang direkt in die Synagoge führte, und Vater erzählt, wie herrlich es gewesen sei, mit dem Rabbi zusammen durch diese besondere kleine Tür die Synagoge zu betreten. Alles war von Erinnerung belebt und geweiht. [...] Die warme Luft der jüdischen Tradition, die Vaters Kindheit umwehte und durchdrang, ist ihm wohl die allerliebste Erinnerung. Doch, sagt er, es sei schwer, solchen davon erzählen, die selber nichts davon durchlebt haben und es vielleicht nur ästhetisch zu würdigen vermögen; eine Auffassung, die ihm geradezu widerwärtig ist. Der milde Glanz des Freitagabends mit der Segnung der Kinder; auch die materiellen Dinge und Verrichtungen, denen die Tradition so warmen Sinn gibt; welche Freude, welcher Stolz zum Beispiel für das Kind, den großen, roten, irdenen Schalettopf selber zum jüdischen Bäcker zu tragen! Am Freitagabend bekam der Vater schon ein Stück von der Torte (im Sommer ›Bickbeer‹torte, mit Rosenwasser übergossen!) im Voraus, die die Mutter für den Sabbath zu backen pflegte. Dem Jungen gab er regelmäßig ein bisschen ab, denn, so sagte er jedesmal dabei: ›Einen Jungen darf man nicht zusehen lassen!‹« (Tagebuch, 9. Februar 1914).

1 Rabbiner Mendel Franck, der Brunners Großvater noch persönlich kannte.

2 Aramäisch: heiliges Abschlussgebet; d.h. Gebet für Verstorbene. Franck hatte geschrieben, dass die Augen seines Vaters »leuchteten«, wenn er von der Gelehrsamkeit und der »wunderbaren Stimme« Rabbi Akiba Wertheimers, Brunners Großvater, sprach: »Ich erinnere mich, daß er sagte, die Gemeinde lebte auf, wenn er das Neilah-Kaddisch begann, und ich selber, der ich als Amateur, als Vorbeter fungiere, singe Ihrem Großvater nach, denn man sagte mir in meiner Kindheit: ›So hat R. Akiba es gesungen.‹ Also Sie sehen, das Dichterwort hat auch in unserem Kreise Geltung: ›Die Stätte, die ein guter Mensch betrat usw.‹« (Louis Franck an Brunner, 8. November 1926, LBI/JMB: II, 4, 5).

keit waltet darin auch für mich, der auch ich mit meinem Leben mich getrieben fand zu heiligen den großen Namen. שמה רבא יתגדל ויתקדש[3]

Ihnen, dem ganzen Vorstand und Ihrem Rabbiner[4] sage ich nun warmen Dank dafür, daß Sie den Handschriften[5] eine gute Stätte bereiten, die kein Grab sein soll. Das wäre schön, wenn der Mann noch wieder zu irgendwelcher Wirksamkeit erstehen könnte. אלו צדיקים שבמיתתם נקראו חיים[6]

Wollen Sie mir nur gütigst den Empfang bestätigen?

Noch eines darf ich bitten, ja? Obgleich ich recht mich schäme, daß es eine derart lächerliche Winzigkeit nur ist; aber legen Sie's in die Armenkasse der Gemeinde. *Selbstverständlich ohne zu erwähnen, von wem dieses beinah Nichts kommt.*

Ich grüße Sie; und Friede mit Ihnen!

Constantin Brunner

139. An Rose Ausländer,[1] 1926

Meine Teure,

ich muß dir schreiben. Nicht etwa, um für den Artikel über mich zu danken – ich sage nie etwas über Artikel, die mich betreffen. – Aber dein Gedicht »Niagara-Fall«[2] bewegt mich. Nun hab ich dort mit dir gestanden und habe dich deutlicher gesehen. Ich freue mich.

Freue mich auch mit dir über Ignaz-Irving[3] sprechen zu können, wenn du herkommst. Ich finde so viel Treffliches an ihm und in ihm. Ja, über

3 Hebr.: Erhoben und geheiligt werde sein großer Name. Brunner zitiert hier in leichter Abwandlung (»Sein großer Name werde erhoben und geheiligt«) die erste Zeile des »Kaddisch«.

4 1925 wurde Joseph Carlebach (1883-1942) zum Oberrabbiner der Hochdeutschen Israeliten-Gemeinde zu Altona gewählt.

5 Manuskripte von Brunners Großvater (s. Brief 137/2).

6 Hebr.: Das sind die Gerechten, die auch nach ihrem Tode »Lebende« genannt werden (Babylonischer Talmud, Berachot 18a).

1 Die Dichterin Rose Ausländer (1901-1988), geb. als Rosalie Beatrice Scherzer in Czernowitz (s. Abb. 35), war Teilnehmerin an Kettners Ethischem Seminar, wanderte 1921 in die USA aus, heiratete 1923 ihren Jugendfreund Ignaz Ausländer und lebte als Bankangestellte mit ihm in New York. 1926 war sie Gründungsmitglied des dortigen Brunner-Kreises. 1927 folgte ein einmonatiger Besuch bei Brunner in Potsdam. 1931 kehrte sie nach Czernowitz zurück, lebte vorübergehend in Bukarest, emigrierte 1946 erneut in die USA, übersiedelte 1963 nach Wien und schließlich 1965 nach Düsseldorf. Rose Ausländer hielt zeitlebens Kontakt zu ihren Freunden aus dem Ethischen Seminar, besonders zu Walter Bernard, Leo Sonntag und Genia Grünberg. Sie bezog sich in Auf-

Abb. 35: Rose Ausländer

diesen deinen Kameraden und eure Kameradschaft laß mich mit dir reden – und also auch über dich.[4]

Du aber schickst mir noch – vor dir selber – einige andre von deinen Gedichten?

Gegrüßt sei mir!

B.

140. An Israel Eisenstein, Januar 1927

Mein lieber Eisenstein,

Dank für den interessanten und fleißigen Brief, 27½ Seiten groß, von dem du mit Recht sagst, er hätte eigentlich noch größer sein müssen. So groß wie dein Brief und eigentlich ebenfalls noch größer müßte nun auch meine Antwort werden; denn ich hätte auch die von dir nicht berührten Punkte mit zu widerlegen.

Ich sage gleich: Widerlegen, wie du es ja auch nicht anders erwartest; und muß natürlich auf den Hauptpunkt mich beschränken.

Du sprichst im Namen der Naturwissenschaft, die alle empirischen Erscheinungen – aber auch eben nur solche – zum Gegenstand habe: von Entstehung der Arten. So muß ich fragen: Wo ist denn Entstehung von Arten empirische Erscheinung, Erfahrung? So viel ich weiß gibt es nur Erfahrung von Entstehung der Individuen und von Entwicklung der Individuen (worüber ich meine besonderen Gedanken habe – Andeutungen in einem Werk,[1] das vielleicht in etwa einem halben Jahr herauskommen

sätzen auf Brunner (z.B.: Zum 28. August 1943, in: Rose Ausländer. Materialien zu Leben und Werk, hrsg. von Helmut Braun, Frankfurt a.M.: S. Fischer 1992, S. 61-63) und widmete ihm ein Gedicht (s. Brief 143/4).

2 Das anlässlich eines Besuchs der Niagarafälle Ende Juli 1926 verfasste Gedicht Rose Ausländers »Niagara-Falls I«, in: Sonntagsblatt der New Yorker Volkszeitung 52, Nr. 52 (29. Dezember 1929).

3 Rose Ausländer war im Begriff, sich von Ignaz Ausländer (1901-1973), der mit ihr 1921 in die USA emigriert war und und sich dort Irving nannte, zu trennen. Die Scheidung erfolgte 1930.

4 Rose Ausländer besuchte Brunner im Juli 1927 in Potsdam.

1 Brunner plante, seine Schrift »Materialismus und Idealismus« als großen Schlussteil von »Aus meinem Tagebuch« herauszugeben, zog es dann aber vor, die beiden Teile als getrennte Bücher zu publizieren (beide Potsdam: Gustav Kiepenheuer Verlag 1928). In »Aus meinem Tagebuch« geht Brunner in dem kleinen Abschnitt »Entwicklungslehre« auf die Evolutionstheorie ein. Die Konstanz der Arten ist eine wesentliche Voraussetzung von Brunners Ausführungen in »Materialismus und Idealismus«; dort legte er dar, dass die Gat-

Abb. 36: Israel Eisenstein

dürfte), keine Erfahrung von Entstehung der Arten oder gar von Entstehung der Arten auseinander, von Entwicklung neuer Arten durch Variation alter Arten. Naturmetaphysische Phantasien sind keine Erfahrungen; auch bist du in einem Irrtum mit dem Glauben, daß die heutige Biologie beherrscht sei vom Gedanken der Entwicklungsmetaphysik. Vielmehr wird diese von unsren ernsten Biologen als ein Unsinn abgelehnt, den die Erfahrung ablehne und widerlege. Geh nur zu K. E. v. Bär[2] und von Neueren zu Jennings[3] und Johanson,[4] vor allen aber zu Mendel,[5] der, gleich so manchem Gerechten, erst nach seinem Tode zu leben begann; denn bei seinen Lebzeiten haben ihn die Entwicklungslehrlinge totgeschwiegen,

tungen mit Spinozas »Attributen« (Denken und Ausdehnung sind nach Spinoza »Attribute« der unendlichen Substanz) zusammenfallen (siehe den dritten Abschnitt: »Die Attribute«, besonders S. 140f.). Schon in der »Lehre« hatte Brunner die Entwicklungslehre kritisiert: Den »auf Entwicklungslehre gegründeten materialistischen Monismus« bezeichnete er dort als den modernen Aberglauben seiner Zeit (S. 57-64), als »Philosophie des Volkes« (S. 306) und »orthodoxen Glaubensartikel«. Die Entwicklungslehre sei ein »Zauberwort«, mit dem alles und jedes zu erklären versucht werde (S. 351), der »Glaube an ein fiktiv Absolutes«, der sich auf »ein Prinzip der kausalen Mirakelerfahrung« stütze (S. 487).

2 Karl Ernst von Baer (1792-1876) Zoologe, Embryologe und Geograph, kritisierte in seinem Aufsatz »Über Darwins Lehre« (in: Studien aus dem Gebiete der Naturwissenschaften, Braunschweig: Vieweg 1886, S. 235-480) die Selektionstheorie und die Abstammung des Menschen von affenähnlichen Formen.

3 Herbert Spencer Jennings (1868-1947), amerikanischer Zoologe, Genetiker und Eugeniker, trug mit seinen Forschungen an Pantoffeltierchen maßgeblich zur Wiederentdeckung der Mendelschen Gesetze bei.

4 Wilhelm Johannsen (1857-1927), dänischer Botaniker, Pflanzenphysiologe und Genetiker an der Universität Kopenhagen, konnte, basierend auf seinen Forschungen zur Variabilität bei der Prinzeßbohne, zeigen, dass phänotypische Unterschiede genetisch festgelegt sind. Damit wandte er sich gegen die in der dominierenden Darwinschen Schule vorherrschende Vorstellung, dass eine Selektion bei der Nachzucht sukzessiv zu einer Typenverschiebung führen könnte. Johannsen hat die Begriffe Gen, Genotyp und Phänotyp eingeführt (siehe vor allem seine bahnbrechende Studie: Elemente der exakten Erblichkeitslehre, Jena: Fischer 1909).

5 Gregor Johann Mendel (1822-1884), katholischer Priester und Naturforscher, hatte den Nachweis geführt, dass sich die genetische Gesamtinformation eines Lebewesens aus einzelnen Genen zusammensetzt und dass bestimmte Merkmale in einer genau definierten und vorhersagbaren Weise vererbt werden. Erst um 1900 wurden seine Arbeiten wiederentdeckt. Die unterschiedliche Auffassung über die Geschwindigkeit der Evolution führte zu einem tiefen Graben zwischen dem Mendelschen und dem Darwinschen Modell der Evolution, der erst in den 1930er Jahren durch die Synthetische Theorie der Evolution überwunden werden konnte. Seitdem ist man der Auffassung, dass Mendels Vererbungslehre mit der Darwinschen Selektionstheorie vereinbar ist. Brunner war jedoch der Meinung, dass Mendels »Lehre von der *Vererbung ohne Variation*« keine Entstehung der Arten auseinander zulasse (Aus meinem Tagebuch, S. 96).

und ich sehe leider, daß er auch für dich immer noch nicht lebt – so wirst du sehen, es gibt so wenig eine geläuterte wie eine schmutzige Entwicklungs-, Abstammungsmetaphysik. Die Mendelschen Forschungen sind Erfahrung und die Mendelschen Gesetze sind Naturgesetze.

Im Übrigen kann ich dich nur verweisen auf meine Ablehnung alles Dessen, was nicht praktisch empirisch[6] ist. Was übrigens »die Naturforscher noch Alles sagen könnten«, die nicht zu denken imstande sind und heute genau so überzeugt dem Spuk der Entwicklungslehre folgen wie gestern dem der Religion, das kann gleichgültig sein Solchen, die auf den Boden der wahren Wissenschaft und des wirklichen Denkens zu treten bemüht sind. Du wirst nicht fehl gehen, wenn du dich wissenschaftlich auf das Praktische beschränkst und möglichst viel zu *wissen* strebst von wirklichen Erfahrungen. *Von absolutem Verstehenwollen* aber auch der wirklichen Erfahrungen laß dich davon.[7] Wisse, daß du im relativen *Sein* bist mit all deinem relativen Wissen; dann kannst du hindurch zur wirklichen absoluten Besinnung.

Letzte *positive* Erklärung bei mir die Gradationenlehre, die Lehre von den Gradationen der Bewegung, übereinkommend mit den Gattungen oder den platonischen Ideen.[8] Natürlich kommt Alles aus dem Denken, aus dem Denken der Erfahrungen, welches uns auch die wirklichen Prinzipien liefert. Aber Quisquilien[9] sind keine Prinzipien. – Schreib mir wieder, sobald du dich mit Mendel beschäftigt hast, und sei herzlich gegrüßt

B.

6 In der »Lehre« schreibt Brunner: »Unsre Männer der Erfahrungswissenschaften dürften sich keine Hypothese gestatten, von der es weder Erfahrung gibt oder geben kann noch Erfahrung auch nur denkbar ist« (S. 229f.). Zwar betont Brunner an anderer Stelle, dass Wissenschaft nur im begrifflichen Denken existiert und nicht aus der Erfahrung abgeleitet werden kann, aber damit sei sie nicht unabhängig von der Erfahrung, denn sie bestehe nur in der Anwendung der von den Denkern entwickelten Abstraktionen auf die Praxis, d.h. auf die Dinge und dinglichen Vorgänge (S. 224f.).

7 Absolutes Verstehen ist nach Brunner dem praktischen Verstand nicht möglich (s. Brief 100/2).

8 In der »Lehre« formuliert Brunner ein »Grundgesetz von der Bewegung«, in dem er die Dinge als Bewegungserscheinungen auffasst, die sich »nach dem Grade ihrer Geschwindigkeit« unterscheiden. Das Denken sei nichts anderes als das Bewusstsein des Bewegungsgrades (S. 893). Erst in »Materialismus und Idealismus« konzipiert Brunner seine Theorie von den »Gattungen von innen«, die er dort mit den Platonischen Ideen und Spinozas Attributen identifiziert (S. 155-160).

9 Lat.: Belanglosigkeiten.

141. An Carl Gebhardt,[1] 25. Januar 1927

Mein Lieber und Verehrter,

Ihre Zuschrift hat mich herzlich gefreut; wärmsten Dank sollen Sie haben.[2] Aber – ich bitte Sie tausendmal mir zu glauben, es ist wirklich nur, biologisch, mein Privatissimum, daß ich nicht mitmachen *kann*.[3] Nirgendwo ja finden Sie mich dabei; an Aufforderungen hat es nicht gefehlt. Es ist sogar das erste Mal, daß ich einen Aufruf mit unterschreibe; hätte immer für Eitelkeit gehalten, das zu tun. Aber in unserem Fall glaube ich wirklich, der Sache ein wenig mit dienen zu können und darf Sie vielleicht um Übersendung von etwa zwanzig Exemplaren des Aufrufs bitten, damit ich noch extra Feuer dahinter machen kann.

Aus vollster Seele wünsche ich ein Fest, wie Sie es wünschen, und für die Domus Spinozana, daß sie wachse und um sich her befruchte, Amen.

1 Carl Gebhardt (1881-1934), Philologe, Philosoph und wichtiger Wegbereiter der Spinozaforschung, der Spinozas Werke neu edierte (auch in einer Volksausgabe) und die erste textkritische Werkausgabe publizierte. 1920 war Gebhardt Mitbegründer der internationalen Societas Spinozana, der Zeitschrift »Chronicon Spinozanum« sowie der Schriftenreihe »Bibliotheca Spinozana«. Gebhardt besuchte Brunner am 7. Februar 1926 in Potsdam. Lotte Brunner berichtet, dass Gebhardt liebenswürdig gewesen sei, aber Brunner einfach nicht mit Menschen sprechen könne, zu denen ihm eine innere Beziehung fehle: »Möglich, dass Gebhardt sich durch Vater gut, glänzend vielleicht sogar, unterhalten fand. Wer Vater kennt, weiß in solchem Fall, dass er gar nicht da ist und sich quält. Gegen den Schluss hin – die Zeit des Besuchs war viel zu lang – steigerte sich seine innere Aufregung, und als Gebhardt und sein Begleiter fort waren, musste er sich mit Arbeit und ein paar Gläsern Wein beschwichtigen. Die Leere und die Missverständnisse kann er nicht ertragen.« (Tagebuch, 8. Februar 1926).

2 Gebhardt hatte Brunner eingeladen, anläßlich des 250. Todestages von Spinoza im Februar 1927 das Spinozahaus in Den Haag (Domus Spinozana) mit einem »Weihespruch« zu eröffnen. Im Vorfeld hatte Brunner das erste und einzige Mal einen öffentlichen Aufruf unterschrieben (abgedruckt im Spinoza-Festheft der von Paul Menzer und Arthur Liebert herausgegebenen »Kant-Studien« 32, Nr. 1 (1927), S. 196f.), in dem es darum ging, den letzten Wohnsitz Spinozas, das Häuschen in der Haager Paviljoensgracht, das zuletzt als Freudenhaus diente und vom Abriß bedroht war, durch Spenden zu erhalten und dort ein lebendiges Spinozastudienzentrum zu etablieren.

3 Lotte Brunner berichtet: »Als ich ihm das Einladungsschreiben vorgelesen hatte, sagte er zunächst bloß: ›Ach, was soll ich da? Sie können ja doch nicht richtig trinken, und trocken kann ich Spinoza nicht feiern!‹ Als ich ein wenig zuredete, bat, einen Augenblick nur in Erwägung zu ziehen, ob er nicht doch annehmen könnte, sagte Vater: ›Unmöglich, nein. Es sieht nach ›Ehrung‹ aus. Ich habe genauso viel Ehre, wie ich brauche. Ich kann und darf mich da nicht hineinbegeben. Ich muss meine Freiheit behalten und ›Spinozerosse‹ sagen können. Und so etwas hat Folgen; es steht dann zum Beispiel in den Zeitungen, dass ich den ›Weihespruch‹ gesprochen hätte. O, ich wüsste vielleicht einen Weihespruch – aber allein müsste ich sein, damit ich mit jemandem zusammen sein könnte, niemand dabei! Das könnte wohl schön werden!‹« (Tagebuch, 25. Januar 1927).

Liebe Grüße Ihnen; und sind Sie einmal wieder in Berlin, so vergessen Sie herzlich nicht, daß Potsdam nah ist.

Friede mit Ihnen!

Brunner

142. An Selma van Leeuwen,[1] 25. Januar 1927

Liebe,

schnell nur einige Worte, die dich begrüßen und dir nochmal äußerste Vorsicht mit deinem Hals ans Herz legen sollen. Schreib mir auch bitte gleich, ob du nötig hattest – wegen der andern Schwäche – zum Arzt zu gehen und wenn ja, wie es steht. Schick mir dann auch bitte den beifolgenden Brief wieder mit zurück, den ich den letzten Abend dir noch hatte zeigen wollen.

Ja, wenn ich nun nicht *so* wäre, würde ich bald im Haag sein und sogar dich einladen können. Ich erhielt am Morgen nach deinem Abschiedsabend[2] eine Einladung als Gast der Societas Spinozana und »wir werden einladen, wen Sie uns nennen«.[3] Ich soll zur Spinoza-Feier am 21. und 22. Februar im Spinozahaus, in dem neu erworbenen und auszugestaltenden, den Weihespruch sprechen. Was ich aber natürlich nicht tue und nicht komme. Denn ich habe außerdem, seit Sonntag, schwereren Rheumatismus mit Schmerzen.

Lottes Vortrag gestern Abend soll ein großer Erfolg gewesen sein.[4] Ich

1 Selma van Leeuwen, geb. Gerzon (1880-1972) (s. Abb. 37), die einen leitenden Posten im Warenhaus Gerzon in Rotterdam innehatte, lernte Brunner Ende 1922 über ihren Bruder Jacob Gerzon kennen. Es entspann sich ein sehr umfangreicher Briefwechsel, von dem auch viele Gegenbriefe erhalten geblieben sind. Da Selma van Leeuwen regelmäßig geschäftlich in Berlin zu tun hatte, trafen sie sich seit 1923 auch persönlich, meist im Hotel Fürstenhof. Sie unterstützte die Herausgabe von Brunners 1928 erschienener Schrift »Aus meinem Tagebuch« und ermöglichte der Familie Brunner 1933 im niederländischen Exil Fuß zu fassen. Die Deportationen in das Lager Westerbork und in das Konzentrationslager Bergen-Belsen (1943-1945) überlebte sie. Nach dem Krieg lebte sie zunächst in den USA, seit 1952 wieder in den Niederlanden. Überliefert ist ihr umfangreiches Tagebuch (LBI/JMB: I, 7, 1-3).

2 Selma van Leeuwen hielt sich etwa eine Woche in Berlin auf; am 23. Januar fuhr sie zurück nach Rotterdam.

3 Die Einladung von Carl Gebhardt (s. Brief 141).

4 Lotte Brunner hielt mehrfach Vorträge über Brunner bzw. im Anschluss an sein Denken. Am 24. Januar 1927 sprach sie, vermutlich im sozial-politischen Saal des Reichswirtschaftsrates (Altes Wilhelm-Gymnasium) in der Bellevuestraße in Berlin, im Rahmen

füge auch, als Drucksache, den Aufsatz bei, den du bitte Bruder Jacob[5] zeigen willst. Au! ..., und du sorg, daß deine Au's davon gehn!

Herzlichst

B.

143. An Rose Ausländer, Ende April 1927

Gute; Dank für diese Gedichte, die mir *auch* lieb sind.[1] Doch bin ich überzeugt, daß du noch bessere hast und nicht schicktest nur, weil du schicken *solltest* und gemeint hast, du müßtest nach einer bestimmten Himmelsrichtung aussuchen. Übrigens ist auch selbstverständlich, daß, wer überhaupt dichten kann, die eigentliche Gnade immer nur in ganz Wenigem aus einem Haufen hat.

Aber genieren solltest du dich vor mir in keinem Punkte. Ich hoffe, wenn du kommst,[2] es wird das Erste sein, im Augenblick gelernt, daß du das vor mir nicht brauchst, nicht kannst. Und wirst auch sprechen können, oder doch so schweigen, daß ich dich sehe.

Und sei gesund und komm und sieh auch du.

Herzlich ist mein Gruß an dich!

B.

Dank auch für die Handschriftendeutung; vielleicht hast du die Güte, den einliegenden Ehrensold dem Manne zu übermitteln. Nicht wahr; er ist doch richtig so?[3]

Warum schreibt mir Irving nicht? Oder spart ers auch aufs Mündliche? Gib ihm ab von Deinem Gruß und Segen![4]

der Constantin Brunner-Gemeinschaft über Brunner und Nietzsche. Die Arbeit wurde unter Pseudonym zusammen mit einem Vortrag von Fritz Blankenfeld publiziert: E. C. Werthenau, Constantin Brunner und Friedrich Nietzsche / Fritz Blankenfeld, Hamlet. Ein Deutungsversuch auf Grund von Brunners Lehre, hrsg. von der Constantin Brunner-Gemeinschaft Berlin, Potsdam: Gustav Kiepenheuer Verlag 1928.

5 Jacob Gerzon (s. Brief 159), der Bruder von Selma van Leeuwen.

1 Nach »Niagara Falls I« (s. Brief 139) schickte Rose Ausländer auf Brunners Wunsch weitere Gedichte.

2 Auf ihrer Reise von New York nach Czernowitz blieb Rose Ausländer im Juli 1927 einen Monat in Berlin, um Brunner in Potsdam zu besuchen.

3 Lotte Brunner hatte Rose Ausländer gebeten, eine Schriftprobe zur graphologischen Deutung an ihren Freund, den Graphologen Helios Hecht (ca. 1882-?), weiterzuleiten (s. Brief vom 5. Dezember 1926, LBI/JMB: III, 1, 2, 1).

4 Ignaz Ausländer, von dem sich Rose Ausländer gerade getrennt hatte. Brunner ging offenbar noch davon aus, dass er Rose Ausländer bei ihrem Besuch begleiten würde. – Aus-

Abb. 37: Selma van Leeuwen

144. An Moscheh Schefi,[1] 2. Mai 1927

Mein Lieber,

Dank sollst du haben für deine Grüße; aber was durch dich die Berge Judäas mir sagen lassen –?[2]

Die größten Berge
haben die größten Täler,
und der größte Verstand
macht oft die größten Fehler.

Doch der Durchschnittsverstand der Masse macht noch mehr Fehler.

Ich halte nicht meinen Verstand für den größten; und meine Meinung in dieser Sache mag schief genannt werden müssen. Wenn sie es ist, ich weiß nicht darum, und mußte sprechen nach meinem Herzen; denn ich sprach nicht als ein Feindseliger oder Kalter und Gleichmütiger, sondern aus dem Herzen, wie du selbst zugibst, so es von mir gefühlt zu haben. Sprach aus der schmerzlichen Überzeugung, daß die Rede der zionistischen Menge verkehrt und verderblich über die Maßen sei!

Bin ich es, der die Berge Judäas zum Tode verurteilt, daß nicht wieder das Wort Gottes über ihnen erschallen kann? Woher käme mir die Macht, wenn die Macht Gottes wider mich stünde und wirklich von Neuem sein Feuer von diesen Bergen auskäme? Möchte es herunter kommen und mich fressen! Aber es kam nicht herunter, vielmehr ich bin hinaufgestiegen auf den wahrhaftigen Berg Gottes, aus dessen Höhe auch diese Berge Judäas

gehend von den Eindrücken bei ihrem Besuch in Potsdam schrieb Rose Ausländer später das Gedicht »Constantin Brunner. In Memoriam« (in: Rose Ausländer, Die Erde war ein atlasweißes Feld. Gedichte 1927-1956, hrsg. von Helmut Braun, Frankfurt a.M.: S. Fischer 1985, S. 191).

1 Der aus Galizien stammende, in Rehowot (Palästina) lebende Moscheh Schefi (eigentlich Mose Spitz, 1898-1933) studierte in Wien, wo er ein begeisterter Anhänger von Brunners »Lehre« wurde, allerdings Zionist blieb. Er wanderte nach Palästina aus, konnte jedoch dort nur schlecht Fuß fassen. 1933 nahm er sich das Leben. (Über Schefi siehe das Manuskript »Gedenksteine« von Dow Sadan, LBI/JMB: I, X, 11, 1).

2 Schefi schrieb im April 1927 (LBI/JMB: II, 10, 7), dass er sich nach langem Ringen entschlossen habe, Brunner zu schreiben. Er schickt »Grüße von den durch Dich zum Tode verurteilten Bergen Judäas! In ihrer feierlichen festlichen Stille liegen sie gewaltig ausgebreitet und harren schmachtend, daß das Wort Gottes wieder über ihnen erschalle. Du aber, herzensgeliebter Meister, der Du von der sonnigen, lodernden Glut dieser Berge Judäas ganz erfüllt bist, hast leider für diese kein Wort des Trostes und der Verheißung. Das scheint mir beinahe so tragisch für das Schicksal des jüd. Volkes wie der geraubte Christus und der verbannte Spinoza! Diese Angelegenheit liegt mir als Ostjuden besonders am Herzen. Ich wäre Dir also sehr dankbar, wenn Du mir die Möglichkeit einer sachlichen Auseinandersetzung in dieser Frage geben würdest.«

Hügel der Nichtigkeit erscheinen und ein wüster Haufen Geschwätz. Bin ich es, der »das jüdische Volk« vernichten könnte, wenn es da wäre? Wo ist es? Ich frage dich; du frag dich selbst! Ich gehe mit der Wirklichkeit des erscheinenden Daseins und ihrer unsichtbaren Tiefe; und du, da du meinen Schüler dich nennst, geh mit mir zusammen, an meiner starken Hand. Die Wirklichkeit ist Gott, Gott die einzige Wirklichkeit.

Gott segne und behüte dich[3] und führe dich in die Klarheit und in den Herzensfrieden!

Schreib mir mehr von dir und glaub von mir, daß ich ein Herz habe, die große Not der Menschen zu fühlen; aber verlange nicht von mir, daß ich durch Bestärkung des Wahnwitzes diese Not vermehre.

Brunner

145. An Adolf Eckstein,[1] 18. Juli 1927

So freue ich mich denn herzlich, daß Sie *der* Eckstein sind; bei dem ich übrigens damals nur wenige Tage in Schwerin gewesen und nur, um Sie zu besuchen. *Nach* unsrem Berliner Zusammensein kennen lernte ich Sie, so glaub ich, nach einem Vortrag von mir über den Talmud in einem jüdisch-akademischen Verein.[2] In alter und neuer Freundschaft begrüße ich Sie nun und würde gern alle Fragen ausgiebigst beantworten. Zweitens aber bin ich *in dieser Hitzezeit!* mit Arbeit über und über bedacht, so daß

3 Der älteste Segensspruch der Bibel (Num 6,24).

1 Adolf Eckstein (1857-1935), 1888 bis 1926 Rabbiner in Bamberg, Vertreter des liberalen Reformjudentums und Befürworter der Judenemanzipation in Deutschland, Verfasser der Schrift: Der Kampf der Juden um ihre Emanzipation in Bayern, Fürth: Rosenberg 1905. Eckstein war ein geschätzter Kommilitone Brunners während seiner Studentenzeit in Berlin. Am 7. Juli 1927 las Brunner von Ecksteins 70. Geburtstag und schrieb ihm einen Glückwunsch mit der Anfrage, ob er sich seiner erinnere. Eckstein verneinte. Daraufhin erinnerte ihn Brunner an die »Feuerkämpfe [...], die wir miteinander über das Judentum hatten. Der Schluss war immer von mir: dass ich zerstören würde so viel, wie Sie bauen würden.« (Lotte Brunner, Tagebuch, 7. Juli 1927).

2 Lotte Brunner notierte am 15. Januar 1921 eine Erinnerung Brunners in ihrem Tagebuch: »Eckstein führte mich in einen jüdischen Verein, dessen Mitglieder fast alle jüdische Theologie studierten. Ich dachte, sie würden sehr gelehrt sein, aber zu meinem Erstaunen fanden sie an mir einen großen Lamdon [hebr.: Gelehrten]. Einmal hielt dort einer einen entsetzlichen Vortrag über den Talmud; der brachte mich so in Wut – auf Wut reimt sich gut –, dass ich sofort, und eben wirklich gut, eine flammende Rede dagegen hielt. Ich versprach ihnen dann fürs nächste Mal einen richtigen Vortrag über den Talmud; ich hielt ihn vor einem großen Publikum, denn sie hatten viele mitgebracht. Und als ich fertig war, kamen sie alle wie die Lämmer um mich herum [...]: ›In welcher Jeschiwe [hebr.: Schule] haben Sie gelernt?‹ Aus dieser Anregung entstanden zwei Vorträge.« (Siehe auch Brief 4/1).

ich meine – nicht kleine – Korrespondenz möglichst beschränken muß. Ich veranlaßte bereits, daß Ihnen ein jüngst erschienenes Heftchen zugeht, woraus Sie doch immerhin einiges erfahren können.[3] Judenchrist bin ich nicht, zahlreiche Juden aus aller Welt (besonders Ostjuden, die keine Zionisten sind oder durch mich vom Zionismus ab) halten mich gar für den Judenjuden. In solchem Sinn ist auch schon hebräisch über mich geschrieben worden;[4] und »Unser Christus«, worin meine Stellung zum Judentum, zum Pharisäismus, sich zeigt, wird eben ins »Jiddische« übersetzt und in nicht allzuferner Zeit herauskommen.[5] Zu der von Ihnen erbauten Synagoge[6] meine aufrichtigste Gratulation, Liebster, und das heilige Versprechen, daß ich sie nicht zerstören werde. So schlimm bin ich nicht, ich bin schlimmer; und hab immer gewußt, daß neu bauen die gründlichste Zerstörung des zu zerstörenden Alten bedeutet. Aber da nichts so schlimm, daß es nicht auch sein Gutes hätte, so usw. usw. Ich bin gewiß, daß Sie, über vieles hinweg, mich lieb haben können, wie mit Ihnen ich es halte, auch begegnen wir uns gar nicht, da Sie auf die Allgemeinheit gehen, während ich nur zu den Wenigen will. Im Grunde sind wir beide der Einen Sache treu und brauchen gar nicht von Synagoga magna[7] und Christus major[8] zu reden. An nichts weniger als an Erneuerung unsres alten Streites habe ich gedacht, als mir die Freude der Gelegenheit gekommen war, von meiner herzlichen Erinnerung an Sie, Ihnen zu reden. Kommen Sie, sein Sie kein Rabbiner gegen mich; ich reiche Ihnen wärmstens die Hand.

B.

3 Vermutlich der von der Constantin Brunner-Gemeinschaft herausgegebene Sammelband »Von Constantin Brunner und seinem Werk« (1927 bei Gustav Kiepenheuer in Potsdam erschienen) mit Beiträgen von Fritz Blankenfeld, Peter Magnussen, Ernst Ludwig (Pinner), Abraham Suhl, L. B. und E. C. Werthenau (d.i. Lotte Brunner), Ernst Levy, Carl Borromäus Herrligkoffer, Walther König, Magdalena Kasch, Abraham Buschke sowie Briefen Rathenaus an Brunner.

4 Aron Berman, Konstantin Brunner, in Hed Lita Nr. 6 (25. März 1924), S. 13-15 (hebr.). Darin spricht Berman davon, dass »das reine Judentum« in jeder Zeile von Brunners Schriften zum Ausdruck komme (S. 13). Um klar zu stellen, dass Brunner kein »Judenchrist« gewesen sei, schreibt Berman weiter: »Und vielleicht trifft man solche, die den Schriftsteller [Brunner] missionarischer Tendenzen verdächtigen … Gott bewahre! Brunner ist zwar ein großer Verehrer von Jesus und er betrachtet ihn als einen der größten und bemerkenswertesten Menschen, die in unserer Welt gelebt haben. Und genau aus diesem Grund ist Brunner ein Gegner des Christentums, das ihm nur eine schlechte Imitation des Judentums ist« (S. 14).

5 Eine jiddische Übersetzung lässt sich nicht nachweisen.

6 Mithilfe eines großen Spendenaufkommens wurde 1908-1910 eine neue, große Synagoge in Bamberg errichtet; 1938 brannte sie bei den Novemberpogromen aus.

7 Lat.: große Synagoge. Damit wurde die Tätigkeit der Schriftgelehrten in der jüdischen Antike an den überlieferten Gesetzestexten und den biblischen Büchern bezeichnet.

8 Lat.: der größere Christus.

146. An Claire Sinnreich,[1] 1927

Auch ich, Clare, habe meine schweren Leidgedanken darum; und doch, es gibt keinen andern Weg als den geschichtlichen. Der will von allen Juden gegangen sein. Mein Herz ist auch gradezu ruhiger geworden, seitdem ich nun weiß, daß der Anfang vom Ende des *Zionismus* da.[2] Denn der Zionismus, wenn dieser Wahn seine Macht noch weiter ausgebreitet hätte, würde noch ein unvergleichlich viel größeres Unglück über die Juden gebracht haben als je gewesen. Ich mag an die beispiellosen Schrecken und Greuel nicht denken, die unabwendbar gekommen wären, wenn man es mit der Verfolgung der zionistischen Ziele weiter hätte treiben können. Das Herz dreht sich mir um bei dem Gedanken. Nun aber darf man wohl versichert sein: die Juden werden wenigstens nicht, aus eigner Torheit, das Allerärgste selber über sich bringen. Es bleibt genug Arges, und noch auf lang hinaus; dazu wird es auch nicht fehlen an Toren, die sich weise dünken. Nun, es ist die Welt.

Denkt nicht auch *meine Clare* ein wenig töricht mit ihrer Angst vor dem »Familiarisieren«? Ich will überhaupt den Satz auf mich nicht angewandt wissen; wie aber könnte wohl die Rede sein von einem ungehörig sich Familiarisieren, wenn man zur Familie gehört? Bist du im Herzen bei mir, wie ich weiß, daß du bist, warum solltest du das Schreiben lassen und mir die Liebe vorenthalten, die mir zukommt? Nun, ich freue mich, daß du mir, nach so langer Zeit, wieder einmal deine Feder und deine Hand gegeben und danke dir mit einem innigen Gruß.

B.

Ist dir denn auch dein Recht geworden mit den Grüßen, die ich durch den trefflichen Ausländer[3] schickte?

1 Claire Sinnreich, geb. Hönich (1902-1980), gehörte dem Czernowitzer Ethischen Seminar und später der Bukarester Studiengruppe an (s. Abb. 38). 1924 erwog sie nach Berlin zu ziehen, wofür sie Brunner um Hilfe bat, blieb aber dann doch in Rumänien, wo sie (vermutlich 1929) ihren Jugendfreund Nathan Sinnreich (1903-1987) heiratete, mit dem sie bis zu ihrem Tod in Bukarest lebte.

2 Seit dem Beginn des zionistischen Aufbauwerkes in Palästina gab es 1927 infolge der erheblichen wirtschaftlichen Probleme dort erstmals mehr Aus- als Einwanderer. Dies war auch ein Hauptthema des 1927 in Basel tagenden 15. Zionistischen Weltkongresses.

3 Ignaz Ausländer.

Abb. 38: Claire Sinnreich

Abb. 39: Lotte Brunner

147. An Lotte Brunner, 30. Januar 1928

Armer, lieber, starker, ohnmächtiger Vogel!

Und daher immer Alles, daß du geneigt bist, dein Schwergewicht draußen zu suchen, nicht im Interessenkreis *unsres* Lebens zu haben und du uns und auch mich nicht lieben kannst ohne Langeweile, Ungeduld, Überdruß, Feindseligkeit, Ekel sogar an mancher unsrer Weisen und Äußerungen. Dir erscheint's widrig (bis zur Theorie) als ein verstärkt Andres, wenn du *andres* Andres deinem Leben verwandter wähnst; mit dem du doch vorwiegend in der Phantasie nur lebst. Armer Vogel, kann dem, was er im Munde hat, nicht treu bleiben, ohne nach dem Draußen zu greifen. Dummer Vogel; traut sichs zu, Alles halten und haben zu können. Natürlich fällt's, was du hieltest. Da Dieses nun aber lebendig und dich lieb genug hat, wendet es sich schon wieder dir zu, wenn's nötig ist. Verloren ist dir nicht, was du mehrfach nachdrücklich verloren hast und nicht wieder finden kannst. Darum zu trauern ist dem Piep nicht not.

Lies nicht falsch auf Eifersucht. Ich schwöre und kann schwören, daß ichs nicht bin. Ich rede nur vom Leben und Miteinanderleben.[1]

148. An Martin Klein, 26. Januar 1929

Sehr lieb gefreut hab ich mich mit Ihrem Gruß und Brief, mein lieber Klein. Obwohl ich ja immer weiß, daß Sie immer im Ernst der Besinnung stehen.

Besser kann mans ja auch nicht formulieren als wie Sie tun, wenn Sie unsren Verstand das Zerdenken Gottes zur Vielheit der äußeren und inneren Welt nennen.[1] Damit haben Sie auch das Eigentliche der göttlichen

1 In ihrer Antwort schreibt Lotte Brunner: »Ich verstehe wohl: Dir hat nur Sinn, kann nur Sinn haben was sich *ganz*, am ganzesten, Dir gibt. So kann ich nicht, habe ich eigentlich auch nie gekonnt – zu viel Zwang war dabei, schreckliche Überwindung immer zwischendurch, Selbstmord tausendmal. Meine warme, weiche, leichte, singende Vogelnatur wollte ja immer fort. Der Jammer ist mir groß. Auch die Frage: *Darf* ich weiterleben u. solches, was war, überleben? *Nein.* Aber der Vogel liebt so sinnlos die durchsungenen Lüfte u. auch die befreundeten Flügel u. Stimmen – er kann da nicht los.« (LBI/JMB: II, 3, 11). Im September 1928 nahm Lotte Brunner eine Stellung an einem Abendgymnasium in Berlin an und zog dorthin um.

1 In seinem Buch »Von der All-Einheit im Ich« formuliert Klein dies später so: »Es ist also erst mein menschliches Verstandesdenken, das aus der Einheit die Vielheit der Dinge und meiner Verstandesgedanken gestaltet, das die Einheit in die Vielheit zerspaltet und zerdenkt, und in dieser Funktion liegt für mich gerade die Eigenart und das Wesen des mensch-

Einheit genannt, in die sich zurückzudenken das unauslöschliche Bedürfnis unsrem Verstande mitgegeben. Versteht man dann nur recht noch mit dem Verstande sein sich selbst Verstehen: Verstand = Lebensfürsorge = Leben, so hat man den Verstand dahin getan, wo er hingehört, und weggenommen vom *Sein*, auf das die Besinnung er nur stören kann.

Herzlichst meine Grüße und Wünsche aus einem gewissen Nebel, denn ich habs auch oder bin – begrippen![2]

B.

149. An Wilhelm Schwaner,[1] 21. Juni 1929

Zwar weiß ich nicht so recht, was die Brüder aus der Königsallee und aus Bitterfeld von mir erwarten, grüße sie jedoch als ein Bruder recht von Herzen.[2] Und so grüße ich noch im besonderen Sie, mein Lieber und Verehrter; denn wie Sie mir schreiben, das ist recht aus der Liebe, zum Lieben, und wahrhaft verehrungswürdig. Aber ich fühle und weiß auch: geratener, wenn wir uns – Sie, Ihre Freunde und ich – praktisch aus dem Weg bleiben.

lichen Verstandes. Ich sage deshalb: *Der Verstand ist das Zerdenken der Einheit in die Vielheit der Dinge und der Gedanken.*« (S. 20f.). Dies ist auch der Grundgedanke der 1960 erschienenen Neubearbeitung des Buches »Der zerstückelte Gott« (zu Kleins Büchern s. Brief 87/1).

2 Brunner war an einer Grippe erkrankt.

1 Wilhelm Schwaner (1863-1944), Volksschullehrer, Publizist und Verleger, gab seit 1897 die viel beachtete völkische Zeitschrift »Der Volkserzieher« heraus sowie 1904 eine Kompilation völkisch-religiöser Texte, die bis 1941 sieben Auflagen erlebte: »Germanen-Bibel. Aus heiligen Schriften germanischer Völker« (Berlin: Volkserzieher-Verlag 1904). Trotz seiner völkisch-antisemitischen Überzeugungen befreundeten sich Schwaner und Walther Rathenau. Im Dezember 1926 bekannte sich Schwaner zur Weimarer Republik. Er wandte sich später auch persönlich an Brunner. In »Aus meinem Tagebuch« (1928) berichtet Brunner darüber: »Wilhelm Schwaner hat mir herzlich geschrieben, worauf mir schwerfällt zu antworten; und er wünscht eine Verbindung, die ich nicht wollen kann.« Brunner meint, »Schwaner hat als ein Naiver unter die Armee der deutschen Germanenhelden sich verirrt« und sich damit auf den »Stuhl des Zeitideals« gesetzt. Brunner kritisiert die »Germanenbibel« und das Hakenkreuz auf dem Titelblatt des »Volkserzieher«, das Schwaner abnehmen solle (Schwaner hatte dies bereits im Januar 1927 getan). Brunner fordert eine »Totaländerung« Schwaners und damit auch die klare Distanzierung von seinen germanisch-antisemitischen »Brüdern« (S. 60-63).

2 Mit Bezug auf die Wünsche seiner geistigen »Brüder«, Fritz Julius Sander (1876-1939), der Rektor der Evangelischen Schule in Bitterfeld-Niemegk und Verfasser des Schreibens war, das Schwaner mitgeschickt hatte, und seinem Freund, Walther Rathenau, der in der Königsallee in Berlin-Grunewald wohnte, hoffte Schwaner erneut, dass Brunner sich auf einen persönlichen Kontakt mit ihm einlassen werde.

Denn sehen Sie: Rathenau hatte von der erstaunlichen Liebe der Heiligen, eines Franziskus und Paulus, und konnte sanft dazu bleiben, daß er, der Deutsche, in Ihrem Kreise (aus dem trotz aller Liebe der Hochmut nicht ganz weichen konnte) ein Schutzjude war.[3] Mir eignet so wunderbare Gabe nicht. Ich bin ein Deutscher von andrem Schlage – ich schlage!

Wundern Sie sich nicht, daß ich Rathenau so ohne weiteren Zusatz einen Deutschen nenne. Ich bin so seltsam, alle Deutschen Deutsche zu nennen, wie sie auch seien und was sie tun mögen; ich nenne auch Rathenaus Mörder einen deutschen Bruder.[4] Mir selbst fehlt es nicht an Deutschen, die auch mich einen Deutschen nennen; fehlte es mir an solchen, ich fühlte mich darum nicht weniger als Deutschen, ja ich kanns denken und innerlichst erleben (ich hab's gedacht und erlebt), daß außer mir kein einziger Deutscher mehr wäre, und ich lebte und stürbe als der letzte und einzige Deutsche. Meine irdische Liebe gehört Deutschland und allen deutschen Brüdern. Aber ich darf mit einer ganzen Anzahl meiner deutschen Brüder nicht zusammenkommen; auch mit manchen nicht, die mit mir zusammenkommen möchten. Denn wenn ich mit einem deutschen Bruder persönlich zusammentreffen und im letzten Hintergrund seiner Seele auch nur den Schatten jener brüderlichen Überhebung gewahren würde – ich schlüge drein und holte aus zum Dreinschlagen und holte mir zum Dreinschlagen die ganze Macht der Welt hinter mir, *und lachte dazu* mit der Macht der andern Welthälfte vor mir. Und das ist auch eine Liebe zur Welt. Die Liebe wird von der Welt so und so nicht verstanden; denn die Welt ist die Welt der Bewegung oder der Feindseligkeit. Darum bin ich und möchte bleiben Einsiedler; damit ich nicht auch noch gefährlich werde: ich, mein Stück Welt.

Aus dem Herzen grüße ich Sie und Ihren treuen Briefschreiber Sander!

Constantin Brunner

Potsdam, 21. Juni 1929

3 Bezeichnung für Juden, die sich (seit dem 14. Jahrhundert) den Schutz durch einen Herrscher erkauften. Rathenau unterstützte Schwaners Projekte finanziell, unter anderem auch die Zeitschrift »Der Volkserzieher«.

4 Die beiden Angehörigen der rechtsextremen Terrorgruppe »Organisation Consul«, Erwin Kern (1898-1922) und Hermann Fischer (1896-1922), die auf der Flucht vor der Polizei auf der Burg Saaleck am 17. Juli 1922 den Tod fanden.

150. An Moscheh Schefi, 12. März 1930

Gern, mein lieber Schefi, bestätige ich dir mit Dank auf der Stelle den Eingang deines Briefes mit eingelegtem Aufsatz.

Aber deinen Zionismus – ich hätte nie darüber gesprochen,[1] bearbeite niemals den Einzelnen, was ich auch heute nicht tun will; aber du hast angefangen, gegen meinen Gegenzionismus zu sprechen. Da muß ich denn sagen: deinen Zionismus finde ich noch – trotz allen Einschränkungen, die du versuchst – aussichtslos im Argen, noch in allen Phrasen und noch in aller erschreckenden Unmoral zionistischer »Politik«. Hoffentlich kommst du noch so weit und bald, z.B. eine derartige Rede, die Araber hätten sogar Vorteil von der zionistischen Invasion, gründlich aus dir herauszuschaffen. Auch bist du noch sehr weit von Verständnis meiner Haltung gegenüber dem Zionismus und da noch derart in deinem Massengruppenaffekt, daß du meinst, ich hätte mich gefreut über die totgeschlagenen Juden und Araber,[2] und sogar dein Gedächtnis dir dumme Streiche spielt: du zitierst, was ich niemals weder geschrieben noch gesagt habe und niemals schreiben oder sagen könnte: die Zionisten seien Pack! Paßt so etwas in meine Art und Ausdruck? Frag mal deinen Brunnerianer. Aber der hört auf bei deinem Zionismus.

Der auch vergißt, wie meine früheren Kollegen gesprochen haben, angefangen von שור וחמור;[3] und meint, es sei mein Ton, der die Zionisten von mir entfernte. Die entfernt ganz Andres von mir. Mein Ton hat übrigens nicht verhindert, *daß viele Zionisten zu mir gelangten*, auch manche, die übrigens Zionisten oder Nationalisten bleiben, doch gute Empfindung von mir haben. Vielleicht ergatterst du dort z.B. einen Aufsatz, den jüngst Koralnik leider in »jiddischem« Jargon über mich schrieb.[4] Steht in einem amerikanischen Blatt; wo, weiß ich nicht – mir ging der Aufsatz nur im Ausschnitt zu. Kurz, mein lieber Schefi, der Zionist in dir bedeutet immerhin ein Hindernis, und du machst ganz hübsch mit am Frevel gegen die

1 Siehe Brief 144.

2 Im Sommer 1929 war es ausgehend von Auseinandersetzungen über den Zugang zur Klagemauer zu gewalttätigen Ausschreitungen von arabischer Seite gekommen, bei denen jüdische Einwohner Jerusalems, Hebrons und Safeds angegriffen wurden. Es kam zu zahlreichen Todesopfern auf jüdischer und arabischer Seite.

3 Hebr.: Ochse und Esel. Die Formulierung kommt an verschiedenen Stellen im Tanach vor, so beispielsweise in der Mischna, Traktat Kil'ajim 1,4 (hebr.: Zweierlei, Heterogenes, Verschiedenartiges, Mischungen). Es geht hier um das Verbot der Vermischung verschiedener Arten einer Gattung, besonders von Pflanzen (Mischsaaten), aber auch von Tieren (Tierkreuzungen). Der Verweis auf Ochse und Esel steht beispielhaft für alle Tiere. Ochse und Esel sollen z.B. nicht zusammen vor den Pflug gespannt werden, da der Esel langsamer ist und das nicht gerecht wäre (Dtn 22,10).

4 Abraham Koralnik (s. Brief 153/5).

Juden und bist mit Unglücksverlängerer. Mißversteh mich aber nicht wieder, als wollte ich dich im Besonderen da herausfischen: dich so wenig wie einen Judenhasser mit dem gleichen Werk aus andern Motiven. Wie von jenem, so verstehe ich von dir voll die Notwendigkeit des Stehens auf dem jetzigen Standort. Kannst du von deinem einmal herunter – wie Andre konnten, die ebenfalls dort gestanden hatten –, so freut mich das gewiß. Aber ich bin im Mindesten nicht traurig, wenn du dorten beharrst, und freue mich deswegen nicht weniger des Erfreulichen in deinem Wesen und Streben. Und wie es komme, wir tun gut, in der Korrespondenz den Zionismus aus dem Spiel zu lassen; und du tust nicht gut mir die obligaten Gründe für den Zionismus zu wiederholen, als wär ich taub, und hätte noch nicht gehört diese Gründe, die mich ja gerade gegen ihn treiben, du mein verlorenes Schefi; das ich also nicht minder liebe, und hoffe, und weiß: es wird denn auf anderen Wegen zurückfinden. Amen von ganzem, aufrichtigem Herzen eines, der es so heilig und gewiß nichts als gut meint, wie er wahrscheinlich auch mehr überschaut vom Ganzen und vom Gang des geschichtlichen Lebens, als ein Wiener Journalist gekonnt hat.[5]

Herzlichst grüßt dich

Constantin Brunner.

151. An Jakob Klatzkin,[1] April 1930

Ihr Buch »Krisis und Entscheidung im Judentum« hatten Sie mir vor längerer Zeit zugeschickt mit der Bitte, Ihnen den Empfang zu bestätigen.[2] Ich bestätigte den Empfang und las, sobald Zeit und Umstände mir das zuließen. Was mußte ich lesen; wozu hatten Sie mich eingeladen; was mir geschrieben?! Denn mir zugeschickt durch Sie, galt mir geschrieben, was in dieses Buch Sie geschrieben hatten. Ich darf annehmen, daß bei der Zu-

5 Anspielung auf den Begründer des modernen politischen Zionismus, Theodor Herzl (1860-1904), der Korrespondent und später Redakteur der Wiener »Neuen Freien Presse« war.

1 Der jüdische Philosoph, Publizist und Verleger Jakob Klatzkin (1882-1948) (s. Abb. 40) hatte bei Hermann Cohen in Marburg studiert und Spinozas »Ethik« ins Hebräische übersetzt. Er gab zionistische Zeitschriften und (mit Nahum Goldmann und Ismar Elbogen) die »Encyclopaedia Judaica« heraus.

2 Klatzkin hatte Brunner die zweite Auflage seines Buches »Probleme des modernen Judentums« (Berlin: Jüdischer Verlag 1918) zugeschickt, die unter dem Titel »Krisis und Entscheidung im Judentum« 1921 im Jüdischen Verlag in Berlin erschienen ist; Brunner bestätigte den Empfang am 7. März 1929.

Abb. 40: Jakob Klatzkin

schickung keineswegs etwa der Irrtum Sie befangen hielt, ich sei Jude gleich Ihnen, ein »nationaler Jude«. Sie wußten: ich bin – von jüdischer Herkunft – ein Deutscher; den Sie denn nun entdeutschen wollen, für einen Volksverräter am »jüdischen Volk« mich erklärend und für einen Schädling des deutschen Volkes, für einen Attentäter auf die nationale Kultur Deutschlands.[3]

Ich fühle mich aber keineswegs beleidigt; und nichts hindert mir die Freiheit des Urteils, Sie zu schätzen. Wahrhaftig, ich schätze Sie; denn wahrhaftig, ich schätze alle Menschen, unterschiedlos. Es sind ja nicht die Menschen, die aus sich selber leben. Was die Menschen darleben, ist in ihnen das Eine; ein jeder treibts, getrieben, wie er soll und muß. Ich vermag darum auch keinen einzigen bösen Menschen zu entdecken, so wenig wie einen guten; und wer bin ich Mensch, daß ich durch einen Menschen könnt beleidigt sein? Sobald ich traurig werden will, muß ich auch schon anfangen zu lachen; weil ich doch Bescheid weiß mit den Brüdern.

Etwas ganz Andres für den praktisch egoistischen Standort des Lebens! Da will auf der Erde gelebt und gekämpft sein; und hilft nicht, daß man im Geist und in der Wahrheit denkt und spricht: Bruder Zionist und Bruder Judenhasser, ihr irrt, liebe Brüder, irrt edel, seid überzeugt von eurem Irrtum und meint es gut; du Bruder Klatzkin bist überzeugt und meinst es gut, gehörst zu den aufrichtigsten und besten Zionisten! Je bessere Zionisten und Judenhasser, desto gefährlicher für das Leben der Juden; und die besten Zionisten sind den Juden gefährlicher noch als die besten Judenhasser (wie ja überhaupt mit Zionismus gar nichts andres bezeichnet ist als durch die Juden selbst die Gefahr und das Unglück der Juden seit nun bald zweitausend Jahren – das moderne Fremdwort Zionist heißt verdeutscht: Unglückserhalter für die Juden). Wer das nicht schon weiß, kann es lernen aus meinem in den nächsten Tagen herausgehenden Buch »Von den Pflichten der Juden und von den Pflichten des Staates«.[4]

In diesem Buch steht Jacob Klatzkin als einer der besten und gefährlichsten Zionisten;[5] in diesem Buch stehen wiederholt alle die Beleidigun-

3 Brunner wird in Klatzkins Buch nicht genannt, versteht sich hier aber als einer der von Klatzkin Angegriffenen.

4 Unter diesem Titel erschien das zweite politische Hauptwerk Brunners 1930 im Gustav Kiepenheuer Verlag in Berlin.

5 Brunner polemisiert in seinem Buch gegen Klatzkin als »Theoretiker des Zionismus« (besonders S. 68-80). Klatzkin sei ein willkommenes und ideales Paradigma, die »politische Dummheit« des Zionismus darzulegen. Klatzkins Vorstellungen seien »voremanzipatorisch«, als »völkisches Assimilantentum« denen der völkischen Antisemiten sehr ähnlich und höchst gefährlich für die Emanzipation der Juden: »Verblendet hat dich die Ghettofinsternis, die noch blinder macht als die Finsternis der Völkischen« (S. 74 f.). Der Typus Klatzkin sei geradezu »ein Jüdlein aus dem alten Ghetto« (S. 77). Humoristisch und bitter-

gen, womit Sie die von jüdischer Abstammung in der Emanzipation angehen. Schwerere Beleidigungen gibt es nicht für die noch Beleidigbaren; und wirksamer als durch Sie und die übrigen Zionisten läßt sich aus den Reihen der Juden der Judenhaß nicht steigern. Es scheint Ihnen niemals zum Bewußtsein gekommen zu sein, was Sie den im Kampf um ihre Freiheit doch wohl hart bedrängten und schwer genug gefährdeten Juden zufügen;

und woher nehmen Sie das Recht zu so maßloser Verurteilung und Entehrung dieser Kämpfer?!

Wir hatten den religiösen Aberglauben, der trieb an, mit dem unbändigst fanatischen Hochmut alle diejenigen zu betrachten und zu behandeln, welche nicht von der gleichen Absurdität des Aberglaubens besessen waren; aus den furchtbaren Beispielen, welche die Geschichte dafür bietet, haben leider die Menschen keinerlei Belehrung noch Warnung gezogen, als handelte es sich da um ein ausnahmsweise eingetretenes, einmal für immer überwundenes Unglück, womit sie im Geringsten nichts mehr zu schaffen hätten? Allseitig ist Absurdität und Hochmut zu gewahren, kann in Alles und Jegliches hineinschlagen! und die tollgewordene Zionistenpolitik, von der die Juden wieder hineingezwungen werden sollen in die allerelendeste Assimilation an das jüdische Volk-Nichtvolk,[6] in das gesunkenste Leben, und die doch nur den Judenhassern Freude bereitet – – ach,

böse zugleich lässt Brunner Klatzkin »im Himmel« ein Gespräch mit dem jüdischen Landesgott führen (S. 80-98). Lotte Brunner notiert die Bemerkung Brunners dazu vom 10. Juli 1929: »Ich habe einen Klatzkintopf, der mir herrlichen Spaß macht. Jeden Abend holt Jehovah den Klatzkin zu sich nach oben, und sie führen Gespräche miteinander, die mich furchtbar zum Lachen bringen. Der liebe Gott ist ein Kaspar! Am liebsten würde ich ja solche Allotrien jetzt schreiben, aber ich verbiete mir das natürlich, bis auf eine kleine Stelle, die ich schon habe und die mich eben auf den Geschmack gebracht hat.« (Siehe auch Lotte Brunner, Tagebuch, 24. März 1930 sowie Brief 154 über eine Rezension des »Pflichten«-Buches von Ludwig Rosenthal.)

6 »Volk-Nichtvolk« ist ein Begriff, den Brunner in »Von den Pflichten« verwendet, um das seiner Auffassung nach Widersprüchliche und Pseudohafte der modernen jüdischen Volksvorstellung zu bezeichnen: »Menschen, die aus dem Volksverbande sich halten, stören ihre Lebensfürsorge auf die schwerste Art. Ein Volk sein wollen in der Zerstreuung unter den andern Völkern, das kann nur den Erfolg haben wie bei den Juden, das kann nur zur Volklosigkeit führen. Die wirklichen Völker nahmen die Juden hin für das, wofür sie sich gaben. Die Bejahung des jüdischen Volkes von seiten der Völker war jedoch nur eine (mit ihrem im Grunde ja ebenfalls jüdisch-religiösen Aberglauben zusammenhängende) Rede der Gedankenlosigkeit, hinter welcher als wirklich gemeinter Sinn sich verbarg die Verneinung der Juden als nicht zu den Völkern gehörigen Ganzandren und endlich die Verneinung dieser Juden als Menschen. Das Letzte war nur Konsequenz des Ersten, war ja im Grunde das gleiche wie das Erste und nur seine Anwendung. Die Menschen des Volkes, welches kein Volk war, waren keine Menschen; das Volk-Nichtvolk hat Menschen-Nichtmenschen.« (Von den Pflichten, S. 20f.).

möchte sie endlich auch den Juden Freude machen; könnten die Juden anfangen darüber zu lachen! Ich, was mich betrifft, war nicht etwa darauf ausgegangen, den Zionismus lächerlich zu machen – mitten in Trauer und Zorn überkam mich das unhemmbare Gelächter über den Bastard aus völkischem Ideal und Ghetto, und das Gelächter hielt an und ging weiter, ging über den ganzen zweitausendjährigen Zionismus. Und ehe nicht die Judenheit lacht dieses Zionismus und ihres Heidentums mit ihrem Landesgötzen, wird den Juden nicht geholfen.

Genug; es soll ja nur ein Brief sein, Ihnen rein menschlich zu kommen, bevor das Buch meine Gegend enthüllt, die Ihnen nicht gefallen dürfte, und Sie zu bitten: Wenn Sie meine Rede unmenschlich und meine Stimme zu scharf finden sollten, so lassen Sie von Andern sich schildern, wie Ihre eigne Rede und Stimme klingt. Ich bin Antwort und Abwehr nur aus dem Walde, der wieder herausschreit, was in ihn Sie hineingeschrien haben; das soll nicht drin bleiben.

Hassen Sie mich nicht deswegen. Ich brauchte Sie, Sie waren mir unentbehrlich zur Demonstration, aber es geht mir doch um nichts in der Welt weniger als darum, Sie persönlich zu treffen. So wenig, wie ich für mich persönlich gewinnen will. Glauben Sie auch nur nicht, daß ich davon Ehre habe bei den Juden, gegen die Sie zu Felde liegen. Die wollen gar nicht mich Exjudaeum und Atheistam.[7] Der aber *muß* mitmachen im Kampf um die Freiheit der Juden; so macht er mit als Freiwilliger unter Unwilligen und Verständnislosen. Die wenigsten verstehen meine Worte zu lesen, denn die meisten sind Schnickschnackleser; und entsetzt sind über meinen Atheismus, die des letzten Ernstes und Vergegenwärtigens der ewigen Wahrheit unfähig sich erweisen und in vollkommener Torheit gar nicht ahnen, daß es dem Geist des Prophetismus (in seinem Ankampf gegen die Anthropomorphismen und Anthropopathismen und die Personifizierung Jahwehs[8]) um Andres nicht gegangen als um die *positive* atheistische Lehre von dem wesenhaft Einen, welches allem Götzendienst und jeglichem Gott das Ende bereitet – kein Gott ist, nur Götzen sind; und Götzendienst macht Juden, Zionisten, Judenhasser und macht zu allem sonst, was dämonisch verhindert, daß wir, für uns selbst wie für andre, Menschen sind.

7 Brunner bezeichnete sich als in gewisser Hinsicht außerhalb des Judentums stehend und – jedenfalls bezogen auf die gewöhnliche Gottesvorstellung – als Atheisten: »Ich Exjudaeus et atheista mag wohl ein seltsamer Helfer der jüdischen Religion und der Juden erscheinen, bin aber doch am Ende einer« (Von den Pflichten, S. 132).

8 Brunner versucht in seiner Geistlehre, den Einheitsbegriff von allen menschlichen Vorstellungen und allen menschlichen Empfindungen frei zu halten. Gott ist für ihn keine Person, sondern das absolute Eine, von dem man sich (getreu der Mosaischen Forderung) überhaupt kein Bild machen könne und dürfe. Der Geist des Judentums habe eben diesen »mystischen Urcharakter« (Unser Christus, S. 226f.).

Höre Israel, *das Wesen* ist unser Gott[9] – zerschlag wie Abraham die Götzen deines *Vaters* Therach[10] – und willst du auf den Gipfel des Judentums, dort steht Christus, der gottlose, der weltfreie, der selige ...[11]

Wie ich hier nun hinschreibe, was ich doch Ihnen gar nicht schreiben will? Es gibt kein produktives Wort zwischen uns; lassen Sie mich denn Dies herzlich aussprechen: ich sehe, ich kann Ihnen nicht schreiben. Aber Sie sollen sehn, daß ich Ihnen schreiben *wollte* und – trotz Allem und frei hinweg über das Leben – irgendwie Sie grüßen wollte; nur um Alles nicht des Zionismus wegen. Als Deutscher wünsche ich die schnellstmögliche Reinigung meines allergeliebtesten wirklichen deutschen Vaterlandes vom Zionismus und als Jude wünsche ich auch Ihnen, daß in nicht zu ferner Zeit die Einbildung vom Judenvolk in den Juden und mit dieser Judenkrankheit auch das Judenunglück und das Unrecht an den Juden aus der Welt verschwunden sein möge; Amen, Amen. Ich gehöre nicht zu denen, die warten, daß die Gerechtigkeit noch erst kommen werde: existierte sie, sie wäre ungerecht, weil sie nicht schon längst gekommen ist. Aber, wenn der Anlaß schwindet, schwindet auch die Wirkg; und ich denke, dazu läßt sich Amen sagen.

Constantin Brunner.

152. An Selma van Leeuwen, 29. April 1930

Zur Stunde deiner Ankunft nach hoffentlich einer Fahrt der Ruhe und wo du empfangen wirst vom treulieben Sal[1] setze ich mich, dir, verehrtem Kinde, versprochenermaßen von der Versammlung zu berichten.[2] Es

9 Das Schma Jisrael (hebr.: Höre Israel!) steht für einen zentralen Vers der Tora (Dtn 6,4); zu Brunners Deutung siehe Brief 13/3. Brunners nächste Veröffentlichung trug den Titel: Höre Israel und Höre Nicht-Israel. (Die Hexen), Berlin: Gustav Kiepenheuer Verlag 1931.

10 In den Apokryphen, genauer: in der Apokalypse Abrahams zerschlägt Abraham die von seinem Vater Therach gebildeten Götzenfiguren, woraufhin er von König Nimrod zum Tode verurteilt wird. Gott rettet Abraham und erteilt ihm den Auftrag, seine Wahrheit zu verkünden.

11 Gottlosigkeit, Weltfreiheit und Seligkeit sind für Brunner die wesentlichen Grundlagen einer jüdisch-christlichen Mystik (s. Unser Christus, S. 13-17).

1 Selma van Leeuwens Ehemann Salomon van Leeuwen (1868-1939); sie lebten in Rotterdam.

2 Da Brunner einer Einladung des Vorsitzenden des Berliner Landesverbandes des Central-Vereins deutscher Staatsbürger jüdischen Glaubens, Bruno Glaserfeld (1881-1949), über die Bedeutung von Jesus für das Judentum zu sprechen, nicht nachkam, hatte der Elberfelder liberale Rabbiner Joseph Norden (1870-1943) den Vortrag übernommen. Er

waren an die 600 Personen – der Vorsitzende sagte: der stärkste Besuch aller bisherigen Versammlungen –; in einem Vorraum standen noch viele, und viele mußten draußen bleiben und abziehen. Der Vortrag Nordens soll ausgezeichnet, klar, warm und eindringlich gewesen sein und ein erschütterndes Bekenntnis zu mir. Dennoch verlas der Vorsitzende meinen Brief, worin ich abgeschrieben hatte zu kommen. Lotte schrieb mir darüber aus der Versammlung: »er wirkte kolossal; es war eine feierliche Andacht.« Der Vorsitzende erklärte, dieser Brief würde, als der schönste, den der CV jemals bekommen, in das Archiv aufgenommen werden. Danach redeten noch mehrere, einer auch ein Maienblühen des Unsinns; sehr beredt und geistvoll soll Blankenfeld gesprochen haben. Zum Schluß ergriff Norden noch einmal das Wort und soll sehr herzinnig seinen Besuch bei mir geschildert haben, wo er eine ganze Stunde gewesen sei, »die bedeutendste Stunde seines Lebens«. Na, ich mußte Dies ja alles schreiben, – glaub wenigstens, daß ich die gewaltmäßigsten Ausdrücke wegließ; und du weißt, daß ich da nicht von *mir* schreibe: ich bin wahrlich aufgegangen

sprach am 29. April im großen Saal der Loge in der Berliner Kleiststraße zu dem Thema: Jesus von Nazareth in der Beurteilung der Juden einst und jetzt. Zuvor hatte Norden Brunner besucht, woraufhin sich ein herzliches, persönliches Verhältnis entspann (der Briefwechsel ist offenbar bei der Deportation Nordens nach Theresienstadt verloren gegangen). Norden publizierte in der Folge mehrere Artikel über Brunner (Zwei neue Bücher Constantin Brunners über Juden und Judentum, in: Jüdisch-liberale Zeitung 11, Nr. 28/29 (22. Juli 1931), S. 5 f.; Constantin Brunner. Zu seinem 70. Geburtstag am 28. August, in: Jüdisch-liberale Zeitung 12, Nr. 11 (1. September 1932), S. 3 f.; Constantin Brunner. Zum 75. Geburtstag am 28. August, in: C.V.-Zeitung 16, Nr. 34 (26. August 1937), S. 5). In seinem Vortrag (s. den Bericht in der C.V.-Zeitung 9, Nr. 19 (9. Mai 1930), S. 251) ordnete Norden vor etwa 600 Zuhörern Jesus in die Reihe der jüdischen Propheten ein; erst Paulus bedeute einen Bruch mit der jüdischen Ideenwelt. Nach dem Vortrag Nordens verlas Glaserfeld den Absagebrief Brunners. Lotte Brunner berichtet, dass daraufhin eine »Andachtsstimmung« im Saal entstanden sei. Die Diskussion habe George Goetz eröffnet, der »leer« und »weitschweifig« geredet habe, so dass Unruhe entstanden sei und »der Funke, den der Brief in die Versammlung geworfen hatte, war ausgetreten«. Dann habe Fritz Blankenfeld »geistvoll und geistreich über die Wiederauferweckung Christi durch Brunner« gesprochen, worauf eine lebhafte Diskussion entbrannt sei: »Ein Dr. Cohn wehrte sich lebhaft gegen die Aufnahme Christi ins Judentum, er fand besonders die Forderungen der Bergpredigt überspannt und unpraktisch.« In seinem Schlusswort habe Norden hervorgehoben: »Ich bin nicht erstaunt, ich bin erschrocken, dass man sittliche Forderungen zu hoch finden kann«, und er begann »ganz schlicht und sehr ergriffen von seinem Besuch bei Vater zu erzählen: Da hätte er die Schuhe ausziehen mögen, da sei heiliger Boden. Er gab auch einiges wieder, was Vater ihm über seine unverbrüchliche Liebe zum Judentum gesagt hatte und suchte die Opposition – Magdalena hat gehört, wie entrüstet gerufen wurde: ›Ja, ist denn Brunner ein Prophet?!‹ – damit zu beschwichtigen, dass er erklärte, die Bücher ›dieses großen Denkers‹ seien viel zu schwer (und deshalb nur wenigen zugänglich), als dass so in der Geschwindigkeit darüber etwas ausgemacht werden könne.« (Lotte Brunner, Tagebuch, 5. Mai 1930).

in die Sache und ihr Herz und übrigens weit entfernt die Bedeutung dieses Anfangs zu überschätzen. Es ist wohl nur erst ein Ruck und muß noch manchen Ruck geben, ehe der Karren sich in Bewegung setzt, der Karren des Judentums. Gar zu gern freilich möcht ich den Juden Blut und Leben erfrischen, ihnen mehr Ernst und Mut geben und ihrer Freiheit voranhelfen …

Und nun laß mich nur noch der Hoffnung Ausdruck geben, daß du deine Auskunftei nicht zu sehr anstrengst wegen der Firma Leberecht und Denkefalsch Lilienthal

und sei gegrüßt und gegrüßt!

B.

153. An Ernst Ludwig Pinner, 25. Juli 1930

Mein teurer Ernst Ludwig,

dein Brief ist mir wieder die schönste Freude: deinen Ernst und deine Gewissenhaftigkeit bewundern und lieben zu können. Übrigens sehe ich mich der Beantwortung deiner Bedenken überhoben, da du sie selbst beantwortet hast; auch unterschreibe ich jedes andre Wort deines Briefes, nicht zuletzt deine pädagogische Bemerkung.[1]

Ein wenig überrascht mich nur, daß du – ob auch nur vorübergehend – jenen Bedenken ein Recht gestatten konntest. Ich sollte meine Auffassung von der jüd. Rasse aufgegeben haben? Eher lasse ich mir diese Hand abhacken, womit ich sie niederschrieb. O nein, weit davon. Ein Gedanken-

1 In einer Diskussion mit Lothar Bickel kam die Frage auf, ob und inwiefern Brunner seine in »Der Judenhaß und die Juden« formulierten Auffassungen über die Rassenerinnerung und das jüdische Rassenbewusstsein in dem soeben erschienenen Buch »Von den Pflichten der Juden und von den Pflichten des Staates« als überholt ansehe; denn es sei darin nicht mehr die Rede davon. Bickel meinte, Brunner wolle sich durch Schweigen von diesem früheren Gedanken ablösen, während Pinner der Ansicht war, dass es in einem politischen Buch problematisch sei, »Rudimente unsres auszurottenden Nationalismus« hervorzuheben; denn das Nationale habe mit der Rasse nichts zu tun und eine Hervorhebung des Rassenbewusstseins stehe der politischen Vollendung der Emanzipation im Wege. Andererseits sei das Rassenbewusstsein ein vorhandenes Faktum, das nicht negiert werden könne. Die Frage sei allerdings, ob dieses Rassenbewusstsein und die damit verbundene Rassenerinnerung zu erhalten seien. Pinner bejaht dies: »Meinem Kinde, das durch die Äußerungen des Judenhasses verstört aus der Schule kommt, muß ich den Willen zum Deutschtum (trotz allem Judenhaß) einflößen, zugleich aber muß ich ihm zeigen, daß seine jüdische Abstammung nicht nur ein Buckel ist, den sich der Bucklige vergeblich wegwünscht.« (Brief von Pinner an Brunner, 23. Juli 1930, LBI/JMB: II, 10, 2).

bau steht fester als die Berge – da kann ewig kein Steinchen sich lösen und entrollen. Ich wüßt' auch nicht, welche Stellen des Buches in diesen Verdacht mich bringen könnten, zumal ich doch selber irgendwo auf die (im Judenbuch) von der jüdischen Rasse gegebne Bestimmung hinweise, und doch wohl nicht mit dem Zusatz, daß ich sie nicht länger als gültig ansähe.[2] (Fraglich dürfte nur sein, ob die jüdische Rassenfähigkeit zur spezifischen Betätigung nicht gebunden war an das alte jüdische Volkstum; was aber natürlich mit unsrer Rassenerinnerung nichts zu tun hat). Auch betone ich doch selbst in diesem Buch, so weit sein Maß und Gesetz Dies zuläßt, die Leistung des jüd. Volkes; sage: was Christus getan, das habe das jüdische Volk getan; sage: *möchten* nur die heutigen Juden auf ihre alten Propheten hören; und sage, daß z.B. jeder deutsche Jude sich sagen könne, seine Vorfahren hätten mehr für Deutschland getan als die alten Germanen. Das und mehr, was in diesem Buch steht oder in andern Büchern, sollst du auch deinen lieben Kindern sagen; und es sieht nicht aus nach Zeugnis zur Bekräftigung jenes Verdachts.

Ich bin mir keiner prinzipiellen Abweichung der Gedanken bewußt, mußte nur für die Praxis praktischer reden; denn mein Herz ist schwer über meine Juden, wie sie es machen und treiben besinnungslos und führerlos, bis auf die par Verführer. Ich kann keine Ruhe finden dabei, daß auch diese es gut *meinen*, und z.B. auch die Zionisten es gut meinen ... Das ist das Einzige, was ich mit den Zionisten gemein habe und was uns Beide von den Judenhassern unterscheidet: daß wir Beide es gut meinen mit den Juden. Darüber darf ich aber keiner Sentimentalität Raum geben – ich wollt überhaupt, das Weibsstück wäre endlich heraus aus mir, aus meinem Adam jene Rippe genommen. Mir ist auch gar nicht bange; auch die Zionisten werden mich endlich schon verstehen. Längst hab ich es ja erfahren: unter den Juden, die zu mir gingen, kamen die Besten aus den Reihen der Zionisten. In der letzten Zeit ist das ja auch öffentlicher geworden.[3] Von euch Deutschen ist das ja noch kein so starkes Stück wie von den Ostlern. Aber da kam doch früher schon jener Beermann aus Kowno, der

2 In »Von den Pflichten« heißt es: »Dafür, daß Rasse mit Volk nichts zu tun hat, und was unter jüdischer Rasse zu verstehen, ist zu vergleichen: ›Der Judenhaß und die Juden‹ S. 130ff.« – wo Brunner bestimmt, welche Stellung der jüdischen Rasse unter den Menschenrassen zukomme (in der Neuauflage 2004: S. 43ff.). Im Pflichtenbuch heißt es weiterhin: »Als eigentlich verschiedene Menschenrassen sind nur zu nennen: die Weißen, die Gelben, die Neger und die Schwarzen Australiens. Selbstverständlich aber gibt es Varietäten innerhalb der Rassen, auch innerhalb der weißen Rasse; und unbestreitbar, daß die Juden ein wenig anders gemalt sind als die übrigen Weißen – biologisch, psychologisch und geschichtlich.« (Von den Pflichten, S. 159).

3 Brunner wird hier den von ihm angeregten Sammelband »Los vom Zionismus« meinen sowie die Aufsätze von Pinner selber (s. Brief 124/1).

schrieb es hebräisch.[4] Neulich jener Koralnik in New-York schrieb es jiddisch;[5] und jetzt in Jerusalem-Tel-Awiw in dem Mosnajim; dem Organ der hebr. Schriftsteller Palästinas, das ist ja eine sorgsam geplante und konsequent durchgeführte richige Aktion. Zuerst brachte einer eine hebr Übersetzung aus dem »Einsiedler«, dann ein andrer ein Feuilleton, und gestern ging mir eine durch zwei Nummern gehende Abhandlung über C Bs Philosophie zu.[6] Anders kanns nicht gehen mit der Wahrheit durch mich. Ich kann mir nur Feinde machen überall, und meine Feinde müssen für mich kämpfen; und die Juden müssen damit anfangen. Möchte ich auch damit anfangen können, daß die Sache der Juden auf feste und ans Ziel bringende Wege gerät, Amen, Amen!

Dir und unsrer lieben Frida und euren lieben Kindern Gruß und Segen und die reinigende Kraft des Meeres bis auf baldiges Wiedersehen mit den Herzen

B.

4 Der »Constantin Brunner« betitelte hebräische Aufsatz von dem im litauischen Kaunas lebenden Aron Berman (s. Brief 202).

5 Der in New York lebende Zionist Abraham Koralnik (1883-1937) schrieb den jiddischen Artikel: Wenn ein Jid denkt. Über Constantin Brunner, in: Der Tog, New York (8. Februar 1930). Lotte Brunner berichtet in ihrem Tagebuch am 25. Februar 1930 über Brunners Aufnahme dieses Artikels: »Die Einleitung bildet eine ausgedachte (sehr schlecht ausgedachte) Szene, die zwischen Mauthner, Landauer und Vater spielt. Aber das eigentlich über Vater oder vielmehr des Verfassers inneres Verhältnis zu ihm Gesagte, das sich an das Bild anschließt, hat etwas Echtes und Inniges, ein sich selbst abgerungenes Bekenntnis: Der Zionist bewundert den Denker, den mutvollen Mann, er möchte los von Constantin Brunner, aber der lässt ihn nicht. – Während des Lesens und Übersetzens machte Vater alle Augenblick seinem Verdruss Luft, den ihm das jiddische Idiom bereitete.«

6 Die von dem Rabbiner Binjamin (1880-1957) in Jerusalem und Tel Aviv in hebräischer Sprache herausgegebene Zeitschrift »Moznayim« (Die Waage) publizierte mehrere Artikel von und über Brunner. Binjamin schrieb dazu: »Was machen angesichts des Widerstands von Brunner? Wir haben zumindest einen Weg, um uns an ihm zu rächen: wir schreiben über ihn auf Hebräisch, von rechts nach links, auf den Bergen von Zion und Jerusalem schreiben wir über ihn. Das ist unsere Rache, die Rache Zions an einem der besten unserer Gegner. Wie süß ist diese Rache!« (R. B., במעגל (hebr.: Im Kreis), in: Moznayim 2, Nr. 52 (15. Mai 1930), S. 3-5, hier 5). Ferner erschien in zwei Teilen ein Aufsatz von M. Har-Even, Konstantin Brunner, in: Moznayim 9, Nr. 59 (3. Juli 1930), S. 6-8 und Nr. 60 (10. Juli 1930), S. 7-10; sowie eine hebräische Übersetzung von Brunners »Mein Leben und Schaffen« (der erste Abschnitt in: Vom Einsiedler): Hai v'asiti, in: Moznayim 2, Nr. 1 (April 1930), S. 4-6.

154. An Selma van Leeuwen, 23. September 1930

Liebe, du scheinst dich zu wundern über Dieses in der Köln. Zeitg?[1] Wie dir aus dem letzten Buch und aus allen meinen Büchern und Äußerungen bekannt ist, habe ich Andres niemals erwartet *und ist eben Dies, daß nichts Andres zu erwarten steht, ja gerade meine Sache in der Welt.* Ich habe auch nicht erwartet, daß die Juden es mir anders machen würden, als sie von immer her es denen gemacht haben, die zu ihnen gesandt waren, und habe nicht einmal gelacht über den Witz, daß man mein Buch einem *Rabbiner* zur Rezension übergab! Wenn es nun der Mühe wert wäre, allergeringsten Erfolg in Aussicht stellte und meiner Natur entspräche, auf irgend gegen mich Gesagtes zu erwidern, so würde ich allerdings in der Kölnischen Zeitg darüber reden, daß sie nun gerade auch noch ein so besonders unreifes und gewissenloses Bürschchen, einen derartigen Leichtfuß auf den Richterstuhl gesetzt hat. Es gibt von sich *diese* Stilblüten (die ich alsdann – zum Gaudium – aufzählen und analysieren würde) und diese besonders handgreiflichen Beweise dafür, daß es in der Welt noch ist, wie es gewesen: Goethe hat sich immer so besonders empört über diese Welt der *Unredlichkeit*. Die Juden machen daran mit wie die Judenhasser, verleumden nach der gleichen Methode. Hab ich etwa nicht, auf die mir eigne deutliche Art, gesagt, daß von Jacob Klatzkin gar nicht die Rede gehe, der nur zum Typ genommen sei für den Zionismus, Personifikation und Veranschaulichung des Zionismus; und diesen Zionismus nenne ich die Politik des jüdischen dummen Kerls nach der Präcedenz der Juden, denen der Antisemitismus die Politik des dummen Kerls heißt? Kein Wort davon verrät der Herr Rabbiner (der sich auch in der Unterzeichnung nicht als Rabbiner zu erkennen gibt; was ja doch Manches so manchem Leser deutlich machen würde) seinen Lesern, sondern stellt mich ganz sittlich unverfroren seinen Lesern hin als einen Rohling, der den Klatzkin anredet: »Du dummer Kerl!« Und beruft sich wahrhaftig gar auf Christus! Ist dem Rabbiner wirklich unbekannt, wie Christus von den Rabbinen gesprochen und ihnen die maßlosesten moralischen Vorwürfe gemacht hat? Dessengleichen es doch bei mir niemals gibt. Und außer von

1 In der Kölnischen Zeitung hatte der Rabbiner Ludwig Rosenthal (1870-1938) Brunners »Von den Pflichten« sehr kritisch rezensiert (Literatur über das Judentum. Konstantin Brunner, in: Kölnische Zeitung Nr. 503 (14. September 1930), S. 12). Er moniert, es sei geschmacklos, wenn Brunner Jakob Klatzkin als »jüdischen dummen Kerl«, ein »Jüdlein aus dem Getto« tituliere. Der Abschnitt »Im Himmel« sei »der Gipfel witzelnden Ungeschmacks und die schlimmste Blasphemie« (s. hierzu auch Brief 151 an Klatzkin). Dass die Rabbiner den »Geist des Judentums« nicht verstehen würden, weist Rosenthal mit Bezug auf 1 Kor 13,1 (»Wenn ich die Sprache der Menschen und Engel redete und hätte der Liebe nicht …«) zurück.

meinen indiskutablen Gewohnheiten merkt der Klotz überhaupt nichts und redet sich am Ende ein, mit seiner Feinheit, und seinem Geschmack und seinem Deutsch mich nun getötet zu haben! Lassen wir diesen Toten, den die Toten schon begraben werden. Es kam mir nur so aus dem Munde, rein privatim gegen dich, mein verehrtes Kind, daß ich mich wirklich nicht gewundert noch auch nur gelacht habe. Aber wahrscheinlich wunderst du dich auch schon nicht mehr, und ganz gewiß wirst du nicht weinen über dieses Jüngste Gericht der Rabbiner. Lachen muß ich nicht, aber lächeln und denke an Sokrates: als wenn er vor einem Gericht von Kindern stünde, denen er das Zuckerbrot hätte verbieten wollen! Sind sie nicht wirklich Kinder, des großen Ernstes unfähig? Und so muß man zum Schluß sie doch lieb haben alle, auch das Zuckerkind Rosental, trotzdem seiner, als Rabbiner, das Himmelreich. Und vielleicht, wenn dieses Kind zu mir kommen könnte, würde es auch mich lieb haben, trotzdem, trotz Allem. –

Sal[2] schreibe ich in den nächsten Tagen. Ich konnte jenen Mann mit dem Hörapparat noch nicht sprechen. Das wird aber in den allernächsten Tagen geschehen; dann schreibe ich Sal.

Schreibst du mir nicht ein Wort über Kurt?[3] Ich denke, das ist ein junger Mann, danach gemacht, für sein Leben nach der innerlichen Bestimmung seiner Natur rechzeitig etwas zu tun.

Mein Eselzustand[4] war gleich, nachdem ich dir von seiner Besserung geschrieben hatte, wieder trüber; aber im Ganzen hellt er sich doch auf, und ich werde den Träger schon noch tragen – wir müssen gegenseitig so auf einander herumschlagen, du weißt.

Ich denke, ich schreibe dir immer nur, was du weißt. Auch daß es in Holland doch schön gewesen.[5] Sag das von mir auch dem Meere, wenn du es wieder siehst und lebst oder träumst. Und grüß alles Liebe, was dir zum Genossen lebt: Sal, Rita,[6] Kurt, auch die lieben Mädchen und euren rührenden Wauwau.

Ich hause hier schon im Chaos des Umzugs[7] und will sehen, welch eine neue Welt sich baut. Wie ich auch hausen werde, du weißt, wie ich dich grüße

B.

2 Salomon van Leeuwen.

3 Ein Freund von Rita, der Tochter Selma van Leeuwens.

4 Brunner bezeichnete seinen Körper häufig als »Bruder Esel«.

5 Anfang September 1930 war Brunner in Den Haag (vermutlich besuchte er Jacob Gerzon in Kijkduin bei Den Haag) und auch bei Selma van Leeuwen in Rotterdam.

6 Selma van Leeuwens Tochter Rita (1910-2006), die 1936 Manfred Grunbaum heiratete.

7 Die Familie Brunner zog im September 1930 von Potsdam nach Berlin-Wilmersdorf um, in die Helmstedter Straße 10 (s. Abb. 41).

155. An Friedrich Meyer-Schönbrunn,[1] 27. November 1930

Dank, mein Lieber, für die Lektüre und vor allem für das Gewissen. Mehr persönlich zu äußern steht mir in diesem Falle nicht zu. Einiges Allgemeine – mein Allerletztes wohl in diesem verrückten Weltverdruss – soll Ihnen im Januar oder Februar zugehen.[2]

Sie grüßt ein Deutscher, der kein Nationalsozialist ist

Constantin Brunner

1 Der Journalist Friedrich Meyer-Schönbrunn, der ähnlich wie Max Naumann eine nationalistische Politik ohne Ansehen der Abstammung erstrebte und später einen Artikel über Brunner und Buber in Naumanns »Der nationaldeutsche Jude« publizierte (s. Brief 161/5), hatte unter dem Pseudonym Thomas Münzer eine begeisterte Rezension über Brunners »Pflichten«-Buch in der von Otto Strasser herausgegebenen Zeitschrift »Der Nationale Sozialist« publiziert (Thomas Münzer, Das Judentum als Nationalreligion! Völkische Zionisten und Nationaldeutsche?? – Ueber Constantin Brunners Buch »Von den Pflichten der Juden und von den Pflichten des Staates«, in: Der Nationale Sozialist (20. September 1930)). Ein nicht namentlich genannter Redakteur hebt in einer Einleitung des Artikels Brunner als »einen der bedeutendsten, darum von der verstockten Judenheit nach altem Rezept verfolgten und totgeschwiegenen« Mann hervor, der die »leidige, aber historisch bedingte Notwendigkeit« unterstütze, die Juden zur Assimilation zu treiben und damit die Erhaltung der jüdischen Nation zu beenden. Es sei auch richtig, dass es schwierig sei von einer jüdischen Rasse zu sprechen; vom »Nordungsgedanken« distanziert sich der Verfasser. Meyer-Schönbrunn, der sich einen »revolutionären Nationalsozialisten« nennt, schreibt, »wahrhaft deutsch gesonnene Juden« seien »nach dem Einbruch der voremanzipatorischen Ostjuden« seltener geworden. Deutschland befände sich im Abwehrkampf gegen jüdische Presse, Film, Rundfunk, Theater und Bankwesen. Brunner, »ein Weiser jüdischen Geblüts«, sei »der große befreiende, fromme Heide«. Er verweist auf Brunners Christusbuch und zieht eine Parallele zu Nietzsche. Brunner habe recht, dass die Auserwähltheit und die Rückkehr nach Zion endlich keine Rolle mehr in den Gebeten der Juden, auch der liberalen, zu spielen habe. Dass Brunner sich »gegen den üblen niederen Antisemitismus wendet«, sei sein gutes Recht; denn der werde der schwierigen historischen Lage der Juden nicht gerecht. Brunners Buch sei »grundehrlich«. Die Juden seien Schuldige und hätten den größten Teil der Emanzipation selbst zu tragen. »Das verstockte Juda aber gehört ins Ghetto, wenn alles Entgegenkommen der ›Fremden‹ an ihrem Hochmut und ihrer Einbildung scheitern sollte.« – Wie Lotte Brunner berichtet, hatte Meyer-Schönbrunn eine Verbindung zu Fritz Blankenfeld gesucht und schließlich Brunner mehrere Nummern der Zeitschrift »Der nationale Sozialist« gesandt. Brunner reagierte mit dem vorliegenden Brief und bemerkte seiner Stieftochter gegenüber, er wisse noch nicht, ob er ihn »ganz ruinieren« würde, »denn wenn ich ihn zwischen die Finger kriege, ist er fertig; aber er hat ein kleines Gewissen, vielleicht kann das wachsen. Und einer in einem Kreis, das ist immer mehr als einer.« (Lotte Brunner, Tagebuch, 27. November 1930).

2 Die Schrift »Höre Israel und Höre Nicht-Israel. (Die Hexen)« erschien 1931 im Gustav Kiepenheuer Verlag in Berlin. »Das musste ich noch machen«, meint Brunner gegenüber seiner Stieftochter: »Wenn du das Judenbuch liest, ja selbst, wenn du die ›Lehre‹ aufmerksam liest, wirst du schon dieses Motiv von der Verrücktheit der Menschen finden. Das ist ein echter Spritzer von meiner Palette.« (Tagebuch, 28. März 1931). Im selben Jahr

Abb. 41: Brunners Wohnung in der Helmstedterstraße in Berlin-Wilmersdorf, 1932

156. An Friedrich Meyer-Schönbrunn, 1. Dezember 1930

Darf ich bitten mein Lieber, so lassen wirs noch mit Ihrem Besuch, bis jene neue kleine Schrift[1] von Ihnen gelesen worden; zumal mein Bruder Esel[2] krank.

Dank sollen Sie haben für das Buch; und ja, ich will es lesen, sobald ich kann *und kann*.[3] Denn eigentlich kann ich kein Kriegsbuch lesen (und keinen unsrer Märsche hören) – meine Wunde und mein Schmerz ist zu groß …

Mit dem »Deutschen« wollen wir uns nicht weiter beehren noch beschimpfen; und wenn Sie mich besuchen wollen, so setze ich eine kleine Umkehr voraus: daß Sie nämlich als ganz selbstverständlich einen Deutschen an mir besuchen. Einen Juden sollen Sie nicht besuchen. Einen Juden würde auch ich niemals weder besuchen noch empfangen. Wobei ich hier natürlich unter einem Juden so einen verstehe, wie er bisher in Ihnen sich gemalt fand. Solche Juden sind mir so unerträglich wie ihre Maler, und ich wundere mich über die Maler.

In einem früheren Buche steht: »Und lebt kein Deutscher und sitzt keiner auf einem deutschen Throne, den ich an deutschem Sinn über mir erkenne.«[4] Ich schrieb das und ließ es drucken, als noch unsre Fürsten auf ihren Thronen saßen.

Nochmal Dank und von Herzen Gruß

Constantin Brunner.

veröffentlichte Brunner zu diesem Thema noch den Aufsatz »Über die notwendige Selbstemanzipation der Juden« (in: Preußische Jahrbücher 225, Heft 2 (August 1931), S. 132-141). Im Weiteren schrieb er noch das erst postum erschienene Buch »Der entlarvte Mensch« sowie die Abhandlungen »Am 6. März« (in: Vermächtnis, S. 49-113) und »Nachwort zu meinem Testament« (ebd., S. 130-210).

1 Brunners Schrift »Höre Israel«.

2 Bezeichnung Brunners für seinen Körper.

3 Meyer-Schönbrunn hatte Brunner sein Buch geschickt und bat, ihn besuchen zu dürfen; dazu ist es aber offenbar nicht gekommen.

4 Im Zusammenhang lautet die Stelle: »Ich bin ein spätgeborenes fritzisch gesinntes, aber auch ein preußisches und deutsches, ein preußisch-deutsches Kind bin ich gewesen, wie nur eines sein kann; und lebt kein Deutscher und sitzt keiner auf einem deutschen Throne, den ich an deutschem Sinn über mir erkenne. Und wie in mir, so in andern Deutschen jüdischer Abstammung; wir sind deutsch in Geist und Gemüt, gehören mit Gut und Blut dem deutschen Wesen und Vaterlande und sind ein Stück von ihm.« (Der Judenhaß und die Juden, S. 145).

157. An Selma van Leeuwen, 21. Januar 1931

Kind, verehrtes,

einen ganzen Brief voll fragst du zum zweiten Mal nach dem von Jaapje Abgeschriebenen?[1] Lotte sagte: Das kann nur unser lieber Jaapje in seiner Naivetät, sich so viel Mühe machen mit Abschreiben eines *solchen* langen Briefes. Das hätte er unterlassen sollen – nicht wegen der tollen Blindheit und Krötenbosheit (das ist ja die Regel bereits in unsrer Welt, wovon das große Beispiel der Judenhaß; dem an Leistung des Herausgreifens und Verdrehens von Einzelheiten, an Lügen und Haß und Ekel gegen das Objekt seines Lügens und Verdrehens auch dieser Jude wiederum nichts nachgibt), sondern aus Achtung vor Hermann Cohen. Man soll gewiß nicht Philosophen mit Kantforschern verwechseln, und selbst wenn H. C. nicht einmal ein richtiger Kantforscher ist, wie denn heute Fachkollegen von ihm behaupten, daß er von Kant nichts verstehe und das Gold Immanuel Kants in Dreck verwandelt habe, – H. C. war einer von den unwissenschaftlichen Dilettanten, deren Legion sind; aber er hat ehrlich sein Leben an eine Arbeit gesetzt, die er für eine hielt, und hat *dazu* einen geordneten Verstand besessen. Das verdient Achtung und verpflichtet, H. C. in Schutz zu nehmen gegen den kompromittierenden Quatschverteidiger. Der mag in seinem Privatleben ein brauchbarer Mann sein, der auch in seiner Obskurität die Pflichten seines Berufs und Lebens durchaus erfüllt; jedoch auch nur einen *Brief* schreiben mit dem Anspruch, »philosophisch kritisch« Herrmann Cohen zu verstehen ist hart zurückzuweisender Größenwahnsinn eines, der sich philosophisch als ein derart seichter Fant,[2] ideenflüchtig und, zu schweigen von Ausdruck und Auffassung, in der Kenntnis des ABC so lächerlich unzulänglich präsentiert. Niemand kann beurteilen, die über ihm stehen; ein Derartiger hat viele über sich und auch noch H. C. Der wahrhaft Unselige tut mir schwer leid; aber Hülfe gibt es kaum bei solchem Kopf- und Herzzustand, abgeriegelt gegen jede edlere Regung, unempfänglich für die Beseligung durch Scherz

1 Jacob (gen. Jaapje) Gerzon (s. Brief 159/1) hatte den Brief eines Herrn Frenkel abgeschrieben und an seine Schwester Selma van Leeuwen geschickt, die diesen an Brunner weitergeleitet hatte mit den Worten, Frenkel, ein Anhänger Hermann Cohens, dem führenden Kopf des Marburger Neukantianismus, mache aus Brunner »einen richtigen Hackbraten […], überschüttet mit scharfen Soßen, ausspuckend gleich dem Merapi [Vulkan in Indonesien], Verheerung – Vernichtung. […] Er ist nicht gewissenlos zu Werk gegangen, sondern zeigt Gründlichkeit beim Zerlegen, doch wo die Richtigkeit? Befugtere, Berufenere mögens feststellen, sagen.« (Selma van Leeuwen an Brunner, 15. Januar 1931, LBI/JMB: II, 7, 6).

2 Unreifer junger Mensch.

und Ernst des Geistes, ein finster saurer, bissig Zahnloser. Soll ich dir den von ihm triefenden Speichel der Wut nebst Schmutz zurückschicken?

Mit deinen beiden Briefen habe ich übrigens um so mehr Freude, als ich sie entbehrt hatte in Tagen, die mir kein gutes Gesicht zeigten. Bist du denn wie ich bin: böse, wenn es mir nicht gut geht?

Neues: daß eine französische Übersetzung meines »Spinoza gegen Kant« herauskommt.[3] Da viele bekannt haben, daß sie durch mich erst zum Verständnis Spinozas gelangten, mag auch diese kleine Schrift das ihrige beitragen und Gutes fördern.

Ferner interessiert dich gewiß, daß der Vorsitzende des Central-Vereins[4] Blankenfeld[5] gebeten hat, einen Vortrag über »Die Pflichten«[6] zu halten; er selber, der Vorsitzende wollte ein Korreferat geben und es soll sich eine Diskussion anschließen.[7]

Ich hoffe dich wieder frei vom Katarrh, fröhlich bereit zu Heldentum und Fürstenhöflichkeit.[8]

Das Rindvieh grüßt und segnet dich.[9]

3 Constantin Brunner, Spinoza contre Kant et la Cause de la Vérité spirituelle, traduit et précédé d'un avant-propos par Henri Lurié, Paris: Librairie Philosophique J. Vrin 1932.

4 Ludwig Holländer, der Direktor des Central-Vereins deutscher Staatsbürger jüdischen Glaubens (s. Brief 112).

5 Der promovierte Rechtsanwalt und Notar Fritz Blankenfeld (1889-1969) (s. Abb. 30), der 1914 mit jungen Zionisten Palästina durchwanderte, durch Brunner vom Zionismus abgebracht wurde, mit Ernst Ludwig Pinner eine Anwaltskanzlei in Berlin betrieb, war 1925 Mitbegründer der Constantin Brunner-Gemeinschaft in Berlin. Er finanzierte 1927 aus eigenen Mitteln die zweite Auflage von Brunners »Lehre« und hielt gelegentlich Vorträge und publizierte Rezensionen und Aufsätze über Brunner. Der Briefwechsel mit Brunner ist auf Blankenfelds Flucht verloren gegangen; er emigrierte im Sommer 1940 auf dem Landweg über Sibirien nach Montevideo, Uruguay.

6 Brunner, Von den Pflichten.

7 Siehe Brief 160/1.

8 Brunner hoffte auf einen Besuch von Selma van Leeuwen. Er spielt hier an auf das Hotel Fürstenhof in Berlin, in dem sie gewöhnlich wohnte.

9 Selma van Leeuwen hatte Brunner eine von dem Erfurter Rechtsanwalt und Notar Harry Stern (1894-?), dem Präsidenten der örtlichen Loge Bnei Brith, verfasste Rezension seines »Pfichten«-Buches geschickt (Constantin Brunner. Von den Pflichten der Juden und von den Pflichten des Staates, in: Bnei Brith Loge, Berlin (November 1930), S. 219), in der Stern ausgehend von »Erfahrungstatsachen« Widersprüche und Inkonsequenzen in Brunners Argumentation aufzeigt. Insgesamt wirft er Brunner vor, die polizeiliche Rolle des Staates zu überschätzen; denn die Gesellschaft, nicht der Staat, sei für den Judenhass verantwortlich. Brunner sei ein unbequemer Zeitgenosse, der mit seinem Temperament und der »unbegründeten Schärfe« seines Tones sein eigenes Anliegen um den Erfolg bringe. Brunner kommentierte diese Rezension: »Ja, so schreiben die Meisten und so lesen die auch schon Klügeren, wie dieser unzweifelhaft einer ist. Aber wo in aller Welt steht so Dummes bei mir zu lesen, wie er gelesen zu haben berichtet? Sie dichten mir Hörner an, und dann widerlegen sie das Rindvieh. / Dein Rindvieh.« (Brunner an Selma van Leeuwen, 6. Januar 1931, LBI/JMB: II, 7, 6).

158. An Selma van Leeuwen, 22. Januar 1931

Ich schwinge noch in dem Gestrigen;[1] es will ausschwingen:

Ich bin mir nüchtern klar über mich und die Welt der Menschen, meine Stellung zu ihr, ihre Stellung zu mir, sowie über das Zukünftige. (Außer Betracht bleiben hier meine Anhänger, die mir keine »Anhänger« sind: die zu mir gehören wie draußen noch einmal mein Herz und mein Kopf, und ich staune nicht, daß sie da sind).

Ich halte die Zeitphilosophie für dilettantische Scholastik (wie sie zu allen Zeiten sich breit gemacht und den Platz der Philosophie behauptet hat); und sie hält meine Gedanken für philosophisch dilettantisch (in der Art jeder früheren Zeitphilosophie gegenüber den wirklich lebendigen Gedanken). Bei ihrem Absprechen über mich vergesse ich wahrlich nicht das für meinen Fall noch besonders Erschwerende: ich kam nicht als ein gläubig Vertrauender in Hoffnung auf Verständnis. Ich vergesse nicht, daß zuerst ich, gleich vom ersten Beginn an, über *sie* abgesprochen habe und in wie harten Formen dieses mein apriorisches Absprechen verwoben ist in das Ganze meines Vortrages.[2] Das mußte sie auf das Bitterste erregen. Aber auch von der sonstigen Art meines Vortrages mußte sie äußerst befremdet und gereizt werden und doppelt nun schon auf Grund meiner Anmaßung gegen ihre Autorität. Dazu die selbstverständlich doch auch bei mir vorhandenen tatsächlichen Schwächen und Mängel, die ihr, der herausgeforderten und präokkupierten, größer noch erscheinen müssen, als sie sind. Was Wunder – und will man sich denn überhaupt noch wundern, daß, wenn der Gedanke wieder einmal einen Mund bekam zu reden, die Welt keine Ohren hat zu hören?! – was Wunder, daß ihr hinter dem Vortrag das Vorgetragene verschwindet und sie mich völlig abgetan glaubt, indem sie, ohne das Geringste von meinem Eigentlichen hindurch verlauten zu lassen, nur auf meine Mängel, und zwar in *ihrer* Vergrößerung und Entstellung, verweist und auf meine eben dadurch erst fratzenhafte Anmaßung? Mit ihrer Stellung mir gegenüber hat sie es dadurch leicht: wenn man überhaupt von mir spricht, bin ich nur als Karrikatur da, nur negativ, also gar nicht.

Und so bin ich nicht da, bis ich kommen werde.

Kommen werde auf ganz andern Wegen als auf denen direkter Anerkennung durch die zeitgenössische Philosophie. Ich selbst habe von meiner Philosophie die Anwendung gemacht auf alle wichtigen Lebensinter-

1 Der Brief vom Vortag (Brief 157).

2 Schon in der »Ankündigung« zur »Lehre« formulierte Brunner eine umfassende und scharf vorgetragene Bildungskritik.

essen, in meinen Werken über das politische und gesellschaftliche Leben, über Liebe und Ehe. Alle diese Werke erweisen die einfachen Prinzipien und Resultate meines Denkens als fruchtbar; und, wie bereits einige aus dem Lager der Zeit angefangen haben Dies zu sehen,[3] so werden ihrer mehr werden, bis es genug sind, den Umschwung für die allgemeine Beurteilung herbeizuführen. Man wird erkennen, daß ich nicht zu richten bin nach meiner Differenz von den Zeitanschauungen, daß die Art meines Auftretens sich gründet in meiner Persönlichkeit und meinem Schicksal, in meinem Verhältnis zur Zeit, und daß auf diese *Art* überhaupt nicht ankommt, einzig kommt an auf Wert und Ergiebigkeit meiner Gedanken. Gleichwie auch ich niemals gefragt habe, wieviel Beifall gewinnst du von einer Zeit, die du so wenig rühmenswert findest, sondern immer nur, unter Anspannung aller Kräfte, mein Leben ausgab, möglichst viel brauchbare Arbeit für die Zukunft zu leisten.

159. An Jacob Gerzon,[1] 26. Januar 1931

Mein Lieber, mich freut zu hören, daß du doch wohl niemals ohne Philosophie sein kannst, und für das omnia animata dürfte dir die Pneumatologie zusammen mit »Materialismus und Idealismus« dienlich sein.[2] Und nun zum Übrigen deines Briefes. Warum schreibst du: der »große« Einstein? Wir wollen doch nicht sein wie der Esel mit der Laute[3] oder der Fränkel mit der Philosophie,[4] d.h. wir wollen doch nicht urteilen über

3 Philosophen im engeren Sinne waren: Ludwig Stein, Arthur Liebert, Carl Gebhardt und Rudolf Eisler, in dessen »Philosophen-Lexikon« (Berlin: Mittler & Sohn 1912) Brunner ein Artikel gewidmet wurde (S. 79).

1 Jacob Gerzon (1878-1943), Bruder von Selma van Leeuwen, aufgewachsen in Köln, seit 1905 Lehrer in den Niederlanden (s. Abb. 42). 1911 wurde er auf Brunner aufmerksam, drei Jahre später begann ein brieflicher Kontakt. Nach einem ersten Besuch 1922 hielt Gerzon in den Niederlanden Vorträge über Goethes »Faust« im Lichte von Brunners Lehre und spendete den Erlös für die Veröffentlichung von Brunners Buch »Liebe, Ehe, Mann und Weib«. Gerzon hatte psychische Probleme, die Brunner für lösbar hielt. Er schrieb einen Brief an Gerzons Frau, der unter dem Titel »Gegen den Aberglauben in der Betrachtung von Geisteskranken. Ein Brief Constantin Brunners« von Abraham Buschke publiziert wurde (s. Brief 129/1). 1943 wurde Gerzon in das Konzentrationslager Westerbork und bald darauf nach Auschwitz deportiert, wo er ums Leben kam.

2 Brunner teilt Spinozas Auffassung, dass »alle Individuen (omnia), wenn auch in verschiedenen Graden, dennoch beseelt (animata) sind« (s. Brief 57/59).

3 Nach dem Märchen »Die Bremer Stadtmusikanten«, in dem der Esel sagt: »Ich, Esel, kann die Laute schlagen.«

4 Siehe Brief 157/1.

Abb. 42: Jacob Gerzon

Dinge, die wir nicht verstehen. (Beruhige dich übrigens: daß ich nun den Fränkel kenne, das schadet mir nicht;[5] leid ist mir nur, daß ich ihm nicht nützen kann, da ich ihm unbekannt geblieben bin, der nicht einmal ein Stückchen Hermann Cohen richtig spielen gelernt hat.) Wir verstehen beide nichts von Mathematik, Einstein aber ist Mathematiker. Wie er das Wort vom Begrenztsein der Welt meint, das weiß ich nicht.[6] Ich will annehmen, daß damit nur seine Arbeitshypothese bezeichnet ist; wenn er es aber philosophisch meinen sollte, so wäre damit natürlich ein großer Quatsch gesagt. Die Welt endlich und begrenzt – die Welt unendlich und unbegrenzt, das sind keine Gegensätze, sondern Sprachgebräuche, über die man sich begrifflich gewöhnlich keine Rechenschaft gibt. Zweierlei hier in der Kürze. Unendlich und unbegrenzt ist in dem Sinne, den die Nichtdenkenden damit zu verbinden wähnen, garnicht denkbar. Unendlich heißt in Wirklichkeit Endlichkeit erweitern und immer noch weiter erweitern, zu einem Begriff der Unendlichkeit bringen wir es niemals. Und das Gleiche gilt von der Unbegrenztheit. Wir verfügen nur über den Begriff des Endlichen, daher nicht über den vermeintlichen Gegensatz zum Endlichen, nicht auch über einen Begriff Unendlichkeit. Die vermeintliche Antinomie Endlichkeit – Unendlichkeit existiert nicht für den Denkenden. Dies das Erste, wobei ich dir gegenüber nicht nötig habe in Erinnerung zu bringen, daß der Bergriff Endlichkeit von lediglich praktischer Bedeutung für den Egoismus unserer Relativität ist.[7] Wenn ich trotzdem dieses letzten Punktes hier Erwähnung getan habe, so geschah es zum Zweck der Deutlichkeit für das Zweite. Das Zweite ist dies: auch der Aussage »die Welt ist endlich« (die andere Aussage »die Welt ist unendlich« haben wir bereits endgültig abgetan) kommt keine andere als praktische Bedeutung zu für den Standpunkt unserer Relativität; denn, was hier »die Welt« genannt wird, ist ja nicht *die Welt als Realität*, sondern eben nur

5 Frenkel hatte gebeten, dass seine Notizen über Brunner nicht an Brunner selber weitergereicht werden, was Gerzons Schwester Selma van Leeuwen jedoch nicht beachtete.

6 Nach Einstein sind Raum und Zeit nichts Absolutes, sondern dynamische Größen in einer gekrümmten, vierdimensionalen »Raum-Zeit«. Der physikalische Raum ist nichteuklidisch; seine Geometrie ist abhängig von Massen und deren Geschwindigkeiten. Er ist unbegrenzt, aber endlich, da immer in sich zurückgekrümmt. Jeder Versuch, sich einen gekrümmten Raum vorzustellen, ist aussichtslos; er ist nur in Form physikalisch-mathematischer Formeln darstellbar.

7 Brunner hat 1908 in seiner »Lehre« einen eigenen, erkenntnistheoretischen Begriff der Relativität entwickelt: »Uns sind Dinge lediglich relativ, und die absoluten Dinge an sich *mitsamt der Frage nach ihnen* gehören für uns in das Gebiet des Aberglaubens hinein.« (S. 217). Dinge, Raum und Zeit sind nach Brunner keine absoluten Entitäten, die wir »subjektiv« unterschiedlich erfassen (siehe dazu die Kritik an der Raum- und Zeitauffassung Kants, S. 190-220); Dinge sind lediglich etwas Gedachtes »um unserer eigenen Dinglichkeit willen« (s. Brief 100/2).

die Relativität *unserer* Welt. Wir dürfen also wahrlich auch die Aussage »die Welt ist endlich« nicht in philosophischer Bedeutung nehmen. Mit dem Bewußtsein der Relativität läßt sich nicht philosophieren. Dies alles wird dir gerade von neuem wieder sehr deutlich werden, wenn du die Pneumatologie und M. u I.[8] von neuem zu Rate ziehst. Und damit glaube ich deinen Brief beantwortet.

Nimm die allerherzlichsten Grüße, denk mit mir und sei nicht böse auf Fränkel, wenn er nicht denkt. Das schadet letzten Grundes keinem Menschen; sonst wären nicht so viele Menschen.

B.

Grüß mir auch alle deine lieben Begrenztheiten Magy, Leni, Bobbi, dein liebes Arbeitszimmer und das unendliche Meer![9]

160. An Ludwig Holländer, 2. März 1931

Lieber und verehrter Herr Direktor,

ich habe die Antwort nicht anders erwartet, kenne den Standpunkt des C Vs und weiß, welche Kämpfe es ihn kosten würde, diesen Standpunkt aufzugeben.[1] Denn ich selber habe auf demselben Standpunkt gestanden,

8 Brunner, Materialismus und Idealismus.

9 Nachdem Anni Gerzon sich hatte scheiden lassen, heiratete Jacob Gerzon 1928 Maggi Müller, die ihre Tochter Leni mit in die Ehe brachte. Zusammen mit ihrem Hund Bobbi lebte die Familie seit 1928 direkt an der Nordsee in Kijkduin bei Den Haag, wo sie Brunner vermutlich im September 1930 besuchte.

1 Holländer hatte ein Jahr zuvor dafür gesorgt, dass ein umfangreicher Auszug aus Brunners »Pflichten«-Buch in der C.V.-Zeitung erschien, was Brunner bemerkenswert fand, wie Lotte Brunner berichtet: »Heute erscheint im C. V.-Blatt der Vorabdruck der Einleitung zu Vaters neuem Werk ›Von den Pflichten der Juden und von den Pflichten des Staates‹, sehr fett reklamemäßig aufgezogen mit der Überschrift ›Ein neuer Brunner‹ [in: C.V.-Zeitung 9, Nr. 13 (28. März 1930), S. 160-162]. Vater sagte: ›Das ist mein erster Sieg über die Juden. Merk es dir: Heute am 28. März 1930 habe ich zum ersten Mal über die Juden gesiegt. Das wird mir viele Feinde machen.‹ Vater kann es gar nicht fassen, dass die vom C. V. etwas nehmen, worin erstens Christus das Genie des Judentums genannt wird, zweitens die Zionisten, mit denen sie sich gut zu verhalten streben, beschimpft werden, drittens sie selbst vernichtet werden, indem es heißt, dass noch gar nichts Rechtes geschehen und der richtige Weg nicht beschritten sei. Direktor Holländer vom C. V. hat das Manuskript unserm Blankenfeld, der es überbrachte, gleich begeistert abgenommen und es sofort noch in die fast schon abgeschlossene nächste Nummer gebracht.« (Lotte Brunner, Tagebuch, 28. März 1930). Als Brunner dem Central-Verein nun einen auf Anregung von Fritz Blankenfeld verfassten Aufsatz mit dem Titel »Was will der Mann« (gemeint ist er selber) einsandte, wollte Ludwig Holländer persönlich die Unmöglichkeit des Abdrucks

den ich nicht wünschte zu verlassen, aber Gott hat mich gezwungen; *mein* waren die Kämpfe, welche der C V kämpfen *wird,* um den Juden endlich von ihrer Not zu helfen. Es kann noch lang dauern, aber der C V wird heilig und gewiß vorangehen zur Lösung von diesem Fluch. Er ist die einzige jüdische Organisation in der Welt, welcher diese geschichtliche Leistung zusteht.

Von Herzen willkommen, wenn Sie den Eremiten besuchen wollen. Auch führt zu ihm ein Glöcklein (Uhland 4028),[2] für Anmeldung und Verabredung.

In aufrichtiger Hochschätzung und Herzlichkeit
Sie begrüßend

Constantin Brunner

161. An Selma van Leeuwen, 11. April 1931

Dank, Teuerste, für den Gruß. Du schreibst nichts von Sal – das bedeutet doch nicht, daß er wieder Sorge macht?![1] – Die Juden aller Lager *benehmen* sich dauernd gegen mich. Die »Abwehrblätter«,[2] die mich um

begründen und bat um die Erlaubnis, Brunner besuchen zu dürfen. Der Artikel, in dem Brunner vom Central-Verein verlangt, er möge die Juden, die immer noch zionistische Denkweisen pflegten, zur Selbstemanzipation »erwecken« und sie darin »führen«, weil sich nur so die Emanzipation der Juden vollenden lasse, erschien schließlich unter dem Titel »Über die notwendige Selbstemanzipation der Juden« in den seinerzeit von Heinrich von Treitschke mitbegründeten »Preußischen Jahrbüchern« (225, Heft 2 (August 1931), S. 132-141). Im Juni fand ein Brunnerabend im Hause Ludwig Holländers statt, an dem Fritz Blankenfeld, der Rabbiner Arthur Löwenstamm (1882-1965), der Verleger Moritz A. Loeb (1862-1935), Ernst Ludwig Pinner, der Rechtsanwalt Harry Stern und der Mathematiklehrer Mauritius Kahn (1900-1970) teilnahmen (s. den ausführlichen Bericht: Constantin Brunners Ruf an Juden und Nichtjuden, in: C.V.-Zeitung 10, Nr. 23 (5. Juni 1931), S. 6f.).

2 Brunners Telefonnummer.

1 Salomon van Leeuwen, ihr Ehemann, litt an einer Herzerkrankung.

2 Die »Abwehrblätter« wurden in den Jahren 1891 bis 1933 wöchentlich vom Verein zur Abwehr des Antisemitismus publiziert. Sie enthielten vor allem aktuelle Meldungen über antisemitische Vorfälle und Strömungen. Brunners Antisemitismuskritik wurde in den »Abwehrblättern« nur am Rande thematisiert: 1919 wurde Brunners »Der Judenhaß und die Juden« noch begeistert rezensiert, besonders hinsichtlich der Charakterisierung des Judenhasses und der Rassentheorien sowie der Hervorhebung der Parallelität des Deutschenhasses und des Judenhasses (Judenhaß und Deutschenhaß, in: Mitteilungen aus dem Verein zur Abwehr des Antisemitismus 29, Nr. 9 (30. April 1919), S. 68-70); dagegen meinte 1930 der Rabbiner Arthur Posner (1890-1962) über Brunners »Pflichten«-Buch, es sei »vollkommen zu verurteilen«, da sich Brunner darin nur »verbittert [...] seinen Aerger vom Halse« schreibe, und Bruno Altmann (1878-1943) bemängelte, dass Brunner die

ein Geleitwort zu einer Jubiläumsnummer gebeten hatten, drucken meinen Brief mit dem Nein ab.[3] (Das ist mir unangenehm – ich will nichts gedruckt haben, was nicht von mir dazu bestimmt ward; nichts, außer, dem eine Bedeutung einwohnt und aus dem man lernen kann. Einen Privatbrief abdrucken ist unanständig). Noch ärger machens die von der zionistischen »Jüd. Rundschau«. Ihnen schickte einer einen Artikel in Form eines Briefes an mich. Den haben sie – wie? abgedruckt! Der Mann hat mir mitgeteilt, es sei der Artikel eines Anhängers von mir gewesen: die Redaktion hat aus dem »Hochverehrter Meister« gemacht: »Sehr geehrter Herr« und aus dem Ganzen etwas, was mich so ungefähr ein Bißchen abkanzelt.[4] Du

Emanzipation so weit überspanne, dass er eine »Auslöschung jeder Art von jüdischer Gemeinsamkeit« fordere (beide Rezensionen in: Abwehrblätter 40, Nr. 11/12 (November/Dezember 1930), S. 161). Ende 1931 lehnte die Redaktion selber Brunners Standpunkt als zu radikal ab: »Wir können die leidenschaftliche Diffamierung des Zionismus ebenso wenig gutheißen, wie wir etwa von der totalen Emanzipation die Lösung der Judenfrage oder auch nur das Verblassen ihrer negativen Projektion, des Antisemitismus, erhoffen, abgesehen davon, daß wir eine restlose Emanzipation im Sinne einer völligen Ausmerzung jeder Art von jüdischer Gemeinsamkeit und jüdischer Eigenart für unmöglich halten.« (Vorbemerkung der Redaktion zu dem Aufsatz von Karl Borromäus Herrligkoffer, Der Antisemitismus im Lichte Constantin Brunners, in: Abwehrblätter 41, Nr. 8/9 (Dezember 1931), S. 238; zu Herrligkoffers Artikel s. Brief 188/1).

3 In der Märznummer 1931 feierten die »Abwehrblätter« ihr vierzigjähriges Bestehen. In der Zusammenstellung »Antisemitismus und Abwehr. Geleitworte zum vierzigjährigen Bestehen des Abwehrvereins« erschien auch der Brief Brunners: »Ihrer freundlichen Aufforderung werden gewiß viele andere von Herzen Folge geben – ich kann's nicht, schon weil ich zur Zeit krank bin. Aber diktiert wenigstens soll sein ein Wort des Dankes an Ihren aufrechten, tapferen und standhaften Verein, dem ich, ohne daß Sie es wissen mögen, manches Mitgefühl zugeführt habe. Vierzig Jahre Kampf gegen den gehässigsten aller Feinde, gegen den Menschenhaß; und gewiß, wie Sie selbst es aussprechen: ein Fest gefeiert werden könnte erst, wenn der Sieg errungen wäre. Davon ist weit. Der Feind steht noch da, mächtiger trotzend als je zuvor; aber Sie stehen auch noch da und werden nicht feiern, sondern weiterkämpfen. Am Tag des Rückblicks wird die Treue Ihrer Vergangenheit Ihnen die Kraft stärken; und möchten viele neue Mitstreiter für das Recht sich Ihnen zugesellen.« Abgedruckt in: Abwehrblätter 41, Nr. 1/2 (März 1931), S. 14.

4 Abrahm Suhl (s. Brief 205) versuchte, Brunner von seinem Urteil über die jiddische Literatur abzubringen. Er hatte ihm die Romane »Onkel Moses« von Schalom Asch (1880-1957) (übers. von Siegfried Schmitz, Berlin: Ladyschnikow 1926) und »Das Ende vom Lied« (Berlin: Jüdischer Verlag 1923) von David Bergelson (1884-1952) geschickt. Suhl berichtet später (Brief an Meyer Kesten vom 9. Januar 1946, LBI/JMB: III, 1, 5, 6), Brunner habe die Bücher »mit Interesse gelesen, lobte die Kraft der Beschreibung im Asch und fand Bergelson ›dem Quellgeschmack nach‹ noch feiner«. Allerdings hob Brunner gegen diese Romane Joseph Roths (1894-1939) »Hiob. Roman eines einfachen Mannes« (Berlin: Gustav Kiepenheuer Verlag 1930) als ein Beispiel für das hervor, was »aus dem dunklen Ungenüge« der jiddischen Romane werde, wenn sie in die Weltliteratur hinausträten. Die Publikation seines, Brunners Urteil vergröbernden, Antwortbriefes bezeichnete Suhl selber später als nicht fair (Brief an Kesten, ebd.). Der Brief erschien unter dem Titel »Ein

kannst dir denken, daß ich mich nicht rege und auch nicht aufrege; aber was sind das für Sitten und Gebräuche! Und so hat man denn nicht nur mit dem Stumpfsinn und der galoppierenden Geistlosigkeit der Zeit zu tun, sondern auch mit der böswilligen Unehrlichkeit. – Vor einigen Tagen hörte ich, daß in Naumanns »Nationaldeutschem« ein Artikel steht: ich sollte mit Buber zu einem öffentlichen Disput auftreten![5]

Ich schreibe Derlei, weil ich weiß, daß es dich interessiert vielleicht ebensosehr, als wenn ich in den Frühling gehe. Ich gehe nicht mehr so gern; mir ist das Gehen nicht mehr schön, seitdem das Sehen nicht mehr schön ist und fortgesetzt Quälerei dabei. Doch bin ich noch glücklich genug mit dem Gebliebenen und schaue meinem Esel durch seine trüben Augen, fest überzeugt ja, daß der Esel klüger ist als der Prophet.[6]

Dich grüßen Beide aus Einem Herzen, und du grüß mir die Grüßbaren alle und vergiß nicht das Schreiben an den, der darauf wartet.

B.

Jiddichist über Roths ›Hiob‹. Ein Brief an Constantin Brunner« in der Jüdischen Rundschau (36, Nr. 25/26 (1. April 1931), S. 162). Darin wiederholte Suhl Brunners Abwertung der jiddischen Literatur – sie sei eine »schwächliche« und »dunkles Ungenüge« zeigende, aus dem »separatistischen Gefängnis« stammende »Literatur dreizehnten Ranges«. Brunners positives Urteil über den »Hiob« konnte Suhl nicht nachvollziehen; es sei »Allerweltsliteratur«, während Bergelsons Roman für die Ostjuden etwa die Bedeutung hätte wie »Madame Bovary« für die Franzosen. Im Übrigen sei Roths Buch aus der jiddischen Literatur erwachsen und im Grunde eine Übersetzung aus dem Jiddischen. Vieles, was Roth schreibe, sei schon treffender von jiddischen Autoren dargestellt worden, wie z.B. das Umbruchserlebnis des emigrierten Ostjuden in Amerika von Asch in »Onkel Moses«.

5 In der von Max Naumann (1875-1939), dem Vorsitzenden des nationalistischen und antizionistischen Verbandes nationaldeutscher Juden zwischen 1922 und 1934 herausgegebenen Zeitschrift »Der nationaldeutsche Jude« erschien nicht nur Fritz Blankenfelds Rezension von Brunners Pflichtenbuch (Von den Pflichten der Juden, 9 (November 1930), S. 8), sondern auch der von Friedrich Meyer-Schönbrunn verfasste Artikel »Menschheit und Nation. Martin Buber und Constantin Brunner« (4 (April 1931), S. 6). Meyer-Schönbrunn lobte hier nicht nur Brunners Bejahung der »Eindeutschung« der Juden, sondern auch Bubers Streben nach einem höheren jüdischen Volkstum. Beide gehörten zu den bedeutendsten religiösen Juden, mit denen man sich »trotz der rasenden Hast unserer Zeit eingehender befassen sollte«, denn: »Eine kontradiktorische Auslassung der beiden: des ›idealen Zionisten‹ und des ›National-Deutschen‹, dürfte den Juden und Nichtjuden zu einer Stellungnahme gegenüber dem Judenproblem zwingen, das *jenseits der völkischen Vergötzung* und *der jüdischen Mimikry* liegt und ernsthaft das Wesen des ›Menschheitlichen‹ und ›Nationalen‹ ergründet. *Aufrichtigkeit und Ehrlichkeit* des judenstämmigen Menschen der Emanzipation gegenüber tut heute dringend not, ehe es zu spät ist und das von einigen ersehnte Ghetto wirklich kommt!!«

6 »Esel« oder »Bruder Esel« nannte Brunner seinen eigenen Körper. Er hatte ein angeborenes Augenleiden, war seit 1931 auf dem linken Auge erblindet und fürchtete auch das rechte Augenlicht zu verlieren (»Meine Kirchenfenster werden dunkel«, sagte er; Lotte Brunner, Tagebuch, 29. Februar 1932).

Abb. 43: Constantin Brunner beim Vorlesen, Wischzeichnung von Max Busyn, 1932

162. An Margarete Bittlinger,[1] 17. Mai 1931

Hast wohl recht, Kind und Lesekind; und ich glaube nicht, wenn du mein *Allgemeines* zum Gedanken vergleichst, daß du meine Art und Leidenschaft *da*bei geringer finden wirst: eher aufgewühlter noch, denn insofern nur war mir Judesein von Bedeutung, daß ich es mir zu Diensten machen konnte, stärker das Menschenerlebnis zu erleben, davon die Abstraktion in mir zusammenzuziehen und wieder ausgehen zu lassen über Alles. Auch ja nur vom Allgemeinen her ist es, daß ich über die Judensache rede, und unterscheide mich damit von den übrigen Rednern über die gleiche Sache, kann deswegen auch nicht auf die große taube Hörerschaft rechnen; was ich ja auch *nicht will*, in diesem Punkt so wenig wie in andern. Sondern nur auf die Wenigen, die hören können und deren endlich so viele und solche kommen müssen mit der Fähigkeit, die Übrigen zu führen. Die Masse muß immer geführt werden.

Du, als Halbjude nach Stamm[2] und Leben, bist auch in der bevorzugten Lage und Bedingung, dich leichter klären, vertiefen und festigen zu können. Wie sehr freue ich mich des Gebrauchs, den du von der Gelegenheit machst, und deiner Natur, die dir zuläßt, zu fortschreitendem Seelenfrieden das Prinzip in Betrachtung und Leben, als Zuschauer und Dramatis persona, walten zu lassen.

Gruß und Segensgruß!

B.

163. An Lotte Brunner, 7. Juli 1931

Mein liebes Lotte,

du hast wohl inzwischen bereits einen Brief, der dir gezeigt haben dürfte, daß da Einseitigkeit besteht. Ich weiß auch *nichts* von Seltsamkeit beim Abschied;[1] wohl aber, daß ich diesen so wenig wie irgend andren

1 Margarete Bittlinger (1902-1963) (s. Abb. 44) befreundete sich 1926 mit Brunner und mit Magdalena Kasch. 1933 unterstützte sie Brunner bei seiner Exilierung, 1936 folgte sie ihm nach Den Haag. Nach Brunners Tod half sie Magdalena Kasch dabei, Brunners Nachlass über den Krieg zu retten. Anfang der vierziger Jahre litt sie unter Verfolgungswahn. Sie hinterließ umfangreiche biographische Aufzeichnungen, in denen sie nicht zuletzt ihre Begegnungen mit Brunner dokumentierte (Ein Gruss, LBI/JMB: I, X, 2-3).

2 Margarete Bittlinger war die Tochter des Berliner Pfarrers und Schriftstellers Ernst Bittlinger (1866-1929) und seiner jüdisch-stämmigen Frau Else, geb. Sackur.

1 Lotte Brunner war Anfang Juli zu Elsbeth Quedenau nach Saig im Schwarzwald,

Abb. 44: Margarete Bittlinger, August 1925

anerkennen wollte und zur Stunde, wie so oft jetzt, einigermaßen eingeschleiert das Leben hatte. Auch wegen deines Briefes jetzt – ich habe mich so herzlich mit ihm gefreut; du aber meinst gleich wieder, ich würde ihn sehr tadeln? Du bist in allem empfindlicher, mein geliebtes Kind, als die Gesundheit verlangt, und es besteht in dir ein altes Briefschreibetrauma gegen mich ... Wüßtest du besser, wie gegen dich in mir es ausschaut, so könntest du niemals gekränkt sein, wenn ich einmal einen Tadel ausspreche, gewiß nicht die Kränkung in alle Ewigkeit nachbestrafen und steril davon werden. So aber siehst du, der sonst viel von mir sehen kann, in allen den Fällen mich nicht, wo du auch dich selbst nicht siehst bei Solchem, was ich anders wünschen muß, weil es unser Verhältnis – fälscht. Diese Rede hier auch – damit nicht auch sie wieder treuloser Same werde – beschließe ich jetzt mit einem *so* rechtschaffenen Kuß – gib her den Swak-op-Mund;[2] er ist mir da.

Der Freiburger Münster ist mir mehr als hübsch. Er ist klein? aber groß genug für die Wunderformen; und ich konnte dort so gut katholisch und gottlos sein.[3] Unvergleichlich besser als bei der Konkurrenz protestantisch und gottlos oder jüdisch und gottlos. Übrigens soll (wie Goetz[4] verriet) Norden einen »großartigen« Artikel über mich geschrieben haben und, für einen Geistlichen alles Mögliche und das kaum noch Mögliche, seine Abwendung von dem persönlichen Gott anzeigen.[5] Der Artikel erscheint aber erst in 14 Tagen; so lang kann der Gott sich noch amüsieren. – Titisee, da hast du recht bei Mittagssonne; aber sieh ihn als Lokal für die begeisternde Morgen- und Abendsonne und laß nochmal dich küssen dort.

B.

nahe dem Titisee, gereist. Sie hatte sie während des Ersten Weltkrieges bei ihrer Tätigkeit in einem Kriegslazarett kennen gelernt.

2 Kosename für Lotte Brunner. »Vater nennt mich in der letzten Zeit oft ›Swakopmund‹ und will damit ausdrücken, daß er mein Sprechen gern hat.« (Lotte Brunner, Tagebuch, 2. November 1916, siehe auch 8. November 1924). Inwiefern Brunner sich hierbei auf die gleichnamige Hauptstadt der Region Erongo im Westen Namibias bezieht, ist unklar. Swakopmund war in der Kolonie Deutsch-Südwestafrika der wichtigste Hafen für Einwanderer aus Deutschland.

3 Brunner hatte von Herbst 1885 bis Oktober 1889 in Freiburg studiert.

4 George Goetz.

5 Joseph Norden, Zwei neue Bücher Constantin Brunners über Juden und Judentum (Rez. »Von den Pflichten« und »Höre Israel«), in: Jüdisch-liberale Zeitung 11, Nr. 28/29 (22. Juli 1931), S. 5 f. Begeistert verteidigt Norden Brunners religiöse Auffassung des Judentums und auch seine politischen Forderungen. Brunner sei ein Prophet, ein »Großer in Israel«. Religiös gesehen sei Brunner mit dem Kulturzionisten Martin Buber zu vergleichen: Er verehre den »Geist des Judentums« wie Buber die »Religiosität«. Der monotheis-

164. An Lotte Brunner, Mitte Juli 1931

Wissen kann mans nicht, was diese Zeit gebiert. Jedenfalls haben wir eine politische Opposition, die offen den Sturz der Regierung predigt und eine große Macht angesammelt hat; günstigere Zeit zum Losschlagen findet sie schwerlich. Dennoch kann es auch weiter ruhig laufen. Ich will nicht raten.[1]

Ich grüße dich.

tische Glaube an einen »persönlichen Gott« sei Frevel, Hochmut, Sünde, eine »Gegenformel« zum »wahrhaftigen Gott« und eine falsche Interpretation des mosaischen »Jahve echad«. Der »Geist des Judentums« mache die Juden zu einem auserwählten Volk; in der Gegenwart müssten sie sich diesem Prophetismus wieder öffnen. Das viel kritisierte Zwischenspiel »Im Himmel« (s. Brief 151/5 und 154/1) habe er »mit wenig Behagen« gelesen, meint Norden, aber er vergleicht Brunners »Sarkasmus« darin mit dem der jüdischen Propheten Jesaja und Elia: Bei Brunner werde nicht Gott gelästert, sondern nur ein Götze, der jüdische »Landesgott«. Brunner sei, wie er selber sage, kein Atheist, sondern Adämonist, »nicht gottlos, nur götzenlos« (Zitat aus: Höre Israel, S. 20). Norden forderte die Juden auf, der spinozistisch-pantheistischen Gottesauffassung Raum zu geben und sich nicht der Ketzerei an Brunner schuldig zu machen: »Wir haben alle Ursache, einen Mann aufs höchste zu verehren, dessen ganzes Sinnen darauf gerichtet ist, die jüdische Lehre von dem rein geistigen Gott in ihrer schier unergründlichen Tiefe zu erfassen und sie uns in ihrer ganzen Erhabenheit und Heiligkeit vor Augen zu führen.« Auch politisch folgt Norden Brunner: Die Zionisten, denen Brunner durchaus »das nötige Verständnis« entgegenbringe, müssten erkennen, dass die Emanzipation eine Ausscheidung des Nationalen aus dem Judentum erfordere. Und die Christen müssten erkennen, wie absurd ihre Judenverfolgung ist und wie ähnlich der Hexenverfolgung, wie Brunner in »Höre Israel und Höre Nicht-Israel (Die Hexen)« gezeigt habe.

1 Bei den Reichstagswahlen am 14. September 1930 hatten die NSDAP und die KPD deutliche Stimmenzuwächse erzielt, was die Republik politisch und wirtschaftlich weiter destabilisierte. Reichskanzler Brüning regierte, toleriert durch die Sozialdemokraten, vornehmlich mit Notverordnungen. Auch im Preußischen Landtag, eigentlich das Bollwerk der Demokratie in Deutschland, wurde die Lage zunehmend kritischer, als die vom »Stahlhelm« beantragte und von den rechten Parteien und Organisationen sowie schließlich auch von der KPD unterstützte Auflösung des Preußischen Landtages zwar scheiterte, für den 9. August aber ein Volksentscheid angesetzt wurde, der allerdings ebenfalls nicht erfolgreich war. Gleichzeitig war die Weltwirtschaftskrise auf dem Höhepunkt. Deutsche Banken bekamen zunehmend Liquiditätsprobleme. Am 13. Juli musste die erste Bank ihre Zahlungen einstellen. Viele Kunden stürmten die Kreditinstitute und ließen sich ihre Guthaben auszahlen. Um weitere Zusammenbrüche von Bankhäusern zu verhindern, wurden von der Reichsregierung am 14. und 15. Juli Bankfeiertage angeordnet und Notverordnungen erlassen.

165. An Selma van Leeuwen, 23. Juli 1931

Liebste, Verehrteste, du sprachst mir mit so warmer Anteilnahme von meinem unglücklich gewordenen Volk – ich bin dir dafür dankbar.[1] Ja, es schaut uns sehr finster an und wie nach unheilbarer Verwirrung und als müßten wir sterben, niemand weiß, in welchen Zustand hinein. Vielleicht geht es noch einmal wieder vorüber …[2] So lang mir meine Gedanken des großen Zusammenhanges bleiben und ich noch Kinder kann spielen sehen, wie ich es heute sah, und noch Solche sind wie du, – so lang verzweifle ich noch nicht.

166. An Eva Reichmann,[1] 18. Oktober 1931

Prinzipiell niemals rede ich über Äußerungen und gedruckte Äußerungen, die mich betreffen. Das soll so bleiben. Es ist auch noch nicht vorgekommen, daß ich jemandem geschrieben hätte, der über mich geschrieben hat. Das kommt aber heute vor.[2] Aus Ehrlichkeit. Ich mag Ihnen nicht vorenthalten, was gewissermaßen Ihnen gehört, meine Meinung: Sie sind eine ernsthafte Frau.

1 Selma van Leeuwen hatte, vermutlich mit Bezug auf die deutsche Bankenkrise, geschrieben: »War das die Explosion von der wir sprachen? […] Was steht das deutsche Volk doch aus.« (Brief vom 17. Juli 1931, LBI/JMB: II, 7, 6).

2 Das Deutsche Reich trat schließlich als Garantiegeber in gigantischem Ausmaß ein. Der normale Bankbetrieb wurde im August wieder aufgenommen, der Börsenbetrieb im September.

1 Eva Reichmann (1897-1998), Historikerin, seit 1924 Mitarbeiterin des Central-Vereins deutscher Staatsbürger jüdischen Glaubens und Herausgeberin von dessen monatlicher Kulturzeitschrift »Der Morgen«, emigrierte 1939 nach London, wo sie für die Wiener Library Berichte verfolgter Juden und Augenzeugenberichte sammelte und archivierte. Nach dem Zweiten Weltkrieg setzte sie sich für die Versöhnung der Überlebenden des Holocaust mit der Bundesrepublik Deutschland ein.

2 Brunner bezieht sich hier auf den Artikel »Leben oder Untergang? Eine Antwort an Constantin Brunner«, den Eva Reichmann in der Zeitung des Central-Vereins deutscher Staatsbürger jüdischen Glaubens publizierte (C.V.-Zeitung 10, Nr. 42 (16. Oktober 1931), S. 495 f.; wieder in: Eva G. Reichmann, Größe und Verhängnis deutsch-jüdischer Existenz. Zeugnisse einer tragischen Begegnung, Heidelberg: Lambert Schneider 1974, S. 33-37). Eva Reichmann antwortete im Namen des Central-Vereins vor allem auf den von Ludwig Holländer abgelehnten Artikel »Über die notwendige Selbstemanzipation der Juden«, der im August 1931 in den »Preußischen Jahrbüchern« erschienen war und in dem Brunner den Central-Verein direkt aufforderte, sich konsequenter für die Selbstemanzipation der Juden einzusetzen (s. Brief 160/1). Auch Eva Reichmann will die Emanzipation vorantreiben, wendet sich aber gegen Brunners Auffassung, die Juden mögen ihr »Anderssein« auf-

Daß Sie über die Juden nicht denken wie ich, verschlägt nichts und kann sich ändern. Wie sichs in mir geändert hat. »So leicht« – o weh, ich bin abgewichen und habe den Finger gereicht, dem die Hand folgen will, – »so leicht« nehme ichs nicht mit dem Verzicht und mute den Juden nur zu, was ich auch mir selbst zugemutet habe nicht, weil es so leicht war.

Eine ernsthafte Frau wird gegrüßt von

Constantin Brunner

167. An Selma van Leeuwen, 22. April 1932

Ich bitte: sei nicht so leichtgläubig, wie dein edles Herz das Gute wünscht. Es sieht in Rußland nicht so aus, wie es auf seinen Propagandafilmen gezeigt wird, – das ist keine einfache Sache, die Menschen zu beglücken oder sie auch nur aus dieser jetzigen bitteren Not herauszuführen. Und um Alles, laß dich nicht von *diesem* Film bestärken in der Todsünde deines Denkens:[1]

geben. Zwar folgt sie Brunners Ansicht von der Entstehung des Judenhasses: Judenhass ist Menschenhass, der sich am Anderssein entzündet. Aber Brunners Konsequenz, das Aufgeben des Andersseins, z.B. auch des Namens »Jude«, kann sie nicht teilen: »Hier liegt die Entscheidung«, schreibt sie: »*Auch um das Erlöschen des Judenhasses, um unsere Erlösung von unserer Judennot zu erringen, wäre uns der Preis zu hoch, der da gefordert wird: denn er bedeutet nichts anderes als unseren Untergang als Juden.*« Das jüdische Anderssein sei nicht »unnötig und verstandslos«, wie Brunner meine: »Man ist nicht jüdisch-völkisch, weil man sein deutsch-jüdisches Sein, sein Eins- und doch Anderessein inmitten der deutschen Umwelt als etwas Lebenswertes empfindet.« Emanzipation bedeute daher, »daß unser Judesein nicht mehr als Not auf uns lasten wird«. Die Bürde des Judeseins solle mit dem Bewußtsein empfunden werden, »das Leiden für ein Schicksal auf uns genommen zu haben, das uns das Leiden wert ist«.

1 Selma van Leeuwen hatte den ersten sowjetischen Tonfilm, das Sozialdrama »Der Weg ins Leben« (UdSSR 1931, Regie: Nikolai Ekk) gesehen und davon ausgehend geurteilt, Vertrauen von Mensch zu Mensch sei eine unglaubliche Macht, die wundertätig wirke: »Russland soll unser Lehrmeister sein.« Der Film basiert auf einem Roman des Pädagogen Anton S. Makarenko (1888-1939). Makarenko verarbeitete darin pädagogische Eindrücke der von ihm gegründeten Arbeitsheime für straffällig gewordene, verwaiste und verwahrloste Jugendliche (Gorki-Kolonie und Dserschinski-Kommune). Im Gegensatz zur damals vorherrschenden sowjetischen Pädagogik vertrat Makarenko, zunächst mit Bezug auf Rousseau und Pestalozzi, die Auffassung, dass sich die Kinder nicht von selbst zu »kommunistischen Persönlichkeiten« entwickeln würden, sondern nur, indem man sie achte und möglichst hohe Forderungen an sie stelle; sie sollten ihr Arbeitsheim selbst und kollektiv bewirtschaften. In der Verfilmung zieht eine Gruppe verwahrloster Kinder als Straßenbande umher, bis es dem Pädagogen nach zahlreichen Rückschlägen gelingt, den Jugendlichen durch die Anwendung neuer Methoden die Bedeutung des Gemeinschafts-

Die Todsünde deines Denkens nenne ich die Grundverkehrtheit, nach der du glaubst, es ließen sich schlimme Naturanlagen durch wohlmeinende Beeinflussung wegbringen. Ewig *nicht so viel!* Ewig *nichts!* Wir müssen unsre Gedanken nach der Wirklichkeit richten, nicht die Wirklichkeit nach unsren Gedanken und Wünschen richten wollen. Du mußt den Sinn meines immer wiederholten Hauptsatzes durchdringen: Wir können die Verhältnisse bessern, nicht die Menschen.[2]

Auf dieses Satzes wahre Mühle ist auch der betreffende Film Wasser, nicht auf deine Mühle; und das bitte ich dich, nicht zu verkennen und klar zu halten, womit du es bei diesem Film in Wahrheit zu tun hast. Er zeigt *nicht von Natur aus böse Jungen, sondern ganz normale Jungen*, die, durch schlimme Verhältnisse verwildert, wieder brav und arbeitsfreudig werden können, sobald sie in ordentliche Verhältnisse versetzt werden. Weiter ist da nichts.

Mit Sals[3] Brief hab ich mich sehr gefreut; da du bei Japje[4] von langsamen sich Erholen sprichst, wäre mir lieb eine genauere Schilderung seines Zu-

eigentums klarzumachen und sie in den Arbeitsprozeß zu integrieren. Brunner hatte den Film bereits im Oktober 1931 im Kino gesehen. »Aber das ist nichts für Vater«, kommentierte seine Stieftochter. Brunner meinte: »Auch der Potemkinfilm [Panzerkreuzer Potemkin, UdSSR 1925, Regie: Sergej Eisenstein] wäre, ich bin überzeugt davon, nichts für mich gewesen. Sie spielen nicht besser als unsere Schauspieler, und dies ist zwar als Werbefilm sehr geschickt gemacht für das dumme große Publikum, das immer reinfällt, aber es ist gar kein Gegenstand für einen Film und lässt ja auch gar keine psychologische Entwicklung zu – das sind Vorgänge für literarische, aber nicht für schauspielerische Darstellung.« (Lotte Brunner, Tagebuch, 20. Oktober 1931).

2 Die Auffassung, dass die Menschen nicht änderbar sind, durchzieht Brunners Werk. In »Der Judenhaß und die Juden« heißt es zum Beispiel: »Die Menschen sind nicht zu ändern und zu bessern, weil sie Egoisten sind, sein müssen, also auch bleiben werden: Egoisten des Fühlens, Egoisten des Wollens und Egoisten des Wissens – ihr Wissen mag sich noch so sehr klären und vermehren: es dient zuletzt nur ihrem Egoismus, und das *Urteil* der Menschen übereinander bleibt egoistisch, bestimmt durch egoistisches Interesse und Leidenschaft. Die Menschen also sind nicht zu ändern und zu bessern, aber die Verhältnisse sind zu ändern und zu bessern, und mit der Besserung der Verhältnisse bessert's sich dann auch für die Menschen – Besserung der Verhältnisse, das heißt: solche Gestaltung der Verhältnisse, in denen die Interessen und Leidenschaften gar nicht oder doch nur in geringerem Maße rege werden und nicht so hart gegeneinander aufkönnen. Damit bessert sich's dann auch für die an sich selbst nicht gebesserten und unverbesserbaren Menschen eine Zeitlang, bis die Verhältnisse sich wieder verschlechtert haben. Denn die Verhältnisse bessern sich keineswegs unaufhörlich, breiten nicht sich fort zum immer Schöneren, wie so die Träumer sagen, die nie aufwachen. Fortschritt der Menschheit – so wenig wie immer schöneres Wetter wird; vielmehr folgen in der Geschichte Gut und Schlimm aufeinander wie Sommer und Winter, und die Lebensverhältnisse der Menschen sind abwechselnd besser bald und bald schlimmer.« (S. 355 f.).

3 Salomon van Leeuwen.

4 Jacob Gerzon. Zu seiner Krankheit siehe Brief 159/1.

Abb. 45: Constantin Brunner in der Helmstedterstraße in Berlin-Wilmersdorf, 1932

standes und seiner Aufgelegtheit. Wie leid war mir hören zu müssen von Schilaars[5] Leiden! Alle herzlichen Wünsche zu seiner dauernden Heilung!

Ich war noch einmal bei Krückmann[6] und, mit Magnussen[7] zusammen, bei meinem Augenarzt.[8] Na, dann hat man, als Kranker, einen Arzt, der zu uns Vertrauen hat, und bleibt natürlich krank. So lang ich kann, will ich machen, daß man an meiner Arbeit nicht viel merkt davon und die Jugendkraft festhalten. Wozu ist man denn jung? Eben unter Mühen dazu gelangt, wird man sichs doch nicht gleich wieder entreißen lassen!

Grüß alle Lieben und Friedlichen, und ich grüße deinen Frieden und deine Liebe!

B

168. An Bernhard Weiß,[1] 21. Juli 1932

Ich könnte mehr schreiben, ich schreibe nur: daß ich mich Ihrer freue und Sie bewundere. So charaktervoll sein und durch so lange Zeit so tapfer – das verdient ein Lied!

Constantin Brunner

5 Der Hund von Selma van Leeuwen.

6 Emil Krückmann (1865-1944), Professor für Augenheilkunde an der Universität Berlin.

7 Brunners Hausarzt Peter Magnussen.

8 Brunners Augenarzt, der Sanitätsrat Wilhelm Feilchenfeld (1864-?).

1 Bernhard Weiß (1880-1951), Jurist und Polizeivizepräsident in Berlin, griff als einer der wenigen republikanisch gesinnten höheren Polizeibeamten systematisch gegen Rechtsbrüche durch, ermittelte die Mörder Rathenaus und gewann 60 Prozesse gegen Joseph Goebbels, der antisemitische Hetzkampagnen gegen Weiß (er nannte ihn »Isidor Weiß«) initiierte. Die Ereignisse vom 20. Juli 1932, als »Preußenschlag« bekannt, kosteten Weiß sein Amt: Die preußischen Landtagswahlen am 24. April 1932 hatten infolge der starken Gewinne der NSDAP zu einer Pattsituation geführt. Die preußische Regierung war handlungsunfähig. Da die SA wieder zugelassen wurde, tobten Straßenkämpfe. In dieser Situation erwirkte Reichskanzler Franz von Papen bei Reichspräsident Paul von Hindenburg eine Vollmacht, mit der er als Reichskommissar von Preußen die preußische Regierung stürzen, zentrale Grundrechte per Notverordnung außer Kraft setzen und Säuberungsaktionen durchführen konnte, denen auch Weiß zum Opfer fiel: Das preußische Polizeipräsidium war die einzige preußische Dienststelle, die sich den Maßnahmen der Reichsregierung widersetzte. Weiß forderte, die Rechtmäßigkeit der Vorgänge klären zu lassen, wurde jedoch von bewaffneten Reichswehrsoldaten verhaftet. Am 24. Juli schrieb Goebbels über Weiß in sein Tagebuch: »Der muß nun zur Strecke gebracht werden. Sechs lange Jahre kämpfe ich gegen ihn. Er ist für jeden Berliner Nationalsozialisten der Repräsentant des Systems. Wenn er fällt, dann ist auch das System nicht mehr lange zu halten.« (zitiert nach: Joachim Rott, Ich gehe meinen Weg ungehindert geradeaus. Dr. Bernhard Weiß

169. An Lotte Brunner, 10. August 1932

Was also Nikolaus[1] – über Gärten hinweg von der Straße – der im Fenster sich zeigenden Grete[2] wiederholentlich immer gebrüllter (da sie nicht gleich verstand) zugebrüllt hat, das war: »Tante Grete, weißt du schon, daß Hitler das Klosetpapier verboten hat? Weil er Braunhemden liebt!«

Und Borro[3] bestell bitte, mit meinem Dank, daß sein Pflaster prompt gewirkt hat. Es war aber auch ein russisches, für 1 Mark 80. Ich spürte auf der Stelle eine wesentliche Erleichterung. Das ist ja ein ausgezeichnetes Mittel, ich werde es weiter empfehlen und, sollte sich meine Rückenmarksseele wieder einmal benehmen, sogar versuchen, es tatsächlich aufzulegen. Hoffentlich hält es sich und wirkt dann auch mit seiner Kraft.

Und die Borronin.[4]

Ja. Wie ich heute wieder unsre Elisabeth[5] fand, immer wieder auf die gleiche Art. Bei so schöner Gewecktheit und scharfem Interesse für alles Wirkliche und Mögliche des Lebens, bei so gut angelegtem praktischem Verstande: diese Unteraufmerksamkeit gegenüber dem Geistigen! Das ist doch ein unfehlbares Kennzeichen für Unterscheidung der beiderlei Naturen; und man sieht, wenn die spezifische Modifikation fehlt, bleiben auch die Klugen und Trefflichen ausgeschlossen vom höheren Leben. Unsre Elisabeth ist ja geradezu ein merkwürdiger Schulfall. Nach der Theorie scheint sie so recht die Mitte einzunehmen, indem sie keinen Geist hat, aber auch keinen Aberglauben, und doch gehört sie praktisch in den Aberglauben des Lebens; was denn auch ihre so leicht erregbare Streitlust bestätigt.

Das Gestreite oder das Leben – wir sind ja lieblich drin; ich wundre mich über meine komisch-tragische Natur. Daß ich noch lachen kann bei so schweren Gedanken meiner Liebe zu unsrem unglücklichen Volk! Es ist nicht ausgeschlossen, daß wir jetzt vor dem letzten Ernst der politischen unheilvollsten Unvernunft stehen.[6] So war noch niemals in der Geschichte

(1880-1951). Polizeivizepräsident in Berlin. Leben und Wirken, Berlin: Frank & Timme 2010, S. 105).

1 Nikolaus Delius (*1926), der Sohn des Berliner Architekten Hellmut Delius (1895-1981) und seiner Frau Antonie, gen. Toni (1903-1992), die mit Brunner in Kontakt standen.

2 Margarete Bittlinger.

3 Lotte Brunner war bei dem Arzt Borromäus Herrligkoffer in Ichenhausen zu Besuch.

4 Emma Herrligkoffer, geb. Kieningers (1879-1953), die Frau von Borromäus Herrligkoffer.

5 Elisabeth Müller, Hausmädchen bei Brunners.

6 Bei den Reichstagswahlen am 31. Juli 1932 wurde die NSDAP mit 37,4 Prozent der Stimmen stärkste Fraktion. Hitler lehnte aber eine Regierungsbeteiligung ab, weil er auf Neuwahlen und weitere Stimmenzuwächse hoffte. Hermann Göring wurde Reichstags-

das Natum mobilisiert gegen das Cultum.[7] Überall wankt der Rechtsboden; und in solchen Zeiten kann man das Unerwartetste erwarten. Hoffentlich geht es noch mit dem blauen Auge, daß es nur noch blauer wird …! So bleibt doch Hoffnung, daß es wieder sehen wird. –

Lotte – das ist kein Schimpf, sondern ich spreche während Schreibens das Wort mit der zärtlichsten Liebe –: du mußt einmal längere Zeit Luizym[8] nehmen! und hast mir doch hoffentlich meine Erinnerung von neulich nicht übel aufgenommen?[9] Ich kenne doch wohl keinen *Vorwurf* gegen die Konstitution deiner Natur. Aber du sollst, mußt und wirst *wissen* von dieser konstitutionellen kleinen Schwäche, von diesem winzig Hypochondrischen; das sich, durch Wissen davon, nicht zwar gänzlich überwinden, aber verflachen läßt, schon recht sehr zu deinem Segen. Und wenn darüber nur etwas in dich eingeht und dich aktiv lenkt, so darfst du gern, nach der Menschenweise, für mein Sprechen davon mir etwas zürnen.[10]

All deine Briefe lang finde ich keinen Kuß: jetzt gebe ich dir einen auf dein Herz; und mir ist wahrhaftig wortwörtlich in Gefühl und Vorstellungsbild, als gäbe ich ihn mit meinem Herzen, ganz ohne den Mund. Da – hab ihn, dir durch und durch!

präsident. Auf den Staßen tobten Kämpfe zwischen Nationalsozialisten und Anhängern der Linksparteien.

7 In seinem 1932-33 geschriebenen Buch »Der entlarvte Mensch«, das erst postum erschien (1951 gekürzt von Lothar Bickel herausgegeben, 1953 in einem Privatdruck vollständig von Magdalena Kasch), definiert Brunner das »Natum« als ein unmittelbares erstes Naturbewusstsein, den Individual-Egoismus, den Affekt des Fühlens und Wollens, der die vom Intellekt dargebotene Wirklichkeit unberücksichtigt lässt und verfälscht, so dass er lügt (S. 103), das »Cultum« hingegen als eine vom Menschen erst herzustellende Kultur: das Recht und die Freiheit, einen zweiten, gesellschaftlichen Egoismus. »Der zum geselligen Leben bestimmte Mensch hat tiefher, in seinem Natum, den Widerspruch zur Kultur des geselligen Lebens und, als Egoist, etwas den andern Egoisten Ausschließendes in sich […], und so ist denn der Mensch, wie ich sagte, ein für den Bestand seiner eignen Gattung lebensgefährliches und also unmögliches Tier.« (S. 115). Der Nationalsozialismus ist für Brunner ein Beispiel für das »entfesselte Natum« (S. 159); er sei »terroristisch« (S. 185). »Das Volk, das Natum im Volk steht auf, wüst unvernünftig gegen den ›Intellektualismus‹, gegen die Vernunft und die vernunftgeborenen Erzeugnisse, gegen die Wissenschaft, gegen den Staat.« (S. 188 f.). Die Staatsregierung hätte eigentlich mit ihrer Gerechtigkeit das Natum zu zwingen (S. 210), stattdessen »fängt es bei uns wieder an mit Befehlen und Gehorchen«, und »so geht uns vom Cultum und von der Fähigkeit des Mitgeltens mit den Kulturvölkern, so geht uns Vernunft und Rechtsboden verloren.« (S. 213).

8 Enzymtabletten (ein Extrakt aus Aspergillus oryzae), die man vorwiegend bei Verdauungsbeschwerden nahm.

9 Brunner hatte ihr geschrieben: »Du hast ein Winziges von dem, was man früher Hypochondrie nannte« (Brief vom 6. August 1932, LBI/JMB: II, 3, 4).

10 Auf dem Originalbrief vermerkt Lotte Brunner hierzu: »So deutlich bin ich das Gegenteil von ›hypochondrisch‹, immer bewußt glücklich mit der leisesten Besserung und *nie* ängstlich vor Verschlechterung. Doch *immer* elend, wie schwer vergiftet.«

170. An Julius Brodnitz und Ludwig Holländer,[1] 31. August 1932

Ich bin übrigens so ziemlich gefaßt durch diese schöne und scheußliche Welt gegangen. Einzig nur das Gute und Vornehme hat immer mich überwältigt und mir das Herz umgedreht. Ich danke Ihnen; denen ich nicht verübeln könnte, wenn Sie mich mißverstanden hätten.[2] Nur zu sehr weiß ich, wie eigenwillig und herausfordernd mein Klang und Gesang immer wieder, auch wenn ich andersherum ihn zwingen wollte. Das steht nicht in meiner Macht. Aber ich schwöre mit meinem Leben: daraus spricht kein Eigenwille meines Lebens. Soll ich selber sagen, wodurch ich mich unterscheiden mag von so vielen Andern? Dadurch, daß vor vielen Andern tiefher ich fühle: »Mein« Leben gehört nicht mir. Deswegen habe ich niemals auch nur versucht, *mein* Leben zu führen …

Dies schreibe ich Ihnen, verehrte Herren, unter uns. Gleichwie auch Sie mir unter uns geschrieben haben in einer edlen Art, die mich erschüttern mußte gerade von Ihnen, den anders Gerichteten und den Vertretern der andern Richtung. Rechnen Sie mir was ab von früheren und kom-

1 Julius Brodnitz (1866-1936), der Vorsitzende, und Ludwig Holländer, der Direktor des Central-Vereins deutscher Staatsbürger jüdischen Glaubens, hatten Brunner zu seinem siebzigsten Geburtstag gratuliert, den er wie gewöhnlich am 28. August (einen Tag nach seinem eigentlichen Geburtstag) feierte.

2 Brunner, der zunächst sehr mit dem Central-Verein sympathisierte, forderte zunehmend ein stärkeres Engagement des Vereins für die Selbstemanzipation der Juden (s. Brief 160 und 166). Er stand dem Central-Verein zwar grundsätzlich positiv gegenüber (siehe resümierend: Der entlarvte Mensch, S. 86-91), da die deutschen Juden dort in ihrem Emanzipationskampf vereinigt seien, aber er kritisierte, dass der Abwehrkampf nach innen nicht entschieden genug geführt werde. Es gäbe noch Erinnerungen an die jüdische Nation, z.B. zionistische Bestrebungen in den jüdischen Gebeten. Überhaupt sei es unpassend, den jüdischen Glauben so zu betonen, da nicht einmal mehr 3 % der Berliner Juden noch in die Synagoge gingen. Der Einfluss der Rabbiner im Central-Verein müsse gestoppt werden. Auch müsse der Vorstand sich derjenigen entledigen, die offen oder verdeckt zionistisch agierten. Der Central-Verein müsse erkennen, dass die Selbstemanzipation der Juden seine vordringliche Aufgabe sei. Brunner hatte seine Position verschiedentlich öffentlich gemacht, z.B. in dem Abschnitt »Die von jüdischer Abstammung und die Juden« (in: Aus meinem Tagebuch, Potsdam: Gustav Kiepenheuer Verlag 1928, S. 248-268; nur in der Erstauflage), in dem Artikel »In eigener und in unser aller Sache« (in: C.V.-Zeitung. Blätter für Deutschtum und Judentum 7, Heft 6 (8. Februar 1929) S. 73-74), in seinen Büchern »Von den Pflichten« (S. 126f., S. 167-177) und »Höre Israel« (S. 28-33) sowie in dem Artikel »Über die notwendige Selbstemanzipation der Juden« (s. Brief 160/1). Aus den Reihen des Central-Vereins wurde Brunner für seine Position zunehmend öffentlich angefeindet, so etwa von Eva Reichmann (s. Brief 166) und Mauritius Kahn (»Bestand und Untergang der deutschen Juden. Antwort an Constantin Brunner«, in der von Julius Goldstein begründeten und im Philo-Verlag erschienenen Zeitschrift: Der Morgen 8, Heft 1 (April 1932), S. 72-80).

menden Sünden – auch allgemein! Denn was ich angedeutet habe für Sie, das gilt auch für das allgemein uns Verbindende: Kein »letzter« Mensch (es gibt für mich keinen letzten Menschen), dem ich nicht wunderhaft vereint mich fühlte im heiligen Geist des Jahveh echad[3] – wie sollte ich nicht leben und schaffen für meine geliebten, geliebten, geliebten Juden? Da ist ein ungeheures geschichtliches Unrecht und Unglück, das muß aus der Welt, Amen!

Friede mit Ihnen, und so grüße ich Sie mit dem Herzen

Constantin Brunner

171. An Israel Eisenstein, September 1932

Mein lieber Eisenstein,

prinzipiell nie sonst äußre ich mich über Geschriebnes, das mich zum Gegenstande hat.[1] Wie du nun aber mich bittest, Kritik zu üben, muß ich dir schreiben, was ich beinah allen aus deinem Kreise schreiben könnte. Von falscher psychologischer Taktik muß ich schreiben, die das Gegenteil von dem bewirkt, was sie so herzlich gern bewirken möchte: Wenn dem Publikum gesagt wird, um den Mann bekümmert sich die Fachphilosophie nicht, so sagt sich das Publikum, na dann ist auch nichts an ihm und brauche ich mich auch um ihn nicht zu kümmern; denn wer weiß besser Bescheid mit einem neuen Mann der Philosophie als die Philosophen, und ist dieser Mann unbekannt geblieben, so verdient er es gewiß. Das Publikum weiß doch keinen Unterschied zwischen den Fach- und den wirklichen Philosophen und keine Gegenwart kennt so viel Geschichte, daß sie vor den üblichen Hereinfällen bewahrt bliebe.

Nun ist aber auch gar nicht an dem, daß die Fachphilosophie so *gar nicht* um ihn sich gekümmert habe und er ist auch in Wirklichkeit nicht so unbekannt. Du hättest anders geurteilt, wenn die ungezählten Hunderte

3 Brunner übersetzt diese hebräische Bezeichnung Gottes (Dtn 6,4) mit: »Das Seiende ist Eines« (s. Brief 13/3). In diesem »unausprechlichen, heiligen Worte« sei »der mystische Urcharakter des Judentums« ausgesprochen. Auch Christus (Mk 12,28 f.) weise auf das Jahve hin und identifiziere die Liebe zu ihm mit der Liebe zu den Menschen (Unser Christus, S. 227).

1 Israel Eisenstein hatte Brunner in dem Artikel »Constantin Brunner. Zum 70jährigen Geburtstag des Philosophen« (in: Czernowitzer Morgenblatt 14, Nr. 4215 (13. September 1932), S. 6) »den überragenden philosophischen Genius unserer Zeit« genannt, vergleichbar mit Platon und Spinoza, obgleich er von den Fachphilosophen völlig unbeachtet geblieben sei.

Abb. 46: Constantin Brunner anlässlich seines 70. Geburtstages, 1932

der Gratulationen von allen Ecken und Enden her dir zu Gesicht gekommen wären und ihr Ton dir geklungen hätte.[2] Auch haben eine große Anzahl von Zeitungen und Zeitschriften Artikel und Bilder gebracht; am 20.ten dieses Monats, höre ich, wird im Rundfunk über ihn gesprochen[3] usw. usw.

Und nun ich das eine gesagt habe, will auch das andre gesagt sein: dein Referat ist gut und klar.[4] Das klingt kurz nur – die Hölle ist groß, der Himmel klein.

Von Herzen sei gegrüßt und hab Segen auf deinem Tagewerk[5]

B.

Von Artikeln, die du vielleicht dort in einer Lesehalle oder sonst leicht durch Zeitungsexpedition dir besorgen lassen könntest, will ich dir Einiges nennen:

Literarische Welt	2. Sept. 32[6]
Vossische Zeitung Morgenausgabe	28. VIII. 32[7]
" " Abendausgabe	27. VIII. 32[8]

2 Über die Geburtstagsfeierlichkeiten berichtet Lotte Brunner am 31. August 1932 in ihrem Tagebuch. Sie spricht von zahlreichen Gästen, Präsenten und Hunderten von Gratulationsbriefen. Brunner sagt dazu: »Ob ich berühmt bin, weiß ich nicht, und es interessiert mich nicht. Aber einige Menschen lieben mich, das weiß ich, und jetzt fängt sogar die Presse an, mich ein wenig liebzuhaben. Sie sieht doch zum mindesten, dass ich ein ehrlicher Kerl bin, und das ist was Seltenes, ein ehrlicher Kerl.« In einer eigenen Geburtstagsrede versteht Brunner die Glückwünsche so: »Schön ist dieses Leben, ob es auch zugleich fürchterlich ist. Und da wir nun leben, so wollen wir das Leben lieben um so mehr, je mehr wir den höheren Gebrauch von ihm machen und uns befestigen in der Wahrheit, die auch zugleich die Liebe zum Leben ist. Wir sind das Eine; das wir lieben in allen seinen Verkleidungen und Verleidungen. Empfangt meine Grüße an das Leben, ihr geliebte Lebende; und glücklich bin ich, dass ihr nicht *mich* feiert und nicht *mich* liebt, sondern das Leben und das Eine.« (ebd. sowie in: Vermächtnis, S. 241 f.).

3 Ernst Ludwig Pinner hielt am 20. September um 17.30 Uhr in der Deutschen Welle einen Radio-Vortrag über Brunner.

4 In seinem Artikel hat Eisenstein die Philosophie Brunners knapp umrissen.

5 Eisenstein war 1932 von seinem Studium in Würzburg nach Czernowitz zurückgekehrt, wo er als Arzt tätig war.

6 Fritz Ritter, Zu Constantin Brunner's 70. Geburtstag, in: Literarische Welt 8, Nr. 36 (2. September 1932), S. 12.

7 Abbildung einer Brunner-Büste der Bildhauerin Annie Höfken-Hempel, in: Vossische Zeitung 22, Nr. 35 (28. August 1932), S. 2.

8 Harald Landrij, Constantin Brunner. Zum 70. Geburtstag des Denkers, in: Vossische Zeitung 22 (27. August 1932).

Berliner Tageblatt Morgenausg.	28. VIII. 32
" " " "	30. VIII. 32[9]
Deutsche Allgem. Ztg Morgenausg.	24. VIII. 32[10]
Altonaer Nachrichten	27. VIII. 32[11]
Von jüdischen Ztgg:	
Central-Vereinszeitung	26. VIII. 32[12]
Jüdisch-liberale Zeitung	1. IX. 32[13]
Israelitisches Familienblatt	
in allen drei Ausgaben	1. IX. 32[14]
Jüd. Preßzentrale Zürich	2. IX. 32
Jüd. Wochenschrift Wien	2. IX. 32[15]

Übrigens auch – ich glaube sämtliche medizinische deutsche Zeitschriften;[16] aus einer kann ichs mitschicken.

9 Leo Hirsch, Constantin Brunner, in: Berliner Tageblatt 61, Nr. 410 (30. August 1932), S. 3.

10 Ernst Ludwig [Pinner], Patriotische Leidenschaft eines Denkers. Zu Konstantin Brunners 70. Geburtstag, in: Deutsche Allgemeine Zeitung 41, Nr. 395 (24. August 1932), S. 1 (mit der Brunner-Zeichnung von Kurt-Harald Isenstein; s. Abb. 48).

11 M. B., Constantin Brunner. Zum 70. Geburtstag eines bedeutenden Sohnes der Stadt Altona, in: Altonaer Nachrichten (27. August 1932).

12 Ludwig Holländer, Constantin Brunner, in: C.V.-Zeitung 11, Nr. 35 (26. August 1932), S. 361.

13 Joseph Norden, Constantin Brunner. Zu seinem 70. Geburtstag am 28. August, in: Jüdisch-liberale Zeitung 12, Nr. 11 (1. September 1932), S. 3.

14 Foto Constantin Brunners, in: Israelitisches Familienblatt, Hamburg 34, Nr. 35 (1. September 1932), S. 3. – J. L., Philosoph und Einsiedler. Zum 70. Geburtstage von Constantin Brunner am 28. August 1932, in: ebd., S. 11.

15 Ludwig Holländer, Constantin Brunner, in: Die Wahrheit. Jüdische Wochenschrift (Wien) 48, Nr. 36 (2. September 1932), S. 4f.

16 Abraham Buschke, Constantin Brunner und die Medizin, in: Deutsche Medizinische Wochenschrift, Nr. 3 (2. September 1932), S. 1455. – Friedrich Jacobsohn, Zu Constantin Brunners 70. Geburtstag (28. August), in: Medizinische Klinik 35 (26. August 1932), S. 1225f. – Ernst Levy, Zum 70. Geburtstag von Constantin Brunner am 28. August, in: Berliner Aerzte-Correspondenz (1932), S. 289f. – Ernst Levy, Constantin Brunner, in: Die medizinische Welt, Nr. 32 (27. August 1932), S. 1264. – Sondernummer der Zeitschrift: Der Landarzt. Zentralblatt für die wissenschaftlichen, wirtschaftlichen und kulturellen Interessen der auf dem Lande tätigen Ärzte 13, Nr. 32/33 (17. August 1932), mit Beiträgen von Dr. Guntianus (Constantin Brunner zu seinem 70. Geburtstag am 28. August 1932, S. 342f.) und Carl Borromäus Herrligkoffer (Philosophische Einwände gegen die Descendenztheorie, S. 347-350).

172. An Willy Aron,[1] September 1932

Mein lieber Willy Aron,

großen Dank sollen Sie haben für so viel Güte und Mühe (die in schlechtem Zustand, von der Post notdürftig geschlossen, hier ankam). Derlei wollte ich ja nun eigentlich gar nicht, sondern hatte nur gebeten um noch 2 mal Photographie[2] und 2 mal die faksimilierte Predigt vom Großvater.[3] Das war denn wohl nicht zu beschaffen, und jedenfalls großen Dank.

Genaues über den Onkel in Edinburg weiß ich nicht; ich glaube, er hieß: Meier.[4] Auch vom Leben meines Großvaters weiß ich nichts; Sie wissen mehr davon. Was mir mein Vater erzählt hat? Nicht viel. Vielleicht interessiert Sie dies: Als Kind ging einst mein Vater, an der Hand geführt vom Großvater, in die Synagoge. Sie kennen die Altonaer Synagoge? Von der Tür führen drei Stufen in den Betraum [...]; auf diesen Stufen strauchelte mein Großvater und fiel hinunter. Das war meinem Vater und blieb ihm in der Erinnerung eine der furchtbarsten Erschütterungen des Herzens: diesen so stolzen und würdigen Mann so am Boden liegen zu sehn. Er hatte

1 Willy (später William) Aron (1902-1973), ein Urgroßneffe von Brunners Großvater Rabbi Akiba Wertheimer, aufgewachsen in Hamburg und 1927 ausgewandert nach New York. Aron arbeitete an einer Biographie Akiba Wertheimers (Zur Familiengeschichte von Rabbi Akiba Wertheimer, in: Jüdische Familien-Forschung 11, Heft 38 (29. Juli 1935), S. 663 f.), publizierte Auszüge aus seinem eigenen Briefwechsel mit Brunner (Assimilation und Nationalismus. Ein Briefwechsel mit Constantin Brunner, in: Aufbau, New York 1, Nr. 11 (1. Oktober 1935), S. 8f. und 2, Nr. 1 (1. Dezember 1935), S. 8f.), eine kleine Brunner-Bibliographie (Constantin Brunner. A Contribution to a Bibliography of Writings By and About Him, in: Journal of Jewish Bibliography, New York 2, Nr. 4 (Oktober 1940), S. 117-121) sowie verschiedene Artikel über Brunner (unter anderem: Von der Insel des Verständnisses, in: Jüdisch-liberale Zeitung 6, Nr. 8 (9. Februar 1926), S. 1f.; Der Jude Constantin Brunner, in: Jüdischer Zeitgeist, New York (Januar 1930); Constantin Brunner. Der deutsch-jüdische Philosoph, sein Werk und seine Beziehung zum Judentum [hebräisch], in: Hadoar, New York (24. August 1969)). Im Gegensatz zu Brunner hielt Aron die Emanzipation und Assimilation der Juden für gescheitert. In seinen späten Briefen versuchte er vergeblich, Brunner diese Einsicht nahezubringen.

2 Es könnte sich um die Fotografie einer im Brunner-Archiv überlieferten Porträt-Zeichnung Akiba Wertheimers handeln (s. LBI/JMB: VI, 3, 1, 1), das die hebräisch-aramäische Bildunterschrift trägt: »Der weise und berühmte Rabbiner, unser Lehrer und Rabbiner, der Rabbiner Akiba Wertheimer, sel. A., der Vorsitzende der Gerichtbarkeit der heiligen Gemeinde Altona und Lehrer der Talmud- und Thoraschule von Schleswig Holstein.«

3 Vermutlich das von Willy Aron entdeckte hebräische Manuskript eines von Akiba Wertheimer verfassten Kommentars zu Jesaja.

4 Akiba Wertheimer hatte acht Kinder: Betty, Miriam, Hanna, Jacob, Abraham Hirsch, Meyer (Meir), Moses (Brunners Vater) und Jette. Meir Wertheimer wanderte nach England aus.

Abb. 47: Rabbi Akiba Wertheimer, Gemälde von Max Michael(?), ursprünglich im Sitzungssaal der jüdischen Gemeinde zu Altona

sich nichts getan; aber meinem Vater erschien es doch als ein Unglück, über das er dunklen Schmerz empfinden mußte. Auch die ganze Gemeinde zeigte sich von Schrecken ergriffen, trat aus den Bänken und stellte sich wie eine Trauerversammlung um ihren Rabbi. ....

Was Sie von einem Dr. Michael[5] sagen, hat seine Richtigkeit. Er war der Sohn eines Arztes, der, nebst zwei andern Ärzten, mich als anderthalbjähriges Kind in einer schweren Krankheit (Gehirnentzündung und Gastrisches Fieber sagte man damals) behandelt hat. Dieser ältere Dr. Michael[6] war der Sohn meiner Tante Jette Michael, einer Schwester meines Vaters. Ihr andrer Sohn war der Professor Max Michael,[7] ein seinerzeit geschätzter Maler (von dem noch Bilder in der Berliner Nationalgalerie hängen) und Präses der Malerakademie in Berlin. Eine Tochter der genannten Tante, Zerline,[8] heiratete einen Lyon; der Sohn aus dieser Ehe war ein Amtsrichter Lyon.[9] Es gibt sicherlich in Hamburg noch Lyons und Michaels, von denen Sie höchstwahrscheinlich Geeignetes über den Großvater in Erfahrung bringen könnten. Muß auch irgendwo noch ein interessantes Porträt von ihm stecken; ich habe es als Kind bei der Tante Michael gesehen, – vielleicht war es von Vetter Max gemalt.[10] Ich weiß

5 Isaac Michael (1848-1897), Prosektor, Enkel von Jette Michael (1801-1890), einer Tochter Akiba Wertheimers.

6 Michel Isaac Michael (1820-1865), Chirurg und Geburtshelfer, Sohn von Jette Michael.

7 Max (eigentlich Issac Mayer) Michael (1823-1891), Kunstmaler, seit 1875 Professor an der Akademie der bildenden Künste in Berlin.

8 Zirel (gen. Zerline) Lion (1825-1902), Tochter von Jette Michael, verheiratet mit Saly Lazarus Lion (1818-1882).

9 Isaac Lion, Amtsrichter, Sohn von Zerline Lion.

10 Lotte Brunner berichtet in ihrem Tagebuch am 28. Juli 1925 von diesem Porträt, das sie im Sitzungssaal der jüdischen Gemeinde in Altona gesehen hat (s. Abb. 47): »Ich [...] war zunächst betroffen von einer Ähnlichkeit mit Vater, die ich nicht vermutet hatte, Ähnlichkeit besonders des Blicks, des Nasenansatzes und der Hände. Im Unterschied von einer Lithographie, die den Blick sanft erscheinen lässt, ist er hier kraftvoll, ja mächtig, so dass die Legende von seiner Wirkung glaubhaft erscheint. Vor allem sah ich nun mit einem Male, woher Vater seine auffallend aristokratische Hand hat. Offenbar lag dem Maler wegen ihrer Besonderheit daran, die Hände des Rabbiners auf das Bild zu bringen [...] – sie sollen sicherlich den Blick eigens auf sich lenken, übereinandergelegt, schlank, fast weiblich, glatt, viel ungeprägter und unentwickelter als Vaters, was individuellen Ausdruck betrifft, heben sie sich wachsbleich von dem schlichten schwarzen Rock ab. Die Stirn ist leider von der hohen Pelzmütze fast ganz bedeckt. Mund und Nase sind fein geschwungen, ausdrucksvoll, intelligent, das Spiel der Lippen scheint geistreich. Wüsste ich nichts Näheres, ich hätte wohl einen chassidischen Rabbi in dem Porträt vermutet, aber feurig wie König Salomo.« Ein Foto des Porträts ließ Lotte Brunner ihrem Vater zum Geburtstag 1925 anfertigen. Brunner vermutete, dass sein Cousin, der Maler Max Michael, es gemalt habe und nicht, wie man in Altona annahm, der Bankier und Mäzen Pius (Pinchas) Warburg (1816-1900), ein entfernter Verwandter der Wertheimers.

Abb. 48: Constantin Brunner, Zeichnung von Kurt-Harald Isenstein, 1932

sonst nichts, nichts; und Sie wissen, daß meine Gedanken auf solches Wissen nicht gehen. Doch wollte ich nun Ihre wiederholten Bitten nicht unbeantwortet lassen.

Sie wissen auch, wie ich über Bilder von mir denke. Liebermann wollte mich malen, und ich ließ es nicht zu; nur in vereinzelten Fällen erlag ich wehrlos.[11] Es sind jüngsthin eine ganze Anzahl Porträts und Fratzen durch die Blätter gegangen.[12] Hier ist ein Archiv, in dem das alles aufbewahrt wird; ich lasse Ihnen einiges zugehen, *muß aber bitten, es zurückzuschicken, da es nicht mir gehört.* Bestehen Sie auf Ihrem Wunsch, so sollen Sie ein lebenswahres Porträt baldigst erhalten. Ich gebe dem sonst niemals nach; aber Sie, übrigens so brave Seele, sind ja ein fürchterlicher Feind, der mir mein Blut, meine Tinte, abzapft, nun auch gar über Aufsätze ...[13] Ich ließ mir bringen und gebe Ihnen an als lesenswert, was Sie sich wohl leicht beschaffen könnten: ....

Nun kann ich aber wirklich nicht mehr! Sie ahnen nicht, wie mir derlei grundauf widerstrebt. Schluß! Und von Herzen Gruß

B.

11 Gemalt wurde Brunner von Hermione von Preuschen (1854-1908), Julie Wolfthorn (1864-1944), Paula Schiff-Magnussen (1871-1962), einem Maler namens Jofbauer und Max Busyn (s. Abb. 49), gezeichnet von Jakob Steinhardt (1887-1968), Max Busyn (1899-1976) (s. Abb. 43) und Kurt-Harald Isenstein (1898-1980) (s. Abb. 48). Georg Wienbrack (1877-1853) schuf eine Medaille mit Brunners Porträt, Annie Höfken-Hempel (1900-1965) und Idel Ianchelevici (1909-1994) Porträtbüsten, die in Bronze gegossen wurden. Brunner begründete seine Absage an Max Liebermann (1847-1935), einem der bedeutendsten Maler des deutschen Impressionismus, in einem Brief an Selma van Leeuwen so: »[...] am wenigsten möchte ich es von einem, der von mir nichts weiß noch wissen kann. Deswegen hab ich mich auch dem alten Liebermann verweigert; weil er von mir nicht genug und nichts recht wesenhaft weiß.« Anders sei das bei Max Busyn und Anni Höfken-Hempel, da diese in seiner Gedankenwelt leben würden: »da ist Berührung« (Brief vom 22. März 1932, LBI/JMB: II, 7, 7).

12 Porträts in Verbindung mit Artikeln, die anläßlich von Brunners siebzigstem Geburtstag in der Presse erschienen: Kurt-Harald Isensteins Zeichnung (s. Brief 124/7; s. Abb. 48), eine Fotografie von Annie Höfken-Hempels Porträtbüste (in: Zeitbilder, Beilage der Vossischen Zeitung 22, Nr. 35 (28. August 1932), S. 2), eine Zeichnung von Max Busyn (Brunner beim Vorlesen, in: Die Weltkunst 6, Nr. 35 (28. August 1932), S. 3; s. Abb. 43) sowie eine Fotografie (ähnlich Abb. 46), die in mehreren Zeitungen übernommen wurde (z.B. in: Der Wiener Tag, Nr. 3329 (25. August 1932), S. 12).

13 Willy Aron arbeitete an einer Brunner-Bibliographie.

Abb. 49: Constantin Brunner, Ölgemälde von Max Busyn, 1932

173. An Selma van Leeuwen, 12. November 1932

Dein Brief, Teuerste, zeigt mir dich wieder im Gleichgewicht,[1] – ja Frühling, Sommer, Herbst und Winter, das gehört uns, und wir gehören ihnen. Wer bei dem einen ans andre denken kann, ist ein Weiser.

Wohl solltest du deine Eindrücke ausdrücken. Bin ich nicht dein Leser?

Daß du mit so viel Anteil dies und das hörtest und lasest, freut mich.[2] Ein Fritz Künkel ist hier unbekannt und ungenannt ... Ich selbst gehe nirgendwohin, nur war ich vorgestern Abend, trotz Unpäßlichkeit, im Konzert des Yehudi Menuhin.[3] Wir haben so ausgezeichnete Geiger: Hubermann, Busch, Kreisler, Yecchey.[4] Aber in diesen Knaben Yehudi ist die Seele der Geige gefahren. Grade für mich, dem von Kindheit auf die Geige so viel bedeutet, ist da ein rechtes Wunder. *Dieses* Spiel ist mit keinem andern vergleichbar: der reproduzierende Künstler wird, was doch eigentlich seinem Wesen zu widersprechen scheint, richtig mit schöpferisch, bekommt teil am Genie. Das ist denn freilich ein Gipfel für eine Kunst, deren Produktion erst Leben gewinnen kann durch den Reproduzierenden. Dabei war das Programm schlimm, größtenteils auf ein gewöhnliches

1 Selma van Leeuwen hatte geschrieben: »Musik, Vorträge und Kunst sprechen wieder zu mir und alles scheint neu vor meinen Augen zu erstehen. Als ob ich qualvoll geträumt hätte und zu neuem Leben erwacht wäre, so ist es mir. Oft meine ich, genauestens müsste ich's aufschreiben, all dies Erleben, denn es ist schon, wenn auch Gewöhnliches, mir Ungewöhnliches, was da in mir vorsichgeht. Dann wieder denke ich – soll man's beachten?« (Brief vom 11. November 1932, LBI/JMB: II, 7, 7).

2 Selma van Leeuwen berichtet von einem Vortrag des polulären Schriftstellers Jakob Wassermann (1873-1934). Deutsche Schriftsteller würden in den Niederlanden geschätzt, zum Beispiel Fritz Künkel (1889-1956), der religiös orientierte Individualpsychologe aus dem Kreis um Alfred Adler, allen voran aber Goethe. Emil Ludwig (1881-1948), der vor allem als Verfasser von Romanbiografien berühmter Persönlichkeiten bekannt wurde, werde kritischer beurteilt (»seine Maske ist zu durchsichtig«).

3 Yehudi Menuhin (1916-1999), einer der größten Geigenvirtuosen des 20. Jahrhunderts, später auch Dirigent, galt als Wunderkind. 1925 gab er sein erstes Solokonzert, berühmt wurde er mit einem Konzert mit den Berliner Philharmonikern unter Bruno Walter am 12. April 1929. Brunner, der selber das Instrument erlernt hatte, begeisterte sich außerordentlich für Menuhins Geigenspiel. Menuhin kam später über Magdalena Kasch, die er sehr schätzte, mit den Schriften Brunners in Kontakt. Besonders Brunners »Christus«-Buch faszinierte ihn; die 1958 publizierte Neuauflage finanzierte er. Menuhin trat auch den Brunner-Stiftungen in Den Haag und Hamburg bei. Über die Bedeutung von Brunners Denken für sein Weltbild hat er vielfach berichtet, z.B. in seiner Rede »Was ist Friede« anlässlich der Verleihung des Friedenspreises des deutschen Buchhandels (in: Ansprachen anläßlich der Verleihung des Friedenspreises des Deutschen Buchhandels, hrsg. vom Börsenverein des Deutschen Buchhandels: Frankfurt a.M: Verlag der Buchhändler-Vereinigung 1979, S. 31-45).

4 Bronisław Huberman (1882-1947), Adolf Busch (1891-1952), Fritz Kreisler (1875-1962). Ein Geiger Yecchy konnte nicht nachgewiesen werden.

Konzertpublikum gestimmt; aber man hörte doch immer das Wunderherz der Geige und mir war ein Entzücken zu sehen, wie dieser Junge umgeht mit seiner Geige, wie er den Bogen *auflegt,* wie er streicht in unendlichfachen Modifikationen, wie er greift und vibriert, wie er die Doppeltöne nimmt, jedesmal klingts wie von zwei Geigen, und welche Wege, wie gar keine, in die Lagen, und alles! – wie er zum Schönsten strahlt als süßer Junge, so wärmt er auch mit seinem frommen Herzen. Mir war seltsam (in Bemerkungen von der zärtlichen Familie auf dem Programm), von ihm als von einem Jungen und von seiner weiteren Ausbildung lesen zu müssen. Er steht völlig über aller technischen Bewältigung. Zum Schluß gab er Paganinis Moto perpetuo,[5] und ich halte für undenkbar, daß Paganini es freier und unabhängiger von den Darstellungsmitteln sollte gegeben haben. Überhaupt erreicht er unbegreifliche Leichtigkeiten, wie schwebende weiße Wölkchen.

Nun genug; vielleicht hörst du mal. Aber den ganzen Herzensernst hörst du auch schon z.B. aus seinem Händel'schen Te Deum auf der Grammophonplatte.[6] Man muß dem Grammophon sehr gut sein.

Sei mir auch gut, du.

B.

174. An Borromäus Herrligkoffer, 5. März 1933

Mein lieber Borro, hab Dank für deinen Brief und für das Buch von Heyer; das ich gerade meinerseits *dir* hatte empfehlen wollen.[1] Praktisch kommt aus diesem Buch nicht viel heraus für eine Praxis, der ja nicht leicht Handhaben zu geben sind; aber wohltuend ist zu sehen, daß einer sich auf der Ebene der rechten prinzipiellen Erleuchtung frei bewegt, und das tut der Verfasser.

5 Niccolò Paganini (1782-1840), Moto perpetuo (1820 komponiert).

6 Vermutlich eine Aufnahme des am 12. Februar 1929 aufgezeichneten Konzertes des Dettinger »Te Deums« von Georg Friedrich Händel (aus dem Jahre 1743) in der Bearbeitung für Violine und Klavier von Carl Flesch und mit Louis Persinger am Klavier und Yehudi Menuhin an der Geige.

1 Vermutlich handelt es sich um: Karl Heyer, Das Schicksal des deutschen Volkes und seine Not. Gibt es einen Ausweg?, Stuttgart: Ernst Surkamp 1932. Der Jurist, Vortragsredner und Publizist Heyer (1888-1964) war Mitglied der Anthroposophischen Gesellschaft. In seinem Buch untersucht er die geschichtlichen Ursachen, die zum Ersten Weltkrieg und zur Wirtschaftskrise geführt haben. In den Niederlagen, die »der deutsche Geist« habe erleiden müssen, sah er die eigentliche tiefere Ursache für alle weiteren Katastrophen und auch für die Erfolge des Nationalsozialismus.

Ich schreibe dir jetzt, mittags, am wieder mal Wahltage. Wir finden uns mitten in *der* Revolution, die wohl die schrecklichste für unser geliebtes, politisch ach so unreifes Volk und doch keine Revolution ist noch werden kann; denn daß die Hälfte des Volkes hoch komme und die andre Hälfte nach unten bringe – solch eine noch nicht dagewesene Revolution wird auch bei uns nicht dasein, nicht dableiben. Aber wüster Tumult in der Finsternis und ein segenloser Kampf wie im Reich der Lüge ist da. Wir müssen – nun, wir wissen, was.[2]

Sei gegrüßt vom Herzen deines Freundes.

2 Die Reichstagswahlen am 31. Juli und am 6. November 1932 brachten keine klaren Mehrheiten. Hitler wurde zwar schließlich am 30. Januar 1933 zum Reichskanzler ernannt, löste den Reichstag jedoch auf, so dass Neuwahlen erforderlich wurden. Trotz massiver Propaganda und bisher ungeahntem Terror während des Wahlkampfes, verfehlte die NSDAP mit 43,9 Prozent der Stimmen erneut die absolute Mehrheit, konnte aber eine Koalition mit der Kampffront Schwarz-Weiß-Rot bilden. In der Folge wurde auf der Basis von Notverordnungen die Spitze der Kommunistischen Partei verhaftet und die SPD verboten. Am 13. März wurde das »Ministerium für Volksaufklärung und Propaganda« unter der Leitung von Joseph Goebbels errichtet, am 20. März das erste Konzentrationslager in Dachau eingerichtet. Am 23. März wurde das Ermächtigungsgesetz verabschiedet, mit dem der Reichstag auf seine Gesetzgebungskompetenz verzichtete. – Brunner entschloss sich, Deutschland zu verlassen. Am 1. April emigrierte er in die Niederlande. Während des Frühjahrs schrieb er an einem Aufsatz, der nicht mehr veröffentlicht werden konnte und in dem er die politische Wende in Deutschland reflektierte: »Am 6. März (am Tage nach der Reichstagswahl) fühlte ichs: Jetzt bin ich gebissen. Schnellstens wurde alles deutlicher. Die Furcht vor dem Bürgerkrieg – o wie schlecht hatten wir verstanden zu fürchten! Zu fürchten das wirklich Furchtbarste! Zum Bürgerkrieg konnte es nicht kommen; so viel Gesundheit gab es nicht mehr im Vaterland. Bürgerkrieg ist zwischen den Parteien. Nun aber gab es nur noch Nationalsozialismus; der keine Partei ist, sondern? [...] Gegen das Cultum schoß heran der alte scheußliche Drache, Aberglaube und demagogische Reklame sind seine ungeheuren Schwungfedern, und hat sich die Maske des Patriotismus vorgetan. Das Cultum unsres Staates verfügte nicht mehr über Parteien, Widerstand zu tun; die Parteien waren bequeme Beutestücke. Wir fanden uns ausgeliefert einer ›Revolution‹, wie sie die Geschichte bisher nicht gekannt hat. Alle Revolution, welche diesen Namen verdient, ging, mit Zerschlagung unerträglich gewordener Zustände, auf Erringung von Menschenrechten und brachte eine Partei an die Regierung: diese, schlechtverdientermaßen Revolution genannte Bewegung brachte, unter Ausnützung einer schweren sozialen Krise, das Natum an die Regierung, das nun erst wieder sich abzukühlen hat, Regierung eines neuen Cultum zu werden. Ganz von vorn an, aus der Wildheit heraus, nach Widerruf der programmatischen Vernichtung von Menschenrechten und nach Niederkämpfung der hochmütigen Frechheit, des Hasses und der Hinterlist des Hasses.« (Am 6. März, in: Vermächtnis, S. 49f.).

175. An Willy Aron, 10. April 1933

Mein sehr lieber Willy Aron,

mir wird von Hause geschrieben, daß Sie (auch zugleich im Namen Anderer) mich nach New York hinüberschaffen wollen.[1] Ich bin davon sehr gerührt, und mein Dank bleibt, obgleich ich zur Zeit nicht danach tun kann.

Ich bin hier in Rotterdam und muß versuchen, im Haag ein Unterkommen zu finden für mich und die Meinen.

Das ist in meinen Jahren, zumal auch körperliche Leiden mir beschieden sind und der Schlag mich auch ökonomisch getroffen hat, eine harte Sache. Sie will aber gelebt sein, und wir müssen nun erfahren, was wir an uns haben.

Nehmen Sie von Herzen meinen wahren Dank und sagen Sie ihn auch den Andern, die so mit Liebe meiner gedachten.

Gruß und Segen,

Brunner

176. An Leoni Brunner, Mitte April 1933

Für den Fall, daß man dort dich fragt, wo ich sei – ich glaube *nicht*, daß man dich fragt –, so antworte Wahrheit gemäß, daß ich, wegen Besprechung unsrer Angelegenheit hier in R. sei, du mich aber jeden Tag zurückerwartest zur Ordnung vieler Dinge in Berlin, daß ich aber krank sei, daher Alles mit mir ungewiß, und du eben zur Besprechung nach R. fahren müßtest.[1]

Schreiben kann ich hier nicht einen Satz weder theoretisch noch praktisch. Und dir denn auch nur das Selbstverständliche: Vom Liebhaben.

1 Willy Aron lebte seit 1927 in New York. Eine Übersiedlung Brunners wurde auch von dem New Yorker Brunnerkreis um Walter Bernard unterstützt.

1 Brunner war mit seiner Stieftochter Lotte zu Selma van Leeuwen nach Rotterdam gefahren, um die Emigration der Familie in die Niederlande vorzubereiten (s. Abb. 50). Leoni Brunner blieb, zumal sie neue Ausweispapiere benötigte, noch in Berlin.

177. An Walter Bernard,[1] 20. April 1933

Mein sehr lieber Walter Bernard,

solch eine Güte, Bereitschaft und Schnelligkeit, alles aus sich selbst wirkend, überwältigt mich fast.[2] Genug, daß ich dies hin geschrieben habe, – ich kann sonst kein Wort hin kriegen. Ich bin wie aus mir selbst getrieben, und an meinem Ort hausen Gespenster; zwei Monate werde ich gebrauchen, um wieder aufzukommen so weit, ich weiß noch nicht, wie weit …

Du Lieber, den mein Herz grüßt.

B.

178. An Margarete Bittlinger, April 1933

Du sehr liebe Grete,

nun kommt der Hauptbrief in Betreff unsrer gegenwärtigen Lage,[1] der eine Zumutung enthält, wie man sie eigentlich keinem Freunde jemals dürfte zumuten und wovon die opfervolle Tätigkeit unmöglich von Leoni und dir zusammen geleistet werden kann. Wir müssen noch einen Dritten hinzunehmen. Wolfgang Gereke hat sich in schöner Art zum Mittun erboten; ich nehme an. Ihr Drei müßt machen. Die Sache ist aber obendrein derart brenzlich schwer zu beschreiben und in den Einzelheiten zu präzisieren, daß ich sie lieber Punkt für Punkt Lotte diktiere, damit sie mich unterstützt und erinnert. Und nun also los:

1 Walter Bernard (eigentlich Bernhard Goldschläger, 1902-1981) (s. Abb. 53) wuchs in der Bukowina auf, war Mitschüler von Leo Sonntag und Genia Grünberg und auch Mitglied in der jüdischen Jugendorganisation Hashomer Hatzair. 1920 emigrierte er in die USA, wo er als High School-Lehrer arbeitete, 1933 mit einer Arbeit über Brunner und Spinoza promoviert wurde (The philosophy of Spinoza and Brunner, published by The Spinoza Institute of America, New York 1934), ein Psychologiestudium anschloss und 1948 in New York Professor für Psychologie wurde. 1923 begann Bernard mit Brunner zu korrespondieren, 1929 besuchte er ihn in Potsdam, 1934 noch einmal in Den Haag. Nach dem Krieg engagierte sich Bernard im Internationaal Constantin Brunner Instituut und war Mitbegründer der Constantin Brunner-Stiftung in Hamburg. Er publizierte eine Reihe von Arbeiten aus dem Umfeld Spinoza, Brunner, Psychologie (siehe vor allem: Philosophia sive Ethica. Interne Zeitschrift. Gedenkschrift: Walter Bernard (1902-1981), hrsg. vom Internationaal Constantin Brunner Instituut, [Den Haag] Februar 1982; Walter Bernard, Spinozas Bedeutung für die moderne Psychologie, hrsg. von Jürgen Stenzel und Georg Schmidt, Essen: Die Blaue Eule 1995).

2 Bernard begann Brunner sofort nach seiner Emigration finanziell zu unterstützen.

1 Brunner hatte eine Wohnung in der Batjanstraat 16 in Den Haag gemietet (s. Abb. 51). Margarete Bittlinger war Leoni Brunner in Berlin beim Umzug behilflich.

Abb. 50: Constantin Brunner (die Presse abwehrend) bei Selma van Leeuwen in Rotterdam, 1933

Erstens: Es sind Erkundigungen einzuziehen bei mindestens zwei großen Speditionsfirmen, z.B. *Knaur* in Berlin, über den Umzugstransport unsrer Sachen. Wobei, wenn Leute von diesen Firmen zur Besichtigung und Abschätzung kommen, ihnen ausdrücklichst zu sagen ist, daß nur: *beinahe* alle Möbel, von den Büchern aber vielleicht nur ein Viertel oder ein Fünftel höchstens mitsoll, dementsprechende Beschränkung auch bei den Regalen. Es ist dies sehr wichtig, und auch: anzugeben, wenn, wie zu erwarten steht, in den allernächsten Tagen ein Mann von einer *holländischen* Speditionsfirma besuchen sollte. Denn es handelt sich darum, ob wir eines großen oder eines kleinen Wagens bedürfen. Je nachdem sind die Kosten kleiner oder größer, und in Bezug auf die Kosten finden wir uns in einer katastrophalen Lage. Wir nehmen den billigsten. Wobei aber die Hauptbedingung unabdingbar: *daß nicht unterwegs umgeladen werden darf*. Einbegriffen im Preis muß sein Einpacken u. Auspacken u. selbstverständlich Lieferung der Kisten.

Zweitens: In größter Exaktheit müssen sämtliche Schlüssel – darauf müßt Ihr alle Drei immer neu und wieder achten – ein jeder versehen mit der Bezeichnung für seine Dienststelle, aneinandergebunden zum Schluß dem verantwortlichen Umzugsleiter ausgeliefert werden. Wenn das nicht geschieht, setzen wir uns uferlosen Schwierigkeiten aus, denn die Schlüssel müssen unterwegs zu ev. Kontrolle (Zoll) zur Hand sein. Nur für den Fall, daß der verantwortl. Umzugsleiter es anders verlangt und anders bestimmt, ist von diesem Punkt abzuweichen.

Drittens: In den beiden Sekretären, deren einer bei mir im Arbeitszimmer und davon der andere im Balkonzimmer steht, befinden sich unter allerlei Skripturen sehr viele Briefe, alte Briefe aus früheren Jahrzehnten. Die Sekretäre sind jahrelang nicht geöffnet worden. Ihr müßt dies dem verantwortl. Umzugsleiter – immer nur wirklich diesem! – sagen u. ihn fragen, ob man diese Sekretäre mit diesem Inhalt verschlossen schicken kann. Für den Fall, daß Bedenken bestehen, muß ich leider bitten, daß Ihr die Sekretäre öffnet u. diese Briefe – Ihr versprecht mir das: ungelesen! – ganz klein zerreißt u. sie irgendwo hin schafft zur Verbrennung u. Vernichtung. Sie tragen rein privaten Charakter, aber ich möchte nicht, daß sie aus dem persönlichen Raum kommen, für den sie gedacht waren. Die Skripturen und die Zettel in den Sekretären sind natürlich nicht zu zerreißen, sondern wieder hineinzutun und mitzuschicken. Ausgenommen vom Zerrissenwerden möchte ich wissen die an der Handschrift ja leicht kenntlichen Briefe Lottes aus Italien.

Viertens: Ebenfalls dem Gesetz des Zerrissenwerdens sollen verfallen die sämtlichen Briefschaften, die sich anderswo in der Wohnung noch finden; a) in dem untersten Fach links des Regales mit den Sphinxvorhängen, b) in einer größeren Handtasche, soviel ich weiß unter meinem Bett befindlich, c) in einer Kiste, die auf dem Boden steht oder wo sonst immer noch Briefe sich finden. Unter Aussonderung der Skripturen u. Zettelbemerkungen (diese letzteren liegen z.T. in Pappkästen; in manchen Kästen liegen nur wenige Zettel; sie können alle durcheinander in die Pappkästen gefüllt werden so, daß nicht überflüssig viele Pappkästen geschickt werden) – sind sämtliche Briefschaften ungelesen klein zu reißen u. in eine große Kiste zu tun, die mit Paketfahrt zur Verbrennung an die Adresse von Grete geschickt werden sollen. In Betreff aber der Briefe, die sich in Lottes Zimmer befinden, gilt nichts von dem Gesagten, sondern sie gehen – selbstverständlich unter Diskretion – mit Lottes Sachen auf die Umzugsreise. Desgleichen kann und wird natürlich auch Leoni über ihre Briefe verfügen, wie sie will.

Fünftens: Der Sekretär in meinem Arbeitszimmer steht in beklagenswertem Zustande mit herausgezogener u. so ohne weiteres nicht wieder einbringbarer Schreibplatte. Von diesem Sekretär ist der obere Teil abhebbar, (leicht abhebbar, wenn etwa Frau Höper u. noch einer – z.B. Wolfgang – anfassen). Nachdem der obere Teil abgehoben ist, wird sich zeigen, daß das Hindernis entstanden ist durch eingeklemmte Schachfiguren, u. ebenso leicht ist dann natürlich das Hindernis zu beseitigen.

Sechstens: Fragt bitte den Speditionsleiter, ob wir auch etwas Wein mitschicken können? Ich habe ja allerhöchstens noch 40 Flaschen etwa. Würden die Zoll kosten u. wieviel? – Ebenso wegen Zigarren? Doch wird die Frage kaum nötig sein; denn mir fällt eben ein: Ihr könnt bitte Grünfeld[2] telephonieren, ob er so gut sein will, bei seiner Herkunft einige von meinen Zigarren für mich mitzunehmen (ich höre, es dürfen bis 50 sein – auch sind einige davon holländische in holl. Verpackung). Gebt ihm bitte etwa 30-40 mit der einen größeren Kiste, worin etwas größere, nach unten hin abgedickte Zigarren liegen, u. legt etwa Holländerkistchen hinein. Mutter weiß ja, wo im Korridorschrank die Zigarren stehn. Den Rest der Zigarren kann dann Blankenfeld mitbringen, wenn der herkommt.[3] Mit den Umzugssachen laßt bitte auf jeden Fall mitkommen eine leere Kiste (ich glaube mit holl. Aufschrift), worin eine Vorrichtung angebracht ist zum Aufstellen von Zigarren, so daß jede für sich steht u. leicht herausgenommen werden kann.

Siebentens: Über Auswahl der mitzuschickenden Bücher und Bilder schreiben wir, sobald wir im Besitz des Zettelkataloges (in dem von uns erwarteten Paket) sind.

2 Emil Grünfeld lebte zu dieser Zeit noch in Berlin. Er hielt Brunners Emigration offenbar für verfrüht, wanderte aber 1934 selber in die Niederlande aus.

3 Fritz Blankenfeld, der noch bis 1940 in Berlin lebte, besuchte Brunner Anfang Mai in Rotterdam.

Achtens: Balkon- u. Dielenmöbel wären auch in unsrer neuen Wohnung verwertbar; macht ihr Transport aber den größeren Wagen erforderlich, dann sie zurücklassen.

Neuntens: Einige von unsern Wandbrettern könnten nützlich sein.

Zehntens: Sämtliche Gardinen u. Vorhänge sowie *sämtl.* elektr. Apparate sind hier brauchbar u. erforderlich.

Elftens: Ja u. ja das grüne Bett (mit Kommode u. Waschtisch) u. sämtliche Betten mitschicken! Ist *noch* eine Bettstelle vorhanden, so auch die.

Zwölftens: Größte Vorsicht natürlich beim Einpacken der Grammophonplatten!

Dreizehntens: Vorsicht mit der kleinen gemalten Truhe (auf dem grünen Schränkchen) in Lottes Zimmer; die Malerei platzt leicht ab.

Vierzehntens: Nicht vergessen, Vaters kleinen neuen Kleiderschrank mit den Brettern, der jetzt im Mädchenzimmer steht!

Fünfzehntens: Vorsicht mit Lottes rotem Eckschrank, der sehr baufällig!

Sechzehntens: Nicht vergessen die Geräte, die in *beiden* Bratöfen des Herdes liegen, *sofort* herauszunehmen; sonst wird es vergessen.

Zum Schluß noch ein Punkt von Wichtigkeit für Besprechung mit Umzugmann: wenn irgend möglich, die Sachen als *Rückfahrtsendung* nach Holland schicken; da dies bedeutend billiger. Und auf die Billigkeit müssen wir in der Katastrophe die größte Rücksicht nehmen.[4]

179. An Borromäus Herrligkoffer, 15. Mai 1933

Du liebster Borro,

Das war schön mit deinem Herkommen und hat mir gut getan.[1] Aber es bleibt doch natürlich der dunkle Grund; und auch der Aufbau, den ich versuche, ist katastrophal, zumal ich ihn wirtschaftlich nicht wohl leisten kann. Abgesehen von allem Allgemeinen, das mir so wuchtend auf dem Herzen liegt, – der Krieg und sein dickes Ende nach, hat mir die wirtschaftliche Selbständigkeit genommen! Sei du so gut und schicke das, wovon wir sprachen,[2] an Grete Bittlinger;[3] ich werde sie benachrichtigen, auf welchen Wegen es hierher gelangen kann.

4 Am 20. Mai 1933 traf der Umzugswagen in Den Haag ein.

1 Herrligkoffer hatte Brunner Anfang Mai in Rotterdam besucht.

2 Wahrscheinlich wollte Herrligkoffer Brunner Geld leihen, wie er es auch schon früher getan hatte.

3 Margarete Bittlinger.

Die Bücher gehen an dich.[4] Es ist mir unendlich lieb, sie in deinen und später in Siegfrieds[5] Händen zu wissen. Das ist schon, zumal wenn später der hierher gehende Teil wieder dazu stößt, eine organisch einheitliche Bibliothek von einem Leben, mit dem und aus dem ich gelebt habe.

Gruß mit dem Herzen und schreib mir jetzt öfter als früher, wenn auch noch so kurz. Vergiß auch nicht, über die Eindrücke bei deinem Unterwegs-Besuch zu schreiben!

B.

180. An Selma van Leeuwen, Ende Mai 1933

Dank für deine Wünsche, Teuerste. Ich habe ja für mein Leben nie Ansprüche gekannt, und kenne sie jetzt weniger als jemals. Mehr als jemals fühle ich die Notwendigkeit des zurückgezogenen Lebens und der Liebe, zu geben und zu empfangen. Ich möchte ganz aus jeder Öffentlichkeit untertauchen. Daher litt ich auch nicht (wie man wollte, als ich hierher nach Holland ging), daß mans in hiesige Zeitungen brachte. Das mag für andere passen und auch recht sein. Für mich paßt Stille und Friede. Der Streit der Menschen hat mich ins Exil gebracht – von den Griechen wurde das Exil dem Todesurteil gleichgesetzt. So ähnlich empfinde ich es auch, kann aber Ja dazu sagen. Um so viel leichter, als Liebe mich umgibt, die mir zuläßt, das innerlich und äußerlich Schwere, einiges Krank-, das halbe Blind- und bald wohl auch das ganze Blindsein zu tragen. Und alles Übrige läßt sich tragen, wenn nur der Streit mir draußen bleibt, der scheusälige Menschenstreit; und dann kann ich vielleicht auch noch tun an meinem Werk für die Zukunft, das für mich selber, was die Allgemeinheit betrifft, in eine so ungünstige Gegenwart fiel, doch aber auch so viel Liebe mir erweckt hat. Es ist unsagbar schön, wie meine Jünger und Anhänger sie mir bezeigen und wie mir gestattet ist, mit meinem alten Wort und mit neuem Rat ihrem Leben eine Hülfe zu sein.

Über allen Ausdruck des Dankes wird mir immer bleiben, daß du und die Deinen – jeder mit dem wunderbarsten Willen und Tun – so lange Zeit einen so schwierigen, gar nichts hergebenden Gast beherbergen konnten.[1]

4 Brunner nahm nur relativ wenige seiner Bücher mit nach Den Haag. Fast die gesamte, etwa 5.000 Bände umfassende Bibliothek ging an Herrligkoffer nach Ichenhausen, wo sie offenbar während des Zweiten Weltkrieges verloren ging.

5 Borromäus Herrligkoffers Sohn.

1 Brunner wohnte vom 1. April bis 20. Mai 1933 bei Selma van Leeuwen in Rotterdam (s. Abb. 50).

Glaub mir, Verehrteste ich weiß, was das heißt; weiß es mit einem Herzen, das kein Vergessen kennt. Ich bitte dich, das Sal[2] und den Kindern[3] zum Ausdruck zu bringen.

Mögt ihr uns besuchen, dann laß mich bitte wissen, wann? Uns ist jeder Tag und jede Zeit recht, ihr könnt bestimmen; laß michs nur vorher wissen.

Mit dem alten, auch immer noch neuen Herzen, Selma, schreibe ich dir meinen Gruß und meinen Segen.

181. An Ernst Ludwig Pinner, 11. Juni 1933

Mein teurer Ernst Ludwig, ich habe zwei schöne Briefe von dir zu Herzen genommen. Antworten – schreiben ging nicht, geht nicht. Ich kann nicht einmal lesen und noch keine Musik hören, auch Bach nicht. Nur eben äußerlich den Befehlen des elementar Animalischen nachkommen; das allein mich noch abhält, in mein Traumdenken zu versinken, aus dem natürlich die Gedankenprinzipien, als die Formen und das Schöpferische des Daseins, mir immer vor den innerlichen Augen stehen. Ursache davon wohl nicht allein unser doppeltes Unglück – Deutschland und Judenheit – und die Maße der mir auferlegten Seelenleiden und Lebenssorgen, sondern auch die zunehmende Verdunkelung dieser, jetzt so schlimm bewohnbaren, Welt schleiert mir das Bewußtsein ein. Doch denke ich wohl, daß Gewöhnung an das Ersatzleben kommen wird, in dem mir ja die Liebe meiner Geliebten hier und all der geliebten Seelen draußen so köstlich ist und bleiben wird, und ja nicht darfst du keinen Augenblick denken, daß die Festigkeit und Gewißheit und die Hoffnung meines ewigen und geschichtlichen Bewußtseins im Geringsten Schaden genommen hat und ich darin schwach und siech geworden sei. Das glaub du nicht von mir, und das laß, du lieber Mensch du, auch dir nicht widerfahren.

Und damit genug, und vergiß nicht, wie lieb und wert mir immer ist, von dir zu hören.

Segen der lieben Frida und den Kindern![1]

B.

2 Salomon van Leeuwen.

3 Die Tochter Rita und der Sohn Sigurd.

1 Pinners Ehefrau Frieda und ihre Kinder Hananja und Stephan.

Abb. 51: Constantin Brunners Arbeitszimmer in der Batjanstraat in Den Haag, ca. 1933

182. An Harry Behnsch, 26. Juni 1933

Nein, mein Lieber, das ist mir nicht »Belästigung von wildfremden Menschen«; und sollten *Sie* noch so wild sein, fremd wären Sie mir nicht, wenn Sie als Leidender kämen. Und nun gar mit diesem Leiden so vieler, an dem jeder leidet für sich selbst und für die vielen. So sind nun manche zu mir gekommen, auch gleich Ihnen im Namen anderer. Ich antworte Ihnen und von Herzen: machen Sie Ihren anderen meine Antwort zugänglich.

Sie schreiben davon, daß Sie auf dem Boden meiner Bücher »Von den Pflichten« und des »Höre Israel« stehen und fragen nun: Was ist heute, nach dem Geschehen dieses Jahres,[1] die Pflicht der Juden? Und weiter: Ist nicht heute der Tag gekommen, wo der einsame Philosoph heraustreten und alle die zur Sammlung und zum Aufbau rufen muß, die guten Willens sind und frei geworden von dem Starrsinn, der die Juden gehindert hat, richtige Menschen, d.h. wirklich Glieder ihrer Volksgemeinschaften, der Deutschen, der Engländer, der Franzosen usw. zu werden?

Antwort: der einsame Philosoph ist ja längst herausgetreten, und die Pflichten der Juden sind heute, nach dem Geschehen dieses Jahres in unsrem deutschen Volk und Vaterlande, genau die gleichen wie vorher. Ob auch ihre Erfüllung in Deutschland für eine Zeit den deutschen Juden – aber auch gerade nur den deutschen Juden – von außen her besonders erschwert scheint; was sie aber auch diese schlimmste Zeit lang nicht hindern darf zu erfüllen, so weit sie erfüllen können.

Worauf dabei ankommt, davon habe ich ausführlich und deutlich gesprochen. Wiederholen Sie es in Ihrem Kreise vor denen, auf welche Hoffnung gesetzt werden kann, und wappnen Sie sich mit dreifachem Geduldpanzer. Das ist ja geblieben und wird bleiben: Wenn die Wahrheit wieder mal einen Mund gewann, dann hat die Welt wieder keine Ohren; ihre Einwände, Vorschläge und Forderungen sind von derartiger Beschaffenheit, daß z.B. Fichte sich gefragt hat, ob es denn überhaupt der Mühe wert sei, mit dem Publikum zu reden.[2] So habe ich niemals gefragt, der ich nicht

1 Die Machtergreifung Hitlers und die beginnende Verfolgung der Juden in Deutschland.

2 Johann Gottlieb Fichte, Die Anweisung zum seligen Leben oder auch die Religionslehre, Berlin: Verlag der Realschulbuchhandlung 1806, Vorrede: »Denn ich, für meine Person, bin durch den Anblick der unendlichen Verwirrungen, welche jede kräftigere Anstrengung nach sich zieht, auch des Dankes, der jedem, der das Rechte will, unausbleiblich zu Theile wird, an dem größern Publikum also irre geworden, daß ich […] nicht mehr weiß, wie man mit diesem Publikum reden solle, noch, ob es überhaupt der Mühe wert sey, daß man durch die Druckerpresse mit ihm rede.«

nur über die Judensache schrieb, sondern auch die Lehre von den Geistigen und vom Volk als mein erstes und mein letztes Wort; worauf bei mir alles gestellt sich findet, wahrlich auch die Judensache. Aber so wenig ich die Geduld verliere noch auch jemals nur mich wundre: es bleibt doch das aussichtslose Fragen für alle die Frager, denen man doch auch so gern antworten möchte. Daß Sie hauptsächlich mit solchen zu tun haben, weiß ich; deswegen sollen Sie hören, daß ich mit solchen ebenfalls zu tun habe. Von den allerverschiedensten Seiten ist an mich die Aufforderung ergangen, jetzt etwas zu *tun; denn auf das Tun käme es doch an.* Viele von diesen Aufforderern haben gelesen, was auch Sie gelesen haben; der und jener wirklich erfaßt und bewegt davon. Und kommt nun doch schreien wie einer, der sein Vermögen verloren hat, aber er will partout nichts andres hören als einzig und allein, auf welche Art er es auf der Stelle wieder gewinnen kann; denn darauf kommt es doch an. Ich habe, ein so ehrlicher wie gründlicher Arbeiter, gezeigt, daß und wodurch die Juden ihr Vermögen, ihr Recht und ihre Freiheit verloren haben und welch *eine lange geschichtliche Sache* die Wiedergewinnung sei; welche Arbeit von ihnen geleistet werden müsse als Preis dafür, daß sie wieder eintreten können als »richtige Menschen« in die Menschengesellschaft. Denn keine Menschen[ge]sellschaft duldet »die Andern«; die sind ihr immer und überall die unrichtigen und bösen, und vor allem: sie sind die ohnmächtig rechtlosen. Wer uns jetzt so mit dem augenblicklich helfen sollenden Tun kommt, der hat wirklich noch nicht die Anfangsgründe vom A B C der hier zu denkenden geschichtlichen Gedanken gelernt und ist wirrer im Kopf als der Zionist.

Schelten Sie nicht den armen C V,[3] so wenig er Halt gibt mit seiner Haltlosigkeit, die jetzt unter den neuen Verhältnissen die letzte Stütze (an der Regierung) verloren hat, – helfen kann er gewiß nicht. Daß er das könnte und würde, hab ich niemals behauptet; von *diesem* C V nicht, so sehr ich sein redliches Bemühen anerkennen mußte. Ich komme, ich kam auf dieses, nicht nur von Ihnen gesagte Mißverständnis in meinem, längst fertig vorliegenden letzten Werk, von dem ich aber bei der jetzigen Sachlage nicht sagen kann, wann es herauskommen wird.[4] Halten Sie sich inzwischen an das, was draußen ist. Es gibt heute für keinen von dem Judenunglück Geschlagenen andre Beschwichtigung und Entlastung, als daß er sich und, so viel er vermag auch seinen Kreis erhebe in das Allgemeine des Denkens und der geschichtlichen Gedanken.

3 Central-Verein deutscher Staatsbürger jüdischen Glaubens.

4 »Der entlarvte Mensch« (s. Brief 169/7), mit wichtigen Ergänzungen zu Brunners Gesellschaftslehre und Staatsphilosophie, konnte erst postum erscheinen.

Der so schreibt, ist kein kaltes Herz, sondern nur, daß er Ihre Not nicht betrügt, auch nicht mit Luftspiegelungen, an die er selber glaubt. Verstehen Sie recht, dann werden Sie gleich vielen, die wirklich mit mir denken, mehr haben als den Trost, mit dem jetzt die Juden trösten wollen, und werden sich aus dem Jammer wieder aufrichten und mitarbeiten an der Zukunft. Sie kennen dann und fangen an zu bezahlen den Preis, den die Emanzipation verlangt: die Selbstemanzipation. (Ich habe genauestens gesagt, was darunter zu verstehen ist, am kürzesten in meinem Aufsatz »Über die notwendige Selbstemanzipation der Juden« in den Preußischen Jahrbüchern[5]). Wer hier einsehen und arbeiten gelernt hat, der hat für diese Sache alles gelernt. Aber es läßt sich lernen nur, wie allein wahrhaft sich lernen läßt: unter Aufgabe des unbändigen Egoismus und mit wahrhaftiger Hingabe an die Sache. Der unbändige Egoismus, das ist hier die Überhebung und das alles besser Wissen auf Grund der bisherigen eignen Einsicht mit allen ihren Irrtümern, Verkehrtheiten und abergläubischen Phantasien, wovon die Welt seit je so voll gewesen, daß immer der wirklich an die Sache hingegebene Mann der Vernunft verboten zu sein schien.

Sie haben mich nicht belästigt – vielleicht konnte ich Sie erleichtern. Aber ich meine nun nicht: durch diesen Brief. Das kann der Brief nicht. Der ist nur Wegweiser auf den Weg, den Sie gehen müssen bis ans Ende. Ich schreibe Ihnen aus schwerer, auch mir persönlich besonders schwerer Zeit und grüße Sie von Herzen

Brunner

183. An Lothar Bickel, 2. Juli 1933

Du weißt im Grunde, daß ich auch von dir, meinem teuren Bickel, das nicht gefordert habe: immer nur im Zustande der Klarheit und Herrschaft zu erscheinen; wir alle sind fließende Gebirge, und unsre Gipfelpunkte erheben sich bald von hier bald von dorther … Ob du nun auch so selten mir schreiben wirst, wie früher du gekommen bist?[1] Du weißt, wie herz-

5 Siehe Brief 160/1.

1 Seit Oktober 1927 arbeitete Bickel als Assistenzarzt in Berlin und zeitweise in Prenzlau. Im April 1933 kehrte er nach Rumänien zurück. In einem späten Brief begründete er seine Zurückhaltung gegenüber Brunner mit beruflichen Aufgaben: »Geliebter Meister, verzeih mein so langes Stillschweigen. Es sind immer dieselben Gründe, immer dieselben Entschuldigungen. Mein Beruf ist oft so aufregend und gibt eine so reichliche Quelle für Sorgen und Ängste ab, daß ich wochenlang nicht meinem Wunsche, Dir zu schreiben, nachkommen kann.« (Brief vom 31. Dezember 1936, LBI/JMB: II, 1, 15).

lich mein Leben dir geöffnet steht und an deinem Leben beteiligt ist: in Berlin war mir dieser und der dein Biograph – das mußt du nun, nach der letzten Diaspora, selber sein. Es ist härter gekommen, als zu erwarten stand. Ich hatte die Macht der Absurdität in diesem Falle immer noch unter- und Deutschlands politische Fähigkeit immer noch überschätzt. Deutschland hat das nicht gewollt: es ist dazu gezwungen worden. Nachdem es sich aber hatte zwingen lassen, ist es auch mit seinem Willen dabei bei Absurdität und Frevel und wird eine ganze Zeit dabei bleiben; und auch, wenn es sich wieder frei macht, wird *die Eine Unfreiheit* nicht so bald wieder weichen. Ach, wenn es sich doch nur frei machte, um wieder einen *Staatsmann* für seine Außenpolitik zu erhalten, von der doch vor allem sein Leben abhängt: sein jetziger Leiter[2] hat sich bisher nur als das Gegenteil von einem *Schutzmann* für die Innenpolitik gezeigt und könnte als Außenpolitiker dem Leben Deutschlands gefährlich werden! … Wir müssen wieder einmal warten aufs Leben und wissen nicht, wie inzwischen leben! – Du, Lieber, bleibst davon so ziemlich wenigstens unberührt und kannst vielleicht zu deinem Privatleben den Grund legen. Davon schreib mir doch auch, ob das ist und wie; mir liegt das so am Herzen. Und schreib mir doch auch sonst das Größere und Kleinere; wir können jetzt weniger als sonst das Schreiben, diesen Lebens-Ersatz, entbehren, und wollen uns doch auf alle mögliche Art die Treue zeigen und sie nicht verstecken. Ich auch, dem das Schreiben jetzt besonders schwer fällt – es ist mir auch früher immer schwer gewesen –, will dir gern schreiben, was ich kann, oder schreiben lassen durch Lotte. Lotte und Leoni schreiben auch heute noch an dich. Und nun lies dir noch den innigsten Gruß und Segen von deinem immer noch ein Bißchen lebendigen und ganz Liebenden

B.

Mit meiner Gesundheit so ziemlich, die Sehbeschwerden gesteigert, doch zentral geht es noch und wird, nach der Meinung eines Augenarztes hier, auch noch längere Zeit weiter gehen. Der Haag ist wunderbar eine Stadt im Walde, also mit dem Wald in der Stadt, und eine Stadt an der See mit der See in der Luft – gleich der Ewigkeit in der Zeit. Wir sind auch mit dem Leben im Exil. Die Exile sind schön, aber Exile mit dem Gram und den Sorgen!

2 Adolf Hitler.

184. An Ernst Ludwig Pinner, Ende Juli 1933

Mein teurer Ernst Ludwig, ich kann dir nur von *mir* schreiben, daß ich persönlich unerschüttert stehe auch in der Gewißheit über die Folgesätze, von denen du sprichst, und daß gerade durch diese furchtbaren Ereignisse die Wende herbeigeführt wird. Wir dürfen nun nicht mehr unser Leben, wir müssen die Geschichte zum Maßstab nehmen, – auch um leben zu können selber. Die Energie so unvergleichlich? Je energischer sie sich verausgabt, um so schneller weckt sie die Gegenkräfte! Zunächst freilich, stehen politisch noch die fürchterlichsten Entladungen der Finsternis bevor, noch dauert das Unglück; wir müssens überdauern. Das ist das Wesen eines rechten Unglücks, ein rechtes Unglück zu sein, durch nichts abzuwenden noch zum Mildersein erbittbar. Da muß sich denn zeigen, daß wir auch etwas sind. So viel haben wir gelesen von Im Unglück fest bleiben – nun sollen wir das. Es ist möglich, daß noch 2, 3 Jahre das Unglück steht …

Ich arbeite, so viel mir möglich, und kanns nicht zeigen. Von Briefen hab ich da eine Abschrift, auf dich freilich paßt der Brief nicht; dennoch schicke ich die Abschrift. Vielleicht dient sie dir mit für den und jenen. Ich würde mich freuen, wenn du, zusammen mit Blankenfeld,[1] wenn ihr Leute sammeltet, einigermaßen fähig, Einsicht statt Trost zu nehmen. Darin läge auch für euch der stärkendste Trost – nächst dem, daß in diesen Zeiten ihr alle untereinander euch lieben müßt und in keinem Hause keinerlei Anlaß auch nur zu einem lauten Wort führen dürfte. Denn wir müßten sehr uns schämen, das selber im Hause und in uns zu haben, was von draußen her das Unglück uns gebracht hat, und wir wollen wenigstens besser werden.

Hoffentlich gehts mit dem Kleinen[2] schnell wieder in die Höhe, und grüß mir die liebe Frida.[3]

Herzlichst in allen Treuen

B.

1 Fritz Blankenfeld.
2 Stephan Pinner.
3 Frieda Pinner.

185. An Peter Magnussen, September 1933

Mein lieber, lieber Magnussen,

die guten Seelenworte kamen zu mir; aber *Sie* hab ich an diesem Geburtstage mehr noch entbehrt als an den vorigen.[1] In einer Art war dieser schöner als der vorige. Ich habe doch gesehen (und schon seitdem ich nicht mehr sein kann in dem, was nicht mehr ist), daß mir in dieser treulosen Zeit Freunde leben und wahrhaftige *Kinder*, gezeugt aus meinem Blut und Leben – es lebt vielleicht keiner, der das hat an mitlebender Liebe und Treue. Ja – wenn man sich noch schmerzlos freuen könnte!

Paulas[2] Geburtstag war auch hier; ein herzvoller Trunk zu unsren Wünschen. Ein Telegramm ging leider unter in unerwartetem Besuch – ich habe viel Besuch hier. Auch Siegfried Eberhard[3] besuchte, und mir war schön, daß er über Frauke[4] so gut sprach. Könnte es nützlich sein, wenn Frauke ihn einmal aufsucht?

Musik wird hier gute gemacht; ich kann sie kaum noch hören, noch nicht wieder. Ich war *einmal* bei einem würdigen Kirchenkonzert, das ging mir ein. Übrigens vertrug ich einzig den Saul und David[5] von Rembrandt;

1 Brunner feierte seinen Geburtstag am 28. August.

2 Magnussens Ehefrau.

3 Der am Stern'schen Konservatorium in Berlin lehrende Violinpädagoge Siegfried Eberhardt (1883-1960), Sohn von Brunners frühem Freund Goby Eberhardt (s. Brief 8/1). Siegfried Eberhardt bezieht sich in seinem Buch »Hemmung und Herrschaft auf dem Griffbrett (Meisterfunktion und Ersatzgeigen)«, Berlin: M. Hesse 1931, gelegentlich auf Brunners »Lehre« (S. 3, 68, 90, 106).

4 Die Tochter von Peter Magnussen, Fraukelotte, spielte Violine.

5 Rembrandts Ölgemälde »Saul und David« (ca. 1655-60) hängt im Mauritshuis in Den Haag. Einer biblischen Erzählung zufolge holte der alternde König Saul den Jüngling David an seinen Hof, um seinem Harfenspiel zu lauschen und sich damit von seinen schweren Gedanken abzulenken (1 Sam 16,14-23). In einer anderen Fassung der Erzählung (1 Sam 17) rief König Saul David nach dessen Sieg über Goliath zu sich. Saul soll schnell eifersüchtig auf die Popularität des jungen Helden gewesen sein und habe ihm das Leben nehmen wollen. Als sich dann aber dem fliehenden David die Gelegenheit bot, seinerseits Saul zu töten, tat er dies nicht und gewann so das Vertrauen des alten Königs, der ihn zu seinem Nachfolger bestimmte. Als Saul David auch in einer späteren Krisensituation, im Kampf gegen die Philister, nicht traute, ließ David erneut eine sich bietende Gelegenheit vertreichen, Saul zu ermorden. Rembrandt malte den alternden König an der Seite des jungen, Harfe spielenden David. Während David in sein Spiel vertieft ist, sitzt der alte König Saul an seiner Seite. In seinem Schoß hält er einen Speer und wischt sich gleichzeitig mit der anderen Hand mit einem Tuch das Gesicht ab, das nur zur Hälfte zu erkennen ist. Das Bild wurde so interpretiert, dass Rembrandt einerseits von der Musik des jungen David angezogen ist, der Speer und sein Gesichtsausdruck jedoch auch die Qualen Sauls ausdrücken. Lothar Bickel schrieb einen Aufsatz über das Bild: Saul. Betrachtungen über Rembrandts »Saul und David« im Haag, in: Probleme und Ziele des Denkens, Zürich: Humanitas-Verlag 1939, S. 189-204.

bei dem bin ich schon über ein Dutzend mal gewesen, und er spielte mir's immer. Fünf Minuten Fahrt bringen mich hin, mitten durch die schöne Stadt. Schön ist die Stadt im Wald, und der Wald ist in der Stadt; schön ist die Stadt am Meer, und das Meer ist in der Luft. Gut ist leben mit den Holländern, die keine bösen Götzen haben; die Reinlichkeit und der Hering sind ihre Götzen, das gibt keine Götzengreuel. Ja – wenn man nicht an die Götzengreuel denken müßte und daß, wie immer und von je, die sie vollführen, Gott zu dienen meinen! Aber das ist kein Denken, mir war es auch immer bekannt, und ich kann auch *denken*. Mein lieber, lieber Magnussen, wir denken zusammen und haben uns sehr lieb.

186. An Fritz Ritter,[1] Oktober 1933

O Mensch Fritz Ritter vom Geist, welchem Gott haben Sie das gestohlen?[2] Denn wahrhaftig, das ist original! Hier gibt es zu bewundern – von Anfang bis Ende und bis zu *dem* Mittelpunkt: daß da einer ist, durch eine Störung seiner Denkfunktion gehindert, auf der Stelle zu begreifen,

1 Fritz (später Frederick) Ritter (1896-1987), Schauspieler und Schriftsteller (s. Abb. 52) aus Wien, nach dem Ersten Weltkrieg in München, dann in Berlin. 1939 Emigration über England und die Bahamas nach New York, später Chicago, wo er über Adalbert Stifter promoviert wurde und eine Professur für Germanistik und Latein erhielt, bis er 1969 in die Schweiz übersiedelte. 1928 wurde Ritter über Landauers »Gespräch« (s. Brief 57/13) auf Brunners »Lehre« aufmerksam und trat 1932 mit ihm in Kontakt. Brunner war von Ritters schriftstellerischen Werken fasziniert, zunächst von seinem Roman »Julia«, den nicht nur Max Tau (1897-1976) schätzte (er konnte aber das Buch im Bruno Cassirer-Verlag nicht mehr herausgeben; es erschien erst nach dem Krieg: Julia oder Der Traum vom vollkommenen Luxus. Ein Buch in romantischem Geist, Wien: Luckmann 1947), sondern auch Thomas Mann (»Ihre Arbeit zu lesen hat mir Freude gemacht. Ich habe für Ihren philosophischen Humor viel übrig und schätze Ihre besonnene Diktion. Schade, daß heute solche Dinge so wenig Aussicht auf öffentlichen Anteil haben.« (Brief an Ritter vom 23. April 1940, LBI/JMB: III, 1, 5, 2). Brunners überschwängliche Begeisterung für Ritter, auch als er 1936 Brunner in Den Haag besuchte und ihm seinen »Improvisator« vorlas (Improvisator seiner selbst, München: K. G. Renner 1985, mit der Widmung: »Zum Gedächtnis des Denkers Constantin Brunner (1862-1937), dem dieses Buch sich verdankt«) dokumentiert Magdalena Kasch an vielen Stellen in ihren »Aufzeichnungen«. Neben (späteren) wissenschaftlichen Arbeiten über Hofmannsthal, Grillparzer, Jean Paul und Morgenstern publizierte Ritter auch über Brunner, unter anderem: Zu Constantin Brunner's 70. Geburtstag (in: Literarische Welt (2. September 1932); Constantin Brunner und seine Stellung zur Judenfrage (in: Bulletin des Leo Baeck Instituts, Neue Folge 14, Nr. 51 (1975), S. 40-79). In seinem Roman »Schlomo oder die Absurdität des Schönen« (Worms: Georg Heintz 1976) diskutiert Ritter implizit Brunners Lehre von den Geistigen und vom Volk vor dem Hintergrund des Holocaust.

Abb. 52: Fritz Ritter

wenn seine Ehre mit Füßen getreten wird – seine Ehre findet sich aber mit Füßen getreten durch die Form seiner Menschwerdung – alle in fremde Gestalt Verzauberten bedurften immer der Erlösung durch andere: hier ist das Wunder, daß Verzauberter sich selbst erlöst von aller Hemmung, Ungenüge, Qual des Daseins, indem er *so* sein Inneres abschreibt auf sein Außen. Hier gibt es zu bewundern und zu lernen; denn es gilt für alle ins Leben Verzauberten. Und wie bei Christus nicht ohne Judas, so auch hier nicht ohne den Schuft Julia. Er hat es ritterlich verschwiegen; aber derlei verrät sich immer an den Tag: wir wissen, warum er lächelte, als er Julias zerrissenen Brief in die Winde streute … Auch ich habe in diesen Tagen einen Brief zerrissen und so dem Absender zurückgeschickt – der Brief hat sich selber zerrissen, wie der Becher, in den man Gift getan hatte für den heiligen Benedikt, als dieser ihn an die Lippen nehmen wollte, zersprang …[3] Das Werk mir zuzueignen, dazu wünschen Sie sich das Recht? Ich fühle die Annahme als Pflicht. Nur leider – warten! Denn ich kann *jetzt nichts* – was könnte man tun für so edles Produkt in so treuloser Zeit![4] Und wie ich neulich schon schrieb: so schwer immer es sein mag, Sie können warten; denn Sie wissen, worauf.

Wenn es angeht, lassen Sie das Manuskript noch hier vielleicht, bis Magdalena, die demnächst besucht, es mitnehmen kann.[5] Verbesserungs- und zusammenziehungsbedürftig erscheinen mir nur die ersten Eingangsseiten und die Überschriften. Derartige Kapitelüberschriften gehören einer vergangenen Zeit an als Mode, die nur wieder erweckbar sein dürfte durch eine der zu großen Schleife gegebne Zutat und Modifikation mit Bezug auf unsre Lebensart und -anschauung. Und gar den Titel finde ich unglücklich, blutlos, der Phantasie keine Anschauung, keine Richtung bietend. Allerhöchstens, nach Ausmerzung des Übrigen *und des Mottos*: »Die

2 Ritters Romanmanuskript »Julia«. Schon am 12. Dezember 1932 hatte Ritter aus seiner Novelle (noch unter dem Titel »Romeo und Julia«) vorgelesen. Brunner meinte dazu: »Mein lieber Ritter, Sie haben meine Bewunderung. Sie sind ein gereinigter und kultivierterer – noch kultivierterer – Kierkegaard und haben etwas von Sterne. Ja, Sie sind auch so ein verfluchter Hund wie der, Sie lassen Ihren Leser zappeln – jetzt kommt's! Jetzt kommt's endlich! Aber es kommt nicht, und der Leser muss überall mit, wohin Sie wollen. Und alles, was Sie nicht leben können, das haben Sie nun da hineingetan – leben's also doch! Verfluchter Hund!« (Lotte Brunner, Tagebuch).

3 Nach einer Legende wollten Ordensbrüder ihren Abt Benedikt von Nursia (etwa 480-547), den Gründer des Benediktinerordens, wegen seiner Strenge vergiften. Als dieser den Giftbecher mit einem Kreuzzeichen segnete und zum Trinken ansetzte, zersprang er. Benedikt beschuldigte den Teufel als Verführer und bat Gott um Verzeihung für seine Brüder. Dann zog er sich in die Einsamkeit zurück.

4 Der Roman erschien 1947 ohne Widmung an Brunner.

5 Magdalena Kasch, die mit Ritter befreundet war und bis 1935 in Berlin lebte, besuchte Brunner im Januar 1934 in Den Haag.

Lehre vom vollendeten Luxus«. Aber auch das bleibt ungenügend. Das Werk verdient einen einfachen und plastischen Titel, dem man seinen Vater Ungeheuer irgendwie anmerkt.

Vater, ich rufe dich brüllend, daß du hörst: Dein Kind wird leben!

Vom Herzen

Constantin Brunner

187. An Walter Bernard, 15. Dezember 1933

Du guter, lieber Walther,

knapp nachdem mein Brief[1] an dich das Haus verlassen hatte, kam deiner;[2] mein lieber hier in Haag geborener Anhänger Stigter[3] war bei mir, ich las deine Fragen und Auseinandersetzungen über Kommunismus vor,

1 Bernard hatte sich positiv über den Kommunismus geäußert, woraufhin Brunner einen Abschnitt aus seinem unveröffentlichten Werk »Der entlarvte Mensch« schickte, möglicherweise die folgende Passage: »Leben ist Kampf in sich selbst, und daß, was lebt, um sein Leben zu kämpfen habe, ist ein Naturgesetz; Naturgesetze widersprechen sich nicht, noch sind sie aufzuheben. Mehr als jemals bisher aber wollen heute die Menschen in ihrer Gattung die Zufriedenheit zu einer festen Einrichtung machen – sind sie klüger oder dümmer geworden? Ich meine: diese staatlich-soziale Gestaltung und Leitung der Arbeit, gesellschaftliche Großproduktion mit vergesellschafteten Produktionsmitteln und Nahrungsteilung, diese Gleichmachung in der kommunistischen Wirtschaftsordnung nimmt dem Menschen grundaus die Zufriedenheit. Gleichheit ist ohne Freiheit und ist schlimmste Unzufriedenheit aller: Unzufriedenheit aus Unfreiheit. Der Mensch ist das Tier des Besitzes; er muß etwas Erarbeitetes besitzen, was ihm gehört, wie ihm der Schweiß seiner Arbeit gehört, und er muß in Freiheit besitzen! Sein Besitz kann kärglich, seine Lebensführung erbärmlich sein, aber er bedarf zum Leben einer aus seiner eignen Seele hervorgehenden Freiheit und einer gewissen Selbstbestimmung. Ich würde den Begriff des Staates mißverstehen, wenn ich Kommunismus von ihm ausschlösse; der aber doch nicht die Lebensfürsorge töten darf? Und ich stelle ganz gewiß des Staates Autorität hoch; aber die Grenzen des dem Staat Gehorchenkönnens dürfen nicht überschritten werden. Der Freiheit beraubt, fehlt dem Leben die Lebenslust.« (S. 121 f.). Im Brief vom 29. November 1933 setzt er hinzu: »Ich wollte ausdrücken, daß der Kommunismus nach seiner Konsequenz die Lebensfürsorge töten, also das Gegenteil von seiner Absicht erreichen würde. Ich sehe übrigens auch den Fascismus nur auf dem Weg zum Kommunismus – der Nationalsozialismus ist Marxismus mit einem Dreh.« (LBI/JMB: II, 1, 11).

2 Bernard hatte betont, dass Marx und Engels die kommende Entwicklung der Gesellschaftsordnung »als endliches Resultat des Spiels und Gegenspiels der sozialen Kräfte« darstellen, so dass es sich dabei nicht bloß um Wunschvorstellungen handeln würde. Der Kapitalismus führe zu Überfluss und zugleich Mangel: »Was kann nun der Staat andres tun als Überfluss der wenigen und Mangel der überaus grössten Zahl so weit als möglich ausgleichen, und wie sollte er es tun?« (LBI/JMB: II, 1, 13).

3 Siehe Brief 193/1.

und es ergab sich ein Gespräch, von dem ich wohl gewünscht hätte, daß du Teilnehmer gewesen wärest. Ob es dir den Endfrieden in dieser Sache gebracht hätte, will ich damit nicht sagen. Jedenfalls können wir uns wohl beruhigen, weil zusammenfinden in dem theoretischen Endresultat: So viel Kommunismus als möglich, ohne daß ein Eingriff statthat in die Freiheitssphäre der Staatsbürger von verschiedener Art! Denn da heißt: so viel Kommunismus als möglich nichts andres als: so viel Staat als möglich! So viel Staat als möglich heißt bei mir immer – nach allem, was du bei mir über den Staat findest – so viel Freiheit als möglich; und ich halte ja im Interesse der Freiheit sehr viel Staat für nötig. Weil der Staat die Gattungsvernunft und der Zwang zu ihr, der die Menschen mit ihrer unbändigen Partikularität ja eben nur gezwungen folgen. Dies das Allgemeine – dann die Konkretisierung mit ihrem Irrtum und Wirrtum in der sich entwickelnden Geschichte und mit den immer wieder auf neue Art statthabenden Ausbeutungen durch Habgier und Ehrgier. Ganz in die Ordnung kommts nie. Daß es ganz in die Ordnung *mal* kommen werde, gehört in das unbändige Wünschen des aus dem Naturkampf sich herausträumenden Menschen, ist Traum gleich dem vom Leben im Himmel.

Art und Ernst deines Ausdruck[s] in diesen Fragen gefällt mir wohl. Ebenso wie deine Übersetzung mir und auch Lotte gefällt, von der ich dir Liebes sagen soll.[4] Daß du die Übersetzung einer *jüdischen* Zeitschrift gegeben hast, liegt wohl nicht ganz im Sinn des Verfassers. Schadet aber nichts; wie auch nichts schadet, wenn sie zur Zeit gar nicht gedruckt wird. (Übrigens Seite 5 Zeile 6 nach dem Gedankenstrich ist wohl nicht im Sinn des deutschen Originals wiedergegeben?)

Nun erwarte ich bald deine Dissertation[5] und Brief – inzwischen unterhalte ich mich mit deinem lieben Bilde. Jetzt eben, bis es gelächelt hat.

Nun lächle aber du auch, und hab mich lieb!

4 Bernard hatte den Abschnitt »Das Menschenrecht« aus dem Aufsatz »Am 6. März« (in: Vermächtnis, S. 79-98) ins Englische übersetzt. Er sollte anonym in einer amerikanischen Zeitschrift erscheinen, denn Brunner meinte: »Es ist Lebensgefahr damit verbunden! Selbstverständlich auch darfst du niemandem, wer es sei, davon erzählen, daß du durch mich diese Sache geschickt bekamst« (Brief an Bernard vom 7. September 1933, LBI/JMB: II, 1, 11). In dem Textauszug bezeichnet es Brunner als Pflicht des Staates, jedem Bürger sein Lebensrecht zu sichern. Die deutsche Regierung betreibe stattdessen die Ausschaltung einer ganzen Gruppe von Staatsbürgern mit »Ausrott-Konsequenz« und schalte die übrigen gleich; das sei »despotischer Ideal-Unsinn« (S. 83) und »Terrorismus« (S. 85). Im Übrigen fürchtet Brunner: »Wenn diese Regierung Deutschlands uns in einen Krieg verwickelt, dann – könnte Deutschland vernichtet werden, gleichwie es seine Juden vernichtet hat …« (S. 97).

5 Bernards Dissertation »The Philosophy of Spinoza and Brunner« befand sich gerade im Druck (Foreword by I. H. Muraskin, published by the Spinoza Institute of America, New York 1934).

Abb. 53: Walter Bernard, 1937

188. An Borromäus Herrligkoffer, 7. Mai 1934

O du mein geliebter Borro,

wie mich schmerzen würde, deinen Besuch nicht zu haben – ich denke, du fühlst das in entsprechendem Gefühl. Wohl auf ungemeine Weise sind unsre Herzen miteinander, und wir dürfen wohl sagen: auf dem tiefsten und lautersten Grunde des Menschenbewußtseins. Auch was unsre Liebe zum Vaterland betrifft, in der wir immer so herrlich uns fanden, – wenn die angetastet und wir Beide *solcher* Dinge verdächtigt werden, wo gibt es dann noch einen Deutschen?![1]

Was mich betrifft, der ich öffentlich hervorgetreten bin, so liegt meine Gesinnung eindeutig zu Tage und ebenso eindeutig ihre Beurteilung in Zeugnissen. Ich schäme mich daran zu erinnern und muß es nun doch, weil du eventuell davon Gebrauch zu machen hast. Und so erinnere ich an die begeisterte Anerkennung, die mir von nationalsozialistischer Seite zu teil geworden[2] und durch den Konservativen v. Oppeln-Bronikowski[3] und – was hier noch mehr wiegen könnte, weil es aus dem entgegengesetzten Lager kommt – an den Aufsatz in der Morgenausgabe vom 30. August 1932 des Berliner Tageblatts.[4]

1 Herrligkoffer und Brunner überboten sich zu Anfang des Ersten Weltkrieges im Patriotismus. 1933 galt Herrligkoffer vor allem als Judenfreund und musste schließlich seine Praxis in Ichenhausen aufgeben. Zeitweise lebte er bei seinem Schwiegersohn in Lambsheim in der Pfalz, arbeitete dann aber vor allem beim Versorgungsamt in Leipzig, wo er ohne sein Wissen von der Gestapo überwacht wurde. Berechtigterweise vorgeworfen wurde ihm die Unterstützung von Juden und nicht zuletzt die Veröffentlichung eines Artikels in den »Abwehrblättern« (Karl Borromäus Herrligkoffer, Der Antisemitismus im Lichte Constantin Brunners, in: Abwehrblätter 41, Nr. 8/9 (Dezember 1931), S. 238-241 und 42, Nr. 1/2 (Februar 1932), S. 25-28), in dem Herrligkoffer neben einem langen, begeisterten Referat von Brunners »Höre Israel« hervorhebt: »Niemand hat so wie der Philosoph Constantin Brunner von der Volksseuche des Antisemitismus die wirklich letzten Ursachen bloßgelegt und die allein dauernd wirksamen Heilmittel angegeben.« (Zu Herrligkoffers Schwierigkeiten während der Nazizeit siehe seinen Brief an Magdalena Kasch vom 11. Januar 1947, LBI/JMB: III, 1, 6, 3).

2 Brunner denkt sicher an die Artikel von Friedrich Meyer-Schönbrunn (s. die Briefe 155/1 und 161/5).

3 Der Schriftsteller Friedrich von Oppeln-Bronikowski (1873-1936) setzte sich in seinem Spätwerk auch mit der Judenfrage auseinander und publizierte unter anderem die Schrift »Gerechtigkeit! Zur Lösung der Judenfrage« (mit einem Geleitwort von Ricarda Huch, Berlin: Nationaler Verlag J. G. Huch 1932). Brunner sei »ein scharfer Denker und Patriot, in dem Deutsches und Jüdisches zu einer wundervollen Synthese gelangt ist«, heißt es da. Er sei »tief verwurzelt mit Deutschlands großer Vergangenheit, voll tiefer Sorge und heißer Liebe für sein heutiges Schicksal und voller Hoffnung auf seine Zukunft« (S. 60).

4 Leo Hirsch (1903-1943), Schriftsteller und Journalist, Redakteur im Feuilleton des Berliner Tageblatts, in dem er einen bemerkenswerten Artikel über Brunner publiziert hatte: »[...] wenn die Bewegung, die sich so national gebärdet, es wirklich wäre, so hätte

Ich fühle mich geschmäht, wie du dich geschmäht fühlst, mein Borro, nehme aber vorläufig noch an, daß die Sache kein ganz so schwarzes Gesicht hat. Ich würde gerade jetzt den Paß verlangen, um nötigen Falls sofort die erforderliche Klärung zu schaffen; was dir nicht schwer halten kann. Es blühen jetzt viele derartige Bübereien. Selbst gegen Magdalena[5] ging es so her; es gelang ihr aber ein schneller Sieg. (Der Denunziant war einer, der mit versuchtem Betrug gegen sie nicht durchgekommen war). –

Nur noch die Bitte: gib mir den Tag von Siegfrieds[6] Hochzeit und Ort und Adresse an, wohin ich ein Telegramm schicken kann.

Mein Befinden *besser*, noch schwach und nach jeder »Anstrengung« Druck auf dem Herzen und Schnellatmung.

Ich schicke dir einen Prospekt[7] mit, der dich interessieren dürfte, und bitte dich bei meiner Liebe, laß dich nicht vom Menschenekel überwältigen. Wir müssen den Menschen entlarven und ihn sehen, wie er ist (nicht wie er sagt, daß er sei), und dann können wir ihn sogar und erst recht wieder lieben.

Mein Borro – dein Constantin.

sie bei Brunner ein grosses Arsenal der schärfsten Waffen: kräftige Argumente gegen die historisch-materialistische Geschichtsauffassung, breitesten, bestfundierten deutschen Idealismus. Die Nationalisten brauchten dann Fichte nicht fälschlich zu bemühen und Spengler, Spann, Günther keine windschiefen Theoreme abzukaufen. Aber Brunner ist zu unerreichbar hoch für sie.« Allerdings schreibt Hirsch hier auch: »Wer heute liest, was Brunner vor acht Jahren gegen den deutschen Nationalismus geschrieben hat, muss betroffen sein von dieser prophetischen Treffsicherheit; all die komplizierte Primitivität der scheinbar nationalen Bewegung, die erst in den letzten vier Jahren gross geworden ist, hatte Brunner nicht nur vorausgeahnt, sondern im Vorhinein auch bis auf die Wurzeln blossgelegt, blossgestellt, und noch von den heutigen Gegnern ist keine ebenbürtige Entlarvung geschrieben worden. Brunners grosses Werk über den Judenhass [Der Judenhaß und die Juden], vor dreizehn Jahren erschienen, wird für immer die endgültige Formulierung alles dessen bleiben, was je über Antisemitismus zu sagen ist.« (L. H., Constantin Brunner, in: Berliner Tageblatt 61, Nr. 410 (30. August 1932), S. 3).

5 Magdalena Kasch.

6 Herrligkoffers Sohn.

7 Möglicherweise betraf dieser Prospekt das Erscheinen von Bernards Dissertation (s. Brief 187/5).

189. An Borromäus Herrligkoffer, September 1934

Mein Freund Borro,

Stigter heiratet Lotte.[1] Bis vor wenigen Tagen haben weder Lotte noch ich an dem Ähnliches auch nicht im Traume gedacht.

Für mich, ebenso wie für Leoni, ist diese Sache natürlich, in Betreff Lottes, höchste Freude und Beruhigung. Zumal sie aber auch verbunden ist mit Trennung, wohl der schwerste Schlag im Besonderen für mich und meinen Lebensrest unter dieser mutatio rerum in pejus.[2] Sie wollen etwa zwei Stunden weit von hier etwa nach Arnhem oder Utrecht, wo sie billiger zu leben gedenken, um dort eine Wiederanstellung Piets abzuwarten. Das ist, für Gemüt und für die praktische Bedeutung, ungefähr gleich hart, als wenn Lotte die Frau Geheimrat Stigter in Indien wäre.[3]

Was Lotte meinem Herzen ist, das weißt du. Aber sie war doch auch die selbstverständliche Voraussetzung und Stütze für mein Leben hier, ja für meinen Verkehr mit der Welt hier; da sie sich schnell die holländische Sprache angeeignet hatte. Weder ich noch Leoni hatten dazu die Gelegenheit und Übung und haben auch nicht mehr Schmiegsamkeit dafür. Nun bin ich hier erst richtig in der Fremde; mir fehlt nicht allein Lotte, sondern auch Piet, der ausgezeichnete und ungewöhnliche Mann. Da gibt es viele und aus klein groß werdende Schwierigkeiten, über die mir all die wunderbare Lebenskameradschaft meiner Leoni nicht hinweghelfen kann. Nimm hinzu, vor welchen körperlichen Versagern und Quälern ich stehe, so hast du auch gleich mit, daß mir ebenfalls die letztmögliche, nur durch Lottes Beihülfe noch ev. mögliche geistige Betätigung versagt sein wird, und du weißt, wie im Dunkel ich verstumpelt sein werde, und verstehst, daß ich mich zu der großen Freude, die mir nun da ist, immer erst *aufraffen* muß. Und dennoch ist sie mir da; ich empfinde Glück für meine Lotte und eine schöne, klare Sicherung für ihr Leben.

Ich schreibe dir das so ausführlich, mein Borro – Lotte will dir auch noch extra schreiben – ich schreibe das aus meinem Herzen und Schicksal in deines. Ein König Lear dem andern; es gibt diese Könige so und so. Ich bin dir treu, geliebter Freund, wie du es mir sein wirst, an dem des Lebens Kummer und Sorgen wirklich nicht vorübergingen. Geist trotz Welt! wenn es auch so schwer ist, wie es ist.[4]

In Liebe, in Liebe

B

1 Der Witwer Piet Stigter (s. Brief 193/1) heiratete Lotte Brunner am 21. November 1934 und brachte seinen Sohn Hans mit in die Ehe (s. Abb. 62).

2 Lat.: Veränderung der Dinge zum Schlechteren.

3 Piet Stigter arbeitete lange bei einer holländischen Handelsfirma in Indien.

Abb. 54: Constantin und Leoni Brunner in Scheveningen, 1934

190. An Meyer Kesten,[1] November 1934

Mein lieber Kesten,

Dank sollst du haben für Brief und Schilderung; weiß ich doch nun – und du magst wissen, daß ich weiß und deiner denke.[2] Ich muß *viel* wissen und denken heute, was ich nicht gern weiß und denke! Du aber bist noch jung und kannst gewiß sein, daß dir das Leben auch noch einmal ein freundlicheres Gesicht zeigen wird. Fürs erste wirst du ausharren müssen und unter all der Last nicht deiner Freiheit vergessen und deinen innerlichen Menschen unversehrt hindurchtragen. Ich glaube, du tust gut, dort zu bleiben und nicht nach Polen zu gehn …[3] Denk auch immer der Vielen, Vielen, die heute zu leiden haben; wir gehen in einem langen Zuge.

4 »Geist trotz Welt! – Die Lehre von den Geistigen und vom Volk« ist der Titel des Schlusskapitels in Brunners »Unser Christus«. Darin heißt es unter anderem: »Wir erlösen uns, wir sind auf dem Weg und Werden, die Verwandlung geschieht, die Freiheit ist im Kommen – wie im Stengel die Blume aufsteigt: wir sehen sie nicht, aber sie steigt auf. Ist Geist trotz Welt – und er ist heilig und gewiß! – so kann und muß und soll auch sein Freiheit der Geistigen trotz Nachahmung und Aberglaube und trotz der gesamten Geistlichkeit der Religion, der Metaphysik und der Moral, geistiges Leben mitten im Leben des Volkes. Dies ist das noch nicht Dagewesene von unermeßlich großer Bedeutung für die ganze Menschheit, woran die Zeit jetzt schafft« (Unser Christus, S. 484 f.).

1 Meyer Kesten (1900-1971), Philosoph, Logopäde und Psychologe, stammte aus Kolomea, während des Ersten Weltkriegs Flüchtling in Böhmen, Mitglied des Hashomer Hatzair, Teilnehmer am Ethischen Seminar in Czernowitz, seit 1924 Philosophiestudium in Berlin, Anfang 1933 Promotion zum Dr. phil., 1934/35 in Moskau, 1936 Logopädieausbildung in Wien, 1938 Auswanderung nach Argentinien, wo er als Psychologe tätig war und in vielen Artikeln auch auf Brunner Bezug nahm (neben einigen Rezensionen von Brunnerliteratur unter anderem: Wer ist Constantin Brunner? Zum ersten Jahrestag seines Todes, in: Argentinisches Tageblatt (1938); Zum zwanzigjährigen Todestag von Constantin Brunner, in: Hüben und Drüben, Beilage zum Argentinischen Tageblatt 64, Nr. 2054 (1. September 1957), S. 1 f.).

2 Kesten lebte von 1934 bis Ende 1935 in Moskau. Er informierte Brunner über die Lage in der Sowjetunion, die sich für ihn zunächst schwierig, dann aber bald recht positiv darstellte. So schreibt er in einem Brief vom 11. Oktober 1935: »Die Sowjet-Union verspricht das demokratischste Land der Welt zu werden, und nach den Versprechungen zu schließen, die sie tatsächlich erfüllt, dürfte auch dieses grosse Versprechen, wenn die Vernunft in der Menschheit eine wirkende Macht ist, seine Erfüllung finden.« (LBI/JMB: II, 5, 10).

3 Ende 1935 wurde Kesten in Moskau interniert und bald des Landes verwiesen. Magdalena Kasch berichtet: »Ohne Angabe von Gründen; Gesuch und Bitten blieben nutzlos, obwohl sein Bruder Funktionär bei der geheimen Staatspolizei war. Er war verdächtig, schon weil er Korrespondenz mit dem Ausland hatte; zum Glück war er noch nicht naturalisiert – sonst wäre er nach Sibirien verschickt worden.« (LBI/JMB: I, X, 8,1).

Und denk mit mir der Gedanken, die uns auch die Welt verständlich machen und die Versicherung geben: Geist trotz Welt!

Von Herzen geht mein Gruß und Segen zu dir.

B.

191. An Martin Klein, 1934

Mein *sehr* Lieber,

Laßt euch durch das Gejammer nicht stören, sagte Sulla zu den Senatoren (man hörte aus der Nähe, daß einige Tausend niedergemetzelt wurden) – das sind nur einige schlechte Menschen, die ich zu züchtigen befohlen habe.[1]

Wissen Sie, was schlechte Menschen sind, und weswegen *diese* schlechte Menschen sind? – Daß und wie Sie an der Arbeit sind, davon zu hören ist *einem* schlechten Menschen eine innige Freude.

192. An Paul Neubauer,[1] 1934

Nein, mein lieber Pali; das ist genau wie mit dem waglichen Überzieher-Anziehen, wenn einem dabei einer helfen will, zu dem man dann immer nur sagen kann: Danke, es geht schon allein so schwer! Ich kann

1 Der Politiker und Feldherr Lucius Sulla (138-78 v. Chr.) riss nach dem Sieg im römischen Bürgerkrieg die Alleinherrschaft an sich, schwächte die demokratischen Institutionen und ließ tausende Adlige und zahllose politische Gegner und ihre Familien verfolgen und brutal ermorden. Am 3. November 82 v. Chr. ließ Sulla mehrere Tausend Samniter auf dem Marsfeld in Rom hinrichten. Die aufgebrachten Senatoren, vor denen er in einem nahegelegenen Tempel sprach, forderte er auf ruhig zu sein, es würden nur ein paar Leute hingerichtet.

1 Der in der Slowakei geborene Paul (Pál, auch Päl, gen. Pali) Neubauer (1891-1945), Musiker, Bankbeamter, Journalist und Schriftsteller (s. Abb. 55), studierte Jura in Budapest und wandte sich nach seiner Teilnahme am Ersten Weltkrieg dem Journalismus zu. In Prag arbeitete er als Kritiker für das »Prager Tageblatt« sowie die »Praga i Magyar Hirlap« und war Korrespondent des »Pester Lloyd« in Budapest. Er publizierte den Gedichtband »Wohin« (Leipzig: E. P. Tal & Co. 1922) sowie die Romane »Maria. Roman einer modernen Frau« (Berlin: Weltbücher-Verlag 1928, mit einem Vorwort von Max Brod) und den preisgekrönten Marco-Polo-Roman »Das fehlende Kapitel« (Amsterdam: Tiefland 1938). 1939 floh Neubauer vor den Nazis nach Ungarn, wo er 1945 im Konzentrationslager Fonyód ermordet wurde; der Briefwechsel mit Brunner ging verloren. Seit 1909 besuchte Neubauer Brunner des Öfteren. Am 25. Dezember 1913 berichtet Lotte Brunner

kein Buch machen, und mit noch einem dabei – mir kommen die widrigsten Phantasien.[2] Du weißt, wie hoch ich deine Musik-Kenntnis und Verständnis und dein Musikherz halte; ich aber bin doch *nur* ein ungeschicktes Musikherz, elektrisch durchzuckt von romantischen Schlägen, und wenn du dem mit seinem Strampeln und Hampeln in den Mantel helfen wolltest – das gäbe ein schönes Bild.

Wegen des »Christus«[3] weiß ich dir nur zu raten (ich selbst habe nur ein einziges Exemplar, sonst würde ich dir ja gern zur Verfügung sein), daß du dich an den Verlag Oesterheld & Co, Berlin, Lietzenburgerstr. 48 wendest. Ob er noch existiert? und meine Bücher überhaupt noch zu haben sind? Ich höre von verschiedenen Seiten, daß man sie nicht bekommt. Ich kann mich darum nicht kümmern und hoffe, wenn die Zeit sie haben will, werden sie schon da sein; und Hoffnung ist kein schlechter Ernährer.

Das Buch von Max Brod[4] ist mir allerdings durch den Verlag zugegangen und ich habe es (und mancher schon durch mich hat es) gelesen.

in ihrem Tagebuch: »Ein junger Ungar ist das Fest über bei uns. Sehr andächtiger, sehr schwärmerischer Brunnerianer. Paul Neubauer. Er frisst jedes Wort, das Vater spricht, mit Augen und Ohren. Als Vater gestern die Weihnachtsvorlesung aus der Bibel hielt, strömten dem kleinen Neubauer die Tränen über die Wangen, und leidenschaftlich küsste er danach Vaters Hand. Er war vor vier Jahren einmal ein paar Stunden bei uns gewesen, und seitdem hat er sich, wie er selber sagt, die ganze Zeit ›vorbereitet‹ auf den Moment, wo er Vater wieder gegenübertreten würde. ›Er hat sich sehr konsolidiert‹, meint Vater, hat tüchtige Kenntnisse erworben, wobei ihn sein vorzügliches Gedächtnis unterstützt. Ganz und in jedem Augenblick erfüllt von der ›Lehre‹, tut er mit seinem regen Temperament das Möglichste, für ihre Ausbreitung zu wirken. Vorläufig fast nur erst mit dem gesprochenen Wort; er fühlt selbst, dass Vaters Rat, mit dem Schriftstellern auf größere Reife zu warten, berechtigt ist. Er ist ein prachtvoller Musikant auf der Geige, ein lebhafter, liebenswürdiger, schelmischer Gesellschafter.« Zu Neubauers »Maria« meint Brunner: »Gar nicht übel geschrieben, aber unverzeihlich!« (Brief an Lotte Brunner vom 30. Juni 1930, LBI/JMB: II, 3, 4). Neubauer publizierte über Brunner: Der Einsiedler Konstantin Brunner, in: Pester Lloyd, Budapest (8. August 1932); Konstantin Brunner. Zu seinem siebzigsten Geburtstag, in: Deutsche Zeitung Bohemia, Prag (28. August 1932), S. 1; Constantin Brunners jüdische Konzeption, in: Jüdische Revue, Mukacevo (Januar 1937), S. 36-41.

2 Neubauer hatte den Vorschlag gemacht, gemeinsam mit Brunner ein Buch über den Komponisten Jacques Offenbach (1819-1880) zu verfassen. Lotte Brunner berichtet gelegentlich, dass Offenbach im Hause Brunners »schwärmerisch geliebt und verehrt« werde (Tagebuch, 4. Februar 1914) und dass Brunner vorhatte, etwas über Offenbach zu schreiben: »Als ich fragte, ob es in einen Zusammenhang gehöre, antwortete er: ›Ja, zur Kritik des Aberglaubens.‹ Offenbach enthalte eine Kritik der ganzen bürgerlichen Moral, und daß er hierzu die Musik als Mittel habe gebrauchen können, bleibe das Erstaunliche. Vater hat für seine Arbeit einen feinen, ernsten Musiker zur Bezeichnung der musikalischen Stellen nötig und denkt dabei an Pali.« (3. Januar 1919).

3 Brunner, Unser Christus.

4 Max Brod, Heinrich Heine, Amsterdam: A. de Lange 1934. Max Brod (1884-1964), Schriftsteller, Übersetzer und Komponist, Freund und Nachlassverwalter Kafkas, ent-

Abb. 55: Paul Neubauer

Recht hast du; ein schönes Buch. Ich sage mehr: ein feines Buch. Und noch das Beste obendrauf: aus einer aufrichtigen Seele, von einem wahrhaften Israeliter. Daß er »Jude« zu sein glaubt, derlei stört mich nicht am Einzelnen, das werfe ich auf das Komische der »Judenheit«, was zu ihrer Tragik gehört. – Ich spürte sogar Drang, dem Brod ein Wort zu schreiben, hab es aber gelassen. Was konnte das bedeuten bei der Unwissenheit über mich, deren ich im Allgemeinen mich erfreue, – ja erfreue angesichts der treuen, sich auch langsam mehrenden Gemeinde, die doch immerhin zu mir steht; und was konnte das bedeuten einem Manne, der, wenn er überhaupt etwas von mir im Bewußtsein hat, doch höchstwahrscheinlich gar das Haarsträubende, daß ich ein Jude sei, und noch obendrein ein entarteter und verfratzter. Macht er doch, versucht er doch zu machen sogar Heine zu einem Juden und meint, alles auf die Seite gewandt zu haben, wo das einleuchtend würde.[5] Nichts leuchtet ein, als daß Heine (wie jedermann) von der spezifischen Umgebung seiner Jugendtage abbekommen und an und in sich behalten und daß er ein Herz gehabt für das Unglück der Gemeinschaft, aus der er hervorgegangen und – für die einzigartige Menschlichkeit in der Bibel. Insofern allerdings ist er ein Jude, aber ein wirklicher Jude ... Man spricht vom Gottgedanken Judäas – ach Gott, ach Gott, Judäa war so gedankenlos, ein Herz zu haben. Sein Gottglaube, das war sein Menschenglaube, sein Glaube an die menschliche Liebe und daß doch einmal – irgendwie irgendwo – Gerechtigkeit und Ausgleich kommen müsse. Dafür richtete es sich ein Benehmen ein gegen einen Gott – als wenn einer spräche: Guten Tag Kommode! Viel schlimmer; denn die Kommode ist doch wenigstens da als Kommode. Ganz urdumm und richtig verrückt (wie ja doch die vernünftigen Menschen sind) und *überheblich* obendrein zu erwarten, daß alle Menschen Juden werden. Aber die Menschen, die Juden sind, freuen sich natürlich mit dem Judentum und mit der Bibel und ihrem Herzen, auch wenn sie im Grunde wissen, wie dumm dieses Herz und wie wenig seine Anschläge passen auf die Wirklichkeit der Menschengesellschaft. – Nun wissen viele noch gar nicht, daß es Juden gibt und was das für Menschen sind, und meinen, Juden seien etwas, was es überhaupt nicht gibt, nämlich die vom jüdischen Volk. Das gibt es doch natürlich nicht; das hat es mal gegeben. Es gibt noch Juden genannte Menschen, *die zu denjenigen Völkern nicht gehören sollen, man*

wickelte sich nach dem Ersten Weltkrieg zu einem bewussten Juden und sympathisierte durch den Einfluss von Martin Buber mit dem Zionismus; 1939 emigrierte er nach Palästina. Brod war wie Neubauer in den dreißiger Jahren Mitarbeiter des »Prager Tageblatts«.

5 Brunner hatte sich früher einmal, in der »Judenhaß und die Juden« (S. 79-87), sehr positiv über Heine geäußert. Der Abschnitt ist auch als separater Aufsatz erschienen: Heinrich Heine und eine Sorte literarischer Kritik, in: Nord und Süd. Eine deutsche Monatsschrift 42, Bd. 166, Nr. 528 (September 1918), S. 295-306.

leidet es nicht, zu welchen sie tatsächlich gehören (ich habe gezeigt, woher das kommt, daß man das nicht leidet), – *aber deswegen gehören sie doch nicht zu einem jüdischen Volke! deswegen gibt es doch nun nicht ein jüdisches Volk!!* Dieser wunderbare Schluß, daß es deswegen ein Volk der Juden gebe, wird von aller Welt gezogen; man meint, die sogenannten Juden, die bildeten das jüdische Volk und wären wirkliche Juden. Die sogenannten Juden selbst halten sich für wirkliche Juden, und wenn sie einen zu den sogenannten Juden gehörenden wirklichen Juden treffen, der begeistert ist für Judentum und Bibel, dann rufen sie: Seht, das ist auch einer von uns Juden! ohne zu bedenken, wie viele Juden es gab und gibt, die gar nicht aus den Reihen der sogenannten Juden hervorkamen – – – Das heißt, mein Brief ist schon viel zu lang, Pali, und doch nicht so lang wie der Blödsinn. Mit Blödsinn haben zuerst »die Juden« selbst angefangen, noch das jüdische Volk sein zu wollen, als das jüdische Volk bereits gestorben war; das haben ihnen dann die Völker heimgegeben und ihnen gezeigt, wie es dem sein verstorbenes Volk spielenden Gespenst unter wirklichen Völkern ergeht. Der Blödsinn hört nicht eher auf, als bis keine Menschen mehr sind, und solang die Menschen Blödsinn machen, so lang wird der Blödsinn ihre Geschichte machen.

193. An Piet Stigter,[1] Ende 1934

Mein teurer Piet,

ich kann, mit aufrichtigstem Dank für deinen Vortrag, nur wiederholen, was ich vorige Woche am Freitag dir gleich gesagt hatte. Du kamst mit der Forderung: Gleichberechtigung. Du wolltest vor mir deine den meinigen jetzt entgegengesetzten Gedanken auseinandertun, dann müßten wir als

1 Pieter Jacob (gen. Piet) Stigter (1875-1940) aus Den Haag arbeitete als Geologe für eine holländische Handelsfirma in Bandoeng (Java). Nach einem Autounfall im Jahre 1930, bei dem seine Frau Paula ums Leben kam und sein siebenjähriger Sohn Hans (1923-1944) schwer verletzt wurde, kehrte er nach Den Haag zurück, wo er 1934 Lotte Brunner heiratete und nach schwerem Leiden 1940 starb. Einen ersten Briefwechsel Brunners mit Stigter gab es schon 1910. Im Dezember 1925 besuchten Stigters »mit Leidenschaft« Brunner in Potsdam. Lotte Brunner berichtet: »Wie eine ganze Reihe der von ihm Berührten hatte auch Stigter eigentlich den Wunsch, all seine praktische Arbeit – er ist Ingenieur auf Java – hinzuwerfen, um nur hier in Vaters Nähe zu leben und unter seinen Augen philosophisch-mathematisch zu arbeiten. Er ist ein schlanker, hochgewachsener Holländer von großer Stille des Wesens, mit kühlen vornehmen Händen. Seine Frau scheint so deutlich künstlerisch wie er philosophisch; von rascher Intuition, bezaubernd. Selten, meine ich, hätten wir so schönen Besuch gehabt.« (Tagebuch, 28. Dezember 1925).

Gleichberechtigte von verschiedenem Denken mit einander philosophische Gespräche führen können; das wäre fortan der einzig mögliche Grund eines Verhältnisses zwischen uns. Du sagtest mir das als Ultimatum, im Kriegsschmuck; Piet ist nicht sentimental. Ich nehme es nicht als Ultimatum; denn ich bin sentimental und glaube nicht an die Möglichkeit von derartigem Menschenverhältnis. Es muß naiv hergehen; wie es gewesen ist zwischen uns. Einer muß den andern lieb haben und freien, mitfreuenden Herzens seine Vorzüge und das für ihn Gute mitgenießen können; sonst wird es gefährlich, und Verstandespläne aus noch so gutem Willen reparieren nichts. Sieh mal – ich sage das wirklich nur beispielsweise und nicht um mich zu rühmen. Ich finde bei Spinoza Vieles, was ich nicht denken kann, darunter nichts Geringeres als seine Lehre von den Attributen.[2] Da ich nun aber seinen Geist dem meinigen so himmelweit überlegen fand, ließ ich mir das Glück, von seinem Dasein zu wissen, nicht stören und mich die Mühe nicht verdrießen: Andern, die ebenfalls mit seinen Attributen nicht fertig werden können, zu zeigen, wie sich meines Erachtens über seine Formen des Ausdrucks hinweg, die Wahrheit des Inhaltes doch vielleicht wohl erpacken ließe. Es gibt ja doch nur Ein Philosophieren; verschiedene Formen sind nicht verschiedene Arten des Philosophierens. Was den andern Riesen betrifft, Kant, gegen den an Begabung ich ebenfalls ein lächerliches Putt bin – Kant, Aristoteles und Shakespeare scheinen mir die Klügsten aller Menschen zu sein –, so mußte ich gegen ihn, nach meiner Überzeugung, sagen, daß er gar nicht an die eigentliche Philosophie herankommt.[3] (Von Hegel, dem Zwischenriesen zwischen Spinoza und Kant hier nicht zu reden).[4] Nach meiner Überzeugung, von der *ich* nur wissen kann, vielleicht am Ende gar nur glaube – mir ist das gesagt, geschrieben, gedruckt worden –, daß sie anders ist, nicht auch, ob richtiger. Vielleicht ist Philosophie wirklich Sache der höchsten Klugheit; dann bin ich zu unbegabt dafür und habe, auf Grund meines verkehrten, unzulänglichen Grades von Denken gesündigt – alles verkehrte Denken ist Sünde –, in-

2 Zu Brunners Auseinandersetzung mit Spinozas Attributenlehre siehe Brief 140.

3 Zu Brunners vor allem in seinen früheren Schriften formulierter Kantkritik siehe Brief 41/5.

4 Hegel wird von Brunner in verschiedenen Zusammenhängen immer wieder sehr positiv erwähnt. Er sei der »weitaus umfassendste, am meisten systematische, der selbständigste und festeste unter den deutschen Philosophen« (Spinoza gegen Kant, S. 18), ein »Neospinozist« (Die Lehre, S. 466) und Vordenker der Arbeiterbewegung (ebd., S. 607). Lediglich seine Philosophiegeschichte, die, »wie nicht anders nach seiner so weitaus überragenden Bedeutung zu erwarten, die unvergleichlich großartigste unter allen vorhandenen ist, von der herrlichsten, originalen Schreibweise«, sei »entstellt durch Entwicklungskonstruktion. Das ist die schwarze Fliege in der weißen Milch.« Hegel habe dadurch Teil an der »unglückseligen Entwicklungslehre« (S. 350).

dem ich Kant die philosophische Gleichberechtigung absprach; dann bin ich philosophisch nicht berechtigt. Ich bitte dich zu glauben, daß ich das für möglich halte bei mir und keine Possen mit Worten vormache, – es ist mir schmerzlich genug, daß ich ja jetzt an dich eine derartige Bitte richten muß. Denn ich bin bei dir nicht mehr gleichberechtigt wie früher. Du aber forderst jetzt von mir Gleichberechtigung für dich, Gleichberechtigung als Philosoph, damit wir philosophische Gespräche miteinander führen könnten. Ohne dies hätten wir kein Leben miteinander.

Seltsam und schrecklich! Wie eine Hand aus der Finsternis, die eine schöne Welt zerstören will! Und ich glaube nicht einmal Dies, daß ich noch lernen könnte, philosophische Gespräche zu führen. Ich glaube, ich bin 72 Jahre alt und weiß: ich habe bis auf diesen Tag noch nicht ein einziges geführt. Philosophische Gespräche kann man schreiben, nicht führen. Weswegen ich auch deinen Vortrag nur anhörte, nichts darauf erwiderte, nur wiederholend das vom Freitag, ich vermöchte deine Hoffnung auf das von dir bezeichnete Resultat nicht zu teilen und verstünde darüber die Worte nicht.

Gleichberechtigung im Philosophieren zur Grundlage für unser Verhältnis? Das war ja so schön, daß es schöner nicht hätte zu werden brauchen; und ich glaube nicht, daß Piet über Mangel an Gleichberechtigung zu klagen fand. Es war Herzensliebe und also, wie in allen himmlischen Dingen, *Gleichheit*. Gleichberechtigung – wo danach die Forderung erhoben wird in Fällen wie der unsrige, da wird sie nach meinen Erfahrungen – – –

Piet, das gibt es nicht, daß einer des andern entgegensetztes Philosophieren für gleichberechtigt erkläre, für gleichberechtigt in dem Sinne, wie hier gemeint sein soll: für gleichwertig. Gleichberechtigt ist tatsächlich das Denken eines jeden Menschen, da jeder daseinsberechtigt – durch sein bloßes Dasein. Aber damit ist noch nicht eines jeden Denken von gleichem Wert; da das Denken der Menschen nach Graden verschieden ist und lebenslang bleibt und bei den meisten Menschen vom Affekt sehr stark verunreinigt. Und so gibt es denn in Wahrheit kein gleichberechtigtes, gleichwertiges Denken. Wer das dem andern zuerkennt, der lügt oder betrügt sich selbst; und jeder muß – wegen seiner Daseinsberechtigung in seiner Einzigkeit, auf seinem Grade des Daseins oder Bewußtseins – mit unbeschränktem Kredit bei sich selbst sein Denken für richtig halten, für richtiger als das Denken unter seinem Grade wie auch für richtiger als das über seinem Grade, das von ihm aus Unfähigkeit für verkehrt gehalten wird. Ich habe auch nicht gehört weder von Goethe noch von Spinoza, Platon, Herakleitos oder Herrn Widmar: »Dies ist meine Überzeugung, aber die entgegengesetzte hat natürlich die gleiche Berechtigung, den gleichen Wert«, und von den Genannten keiner hätte leisten können, was du von mir verlangst für Gespräche (zu denen mir, wie gesagt, Fähigkeit und Neigung abgeht) und wovon bereits bewiesen ist, noch vor einem ersten Gespräch, daß du selbst es nicht leisten kannst. Denn im Atem mit deiner eben nur sich aussprechenden Forderung nach Gleichgeltung unsrer angeblich entgegengesetzten Überzeugungen erklärtest du deine für richtig und meine für verkehrt. Du der Richtige,[5] ich der Verkehrte, diese Gleichgeltung – muß das gleich sein? Wart ein Weilchen, mein geliebter Piet, und laß dir sagen: Wir denken tatsächlich nicht gleich. Denn so viel leichter, deinen eignen Worten zufolge, dir fällt, mich zu verstehen, weil von mir die schriftlichen Versuche vorliegen (mit denen ich, wie ich dir gestern sagte, keineswegs zufrieden bin), und so wenig mir die mathematische Form einwill, die doch auch aus deinem mir gestern Gesagten herausscheint, – so viel glaube ich doch aus deinen Worten verstanden zu haben, daß ich sagen darf: Nein, wir denken nicht gleich. Ich denke nämlich, daß du so denkst wie ich, während du denkst, du dächtest anders. Du denkst, du hättest dein Denken geändert, so daß es dem meinigen entgegengesetzt ist: ich denke, du denkst wie ich, das ganze Prinzipielle des ganzen materialen Denkinhaltes wie ich. Heute wie gestern und – wie morgen, für den Fall, daß du, bei Weiterarbeit, abermals zu dem Glauben kommen solltest, ein wiederum neues, deinem heutigen entgegengesetztes Resultat gefunden zu haben. Du denkst dein Leben lang nicht anders wie ich. Wie weit richtiger oder verkehrter – das kommt für mich heute so wenig in Betracht als früher; das ginge gegen die Naivität, die für mich das Verhältnis macht. Ich wußte von Derlei nichts und kann von Derlei nicht wissen. Den Wert meiner Unterhaltung habe ich dir nie angepriesen und keine Berechnung hat mich geängstigt, ob ich auch von deinem Werk nicht weniger Förderung, Gewinn und Genuß haben würde, als du von meinem gehabt hattest. Ganz gewiß stehst du entweder über oder unter mir, irrst aber, wenn du glaubst, daß mich Gedanke daran praktisch bewegt: ich empfinde weder Hochmut gegen dich noch Verunruhigung und Neid wegen Konkurrenz. Wie denn auch! Wie wenig ich können könnte, was du kannst, so wenig wirst du können gleich mir; was aber das Denken betrifft, so denkst du wie ich. Beweis: mein Werk. Du hast nur zur Zeit ein Talent nicht. Das Lesen ist nämlich ein Talent, das verloren gehen kann. Du kannst mich zur Zeit nicht lesen. Beweis: wie du mein Werk, vornehmlich meine Bewegungslehre[6] wiedergabst. (Du kannst *bei mir* nicht relativ und absolut unterscheiden, meine Bewegungslehre fällt in die Relativität; was ich nicht deutlicher machen kann, als ich es zu machen versucht habe, daher auch

5 Brunners letztes, Fragment gebliebenes Werk trägt den Titel: Unser Charakter oder Ich bin der Richtige!

6 Zu Brunners Bewegungslehre siehe Brief 120/2.

hier nicht etwa erwähne, damit eine Polemik gegen dich zum Zweck einer noch größeren Verdeutlichung einzuleiten – ich könnte nur meine Bewegungslehre schreiben: die habe ich geschrieben). Du kannst mich zur Zeit nicht lesen, nicht hören, und was du hörst von Andern, denen ich mein Leben zugetrunken habe, ist dir zuwider. Ganz plötzlich kam – mitten in dem, daß dir wohl dabei zu Mute war, daß dir übel dabei zu Mute wurde; und es hat lang gedauert, bis ich merkte von dem Umschwung, der zugehörigen Amnesie usw. usw. Lieber Gott, gib dem Piet Talent, diesen Brief lesen zu können und nicht zu meinen, daß er aus einem schlechten Herzen kommt. Er kommt aus einem gesunden Herzen, heute noch arbeitend wie gestern, trau dem alten Lied und der gleichen Weise das Gesanges. Verlangt auch keine Gleichberechtigung; wäre mit weniger zufrieden –

Jude und Hexer.

194. An Walter Bernard, 2. Januar 1935

Mein lieber, geliebter Walter,

du hast mir so sehr schön über die Charakterstudie geschrieben,[1] daß mich schon deinetwegen freut, wie du sie nun, weiter ausgebaut, von neuem an dein lebendiges ernstes Herz nehmen wirst. Es ist möglich, daß du die Auffassung vom Ganzen des Menschencharakters zu hart findest.[2]

1 Bernard hatte im Herbst 1934 eine erste Fassung des Werkes »Unser Charakter oder Ich bin der Richtige!« erhalten, an dem Brunner bis zu seinem Lebensende arbeitete. Bernard schrieb am 2. Oktober 1934, dass ihm diese Arbeit unter anderem auch für seinen Beruf besonders wichtig sei, wie er sich überhaupt wünsche, dass bei Brunner mehr über Pädagogik zu lesen wäre: »Wir Lehrer müssen doch immer so handeln, *als ob* der Charakter doch wenigstens einigermassen beeinflussbar wäre. Und sollte da in der Jugend, wo das Gemüt am empfänglichsten, gar nichts Wichtiges von der Umgebung (im weitesten Sinne) darauf sich abdrücken?« (LBI/JMB: II, 1, 13). Offenbar hat Brunner die Skizze weiter ausgearbeitet und eine neue Fassung geschickt.

2 Brunner hält den menschlichen Charakter für angeboren und unveränderlich: »Die Menschen sind kein Menschen-Rohstoff, sondern von der Natur verarbeitet und nicht weiter umarbeitbar. Das gilt vom Ganzen des Menschen, von seinen Anlagen, Dispositionen, seinem Temperament und von seinem Charakter.« (Unser Charakter, S. 130). Zugleich sei eine Selbsttäuschung über den eigenen Charakter angeboren: »[…] die Selbsttäuschung bietet hinreichenden Grund, sich für *den Richtigen* und die eigne Unfähigkeit, Unlogik, Verkehrtheit, Grappen, jeden Unsinn, auf den man gerade eben hereingefallen, Mißverständnisse und schon bloße Unkenntnisse und Mustopferei für Widerlegung der Wahrheit zu halten. So sind sie alle die Richtigen, wie sie alle in der Selbsttäuschung befangen sind, und am wenigsten kommt ihnen hier der Zweifel, der den Menschen so gewaltig hilfreich wäre, wenn er ihnen käme, von dem aber am allerseltensten diejenigen angewandelt werden, die

Vergiß nicht, daß du noch jung bist und nicht so viel Gelegenheit hattest, in das Innerste zu blicken von so vielen Menschen verschiedenster Art. Vergiß auch nicht meine große Liebe zu den Menschen, die mir nicht verloren gegangen ist: die ich mir gerettet habe durch die Erkenntnis der naturwissenschaftlich-philosophischen Wahrheit über den Menschen. Die bedeutendsten Geister haben den Menschen für grundschlecht erklärt, wie er auch in der Bibel »böse von Jugend an« genannt wird.[3] Das kann ich nicht mitmachen; er ist mir relativ, wie »unsre Welt« überhaupt, nicht denkend seinen Gedanken und an die Stelle des Nichtwissens die Torheit von seinem Hochmut setzend, wofür er selber mit seinem Leben so schwer zu büßen hat, daß ich nur seine Leiden mit ihm leiden kann und mich empören muß gegen den *harten* Spruch der Theologen, einschließlich Kant und Schopenhauer, die ihm die Schuld für seine Leiden zuschreiben.[4] Ich würde ihn wegen seiner Leiden lieben, wenn ich das nicht schon täte, weil ich seinesgleichen bin und leide.

Ergänzen mußt du dir es durch meine Gedanken über Konstanz und Varietät der Arten.[5] Was im Ganzen über die Arten gilt, das gilt auch von den Individuen und ihren Charakteren. Wobei du auch deine Frage nach mehr Pädagogik wenigstens allgemein beantwortet finden wirst. Es ist nicht viel mit der Pädagogik; aber sehr richtig bemerkst du, daß man arbeiten müsse, als ob. Als ob jedes Individuum ausarten könne zum Ideal hin. Einerlei, ob es denn am Ende doch beharren wird bei dem Teil seines

ihn am allernötigsten hätten – der Zweifel, ob sie nicht mit ihrem Denken dem Irrtum oder gar der prinzipiellen Verkehrtheit und dem Aberglauben unterliegen könnten. Wenn man auf den eher dem Affekt als der Vernunft gleichenden Denkzustand der Menschen sieht und auf die Folgen davon, auf den Hergang in ihrer Gesellschaft und auf ihre Geschichte, so wird einem angst und bange, daß eben diese Menschen von solcher Aufführung und solcher Geschichte so unbiegsam sich für die Richtigen halten mit ihrem Denken, statt daß ihnen davor angst und bange würde« (Unser Charakter, S. 53).

3 Gen 8,2: »Das Trachten des Menschen ist böse von Jugend an.«

4 Brunner kritisiert (Unser Charakter, S. 125-129) Kants und Schopenhauers Unterscheidung zwischen empirischem und intelligiblem Charakter, weil damit die Fakultäten des Denkens vermischt würden (zur Fakultätenlehre s. Brief 41/6). Transzendentale Freiheit und unbedingte Kausalität sind für Brunner unhaltbare Annahmen; es gebe keinen »Charakter an sich«. Der Charakter sei zwar unveränderlich, wie Schopenhauer richtig erkannt habe, aber er bleibe etwas Relatives: der spezifische Ausdruck des relativen Seins eines menschlichen Individuums (Unser Charakter, S. 129).

5 Die Konstanz und zugleich Variation der Arten hat Brunner schon bezüglich der Rassen in »Der Judenhaß und die Juden« (S. 21-51) und bezüglich der Entwicklungslehre und Pädagogik in »Aus meinem Tagebuch« (S. 95-105) diskutiert (s. auch Brief 140). In »Unser Charakter« wendet er diese Auffassung noch konkreter auf den Menschen an: Jeder Mensch ist für Brunner »eine Variation der Einen menschlichen Urpersönlichkeit« (S. 130), aber: »Art, Variation, Individualvariation mitsamt dem Individualcharakter«, das ist in sich »alles konstant« (S. 135).

Teilhabens und das Kompagnie-Geschäft des Menschenlebens weiterhin so schwer zu führen sein wird wie bisher. Wir müssen säen, sei es ins Meer.

Dank für den Scheck[6] (der aber doch wohl besser »Eingeschrieben« käme) und für die Exemplare deines Buches,[7] die ich aufs Beste verwenden werde. Für die allgemeinere Wirkung ist jetzt wahrlich andres als die Zeit – Brrr – *die* Zeit!

Ich kann dir auch von Eisensteins Buch[8] schreiben, das er mir im Manuskript geschickt hat. Ein Urteil gebe ich nie über Bücher oder Schriften, die mich betreffen. Aber das darf und muß ich sagen, daß sein Werk gediegen und taktvoll ist und ganz gewiß auch – zur Zeit – wirken wird.

Die neue Abschrift,[9] aus der du dich hoffentlich zurechtfindest trotz allerlei Buntheit und Flicken, geht spätestens übermorgen an dich weg.

Sei mit dem Herzen gegrüßt und gesegnet immer, mein Walter, und schreib mir!

B.

195. An Ernst Ludwig Pinner, 12. März 1935

Mein sehr lieber Ernst,

ja ganz gewiß; und wegen deiner Rezension kannst du nichts als nichts und nach außen zu den Leuten hin, als wäre übrigens alles in Unschuld und Ordnung, einmal wieder anfragen, wann sie denn nun gebracht würde, ohne Unter- und Oberklang von Gereiztheit.[1] Wir sind rausgeschmissen aus der Gesellschaft, aus jeder Gesellschaft; auch aus der rausgeschmissenen. Um so eher mußt du eine suchen und halten, die eine, deine, unsre. Auch das ist schwer, aber es geht; vergiß nur nicht, daß es geht und daß es eine Aufgabe!

6 Bernard unterstützte Brunner weiterhin finanziell. Über ihn gelangte zudem eine monatliche Summe von Freunden in Rumänien (vermutlich aus dem Kreis um Bickel) an Brunner.

7 Bernard, The Philosophy of Spinoza and Brunner.

8 Die unter dem Pseudonym Friedrich Andermann 1937 publizierte Arbeit »Irrtum und Wahrheit der Biologie. Kritik der Abstammungslehre« (Wien – Leipzig – Bern: Weidmann & Co.), die übrigens auch von Thomas Mann wahrgenommen wurde (s. Brief an Richard Bloch vom 22. August 1937, LBI/JMB: III, 1, 3, 6).

9 Das erweiterte Manuskript von »Unser Charakter«.

1 Pinners Rezension: The Philosophy of Spinoza and Brunner by Walter Bernard (Spinoza Institute of America), in: C.V.-Zeitung 14, Nr. 12 (21. März 1935), S. 15f.

Arbeit für dich, geistige, wäre mancherlei; aber sie muß dir so herausspringen aus deinem Boden. Den betrachte jeden Abend – wie du jeden Morgen dein praktisches Pensum betrachtest –; wo etwa ein grünes Köpfchen sich heben will. Von der Judensache aber würde ich dir raten, dich abzuwenden und zu machen, als wäre sie nicht. Sie ist zur Zeit nicht; ist kein Aktivum, nur Passivum. Die Juden hatten die Emanzipation nicht verstanden, – die Geschichte kommt damit wieder, läßt das nicht unvollendet. Aber zur Zeit ist vergeblich darüber zu reden, weder den Nichtjuden noch den Juden selbst. Ich kann hier auch nichts weiter sagen als nur noch, was mir der demokratische Staat gesagt hat, daß seine Regierungszeit noch lang nicht abgelaufen sein wird.

Mit allen guten Grüßen sei gegrüßt von Herzen

B.

196. An Fritz Blankenfeld, Frühjahr 1935

Mein lieber Bl, es wäre wohl herzlich schön und wertvoll gewesen, und nun soll es doch wieder nichts werden mit deinem Hiersein?[1] Mir ist das um so tiefer leid zweifach, erstens, weil die Aussicht eurer Übersiedelung hierher zunichte geworden, auf die ich doch immer noch die wärmste Hoffnung nicht lassen kann, und zweitens, weil auch die Reise nach London sich zerschlagen hat, von der ich glaube, daß sie Zusammenhang hat mit dem Plan, Rolf[2] in England einzupflanzen. Ich bin der Meinung und des Herzenswunsches, daß Dies nicht bald genug getan sein kann, und wüßte darüber viel zu sagen, was sich nicht schreiben läßt ... Wohl aber hab ich Andres in der Feder, seit längerer Zeit schon, und will zu dir versuchen, es herauszubringen. Ich könnte es auch an eine andre Adresse richten; es sind viele, denen ich es schreiben könnte, da mir in letzter Zeit viele geschrieben haben über das Gleiche, worüber auch du mir schriebst. Erna,[3] Li Ziesmer,[4] Grete Bittlinger,[5] Magnussen,[6] Ernst Ludwig,[7] Bickel,[8]

1 Blankenfeld hatte geplant, Ostern 1935 nach London und Den Haag zu reisen, besuchte Brunner aber erst im Sommer dieses Jahres.

2 Blankenfelds Sohn Rolf, der später nach Kanada auswanderte.

3 Blankenfelds Ehefrau Erna.

4 Elise (gen. Li) Ziesmer, geb. Hafer (1887-1968), später mit Karl Mönch verheiratet.

5 Margarete Bittlinger.

6 Peter Magnussen.

7 Ernst Ludwig Pinner.

8 Lothar Bickel.

Abb. 56: Constantin Brunner mit Magdalena Kasch,
28. August 1935 in Den Haag

der große Ritter,[9] Genia Hurtig[10] und wie sie sonst heißen haben mich beglückwünscht zu Magdalena hier[11] und ihr dabei unabhängig voneinander, einen Chor gesungen, dessen überschwängliche Ruhmestexte ich hier nicht wiederholen kann. Wenn ein Mensch in schlechtem Rufe steht, so mag damit noch nicht in allen Fällen über seinen Wert das Urteil gesprochen sein: allgemein aber gerühmt zu werden, von trefflichen Menschen übereinstimmend mit ungewöhnlichem Lob erhoben werden, das bedeutet Zuverlässiges; und wie ich gewöhnt bin, mir klar zu machen, so hab ich auch nachgedacht über die Gründe, weswegen Magdalena dieses Kreises Königin und Heilige geworden, und schreibe darüber dir nicht aus Rücksicht auf dein Würdenamt als Präsident,[12] sondern weil du, das kritischste und empfindlichste Individuum, das nicht so bald einen Nebenmenschen vertragen kann, doch schreibst, wie schmerzlich dir ihre Gegenwart und die Möglichkeit eines Besuches von ihr fehlt, nennst sie dein »liebes Wunder« – »gelobt sei dein Name unter den Weibern«, und du hättest ihr Leben in deinem Bewußtsein »an einer Stelle, wo sonst niemand anzutreffen ist«.[13] Schöneren Text könnte auch meine Stimme nicht mit einsingen in den Chor, und wenn ich frage, welcher Besonderheit all diese und auch meine Bewunderung gilt, so scheint mir die Antwort einfach zu sein und zusammenfaßbar in zwei Sätzen, davon der erstere lautet: daß M. keine Affekte zeigt als nur gute – bei höchster Entschiedenheit und Selbständigkeit des geistig eigentümlichen Wesens.

Das ist der Punkt, der zunächst die volle Betonung zu verdienen scheint: die Selbständigkeit, Unabhängigkeit, Einheitlichkeit dieser Natur. So von Kindesbeinen an blind-sehend in einer Richtung laufen durch ein unbekanntes und wegloses Land, gradaus nach der geistigen Schau. Am besten hat sie das selbst geschildert in den Aufzeichnungen, wie sie zu mir – nein wie sie zu sich gekommen.[14] Magnussen will sie einreihen in meine Werke? Ich mag mit geholfen haben, aber das eigentliche Werk hat sie selbst getan; wie könnte das auch anders sein? Die früh sich angekündigt und die man gleichsam sich selbst gegeben, die Richtung einhalten und vollenden bis ans Ziel, die Richtung zu sich selbst, und das werden, was man ist, – das

9 Fritz Ritter.

10 Eugenie (gen. Genia) Grünberg, geb. Hurtig (1902-1991), war seit 1931 mit Phöbus Grünberg (1901-1972) verheiratet.

11 Nach Lotte Brunners Heirat versorgte Magdalena Kasch ab 5. Februar 1935 Brunner und seine Frau im Haager Exil (s. Abb. 56).

12 Blankenfeld war federführend in der Constantin Brunner-Gemeinschaft Berlin.

13 Brief an Magdalena Kasch vom März 1935, LBI/JMB: III, 1, 3, 1.

14 Magdalena Kasch, Wie ich zu Constantin Brunner kam (s. Brief 67/1). Dieser Bericht gehört zu einer Sammlung ähnlicher Berichte anderer, die Brunner zu seinem Geburtstag 1932 von der Constantin Brunner-Gemeinschaft Berlin überreicht bekam.

ist schon Originalität bei Nichtvorhandensein von geistiger Produktionskraft, – das ist Originalität der echtesten geistigen Reproduktionsfähigkeit, so von immerher deutlich verlangen nach der Selbsterweckung und Deutlichkeit des ihr gemäßen geistigen Inhalts. Und wie interessant dabei ihr Weg der Bildungsaneignung mit dem unverwischbar stehen gebliebenen Am-haärez-Charakter.[15] Dieses allmähliche Herausblühen zur Gestalt in Geschmack und Urteil aus der Gefühlseinheit, aus Träumerei und Verwirrtheit, die doch sonst für Erziehung und Selbsterziehung ein so schweres Hindernis bilden. Hier nicht bei Richtung und Ziel in ihr, obwohl der Prozeß immer wieder neu prozedierend. Mitten in der manchmal so herzerquickend frischen, ausgemacht klaren, allerhöchst anschaulichen Rede das Stocken, das langgezogene »Na« und wieder Stocken oder »Na – du weißt ja«, und vorbei. Dann auch von Zeit zu Zeit eine Ausdrucksweise, die Männerbildung erbleichen macht, und Fragen, die einen Mann zum Selbstmord treiben könnten, so aussichtslos sind sie für Beantwortung, so vertrackt in der logischen Haltung. Und was ist das für eine Schrift eines unüberwindlichen Am-haärez – die Schrift hat sich ja schon bedeutend herausgemacht; aber manchmal schreibt sie doch noch, als finge die Kultur von vorn an. Das gleiche Versinken in den eignen Urabgrund zeigt sich ja im Praktischen, wo wiederum auch Züge von blitzkluger Selbständigkeit und unerwartete Auswege überraschen.

Das gehört hier alles in Eines, sind keine Gegensätze; so wenig wie bei ihr Sanftmut und Leidenschaftlichkeit. Merkwürdig bedeutsam, wie die schöne dunkle Stimme, auch in der Erregung ihren Klang nicht verliert, einen mystischen Liebesklang mit einer Sprechmelodie von naiver Hingabe an den andern. Niemals kommt noch so leiser Pochton auf die eigne Person und Richtigkeit in dieser Stimme herauf; die aber doch auch ein

15 Hebr.: Landmann, Ungebildeter, Idiot; in Osteuropa ein jiddisches Schimpfwort (»Amhorez«). Bezeichnet wird damit ursprünglich ein Bauer, im übertragenen Sinne ein hinsichtlich biblischer und talmudischer Kenntnisse Ungebildeter. Brunner folgt zwar in »Unser Christus« (S. 89 u. 205-208) mit Bezug auf das Johannesevangelium der Auffassung, dass die Amme haárez Landvolk seien, »das nichts vom Gesetz weiß« (Joh 7,49), betont aber vor allem ihre aktive Feindseligkeit gegen die »gebildete und fromme Zeitgesellschaft« und bezeichnet sie als den »naiven« Ausgangspunkt des Christentums: »Die *amme haárez* glichen am meisten den Kindern, und da Christus die Kindlein nicht konnte zu sich kommen lassen, so kam er zu den *amme haárez* und tat für sie und mit ihnen, was nur er konnte, – Größeres als er selber dachte. Zunächst bildete sich an ihm – bildete: auch in dem Sinne, daß sie nun Bildung empfingen, aber wahrlich nicht die allgemein rabbinische, ihre Bildung bestand in der Kenntnis seiner Persönlichkeit und seiner Reden – es bildete sich unter den Juden die neue Partei der *amme haárez,* welche Christo anhingen (Apostelgeschichte 24, 5; 28, 23), die solang eine jüdische Partei blieb, als sie noch die Beschneidung nicht preisgab, bald aber, wie aus den Schriften des Neuen Testaments ersichtlich, aus dem Judentum hinausdrängte und, je mehr Heiden hinzukamen, ihr ›Christentum‹ in den Gegensatz zum Judentum stellte; woran Christus mit keinem Gedanken gedacht hatte.« (S. 207).

unwiderstehliches Kriegsfeuer und eine absolute Sieghaftigkeit annehmen kann. Wie zum Beispiel neulich beim Abweisen einer Beleidigung gegen einen nicht anwesenden Freund;[16] welch ein Crescendo und Portament[17] der zornigen Leidenschaft. So wünscht man die eigne Unschuld von einer getreuen Seele verteidigt; so hört man hier bereits sich selbst verteidigt. Durchweg genießt man den Anblick einer Unschuld und wird eine Gnade und ein Licht ausgeströmt, wovon man glauben möchte, daß auch die Blinden anfangen müßten zu sehen und jede Geringschätzung und Feindseligkeit besiegt werden. Aber die größte Schönheit kommt doch aus noch größerer Tiefe und zeigt sich in solchem, was der Unverstand Häßlichkeit und Abgeschmacktheit nennen und komisch finden könnte. Die tiefste Schönheit offenbart sich in dieser Häßlichkeit und Armut, in dieser Verachtung des Fleisches in dieser Weltüberwundenheit auf dem verdatterten feinen Gesicht mit dem blöden in sich Hineinlächeln. Man könnte da immer nur an gewisse griechisch archaische Bilder von Göttinnen denken und an gotische von heiligen Frauen; im Berliner Märkischen Museum ist eine Madonna so zu sehen. Güte ist das, und fromme Andacht zur Güte, Unschuld mit den Menschen und mit den Gedanken.

In der spekulativen Tiefe und *Feinheit* dem Feingefühl der Psychologie nicht, worin von dir, mein geliebter Freund und wie immer von den andern geliebten Freunden meine Gedanken innig, klar und gründlich empfangen werden, – nicht weniger rein fühle ich mein Leben aufgenommen und angeeignet in diesem Gemüt, das mit entgegenkommendem Erfassen alles gleich in Bild, Gesinnung und Frömmigkeit umsetzt und von jedem lebhaften Wort zu schöpferischer Freude erregt wird. Wie aber übrigens die praktischen Vorzüge dieser ungewöhnlichen Menschennatur beschaffen und *unerschütterlich* begründet liegen; *alle* Sitten und Gewohnheiten und Kleinigkeiten des Benehmens kommen von der andern Seite und es ereignet sich das Gegenteil von dem Gewöhnlichen bis zu einer Grenze, die man nicht erwartet und für unmöglich gehalten hätte, – das habe ich natürlich jetzt erst im allernächsten Zusammenleben erfahren. Das Beglückendste wird mir dadurch, daß Magdalena für den Menschen, um den mir die Sorge fast mehr am Herzen liegt als für mich selbst, daß Magdalena für meine geliebte treue Lebensgefährtin die gleiche Sorge und Liebe zeigt wie für mich, und in welcher Art! Nicht als Opfer, mit drein zu gebendes, oder als Aufgabe gegen einen andern, sondern als Aufgabe für sich selbst, natürlich und unangestrengt sich tuend nach der Natur einer Liebe und Güte mit so viel Verstand zum tätigen Gutsein, das bisher noch

16 Magdalena Kasch berichtet die Episode in ihren »Aufzeichnungen«, S. 10.
17 Allmähliches Anwachsen der Tonstärke (Crescendo) und gleitendes Übergehen von einem Ton zu einem anderen (Portament).

nicht eine Sekunde versagt hat auch mit keiner Miene und keinem Hauchlaut und nur, gänzlich unaffektiert und ehrlich, glaubt ungenügend zu sein, und sich müht, es noch besser zu machen. Wie ihr überhaupt fehlt der Hauptaffekt des Menschen: sich richtig und die Andern verkehrt zu finden, sie vielmehr, wirklich bescheiden bleibend und wirklich unberührt von dem reichen und ungewöhnlichen Lob so vieler wahrhaftig den Blick auf ihre Unvollkommenheiten gerichtet hält und an sich selbst unausgesetzt arbeitet. Mit den meisten Menschen gewinnen wir ein besseres Verhältnis aus der Entfernung: wo es unvergleichlich viel schöner wird in der Nähe, – ja, Lieber, da ist wirklich ein liebes Wunder; und mir soll so wohl werden, daß ich dieses Wunder und solch einen wandelnden Haager Friedenspalast[18] immer um mich habe? – – – Wobei ist mir doch auf ähnliche Art wohl geworden und was ist das andre, auch immer um mich? Du weißt schon, daß ich von Spinoza rede. Spinoza so hoch über mir zu erkennen hat wohl sehr viel dazu beigetragen, jenen Hauptaffekt des Menschen, von dem ich eben gesprochen habe, in mir niederzukriegen, und daß ich aufhörte, soweit meine Natur es zuließ, nach des Volkes Natur und Gewohnheit Schlimmes über sehr viele Menschen zu reden und reifer dafür wurde, von ganzem Herzen und von ganzer ewiger Seele Gutes sagen zu können über wenige Menschen, von denen ich erkennen mußte: sie sind besser als ich. Im Laufe meines Lebens sind mir ganz gewiß Mehrere begegnet, die besser waren als ich, und ich habe es nicht erkannt. In meiner Jugend fühlte ich es von einem Lehrer; ich konnte es damals noch nicht erkennen.[19] Bei Magdalena erkannte und erkenne ich: sie ist besser als ich.

Was bleibt mir noch zu sagen? Hab ich mich wegverloren von dem zu Sagenden oder dazu gefunden? Ich wollte mir deutlich machen in zwei Sätzen, weswegen Magdalena die Königin und die Heilige des Kreises geworden, und weiß nicht mehr, wie ich den zweiten Satz im Sinn getragen. Aber sein Sinn ist ausgesprochen. Ihr so ausgezeichnete und wahrhaft gute Menschen – gleich mir hält jeder von euch Magdalena für besser als sich selber. Das ist es, was, als Folge des bedeutendsten Erlebnisses, einen andern besser zu finden als sich selbst, in eurem Enthusiasmus sich ausspricht. Jawohl, Magdalena ist aus dem Stoff, woraus die Heiligen gemacht sind, aus denen wir die Königinnen machen sollten.[20]

18 Der Friedenspalast in Den Haag, in dem seit 1921 der internationale Friedensgerichtshof tagt.

19 Vermutlich Elieser Loeb (s. Brief 137/4).

20 Nach der Deportation Lotte und Leoni Brunners im Jahre 1943 übernahm Magdalena Kasch die Sorge für den Brunnernachlass, den sie unter höchstem persönlichem Risiko über den Krieg rettete. 1947 bis zu ihrem Tod im Jahre 1981 war sie die Sekretärin des Internationaal Constantin Brunner Instituut, arbeitete an der Veröffentlichung nachgelassener Schriften Brunners sowie der Neuherausgabe seiner Werke.

Abb. 57: Walther König, Dezember 1933

197. An Walther König,[1] 1935

Mein lieber Walther,

das war nicht so gut getan, mir nun dennoch – womit du schon Jahre lang gedroht hattest – dieses Buch zu schicken.[2] Deiner Verurteilung muß ich zustimmen; aber damit ist mir auch das Leid um Eberhard neu aufge-

1 Walther König (1879-1940) (s. Abb. 57), seit 1904 Bibliothekar in Straßburg, 1918 in Berlin, wurde über seinen Bruder Eberhard mit Brunner bekannt. Nach dem Ersten Weltkrieg avancierte er, ausgehend von Brunners Schriften zur »Judenfrage«, in Vorträgen, Arbeitsgemeinschaften und Publikationen zu einem der glühendsten Vorkämpfer gegen den Antisemitismus. Seine 1928 publizierte Schrift »Die Insel des Verständnisses oder Bedeutung Constantin Brunners für Überwindung des Judenhasses« (Berlin: Verlag der Neuen Gesellschaft 1928; Nachdruck, hrsg. vom Internationaal Constantin Brunner Instituut, Den Haag 1974) nannte Brunner »das Beste, was über mich geschrieben worden ist. Zum ersten Mal ist damit über mich geschrieben. [...] Es ist Selbständigkeit darin und Herz und in dieser einfachen Sachlichkeit eine richtige Rhetorik« (Lotte Brunner, Tagebuch, 4. März 1928). König, der zuvor den »Germaneneid« leistet, dass er weder Jude noch jüdischer Abstammung sei, hebt in der Schrift hervor, dass Brunners Lehre vom Interessenurteil (in: Memscheleth sadon) die »Judenfrage« vom vermeintlich Wissenschaftlichen zurückverlege »ins Menschlich-Sittliche« (S. 15). König fordert, eine »Gesellschaft zur theoretischen Klärung des Judenhasses« zu gründen und formuliert ausgehend von Brunners Schriften konkrete Anhaltspunkte »für den Abwehrkampf« (S. 21-55). Wegen seines öffentlichen Auftretens verlor König 1933 seinen Bibliothekarsposten.

2 Vermutlich das Buch seines älteren Bruders Eberhard König: Wehe, mein Vaterland, Dir! Zeitgedichte (Leipzig-Hartenstein im Erzgebirge: E. Matthes 1923), eine Sammlung deutsch-nationaler Gedichte mit deutlich antisemitischem Unterton. Eberhard König (1871-1949), Dramatiker und Erzähler, studierte Philologie und Kunstgeschichte in Göttingen und Berlin, schrieb vom Publikum bejubelte Dramen (u.v.a. »Gevatter Tod«, Uraufführung 1900 am Berliner Schauspielhaus; »Saul«, Uraufführung 1903 am Dresdner Hoftheater), die die Presse verachtete. Nach 1918 galt er als Nationalist und Vorkämpfer völkischer Wiedergeburt. Eberhard König und Brunner waren seit 1899 befreundet. Im April 1900 schrieb Brunner eine begeisterte Rezension über den »Gevatter Tod«, insbesondere über die spinozistische Tendenz darin (Eberhard König's »Gevatter Tod«, in: Die Umschau 4, Nr. 18 (18. April 1900), S. 353-356). 1901 grämte er sich, dass König keinen Erfolg habe, »trotzdem er ein echter Dichter ist« (Brief an Frida Mond, LBI/JMB: II, 9, 6). König nannte 1902 seinen Sohn Leo (nach Brunners eigentlichem Vornamen) und fand eine Wohnung, die der von Brunner in Waidmannslust gegenüberlag. Im Oktober 1903 sagte Brunner über König, »all sein Schaffen ruht, seit er mich kennt, auf meinem Grunde« (Lotte Brunner, Tagebuch, 29. Oktober 1903). Als König sich Ende 1903 in seinen Vorträgen Brunnerscher Gedanken und Terminologie bediente, ohne Brunner dabei zu nennen, und sich noch dazu moralkritisch-antisemitisch über Brunner äußerte, zog sich Brunner von ihm zurück. Seiner Stieftochter gegenüber erklärt er einmal: »Zweierlei war es, was ich auf die Dauer nicht ertragen konnte und wollte: die Nachäfferei und den Antisemitismus, der freilich während des Umgangs mit mir schlummerte und sogar eine Zeitlang in das Gegenteil umschlug, in große Begeisterung für Judentum und Juden, der aber doch im Grunde weiter in ihm wuchs und nach der Trennung von mir so herrlich ausbrach. Ich habe Artikel von ihm gelesen, die bös hässlich sind.« (Lotte Brunner, Tage-

brochen, das beinah völlig überwundene. Wie ich dir des Öfteren gesagt: hinter der Erinnerung an sein frisches und besinnliches Talent wurde es dunkel; was da im Leben aus ihm geworden war, wußte ich nicht, sah ich nicht, weil ich nicht sehen wollte. Nun muß ich sehen diese Schornsteinfegerweihnachtgratulationspoesie. Das ist aus Eberhard geworden: er gratuliert zur teutschen Plondheit[3] – gegen Trinkgeld. Was ist das für ein Geschäft, und was das für eine Überzeugung ist! Ist denn sein Verstand so verwickelt, daß ihm entgeht: weder alle Deutschen noch auch nur alle Teutschen sind feizenplond.[4] Er selber und seine Familie auch nicht. Und wenn, was bewiese es? (Zufällig erfuhr ich noch vor wenigen Tagen, daß ein junger Mann als Typ des teutschen und »nordischen« Menschen herausgestellt und abgebildert wird, der mütterlicherseits von Juden herkommt. Ich kenne ihn genauestens, du kennst ihn auch; ich will ihn nicht denunzieren in einem Brief, der Andern in die Hände fallen könnte. – Eberhard, auf seinem Standpunkte, dürfte er wohl dem von dir geleisteten Germaneneid trauen? Vielleicht subjektiv, objektiv wissenschaftlich ganz gewiß nicht. Denn für das wissenschaftliche Rasseneinsehen kommt doch Alles, Alles lediglich auf das Aussehen an. Von eurer ganzen Germanenmischpoche bist du jedoch der einzige einigermaßen koscher erscheinende, während doch dein Bruder,[5] der Nasenkönig,[6] Oberrabbiner von Meseritz und vereinigt Schönlanke, Krojanke, Filehne sein könnte.[7] Und dein andrer Bruder, Eberhard selbst, müßte wahrscheinlich eine erhöhte Prämie bei der Lebensversicherung entrichten, wenn er seine Absicht kundtäte, die antisemitischen wissenschaftlichen Versammlungen zu besuchen; ganz zu schweigen von seinem Gedenke und Getue, – wie er z.B. nur seinen Christus zum Germanen ernennt, Herr Jesus! das sind wohl echte jüdische Machenschaften). Aber er fühlt sich nun mal von der teutschen Plondheit gepannt.[8] Und da hat sein Auto die Panne. Das ist kein *Auto*, kein αὐτο mehr, das ist nicht mehr *Er selbst*, der alte Eberhard. So

buch, 25. Oktober 1916). 1928 nennt Brunner Eberhard König einen »Judenhasser« (Aus meinem Tagebuch, S. 64).

3 Deutsche Blondheit.

4 Weizenblond.

5 Über diesen Bruder ist nichts bekannt.

6 Anspielung auf die angeblich besondere Form der Nasen bei Juden; Brunner widerlegt die wissenschaftliche Fundierung in »Der Judenhaß und die Juden«, S. 48.

7 Im ostpolnischen Meseritz (Międzyrzec Podlaski) bestand die Bevölkerung damals überwiegend aus Juden. Auch in den in der preußischen Provinz Posen (heute Polen) liegendenen Städten Schönlanke (Trzcianka), Krojanke (Krajenka) und Filehne (Wieleń) war der Bevölkerungsanteil der Juden relativ hoch.

8 Gebannt.

fälschlich träume ich noch manchmal, er und ich, wir könnten, mit Gelächter über all den Spuk, uns *küssen.* Ach nein, die große Wissenschaft trennt ihn grimmig von mir, ihn hat der Aberglaube. Denken tut er noch, wie er damals bei mir gelernt hatte. Wo der Grund frei sich aufdeckt – das *soll* der Grund seines ganzen Buches sein – da schreit aus ihm: Es ist nichts als Gott, und der Aberglaube und der Teufel sind das Nichts! Und rühmt sich freilich dazu, das hätte wohl noch keiner je gehört. Er jedoch hatte es von mir lebendig in sein Leben hinein gehört, und steht auch in meinem Werk, und ist das alte Judentum, was er denkt, wenn er denkt. Denkt es aber nur in den Seelenfeierstunden: übrigens denkt er nicht und steht in der Nachahmung Derer, denen der Teufel Alles ist. Wo mag Eberhard, wo mag der Dichter Eberhard geblieben sein? Soll Dichtung sein oder Dichtungersatz diese Nachahmung gewisser Welscher,[9] Franzosen und Belgier, und wohl auch Hammersteins;[10] dieses geflissentlich aller Einfachheit des Ausdrucks aus dem Wege Bleiben und dieser archaistisch teutschelnde Alfanß,[11] vor dem keine Situation anschaulich und verständlich, wie sie gemeint ist, aufzustehen vermag; soll, daß er unzweifelhaft den Dialekt der Dummen redet, soll diese erbärmliche Kleinkreisigkeit die Dichtung machen und daß uns daraus der bösgiftige Blast[12] entgegenschlägt? Ich gewahre es noch, das Talent, gewahre es mit Entzücken und Liebe; aber bevor es zur Poesie und zum Segen erblüht, ist es verwünscht und all seine Besinnlichkeit und Kühnheit erloschen in Abgeschmacktheit und Gehässigkeit, und die sind ihm die Hauptsachen seines Lebens. Aus Menschenhaß hat noch nie einer *gedichtet*, und Judenhaß wird ewig nicht die zehnte Muse. Wer damit auch einige politische Gröler hinter sich herzieht, in die Litteratur kommt er nimmer; die Musen halten die Tür zu und lachen: Sus quandoque Minervam?![13] Wie muß Eberhard selber, wie muß bei beginnendem Alter dem im Grunde so Feinen und Schönen wehe tun, sich in *der* Gesellschaft zu sehen (von dieser Sorte blöd prahlender, schreiender und mit den Waffen herumfuchtelnder Deutschen, die sich den übrigen Deutschen und das ganze deutsche Volk dem Auslande so ekelhaft machen) und aus der Gemeinschaft wirklich verwandter Seelen – mit unendlicher Arbeit und Mühung – sich selber herausgeschmissen zu haben; oder hat er vergessen, wie Kunst und Begeisterung ausschaut, und ließe sich ihm gegen

9 Bezeichnung für romanische (lateinische) oder romanisierte keltische Völker.

10 Möglicherweise meint Brunner hier den österreichischen Schriftsteller und Politiker Hans Frhr. von Hammerstein-Equord (1881-1947).

11 Bair.: Betrüger.

12 Mhd.: Hader, Zwist.

13 Lat.: Das Schwein (d.h. der Dumme) will über kurz oder lang Minerva (d.h. den Weisen; eigentlich die Göttin der Weisheit) belehren (Sprichwort nach Cicero).

das, was er herzubringt, nur noch sagen: Anders, anders![14] – Ich muß Das wieder verwinden und vergessen, und, mich in meiner Gesundheit zu erhalten, kehre ich zurück zur alten, mir immer noch teuren Erinnerung, von der ich *diese* wieder abhänge. Ich will keinen andern Eberhard kennen als den gewesenen, bevor der Schlaganfall traf, der ihm sein Denken gelähmt hat. –

Dank für die Mitteilungen. Ich wußte ja nichts von eurer Versammlung und rede gewiß niemals drein; aber Das darf ich wohl sagen, daß mir dieser Beginn viel zu verfrüht erscheint und geeignet zu diskreditieren. Von Adressen nenne ich dir noch Prof. Dr. Martin Rade,[15] Marburg a. d. L. und Privatdozent Licentiat Fiebig,[16] Leipzig, Grassistr. 11.

Herzlichst

B.

Bitte Empfangsanzeige von diesem Brief.

198. An Lothar Bickel, September 1935

Teurer Bickel, mich drängts zu sagen und festzulegen, wie herzlieb und wichtig dein Besuch[1] gewesen hauptsächlich, weil er in dir jene Schranke niedergebrochen und die freie Selbstverständlichkeit hergestellt hat zwischen uns. Das war mein schönstes Geburtstagsgeschenk, wofür ich, wie sehr, danke. Und nun sei auch erklärt jenes mein etwas seltsames Stillsein wohl am Geburtstagabend, das von dir nicht soll mißverstanden werden. Wir kamen nicht zum Wort darüber; es war alles immer so preß ausgefüllt bis auf dein Abfahren, daß dies auch noch Hals über Kopf mußte vor sich gehen, – weg, ehe wirs merkten. – In mich gekehrt war ich den Abend, ganz ausgefüllt von Gedanken an das Werk und an euch geliebte und lie-

14 Lotte Brunner merkt zu dieser Stelle an: »Beziehung auf ein Wort eines Briefes von Eberhard [König] aus der Zeit, wo sich der Bruch mit Constantin Brunner vollzog« (ICBI: BW-Abschr.).

15 Martin Rade (1857-1940), ev. Theologe und linksliberaler Politiker, führender Vertreter des Kulturprotestantismus, seit 1899 Professor in Marburg. Rade hatte eine historisch-kritische Sicht auf das Christentum, dessen ethische Substanz er betonte und einen besonderen Praxisbezug erstrebte.

16 Paul Fiebig (1876-1949), ev. Theologe, seit 1918 Pfarrer in Leipzig, 1930 außerordentlicher Professor. Fiebig setzte sich für ein besseres Verständnis des rabbinischen und zeitgenössischen Judentums ein. 1935 schloss er sich der nationalsozialistischen Rassenlehre an, verteidigte das Führerprinzip und die »artgerechte deutsche Kirche«.

1 Bickel war Anfang August und dann noch einmal zu Brunners dreiundsiebzigstem Geburtstag am 28. August in Den Haag (s. Abb. 58).

Abb. 58: Constantin Brunner mit Lothar Bickel,
28. August 1935 in Den Haag

bende Menschen, als deren Repräsentanten ich dich, und in dir euch alle, bei mir hatte.[2] Ich dachte etwa so und schlug immer wieder zurück in solches Denken und kam nicht los:

Nun ja also; ich lebe also noch, mußte ich denken, und mein Werk lebt. Wo? Bin ich doch nun so recht der versteckte Mann. Versteckt mit meinem veröffentlichten Werk wie mit meinen Manuskripten; ich bin ja nun Manuskriptenbesitzer. Von Zeit zu Zeit kommen welche zu mir ins Versteck, – wie nun gar mein Bickel hergereist kam zu diesem, also wirklich immer noch lebenden, Wirker meines Werkes … Die Welt hat Werke, so über allen Vergleich höher als das meinige; aber das meinige ist auch ein Werk in der Welt und ein Werk noch im Geborenwerden gleichsam vor euren Augen, und ihr seid wie Geburtshelfer. Mein Werk ist euch mit aufgetragen, daß es lebe; euer Leben ist verknüpft mit dem Schicksal und mit der Mission dieses Werkes in der Zukunft der Welt. Ja, das ist es; das unterscheidet für euch diese Bücher von allen übrigen Büchern, die von euch auch gelesen werden, auch von den edelsten Büchern. Lest ihr doch keine andern Bücher; und seid nicht von den Lesern, die heute dieses, morgen jenes Buch lesen, sich damit aufzustrotzen. Was wären euch Bücher, wenn sie nicht euer Leben erhöhten und hielten im Hohen? Aber diese sind nun für euer mit mir lebendes Leben eure Bücher κατ' ἐξοχην.[3] Euer Leben, das Herz eures Glaubens, Liebens und Hoffens ist unzertrennlich treu verbunden mit diesen meinen euren, mit unsren Büchern; die ihr keinen Augenblick verlassen könnt, wie ich nicht. Ihr verlaßt mich nicht, ihr verlaßt nicht mein absonderliches und schwer zu lebendes Leben einer großen Liebe – möchtet ihr es fühlen heute und immer, mit welcher Erschütterung in allen zeitlichen und ewigen Bewußtseinstiefen ich von der ungeheuerlichen Bedeutsamkeit dieser einzig verbindenden Liebe weiß, wie ich euch liebe und danke und mit euch Eins bin im Daheim, Daheim. Mit euch nun hier und mit denen nicht hier, um die ich weiß, und die doch heute auch hier sind, wie mit den andern von den unsrigen, von denen wir nicht wissen, wie mit allen den vielen, die noch von uns nicht wissen, aber wissen werden. Die Welt wird, nach diesem schauderhaften politischen Zeitalter, wieder den kleinen Raum gewinnen für die Unschuld der Theorie, und dann wird steigen aus unsrem Werk alles, was drin ist für das Leben, und vieles wird sich verwirklichen; wovon dieser Bickel so hell weiß und schreibt. Alle die Wenigen werden noch zu uns stoßen; der Wenigen sind Viele, die reich sind daheim, doch wissen sie ihr Haus nicht. – Vielleicht hätte ich dir das sagen sollen, es hätte vielleicht an jenem Abend

2 Die vor allem in Bukarest und Czernowitz lebenden Brunner-Anhänger, die zumeist Anfang der zwanziger Jahre Kettners »Ethisches Seminar« besucht hatten.

3 Griech.: schlechthin, par excellence.

nicht ungesagt bleiben dürfen hier im Versteck. Nun sag ich es dir heute; nun ist heute der Abend und das Versteck, und heute ist Alles, auch das Herauskommen aus dem Versteck mit dem Anteil daran aller der zum Werk in Liebe stehenden Seelen, mit deinem Anteil durch dein Geschriebenes und dein jetziges Schreiben,[4] – es klingt mir lebendig im Ohr –, und heute ist auch die wieder freier gewordne Zeit da, die aus unsrer Not und Jammertiefe und Finsternis der Trauer um Drangsal und erbärmliche Menschenschindung so vieler schuldloser Menschen heraufführt. Heute ist ein guter Tag; der auch das Morgen hat und die Ewigkeit.

Mein Bickel![5]

199. An Magdalena Kasch, 30. September 1935

Ja, unser Land ist schön, trotz all der Fußeisen, die lauern. Da heißt es: *un*ruhig abwarten, bis die entfernt werden. Warten, immer warten – leben ist warten; und was lebt, das ist so fest wie Regentropfen auf Laub. Warten vexiert?[1] Leben vexiert? Mich nicht. Dich nicht. Wir haben den zuverlässigen Freund gegen das Warten, gegen die Zeit. Wir merken sie im Grunde nicht; sie geht nicht hin, nein, sie ist nicht da im Grunde. Wie gehörig und gebührlich doch unsre Uhr im Eßzimmer, mit der ich jetzt wieder hell erlebe wie ja eigentlich immer. Das ist eine Uhr! Die geht nicht vor, nicht nach: die geht vor *und* nach, unerforschlich und unbehandelbar, nach der Tiefe ihres Beliebens und der ewigen Wahrheit die einzige absolut zuverlässige Zeitverhöhnungsuhr. So einen Ticker, wie wir daran haben! – Ich stand auf und ging hinein, sie liebevoll betrachten. Sie ticktackt und grüßt dich und läßt dir ausrichten: Warten, Warten und ja nicht eher fahren als bis die Sache erledigt;[2] und kannst vorher so schön den lieben alten Eltern[3] sein!

4 Bickel schrieb zahlreiche Arbeiten über Brunner und im Kontext seiner Philosophie (siehe die genannten Publikationen in Brief 118/1 und die Manuskripte im LBI/JMB: I, 3).

5 In seinem Antwortbrief berichtet Bickel: »Deinen Brief an mich und an uns habe ich vorgelesen und möchtest Du doch aus beiliegenden Zuschriften ersehen, *wie* Du von uns geliebt wirst, und wie sehr und wofür wir danken. Du hast mit jedem Worte über uns recht. Wenn Du auch nur die Wenigsten von uns kennst, so kennst Du uns doch bis auf den Grund: *Dein* Werk ist es, woran wir denken, wenn wir Gott und Ewigkeit sprechen.« (Brief vom 30. September 1935, LBI/JMB: II, 1, 14).

1 Lat.: irreführen, quälen.

2 Vermutlich geht es um den Verkauf von Magdalena Kaschs Leihbücherei in Berlin-Neukölln.

3 Magdalena Kaschs Eltern Sophie und Hans Heinrich Kasch in Niendorf an der Ostsee.

200. An Paul Neubauer, Oktober 1935

Ja, du lieber Pali, ich fühls auch deinem Brief an, wie es dir weh tut;[1] und es geht auch vielleicht wirklich etwas verloren, vielleicht sogar eine Flasche Wein! Bei mir traf es mitten in die Musik hinein (ich lebe seit einiger Zeit in Beethovens Violinkonzert[2]) und in meinem Zorn und Schmerz, daß du die Geige von dir geworfen – du und die Geige, die Geige und du! Und wenn du nun kommst, bringst keine Geige und kein Orchester mit, und nicht einmal ein Klavier ist vorhanden (das tut mir leid genug, daß Leoni nicht mehr die Saiten schlagen kann jetzt). Keine Geige und kein Orchester, aus dem du es spielen könntest. Wenn du es gespielt hättest, danach müßtest du mir erzählen, wie das ist. Ich möcht' es wiedererzählen können; zuletzt sucht doch alles das Wort, wie selbst *dieser* letzte Satz der Neunten,[3] sei es auch nur um deutlicher verrückt zu sein in der Wahrheit.

Gegen alle Musiker steht mir dieses große Zeugnis des Musikers; und ich Amusiker, wenigstens zuerst oder zuletzt, ich weiß nicht, komme nicht aus ohne noch so ohnmächtige Worte, die mir den Geist humanisieren .....

Das Violinkonzert:

Erst wird grundgemauert dieses Wunder von des großen Geheimnisses Feier – das Geheimnis selber feiert, ist drin in dieser Grundmusik; aus der, wie aus Schlafumhüllung in die Tiefen hinein des all-einen Lebens, die Stimme der Geige *auferstebt*, – sie dreht sich im Emporsteigen. Findet sogleich sich zur Seligkeit, die Seele, und befestigt sich in ihr und im wahrhaftigen Schauen und Singen. Nun singt sie, wie sie vorher nimmer konnte singen; in der Erzählung wiederholt sich ihr Leben, ihre Einsamkeit, Trauer, Dunkelheit und Verzweiflung. Mit allem, allem immer rückkehrend, woher sie aufgestiegen, in die Feier der Grundmusik, die, immer

1 Neubauer hatte geschrieben, dass er das Geigenspiel aufgegeben habe.

2 Beethoven, Konzert für Violine und Orchester in D-Dur, op. 61. Magdalena Kasch berichtet in ihren »Aufzeichnungen« am 14. Oktober 1935 von dem gemeinsamen Anhören einer Grammophonaufnahme des Konzertes. Am folgenden Tag äußerte sich Brunner ihr gegenüber dazu: »Wie wichtig es sei, daß man die besten Sachen wieder und wieder höre! Nicht nur, daß man selbst jedesmal ein Andrer, der anders aufnimmt: das Ohr müsse sich gewöhnen, lerne oft erst mit der Zeit fassen, – und gar bei solchem strömenden Reichtum, der mit jedem Male reicher und schöner werde. ›Und die Violine in diesem Conzert: Nirgendwo liegt die Violine so feierlich gebettet und steht so königlich auf wie in diesem Violinconzert.‹«

3 Beethoven, 9. Sinfonie in d-Moll, op. 125. Im letzten Satz setzte Beethoven, erstmals in einer Sinfonie, Gesangssolisten und einen gemischten Chor ein.

herrschender als das Erlösungswunder sich offenbarend, gehört wird wie das Vergessen und wie die Stille. Sie singt verklärten Leibes vor Gott – alles Weh des Träumens vergeht in den ewigen Liebestag, und nach dem Ende *dieses* Largo-Andante, mit dem unbeethovensch, aber beethovensch kurzer Schluß gemacht wird, ist das Ende Preis und Überjubel. Die Seele tanzt mit einer durch ewige Seligkeit gemilderten Dorffreude; es wird lustig im Himmel und der Alte der Tage wackelt lächelnd den Takt des Ländlers und hebt die Hände zu jedem Juchzer.

Groß war mir immer die Macht der Geige; aber von ihrem Charakter, ihrer Begabung und von dem, was sie kann, verstanden hab ich erst, da ich sie in Beethovens Violinkonzert aus ihrem Boden aufgehen sah so verbunden mit dem Ganzen und in voller treuer Unschuld der musikalischen Exekution. Kein Ton Eitelkeit und schwelgerisches sich Amüsieren mit sich selbst im Wohlgefühl des eignen Daseins, nichts da vom verfluchten Gediedel. Und das ist das Violin-*Konzert*, wo die Violine nicht nur begleitet und ihr galanterweise einige Schwierigkeit abgenommen und vertuscht wird – was hat die schöne Frau davon im Grunde, wenn man nichts als mal so sie begleitet? Sie bleibt allein, und das will sie nicht, da ist sie nichts. Sie *ist* nur im Konzert. So die Violine, die auch bei Begleitung allein bleibt. Auf dem Kamm blasen, das kann schön sein, aber sonst kein Instrument allein, auch die Violine nicht. Und hier nun – ich hab's gesagt, was hier ist, aber auch nur hier, oder vielmehr, ich möchte es einmal sagen können lieber noch wie das über Offenbach.[4] Dir denn sei gesagt wenigstens, was ich da möchte: Zu gewissen Noten einige Worte setzen; *da zuletzt auch die Musik nicht allein bleiben kann, in uns nicht*. Ich denke gewiß an nichts weniger als daran, Musik zu Programmusik zu machen; aber zur Sammlung aus dem Unbestimmten des Gefühls, zum Anhalt, wäre zwischendurch ein noch so kleines Textwort gut. Die allergrößte Musik wirkt darum so allergrößt und nachhaltig, weil sie alle ihre Worte mit sich führt: die Matthäus-Passion.[5]

Nun ist das ein langer Brief geworden an meinen Doch- und Doch-*auch*-Geiger. Die Saite, die ihm da jetzt gesprungen ist, läßt sich hoffentlich ersetzen, und eines Tages springt er doch selber her ans Herz.

B.

4 Brunner hatte früher einmal geplant, etwas über Jacques Offenbach zu schreiben (s. Brief 192/2).

5 Johann Sebastian Bach, Matthäus-Passion, BWV 244.

201. An Leo Sonntag,[1] Herbst 1935

Mein lieber, guter Leo, nun doch von dir hören zu müssen, daß D. dem T.[2] so hart geschrieben, tut mir weh; und so war denn auch all meine Bemühung umsonst. Die fallen müssen, dürfen wir nicht noch stoßen! War der T. nicht schon unglücklich genug, da er durch sein Betragen alle seine

1 Leo Sonntag (1901-1983), geboren in Seletin, nahe Czernowitz, Mitschüler von Walter Bernard und Genia Grünberg, Teilnehmer an Kettners Ethischem Seminar, 1923 Studium in Berlin, 1927/28 Eröffnung von Leihbuchhandlungen in Berlin, später in Hamburg. 1933 Flucht nach Belgien, 1940 nach Frankreich, 1943 in die Schweiz. Seit 1945 Wohnungsvermittler in Paris. Sonntag war in Potsdam und später in Berlin und Den Haag ein gern gesehener Gast im Brunnerhaus. Er war schon in Berlin ein Sammelpunkt für die Brunner-Freunde aus Czernowitz. 1968 gründete er zusammen mit seinem Freund Walter Bernard und dem Literaturprofessor Heinz Stolte (1914-1992) in Hamburg eine Constantin Brunner-Stiftung und gab mit Stolte zusammen eine Auswahl aus Lotte Brunners Tagebuch heraus (Lotte Brunner, Es gibt kein Ende. Die Tagebücher, Hamburg: Hansa-Verlag 1970) sowie eine Schriftenreihe, in der Arbeiten über Brunner erschienen (z.B. Israel Eisenstein/Phöbus Grünberg, Auf den Pfaden der Philosophie Spinozas und Constantin Brunners (Schriftenreihe der Constantin-Brunner-Stiftung Hamburg, Bd. 2), Königstein/Ts.: Anton Hain 1982). In Frankreich machte er zahlreiche Intellektuelle auf Brunner aufmerksam, darunter Jean-Paul Sartre und Albert Camus, aber auch den Philosophieprofessor Ferdinand Alquié (1906-1985), den Schriftsteller Henri Thomas (1912-1993) und den Theoretiker des Surrealismus André Breton (1896-1966). Es wurden Übersetzungen von Brunners Werken publiziert (in den Zeitschriften 84, Les Temps Modernes, La Nouvelle Nouvelle Revue Française, Preuves sowie im Verlag Gallimard) und die von Jean Ballard (1893-1973) herausgegebene, angesehene Literaturzeitschrift »Cahiers du Sud« brachte 1964 eine bemerkenswerte Sondernummer über Brunner (Cahiers du Sud, 51me Année, No. 375, Tome LVII, Constantin Brunner, un philosophe hors les murs (1862-1937), Déc. 1963 – Janv. 1964). Zu Leo Sonntag insgesamt siehe: Leo Sonntag. Ein jüdisches Emigrantenschicksal, hrsg. von Jürgen Stenzel, Essen: Die Blaue Eule 1993.

2 Der wie Sonntag in Brüssel lebende Chiren Disenhaus und Leo Tamari waren seit 1913 befreundet. Jeschourun (von Brunner Chiren genannt) Disenhaus (1899-1972), der im schlesischen Stachov orthodox erzogen wurde, dann durch Tamari mit Brunners Philosophie in Berührung kam und mit 20 Jahren nach Belgien auswanderte, wo er ein wohlhabender Fabrikant und Kunstsammler wurde; 1934 besuchte er Brunner in Den Haag. Leo Tamari (eigentlich Deitelbaum, ca. 1877-?) stammte aus dem östlichen Polen und lebte 1950 in Kirjath-Chaim (Israel). 1914 besuchte er Brunner zusammen mit Disenhaus und Abraham Suhl; Lotte Brunner berichtet über sein schwärmerisches Wesen (Tagebuch, 21. Januar 1914). 1920 übersiedelte er nach Berlin; Brunner gab ihm ein Empfehlungsschreiben für die Hochschule für die Wissenschaft des Judentums. Trotz seiner ursprünglich innigen Verehrung für Brunner wandte er sich 1924 von ihm ab, als Brunner am Wert einer naturphilosophischen Arbeit Tamaris zweifelte (vermutlich die Vorarbeit zu dem Buch »Das Wesen und Wirken der Gravitation. Philosophisch-naturwissenschaftlich begründet und dargestellt«, Charlottenburg: Foerster & Mewis 1926). 1936 nannte Brunner ihn einen Kranken: »Grobe Irrtümer und Verwechselungen genügten, ihn größenwahnsinnig zu machen.« (LBI/JMB: II, 4, 2).

Freunde verloren hatte: mußte, den er für den letzten halb noch hielt, ihm solche Worte schreiben wie dieses, daß in seiner Schrift seine Äußerungen gegen mich seinen unsauberen Charakter zeigten?[3] Weiter als bis zum Schweigen dürfen wir es in derartigen Fällen nicht treiben. Ich selbst habe doch auch kein Wort geschickt gegen T. oder gegen K.[4] und andre. Ach du lieber Leo – – –

Was mir an geistiger Begabung eignen mag – nach aller Aufrichtigkeit vor mir selbst: Wie mir beim Arbeiten immer unpersönlich zu Sinn und ich recht eigentlich nie auf den Gedanken gerate, daß *ich* es sei, der arbeitet, so gebe ich auch der Wirkung des Geschaffenen keine mir bewußte Beziehung auf meine Person, – auch nicht dem Dank und der Gunst, wovon mir in so überschwänglichem Maße zugebracht wird. Insofern mag dran sein an dem Ausspruch Leoni's ich wäre der einzige ihr vorgekommene nicht größenwahnsinnige Mensch. Wie ich darüber nachdenke, stehen mir gewisse gute Schüler vor Augen, die nicht wissen, daß sie gute Schüler sind; Lotte ist solch eine gute Schülerin gewesen. Nun ist an mich letzthin gradheraus die etwas unverschämte Frage gerichtet worden, welcherart ich mir meiner Vorzüge bewußt sei? Ich fand keine Antwort, habe mich aber dann mit der Frage beschäftigt … Ich habe mein langes Leben lang über den natürlich egoistischen und zu Hochmut und Unbändigkeit neigenden menschlichen Charakter gedacht, und zwar jederzeit mit Hinblick auf meinen eignen Charakter; der mich eben so wenig zufrieden gestellt hat, wie jemals meiner Leistungen eine. Es ist kein Tag vergangen, wahrhaftig kein Tag, wo ich nicht, von Staunen und Dank erfüllt vor den großen Genien der Menschheit, die Unvollkommenheit und die Schwä-

3 In seiner 1926 erschienenen Arbeit hatte Tamari Brunner noch nicht erwähnt; sie endet allerdings mit dem für Brunner zentralen Gedanken: »Das Seiende ist Eines – ›Jahwe echad!‹« (S. 158). In der veränderten und erweiterten Fassung des Buches (Die Materie – ihr Wesen – ihre Trägheit und ihre Schwere. Eine philosophisch-naturwissenschaftliche Abhandlung, Berlin: Carl Heymanns 1932) setzt sich Tamari, mit persönlichem Unterton, auch sehr ausführlich mit Brunners Spinozadeutung auseinander (vor allem in Abschnitt II und im Anhang). Brunner habe Spinoza völlig falsch interpretiert, meint Tamari hier, er habe insbesondere den Attributbegriff nicht richtig erfasst. Tamari versteht Spinoza materialistisch: Substanz, Ausdehnung und Raum sind für ihn ein und dasselbe (S. 42): das Absolute (S. 115), so dass sich ein Widerspruch zu Brunners Bestimmung des »Denkenden« ergibt, das dem Gedachten, der dinglichen Welt, vorausgehen soll. Tamari ist der Auffassung, dass Brunner die reale Existenz der Dinge leugnet und sie als nur subjektiv im Denken vorhanden ansieht (S. 29), kritisiert also vor allem Brunners idealistischen Ansatz. 1953 publizierte Tamari noch einmal eine überarbeitete Version seiner physikalischen Überlegungen (Von den letzten Dingen. Eine Abhandlung vom Wesen und Wirken der Materie. I. Teil: Grundzuege eines physikalischen Weltbildes a priori, München – Basel: Ernst Reinhardt 1953); Brunner wird hier nicht mehr genannt.

4 Friedrich Kettner.

chen meines Werkes nebst meiner Unfähigkeit, sie zu bessern, empfunden hätte, und vom Charakter eines andern Menschen vermochte ich zu sagen: er ist besser als ich.[5] Und ich unternahm den Versuch, in ehrlicher Lebensrechnung mein Leben zu *denken* und nirgendwo bei einem betrügerischen Affekt stehen zu bleiben, mit andrem Wort: ich habe ernsthaft versucht, für mich die Konsequenz zu ziehen aus der Wahrheit über den menschlichen Charakter und vor mir selbst Egoist zu sein in der Art, wie ich andre als Egoisten vor mir hatte. Ich habe es *versucht*, mehr sage ich nicht; ich habe immer daran gedacht, es zu versuchen. Daß ich eine *inner*liche Transsubstanziation[6] erfahren, das behaupte ich nicht; wohl aber gelang Haltung und Hemmung, ich ließ mich nicht heraus nach dem Natum[7] in meiner Natur, und was Rache betrifft, so hab ich allezeit auf die gründlichste gesonnen: auf mich Bessern. Nun genug gerühmt und vielleicht wirklich das, was ich an Verdienst eines guten Willens voraus habe vor vielen. Nicht zuletzt vor solchen Leuten meines Kreises, denen die allgemeinsten Fehler der Gattung, Kleinsinnigkeit und Größenwahn, Klatschsucht und Neid, in besonderer Stärke zuteil geworden, und die, nicht zweifelnd an ihrer Tugend, die meinige plötzlich eben so tief herabzusetzen begannen, wie sie früher von ihnen hoch war erhoben worden. Sie mußten sich jetzt trennen wegen einer Entdeckung an sich selbst, die ihnen von niemandem, auch von mir nicht bestätigt werden konnte. Deswegen mußten sie sich trennen von ihren bisherigen Freunden, vor allen andern von mir; und das Merkwürdigste bei ihrer Scheidung von mir besteht darin, daß sie gar in Abrede stellen, jemals verheiratet und verliebt gewesen zu sein. Sie fälschen für ihre eigne Erinnerung die offenkundigste Vergangenheit und mich. Sie möchten mir schaden, der ihnen, nach dem Zeugnis der Miterlebenden, nichts Böses getan (dem H. v. L., dem L.[8] und dem T[9] bin ich sogar von praktischem Nutzen gewesen, K[10] hätte ohne mich seine große Rolle nicht spielen können). Sie müssen mir jetzt schaden; denn ich schade ihnen, ihrer Entdeckung. Sie haben sich entdeckt als Ich-Auche; was sie in vergangenen Zeiten an mir gerühmt hatten, das finden sie jetzt an sich selber zu rühmen, und das soll jeder an ihnen rühmen, keiner mehr an mir; ich muß verschwinden. Deswegen suchen diese Ich-Auche mit ihrem Wind Staubwolken zu erregen, die mich unsichtbar machen sollen. – Das Alles

5 Siehe hierzu Brunners Bewertung Magdalena Kaschs in Brief 196.

6 Lat.: Wesensverwandlung. In der katholischen Theologie die Wandlung von Brot und Wein in den Leib und das Blut Christi in der Heiligen Messe.

7 Zu den Begriffen Natum und Cultum bei Brunner siehe Brief 169/7.

8 Vermutlich Gustav Landauer.

9 Leo Tamari.

10 Friedrich Kettner.

legt sich wieder, ohne mein Zutun; und ich bin, mit ungetrübter Seele, auf meinem Weg geblieben.

Mir ist da, wie ich beim wieder Überlesen gewahre, ein leicht mißzuverstehender Ausdruck entlaufen: K hätte ohne mich seine große Rolle bei euch nicht spielen können? Ich meine damit, daß er auf Grund meines Werkes sie zu spielen sich im Stande sah; denn ich hatte ihn wahrlich nicht ermutigt, vielmehr jede Erzählung über sein Wirken und über euch ihm abgeschnitten, und, so vielmal er ein Wort für euch verlangte, ihm keinmal eines gegeben.[11] Denn wie mir sein Ungenüge vor Augen stand, so konnte ich kein Vertrauen gewinnen zu denen, die ihm folgten. Ich glaubte an eine faselige Sache und Schaum, der bald in sich zusammensinken würde, so weit ich überhaupt glaubte, und hatte keine Vorstellung von der Möglickeit, daß auf derartigen Wegen mit so unzulänglichen und absurden Mitteln ein vernünftiges Ziel sich könnte erreichen lassen. Ich meinte: Gegacker über Windeiern; und als dann doch solche Kerle, wie ihr, hervorspazierten, da war mir das eine der wundersamsten Überraschungen und Belehrungen meines Lebens. Welch ein Jammer, daß nun K selbst davon mußte; wie fürchterlich büßt er seine Sünde! Es war mir darum unmöglich, als vor einem Jahre W B mich bat, dazu beizutragen, daß sein Treiben in New-York »entlarvt« würde, dazu beizutragen;[12] vielmehr bat ich W B, sich da davon zu lassen, man müsste doch auch was für das Jüngste Gericht lassen, und er blieb davon. Bei D hatte ich leider, betreffend T keinen Erfolg, und nun bitte du, Leo, bestimme doch den D, daß er T von neuem schreibe unter völliger Weglassung der leidigen Geschichte

11 Zu den Vorgängen im Zusammenhang mit der Auflösung des Ethischen Seminars in Czernowitz und Kettners Rolle dabei siehe die Briefe 113, 114 und 116-118.

12 Walter Bernard hatte geschrieben, dass er Dokumente benötige, um Kettner, der in New York wieder Gruppen ähnlich der des Czernowitzer Ethischen Seminars gebildet hatte (1928 gründete er die Gemeinschaft der »Spinoza Lovers«, 1929 das »Roerich Spinoza Center«, später »The Biosophical Institute«, das noch heute existiert), das Handwerk zu legen: »Der Mann treibt es nämlich hier zu arg. Er beutet die armen Kerle buchstäblich aus, um selber mit Familie im Luxus wohnen u. leben zu können, und er verwirrt sie noch obendrein mit seinen mystizistischen Geschichten. Nun hat sich letztens wiederum eine Gruppe Leute von ihm losgesagt, die mich ersuchten, ihnen bei der Entlarvung Kettners behilflich zu sein. Sie erzählten mir haarsträubende Geschichten von ihrer Ausbeutung durch ihn. Auch hatte er ihnen immer ›Hass‹ oder jedenfalls Verachtung gegen Brunner gepredigt« (Brief vom 10. Oktober 1934, LBI/JMB: II, 1, 13). Brunner bat Bernard, sich zurückzuhalten: »So wenig schön und wie bedauerlich immer die Rolle sein mag, die er spielt, – es bleibt bedenklich in jedem Fall, zum Sturz eines Menschen beizutragen.« (Brief vom 21. Oktober 1934, LBI/JMB: II, 1, 11). Bernard teilte noch mit, dass Kettner, um Prozesse zu vermeiden, persönlich mit den Einzelnen über Abfindungssummen verhandele (Brief vom 10. Oktober 1934).

und meiner, als der alte Freund, der ihm immer noch da sei. Er braucht sich nur vorzustellen, in welchem unglücklichen Bewußtseinszustand der arme T da hockt, so wird er schon die rechten Worte finden. Ich selbst, wenn ich nicht befürchten müßte, Mißverständnis und diejenigen Affekte gerade zu erregen, die ich schonen möchte, würde dem T schreiben und bin jeden Augenblick bereit, dies zu tun, sobald sich mir ein Anlaß dazu bietet (der aber freilich von ihm ausgehen müßte), und ich erwarten kann, mit meinem Wort seinem Leben Beruhigung zu verschaffen. Ich habe nichts gegen *diesen* Menschen, habe nur mit *dem* Menschen zu tun und kenne im Grunde nur Einen Menschen, an dem und dessen sämtlichen Eigenschaften alle die Einzelmenschen nach verschiedenen Graden teilhaben. Daraus folgt für mich und für uns alle, die wir nach Vernunft und Gerechtigkeit streben, erstens: daß uns, bei noch so viel objektiver Gewißheit von ihrer ungewöhnlich guten Wirkung, auf *unsre* Vorzüge Eingebildetheit nicht zusteht, und zweitens: daß wir keinen Freund (wer es einmal gewesen, der bleibt es *für uns* immer) verlassen dürfen, vielmehr haben wir uns zu bemühen, den wir vor Ausbruch seiner unbezweifelbar häßlich wirkenden Affekte nicht bewahren konnten, nach Möglichkeit vor den Folgen dieser Affekte zu bewahren – für den Fall, daß er sich fähig zeigt, die eingetretenen Mißhelligkeiten für Folgen seiner Affekte zu erkennen. Erweist er dessen sich fähig, so sind wir mit ihm wieder in der Reihe und können ihm *zeigen*, daß wir ihm Freund geblieben sind und fähig, was uns betrifft uns des bösen Richteramtes zu begeben auch da wo wir selber in der Seele verletzt sein müssen. Ich mache Schluß über die fatale Sache – nähere Erläuterung und Gebrauchsanweisung des Gesetzes, für dich unnötig. –

202. An Aron Berman,[1] 6. Januar 1936

Liebster Berman, wenn ich tot bin, will ichs dir schreiben; über mein Leben aber die Einzelheiten mitzuteilen gebricht es mir an Talent. Das ist ein Mangel an Begabung nicht etwa nur gegen dich, und hängt zusammen

1 Aron Berman (1895-1969), der eine talmudische Erziehung in Lodz genoss, in Zürich Medizin studierte und 1920-1936 Lehrer und Direktor am hebräischen Gymnasium im litauischen Kaunas war. Bei seiner Ausreise nach Palästina besuchte der überzeugte Zionist Berman im April 1936 Brunner in Den Haag. 1937 bis 1964 war er Direktor einer Mittelschule in Tel Aviv. Zeitweise leitete Berman den von Max Busyn (s. Brief 207/1) gegründeten Kreis der Brunner-Freunde in Palästina. Er hielt Vorträge und schrieb Aufsätze über Brunners Philosophie (Filosofia pe'ilah. Masot be-filosofia, be-psikologiah V be-khinukh (hebr.: Aktive Philosophie. Essays über Philosophie, Psychologie und Erziehung), Tel Aviv 1961), publizierte hebräische Übersetzungen von Brunnertexten (Ha-filosofia shel Konstantin Brunner. Antologiah, hisdirtigem v'tsiref mavo Aharon Berman

mit meiner Unfähigkeit zum Briefeschreiben; was Sache der Dichter, Weiber und andrer Wundertiere. Ich glaube, du findest eine Klage darüber auch im »Einsiedler«.[2] Das bringt mir die Frage herauf: Was hast du von mir in Händen an Manuskriptkleinigkeiten? Zähl's mir bitte auf, so kann ich dir vielleicht noch Einiges zukommen lassen; darin steht immer von meinem Leben. Es sind durchweg Tagebuchaufzeichnungen, aus Anlaß von Erlebnissen. Größeres kann ich dir leider nicht schicken, grad auch nicht, wie ich so herzgern möchte, in Betreff der Judensache; deren deine letzten Zeilen wieder Erwähnung tun. Apropos, sag mir doch mal, was du mir noch nie gesagt hast; aber ich vermute: du bist Zionist? Du weißt doch wahrhaftig, daß mir das nichts ausmachen würde; denn du weißt doch wahrhaftig, daß die Zionisten genauestens keinen herzwärmeren Freund haben als mich, und die Zeit wird kommen, wo sie das erkennen, kommt aber diese Zeit nie, so ist es doch so. Kämst du einmal auf einige Tage her, so würdest du es ganz fest und sonnenklar erfahren, daß es so ist.

(hebr.: Die Philosophie von Constantin Brunner. Anthologie), Tel Aviv 1957) und gab zusammen mit Ernst Ludwig Pinner, nach dessen Tod 1947 mit Rozka Pinner und zuletzt mit Israel Eisenstein die zwischen 1946 und 1954 erschienene interne Zeitschrift »Die Constantin Brunner Gemeinschaft« heraus, in der er auch viele eigene Artikel veröffentlichte. Seinen ersten Artikel über Brunner schrieb er offenbar 1924: Konstantin Brunner, in: Hed Lita Nr. 6 (25. März 1924), S. 13-15 (hebr.).

2 Brunner, Vom Einsiedler, S. 7f.: »Der Renner Leben ist nun allerdings schon weit durch mich hindurchgerannt; aber zur Abfassung einer eigentlichen Lebensgeschichte kann ich mich noch nicht oder gar niemals entschließen. Persönliches? Schon da ich als Student an Universitäten oder sonst auf Reisen mich befand, klagten Eltern und Freunde, daß meine Briefe so kahl waren an Bemerkungen über Persönliches. Von Derlei zu reden finde ich nur selten den Antrieb, ohne darum Abneigung dagegen zu empfinden wie etwa Plotin, von dem man niemals zu hören bekam, wie alt er sei, welches sein Geburtsort und wer seine Eltern gewesen. Auch kommt meinen äußerlichen Erlebnissen keinerlei absonderliche Bedeutung zu. Wollt ich aber versuchen, von der Innerlichkeit ein Bild erstehen zu lassen, so müßt es die ganze Bewegung des Lebens in mir sein. Dies und das wäre nichts – eine Welle herausgeschöpft wäre keine Welle mehr. Man sagt nicht umsonst, der Mensch eine Welt; er ist die Welt, davon gibt meine Pneumatologie die tiefe Begründung. Aber wer mag aussagen, wie er die Welt ist und wie er sie gewesen? Wer erkennt sich wieder, ohne Zugeben und Abnehmen, wie er sich gekannt hat in der wirklichen Klangfarbe der sukzessiven Selbstbewußtseinszustände seiner verschiedenen Lebensalter und aller seiner vorüberstäubenden Wandlungen? Wer hält sich fest, den Hinfließenden, und bringt sich wieder, den Unwiederbringlichen? Wer ist sich bekannt und hat durch Entdeckungen in sich selbst, in den Ländern und Meeren und Himmelserscheinungen seiner selbst, diese Bekanntschaft verinnigt und erweitert, daß er verdient gehört zu werden? ›Erkenne dich!‹ bleibt immer noch die höchste Anforderung an den seltensten Menschen; da die Natur selber zum Menschen spricht: ›Verkenne dich!‹«

Grüß mir den Suhl[3] zurück; möcht ihm doch gelingen, so wie er jetzt vom Hoffen lebt, auch nach seiner Hoffnung zu leben! Ach die Zeiten, ach die Raben;[4] sie fliegen immer noch – wenn man schlafen könnte!

Wir *wollen* wach bleiben!

B.

203. An Jeschourun Disenhaus, Februar 1936

[1]»Was denkst Du über die unendlichen Attribute bei Spinoza?[2] Wie sind sie zu verstehen?«

1) Ich selbst verstehe nichts von Attributen; wie ich für möglich halte, daß man sie sich bei Spinoza kann vorstellig machen, darüber in Materialismus und Idealismus.[3]

»Die räumliche Ausdehnung der Substanz, ist die als absolut anzusehen? (vorübergehend, aber im Moment des Seins ist sie doch absolut, nicht wahr?)«

2) »Räumliche Ausdehnung der Substanz«? *Die* Substanz, die räumlich ausgedehnt soll sein, ist eine andre als die absolute. Aber auch für die relative Substanz kenne ich keine räumliche Ausdehnung, kenne kein *Raum* extra. Darüber Prolegomena.[4] »Vorübergehend, aber im Moment des Seins ist sie doch absolut, nicht wahr?« *Nicht* wahr, ist *nicht* absolut. Wie

3 Abraham Suhl (s. Brief 205/1), der zu dieser Zeit noch in Riga, Lettland, lebte, war im Begriff, nach New York auszuwandern.

4 Sinnbildlich: Sorgen (ähnlich auch in Brief 28).

1 Disenhaus war mit Leo Tamari befreundet und setzte sich mit dessen Brunnerkritik (s. Brief 201/3) auseinander. Brunner nimmt im Folgenden zu Fragen von Disenhaus Stellung.

2 Nach Spinoza besteht »Gott«, d.h. das »absolut unendliche Seiende« oder die »Substanz« aus unendlichen Attributen, »von denen ein jedes ewiges und unendliches Wesen ausdrückt« (Die Ethik, 1. Teil, Def. 6).

3 Brunner, Materialismus und Idealismus, S. 126-193 (d.i. Kapitel III: Die Attribute). Nach Brunner fassen alle Gattungen von Lebewesen die Substanz auf eine andere Weise auf, und diese je spezifischen, relativen Auffassungen des Absoluten sind die Attribute. Im Gegensatz zu Spinoza ist Brunner der Ansicht, dass der Mensch nicht eigentlich zwei Attribute auffasst, sondern nur eine einzige Auffassung des Absoluten hat: das dingliche Denken, das Brunner als »praktischen Verstand« bezeichnet.

4 Das Absolute ist für Brunner ein merkmallos Eines, daher nicht räumlich oder zeitlich zu denken. In den »Prolegomena zum praktischen Verstande«, dem ersten Abschnitt des ersten Teils der Fakultätenlehre (Die Lehre, S. 121-233), zeigt Brunner, dass es auch in der Relativität, der Welt unseres Dingedenkens, keinen Sinn macht, von Raum und Zeit als »leeren« Größen neben dem Dinglichen zu sprechen; der Raum ist nichts weiter als das »Nebeneinander der Dinge« (siehe Abschnitt VI: Vom Nichts und von Raum und Zeit, in: Die Lehre, S. 161-212).

könnte etwas vorübergehend, im Moment des Seins, absolut sein. Was absolut ist, hat nicht nur ein Moment des Seins.

»Sollte ich aber die Ausdehnung in diesem Sinne als Absolut betrachten, kann ich ihr ja auch andre Eigenschaften (wie Dichte usw.) zuerkennen. Ich kann mir aber doch nicht ein Absolutes, das Eigenschaften besitzt, denken.«

3) Ganz gewiß nicht; also warum so Fürchterliches fragen?

»Ursache der Bewegung. Ich kann mir hier nichts Gescheites denken. Die Subst. ist Absolut, also eigenschaftlos (denn eine Eigenschaft begrenzt). Wie ist also die Bewegung, die wir doch wahrnehmen, denkbar? Wie würde ich dir dankbar sein, wenn du mir hier hilfbar sein möchtest!«

4) Ursache der Bewegung kann ich nicht denken. In meinem Denken fällt Ursache mit Bewegung zusammen und Bewegung ins Relative, ist also absolut nicht denkbar; wie ich ausführlich gezeigt habe.[5]

»Was ist der Unterschied zwischen Ursache und Grund? Wenn Sp. z.B. in der Ethik[6] von Ursache spricht, meint er Ursache im gewöhnlichen Sinne?«

5) In der neueren Zeit unterscheidet man zwischen logischem *Grund* und realer *Ursache* oder Realgrund. Seit Leibnitz und Kant. Descartes spricht noch von causa sive ratio.[7] Und so gebraucht auch Spinoza beide Wörter als gleichbedeutend.[8]

»Ethik I.4. wonach die Ausdehnung und selbst die Dinge als Modi oder Erregungen der Subst. extra int.[9] vorhanden sind und nicht lediglich im Denken.[10]

5 Die Identifikation von Bewegungsvorgang und ursachlichem Vorgang ist für Brunner zentral. Siehe hierzu das Kapitel »B. Die Bewegungslehre und das Verhältnis der empirischen Wissenschaften zu den Abstraktionen« (in: Die Lehre, S. 244-649), insbesondere den Abschnitt: »Die Bewegungslehre bei Spinoza: 1. Der Begriff der Ursachlichkeit« (S. 467-524), wo Brunner auch die Kausalitätstheorien von Aristoteles, Hume und Kant kritisiert.

6 Spinoza, Die Ethik.

7 Lat.: Ursache oder Grund.

8 Descartes und Spinoza wird gewöhnlich vorgeworfen, dass sie nicht, wie seit Leibniz üblich, den Grund eines Urteils, d.h. den Denkvorgang, von der Ursache eines Dinges, d.h. dem Seinsvorgang, trennen. Brunner folgt jedoch Spinoza: »Ursache und Bewirktes sind, bei dem Parallelismus des abstrakten Denkens und des Dingedenkens das gleiche wie Grund und Folge (weswegen Spinoza richtig sagt: ratio *seu* causa), und eigentlich denken wir nur Grund und Folge, da wir alles in abstracto denken, was wir dann auf die Dinge anwenden; der ganze Verstand ist Grunddenken, daher λογος, ratio, raison.« (Die Lehre, S. 512f.)

9 Lat. extra intellectus: außerhalb des Verstandes.

10 Spinoza, Die Ethik, 1. Teil, Def. 4: »Unter *Attribut* verstehe ich das an der Substanz, was der Verstand als zu ihrem Wesen gehörig erkennt.« Ebd., Def. 5: »Unter *Modus* verstehe ich die Affektionen der Substanz oder das, was in einem anderen ist, durch das es auch begriffen wird.«

Die Dinge sind natürlich Erregungen der Subst. Aber doch nicht als besondere Wirklichkeiten außerhalb der Substanz?«

6) Nein ganz gewiß nicht; und für dein VI. sowohl wie für dein V. gilt, daß sehr schwer hält, sich in fremder Terminologie (wie z.B. A priori[11]) zurechtfinden zu wollen mit der Terminologie Spinozas, die noch obendrein nicht immer weder sehr scharf ist, noch konsequent gebraucht wird.

»Ausdehnung und Denken. Kann ich mir das Denken a priori wie die Ausdehnung denken? Es scheint mir, ich kann mich nicht klar ausdrücken, als wäre das Denken in der Ausdehnung inbegriffen. Ist das richtig?«

7) Ja, das scheint mir richtig und kommt auf das hinaus, was von mir in Mater. und Id. vorgebracht wird.[12] – Denken ist leicht; wenn man aber verschiedenartige Terminologien vereinigen will, macht man sichs schwer und erzeugt in doppelten und vielfach komplizierten Ehebrüchen, scheußliche Mißgeburten. – Ich kann dir den Spinoza aus dem Spinoza nicht deutlich machen; sonst müßte ich einen Kommentar zu Spinoza schreiben, wozu ich nicht fähig und nicht mehr jung genug bin. Und wäre er fertig (nach 30, 40 Jahren etwa) – wie sollte mein Kommentar verständlicher sein als Spinoza? Ich habe getan, was ich konnte, der Bedeutung Spinozas gerecht zu werden, und habe die Genugtuung, den Wunderbaren sehr Vielen nahe gebracht zu haben.[13] Aber unter den Vielen, die darüber zu mir sich geäußert haben, ist nicht ein Einziger, der mit Spinoza selbst fertig werden konnte, sondern bekannten alle, auch die Selbständigsten darunter (wie z.B. noch Bickel in seinem letzten Brief), daß sie »Spinoza nur verstehen, indem sie ihn in Brunners Gedankensprache übersetzen.«[14] Insofern bin ich vielleicht doch ein Kommentator Spinozas; hätte Dies aber nicht sein können, wenn ich, statt am eignen Denken immer mich hereinwärts zu ziehen, im Einzelnen seinem Vortrag nachgegangen wäre. Was da wohl herausgekommen sein würde; und ich müßte in der Geisterwelt mich schämen, ihm unter die Augen zu kommen! Ich habe damit getan, was ich konnte und mußte, da mir zum Bewußtsein gekommen war, wie

11 Lat.: vom Früheren her. In der neuzeitlichen Philosophie das von der Erfahrung Unabhängige bzw. dieser Vorausgehende, ohne das Erfahrungserkenntnis nicht möglich ist.

12 In »Materialismus und Idealismus« unterscheidet Brunner das »Denkende« vom »Gedachten«. Vom Denkenden gedacht wird das Dingliche, so dass Spinozas Attribut der Ausdehnung nach Brunner nur eine Vorstellungswelt ist: »Die Dinge sind nur ein Akt unseres Denkens.« (S. 24). Brunner fasst diese Beziehung in die Formel: »Materialismus des praktischen Verstandes und Idealismus des Geistes.« (Ebd.).

13 Auseinandersetzungen mit Spinoza waren für den Brunnerkreis zentral (zur Rezeption von Brunners Spinozadeutung siehe: Jürgen Stenzel, Philosophie als Antimetaphysik. Zum Spinozabild Constantin Brunners, Würzburg: Königshausen & Neumann 2002, S. 397-444).

14 Lothar Bickel an Brunner, 19. Januar 1936, (LBI/JMB: II, 1, 15).

alle Menschen größenwahnsinnig sind, mit Ausnahme der verschwindend Wenigen, die es nicht sein können, weil ihnen wirklich Größe eignet, und daß die lächerlichsten Schreiber glauben, mit ihrer Eigenrichtigkeit alles getan zu haben, wobei sie gewöhnlich auch noch sich erheben über und gegen die Großen. So konnte ich nicht mitmachen, da ich von Spinoza und Platon ihre Größe und sie als diejenigen Denker erkannt hatte, die für uns zum Denken gehören. Dies war es, was ich darzustellen mich getrieben fand, wie ich es fühlte, und so kam ganz von selbst, daß *in meinem Werk des Denkens* diesen Beiden, aus unbedingter Dankbarkeit und Ehrfurcht, die höchsten Stellen eingerichtet sind.[15]

Bis hierher mußte ich das auf die Rückseite deines Briefes Hingeschriebene abschreiben lassen. Mein lieber, lieber Disenhaus, ich hoffe nun, daß wir uns verstehen und du mir nichts übel aufnimmst. Ich habe mich rein gefreut mit dir, wie du mit mir: wir dürfen uns das durch nichts trüben lassen. Ich helfe dir, so weit ich kann; wo ich es nicht tue, geht es nicht. Aber ich könnte dir viel mehr helfen, vielleicht ganz, wenn du benützen wolltest und dir aneignen, was du von meiner Hülfe in Händen hast. Hilf auch du mir *ein wenig* z.B. in der Angelegenheit mit Eisenstein.[16] Wenn sein Buch es nicht verdiente, würde ich nicht dafür eintreten; es ist ein Buch, das übrigens auch dir über allerwichtigste Dinge viel geben wird. Ich muß jetzt noch 1580 östr. Sch.[17] dem Verleger überweisen. Wenn du kannst, gib mir *ein wenig* dazu und sieh, ob auch noch Dieser oder Der das Gleiche will und kann und tut. Erinnere auch bitte Leo S.,[18] der an Einen deswegen nach London schreiben wollte. Als er bei mir war, wollte er es, hats wahrscheinlich vergessen; denn es ist lang her, daß er hier war. Ich aber vergesse diese Sache nicht und werde sie jetzt schnellstens tun, so viel Mühe und Schwierigkeiten ich auch davon habe. Also – und auch diesen letzten Punkt nicht für ungut nehmen, und treu und von Herzen, wovon der Golde[19] abzugeben.

B.

Und schreib mir bitte, bitte, bitte
Deutlich!

15 Brunner hält zwar Spinoza für den größten Philosophen, bezieht sich aber auch an zahlreichen Stellen seiner Werke, insbesondere in der »Lehre«, in »Liebe, Ehe, Mann und Weib« und in »Materialismus und Idealismus« auf Platons Ideenlehre.

16 Brunner versuchte, die vom Verlag Weidmann & Co. in Wien verlangten Druckkostenzuschüsse für die Publikation von Israel Eisensteins Buch »Irrtum und Wahrheit der Biologie. Kritik der Abstammungslehre« zusammenzubringen.

17 Österreichische Schilling.

18 Leo Sonntag, der zu dieser Zeit in Brüssel lebte und Brunner des Öfteren in Den Haag besuchte, zuletzt Weihnachten 1935.

19 Die Ehefrau von Disenhaus.

204. An Moses Barasch,[1] 13. Februar 1936

Du bist kaum jung erst, und ich bin fast alt, mein lieber Barrasch. Du, eben grad erst hast du begonnen, und ich soll bald enden. Und so denn: ob auch mein Herzenswunsch, du möchtest mich weit übertreffen und der Welt erst zeigen, was Schaffen ist, – wenn irgend Ersprießliches von mir zu dir geschrieben sein könnte, es müßte schon geschrieben sein; du müßtest es aus meinem Werk empfangen.

Dich zu »trösten« schreibe ich kein Wort. Im Gegenteil eines, daß ich dich nicht trösten will. Daß du keines Trostes bedarfst, ist mein Wort des Alten an dich Jungen. Was Tröstung, da du zu schaffen hast und in jungen Jahren schon beginnst zu schaffen, gleich bei Beginn der Arbeit an dir selbst. Wem der hohe Beruf des geistig Schaffens aufgegangen, der hat sich als eine geweihte Person zu betrachten, auf alle Weise sich zu stärken und mit seiner Stärke sich zu schirmen gegen die Schwäche, die ihn von der Welt her will anfallen, und sich zu entfernen und zu befreien vom Aberglauben und von den Einseitigkeiten der Gesellschaft, aus der er hervorgegangen. Das ist harte Arbeit; wer jedoch deswegen Trostzuspruch nötig glaubt, der ist sich noch nicht hart und klar genug seines Standes in der Welt bewußt, der weiß noch nicht fest von *Geist trotz Welt*[2] und zählt sich nicht mit auf, neben der Schwere seiner Arbeit, auch die Süße der Verrichtung. Nächstdem, etwas den edelsten Menschen so Wohltätiges für ihre Seele und für die größere Schönheit ihres Lebens zu leisten, ist dies wohl die allerhöchste Empfindung, durch Selbstvervollkommnung dazu in den Stand sich zu erheben. Wovon wir sprechen – von Trostbedürftigen gewiß nicht, eher vom Gegenteil. Was du aber ganz Andres im Sinn magst haben und wofür es dir an Trost fehlt – *dies Andre sollte und kann* dir fehlen, ja ich meine, es muß dir fehlen; denn es ist eben das, wovon du dich zu lösen hättest.

1 Moses Barasch (1920-2004), Maler, Schriftsteller und Kunsthistoriker, wuchs in Czernowitz auf und galt als künstlerisches Wunderkind. Erste Ausstellungen seiner Bilder hatte er mit 12 Jahren in Czernowitz, dann in Prag, New York, Jerusalem. 1948 emigrierte er nach Israel, wo er ein Lehrerseminar besuchte. 1958 war er als kunsthistorischer Autodidakt an der Gründung des Instituts für Kunstgeschichte an der Hebräischen Universität in Jerusalem beteiligt. Er publizierte maßgebliche kunsthistorische Arbeiten und hatte Gastprofessuren in den USA und in Deutschland inne. Als er fünfzehn war, erschien, mit einem begeisterten Vorwort von Meyer Ebner (1872-1955), der Barasch als jüdisches Genie bezeichnete, seine Schrift »Des Glaubens schwere Wege« (Cernăuţi: Aurora 1935), eine Sammlung von weitgehend mystisch-religiösen Aphorismen. Am 25. Januar 1936 schickte er Brunner das Buch mit der Widmung: »Meinem Lehrer und Meister Constantin Brunner in aufrichtigster Verehrung zugeeignet«.

2 Zu dieser wichtigen Formel Brunners siehe Brief 189/4.

Abb. 59: Der Narr, Zeichnung von Moses Barasch, ca. 1935

Was ich meine, du erfährst es vielleicht bald, vielleicht spät, vielleicht nie. Für jetzt kannst du ganz gewiß noch nicht folgen. Laß mich denn nur sagen: wenn wir verschieden meinen, so beweist das noch nicht, daß ich recht habe (mein Altsein und dein Jungsein hat damit nicht das Geringste zu schaffen). Ebensowenig aber, daß du recht hast. Vielleicht haben wir beide nicht recht; möglich auch, daß wir uns einigen, sei es im Rechten oder im Unrechten. Bis dahin bleibt jeder im Seinigen, und ich spreche jetzt weiter zu dir aus dem Meinigen, ohne Rücksicht auf dein Verstehen oder Nichtverstehen, und in größtmöglicher Kürze sogar, die an sich selbst schon das Mißverständnis begünstigt.

Rückhaltlos anerkennend die Kraft deines Wirkens und dein Werk aus so jungen Jahren, weil es deine Kraft mir offenbart: aber von diesem deinem bisherigen Werk muß ich sagen, von dir als Schöpfer dieses Stückes Werk: daß da noch Aberglaube, Vorurteil und Dunkel der Einseitigkeit zu besiegen gilt. Du mußt noch verlernen und lernen, dein sprachlicher Ausdruck ist manchmal noch zu abstrakt, *du* kannst auch keineswegs bei der Mystik stehen bleiben. So wenig du ohne sie auskommen wirst; du könntest nie! Wie ein Verschwiegener nur: der Liebe, so ist des Geistes nur der Mystiker würdig, von dem die der Besinnung Fähigen unter wenigen bedeutenden Worten herangeführt werden. Aber so unentbehrlich für das Letzte die Worte der Mystik sind, mißversteh mich nicht, wenn ich sage: *sie necken doch auch*; und ich müßte mich sehr täuschen, oder es treibt gerade dich zum Bestimmteren und zum ganz Bestimmten der Anschauung. Mir ist schon Beruhigung, daß du malst; so hast du doch Gestalt! Aber ich glaube, du mußt auch zur höchsten und sichersten Welt der Gedankengestalten. Auch übrigens, was deine Malerei betrifft: viel hocherfreulich Bedeutendes machen diese Reproduktionen mich empfinden, dich aber vor allem wünschte ich los aller Abhängigkeit von jenen Weinern im Winkel, die der Geist weinen und denen er häßliche Juden macht.[3] (Nur den hohen Verdruß meine ich, daß Typen von dir auch nur in die Erinnerung bringen die Karikaturen gewisser jüdischer Maler und Zeichner, – die Hamannsten Judenfeinde[4] können die Juden nicht schiefer und

3 Im Nachlass Brunners befinden sich verschiedene Fotos von Bildern Baraschs: Moses bei der Schlacht mit Amalek, Der Narr (s. Abb. 59), Die innere Stimme, Stärke und Mut. Brunner anerkannte das zeichnerische Talent, kritisiert aber »die verhängnisvolle Ähnlichkeit mit den jüdischen Winkelmalern, deren Juden häßliche Karikaturen sind, als würden sie dafür von der Redaktion des ›Stürmer‹ bezahlt« (Brief an Barasch vom 8. Juni 1936, LBI/JMB: II, 1, 7).

4 Im biblischen Buch Ester wird berichtet, dass Haman, der höchste Regierungsbeamte des persischen Königs Xerxes I., die gesamten Juden im Perserreich an einem einzigen Tag ermorden lassen wollte. Hitler wurde gelegentlich mit Haman verglichen.

scheußlicher abschildern.) Der wirkliche Geist, heraus aus unsrem relativen Denken die tiefe Besinnung auf unser wirklich *Sein* – laß dir das nicht fremder klingen als dein Wort Glaube. Glaube ist ebenso vielsinnig wie vielmißbraucht; und warum denn nur Glauben? Besinnung dürfte das wahre Wort sein für die Wahrheit. – Alle Menschen, zu denen auch die Juden jener Weiner gehören, macht der Geist der Wahrheit schön, gesund und stark, so daß sie auch Andre stärken und heilen können. Das ist es, was ich dir möchte sagen können, als wäre ich der Junge, und du wärst der Alte, der aber jünger werden kann, als ich je gewesen bin.

Sieh zu, ob ich dir sagen kann und helfen, daß du wirst, was du bist; sieh danach zu in meinem Werk. Jedes meiner Bücher, das dir fehlt, so weit ich es besitze, will ich dir hinschicken. Mitschicke ich gleichzeitig einige Späne, bei der ernsten Arbeit abgefallen; aus meinem noch nicht veröffentlichten Tagebuch.[5] Der Winkel ist für dich kein Aufenthalt. Geh in die Freiheit und sieh zu bei den Riesen: bei Christus, bei Spinoza und Platon, bei Meister Eckhart, bei Shakespeare, bei Michelangelo und Rembrandt.

Mit meinem Herzensgruß und Segen!

B.

NB. Sobald Photos von deinen neueren Bildern, schick bitte: ich bin hungrig darauf. – Meine Adresse ist: Holland, den Haag, Batjanstraat 16; für deine Absenderadresse genügt: Barrasch, Cernauti, Str. Cetatii Albe 3.

205. An Abraham Suhl,[1] 26. März 1936

Viel größer war die Freude mit Ihrem Brief, mein lieber Suhl, als das fast ein bißchen Trauer darüber, daß *Sie* so unfest sich zeigen können in der Einschätzung eines von den wenigen Männern; des Mannes Spinoza.

5 Vermutlich Aphorismen für eine Neuauflage von »Aus meinem Tagebuch«, die unter dem Titel »›Aus meinem Tagebuch‹ (Fortsetzung)« erstmalig gedruckt wurden in: Kunst Philosophie Mystik, S. 419-468.

1 Abraham Suhl (1894-1959) aus Monastyryska in Ostgalizien wurde 1921 in Leipzig mit einer Arbeit über Hebbel und Grillparzer promoviert, publizierte zu Max Klinger, Thomas Mann und zur Kunst, arbeitete seit 1931 als Lehrer an einer jüdischen Realschule, wo er 1933 als »kommunistischer Jude« denunziert wurde und über Riga in die USA emigrierte. Seit Ende 1935 wohnte er in New York, bis er in den fünfziger Jahren nach Tel Aviv übersiedelte. Suhl war Marxist, wenn auch Gegner des Materialismus. Er bezeichnete sich als »Volksjude« und stand sowohl dem Zionismus als auch der Assimilationstheorie skeptisch gegenüber. 1913 schickte Suhl Brunner eine kunstphilosophische Arbeit, 1920 besuchte er ihn zum ersten Mal in Potsdam und begann in seinen Arbeiten, unter anderem

Von dem Sie, mir nichts dir nichts schreiben, er habe sich gewisse, allerwichtigste Fragen gar nicht vorgelegt! Ich wiederhole Ihre Fragen nicht; Sie wissen, welche Sie aufgeschrieben haben. Ich sage nur: wenn Sie dabei, als bei Ihrem Ernst, bleiben, so ist der Denker Spinoza vernichtet. Spinoza legt sich jede Frage vor und beantwortet jede Frage. Wenn wir etwas fragen, was Spinoza nicht beantwortet, so fragen wir, was keine Frage ist, Wind. Sie glauben an die bessere Gesellschaftsordnung durch Marx – werden Sie nur erstmal ein paar hundert Jahre älter: so werden Sie wieder an die Natur glauben und die gottlose Meinung aufgeben, daß für die Menschengattung Wunder geschehen und Memscheleth sadon[2] nur Kinderamüsement in ihrer Geschichte sei. Marx in allen seinen hohen Ehren, und er wird großartige Arbeit leisten – aber was hat das mit Garantierung einer guten Gesellschaftsordnung zu tun und mit Beseitigung der Gesellschaftsgefahr durch den Staat? Und von Marx können wir auch keine Erklärung der Judensache erwarten. Die Erhaltung der Juden – das ist eine tiefverwundete Sache, das geht durch das ganze Leben; da reichen wir nicht mit Egoismus und ökonomischer Schichtung: da muß Aberglaube und Geist mit heran …[3] Genug oder zuviel schon, weil nicht genug und ich jetzt auch noch sowenig nicht schreiben kann. Aber Ihr Brief war mir

Artikeln im »Leipziger Tageblatt«, auf Brunner Bezug zu nehmen (z.B.: Brunner hat von seinem Hauptwerk … (Rez. von Unser Christus), in: Von Constantin Brunner und seinem Werk, hrsg. von der Constantin Brunner-Gemeinschaft Berlin, Potsdam 1927, S. 27-29; siehe auch Brief 161/4). In den USA publizierte Suhl unter anderem: The German-Jewish Philosopher Constantine Bruner (in: Yivo Bleter. Journal of the Yiddish Scientific Institute, New York 15, No. 3 (March-April 1940), pp. 169-181). Nach dem Krieg erschien: Spinozas Attribute (in: Zeitschrift für philosophische Forschung 11, Nr. 1 (Januar-März 1957), S. 92-116). In Tel Aviv gab er zusammen mit Rozka Pinner die Zweimonatsschrift »Der Constantin Brunner Gedanke« heraus (August 1955 bis August 1957) und bereitete eine sehr umfangreiche Brunner-Kompilation vor, die 1968 postum von Walter Bernard veröffentlicht wurde: Constantin Brunner, Science, Spirit, Superstition. A new Enquiry into Human Thought, London: Allen & Unwin und Toronto: University of Toronto Press 1968. Außerdem hinterließ Suhl eine sehr umfangreiche Biographie Brunners, die allerdings erst 1991-1993 erschien (Constantin Brunner. Sein Leben und Werk, in: Philosophia Activa. Zeitschrift der Constantin Brunner-Forschung, in sechs Folgen: [1.] 2, Heft 2 (1991), S. 73-127; [2.] 2, Heft 3 (1991), S. 77-122; [3.] 3, Heft 1 (1992), S. 52-102; [4.] 3, Heft 2 (1992), S. 58-102; [5.] 3, Heft 3 (1992), S. 54-104; [6.] 4, Heft 1 (1993), S. 57-111).

2 Hebr.: Herrschaft des Hochmuts. Zugleich Titel von Brunners 1920 erschienener Schrift, in der er den Antisemitismus als ein Beispiel für den in allen Menschen verankerten allgemeinen Menschenhass ansieht und den psychologischen Mechanismus des Hassens und der Verfolgung beschreibt.

3 Für Brunner heißt das, der Judenhass kann nicht aus dem praktischen Verstand heraus, d.h. rein materialistisch, beschrieben und beseitigt werden, sondern nur durch Hinzunahme des absoluten oder fiktiv-absoluten Denkens.

doch eine rechte Freude! So tapfer und so gut sehen Sie es an – möchten Sie baldigst erfahren, daß das Unglück so wenig beständig ist wie das Glück. Amen von Herzen

B.

Liebste Grüße an Bernard,[4] und er möchte mir doch das Manuskript zurückschicken.[5] Wenigstens hörte ich nun durch Sie, daß er es bekommen hat!

206. An Moses Barasch, April 1936

Mein Löwenjunges;

welche Anrede zum Glück meine sämtlichen Briefe an dich enthält – du mußt wissen, daß ich nicht immer so viel schreiben kann! und auch meinen heutigen Brief mitsamt dem Ausdruck meiner Freude über die eingeschickten neuen Arbeiten.[1] Beton du beim Lesen auch das zweite Wort: junges! Das bedeutet bei mir nicht Schmälerung der Freude an dir. Ich freue mich deiner wie nur ein Mensch am andern sich freuen kann; wie man nur solcher Jugend sich freuen kann, die so viel Tugend hat und nicht bloß Rausch ohne Wein. Aber natürlich gilt auch für dich, daß die schönste Tugend des Jungen ist, für den Mann zu lernen. Mehr nicht, das ist alles. Was ich zu schreiben wüßte, hab ich schon geschrieben.

Dennoch, da man auch wohl unnötig schreibt:

Das Hauptresultat meines Werkes[2] über unser Bewußtsein des Fühlens, Wissens, Wollens – diesem Bewußtsein kommt lediglich praktische Bedeutung zu, es hat keinen andern Sinn als uns zu demjenigen Ding unter den Dingen zu machen, welches wir sind; es hat nicht den Sinn, uns zu einem Ding des Verstehens zu machen. Das Leben ist, wie du richtig sagst, sinnlos. Hat aber Sinn innerhalb seiner selbst; daher auch Mystiker und Systematiker keineswegs (wie du meinst) einen Gegensatz ausmacht. Wir müssen unsre Relativität systematisch verstehen; verstehen heißt immer nur:

4 Walter Bernard, der ebenfalls in New York lebte.

5 Am 13. Januar 1936 schickte Brunner das Manuskript seiner Arbeit »Nachwort zu meinem Testament« an Walter Bernard, in der er noch einmal eingeht auf die gesellschaftliche Situation in Deutschland, die Judenverfolgung und seine politische Philosophie.

1 Baraschs Aufsätze »Das heilige Ja«, »Unsterblichkeit«, »Der Kampf mit dem Dämon«, »Das Wort der Wahrheit«.

2 Brunner, Die Lehre.

verstehen, ein lebendes Ding zu sein, nicht das Leben verstehen[,] (absolut) verstehen; das Relative ist eben so wenig zu verstehen wie das Absolute, verstehen ist sinnlos. In solchem Sinne ist das Leben sinnlos, und das, recht erfaßt, gibt dem Mystiker erst zu seiner Mystik das Recht und die Befestigung, ohne aber, daß er nun deswegen der Wissenschaft und Systematik, das ist *dem Leben* Abbruch tun darf. Die Wahrheit des Lebens ist Materialismus über die Welt der Dinge, die absolute Wahrheit oder der Idealismus des Geistes – nun schreibe ich aber nur deswegen so matt und gequält, weil ich unnötiges schreibe und auf dein Fragen einging. Ich hatte gesagt, richte keine Frage an mich, auf die ich in meinem Werk geantwortet habe und also im Brief gar nicht antworten kann; denn was andres ist mein Werk als alle Fragen und Antworten, die ich weiß, also lies! Was tut aber Löwenkind? Brüllt gegen mich die *sämtlichen* Fragen, die ich beantwortet habe, statt die Fragen mitsamt den Antworten zu lesen, und brüllt »verzweifelt über Nichtverstehen«, wo es doch gar kein Verstehen gibt. Du ungezogenes Löwenkind, weißt im Grunde schon eben so gut wie ich, daß es gar kein Verstehen gibt (denn sonst wärst du nicht mystisch und kein Löwenkind) – auf der Stelle hör auf mit Brüllen, geh in deine Ecke, lies und besinne dich auf das, was du weißt, und ärgere nicht unnötig den Alten und frag ihn nicht, was er nicht weiß: ob er Mystiker oder Systematiker?

Rheumatiker ist er! Das weiß er und hat einen trefflichen Arzt.[3] Wenn aber der jedesmal bei ihm angehinkt kommt mit seinem eignen Rheuma, so gibt ihm das natürlich eine ganz andre Sicherheit des Wissens über den rheumatischen Arzt, als er glauben kann, daß dieser rheumatische Arzt ihn von seinem Rheuma kurieren wird.

Wir haben alle Rheuma, und müssen uns nur hüten, daß wir nicht hochmütig werden. Ich fürchte es nicht von dir, will dir doch aber gestehen von mir, daß ich mich nach Möglichkeit davor zu bewahren gesucht habe. Die Gefahr ist gar zu groß für Jungen wie wir, die von Kindheit an Aufmerksamkeit erregen, besonders wenn dann noch einer den andern so verwöhnt wie ich dich. Nun – du wirst darauf gar nicht hinhören, wohl aber hinter die Allgemeinheit der Gefahr kommen. Denn dies ist die Wahrheit, *daß alle Menschen größenwahnsinnig sind*, mit Ausnahme der Wenigen, denen die wahrhafte Größe eignet, Christus und Spinoza, Herakleitos, Platon, Eckhart, Michelangelo und Rembrandt, Bach und Beethoven, Shakespeare und Goethe – in denen ist die Wahrheit Fleisch geworden; mit ihnen mußt du leben. Und lernen, lernen. *Schreib mir über den Gang deines Lernens!*

3 Brunner wurde in Den Haag von Willem Frederik van Rappard (1888-1965) ärztlich versorgt.

Zu deines Vaters Genesung von seiner Krankheit allen Herzenswunsch und Segen und daß du ihm nun erst recht der Sohn sein wirst, wie du sein kannst.

Und noch eine Bitte: Im Leben hast du nicht Sie zu mir gesagt – warum auf einmal in deinen Briefen?!

207. An Max Busyn,[1] April 1936

Mein lieber Busyn,

so lange Zeit hab ich so viel denken müssen, daß du nicht schreibst. Endlich schreibst du und mit schöner und guter Schilderung, als Maler eines für dich allerdings weder schönen noch guten Lebens.[2] Nun, du weißt, wir *werden gelebt*; und geht es uns nicht zum Besten – Reisende müssen sich begnügen! Vielleicht auch geht es baldigst besser, und du kannst gar selbst beitragen dazu. Schon dadurch, daß du nicht über Gebühr verlangst! Du möchtest keine kriechenden, nur fliegende Seelen; aber die Menschen sind und bleiben doch, wie sie sind, und wie dürfen wir denn das unendlich Schwierige der Verhältnisse verkennen, unter denen zu leben sie dort verurteilt sich finden. Sieh das an mit deinem guten Auge und richte nicht, sondern tu mit zum Leben, mein lieber Busyn. Von ganzem Herzen meinen Gruß und Segen, und ein trefflicher Mann wird dir von mir und von uns hier erzählen und diesen Brief dir selber bringen.[3]

B.

1 Max Busyn (1899-1976), Maler und Zeichner aus Lodz, 1934 Emigration nach Palästina, seit 1958 in Wiesbaden. Busyn lebte Anfang der dreißiger Jahre vermutlich in Berlin, wo er unter anderem Zeichnungen von Brunner anfertigte (siehe das Album: Constantin Brunner. Zum 100. Geburtstag. Acht Zeichnungen (1931-32) von Max Busyn (LBI/JMB: VI, 5, 1, 3) sowie ein Ölgemälde (s. Abb. 49). Die Zeichnung »Constantin Brunner beim Vorlesen« (s. Abb. 43), die er am 31. Dezember 1931 angefertigt hatte, erschien in: Die Weltkunst 6, Nr. 35 (28. August 1932), S. 3). In Palästina gründete Busyn den »Kreis der Brunner-Freunde in Palästina« (siehe das Manuskript: Max Busyn, Bericht über die Begründung der Constantin Brunner Gemeinschaft in Palästina im Jahre 1938 und über die Jahre 1938-42, LBI/JMB: I, X, 3, 12), zu dem auch die Immigranten Sally Simon (1878-1951), Aron Berman, Ernst Ludwig Pinner, Siegfried Miron und (ab 1947) Israel Eisenstein gehörten. 1942 zog Busyn sich von den Aktivitäten zurück, da er es für falsch hielt, Brunners Behandlung der »Judenfrage« aus den Diskussionen der Studiengruppe in Palästina auszuschließen.

2 Busyn emigrierte 1934 nach Palästina, wo er Menschen für Brunner-Leseabende gewinnen wollte.

3 Aron Berman, der Brunner im April 1936 in Den Haag besuchte und im Juni 1936 nach Palästina auswanderte.

208. An Lothar Bickel, 5. Juli 1936

Mein geliebtester Bickel, Dank sollst du haben für so innige Worte;[1] und dazu bleibt nichts mehr zu sagen. Was zur Judensache ich wußte, sah und geschichtlich erlebte, davon hab ich gesprochen. Sie haben sich volklos gemacht, die für das Volk der Juden sich hielten, und wollten als »Juden« unter den Völkern leben – gegen Natur und Gesetz: die Individuen leben nur in den Gemeinschaftsgruppen ihrer Gesellschaft, vor allem ihrer Völker. Sie jedoch – ihr Aberglaube hat sie ums Leben gebracht; und das ist es, was sich nun herunterspielt. Sie durften die *elenden* Mitspieler sein, so lang die Allgemeinheit noch an ihrem eignen Teil *den* Aberglauben spielte. Nun dieses Spiel zu Ende geht, gibt es für sie keine Komparserie weiter. Herausgeschmissen aus den Völkern, aus der Menschengesellschaft. Sie dürfen nicht mehr »Juden« sein, sie *können* es nicht weiter sein; finden nicht mehr das nackte Leben dabei. Der Anfang von diesem Ende ist da – gepriesen sei dieses Ende! Wie du auch fühlst und lebst bei diesem Mitspielen im letzten Akt – ich lebe und fühle auch! –: preise mit mir das Ende von diesem Elend durch den Aberglauben. Du gehst nicht verloren, von unsren geliebten Freunden keiner geht verloren, ob auch die Sintflut kommt und steigt. Wir haben, wodurch man ihr entgeht: die feste Arche.

Ich arbeite meine Skizze aus: »Unser Charakter oder Ich bin der Richtige!« Hoffentlich gelingt mir das noch.[2] Es soll die deutliche Krönung

1 Der in Bukarest lebende Bickel schrieb am 17. Juni 1936, dass er alle paar Tage die anderen Brunnerfreunde »an der Tafelrunde Deiner Gedanken« treffe: »Wie die Falter umkreisen wir die Helle Deiner Weltanschauung und Deiner Philosophie, gehen wohl das eine und das andere Mal in die Irre der Vergesslichkeit und Stumpfheit, um aber immer wieder zurückzukehren. Ist es für uns anders möglich? Wenigen Menschen ist jemals das Ziel so deutlich gezeigt worden, wie Du es für uns getan – und da ist nicht nur das Ziel, sondern ein eindeutiger und verlässlicher *Weg* der Wissenschaftlichkeit, (keine Leiter, darauf zu klettern, keine Abgründe, die zu überspringen wären, kein Strom, in dem dich die Kräfte verlassen können), eine Straße, auf der man gehen und verweilen und ausruhen kann.« Auch über die politische Lage in Rumänien äußert sich Bickel: »Man teilt die Menschen ein in Juden und Nicht-Juden, in Patrioten und Bolschewisten, soll als ›guter Rumäne‹ alles Unglück von Rußland, alle Glorie der Zukunft von Deutschland erwarten, und schließlich auf den schönen Gas- und Luftkrieg warten. Man spricht bereits vom nächsten Kriege als von etwas besonders Interessantem, das man sich für morgen vorgenommen hat […]. Und solange es noch wahr ist, daß für uns Juden kein Leben in der Gemeinschaft unsrer Gesellschaft möglich ist, solange uns die Gesellschaft von sich stößt und isoliert, so lange müssen wir die Verbindung mit ihr auf den ›Umwegen‹ des Gedankens suchen, und uns *gedanklich* ihr einverleiben. Oder aber, wenn dies nicht immer glücken will, Trost und Befreiung suchen in jenen anderen Gedanken, die in der Stille der Herzeinsamkeit unser warten, und uns Verweinte und Verlaufene wieder heraus und zurückführen.« (LBI/JMB: II, 1, 15).

2 Das Buch blieb ein Fragment. Bickel, den Brunner zu seinem Nachlassverwalter bestimmte, gab es postum 1939 in Zürich heraus (Verlag Die Liga).

meines Werkes darstellen. Und wenn nun *das* nicht den Menschen hilft, nun, nun; dann will ich erst recht glauben, was ich ja im Grunde immer geglaubt habe. Hasen sind die Menschen nicht, sondern Menschen; aber in dem einen Punkte gleichen sie doch den Hasen. Die Hasen führten Krieg mit den Adlern und baten den Fuchs um Rat; der ihnen erwiderte: Ich würde euch gern helfen, daß ihr siegen solltet; aber ich kenne euch![3]

Grüß mir die Freunde alle so recht aus dem warmen Liebesherzen, mein geliebtester Bickel.

209. An Walter Bernard, September 1936

Du guter, aber irrender Walter und irrend so, daß theoretische Aufklärung fruchtlos muß bleiben.[1] Denn du gehst im Affekt und im allerstärksten Affekt: es ist Affektwechsel, Umschlag aus einem Affekt in den entgegengesetzten, doppelt blind machend und Liebe nieder haltend. Gestehst selbst, du müssest offen schreiben, wenn du nicht von mir und deiner Liebe zu mir dich entfernen wolltest, und schreibst: »es drängen sich mir oft Mißstimmungen auf, die mich erschrecken, und es schmerzt mich dann

3 Die Fabel von den Hasen und den Füchsen erwähnt Brunner auch in »Unser Charakter«, wo er den personifizierten Charakter das Paradox des aussichtslosen Helfens feststellen lässt: »Und euch schicke ich meinen Ausbund, meine Pracht-Jungen, die gesund und fest bleiben ohne Kraut und Pflaster – wie ich doch nur an solche Kinder kommen mag! An ihrer innerlichen Vollfreiheit und Ehrlichkeit entzündet sich die Leuchtkraft ihrer Seelen, das ist an ihnen sehenswert, – umsonst; da sind die Rettungsmänner, sie können euch nicht überhelfen, ich kann euch nicht helfen. Doch nicht allein, daß ich euch nicht helfen kann: ich bin, bei all meiner Klugheit, so dumm – ich weiß nicht, was mir das Blut warm macht, daß ich immer wieder die Hand ausstrecke, euch zu helfen. Deswegen versuch ich immer wieder, euch in eurem Kampf gegen die Dummheit beizustehen, weil ich dumm bin! Als die Hasen Krieg führten mit den Adlern, baten sie den Fuchs um Rat; der erwiderte: Ich würde gern helfen, bin aber außerstande; denn ich kenne euch! O wie klug der Fuchs ist; ich aber – in meiner Jugend hoffte ich, von zwei Leidenschaften mit den Jahren geheilt werden zu können: von der Leidenschaft für Wahrheit und von der Liebe zu meinem Menschengeschlecht. Heute noch bin ich nicht gesund, es waren keine Jugendleidenschaften: ich liebe die Wahrheit und die Menschenkinder, weil ich dumm bin.« (S. 81 f.).

1 Brunner antwortet hier auf einen Brief Bernards vom 28. Juni 1936 (LBI/JMB: II, 1, 13), in dem dieser ausgehend von Brunners »Nachwort zu meinem Testament« sehr ausführlich seine positive Auffassung des Marxismus darstellt und schließlich betont: »In Wirklichkeit ist der Marxismus nichts anderes als *Anwendung der Bewegungslehre auf Ökonomie und Staatsleben*. Jedem, der Deine Werke kennt, leuchtet das nach einigem Studium von selbst ein.« Brunner solle sich gründlicher mit dem Sozialismus auseinandersetzen. Zu diesem Zweck schickte Bernard ihm die Schrift von Friedrich Engels, Die Entwicklung des Sozialismus von der Utopie zur Wissenschaft, Hottingen – Zürich: Schweizerische Genossenschaftsdruckerei 1882.

tief, daß ich dann gegen meine Gefühle denken muß ... Man muß urteilen, daß du den Marxismus nur oberflächlich kennst, jedenfalls aber etwas andres darunter verstehst, als was er zu sein vorgibt – – – Und da es sich, meiner Überzeugung nach, um die allerwichtigste Angelegenheit der Menschheit handelt (daher auch höchst eminenter Gegenstand fürs philosophische Denken), ist es leicht begreiflich, daß mich das bei dir sehr betrüben muß.«

So spricht sich deutlich der Affekt und der Affektwechsel aus. Und zumal auch ich deutlicher über den Marxismus nicht werden kann, als ich gewesen bin, interessiert mich dir gegenüber nicht im allergeringsten der Marxismus, sondern nur dein Affekt und Affektwechsel mir gegenüber. Du hast in deinem Buch[2] das ausgezeichnete Verständnis für mein Werk an den Tag gegeben mitsamt dem, vielleicht zu großen, Affekt der Liebe zu meinen Gedanken, ohne daß du der Betrübnis wegen meiner Ungenüge in der allerwichtigsten Angelegenheit der Menschheit auch nur ein einziges Mal Erwähnung getan, die doch damals bereits genau so offen lag wie jetzt. Es stand dir selbstverständlich frei, inzwischen zu einer Erkenntnis vorzuschreiten, die du für richtiger hältst und entsprechend greller auch mein Ungenüge zu empfinden. Aber was in aller Welt ist denn, daß darum nun die Mäuse ein Loch in mich gefressen haben und du mit deiner Liebe von mir dich entfernen mußt? Hab ich von dir mit meiner Liebe mich entfernt, weil du Dies oder Das oberflächlicher kennst oder gar denkst als ich? Hat mich dein Marxismus, hat der Marxismus mich betrübt? Bin ich jemals mit noch so leisem Wörtchen dir angelegen: Laß ab von deinem Marxismus!? Ich habe dir gesagt und geschrieben: Bleib bei ihm, wie du mußt! Aber heute frag ich: Was macht dich so selbstgerecht und sicher, mein Walter, und was treibt dich mit so unbändiger Leidenschaft gerade gegen mich? Da sind viele andre, die du anrennen könntest mit deiner Politik, vor allem die Faschisten; das sind auch solche Parteifanatiker. Du wirst sagen: Der Marxismus, so wie Marx und du ihn auffassen, bedeute doch ganz Andres und sei die allerwichtigste Angelegenheit der Menschheit? Eben das sagen aber Faschisten und Nationalsozialisten vom ihren gleichfalls und gar nicht anders sagen und sagten von immer her Andre von Andrem; denk nur an die Religion, die von dir heute nicht mehr für die allerwichtigste Menschheitsangelegenheit genommen wird, und da vor allem natürlich gleich an die Religionen. Die wunderbarsten Köpfe und Herzen glaubten an sie als an das Allerwichtigste für diese und für jene Welt; daß sie sich geirrt zu haben scheinen, sollte uns ein Bißchen zu denken geben ... Wenn du mich fragst: Was ist die allerwichtigste Angelegenheit der Menschheit, so antworte ich dir, das weiß ich nicht. Aber du weißt es und kommst mir: Willst

2 Bernard, The Philosophy of Spinoza and Brunner, New York 1934.

Abb. 60: Constantin Brunner in Scheveningen, 1936

du nicht mein Bruder sein, so schlag ich dir den Schädel ein![3] und überschreibst dazu deinen Brief »Mein lieber Vater« und schließest ihn »mit innigen Gruß?«

Inniges steht nichts drin, noch vom Vater; und von dessen zwei Gedanken, die da kritisiert werden vom marxistischen Standpunkt *genau mit nationalsozialistischem Verständnis und Gericht* – mein Sohn Walter, mein lieber Sohn, was willst du aus deinem Vater für einen Bruder machen!

Ohne daß ich im Geringsten beschönigen will, worin du recht hast gegen mich; und bezichtige mich selbst eines noch weit größeren Ungenüges, als du mich schuldig hältst. Nicht etwa allein nur mit dem Marxismus, o, da sind noch so viel andre Dinge, mit denen ich viel gründlicher mich hätte beschäftigen müssen, als ich getan hab, das empfind ich auf Schritt und Tritt, und darf mich doch keiner Betrübnis deswegen hingeben, sondern muß resignieren. Meine Natur hat enge Grenzen, auch glaub ich ja, daß jeder auf gewissen Gebieten nur oberflächliche Kenntnisse *und für sie nur unzureichendes Gedächtnis* besitzt und daß wir alle, bei einiger Einsicht in die eigne Beschränktheit und Unzulänglichkeit, zur Toleranz gegen die fremde Anlaß haben. Was mich und den Marxismus betrifft – auch wenn ich ihn zu meinem Hauptstudium gemacht hätte, ich glaube nicht, daß ich bei dir das Examen bestehen könnte. Ich bin gar nicht befähigt zu seinem Studium und fühlte mich auch nicht dazu aufgefordert. Du darfst da meine Begabung nicht an deiner messen, mußt aber auch glauben, daß ich eine in mir verwurzelte Natur habe, so gut wie du und wie jeder andre, und sie zu leben genötigt bin und mit meinem Leben so treu wie möglich zu Werke ging. Nach dem Maß meiner Fähigkeiten hab ich mich gewissenhaft beschäftigt mit allem, was ich zu ergreifen vermochte, und selbstverständlich in der Richtung meines, ganz gewiß vielfach beschränkten, Denkens. Ich mußte nun denken, wie ich denke, und aufnehmen, was ich aufnahm; das war bei mir nicht anders wie bei andern Menschen. Es trieb mich Kunde zu geben von meinen Gedanken – welche davon richtig, welche verkehrt, ich weiß es nicht und bin dafür nicht verantwortlich, eben so wenig wie für ein mir fehlendes Studium des Marxismus; dem mich hinzugeben mir, der für ganz andre Zwecke da war, gar nicht in den Sinn kommen konnte, das mir gar nicht erlaubt war. In dem allen ist Notwendigkeit. Etwas ganz Andres, daß ich an einer so grandiosen Erscheinung nicht vorübergehen konnte, ohne mir ein Urteil zu bilden über seine Prinzipien und die verheißenen Endziele, und da darf ich wieder sagen, das tat ich mit aller erforderlichen Gewissenhaftigkeit und halte dafür mich befähigt auf Grund mancher Kenntnisse, nicht zu-

3 Siehe Brief 56/4.

letzt auch meiner Kenntnis der menschlichen Natur und des Herganges in der Gesellschaft wie in der Geschichte. *In Betragen und Handeln allein wird offenbar der Charakter des Menschen, zeigen sich dessen Gesetzlichkeiten und Möglichkeiten;* hauptsächlich Kenntnis wie die eben genannte berechtigt zu einer Kritik über Zukunftsversprechungen, die Menschheit betreffend, die Kritik kann nicht aus den Versprechungen heraus gefunden werden und aus dem Kalkül ohne Erfahrung. In den Zeiten der Religion kannte man keine Erfahrung gegen sie, hielt *sie* für Erfahrung, genau wie wir unsre wissenschaftliche Erfahrung für Erfahrung halten, und es gab keine Kritik der Religion und – wir sind noch lange nicht wieder so weit fortgeschritten – die Wahrheit war wirklich Allgemeingut, alle glaubten an sie, und die nur ein wenig andersgläubig waren, galten für mangelhaft unterrichtet und, sobald man sie besser unterrichtet hatte, aber erfolglos, für dumm und für schlecht. Walter, ist das eine Erkenntnis, daß die Religion Irrtum gewesen sei? Was nützt das den toten Religiösen? Nützlicher für Lebende ist vielleicht die Erkenntnis: *Die Menschen irren* und sind geneigt, ihren Irrtum für Richtigkeit und anders Irrende und wirklich Richtige für mangelhaft unterrichtet, dumm und schlecht zu halten. – Ich habe immer die Verschiedenheit der Menschen tiefer her zu verstehen gesucht, und du selbst wirst Zeugnis geben, daß ich alles eher als unbändig und moralisch über deinen Marxismus mich äußerte. Und was meine Äußerungen über *den* Marxismus betrifft, so sind sie gleichfalls keine gegen Menschen, sondern gegen Menschendenken mit meinem Menschendenken, das zu denken mir erlaubt sein muß, wie mir erlaubt sein muß, dir jetzt noch das Folgende zu sagen, ohne jeglichen Affekt: Du hast meine Worte über den Marxismus mit deinem Affekt gelesen, also überhaupt nicht gelesen – wer in Affekt gegen Shakespeare oder gegen die Bibel geraten könnte, der könnte *Bibel und Shakespeare nicht mehr lesen!* Du magst den Marxismus richtig verstehen, Marx lebt nicht mehr, daß er dazu Ja oder Nein sagen könnte. Aber Constantin Brunner, der noch lebt, sagt dir, daß du seine beiden Sätze, die in deinem Brief bekämpft werden als wesentlich gegen den Marxismus gehend – sie gehen aber in Wahrheit noch gegen sehr viel andres –, Constantin Brunner sagt dir, daß du den Satz über den konstanten Charakter der Menschengattung und ihre allezeit ähnlichen Schicksale mitsamt dem Satz über die religionslose Demokratie ganz miserabel mißverstanden und nichts davon gefaßt hast; was nicht ausreicht, ihn eines Besseren zu belehren. Daher ich, Constantin Brunner, diese Sätze aufrecht erhalte, trotzdem sie den Sätzen und Versprechungen des Marxismus widersprechen. Marxismus wie Nationalsozialismus versprechen beide, versprechen *sich* beide; denn sie sprechen von Änderungen in der Menschengesellschaft, die dem Menschencharakter, der – als Menschennatur – nicht anders als eben *so* möglichen Menschennatur widersprechen. Das ist ein Kardinalpunkt, über den dir die Wahrheit nicht einwill, und du wirst bei deinen marxistischen Sätzen und jüdischen Zukunftserwartungen bleiben, wie ich bei meinen Sätzen bleiben werde, freilich ohne – noch einmal gesagt – daß ich deswegen dich verurteile, weil du anders denkst und wegen deines Andersdenkens und wegen deines meine Sätze für dumm Haltens mich verurteilst. Übrigens magst du wissen, daß einigen marxistisch außerordentlich beschlagenen Leuten gerade die beiden hier in Rede stehenden Sätze großes Licht gegeben haben. Aber auch wenn ich ganz allein stünde – ich *stehe* allein, und, Lieber doch, gib die phantastische Hoffnung auf, mich zu bekehren. Ich bin ein Geringer nur unter den Denkern, aber ein Spritz Denken geht mit in meinem Blut; und du wirst bei keinem Denker andres finden als Gedanken und bei jedem alle Gedanken. Was Du vertrittst, ist kein Gedanke und keine Wissenschaft, sondern Utopie – Utopie kann auch nie Wissenschaft *werden*; deswegen findest du davon auch bei Spinoza nichts, bei dem alle Gedanken zu finden. Oder meinst du, *dieser* habe ihm gefehlt? Dann wäre er kein Denker gewesen. Die Gedanken sind so alt wie neu und nicht vermehrbar. Marx steht bei mir gewiß in hohen Ehren als ein bewundrungswürdiger Kopf von eminenter Leistung für die Praxis der Gesellschaft, aber er war doch kein Monstrum zur Erfindung eines den Denkern unbekannten Gedankens. Auch dein marxistisch-kommunistischer Staat ist uralt und der Philosophie genügend bekannt. Wie er bei einem Denker aussieht, bei keinem Geringeren als Platon – vielleicht schaust du dir einmal mein Referat darüber im Liebe-Ehebuch an.[4] Ich mag den Marxismus in deinem Sinne nur oberflächlich kennen: dafür kenne ich den Marxismus wie den Nationalsozialismus in der menschlichen Phantasie desto gründlicher und fühle mich nicht getroffen von dem Vorwurf der Vernachlässigung des Allerwichtigsten der Menschheit und des leichtfertigen Urteils aus mangelnder Sachkenntnis. Mehr Sachkenntnis von der wirtschaftlich-gesellschaftlich-politischen Theorie würde doch nicht imstande sein, mir die Hauptsache *des Denkens* wegzuschaffen und das Widergedankliche schmackhafter zu machen. Zu einem Studium des Marxismus, wie du es wünschest, wäre ich jederzeit ein hoffnungsloser Kandidat gewesen; und heute? Mein guter, aber in mir und in sich selbst sich irrender Walter und Mahner (der ganz gewiß im allerletzten Grunde seine Anklagen und sein mich zum Allerwichtigsten Aufrufen gar nicht so bestialisch ernsthaft meint): ich würde nicht geklärter und nicht mit neuem, ernsterem Gewissen aus dem empfohlenen Studium hervorgehen und kein Politiker werden. Du hältst mir die Würde »der Opfer des geistigen Menschen« vor: »eben weil er aus dem Reichtum und Schatz seiner ewigen

4 Platons Staatslehre diskutiert Brunner in: Liebe, Ehe, Mann und Weib, S. 276-286.

Besinnung ewig schenken und geben will, darf er auch das nicht übersehen und muß tatkräftig auch in dieser Welt eingreifen aus Liebe zur Menschheit und *um des Geistes* willen.« Wahrhaftig, mir fehlt es nicht an Bewunderung und Herzensdank für solche Geister, wohl aber an Kraft und Eigenschaften, selbst ein solcher zu sein, und könnte weder unmittelbar auf dem Kampfplatz des Lebens noch theoretisch in meinem Werk ein Politiker werden, weil ich keiner bin. Ich muß mich bescheiden, *mein* Werk zu tun. Wolle du mich nicht abrufen! und: Läßt *du* dich denn so abrufen aus deinem Beruf und deiner Pflichterfüllung? Ich erlaube mir auch, Pflichten zu kennen, und will bei dem Meinigen bleiben meine kurze Zeit noch, trotz allen Schwierigkeiten; denn Schwierigkeiten sind Ausreden. Ich bin mit 74 Jahren, unter nicht wenigen hemmenden und beklemmenden Leiden, beschäftigt an dem, was mir zur Bekrönung meines Werkes noch zu leisten hoffentlich! vergönnt sein wird: ich bin an Ausarbeitung einer älteren Skizze über den Charakter und gedenke das Lebenswerk meiner mühereichen und äußerlich nicht gerade glänzend belohnten Pflichterfüllung zu krönen mit einem Buch des Titels: »Unser Charakter oder Ich bin der Richtige!«

Mein guter, lieber Sohn (das bist du mir nach wie vor), ich sagte vorhin, daß ich auf die Frage nach dem Allerwichtigsten der Menschheit keine Antwort wisse (außer natürlich die rein deskriptive, daß sie fressen und zanken muß; übrigens wird auch das Bedeutendste und Nützlichste, was sie treibt, durch andres von ihr Betriebenes gekreuzt und gestört und ihr zum Unheil gewandt). Aber solltest du mich fragen: Was ist das Allerwichtigste für *den* Menschen? Darauf weiß ich Antwort: Er höre auf, sich als den Richtigen aufzuspielen mit Anklagen und Richten des Andern; keiner ist so richtig und gut, daß er nicht der täglichen Besserung bedarf, und wer ohne solche Arbeit an sich selbst und mit Selbstgerechtigkeit und Zorn den Andern verdammt, der müßte Schrecken und Abscheu über sein Gericht und gegen sich selbst empfinden. Ich denke bei diesen Worten wahrhaftig mehr an mich als an Andere. Denn das ist mit der Richtigkeit, mit der wahren Klugheit und Kritik nicht so einfach bestellt, daß man sie nämlich besitze und alles beim Andern auf der Stelle durchschaue und verstehe zu kommandieren, wie der Andre zu sein habe und nicht zu sein habe … Walter – vielleicht hab ich dich beleidigt durch irgend etwas, was dich nun so vergiftet für diesen Feldzug gegen mich; es kann sein, sag es mir, da ich es nicht weiß, aber mein Nichtwissen nicht die geringste Garantie enthält. Denn sieh, du weißt nicht, wie du bist und tust, und nicht Wenige sah ich und sehe ich ganz Gefährliches und Scheußliches tun, privatim und öffentlich (wo sie dazu Beistimmung und Beistand finden), ohne daß sie über den wahren Charakter ihres Tuns auch nur die leiseste Ahnung fassen; es gibt Leute von häßlichen Taten, die überaus heiter sind, und

Hamlet hat sich gewundert, daß ein Schurke lächeln könne.[5] *Glaub nicht, daß ich daran zweifle, ein Mensch zu sein,* und sag mir, ob ich dich beleidigt habe? Vielleicht bin ich schon gut und ehrlich genug geworden, das glauben und mein Unrecht fühlen zu können, und dann werde ich keine Stunde Ruhe haben, bis ich – was? versucht habe, wieder gut zu machen? – wie lächerlich und jämmerlich! Nein, bis ich wieder gut gemacht *habe!* Das ist allezeit möglich, wo man ein unschuldiges Opfer noch nicht unwiderstehlich tot gemacht hat. Sollte aber sein, daß du tatsächlich beleidigt bist nur, weil ich über den Marxismus anders denke als du, so ist es dieses Mal dein Fall, nicht meiner. Wie ich allerdings glauben muß so lang, bis du mir das Andre zeigst. Und mein jetziger Glaube geht noch weiter: daß nämlich du dem Marxismus so viel nicht wirst nützen können, wie der Marxismus dir geschadet hat. Denn er hat dir genommen von deiner Liebe und von deinem Verständnis für deinen Vater und die Fähigkeit, sein Nachwort[6] zu lesen. Ein starkes Stück ist das, Walter, wie du da gelesen hast; nichts daraus als deinen Mißverstand, der dich beleidigt hat (denn meine Sätze konnten dich nicht beleidigen, nur dein Mißverstand), und als stünde gar nichts Andres drin. Als stünde nicht auch drin das Allerwichtigste für meinen Sohn Walter: um Alles nicht sich hinzugeben derartigem Beleidigtsein und der Hitzigkeit seiner Eigenrichtigkeit und Nichtigkeit; wie du nun gegen mich getan und damit den ganzen Inhalt und Absicht, Grund und Krone meines Werkes in den Wind geschlagen und dazu dein wahrscheinlich bedeutendstes Lebensverhältnis anzutasten deinerseits nicht unterlassen hast, nach Menschenart: Was, etwas derart Schönes soll in meinem Leben sein? – Hoho, das will ich schon kaput kriegen! Du mußt selber gestehen mit ganz gewiß noch zurückhaltenden, aber nicht mißzuverstehenden Worten, daß du in Deinem Gefühl gegen mich gestört bist, Du … Du hattest dich mir auf so bedeutende wie herzliche Art genähert als Schüler dem Lehrer und als Kind dem Vater; und ich habe mich dir geöffnet und gegeben, rückhaltlos, und nimmer gedacht, daß unsre Arbeit in den Tumult und einer zum andern in das Verhältnis politischen gewalttätigen Heischens und des kopfabhackerischen Richtens geraten könnte, sondern würden den Weg gehen, der zu andern Menschen uns wandelt durch die geistige Modifikation, durch die hohe Liebe, zu der wahrlich auch Achtung gehört. Achtung, das ist: vor der Verschiedenheit! Ich sagte schon vorhin: du sprichst für den Marxismus, aber die Methode,

5 Shakespeare, Hamlet, 1. Akt, 5. Szene: »O Schurke, Schurke, lächelnder, verdammter Schurke! / Meine Tafeln – Es ist passend, ich schreib es nieder, / Daß Einer lächeln kann, und lächeln, und ein Schurke seyn; / Wenigstens bin ich sicher, daß es in Denmark so seyn kann.«

6 Das Manuskript von Brunners »Nachwort zu meinem Testament«.

womit du gegen mich anrennst, ist nationalsozialistisch – laß michs immerhin mal so nennen. Diese Unterordnung meiner Gedanken unter deine Politik – sehr modern; aber das Denken ist nicht modern, sondern ewig und ewig das gleiche; und, wie ich denke, bin ich ewig und ewig der gleiche und dulde nicht in meinem Hause und nicht bei meinen Nächsten und Liebsten untereinander das, was die ungeistige Menschenwelt in ihre Narrheit und Verderben stürzt. Und wenn die ganze Welt so ist, von immer her und ewig hin, so müssen gerade deswegen wir anders sein; und der Marxismus mag das Allerwichtigste für die Menschheit sein: wenn er dir einen derartigen Streich spielt, dann gibt es für dich Wichtigeres.

Ich habe Achtung vor jedem Menschen, wahrhaftig auch vor dir, Walter. Niemals wäre mir in den Sinn gekommen, dich von deinem Marxismus abziehen zu wollen oder dir Vorwürfe zu machen deswegen, weil für kritische Wertung des Marxismus deine Kenntnisse und dein Urteil ungenügend sind. *Meine* Gedanken – ich habe niemals persönlich Propaganda für sie gemacht, lebte Jahrzehnte unter Menschen, ohne von meinen Gedanken auch nur den leisesten Laut zu machen, ich konnte die der Andern anhören, mir fielen davon nicht die Ohren ab, und zog mich dann allerdings, zu größerer Ungestörtheit, in die Einsamkeit zurück und tat mein Werk, aber nichts für mein Werk durch persönliches Auftreten, wie ich wohl hätte können, z.B. durch öffentliche Lehrtätigkeit, – mir fehlt es zu Rede und Vortrag nicht an einiger Begabung, die ich hätte geltend machen können. Ich kam, aus tieferen Gründen, zum Verzicht und suchte niemanden. Manche fanden mich, wie auch du mich gefunden hast. Ich hatte nicht gesucht dich, den ich gar nicht kannte, und nicht auf dich eingeredet und überredet. Du kamst zu mir, überzeugt und im schönsten Affekt der Begeisterung und Liebe. Und nun also Affektwechsel, politischer Affekt, vor dem das Gedankeninteresse zurücktritt, und zwingen willst jetzt *du* meine Gedanken. Es ist nicht wahrscheinlich, daß da Gesundheit ist, selbst wenn dem Marxismus die von dir ihm zugeschriebne Bedeutung zukommen sollte. Selbst wenn es dem Marxismus gelingen sollte, das Menschengeschlecht dem Eben und Eben und der Not des Lebenkönnens zu entnehmen, einer Folge nicht der Produktions- und Verkehrsverhältnisse, der abzuhelfen geht durch ökonomische Wissenschaft, vielmehr einem Lose, von der *Natur* erzeugt, welches das Menschengeschlecht teilt mit den übrigen Tiergeschlechtern, ausgenommen die Parasiten. Du schreibst: »Schon der größere allgemeine und mehr oder weniger gleichmäßige Wohlstand an sich wird viel zu bedeuten haben; an einem, für alle reichlich gedeckten, Tisch hört von selber die Gier des Essens auf und herrscht im allgemeinen gegenseitiges Wohlwollen, Zufriedenheit und Ruhe.« Ganz gewiß im allgemeinen während des Essens; und ob auch der Mensch nicht vom Essen allein lebt – ach Walter, ich wollte so von Herzen wie du »Gesegnete Mahlzeit!« rufen. Aber ich bin nicht sicher, ob solche und die andern, an sich selbst trefflichen, Versprechungen gehalten werden können und wenn Ja, ob sie wirklich mehr Glück und nicht auch Unglück herbeirufen, an das die sozialistischen Denker nicht denken* und habe die Wahrheit gelernt, daß Sicherheit keineswegs sicher ist. Heutzutage weniger noch als früher, daher heutzutage das Mitmachen ein größeres Wagnis. In früheren Tagen, als noch die Wahrheit, viel vernünftiger doch als heute, nicht allein unbezweifelbar und allgemein herrschte, sondern auch mit den irdischen Angelegenheiten unmittelbar und sonnenklar verbunden sich zeigte, da hätte ich zum Beispiel einen Kreuzzug, vielleicht, mitmachen können. Warum denn nicht? Nichts war gewisser als, daß Gott ihn wollte, er also auch gelingen mußte, nichts auch war gewisser noch dabei als für den gewissen Sieger der das Leben beglückende unermeßliche Reichtum des Orients, und schließlich, wenn es, unerwarteter Weise, mit diesen Gewißheiten Essig sein würde, an dem ich gar sterben müßte, so erränge ich doch ganz, ganz gewiß den über alles glorreichsten Gewinn, daß der liebe Gott im Himmel ja gar nicht wissen würde, was er mir, der so viel für ihn getan, an Prima-Paradies an den Augen absehen könnte. Aber heute, wo die Wahrheit zwar auch gewiß, wissenschaftlich gewiß, aber leider nur auf die Partei der Marxisten sich niedergelassen, während andre Parteien Pseudo-Wahrheiten folgen, immerhin jedoch eben so überzeugt wie die Marxisten, von der wissenschaftlichen wahren Wahrheit geführt zu werden – wie soll, unter so vielen Nichterkennern, ausgerechnet ich die wahre Wahrheit erkennen? oder *muß* ich, ein Blinder,

* ob es nicht gehen kann wie mit der frz. Revolution: lies darüber nur Engels »Entwicklung der *Utopie* zur *Wissenschaft* (!!!)« S. 9 und 10).[7]

7 Engels schreibt hier über das Scheitern der Französischen Revolution. Sie habe einen »vernünftigen Staat« und eine »vernünftige Gesellschaft« schaffen wollen, aber die tatsächliche Realisierung des Rousseauschen Gesellschaftsvertrages habe in die »Schreckenszeit« geführt: Der Gegensatz zwischen arm und reich sei verschärft worden; die »Freiheit des Eigentums« für die Kleinbauern und Kleinbürger, die der Macht des Großkapitals nicht gewachsen waren, zu einer »Freiheit vom Eigentum« geworden; der Aufschwung der Industrie habe dazu geführt, dass Elend und Armut eine »Lebensbedingung« der arbeitenden Massen wurde; Verbrechen und Prostitution hätten zugenommen. »Die ›Brüderlichkeit‹ der revolutionären Devise verwirklichte sich in den Schikanen und dem Neid des Konkurrenzkampfes. An die Stelle der gewaltsamen Unterdrückung trat die Korruption, an die Stelle des Degens, als des ersten gesellschaftlichen Machthebels, das Geld.« Engels kommt zu einem ernüchternden Urteil: »Kurzum, verglichen mit den prunkhaften Verheißungen der Aufklärer, erwiesen sich die durch den ›Sieg der Vernunft‹ hergestellten gesellschaftlichen und politischen Einrichtungen als bitter enttäuschende Zerrbilder.«

mitgehen in dem Kreuzzug für den Marxismus, dessen Sieg kommen und beglücken werde? Was kommt? Darüber entscheidet die Zukunft; wir Beide sind wahrlich nicht die geeigneten Leute, das jetzt auszumachen, und haben, wie schon gesagt, bei Gelegenheit des Marxismus weit Wichtigeres miteinander zu sprechen gefunden als über den Marxismus. Dir auch dürfte die Lust vergangen sein, mir noch einmal wieder mit der bisherigen Spitze über den Marxismus zu schreiben. Daß du an ihm hältst, oder über deine Tätigkeit für ihn, werde ich ohne die geringste Mißmutregung mit dem wahrhaftigen Interesse, wie es mir eignet für dein Leben und all das Deinige, anhören; das magst du glauben. Ich habe *Vorwürfe* so wenig gegen den Marxismus wie gegen dich; von denen beiden ich vielmehr weiß, daß sie aus der größten Ernsthaftigkeit und Ehrlichkeit wunderlieb gemeint sind, wie ich von dir im Besonderen weiß, daß es die sachliche Gradheit deiner Natur ist, die so wild dich über die Grenzen getrieben hat. Bei den Bösen kommt der Unband aus dem Bösen, bei den Guten aus dem Guten.

Und nun *könnte* sein, daß du noch eine Zeit wild und unzugänglich für vernünftige und gerechte Besinnung bleiben wirst und es dir *noch* schwerer fällt, mich lieb zu behalten, von dem du doch fühlst, du mußt mich liebbehalten. Dein Gefühl gegen mich ist lädiert, wie ich seit lange bemerkt hatte, und dein Brief spricht es aus in seinem Ton wie mit ausdrücklichen Worten. Du bist im Affekt; Affekt ist so vernunftlos wie die Vernunft affektlos. Wie viel Affekt, so viel Mangel an Urteil und Gerechtigkeit. Aus dir regt sich Feindseligkeit gegen mich. Dein Gericht nannte ich nationalsozialistisch, es gibt für mich keine Verteidigung, jedes weitere Wort führt nur zu schärferer Verurteilung; da ich angeklagt bin, bin ich gerichtet, als wär ich ein Jude oder eine Hexe. Ich kann deswegen deiner Aufforderung, mich zu Diskussion und theoretischer Erklärung zu stellen, nicht Folge geben; du würdest meine Worte oberflächlich, nicht treffend und lächerlich finden und noch zehntausend Gründe Recht übrig behalten. Ich weigere mich da nicht etwa nur dir; habe mich niemals, mit den bedeutendsten Menschen *niemals* in keinerlei Diskussion eingelassen. Und erklärt über den Marxismus hab ich mich in dem dir Bekannten und Unbekannten meines Werkes *so weit, wie ich es für mein Werk nötig hielt*, und kann und darf nicht in meinem Plane liegen, darüber mehr zu sagen, als prinzipiell ich weiß.[8] Und nun also auch im Brief kein Wort weiter, unter keiner Bedingung. Bei Diskussion über Bedeutendes kommt nie Gutes heraus. Vielleicht steht auch darüber mir mehr Kenntnis, Erfahrung und höhere

8 Brunner äußert sich relativ selten zum Kommunismus. Siehe vor allem: Höre Israel (S. 68 f.), Der entlarvte Mensch (S. 122 f.), Am 6. März (in: Vermächtnis, S. 82 ff., Anm.), Nachwort zu meinem Testament (in: Vermächtnis, S. 141 f., 196 f.).

historische Vogelperspektive zu Gebote als dir, die ganze Geschichte der Menschen gibt mir recht; und du, der so ziemlich alles gehört hat, was ich zu sagen weiß, gibst mir auch recht. Wenn auch nicht mit Worten und deinem Bewußtsein; denn du bist noch wild. Und könnte also sein, daß du es noch bleibst; vielleicht bis nach meinem Tode. Für diesen Fall beschwöre ich dich, zu meiner Ruhe, dir gesagt sein zu lassen, was ich jetzt sagen will, nach aller Wahrhaftigkeit, zu deiner Ruhe: Dir wird nicht not sein, dich selbst dereinstmal anzuklagen, und magst mit dem und mit denen, die du für richtiger hältst als mich, selig sein. Ich bin mehr als versöhnt mit dir. Ich vergesse nicht das Gute, das von dir mir gekommen,[9] und erkenne dein Recht, mir auch Leid zu bereiten in einer Welt, wo alles nur eine Weile schön ist und alles bezahlt sein will und du gegen mich besser gewesen bist, als ich um dich verdiene. Daß es so sich verhält, zeigt sich jetzt, und ich kann dabei ruhig sein wie bei einer wissenschaftlichen Rechnung: Du gehst von mir weg dorthin, wo zu finden, was ich dir nicht geben konnte. Das ist dein Recht tausendmal und deine Pflicht, und willst du nicht, so mußt du. Geht freilich auch nicht ab ohne Stoßen nach mir dabei. Vielleicht nur vorübergehend, und du siehst nach einiger Zeit, dein Errungenes wird nicht geschmälert, wenn du dieses Stoßen sein läßt. Und wirst mich ja doch auch nicht ganz lassen wollen. So wisse, ich bin dir da, wann du mich suchst, so lang ich lebe, und darfst nach meinem Tode keine Reue empfinden, da ich mit meinem Leben dich verstanden und keinen Augenblick aus meiner eigensinnigen Liebe gelassen habe.

Du bist und bleibst mein Sohn. Ich fühle für dich als ein Vater, sage nicht »Bin ich nun Vater, wo bleibt meine Ehre?«,[10] wohl aber, *daß Sem und Japhet ihres Vaters Scham zugedeckt haben*,[11] und lasse dir nicht Gewalt über mich.

Ich will keinem Gewalt über mich lassen, und ihr – zur Abwechselung ärgert euch einmal, daß ihr nicht denkt wie ich, statt darüber, daß ich nicht denke gleich euch, und laßt mir ein wenig Ruhe einmal. Als hätte mein Alter aus sich selbst noch nicht genug Plagen, kommen Plagen gelaufen, so viele wollen, setzen sich eine auf die andre, wie die Teufel auf einander hocken, und setzen sich alle zusammen auf mich. Aber mehr noch: auch die Engel, die ich so lieb habe, und die mich so lieb haben, machen sich

9 Siehe die Briefe 177 und 194.

10 Mal 1, 6: »Ein Sohn soll seinen Vater ehren. Bin ich nun Vater, wo ist meine Ehre? spricht der Herr.«

11 Gen 9,23 f. Ham sah die Blöße seines betrunkenen, eingeschlafenen Vaters Noah und erzählte seinen Brüdern Sam und Jafet davon: »Da nahmen Sem und Jafet einen Überwurf; den legten sich beide auf die Schultern, gingen rückwärts und bedeckten die Blöße ihres Vaters«, was Noah, aufgewacht, sehr erboste.

auf: Jung ist er noch, laßt uns reißen an ihm; und die eben kaum in die Freude mit mir gekommen, fangen gleich an, mich zu ärgern. So viel Liebe ich gefunden und wie die Liebe und Treue weit überwiegend ist, ich habe doch auch reichlich viel Verdruß und Gift einbekommen. In meiner Biographie könnte ich eine ganze Kompagnie aufmarschieren lassen von Richtigen, die mich richtig machen wollten und hoch mich lockten, indem sie mir sogar Gleichberechtigung mit ihrem Genie in Aussicht stellten (du selbst kennst eines an K.[12] und hast wohl auch gehört von T.[13]); da ich aber standhaft unrichtig blieb, suchte ihre Obrigkeit Böses an mir zu eräugeln und mit Klatsch und Schmutz mich zu erreichen. Ich brauche nicht zu wiederholen, wie weit mein Herz davon, dich in diese Gesellschaft und in ihre Krankheit und Narrheit zu setzen; dein Unband ist aus Reinheit, *die ich liebe*, doch aber vollkräftig und für immer abschließend zurückweisen muß. Und ich komme noch einmal zurück, um dich zu bitten, du möchtest auch Andern von der Aussichtslosigkeit sprechen, meine Festung zu erstürmen. Denn mir ist nachträglich noch eingefallen, daß du, ich glaube wirklich, bereits in deinem ersten Brief an mich, von dir bekannten Leuten gesprochen hast, die, meinen Gedanken anhangend, übrigens Kommunisten seien, und es fiele ihnen schwer zu tragen, daß ich kein Kommunist sei, und sie ließen mir sagen – – –. Denen auch sag bitte, daß ich mir da nichts sagen ließe, so wenig wie ich ihnen sage. Es ist immer noch, daß ich niemanden suche, habe genug, brauche keinen neuen Belehrer, und jeder mag denken, wie er will, seine Gedanken ändern, von den meinigen wieder weggehen; das Alles beleidigt mich im Allergeringsten nicht und bringt mich nicht auf die Beine – wenn ich ein Schafhirt wäre, würde ich meinen Schafen nachlaufen: sie aber sollen auch nicht mir nachlaufen wie einem verirrten und verlorenen Schaf. Sie mögen mich im Schafspelz erblicken – sollen nur froh sein, daß kein Wolf drinne![14]

12 Friedrich Kettner.

13 Leo Tamari.

14 Redewendung nach Mt 7,15, wo Christus sagt: »Hütet euch aber vor den falschen Propheten, die in Schafskleidern zu euch kommen, inwendig aber sind sie reißende Wölfe.«

210. An Emil Grünfeld, 29. September 1936

Mein lieber Grünfeld,

mit dem allerherzlichst freudigen Anteil begrüße ich diese Reaktion Ihrer Natur auf die zu lang, ununterbrochen, angespannte Geschäftsarbeit.[1] Denn es handelt sich wahrlich nicht um eine Reaktion auf *die* geschäftliche Praxis (die, wo sie erfordert wird, wohl nicht gewissenhaft genug kann ausgeübt werden), sondern Ihre Natur zeigt sich nur, daß sie so einseitig nicht kann befriedigt sein, aber auch schwerlich einen Wechsel will zwischen Geschäft und Theorie, sondern – was für Sie auch sehr wohl angängig wäre – immer in der Berührung gehalten bleiben mit dem Gedanken. Die geistigen Wahrheiten lassen sich nicht gleich Juwelen und Perlen verwahren, daß man sie nach Belieben hervorholen und an ihnen sich erfreuen und beleben könnte (mit Perlen haben sie Dies gemein, daß sie mit der Zeit abnehmen, kleiner werden) – sie wollen immer wieder erworben sein und müssen jeden Tag neu aufgehen wie die Sonne. Aber die volle runde Sonne muß es sein, keine Breviersonne; die gäbe nicht Licht noch Wärme. Glauben Sie mir das, ohne daß ich es hier weiter ausführe; glauben Sie es dem Gleichnis. Wohl aber könnten Sie selbst sich etwas schaffen, was den Nutzen eines Breviers haben würde. Wenn Sie beim Lesen in Ihren Büchern – es sind ja *Ihre* Bücher! – sich Striche machten überall da, wo Sie auf einen lichtbringenden und den Willen aktivierenden Ausdruck, glückliche Zusammenfassung und Formulierung stoßen und von Zeit zu Zeit diese Stellen wieder übergehen. Dann ersteht das Ganze wieder in Ihrem Leben. *Das Ganze!* Hätte es sich in einem Brevier sagen lassen, ich hätte es gesagt; aber es wäre nicht das Ganze gewesen und hätte nimmer die organische Wirkung des Ganzen tun können. (Wie wenig tut Dies der Aufsatz im Philosophischen Archiv!)[2]

Wenn man so ernst und fromm ist wie Sie, kann man sich selber helfen; ich habe das Vertrauen zu Ihnen. Und von Herzen alle vollkommene Erholung und Stärkung von Ihrem so schön geschilderten Valkenbg![3]

B.

1 Grünfeld (s. Abb. 61) hatte nach seiner Emigration 1934 in Amsterdam die Kunstseidenfabrik Artex gegründet.

2 Brunner, Kurze Rechenschaft.

3 Valkenburg, beliebter Erholungsort in der südniederländischen Provinz Limburg.

Abb. 61: Emil Grünfeld

211. An Borromäus Herrligkoffer, November 1936

Herzlieber Borro, ich hatte nicht geschrieben, weil ich so traurig war.[1] Denn, wie ich auch über den Menschen denken muß, das hatte ich nicht für möglich gehalten, daß *da* eine nächtliche Macht Einfluß gewinnen könne – so wie unsre Herzen einander geöffnet waren, auf diesem letztwahrhaftigen Grunde!

Ich habe Schweres zu tragen in meinen alten Königstagen; und nun wollte auch noch diese böse Trauer ein.

Doch deine letzten Zeilen sprechen mir wieder aus deinem Herzen. Und nun ist es gut. Aber bitte auch nichts mehr als das, und tu mir die Liebe: schreib Lotte nicht wegen Weihnachten. Ich will nichts, absolut

1 Herrligkoffer hatte das Buch »Kämpfer um Leben und Tod. Gedanken, Plaudereien und Erlebnisse aus 40jährigem Arzttum« veröffentlicht (München: J. F. Lehmanns 1936). Darin vertritt er unter anderem die These, dass die ererbte Konstitution unveränderbar sei, weshalb Rasse, Sippe und Familie eine große Bedeutung zukämen. Ziel müsse sein, »das Faule, Kranke, Modrige, das Gift« auszurotten, um eine Übertragung auf die Nachkommen zu vermeiden und »gesunde, widerstandsfähige, arteigene Rassestämme und Rassemenschen zu züchten« (S. 9). Hitler habe diese Auffassung umgesetzt, und so könne eine dauerhafte, harte, kraftvolle und heroische deutsche Form entstehen. Gegenüber Magdalena Kasch äußerte Brunner über das Buch: »Fünfzig bis sechzig Prozent sind – Opfer des Regimes – zu Heuchlern geworden. Gute, brave Männer, wie Borro einer, fallen in die Erbärmlichkeit der Schwäche; – daß er mir heimlich *den Brief* aus Kopenhagen schreibt, öffentlich den H. [Hitler] lobt, dem er laut heuchelnd sagt und es veröffentlicht, was er mir heimlich flüstert – jeder rechnet es ihm wohl zur Schlechtigkeit; ich allein weiß, daß es *nur Schwäche* ist.« (Kasch, Aufzeichnungen, S. 123). Der genannte Brief ist verloren gegangen. Kasch kannte ihn und berichtet, Herrligkoffer habe »diese Mächte, vor denen er den Kniefall getan, verwünscht und verdammt« (ebd.). In »Unser Charakter« geht Brunner auf den Brief ein, ohne Herrligkoffer zu nennen. Er lässt den Charakter personifiziert auftreten und eine Rede halten: »Und jetzt in deinem heißgeliebten Lande, in dieser seiner unfreiesten, verschrobensten und treulosesten Zeit die Menschen; wegen ihrer Überzeugungstreue kannst du sie nicht lieben. So weit sie nicht selbst die Flucht ergriffen, hat ihre Überzeugung die Flucht ergriffen; von deinen ›Ariern‹ ganze Fünfundeinhalb sind mannhaft geblieben, unter diesen fünfundeinhalb Mannhaften drei Weiber! Du siehst, ich weiß alles; und nimm auch nur die Hand wieder weg und wolle nicht verstecken den Brief da und das Buch da auf deinem Tisch. Das Buch da hat dir einer zugeschickt, der es nicht hätte schreiben dürfen, wie der Brief beweist, den er dir (ein paar Tage mal fern vom Schuß) dazu geschrieben hat. Du siehst, ich weiß auch das und was die Überzeugungen wert sind – Sklaverei freilich ist das, was am meisten die Menschen verdirbt: sie macht die Sklaven schlecht, korrumpiert die Charaktere, daß sie freiwillig tun auch das unnötig Häßliche. Und das ganze Geschlecht, wie es dahin flutet durch die Zeiten, – sie sprechen von ihrer Geschichte? Das ist gar keine Geschichte. Ich wüßte keine Geschichte, die so traurig macht. Was sie ihre Geschichte nennen, das zeigt sie weit weniger unter der Vernunft- als unter der Narrheitsherrschaft, und das ist ihre ewig nichtswürdige Aufführung auf Grund ihrer beiden Talente der Vergeßlichkeit und Verlogenheit.« (S. 79).

nichts, *es täte mir weh*. Ich brauche nichts als Herzen, fest in der Treue. Die braucht mein Herz, darin zu leben; denn so war sein Leben und Schaffen.

Darum trifft mich auch so hart, der ich doch nicht ablassen kann von der Liebe, meines Vaterlandes Treulosigkeit. Und doch wundere ich mich nicht. Es ist der rücksichtslose Fortgang des Marxismus, den wir nun auch in Deutschland und Italien haben wie in Rußland; wo man ihn *Marxismus nennt …*[2]

Wo du dich auftun wirst nach Abgabe deiner Praxis in I.,[3] ja, das beschäftigt mich auch gewaltig. Auf keinen Fall doch ohne Tätigkeit – die ist dir das Leben. Mehr als dieses allgemein Gesetzliche kann ich ja von hier aus nicht sagen, so wie ich auch damals über S.[4] nur Allgemeines äußern konnte und gewissermaßen auch gleich wieder zurücknehmen, aus Vertrauen in deine Übersicht der Sachlage und auf Grund davon sich bewährendem Instinkt.

Übrigens wartet Stigter,[5] Nachtigalplein 18 immer noch auf deine Sendung.

Ich muß schließen, schreib mir bald wieder, und ich schreibe wieder,[6] und übersteht gut das Wohn-Interregnum – das ist ja doch immer Geringes nur, wenn man weiß, es geht wieder zur Ordnung und zum Frieden.

Mein Borro, sei gegrüßt!

B.

2 Für Brunner waren der deutsche Nationalsozialismus, der italienische Faschismus und der sowjetische Marxismus ähnliche Phänomene (s. Brief 187/1 und 209).

3 Herrligkoffer musste seine Arztpraxis in Ichenhausen aus politischen Gründen aufgeben; er wohnte inzwischen bei seinem Schwiegersohn in Lambsheim in der Pfalz.

4 Brunner hatte sich 1921 mit Herrligkoffer über den Berufsweg seines Sohnes Siegfried beraten.

5 Piet Stigter.

6 Es sind keine weiteren Briefe zwischen Brunner und Herrligkoffer überliefert. Magdalena Kasch schrieb ihm am 4. Januar 1937: »Dein Fall geht ihm sehr, sehr nahe und er wünscht nichts sehnlicher, als daß Deinem Leben darüber keine Unruhe entsteht. Er hat es auch nicht für gut gehalten, daß Du das Buch veröffentlichst, jetzt aber liegt ihm nichts mehr am Herzen, als daß Du Erfolg damit hast, weil er die Wichtigkeit für Dich erkennt, gerade nachdem nun das Schwere und Zwiespältige in Dein Leben gekommen. Nimm mir nicht übel, was ich aufrichtig geschrieben; es kommt aus einem Herzen, das Dich nicht einen Hauch weniger lieb hat als früher. Doch weißt Du wie ich, was wir dem Meister grenzenlos schuldig sind auch als Deutsche, ihm, der deutscher ist als ganz Deutschland.« (Kasch, Aufzeichnungen, S. 139f.).

212. An Lotte Brunner, 20. Januar 1937

Dank sollst du haben, meine Lotte, für deine Worte von so weitreichendem Klang: und ich glaube auch zu vernehmen, aus welcher Tiefe der Besinnung sie herkommen.[1] Du fängst an, eine Schuld zu sühnen, von der du nicht wußtest, sie begangen zu haben (weswegen sie auch für mich von deinem Herzen aus nicht vorhanden war) und einzusehen, daß es zu nichts Gutem führende Unklugheit ist, dem Trennenden nachzugehen, dessen (durchweg) immer so viel ist in Wirklichkeit und Einbildung, anstatt das Einende zu suchen oder zu sehen, wo es wie bei uns, doch wahrlich vorhanden und nie verloren gehen kann. Ich hab unzurückdrängbares Bedürfnis, dir zu sagen, daß du mich voll befriedigt nun hast; gerade jetzt, wo du körperlich leidest und mir das wahrlich so schwer ist, daß für dich ichs leiden möchte, und wenn ein Gott fürs Erhören wäre, ich flehen würde, er möchte mir Altem es antun vor dir, – gerade in deiner Krankheit, Geliebtes, muß mir dies heraus, was noch über Krankheit und Tod geht. Es darf keine, noch so unbewußt begangne, Sünde des Hochmuts zwischen uns treten. Glaub mir, die Demut ist besser als der Hochmut. Du verstehst, welche Demut ich meine; nicht die schlechte Demut, nein, die gute, die hohe der Besinnung, die dem niedrigen, immer zum Streit führenden Hochmut seine Macht über uns nimmt. Ich meine die Demut, wovon die christliche Demut des Mittelalters das theologische Analogon darstellt und die doch nicht besser kann ausgedrückt werden, als es vom christlichen Mittelalter geschehen, indem es von Ratio und Auctoritas spricht, sobald man

1 In den letzten Jahren gab es zunehmend kleine Differenzen zwischen Lotte Brunner, die ihr Tagebuch 1932 nicht mehr weiterführte, und ihrem Stiefvater (siehe z.B. Brief 147), insbesondere seit sie mit Piet Stigter verheiratet war (s. Abb. 62), mit dem Brunner immer wieder heftige philosophische Auseinandersetzungen hatte. Lotte und Stigter seien seine beiden Päpste, äußerte Brunner einmal, weil sie sich für unfehlbar gegen ihn halten würden (Aufzeichnung vom 7. Juni 1935, LBI/JMB: I, 6, 1, 6). Am 10. Dezember 1936 beklagte er, Lotte »folge leider jetzt oft leeren Begeisterungen« (Kasch, Aufzeichnungen, S. 126). Bemerkenswert ist ein Traum, den Brunner am 29. Mai 1936 Magdalena Kasch erzählte: »Ihm habe geträumt, Lotte wäre auf einem Kinderwägelchen zu ihm hereingefahren und an ihm vorüber, im Zimmer herum und aus und ein. Als sie so wieder an ihm vorbeifuhr, hätte er ihren Kopf in seine Hände genommen; sie fuhr aber weiter und der Kopf blieb in seinen Händen. Noch hätte er gestanden und ihr nachgesehen, die zur Türe hinausgefahren, da sei sie wieder hereingefahren und hätte einen andern Kopf aufgehabt.« (Ebd., S. 90). Gleichwohl besuchte Lotte Brunner ihren Stiefvater regelmäßig, schrieb über seine Todeskrankheit (LBI/JMB: I, 2, 1, 7), verfasste nach Brunners Tod Nachrufe (Constantin Brunner, in: Bohemia (1937); Constantin Brunner, in: Mensch en Kosmos. Maandblad voor Geestelijke Stromingen 1, Nr. 12 (Mai 1938), S. 185-188 und 2, Nr. 1 (Juni 1938), S. 5 f. u. 10), ordnete seinen Nachlass, arbeitete an einer Herausgabe seiner Briefe und ihrer umfangreichen Tagebücher.

Abb. 62: Lotte Brunner-Stigter und Piet Stigter, Winter 1940

nur Beides unabergläubisch nach dem Glanz seiner Wahrheit nimmt …[2] Und so hab ich auch die Hoffnung, daß auch gegenüber dem von mir geliebten *und mir so wichtigen Manne*[3] wesentlich sich bessern läßt, wenn wir Beide aus der Tiefe und Liebe unsrer Kraft bewußt, entschlossen und beharrend dazu tun. Das wollen wir, das werden wir; das gelingt.

Werd nur gesund allerbaldigst du; Du bist es ja im Grunde. Meine Lotte, Heile, Heile, Segen, Segen! Meine Lotte!

213. An Gertrud Herz,[1] Anfang März 1937

Mein geliebtes Trud, dein Brieflein macht mich doppelt traurig. Einmal für mich, daß ich euch nicht helfen und nur hoffen kann. Aber dies wenigstens; denn immer wieder sollte man sich die Wahrheit vorhalten, daß Unglück so wenig beständig wie Glück. Alsdann macht mich das von dir Eingesandte traurig für andre, um die ich schon lang und viel traurig gewesen und stets noch bin.[2] Gleichzeitig mit deinem Brief erhielt ich

2 Die religiös geprägte Geisteshaltung, in der sich der Mensch in Kenntnis der eigenen Unvollkommenheit (ratio) dem göttlichen Willen unterwirft (auctoritas), bezeichnet Brunner als abergläubisch, d.h. als »Analogon« der Wahrheit. Gegenüber Magdalena Kasch äußert Brunner, die christliche Demut sei zwar widerwärtig, wo sie übertrieben und unecht sei, »wo aber echt, tausendmal besser als was jetzt sich ausbreitet und durch den Nationalsozialismus gepredigt wird: ›Ihr seid die Besten!‹ und besser als jedes hochnäsige Selbstbewußtsein ist das Bewußtsein: ›Wir sind Sünder.‹« Das Christentum dürfe man nicht verachten, »und selbst die ›christliche Demut‹ ist immer noch tausendmal besser als der unchristliche Hochmut, der nichts als Böses anrichtet, während die christliche Demut richtig gute Werke vollbracht und die Menschen lieben gemacht hat, trotzdem. Zumal der Hochmut nur nach unten hin sich zu äußern, nach oben hin verbunden zu sein pflegt mit der schlimmsten Demut, mit der Hundedemut. Während die wirkliche Demut ja überhaupt keine Demut ist, sondern die Einsicht in das Verschiedensein und die Achtung vor dem Verschiedensein Aller.‹« (Kasch, Aufzeichnungen, S. 89).

3 Piet Stigter. Zu Brunners Schwierigkeiten mit ihm siehe Brief 193.

1 Brunners zweite Stieftochter (s. Brief 21/2), die erst 1940 aus Deutschland emigrierte.

2 Israel Eisenstein hatte ein Rezensionsexemplar seines unter dem Pseudonym Friedrich Andermann publizierten Buches »Irrtum und Wahrheit der Biologie. Kritik der Abstammungslehre« (Wien – Leipzig – Bern: Weidmann & Co. 1937) an den Central-Verein deutscher Staatsbürger jüdischen Glaubens gesandt. Brunner schickte über Gertruds Ehemann Fritz Herz eine Empfehlung an Prof. Julius Schneider, einem der Gründungsmitglieder des Central-Vereins im Jahre 1893. Schneider war auch Vorstandsmitglied und Vorsitzender der Redaktionskommission der 1895 ins Leben gerufenen Zeitschrift des Vereins »Im deutschen Reich«. Seit 1920 war er Ehrenmitglied des Central-Vereins. Offenbar veranlasste er die Besprechung des Andermann-Buches (in: C.V-Zeitung 16, Nr. 8 (25. Februar 1937), S. 5), die Gertrud Herz Brunner einschickte. Der nicht namentlich genannte

einen Brief über die gleiche Angelegenheit von einem bedeutenden Manne aus Deutschland, vielleicht dem bedeutendsten Manne, der zur Zeit in Deutschland lebt.[3] Der schreibt darüber: »Freches Gemauschel! Gemauschel ist nun einmal die fürchterlichste Sprache, und sie mauscheln fast alle; sie haben es neu gelernt.« So würde ich mich nun freilich nicht ausdrükken; aber traurig macht mich die Sache der Juden und ihr hoffnungsloses Verhalten. Ich habe ihnen nicht nützen können, trotzdem wohl einzig bei mir ihre Sache auf letzte Klarheit gebracht steht. Aber ihre früheren Führer sind mir wenigstens mit Achtung begegnet.[4] Wenn ich nun nicht den Menschen und also auch die Juden kennte und unerschüttert stünde in meiner Liebe zu diesen Unglücklichen, so würden sie sich durch solche tolle Blödheit schaden. Wie mögen sie einen so Unkönnenden und Unwissenden, so Verkehrtes Wissenden gegen mich loslassen? Denn es geht doch nur gegen mich und – trifft, was der kluge dumme Schreiber nicht mit sagt, Spinoza. Der hahnebüchene Unsinn, daß ich dem Felsen eine Seele zuschriebe, womit man doch wahrlich in der Wissenschaft nichts anfangen könne, – es handelt sich hier um einen der tiefsten und fruchtbarsten Gedanken Spinozas, den ich wiederhole;[5] der Schreiber bringt diesen Gedanken noch weit unter seine, des Schreibers eigne Trivialität und Verwirrung und Unwissenheit (spricht er doch sogar von *Beweisen* für die Entwicklungslehre!), dann hat er für sich und für sein Publikum großen Sieg erfochten. Nun, ich gönne ihm seinen Ruhm und bin ihm nicht so viel böse, ich bin keinem Menschenkind böse (lies einmal in meinem Tagebuch »Kinder der Welt«[6]); der guten und starken Sache läßt sich nicht schaden, und er kann auch nicht einmal dem Andermann schaden. Dessen Buch hat eine begeisterte Aufnahme gefunden und wird gute Arbeit tun.[7]

Verfasser referiert darin, Andermann habe zwar die gegen die Entwicklungstheorie sprechenden Aspekte gut zusammengetragen, die positiven Beweise aber ignoriert. Sein Bezug auf Brunners Theorie der Gattungen und Arten (zu Brunners Kritik der Entwicklungslehre s. Brief 140) betrachtet der Rezensent als naturphilosophische Spekulation. Brunners Bewegungslehre sei reiner Mechanismus und seine Auffassung des Psychischen als Bewusstsein des mechanischen Vorgangs abstrus, da dann auch der Stein eine Seele habe. Solche Argumente seien wissenschaftlich ungeeignet, die Entwicklungslehre zu Fall zu bringen.

3 Fritz Ritter.

4 Zum Beispiel Ludwig Holländer, der Direktor des Central-Vereins (s. Brief 160).

5 Brunner teilt Spinozas Allbeseelungslehre (s. Brief 57/59). Die Bewegungstransformation der Dinge habe eine Innenseite, so dass es auch eine Transformation des Denkens gebe. Daraus folgt aber für Brunner nicht, dass es Seelensubstanzen gibt; der Stein habe ebensowenig eine Seele wie der Mensch.

6 Brunner, Aus meinem Tagebuch, S. 230-238.

7 Eisensteins Buch wurde nur in wenigen Exemplaren ausgeliefert; es war nach der Besetzung Österreichs 1938 nicht mehr erhältlich. 1975 erneuerte und erweiterte Eisenstein seine Kritik: Ist die Evolutionstheorie wissenschaftlich begründet? Das Artproblem in bio-

Bleib auch du stark, mein Trudlieb, bleibt alle stark in den treulosen und ratlosen Zeiten – es war besser gewesen, wir haben so stark das Gute damals nicht empfunden, wie wir jetzt das Schlimme fühlen; und es wendet sich wieder zum Besseren, Amen.

Mit allem Herzenssegen

B.

Sagt bitte noch mal dem Prof. S.[8] meinen sehr herzlichen Dank. Er kann so wenig dafür wie ich.

214. An Walter Bernard, 21. März 1937

Mein geliebter Walter,

sehr besonders hat mich auch dein letzter Brief berührt, in dem wieder dein ganzes, von mir so innig geliebtes Herz spricht.[1] Und da ist ein Satz, ein Bekenntnis von dir: es sei dir »bitter betrübend zum Bewußtsein gekommen, wie so sehr kurzsichtig und – ich möchte fast sagen – mit welch tölpelhafter Ungeschicklichkeit und Beschränktheit ich an der Schönheit dieses Verhältnisses vorbeigehe. Einen Hauptgrund dessen kann ich wohl selbst angeben: daß ich, wie ich nun einmal bin, von äußeren Verhältnissen und von äußeren Interessen mich in letzter Zeit so sehr in Anspruch nehmen lasse, daß ich meinem inneren Drang, an deinem Werk mein Werk zu finden, gegenwärtig nicht Folge leiste und daher auch die innere Unruhe und Zerstreutheit zu tragen habe.« Allerdings, Walter; das ist es alles. Mir aber ziemt eigentlich nicht, darüber zu reden. Doch will ich mich überwinden, es andeutend zu tun. Du hattest mich losgelassen, meine Hand losgelassen, warst in die Entfernung getreten, in die immer größere Entfernung von meinem Werk; an dieses die Erinnerung verblaßte mehr und mehr; und je stärker sich die Äußerlichkeiten in den Vorgrund drängten, desto siegreicher fühlte sich die populäre Kritik gegen mein Werk, das ja nicht mehr mein Werk ist. Ich könnte noch vieles hinzufügen von Erfahrung mit andern; aber es widerstrebt mir und ich kann auch nicht viel

logischer und philosophischer Sicht, in: Philosophia Naturalis. Archiv für Naturphilosophie und die philosophischen Grenzgebiete der exakten Wissenschaften und Wissenschaftsgebiete 15, Nr. 4 (4. Vierteljahr 1975), S. 241-292 u. S. 404-445.

8 Prof. Schneider.

1 Nach ihrem Dissens über den Marxismus (s. Brief 209) wandte sich Bernard im Brief vom 14. Februar 1937 (LBI/JMB: II, 1, 13) wieder rückhaltlos Brunner zu.

schreiben. Meine Gesundheit hat schon seit längerer Zeit mit Krankheit zu tun; doch hoffe ich noch auf relative Besserung.[2] Du brauchst dich gar nicht zu sorgen; ich tu es auch nicht. Und sorge mich auch nicht um dein Verhältnis zu mir. Denn mein Verhältnis zu dir ist unerschüttert wie mein Vertrauen zu dir; es war keinen Augenblick erschüttert, und man muß das Wetter nehmen, wie es ist. Werd du auch wetterfest, du lieber Walter, auch gegen dich selbst; höher können wir's im Paradies nicht bringen, das ja auch seinen Baum der Versuchung und seine Schlange hat. Das Paradies ist in uns, also ist auch Schlange und Versuchung in uns, aber auch die schönere Versuchung, die *uns* gelingen muß: zu widerstehen und uns aus dem Paradies nicht vertreiben zu lassen. Ich gebe dir, wie immer, meine Hand; halt sie fest, Walter. Tu aber auch nur ja nicht, während du in der »Unruhe« bist, jenen Lebensschritt, der alsdann in noch größere stürzt!

B.

NB Es hatten noch Andre Ärgernis (wenn auch in geringerem Maße) an meinem Ausdruck: Die Brüder Kommunismus und Faschismus. Nach den letzten Prozessen in Rußland begann es ihnen zu dämmern.[3] Durch Erfahrung klug werden ist schön; noch schöner, wenn man es schon ist und die Erfahrung nicht erst braucht kommen zu lassen. Ich berühre diesen Gegenstand ohne weiteres jetzt wieder einmal, weil ich sicher bin, daß du, auch bei Beharrung auf deinem Standpunkt, eben so gut von dem meinigen hören kannst, wie ich vom deinigen. Für mich ist der Faschismus nur eine Art des Kommunismus und alles despotisch, was nicht demokratisch ist. Ich könnte auch sagen: Kommunismus eine Art des Faschismus, Jacke wie Hose.

2 Brunner ging es gesundheitlich im Februar und März 1937 immer schlechter, am 4. April brach die Krankheit aus, die am 27. August zum Tode führte. Über diese letzte Lebensphase berichten ausführlich unter dem Titel »Die Todeskrankheit« Lotte Brunner (LBI/JMB: I, 2, 1, 7) und Magdalena Kasch (Aufzeichnungen, S. 159-216).

3 Vom 21. bis 30. Januar 1937 fand in Moskau der zweite von insgesamt vier Prozessen der Jahre 1936 bis 1938 statt, in denen Stalin sich seiner politischen Gegner, vor allem der Anhänger Trotzkis entledigte. Anlass der Prozesse war die Ermordung des Stalin nahestehenden Leningrader Parteisekretärs Sergej Kirow im Dezember 1934. In den folgenden Schnellverfahren wurde den Angeklagten die Möglichkeit einer ordentlichen Verteidigung genommen. Die Anklagen basierten zum Teil auf durch Folterungen erhaltene Zeugenaussagen, die einer genaueren Untersuchung nicht standhalten konnten. Der Prozess im Januar 1937 wurde gegen 17 politische Funktionäre geführt, von denen nur zwei mit einer Haftstrafe davonkamen; die anderen wurden zum Tode verurteilt.

215. An Emil Grünfeld, 1937

Haben Sie Dank, Lieber, für die Zusendung; ganz gewiß auch haben Sie recht, daß da das Rechte zu Grunde liegt. Aber wie! und ich konnte Beides nicht zu Ende einnehmen. Erklären Sie sichs aus meiner Abneigung gegen Schwulst und Vernebelung; Klarheit des Denkens und einen festen Gegenstand für das Denken verlange ich, der Mangel davon wird mir nicht vergütet durch ästhetische Wortspielerei an verfaulten Begriffen. Ich sage das nicht mit Unmut, sondern aus tiefer Herzenstrauer, daß die Juden in so kalter und finstrer Zeit nichts Besseres haben als Solches. Die Verlassenen, damit sind sie erst ganz verlassen, und wollen doch immer weiter noch sein was Natur und Geschichte ihnen nicht erlaubt zu sein ... Ich mag nicht weiter reden – Sie wissen, wie ich denke und schweige. Schwer liegts mir auf dem Herzen für so unzählig viele und so viele von mir gekannte und geliebte Seelen. Immer mehr kommen ins Unglück und nach Palästina. Wenn ich daran denke, ist mir, als müßt ich wieder so krank werden ...

Von Herzen grüß ich Sie und Ihre Lieben![1]

B.

1 Anda Grünfeld (geb. Ludmerer) und ihre Tochter Minni, die zusammen mit Emil Grünfeld 1942 im Lager Westerbork interniert wurden, wo Grünfeld starb. 1944 wurden die Frauen nach Bergen-Belsen deportiert, 1945 auf dem Transport nach Theresienstadt von Sowjettruppen befreit. Nach dem Krieg lebten sie zunächst in Amsterdam und übersiedelten schließlich nach Israel, wohin Grünfelds Sohn Ludvig schon 1935 emigriert war. Dort nannte er sich Levi Granot und lebte im Kibbutz Harosea.

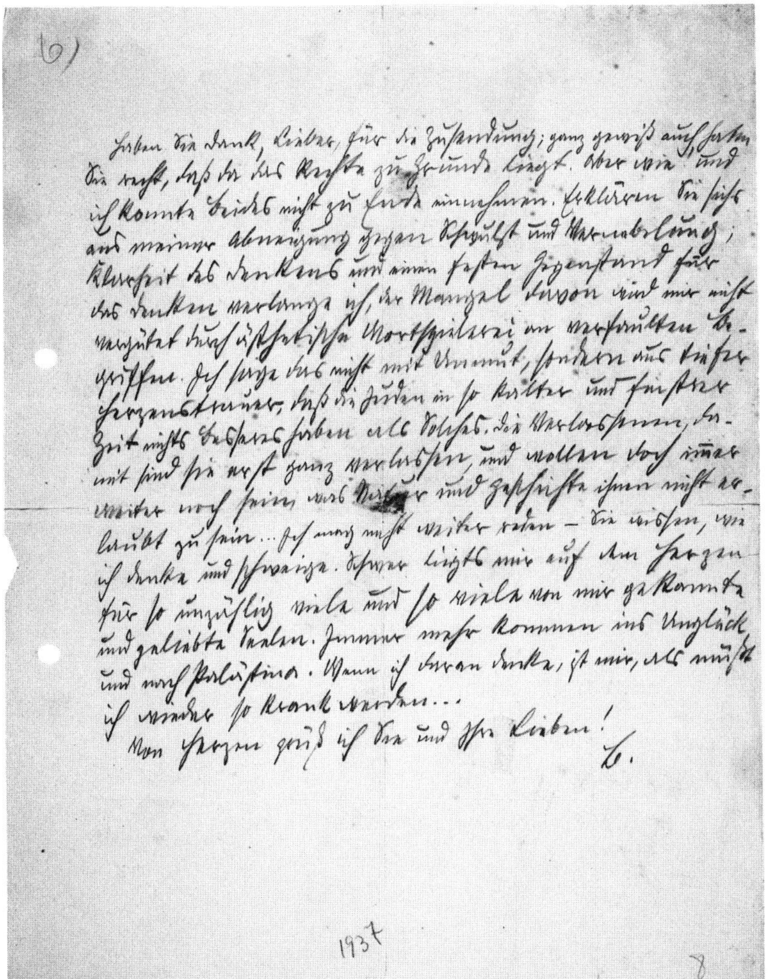

6)

Haben Sie Dank, Lieber, für die Zusendung; ganz gewiß auch haben
Sie recht, daß der Bd Kafka zu Grunde liegt. Aber wie und
ich konnte beides nicht zu Ende annehmen. Erklären Sie sich
aus meiner Abneigung gegen Schwulst und Vernebelung;
Klarheit des Denkens und einen festen Gegenstand für
das Denken verlange ich, der Mangel davon wird mir nicht
vergütet durch ästhetische Wortspielerei an verfaulten Begriffen. Ich sage das nicht mit Unmut, sondern aus tiefer
Herzenstrauer, daß die Juden in so kalter und finsterer
Zeit nichts Besseres haben als solches. Die Verlassenen, Ge-
mit sind sie erst ganz verlassen, und wollen doch immer
weiter noch sein, was Dichter und Geschichte ihnen nicht erlaubt zu sein... Ich mag nicht weiter reden – Sie wissen, wie
ich denke und schweige. Schwer liegt's mir auf dem Herzen
für so unzählig viele und so viele von mir gekannte
und geliebte Seelen. Immer mehr kommen ins Unglück
und nach Palästina. Wenn ich daran denke, ist mir, als müßte
ich wieder so krank werden...
Von Herzen grüß ich Sie und Ihre Lieben!
G.

1937

8

Brief an Emil Grünfeld, 1937

Anhang

Abkürzungen und Siglen

Aus meinem Tagebuch
: Constantin Brunner, Aus meinem Tagebuch (1928), mit einem Geleitwort hrsg. vom ICBI, Stuttgart: Cotta Verlag [2]1967.

Briefe
: Constantin Brunner, Briefe, in Zusammenarbeit mit Magdalena Kasch hrsg. vom Constantin-Brunner-Kreis Tel Aviv, Bd. I: Lidor Printing-Press: Tel Aviv [1964]; Bd. II: NA'OT-Printers: Tel Aviv 1964.

Der entlarvte Mensch
: Constantin Brunner, Der entlarvte Mensch (postum), mit einem Geleitwort von Magdalena Kasch hrsg. vom ICBI, Den Haag: Martinus Nijhoff [2]1953.

Es gibt kein Ende
: Lotte Brunner, Es gibt kein Ende. Die Tagebücher, hrsg. von Leo Sonntag und Heinz Stolte, Hamburg: Hansa-Verlag 1970.

Gedenkbuch Bickel
: Gedenkbuch in memoriam Lothar Bickel, hrsg. von Israel Eisenstein und Shalom Miron, Tel Aviv: Kwik-Kopy 1985.

Höre Israel
: Höre Israel und Höre Nicht-Israel (Die Hexen) (1931), Nachdruck hrsg. vom ICBI, Den Haag [2]1974.

ICBI
: Stichting Internationaal Constantin Brunner Instituut, Den Haag.

IISG
: International Institute of Social History, Amsterdam: Gustav Landauer Papers.

Kasch, Aufzeichnungen
: Magdalena Kasch, Meine letzten Jahre mit Constantin Brunner. Aufzeichnungen aus den Jahren 1935-37, mit einem Geleitwort von Jürgen Stenzel hrsg. vom ICBI, Den Haag: Roeland 1990.

Kunst Philosophie Mystik
: Constantin Brunner, Kunst Philosophie Mystik. Gesammelte Aufsätze, mit einem Vorwort hrsg. von Lothar Bickel, Zürich: Humanitas Verlag 1940.

Kurze Rechenschaft
: Constantin Brunner, Kurze Rechenschaft über die Lehre von den Geistigen und vom Volk (1911), in: Unser Charakter, S. 215-241.

Landauer, Gespräch
: Gustav Landauer, Die Lehre von den Geistigen und vom Volke. Ein Gespräch zwischen einem Gebildeten und einem Lernenden (1909), in: Hinweis durch Urteile der Presse auf Constantin Brunner, Die Lehre von den Geistigen und Volke, Berlin: Karl Schnabel Verlag [o.J.], S. 8-16.

Landauer, Lebensgang
: Gustav Landauer, Sein Lebensgang in Briefen, unter Mitwirkung von Ina Britschgi-Schimmer hrsg. von Martin Buber, 2 Bde., Frankfurt a.M.: Rütten & Loening 1929.

LBI/JMB
: Leo Baeck Institute Archiv im Jüdischen Museum Berlin, Constantin Brunner Collection.

LBI/NY
: Leo Baeck Institute, New York.

Lehre
: Constantin Brunner, Die Lehre von den Geistigen und vom Volk (1908), Stuttgart: Cotta Verlag [3]1962.

Liebe, Ehe, Mann und Weib
Constantin Brunner, Liebe, Ehe, Mann und Weib (1924), mit einem Geleitwort hrsg. vom ICBI, Stuttgart: Cotta Verlag ^{2}1965.

NLI
The National Library of Israel, Jerusalem.

Materialismus und Idealismus
Constantin Brunner, Materialismus und Idealismus (1928), mit einem Geleitwort hrsg. vom ICBI, 's Gravenhage: Stichting Internationaal Constantin Brunner Instituut $^{[3]}$1976.

Rathenau, Briefe
Walther-Rathenau-Gesamtausgabe, Band V, 2, Briefe: 1914-1922, hrsg. von Alexander Jaser, Clemens Picht und Ernst Schulin, Düsseldorf: Droste 2006.

Rottner, Das Ethische Seminar
Eli Rottner, Das Ethische Seminar in Czernowitz. Die Wiege des internationalen Constantin-Brunner-Kreises, Dortmund: Gerhard Schippel 1973.

s. Brief (Zahl/Zahl)
siehe Brief mit der Nummer/Anmerkung

Spinoza, Die Ethik
Benedictus de Spinoza, Die Ethik, übersetzt von Jakob Stern, Stuttgart: Reclam 1977.

Spinoza gegen Kant
Constantin Brunner, Spinoza gegen Kant und die Sache der geistigen Wahrheit (1910), mit einem Vorwort von Magdalena Kasch hrsg. vom ICBI, Assen: Van Gorcum & Comp. B. V. ^{2}1974.

Tagebuch, (Tag Monat Jahr)
Lotte Brunner, Constantin Brunner im Tagebuch von Lotte Brunner, LBI/JMB: I, 2, 4, 6 bis 5, 5, Typoskript, zitiert nach dem Datum des Eintrags (1903-1932).

Unser Charakter
Constantin Brunner, Zum 55. Geburstag (1917), Unser Charakter oder Ich bin der Richtige! (postum 1939), Kurze Rechenschaft über die Lehre von den Geistigen und vom Volk (1911), mit einem Geleitwort hrsg. vom ICBI, Stuttgart: Cotta Verlag $^{[2]}$1964.

Unser Christus
Constantin Brunner, Unser Christus oder das Wesen des Genies (1921), mit einem Geleitwort hrsg. vom ICBI, Köln – Berlin: Verlag Kiepenheuer & Witsch ^{2}1958.

Vermächtnis
Constantin Brunner, Vermächtnis, mit einem Vorwort von Magdalena Kasch hrsg. vom ICBI, Den Haag: Martinus Nijhoff 1952.

Vom Einsiedler
Constantin Brunner, Vom Einsiedler Constantin Brunner, Potsdam: Gustav Kiepenheuer Verlag 1924.

Vom Geist und von der Torheit
Constantin Brunner, Vom Geist und von der Torheit. Gesammelte Aufsätze, mit einem Geleitwort von Heinz Stolte hrsg. vom ICBI, Hamburg: Hansa-Verlag 1971.

Von den Pflichten
Constantin Brunner, Von den Pflichten der Juden und von den Pflichten des Staates, Berlin: Gustav Kiepenheuer Verlag 1930.

Zum fünfundfünfzigsten Geburtstage
Constantin Brunner, Zum fünfundfünfzigsten Geburtstage (1917), in: ders., Zum 55. Geburstag, Unser Charakter oder Ich bin der Richtige!, Kurze Rechenschaft über die Lehre von den Geistigen und vom Volk, mit einem Geleitwort hrsg. vom ICBI, Stuttgart: Cotta Verlag $^{[2]}$1964, S. 7-45.

Verzeichnis der Briefe

1. An Johanna Löwenthal, 2. Januar 1884 – *Textgrundlage:* LBI/JMB: II, 9, 2. Original. *Druck:* Brunner, Briefe II, S. 11-13.
2. An Johanna Löwenthal, 30. Oktober 1884 – *Textgrundlage:* LBI/JMB: II, 9, 2. Original. *Druck:* Brunner, Briefe II, S. 14-16. *Datierung:* Datum von Brunner. Allerdings bemerkt Brunner im Brief, dass er am Tag nach den Reichstagswahlen schreibe. Diese fanden am 28. Oktober 1884 statt.
3. An Johanna Löwenthal, 11. November 1884 – *Textgrundlage:* LBI/JMB: II, 9, 2. Original. *Druck:* Brunner, Briefe II, S. 17.
4. An Johanna Löwenthal, Frühjahr 1885 – *Textgrundlage:* LBI/JMB: II, 9, 2. Original. *Druck:* Brunner, Briefe II, S. 21f. *Datierung:* Das Jahr (mit Fragezeichen) auf dem Original von fremder Hand. Brunner war das erste Halbjahr 1885 noch in Berlin. Der vorliegende Brief wurde laut Briefinhalt vor Mitte Mai geschrieben.
5. An Julius Fackenheim, Juni 1887 – *Textgrundlage:* LBI/JMB: II, 4, 5. Original (möglicherweise handelt es sich um eine eigenhändige Abschrift). *Datierung:* Der Brief bildet die Antwort auf Julius Fackenheims Brief vom 5. Juni 1887. Fackenheim antwortete auf den vorliegenden Brief bereits am 6. Juni.
6. An Johanna Löwenthal, 7. August 1891 – *Textgrundlage:* LBI/JMB: II, 9, 2. Original mit Briefkopf: »Litterarisches Vermittlungs-Bureau, Colonnaden 54. Geschäftsleiter: G. Müller. Hamburg«. *Druck:* Brunner, Briefe II, S. 38-40; Die Constantin Brunner Gemeinschaft. Interne Zeitschrift 8, Nr. 3 (25) (April 1954), S. 33.
7. An Leo Berg, Februar/März 1892 – *Textgrundlage:* LBI/JMB: II, 1, 8. Abschrift. *Datierung:* Das Jahr auf der Abschrift vermerkt. Aus einem Brief Brunners an Berg vom 21. März 1892 geht hervor, dass Berg offenbar schon zugesagt hatte, nach Hamburg zu kommen. Im Brief vom 12. Februar 1892 und früheren Briefen ist davon noch nicht die Rede. Offenbar ist der vorliegende Brief zwischen diese Briefe einzuordnen.
8. An Paul Geisler, 1892 – *Textgrundlage:* LBI/JMB: II, 4, 6. Original mit Briefkopf: »Litterarisches Vermittlungs-Bureau, Geschäftsleiter: Georg Müller. *Datierung:* Der überstempelte Briefkopf lässt vermuten, dass der Umzug in den II. Durchschnitt 16 noch nicht lange zurück lag, da Brunner spätestens ab Sommer 1892 Briefpapier mit der neuen Adresse benutzte. Der vorliegende Brief dürfte daher in der ersten Jahreshälfte 1892 geschrieben worden sein.
9. An Leo Berg, 15. Mai 1893 – *Textgrundlage:* LBI/JMB: II, 1, 8. Original mit Briefkopf: »Der Zuschauer. Monatsschrift für Litteratur, Kritik und Antikritik. Hamburg, II. Durchschnitt 16«. *Datierung:* Auf dem Original von fremder Hand. Brunner schreibt im Brief, dass er seinen Aufsatz »Die Technik des künstlerischen Schaffens« in die »nächste« Nummer des »Zuschauer« bringen möchte. Der erste Teil des Aufsatzes erschien in Heft 4 des »Zuschauer«, das auf den 15. Mai datiert ist. Es ist unklar, ob der Brief falsch datiert wurde oder das »Zuschauer«-Heft verspätet erschien.
10. An Leo Berg, 17. Juli 1893 – *Textgrundlage:* LBI/JMB: II, 1, 8. Original mit Briefkopf: »Der Zuschauer. Monatsschrift für Litteratur, Kritik und Antikritik. Hamburg, II. Durchschnitt 16«. *Druck:* Die Constantin Brunner Gemeinschaft. Interne Zeitschrift 8, Nr. 1 (23) (August 1953), S. 19f. *Datierung:* Von fremder Hand auf dem Original: »Juli 1893?«. Brunner erwähnt im Brief, dass Heft 6 des »Zuschauers«, das auf den 15. Juli 1893 datiert ist, mit zweitägiger Verspätung »soeben« erschienen ist.
11. An Leo Berg, Sommer 1893 – *Textgrundlage:* LBI/JMB: II, 11, 4. Original. *Datierung und Adressat:* Der Adressat des undatierten Briefes ist nicht überliefert. Der Ton des

Briefes lässt vermuten, dass Brunner mit dem Adressaten sehr vertraut war; er erinnert an Briefe an Leo Berg. Der Bericht von einer Aussage seiner Schwester lässt vermuten, dass Brunner (noch) wie sie in Hamburg lebte. Die Thersites-Anspielung legt nahe, dass der Adressat wusste, dass Brunner das Pseudonym Thersites im »Zuschauer« benutzte. Bei der genannten »Epistel über Poesie etc.« dürfte es sich um Brief 10 handeln, da Brunner dort über seine Auffassung »lyrischer Lebensbeziehungen« schreibt, so dass der vorliegende Brief während Brunners Hamburger Zeit im Sommer 1893 an Leo Berg geschrieben sein dürfte. *Bemerkung:* »Im Siegel sieht man sich ...« wurde geändert in: »Im Spiegel sieht man sich ...«

12. An Frida Mond, November 1893 – *Textgrundlage:* LBI/JMB: II, 9, 4. Original mit Briefkopf: »Der Zuschauer. Monatsschrift für Litteratur, Kritik und Antikritik. Hamburg, II. Durchschnitt 16«. *Druck:* Brunner, Briefe II, S. 49-52. *Datierung:* Auf dem Original von fremder Hand. Brunner erwähnt, dass er Alfred Mond »neulich« zu dessen Geburtstag (23. Oktober) geschrieben habe. Der nächste Brief Brunners an Frida Mond (Brief 13) datiert vom 4. Dezember 1893, so dass der vorliegende Brief im November geschrieben sein dürfte.

13. An Frida Mond, 4. bis 8. Dezember 1893 – *Textgrundlage:* LBI/JMB: II, 9, 4. Original (vermutlich eigenhändige Abschrift Brunners). *Druck:* Brunner, Briefe II, S. 54-58. *Bemerkung:* Der Brief beginnt ohne Anrede, was untypisch ist für die Briefe Brunners an Frida Mond. Da die Datierung auf dem überlieferten Briefmanuskript vom 4. Dezember 1893 bis 1. März 1894 reicht, handelt es sich vermutlich um Abschriften, die Brunner von wichtigen Passagen seiner Briefe an Frida Mond vorgenommen hat. Möglicherweise stammen die hier übernommenen, auf den 4., 5. und 8. Dezember datierten Abschnitte aus einem einzigen Brief (der nächste Abschnitt datiert erst wieder vom 20. Dezember).

14. An Leo Berg, 29. Dezember 1893 – *Textgrundlage:* LBI/JMB: II, 1, 8. Abschrift.

15. An Leo Berg, 6. Januar 1894 – *Textgrundlage:* ICBI: BW-Abschr. Abschrift.

16. An Frida Mond, 1. März 1894 – *Textgrundlage:* LBI/JMB: II, 9, 4. Original (vermutlich eigenhändige Abschrift Brunners). *Druck:* Brunner, Briefe II, S. 60. *Bemerkung:* Es dürfte sich um eine Abschrift handeln, die Brunner von einem Brief an Frida Mond vorgenommen hat. Sie befindet sich auf demselben Manuskript wie Brief 13.

17. An Leoni Brunner, 1894 – *Textgrundlage:* LBI/JMB: II, 2, 11. Original mit Briefkopf: »Litterarisches Vermittlungs-Bureau. Geschäftsleiter: Georg Müller. Verlags-Abtheilung: Hamburg, II. Durchschnitt 16«. *Druck:* Brunner, Briefe I, S. 17f. *Datierung:* Auf dem Original von fremder Hand.

18. An Leo Berg, 16. Februar 1895 – *Textgrundlage:* LBI/JMB: II, 1, 9. Original mit Briefkopf: »Hôtel Disch, Köln.« *Druck:* Die Constantin Brunner Gemeinschaft. Interne Zeitschrift 8, Nr. 1 (23) (August 1953), S. 24-26. *Datierung:* Von fremder Hand auf dem Original vermerkt: »16. II. 93«. Brunner schreibt im Brief: »Meine Kölner mütterliche Freundin ist hingegangen«. Johanna Löwenthal starb im Februar 1895 in Köln, so dass es sich bei der Jahresangabe auf dem Brief um einen Lesefehler des Poststempels handeln müsste.

19. An Leo Berg, Juli 1895 – *Textgrundlage:* LBI/JMB: II 1, 9. Original mit Briefkopf: »Litterarisches Vemittlungs-Bureau. Geschäftsleiter: Georg Müller. Dramatische Abteilung: Hamburg, Colonnaden 54«. *Datierung:* Datum (mit Fragezeichen) auf dem Original von fremder Hand. Das Briefpapier weist zwar noch die alte Adresse des Litterarischen Vermittlungsbureaus aus (1892 wurde es von den Colonnaden verlegt in den II. Durchschnitt), aber da Brunner Rosalie Müller, geb. Auerbach Mitte August 1895 heiratete, hat er für diesen freundschaftlichen Brief an Berg offenbar noch vorhandenes altes Briefpapier benutzt.

20. An Leo Berg, 22. September 1895 – *Textgrundlage:* LBI/JMB: II, 1, 9. Abschrift. *Datierung:* Auf der Abschrift vermerkt: »22.9.95?« Das erwähnte Buch Bergs erschien zwar erst 1897, aber Berg erwähnt im Vorwort, dass er es im Sommer 1895 geschrieben habe. Vermutlich hatte er das Manuskript Brunner geschickt. Auch die Diskussion der Widmung am Schluss des Briefes spricht eher dafür, dass das Buch noch nicht erschienen ist. *Bemerkung:* Die auf der Abschrift vorgenommene Modernisierung von »Uebermensch« zu »Übermensch« wurde nicht übernommen.
21. An Lotte Brunner, Herbst 1895 – *Textgrundlage:* LBI/JMB: II, 3, 1. Original mit Briefkopf: »Der Zuschauer. Halbmonatsschrift für Litteratur, Kunst und öffentliches Leben. Hamburg, II. Durchschnitt 16«. *Druck:* Brunner, Briefe I, S. 87. *Datierung:* Aus dem Inhalt des Briefes geht hervor, daß Brunner noch in Hamburg und Lotte, Gertrud und Leoni in Hamburg-Bergedorf wohnten. Der Umzug nach Berlin fand im November 1895 statt.
22. An Frida Mond, September 1897 – *Textgrundlage:* LBI/JMB: II, 9, 5. Original. *Druck:* Brunner, Briefe II, S. 92-99. *Datierung:* Das Jahr auf dem Original von fremder Hand vermerkt. Aus dem Inhalt geht hervor, dass der Brief im September geschrieben wurde, nach Brunners Geburtstag am 27. August und vor Frida Monds Geburtstag am 5. Oktober.
23. An Frida Mond, 1900 – *Textgrundlage:* LBI/JMB: II, 9, 6. Original. *Druck:* Brunner, Briefe II, S. 135 f. *Datierung:* Das Jahr auf dem Original von fremder Hand vermerkt. In Brief 24 bedankt sich Brunner erneut für das Spinoza-Faksimile. Die Veröffentlichung von Meijer dürfte aus dem Jahr 1900 stammen.
24. An Frida Mond, Mai 1901 – *Textgrundlage:* LBI/JMB: II, 9, 6. Original. *Druck:* Brunner, Briefe II, S. 139-143. *Datierung:* Von fremder Hand auf dem Original vermerkt: »24.III.1901«. Brunner schreibt am Ende des Briefes, der Brief solle nicht in die »Pfingst-Turba« geraten. Pfingsten war 1901 am 26. Mai. Wahrscheinlich ist daher, dass der Brief im Mai 1901 geschrieben wurde. *Bemerkung:* »Sowie Dünzer Göthe erläutert« wurde geändert in: »So wie Dünzer Göthe erläutert«.
25. An Frida Mond, Anfang 1903 – *Textgrundlage:* LBI/JMB: II, 9, 6. Abschrift. Möglicherweise deuten die Punkte am Ende des Absatzes »Praktisches ...« auf eine Auslassung des Abschreibers hin. *Variante:* LBI/JMB: II, 9, 6. Abschrift. *Druck:* Brunner, Briefe II, S. 168-172. *Datierung:* Frida Mond war nur bis 18. Januar 1903 in Cannes (Bezug im Brief: Estérelgebirge), so dass der Brief vor ihrer Abreise von dort geschrieben sein muss. *Bemerkung:* Obwohl in der Textgrundlage der Schlussteil (ab: »Am Sonnabend war es zu spät ...«) fehlt, wurde sie als Textgrundlage gewählt, da hier Brunners damalige Orthographie (thun, Göthe, bethätigen, gewis, giebt etc.) nicht modernisiert wurde. In Textgrundlage und Variante sind die Hervorhebungen identisch und der Text ist wortgleich (einzige Ausnahme: In der Textgrundlage steht: »Und nun, da ich doch endlich mit meinem Briefe aufhören muß ...«, in der Variante: »... doch eigentlich ...«. Der in der Textgrundlage fehlende Schlussteil wurde aus der Variante übernommen.
26. An Ernst Altkirch, 8. Juli 1903 – *Textgrundlage:* LBI/JMB: II, 1, 2. Original. *Datierung:* Auf dem Original von Altkirch vermerkt: »Waidmannslust, 8. Juli 1903«.
27. An Ernst Altkirch, 30. November 1903 – *Textgrundlage:* LBI/JMB: II, 1, 2. Original. *Datierung:* Auf dem Original von Altkirch vermerkt: »Waidmannslust, 30.11.03«.
28. An Ernst Altkirch, 28. Dezember 1903 – *Textgrundlage:* LBI/JMB: II, 1, 2. Original. *Datierung:* Auf dem Original von Altkirch vermerkt: »Waidmannslust, 30.12.03«.
29. An Frida Mond, 21. Februar 1904 – *Textgrundlage:* LBI/JMB: II, 9, 6. Original. *Druck:* Brunner, Briefe II, S. 177-183. *Datierung:* Das Jahr auf dem Original von fremder

Hand vermerkt. Brunner schreibt, dass er am Todestag Spinozas (21. Februar) schreibe.

30. An Eduard Bäumer, 21. April 1904 – *Textgrundlage:* LBI/JMB: I, 2, 4, 6. Lotte Brunner, Tagebuch, 21. April 1904.
31. An Ernst Altkirch, 2. Mai 1904 – *Textgrundlage:* LBI/JMB: II, 1, 2. Original. *Datierung:* Auf dem Original von Altkirch vermerkt: »Waidmannslust, 2.5.04«.
32. An Frida Mond, Oktober 1904 – *Textgrundlage:* LBI/JMB: II, 9, 6. Original. *Druck:* Brunner, Briefe II, S. 190f. (Auszug). *Datierung:* Das Jahr auf dem Original von fremder Hand vermerkt. Mit der »festen Wohnung« ist London gemeint; Frida Mond war den Sommer 1904 über, bis zum 1. Oktober, in Lausanne. Der Brief ist vor dem Umzug Brunners nach Berlin-Tempelhof geschrieben; er teilt mit, dass die Adresse erst ab 1. November gelte.
33. An Ernst Altkirch, 29. Dezember 1904 – *Textgrundlage:* LBI/JMB: II, 1, 2. Abschrift. *Datierung:* Auf der Abschrift ist »Tempelhof, 29.12.1904« verrmerkt. *Bemerkung:* Es ist unklar, ob der Schluss des Briefes fehlt oder ob er vom Abschreiber ausgelassen wurde. Die zahlreichen Tippfehler in der Abschrift wurden korrigiert.
34. An Lotte Brunner, Juli 1905 – *Textgrundlage:* LBI/JMB: II, 3, 1. Original. *Druck:* Brunner, Briefe I, S. 91-93. *Datierung:* Auf dem Original von Lotte Brunner vermerkt: »Nach Haubinda in Thüringen, Juli 1905«.
35. An Leoni Brunner, 1905 – *Textgrundlage:* LBI/JMB: II, 2, 11. Abschrift. *Druck:* Brunner, Briefe I, S. 24f.
36. An die Familie, 29. September 1905 – *Textgrundlage:* LBI/JMB: II, 2, 10. Original mit Briefkopf: »Hotel Kaiserhof, Eisenach«. *Druck:* Brunner, Briefe I, S. 26. *Datierung:* Auf dem Original von fremder Hand.
37. An Cécilie Mutzenbecher, 1905 – *Textgrundlage:* LBI/JMB: II, 10, 1. Original. *Datierung:* Nach einer Abschrift im ICBI (BW-Abschr.). *Bemerkung:* Es ist unklar, ob es sich hier um einen Brief oder einen Aphorismus Brunners handelt.
38. An Gustav Landauer und Hedwig Lachmann, 28. November 1907 – *Textgrundlage:* LBI/NY: Gustav Landauer Collection, II, 1, 6. Original. *Datierung:* Auf dem Original von fremder Hand. Im IISG (114) ist eine Liste der Poststempel der Briefe Brunners an Landauer überliefert, die auch den 28. November 1907 ausweist.
39. An Gustav Landauer, 10. Dezember 1907 – *Textgrundlage:* LBI/NY: Gustav Landauer Collection, II, 1, 6. Original. *Datierung:* Auf dem Original von fremder Hand. Es handelt sich um den Poststempel (siehe Datierung von Brief 38).
40. An Gustav Landauer, 14. Dezember 1907 – *Textgrundlage:* LBI/NY: Gustav Landauer Collection, II, 1, 6. Original. *Datierung:* Auf dem Original von fremder Hand. Es handelt sich um den Poststempel (siehe Datierung von Brief 38).
41. An Gustav Landauer, 16. Dezember 1907 – *Textgrundlage:* LBI/NY: Gustav Landauer Collection, II, 1, 6. Original. *Datierung:* Von fremder Hand auf dem Original vermerkt: »12.12.07«. Die Liste der Poststempel der Briefe Brunners (siehe Datierung von Brief 38) enthält keinen Brief dieses Datums. Inhaltlich folgt der Brief Landauers Schreiben vom 15. Dezember und geht seinem Brief vom 17. Dezember voraus. Es dürfte sich daher um den in der Liste der Poststempel verzeichneten Brief vom 16. Dezember 1907 handeln. Dieses Datum trägt auch eine Abschrift des Briefes im Landauer-Archiv (IISG: 114). *Bemerkung:* Die Stelle »… was ich seit Ihrigem vorletzten Briefe …« wurde geändert in: »… was ich seit Ihrem vorletzten Briefe …«.
42. An Lotte Brunner, 19. April 1908 – *Textgrundlage:* LBI/JMB: II, 3, 1. Original. *Druck:* Brunner, Briefe I, S. 102f. *Datierung:* Das Datum wird im Brief genannt.
43. An Gustav Landauer, 19. Juli 1908 – *Textgrundlage:* LBI/NY: Gustav Landauer Col-

lection, II, 1, 6. Original. *Datierung:* Auf dem Original von fremder Hand. Es handelt sich um den Poststempel (siehe Datierung von Brief 38).

44. An Gustav Landauer, Anfang Juli 1909 – *Textgrundlage:* LBI/NY: Gustav Landauer Collection, II, 1, 6. Original. *Datierung:* Die von beiden Briefpartnern undatierte Kontroverse über Eugen Dühring muß Anfang Juli 1909 stattgefunden haben: zwischen dem Erscheinen von Landauers Notiz über Dühring am 15. Juni 1909 im »Sozialist« (Eine sozialistische Bank. Feststellung einer Tatsache, in: Der Sozialist 1, Nr. 9 (15. Juni 1909), S. 72) und Brunners Brief vom 12. Juli 1909, in dem Brunner bedauert, dass er Landauer vor dessen (am 18. Juli beginnender) Reise nach Süddeutschland nicht mehr besuchen könne. Wahrscheinlich handelt es sich bei dem in Brief 45 genannten Freitag als Besuchstermin um den 9. Juli. Da Landauers Antwort auf den vorliegenden Brief auf »Dienstag« datiert ist, dürfte der vorliegende Brief am Montag, 5. Juli oder früher verfasst worden sein. Auf Landauers Antwort am Dienstag muss Brunner sofort wieder geantwortet haben, da Landauer bereits am Mittwoch wieder antwortete. Der (folgende) Brief 45 wird daher wohl am Dienstag, den 6. Juli verfasst worden sein.

45. An Gustav Landauer, 6. Juli 1909 – *Textgrundlage:* LBI/NY: Gustav Landauer Collection, II, 1, 6. Original. *Datierung:* Siehe die Angaben zu Brief 44.

46. An Gustav Landauer, 22. Oktober 1909 – *Textgrundlage:* LBI/NY: Gustav Landauer Collection, II, 1, 6. Original. *Datierung:* Auf dem Original von fremder Hand. Es handelt sich um den Poststempel (siehe Datierung von Brief 38).

47. An Frida Mond, November 1909 – *Textgrundlage:* LBI/JMB: II, 9, 7. Original. *Druck:* Brunner, Briefe II, S. 215-220 (Auszug). *Datierung:* Der Brief ist nach dem 8. November 1909 geschrieben worden, dem Datum der genannten Rezension von Brunners »Lehre«, aber vor dem Tod Ludwig Monds am 11. Dezember 1909.

48. An Gustav Landauer, 15. Januar 1910 – *Textgrundlage:* LBI/NY: Gustav Landauer Collection, II, 1, 6. Original. *Datierung:* Auf dem Original ist kein Datum vermerkt. Brunner antwortet auf Landauers »früheren« Brief vom 2. Januar 1910. Vergleicht man die Liste der Poststempel von Brunners Briefen an Landauer (siehe Datierung von Brief 38) mit den überlieferten Brunnerbriefen, so dürfte es sich beim vorliegenden Brief um den Poststempel vom 15. Januar 1910 handeln.

49. An Max Nordau, 8. März 1910 – *Textgrundlage:* Staatsbibliothek zu Berlin – PK: Nachl. Constantin Brunner, Ka 2: Brunner, Constantin an Max Nordau. Abschrift von Leoni Brunner. *Druck:* Der Brief wurde von Brunner gekürzt und verändert in seiner autobiographischen Skizze »Zum fünfundfünzigsten Geburtstage« (in: Unser Charakter, S. 19-22) aufgenommen. *Bemerkung:* Die zahlreichen Abweichungen zur Druckfassung werden hier nicht wiedergegeben. Lediglich inhaltlich besonders relevante Veränderungen und Ergänzungen sind an den entsprechenden Stellen unter dem Brief vermerkt.

50. An Stanislaus von Dunin-Borkowski, 19. März 1910 – *Textgrundlage:* LBI/JMB: II, 4, 2. Abschrift von Leoni Brunner mit Zusätzen Brunners. *Bemerkung:* Über dem Brief steht auf der Abschrift »Copie«. Unter den Brief hat Brunner geschrieben: »An Stan. v. Dunin Borkowski, Luxemburg-Stadt, Bellevue.«

51. An Borromäus Herrligkoffer, Herbst 1910 – *Textgrundlage:* LBI/JMB: II, 4, 13. Abschrift. *Datierung:* Datum vermerkt auf der Abschrift. Dem Inhalt nach ist der Brief nach Wielands Weigerung am 1. September 1910, den Antimodernisteneid abzulegen, geschrieben.

52. An Lou Andreas Salomé, 23. Oktober 1910 – *Textgrundlage:* Lou Andreas-Salomé-Archiv (Dorothee Pfeiffer), Göttingen. Original. *Datierung:* Der Brief muss nach dem 11. Oktober 1910 verfasst worden sein, an dem Lotte Brunner in ihrem Tagebuch über Lou Andreas-Salomés Telegramm vom 7. Oktober berichtet, und vor dem 25. Ok-

tober, an dem Brunner von einer Karte Lou Andreas-Salomés berichtet und ihr antwortet. Möglicherweise wurde der Brief in dem im Lou Andreas-Salomé-Archiv überlieferten Briefumschlag mit Poststempel vom 23. Oktober 1910 verschickt.

53. An Lou Andreas Salomé, 15.-18. November 1910 – *Textgrundlage:* Lou Andreas-Salomé-Archiv (Dorothee Pfeiffer), Göttingen. Original (der Gruß unter dem Brief ist abgeschnitten) mit Umschlag ohne Absender an: »Lou Andreas Salomé, Genua, Poste restante, Italien«, nachgeschickt nach: »Göttingen, Germania«. *Datierung:* Der Brief wurde von Brunner falsch datiert: er wurde zwischen Dienstag, 15. (nicht, wie Brunner schreibt, 16.) und Freitag, 18. November 1910 geschrieben. Die Poststempel lauten auf Tempelhof, 18. November 1910 sowie Göttingen, 28. November 1910.

54. An Martin Buber, Dezember 1910 – *Textgrundlage:* NLI: Martin Buber Archiv, ARC. Ms. Var. 350 008.141. Original. *Druck:* Buber, Briefwechsel I, S. 295 f. *Datierung:* Auf dem Original von fremder Hand vermerkt: »1912?« In seinem Artikel »A. M. und Constantin Brunner« (siehe Sachkommentar zu Brief 62) erwähnt Buber (Sp. 338), dass er Brunner 1910 »die damals im Sonderabzug erschienene zweite meiner Reden [...] und zugleich eine Arbeit eines jungen Freundes sandte«, woraufhin Brunner mit dem vorliegenden Brief geantwortet habe. Brunner bezieht sich im vorliegenden Brief auf eine Arbeit von Rappeport. Buber hatte am 23. November 1910 von diesem die Zustimmung erhalten, sie Brunner zu schicken, was offenbar dann auch geschah. Der vorliegende Brief dürfte daher im Dezember 1910 geschrieben worden sein.

55. An Eduard Engel, 18. März 1911 – *Textgrundlage:* LBI/JMB: II, 4, 4. Abschrift.

56. An Gustav Landauer, 29. März 1911 – *Textgrundlage:* LBI/NY: Gustav Landauer Collection, II, 1, 6. Original. *Datierung:* Auf dem Original von fremder Hand. Der Brief bildet die Antwort auf Landauers Brief vom 28. März 1911 und geht Landauers Brief vom 30. März 1911 voraus. In der Liste der Poststempel der Brunnerbriefe (siehe Datierung von Brief 38) ist allerdings erst wieder ein Brief vom 31. März verzeichnet.

57. An Gustav Landauer, 22. April 1911 – *Textgrundlage:* LBI/NY: Gustav Landauer Collection, II, 1, 7. Abschrift von Leoni Brunner mit Korrekturen Brunners und aufgeklebten Zitaten aus einer Landauer-Publikation (s. Brief 57/13). *Datierung:* Auf der überlieferten Abschrift des Briefes ist kein Datum vermerkt. In der Liste der Poststempel der Brunnerbriefe an Landauer (siehe Datierung von Brief 38) sind Briefe vom 31. März, 22. April, 27. April und 28. April 1911 verzeichnet, bevor die Korrespondenz abbricht. Brunner bezieht sich auf Briefe Landauers vom 22. März bis 1. April. Folgt man der Liste der Poststempel, so müsste es sich hier um den Brief mit Poststempel vom 22. April handeln, denn andere Briefe Brunners lassen sich eindeutig auf den 27. und den 28. April datieren. *Bemerkung:* In der Textgrundlage (s. Faksimile S. 189-193) sind zur optischen Unterscheidung die Zitate aus den Landauerbriefen in lateinischen Lettern geschrieben und ausgerückt. Die zitierten Stellen aus den gedruckten Arbeiten von Landauer sind ausgeschnitten und etwa mittig eingeklebt worden. Wir geben alle Landauerzitate in Anführungsstrichen wieder (in der vorliegenden Abschrift ist dies nicht durchgehend der Fall).

58. An Borromäus Herrligkoffer, 2. Mai 1911 – *Textgrundlage:* LBI/JMB: II, 4, 13. Abschrift.

59. An Alice Brandt, 14. Juli 1911 – *Textgrundlage:* LBI/JMB: II, 2, 6. Original. *Datierung:* Datum (mit Fragezeichen) auf dem Original von fremder Hand. Die im Brief genannten »Unmenschen« sind Brunner und sein Pudel Ponto, mit dem er sich im Strandkorb in Misdroy an der Ostsee im Sommer 1911 fotographieren ließ (auf dem Foto ist allerdings von fremder Hand »August 1911« vermerkt); siehe hierzu auch die Angaben zu Brief 60.

60. An Frida Mond, Sommer 1911 – *Textgrundlage:* LBI/JMB: II, 9, 8. Original. *Druck:* Brunner, Briefe II, S. 228-230. *Datierung:* Das Jahr auf dem Original von fremder Hand vermerkt. Dem Brief geht die Versendung von Fotos einer Spinozabüste voraus, die Wienbrack während Brunners Sommeraufenthalt in Misdroy an der Ostsee geschaffen hat, sowie der im Brief genannte Besuch Borromäus Herrligkoffers. Brunner war vom 21. Mai bis Mitte Juni in Misdroy, dann mit seiner Stieftochter Lotte in Stockholm und vom 3. Juli bis vermutlich Ende August wieder in Misdroy.
61. An Frida Mond, August 1911 – *Textgrundlage:* LBI/JMB: II, 9, 8. Abschrift (unvollständig). *Druck:* Brunner, Briefe II, S. 224 (Auszug). *Datierung:* Brunner betont noch in Misdroy zu sein und bleiben zu wollen. Da er Anfang September wieder zurück in Potsdam war, dürfte dieser Brief in der ersten Augusthälfte geschrieben worden sein. *Bemerkung:* Im LBI/JMB ist nur die erste Seite der Abschrift überliefert (endend mit: »Ganz im Ernste: ich bin ver-«). Der Rest des Schlusssatzes wurde aus der Druckversion übernommen. Diese endet mit drei Punkten, was dort in der Regel eine Auslassung markiert.
62. An Martin Buber, 10. April 1912 – *Textgrundlage:* NLI: Martin Buber Archiv, ARC. Ms. Var. 350 008.141. Original. *Datierung:* Auf dem Original von fremder Hand. Die Datierung passt inhaltlich zu Bubers Auseinandersetzung mit A. M., die im Aprilheft 1912 der Zeitschrift »Ost und West« publiziert wurde.
63. An Lotte Brunner, 17. April 1912 – *Textgrundlage:* LBI/JMB: II, 3, 2. Original. *Druck:* Brunner, Briefe I, S. 127-129. *Datierung:* Auf dem Original von fremder Hand.
64. An Lotte Brunner, 21. April 1912 – *Textgrundlage:* LBI/JMB: II, 3, 2. Original. *Druck:* Brunner, Briefe I, S. 129-132. *Datierung:* Auf dem Original von fremder Hand.
65. An Lotte Brunner, 5. Mai 1912 – *Textgrundlage:* LBI/JMB: II, 3, 2. Original. *Druck:* Brunner, Briefe I, S. 142f. *Datierung:* Auf dem Original von fremder Hand.
66. An Henriette Hertz, 31. Mai 1912 – *Textgrundlage:* LBI/JMB: II, 5, 1. Original. *Druck:* Die Constantin Brunner Gemeinschaft. Interne Zeitschrift 8, Nr. 1 (23) (August 1953), S. 33-35. *Datierung:* Auf dem Original von fremder Hand.
67. An Magdalena Kasch, 12. Februar 1914 – *Textgrundlage:* LBI/JMB: II, 5, 3. Original. *Datierung:* Nach einer Abschrift des Briefes im ICBI (BW-Abschr.).
68. An Adolph S. Oko, 25. März 1914 – *Textgrundlage:* Columbia University in the City of New York, Rare Book & Manuscript Library: Oko-Gebhardt-Collection, MS 0946. Original. *Datierung:* Von fremder Hand auf dem Original vermerkt: »Kleinglienicke, 25. März 1914«.
69. An Magdalena Kasch, Juli 1914 – *Textgrundlage:* LBI/JMB: II, 5, 3. Original. *Datierung:* Magdalena Kasch bemerkt auf einer Abschrift des Briefes im ICBI (BW-Abschr.): »Juli 1914 nach Norderney geschrieben, kurz vor Ausbruch des Ersten Weltkrieges Anfang August 1914.«
70. An Borromäus Herrligkoffer, 3. August 1914 – *Textgrundlage:* LBI/JMB: II, 4, 13. Abschrift.
71. An Magdalena Kasch, 10. August 1914 – *Textgrundlage:* LBI/JMB: II, 5, 3. Original. *Datierung:* Nach einer Abschrift des Briefes im ICBI (BW-Abschr.).
72. An Ernst Altkirch, 19. August 1914 – *Textgrundlage:* LBI/JMB: II, 1, 4. Original. *Datierung:* Auf dem Original von Altkirch vermerkt: »Erhalten am 27. Aug. 14; geschr. 19. Aug. 14, Potsdam«.
73. An Borromäus Herrligkoffer, August 1914 – *Textgrundlage:* LBI/JMB: II, 4, 13. Abschrift. *Datierung:* Nach einer (anderen) Abschrift des Briefes im ICBI (BW-Abschr.). *Bemerkung:* Die Punkte im letzten Satz lassen vermuten, dass der Abschreiber Auslassungen vorgenommen hat. Gruß und Unterschrift sind auf der Abschrift durchgestrichen.

74. An Ernst Altkirch, 8. Oktober 1914 – *Textgrundlage:* LBI/JMB: II, 1, 4. Original. *Datierung:* Auf dem Original von Altkirch vermerkt: »Potsdam, 8. Oktober 1914«.
75. An Magdalena Kasch, 29. Oktober 1914 – *Textgrundlage:* LBI/JMB: II, 5, 3. Original. *Datierung:* Auf dem Original von fremder Hand.
76. An Ernst Altkirch, 19. November 1914 – *Textgrundlage:* LBI/JMB: II, 1, 4. Original. *Datierung:* Auf dem Original von Altkirch vermerkt: »Potsdam, 19. November 1914«.
77. An Borromäus Herrligkoffer, 1. Dezember 1914 – *Textgrundlage:* LBI/JMB: II, 4, 13. Abschrift.
78. An Borromäus Herrligkoffer, 3. Juni 1915 – *Textgrundlage:* LBI/JMB: II, 4, 13. Abschrift.
79. An Ernst Altkirch, 8. April 1916 – *Textgrundlage:* LBI/JMB: II, 1, 4. Original. *Datierung:* Auf dem Original von Altkirch vermerkt: »Potsdam, 8. April 1916«.
80. An Otto Ernst, 9. Juli 1916 – *Textgrundlage:* LBI/JMB: I, 2, 4, 9. Lotte Brunner, Tagebuch, 9. Juli 1916.
81. An Martin Buber, 7. Januar 1917 – *Textgrundlage:* NLI: Martin Buber Archiv, ARC. Ms. Var. 350 008.141. Original. *Datierung:* Auf dem Original von fremder Hand.
82. An Magdalena Kasch, 19. Oktober 1917 – *Textgrundlage:* LBI/JMB: II, 5, 4. Original. *Datierung:* Auf dem Original von fremder Hand.
83. An Ernst Altkirch, 23. Februar 1918 – *Textgrundlage:* LBI/JMB: II, 1, 5. Original. *Datierung:* Auf dem Original von Altkirch vermerkt: »Potsdam, 23. Februar 18«.
84. An Leoni Brunner, 17. Juli 1918 – *Textgrundlage:* LBI/JMB: II, 2, 14. Original. *Druck:* Brunner, Briefe I, S. 68. *Datierung:* Auf dem Original von Leoni Brunner vermerkt: »17. Juli 1918, Hamburg-Othmarschen, Heyn«.
85. An Borromäus Herrligkoffer, Sommer 1918 – *Textgrundlage:* LBI/JMB: II, 4, 13. Abschrift. *Datierung:* Das auf der Abschrift vermerkte Datum »Empf. Sept. 1914« kann nicht zutreffend sein, da Brunner auf den Durchbruch von Gorlice Bezug nimmt, der Anfang Mai 1915 stattgefunden hat. Der Brief lässt vermuten, dass dies Ereignis schon eine Weile zurückliegt. In Lotte Brunners Tagebuch gibt es am 13. Januar 1917 eine Bewertung des Durchbruchs von Gorlice durch Brunner, die ähnlich ist wie die im vorliegenden Brief. Noch passender aber ist dort eine Äußerung Brunners vom 9. August 1918, da sie dem Anfang des vorliegenden Briefes sehr ähnelt (s. Brief 85/1).
86. An Arthur Kirchhoff, 23. Oktober 1918 – *Textgrundlage:* LBI/JMB: I, 2, 5, 1. Lotte Brunner, Tagebuch, 23. Oktober 1918.
87. An Martin Klein, 20. November 1918 – *Textgrundlage:* ICBI: BW-Abschr. Abschrift.
88. An Borromäus Herrligkoffer, 15. Januar 1919 – *Textgrundlage:* LBI/JMB: II, 4, 14. Abschrift. *Datierung:* Auf der Abschrift vermerkt: »Empf. 15. 1. 19.«
89. An Walther Rathenau, Ende Januar 1919 – *Textgrundlage:* LBI/JMB: II, 10, 4. Original. *Druck:* Rathenau, Briefe, S. 2097f. *Datierung:* Brunner antwortete auf Rathenaus Brief vom 27. Januar 1919. Auf den vorliegenden Brief antwortete Rathenau am 31. Januar 1919.
90. An Walther Rathenau, 2. Februar 1919 – *Textgrundlage:* LBI/JMB: II, 10, 4. Original. *Druck:* Rathenau, Briefe, S. 2100f. *Datierung:* Lotte Brunner zitiert diesen Brief, der die Antwort auf Rathenaus Brief vom 31. Januar bildet, am 2. Februar 1919 in ihrem Tagebuch.
91. An Walther Rathenau, 20. Februar 1919 – *Textgrundlage:* LBI/JMB: II, 10, 4. Original. *Druck:* Rathenau, Briefe, S. 2119f. *Datierung:* Antwort auf Rathenaus Brief vom 14. Februar. Den vorliegenden Brief zitiert Lotte Brunner in ihrem Tagebuch am 20. Februar 1919.
92. An Ernst Altkirch, 24. Februar 1919 – *Textgrundlage:* LBI/JMB: II, 1, 5. Original. *Datierung:* Auf dem Original von Altkirch vermerkt: »Potsdam, 24. Februar 1919«.

93. An Walther Rathenau, Mitte März 1919 – *Textgrundlage:* LBI/JMB: II, 10, 4. Original. *Druck:* Rathenau, Briefe, S. 2134f. *Datierung:* Antwort auf Rathenaus Brief vom 7. März 1919. Auf den vorliegenden Brief antwortete Rathenau wieder am 14. März 1919.
94. An Borromäus Herrligkoffer, 19. April 1919 – *Textgrundlage:* LBI/JMB: II, 4, 14. Abschrift. *Datierung:* Auf der Abschrift vermerkt: »Empf. 19.4.19.«
95. An Elisabeth Altkirch, 27. April 1919 – *Textgrundlage:* LBI/JMB: II, 1, 5. Abschrift von Leoni Brunner. *Datierung:* Auf der Abschrift vermerkt: »An Elisabeth Altkirch, Graz. Ende April 1919«. Aus dem Inhalt geht hervor, dass der Brief am 27. April geschrieben wurde.
96. An Walther Rathenau, 22. Juli 1919 – *Textgrundlage:* LBI/JMB: II, 10, 4. Original. *Druck:* Rathenau, Briefe, S. 2224f. *Datierung:* Lotte Brunner zitiert diesen Brief in ihrem Tagebuch am 22. Juli 1919. Er bildet die Antwort auf einen undatierten Brief Rathenaus, in dem er sich auf einen Besuch bei Brunner am 13. Juli bezieht.
97. An Walther Rathenau, August 1919 – *Textgrundlage:* LBI/JMB: II, 10, 4. Original. *Druck:* Rathenau, Briefe, S. 2248. *Datierung:* Der vorliegende Brief wurde von Rathenau am 27. August 1919 beantwortet.
98. An Martin Beradt, 1920 – *Textgrundlage:* LBI/JMB: II, 1, 7. Original. *Datierung:* Der Brief ist vor der Drucklegung von Brunners Buch »Unser Christus« geschrieben, das Ende 1921 im Oesterheld-Verlag erschienen ist. In einem Brief vom Juni 1919 erwähnt Brunner das Werk schon, ist aber noch zögerlich mit einem Angebot an Oesterheld. Der vorliegende Brief muss deutlich nach diesem Kontakt, andererseits aber auch deutlich vor der Drucklegung bei Oesterheld geschrieben worden sein.
99. An Helga von Holtzendorff, 20. April 1920 – *Textgrundlage:* LBI/JMB: II, 5, 2. Original. *Datierung:* Datum auf der Abschrift. Im Brief verweist Brunner auf sein Werk »Unser Christus«, das aber erst Ende 1921 erschienen ist. Die Datierung scheint dennoch zutreffend zu sein, denn inhaltlich passt der Brief zu einer Bemerkung Brunners über Helga von Holtzendorff in Lotte Brunners Tagebuch vom 2. April 1920. Vermutlich besaß Helga von Holtzendorff Manuskripte des »Christus«-Buches.
100. An Helga von Holtzendorff, 27. Mai 1920 – *Textgrundlage:* LBI/JMB: II, 5, 2. Original. *Datierung:* Auf dem Original von fremder Hand.
101. An Walther Rathenau, Anfang August 1920 – *Textgrundlage:* LBI/JMB: II, 10, 4. Original. *Druck:* Rathenau, Briefe, S. 2448. *Datierung:* Antwort auf Rathenaus Brief vom 1. August 1920.
102. An Frau von Hebra, 16. August 1920 – *Textgrundlage:* LBI/JMB: I, 2, 5, 1. Lotte Brunner, Tagebuch, 16. August 1920. *Druck:* Lotte Brunner, Es gibt kein Ende, S. 323f.
103. An Fritz Ringler, 1920 – *Textgrundlage:* LBI/JMB: II, 10, 5. Abschrift. *Datierung:* Dem wohlwollenden Ton des Briefes nach dürfte es sich um einen frühen Brief Brunners an Ringler handeln. Die Korrespondenz setzte nach Ringlers erstem Besuch im August 1920 ein.
104. An Frida Mond, Anfang Oktober 1920 – *Textgrundlage:* LBI/JMB: II, 9, 8. Original. *Druck:* Brunner, Briefe II, S. 235f. *Datierung:* Von fremder Hand auf der Abschrift vermerkt: »Zum 5. Oktober 1920« (d.i. Frida Monds Geburtstag).
105. An Borromäus Herrligkoffer, 1921 – *Textgrundlage:* LBI/JMB: II, 4, 16. Abschrift. *Datierung:* Der Brief dürfte nach dem Brief Brunners an Herrligkoffer vom 28. Dezember 1920, in dem Brunner sich schon einmal auf den Namensheiligen Karl Borromäus bezogen hatte, geschrieben worden sein.
106. An Lotte Brunner, 28. Mai 1921 – *Textgrundlage:* LBI/JMB: II, 3, 3. Original. *Druck:* Brunner, Briefe I, S. 154f. *Datierung:* Auf dem Original von Magdalena Kasch vermerkt: »Harzburg, 28. Mai 1921.«

107. An Ernst Altkirch, 30. Juni 1921 – *Textgrundlage:* LBI/JMB: II, 1, 5. Abschrift. *Datierung:* Auf der Abschrift vermerkt: »(Postkarte) Potsdam 30.6.21.«
108. An Alice Brandt, 8. Juli 1921 – *Textgrundlage:* LBI/JMB: II, 2, 6. Original. *Datierung:* Auf dem Original von Alice Brandt vermerkt: »Potsdam, 8.7.21.«
109. An Fritz Ringler, Herbst 1921 – *Textgrundlage:* LBI/JMB: II, 10, 5. Abschrift. *Datierung:* Über einen Bruch Ringlers mit Inge von Holtzendorff berichtet Lotte Brunner am 17. Juli 1921 in ihrem Tagebuch. Auch ist eine Abwendung Ringlers von Brunner für den Sommer 1921 belegt. Eine erneute briefliche Zuwendung Ringlers fand Anfang August statt, woraufhin Brunner ihn bat, ihm nicht mehr zu schreiben. Offenbar hat Ringler dann doch wieder geantwortet, was Brunner veranlasste, den vorliegenden Brief zu schreiben.
110. An Martin Klein, 23. November 1921 – *Textgrundlage:* LBI/JMB: II, 5, 11. Abschrift.
111. An Ernst Altkirch, 25. November 1921 – *Textgrundlage:* LBI/JMB: II, 1, 5. Original. *Datierung:* Auf dem Original von Altkirch vermerkt: »Potsdam, 25.11.1921«.
112. An Ludwig Holländer, Januar 1922 – *Textgrundlage:* LBI/JMB: II, 4, 1. Original. *Datierung:* Der Eingangsstempel des Central-Vereins weist den 13. Januar 1922 aus.
113. An Borromäus Herrligkoffer, 29. Oktober 1922 – *Textgrundlage:* LBI/JMB: II, 4, 14. Abschrift.
114. An Karl Semmel und die Czernowitzer, 14. Januar 1923 – *Textgrundlage:* LBI/JMB: I, 2, 5, 3. Lotte Brunner, Tagebuch, 14. Januar 1923.
115. An Borromäus Herrligkoffer, Anfang Februar 1923 – *Textgrundlage:* LBI/JMB: II, 4, 16. Abschrift. *Datierung:* Elvira Herrligkoffers Arbeitsbeginn bei Magnussens, der am 1. Februar 1923 war, lag bei Abfassung des Briefes offenbar kurz zurück. Die im Brief genannte Ruhrbesetzung hatte am 11. Januar 1923 begonnen.
116. An die Czernowitzer, 29. März 1923 – *Textgrundlage:* LBI/JMB: I, 2, 5, 3. Lotte Brunner, Tagebuch, 29. März 1923. *Druck:* Gedenkbuch Bickel, S. 65-68; Lotte Brunner, Es gibt kein Ende, S. 368-371.
117. An Friedrich Kettner, 8. Mai 1923 – *Textgrundlage:* LBI/JMB: I, 2, 5, 3. Lotte Brunner, Tagebuch, 8. Mai 1923. *Druck:* Rottner, Das Ethische Seminar, S. 89f. (Auszug).
118. An Lothar Bickel, 17. Juli 1923 – *Textgrundlage:* LBI/JMB: II, 1, 14. Original. *Druck:* Gedenkbuch Bickel, S. 16-18. *Datierung:* Auf dem Original von fremder Hand.
119. An Israel Eisenstein, 27. Oktober 1923 – *Textgrundlage:* LBI/JMB: II, 4, 3. Original. Postkarte mit Absender: »Brunner, Potsdam, Neue Königstr. 38« an: »Stud. med. I. Eisenstein, Würzburg, Höchbergerstr. 24 I«. *Druck:* Die Constantin Brunner Gemeinschaft, Interne Zeitschrift 9, Nr. 1-2 (Aug./Dez. 1954), S. 40. *Datierung:* Datum des Poststempels, abgestempelt in Kleinglienicke.
120. An Israel Eisenstein, November 1923 – *Textgrundlage:* LBI/JMB: II, 4, 3. Original. *Druck:* Die Constantin Brunner Gemeinschaft, Interne Zeitschrift 9, Nr. 1-2 (Aug./Dez. 1954), S. 40f. *Datierung:* Bei dem genannten Werk, an dem Brunner gerade arbeitete, dürfte es sich um »Liebe, Ehe, Mann und Weib« handeln. Im Brief vom 11. Dezember 1923 geht Brunner, offenbar infolge einer Nachfrage Eisensteins, noch einmal darauf ein. Danach müsste der vorliegende Brief zwischen den Briefen an Eisenstein vom 27. Oktober und 11. Dezember 1923 geschrieben worden sein.
121. An Arthur Liebert, 21. Oktober 1924 – *Textgrundlage:* LBI/JMB: I, 2, 5, 4. Lotte Brunner, Tagebuch, 21. Oktober 1924. *Druck:* Lotte Brunner, Es gibt kein Ende, S. 405.
122. An Arthur Liebert, 9. November 1924 – *Textgrundlage:* LBI/JMB: I, 2, 5, 4. Lotte Brunner, Tagebuch, 9. November 1924. *Druck:* Lotte Brunner, Es gibt kein Ende, S. 406f.

123. An Ernst Altkirch, 3. Januar 1925 – *Textgrundlage:* LBI/JMB: II, 1, 5. Original. *Datierung:* Auf dem Original von Altkirch vermerkt: »Potsdam, den 3. Januar 1925«.
124. An Ernst Ludwig Pinner, Januar 1925 – *Textgrundlage:* LBI/JMB: II, 10, 2. Original. *Datierung:* Auf dem Original von fremder Hand.
125. An Ernst Ludwig Pinner, Januar 1925 – *Textgrundlage:* LBI/JMB: II, 10, 2. Abschrift.
126. An Frieda Pinner, 5. März 1925 – *Textgrundlage:* LBI/JMB: II, 10, 3. Original. *Datierung:* Auf dem Original von fremder Hand.
127. An Borromäus Herrligkoffer, 7. März 1925 – *Textgrundlage:* LBI/JMB: II, 4, 15. Abschrift.
128. An Alfred Wiener, April 1925 – *Textgrundlage:* LBI/JMB: II, 4, 1. Abschrift von George Goetz.
129. An Abraham Buschke, Juli 1925 – *Textgrundlage:* LBI/JMB: II, 3, 13. Original. *Datierung:* Auf dem Original von fremder Hand vermerkt »1925?«. Brunner war seit 1. Juli 1925 in Göhren. Lotte Brunner erwähnt in ihrem Tagebuch am 28. Juli 1925 den vorliegenden Brief, Buschkes Antwort und Brunners Antwort vom 15. Juli (Brief 130). Der vorliegende Brief dürfte um den 8. Juli 1925 verfasst worden sein.
130. An Abraham Buschke, 15. Juli 1925 – *Textgrundlage:* LBI/JMB: II, 3, 13. Original. *Datierung:* Auf dem Original von fremder Hand.
131. An Martin Buber, Juli 1925 – *Textgrundlage:* NLI: Martin Buber Archiv, ARC. Ms. Var. 350 008.141. Original. Umschlag mit Absender: »Constantin Brunner, Potsdam, N. Königstr. 38« an: »Dr. Martin Buber, Heppenheim«. *Datierung:* Auf dem Original von fremder Hand: »nach 1916 (nach Heppenheim, nach Landauers Tod adressiert) 1924-25?«. Für Bubers Antwort auf die am Ende des Briefes formulierte Frage bedankte sich Brunner am 30. Juli 1925. Ab 1. Juli war Brunner in Göhren auf Rügen, so dass er wohl aus diesem Grund an die Briefe Landauers nicht heran konnte, wie er im Brief schreibt.
132. An George Goetz, 13. August 1925 – *Textgrundlage:* LBI/JMB: II, 4, 9. Original. *Datierung:* Auf dem Original von George Goetz vermerkt: »eingegangen: 13. 8. 25.«
133. An Emil Grünfeld, 15. Oktober 1925 – *Textgrundlage:* LBI/JMB: II, 4, 11. Original. *Datierung:* Auf dem Original von fremder Hand. *Bemerkung:* Von Brunner über den Brief geschrieben: »An Emil Grünfeld.«
134. An George Goetz, 12. November 1925 – *Textgrundlage:* LBI/JMB: II, 4, 9. Original. *Datierung:* Der Brief wurde zusammen mit einem auf den 12. November 1925 datierten Brief Leoni Brunners verschickt. Auf dem Original von Goetz vermerkt: »eingetr. 13. XI. 25 !!«
135. An Borromäus Herrligkoffer, 23. April 1926 – *Textgrundlage:* LBI/JMB: II, 4, 15. Abschrift. *Datierung:* Auf der Abschrift vermerkt: »Empf. 23. 4. 26«.
136. An Elisabeth Altkirch, 5. August 1926 – *Textgrundlage:* LBI/JMB: II, 1, 1. Abschrift von Lotte Brunner. *Datierung:* Auf dem Original vermerkte Lotte Brunner fälschlich: »5. Aug. 1928«. Tag und Monat werden im Brief genannt. Aber aus Lotte Brunners Tagebuch lässt sich das Jahr 1926 erschließen: Am 1. September 1926 berichtet sie, dass Elisabeth Altkirch Brunners Wunsch, seine an Altkirch gerichteten Briefe zurückzuerhalten, erfüllt hat.
137. An Louis Franck, 3. November 1926 – *Textgrundlage:* LBI/JMB: I, 2, 5, 5. Lotte Brunner, Tagebuch, 3. November 1926.
138. An Louis Franck, Mitte November 1926 – *Textgrundlage:* LBI/JMB: I, 2, 5, 5. Lotte Brunner, Tagebuch, zwischen 8. November und 19. November 1926. *Datierung:* Der Brief ist Antwort auf den von Lotte Brunner in ihrem Tagebuch zitierten Brief von Franck vom 8. November 1926. Da die nächste Aufzeichnung in Lotte Brunners Ta-

gebuch auf den 19. November datiert ist, müsste der vorliegende Brief zwischen dem 9. und dem 19. November geschrieben worden sein.

139. An Rose Ausländer, 1926 – *Textgrundlage:* LBI/JMB: II, 1, 6. Original. *Datierung:* Rose Ausländer verfasste das Gedicht »Niagara Falls I« anlässlich ihres Besuches der Niagarafälle am 27. oder 28. Juli 1926.

140. An Israel Eisenstein, Januar 1927 – *Textgrundlage:* LBI/JMB: II, 4, 3. Original. *Druck:* Die Constantin Brunner Gemeinschaft, Interne Zeitschrift 9, Nr. 1-2 (Aug./Dez. 1954), S. 41-43. *Datierung:* Lotte Brunner berichtet in ihrem Tagebuch am 5. Januar 1927 von einem Brief Eisensteins über die Frage nach der Entstehung der Arten. Der vorliegende Brief dürfte die Antwort Brunners darauf sein.

141. An Carl Gebhardt, 25. Januar 1927 – *Textgrundlage:* LBI/JMB: I, 2, 5, 5. Lotte Brunner, Tagebuch, 25. Januar 1927. *Druck:* Lotte Brunner, Es gibt kein Ende, S. 453 f.

142. An Selma von Leeuwen, 25. Januar 1927 – *Textgrundlage:* LBI/JMB: II, 6, 2. Original. Umschlag mit Absender: »Constantin Brunner, Potsdam, N. Königstr 38« an: »Frau S. v. Leeuwen, 25 Oranjelaan, Rotterdam, Holland«. *Datierung:* Datum des Poststempels; abgestempelt in Potsdam.

143. An Rose Ausländer, Ende April 1927 – *Textgrundlage:* LBI/JMB: II, 1, 6. Original. *Datierung:* Dem Brief lag ein Schreiben Lotte Brunners an Rose Ausländer bei, das auf den 30. April 1927 datiert ist.

144. An Moscheh Schefi, 2. Mai 1927 – *Textgrundlage:* NLI: Avraham Schwadron Autograph Collection. Original. Umschlag mit Absender: »Constantin Brunner, Potsdam, Neue Konigstr. 38« an: »M. Schefi, Pĕlugath gedud haăbodah, Rechoboth, Palästina«. *Datierung:* Datum des Poststempels; abgestempelt in Potsdam.

145. An Adolf Eckstein, 18. Juli 1927 – *Textgrundlage:* LBI/JMB: I, 2, 5, 5. Lotte Brunner, Tagebuch, 18. Juli 1927. *Variante:* ICBI: BW-Abschr. Abschrift. *Bemerkung:* Statt »worin meine Stellung zum Judentum, zum Pharisäismus, sich zeigt« steht in der Variante: »worin meine Stellung zum Judentum, zum Prophetismus wie zum Pharisäismus, sich zeigt«.

146. An Claire Sinnreich, 1927 – *Textgrundlage:* LBI/JMB: II, 11, 2. Original. *Datierung:* Von fremder Hand auf dem Original.

147. An Lotte Brunner, 30. Januar 1928 – *Textgrundlage:* LBI/JMB: II, 3, 4. Original. *Druck:* Brunner, Briefe I, S: 165. *Datierung:* Auf dem Original von Lotte Brunner vermerkt.

148. An Martin Klein, 26. Januar 1929 – *Textgrundlage:* LBI/JMB: II, 5, 11. Abschrift.

149. An Wilhelm Schwaner, 21. Juni 1929 – *Textgrundlage:* LBI/JMB: I, 2, 5, 5. Lotte Brunner, Tagebuch, 21. Juni 1929.

150. An Moscheh Schefi, 12. März 1930 – *Textgrundlage:* NLI: Avraham Schwadron Autograph Collection. Original. Umschlag mit Absender: »Constantin Brunner, Potsdam, N Königstr 38« an: »M. Schefi, Thewat Doar 575, Jerusalem, Palästina«. *Datierung:* Datum des Poststempels; abgestempelt in Potsdam.

151. An Jakob Klatzkin, April 1930 – *Textgrundlage:* LBI/JMB: II, 5, 11. Vermutlich Konzept. *Druck:* Konstantin Brunner und Jakob Klatzkin. Ein Briefwechsel, in: Israelitisches Wochenblatt 37, Nr. 37 (10. September 1937), S. 5. *Datierung:* In dem offenbar durch Klatzkin veranlassten Druck ist der Brief auf April 1930 datiert. Klatzkin antwortete am 12. Mai auf den vorliegenden Brief. *Bemerkung:* Von Brunner über den Brief geschrieben: »An Jakob Klatzkin.«

152. An Selma van Leeuwen, 29. April 1930 – *Textgrundlage:* LBI/JMB: II, 6, 5. Original. Umschlag mit Absender von: »Constantin Brunner, Potsdam, N Königstr 38« an: »Frau S v Leeuwen, 25 Oranjelaan, Rotterdam, Holland«. *Datierung:* Datum des Poststempels; abgestempelt in Potsdam. Der im Brief erwähnte Vortrag Nordens fand

nachweislich am 29. April statt. Brunner hat den Brief offenbar noch am selben Abend geschrieben.

153. An Ernst Ludwig Pinner, 25. Juli 1930 – *Textgrundlage:* LBI/JMB: II, 10, 2. Original. *Datierung:* Auf dem Original von fremder Hand.

154. An Selma van Leeuwen, 23. September 1930 – *Textgrundlage:* LBI/JMB: II, 6, 5. Original. Umschlag mit Absender: »Constantin Brunner, Potsdam, N Königstr 38« an: »S. v. Leeuwen, 25 Oranjelaan, Rotterdam, Holland«. *Datierung:* Datum des Poststempels; abgestempelt in Potsdam.

155. An Friedrich Meyer-Schönbrunn, 27. November 1930 – *Textgrundlage:* LBI/JMB: I, 2, 5, 5. Lotte Brunner, Tagebuch, 27. November 1930.

156. An Friedrich Meyer-Schönbrunn, 1. Dezember 1930 – *Textgrundlage:* LBI/JMB: I, 2, 5, 5. Lotte Brunner, Tagebuch, 1. Dezember 1930.

157. An Selma van Leeuwen, 21. Januar 1931 – *Textgrundlage:* LBI/JMB: II, 6, 6. Original. Umschlag mit Absender von: »Constantin Brunner, Berlin-Wilmersdorf, Helmstedterstr 10« an: »Frau S v Leeuwen, 25 Oranjelaan, Rotterdam, Holland«. *Datierung:* Datum des Poststempels; abgestempelt in Berlin-Charlottenburg.

158. An Selma van Leeuwen, 22. Januar 1931 – *Textgrundlage:* LBI/JMB: II, 6, 6. Original. Umschlag mit Adresse von »Constantin Brunner, Berlin-Wilmersdorf, Helmstedterstr 10« an: »Frau S v Leeuwen, 25 Oranjelaan, Rotterdam, Holland«. *Datierung:* Datum des Poststempels; abgestempelt in Berlin-Charlottenburg.

159. An Jacob Gerzon, 26. Januar 1931 – *Textgrundlage:* LBI/JMB: II, 4, 7. Abschrift von Jakob Gerzon. Gerzon vermerkt, dass der Originalbrief diktiert und mit handschriftlichen Zusätzen Brunners versehen war.

160. An Ludwig Holländer, 2. März 1931 – *Textgrundlage:* Central Archive of the History of the Jewish People, Nachlass des Centralvereins deutscher Staatsbürger jüdischen Glaubens, Signatur: HM2/8731, Aktennummer 1607, Frame # 0277. *Datierung:* Eingangsstempel vom 2. März 1931 auf dem Original.

161. An Selma van Leeuwen, 11. April 1931 – *Textgrundlage:* LBI/JMB: II, 6, 6. Original. Umschlag ohne Absender an: »Frau S v Leeuwen, 25 Oranjelaan, Rotterdam, Holland«. *Datierung:* Datum des Poststempels; abgestempelt in Berlin-Charlottenburg.

162. An Margarete Bittlinger, 17. Mai 1931 – *Textgrundlage:* LBI/JMB: II, 2, 3. Original. *Datierung:* Auf dem Original von fremder Hand.

163. An Lotte Brunner, 7. Juli 1931 – *Textgrundlage:* LBI/JMB: II, 3, 4. Original. *Druck:* Brunner, Briefe I, S. 170. *Datierung:* Von Lotte Brunner auf dem Original vermerkt: »7. VIII. 31«. Lotte Brunner war spätestens seit dem 19. Juli wieder zurück in Berlin. Spätestens ab 3. Juli war sie bei Elsbeth Quedenau in Saig im Schwarzwald, nahe dem Titisee. Die genannte Arbeit Nordens, die »in 14 Tagen« erscheinen sollte, ist am 22. Juli 1931 erschienen. Daher ist es wahrscheinlich, dass der Monat auf dem Poststempel falsch gelesen wurde und der Brief auf den 7. Juli 1931 datiert werden muss.

164. An Lotte Brunner, Mitte Juli 1931 – *Textgrundlage:* LBI/JMB: II, 3, 4. Original. Mit Brief von Leoni Brunner. *Druck:* Brunner, Briefe I, S. 166. *Datierung:* Das Jahr auf dem Original von fremder Hand vermerkt und von Lotte Brunner: »nach Ichenhausen« hinzugesetzt. Lotte Brunner war Mitte Juli 1931 in Ichenhausen (siehe die Angaben zu Brief 163).

165. An Selma van Leeuwen, 23. Juli 1931 – *Textgrundlage:* LBI/JMB: II, 6, 6. Original. Umschlag ohne Absender an: »Frau S v Leeuwen, 25 Oranjelaan, Rotterdam, Holland«. *Datierung:* Datum des Poststempels; abgestempelt in Berlin SW.

166. An Eva Reichmann, 18. Oktober 1931 – *Textgrundlage:* LBI/JMB: I, 2, 5, 5. Lotte Brunner, Tagebuch, 18. Oktober 1931.

167. An Selma van Leeuwen, 22. April 1932 – *Textgrundlage:* LBI/JMB: II, 6, 7. Original. *Datierung:* Auf dem Original von Selma van Leeuwen vermerkt: »22. 2. 32«. Da der Brief die Antwort bildet auf einen Brief Selma van Leeuwens vom 19. April 1932, in dem auch ein Brief Lothar Bickels erwähnt wird, den Brunner ihr am 13. April schickte, dürfte die Monatsangabe des Poststempels falsch gelesen worden sein.

168. An Bernhard Weiß, 21. Juli 1932 – *Textgrundlage:* LBI/JMB: I, 2, 5, 5. Lotte Brunner, Tagebuch, 21. Juli 1932.

169. An Lotte Brunner, 10. August 1932 – *Textgrundlage:* LBI/JMB: II, 3, 4. Original. *Druck:* Brunner, Briefe I, S. 171 f.

170. An Julius Brodnitz und Ludwig Holländer, 31. August 1932 – *Textgrundlage:* LBI/JMB: I, 2, 5, 5. Lotte Brunner, Tagebuch, 31. August 1932. *Druck:* Lotte Brunner, Es gibt keine Ende, S. 469.

171. An Israel Eisenstein, September 1932 – *Textgrundlage:* LBI/JMB: II, 4, 3. Original. *Druck:* Die Constantin Brunner Gemeinschaft, Interne Zeitschrift 9, Nr. 1-2 (Aug./Dez. 1954), S. 43 f. *Datierung:* Aus dem Inhalt geht hervor, dass der Brief vor dem 20. September geschrieben worden ist.

172. An Willy Aron, September 1932 – *Textgrundlage:* LBI/JMB: II, 1, 6. Abschrift (Auszug?). *Bemerkung:* Auf der Abschrift ist vermerkt, dass im Originalbrief bei der Auslassung »[...]« zwei hebräische Worte gestanden haben. Die anderen beiden gepunkteten Stellen markieren offenbar andere Auslassungen des Abschreibers.

173. An Selma van Leeuwen, 12. November 1932 – *Textgrundlage:* LBI/JMB: II, 6, 7. Abschrift. Selma van Leeuwen merkt auf einer anderen Abschrift (ICBI: BW-Abschr.) an, dass sie das Original dieses Briefes im November 1954 Yehudi Menuhin geschenkt habe.

174. An Borromäus Herrligkoffer, 5. März 1933 – *Textgrundlage:* LBI/JMB: II, 4, 16. Abschrift. *Datierung:* Auf der Abschrift vermerkt: »Empf. Anfang März 33«. Im Brief bezieht sich Brunner auf die an diesem Tag stattfindende Wahl. Es dürfte sich um die Reichstagswahl am 5. März 1933 handeln.

175. An Willy Aron, 10. April 1933 – *Textgrundlage:* LBI/JMB: II, 1, 6. Abschrift mit Vermerk der Adresse: »C. Brunner, p/a van Leewuwen, Oranjelaan 25, Rotterdam«. *Druck:* Assimilation und Nationalismus. Ein Briefwechsel mit Constantin Brunner, in: Aufbau, New York 1, Nr. 11 (1. Oktober 1935), S. 8. *Datierung:* Nach der Angabe im Druck das Datum des Poststempels.

176. An Leoni Brunner, Mitte April 1933 – *Textgrundlage:* LBI/JMB: II, 2, 14. Original. Auf der Rückseite von einem Brief Lotte Brunners an Leoni Brunner. *Datierung:* Der Briefinhalt legt nahe, dass Brunner, der am 1. April 1933 emigrierte, erst seit Kurzem in Rotterdam war. Aus dem beiliegenden Brief von Lotte Brunner geht hervor, dass die Haager Wohnung schon gemietet war; der Brief muss daher nach Brief 175 geschrieben worden sein.

177. An Walter Bernard, 20. April 1933 – *Textgrundlage:* LBI/JMB: II, 1, 11. Original. Umschlag mit vorgedrucktem, von Lotte Brunner korrigiertem und ergänztem Absender: »v. Leeuwen, Rotterdam, P.O.B. 688, *25 Oranjelaan*«, an: »Walther Bernard, 217 Ocean view Ave., Brooklyn, New York, U.S.A.« (von Lotte Brunner geschrieben). *Datierung:* Datum des Poststempels; abgestempelt in Rotterdam.

178. An Margarete Bittlinger, April 1933 – *Textgrundlage:* LBI/JMB: II, 2, 3. Originalbrief bis »Erstens«, danach in der Handschrift Lotte Brunners. Der auf dem Original von Margarete Bittlinger hinzugefügte Schluss (»Bitte noch nach: Die Abmachung muß schriftlich fixiert sein als *von Haus zu Haus gültig*; denn wir hören, es kostet neue Katastrophe, wenn z.B. nur bis Bahnhof.«) gehört nicht zum vorliegenden Brief, sondern ist als Postkarte überliefert (LBI/JMB: II, 2, 3). *Datierung:* Auf dem Original von

Magdalena Kasch vermerkt: »Mai 1933«. Die unter Textgrundlage genannte Postkarte mit Poststempel vom 26. April 1933 ergänzt den vorliegenden Brief, der daher kurz zuvor geschrieben sein muss.

179. An Borromäus Herrligkoffer, 15. Mai 1933 – *Textgrundlage:* LBI/JMB: II, 4, 16. Abschrift. *Datierung:* Auf der Abschrift von Herrligkoffer vermerkt: »Empf. 15.5.33«.

180. An Selma van Leeuwen, Ende Mai 1933 – *Textgrundlage:* LBI/JMB: II, 6, 8. Original. *Datierung:* Auf dem Original von Selma van Leeuwen vermerkt: »Mai 1933, aus Batjanstr. 16, den Haag«. Brunner war nach längerem Aufenthalt bei van Leeuwens am 20. Mai 1933 in die Batjanstraat 16 in Den Haag eingezogen. Der vorliegende Brief ist ein Dankesbrief für die Aufnahme in Rotterdam und dürfte relativ zeitnah zum Einzug geschrieben worden sein.

181. An Ernst Ludwig Pinner, 11. Juni 1933 – *Textgrundlage:* LBI/JMB: II, 10, 2. Original. *Datierung:* Auf dem Original von fremder Hand.

182. An Harry Behnsch, 26. Juni 1933 – *Textgrundlage:* LBI/JMB: II, 1, 7. Original. *Datierung:* Auf einer Abschrift im ICBI (BW-Abschr.).

183. An Lothar Bickel, 2. Juli 1933 – *Textgrundlage:* LBI/JMB: II, 1, 14. Original. *Druck:* Gedenkbuch Bickel, S. 24f. *Datierung:* Brunner erwähnt im Brief: »Lotte und Leoni schreiben auch heute noch an dich.« Dieser Brief ist auf den 2. Juli 1933 datiert. Das auf dem Brunnerbrief von fremder Hand notierte Datum »5. VII. 1933« bezieht sich vermutlich auf das Datum des Poststempels.

184. An Ernst Ludwig Pinner, Ende Juli 1933 – *Textgrundlage:* LBI/JMB: II, 10, 2. Original. *Datierung:* Auf dem Original von fremder Hand.

185. An Peter Magnussen, September 1933 – *Textgrundlage:* LBI/JMB: II, 9, 3. Original. *Datierung:* Das Jahr auf dem Original von Magdalena Kasch vermerkt. Brunner bedankt sich für Geburtstagsgrüße, was darauf schließen lässt, dass der Brief im September geschrieben wurde. Brunners Vergleich mit seinem vorigen Geburstag legt nahe, dass er auf seinen siebzigsten Geburtstag 1932 anspielt.

186. An Fritz Ritter, Oktober 1933 – *Textgrundlage:* LBI/JMB: II, 10, 5. Original. *Datierung:* Im Oktober 1933 schrieb Ritter an Magdalena Kasch, dass er das Manuskript der »Julia« an Brunner geschickt habe und auf ein Urteil warte. Am 14. Oktober schickte Brunner Selma van Leeuwen eine Abschrift des vorliegenden Briefes.

187. An Walter Bernard, 15. Dezember 1933 – *Textgrundlage:* LBI/JMB: II, 1, 11. Original. Umschlag mit Absender von: »Constantin Brunner, den Haag, Batjanstr. 16« an: »Walther Bernard, 217 Ocean View Ave, Brooklyn, New York, U.S.A.« *Druck:* Philosophia Activa. Zeitschrift der Constantin-Brunner-Forschung 2, Nr. 1 (1991), S. 86f. *Datierung:* Datum des Poststempels; abgestempelt in 's Gravenhage.

188. An Borromäus Herrligkoffer, 7. Mai 1934 – *Textgrundlage:* LBI/JMB: II, 4, 16. Abschrift. *Datierung:* Auf der Abschrift vermerkt: »Empf. 7.5.34.«

189. An Borromäus Herrligkoffer, September 1934 – *Textgrundlage:* LBI/JMB: II, 4, 16. Original. *Datierung:* Auf dem Original von fremder Hand vermerkt: »September 34«. Die Heirat Lotte Brunners und Piet Stigters, die am 21. November 1934 stattfand, wurde im September 1934 beschlossen.

190. An Meyer Kesten, November 1934 – *Textgrundlage:* LBI/JMB: II, 5, 10. Original. *Datierung:* Auf dem Original von fremder Hand.

191. An Martin Klein, 1934 – *Textgrundlage:* LBI/JMB: II, 5, 11. Abschrift. *Datierung:* Auf der Abschrift vermerkt: »Poststempel unleserlich – 1934«.

192. An Paul Neubauer, 1934 – *Textgrundlage:* ICBI: BW-Abschr. Abschrift. *Variante:* LBI/JMB: II, 10, 1. Abschrift. *Datierung:* In der Variante vermerkt: »Den Haag, wahrscheinlich 1934«. *Bemerkung:* In der Variante fehlen der Satz: »deswegen gibt es doch nun nicht ein jüdisches Volk!!«, das Wort »tatsächlich« in: »zu welchen sie tatsäch-

lich gehören« und das Wort »gar« in: »gar das Haarsträubende«. In der Textgrundlage fehlt eine Unterstreichung: »aber *die* Menschen, die Juden sind«.

193. An Piet Stigter, Ende 1934 – *Textgrundlage:* LBI/JMB: II, 11, 3. Original. *Druck:* Brunner, Briefe I, S. 202-205. *Datierung:* Persönliche Differenzen zwischen Brunner und Stigter sind erst ab 1935 belegt. Wenn die Jahresangabe »1934« auf dem Original von fremder Hand richtig ist, so dürfte der Brief nach der Hochzeit Stigters mit Lotte Brunner am 21. November, d.h. Ende 1934 verfasst worden sein.

194. An Walter Bernard, 2. Januar 1935 – *Textgrundlage:* LBI/JMB: II, 1, 12. Original. Umschlag mit Absender: »den Haag, Batjanstr. 16« an: »Walter Bernard, 217 Ocean View Ave, Brooklyn, New York, U.S.A.« *Druck:* Philosophia sive Ethica. Interne Zeitschrift, hrsg. vom ICBI 4 (Februar 1982), S. 13. *Datierung:* Datum des Poststempels; abgestempelt in 's Gravenhage.

195. An Ernst Ludwig Pinner, 12. März 1935 – *Textgrundlage:* LBI/JMB: II, 10, 2. Original. *Datierung:* Auf dem Original von fremder Hand.

196. An Fritz Blankenfeld, Frühjahr 1935 – *Textgrundlage:* LBI/JMB: II, 2, 5. Konzept. *Druck:* Philosophia sive Ethica. Interne Zeitschrift, hrsg. vom ICBI [28. August 1981], S. 34-36 (Auszug). *Datierung:* Brunner bezieht sich zum einen auf einen Brief Blankenfelds an Magdalena Kasch vom März 1935, zum anderen auf Kaschs Abweisen einer Beleidigung eines Freundes, die sich anhand von Kaschs »Aufzeichnungen« auf Februar 1935 datieren lässt.

197. An Walther König, 1935 – *Textgrundlage:* LBI/JMB: II, 5, 12. Original. *Datierung:* Auf dem Original von fremder Hand.

198. An Lothar Bickel, September 1935 – *Textgrundlage:* LBI/JMB: II, 1, 14. Original. *Druck:* Gedenkbuch Bickel, S. 32-34. *Datierung:* Auf dem Original von fremder Hand.

199. An Magdalena Kasch, 30. September 1935 – *Textgrundlage:* LBI/JMB: II, 5, 8. Original. *Datierung:* Auf dem Original von fremder Hand.

200. An Paul Neubauer, Oktober 1935 – *Textgrundlage:* LBI/JMB: II, 10, 1. Abschrift. *Datierung:* Auf den Abschriften (der vorliegenden und anderen im ICBI: BW-Abschr.) befinden sich unterschiedliche Jahresangaben: 1934, 1935 oder 1936. Im Brief erwähnt Brunner, dass er »seit einiger Zeit« in Beethovens Violinkonzert »lebe«. Wie aus den Aufzeichnungen Magdalena Kaschs hervorgeht, besass Brunner eine Grammophon-Aufnahme des Beethoven-Konzertes. Er hörte sie z.B. am 11. März 1935. Eine intensivere Beschäftigung scheint es im Oktober 1935 gegeben zu haben. Am 14. Oktober berichtet Kasch von einem gemeinsamen Hören der Grammophonplatte. Am 15. Oktober kam Brunner darauf zurück und äußerte sich ähnlich wie im vorliegenden Brief, der etwa zu dieser Zeit verfasst sein dürfte.

201. An Leo Sonntag, Herbst 1935 – *Textgrundlage:* LBI/JMB: II, 11, 2. Original. *Druck:* Kasch, Aufzeichnungen, S. 151 f.; Leo Sonntag. Ein jüdisches Emigrantenschicksal, hrsg. von Jürgen Stenzel, Essen: Die Blaue Eule 1994, S. 106-109 (Auszug). *Datierung:* Brunner bezieht sich auf einen Briefwechsel mit Walter Bernard über die Aktivitäten Kettners in New York, den er »vor einem Jahr« geführt habe. Die betreffenden Briefe sind vom Oktober 1934, so dass der vorliegende Brief etwa im Herbst 1935 geschrieben sein dürfte.

202. An Aron Berman, 6. Januar 1936 – *Textgrundlage:* LBI/JMB: II, 1, 10. Original. *Datierung:* Auf dem Original von fremder Hand.

203. An Jeschourun Disenhaus, Februar 1936 – *Textgrundlage:* LBI/JMB: II, 4, 2. Original. Vom letzten Absatz: »Bis hierher mußte ich …« steht nur der Anfang (durchgestrichen) auf dem Original; er wurde aus einer Abschrift im ICBI (BW-Abschr.) ergänzt. *Datierung:* Der Brief von Disenhaus ist auf den 1. Februar 1936 datiert.

Bemerkung: Brunner hat im Brief von Disenhaus dessen Fragen durchnummeriert und seine Antworten auf die Rückseite des Briefes geschrieben.

204. An Moses Barasch, 13. Februar 1936 – *Textgrundlage:* LBI/JMB: II, 1, 7. Abschrift.

205. An Abraham Suhl, 26. März 1936 – *Textgrundlage:* LBI/JMB: II, 11, 3. Abschrift. *Datierung:* Auf einer Abschrift im ICBI (BW-Abschr.) ist vermerkt: »Das Kuvert trägt den Poststempel: 'S Gravenhage 26.III.1936«.

206. An Moses Barasch, April 1936 – *Textgrundlage:* LBI/JMB: II, 1, 7. Abschrift.

207. An Max Busyn, April 1936 – *Textgrundlage:* LBI/JMB: II, 4, 1. Original. *Datierung:* Auf dem Original von fremder Hand vermerkt: »Haag nach Tel-Aviv, 1934«. Vermutlich ist das angegebene Datum falsch. Bei dem »trefflichen Mann«, der den vorliegenden Brief mit nach Palästina nahm, dürfte es sich um Aron Berman handeln, der bei seiner Emigration im April 1936 Brunner in Den Haag besuchte.

208. An Lothar Bickel, 5. Juli 1936 – *Textgrundlage:* LBI/JMB: II, 1, 14. Original. *Druck:* Gedenkbuch Bickel, S. 52f. (Auszug). *Datierung:* Auf dem Original von Lotte Brunner vermerkt.

209. An Walter Bernard, September 1936 – *Textgrundlage:* LBI/JMB: II, 1, 12. Original. *Druck:* Philosophia Activa. Zeitschrift der Constantin-Brunner-Forschung 2, Nr. 1 (1991), S. 89-99. *Datierung:* In seinem Antwortbrief vom 5. November 1936 schreibt Bernard, dass seit Brunners Brief zwei Monate vergangen seien.

210. An Emil Grünfeld, 29. September 1936 – *Textgrundlage:* LBI/JMB: II, 4, 11. Original. *Datierung:* Auf einer Abschrift im ICBI (BW-Abschr.) von Magdalena Kasch vemerkt.

211. An Borromäus Herrligkoffer, November 1936 – *Textgrundlage:* LBI/JMB: II, 4, 16. Abschrift. *Druck:* Kasch, Aufzeichnungen, S. 34. *Datierung:* Auf der Abschrift steht die Jahresangabe 1935. Brunner bezieht sich auf Herrligkoffers Buch »Kämpfer um Leben und Tod«, das 1936 erschien. In den »Aufzeichnungen« von Magdalena Kasch wird die Episode im November 1936 berichtet. Es liegt nahe, dass der vorliegende Brief zu dieser Zeit verfasst wurde, wofür auch spricht, dass, wie im Brief erwähnt, Weihnachten bevorstand.

212. An Lotte Brunner, 20. Januar 1937 – *Textgrundlage:* LBI/JMB: II, 3, 4. Original. *Druck:* Brunner, Briefe I, S. 172f. *Datierung:* Auf dem Original von Lotte Brunner vermerkt.

213. An Gertrud Herz, Anfang März 1937 – *Textgrundlage:* LBI/JMB: II, 5, 1. Original. *Druck:* Brunner, Briefe I, S. 188f. *Datierung:* Der im Brief genannte Artikel erschien am 25. Februar 1937 und wurde dann von Gertrud Herz nach Den Haag geschickt. Die Reaktion Ritters auf die Rezension datiert vom 27. Februar, so dass der vorliegende Brief Anfang März geschrieben sein dürfte.

214. An Walter Bernard, 21. März 1937 – *Textgrundlage:* LBI/JMB: II, 1, 12. Original. Umschlag mit Absender: »den Haag-West, Columbusstr. 89« an: »Dr. Walter Bernard, 1120 Brighton Beach Ave, Brooklyn, New York, U.S.A.« *Datierung:* Der Poststempel fehlt. Bernard vermerkt auf dem Umschlag: »Rec. April 1, 1937. ca März 21, 1937« und über dem Brief: »den Haag, ca. 21. März 1937«.

215. An Emil Grünfeld, 1937 – *Textgrundlage:* LBI/JMB: II, 4, 11. Original. *Datierung:* Das Jahr auf dem Original von fremder Hand vermerkt.

Verzeichnis der Abbildungen und Faksimiles

Abbildungen

Abb. 1: Constantin Brunner als Student
Quelle: LBI/JMB: VI, 1, 1, 1.

Abb. 2: Johanna Löwenthal
Quelle: LBI/JMB: VI, 7, 4, 4 (nur Foto des Gemäldes).

Abb. 3: Leo Berg
Quelle: LBI/JMB: VI, 7, 1, 2.

Abb. 4: Constantin Brunner
Quelle: LBI/JMB: VI, 1, 1, 1.

Abb. 5: Constantin Brunner, ca. 1902
Quelle: LBI/JMB: VI, 1, 1, 1.

Abb. 6: Frida Mond in Rom
Quelle: LBI/JMB: VI, 7, 4, 4 (Ausschnitt).

Abb. 7: Ernst Altkirch
Quelle: LBI/JMB: VI, 7, 1, 1.

Abb. 8: Constantin Brunner mit Leoni und Lotte Brunner, Tempelhof 1910
Quelle: LBI/JMB: VI, 2, 1, 1.

Abb. 9: Max Nordau in seinem Arbeitszimmer, 1897
Quelle: Central Zionist Archive, Jerusalem: Sign. PHG\1011351.

Abb. 10: Lou Andreas-Salomé, ca. 1897
Quelle: LBI/JMB: VI, 7, 1, 1.

Abb. 11: Gustav Landauer mit Hedwig Lachmann und den Kindern, 1910
Quelle: LBI/JMB: VI, 7, 4, 2, Postkarte vom 9. September 1910 von Landauer an Brunner.

Abb. 12: Beethoven, Büste von Georg Wienbrack, ca. 1911
Quelle: Foto und Büste im Besitz des ICBI, Den Haag.

Abb. 13: Spinoza, Büste von Georg Wienbrack, 1911
Quelle: Foto im Besitz des ICBI, Den Haag. Büste im Jüdischen Museum Berlin.

Abb. 14: Constantin Brunner mit Borromäus Herrligkoffer, Leoni und Lotte Brunner, Misdroy 1911
Quelle: LBI/JMB: VI, 2, 1, 1.

Abb. 15: Constantin Brunner mit seinem Pudel Ponto, Misdroy 1911
Quelle: LBI/JMB: VI, 1, 1, 1.

Abb. 16: Constantin und Lotte Brunner, Tempelhof 1912
Quelle: LBI/JMB: VI, 2, 1, 1.

Abb. 17: Constantin Brunner, 1912 (Foto von Rudolf Dührkoop)
Quelle: LBI/JMB: VI, 1, 1, 2.

Abb. 18: Magdalena Kasch, um 1915/16
Quelle: LBI/JMB: VI, 7, 3, 2.

Abb. 19: Otto Ernst
Quelle: LBI/JMB: VI, 7, 2, 3.

Abb. 20: Leoni Brunner, 1926
Quelle: LBI/JMB: VI, 3, 1, 3.

Abb. 21: Walther Rathenau
Quelle: Bundesarchiv: Bild 183/L40010.

Abb. 22: Inge von Holtzendorff
Quelle: LBI/JMB: VI, 7, 2, 8.

Abb. 23: Constantin Brunner im Arbeitszimmer in der Neuen Königstraße in Potsdam
Quelle: LBI/JMB: VI, 1, 1, 2.
Abb. 24: Magdalena Kasch und Alice Brandt in Bad Harzburg, 1921/22
Quelle: LBI/JMB: VI, 7, 1, 7.
Abb. 25: Constantin Brunner mit Friedrich Kettner, Misdroy 1912
Quelle: LBI/JMB: VI, 2, 1, 1.
Abb. 26: Eine Gruppe von Teilnehmern am Ethischen Seminar in Czernowitz, 1920
Quelle: Eli Rottner, Das Ethische Seminar, S. 41.
Abb. 27: Arthur Liebert
Quelle: LBI/NY: Sign. F 2589.
Abb. 28: Constantin und Lotte Brunner, Juni 1926
Quelle: LBI/JMB: VI, 2, 1, 2 (Ausschnitt).
Abb. 29: Ernst Ludwig Pinner
Quelle: LBI/JMB: VI, 7, 4, 5.
Abb. 30: Fritz Blankenfeld
Quelle: LBI/JMB: VI, 7, 1, 7.
Abb. 31: Constantin und Lotte Brunner (sitzend) in Stahlheim, Norwegen, Juni 1925
Quelle: LBI/JMB: VI, 2, 1, 1.
Abb. 32: Martin Buber
Quelle: NLI: Martin Buber Collection, Arc. Ms. Var. 350. Foto von M. Schwarzkopf, Zürich.
Abb. 33: George Goetz, März 1927
Quelle: LBI/JMB: VI, 7, 2, 5.
Abb. 34: Constantin Brunner mit Borromäus Herrligkoffer, August 1931
Quelle: LBI/JMB: VI, 2, 1, 2.
Abb. 35: Rose Ausländer
Quelle: LBI/JMB: VI, 7, 1, 1.
Abb. 36: Israel Eisenstein
Quelle: LBI/JMB: VI, 7, 2, 1.
Abb. 37: Selma van Leeuwen
Quelle: LBI/JMB: VI, 7, 4, 2.
Abb. 38: Claire Sinnreich
Quelle: LBI/JMB: VI, 7, 5, 3.
Abb. 39: Lotte Brunner
Quellle: LBI/JMB: VI, 3, 1, 5.
Abb. 40: Jakob Klatzkin
Quelle: Central Zionist Archive, Jerusalem: Sign. A40\214-7p.
Abb. 41: Brunners Wohnung in der Helmstedterstraße in Berlin-Wilmersdorf, 1932
Quelle: LBI/JMB: VI, 4, 1, 2.
Abb. 42: Jacob Gerzon
Quelle: LBI/JMB: VI, 7, 2, 4.
Abb. 43: Constantin Brunner beim Vorlesen, Wischzeichnung von Max Busyn, 1932
Quelle: LBI/JMB: VI, 5, 1, 3.
Abb. 44: Margarete Bittlinger, August 1925
Quelle: LBI/JMB: VI, 7, 1, 5.
Abb. 45: Constantin Brunner in der Helmstedterstraße in Berlin-Wilmersdorf, 1932
Quelle: LBI/JMB: VI, 1, 1, 3.
Abb. 46: Constantin Brunner anlässlich seines 70. Geburtstages, 1932
Quelle: LBI/JMB: VI, 1, 1, 3.
Abb. 47: Rabbi Akiba Wertheimer, Gemälde von Max Michael(?), ursprünglich im Sitzungssaal der jüdischen Gemeinde zu Altona
Quelle: LBI/JMB: VI, 3, 1, 1 (nur Foto des Gemäldes).

Abb. 48: Constantin Brunner, Zeichnung von Kurt-Harald Isenstein, 1932
Quelle: Deutsche Allgemeine Zeitung 41, Nr. 395 (24. August 1932), S. 1.
Abb. 49: Constantin Brunner, Ölgemälde von Max Busyn, 1932
Quelle: LBI/NY: Sign. 80.203.
Abb. 50: Constantin Brunner (die Presse abwehrend) bei Selma van Leeuwen in Rotterdam, 1933
Quelle: LBI/JMB: VI, 1, 1, 3.
Abb. 51: Constantin Brunners Arbeitszimmer in der Batjanstraat in Den Haag, ca. 1933
Quelle: LBI/JMB: VI, 4, 1, 3.
Abb. 52: Fritz Ritter
Quelle: LBI/JMB: VI, 7, 5, 1.
Abb. 53: Walter Bernard, 1937
Quelle: LBI/JMB: VI, 7, 1, 3.
Abb. 54: Constantin und Leoni Brunner in Scheveningen, 1934
Quelle: LBI/JMB: VI, 2, 1, 3.
Abb. 55: Paul Neubauer
Quelle: LBI/JMB: VI, 7, 4, 5.
Abb. 56: Constantin Brunner mit Magdalena Kasch, 28. August 1935 in Den Haag
Quelle: LBI/JMB: VI, 2, 1, 3.
Abb. 57: Walther König, Dezember 1933
Quelle: LBI/JMB: VI, 7, 4, 1.
Abb. 58: Constantin Brunner mit Lothar Bickel, 28. August 1935 in Den Haag
Quelle: LBI/JMB: VI, 2, 1, 3.
Abb. 59: Der Narr, Zeichnung von Moses Barasch, ca. 1935
Quelle: ICBI, Den Haag.
Abb. 60: Constantin Brunner in Scheveningen, 1936
Quelle: LBI/JMB: VI, 1, 1, 4.
Abb. 61: Emil Grünfeld
Quelle: LBI/JMB: VI, 7, 2, 6.
Abb. 62: Lotte Brunner-Stigter und Piet Stigter, Winter 1940
Quelle: LBI/JMB: VI, 3, 1, 7

Faksimiles

S. 62-65: Brief an Paul Geisler, 1892
Quelle: LBI/JMB: II, 4, 6.
S. 189-193: Brief an Gustav Landauer, 22. April 1911 (Auszug)
Quelle: LBI/NY: Gustav Landauer Collection, II, 1, 7, Abschrift von Leoni und Lotte Brunner mit Korrekturen von Constantin Brunner.
S. 245: Brief an Alice Brandt, 14. Juli 1911
Quelle: LBI/JMB: II, 2, 6.
S. 314 f.: Brief an Walther Rathenau, 22. Juli 1919
Quelle: LBI/JMB: II, 10, 4.
S. 577: Brief an Emil Grünfeld, 1937
Quelle: LBI/JMB: II, 4, 11.

Zeittafel

27.8.1862 — Constantin Brunner wurde geboren als Arjeh Yehuda Wertheimer (Rufname: Leo) in Altona (bei Hamburg) als Sohn von Rachel (genannt Rike) und Moses Wertheimer, einem Kaufmann und Talmudgelehrten, und als Enkel des angesehenen Oberrabbiners von Altona und Schleswig-Holstein Akiba Wertheimer.

bis 1879 — Aufgewachsen in der jüdischen Tradition; Unterricht bei dem Altonaer neuorthodoxen Rabbiner Elieser Loeb.

1880-85 — Zunächst Studien am jüdisch-orthodoxen Lehrerseminar in Köln, nach deren Abbruch seit 1881 privates Studium der Religionsphilosophie bei Hirsch Plato. 1883/84 und 1885 Vorträge über den Talmud in Altona, Hamburg und Berlin.

Ende 1881 — Erste Begegnung mit Johanna Löwenthal, der »mütterlichen Freundin«.

1884-90 — Studium der Philosophie und der Geschichte in Berlin (vermutlich als Gasthörer bei Adolf Bastian, Paul Deussen, Wilhelm Dilthey, Hermann Ebbinghaus, Eduard Zeller, Wilhelm Scherer, Georg Simmel und Heinrich von Treitschke), vor allem aber in Freiburg (bei dem Kantianer Alois Riehl, dem Zoologen August Weismann und dem Historiker Hermann Eduard von Holst). Arbeit an einer geschichtsphilosophischen Dissertation, die er nicht abschloss.

1891-1920 — Freundschaft und umfangreicher Briefwechsel mit Frida Mond (der Tochter von Johanna Löwenthal), die Brunner vielleicht schon während seines Studiums, spätestens aber seit 1895 finanziell unterstützte. Mond war Brunners Arbeiten gegenüber sehr kritisch, was wiederholt Anlass zu Auseinandersetzungen war.

1891-95 — Gründung und Leitung des »Litterarischen Vermittlungsbureaus« in Hamburg. Geschäftsführer war zunächst Georg Müller, später Robert Grosser. Zur Prüfungskommission gehörten zeitweise Ludwig Gustav Weisse, Ernst Müller-Holm, Hans von Langen-Allenstein, Leo Berg und Ernst Altkirch.

ca. 1892 — Gründung der grotesk-komischen Vereinigung »Atta Troll«, zu der Goby Eberhardt, Paul Geisler, Emmy Rossi, Otto Ernst, Detlev von Liliencron, Gustav Falke und Leo Berg gehörten. Mit Berg und Ernst war Brunner auch später noch befreundet.

ca. 1893 — Entstehung der Schrift »Rede der Juden. Wir wollen ihn zurück!«, die jedoch erst 1918 in »Der Judenhaß und die Juden« publiziert wurde.

1893-95 — Herausgeber (unter dem Pseudonym Constantin Brunner) der Hamburger Literaturzeitschrift »Der Zuschauer« (zunächst mit Leo Berg, seit 1894 mit Otto Ernst), die 1893 als Monatsschrift, 1894 als Halbmonatsschrift und 1895 bis zur letzten Ausgabe am 3. Februar wöchentlich erschien.

1892-94 — Publikation (teilweise unter den Pseudonymen Thersites, Leo Dorn, Dagobert Kleister) von Gedichten, Aufsätzen, Berichten und Rezensionen zu literarischen, ästhetischen und politischen Themen, unter anderem »Die Technik des künstlerischen Schaffens« (1893).

seit 1894	Freundschaft mit Ernst Altkirch, dem Brunner bei seinen Arbeiten vielfach behilflich war.
1895	Auflösung des »Zuschauers« und des »Litterarischen Vermittlungsbureaus«. Anfang Juni Inspirationserlebnis beim Anblick der »Tauschwestern« (einer Figurengruppe des Parthenongiebels) im Londoner British Museum. Mitte August heiratete Brunner Rosalie Auerbach und zog im November mit ihr und ihren beiden Töchtern Lotte und Gertrud nach Berlin.
1895-1913	Brunner lebte zurückgezogen im Kreis seiner Familie in Berlin und arbeitete am ersten Hauptwerk. 1904 Norwegenreise mit einem erneuten Inspirationserlebnis in Stahlheim. Brunner gab gelegentlich Privatunterricht in Literatur- und Kunstgeschichte: Cécile Mutzenbecher und Alice Brandt zählten zu seinen Schülerinnen. Freundschaften mit Ernst Altkirch, Otto Ernst, Leo Berg (der 1908 starb), später mit Eberhard König, seit 1903 auch mit Eduard Bäumer und (bis 1911) mit Gustav Landauer.
1903-32	Brunners Stieftochter Lotte verzeichnete in einem umfangreichen Tagebuch Aussprüche Brunners und notierte Begegnungen mit anderen.
1908	»Die Lehre von den Geistigen und vom Volke« (erstes theoretisches Hauptwerk, das die »Fakultät« des »praktischen Verstandes« behandelt; mit einer umfangreichen »Ankündigung« der Lehre von den Geistigen und vom Volk) erschien im Karl Schnabel Verlag in Berlin; Gustav Landauer war der Lektor.
1908-09	Ernste Krankheit: Erholungsreise nach Wiesbaden (Treffen mit Frida Mond), an den Gardasee und ins Engadin. Mitarbeit an Lina Schneiders Übersetzung der Arbeit Koenraad Oege Meinsmas »Spinoza und sein Kreis« (Berlin 1909).
1909	»Spinoza gegen Kant und die Sache der geistigen Wahrheit« (polemische Streitschrift, in der Spinoza und Kant als Hauptrepräsentanten der »Geistigen« bzw. des »Volkes« erscheinen) wird zunächst in Meinsmas »Spinoza und sein Kreis« publiziert.
1910-16	Kontakte zu den Spinozaforschern Stanislaus von Dunin-Borkowski und Adolph S. Oko, 1927 auch zu Carl Gebhardt; kleinere Arbeiten zu Spinoza: »Eine Spinoza-Gesellschaft?« (1910), »Goethes Verhältnis zu Spinoza« (1912), »Ein Idealporträt Spinozas« (1913), »Das Lamm Benedikt Spinoza« (1916).
1911-18	Kleinere Arbeiten zu philosophischen und literarischen Themen: »Kurze Rechenschaft über die Lehre von den Geistigen und vom Volk« (1911), »Liliencron und alle seine unsterblichen Dichter« (1912), »Künstler und Philosophen« (1916), »Zum fünfundfünfzigsten Geburtstage« (1917), »Heinrich Heine und eine Sorte literarischer Kritik« (1918).
1910-11	Bekanntschaft mit Max Nordau; Begegnungen mit Ludwig Stein, Martin Buber, Lou Andreas-Salomé.
1910-36	Freundschaft mit Borromäus Herrligkoffer.
1909-12	Sommerreisen nach Misdroy an der Ostsee; dort 1911 Besuch von Borromäus Herrligkoffer, 1912 von Friedrich Kettner.
Frühjahr 1912	Lotte Brunner in Rom zu Besuch bei Frida Mond und Henriette Hertz; Auseinandersetzung mit Paul Deussen.
1912	Frida Mond schenkte Brunner die umfangreiche Spinozabibliothek Jacob Freudenthals.

1912	Erste Begegnung mit Magdalena Kasch.
1913-30	Umzug in die Neue Königstraße 38 in Potsdam, wo Brunner weiterhin zurückgezogen lebte, aber viel Besuch empfing, zunehmend auch von begeisterten Anhängern. Brunner weigerte sich, öffentlich aufzutreten, beteiligte sich nicht an wissenschaftlichen Diskussionen und kaum an den Aktivitäten seiner Anhänger. Es entwickelte sich jedoch ein großer Briefwechsel.
1911-19	»Der Judenhaß und die Juden« entstand seit 1911 (erstes Hauptwerk über die Staatslehre, den Antisemitismus und den Zionismus, dessen Schlusskapitel die »Rede der Juden« bildete; 1916-18 ergänzte Brunner das Vorwort »Unter dem Krieg«). Gedruckt wurde das Buch 1918 im Verlag Oesterheld & Co. und noch einmal 1919, ergänzt durch das zweite Vorwort »Unter dem Frieden«.
1914-19	Kleinere Arbeiten zu politischen Themen: »Die politischen Parteien und der Patriotismus« (1914), »Deutschenhaß, Judenhaß und die Ursache des Krieges« (1917), »Der Denkfehler unserer Feinde« (1917), »Die jüdische Rasse« (1917/18), »Deutschenhaß, Judenhaß und Judenhaß der Deutschen« (1919).
1914-18	Zunächst Kriegsbegeisterung Brunners, Ende 1914 Kritik des übertriebenen Nationalismus' und der Alldeutschen. Zerwürfnis mit Otto Ernst. Geldsendungen Frida Monds aus England blieben aus und brachten Brunner in wirtschaftliche Schwierigkeiten; Herrligkoffer lieh im Geld.
um 1920	Kontakte zu Walther Rathenau, Martin Beradt, Inge und Helga von Holtzendorff und Fritz Ringler.
Mai 1919	Gustav Landauer wurde bei der Niederschlagung der Münchener Räterepublik ermordet.
1919	Friedrich Kettner gründete das »Ethnische Seminar« in Czernowitz, die Keimzelle des späteren Brunnerkreises. Dazu gehörten u.v.a. Rose Ausländer, Walter Bernard, Lothar Bickel, Israel Eisenstein, Eli Rottner, Leo Sonntag, Claire Sinnreich.
ab 1920	Ambivalenter Kontakt zwischen Brunner und dem Central-Verein deutscher Staatsbürger jüdischen Glaubens, insbesondere zu Ludwig Holländer. Brunner publizierte wiederholt in der Zeitung des Vereins, wurde aber auch wegen seiner konsequent antizionistischen Haltung und Forderung nach weitgehender Assimilation angegriffen.
Sommer 1920	»Memscheleth sadon. Letztes Wort über den Judenhaß und die Juden« (eine psychologische Theorie des Interessedenkens und des Hasses am Beispiel des Antisemitismus) erscheint.
ab 1920	Entstehung eines Brunnerkreises in Berlin um Fritz Blankenfeld und Ernst Ludwig Pinner.
Ende 1921	»Unser Christus oder das Wesen des Genies« (das erste Hauptwerk über die Geistlehre, die hier an Christus als »mystischem Genie« exemplifiziert wird; gleichzeitig Diskussion des religiösen Judentums und des Christentums im Sinne der Lehre von den Geistigen und vom Volk) erschien im Verlag Oesterheld & Co.
1922	»Der Judenhaß und das Denken« (Zusammenfassung der Antisemitismustheorie) erschien im Verlag des Central-Vereins deutscher Staatsbürger jüdischen Glaubens.
Juni 1922	Ermordung Walther Rathenaus.

Ende 1922	Auflösung des Ethischen Seminars in Czernowitz nach dem Selbstmord Berta Hollingers. Czernowitzer Seminaristen wie Leo Sonntag, Lothar Bickel, Faktor und Eli Rottner traten in Kontakt zu Brunner. Es bildeten sich neue Kreise in Czernowitz, Bukarest und auch in Polen und Österreich.
Ende 1922	Beginn der intensiven Freundschaft zwischen Brunner und Selma van Leeuwen sowie ihrem Bruder Jacob Gerzon.
1924-31	Brunner publizierte im Gustav Kiepenheuer Verlag.
Sommer 1924	»Liebe, Ehe, Mann und Weib« (eine Erläuterung der nicht »geistig-mystischen«, sondern »praktischen« Liebe: der erotischen Triebe und der Funktion und Bedeutung der Ehe) erschien.
Ende 1924	»Vom Einsiedler Constantin Brunner« (eine vor allem autobiographische Schrift) erschien.
1924-25	Kontakt zu Arthur Liebert. Vortrag von Lotte Brunner in der Kant-Gesellschaft.
1925	Gründung der Brunner-Gemeinschaft in Berlin durch Ernst Ludwig Pinner, Fritz Blankenfeld, Ernst Levy und Lotte Brunner. Brunner selber beteiligte sich nicht. Später traten auch George Goetz, Emil Grünfeld, Walther König, und Fritz Ritter hinzu.
Sommer 1925	Reisen an die Ostsee (Göhren auf Rügen) und im Juni mit Lotte Brunner nach Norwegen.
1925-28	Kleinere medizinische Arbeiten, unter anderem in medizinischen Zeitschriften: »Über den Aberglauben in der Betrachtung von Geisteskranken« (1925), »Aberglaube an die Ärzte und an die Heilmittel« (1927), »Natura sanat, medicus curat« (1928), »Keine Psychiatrie und die Psychoanalyse« (1928).
1926	Ernst Altkirch starb überraschend; Auseinandersetzung über seinen Nachlass mit Elisabeth Altkirch.
1927	Lotte Brunner hielt Vorträge über Brunners Denken, die sie unter Pseudonym publizierte.
Januar 1927	»Faustischer Geist und Untergang des Abendlandes. Eine Warnung für Christ und Jud« (Essay gegen Spengler) erschien in der Jüdisch-liberalen Zeitung; zuvor war der Artikel vom Central-Verein zurückgewiesen worden.
1927	Begegnungen mit Rose Ausländer.
1928	»Aus meinem Tagebuch« (kein Tagebuch im üblichen Sinne, sondern eine aphoristisch-essayistische Sammlung) und »Materialismus und Idealismus« (zweites, in Gesprächsform geschriebenes Hauptwerk über die Geistlehre, das das »geistig-philosophische« Denken im engeren Sinn zum Gegenstand hat) erschienen.
1928	»Los vom Zionismus«, ein von Brunner angeregter und von Fritz Blankenfeld, Ernst Ludwig Pinner und Emil Grünfeld (unter dem Pseudonym Kimchi) herausgegebener Aufsatzband erschien.
1929-30	Verhaltener Kontakt zu Wilhelm Schwaner und Friedrich Meyer-Schönbrunn.
September 1930	Umzug von Potsdam in die Helmstedterstraße 10 in Berlin.
1930	»Von den Pflichten der Juden und von den Pflichten des Staates« (zweites Hauptwerk über die Staatslehre; erneut eine scharfe Kritik des Zio-

	nismus) erschien und wurde kritisch diskutiert. Kontakt zu Jakob Klatzkin.
1931	Weitere kleine Schriften zur »Judenfrage«, die (unter anderem von Eva Reichmann) kontrovers diskutiert wurden: »Höre Israel und Höre Nicht-Israel! (Die Hexen)« (1931); »Über die notwendige Selbstemanzipation der Juden« (1931).
1932	Anlässlich seines 70. Geburtstages zahlreiche Presseberichte.
1932-33	»Der entlarvte Mensch« entstand (erneute Auseinandersetzung mit der »Judenfrage« und Erweiterung der Gesellschafts- und Staatstheorie).
1932-37	Entstehung erst postum veröffentlichter kleinerer Arbeiten, unter anderem: »Rede zum siebzigsten Geburtstag«; »Am 6. März«; »Die Heiligen – Ein kurzer Religionsunterricht«; »Geniale und dilettantische Produktion«; »Goethes ›Tagebuch‹«; »Die beiden Wohltäter: Ein Brief an Fritz Ritter«; »Michelangelo«; »Zenos Veranschaulichung des Denkens«; »Gespräch: Das Denken und das Gedachte«; »Nachwort zu meinem Testament«.
1933-37	Den Haag: Brunner emigrierte mit seiner Familie und mit Unterstützung von Selma van Leeuwen und Walter Bernard im April 1933 in die Niederlande, wo er zurückgezogen lebte, aber viele Besuche empfing (unter anderem von Borromäus Herrligkoffer, Aron Berman, Shilo Eisenstein, Lothar Bickel und Leo Sonntag) und Briefkontakte pflegte (unter anderem mit Meyer Kesten, Moses Barasch, Harry Behnsch, Moscheh Schefi und Jeschourun Disenhaus). Der Berliner Brunnerkreis löste sich auf.
1934-35	Im November 1934 heiratete Lotte Brunner Piet Stigter. Nach dem Auszug Lotte Brunners kam Magdalena Kasch nach Den Haag, um Brunner und seiner Frau im Exil zur Seite zu stehen.
1934-37	Entstehung von »Unser Charakter oder Ich bin der Richtige!« (leidenschaftliche Auseinandersetzung mit dem Charakterbegriff und dem Weg zur »geistigen Besinnung«); die Schrift blieb unvollendet.
27.8.1937	Brunner starb nach zermürbender Krankheit im Haager Exil.

Schriften von Constantin Brunnner

Aufgeführt sind alle erschienenen Schriften Brunners in allen Ausgaben und Auflagen, jeweils chronologisch nach den Erstveröffentlichungen geordnet innerhalb der Rubriken: Monographien, Aufsätze u. a., Briefe, Übersetzungen.

1. Monographien

Der Hund beißt! Posse in einem Aufzuge, nach einer Idee von A. Neuschütz, Berlin: F. Fontane & Co. [o.J.]. – Der Hund beißt! Burleske in einem Aufzuge, d.i. Ludwig Blochs Herren-Bühne, No. 31, Berlin: E. Bloch [2]1896. – Berlin: E. Bloch [5]1920.

Die Lehre von den Geistigen und vom Volke, Berlin: Karl Schnabel Verlag (Axel Junckers Buchhandlung) 1908 (2 Halbbände). – Potsdam: Gustav Kiepenheuer Verlag [2]1927 (2 Halbbände). – Mit einem Geleitwort hrsg. vom ICBI, Stuttgart: Cotta Verlag [3]1962 (2 Halbbände).

Die Lehre von den Geistigen und vom Volke. Sonderdruck der Ankündigung, Berlin: Karl Schnabel Verlag (Axel Junckers Buchhandlung) [[2]]1908. – Berlin: Karl Schnabel Verlag (Axel Junckers Buchhandlung) [[3]]1909.

Spinoza gegen Kant und die Sache der geistigen Wahrheit [s. Aufsätze 1909], Berlin: Karl Schnabel Verlag 1910. – Mit einem Vorwort von Magdalena Kasch hrsg. vom ICBI, Assen: Van Gorcum & Comp. B. V. [2]1974.

Der Judenhaß und die Juden, Berlin: Oesterheld & Co. Verlag 1918. – Vermehrte Auflage, Berlin: Oesterheld & Co. Verlag [2+3]1919. – [Nachdruck o.O. [4]1974]. – Im Auftrag des ICBI mit einem Vorwort von Hans Goetz hrsg. von Jürgen Stenzel, Berlin – Wien: Philo [5]2004.

Deutschenhaß, Judenhaß und Judenhaß der Deutschen [Aus: Der Judenhaß und die Juden], Berlin: Oesterheld & Co. Verlag [2]1919. – Berlin: Oesterheld & Co. Verlag [3]1919.

Memscheleth sadon. Letztes Wort über den Judenhaß und die Juden, Berlin: Verlag Neues Vaterland, E. Berger & Co. 1920. – Die Herrschaft des Hochmuts (Memscheleth sadon). Letztes Wort über den Judenhaß und die Juden, mit einem Geleitwort von Heinz Stolte hrsg. vom ICBI, Stuttgart: Cotta Verlag [2]1969.

Unser Christus oder das Wesen des Genies, Berlin: Oesterheld & Co. Verlag [1-3]1921. – Mit einem Geleitwort hrsg. vom ICBI, Köln – Berlin: Verlag Kiepenheuer & Witsch [2]1958.

Der Judenhaß und das Denken, Berlin: Philo Verlag und Buchhandlung 1922. – [Nachdruck o.O. [2]1974].

Liebe, Ehe, Mann und Weib, Potsdam: Gustav Kiepenheuer Verlag 1924. – Mit einem Geleitwort hrsg. vom ICBI, Stuttgart: Cotta Verlag [2]1965.

Vom Einsiedler Constantin Brunner. Mein Leben und Schaffen, Unsere scholastische Bildung, Das Unglück unsres deutschen Volkes und unsre »Völkischen«, Potsdam: Gustav Kiepenheuer Verlag 1924.

Aberglaube an die Ärzte und an die Heilmittel [Aus: Aus meinem Tagebuch], Veröffentlichung der Constantin Brunner-Gemeinschaft aus dem in nächster Zeit erscheinenden Tagebuch Constantin Brunners, Potsdam: Gustav Kiepenheuer Verlag 1927. – In: Vom Geist und von der Torheit, Hamburg 1971, S. 164-206.

Aus meinem Tagebuch, Potsdam: Gustav Kiepenheuer Verlag 1928. – Mit einem Geleitwort hrsg. vom ICBI, Stuttgart: Cotta Verlag [2]1967.

Die von jüdischer Abstammung und die Juden [Aus: Aus meinem Tagebuch], Potsdam: Gustav Kiepenheuer Verlag 1928.

Materialismus und Idealismus, Potsdam: Gustav Kiepenheuer Verlag 1928. – Mit einem Geleitwort hrsg. vom ICBI, Köln – Berlin: Verlag Kiepenheuer & Witsch [2]1959 – Mit einem Geleitwort hrsg. vom ICBI, 's Gravenhage: Stichting Internationaal Constantin Brunner Instituut [3]1976.

Von den Pflichten der Juden und von den Pflichten des Staates, Berlin: Gustav Kiepenheuer Verlag 1930.

Höre Israel und Höre Nicht-Israel (Die Hexen), Berlin: Gustav Kiepenheuer Verlag 1931. – Nachdruck hrsg. vom ICBI, Den Haag [2]1974.

Unser Charakter oder Ich bin der Richtige!, mit einem Vorwort hrsg. von Lothar Bickel, Zürich: Verlag Die Liga 1939. – Zum 55. Geburtstag, Unser Charakter oder Ich bin der Richtige!, Kurze Rechenschaft über die Lehre von den Geistigen und vom Volk, mit einem Geleitwort hrsg. vom ICBI, Stuttgart: Cotta Verlag [2]1964.

Kunst Philosophie Mystik. Gesammelte Aufsätze, mit einem Vorwort hrsg. von Lothar Bickel, Zürich: Humanitas Verlag 1940.

Der entlarvte Mensch, hrsg. und eingeleitet von Lothar Bickel, Den Haag: Martinus Nijhoff 1951 [gekürzte Fassung]. – Mit einem Geleitwort von Magdalena Kasch hrsg. vom ICBI, Den Haag: Martinus Nijhoff [2]1953.

Vermächtnis, mit einem Vorwort von Magdalena Kasch hrsg. vom ICBI, Den Haag: Martinus Nijhoff 1952.

Rede der Juden: Wir wollen ihn zurück! [Aus: Der Judenhaß und die Juden], mit einem Geleitwort hrsg. vom ICBI, Stuttgart: Cotta Verlag [4]1969.

Vom Geist und von der Torheit, Hamburg 1971. Gesammelte Aufsätze [Vermehrte und veränderte Auflage von: Kunst Philosophie Mystik], mit einem Geleitwort von Heinz Stolte hrsg. vom ICBI, Hamburg: Hansa-Verlag 1971.

Constantin Brunner. Aktive Philosophie. Eine autobiographische Ideographie, mit einer Vorrede von Israel Eisenstein, anläßlich des 125. Geburtstages und 50. Todestages des Philosophen hrsg. vom ICBI, Den Haag: Roeland 1987.

2. Aufsätze u. a.

Der thörichte Knabe. Indianerweisheit [Gedichte], in: Moderne Lyrik. Eine Sammlung zeitgenössischer Dichtungen, hrsg. von Leo Berg und Wilhelm Lilienthal, Berlin: Waldau's Verlag 1892, S. 35 f.

Hamburger Brief, in: Berliner Zeitung Nr. 241 (14. Oktober 1892), S. 5 f.

»Aufgaben der Kunstphysiologie« von Georg Hirth [Rez.], in: Zeitung für Literatur, Kunst und Wissenschaft des Hamburgischen Correspondenten Nr. 23 (23. October 1892), S. 179 f.

[Pseud. Thersites], Ein Schwank von des Teufels Töchtern, in: Der Zuschauer 1, Nr. 1 (15. Februar 1893), S. 9.

Unsere Lyrik und die »Aufbrütesamen«, in: Der Zuschauer 1, Nr. 1 (15. Februar 1893), S. 9-16.

Dürfte ich wohl in Folge dieser Replik …, in: Der Zuschauer 1, Nr. 1 (15. Februar 1893), S. 22.

Nackende Menschen. Jauchzen der Zukunft von Heinrich Scham (Pudor) [Rez.], in: Der Zuschauer 1, Nr. 2 (15. März 1893), S. 52.

Aus dem Durchschnitt. Roman von Gustav Falke [Rez.], in: Der Zuschauer 1, Nr. 2 (15. März 1893), S. 52f.
Aus den Papieren eines unbekannten Denkers. Herausgegeben von der Knoop'schen Sozietät in Berlin [Rez.], in: Der Zuschauer 1, Nr. 2 (15. März 1893), S. 55f.
Lessing, Goethe, Schiller, Kleist. Dramaturgie des Schauspiels von Heinrich Bulthaupt [Rez.], in: Zeitung für Literatur, Kunst und Wissenschaft des Hamburgischen Correspondenten Nr. 6 (19. März 1893), S. 46.
Die Kunst der Unterhaltung. Herausgegeben von Ludwig Lenz [Rez.], in: Zeitung für Literatur, Kunst und Wissenschaft des Hamburgischen Correspondenten Nr. 6 (19. März 1893), S. 47.
Bilder aus dem Universitätsleben. Von einem Grenzboten [Rez.], in: Zeitung für Literatur, Kunst und Wissenschaft des Hamburgischen Correspondenten Nr. 6 (19. März 1893), S. 47f.
Ein moderner Vagant, in: Der Zuschauer 1, Nr. 3 (15. April 1893), S. 79f.
Die Menschen der Ehe. Von John Henry Mackay [Rez.], in: Der Zuschauer 1, Nr. 3 (15. April 1893), S. 85f.
Herr Berg weiß sich den vertraulichen Ton dieser Anrede …, in: Der Zuschauer 1, Nr. 3 (15. April 1893), S. 87f.
[Pseud. Thersites], Des Jünglings Liebesklage (nach der griechischen Anthologie), in: Der Zuschauer 1, Nr. 3 (15. April 1893), S. 78.
Die Technik des künstlerischen Schaffens. Einleitung, in: Der Zuschauer 1, Teil I: Nr. 4 (15. Mai 1893), S. 110-115, Teil II: Nr. 5 (15. Juni 1893), S. 135-140, Teil III: Nr. 6 (15. Juli 1893), S. 169-175, Teil IV (Schluß der Einleitung): Nr. 7 (15. August 1893), S. 212-220. – [Sonderdruck, 1893] – In: Kunst Philosophie Mystik, Zürich 1940, S. 159-209. – In: Vom Geist und von der Torheit, Hamburg 1971, S. 98-152.
Sprüche, in: Der Zuschauer 1, Nr. 4 (15. Mai 1893), S. 119.
Und da sich unsere Leser nun doch … [Rez.], in: Der Zuschauer 1, Nr. 4 (15. Mai 1893), S. 127f.
[Pseud. Leo Dorn], Mädchen am See. Von Wilhelm Wolters [Rez.], in: Der Zuschauer 1, Nr. 4 (15. Mai 1893), S. 120.
[Pseud. Leo Dorn], Soldaten oder Menschen? Ein Wort über militärische Erziehung und Soldatenmißhandlung [Rez.], in: Der Zuschauer 1, Nr. 4 (15. Mai 1893), S. 120.
Heine-Almanach. Als Protest gegen die Düsseldorfer Denkmalverweigerung [Rez.], in: Der Zuschauer 1, Nr. 5 (15. Juni 1893), S. 150f.
Entgegnung. Unserm Prinzip getreu …, in: Der Zuschauer 1, Nr. 5 (15. Juni 1893), S. 154.
Entwicklungslehre und Darwinismus. Eine kritische Darstellung der modernen Entwicklungslehre usw. von Otto Hamann [Rez.], in: Der Zuschauer 1, Nr. 6 (15. Juli 1893), S. 176f. – In: Philosophia sive Ethica. Zeitschrift, hrsg. vom ICBI [Februar 1981], S. 20-22.
»Hochinteressante Neuigkeit!« »Von Autoritäten empfohlen!«, in: Der Zuschauer 1, Nr. 6 (15. Juli 1893), S. 183.
Die Entstehung des Menschen, in: Der Zuschauer 1, Nr. 8 (15. September 1893), S. 239. – In: Philosophia sive Ethica. Zeitschrift, hrsg. vom ICBI [Oktober 1977], S. 9f.
Die Anekdote und das Anekdotenerzählen, in: Der Zeitgeist, Beiblatt zum Berliner Tageblatt, I. Teil: Nr. 38 (18. September 1893), II. Teil: Nr. 39 (25. September 1893), III. Teil: Nr. 40 (2. Oktober 1893).
Auch für allerlei Leute, in: Der Zuschauer 1, Nr. 9 (15. Oktober 1893), S. 277-283.
Morgenländische Sprüche, deutsch von Constantin Brunner, in: Der Zuschauer 1, Nr. 10 (15. November 1893), S. 299.
Das ist eine treffende Selbstbeobachtung … [Fußnote zu A. J. Mordtmann, Zur Technik

des künstlerischen Schaffens], in: Der Zuschauer 1, Nr. 11/12 (15. Dezember 1893), S. 343.

Einige Beispiele aus moderner Spruchdichtung und Satire, ausgewählt von Constantin Brunner, in: Der Zuschauer, 1. Jg., Nr. 11/12 (15. Dezember 1893), S. 367-370.

Weiberfeindliches, in: Der Zuschauer 2, Nr. 1 (1. Januar 1894), S. 21.

Aus Konfusien, in: Der Zuschauer 2, Nr. 1 (1. Januar 1894), S. 47-50.

Auf die elektrische Viehhalle im Heiligengeistfeld [Gedicht], in: Der Zuschauer 2, Nr. 1 (1. Januar 1894), S. 52. – In: Vom Einsiedler Constantin Brunner, Potsdam 1924, S. 28.

Aus Werkstätten des Geistes. Ein litterarischer Citatenschatz. Gesammelt von Walter Eichner [Rez.], in: Der Zuschauer 2, Nr. 3 (1. Februar 1894), S. 126f.

Der Untergang Israels. Von einem Physiologen [Rez.], in: Der Zuschauer 2, Nr. 3 (1. Februar 1894), S. 128.

[Pseud. Dagobert Kleister], Zur Technik des künstlerischen Schaffens (Zuschrift), in: Der Zuschauer 2, Nr. 3 (1. Februar 1894), S. 141-146.

Guten Appetit. Modernes Erbauungsbüchlein / Englische Reiseskizzen. Von Heinrich Pudor [Rez.], in: Der Zuschauer 2, Nr. 5 (1. März 1894), S. 225f.

An unsern lieben Freund Publikum, in: Der Zuschauer 2, Nr. 6 (15. März 1894), S. 268-270.

Adolf Frankl: Lachende Wahrheiten. Dreihundert Epigramme [Rez.], in: Der Zuschauer 2, Nr. 6 (15. März 1894), S. 291.

Der Herr des Feuers. Dramatisches Gedicht in drei Akten von Hermann von Lingg [Rez.], in: Der Zuschauer 2, Nr. 10 (15. Mai 1894), S. 482-484.

Über die Ehe, in: Der Zuschauer 2, I. Teil: Nr. 11 (1. Juni 1894), S. 514f., II. Teil: Nr. 12 (15. Juni 1894), S. 544-550, III. Teil: Nr. 13 (1. Juli 1894), S. 19-29.

[Pseud. Leo Dorn], Der Freund, in: Der Zuschauer 2, Nr. 17 (1. September 1894), S. 215.

Jahresberichte für neuere deutsche Litteraturgeschichte. Herausgegeben von Julius Elias, Max Herrmann, Siegfried Szamatolski [Rez.], in: Der Zuschauer 2, Nr. 18 (15. September 1894), S. 281f.

Unterm Lindenbaum. Skizzen und Gedichte von Max Beyer [Rez.], in: Der Zuschauer 2, Nr. 18 (15. September 1894), S. 284-286.

[Pseud. Leo Dorn], Ach, die kleinen Heimlichkeiten!, in: Der Zuschauer 2, Nr. 18 (15. September 1894), S. 277f.

Die Dynamitis und die Staatsquacksalber [Rez.], in: Der Zuschauer 2, Nr. 19 (1. Oktober 1894), S. 318-322.

[Pseud. Leo Dorn], Auf dem Friedhofe, in: Der Zuschauer 2, Nr. 19 (1. Oktober 1894), S. 318.

In eigener Sache. In der Zeitschrift »Frauenleben« ..., in: Der Zuschauer 2, Nr. 24 (15. Dezember 1894), S. 574f.

[Pseud. Leo Dorn], Skat-Album. Zwölf Original-Zeichnungen von Otto Andres. Mit Dichtungen von R. Schmidt-Cabanis [Rez.], in: Der Zuschauer 2, Nr. 24 (15. Dezember 1894), S. 573f.

Eberhard König's »Gevatter Tod« [Rez.], in: Die Umschau. Übersicht über die Fortschritte und Bewegungen auf dem Gesamtgebiet der Wissenschaft, Technik, Litteratur und Kunst 4, Nr. 18 (28. April 1900), S. 353-356.

Spinoza gegen Kant und die Sache der geistigen Wahrheit, in: Koenraad Oege Meinsma, Spinoza und sein Kreis. Historisch-kritische Studien über holländische Freigeister, Berlin: Karl Schnabel Verlag 1909, S. 1-83. – [Auch als Monographie.]

Eine Spinoza-Gesellschaft?, in: Ost und West. Illustrierte Monatsschrift für das gesamte Judentum 10, Nr. 3 (März 1910), Sp. 167-170. – In: Kunst Philosophie Mystik, Zürich 1940, S. 131-136 – In: Acta Spinozana, hrsg. von der Spinoza-Gesellschaft Zürich 1, Heft 2 (1964), S. 3-5. – In: Vom Geist und von der Torheit, Hamburg 1971, S. 76-80.

Die Lehre von den Geistigen und vom Volke, in: Archiv für Philosophie. II. Abteilung. Archiv für systematische Philosophie 17, Heft 3 (22. August 1911), S. 282-301. – Kurze Rechenschaft über die Lehre von den Geistigen und vom Volk, in: Kunst Philosophie Mystik, Zürich 1940, S. 41-61. – In: Unser Charakter, Stuttgart 1964, S. 215-241. – In: Aktive Philosophie. Eine autobiographische Ideographie, Den Haag 1987, S. 63-83.

Onkel Abraham und der Dieb, in: Ost und West. Illustrierte Monatsschrift für das gesamte Judentum 11, Heft 8/9 (August/September 1911), Sp. 731-734.

Liliencron und alle seine unsterblichen Dichter, in: Nord und Süd. Eine deutsche Halbmonatsschrift 36, Bd. 140, Nr. 446 (Erstes Februarheft 1912), S. 323-332. – In: Kunst Philosophie Mystik, Zürich 1940, S. 147-158. – In: Vom Geist und von der Torheit, Hamburg 1971, S. 87-97.

Gedanken aus dem Werke: »Die Lehre von den Geistigen und vom Volke«. Von Constantin Brunner. Zusammengestellt von Arno Nadel, in: Ost und West. Illustrierte Monatsschrift für das gesamte Judentum 12, Heft 3 (September 1912), Sp. 803-810.

Goethes Verhältnis zu Spinoza, in: Die Zukunft 21, Nr. 12 (21. Dezember 1912), S. 386-389. – In: Kunst Philosophie Mystik, Zürich 1940, S. 125-130.– In: Der Constantin Brunner Gedanke, hrsg. von Rozka Pinner und Abraham Suhl 1, Heft 5/6 (April 1956), S. 32-47. – In: Acta Spinozana, hrsg. von der Spinoza-Gesellschaft Zürich [1], Heft 4 (1964), S. 21-24. – In: Vom Geist und von der Torheit, Hamburg 1971, S. 72-75. – In: Philosophia sive Ethica. Literarisch-philosophische Zeitschrift, hrsg. vom ICBI (Juli 1983), S. 21-40. – In: Internationaal Constantin Brunner Instituut. Jahrbuch 2001, d.i.: Brunner im Gespräch, Bd. 5, Essen: Verlag Die Blaue Eule 2001, S. 89-91.

Ein Idealporträt Spinozas, in: Nord und Süd. Eine deutsche Monatsschrift 37, Bd. 144, Nr. 460 (Januar 1913), S. 27-43. – In: Kunst Philosophie Mystik, Zürich 1940, S. 103-123. – In: Vom Geist und von der Torheit, Hamburg 1971, S. 51-71.

Das Lamm Benedikt Spinoza, in: Die Zukunft 21, Nr. 52 (27. September 1913), S. 414-425. – In: Kunst Philosophie Mystik, Zürich 1940, S. 89-102. – In: Spinoza. Dreihundert Jahre Ewigkeit. Spinoza-Festschrift 1632-1932, hrsg. von Siegfried Hessing, Den Haag: Martinus Nijhoff [2]1962, S. 15-23. – In: Vom Geist und von der Torheit, Hamburg 1971, S. 38-50.

Ruhm, in: Die Zukunft 22, Nr. 16 (17. Januar 1914), S. 80-82. – In: Kunst Philosophie Mystik, Zürich 1940, S. 137-142. – In: Vom Geist und von der Torheit, Hamburg 1971, S. 81-84.

Die politischen Parteien und der Patriotismus [Aus: Der Judenhaß und die Juden], in: Die Zukunft 22, Nr. 34 (23. Mai 1914), S. 257-262.

Künstler und Philosophen, in: Die Zukunft 24, Nr. 45 (12. August 1916), S. 161-169. – In: Kunst Philosophie Mystik, Zürich 1940, S. 63-73 – In: Vom Geist und von der Torheit, Hamburg 1971, S. 15-24.

Deutschenhaß, Judenhaß und die Ursache des Krieges [Aus: Der Judenhaß und die Juden], in: Nord und Süd. Eine deutsche Monatsschrift 41, Bd. 160, Nr. 508 (Januar 1917), S. 46-65.

Der Denkfehler unserer Feinde, in: Nord und Süd. Eine deutsche Monatsschrift 41, Bd. 160, Nr. 509 (Februar 1917), S. 159f.

Zum fünfundfünfzigsten Geburtstage, in: Nord und Süd. Eine deutsche Monatsschrift 41, Bd. 162, Nr. 515 (August 1917), S. 192-201 und Nr. 516 (September 1917), S. 265-280. – In: Kunst Philosophie Mystik, Zürich 1940, S. 9-39. – Zum 55. Geburtstag, in: Unser Charakter, Stuttgart 1964, S. 7-45. – In: Aktive Philosophie. Eine autobiographische Ideographie, Den Haag 1987, S. 31-62.

Die jüdische Rasse [Aus: Der Judenhaß und die Juden], in: Der Jude 2, Nr. 5 (1917-18), S. 299-307.

Traum, in: Die Zukunft 26, Nr. 11 (9. Februar 1918), S. 297f. – In: Kunst Philosophie Mystik, Zürich 1940, S. 143-146. – In: Vom Geist und von der Torheit, Hamburg 1971, S. 85f.

Heinrich Heine und eine Sorte literarischer Kritik [Aus: Der Judenhaß und die Juden], in: Nord und Süd. Eine deutsche Monatsschrift 42, Bd. 166, Nr. 528 (September 1918), S. 295-306.

Der Judenhaß und die Juden. Oesterheld & Co. in Berlin [Selbstanzeige], in: Die Zukunft 27, Nr. 14 (11. Januar 1919), S. 39-43.

Hermione von Preuschen, in: Das literarische Echo. Halbmonatsschrift für Literaturfreunde 21, Heft 10 (15. Februar 1919), Sp. 595-600.

Sokrates, in: Die Zukunft 27, Nr. 50 (20. September 1919), S. 347-357. – In: Kunst Philosophie Mystik, Zürich 1940, S. 75-87. – Sokrates, der erste freie Mann (Auszug), in: Die Zeit Nr. 34 (25. August 1967). – Sokrates. Ein freier Mann (Auszug), in: Telos. Die Welt von morgen 46 (Januar 1969), S. 11f. – In: Vom Geist und von der Torheit, Hamburg 1971, S. 25-37.

Inge von Holtzendorff, in: Die Zukunft 28, Nr. 22 (28. Februar 1920), S. 252f.

Die Juden und der Bolschewismus [Aus: Memscheleth sadon], in: Nord und Süd. Eine deutsche Monatsschrift 44, Bd. 174, Nr. 551 (August 1920), S. 196-204.

Emanzipation und Zionismus [Aus: Memscheleth sadon], in: Im deutschen Reich. Zeitschrift des Central-Vereins deutscher Staatsbürger jüdischen Glaubens 26, Nr. 9 (September 1920), S. 257-265.

Gegen den Aberglauben in der Betrachtung von Geisteskranken. Ein Brief Constantin Brunners, mitgeteilt von Abraham Buschke, in: Medizinische Klinik. Wochenschrift für praktische Ärzte 21, Nr. 8 (20. Februar 1925), S. 304-306. – Ein Brief Constantin Brunners: Über den Aberglauben in der Betrachtung von Geisteskranken, in: Von Constantin Brunner und seinem Werk, hrsg. von der Constantin Brunner-Gemeinschaft Berlin, Berlin: Gustav Kiepenheuer Verlag 1927, S. 72-76. – Über den Aberglauben in der Betrachtung von Geisteskranken, in: Kunst Philosophie Mystik, Zürich 1940, S. 259-264. – In: Vom Geist und von der Torheit, Hamburg 1971, S. 259-263.

Faustischer Geist und Untergang des Abendlandes. Eine Warnung für Christ und Jud, in: Jüdisch-liberale Zeitung 7, Nr. 3 (21. Januar 1927) S. 6f. – In: Kunst Philosophie Mystik, Zürich 1940, S. 265-276. – In: Vom Geist und von der Torheit, Hamburg 1971, S. 153-163.

Hamburger »Chad gadjo« (mitgeteilt von Constantin Brunner). Bearbeitet von Arno Nadel, in: Gemeindeblatt der jüdischen Gemeinde zu Berlin, Musik-Beilage Nr. 4 (April 1927), S. 95f.

Bejahung des Geistes [Aus: Vom Einsiedler Constantin Brunner], in: Berliner Tageblatt 56 (29. August 1927).

Jesus Christus [Aus: Unser Christus], in: Von Constantin Brunner und seinem Werk, hrsg. von der Constantin Brunner-Gemeinschaft Berlin, Potsdam: Gustav Kiepenheuer Verlag 1927, S. 24-27.

Natura sanat, medicus curat, in: Hippokrates. Zeitschrift für Einheitsbestrebungen der Gegenwartsmedizin 1, Heft 6 (1928), S. 441-487. – In: Kunst Philosophie Mystik, Zürich 1940, S. 211-258. – In: Vom Geist und von der Torheit, Hamburg 1971, S. 207-258.

In eigener und in unser aller Sache, in: C.V.-Zeitung 7, Nr. 6 (8. Februar 1929), S. 73f.

Ein neuer Brunner. Von den Pflichten der Juden und von den Pflichten des Staates [Aus: Von den Pflichten], in: C.V.-Zeitung 9, Nr. 13 (28. März 1930), S. 161f.

Über die notwendige Selbstemanzipation der deutschen Juden, in: Preußische Jahrbücher 225, Heft 2 (August 1931), S. 132-141. – In: Vermächtnis, Den Haag 1952, S. 114-125.

Erklärung, in: Jüdisch-liberale Zeitung 11, Nr. 44/45 (11. November 1931), S. 3.

Von Benedikt Spinozas seligem Leben, in: Jüdisch-liberale Zeitung 12, Nr. 15 (1. November 1932), S. 3.
Das Denken und das Gedachte (aus dem Nachlass), in: Philosophia 3 (1938), S. 204-219. – Gespräch. Das Denken und das Gedachte, in: Kunst Philosophie Mystik, Zürich 1940, S. 333-348. – In: Vom Geist und von der Torheit, Hamburg 1971, S. 355-370.
Geniale und dilettantische Produktion, in: Kunst Philosophie Mystik, Zürich 1940, S. 279-285. – In: Vom Geist und von der Torheit, Hamburg 1971, S. 313-317.
Goethes »Tagebuch«, in: Kunst Philosophie Mystik, Zürich 1940, S. 287-296. – In: Vom Geist und von der Torheit, Hamburg 1971, S. 318-326.
Die beiden Wohltäter, in: Kunst Philosophie Mystik, Zürich 1940, S. 297-309. – Die beiden Wohltäter: Ein Brief an Fritz Ritter, in: Vom Geist und von der Torheit, Hamburg 1971, S. 327-339.
Jonathan Swift, in: Kunst Philosophie Mystik, Zürich 1940, S. 311-317. – Jonathan Swift. Ein Brief an Ernst Ludwig Pinner, in: Vom Geist und von der Torheit, Hamburg 1971, S. 340-345.
Michel Angelo. (Meinem Lothar Bickel zugeeignet), in: Kunst Philosophie Mystik, Zürich 1940, S. 319-325. – Michelangelo. Meinem Lothar Bickel zugeeignet, in: Vom Geist und von der Torheit, Hamburg 1971, S. 346-351.
Zenos Veranschaulichung des Denkens, in: Kunst Philosophie Mystik, Zürich 1940, S. 327-331. – In: Vom Geist und von der Torheit, Hamburg 1971, S. 352-354.
Die Heiligen – ein kurzer Religionsunterricht, in: Kunst Philosophie Mystik, Zürich 1940, S. 349-384. – In: Vom Geist und von der Torheit, Hamburg 1971, S. 313-317.
Zeugnis. (Aus dem unveröffentlichten Werk »Der entlarvte Mensch«), in: Kunst Philosophie Mystik, Zürich 1940, S. 385-404.
Aus dem Schlußkapitel des unveröffentlichten Werkes »Der entlarvte Mensch«, in: Kunst Philosophie Mystik, Zürich 1940, S. 405-417.
»Aus meinem Tagebuch« (Fortsetzung), in: Kunst Philosophie Mystik, Zürich 1940, S. 419-468.
Ein Lügenprophet des 2. Jahrhunderts (Alexander von Abonoteichos). Eine Erzählung Constantin Brunners, mitgeteilt von Magdalena Kasch, in: Die Constantin Brunner Gemeinschaft. Interne Zeitschrift, hrsg. im Auftrag der Gruppe des Staates Israel von Aron Berman und Rozka Pinner 4, Heft 11 (August 1949), S. 33-49.
Aus Constantin Brunners Testament, in: Die Constantin Brunner Gemeinschaft. Interne Zeitschrift, hrsg. im Auftrag der Gruppe des Staates Israel von Aron Berman und Rozka Pinner 4, Heft 12 (Dezember 1949), S. 1-7 (gekürzt). – In: Vermächtnis, Den Haag 1952, S. 126-130.
Aus dem Archiv: Von Constantin Brunner aufgeschrieben am 15. Februar 1924, mitgeteilt von Magdalena Kasch, in: Die Constantin Brunner Gemeinschaft. Interne Zeitschrift, hrsg. im Auftrag der Gruppe des Staates Israel von Aron Berman und Rozka Pinner 6, Heft 1 (17) (August 1951), S. 40-42.
Die Hochzeitsreise (Aus dem Brunner-Archiv), in: Die Constantin Brunner Gemeinschaft. Interne Zeitschrift, hrsg. im Auftrag der Gruppe des Staates Israel von Aron Berman und Rozka Pinner 6, Heft 2 (18) (Dezember 1951), S. 40f.
Lebensregeln, in: Vermächtnis, Den Haag 1952, S. 1-34.
Tagebuchaufzeichnungen, in: Vermächtnis, Den Haag 1952, S. 35-40.
Notizen zu »Unser Christus«, in: Vermächtnis, Den Haag 1952, S. 41-45.
Notizen zu den »Judenbüchern«, in: Vermächtnis, Den Haag 1952, S. 46-48.
Am 6. März, in: Vermächtnis, Den Haag 1952, S. 49-113.
Nachwort zu meinem Testament, in: Vermächtnis, Den Haag 1952, S. 130-210.
Der Schlüssel, in: Vermächtnis, Den Haag 1952, S. 211-224.

Nachlese, in: Vermächtnis, Den Haag 1952, S. 225-240.
Rede zum siebzigsten Geburtstag am 28. August 1932, in: Vermächtnis, Den Haag 1952, S. 241 f.
Keine Psychiatrie und die Psychoanalyse [Aus: Aus meinem Tagebuch], in: Vom Geist und von der Torheit, Hamburg 1971, S. 264-273.
Constantin Brunner über Spinoza: Ein Brevier, ausgewählt und zusammengestellt von Magdalena Kasch unter Mitwirkung von Israel Eisenstein, in: Spinoza in neuer Sicht, im Auftrag der Constantin-Brunner-Stiftung hrsg. von Leo Sonntag und Heinz Stolte, Meisenheim am Glahn: Verlag Anton Hain 1977, S. 9-15.
Die Attribute [Aus: Materialismus und Idealismus], in: Spinoza in neuer Sicht, im Auftrag der Constantin-Brunner-Stiftung hrsg. von Leo Sonntag und Heinz Stolte, Meisenheim am Glahn: Verlag Anton Hain 1977, S. 16-71.
Mein Leben und Schaffen [Aus: Vom Einsiedler Constantin Brunner], in: Aktive Philosophie. Eine autobiographische Ideographie, Den Haag 1987, S. 85-133.
Unsre scholastische Bildung [Aus: Vom Einsiedler Constantin Brunner], in: Aktive Philosophie. Eine autobiographische Ideographie, Den Haag 1987, S. 135-155.
Die aktive Philosophie [Aus: Aus meinem Tagebuch], in: Aktive Philosophie. Eine autobiographische Ideographie, Den Haag 1987, S. 157-171.
Der Schreiber hört hier auf zu schreiben ... [Aus: Vom Einsiedler Constantin Brunner], in: Aktive Philosophie. Eine autobiographische Ideographie, Den Haag 1987, S. 172-174.
Ausgewählte Texte von Constantin Brunner, in: Aktive Philosophie. Eine autobiographische Ideographie, Den Haag 1987, S. 191-205.
Ein Eingang zur Philosophie ... [Aus: Aus meinem Tagebuch, Vom Einsiedler Constantin Brunner], in: Mnemosyne. ZEIT-Schrift für Geisteswissenschaften, hrsg. von Armin A. Wallas und Andrea M. Lauritsch, Nr. 23 (1997), S. 10-24.
Texte von Constantin Brunner [Anthologie], in: Hendrik Matthes, Constantin Brunner. Eine Einführung, Düsseldorf: Parerga 2000, S. 59-126.
Über Bachs Matthäuspassion [Aus: Unser Christus oder das Wesen des Genies], in: Internationaal Constantin Brunner Instituut. Jahrbuch 2001, d.i.: Brunner im Gespräch, Bd. 5, Essen: Verlag Die Blaue Eule 2001, S. 105-109.
Die vernunftlose Gewalt des Krieges (1933) [Aus: Der entlarvte Mensch], in: Krieg. Philosophische Texte von der Antike bis zur Gegenwart. Arbeitstexte für den Unterricht, hrsg. von Michael Czelinski und Jürgen Stenzel, Stuttgart: Reclam 2004, S. 113-116.

3. *Briefe*

Gegen den Aberglauben in der Betrachtung von Geisteskranken. Ein Brief Constantin Brunners (1925), s. Aufsätze (1925).
[Briefwechsel zwischen Brunner und dem Völkerversöhnungsbund], in: Höre Israel. Der Rettungsanker der Völker ist die Lösung des Problems: Die Judenfrage, hrsg. vom Völkerversöhnungsbund, Hamburg: 1926, S. 13 f.
[Briefe an Friedrich Kettner], in: Friedrich Kettner, Die erste Spinoza-Gemeinschaft oder Der Anti-Egoist. Ein Ethisches Drama. Und ein Vor-Wort an Constantin Brunner, Wien: Artur Wolf 1929, S. VIII, XII, XIII f.
[Brief an das Spinoza Institute], in: Baruch Spinoza. Addresses and Messages Delivered and Read at the College of the City of New York on the Occasion of the Tercentenary of Spinoza, November 23rd, 1932, hrsg. vom Spinoza Institute of America, New York: Astoria Press 1933, S. 32.

Assimilation und Nationalismus. Ein Briefwechsel mit Constantin Brunner, hrsg. von Willy Aron, in: Aufbau, New York 1, Nr. 11 (1. Oktober 1935), S. 8 f. und 2, Nr. 1 (1. Dezember 1935), S. 8 f.

Konstantin Brunner und Jakob Klatzkin. Ein Briefwechsel, in: Israelitisches Wochenblatt. Jüdisches Informations-Organ. Erstes alteingeführtes schweizerisches israelitisches Familienblatt 37, Nr. 37 (10. September 1937), S. 5-7.

Die beiden Wohltäter. Ein Brief an Fritz Ritter, s. Aufsätze (1940).

Jonathan Swift. Ein Brief an Ernst Ludwig Pinner, s. Aufsätze (1940).

Constantin Brunners Antwort auf einen Brief von Pinner ..., in: Die Constantin Brunner Gemeinschaft. Interne Zeitschrift, hrsg. von Aron Berman und Rozka Pinner 6, Heft 3 (19) (April 1952), S. 43-45.

Briefe von Constantin Brunner aus dem Archiv: An Leo Berg, an Harry Hertz, an Nicolai Graf Glehn, an Schimko, in: Die Constantin Brunner Gemeinschaft. Interne Zeitschrift, hrsg. im Auftrag der Gruppe des Staates Israel von Aron Berman und Rozka Pinner 8, Heft 1 (23) (August 1953), S. 18-39.

Briefe Constantin Brunners an Frau Löwenthal (Auswahl). Aus dem Archiv, in: Die Constantin Brunner Gemeinschaft. Interne Zeitschrift, hrsg. im Auftrag der Gruppe des Staates Israel von Aron Berman und Rozka Pinner 8, Heft 2 (24) (Dezember 1953), S. 32-44 und Heft 3 (25), (April 1954), S. 26-40.

Briefe Constantin Brunners an I. Eisenstein, in: Die Constantin Brunner Gemeinschaft. Interne Zeitschrift, hrsg. im Auftrag der Gruppe des Staates Israel von Aron Berman und Rozka Pinner 9, Heft 1-2 (August-Dezember 1954), S. 40-46.

Constantin Brunner, Briefe, in Zusammenarbeit mit Magdalena Kasch hrsg. vom Constantin-Brunner-Kreis Tel Aviv, Bd. I, Tel Aviv: Lidor Printing-Press [1964], Bd. II, Tel Aviv: NA'OT-Printers 1964.

[Verschiedene Briefe 1903-1932], in: Lotte Brunner, Es gibt kein Ende, Die Tagebücher, hrsg. von Leo Sonntag und Heinz Stolte, Hamburg: Hansa-Verlag 1970.

Martin Buber. Briefwechsel aus sieben Jahrzehnten. Band I: 1897-1918, hrsg. von Grete Schaeder, Heidelberg: Lambert Schneider 1972, S. 295 f.

[Briefe Brunners an Eli Rottner, Friedrich Kettner, Simson Ball und Ignatz Ausländer], in: Eli Rottner, Das ethische Seminar in Czernowitz. Die Wiege des internationalen Constantin-Brunner-Kreises, Dortmund: Gerhard Schippel 1973, S. 88-98.

Brief Constantin Brunners vom Haag an einen Freund im Jahre 1934 / Brief von Constantin Brunner an Fritz Blankenfeld – Berlin, Sommer 1936, in: Philosophia sive Ethica. Interne Zeitschrift, Gedenkschrift: Magdalena Kasch (1885-1981), hrsg. vom ICBI [28. August 1981], S. 34-36.

Briefe Constantin Brunners an Walter Bernard, in: Philosophia sive Ethica. Interne Zeitschrift, Gedenkschrift: Walter Bernard (1902-1981), hrsg. vom ICBI (Februar 1982), S. 13.

Briefwechsel zwischen C. Brunner und L. Bickel / Brunners Brief an die Czernowitzer, in: Gedenkbuch in memoriam Lothar Bickel. Sein inniges Verhältnis zu Constantin Brunner. Der Briefwechsel zwischen ihnen. Über Bickels Persönlichkeit und Wirken, im Auftrage des ICBI hrsg. von Israel Eisenstein und Shalom Miron, Tel Aviv: Kwik-Kopy Printing 1985, S. 13-68.

Ernst Altkirch op het Meijerplein (1910) & Een Brief van Constantin Brunner uit 1910, in: Jaap Meijer, Om de verloren Zoon. Supplementum sefardicum Neerdlandicum, d.i.: Balans der Ballingschap. Bijdragen tot de Geschiedenis der Joden in Nederland 13 (1988), S. 42-45.

[Verschiedene Briefe 1935-37], in: Magdalena Kasch, Meine letzten Jahre mit Constantin Brunner. Aufzeichnungen aus den Jahren 1935-37, mit einem Geleitwort von Jürgen Stenzel hrsg. vom ICBI, Den Haag 1990.

Briefe von Constantin Brunner an Walter Bernard über den Kommunismus, in: Philosophia Activa. Zeitschrift der Constantin-Brunner-Forschung, hrsg. von Michael Czelinski und Thomas Erkelenz 2, Heft 1 (1991), S. 82-99.

[Brief an Leo Sonntag], in: Leo Sonntag. Ein jüdisches Emigrantenschicksal, hrsg. von Jürgen Stenzel, d.i. Brunner im Gespräch, Bd. 1, Essen: Die Blaue Eule 1994, S. 106-109.

Walther-Rathenau-Gesamtausgabe, Band V, 2, Briefe: 1914-1922, hrsg. von Alexander Jaser, Clemens Picht und Ernst Schulin, Düsseldorf: Droste 2006, S. 2097 f., 2100 f., 2116 f., 2119 f., 2125, 2131, 2134 f., 2156-2158, 2189 f., 2224 f., 2248 f., 2441, 2446, 2448.

4. Übersetzungen

Jews and the European Aristocracy, in: The Reflex, New York 1 (August 1927), pp. 68-71.

Hai v'asiti, in: Moznayim 2, Nr. 1 (April 1930), S. 4-6.

Spinoza contre Kant et la Cause de la Vérité spirituelle, traduit et précédé d'un avant-propos par Henri Lurié, Paris: Librairie Philosophique J. Vrin 1932. – Paris: Librairie Philosophique J. Vrin [2]1933.

M'divrei Konstantin Brunner (1862-1937). Hotsa'at hug Konstantin Brunner, Tel Aviv 1942.

Reflections. Collected by Hans Margolius, Selected by Magdalena Kasch and George Goetz, Translated by Sanel and Eloise Beer, in: New Yorker Staatszeitung (24. August 1947).

Report on Man, translated and with a prefatory note by Abraham Suhl, in: The Personalist (January 1948), pp. 32-41.

Pages de Journal, traduit par Marcel Leconte, in: 84, Editions de Minuit, No. 8-9 (Sommaire 1949), p. 252-255.

Los Artistas y los Filósofos, in: DAVAR. Revista Literaria, Editado por la Sociedad Hebraica Argentina 36 (Septiembre-Octubre 1951), p. 49-58.

Témoignage, traduction de Marthe Robert, in: Les Temps Modernes (Juin 1952), p. 2173-2194.

Propos sur le Cosmopolitisme, in: Evidences, Mensuel, Cinquième Année 35 (Novembre 1953), p. 30-32, 58.

Le Christ et Maître Eckhart, traduit de l'allemand par Dominique Aury et Léo Sontag, in: La Nouvelle Nouvelle Revue Française 2, No. 15 (1er Mars 1954), p. 569-576.

Christophore. Un conte inédit de Constantin Brunner, traduit par Dominique Aury et Léo Sonntag, in: Le Figaro Litteraire (25. Decembre 1954), p. 5.

Yetsirati, in: Davar (28. Oktober 1955), S. 6.

Michel-Ange, traduit par Léo Sontag et Dominique Aury, in: La Nouvelle Nouvelle Revue Française 3, No. 37 (1er Janvier 1956), p. 187-192.

Ha-filosofia shel Konstantin Brunner. Antologiah, hisdirtigem v'tsiref mavo Aharon Berman, Tel Aviv 1957

Gœthe et Spinoza, traduit de l'allemand par Danièle Sontag, in: Cahiers des Saisons, No. 25 (Printemps 1961), p. 549-552.

Le premier Amour, traduit de l'allemand par Léo Sontag et Dominique Aury, in: La Nouvelle Revue Française 9, No. 104 (1er Août 1961), p. 381-392.

Bref Exposé de la Doctrine des Hommes de l'Esprit et des Autres, traduit par Robert Rovini, in: Cahiers du Sud 51, No. 375, Tome LVII (Déc. 1963 – Janv. 1964), d.i. Constantin Brunner, un philosophe hors les murs (1862-1937), p. 35-54.

Amour (Fragments), traduit par Dominique Aury, Léo Sonntag et Henri Thomas, in: Cahiers du Sud 51, No. 375, Tome LVII (Déc. 1963 – Janv. 1964), d.i. Constantin Brunner, un philosophe hors les murs (1862-1937), p. 55-78.

Matérialisme et Idéalisme. Dernier chapitre: Les Attributs, traduit par Robert Rovini, in: Cahiers du Sud 51, No. 375, Tome LVII (Déc. 1963 – Janv. 1964), d.i. Constantin Brunner, un philosophe hors les murs (1862-1937), p. 79-123.

El Materialismo y El Idealismo, Versión castellana de Mira y Kerala [d.i. Mira Schneider], Buenos Aires: Lopez Libreros Editores 1966. – In: Vida contemplativa y Vida activa. El Materialismo y El Idealismo, Versión castellana de Mira y Kerala [d.i. Mira Schneider], [Buenos Aires] 1966, S. 143-284.

Vida contemplativa y Vida activa. El Materialismo y El Idealismo (Nuestro carácter o »Yo tengo razón«, Breve exposición sobre la Doctrina de los Espirituales y el Vulgo, El Materialismo y El Idealismo, La Pesadilla, Christophoros, Predica Dominical, Sócrates, Cristo y Judas, La Relacion de Goethe con Spinoza, Gloria, El Saber y la Creencia en los Milagros del conocimiento), Versión castellana de Mira y Kerala [d.i. Mira Schneider], [Buenos Aires] 1966.

L'Amour, traduit et adapté de l'allemand par Dominique Aury, Henri Thomas et Leo Sonntag, Préface de Henri Thomas, [Paris]: Gallimard 1968.

Amandus, traduction de Dominique Aury, Leo Sonntag et Henri Thomas, in: Preuves 18, No. 206 (Avril 1968), p. 24-26.

Le mariage. L'impensable altruismue, traduction de Dominique Aury, Leo Sonntag et Henri Thomas, in: Constantin Brunner, philosophe hors les murs, in: Le Monde No. 7350 (31 août 1968) Supplement, p. 4.

Science, Spirit, Superstition. A new Enquiry into Human Thought, abridged and translated by Abraham Suhl, Revised and edited by Walter Bernard, Preface by Walter Bernard, London: Allen & Unwin und Toronto: University of Toronto Press 1968.

Artistes et philosophes, in: Les nouveaux cahiers, Trimestriel 10, No. 39 (Hiver 1974-1975), p. 38-43.

Jonathan Swift, translated by Walter Bernard, in: Arsenal. Surrealist Subversion 3 (Spring 1976), pp. 102 f.

Het Fiktieve Denken, inleiding, samenstelling en vertaling door Evert Bekius, met een voorwoord van M. H. Würzner, d.i. Philosophia Spinozae Perennis: Spinoza's Philosophy and Its Relevance, Vol. 6, Assen: Van Gorcum 1984.

Our Christ: The Revolt of the Mystical Genius, preface from M. Baraz, translated by Graham Harrison and Michael Wex, edited by A. M. Rappaport, Assen-Maastricht: Van Gorcum 1990.

The Tyranny of Hate. The Roots of Antisemitism, translated by Graham Harrison, abridged, edited and with a preface by Aron M. Rappaport, Lewiston-Queenston-Lampeter: The Edwin Mellen Press 1992.

Teksten van Constantin Brunner, in: Waarheid en Bijgeloof. Leven en Werk van Constantin Brunner, inleiding, samenstelling en vertaling door Hendrik Matthes, Leende: Damon 1999, p. 57-118.

Le malheur de notre peuple allemand et nos »Völkisch« (1924). Un philosophe allemand de l'antisémitisme, du nazisme et du sionisme, Introduction, traduction et notes de Jacques Aron, Éditions du centre d'études et de documentation – Mémoire d'Auschwitz, Bulletin Trimestriel de la Fondation Auschwitz, No. spécial 98 (janviers-mars 2008). – Bruxelles: Didier Devillez Èditeur [2]2008.

Écoute Israël. Écoute aussi Non-Israël (Les Sorcières) et La nécessaire auto-èmancipation des juifs allemands (1931), introduction, traduction et notes de Jacques Aron, Bruxelles: Didier Devillez Èditeur 2011.

Des devoirs des Juifs et des devoirs de l'État, préface, notes et traduction de l'allemand par Jacques Aron, Bruxelles: Les Éditions Aden [2012].

Register

Berücksichtigt wurden alle in Vorwort, Einleitung, Briefen und Kommentaren vorkommenden Namen und Orte sowie wichtige Sachbegriffe und die genannten Schriften Brunners. Nicht aufgenommen wurden bibliographische Angaben. Im Namensregister sind die Briefpartner Brunners fett aufgeführt; die Zahlen in eckigen Klammern bezeichnen die Briefnummern. Fette Seitenzahlen beziehen sich auf grundlegende Erläuterungen.

Namen

Sachen

Orte

Gedruckt mit Unterstützung
des Niedersächsischen Ministeriums für Wissenschaft und Kultur,
der Stiftung Irene Bollag-Herzheimer, Basel,
der Constantin-Brunner-Stiftung, Hamburg, sowie
Stichting Internationaal Constantin Brunner Instituut, Den Haag

Bibliografische Information der Deutschen Nationalbibliothek
Die Deutsche Nationalbibliothek verzeichnet diese Publikation in der
Deutschen Nationalbibliografie; detaillierte bibliografische Daten
sind im Internet über http://dnb.d-nb.de abrufbar.

www.wallstein-verlag.de
Vom Verlag gesetzt aus der Stempel Garamond
Umschlag: Susanne Gerhards, Düsseldorf, unter Verwendung
einer Photographie von Constantin Brunner, Potsdam (LBI/JMB: VI, 1, 1, 1).
Druck: Hubert & Co, Göttingen
ISBN 978-3-8353-1094-0